GOTTHOLD EPHRAIM LESSING
WERKE IN DREI BÄNDEN

Band III
Geschichte der Kunst
Theologie · Philosophie

Carl Hanser Verlag

Aufgrund der in Zusammenarbeit mit Karl Eibl,
Helmut Göbel, Karl S. Guthke, Gerd Hillen,
Albert von Schirnding und Jörg Schönert besorgten
Werkausgabe in acht Bänden
herausgegeben von
HERBERT G. GÖPFERT

Redaktionelle Mitarbeit an den Schriften
zur Geschichte der Kunst: Udo Zöller

ISBN 3-446-13461-1
Hanser Bibliothek
Alle Rechte vorbehalten
© 1982 Carl Hanser Verlag München Wien
Umschlag: Christian Diener
Druck und Bindung: May & Co., Nachf., Darmstadt
Printed in Germany

INHALT

Geschichte der Kunst
7
Theologie
269
Philosophie
597
Anhang
673
Inhaltsverzeichnis
840

GESCHICHTE DER KUNST

LAOKOON:

oder
über die Grenzen
der Malerei und Poesie

Ὕλη καὶ τρόποις μιμήσεως διαφερουσι.
Πλουτ. ποτ. Ἀθ. κατα Π. ἡ κατα Σ. ἐνδ.

Mit beiläufigen Erläuterungen
verschiedener Punkte der alten Kunstgeschichte

Erster Teil

Vorrede

Der erste, welcher die Malerei und Poesie mit einander verglich, war ein Mann von feinem Gefühle, der von beiden Künsten eine ähnliche Wirkung auf sich verspürte. Beide, empfand er, stellen uns abwesende Dinge als gegenwärtig, den Schein als Wirklichkeit vor; beide täuschen, und beider Täuschung gefällt.

Ein zweiter suchte in das Innere dieses Gefallens einzudringen, und entdeckte, daß es bei beiden aus einerlei Quelle fließe. Die Schönheit, deren Begriff wir zuerst von körperlichen Gegenständen abziehen, hat allgemeine Regeln, die sich auf mehrere Dinge anwenden lassen; auf Handlungen, auf Gedanken, sowohl als auf Formen.

Ein dritter, welcher über den Wert und über die Verteilung dieser allgemeinen Regeln nachdachte, bemerkte, daß einige mehr in der Malerei, andere mehr in der Poesie herrschten; daß also bei diesen die Poesie der Malerei, bei jenen die Malerei der Poesie mit Erläuterungen und Beispielen aushelfen könne.

Das erste war der Liebhaber; das zweite der Philosoph; das dritte der Kunstrichter.

Jene beiden konnten nicht leicht, weder von ihrem Gefühl, noch von ihren Schlüssen, einen unrechten Gebrauch machen. Hingegen bei den Bemerkungen des Kunstrichters beruhet das Meiste in der Richtigkeit der Anwendung auf den einzeln Fall; und es wäre ein Wunder, da es gegen *einen* scharfsinnigen Kunstrichter funfzig witzige gegeben hat, wenn diese Anwendung jederzeit mit aller der Vorsicht wäre gemacht worden, welche die Waage zwischen beiden Künsten gleich erhalten muß.

Falls Apelles und Protogenes, in ihren verlornen Schriften von der Malerei, die Regeln derselben durch die bereits festgesetzten Regeln der Poesie bestätiget und erläutert haben, so darf man sicherlich glauben, daß es mit der Mäßigung und Genauigkeit wird geschehen sein, mit welcher wir noch itzt den Aristoteles, Cicero, Horaz, Quintilian, in ihren Werken, die Grundsätze und Erfahrungen der Malerei auf die Beredsamkeit und Dichtkunst anwenden sehen. Es ist das Vorrecht der Alten, keiner Sache weder zu viel noch zu wenig zu tun.

Aber wir Neuern haben in mehrern Stücken geglaubt, uns weit über sie weg zu setzen, wenn wir ihre kleinen Lustwege in Landstraßen verwandelten; sollten auch die kürzern und sichrern Landstraßen darüber zu Pfaden eingehen, wie sie durch Wildnisse führen.

Die blendende Antithese des griechischen Voltaire, daß die Malerei eine stumme Poesie, und die Poesie eine redende Malerei sei, stand wohl in keinem Lehrbuche. Es war ein Einfall, wie Simonides mehrere hatte; dessen wahrer Teil so einleuchtend ist, daß man das Unbestimmte und Falsche, welches er mit sich führt, übersehen zu müssen glaubet.

Gleichwohl übersahen es die Alten nicht. Sondern indem sie den Ausspruch des Simonides auf die Wirkung der beiden Künste einschränkten, vergaßen sie nicht einzuschärfen, daß, ohngeachtet der vollkommenen Ähnlichkeit dieser Wirkung, sie dennoch, sowohl in den Gegenständen als in der Art ihrer Nachahmung, (Ὕλη καὶ τρόποις μιμήσεως) verschieden wären.

Völlig aber, als ob sich gar keine solche Verschiedenheit fände, haben viele der neuesten Kunstrichter aus jener Übereinstimmung der Malerei und Poesie die krudesten Dinge von der Welt geschlossen. Bald zwingen sie die Poesie in die engern Schranken der Malerei; bald lassen sie die Malerei die ganze weite Sphäre der Poesie füllen. Alles was der einen Recht ist, soll auch der andern vergönnt sein; alles was in der einen gefällt oder mißfällt, soll notwendig auch in der andern gefallen oder mißfallen; und voll von dieser Idee, sprechen sie in dem zuversichtlichsten Tone die seichtesten Urteile, wenn sie, in den Werken des Dichters und Malers über einerlei Vorwurf, die darin bemerkten Abweichungen von einander zu Fehlern machen, die sie dem einen oder dem andern, nach dem sie entweder mehr Geschmack an der Dichtkunst oder an der Malerei haben, zur Last legen.

Ja diese Afterkritik hat zum Teil die Virtuosen selbst verführet. Sie hat in der Poesie die Schilderungssucht, und in der Malerei die Allegoristerei erzeuget; indem man jene zu einem redenden Gemälde machen wollen, ohne eigentlich zu wissen, was sie malen könne und solle, und diese zu einem stummen Gedichte, ohne überlegt zu haben, in welchem Maße sie allgemeine Begriffe ausdrücken könne, ohne sich von ihrer Bestimmung zu entfernen, und zu einer willkürlichen Schriftart zu werden.

Diesem falschen Geschmacke, und jenen ungegründeten Urteilen entgegen zu arbeiten, ist die vornehmste Absicht folgender Aufsätze.

Sie sind zufälliger Weise entstanden, und mehr nach der Folge meiner Lektüre, als durch die methodische Entwickelung allgemeiner Grundsätze angewachsen. Es sind also mehr unordentliche Collectanea zu einem Buche, als ein Buch.

Doch schmeichle ich mir, daß sie auch als solche nicht ganz zu verachten sein werden. An systematischen Büchern haben wir Deutschen überhaupt keinen Mangel. Aus ein Paar angenommenen Worterklärungen in der schönsten Ordnung alles, was wir nur wollen, herzuleiten, darauf verstehen wir uns, Trotz einer Nation in der Welt.

Baumgarten bekannte, einen großen Teil der Beispiele in seiner Ästhetik, Gesners Wörterbuche schuldig zu sein. Wenn mein Raisonnement nicht so bündig ist als das Baumgartensche, so werden doch meine Beispiele mehr nach der Quelle schmecken.

Da ich von dem Laokoon gleichsam aussetzte, und mehrmals auf ihn zurückkomme, so habe ich ihm auch einen Anteil an der Aufschrift lassen wollen. Andere kleine Ausschweifungen über verschiedene Punkte der alten Kunstgeschichte, tragen weniger zu meiner Absicht bei, und sie stehen nur da, weil ich ihnen niemals einen bessern Platz zu geben hoffen kann.

Noch erinnere ich, daß ich unter dem Namen der Malerei, die bildenden Künste überhaupt begreife; so wie ich nicht dafür stehe, daß ich nicht unter dem Namen der Poesie, auch auf die übrigen Künste, deren Nachahmung fortschreitend ist, einige Rücksicht nehmen dürfte.

I

Das allgemeine vorzügliche Kennzeichen der griechischen Meisterstücke in der Malerei und Bildhauerkunst, setzet Herr Winckelmann in eine edele Einfalt und stille Größe, sowohl in der Stellung als im Ausdrucke. »So wie die Tiefe des Meeres, sagt er,[a] allezeit ruhig bleibt, die Oberfläche mag auch noch so wüten, eben so zeiget der Ausdruck in den Figuren der Griechen bei allen Leidenschaften eine große und gesetzte Seele.

Diese Seele schildert sich in dem Gesichte des Laokoons, und nicht in dem Gesichte allein, bei dem heftigsten Leiden. Der Schmerz, welcher sich in allen Muskeln und Sehnen des Körpers entdecket, und den man ganz allein, ohne das Gesicht und andere Teile zu betrachten, an dem schmerzlich eingezogenen Unterleibe bei nahe selbst zu empfinden glaubt; dieser Schmerz, sage ich, äußert sich dennoch mit keiner Wut in dem Gesichte und in der ganzen Stellung. Er erhebt kein schreckliches Geschrei, wie Virgil von seinem Laokoon singet; die Öffnung des Mundes gestattet es nicht: es ist vielmehr ein ängstliches und beklemmtes Seufzen, wie es Sadolet beschreibet. Der Schmerz des Körpers und die Größe der Seele sind durch den ganzen Bau der Figur mit gleicher Stärke ausgeteilet, und gleichsam abgewogen. Laokoon leidet, aber er leidet wie des Sophokles Philoktet: sein Elend gehet uns bis an die Seele; aber wir wünschten, wie dieser große Mann das Elend ertragen zu können.

Der Ausdruck einer so großen Seele geht weit über die Bildung der schönen Natur. Der Künstler mußte die Stärke des Geistes in sich selbst fühlen, welche er seinem Marmor einprägte. Griechenland hatte Künstler und Weltweise in einer Person, und mehr als einen Metrodor. Die Weisheit reichte der Kunst die Hand, und blies den Figuren derselben mehr als gemeine Seelen ein, u.s.w.«

Die Bemerkung, welche hier zum Grunde liegt, daß der Schmerz sich in dem Gesichte des Laokoon mit derjenigen Wut nicht zeige, welche man bei der Heftigkeit desselben ver-

---

a) Von der Nachahmung der griechischen Werke in der Malerei und Bildhauerkunst. S. 21. 22.

muten sollte, ist vollkommen richtig. Auch das ist unstreitig, daß eben hierin, wo ein Halbkenner den Künstler unter der Natur geblieben zu sein, das wahre Pathetische des Schmerzes nicht erreicht zu haben, urteilen dürfte; daß, sage ich, eben hierin die Weisheit desselben ganz besonders hervorleuchtet.

Nur in dem Grunde, welchen Herr Winckelmann dieser Weisheit gibt, in der Allgemeinheit der Regel, die er aus diesem Grunde herleitet, wage ich es, anderer Meinung zu sein.

Ich bekenne, daß der mißbilligende Seitenblick, welchen er auf den Virgil wirft, mich zuerst stutzig gemacht hat; und nächst dem die Vergleichung mit dem Philoktet. Von hier will ich ausgehen, und meine Gedanken in eben der Ordnung niederschreiben, in welcher sie sich bei mir entwickelt.

»Laokoon leidet, wie des Sophokles Philoktet.« Wie leidet dieser? Es ist sonderbar, daß sein Leiden so verschiedene Eindrücke bei uns zurückgelassen. – Die Klagen, das Geschrei, die wilden Verwünschungen, mit welchen sein Schmerz das Lager erfüllte, und alle Opfer, alle heilige Handlungen störte, erschollen nicht minder schrecklich durch das öde Eiland, und sie waren es, die ihn dahin verbannten. Welche Töne des Unmuts, des Jammers, der Verzweiflung, von welchen auch der Dichter in der Nachahmung das Theater durchhallen ließ. – Man hat den dritten Aufzug dieses Stücks ungleich kürzer, als die übrigen gefunden. Hieraus sieht man, sagen die Kunstrichter,[b] daß es den alten um die gleiche Länge der Aufzüge wenig zu tun gewesen. Das glaube ich auch; aber ich wollte mich desfalls lieber auf ein ander Exempel gründen, als auf dieses. Die jammervollen Ausrufungen, das Winseln, die abgebrochenen ἀ, ἀ, φευ. ἀταττaι, ὢ μοι, μοι! die ganzen Zeilen voller παπα, παπα, aus welchen dieser Aufzug bestehet, und die mit ganz andern Dehnungen und Absetzungen deklamiert werden mußten, als bei einer zusammenhangenden Rede nötig sind, haben in der Vorstellung diesen Aufzug ohne Zweifel ziemlich eben so lange dauren lassen, als die andern. Er scheinet dem Leser weit kürzer auf dem Papiere, als er den Zuhörern wird vorgekommen sein.

b) Brumoy Theat. des Grecs T. II. p. 89.

Schreien ist der natürliche Ausdruck des körperlichen Schmerzes. Homers verwundete Krieger fallen nicht selten mit Geschrei zu Boden. Die geritzte Venus schreiet laut;[c] nicht um sie durch dieses Geschrei als die weichliche Göttin der Wollust zu schildern, vielmehr um der leidenden Natur ihr Recht zu geben. Denn selbst der eherne Mars, als er die Lanze des Diomedes fühlet, schreiet so gräßlich, als schrieen zehn tausend wütende Krieger zugleich, daß beide Heere sich entsetzen.[d]

So weit auch Homer sonst seine Helden über die menschliche Natur erhebt, so treu bleiben sie ihr doch stets, wenn es auf das Gefühl der Schmerzen und Beleidigungen, wenn es auf die Äußerung dieses Gefühls durch Schreien, oder durch Tränen, oder durch Scheltworte ankömmt. Nach ihren Taten sind es Geschöpfe höherer Art; nach ihren Empfindungen wahre Menschen.

Ich weiß es, wir feinern Europäer einer klügern Nachwelt, wissen über unsern Mund und über unsere Augen besser zu herrschen. Höflichkeit und Anstand verbieten Geschrei und Tränen. Die tätige Tapferkeit des ersten rauhen Weltalters hat sich bei uns in eine leidende verwandelt. Doch selbst unsere Urältern waren in dieser größer, als in jener. Aber unsere Urältern waren Barbaren. Alle Schmerzen verbeißen, dem Streiche des Todes mit unverwandtem Auge entgegen sehen, unter den Bissen der Nattern lachend sterben, weder seine Sünde noch den Verlust seines liebsten Freundes beweinen, sind Züge des alten nordischen Heldenmuts.[e] Palnatoko gab seinen Jomsburgern das Gesetz, nichts zu fürchten, und das Wort Furcht auch nicht einmal zu nennen.

Nicht so der Grieche! Er fühlte und furchte sich; er äußerte seine Schmerzen und seinen Kummer; er schämte sich keiner der menschlichen Schwachheiten; keine mußte ihn aber auf dem Wege nach Ehre, und von Erfüllung seiner Pflicht zurückhalten. Was bei den Barbaren aus Wildheit und Verhärtung

c) Iliad. E v. 343: Η δε μεγα ιαχουσα –
d) Iliad. E v. 859.
e) Th. Bartholinus de causis contemptae a Danis adhuc gentilibus mortis, cap. I.

entsprang, das wirkten bei ihm Grundsätze. Bei ihm war der Heroismus wie die verborgenen Funken im Kiesel, die ruhig schlafen, so lange keine äußere Gewalt sie wecket, und dem Steine weder seine Klarheit noch seine Kälte nehmen. Bei dem Barbaren war der Heroismus eine helle fressende Flamme, die immer tobte, und jede andere gute Eigenschaft in ihm verzehrte, wenigstens schwärzte. – Wenn Homer die Trojaner mit wildem Geschrei, die Griechen hingegen in entschloßner Stille zur Schlacht führet, so merken die Ausleger sehr wohl an, daß der Dichter hierdurch jene als Barbaren, diese als gesittete Völker schildern wollen. Mich wundert, daß sie an einer andern Stelle eine ähnliche charakteristische Entgegensetzung nicht bemerket haben.[f] Die feindlichen Heere haben einen Waffenstillstand getroffen; sie sind mit Verbrennung ihrer Toten beschäftiget, welches auf beiden Teilen nicht ohne heiße Tränen abgehet; δακρυα θερμα χεοντες. Aber Priamus verbietet seinen Trojanern zu weinen; ὀυδ' ἐια κλαιειν Πριαμος μεγας. Er verbietet ihnen zu weinen, sagt die Dacier, weil er besorgt, sie möchten sich zu sehr erweichen, und morgen mit weniger Mut an den Streit gehen. Wohl; doch frage ich: warum muß nur Priamus dieses besorgen? Warum erteilet nicht auch Agamemnon seinen Griechen das nämliche Verbot? Der Sinn des Dichters geht tiefer. Er will uns lehren, daß nur der gesittete Grieche zugleich weinen und tapfer sein könne; indem der ungesittete Trojaner, um es zu sein, alle Menschlichkeit vorher ersticken müsse. Νεμεσσωμαι γε μεν ὀυδεν κλαιειν, läßt er an einem andern Orte[g] den verständigen Sohn des weisen Nestors sagen.

Es ist merkwürdig, daß unter den wenigen Trauerspielen, die aus dem Altertume auf uns gekommen sind, sich zwei Stücke finden, in welchen der körperliche Schmerz nicht der kleinste Teil des Unglücks ist, das den leidenden Helden trifft. Außer dem Philoktet, der sterbende Herkules. Und auch diesen läßt Sophokles klagen, winseln, weinen und schreien. Dank sei unsern artigen Nachbarn, diesen Meistern des Anständigen, daß nunmehr ein winselnder Philoktet, ein schreien-

[f] Iliad. *H.* v. 421.
[g] Odyss. *Δ.* 195.

der Herkules, die lächerlichsten unerträglichsten Personen auf der Bühne sein würden. Zwar hat sich einer ihrer neuesten Dichter[h] an den Philoktet gewagt. Aber durfte er es wagen, ihnen den wahren Philoktet zu zeigen?

Selbst ein »Laokoon« findet sich unter den verlornen Stücken des Sophokles. Wenn uns das Schicksal doch auch diesen »Laokoon« gegönnet hätte! Aus den leichten Erwähnungen, die seiner einige alte Grammatiker tun, läßt sich nicht schließen, wie der Dichter diesen Stoff behandelt habe. So viel bin ich versichert, daß er den Laokoon nicht stoischer als den Philoktet und Herkules, wird geschildert haben. Alles Stoische ist untheatralisch; und unser Mitleiden ist allezeit dem Leiden gleichmäßig, welches der interessierende Gegenstand äußert. Sieht man ihn sein Elend mit großer Seele ertragen, so wird diese große Seele zwar unsere Bewunderung erwecken, aber die Bewunderung ist ein kalter Affekt, dessen untätiges Staunen jede andere wärmere Leidenschaft, so wie jede andere deutliche Vorstellung, ausschließet.

Und nunmehr komme ich zu meiner Folgerung. Wenn es wahr ist, daß das Schreien bei Empfindung körperlichen Schmerzes, besonders nach der alten griechischen Denkungsart, gar wohl mit einer großen Seele bestehen kann: so kann der Ausdruck einer solchen Seele die Ursache nicht sein, warum dem ohngeachtet der Künstler in seinem Marmor dieses Schreien nicht nachahmen wollen; sondern es muß einen andern Grund haben, warum er hier von seinem Nebenbuhler, dem Dichter, abgehet, der dieses Geschrei mit bestem Vorsatze ausdrücket.

II

Es sei Fabel oder Geschichte, daß die Liebe den ersten Versuch in den bildenden Künsten gemacht habe: so viel ist gewiß, daß sie den großen alten Meistern die Hand zu führen nicht müde geworden. Denn wird itzt die Malerei überhaupt als die Kunst,

---

h) Chataubrun.

welche Körper auf Flächen nachahmet, in ihrem ganzen Umfange betrieben: so hatte der weise Grieche ihr weit engere Grenzen gesetzet, und sie bloß auf die Nachahmung schöner Körper eingeschränket. Sein Künstler schilderte nichts als das Schöne; selbst das gemeine Schöne, das Schöne niedrer Gattungen, war nur sein zufälliger Vorwurf, seine Übung, seine Erholung. Die Vollkommenheit des Gegenstandes selbst mußte in seinem Werke entzücken; er war zu groß von seinen Betrachtern zu verlangen, daß sie sich mit dem bloßen kalten Vergnügen, welches aus der getroffenen Ähnlichkeit, aus der Erwägung seiner Geschicklichkeit entspringet, begnügen sollten; an seiner Kunst war ihm nichts lieber, dünkte ihm nichts edler, als der Endzweck der Kunst.

»Wer wird dich malen wollen, da dich niemand sehen will«, sagt ein alter Epigrammatist[a] über einen höchst ungestaltenen Menschen. Mancher neuere Künstler würde sagen: »Sei so ungestalten, wie möglich; ich will dich doch malen. Mag dich schon niemand gern sehen: so soll man doch mein Gemälde gern sehen; nicht in so fern es dich vorstellt, sondern in so fern es ein Beweis meiner Kunst ist, die ein solches Scheusal so ähnlich nachzubilden weiß.«

Freilich ist der Hang zu dieser üppigen Prahlerei mit leidigen Geschicklichkeiten, die durch den Wert ihrer Gegenstände nicht geadelt werden, zu natürlich, als daß nicht auch die Griechen ihren Pauson, ihren Pyreicus sollten gehabt haben. Sie hatten sie; aber sie ließen ihnen strenge Gerechtigkeit widerfahren. Pauson, der sich noch unter dem Schönen der gemeinen Natur hielt, dessen niedriger Geschmack das Fehlerhafte und Häßliche an der menschlichen Bildung am liebsten ausdrückte,[b] lebte in der verächtlichsten Armut.[c] Und Pyreicus,

---

[a]) Antiochus. (Antholog. lib. II. cap. 43) Harduin über den Plinius (lib. 35. sect. 36. p. m. 698) legt dieses Epigramm einem Piso bei. Es findet sich aber unter allen griechischen Epigrammatisten keiner dieses Namens.

[b]) Jungen Leuten, befiehlt daher Aristoteles, muß man seine Gemälde nicht zeigen, um ihre Einbildungskraft, so viel möglich, von allen Bildern des Häßlichen rein zu halten. (Polit. lib. VIII. cap. 5. p. 526. Edit. Conring) Herr Boden will zwar in dieser Stelle

der Barbierstuben, schmutzige Werkstätte, Esel und Küchenkräuter, mit allem dem Fleiße eines niederländischen Künstlers malte, als ob dergleichen Dinge in der Natur so viel Reiz hätten, und so selten zu erblicken wären, bekam den Zunamen des Rhyparographen,[d] des Kotmalers; obgleich der wollüstige Reiche seine Werke mit Gold aufwog, um ihrer Nichtigkeit auch durch diesen eingebildeten Wert zu Hülfe zu kommen.

Die Obrigkeit selbst hielt es ihrer Aufmerksamkeit nicht für unwürdig, den Künstler mit Gewalt in seiner wahren Sphäre zu erhalten. Das Gesetz der Thebaner, welches ihm die Nachahmung ins Schönere befahl, und die Nachahmung ins Häßlichere bei Strafe verbot, ist bekannt. Es war kein Gesetz wider den Stümper, wofür es gemeiniglich, und selbst vom Junius,[e] gehalten wird. Es verdammte die griechischen Ghezzi; den unwürdigen Kunstgriff, die Ähnlichkeit durch Übertreibung der häßlichern Teile des Urbildes zu erreichen; mit einem Worte, die Karikatur.

Aus eben dem Geist des Schönen war auch das Gesetz der

anstatt Pauson, Pausanias gelesen wissen, weil von diesem bekannt sei, daß er unzüchtige Figuren gemalt habe. (de Umbra poetica, Comment. I. p. XIII) Als ob man es erst von einem philosophischen Gesetzgeber lernen müßte, die Jugend von dergleichen Reizungen der Wollust zu entfernen. Er hätte die bekannte Stelle in der Dichtkunst (cap. II) nur in Vergleichung ziehen dürfen, um seine Vermutung zurück zu behalten. Es gibt Ausleger (z. E. Kühn, über den Aelian Var. Hist. lib. IV. cap. 3) welche den Unterschied, den Aristoteles daselbst zwischen dem Polygnotus, Dionysius und Pauson angibt, darin setzen, daß Polygnotus Götter und Helden, Dionysius Menschen, und Pauson Tiere gemalt habe. Sie malten allesamt menschliche Figuren; und daß Pauson einmal ein Pferd malte, beweiset noch nicht; daß er ein Tiermaler gewesen, wofür ihn Hr. Boden hält. Ihren Rang bestimmten die Grade des Schönen, die sie ihren menschlichen Figuren gaben, und Dionysius konnte nur deswegen nichts als Menschen malen, und hieß nur darum vor allen andern der Anthropograph, weil er der Natur zu sklavisch folgte, und sich nicht bis zum Ideal erheben konnte, unter welchem Götter und Helden zu malen, ein Religionsverbrechen gewesen wäre.

c) Aristophanes Plut. v. 602 et Acharnens. v. 854.
d) Plinius lib. XXXV. sect. 37. Edit. Hard.
e) De Pictura vet. lib. II. cap. IV. §. 1.

Hellanodiken geflossen. Jeder Olympische Sieger erhielt eine Statue; aber nur dem dreimaligen Sieger, ward eine ikonische gesetzet.*f* Der mittelmäßigen Portraits sollten unter den Kunstwerken nicht zu viel werden. Denn obschon auch das Portrait ein Ideal zuläßt, so muß doch die Ähnlichkeit darüber herrschen; es ist das Ideal eines gewissen Menschen, nicht das Ideal eines Menschen überhaupt.

Wir lachen, wenn wir hören, daß bei den Alten auch die Künste bürgerlichen Gesetzen unterworfen gewesen. Aber wir haben nicht immer Recht, wenn wir lachen. Unstreitig müssen sich die Gesetze über die Wissenschaften keine Gewalt anmaßen; denn der Endzweck der Wissenschaften ist Wahrheit. Wahrheit ist der Seele notwendig; und es wird Tyrannei, ihr in Befriedigung dieses wesentlichen Bedürfnisses den geringsten Zwang anzutun. Der Endzweck der Künste hingegen ist Vergnügen; und das Vergnügen ist entbehrlich. Also darf es allerdings von dem Gesetzgeber abhangen, welche Art von Vergnügen, und in welchem Maße er jede Art desselben verstatten will.

Die bildenden Künste insbesondere, außer dem unfehlbaren Einflusse, den sie auf den Charakter der Nation haben, sind einer Wirkung fähig, welche die nähere Aufsicht des Gesetzes heischet. Erzeigten schöne Menschen schöne Bildsäulen, so wirkten diese hinwiederum auf jene zurück, und der Staat hatte schönen Bildsäulen schöne Menschen mit zu verdanken. Bei uns scheinet sich die zarte Einbildungskraft der Mütter nur in Ungeheuern zu äußern.

Aus diesem Gesichtspunkte glaube ich in gewissen alten Erzählungen, die man gerade zu als Lügen verwirft, etwas wahres zu erblicken. Den Müttern des Aristomenes, des Aristodamas, Alexanders des Großen, des Scipio, des Augustus, des Galerius, träumte in ihrer Schwangerschaft allen, als ob sie mit einer Schlange zu tun hätten. Die Schlange war ein Zeichen der Gottheit;*g* und die schönen Bildsäulen und Ge-

---

f) Plinius lib. XXXIV. sect. 9.

g) Man irret sich, wenn man die Schlange nur für das Kennzeichen einer medizinischen Gottheit hält, wie Spence, Polymetis p. 132. Justinus Martyr (Apolog. II. p. 55. Edit. Sylburg) sagt aus-

mälde eines Bacchus, eines Apollo, eines Merkurius, eines Herkules, waren selten ohne eine Schlange. Die ehrlichen Weiber hatten des Tages ihre Augen an dem Gotte geweidet, und der verwirrende Traum erweckte das Bild des Tieres. So rette ich den Traum, und gebe die Auslegung Preis, welche der Stolz ihrer Söhne und die Unverschämtheit des Schmeichlers davon machten. Denn eine Ursache mußte es wohl haben, warum die ehebrecherische Phantasie nur immer eine Schlange war.

Doch ich gerate aus meinem Wege. Ich wollte bloß festsetzen, daß bei den Alten die Schönheit das höchste Gesetz der bildenden Künste gewesen sei.

Und dieses festgesetzt, folgt notwendig, daß alles andere, worauf sich die bildenden Künste zugleich mit erstrecken können, wenn es sich mit der Schönheit nicht verträgt, ihr gänzlich weichen, und wenn es sich mit ihr verträgt, ihr wenigstens untergeordnet sein müssen.

Ich will bei dem Ausdrucke stehen bleiben. Es gibt Leidenschaften und Grade von Leidenschaften, die sich in dem Gesichte durch die häßlichsten Verzerrungen äußern, und den ganzen Körper in so gewaltsame Stellungen setzen, daß alle die schönen Linien, die ihn in einem ruhigern Stande umschrieben, verloren gehen. Dieser enthielten sich also die alten Künstler entweder ganz und gar, oder setzten sie auf geringere Grade herunter, in welchen sie eines Maßes von Schönheit fähig sind.

Wut und Verzweiflung schändete keines von ihren Werken. Ich darf behaupten, daß sie nie eine Furie gebildet haben.[h]

drücklich: παρα παντι των νομιζομενων παρ' ὑμιν θεων, ὀφις συμβολον μεγα και μυςηριον ἀναγραφεται; und es wäre leicht eine Reihe von Monumenten anzuführen, wo die Schlange Gottheiten begleitet, welche nicht die geringste Beziehung auf die Gesundheit haben.

h) Man gehe alle die Kunstwerke durch, deren Plinius und Pausanias und andere gedenken; man übersehe die noch itzt vorhandenen alten Statuen, Basreliefs, Gemälde: und man wird nirgends eine Furie finden. Ich nehme diejenigen Figuren aus, die mehr zur Bildersprache, als zur Kunst gehören, dergleichen die auf den Münzen vornehmlich sind. Indes hätte Spence, da er Furien haben mußte, sie doch lieber von den Münzen erborgen sollen,

Zorn setzten sie auf Ernst herab. Bei dem Dichter war es der zornige Jupiter, welcher den Blitz schleuderte; bei dem Künstler nur der ernste.

Jammer ward in Betrübnis gemildert. Und wo diese Milderung nicht statt finden konnte, wo der Jammer eben so verkleinernd als entstellend gewesen wäre, – was tat da Timanthes? Sein Gemälde von der Opferung der Iphigenia, in welchem er allen Umstehenden den ihnen eigentümlich zukom-

(Seguini Numis. p. 178. Spanhem. de Praest. Numism. Dissert. XIII. p. 639. Les Cesars de Julien par Spanheim p. 48) als daß er sie durch einen witzigen Einfall in ein Werk bringen will, in welchem sie ganz gewiß nicht sind. Er sagt in seinem Polymetis (Dial. XVI. p. 272) »Obschon die Furien in den Werken der alten Künstler etwas sehr seltenes sind, so findet sich doch eine Geschichte, in der sie durchgängig von ihnen angebracht werden. Ich meine den Tod des Meleager, als in dessen Vorstellung auf Basreliefs sie öfters die Althäa aufmuntern und antreiben, den unglücklichen Brand, von welchem das Leben ihres einzigen Sohnes abhing, dem Feuer zu übergeben. Denn auch ein Weib würde in ihrer Rache so weit nicht gegangen sein, hätte der Teufel nicht ein wenig zugeschüret. In einem von diesen Basreliefs, bei dem Bellori (in den Admirandis) sieht man zwei Weiber, die mit der Althäa am Altare stehen, und allem Ansehen nach Furien sein sollen. Denn wer sonst als Furien, hätte einer solchen Handlung beiwohnen wollen? Daß sie für diesen Charakter nicht schrecklich genug sind, liegt ohne Zweifel an der Abzeichnung. Das Merkwürdigste aber auf diesem Werke ist die runde Scheibe, unten gegen die Mitte, auf welcher sich offenbar der Kopf einer Furie zeiget. Vielleicht war es die Furie, an die Althäa, so oft sie eine üble Tat vornahm, ihr Gebet richtete, und vornehmlich itzt zu richten, alle Ursache hatte etc.« – Durch solche Wendungen kann man aus allem alles machen. Wer sonst, fragt Spence, als Furien, hätte einer solchen Handlung beiwohnen wollen? Ich antworte: Die Mägde der Althäa, welche das Feuer anzünden und unterhalten mußten. Ovid sagt: (Metamorph. VIII. v. 460. 461)

Protulit hunc (stipitem) genitrix, taedasque in fragmina poni
Imperat, et positis inimicos admovet ignes.

Dergleichen taedas, lange Stücke von Kien, welche die Alten zu Fackeln brauchten, haben auch wirklich beide Personen in den Händen, und die eine hat eben ein solches Stück zerbrochen, wie ihre Stellung anzeigt. Auf der Scheibe, gegen die Mitte des Werks, erkenne ich die Furie eben so wenig. Es ist ein Gesicht, welches

menden Grad der Traurigkeit erteilte, das Gesicht des Vaters
aber, welches den allerhöchsten hätte zeigen sollen, verhüllete,
ist bekannt, und es sind viel artige Dinge darüber gesagt worden. Er hatte sich, sagt dieser,[i] in den traurigen Physiognomien so erschöpft, daß er dem Vater eine noch traurigere geben
zu können verzweifelte. Er bekannte dadurch, sagt jener,[k] daß
der Schmerz eines Vaters bei dergleichen Vorfällen über allen
Ausdruck sei. Ich für mein Teil sehe hier weder die Unvermögenheit des Künstlers, noch die Unvermögenheit der Kunst.
Mit dem Grade des Affekts verstärken sich auch die ihm entsprechenden Züge des Gesichts; der höchste Grad hat die allerentschiedensten Züge, und nichts ist der Kunst leichter, als
diese auszudrücken. Aber Timanthes kannte die Grenzen,
welche die Grazien seiner Kunst setzen. Er wußte, daß sich der
Jammer, welcher dem Agamemnon als Vater zukam, durch

einen heftigen Schmerz ausdrückt. Ohne Zweifel soll es der Kopf
des Meleagers selbst sein. (Metamorph. l. c. v. 515)

> Inscius atque absens flamma Meleagros in illa
> Uritur: et caecis torreri viscera sentit
> Ignibus: et magnos superat virtute dolores.

Der Künstler brauchte ihn gleichsam zum Übergange in den folgenden Zeitpunkt der nämlichen Geschichte, welcher den sterbenden
Meleager gleich darneben zeigt. Was Spence zu Furien macht, hält
Montfoucon für Parzen, (Antiq. expl. T. l. p. 162) den Kopf auf der
Scheibe ausgenommen, den er gleichfalls für eine Furie ausgibt.
Bellori selbst (Admirand. Tab. 77) läßt es unentschieden, ob es Parzen oder Furien sind. Ein Oder, welches genugsam zeiget, daß sie
weder das eine noch das andere sind. Auch Montfaucons übrige
Auslegung sollte genauer sein. Die Weibsperson, welche neben dem
Bette sich auf den Ellebogen stützet, hätte er Cassandra und nicht
Atalanta nennen sollen. Atalanta ist die, welche mit dem Rücken
gegen das Bette gekehret, in einer traurigen Stellung sitzet. Der
Künstler hat sie mit vielem Verstande von der Familie abgewendet,
weil sie nur die Geliebte, nicht die Gemahlin des Meleagers war,
und ihre Betrübnis über ein Unglück, das sie selbst unschuldiger
Weise veranlasset hatte, die Anverwandten erbittern mußte.

i) Plinius lib. XXXV. sect. 36. Cum moestos pinxisset omnes,
praecipue patruum, et tristitiae omnem imaginem consumpsisset,
patris ipsius vultum velavit, quem digne non poterat ostendere.

k) Summi moeroris acerbitatem arte exprimi non posse confessus est. Valerius Maximus lib. VIII. cap. 11.

Verzerrungen äußert, die allezeit häßlich sind. So weit sich Schönheit und Würde mit dem Ausdrucke verbinden ließ, so weit trieb er ihn. Das Häßliche wäre er gern übergangen, hätte er gern gelindert; aber da ihm seine Komposition beides nicht erlaubte, was blieb ihm anders übrig, als es zu verhüllen? – Was er nicht malen durfte, ließ er erraten. Kurz, diese Verhüllung ist ein Opfer, das der Künstler der Schönheit brachte. Sie ist ein Beispiel, nicht wie man den Ausdruck über die Schranken der Kunst treiben, sondern wie man ihn dem ersten Gesetze der Kunst, dem Gesetze der Schönheit, unterwerfen soll.

Und dieses nun auf den Laokoon angewendet, so ist die Ursache klar, die ich suche. Der Meister arbeitete auf die höchste Schönheit, unter den angenommenen Umständen des körperlichen Schmerzes. Dieser, in aller seiner entstellenden Heftigkeit, war mit jener nicht zu verbinden. Er mußte ihn also herab setzen; er mußte Schreien in Seufzen mildern; nicht weil das Schreien eine unedle Seele verrät, sondern weil er das Gesicht auf eine ekelhafte Weise verstellet. Denn man reiße dem Laokoon in Gedanken nur den Mund auf, und urteile. Man lasse ihn schreien, und sehe. Es war eine Bildung, die Mitleid einflößte, weil sie Schönheit und Schmerz zugleich zeigte; nun ist es eine häßliche, eine abscheuliche Bildung geworden, von der man gern sein Gesicht verwendet, weil der Anblick des Schmerzes Unlust erregt, ohne daß die Schönheit des leidenden Gegenstandes diese Unlust in das süße Gefühl des Mitleids verwandeln kann.

Die bloße weite Öffnung des Mundes, – bei Seite gesetzt, wie gewaltsam und ekel auch die übrigen Teile des Gesichts dadurch verzerret und verschoben werden, – ist in der Malerei ein Fleck und in der Bildhauerei eine Vertiefung, welche die widrigste Wirkung von der Welt tut. Montfaucon bewies wenig Geschmack, als er einen alten bärtigen Kopf, mit aufgerissenem Munde, für einen Orakel erteilenden Jupiter ausgab.[l] Muß ein Gott schreien, wenn er die Zukunft eröffnet? Würde ein gefälliger Umriß des Mundes seine Rede verdächtig machen? Auch glaube ich es dem Valerius nicht, daß Ajax in dem

---

l) Antiquit. expl. T. I. p. 50.

nur gedachten Gemälde des Timanthes sollte geschrieen haben.^m

Weit schlechtere Meister aus den Zeiten der schon verfallenen Kunst, lassen auch nicht einmal die wildesten Barbaren, wenn sie unter dem Schwerde des Siegers Schrecken und Todesangst ergreift, den Mund bis zum Schreien öffnen.^n

Es ist gewiß, daß diese Herabsetzung des äußersten körperlichen Schmerzes auf einen niedrigern Grad von Gefühl, an mehrern alten Kunstwerken sichtbar gewesen. Der leidende Herkules in dem vergifteten Gewande, von der Hand eines alten unbekannten Meisters, war nicht der Sophokleische, der so gräßlich schrie, daß die Lokrischen Felsen, und die Euböischen Vorgebirge davon ertönten. Er war mehr finster, als wild.^o Der Philoktet des Pythagoras Leontinus schien dem Betrachter seinen Schmerz mitzuteilen, welche Wirkung der geringste gräßliche Zug verhindert hätte. Man dürfte fragen, woher ich wisse, daß dieser Meister eine Bildsäule des Philoktet gemacht habe? Aus einer Stelle des Plinius, die meine Verbesserung nicht erwartet haben sollte, so offenbar verfälscht oder verstümmelt ist sie.^p

m) Er gibt nämlich die von dem Timanthes wirklich ausgedrückten Grade der Traurigkeit so an: Calchantem tristem, moestum Ulyssem, clamantem Ajacem, lamentantem Menelaum. – Der Schreier Ajax müßte eine häßliche Figur gewesen sein; und da weder Cicero noch Quintilian in ihren Beschreibungen dieses Gemäldes seiner gedenken, so werde ich ihn um so viel eher für einen Zusatz halten dürfen, mit dem es Valerius aus seinem Kopfe bereichern wollen.

n) Bellorii Admiranda Tab. 11. 12.

o) Plinius libr. XXXIV. sect. 19.

p) Eundem, nämlich den Myro, lieset man bei dem Plinius, (libr. XXXIV. sect. 19) vicit et Pythagoras Leontinus, qui fecit stadiodromen Astylon, qui Olympiae ostenditur: et Libyn puerum tenentem tabulam, eodem loco, et mala ferentem nudum. Syracusis autem claudicantem: cuius hulceris dolorem sentire etiam spectantes videntur. Man erwäge die letzten Worte etwas genauer. Wird nicht darin offenbar von einer Person gesprochen, die wegen eines schmerzhaften Geschwieres überall bekannt ist? Cuius hulceris u.s.w. Und dieses cuius sollte auf das bloße claudicantem, und das claudicantem vielleicht auf das noch entferntere puerum gehen? Niemand hatte mehr Recht, wegen eines solchen Geschwie-

III

Aber, wie schon gedacht, die Kunst hat in den neuern Zeiten ungleich weitere Grenzen erhalten. Ihre Nachahmung, sagt man, erstrecke sich auf die ganze sichtbare Natur, von welcher das Schöne nur ein kleiner Teil ist. Wahrheit und Ausdruck sei ihr erstes Gesetz; und wie die Natur selbst die Schönheit höhern Absichten jederzeit aufopfere, so müsse sie auch der Künstler seiner allgemeinen Bestimmung unterordnen, und ihr nicht weiter nachgehen, als es Wahrheit und Audruck erlauben. Genug, daß durch Wahrheit und Ausdruck das Häßlichste der Natur in ein Schönes der Kunst verwandelt werde.

Gesetzt, man wollte diese Begriffe vors erste unbestritten in ihrem Werte oder Unwerte lassen: sollten nicht andere von ihnen unabhängige Betrachtungen zu machen sein, warum dem ohngeachtet der Künstler in dem Ausdrucke Maß halten, und ihn nie aus dem höchsten Punkte der Handlung nehmen müsse.

Ich glaube, der einzige Augenblick, an den die materiellen Schranken der Kunst alle ihre Nachahmungen binden, wird auf dergleichen Betrachtungen leiten.

Kann der Künstler von der immer veränderlichen Natur nie mehr als einen einzigen Augenblick, und der Maler insbesondere diesen einzigen Augenblick auch nur aus einem einzigen Gesichtspunkte, brauchen; sind aber ihre Werke gemacht, nicht bloß erblickt, sondern betrachtet zu werden, lange und wiederholter maßen betrachtet zu werden: so ist es gewiß, daß jener einzige Augenblick und einzige Gesichtspunkt dieses einzigen Augenblickes, nicht fruchtbar genug gewählet werden kann. Dasjenige aber nur allein ist fruchtbar, was der Einbil-

---

res bekannter zu sein als Philoktet. Ich lese also anstatt claudicantem, Philoctetem, oder halte wenigstens dafür, daß das letztere durch das erstere gleichlautende Wort verdrungen worden, und man beides zusammen Philoctetem claudicantem lesen müsse. Sophokles läßt ihn ςιβον κατ' ἀναγκαν ἑρπειν, und es mußte ein Hinken verursachen, daß er auf den kranken Fuß weniger herzhaft auftreten konnte.

dungskraft freies Spiel läßt. Je mehr wir sehen, desto mehr müssen wir hinzu denken können. Je mehr wir darzu denken, desto mehr müssen wir zu sehen glauben. In dem ganzen Verfolge eines Affekts ist aber kein Augenblick der diesen Vorteil weniger hat, als die höchste Staffel desselben. Über ihr ist weiter nichts, und dem Auge das Äußerste zeigen, heißt der Phantasie die Flügel binden, und sie nötigen, da sie über den sinnlichen Eindruck nicht hinaus kann, sich unter ihm mit schwächern Bildern zu beschäftigen, über die sie die sichtbare Fülle des Ausdrucks als ihre Grenze scheuet. Wenn Laokoon also seufzet, so kann ihn die Einbildungskraft schreien hören; wenn er aber schreiet, so kann sie von dieser Vorstellung weder eine Stufe höher, noch eine Stufe tiefer steigen, ohne ihn in einem leidlichern, folglich uninteressantern Zustande zu erblicken. Sie hört ihn erst ächzen, oder sie sieht ihn schon tot.

Ferner. Erhält dieser einzige Augenblick durch die Kunst eine unveränderliche Dauer: so muß er nichts ausdrücken, was sich nicht anders als transitorisch denken läßt. Alle Erscheinungen, zu deren Wesen wir es nach unsern Begriffen rechnen, daß sie plötzlich ausbrechen und plötzlich verschwinden, daß sie das, was sie sind, nur einen Augenblick sein können; alle solche Erscheinungen, sie mögen angenehm oder schrecklich sein, erhalten durch die Verlängerung der Kunst ein so widernatürliches Ansehen, daß mit jeder wiederholten Erblickung der Eindruck schwächer wird, und uns endlich vor dem ganzen Gegenstande ekelt oder grauet. La Mettrie, der sich als einen zweiten Demokrit malen und stechen lassen, lacht nur die ersten male, die man ihn sieht. Betrachtet ihn öftrer, und er wird aus einem Philosophen ein Geck; aus seinem Lachen wird ein Grinsen. So auch mit dem Schreien. Der heftige Schmerz, welcher das Schreien auspresset, läßt entweder bald nach, oder zerstöret das leidende Subjekt. Wann also auch der geduldigste standhafteste Mann schreiet, so schreiet er doch nicht unabläßlich. Und nur dieses scheinbare Unabläßliche in der materiellen Nachahmung der Kunst ist es, was sein Schreien zu weibischem Unvermögen, zu kindischer Unleidlichkeit machen würde. Dieses wenigstens mußte der Künstler des Laokoons vermeiden, hätte schon das Schreien der Schönheit nicht geschadet, wäre es auch seiner Kunst schon erlaubt gewesen, Leiden ohne Schönheit auszudrücken.

Unter den alten Malern scheinet Timomachus Vorwürfe des äußersten Affekts am liebsten gewählet zu haben. Sein rasender Ajax, seine Kindermörderin Medea, waren berühmte Gemälde. Aber aus den Beschreibungen, die wir von ihnen haben, erhellet, daß er jenen Punkt, in welchem der Betrachter das Äußerste nicht sowohl erblickt, als hinzu denkt, jene Erscheinung, mit der wir den Begriff des Transitorischen nicht so notwendig verbinden, daß uns die Verlängerung derselben in der Kunst mißfallen sollte, vortrefflich verstanden und mit einander zu verbinden gewußt hat. Die Medea hatte er nicht in dem Augenblicke genommen, in welchem sie ihre Kinder wirklich ermordet; sondern einige Augenblicke zuvor, da die mütterliche Liebe noch mit der Eifersucht kämpfet. Wir sehen das Ende dieses Kampfes voraus. Wir zittern voraus, nun bald bloß die grausame Medea zu erblicken, und unsere Einbildungskraft gehet weit über alles hinweg, was uns der Maler in diesem schrecklichen Augenblicke zeigen könnte. Aber eben darum beleidiget uns die in der Kunst fortdauernde Unentschlossenheit der Medea so wenig, daß wir vielmehr wünschen, es wäre in der Natur selbst dabei geblieben, der Streit der Leidenschaften hätte sich nie entschieden, oder hätte wenigstens so lange angehalten, bis Zeit und Überlegung die Wut entkräften und den mütterlichen Empfindungen den Sieg versichern können. Auch hat dem Timomachus diese seine Weisheit große und häufige Lobsprüche zugezogen, und ihn weit über einen andern unbekannten Maler erhoben, der unverständig genug gewesen war, die Medea in ihrer höchsten Raserei zu zeigen, und so diesem flüchtig überhingehenden Grade der äußersten Raserei eine Dauer zu geben, die alle Natur empöret. Der Dichter,[a] der ihn desfalls tadelt, sagt daher sehr sinnreich, indem er das Bild selbst anredet: »Durstest du denn beständig

---

a) Philippus (Anthol. lib. IV. cap. 9. ep. 10)

Ἀιει γαρ διψᾳς βρεφεων φονον. ἢ τις Ιησων
Δευτερος, ἢ Γλαυκη τις παλι σοι προφασις;
Ἐρρε και ἐν κηρῳ παιδοκτονε –

nach dem Blute deiner Kinder? Ist denn immer ein neuer Jason, immer eine neue Creusa da, die sich unaufhörlich erbittern? – Zum Henker mit dir auch im Gemälde!« setzt er voller Verdruß hinzu.

Von dem rasenden Ajax des Timomachus läßt sich aus der Nachricht des Philostrats urteilen.[b] Ajax erschien nicht, wie er unter den Herden wütet, und Rinder und Böcke für Menschen fesselt und mordet. Sondern der Meister zeigte ihn, wie er nach diesen wahnwitzigen Heldentaten ermattet da sitzt, und den Anschlag fasset, sich selbst umzubringen. Und das ist wirklich der rasende Ajax; nicht weil er eben itzt raset, sondern weil man siehet, daß er geraset hat; weil man die Größe seiner Raserei am lebhaftesten aus der verzweiflungsvollen Scham abnimmt, die er nun selbst darüber empfindet. Man siehet den Sturm in den Trümmern und Leichen, die er an das Land geworfen.

IV

Ich übersehe die angeführten Ursachen, warum der Meister des Laokoon in dem Ausdrucke des körperlichen Schmerzes Maß halten müssen, und finde, daß sie allesamt von der eigenen Beschaffenheit der Kunst, und von derselben notwendigen Schranken und Bedürfnissen hergenommen sind. Schwerlich dürfte sich also wohl irgend eine derselben auf die Poesie anwenden lassen.

Ohne hier zu untersuchen, wie weit es dem Dichter gelingen kann, körperliche Schönheit zu schildern: so ist so viel unstreitig, daß, da das ganze unermeßliche Reich der Vollkommenheit seiner Nachahmung offen stehet, diese sichtbare Hülle, unter welcher Vollkommenheit zu Schönheit wird, nur eines von den geringsten Mitteln sein kann, durch die er uns für seine Personen zu interessieren weiß. Oft vernachlässiget er dieses Mittel gänzlich; versichert, daß wenn sein Held einmal unsere Gewogenheit gewonnen, uns dessen edlere Eigenschaften entwe-

[b] Vita Apoll. lib. II. cap. 22.

der so beschäftigen, daß wir an die körperliche Gestalt gar nicht denken, oder, wenn wir daran denken, uns so bestechen, daß wir ihm von selbst wo nicht eine schöne, doch eine gleichgültige erteilen. Am wenigsten wird er bei jedem einzeln Zuge, der nicht ausdrücklich für das Gesicht bestimmet ist, seine Rücksicht dennoch auf diesen Sinn nehmen dürfen. Wenn Virgils Laokoon schreiet, wem fällt es dabei ein, daß ein großes Maul zum Schreien nötig ist, und daß dieses große Maul häßlich läßt? Genug, daß clamores horrendos ad sidera tollit ein erhabner Zug für das Gehör ist, mag er doch für das Gesicht sein, was er will. Wer hier ein schönes Bild verlangt, auf den hat der Dichter seinen ganzen Eindruck verfehlt.

Nichts nötiget hiernächst den Dichter sein Gemälde in einen einzigen Augenblick zu konzentrieren. Er nimmt jede seiner Handlungen, wenn er will, bei ihrem Ursprunge auf, und führt sie durch alle mögliche Abänderungen bis zu ihrer Endschaft. Jede dieser Abänderungen, die dem Künstler ein ganzes besonderes Stück kosten würde, kostet ihm einen einzigen Zug; und würde dieser Zug, für sich betrachtet, die Einbildung des Zuhörers beleidigen, so war er entweder durch das Vorhergehende so vorbereitet, oder wird durch das Folgende so gemildert und vergütet, daß er seinen einzeln Eindruck verlieret, und in der Verbindung die trefflichste Wirkung von der Welt tut. Wäre es also auch wirklich einem Manne unanständig, in der Heftigkeit des Schmerzes zu schreien; was kann diese kleine überhingehende Unanständigkeit demjenigen bei uns für Nachteil bringen, dessen andere Tugenden uns schon für ihn eingenommen haben? Virgils Laokoon schreiet, aber dieser schreiende Laokoon ist eben derjenige, den wir bereits als den vorsichtigsten Patrioten, als den wärmsten Vater kennen und lieben. Wir beziehen sein Schreien nicht auf seinen Charakter, sondern lediglich auf sein unerträgliches Leiden. Dieses allein hören wir in seinem Schreien; und der Dichter konnte es uns durch dieses Schreien allein sinnlich machen.

Wer tadelt ihn also noch? Wer muß nicht vielmehr bekennen: wenn der Künstler wohl tat, daß er den Laokoon nicht schreien ließ, so tat der Dichter eben so wohl, daß er ihn schreien ließ?

Aber Virgil ist hier bloß ein erzählender Dichter. Wird in seiner Rechtfertigung auch der dramatische Dichter mit begriffen sein? Einen andern Eindruck macht die Erzählung von jemands Geschrei; einen andern dieses Geschrei selbst. Das Drama, welches für die lebendige Malerei des Schauspielers bestimmt ist, dürfte vielleicht eben deswegen sich an die Gesetze der materiellen Malerei strenger halten müssen. In ihm glauben wir nicht bloß einen schreienden Philoktet zu sehen und zu hören; wir hören und sehen wirklich schreien. Je näher der Schauspieler der Natur kömmt, desto empfindlicher müssen unsere Augen und Ohren beleidigt werden; denn es ist unwidersprechlich, daß sie es in der Natur werden, wenn wir so laute und heftige Äußerungen des Schmerzes vernehmen. Zudem ist der körperliche Schmerz überhaupt des Mitleidens nicht fähig, welches andere Übel erwecken. Unsere Einbildung kann zu wenig in ihm unterscheiden, als daß die bloße Erblickung desselben etwas von einem gleichmäßigen Gefühl in uns hervor zu bringen vermöchte. Sophokles könnte daher leicht nicht einen bloß willkürlichen, sondern in dem Wesen unsrer Empfindungen selbst gegründeten Anstand übertreten haben, wenn er den Philoktet und Herkules so winseln und weinen, so schreien und brüllen läßt. Die Umstehenden können unmöglich so viel Anteil an ihrem Leiden nehmen, als diese ungemäßigten Ausbrüche zu erfordern scheinen. Sie werden uns Zuschauern vergleichungsweise kalt vorkommen, und dennoch können wir ihr Mitleiden nicht wohl anders, als wie das Maß des unsrigen betrachten. Hierzu füge man, daß der Schauspieler die Vorstellung des körperlichen Schmerzes schwerlich oder gar nicht bis zur Illusion treiben kann: und wer weiß, ob die neuern dramatischen Dichter nicht eher zu loben, als zu tadeln sind, daß sie diese Klippe entweder ganz und gar vermieden, oder doch nur mit einem leichten Kahne umfahren haben.

Wie manches würde in der Theorie unwidersprechlich scheinen, wenn es dem Genie nicht gelungen wäre, das Widerspiel durch die Tat zu erweisen. Alle diese Betrachtungen sind nicht ungegründet, und doch bleibet Philoktet eines von den Meisterstücken der Bühne. Denn ein Teil derselben trifft den Sophokles nicht eigentlich, und nur indem er sich über den andern Teil hinwegsetzet, hat er Schönheiten erreicht, von welchen dem furchtsamen Kunstrichter, ohne dieses Beispiel, nie träumen würde. Folgende Anmerkungen werden es näher zeigen.

1. Wie wunderbar hat der Dichter die Idee des körperlichen Schmerzes zu verstärken und zu erweitern gewußt! Er wählte eine Wunde – (denn auch die Umstände der Geschichte kann man betrachten, als ob sie von seiner Wahl abgehangen hätten, in so fern er nämlich die ganze Geschichte, eben dieser ihm vorteilhaften Umstände wegen, wählte) – er wählte, sage ich, eine Wunde und nicht eine innerliche Krankheit; weil sich von jener eine lebhaftere Vorstellung machen läßt, als von dieser, wenn sie auch noch so schmerzlich ist. Die innere sympathetische Glut, welche den Meleager verzehrte, als ihn seine Mutter in dem fatalen Brande ihrer schwesterlichen Wut aufopferte, würde daher weniger theatralisch sein, als eine Wunde. Und diese Wunde war ein göttliches Strafgericht. Ein mehr als natürliches Gift tobte unaufhörlich darin, und nur ein stärkerer Anfall von Schmerzen hatte seine gesetzte Zeit, nach welchem jedesmal der Unglückliche in einen betäubenden Schlaf verfiel, in welchem sich seine erschöpfte Natur erholen mußte, den nämlichen Weg des Leidens wieder antreten zu können. Chataubrun läßt ihn bloß von dem vergifteten Pfeile eines Trojaners verwundet sein. Was kann man sich von einem so gewöhnlichen Zufalle außerordentliches versprechen? Ihm war in den alten Kriegen ein jeder ausgesetzt; wie kam es, daß er nur bei dem Philoktet so schreckliche Folgen hatte? Ein natürliches Gift, das neun ganzer Jahre wirket, ohne zu töten, ist noch dazu weit unwahrscheinlicher, als alle das fabelhafte Wunderbare, womit es der Grieche ausgerüstet hat.

2. So groß und schrecklich er aber auch die körperlichen Schmerzen seines Helden machte, so fühlte er es doch sehr wohl, daß sie allein nicht hinreichend wären, einen merklichen Grad des Mitleids zu erregen. Er verband sie daher mit andern Übeln, die gleichfalls für sich betrachtet nicht besonders rühren konnten, die aber durch diese Verbindung einen eben so melancholischen Anstrich erhielten, als sie den körperlichen Schmerzen hinwiederum mitteilten. Diese Übel waren, völlige Beraubung der menschlichen Gesellschaft, Hunger und alle Unbe-

quemlichkeiten des Lebens, welchen man unter einem rauhen
Himmel in jener Beraubung ausgesetzet ist.[a] Man denke sich
einen Menschen in diesen Umständen, man gebe ihm aber Gesundheit, und Kräfte, und Industrie, und es ist ein Robinson

a) Wenn der Chor das Elend des Philoktet in dieser Verbindung
betrachtet, so scheinet ihn die hülflose Einsamkeit desselben ganz
besonders zu rühren. In jedem Worte hören wir den geselligen
Griechen. Über eine von den hieher gehörigen Stellen habe ich indes meinen Zweifel. Sie ist die: (v. 701–705)

> Ἱν' αὐτος ἦν προσουρος, ὀυκ ἔχων βασιν,
> Ουδε τιν' ἐγχωρων,
> Κακογειτονα παρ' ᾧ ϛονον ἀντιτυπον
> Βαρυβρωτ' ἀποκλαυ-
> σειεν ἁιματηρον.

Die gemeine Winshemsche Übersetzung gibt dieses so:

> Ventis expositus et pedibus captus
> Nullum cohabitatorem
> Nec vicinum ullum saltem malum habens, apud quem
> gemitum mutuum
> Gravemque ac cruentum
> Ederet.

Hiervon weicht die interpolierte Übersetzung des Th. Johnson nur
in den Worten ab:

> Ubi ipse ventis erat expositus, firmum gradum non habens,
> Nec quenquam indigenarum,
> Nec malum vicinum, apud quem ploraret
> Vehementer edacem
> Sanguineum morbum, mutuo gemitu.

Man sollte glauben, er habe diese veränderten Worte aus der gebundenen Übersetzung des Thomas Naogeorgus entlehnt. Denn
dieser (sein Werk ist sehr selten, und Fabricius selbst hat es nur aus
dem Oporinschen Bücherverzeichnisse gekannt) drückt sich so aus:

> – ubi expositus fuit
> Ventis ipse, gradum firmum haud habens,
> Nec quenquam indigenam, nec vel malum
> Vicinum, ploraret apud quem
> Vehementer edacem atque cruentum
> Morbum mutuo.

Wenn diese Übersetzungen ihre Richtigkeit haben, so sagt der Chor
das Stärkste, was man nur immer zum Lobe der menschlichen Ge-

Crusoe, der auf unser Mitleid wenig Anspruch macht, ob uns gleich sein Schicksal sonst gar nicht gleichgültig ist. Denn wir sind selten mit der menschlichen Gesellschaft so zufrieden, daß uns die Ruhe, die wir außer derselben genießen, nicht sehr reizend dünken sollte, besonders unter der Vorstellung, welche

sellschaft sagen kann: Der Elende hat keinen Menschen um sich; er weiß von keinem freundlichen Nachbar; zu glücklich, wenn er auch nur einen bösen Nachbar hätte! Thomson würde sodann diese Stelle vielleicht vor Augen gehabt haben, wenn er den gleichfalls in eine wüste Insel von Bösewichtern ausgesetzten Melisander sagen läßt:

> Cast on the wildest of the Cyclad Isles
> Where never human foot had marked the shore
> These Ruffians left me – yet believe me, Arcas,
> Such is the rooted love we bear mankind,
> All ruffians as they were, I never heard
> A sound so dismal as their parting oars.

Auch ihm wäre die Gesellschaft von Bösewichtern lieber gewesen, als gar keine. Ein großer vortrefflicher Sinn! Wenn es nur gewiß wäre, daß Sophokles auch wirklich so etwas gesagt hätte. Aber ich muß ungern bekennen, daß ich nichts dergleichen bei ihm finde; es wäre denn, daß ich lieber mit den Augen des alten Scholiasten, als mit meinen eigenen sehen wollte, welcher die Worte des Dichters so umschreibt: Ου μονον οπου καλον ουκ ειχε τινα των εγχωριων γειτονα, αλλα ουδε κακον, παρ' ου αμοιβαιον λογον ςεναζων ακουσειε. Wie dieser Auslegung die angeführten Übersetzer gefolgt sind, so hat sich auch eben so wohl Brumoy, als unser neuer deutscher Übersetzer daran gehalten. Jener sagt, sans société, meme importune; und dieser »jeder Gesellschaft, auch der beschwerlichsten beraubet.« Meine Gründe, warum ich von ihnen allen abgehen muß, sind diese. Erstlich ist es offenbar, daß wenn κακογειτονα von τιν' εγχωρων getrennet werden, und ein besonders Glied ausmachen sollte, die Partikel ουδε vor κακογειτονα notwendig wiederholt sein müßte. Da sie es aber nicht ist, so ist es eben so offenbar, daß κακογειτονα zu τινα gehöret, und das Komma nach εγχωρων wegfallen muß. Dieses Komma hat sich aus der Übersetzung eingeschlichen, wie ich denn wirklich finde, daß es einige ganz griechische Ausgaben (z. E. die Wittenbergische von 1585 in 8, welche dem Fabricius völlig unbekannt geblieben) auch gar nicht haben, und es erst, wie gehörig, nach κακογειτονα setzen. Zweitens, ist das wohl ein böser Nachbar, von dem wir uns ςονον αντιτυπον, αμοιβαιον wie es der Scholiast erklärt, versprechen können? Wechselsweise mit uns seufzen, ist die Eigenschaft eines Freundes, nicht aber

jedes Individuum schmeichelt, daß es fremden Beistandes nach und nach kann entbehren lernen. Auf der andern Seite gebe man einem Menschen die schmerzlichste unheilbarste Krankheit, aber man denke ihn zugleich von gefälligen Freunden umgeben, die ihn an nichts Mangel leiden lassen, die sein Übel, so viel in ihren Kräften stehet, erleichtern, gegen die er unverhohlen klagen und jammern darf: unstreitig werden wir Mitleid mit ihm haben, aber dieses Mitleid dauert nicht in die Länge, endlich zucken wir die Achsel und verweisen ihn zur Geduld. Nur wenn beide Fälle zusammen kommen, wenn der Einsame auch seines Körpers nicht mächtig ist, wenn dem Kranken eben so wenig jemand anders hilft, als er sich selbst helfen kann, und seine Klagen in der öden Luft verfliegen: alsdann sehen wir alles Elend, was die menschliche Natur treffen kann, über den Unglücklichen zusammen schlagen, und jeder flüchtige Gedanke, mit dem wir uns an seiner Stelle denken, erreget Schaudern und Entsetzen. Wir erblicken nichts als die Verzweiflung in ihrer schrecklichsten Gestalt vor uns, und kein Mitleid ist stärker,

eines Feindes. Kurz also: man hat das Wort κακογειτονα unrecht verstanden; man hat angenommen, daß es aus dem Adjectivo κακος zusammen gesetzt sei, und es ist aus dem Substantivo τo κακον zusammen gesetzt; man hat es durch einen bösen Nachbar erklärt, und hätte es durch einen Nachbar des Bösen erklären sollen. So wie κακομαντις nicht einen bösen, das ist, falschen, unwahren Propheten, sondern einen Propheten des Bösen, κακοτεχνος nicht einen bösen, ungeschickten Künstler, sondern einen Künstler im Bösen bedeuten. Unter einen Nachbar des Bösen versteht der Dichter aber denjenigen, welcher entweder mit gleichen Unfällen, als wir, behaftet ist, oder aus Freundschaft an unsern Unfällen Anteil nimmt; so daß die ganzen Worte οὐδ' ἔχων τιν'ἐγχωρων κακογειτονα bloß durch »neque quenquam indigenarum mali socium habens« zu übersetzen sind. Der neue englische Übersetzer des Sophokles, Thomas Franklin, kann nicht anders als meiner Meinung gewesen sein, indem er den bösen Nachbar in κακογειτων auch nicht findet, sondern es bloß durch fellow-mourner übersetzet:

> Expos'd to the inclement skies,
> Deserted and forlorn he lyes,
> No friend nor fellow-mourner there,
> To sooth his sorrow, and divide his care.

keines zerschmelzet mehr die ganze Seele, als das, welches sich mit Vorstellungen der Verzweiflung mischet. Von dieser Art ist das Mitleid, welches wir für den Philoktet empfinden, und in dem Augenblicke am stärksten empfinden, wenn wir ihn auch seines Bogens beraubt sehen, des einzigen, was ihm sein kümmerliches Leben erhalten mußte. – O des Franzosen, der keinen Verstand, dieses zu überlegen, kein Herz, dieses zu fühlen, gehabt hat! Oder wann er es gehabt hat, der klein genug war, dem armseligen Geschmacke seiner Nation alles dieses aufzuopfern. Chataubrun gibt dem Philoktet Gesellschaft. Er läßt eine Prinzessin Tochter zu ihm in die wüste Insel kommen. Und auch diese ist nicht allein, sondern hat ihre Hofmeisterin bei sich; ein Ding, von dem ich nicht weiß, ob es die Prinzessin oder der Dichter nötiger gebraucht hat. Das ganze vortreffliche Spiel mit dem Bogen hat er weggelassen. Dafür läßt er schöne Augen spielen. Freilich würden Pfeil und Bogen der französischen Heldenjugend sehr lustig vorgekommen sein. Nichts hingegen ist ernsthafter als der Zorn schöner Augen. Der Grieche martert uns mit der gräulichen Besorgung, der arme Philoktet werde ohne seinem Bogen auf der wüsten Insel bleiben und elendiglich umkommen müssen. Der Franzose weiß einen gewissern Weg zu unsern Herzen: er läßt uns fürchten, der Sohn des Achilles werde ohne seine Prinzessin abziehen müssen. Dieses hießen denn auch die Pariser Kunstrichter, über die Alten triumphieren, und einer schlug vor, das Chataubrunsche Stück »La Difficulté vaincue« zu benennen.[b]

3. Nach der Wirkung des Ganzen betrachte man die einzeln Szenen, in welchen Philoktet nicht mehr der verlassene Kranke ist; wo er Hoffnung hat, nun bald die trostlose Einöde zu verlassen und wieder in sein Reich zu gelangen; wo sich also sein ganzes Unglück auf die schmerzliche Wunde einschränkt. Er wimmert, er schreiet, er bekömmt die gräßlichsten Zuckungen. Hierwider gehet eigentlich der Einwurf des beleidigten Anstandes. Es ist ein Engländer, welcher diesen Einwurf macht; ein Mann also, bei welchem man nicht leicht eine falsche Delikatesse argwohnen darf. Wie schon berührt, so gibt er ihm auch

---

b) Mercure de France, Avril 1755. p. 177.

einen sehr guten Grund. Alle Empfindungen und Leidenschaften, sagt er, mit welchen andere nur sehr wenig sympathisieren können, werden anstößig, wenn man sie zu heftig ausdrückt.ᶜ »Aus diesem Grunde ist nichts unanständiger, und einem Manne unwürdiger, als wenn er den Schmerz, auch den allerheftigsten, nicht mit Geduld ertragen kann, sondern weinet und schreiet. Zwar gibt es eine Sympathie mit dem körperlichen Schmerze. Wenn wir sehen, daß jemand einen Schlag auf den Arm oder das Schienbein bekommen soll, so fahren wir natürlicher Weise zusammen, und ziehen unsern eigenen Arm, oder Schienbein, zurück; und wenn der Schlag wirklich geschieht, so empfinden wir ihn gewissermaßen eben sowohl, als der, den er getroffen. Gleichwohl aber ist es gewiß, daß das Übel, welches wir fühlen, gar nicht beträchtlich ist; wenn der Geschlagene daher ein heftiges Geschrei erregt, so ermangeln wir nicht ihn zu verachten, weil wir in der Verfassung nicht sind, eben so heftig schreien zu können, als er.« – Nichts ist betrüglicher als allgemeine Gesetze für unsere Empfindungen. Ihr Gewebe ist so fein und verwickelt, daß es auch der behutsamsten Spekulation kaum möglich ist, einen einzeln Faden rein aufzufassen und durch alle Kreuzfäden zu verfolgen. Gelingt es ihr aber auch schon, was für Nutzen hat es? Es gibt in der Natur keine einzelne reine Empfindung; mit einer jeden entstehen tausend andere zugleich, deren geringste die Grundempfindung gänzlich verändert, so daß Ausnahmen über Ausnahmen erwachsen, die das vermeintlich allgemeine Gesetz endlich selbst auf eine bloße Erfahrung in wenig einzeln Fällen einschränken. – Wir verachten denjenigen, sagt der Engländer, den wir unter körperlichen Schmerzen heftig schreien hören. Aber nicht immer: nicht zum erstenmale; nicht, wenn wir sehen, daß der Leidende alles mögliche anwendet, seinen Schmerz zu verbeißen; nicht, wenn wir ihn sonst als einen Mann von Standhaftigkeit kennen; noch weniger, wenn wir ihn selbst unter dem Leiden Proben von seiner Standhaftigkeit ablegen sehen, wenn wir sehen, daß ihn der Schmerz zwar zum Schreien, aber auch zu weiter nichts zwingen kann, daß er sich lieber der längern Fort-

―――――――
c) The Theory of Moral Sentiments, by Adam Smith. Part I. sect. 2. chap. 1. p. 41. (London 1761)

dauer dieses Schmerzes unterwirft, als das geringste in seiner Denkungsart, in seinen Entschlüssen ändert, ob er schon in dieser Veränderung die gänzliche Endschaft seines Schmerzes hoffen darf. Das alles findet sich bei dem Philoktet. Die moralische Größe bestand bei den alten Griechen in einer eben so unveränderlichen Liebe gegen seine Freunde, als unwandelbarem Hasse gegen seine Feinde. Diese Größe behält Philoktet bei allen seinen Martern. Sein Schmerz hat seine Augen nicht so vertrocknet, daß sie ihm keine Tränen über das Schicksal seiner alten Freunde gewähren könnten. Sein Schmerz hat ihn so mürbe nicht gemacht, daß er, um ihn los zu werden, seinen Feinden vergeben, und sich gern zu allen ihren eigennützigen Absichten brauchen lassen möchte. Und diesen Felsen von einem Manne hätten die Athenienser verachten sollen, weil die Wellen, die ihn nicht erschüttern können, ihn wenigstens ertönen machen? – Ich bekenne, daß ich an der Philosophie des Cicero überhaupt wenig Geschmack finde; am allerwenigsten aber an der, die er in dem zweiten Buche seiner Tusculanischen Fragen über die Erduldung des körperlichen Schmerzes auskramet. Man sollte glauben, er wolle einen Gladiator abrichten, so sehr eifert er wider den äußerlichen Ausdruck des Schmerzes. In diesem scheinet er allein die Ungeduld zu finden, ohne zu überlegen, daß er oft nichts weniger als freiwillig ist, die wahre Tapferkeit aber sich nur in freiwilligen Handlungen zeigen kann. Er hört bei dem Sophokles den Philoktet nur klagen und schreien, und übersieht sein übriges standhaftes Betragen gänzlich. Wo hätte er auch sonst die Gelegenheit zu seinem rhetorischen Ausfalle wider die Dichter hergenommen? »Sie sollen uns weichlich machen, weil sie die tapfersten Männer klagend einführen.« Sie müssen sie klagen lassen; denn ein Theater ist keine Arena. Dem verdammten oder feilen Fechter kam es zu, alles mit Anstand zu tun und zu leiden. Von ihm mußte kein kläglicher Laut gehöret, keine schmerzliche Zuckung erblickt werden. Denn da seine Wunden, sein Tod, die Zuschauer ergötzen sollten: so mußte die Kunst alles Gefühl verbergen lehren. Die geringste Äußerung desselben hätte Mitleiden erweckt, und öfters erregtes Mitleiden würde diesen frostig grausamen Schauspielen bald ein Ende gemacht haben. Was aber hier nicht erregt werden sollte, ist die einzige Absicht der tragischen Bühne, und fodert daher ein gerade entgegen gesetztes Betragen. Ihre Helden müssen Gefühl zeigen, müssen ihre Schmerzen äußern, und die bloße Natur in sich wirken lassen. Verraten sie Abrichtung und Zwang, so lassen sie unser Herz kalt, und Klopffechter im Kothurne können höchstens nur bewundert werden. Diese Benennung verdienen alle Personen der sogenannten Senecaschen Tragödien, und ich bin der festen Meinung, daß die Gladiatorischen Spiele die vornehmste Ursache gewesen, warum die Römer in dem Tragischen noch so weit unter dem Mittelmäßigen geblieben sind. Die Zuschauer lernten in dem blutigen Amphitheater alle Natur verkennen, wo allenfalls ein Ktesias seine Kunst studieren konnte, aber nimmermehr ein Sophokles. Das tragischste Genie, an diese künstliche Todesszenen gewöhnet, mußte auf Bombast und Rodomontaden verfallen. Aber so wenig als solche Rodomontaden wahren Heldenmut einflößen können, eben so wenig können Philoktetische Klagen weichlich machen. Die Klagen sind eines Menschen, aber die Handlungen eines Helden. Beide machen den menschlichen Helden, der weder weichlich noch verhärtet ist, sondern bald dieses bald jenes scheinet, so wie ihn itzt Natur, itzt Grundsätze und Pflicht verlangen. Er ist das Höchste, was die Weisheit hervorbringen, und die Kunst nachahmen kann.

4. Nicht genug, daß Sophokles seinen empfindlichen Philoktet vor der Verachtung gesichert hat; er hat auch allem andern weislich vorgebaut, was man sonst aus der Anmerkung des Engländers wider ihn erinnern könnte. Denn verachten wir schon denjenigen nicht immer, der bei körperlichen Schmerzen schreiet, so ist doch dieses unwidersprechlich, daß wir nicht so viel Mitleiden für ihn empfinden, als dieses Geschrei zu erfordern scheinet. Wie sollen sich also diejenigen verhalten, die mit dem schreienden Philoktet zu tun haben? Sollen sie sich in einem hohen Grade gerührt stellen? Es ist wider die Natur. Sollen sie sich so kalt und verlegen bezeigen, als man wirklich bei dergleichen Fällen zu sein pflegt? Das würde die widrigste Dissonanz für den Zuschauer hervorbringen. Aber, wie gesagt, auch diesem hat Sophokles vorgebaut. Dadurch nämlich, daß die Nebenpersonen ihr eigenes Interesse haben; daß der Ein-

druck, welchen das Schreien des Philoktet auf sie macht, nicht das einzige ist, was sie beschäftiget, und der Zuschauer daher nicht sowohl auf die Disproportion ihres Mitleids mit diesem Geschrei, als vielmehr auf die Veränderung Acht gibt, die in ihren eigenen Gesinnungen und Anschlägen durch das Mitleid, es sei so schwach oder so stark es will, entstehet, oder entstehen sollte. Neoptolem und der Chor haben den unglücklichen Philoktet hintergangen; sie erkennen, in welche Verzweiflung ihn ihr Betrug stürzen werde; nun bekömmt er seinen schrecklichen Zufall vor ihren Augen; kann dieser Zufall keine merkliche sympathetische Empfindung in ihnen erregen, so kann er sie doch antreiben, in sich zu gehen, gegen so viel Elend Achtung zu haben, und es durch Verräterei nicht häufen zu wollen. Dieses erwartet der Zuschauer, und seine Erwartung findet sich von dem edelmütigen Neoptolem nicht getäuscht. Philoktet, seiner Schmerzen Meister, würde den Neoptolem bei seiner Verstellung erhalten haben. Philoktet, den sein Schmerz aller Verstellung unfähig macht, so höchst nötig sie ihm auch scheinet, damit seinen künftigen Reisegefährten das Versprechen, ihn mit sich zu nehmen, nicht zu bald gereue; Philoktet, der ganz Natur ist, bringt auch den Neoptolem zu seiner Natur wieder zurück. Diese Umkehr ist vortrefflich, und um so viel rührender, da sie von der bloßen Menschlichkeit bewirket wird. Bei dem Franzosen haben wiederum die schönen Augen ihren Teil daran.[d] Doch ich will an diese Parodie nicht mehr denken. – Des nämlichen Kunstgriffs, mit dem Mitleiden, welches das Geschrei über körperliche Schmerzen hervorbringen sollte, in den Umstehenden einen andern Affekt zu verbinden, hat sich Sophokles auch in den Trachinerinnen bedient. Der Schmerz des Herkules ist kein ermattender Schmerz: er treibt ihn bis zur Raserei, in der er nach nichts als nach Rache schnaubet. Schon hatte er in dieser Wut den Lichas ergriffen, und an dem Felsen zerschmettert. Der Chor ist weiblich; um so viel natürlicher muß sich Furcht und Entsetzen seiner bemeistern. Dieses, und die Erwartung, ob noch ein Gott dem Herkules zu Hülfe eilen, oder Herkules unter diesem Übel erliegen werde, macht hier

d) Act. II. Sc. III. De mes deguisemens que penseroit Sophie? Sagt der Sohn des Achilles.

das eigentliche allgemeine Interesse, welches von dem Mitleiden nur eine geringe Schattierung erhält. Sobald der Ausgang durch die Zusammenhaltung der Orakel entschieden ist, wird Herkules ruhig, und die Bewunderung über seinen letzten Entschluß tritt an die Stelle aller andern Empfindungen. Überhaupt aber muß man bei der Vergleichung des leidenden Herkules mit dem leidenden Philoktet nicht vergessen, daß jener ein Halbgott, und dieser nur ein Mensch ist. Der Mensch schämt sich seiner Klagen nie; aber der Halbgott schämt sich, daß sein sterblicher Teil über den unsterblichen so viel vermocht habe, daß er wie ein Mädchen weinen und winseln müssen.[e] Wir Neuern glauben keine Halbgötter, aber der geringste Held soll bei uns wie ein Halbgott empfinden, und handeln.

Ob der Schauspieler das Geschrei und die Verzuckungen des Schmerzes bis zur Illusion bringen könne, will ich weder zu verneinen noch zu bejahen wagen. Wenn ich fände, daß es unsere Schauspieler nicht könnten, so müßte ich erst wissen, ob es auch ein Garrick nicht vermögend wäre: und wenn es auch diesem nicht gelänge, so würde ich mir noch immer die Skeuopoeie und Deklamation der Alten in einer Vollkommenheit denken dürfen, von der wir heut zu Tage gar keinen Begriff haben.

V

Es gibt Kenner des Altertums, welche die Gruppe Laokoon zwar für ein Werk griechischer Meister, aber aus der Zeit der Kaiser halten, weil sie glauben, daß der Virgilische Laokoon dabei zum Vorbilde gedienet habe. Ich will von den ältern Gelehrten, die dieser Meinung gewesen sind, nur den Bartholomäus Marliani,[a] und von den neuern, den Montfaucon[b] nen-

e) Trach. v. 1088. 89

– – ὅςις ὥςε παρθενος
Βεβρυχα κλαιων – –

a) Topographiae Urbis Romae libr. IV. cap. 14: Et quanquam hi (Agesander et Polydorus et Athenodorus Rhodii) ex Virgilii descriptione statuam hanc formavisse videntur etc.
b) Suppl. aux Ant. Expliq. T. I. p. 242. Il semble qu'Agesandre,

nen. Sie fanden ohne Zweifel zwischen dem Kunstwerke und der Beschreibung des Dichters eine so besondere Übereinstimmung, daß es ihnen unmöglich dünkte, daß beide von ohngefähr auf einerlei Umstände sollten gefallen sein, die sich nichts weniger, als von selbst darbieten. Dabei setzten sie voraus, daß wenn es auf die Ehre der Erfindung und des ersten Gedankens ankomme, die Wahrscheinlichkeit für den Dichter ungleich größer sei, als für den Künstler.

Nur scheinen sie vergessen zu haben, daß ein dritter Fall möglich sei. Denn vielleicht hat der Dichter eben so wenig den Künstler, als der Künstler den Dichter nachgeahmt, sondern beide haben aus einerlei älteren Quelle geschöpft. Nach dem Macrobius würde Pisander diese ältere Quelle sein können.[c] Denn als die Werke dieses griechischen Dichters noch vorhanden waren, war es schulkundig, »pueris decantatum«, daß der Römer die ganze Eroberung und Zerstörung Iliums, sein ganzes zweites Buch, aus ihm nicht sowohl nachgeahmet, als treulich übersetzt habe. Wäre nun also Pisander auch in der Geschichte des Laokoon Virgils Vorgänger gewesen, so brauchten die griechischen Künstler ihre Anleitung nicht aus einem lateinischen Dichter zu holen, und die Mutmaßung von ihrem Zeitalter gründet sich auf nichts.

Indes wenn ich notwendig die Meinung des Marliani und Montfaucon behaupten müßte, so würde ich ihnen folgende

Polydore et Athenodore, qui en furent les ouvriers, ayent travaillé comme à l'envi, pour laisser un monument, qui repondoit à l'incomparable description qu'a fait Virgile de Laocoon etc.

c) Saturnal. lib. V. cap. 2. Quae Virgilius traxit a Graecis, dicturumne me putetis quae vulgo nota sunt? quod Theocritum sibi fecerit pastoralis operis autorem, ruralis Hesiodum? et quod in ipsis Georgicis, tempestatis serenitatisque signa de Arati Phaenomenis traxerit? vel quod eversionem Trojae, cum Sinone suo, et equo ligneo, caeterisque omnibus, quae librum secundum faciunt, a Pisandro pene ad verbum transcripserit? qui inter Graecos poetas eminet opere, quod a nuptiis Jovis et Junonis incipiens universas historias, quae mediis omnibus saeculis usque ad aetatem ipsius Pisandri contigerunt, in unam seriem coactas redegerit, et unum ex diversis hiatibus temporum corpus effecerit? in quo opere inter historias caeteras interitus quoque Trojae in hunc modum relatus est. Quae fideliter Maro interpretando. fabricatus est sibi Iliacae urbis ruinam. Sed et haec et talia ut pueris decantata praetereo.

Ausflucht leihen. Pisanders Gedichte sind verloren; wie die Geschichte des Laokoon von ihm erzählet worden, läßt sich mit Gewißheit nicht sagen; es ist aber wahrscheinlich, daß es mit eben den Umständen geschehen sei, von welchen wir noch itzt bei griechischen Schriftstellern Spuren finden. Nun kommen aber diese mit der Erzählung des Virgils im geringsten nicht überein, sondern der römische Dichter muß die griechische Tradition völlig nach seinem Gutdünken umgeschmolzen haben. Wie er das Unglück des Laokoon erzählt, so ist es seine eigene Erfindung; folglich, wenn die Künstler in ihrer Vorstellung mit ihm harmonieren, so können sie nicht wohl anders als nach seiner Zeit gelebt, und nach seinem Vorbilde gearbeitet haben.

Quintus Calaber läßt zwar den Laokoon einen gleichen Verdacht, wie Virgil, wider das hölzerne Pferd bezeigen; allein der Zorn der Minerva, welchen sich dieser dadurch zuziehet, äußert sich bei ihm ganz anders. Die Erde erbebt unter dem warnenden Trojaner; Schrecken und Angst überfallen ihn; ein brennender Schmerz tobet in seinen Augen; sein Gehirn leidet; er raset; er verblindet. Erst, da er blind noch nicht aufhört, die Verbrennung des hölzernen Pferdes anzuraten, sendet Minerva zwei schreckliche Drachen, die aber bloß die Kinder des Laokoon ergreifen. Umsonst strecken diese die Hände nach ihrem Vater aus; der arme blinde Mann kann ihnen nicht helfen; sie werden zerfleischt, und die Schlangen schlupfen in die Erde. Dem Laokoon selbst geschieht von ihnen nichts; und daß dieser Umstand dem Quintus[d] nicht eigen, sondern vielmehr allgemein angenommen müsse gewesen sein, bezeiget eine Stelle des Lykophron, wo diese Schlangen[e] das Beiwort der Kinderfresser führen.

War er aber, dieser Umstand, bei den Griechen allgemein angenommen, so würden sich griechische Künstler schwerlich erkühnt haben, von ihm abzuweichen, und schwerlich würde es sich getroffen haben, daß sie auf eben die Art wie ein römischer

---

d) Paralip. lib. XII. v. 398–408 et v. 439–474

e) Oder vielmehr, Schlange; denn Lykophron scheinet nur eine angenommen zu haben:

Και παιδοβρωτος πορκεως νησους διπλας.

Dichter abgewichen wären, wenn sie diesen Dichter nicht gekannt hätten, wenn sie vielleicht nicht den ausdrücklichen Auftrag gehabt hätten, nach ihm zu arbeiten. Auf diesem Punkte, meine ich, müßte man bestehen, wenn man den Marliani und Montfaucon verteidigen wollte. Virgil ist der erste und einzige,[f]

[f] Ich erinnere mich, daß man das Gemälde hierwider anführen könnte, welches Eumolp bei dem Petron auslegt. Es stellte die Zerstörung von Troja, und besonders die Geschichte des Laokoon, vollkommen so vor, als sie Virgil erzählet; und da in der nämlichen Galerie zu Neapel, in der es stand, andere alte Gemälde vom Zeuxis, Protogenes, Apelles waren, so ließe sich vermuten, daß es gleichfalls ein altes griechisches Gemälde gewesen sei. Allein man erlaube mir, einen Romandichter für keinen Historicus halten zu dürfen. Diese Galerie, und dieses Gemälde, und dieser Eumolp haben, allem Ansehen nach, nirgends als in der Phantasie des Petrons existieret. Nichts verrät ihre gänzliche Erdichtung deutlicher, als die offenbaren Spuren einer bei nahe schülermäßigen Nachahmung der Virgilischen Beschreibung. Es wird sich der Mühe verlohnen, die Vergleichung anzustellen. So Virgil: (Aeneid. lib. II. 199–224)

> Hic aliud majus miseris multoque tremendum
> Objicitur magis, atque improvida pectora turbat.
> Laocoon, ductus Neptuno sorte sacerdos,
> Sollemnis taurum ingentem mactabat ad aras.
> Ecce autem gemini a Tenedo tranquilla per alta
> (Horresco referens) immensis orbibus angues
> Incumbunt pelago, pariterque ad litora tendunt:
> Pectora quorum inter fluctus arrecta, jubaeque
> Sanguineae exsuperant undas; pars cetera pontum
> Pone legit, sinuatque immensa volumine terga.
> Fit sonitus, spumante salo: jamque arva tenebant,
> Ardentesque oculos suffecti sanguine et igni
> Sibila lambebant linguis vibrantibus ora.
> Diffugimus visu exsangues. Illi agmine certo
> Laocoonta petunt, et primum parva duorum
> Corpora natorum serpens amplexus uterque
> Implicat, et miseros morsu depascitur artus.
> Post ipsum, auxilio subeuntem ac tela ferentem,
> Corripiunt, spirisque ligant ingentibus: et jam
> Bis medium amplexi, bis collo squamea circum
> Terga dati, superant capite et cervicibus altis.
> Ille simul manibus tendit divellere nodos,
> Perfusus sanie vittas atroque veneno:
> Clamores simul horrendos ad sidera tollit.

welcher sowohl Vater als Kinder von den Schlangen umbringen läßt; die Bildhauer tun dieses gleichfalls, da sie es doch als Griechen nicht hätten tun sollen: also ist es wahrscheinlich, daß sie es auf Veranlassung des Virgils getan haben.

> Quales mugitus, fugit cum saucius aram
> Taurus et incertam excussit cervice securim.

Und so Eumolp: (von dem man sagen könnte, daß es ihm wie allen Poeten aus dem Stegreife ergangen sei; ihr Gedächtnis hat immer an ihren Versen eben so viel Anteil, als ihre Einbildung)

> Ecce alia monstra. Celsa qua Tenedos mare
> Dorso repellit, tumida consurgunt freta,
> Undaque resultat scissa tranquillo minor.
> Qualis silenti nocte remorum sonus
> Longe refertur, cum premunt classes mare,
> Pulsumque marmor abiete imposita gemit.
> Respicimus, angues orbibus geminis ferunt
> Ad saxa fluctus: tumida quorum pectora
> Rates ut altae, lateribus spumas agunt:
> Dant caudae sonitum; liberae ponto jubae
> Coruscant luminibus, fulmineum jubar
> Incendit aequor, sibilisque undae tremunt.
> Stupuere mentes. Infulis stabant sacri
> Phrygioque cultu gemina nati pignora
> Laocoonte, quos repente tergoribus ligant
> Angues corusci: parvulas illi manus
> Ad ora referunt: neuter auxilio sibi,
> Uterque fratri transtulit pias vices,
> Morsque ipsa miseros mutuo perdit metu.
> Accumulat ecce liberûm funus Parens,
> Infirmus auxiliator; invadunt virum
> Iam morte pasti, membraque ad terram trahunt.
> Iacet sacerdos inter aras victima.

Die Hauptzüge sind in beiden Stellen eben dieselben, und verschiedenes ist mit den nämlichen Worten ausgedrückt. Doch das sind Kleinigkeiten, die von selbst in die Augen fallen. Es gibt andere Kennzeichen der Nachahmung die feiner, aber nicht weniger sicher sind. Ist der Nachahmer ein Mann, der sich etwas zutrauet, so ahmt er selten nach, ohne verschönern zu wollen; und wenn ihm dieses Verschönern, nach seiner Meinung, geglückt ist, so ist er Fuchs genug, seine Fußtapfen, die den Weg, welchen er hergekommen, verraten würden, mit dem Schwanze zuzukehren. Aber eben diese eitle Begierde zu verschönern, und diese Behutsamkeit Origi-

Ich empfinde sehr wohl, wie viel dieser Wahrscheinlichkeit zur historischen Gewißheit mangelt. Aber da ich auch nichts historisches weiter daraus schließen will, so glaube ich wenigstens, daß man sie als eine Hypothesis kann gelten lassen, nach

nal zu scheinen, entdeckt ihn. Denn sein Verschönern ist nichts als Übertreibung und unnatürliches Raffinieren. Virgil sagt, sanguineae jubae: Petron, liberae jubae luminibus coruscant. Virgil, ardentes oculos suffecti sanguine et igni: Petron, fulmineum jubar incendit aequor. Virgil, fit sonitus spumante salo: Petron, sibilis undae tremunt. So geht der Nachahmer immer aus dem Großen ins Ungeheuere; aus dem Wunderbaren ins Unmögliche. Die von den Schlangen umwundene Knaben sind dem Virgil ein Parergon, das er mit wenigen bedeutenden Strichen hinsetzt, in welchen man nichts als ihr Unvermögen und ihren Jammer erkennet. Petron malt dieses Nebenwerk aus, und macht aus den Knaben ein Paar heldenmütige Seelen,

– – – – neuter auxilio sibi
Uterque fratri transtulit pias vices
Morsque ipsa miseros mutuo perdit metu.

Wer erwartet von Menschen, von Kindern, diese Selbstverleugnung? Wie viel besser kannte der Grieche die Natur, (Quintus Calaber lib. XII. v. 459-61) welcher bei Erscheinung der schrecklichen Schlangen, sogar die Mütter ihrer Kinder vergessen läßt, so sehr war jedes nur auf seine eigene Erhaltung bedacht.

– – – – ἔνθα γυναικες
'Οιμωζον, και που τις ἑων ἐπελησατο τεκνων,
'Αυτη ἀλευομενη ϛυγερον μορον – –

Zu verbergen sucht sich der Nachahmer gemeiniglich dadurch, daß er den Gegenständen eine andere Beleuchtung gibt, die Schatten des Originals heraus, und die Lichter zurücktreibt. Virgil gibt sich Mühe, die Größe der Schlangen recht sichtbar zu machen, weil von dieser Größe die Wahrscheinlichkeit der folgenden Erscheinung abhängt; das Geräusche, welches sie verursachen, ist nur eine Nebenidee, und bestimmt, den Begriff der Größe auch dadurch lebhafter zu machen. Petron hingegen macht diese Nebenidee zur Hauptsache, beschreibt das Geräusch mit aller möglichen Üppigkeit, und vergißt die Schilderung der Größe so sehr, daß wir sie nur fast aus dem Geräusche schließen müssen. Es ist schwerlich zu glauben, daß er in diese Unschicklichkeit verfallen wäre, wenn er bloß aus seiner Einbildung geschildert, und kein Muster vor sich gehabt hätte, dem er nachzeichnen, dem er aber nachgezeichnet zu haben, nicht verraten wollen. So kann man zuverlässig jedes poetische Gemälde,

welcher der Criticus seine Betrachtungen anstellen darf. Bewiesen oder nicht bewiesen, daß die Bildhauer dem Virgil nachgearbeitet haben; ich will es bloß annehmen, um zu sehen, wie sie ihm sodann nachgearbeitet hätten. Über das Geschrei habe ich mich schon erklärt. Vielleicht, daß mich die weitere Vergleichung auf nicht weniger unterrichtende Bemerkungen leitet.

Der Einfall, den Vater mit seinen beiden Söhnen durch die mördrischen Schlangen in einen Knoten zu schürzen, ist ohnstreitig ein sehr glücklicher Einfall, der von einer ungemein malerischen Phantasie zeiget. Wem gehört er? Dem Dichter, oder den Künstlern? Montfaucon will ihn bei dem Dichter nicht finden.[g] Aber ich meine, Montfaucon hat den Dichter nicht aufmerksam genug gelesen.

> – – – illi agmine certo
> Laocoonta petunt, et primum parva duorum
> Corpora natorum serpens amplexus uterque
> Implicat et miseros morsu depascitur artus.
> Post ipsum, auxilio subeuntem et tela ferentem
> Corripiunt, spirisque ligant ingentibus – –

Der Dichter hat die Schlangen von einer wunderbaren Länge geschildert. Sie haben die Knaben umstrickt, und da der Vater ihnen zu Hülfe kömmt, ergreifen sie auch ihn. (corripiunt) Nach ihrer Größe konnten sie sich nicht auf einmal von den Knaben loswinden; es mußte also einen Augenblick geben, da sie den Vater mit ihren Köpfen und Vorderteilen schon angefallen hatten, und mit ihren Hinterteilen die Knaben noch verschlungen hielten. Dieser Augenblick ist in der Fortschreitung des poetischen Gemäldes notwendig; der Dichter läßt ihn satt-

---

das in kleinen Zügen überladen, und in den großen fehlerhaft ist, für eine verunglückte Nachahmung halten, es mag sonst so viele kleine Schönheiten haben als es will, und das Original mag sich lassen angeben können oder nicht.

g) Suppl. aux Antiq. Expl. T. I. p. 243. Il y a quelque petite difference entre ce que dit Virgile, et ce que le marbre represente. Il semble, selon ce que dit le poete, que les serpens quitterent les deux enfans pour venir entortiller le pere, au lieu que dans ce marbre ils lient en meme tems les enfans et leur pere.

sam empfinden; nur ihn auszumalen, dazu war itzt die Zeit nicht. Daß ihn die alten Ausleger auch wirklich empfunden haben, scheinet eine Stelle des Donatus[h] zu bezeigen. Wie viel weniger wird er den Künstlern entwischt sein, in deren verständiges Auge, alles was ihnen vorteilhaft werden kann, so schnell und deutlich einleuchtet?

In den Windungen selbst, mit welchen der Dichter die Schlangen um den Laokoon führet, vermeidet er sehr sorgfältig die Arme, um den Händen alle ihre Wirksamkeit zu lassen.

Ille simul manibus tendit divellere nodos.

Hierin mußten ihm die Künstler notwendig folgen. Nichts gibt mehr Ausdruck und Leben, als die Bewegung der Hände; im Affekte besonders, ist das sprechendste Gesicht ohne sie unbedeutend. Arme, durch die Ringe der Schlangen fest an den Körper geschlossen, würden Frost und Tod über die ganze Gruppe verbreitet haben. Also sehen wir sie, an der Hauptfigur so wohl als an den Nebenfiguren, in völliger Tätigkeit, und da am meisten beschäftiget, wo gegenwärtig der heftigste Schmerz ist.

Weiter aber auch nichts, als diese Freiheit der Arme, fanden die Künstler zuträglich, in Ansehung der Verstrickung der Schlangen, von dem Dichter zu entlehnen. Virgil läßt die Schlangen doppelt um den Leib, und doppelt um den Hals des Laokoon sich winden, und hoch mit ihren Köpfen über ihn herausragen.

Bis medium amplexi, bis collo squamea circum
Terga dati, superant capite et cervicibus altis.

h) Donatus ad v. 227. lib. II. Aeneid. Mirandum non est, clypeo et simulachri vestigiis tegi potuisse, quos supra et longos et validos dixit, et multiplici ambitu circumdedisse Laocoontis corpus ac liberorum, et fuisse supertuam partem. Mich dünkt übrigens, daß in dieser Stelle aus den Worten mirandum non est, entweder das non wegfallen muß, oder am Ende der ganze Nachsatz mangelt. Denn da die Schlangen so außerordentlich groß waren, so ist es allerdings zu verwundern, daß sie sich unter dem Schilde der Göttin verbergen können, wenn dieses Schild nicht selbst sehr groß war, und zu einer kolossalischen Figur gehörte. Und die Versicherung hievon mußte der mangelnde Nachsatz sein; oder das non hat keinen Sinn.

Dieses Bild füllet unsere Einbildungskraft vortrefflich; die edelsten Teile sind bis zum Ersticken gepreßt, und das Gift gehet gerade nach dem Gesichte. Dem ohngeachtet war es kein Bild für Künstler, welche die Wirkungen des Giftes und des Schmerzes in dem Körper zeigen wollten. Denn um diese bemerken zu können, mußten die Hauptteile so frei sein als möglich, und durchaus mußte kein äußrer Druck auf sie wirken, welcher das Spiel der leidenden Nerven und arbeitenden Muskeln verändern und schwächen könnte. Die doppelten Windungen der Schlangen würden den ganzen Leib verdeckt haben, und jene schmerzliche Einziehung des Unterleibes, welche so sehr ausdrückend ist, würde unsichtbar geblieben sein. Was man über, oder unter, oder zwischen den Windungen, von dem Leibe noch erblickt hätte, würde unter Pressungen und Aufschwellungen erschienen sein, die nicht von dem innern Schmerze, sondern von der äußern Last gewirket worden. Der eben so oft umschlungene Hals würde die pyramidalische Zuspitzung der Gruppe, welche dem Auge so angenehm ist, gänzlich verdorben haben; und die aus dieser Wulst ins Freie hinausragende spitze Schlangenköpfe hätten einen so plötzlichen Abfall von Mensur gemacht, daß die Form des Ganzen äußerst anstößig geworden wäre. Es gibt Zeichner, welche unverständig genug gewesen sind, sich demohngeachtet an den Dichter zu binden. Was denn aber auch daraus geworden, läßt sich unter andern aus einem Blatte des Franz Cleyn*i* mit Abscheu erkennen. Die alten Bildhauer übersahen es mit einem Blicke, daß ihre Kunst hier eine gänzliche Abänderung erfordere. Sie verlegten alle Windungen von dem Leibe und Halse, um die Schenkel und Füße. Hier konnten diese Windungen, dem Ausdrucke unbeschadet, so viel decken und pressen, als nötig war. Hier erregten sie zugleich die Idee der gehemmten Flucht und einer Art von Unbeweglich-

---

i) In der prächtigen Ausgabe von Drydens englischem Virgil. (London 1697 in groß Folio) Und doch hat auch dieser die Windungen der Schlangen um den Leib nur einfach, und um den Hals fast gar nicht geführt. Wenn ein so mittelmäßiger Künstler anders eine Entschuldigung verdient, so könnte ihm nur die zu statten kommen, daß Kupfer zu einem Buche als bloße Erläuterungen, nicht aber als für sich bestehende Kunstwerke zu betrachten sind.

keit, die der künstlichen Fortdauer des nämlichen Zustandes sehr vorteilhaft ist.

Ich weiß nicht, wie es gekommen, daß die Kunstrichter diese Verschiedenheit, welche sich in den Windungen der Schlangen zwischen dem Kunstwerke und der Beschreibung des Dichters so deutlich zeiget, gänzlich mit Stillschweigen übergangen haben. Sie erhebet die Weisheit der Künstler eben so sehr als die andre, auf die sie alle fallen, die sie aber nicht sowohl anzupreisen wagen, als vielmehr nur zu entschuldigen suchen. Ich meine die Verschiedenheit in der Bekleidung. Virgils Laokoon ist in seinem priesterlichen Ornate, und in der Gruppe erscheinet er, mit beiden seinen Söhnen, völlig nackend. Man sagt, es gebe Leute, welche eine große Ungereimtheit darin fänden, daß ein Königssohn, ein Priester, bei einem Opfer, nackend vorgestellet werde. Und diesen Leuten antworten Kenner der Kunst in allem Ernste, daß es allerdings ein Fehler wider das Übliche sei, daß aber die Künstler dazu gezwungen worden, weil sie ihren Figuren keine anständige Kleidung geben können. Die Bildhauerei, sagen sie, könne keine Stoffe nachahmen; dicke Falten machten eine üble Wirkung; aus zwei Unbequemlichkeiten habe man also die geringste wählen, und lieber gegen die Wahrheit selbst verstoßen, als in den Gewändern tadelhaft werden müssen.[k] Wenn die alten Artisten bei dem Einwurfe lachen

---

k) So urteilet selbst De Piles in seinen Anmerkungen über den Du Fresnoy v. 210: Remarqués, s'il vous plait, que les Draperies tendres et legeres n'etant données qu'au sexe feminin, les anciens Sculpteurs ont evité autant qu'ils ont pû, d'habiller les figures d'hommes; parce qu'ils ont pensé, comme nous l'avons dejà dit, qu'en Sculpture on ne pouvoit imiter les etoffes et que les gros plis faisoient un mauvais effet. Il y a presque autant d'exemples de cette verité, qu'il y a parmi les antiques de figures d'hommes nuds. Je rapporterai seulement celui du Laocoon, lequel selon la vraisemblance devroit etre vetu. En effet, quelle apparence y a-t-il qu'un fils de Roi, qu'un Pretre d'Apollon se trouvat tout nud dans la ceremonie actuelle d'un sacrifice; car les serpens passerent de l'Isle de Tenedos au rivage de Troye, et surprirent Laocoon et ses fils dans le tems meme qu'il sacrifioit à Neptune sur le bord de la mer, comme le marque Virgile dans le second livre de son Eneide. Cependant les Artistes, qui sont les Auteurs de ce bel ouvrage, ont bien vû, qu'ils ne pouvoient pas leur donner de vetemens convenables à

würden, so weiß ich nicht, was sie zu der Beantwortung sagen dürften. Man kann die Kunst nicht tiefer herabsetzen, als es dadurch geschiehet. Denn gesetzt, die Skulptur könnte die verschiednen Stoffe eben so gut nachahmen, als die Malerei: würde sodann Laokoon notwendig bekleidet sein müssen? Würden wir unter dieser Bekleidung nichts verlieren? Hat ein Gewand, das Werk sklavischer Hände, eben so viel Schönheit als das Werk der ewigen Weisheit, ein organisierter Körper? Erfordert es einerlei Fähigkeiten, ist es einerlei Verdienst, bringt es einerlei Ehre, jenes oder diesen nachzuahmen? Wollen unsere Augen nur getäuscht sein, und ist es ihnen gleich viel, womit sie getäuscht werden?

Bei dem Dichter ist ein Gewand kein Gewand; es verdeckt nichts; unsere Einbildungskraft sieht überall hindurch. Laokoon habe es bei dem Virgil, oder habe es nicht, sein Leiden ist ihr an jedem Teile seines Körpers einmal so sichtbar, wie das andere. Die Stirne ist mit der priesterlichen Binde für sie umbunden, aber nicht umhüllet. Ja sie hindert nicht allein nicht, diese Binde; sie verstärkt auch noch den Begriff, den wir uns von dem Unglücke des Leidenden machen.

Perfusus sanie vittas atroque veneno.

Nichts hilft ihm seine priesterliche Würde; selbst das Zeichen derselben, das ihm überall Ansehen und Verehrung verschafft, wird von dem giftigen Geifer durchnetzt und entheiliget.

Aber diesen Nebenbegriff mußte der Artist aufgeben, wenn das Hauptwerk nicht leiden sollte. Hätte er dem Laokoon auch nur diese Binde gelassen, so würde er den Ausdruck um ein großes geschwächt haben. Die Stirne wäre zum Teil verdeckt worden, und die Stirne ist der Sitz des Ausdruckes. Wie er also dort, bei dem Schreien, den Ausdruck der Schönheit aufopferte, so opferte er hier das Übliche dem Ausdrucke auf. Überhaupt war das Übliche bei den Alten eine sehr geringschätzige Sache.

leur qualité, sans faire comme un amas de pierres, dont la masse resembleroit à un rocher, au lieu des trois admirables figures, qui ont été et qui sont toujours l'admiration des siecles. C'est pour cela que de deux inconvéniens, ils ont jugé celui des Draperies beaucoup plus facheux, que celui d'aller contre la verité même.

Sie fühlten, daß die höchste Bestimmung ihrer Kunst sie auf die völlige Entbehrung desselben führte. Schönheit ist diese höchste Bestimmung; Not erfand die Kleider, und was hat die Kunst mit der Not zu tun? Ich gebe es zu, daß es auch eine Schönheit der Bekleidung gibt; aber was ist sie, gegen die Schönheit der menschlichen Form? Und wird der, der das Größere erreichen kann, sich mit dem Kleinern begnügen? Ich fürchte sehr, der vollkommenste Meister in Gewändern, zeigt durch diese Geschicklichkeit selbst, woran es ihm fehlt.

VI

Meine Voraussetzung, daß die Künstler dem Dichter nachgeahmt haben, gereicht ihnen nicht zur Verkleinerung. Ihre Weisheit erscheinet vielmehr durch diese Nachahmung in dem schönsten Lichte. Sie folgten dem Dichter, ohne sich in der geringsten Kleinigkeit von ihm verführen zu lassen. Sie hatten ein Vorbild, aber da sie dieses Vorbild aus einer Kunst in die andere hinüber tragen mußten, so fanden sie genug Gelegenheit selbst zu denken. Und diese ihre eigene Gedanken, welche sich in den Abweichungen von ihrem Vorbilde zeigen, beweisen, daß sie in ihrer Kunst eben so groß gewesen sind, als er in der seinigen.

Nun will ich die Voraussetzung umkehren: der Dichter soll den Künstlern nachgeahmt haben. Es gibt Gelehrte, die diese Voraussetzung als eine Wahrheit behaupten.[a] Daß sie historische Gründe dazu haben könnten, wüßte ich nicht. Aber, da sie das Kunstwerk so überschwänglich schön fanden, so konnten sie sich nicht bereden, daß es aus so später Zeit sein sollte. Es mußte aus der Zeit sein, da die Kunst in ihrer vollkommensten Blüte war, weil es daraus zu sein verdiente.

Es hat sich gezeigt, daß, so vortrefflich das Gemälde des Vir-

a) Maffei, Richardson, und noch neuerlich der Herr von Hagedorn. (Betrachtungen über die Malerei S. 37. Richardson, Traité de la Peinture Tome III. p. 513) De Fontaines verdient es wohl nicht, daß ich ihn diesen Männern beifüge. Er hält zwar, in den Anmerkungen zu seiner Übersetzung des Virgils gleichfalls dafür, daß der Dichter die Gruppe in Augen gehabt habe; er ist aber so unwissend, daß er sie für ein Werk des Phidias ausgibt.

gils ist, die Künstler dennoch verschiedene Züge desselben nicht brauchen können. Der Satz leidet also seine Einschränkung, daß eine gute poetische Schilderung auch ein gutes wirkliches Gemälde geben müsse, und daß der Dichter nur in so weit gut geschildert habe, als ihm der Artist in allen Zügen folgen könne. Man ist geneigt diese Einschränkung zu vermuten, noch ehe man sie durch Beispiele erhärtet sieht; bloß aus Erwägung der weitern Sphäre der Poesie, aus dem unendlichen Felde unserer Einbildungskraft, aus der Geistigkeit ihrer Bilder, die in größter Menge und Mannigfaltigkeit neben einander stehen können, ohne daß eines das andere deckt oder schändet, wie es wohl die Dinge selbst, oder die natürlichen Zeichen derselben in den engen Schranken des Raumes oder der Zeit tun würden.

Wenn aber das Kleinere das Größere nicht fassen kann, so kann das Kleinere in dem Größern enthalten sein. Ich will sagen; wenn nicht jeder Zug, den der malende Dichter braucht, eben die gute Wirkung auf der Fläche oder in dem Marmor haben kann: so möchte vielleicht jeder Zug, dessen sich der Artist bedienet, in dem Werke des Dichters von eben so guter Wirkung sein können? Ohnstreitig; denn was wir in einem Kunstwerke schön finden, daß findet nicht unser Auge, sondern unsere Einbildungskraft, durch das Auge, schön. Das nämliche Bild mag also in unserer Einbildungskraft durch willkürliche oder natürliche Zeichen wieder erregt werden, so muß auch jederzeit das nämliche Wohlgefallen, ob schon nicht in dem nämlichen Grade, wieder entstehen.

Dieses aber eingestanden, muß ich bekennen, daß mir die Voraussetzung, Virgil habe die Künstler nachgeahmt, weit unbegreiflicher wird, als mir das Widerspiel derselben geworden ist. Wenn die Künstler dem Dichter gefolgt sind, so kann ich mir von allen ihren Abweichungen Rede und Antwort geben. Sie mußten abweichen, weil die nämlichen Züge des Dichters in ihrem Werke Unbequemlichkeiten verursacht haben würden, die sich bei ihm nicht äußern. Aber warum mußte der Dichter abweichen? Wann er der Gruppe in allen und jeden Stücken treulich nachgegangen wäre, würde er uns nicht immer noch ein vortreffliches Gemälde geliefert haben?[b] Ich be-

[b] Ich kann mich desfalls auf nichts entscheidenderes berufen,

greife wohl, wie seine vor sich selbst arbeitende Phantasie ihn auf diesen und jenen Zug bringen können; aber die Ursachen, warum seine Beurteilungskraft schöne Züge, die er vor Augen gehabt, in diese andere Züge verwandeln zu müssen glaubte, diese wollen mir nirgends einleuchten.

als auf das Gedichte des Sadolet. Es ist eines alten Dichters würdig, und da es sehr wohl die Stelle eines Kupfers vertreten kann, so glaube ich es hier ganz einrücken zu dürfen.

DE LAOKOONTIS STATUA
IACOBI SADOLETI CARMEN,

Ecce alto terrae e cumulo, ingentisque ruinae
Visceribus, iterum reducem longinqua reduxit
Laocoonta dies: aulis regalibus olim
Qui stetit, atque tuos ornabat, Tite, penates.
Divinae simulacrum artis, nec docta vetustas
Nobilius spectabat opus, nunc celsa revisit
Exemptum tenebris redivivae moenia Romae.
Quid primum summumve loquar? miserumne parentem
Et prolem geminam? an sinuatos flexibus angues
Terribili aspectu? caudasque irasque draconum
Vulneraque et veros, saxo moriente, dolores?
Horret ad haec animus, mutaque ab imagine pulsat
Pectora, non parvo pietas commixta tremori.
Prolixum bini spiris glomerantur in orbem
Ardentes colubri, et sinuosis orbibus errant,
Ternaque multiplici constringunt corpora nexu.
Vix oculi suffere valent, crudele tuendo
Exitium, casusque feros: micat alter, et ipsum
Laocoonta petit, totumque infraque supraque
Implicat et rabido tandem ferit ilia morsu.
Connexum refugit corpus, torquentia sese
Membra, latusque retro sinuatum a vulnere cernas.
Ille dolore acri, et laniatu impulsus acerbo,
Dat gemitum ingentem, crudosque evellere dentes
Connixus, laevam impatiens ad terga Chelydri
Obiicit: intendunt nervi, collectaque ab omni
Corpore vis frustra summis conatibus instat.
Ferre nequit rabiem, et de vulnere murmur anhelum est.
At serpens lapsu crebro redeunte subintrat
Lubricus, intortoque ligat genua infima nodo.
Absistunt surae, spirisque prementibus arctum
Crus tumet, obsepto turgent vitalia pulsu,
Liventesque atro distendunt sanguine venas.

Mich dünket sogar, wenn Virgil die Gruppe zu seinem Vorbilde gehabt hätte, daß er sich schwerlich würde haben mäßigen können, die Verstrickung aller drei Körper in einen Knoten, gleichsam nur erraten zu lassen. Sie würde sein Auge zu lebhaft gerührt haben, er würde eine zu treffliche Wirkung von ihr empfunden haben, als daß sie nicht auch in seiner Beschreibung mehr vorstechen sollte. Ich habe gesagt: es war itzt die Zeit nicht, diese Verstrickung auszumalen. Nein; aber ein einziges Wort mehr, würde ihr in dem Schatten, worin sie der Dichter lassen mußte, einen sehr entscheidenden Druck vielleicht gegeben haben. Was der Artist, ohne dieses Wort entdecken

>Nec minus in natos eadem vis effera saevit
Implexuque angit rapido, miserandaque membra
Dilacerat: jamque alterius depasta cruentum
Pectus, suprema genitorem voce cientis,
Circumiectu orbis, validoque volumine fulcit.
Alter adhuc nullo violatus corpora morsu,
Dum parat adducta caudam divellere planta,
Horret ad adspectum miseri patris, haeret in illo,
Et jam jam ingentes, fletus lachrymasque cadentes
Anceps in dubio retinet timor. Ergo perenni
Qui tantum statuistis opus jam laude nitentes,
Artifices magni (quanquam et melioribus actis
Quaeritur aeternum nomen, multoque licebat
Clarius ingenium venturae tradere famae)
Attamen ad laudem quaecunque oblata facultas
Egregium hanc rapere, et summa ad fastigia niti.
Vos rigidum lapidem vivis animare figuris
Eximii, et vivos spiranti in marmore sensus
Inserere, aspicimus motumque iramque doloremque,
Et pene audimus gemitus: vos extulit olim
Clara Rhodos, vestrae jacuerunt artis honores
Tempore ab immenso, quos rursum in luce secunda
Roma videt, celebratque frequens: operisque vetusti
Gratia parta recens. Quanto praestantius ergo est
Ingenio, aut quovis extendere fata labore.
Quam fastus et opes et inanem extendere luxum.

(v. Leodegarii a Quercu Farrago Poematum T. II. p. 64) Auch Gruter hat dieses Gedicht, nebst andern des Sadolets, seiner bekannten Sammlung (Delic. Poet. Italorum Parte alt. p. 582) mit einverleibet; allein sehr fehlerhaft. Für bini (v. 14) lieset er vivi; für errant (v. 15) oram, u.s.w.

konnte, würde der Dichter, wenn er es bei dem Artisten gesehen hätte, nicht ohne dasselbe gelassen haben.

Der Artist hatte die dringendsten Ursachen, das Leiden des Laokoon nicht in Geschrei ausbrechen zu lassen. Wenn aber der Dichter die so rührende Verbindung von Schmerz und Schönheit in dem Kunstwerke vor sich gehabt hätte, was hätte ihn eben so unvermeidlich nötigen können, die Idee von männlichem Anstande und großmütiger Geduld, welche aus dieser Verbindung des Schmerzes und der Schönheit entspringt, so völlig unangedeutet zu lassen, und uns auf einmal mit dem gräßlichen Geschrei seines Laokoons zu schrecken? Richardson sagt: Virgils Laokoon muß schreien, weil der Dichter nicht sowohl Mitleid für ihn, als Schrecken und Entsetzen bei den Trojanern, erregen will. Ich will es zugeben, obgleich Richardson nicht erwogen zu haben scheinet, daß der Dichter die Beschreibung nicht in seiner eignen Person macht, sondern sie den Aeneas machen läßt, und gegen die Dido machen läßt, deren Mitleid Aeneas nicht genug bestürmen konnte. Allein mich befremdet nicht das Geschrei, sondern der Mangel aller Gradation bis zu diesem Geschrei, auf welche das Kunstwerk den Dichter natürlicher Weise hätte bringen müssen, wann er es, wie wir voraussetzen, zu seinem Vorbilde gehabt hätte. Richardson füget hinzu:[c] die Geschichte des Laokoon solle bloß zu der pathetischen Beschreibung der endlichen Zerstörung leiten; der Dichter habe sie also nicht interessanter machen dürfen, um unsere Aufmerksamkeit, welche diese letzte schreckliche Nacht ganz fordere, durch das Unglück eines einzeln Bürgers nicht zu zerstreuen. Allein das heißt die Sache aus einem malerischen Augenpunkte betrachten wollen, aus welchem sie gar nicht betrachtet werden kann. Das Unglück des Laokoon und die Zerstörung sind bei dem Dichter keine Gemälde neben einander; sie machen beide kein Ganzes aus, das unser Auge auf

---

c) De la Peinture, Tome III. p. 516. C'est l'horreur que les Troïens ont conçue contre Laocoon, qui etoit necessaire à Virgile pour la conduite de son Poeme; et cela le mene à cette Description patétique de la destruction de la patrie de son Heros. Aussi Virgile n'avoit garde de diviser l'attention sur la derniere nuit, pour une grande ville entiere, par la peinture d'un petit malheur d'un Particulier.

einmal übersehen könnte oder sollte; und nur in diesem Falle wäre es zu besorgen, daß unsere Blicke mehr auf den Laokoon, als auf die brennende Stadt fallen dürften. Beider Beschreibungen folgen auf einander, und ich sehe nicht, welchen Nachteil es der folgenden bringen könnte, wenn uns die vorhergehende auch noch so sehr gerührt hätte. Es sei denn, daß die folgende an sich selbst nicht rührend genug wäre.

Noch weniger Ursache würde der Dichter gehabt haben, die Windungen der Schlangen zu verändern. Sie beschäftigen in dem Kunstwerke die Hände, und verstricken die Füße. So sehr dem Auge diese Verteilung gefällt, so lebhaft ist das Bild, welches in der Einbildung davon zurück bleibt. Es ist so deutlich und rein, daß es sich durch Worte nicht viel schwächer darstellen läßt, als durch natürliche Zeichen.

> – – – – micat alter, et ipsum
> Laocoonta petit, totumque infraque supraque
> Implicat et rabido tandem ferit ilia morsu
> – – – – – – – – – – – – –
> At serpens lapsu crebro redeunte subintrat
> Lubricus, intortoque ligat genua infima nodo.

Das sind Zeilen des Sadolet, die von dem Virgil ohne Zweifel noch malerischer gekommen wären, wenn ein sichtbares Vorbild seine Phantasie befeuert hätte, und die alsdann gewiß besser gewesen wären, als was er uns itzt dafür gibt:

> Bis medium amplexi, bis collo squamea circum
> Terga dati, superant capite et cervicibus altis.

Diese Züge füllen unsere Einbildungskraft allerdings; aber sie muß nicht dabei verweilen, sie muß sie nicht aufs reine zu bringen suchen, sie muß itzt nur die Schlangen, itzt nur den Laokoon sehen, sie muß sich nicht vorstellen wollen, welche Figur beide zusammen machen. Sobald sie hierauf verfällt, fängt ihr das Virgilische Bild an zu mißfallen, und sie findet es höchst unmalerisch.

Wären aber auch schon die Veränderungen, welche Virgil mit dem ihm geliehenen Vorbilde gemacht hätte, nicht unglücklich, so wären sie doch bloß willkürlich. Man ahmet nach, um ähnlich zu werden; kann man aber ähnlich werden, wenn man über die Not verändert? Vielmehr, wenn man dieses tut, ist der Vorsatz klar, daß man nicht ähnlich werden wollen, daß man also nicht nachgeahmet habe.

Nicht das Ganze, könnte man einwenden, aber wohl diesen und jenen Teil. Gut; doch welches sind denn diese einzeln Teile, die in der Beschreibung und in dem Kunstwerke so genau übereinstimmen, daß sie der Dichter aus diesem entlehnet zu haben scheinen könnte? Den Vater, die Kinder, die Schlangen, das alles gab dem Dichter sowohl als dem Artisten, die Geschichte. Außer dem Historischen kommen sie in nichts überein, als darin, daß sie Kinder und Vater in einen einzigen Schlangenknoten verstricken. Allein der Einfall hierzu entsprang aus dem veränderten historischen Umstande, daß den Vater eben dasselbe Unglück betroffen habe, als die Kinder. Diese Veränderung aber, wie oben erwähnt worden, scheinet Virgil gemacht zu haben; denn die griechische Tradition sagt ganz etwas anders. Folglich, wenn in Ansehung jener gemeinschaftlichen Verstrickung, auf einer oder der andern Seite Nachahmung sein soll, so ist sie wahrscheinlicher auf der Seite der Künstler, als des Dichters zu vermuten. In allem übrigen weicht einer von dem andern ab; nur mit dem Unterschiede, daß wenn es der Künstler ist, der die Abweichungen gemacht hat, der Vorsatz den Dichter nachzuahmen noch dabei bestehen kann, indem ihn die Bestimmung und die Schranken seiner Kunst dazu nötigten; ist es hingegen der Dichter, welcher dem Künstler nachgeahmet haben soll, so sind alle die berührten Abweichungen ein Beweis wider diese vermeintliche Nachahmung, und diejenigen, welche sie dem ohngeachtet behaupten, können weiter nichts damit wollen, als daß das Kunstwerk älter sei, als die poetische Beschreibung.

VII

Wenn man sagt, der Künstler ahme dem Dichter, oder der Dichter ahme dem Künstler nach, so kann dieses zweierlei bedeuten. Entweder der eine macht das Werk des andern zu dem wirklichen Gegenstande seiner Nachahmung, oder sie haben beide einerlei Gegenstände der Nachahmung, und der eine entlehnet von dem andern die Art und Weise es nachzuahmen.

Wenn Virgil das Schild des Aeneas beschreibet, so ahmet er dem Künstler, welcher dieses Schild gemacht hat, in der ersten Bedeutung nach. Das Kunstwerk, nicht das was auf dem Kunstwerke vorgestellet worden, ist der Gegenstand seiner Nachahmung; und wenn er auch schon das mit beschreibt, was man darauf vorgestellet sieht, so beschreibt er es doch nur als ein Teil des Schildes, und nicht als die Sache selbst. Wenn Virgil hingegen die Gruppe Laokoon nachgeahmet hätte, so würde dieses eine Nachahmung von der zweiten Gattung sein. Denn er würde nicht diese Gruppe, sondern das, was diese Gruppe vorstellet, nachgeahmet, und nur die Züge seiner Nachahmung von ihr entlehnet haben.

Bei der ersten Nachahmung ist der Dichter Original, bei der andern ist er Kopist. Jene ist ein Teil der allgemeinen Nachahmung, welche das Wesen seiner Kunst ausmacht, und er arbeitet als Genie, sein Vorwurf mag ein Werk anderer Künste, oder der Natur sein. Diese hingegen setzt ihn gänzlich von seiner Würde herab; anstatt der Dinge selbst ahmet er ihre Nachahmungen nach, und gibt uns kalte Erinnerungen von Zügen eines fremden Genies, für ursprüngliche Züge seines eigenen.

Wenn indes Dichter und Künstler diejenigen Gegenstände, die sie mit einander gemein haben, nicht selten aus dem nämlichen Gesichtspunkte betrachten müssen: so kann es nicht fehlen, daß ihre Nachahmungen nicht in vielen Stücken übereinstimmen sollten, ohne daß zwischen ihnen selbst die geringste Nachahmung oder Beeiferung gewesen. Diese Übereinstimmungen können bei zeitverwandten Künstlern und Dichtern, über Dinge, welche nicht mehr vorhanden sind, zu wechselsweisen Erläuterungen führen; allein dergleichen Erläuterungen dadurch aufzustutzen suchen, daß man aus dem Zufalle Vorsatz macht, und besonders dem Poeten bei jeder Kleinigkeit ein Augenmerk auf diese Statue, oder auf jenes Gemälde andichtet, heißt ihm einen sehr zweideutigen Dienst erweisen. Und nicht allein ihm, sondern auch dem Leser, dem man die schönste Stelle dadurch, wenn Gott will, sehr deutlich, aber auch trefflich frostig macht.

Dieses ist die Absicht und der Fehler eines berühmten englischen Werks. Spence schrieb seinen Polymetis*a* mit vieler klassischen Gelehrsamkeit, und in einer sehr vertrauten Bekanntschaft mit den übergebliebenen Werken der alten Kunst. Seinen Vorsatz, aus diesen die römischen Dichter zu erklären, und aus den Dichtern hinwiederum Aufschlüsse für noch unerklärte alte Kunstwerke herzuholen, hat er öfters glücklich erreicht. Aber dem ohngeachtet behaupte ich, daß sein Buch für jeden Leser von Geschmack ein ganz unerträgliches Buch sein muß.

Es ist natürlich, daß wenn Valerius Flaccus den geflügelten Blitz auf den römischen Schilden beschreibt,

> (Nec primus radios, miles Romane, corusci
> Fulminis et rutilas scutis diffuderis alas)

mir diese Beschreibung weit deutlicher wird, wenn ich die Abbildung eines solchen Schildes auf einem alten Denkmale erblicke.*b* Es kann sein, daß Mars in eben der schwebenden Stellung, in welcher ihn Addison über der Rhea auf einer Münze zu sehen glaubte,*c* auch von den alten Waffenschmieden

---

a) Die erste Ausgabe ist von 1747; die zweite von 1755 und führt den Titel: Polymetis, or an Enquiry concerning the Agreement between the Works of the Roman Poets, and the Remains of the antient Artists, being an Attempt to illustrate them mutually from one another. In ten Books, by the Revd. Mr. Spence. London, printed for Dodsley. fol. Auch ein Auszug, welchen N. Tindal aus diesem Werke gemacht hat, ist bereits mehr als einmal gedruckt worden.

b) Val. Flaccus lib. VI. v. 55. 56. Polymetis Dial. VI. p. 50.

c) Ich sage es kann sein. Doch wollte ich zehne gegen eins wetten, daß es nicht ist. – Juvenal redet von den ersten Zeiten der Republik, als man noch von keiner Pracht und Üppigkeit wußte, und der Soldat das erbeutete Gold und Silber nur auf das Geschirr seines Pferdes und auf seine Waffen verwandte. (Sat. XI. v. 100–107)

> Tunc rudis et Grajas mirari nescius artes
> Urbibus eversis praedarum in parte reperta

auf den Helmen und Schilden vorgestellet wurde, und daß
Juvenal einen solchen Helm oder Schild in Gedanken hatte,
als er mit einem Worte darauf anspielte, welches bis auf den
Addison ein Rätsel für alle Ausleger gewesen. Mich dünkt

> Magnorum artificum frangebat pocula miles,
> Ut phaleris gauderet equus, caelataque cassis
> Romuleae simulacra ferae mansuescere jussae
> Imperii fato, geminos sub rupe Quirinos,
> Ac nudam effigiem clypeo fulgentis et hasta,
> Pendentisque dei perituro ostenderet hosti.

Der Soldat zerbrach die kostbarsten Becher, die Meisterstücke
großer Künstler, um eine Wölfin, einen kleinen Romulus und
Remus daraus arbeiten zu lassen, womit er seinen Helm aus-
schmückte. Alles ist verständlich, bis auf die letzten zwei Zeilen,
in welchen der Dichter fortfährt, noch ein solches getriebenes Bild
auf den Helmen der alten Soldaten zu beschreiben. So viel sieht
man wohl, daß dieses Bild der Gott Mars sein soll; aber was soll
das Beiwort pendentis, welches er ihm gibt, bedeuten? Rigaltius
fand eine alte Glosse, die es durch quasi ad ictum se inclinantis erklärt. Lubinus meinet, das Bild sei auf dem Schilde gewesen, und
da das Schild an dem Arme hänge, so habe der Dichter auch das
Bild hängend nennen können. Allein dieses ist wider die Konstruktion; denn das zu ostenderet gehörige Subjectum ist nicht miles
sondern cassis. Britannicus will, alles was hoch in der Luft stehe,
könne hangend heißen, und also auch dieses Bild über oder auf
dem Helme. Einige wollen gar perdentis dafür lesen, um einen
Gegensatz mit dem folgenden perituro zu machen, den aber nur
sie allein schön finden dürften. Was sagt nun Addison bei dieser
Ungewißheit? Die Ausleger, sagt er, irren sich alle, und die wahre
Meinung ist ganz gewiß diese. (S. dessen Reisen deut. Übers. Seite
249) »Da die römischen Soldaten sich nicht wenig auf den Stifter
und kriegerischen Geist ihrer Republik einbildeten, so waren sie
gewohnt auf ihren Helmen die erste Geschichte des Romulus zu
tragen, wie er von einem Gotte erzeugt, und von einer Wölfin ge-
säuget worden. Die Figur des Gottes war vorgestellt, wie er sich
auf die Priesterin Ilia, oder wie sie andere nennen, Rhea Sylvia,
herabläßt, und in diesem Herablassen schien sie über der Jungfrau
in der Luft zu schweben, welches denn durch das Wort pendentis
sehr eigentlich und poetisch ausgedruckt wird. Außer dem alten
Basrelief beim Bellori, welches mich zuerst auf diese Auslegung
brachte, habe ich seitdem die nämliche Figur auf einer Münze gefunden, die unter der Zeit des Antoninus Pius geschlagen worden.«
– Da Spence diese Entdeckung des Addison so außerordentlich
glücklich findet, daß er sie als ein Muster in ihrer Art, und als das

selbst, daß ich die Stelle des Ovids, wo der ermattete Cephalus den kühlenden Lüften ruft:

Aura – – – venias – –
Meque juves, intresque sinus, gratissima, nostros!

und seine Procris diese Aura für den Namen einer Nebenbuhlerin hält, daß ich, sage ich, diese Stelle natürlicher finde, wenn

stärkste Beispiel anführt, wie nützlich die Werke der alten Artisten zur Erklärung der klassischen römischen Dichter gebraucht werden können: so kann ich mich nicht enthalten, sie ein wenig genauer zu betrachten. (Polymetis Dial. VII. p. 77) – Vors erste muß ich anmerken, daß bloß das Basrelief und die Münze dem Addison wohl schwerlich die Stelle des Juvenals in die Gedanken gebracht haben würde, wenn er sich nicht zugleich erinnert hätte, bei dem alten Scholiasten, der in der letzten ohn einen Zeile anstatt fulgentis, venientis gefunden, die Glosse gelesen zu haben: Martis ad Iliam venientis ut concumberet. Nun nehme man aber diese Lesart des Scholiasten nicht an, sondern man nehme die an, welche Addison selbst annimmt, und sage, ob man sodann die geringste Spur findet, daß der Dichter die Rhea in Gedanken gehabt habe? Man sage, ob es nicht ein wahres Hysteronproteron von ihm sein würde, daß er von der Wölfin und dem jungen Knaben rede, und sodann erst von dem Abenteuer, dem sie ihr Dasein zu danken haben? Die Rhea ist noch nicht Mutter, und die Kinder liegen schon unter dem Felsen. Man sage, ob eine Schäferstunde wohl ein schickliches Emblema auf dem Helme eines römischen Soldaten gewesen wäre? Der Soldat war auf den göttlichen Ursprung seines Stifters stolz; das zeigten die Wölfin und die Kinder genugsam; mußte er auch noch den Mars im Begriffe einer Handlung zeigen, in der er nichts weniger als der fürchterliche Mars war? Seine Überraschung der Rhea mag auf noch so viel alten Marmorn und Münzen zu finden sein, paßt sie darum auf das Stück einer Rüstung? Und welches sind denn die Marmor und Münzen auf welchen sie Addison fand, und wo er den Mars in dieser schwebenden Stellung sahe? Das alte Basrelief, worauf er sich beruft, soll Bellori haben. Aber die »Admiranda«, welches seine Sammlung der schönsten alten Basreliefs ist, wird man vergebens darnach durchblättern. Ich habe es nicht gefunden, und auch Spence muß es weder da, noch sonst wo gefunden haben, weil er es gänzlich mit Stillschweigen übergeht. Alles kömmt also auf die Münze an. Nun betrachte man diese bei dem Addison selbst. Ich erblicke eine liegende Rhea; und da dem Stempelschneider der Raum nicht erlaubte, die Figur des Mars mit ihr auf gleichem Boden zu stellen, so stehet er ein wenig höher. Das ist es alles; schwebendes hat sie außer diesem nicht das geringste. Es ist wahr, in der

ich aus den Kunstwerken der Alten ersehe, daß sie wirklich die sanften Lüfte personifieret, und eine Art weiblicher Sylphen, unter dem Namen Aurae, verehret haben.[a] Ich gebe es zu, daß wenn Juvenal einen vornehmen Taugenichts mit einer Her-

Abbildung die Spence davon gibt, ist das Schweben sehr stark ausgedruckt; die Figur fällt mit dem Oberteile weit vor; und man sieht deutlich, daß es kein stehender Körper ist, sondern daß, wenn es kein fallender Körper sein soll, es notwendig ein schwebender sein muß. Spence sagt, er besitze diese Münze selbst. Es wäre hart, obschon in einer Kleinigkeit, die Aufrichtigkeit eines Mannes in Zweifel zu ziehen. Allein ein gefaßtes Vorurteil kann auch auf unsre Augen Einfluß haben; zu dem konnte er es zum Besten seiner Leser für erlaubt halten, den Ausdruck, welchen er zu sehen glaubte, durch seinen Künstler so verstärken zu lassen, daß uns eben so wenig Zweifel desfalls übrig bliebe, als ihm selbst. So viel ist gewiß, daß Spence und Addison eben dieselbe Münze meinen, und daß sie sonach entweder bei diesem sehr verstellt, oder bei jenem sehr verschönert sein muß. Doch ich habe noch eine andere Anmerkung wider dieses vermeintliche Schweben des Mars. Diese nämlich: daß ein schwebender Körper, ohne eine scheinbare Ursache, durch welche die Wirkung seiner Schwere verhindert wird, eine Ungereimtheit ist, von der man in den alten Kunstwerken kein Exempel findet. Auch die neue Malerei erlaubet sich dieselbe nie, sondern wenn ein Körper in der Luft hangen soll, so müssen ihn entweder Flügel halten, oder er muß auf etwas zu ruhen scheinen, und sollte es auch nur eine bloße Wolke sein. Wenn Homer die Thetis von dem Gestade sich zu Fuße in den Olymp erheben läßt, Τὴν μὲν ἄρ' Οὐλυμπόνδε πόδες φερον Iliad. Σ v. 148) so verstehet der Graf Caylus die Bedürfnisse der Kunst zu wohl, als daß er dem Maler raten sollte, die Göttin so frei die Luft durchschreiten zu lassen. Sie muß ihren Weg auf einer Wolke nehmen, (Tableaux tirés de l'Iliade p. 91) so wie er sie ein andermal auf einen Wagen setzt, (p. 131) obgleich der Dichter das Gegenteil von ihr sagt. Wie kann es auch wohl anders sein? Ob uns schon der Dichter die Göttin ebenfalls unter einer menschlichen Figur denken läßt, so hat er doch alle Begriffe eines groben und schweren Stoffes davon entfernet, und ihren menschenähnlichen Körper mit einer Kraft belebt, die ihn von den Gesetzen unserer Bewegung ausnimmt. Wodurch aber könnte die Malerei die körperliche Figur einer Gottheit von der körperlichen Figur eines Menschen so vorzüglich unterscheiden, daß unser Auge nicht beleidiget würde, wenn es bei der einen ganz andere Regeln der Bewegung, der Schwere des Gleichgewichts beobachtet fände, als bei der andern? Wodurch anders als durch verabredete Zeichen? In der Tat sind ein Paar

messäule vergleicht, man das ähnliche in dieser Vergleichung schwerlich finden dürfte, ohne eine solche Säule zu sehen, ohne zu wissen, daß es ein schlechter Pfeiler ist, der bloß das Haupt, höchstens mit dem Rumpfe, des Gottes trägt, und weil wir

Flügel, eine Wolke auch nichts anders, als dergleichen Zeichen. Doch von diesem ein mehreres an einem andern Orte. Hier ist es genug, von den Verteidigern der Addisonschen Meinung zu verlangen, mir eine andere ähnliche Figur auf alten Denkmälern zu zeigen, die so frei und bloß in der Luft hange. Sollte dieser Mars die einzige in ihrer Art sein? Und warum? Hatte vielleicht die Tradition einen Umstand überliefert, der ein dergleichen Schweben in diesem Falle notwendig macht? Beim Ovid (Fast. lib. 3.) läßt sich nicht die geringste Spur davon entdecken. Vielmehr kann man zeigen, daß es keinen solchen Umstand könne gegeben haben. Denn es finden sich andere alte Kunstwerke, welche die nämliche Geschichte vorstellen, und wo Mars offenbar nicht schwebet, sondern gehet. Man betrachte das Basrelief beim Montfaucon, (Suppl. T. I. p. 183) das sich, wenn ich nicht irre, zu Rom in dem Palast der Mellini befindet. Die schlafende Rhea liegt unter einem Baume, und Mars nähert sich ihr mit leisen Schritten, und mit der bedeutenden Zurückstreckung der rechten Hand, mit der wir denen hinter uns, entweder zurückzubleiben, oder sachte zu folgen, befehlen. Es ist vollkommen die nämliche Stellung in der er auf der Münze erscheinet, nur daß er hier die Lanze in der rechten und dort in der linken Hand führt. Man findet öfter berühmte Statuen und Basreliefe auf alten Münzen kopieret, als daß es auch nicht hier könnte geschehen sein, wo der Stempelschneider den Ausdruck der zurückgewandten rechten Hand vielleicht nicht fühlte, und sie daher besser mit der Lanze füllen zu können glaubte. – Alles dieses nun zusammen genommen, wie viel Wahrscheinlichkeit bleibet dem Addison noch übrig? Schwerlich mehr, als so viel deren die bloße Möglichkeit hat. Doch woher eine bessere Erklärung, wenn diese nicht taugt? Es kann sein, daß sich schon eine bessere unter den vom Addison verworfnen Erklärungen findet. Findet sich aber auch keine, was mehr? Die Stelle des Dichters ist verdorben; sie mag es bleiben. Und sie wird es bleiben, wenn man auch noch zwanzig neue Vermutungen darüber auskramen wollte. Dergleichen könnte, z.E. diese sein, daß pendentis in seiner figürlichen Bedeutung genommen werden müsse, nach welcher es so viel als ungewiß, unentschlossen, unentschieden, heißet. Mars pendens wäre alsdenn so viel als Mars incertus oder Mars communis. Dii communes sunt, sagt Servius, (ad v. 118. lib. XII. Aeneid.) Mars, Bellona, Victoria, quia hi in bello utrique parti favere possunt. Und die ganze Zeile,

weder Hände noch Füße daran erblicken, den Begriff der Untätigkeit erwecket.[e] – Erläuterungen von dieser Art sind nicht zu verachten, wenn sie auch schon weder allezeit notwendig, noch allezeit hinlänglich sein sollten. Der Dichter hatte das

> Pendentisque Dei (effigiem) perituro ostenderet hosti,

würde diesen Sinn haben, daß der alte römische Soldat das Bildnis des gemeinschaftlichen Gottes seinem demohngeachtet bald unterliegenden Feinde unter die Augen zu tragen gewohnt gewesen sei. Ein sehr feiner Zug, der die Siege der alten Römer mehr zur Wirkung ihrer eignen Tapferkeit, als zur Frucht des parteiischen Beistandes ihres Stammvaters macht. Dem ohngeachtet: non liquet.

d) »Ehe ich, sagt Spence (Polymetis Dialogue XIII. p. 208) mit diesen Aurae, Luftnymphen, bekannt ward, wußte ich mich in die Geschichte von Cephalus und Procris, beim Ovid, gar nicht zu finden. Ich konnte auf keine Weise begreifen, wie Cephalus durch seine Ausrufung, Aura venias, sie mochte auch in einem noch so zärtlichen schmachtenden Tone erschollen sein, jemanden auf den Argwohn bringen können, daß er seiner Procris untreu sei. Da ich gewohnt war, unter dem Worte Aura, nichts als die Luft überhaupt, oder einen sanften Wind insbesondere, zu verstehen, so kam mir die Eifersucht der Procris noch weit ungegründeter vor, als auch die aller ausschweifendste gemeiniglich zu sein pflegt. Als ich aber einmal gefunden hatte, daß Aura eben sowohl ein schönes junges Mädgen, als die Luft bedeuten könnte, so bekam die Sache ein ganz anderes Ansehen, und die Geschichte dünkte mich eine ziemlich vernünftige Wendung zu bekommen.« Ich will den Beifall, den ich dieser Entdeckung, mit der sich Spence so sehr schmeichelt, in dem Texte erteile, in der Note nicht wieder zurücknehmen. Ich kann aber doch nicht unangemerkt lassen, daß auch ohne die Stelle des Dichters ganz natürlich und begreiflich ist. Man darf nämlich nur wissen, daß Aura bei den Alten ein ganz gewöhnlicher Name für Frauenzimmer war. So heißt z. E. beim Nonnus (Dionys. lib. XLVIII) die Nymphe aus dem Gefolge der Diana, die, weil sie sich einer männlichern Schönheit rühmte, als selbst der Göttin ihre war, zur Strafe für ihre Vermessenheit, schlafend den Umarmungen des Bacchus Preis gegeben ward.

e) Iuvenalis Satyr. VIII. v. 52–55.

> – – – – At tu
> Nil nisi Cecropides; truncoque simillimus Hermae:
> Nullo quippe alio vincis discrimine, quam quod
> Illi marmoreum caput est, tua vivit imago.

Wenn Spence die griechischen Schriftsteller mit in seinen Plan gezogen gehabt hätte, so würde ihm vielleicht, vielleicht aber auch

Kunstwerk als ein für sich bestehendes Ding, und nicht als Nachahmung, vor Augen; oder Künstler und Dichter hatten einerlei angenommene Begriffe, dem zu Folge sich auch Übereinstimmung in ihren Vorstellungen zeigen mußte, aus welcher sich auf die Allgemeinheit jener Begriffe zurückschließen läßt.

nicht, eine alte Äsopische Fabel beigefallen sein, die aus der Bildung einer solchen Hermessäule ein noch weit schöneres, und zu ihrem Verständnisse weit unentbehrlicheres Licht erhält, als diese Stelle des Juvenals. »Merkur, erzählet Aesopus, wollte gern erfahren, in welchem Ansehen er bei den Menschen stünde. Er verbarg seine Gottheit, und kam zu einem Bildhauer. Hier erblickte er die Statue des Jupiters, und fragte den Künstler, wie teuer er sie halte? Eine Drachme: war die Antwort. Merkur lächelte: und diese Juno? fragte er weiter. Ohngefähr eben so viel. Indem ward er sein eigenes Bild gewahr, und dachte bei sich selbst: ich bin der Bote der Götter; von mir kömmt aller Gewinn; mich müssen die Menschen notwendig weit höher schätzen. Aber hier dieser Gott? (Er wies auf sein Bild.) Wie teuer möchte wohl der sein? Dieser? antwortete der Künstler. O, wenn ihr mir jene beide abkauft, so sollt ihr diesen oben drein haben.« Merkur war abgeführt. Allein der Bildhauer kannte ihn nicht, und konnte also auch nicht die Absicht haben, seine Eigenliebe zu kränken, sondern es mußte in der Beschaffenheit der Statuen selbst gegründet sein, warum er die letztere so geringschätzig hielt, daß er sie zur Zugabe bestimmte. Die geringere Würde des Gottes, welchen sie vorstellte, konnte dabei nichts tun, denn der Künstler schätzet seine Werke nach der Geschicklichkeit, dem Fleiße und der Arbeit, welche sie erfordern, und nicht nach dem Range und dem Werte der Wesen, welche sie ausdrücken. Die Statue des Merkurs mußte weniger Geschicklichkeit, weniger Fleiß und Arbeit verlangen, wenn sie weniger kosten sollte, als eine Statue des Jupiters oder der Juno. Und so war es hier wirklich. Die Statuen des Jupiters und der Juno zeigten die völlige Person dieser Götter; die Statue des Merkurs hingegen war ein schlechter viereckigter Pfeiler, mit dem bloßen Brustbilde desselben. Was Wunder also, daß sie oben drein gehen konnte? Merkur übersahe diesen Umstand, weil er sein vermeintliches überwiegendes Verdienst nur allein vor Augen hatte, und so war seine Demütigung eben so natürlich, als verdient. Man wird sich vergebens bei den Auslegern und Übersetzern und Nachahmern der Fabeln des Aesopus nach der geringsten Spur von dieser Erklärung umsehen; wohl aber könnte ich ihrer eine ganze Reihe anführen, wenn es sich der Mühe lohnte, die das Märchen gerade zu verstanden, das ist, ganz und gar nicht verstanden haben. Sie haben die Ungereimtheit, welche darin liegt, wenn man die Statuen alle für Werke von einerlei Ausführung an-

Allein wenn Tibull die Gestalt des Apollo malet, wie er ihm im Traume erschienen: – Der schönste Jüngling, die Schläfe mit dem keuschen Lorbeer umwunden; syrische Gerüche duften aus dem güldenen Haare, das um den langen Nacken schwimmet; glänzendes Weiß und Purpurröte mischen sich auf dem ganzen Körper, wie auf der zarten Wange der Braut, die itzt ihrem Geliebten zugeführet wird: – warum müssen diese Züge von alten berühmten Gemälden erborgt sein? Echions nova nupta verecundia notabilis mag in Rom gewesen sein, mag tausend und tausendmal sein kopieret worden, war darum die bräutliche Scham selbst aus der Welt verschwunden? Seit sie der Maler gesehen hatte, war sie für keinen Dichter mehr zu sehen, als in der Nachahmung des Malers?*f* Oder wenn ein anderer Dichter den Vulkan ermüdet, und sein vor der Esse erhitztes Gesicht rot, brennend nennet: mußte er es erst aus dem Werke eines Malers lernen, daß Arbeit ermattet und Hitze rötet?*g* Oder wenn Lucrez den Wechsel der Jahreszeiten beschreibet, und sie, mit dem ganzen Gefolge ihrer Wirkungen in der Luft und auf der Erde, in ihrer natürlichen Ordnung vorüber führet: war Lucrez ein Ephemeron, hatte er kein ganzes Jahr durchlebet, um alle die Veränderungen selbst erfahren zu haben, daß er sie nach einer Prozession schildern mußte, in welcher ihre Statuen herumgetragen wurden? Mußte er erst von diesen Statuen den alten poetischen Kunstgriff lernen, dergleichen Abstracta zu wirklichen Wesen zu machen?*h* Oder Virgils pontem indignatus Araxes, dieses

---

nimmt, entweder nicht gefühlt, oder wohl noch gar übertrieben. Was sonst in dieser Fabel anstößig sein könnte, wäre vielleicht der Preis, welchen der Künstler seinem Jupiter setzet. Für eine Drachma kann ja wohl auch kein Töpfer eine Puppe machen. Eine Drachma muß also hier überhaupt für etwas sehr geringes stehen. (Fab. Aesop. 90. Edit. Haupt. p. 70).

f) Tibullus Eleg. 4. lib. III. Polymetis Dial. VIII. p. 84.
g) Statius lib. I. Sylv. 5. v. 8. Polymetis Dial. VII. p. 81.
h) Lucretius de R. N. lib. V. v. 736–747:

> It Ver, et Venus, et Veneris praenuntius ante
> Pinnatus graditur Zephyrus; vestigia propter
> Flora quibus mater praespargens ante viai
> Cuncta coloribus egregiis et odoribus opplet.

vortreffliche poetische Bild eines über seine Ufer sich ergießenden Flußes, wie er die über ihn geschlagene Brücke zerreißt, verliert es nicht seine ganze Schönheit, wenn der Dichter auf ein Kunstwerk damit angespielet hat, in welchem dieser Flußgott als wirklich eine Brücke zerbrechend vorgestellet wird?¹ – Was sollen wir mit dergleichen Erläuterungen, die aus der klärsten Stelle den Dichter verdrängen, um den Einfall eines Künstlers durchschimmern zu lassen?

> Inde loci sequitur Calor aridus, et comes una
> Pulverulenta Ceres; et Etesia flabra Aquilonum.
> Inde Autumnus adit; graditur simul Evius Evan:
> Inde aliae tempestates ventique sequuntur,
> Altitonans Volturnus et Auster fulmine pollens.
> Tandem Bruma nives adfert, pigrumque rigorem
> Reddit, Hyems sequitur, crepitans ac dentibus Algus.

Spence erkennet diese Stelle für eine von den schönsten in dem ganzen Gedichte des Lucrez. Wenigstens ist sie eine von denen, auf welche sich die Ehre des Lucrez als Dichter gründet. Aber wahrlich, es heißt ihm diese Ehre schmälern, ihn völlig darum bringen wollen, wenn man sagt: Diese ganze Beschreibung scheinet nach einer alten Prozession der vergötterten Jahreszeiten, nebst ihrem Gefolge, gemacht zu sein. Und warum das? »Darum, sagt der Engeländer, weil bei den Römern ehedem dergleichen Prozessionen mit ihren Göttern überhaupt, eben so gewöhnlich waren, als noch itzt in gewissen Ländern die Prozessionen sind, die man den Heiligen zu Ehren anstellet; und weil hiernächst alle Ausdrücke, welche der Dichter hier braucht, auf eine Prozession recht sehr wohl passen« (come in very aptly, if applied to a procession) Treffliche Gründe! Und wie vieles wäre gegen den letztern noch einzuwenden. Schon die Beiwörter, welche der Dichter den personifierten Abstrakten gibt, Calor aridus, Ceres pulverulenta, Volturnus altitonans, fulmine pollens Auster, Algus dentibus crepitans, zeigen, daß sie das Wesen von ihm, und nicht von dem Künstler haben, der sie ganz anders hätte charakterisieren müssen. Spence scheinet übrigens auf diesen Einfall von einer Prozession durch Abraham Preigern gekommen zu sein, welcher in seinen Anmerkungen über die Stelle des Dichters sagt: Ordo est quasi Pompae cujusdam, Ver et Venus, Zephyrus et Flora etc. Allein dabei hätte es auch Spence nur sollen bewenden lassen. Der Dichter führt die Jahreszeiten gleichsam in einer Prozession auf; das ist gut. Aber, er hat es von einer Prozession gelernt, sie so aufzuführen; das ist sehr abgeschmackt.

i) Aeneid. Lib. VIII. v. 728. Polymetis Dial. XIV. p. 230.

Ich betaure, daß ein so nützliches Buch, als »Polymetis« sonst sein könnte, durch diese geschmacklose Grille, den alten Dichtern statt eigentümlicher Phantasie, Bekanntschaft mit fremder unter zu schieben, so ekel, und den klassischen Schriftstellern weit nachteiliger geworden ist, als ihnen die wässrigen Auslegungen der schalsten Wortforscher nimmermehr sein können. Noch mehr betaure ich, daß Spencen selbst Addison hierin vorgegangen, der aus löblicher Begierde, die Kenntnis der alten Kunstwerke zu einem Auslegungsmittel zu erheben, die Fälle eben so wenig unterschieden hat, in welchen die Nachahmung des Künstlers dem Dichter anständig, in welchen sie ihm verkleinerlich ist.[k]

VIII

Von der Ähnlichkeit, welche die Poesie und Malerei mit einander haben, macht sich Spence die allerseltsamsten Begriffe. Er glaubet daß beide Künste bei den Alten so genau verbunden gewesen, daß sie beständig Hand in Hand gegangen, und der Dichter nie den Maler, der Maler nie den Dichter aus den Augen verloren habe. Daß die Poesie die weitere Kunst ist; daß ihr Schönheiten zu Gebote stehen, welche die Malerei nicht zu erreichen vermag; daß sie öfters Ursachen haben kann, die unmalerischen Schönheiten den malerischen vor zu ziehen: daran scheinet er gar nicht gedacht zu haben, und ist daher bei dem geringsten Unterschiede, den er unter den alten Dichtern und Artisten bemerkt, in einer Verlegenheit, die ihn auf die wunderlichsten Ausflüchte von der Welt bringt.

Die alten Dichter geben dem Bacchus meistenteils Hörner. Es ist also doch wunderbar, sagt Spence, daß man diese Hörner an seinen Statuen so selten erblickt.[a] Er fällt auf diese, er fällt auf eine andere Ursache; auf die Unwissenheit der Antiquare, auf die Kleinheit der Hörner selbst, die sich unter den Trauben

---

k) In verschiedenen Stellen seiner Reisen und seines Gespräches über die alten Münzen.
a) Polymetis Dial. IX. p. 129.

und Epheublättern, dem beständigen Kopfputze des Gottes, möchten verkrochen haben. Er windet sich um die wahre Ursache herum, ohne sie zu argwohnen. Die Hörner des Bacchus waren keine natürlichen Hörner, wie sie es an den Faunen und Satyren waren. Sie waren ein Stirnschmuck, den er aufsetzen und ablegen konnte.

– Tibi, cum sine cornibus adstas,
Virgineum caput est: – –

heißt es in der feierlichen Anrufung des Bacchus beim Ovid.[b] Er konnte sich also auch ohne Hörner zeigen; und zeigte sich ohne Hörner, wenn er in seiner jungfräulichen Schönheit erscheinen wollte. In dieser wollten ihn nun auch die Künstler darstellen, und mußten daher alle Zusätze von übler Wirkung an ihm vermeiden. Ein solcher Zusatz wären die Hörner gewesen, die an dem Diadem befestiget waren, wie man an einem Kopfe in dem Königl. Cabinet zu Berlin sehen kann.[c] Ein solcher Zusatz war das Diadem selbst, welches die schöne Stirne verdeckte, und daher an den Statuen des Bacchus eben so selten vorkömmt, als die Hörner, ob es ihm schon, als seinem Erfinder, von den Dichtern eben so oft beigeleget wird. Dem Dichter gaben die Hörner und das Diadem feine Anspielungen auf die Taten und den Charakter des Gottes: dem Künstler hingegen wurden sie Hinderungen größere Schönheiten zu zeigen; und wenn Bacchus, wie ich glaube, eben darum den Beinamen Biformis, Διμορφος, hatte, weil er sich sowohl schön als schrecklich zeigen konnte, so war es wohl natürlich, daß der Künstler diejenige von seiner Gestalt am liebsten wählte, die der Bestimmung seiner Kunst am meisten entsprach.

Minerva und Juno schleidern bei den römischen Dichtern öfters den Blitz. Aber warum nicht auch in ihren Abbildungen? fragt Spence.[d] Er antwortet: es war ein besonderes Vorrecht dieser zwei Göttinnen, wovon man den Grund vielleicht erst in den Samothracischen Geheimnissen erfuhr; weil aber die

b) Metamorph. lib. IV. v. 19. 20.
c) Begeri Thes. Brandenb. Vol. III. p. 240.
d) Polymetis Dial. VI. p. 63.

Artisten bei den alten Römern als gemeine Leute betrachtet, und daher zu diesen Geheimnissen selten zugelassen wurden, so wußten sie ohne Zweifel nichts davon, und was sie nicht wußten, konnten sie nicht vorstellen. Ich möchte Spencen dagegen fragen: arbeiteten diese gemeinen Leute vor ihren Kopf, oder auf Befehl Vornehmerer, die von den Geheimnissen unterrichtet sein konnten? Stunden die Artisten auch bei den Griechen in dieser Verachtung? Waren die römischen Artisten nicht mehrenteils geborne Griechen? Und so weiter.

Statius und Valerius Flaccus schildern eine erzürnte Venus, und mit so schrecklichen Zügen, daß man sie in diesem Augenblicke eher für eine Furie, als für die Göttin der Liebe halten sollte. Spence siehet sich in den alten Kunstwerken vergebens nach einer solchen Venus um. Was schließt er daraus? Daß dem Dichter mehr erlaubt ist als dem Bildhauer und Maler? Das hätte er daraus schließen sollen; aber er hat es einmal für allemal als einen Grundsatz angenommen, daß in einer poetischen Beschreibung nichts gut sei, was unschicklich sein würde, wenn man es in einem Gemälde, oder an einer Statue vorstellte.[e]

Folglich müssen die Dichter gefehlt haben. »Statius und Valerius sind aus einer Zeit, da die römische Poesie schon in ihrem Verfalle war. Sie zeigen auch hierin ihren verderbten Geschmack, und ihre schlechte Beurteilungskraft. Bei den Dichtern aus einer bessern Zeit wird man dergleichen Verstoßungen wider den malerischen Ausdruck nicht finden.«[f]

So etwas zu sagen, braucht es wahrlich wenig Unterscheidungskraft. Ich will indes mich weder des Statius noch des Valerius in diesem Fall annehmen, sondern nur eine allgemeine Anmerkung machen. Die Götter und geistigen Wesen, wie sie der Künstler vorstellet, sind nicht völlig ebendieselben, welche der Dichter braucht. Bei dem Künstler sind sie personifierte Abstracta, die beständig die nämliche Charakterisierung behalten müssen, wenn sie erkenntlich sein sollen. Bei dem Dich-

---

e) Polymetis Dialogue XX. p. 311. Scarce any thing can be good in a poetical description, which would appear absurd, if represented in a statue or picture.
f) Polymetis Dial. VII. p. 74.

ter hingegen sind sie wirkliche handelnde Wesen, die über ihren allgemeinen Charakter noch andere Eigenschaften und Affekten haben, welche nach Gelegenheit der Umstände vor jenen vorstechen können. Venus ist dem Bildhauer nichts als die Liebe; er muß ihr also alle die sittsame verschämte Schönheit, alle die holden Reize geben, die uns an geliebten Gegenständen entzücken, und die wir daher mit in den abgesonderten Begriff der Liebe bringen. Die geringste Abweichung von diesem Ideal läßt uns sein Bild verkennen. Schönheit, aber mit mehr Majestät als Scham, ist schon keine Venus, sondern eine Juno. Reize, aber mehr gebieterische, männliche, als holde Reize, geben eine Minerva statt einer Venus. Vollends eine zürnende Venus, eine Venus von Rache und Wut getrieben, ist dem Bildhauer ein wahrer Widerspruch; denn die Liebe, als Liebe, zürnet nie, rächet sich nie. Bei dem Dichter hingegen ist Venus zwar auch die Liebe, aber die Göttin der Liebe, die außer diesem Charakter, ihre eigne Individualität hat, und folglich der Triebe des Abscheues eben so fähig sein muß, als der Zuneigung. Was Wunder also, daß sie bei ihm in Zorn und Wut entbrennet, besonders wenn es die beleidigte Liebe selbst ist, die sie darein versetzet?

Es ist zwar wahr, daß auch der Künstler in zusammengesetzten Werken, die Venus, oder jede andere Gottheit, außer ihrem Charakter, als ein wirklich handelndes Wesen, so gut wie der Dichter, einführen kann. Aber alsdenn müssen wenigstens ihre Handlungen ihrem Charakter nicht widersprechen, wenn sie schon keine unmittelbare Folgen desselben sind. Venus übergibt ihrem Sohne die göttlichen Waffen: diese Handlung kann der Künstler, sowohl als der Dichter, vorstellen. Hier hindert ihn nichts, der Venus alle die Anmut und Schönheit zu geben, die ihr als Göttin der Liebe zukommen; vielmehr wird sie eben dadurch in seinem Werke um so viel kenntlicher. Allein wenn sich Venus an ihren Verächtern, den Männern zu Lemnos rächen will, in vergrößerter wilder Gestalt, mit fleckigten Wangen, in verwirrtem Haare, die Pechfackel ergreift, ein schwarzes Gewand um sich wirft, und auf einer finstern Wolke stürmisch herabfährt: so ist das kein Augenblick für den Künstler, weil er sie durch nichts in diesem

Augenblicke kenntlich machen kann. Es ist nur ein Augenblick für den Dichter, weil dieser das Vorrecht hat, einen andern, in welchem die Göttin ganz Venus ist, so nahe, so genau damit zu verbinden, daß wir die Venus auch in der Furie nicht aus den Augen verlieren. Dieses tut Flaccus:

> – – Neque enim alma videri
> Iam tumet; aut tereti crinem subnectitur auro,
> Sidereos diffusa sinus. Eadem effera et ingens
> Et maculis suffecta genas; pinumque sonantem
> Virginibus Stygiis, nigramque simillima pallam.[g]

Eben dies tut Statius:

> lla Paphon veterem centumque altaria linquens,
> Nec vultu nec crine prior, solvisse jugalem
> Ceston, et Idalias procul ablegasse volucres
> Fertur. Erant certe. media qui noctis in umbra
> Divam, alios ignes majoraque tela gerentem.
> Tartarias inter thalamis volitasse sorores
> Vulgarent: utque implicitis arcana domorum
> Anguibus, et saeva formidi ne cuncta replerit
> Limina.[h] –

Oder man kann sagen: der Dichter allein besitzet das Kunststück, mit negativen Zügen zu schildern, und durch Vermischung dieser negativen mit positiven Zügen, zwei Erscheinungen in eine zu bringen. Nicht mehr die holde Venus; nicht mehr das Haar mit goldenen Spangen geheftet; von keinem azurnen Gewande umflattert; ohne ihren Gürtel; mit andern Flammen, mit größern Pfeilen bewaffnet; in Gesellschaft ihr ähnlicher Furien. Aber weil der Artist dieses Kunststückes entbehren muß, soll sich seiner darum auch der Dichter enthalten? Wenn die Malerei die Schwester der Dichtkunst sein will: so sei sie wenigstens keine eifersüchtige Schwester; und die jüngere untersage der älteren nicht alle den Putz, der sie selbst nicht kleidet.

g) Argonaut. Lib. II. v. 102–106.
h) Thebaid. Lib. V. v. 61–69.

IX

Wenn man in einzeln Fällen den Maler und Dichter mit einander vergleichen will, so muß man vor allen Dingen wohl zusehen, ob sie beide ihre völlige Freiheit gehabt haben, ob sie ohne allen äußerlichen Zwang auf die höchste Wirkung ihrer Kunst haben arbeiten können.

Ein solcher äußerlicher Zwang war dem alten Künstler öfters die Religion. Sein Werk zur Verehrung und Anbetung bestimmt, konnte nicht allezeit so vollkommen sein, als wenn er einzig das Vergnügen des Betrachters dabei zur Absicht gehabt hätte. Der Aberglaube überladete die Götter mit Sinnbildern, und die schönsten von ihnen wurden nicht überall als die schönsten verehret.

Bacchus stand in seinem Tempel zu Lemnos, aus welchem die fromme Hypsipyle ihren Vater unter der Gestalt des Gottes rettete,[a] mit Hörnern, und so erschien er ohne Zweifel in allen seinen Tempeln, denn die Hörner waren ein Sinnbild, welches sein Wesen mit bezeichnete. Nur der freie Künstler, der seinen Bacchus für keinen Tempel arbeitete, ließ dieses Sinnbild weg; und wenn wir unter den noch übrigen Statuen von ihm keine mit Hörnern finden,[b] so ist dieses vielleicht ein Beweis, daß es

a) Valerius Flaccus Lib. II. Argonaut. v. 265–273.

> Serta patri, juvenisque comam vestesque Lyaei
> Induit, et medium curru locat; aeraque circum
> Tympanaque et plenas tacita formidine cistas.
> Ipsa sinus hederisque ligat famularibus artus:
> Pampineamque quatit ventosis ictibus hastam,
> Respiciens; teneat virides velatus habenas
> Ut pater, et nivea tumeant ut cornua mitra,
> Et sacer ut Bacchum referat scyphus.

Das Wort »tumeant«, in der letzten ohn einen Zeile, scheinet übrigens anzuzeigen, daß man die Hörner des Bacchus nicht so klein gemacht, als sich Spence einbildet.

b) Der sogenannte Bacchus in dem Mediceischen Garten zu Rom (beim Montfaucon Suppl. aux Ant. Expl. T. I. p. 154) hat kleine aus der Stirne hervorsprossende Hörner; aber es gibt Kenner, die ihn eben darum lieber zu einem Faune machen wollen. In der Tat sind solche natürliche Hörner eine Schändung der mensch-

keine von den geheiligten sind, in welchen er wirklich verehret worden. Es ist ohnedem höchst wahrscheinlich, daß auf diese letzteren die Wut der frommen Zerstörer in den ersten Jahrhunderten des Christentums vornehmlich gefallen ist, die nur hier und da ein Kunstwerk schonte, welches durch keine Anbetung verunreiniget war.

Da indes unter den aufgegrabenen Antiken sich Stücke sowohl von der einen als von der andern Art finden, so wünschte ich, daß man den Namen der Kunstwerke nur denjenigen beilegen möchte, in welchen sich der Künstler wirklich als Künstler zeigen können, bei welchen die Schönheit seine erste und letzte Absicht gewesen. Alles andere, woran sich zu merkliche Spuren gottesdienstlicher Verabredungen zeigen, verdienet diesen Namen nicht, weil die Kunst hier nicht um ihrer selbst willen gearbeitet, sondern ein bloßes Hülfsmittel der Religion war, die bei den sinnlichen Vorstellungen, die sie ihr aufgab, mehr auf das Bedeutende als auf das Schöne sahe; ob ich schon dadurch nicht sagen will, daß sie nicht auch öfters alles Bedeutende in das Schöne gesetzt, oder aus Nachsicht für die Kunst und den feinern Geschmack des Jahrhunderts, von jenem so viel nachgelassen habe, daß dieses allein zu herrschen scheinen können.

Macht man keinen solchen Unterschied, so werden der Kenner und der Antiquar beständig mit einander im Streite liegen, weil sie einander nicht verstehen. Wenn jener, nach seiner Einsicht in die Bestimmung der Kunst, behauptet, daß dieses oder jenes der alte Künstler nie gemacht habe, nämlich

---

lichen Gestalt, und können nur Wesen geziemen, denen man eine Art von Mittelgestalt zwischen Menschen und Tier erteilte. Auch ist die Stellung, der lüsterne Blick nach der über sich gehaltenen Traube, einem Begleiter des Weingottes anständiger, als dem Gotte selbst. Ich erinnere mich hier, was Clemens Alexandrinus von Alexander dem Grossen sagt (Protrept. p. 48. Edit. Pott) Εβουλετο δε και Αλεξανδρος Αμμωνος υιος ἐιναι δοκειν, και κερασφορος αναπλαττεσθαι προς των αγαλματοποιων, το καλον ανθρωπου υβρισαι σπευδων κερατι. Es war Alexanders ausdrücklicher Wille, daß ihn der Bildhauer mit Hörnern vorstellen sollte: er war es gern zufrieden, daß die menschliche Schönheit in ihm mit Hörnern beschimpft ward, wenn man ihn nur eines göttlichen Ursprunges zu sein glaubte.

als Künstler nicht, freiwillig nicht: so wird dieser es dahin ausdehnen, daß es auch weder die Religion, noch sonst eine außer dem Gebiete der Kunst liegende Ursache, von dem Künstler habe machen lassen, von dem Künstler nämlich als Handarbeiter. Er wird also mit der ersten mit der besten Figur den Kenner widerlegen zu können glauben, die dieser ohne Bedenken, aber zu großem Ärgernisse der gelehrten Welt, wieder zu dem Schutte verdammet, woraus sie gezogen worden.[c]

c) Als ich oben behauptete, daß die alten Künstler keine Furien gebildet hätten, war es mir nicht entfallen, daß die Furien mehr als einen Tempel gehabt, die ohne ihre Statuen gewiß nicht gewesen sind. In dem zu Cerynea fand Pausanias dergleichen von Holz; sie waren weder groß, noch sonst besonders merkwürdig; es schien, daß die Kunst, die sich nicht an ihnen zeigen können, es an den Bildsäulen ihrer Priesterinnen, die in der Halle des Tempels standen, einbringen wollen, als welche von Stein, und von sehr schöner Arbeit waren. (Pausanias »Achaic.« cap. XXV. p. 589. Edit. Kuhn) Ich hatte eben so wenig vergessen, daß man Köpfe von ihnen auf einem Abraxas, den Chiffletius bekannt gemacht, und auf einer Lampe beim Licetus zu sehen glaube. (Dissertat. sur les Furies par Bannier. Memoires de l'Academie des Inscript. T. V. p. 48) Auch sogar die Urne von Hetrurischer Arbeit beim Gorius (Tab. 151 Musei Etrusci) auf welcher Orestes und Pylades erscheinen, wie ihnen zwei Furien mit Fackeln zusetzen, war mir nicht unbekannt. Allein ich redete von Kunstwerken, von welchen ich alle diese Stücke ausschließen zu können glaubte. Und wäre auch das letztere nicht so wohl als die übrigen davon auszuschließen, so dienet es von einer andern Seite, mehr meine Meinung zu bestärken, als zu widerlegen. Denn so wenig auch die hetrurischen Künstler überhaupt auf das Schöne gearbeitet, so scheinen sie doch auch die Furien nicht so wohl durch schreckliche Gesichtszüge, als vielmehr durch ihre Tracht und Attributa ausgedrückt zu haben. Diese stoßen mit so ruhigem Gesichte dem Orestes und Pylades ihre Fackeln unter die Augen, daß sie fast scheinen, sie nur im Scherze erschrecken zu wollen. Wie fürchterlich sie dem Orestes und Pylades vorgekommen, läßt sich nur aus ihrer Furcht, keineswegs aber aus der Bildung der Furien selbst abnehmen. Es sind also Furien, und sind auch keine; sie verrichten das Amt der Furien, aber nicht in der Verstellung von Grimm und Wut, welche wir mit ihrem Namen zu verbinden gewohnt sind; nicht mit der Stirne, die wie Catull sagt, expirantis praeportat pectoris iras. – Noch kürzlich glaubte Herr Winckelmann, auf einem Carniole in dem Stoschischen Cabinette, eine Furie im Laufe mit fliegendem Rocke und

Gegenteils kann man sich aber auch den Einfluß der Religion auf die Kunst zu groß vorstellen. Spence gibt hiervon ein sonderbares Beispiel. Er fand beim Ovid, daß Vesta in ihrem Tempel unter keinem persönlichen Bilde verehret worden; und dieses dünkte ihm genug, daraus zu schließen, daß es überhaupt keine Bildsäulen von dieser Göttin gegeben habe, und daß alles, was man bisher dafür gehalten, nicht die Vesta, sondern eine Vestalin, vorstelle.[d] Eine seltsame Folge! Verlor der Künstler darum sein Recht, ein Wesen, dem die Dichter eine bestimmte Persönlichkeit geben, das sie zur Tochter des Saturnus und der Ops machen, das sie in Gefahr kommen lassen, unter die Mißhandlungen des Priapus zu fallen, und was sie sonst von ihr erzählen, verlor er, sage ich, darum sein Recht, dieses Wesen auch nach seiner Art zu personifieren, weil es in *einem* Tempel nur unter dem Sinnbilde des Feuers verehret ward? Denn Spence begehet dabei noch diesen Fehler, daß er das, was Ovid nur von einem gewissen Tempel der Vesta, nämlich

Haaren, und einem Dolche in der Hand, gefunden zu haben. (Bibliothek der sch. Wiss. V. Band S. 30) Der Herr von Hagedorn riet hierauf auch den Künstlern schon an, sich diese Anzeige zu Nutze zu machen, und die Furien in ihren Gemälden so vorzustellen. (Betrachtungen über die Malerei S. 222) Allein Herr Winkkelmann hat hernach diese seine Entdeckung selbst wiederum ungewiß gemacht, weil er nicht gefunden, daß die Furien, anstatt mit Fackeln, auch mit Dolchen von den Alten bewaffnet worden. (Descript. des Pierres gravées p. 84) Ohne Zweifel erkennt er also die Figuren, auf Münzen der Städte Lyrba und Mastaura, die Spanheim für Furien ausgibt (Les Cesars de Julien p. 44) nicht dafür, sondern für eine Hecate triformis; denn sonst fände sich allerdings hier eine Furie, die in jeder Hand einen Dolch führt, und es ist sonderbar, daß eben diese auch in bloßen ungebundenen Haaren erscheint, die an den andern mit einem Schleier bedeckt sind. Doch gesetzt auch, es wäre wirklich so, wie es dem Herrn Winckelmann zuerst vorgekommen: so würde es auch mit diesem geschnittenen Steine eben die Bewandtnis haben, die es mit der hetrurischen Urne hat, es wäre denn, daß sich wegen Kleinheit der Arbeit gar keine Gesichtszüge erkennen ließen. Überdem gehören auch die geschnittenen Steine überhaupt, wegen ihres Gebrauchs als Siegel, schon mit zur Bildersprache, und ihre Figuren mögen öfterer eigensinnige Symbola der Besitzer, als freiwillige Werke der Künstler sein.

d) Polymetis Dial. VII. p. 81.

von dem zu Rom sagt,[e] auf alle Tempel dieser Göttin ohne Unterschied, und auf ihre Verehrung überhaupt, ausdehnet. Wie sie in diesem Tempel zu Rom verehret ward, so ward sie nicht überall verehret, so war sie selbst nicht in Italien verehret worden, ehe ihn Numa erbaute. Numa wollte keine Gottheit in menschlicher oder tierischer Gestalt vorgestellet wissen; und darin bestand ohne Zweifel die Verbesserung, die er in dem Dienste der Vesta machte, daß er alle persönliche Vorstellung von ihr daraus verbannte. Ovid selbst lehret uns, daß es vor den Zeiten des Numa, Bildsäulen der Vesta in ihrem Tempel gegeben habe, die, als ihre Priesterin Sylvia Mutter ward, vor Scham die jungfräulichen Hände vor die Augen hoben.[f] Daß sogar in den Tempeln, welche die Göttin außer der Stadt in den römischen Provinzen hatte, ihre Verehrung

[e] Fast. lib. VI. v. 295–98.
    Esse diu stultus Vestae simulacra putavi:
      Mox didici cuno nulla subesse tholo.
    Ignis inexstinctus templo celatur in illo.
    Effigiem nullam Vesta, nec ignis habet.

Ovid redet nur von dem Gottesdienste der Vesta in Rom, nur von dem Tempel, den ihr Numa daselbst erbauet hatte, von dem er kurz zuvor (v. 259. 60) sagt:
    Regis opus placidi, quo non metuentius ullum
    Numinis ingenium terra Sabina tulit.

[f] Fast. lib. III. v. 45. 46.
    Sylvia fit mater: Vestae simulacra feruntur
    Virgineas oculis opposuisse manus.

Auf diese Weise hätte Spence den Ovid mit sich selbst vergleichen sollen. Der Dichter redet von verschiedenen Zeiten. Hier von den Zeiten vor dem Numa, dort von den Zeiten nach ihm. In jenen ward sie in Italien unter persönlichen Vorstellungen verehret, so wie sie in Troja war verehret worden, von wannen Aeneas ihren Gottesdienst mit herüber gebracht hatte.

  – – Manibus vittas, Vestamque potentem,
    Aeternumque adytis effert penetralibus ignem:

sagt Virgil von dem Geiste des Hektors, nachdem er dem Aeneas zur Flucht geraten. Hier wird das ewige Feuer von der Vesta selbst, oder ihrer Bildsäule, ausdrücklich unterschieden. Spence muß die römischen Dichter zu seinem Behufe doch noch nicht aufmerksam genug durchgelesen haben, weil ihm diese Stelle entwischt ist.

nicht völlig von der Art gewesen, als sie Numa verordnet, scheinen verschiedene alte Inschriften zu beweisen, in welchen eines Pontificis Vestae gedacht wird.*g* Auch zu Korinth war ein Tempel der Vesta ohne alle Bildsäule, mit einem bloßen Altare, worauf der Göttin geopfert ward.*h* Aber hatten die Griechen darum gar keine Statuen der Vesta? Zu Athen war eine im Prytaneo, neben der Statue des Friedens.*i* Die Jasseer rühmten von einer, die bei ihnen unter freiem Himmel stand, daß weder Schnee noch Regen jemals auf sie falle.*k* Plinius gedenkt einer sitzenden, von der Hand des Skopas, die sich zu seiner Zeit in den Servilianischen Gärten zu Rom befand.*l* Zugegeben, daß es uns itzt schwer wird, eine bloße Vestalin von einer Vesta selbst zu unterscheiden, beweiset dieses, daß sie auch die Alten nicht unterscheiden können, oder wohl gar nicht unterscheiden wollen? Gewisse Kennzeichen sprechen offenbar mehr für die eine, als für die andere. Das Szepter, die Fackel, das Palladium, lassen sich nur in der Hand der Göttin vermuten. Das Tympanum, welches ihr Codinus beileget, kömmt ihr vielleicht nur als der Erde zu; oder Codinus wußte selbst nicht recht, was er sahe.*m*

g) Lipsius de Vesta et Vestalibus cap. 13.
h) Pausanias Corinth. cap. XXXV. p. 194. Edit. Kuh.
i) Idem Attic. cap. XVIII. p. 41.
k) Polyb. Hist. lib. XVI. § 11. Op. T. II. p. 443. Edit. Ernest.
l) Plinius lib. XXXVI. sect. 4. p. 727. Edit. Hard: Scopas fecit – Vestam sedentem laudatam in Servilianis hortis. Diese Stelle muß Lipsius in Gedanken gehabt haben, als er (de Vesta cap. 3) schrieb: Plinius Vestam sedentem effingi solitam ostendit, a stabilitate. Allein was Plinius von einem einzeln Stücke des Skopas sagt, hätte er nicht für einen allgemein angenommenen Charakter ausgeben sollen. Er merkt selbst an, daß auf den Münzen die Vesta eben so oft stehend als sitzend erscheine. Allein er verbessert dadurch nicht den Plinius, sondern seine eigne falsche Einbildung.
m) Georg. Codinus »De Originib. Constant.« Edit. Venet. p. 12. Την γην λεγουσιν Εςιαν, και πλαττουσι αυτην γυναικα, τυμπανον βαςαζουσαν, επειδη τους ανεμους ή γη ύφ' έαυτην συγκλειει. Suidas, aus ihm, oder beide aus einem ältern, sagt unter dem Worte Εςια eben dieses. »Die Erde wird unter dem Namen Vesta als eine Frau gebildet, welche ein Tympanon trägt, weil sie die Winde in sich verschlossen hält.« Die Ursache ist ein wenig abgeschmackt. Es würde sich eher haben hören lassen, wenn er gesagt hätte, daß

X

Ich merke noch eine Befremdung des Spence an, welche deutlich zeiget, wie wenig er über die Grenzen der Poesie und Malerei muß nachgedacht haben.

»Was die Musen überhaupt betrifft, sagt er, so ist es doch sonderbar, daß die Dichter in Beschreibung derselben so sparsam sind, weit sparsamer, als man es bei Göttinnen, denen sie so große Verbindlichkeit haben, erwarten sollte.«[a]

Was heißt das anders, als sich wundern, daß wenn die Dichter von ihnen reden, sie es nicht in der stummen Sprache der Maler tun? Urania ist den Dichtern die Muse der Sternkunst; aus ihrem Namen, aus ihren Verrichtungen erkennen wir ihr Amt. Der Künstler, um es kenntlich zu machen, muß sie mit einem Stabe auf eine Himmelskugel weisen lassen; dieser Stab, diese Himmelskugel, diese ihre Stellung sind seine Buchstaben, aus welchen er uns den Namen Urania zusammensetzen läßt. Aber wenn der Dichter sagen will: Urania hatte seinen Tod längst aus den Sternen vorhergesehn;

> Ipsa diu positis lethum praedixerat astris
> Uranie —[b]

ihr deswegen ein Tympanon beigegeben werde, weil die Alten zum Teil geglaubt, daß ihre Figur damit übereinkomme; σχῆμα ἀυτης τυμπανοειδες ἐιναι. (Plutarchus de placitis Philos. cap. 10. id. de facie in orbe Lunae) Wo sich aber Codinus nur nicht entweder in der Figur, oder in dem Namen, oder gar in beiden geirret hat. Er wußte vielleicht, was er die Vesta tragen sahe, nicht besser zu nennen, als ein Tympanum; oder hörte es ein Tympanum nennen, und konnte sich nichts anders dabei gedenken, als das Instrument, welches wir eine Heerpauke nennen. Tympana waren aber auch eine Art von Rädern:

> Hinc radios trivere rotis, hinc tympana plaustris
> Agricolae —

(Virgilius Georgic. lib. II. v. 444) Und einem solchen Rade scheinet mir das, was sich an der Vesta des Fabretti zeiget, (Ad Tabulam Iliadis p. 339) und dieser Gelehrte für eine Handmühle hält, sehr ähnlich zu sein.

a) Polymetis Dial. VIII. p. 91.
b) Statius Theb. VIII. v. 551.

warum soll er, in Rücksicht auf den Maler, darzusetzen: Urania, den Radius in der Hand, die Himmelskugel vor sich? Wäre es nicht, als ob ein Mensch, der laut reden kann und darf, sich noch zugleich der Zeichen bedienen sollte, welche die Stummen im Serraglio des Türken, aus Mangel der Stimme, unter sich erfunden haben?

Eben dieselbe Befremdung äußert Spence nochmals bei den moralischen Wesen, oder denjenigen Gottheiten, welche die Alten den Tugenden und der Führung des menschlichen Lebens vorsetzten.[c] »Es verdient angemerkt zu werden, sagt er, daß die römischen Dichter von den besten dieser moralischen Wesen weit weniger sagen, als man erwarten sollte. Die Artisten sind in diesem Stücke viel reicher, und wer wissen will, was jedes derselben für einen Aufzug gemacht, darf nur die Münzen der römischen Kaiser zu Rate ziehen. –[d] Die Dichter sprechen von diesen Wesen zwar öfters, als von Personen; überhaupt aber sagen sie von ihren Attributen, ihrer Kleidung und übrigem Ansehen sehr wenig.« –

Wenn der Dichter Abstracta personifieret, so sind sie durch den Namen, und durch das, was er sie tun läßt, genugsam charakterisieret.

Dem Künstler fehlen diese Mittel. Er muß also seinen personifierten Abstractis Sinnbilder zugeben, durch welche sie kenntlich werden. Diese Sinnbilder weil sie etwas anders sind, und etwas anders bedeuten, machen sie zu allegorischen Figuren.

Eine Frauensperson mit einem Zaum in der Hand; eine andere an eine Säule gelehnt, sind in der Kunst allegorische Wesen. Allein die Mäßigung, die Standhaftigkeit bei dem Dichter, sind keine allegorische Wesen, sondern bloß personifierte Abstracta.

Die Sinnbilder dieser Wesen bei dem Künstler hat die Not erfunden. Denn er kann sich durch nichts anders verständlich machen, was diese oder jene Figur bedeuten soll. Wozu

c) Polym. Dial. X. p. 137.
d) Ibid. p. 139.

aber den Künstler die Not treibet, warum soll sich das der Dichter aufdringen lassen, der von dieser Not nichts weiß?

Was Spencen so sehr befremdet, verdienet den Dichtern als eine Regel vorgeschrieben zu werden. Sie müssen die Bedürfnisse der Malerei nicht zu ihrem Reichtume machen. Sie müssen die Mittel, welche die Kunst erfunden hat, um der Poesie nachzukommen, nicht als Vollkommenheiten betrachten, auf die sie neidisch zu sein Ursache hätten. Wenn der Künstler eine Figur mit Sinnbildern auszieret, so erhebt er eine bloße Figur zu einem höhern Wesen. Bedienet sich aber der Dichter dieser malerischen Ausstaffierungen, so macht er aus einem höhern Wesen eine Puppe.

So wie diese Regel durch die Befolgung der Alten bewähret ist, so ist die geflissentliche Übertretung derselben ein Lieblingsfehler der neuern Dichter. Alle ihre Wesen der Einbildung gehen in Maske, und die sich auf diese Maskeraden am besten verstehen, verstehen sich meistenteils auf das Hauptwerk am wenigsten: nämlich, ihre Wesen handeln zu lassen, und sie durch die Handlungen derselben zu charakterisieren.

Doch gibt es unter den Attributen, mit welchen die Künstler ihre Abstracta bezeichnen, eine Art, die des poetischen Gebrauchs fähiger und würdiger ist. Ich meine diejenigen, welche eigentlich nichts allegorisches haben, sondern als Werkzeuge zu betrachten sind, deren sich die Wesen, welchen sie beigeleget werden, falls sie als wirkliche Personen handeln sollten, bedienen würden oder könnten. Der Zaum in der Hand der Mäßigung, die Säule, an welche sich die Standhaftigkeit lehnet, sind lediglich allegorisch, für den Dichter also von keinem Nutzen. Die Waage in der Hand der Gerechtigkeit, ist es schon weniger, weil der rechte Gebrauch der Waage wirklich ein Stücke der Gerechtigkeit ist. Die Leier oder Flöte aber in der Hand einer Muse, die Lanze in der Hand des Mars, Hammer und Zange in den Händen des Vulcans, sind ganz und gar keine Sinnbilder, sind bloße Instrumente, ohne welche diese Wesen die Wirkungen, die wir ihnen zuschreiben, nicht hervorbringen können. Von dieser Art sind die Attribute, welche die alten Dichter in ihre Beschreibungen etwa noch einflechten, und die ich deswegen zum Unterschiede jener allegorischen, die poetischen nennen möchte. Diese bedeuten die Sache selbst, jene nur etwas ähnliches.*e*

e) Man mag in dem Gemälde, welches Horaz von der Notwendigkeit macht, und welches vielleicht das an Attributen reichste Gemälde bei allen alten Dichtern ist: (Lib. I. Od. 35)

> Te semper anteit saeva Necessitas:
> Clavos trabales et cuneos manu
> Gestans ahenea; nec severus
> Uncus abest liquidumque plumbum –

man mag, sage ich, in diesem Gemälde die Nägel, die Klammern, das fließende Blei, für Mittel der Befestigung oder für Werkzeuge der Bestrafung annehmen, so gehören sie doch immer mehr zu den poetischen, als allegorischen Attributen. Aber auch als solche sind sie zu sehr gehäuft, und die Stelle ist eine von den frostigsten des Horaz. Sanadon sagt: J'ose dire que ce tableau pris dans le detail seroit plus beau sur la toile que dans une ode heroique. Je ne puis souffrir cet attirail patibulaire de clous, de coins, de crocs, et de plomb fondu. J'ai cru en devoir décharger la traduction, en substituant les idées generales aux idées singulières. C'est dommage que le Poete ait eu besoin de ce correctif. Sanadon hatte ein feines und richtiges Gefühl, nur der Grund, womit er es bewähren will, ist nicht der rechte. Nicht weil die gebrauchten Attributa ein Attirail patibulaire sind; denn es stand nur bei ihm, die andere Auslegung anzunehmen, und das Galgengeräte in die festesten Bindemittel der Baukunst zu verwandeln: sondern, weil alle Attributa eigentlich für das Auge, und nicht für das Gehör gemacht sind, und alle Begriffe, die wir durch das Auge erhalten sollten, wenn man sie uns durch das Gehör beibringen will, eine größere Anstrengung erfordern, und einer geringern Klarheit fähig sind. – Der Verfolg von der angeführten Strophe des Horaz erinnert mich übrigens an ein Paar Versehen des Spence, die von der Genauigkeit, mit welcher er die angezogenen Stellen der alten Dichter will erwogen haben, nicht den vorteilhaftesten Begriff erwecken. Er redet von dem Bilde, unter welchem die Römer die Treue oder Ehrlichkeit vorstellten. (Dial. X. p. 145) »Die Römer, sagt er, nannten sie Fides; und wenn sie sie Sola Fides nannten, so scheinen sie den hohen Grad dieser Eigenschaft, den wir durch grundehrlich (im Englischen downright honesty) ausdrücken, darunter verstanden zu haben. Sie wird mit einer freien offenen Gesichtsbildung und in nichts als einem dünnen Kleide vorgestellet, welches so fein ist, daß es für durchsichtig gelten kann. Horaz nennet sie daher, in einer von seinen Oden, dünnbekleidet; und in einer andern, durchsichtig.« In dieser kleinen Stelle sind nicht mehr als drei ziemlich grobe Fehler. Erstlich ist es falsch, daß Sola ein besonderes Beiwort sei, welches die Rö-

XI

Auch der Graf Caylus scheinet zu verlangen, daß der Dichter seine Wesen der Einbildung mit allegorischen Attributen ausschmücken solle.[a] Der Graf verstand sich besser auf die Malerei, als auf die Poesie.

mer der Göttin Fides gegeben. In den beiden Stellen des Livius, die er desfalls zum Beweise anführt, (Lib. I. c. 21 Lib. II. c. 3) bedeutet es weiter nichts, als was es überall bedeutet, die Ausschließung alles übrigen. In der einen Stelle scheinet den Criticis das soli sogar verdächtig und durch einen Schreibefehler, der durch das gleich darneben stehende solenne veranlasset worden, in den Text gekommen zu sein. In der andern aber ist nicht von der Treue, sondern von der Unschuld, der Unsträflichkeit, Innocentia, die Rede. Zweitens: Horaz soll in einer seiner Oden, der Treue das Beiwort dünnbekleidet geben; nämlich in der oben angezogenen fünf und dreißigsten des ersten Buches:

Te spes, et albo rara fides colit
Velata panno.

Es ist wahr, rarus heißt auch dünne; aber hier heißt es bloß selten, was wenig vorkömmt, und ist das Beiwort der Treue selbst, und nicht ihrer Bekleidung. Spence würde Recht haben, wenn der Dichter gesagt hätte: Fides raro velata panno. Drittens: an einem andern Orte soll Horaz die Treue oder Redlichkeit durchsichtig nennen; um eben das damit anzudeuten, was wir in unsern gewöhnlichen Freundschaftsversicherungen zu sagen pflegen: ich wünschte, Sie könnten mein Herz sehen. Und dieser Ort soll die Zeile der achtzehnten Ode des ersten Buchs sein:

Arcanique Fides prodiga, pellucidior vitro.

Wie kann man sich aber von einem bloßen Worte so verführen lassen? Heißt denn Fides arcani prodiga die Treue? Oder heißt es nicht vielmehr, die Treulosigkeit? Von dieser sagt Horaz, und nicht von der Treue, daß sie durchsichtig wie Glas sei, weil sie die ihr anvertrauten Geheimnisse eines jeden Blicke bloßstellet.

a) Apollo übergibt den gereinigten und balsamierten Leichnam des Sarpedon dem Tode und dem Schlafe, ihn nach seinem Vaterlande zu bringen. (Il. π. v. 681. 82)

Πεμπε δε μιν πομποισιν ἁμα κραιπνοισι φερεσθαι
Ὑπνῳ και Θανατῳ διδυμαοσιν.

Doch ich habe in seinem Werke, in welchem er dieses Verlangen äußert, Anlaß zu erheblichern Betrachtungen gefunden, wovon ich das Wesentlichste, zu besserer Erwägung, hier anmerke.

Caylus empfiehlt diese Erdichtung dem Maler, fügt aber hinzu: Il est facheux, qu'Homere ne nous ait rien laissé sur les attributs qu'on donnoit de son tems au Sommeil: nous ne connoissons, pour caracteriser ce Dieu, que son action même, et nous le couronnons de pavots. Ces idées sont modernes: la premiere est d'un mediocre service, mais elle ne peut être employée dans le cas present, ou même les fleurs me paroissent deplaceés, sur tout pour une figure qui groupe avec la mort. (S. Tableaux tirés de l'Iliade, de l'Odyssée d'Homere et de l'Eneide de Virgile, avec des observations generales sur le Costume, à Paris 1757. 8) Das heißt von dem Homer eine von den kleinen Zieraten verlangen, die am meisten mit seiner großen Manier streiten. Die sinnreichsten Attributa, die er dem Schlafe hätte geben können, würden ihn bei weitem nicht so vollkommen charakterisiert, bei weitem kein so lebhaftes Bild bei uns erregt haben, als der einzige Zug, durch den er ihn zum Zwillingsbruder des Todes macht. Diesen Zug suche der Künstler auszudrücken, und er wird alle Attributa entbehren können. Die alten Künstler haben auch wirklich den Tod und den Schlaf mit der Ähnlichkeit unter sich vorgestellet, die wir an Zwillingen so natürlich erwarten. Auf einer Kiste von Zedernholz in dem Tempel der Juno zu Elis, ruhten sie beide als Knaben in den Armen der Nacht. Nur war der eine weiß, der andere schwarz; jener schlief, dieser schien zu schlafen; beide mit übereinander geschlagenen Füßen. Denn so wollte ich die Worte des Pausanias (Eliac. cap. XVIII. p. 422. Edit. Kuh) ἀμφοτερους διεςραμμενους τους ποδας, lieber übersetzen, als mit krummen Füßen, oder wie es Gedoyn in seiner Sprache gegeben hat: les pieds contrefaits. Was sollten die krummen Füße hier ausdrücken? Übereinander geschlagene Füße hingegen sind die gewöhnliche Lage der Schlafenden, und der Schlaf beim Maffei (Raccol. Pl. 151) liegt nicht anders. Die neuen Artisten sind von dieser Ähnlichkeit, welche Schlaf und Tod bei den Alten miteinander haben, gänzlich abgegangen, und der Gebrauch ist allgemein worden, den Tod als ein Skelett, höchstens als ein mit Haut bekleidetes Skelett vorzustellen. Vor allen Dingen hätte Caylus dem Künstler also hier raten müssen, ob er in Vorstellung des Todes dem alten oder dem neuen Gebrauche folgen solle. Doch er scheinet sich für den neuern zu erklären, da er den Tod als eine Figur betrachtet, gegen die eine andere mit Blumen gekrönet, nicht wohl gruppieren möchte. Hat er aber hierbei auch bedacht, wie un-

Der Künstler, ist des Grafen Absicht, soll sich mit dem größten malerischen Dichter, mit dem Homer, mit dieser zweiten Natur, näher bekannt machen. Er zeigt ihm, welchen reichen noch nie genutzten Stoff zu den trefflichsten Schildereien die von dem Griechen behandelte Geschichte darbiete, und wie so viel vollkommner ihm die Ausführung gelingen müsse, je genauer er sich an die kleinsten von dem Dichter bemerkten Umstände halten könne.

In diesem Vorschlage vermischt sich also die oben getrennte doppelte Nachahmung. Der Maler soll nicht allein das nachahmen, was der Dichter nachgeahmet hat, sondern er soll es auch mit den nämlichen Zügen nachahmen; er soll den Dichter nicht bloß als Erzähler, er soll ihn als Dichter nutzen.

Diese zweite Art der Nachahmung aber, die für den Dichter so verkleinerlich ist, warum ist sie es nicht auch für den Künstler? Wenn vor dem Homer eine solche Folge von Gemälden, als der Graf Caylus aus ihm angibt, vorhanden gewesen wäre, und wir wüßten, daß der Dichter aus diesen Gemälden sein Werk genommen hätte: würde er nicht von unserer Bewunderung unendlich verlieren? Wie kömmt es, daß wir dem Künstler nichts von unserer Hochachtung entziehen, wenn er schon weiter nichts tut, als daß er die Worte des Dichters mit Figuren und Farben ausdrücket?

Die Ursach scheinet diese zu sein. Bei dem Artisten dünket uns die Ausführung schwerer, als die Erfindung; bei dem Dichter hingegen ist es umgekehrt, und seine Ausführung dünket uns gegen die Erfindung das Leichtere. Hätte Virgil die Verstrickung des Laokoon und seiner Kinder von der Gruppe genommen, so würde ihm das Verdienst, welches wir bei die-

---

schicklich diese moderne Idee in einem homerischen Gemälde sein dürfte? Und wie hat ihm das Ekelhafte derselben nicht anstößig sein können? Ich kann mich nicht bereden, daß das kleine metallene Bild in der Herzoglichen Galerie zu Florenz, welches ein liegendes Skelett vorstellet, das mit dem einen Arme auf einem Aschenkruge ruhet, (Spence's Polymetis Tab. XLI) eine wirkliche Antike sei. Den Tod überhaupt kann es wenigstens nicht vorstellen sollen, weil ihn die Alten anders vorstellten. Selbst ihre Dichter haben ihn unter diesem widerlichen Bilde nie gedacht.

sem seinem Bilde für das schwerere und größere halten, fehlen, und nur das geringere übrig bleiben. Denn diese Verstrickung in der Einbildungskraft erst schaffen, ist weit wichtiger, als sie in Worten ausdrücken. Hätte hingegen der Künstler diese Verstrickung von dem Dichter entlehnet, so würde er in unsern Gedanken doch noch immer Verdienst genug behalten, ob ihm schon das Verdienst der Erfindung abgehet. Denn der Audruck in Marmor ist unendlich schwerer als der Ausdruck in Worten; und wenn wir Erfindung und Darstellung gegen einander abwägen, so sind wir jederzeit geneigt, dem Meister an der einen so viel wiederum zu erlassen; als wir an der andern zu viel erhalten zu haben meinen.

Es gibt sogar Fälle, wo es für den Künstler ein größeres Verdienst ist, die Natur durch das Medium der Nachahmung des Dichters nachgeahmet zu haben, als ohne dasselbe. Der Maler, der nach der Beschreibung eines Thomsons eine schöne Landschaft darstellet, hat mehr getan, als der sie gerade von der Natur kopieret. Dieser siehet sein Urbild vor sich; jener muß erst seine Einbildungskraft so anstrengen, bis er es vor sich zu sehen glaubet. Dieser macht aus lebhaften sinnlichen Eindrükken etwas Schönes; jener aus schwanken und schwachen Vorstellungen willkürlicher Zeichen.

So natürlich aber die Bereitwilligkeit ist, dem Künstler das Verdienst der Erfindung zu erlassen, eben so natürlich hat daraus die Lauigkeit gegen dasselbe bei ihm entspringen müssen. Denn da er sahe, daß die Erfindung seine glänzende Seite nie werden könne, daß sein größtes Lob von der Ausführung abhange, so ward es ihm gleich viel, ob jene alt oder neu, einmal oder unzähligmal gebraucht sei, ob sie ihm oder einem anderen zugehöre. Er blieb in dem engen Bezirke weniger, ihm und dem Publico geläufig gewordener Vorwürfe, und ließ seine ganze Erfindsamkeit auf die bloße Veränderung in dem Bekannten gehen, auf neue Zusammensetzungen alter Gegenstände. Das ist auch wirklich die Idee, welche die Lehrbücher der Malerei mit dem Worte Erfindung verbinden. Denn ob sie dieselbe schon sogar in malerische und dichterische einteilen, so gehet doch auch die dichterische nicht auf die Hervorbringung des Vorwurfs selbst, sondern lediglich auf die Anordnung oder den Ausdruck.[b] Es ist Erfindung, aber nicht Erfindung des Ganzen, sondern einzelner Teile, und ihrer Lage unter einander. Es ist Erfindung, aber von jener geringern Gattung, die Horaz seinem tragischen Dichter anriet:

> – – – Tuque
> Rectius Iliacum carmen deducis in actus,
> Quam si proferres ignota indictaque primus.[c]

Anriet, sage ich, aber nicht befahl. Anriet, als für ihn leichter, bequemer, zuträglicher; aber nicht befahl, als besser und edler an sich selbst.

In der Tat hat der Dichter einen großen Schritt voraus, welcher eine bekannte Geschichte, bekannte Charaktere behandelt. Hundert frostige Kleinigkeiten, die sonst zum Verständnisse des Ganzen unentbehrlich sein würden, kann er übergehen; und je geschwinder er seinen Zuhörern verständlich wird, desto geschwinder kann er sie intressieren. Diesen Vorteil hat auch der Maler, wenn uns sein Vorwurf nicht fremd ist, wenn wir mit dem ersten Blicke die Absicht und Meinung seiner ganzen Komposition erkennen, wenn wir auf eins, seine Personen nicht bloß sprechen sehen, sondern auch hören, was sie sprechen. Von dem ersten Blicke hangt die größte Wirkung ab, und wenn uns dieser zu mühsamen Nachsinnen und Raten nötiget, so erkaltet unsere Begierde gerühret zu werden; um uns an dem unverständlichen Künstler zu rächen, verhärten wir uns gegen den Ausdruck, und weh ihm, wann er die Schönheit dem Ausdrucke aufgeopfert hat! Wir finden sodann gar nichts, was uns reizen könnte, vor seinem Werke zu verweilen; was wir sehen gefällt uns nicht, und was wir dabei denken sollen, wissen wir nicht.

Nun nehme man beides zusammen; einmal, daß die Erfindung und Neuheit des Vorwurfs das vornehmste bei weitem nicht ist, was wir von dem Maler verlangen; zweitens, daß ein bekannter Vorwurf die Wirkung seiner Kunst befödert

---

b) v. Hagedorn, Betrachtungen über die Malerei S. 159. u. f.
c) Ad Pisones v. 128-30.

und erleichtert: und ich meine, man wird die Ursache, warum er sich so selten zu neuen Vorwürfen entschließt, nicht mit dem Grafen Caylus, in seiner Bequemlichkeit, in seiner Unwissenheit, in der Schwierigkeit des mechanischen Teiles der Kunst, welche allen seinen Fleiß, alle seine Zeit erfordert, suchen dürfen; sondern man wird sie tiefer gegründet finden, und vielleicht gar, was Anfangs Einschränkung der Kunst, Verkümmerung unsers Vergnügens, zu sein scheinet, als eine weise und uns selbst nützliche Enthaltsamkeit an dem Artisten zu loben geneigt sein. Ich fürchte auch nicht, daß mich die Erfahrung widerlegen werde. Die Maler werden dem Grafen für seinen guten Willen danken, aber ihn schwerlich so allgemein nutzen, als er es erwartet. Geschähe es jedoch: so würde über hundert Jahr ein neuer Caylus nötig sein, der die alten Vorwürfe wieder ins Gedächtnis brächte, und den Künstler in das Feld zurückführte, wo andere vor ihm so unsterbliche Lorbeeren gebrochen haben. Oder verlangt man, daß das Publikum so gelehrt sein soll, als der Kenner aus seinen Büchern ist? Daß ihm alle Szenen der Geschichte und der Fabel, die ein schönes Gemälde geben können, bekannt und geläufig sein sollen? Ich gebe es zu, daß die Künstler besser getan hätten, wenn sie seit Raphaels Zeiten, anstatt des Ovids, den Homer zu ihrem Handbuche gemacht hätten. Aber da es nun einmal nicht geschehen ist, so lasse man das Publikum in seinem Gleise, und mache ihm sein Vergnügen nicht saurer, als ein Vergnügen zu stehen kommen muß, um das zu sein, was es sein soll.

Protogenes hatte die Mutter des Aristoteles gemalt. Ich weiß nicht wie viel ihm der Philosoph dafür bezahlte. Aber entweder anstatt der Bezahlung, oder noch über die Bezahlung, erteilte er ihm einen Rat, der mehr als die Bezahlung wert war. Denn ich kann mir nicht einbilden, daß sein Rat eine bloße Schmeichelei gewesen sei. Sondern vornehmlich weil er das Bedürfnis der Kunst erwog, allen verständlich zu sein, riet er ihm, die Taten des Alexanders zu malen; Taten, von welchen damals alle Welt sprach, und von welchen er voraus sehen konnte, daß sie auch der Nachwelt unvergeßlich sein würden. Doch Protogenes war nicht gesetzt genug, diesem Rate zu folgen;

»impetus animi«, sagt Plinius, »et quaedam artis libido«[d], ein gewisser Übermut der Kunst, eine gewisse Lüsternheit nach dem Sonderbaren und Unbekannten, trieben ihn zu ganz andern Vorwürfen. Er malte lieber die Geschichte eines Ialysus,[e] einer Cydippe und dergleichen, von welchen man itzt auch nicht einmal mehr erraten kann, was sie vorgestellet haben.

XII

Homer bearbeitet eine doppelte Gattung von Wesen und Handlungen; sichtbare und unsichtbare. Diesen Unterschied kann die Malerei nicht angeben: bei ihr ist alles sichtbar; und auf einerlei Art sichtbar.

Wenn also der Graf Caylus die Gemälde der unsichtbaren Handlungen in unzertrennter Folge mit den sichtbaren fortlaufen läßt; wenn er in den Gemälden der vermischten Handlungen, an welchen sichtbare und unsichtbare Wesen Teil nehmen, nicht angibt, und vielleicht nicht angeben kann, wie

d) Lib. XXXV. sect. 36. p. 700. Edit. Hard.

e) Richardson nennet dieses Werk, wenn er die Regel erläutern will, daß in einem Gemälde die Aufmerksamkeit des Betrachters durch nichts, es möge auch noch so vortrefflich sein, von der Hauptfigur abgezogen werden müsse. »Protogenes«, sagt er, »hatte in seinem berühmten Gemälde Ialysus ein Rebhuhn mit angebracht, und es mit so vieler Kunst ausgemalet, daß es zu leben schien, und von ganz Griechenland bewundert ward; weil es aber aller Augen, zum Nachteil des Hauptwerks, zu sehr an sich zog, so löschte er es gänzlich wieder aus«. (Traite de la Peinture T. I. p. 46) Richardson hat sich geirret. Dieses Rebhuhn war nicht in dem Ialysus, sondern in einem andern Gemälde des Protogenes gewesen, welches der ruhende oder müßige Satyr, Σατυρος ἀναπαυομενος, hieß. Ich würde diesen Fehler, welcher aus einer mißverstandenen Stelle des Plinius entsprungen ist, kaum anmerken, wenn ich ihn nicht auch beim Meursius fände: (Rhodi lib. I. cap. 14. p. 38) In eadem, tabula sc. in qua Ialysus, Satyrus erat, quem dicebant Anapavomenon, tibias tenens. Desgleichen bei dem Herrn Winckelmann selbst. (Von der Nachahm. der Gr. W. in der Mal. u. Bildh. S. 56) Strabo ist der eigentliche Währmann dieses Histörchens mit dem Rebhuhne, und dieser unterscheidet den Ialysus, und den an eine Säule sich lehnenden Satyr, auf welcher das Rebhuhn saß,

die letztern, welche nur wir, die wir das Gemälde betrachten, darin entdecken sollten, so anzubringen sind, daß die Personen des Gemäldes sie nicht sehen, wenigstens sie nicht notwendig sehen zu müssen scheinen können: so muß notwendig sowohl die ganze Folge, als auch manches einzelne Stück dadurch äußerst verwirrt, unbegreiflich und widersprechend werden.

Doch diesem Fehler wäre, mit dem Buche in der Hand, noch endlich abzuhelfen. Das schlimmste dabei ist nur dieses, daß durch die malerische Aufhebung des Unterschiedes der sichtbaren und unsichtbaren Wesen, zugleich alle die charakteristischen Züge verloren gehen, durch welche sich diese höhere Gattung über jene geringere erhebet.

Z. E. Wenn endlich die über das Schicksal der Trojaner geteilten Götter unter sich selbst handgemein werden: so gehet bei dem Dichter[a] dieser ganze Kampf unsichtbar vor, und diese Unsichtbarkeit erlaubt der Einbildungskraft die Szene zu erweitern, und läßt ihr freies Spiel, sich die Personen der Götter und ihre Handlungen so groß, und über das gemeine Menschliche so weit erhaben zu denken, als sie nur immer will. Die Malerei aber muß eine sichtbare Szene annehmen, deren verschiedene notwendige Teile der Maßstab für die darauf handelnden Personen werden; ein Maßstab, den das Auge gleich darneben hat, und dessen Unproportion gegen die höhern Wesen, diese höhern Wesen, die bei dem Dichter groß waren, auf der Fläche des Künstlers ungeheuer macht.

Minerva, auf welche Mars in diesem Kampfe den ersten Angriff waget, tritt zurück, und fasset mit mächtiger Hand von dem Boden einen schwarzen, rauhen, großen Stein auf, den

---

ausdrücklich. (Lib. XIV. p. 750. Edit. Xyl.) Die Stelle des Plinius (Lib. XXXV. sect. 36. p. 699) haben Meursius und Richardson und Winckelmann deswegen falsch verstanden, weil sie nicht Acht gegeben, daß von zwei verschiedenen Gemälden daselbst die Rede ist: dem einen, dessenwegen Demetrius die Stadt nicht überkam, weil er den Ort nicht angreifen wollte, wo es stand; und dem andern, welches Protogenes, während dieser Belagerung malte. Jenes war der Ialysus, und dieses der Satyr.
a) Iliad. Φ. v. 385. et s.

vor alten Zeiten vereinigte Männerhände zum Grenzsteine hingewälzet hatten:

Η δ' ἀναχασσαμενη λιθον ἐιλετο χειρι παχειη,
Κειμενον ἐν πεδιῳ, μελανα, τρηχυν τε, μεγαν τε,
Τον ῥ' ἀνδρες προτεροι θεσαν ἐμμεναι ὀυρον ἀρουρης.

Um die Größe dieses Steins gehörig zu schätzen, erinnere man sich, daß Homer seine Helden noch einmal so stark macht, als die stärksten Männer seiner Zeit, jene aber von den Männern, wie sie Nestor in seiner Jugend gekannt hatte, noch weit an Stärke übertreffen läßt. Nun frage ich, wenn Minerva einen Stein, den nicht *ein* Mann, den Männer aus Nestors Jugendjahren zum Grenzsteine aufgerichtet hatten, wenn Minerva einen solchen Stein gegen den Mars schleidert, von welcher Statur soll die Göttin sein? Soll ihre Statur der Größe des Steins proportioniert sein, so fällt das Wunderbare weg. Ein Mensch, der dreimal größer ist als ich, muß natürlicher Weise auch einen dreimal größern Stein schleidern können. Soll aber die Statur der Göttin der Größe des Steins nicht angemessen sein, so entsteht eine anschauliche Unwahrscheinlichkeit in dem Gemälde, deren Anstößigkeit durch die kalte Überlegung, daß eine Göttin übermenschliche Stärke haben müsse, nicht gehoben wird. Wo ich eine größere Wirkung sehe, will ich auch größere Werkzeuge wahrnehmen.

Und Mars, von diesem gewaltigen Steine niedergeworfen,

Επτα δ' ἐπεσχε πελεθρα - -

bedeckte sieben Hufen. Unmöglich kann der Maler dem Gotte diese außerordentliche Größe geben. Gibt er sie ihm aber nicht, so liegt nicht Mars zu Boden, nicht der Homerische Mars, sondern ein gemeiner Krieger.[b]

Longin sagt, es komme ihm öfters vor, als habe Homer seine Menschen zu Göttern erheben, und seine Götter zu Men-

---

b) Diesen unsichtbaren Kampf der Götter hat Quintus Calaber in seinem zwölften Buche (v. 158–185) nachgeahmet, mit der nicht undeutlichen Absicht, sein Vorbild zu verbessern. Es scheinet nämlich, der Grammatiker habe es unanständig gefunden, daß ein Gott mit einem Steine zu Boden geworfen werde. Er läßt also zwar auch die Götter große Felsenstücke, die sie von dem Ida abreißen, gegen-

schen herabsetzen wollen. Die Malerei vollführet diese Herabsetzung. In ihr verschwindet vollends alles, was bei dem Dichter die Götter noch über die göttlichen Menschen setzet. Größe, Stärke, Schnelligkeit, wovon Homer noch immer einen höhern, wunderbarern Grad für seine Götter in Vorrat hat, als er seinen vorzüglichsten Helden beileget,[c] müssen in dem Gemälde einander schleidern; aber diese Felsen zerschellen an den unsterblichen Gliedern der Götter, und stieben wie Sand um sie her:

– – – Οι δε κολωνας
Χερσιν απορρηξαντες απ' οοδεος Ιδαιοιο
Βαλλον επ' αλληλους· αι δε ψαμαθοισι ομοιαι
Ρεια διεσκιδναντο· θεων περι δ' ασχετα γυια
Ρηγνυμεναι δια τυτθα – –

Eine Künstelei, welche die Hauptsache verdirbt. Sie erhöhet unsern Begriff von den Körpern der Götter, und macht die Waffen, welche sie gegen einander brauchen, lächerlich. Wenn Götter einander mit Steinen werfen, so müssen diese Steine auch die Götter beschädigen können, oder wir glauben mutwillige Buben zu sehen, die sich mit Erdklößen werfen. So bleibt der alte Homer immer der Weisere, und aller Tadel, mit dem ihn der kalte Kunstrichter belegt, aller Wettstreit, in welchen sich geringere Genies mit ihm einlassen, dienen zu weiter nichts, als seine Weisheit in ihr bestes Licht zu setzen. Indes will ich nicht leugnen, daß in der Nachahmung des Quintus nicht auch sehr treffliche Züge vorkommen, und die ihm eigen sind. Doch sind es Züge, die nicht sowohl der bescheidenen Größe des Homers geziemen, als dem stürmischen Feuer eines neuern Dichters Ehre machen würden. Daß das Geschrei der Götter, welches hoch bis in den Himmel und tief bis in den Abgrund ertönet, welches den Berg und die Stadt und die Flotte erschüttert, von den Menschen nicht gehöret wird, dünket mich eine sehr vielbedeutende Wendung zu sein. Das Geschrei war größer, als daß es die kleinen Werkzeuge des menschlichen Gehörs fassen konnten.

c) In Ansehung der Stärke und Schnelligkeit wird niemand, der den Homer auch nur ein einzigesmal flüchtig durchlaufen hat, dieser Assertion in Abrede sein. Nur dürfte er sich vielleicht der Exempel nicht gleich erinnern, aus welchen es erhellet, daß der Dichter seinen Göttern auch eine körperliche Größe gegeben, die alle natürliche Maße weit übersteiget. Ich verweise ihn also, außer der angezognen Stelle von dem zu Boden geworfnen Mars, der sieben Hufen bedecket, auf den Helm der Minerva. (Κυνεην εκατον πολεων πρυλεεσσ' αραρυιαν. Iliad. E. v. 744) unter welchem sich so viel Streiter, als hundert Städte in das Feld zu stellen vermögen, verbergen können; auf die Schritte des Neptunus; (Iliad. N. v. 20) vornehmlich aber auf die Zeilen aus der Beschreibung des Schildes,

auf das gemeine Maß der Menschheit herabsinken, und Jupiter und Agamemnon, Apollo und Achilles, Ajax und Mars, werden vollkommen einerlei Wesen, die weiter an nichts als an äußerlichen verabredeten Merkmalen zu kennen sind.

Das Mittel, dessen sich die Malerei bedienet, uns zu verstehen zu geben, daß in ihren Kompositionen dieses oder jenes als unsichtbar betrachtet werden müsse, ist eine dünne Wolke, in welche sie es von der Seite der mithandelnden Personen einhüllet. Diese Wolke scheinet aus dem Homer selbst entlehnet zu sein. Denn wenn im Getümmel der Schlacht einer von den wichtigern Helden in Gefahr kömmt, aus der ihn keine andere, als göttliche Macht retten kann: so läßt der Dichter ihn von der schützenden Gottheit in einen dicken Nebel, oder in Nacht verhüllen, und so davon führen; als den Paris von der Venus,[d] den Idäus vom Neptun,[e] den Hektor vom Apollo.[f] Und diesen Nebel, diese Wolke, wird Caylus nie vergessen, dem Künstler

wo Mars und Minerva die Truppen der belagerten Stadt anführen: (Iliad. Σ. v. 516-19)

> – – Ηρχε δ' αρα σφιν Αρης και Παλλας Αθηνη
> Αμφω χρυσειω, χρυσεια δε ειματα εσθην
> Καλω και μεγαλω συν τευχεσιν, ως τε θεω περ,
> Αμφις αριζηλω· λαοι δ' υπολιζονες ησαν.

Selbst Ausleger des Homers, alte sowohl als neue, scheinen sich nicht allezeit dieser wunderbaren Statur seiner Götter genugsam erinnert zu haben; welches aus den lindernden Erklärungen abzunehmen, die sie über den großen Helm der Minerva geben zu müssen glauben. (S. die Clarkisch-Ernestische Ausgabe des Homers in der angezogenen Stelle.) Man verliert aber von der Seite des Erhabenen unendlich viel, wenn man sich die Homerischen Götter nur immer in der gewöhnlichen Größe denkt, in welcher man sie, in Gesellschaft der Sterblichen, auf der Leinewand zu sehen verwöhnt wird. Ist es indes schon nicht der Malerei vergönnet, sie in diesen übersteigenden Dimensionen darzustellen, so darf es doch die Bildhauerei gewissermaßen tun; und ich bin überzeugt, daß die alten Meister, so wie die Bildung der Götter überhaupt, also auch das Kolossalische, das sie öfters ihren Statuen erteilten, aus dem Homer entlehnet haben. (Herodot. lib. II. p. 130. Edit. Wessel) Verschiedene Anmerkungen über dieses Kolossalische insbesondere, und warum es in der Bildhauerei von so großer, in der Malerei aber von gar keiner Wirkung ist, verspare ich auf einen andern Ort.

d) Iliad. Γ. v. 381.   *e*) Iliad. E. v. 23.   *f*) Iliad. Y. v. 444.

bestens zu empfehlen, wenn er ihm die Gemälde von dergleichen Begebenheiten vorzeichnet. Wer sieht aber nicht, daß bei dem Dichter das Einhüllen in Nebel und Nacht weiter nichts, als eine poetische Redensart für unsichtbar machen, sein soll? Es hat mich daher jederzeit befremdet, diesen poetischen Ausdruck realisieret, und eine wirkliche Wolke in dem Gemälde angebracht zu finden, hinter welcher der Held, wie hinter einer spanischen Wand, vor seinem Feinde verborgen stehet. Das war nicht die Meinung des Dichters. Das heißt aus den Grenzen der Malerei herausgehen; denn diese Wolke ist hier eine wahre Hieroglyphe, ein bloßes symbolisches Zeichen, das den befreiten Held nicht unsichtbar macht, sondern den Betrachtern zuruft: ihr müßt ihn euch als unsichtbar vorstellen. Sie ist hier nichts besser, als die beschriebenen Zettelchen, die auf alten gotischen Gemälden den Personen aus dem Munde gehen.

Es ist wahr, Homer läßt den Achilles, indem ihm Apollo den Hektor entrücket, noch dreimal nach dem dücken Nebel mit der Lanze stoßen: τρις δ' ἠερα τυψε βαθειαν.[g] Allein auch das heißt in der Sprache des Dichters weiter nichts, als daß Achilles so wütend gewesen, daß er noch dreimal gestoßen, ehe er es gemerkt, daß er seinen Feind nicht mehr vor sich habe. Keinen wirklichen Nebel sahe Achilles nicht, und das ganze Kunststück, womit die Götter unsichtbar machten, bestand auch nicht in dem Nebel, sondern in der schnellen Entrückung. Nur um zugleich mit anzuzeigen, daß die Entrückung so schnell geschehen, daß kein menschliches Auge dem entrückten Körper nachfolgen können, hüllet ihn der Dichter vorher in Nebel ein; nicht weil man anstatt des entrückten Körpers einen Nebel gesehen, sondern weil wir das, was in einem Nebel ist, als nicht sichtbar denken. Daher kehrt er es auch bisweilen um, und läßt, anstatt das Objekt unsichtbar zu machen, das Subjekt mit Blindheit geschlagen werden. So verfinstert Neptun die Augen des Achilles, wenn er den Aeneas aus seinen mörderischen Händen errettet, den er mit einem Rucke mitten aus dem Gewühle auf einmal in das Hintertreffen versetzt.[h]

g) Ibid. v. 446.   h) Iliad. Y. v. 321.

In der Tat aber sind des Achilles Augen hier eben so wenig verfinstert, als dort die entrückten Helden in Nebel gehüllet; sondern der Dichter setzt das eine und das andere nur bloß hinzu, um die äußerste Schnelligkeit der Entrückung, welche wir das Verschwinden nennen, dadurch sinnlicher zu machen.

Den homerischen Nebel aber haben sich die Maler nicht bloß in den Fällen zu eigen gemacht, wo ihn Homer selbst gebraucht hat, oder gebraucht haben würde; bei Unsichtbarwerdungen, bei Verschwindungen: sondern überall, wo der Betrachter etwas in dem Gemälde erkennen soll, was die Personen des Gemäldes entweder alle, oder zum Teil, nicht erkennen. Minerva ward dem Achilles nur allein sichtbar, als sie ihn zurückhielt, sich mit Tätigkeiten gegen den Agamemnon zu vergehen. Dieses auszudrücken, sagt Caylus, weiß ich keinen andern Rat, als daß man sie von der Seite der übrigen Ratsversammlung in eine Wolke verhülle. Ganz wider den Geist des Dichters. Unsichtbar sein, ist der natürliche Zustand seiner Götter; es bedarf keiner Blendung, keiner Abschneidung der Lichtstrahlen, daß sie nicht gesehen werden;[i] sondern es

---

i) Zwar läßt Homer auch Gottheiten sich dann und wann in eine Wolke hüllen, aber nur alsdenn, wenn sie von andern Gottheiten nicht wollen gesehen werden. Z. E. Iliad. Ξ. v. 282, wo Juno und der Schlaf ἠερα ἑσσαμενω sich nach dem Ida verfügen, war es der schlauen Göttin höchste Sorge, von der Venus nicht entdeckt zu werden, die ihr, nur unter dem Vorwande einer ganz andern Reise, ihren Gürtel geliehen hatte. In eben dem Buche (v. 344) muß eine güldene Wolke den wollusttrunkenen Jupiter mit seiner Gemahlin umgeben, um ihren züchtigen Weigerungen abzuhelfen:

Πως κ' ἐοι, ἐιτις νωϊ θεων ἀιειγενεταων
Ευδοντ' ἀθρησειε; - - -

Sie furchte sich nicht von den Menschen gesehen zu werden; sondern von den Göttern. Und wenn schon Homer den Jupiter einige Zeilen darauf sagen läßt:

Ηρη, μητε θεων τογε δειδιθι, μητε τιν' ἀνδρων
Οψεσθαι· τοιον τοι ἐγω νεφος ἀμφικαλυψω
Χρυσεον·

so folgt doch daraus nicht, daß sie erst diese Wolke vor den Augen der Menschen würde verborgen haben; sondern es will nur so viel, daß sie in dieser Wolke eben so unsichtbar den Göttern werden

bedarf einer Erleuchtung, einer Erhöhung des sterblichen Gesichts, wenn sie gesehen werden sollen. Nicht genug also, daß die Wolke ein willkürliches, und kein natürliches Zeichen bei den Malern ist; dieses willkürliche Zeichen hat auch nicht einmal die bestimmte Deutlichkeit, die es als ein solches haben könnte; denn sie brauchen es eben sowohl, um das Sichtbare unsichtbar, als um das Unsichtbare sichtbar zu machen.

XIII

Wenn Homers Werke gänzlich verloren wären, wenn wir von seiner Ilias und Odyssee nichts übrig hätten, als eine ähnliche Folge von Gemälden, dergleichen Caylus daraus vorgeschlagen: würden wir wohl aus diesen Gemälden, – sie sollen von der Hand des vollkommensten Meisters sein, – ich will nicht sagen, von dem ganzen Dichter, sondern bloß von seinem malerischen Talente, uns den Begriff bilden können, den wir itzt von ihm haben?

Man mache einen Versuch mit dem ersten dem besten Stücke. Es sei das Gemälde der Pest.[a] Was erblicken wir auf der Fläche des Künstlers? Tote Leichname, brennende Scheiterhaufen, Sterbende mit Gestorbenen beschäftiget, den erzürnten Gott auf einer Wolke, seine Pfeile abdrückend. Der größte Reichtum dieses Gemäldes, ist Armut des Dichters. Denn sollte man den Homer aus diesem Gemälde wieder herstellen: was könnte man ihn sagen lassen? »Hierauf ergrimmte Apollo, und schoß seine Pfeile unter das Heere der Griechen. Viele Griechen sturben und ihre Leichname wurden verbrannt.« Nun lese man den Homer selbst:

---

solle, als sie es nur immer den Menschen sei. So auch, wenn Minerva sich den Helm des Pluto aufsetzet, (Iliad. E. v. 845) welches mit dem Verhüllen in eine Wolke einerlei Wirkung hatte, geschieht es nicht, um von den Trojanern nicht gesehen zu werden, die sie entweder gar nicht, oder unter der Gestalt des Sthenelus erblicken, sondern lediglich, damit sie Mars nicht erkennen möge.

a) Iliad. A. v. 44–53. Tableaux tirés de l'Iliade p. 7.

Βη δε και' ὀυλυμποιο καρηνων χωομενος κηρ.
Τοξ' ὠμοισιν ἐχων, ἀμφηρεφεα τε φαρετρην.
Εκλαγξαν δ' ἀρ' ὀϊζοι ἐπ' ὠμων χωομενοιο.
Αυτου κινηθεντος· ὁ δ' ἠϊε νυκτι ἐοικως·
Εξετ' ἐπειτ' ἀπανευθε νεων, μετα δ'ιον ἐηκε·
Δεινη δε κλαγγη γενει' ἀργυρεοιο βιοιο.
Ουρηας μεν πρωτον ἐπῳχετο, και κυνας ἀργους·
Αυταρ ἐπειτ' ἀυτοισι βελος ἐχεπευκες ἐφιεις
Βαλλ'· ἀιει δε πυραι νεκυων καιοντο θαμειαι.

So weit das Leben über das Gemälde ist, so weit ist der Dichter hier über den Maler. Ergrimmt, mit Bogen und Köcher, steiget Apollo von den Zinnen des Olympus. Ich sehe ihn nicht allein herabsteigen, ich höre ihn. Mit jedem Tritte erklingen die Pfeile um die Schultern des Zornigen. Er gehet einher, gleich der Nacht. Nun sitzt er gegen den Schiffen über, und schnellet – fürchterlich erklingt der silberne Bogen – den ersten Pfeil auf die Maultiere und Hunde. Sodann faßt er mit dem giftigern Pfeile die Menschen selbst; und überall lodern unaufhörlich Holzstöße mit Leichnamen. – Es ist unmöglich die musikalische Malerei, welche die Worte des Dichters mit hören lassen, in eine andere Sprache überzutragen. Es ist eben so unmöglich, sie aus dem materiellen Gemälde zu vermuten, ob sie schon nur der allerkleineste Vorzug ist, den das poetische Gemälde vor selbigem hat. Der Hauptvorzug ist dieser, daß uns der Dichter zu dem, was das materielle Gemälde aus ihm zeigt, durch eine ganze Galerie von Gemälden führt.

Aber vielleicht ist die Pest kein vorteilhafter Vorwurf für die Malerei. Hier ist ein anderer, der mehr Reize für das Auge hat. Die ratpflegenden trinkenden Götter.[b] Ein goldner offener Palast, willkürliche Gruppen der schönsten und verehrungswürdigsten Gestalten, den Pokal in der Hand, von Heben, der ewigen Jugend, bedienet. Welche Architektur, welche Massen von Licht und Schatten, welche Kontraste, welche Mannigfaltigkeit des Ausdruckes! Wo fange ich an, wo höre ich auf, mein Auge zu weiden? Wann mich der Maler so bezaubert,

---

b) Iliad. Δ. v. 1-4. Tableaux tirés de l'Iliade p. 30.

wie vielmehr wird es der Dichter tun! Ich schlage ihn auf, und ich finde – mich betrogen. Ich finde vier gute plane Zeilen, die zur Unterschrift eines Gemäldes dienen können, in welchen der Stoff zu einem Gemälde liegt, aber die selbst keine Gemälde sind.

Οι δε θεοι παρ' Ζηνι καθημενοι ηγοροωντο
Χρυσεῳ εν δαπεδῳ, μετα δε σφισι ποτνια Ἡβη
Νεκταρ εῳνοχοει· τοι δε χρυσεοις δεπαεσσι
Δειδεχατ' αλληλους, Τρωων πολιν εισοροωντες.

Das würde ein Apollonius, oder ein noch mittelmäßigerer Dichter, nicht schlechter gesagt haben; und Homer bleibt hier eben so weit unter dem Maler, als der Maler dort unter ihm blieb.

Noch dazu findet Caylus in dem ganzen vierten Buche der Ilias sonst kein einziges Gemälde, als nur eben in diesen vier Zeilen. So sehr sich, sagt er, das vierte Buch durch die mannigfaltigen Ermunterungen zum Angriffe, durch die Fruchtbarkeit glänzender und abstechender Charaktere, und durch die Kunst ausnimmt, mit welcher uns der Dichter die Menge, die er in Bewegung setzen will, zeiget: so ist es doch für die Malerei gänzlich unbrauchbar. Er hätte dazu setzen können: so reich es auch sonst an dem ist, was man poetische Gemälde nennet. Denn wahrlich, es kommen derer in dem vierten Buche so häufige und so vollkommene vor, als nur in irgend einem andern. Wo ist ein ausgeführteres, täuschenderes Gemälde als das vom Pandarus, wie er auf Anreizen der Minerva den Waffenstillestand bricht, und seinen Pfeil auf den Menelaus losdrückt? Als das, von dem Anrücken des griechischen Heeres? Als das, von dem beiderseitigen Angriffe? Als das, von der Tat des Ulysses, durch die er den Tod seines Leukus rächet?

Was folgt aber hieraus, daß nicht wenige der schönsten Gemälde des Homers keine Gemälde für den Artisten geben? daß der Artist Gemälde aus ihm ziehen kann, wo er selbst keine hat? daß die, welche er hat, und der Artist gebrauchen kann, nur sehr armselige Gemälde sein würden, wenn sie nicht mehr zeigten, als der Artist zeiget? Was sonst, als die Verneinung meiner obigen Frage? Daß aus den materiellen Gemälden, zu welchen die Gedichte des Homers Stoff geben, wann ihrer auch noch so viele, wann sie auch noch so vortefflich wären sich dennoch auf das malerische Talent des Dichters nichts schließen läßt.

XIV

Ist dem aber so, und kann ein Gedicht sehr ergiebig für den Maler, dennoch aber selbst nicht malerisch, hinwiederum ein anderes sehr malerisch, und dennoch nicht ergiebig für den Maler sein: so ist es auch um den Einfall des Grafen Caylus getan, welcher die Brauchbarkeit für den Maler zum Probiersteine der Dichter machen, und ihre Rangordnung nach der Anzahl der Gemälde, die sie dem Artisten darbieten, bestimmen wollen.[a]

Fern sei es, diesem Einfalle, auch nur durch unser Stillschweigen, das Ansehen einer Regel gewinnen zu lassen. Milton würde als das erste unschuldige Opfer derselben fallen. Denn es scheinet wirklich, daß das verächtliche Urteil, welches Caylus über ihn spricht, nicht sowohl Nationalgeschmack, als eine Folge seiner vermeinten Regel gewesen. Der Verlust des Gesichts, sagt er, mag wohl die größte Ähnlichkeit sein, die Milton mit dem Homer gehabt hat. Freilich kann Milton keine Galerien füllen. Aber müßte, so lange ich das leibliche Auge hätte, die Sphäre desselben auch die Sphäre meines innern Auges sein, so würde ich, um von dieser Einschränkung frei zu werden, einen großen Wert auf den Verlust des erstern legen.

»Das verlorne Paradies« ist darum nicht weniger die erste

---

a) Tableaux tirés de l'Iliade, Avert. p. V. On est toujours convenu, que plus un Poëme fournissoit d'images et d'actions, plus il avoit de superiorité en Poësie. Cette reflexion m'avoit conduit à penser que le calcul des differens Tableaux, qu'offrent les Poëmes, pouvoit servir à comparer le merite respectif des Poëmes et des Poëtes. Le nombre et le genre des Tableaux que presentent ces grands ouvrages, auroient été une espece de pierre de touche, ou plutôt une balance certaine du merite de ces Poëmes et du genie de leurs Auteurs.

Epopee nach dem Homer, weil es wenig Gemälde liefert, als die Leidensgeschichte Christi deswegen ein Poem ist, weil man kaum den Kopf einer Nadel in sie setzen kann, ohne auf eine Stelle zu treffen, die nicht eine Menge der größten Artisten beschäftiget hätte. Die Evangelisten erzählen das Factum mit aller möglichen trockenen Einfalt, und der Artist nutzet die mannigfaltigen Teile desselben, ohne daß sie ihrer Seits den geringsten Funken von malerischem Genie dabei gezeigt haben. Es gibt malbare und unmalbare Facta, und der Geschichtschreiber kann die malbarsten eben so unmalerisch erzählen, als der Dichter die unmalbarsten malerisch darzustellen vermögend ist.

Man läßt sich bloß von der Zweideutigkeit des Wortes verführen, wenn man die Sache anders nimmt. Ein poetisches Gemälde ist nicht notwendig das, was in ein materielles Gemälde zu verwandeln ist; sondern jeder Zug, jede Verbindung mehrerer Züge, durch die uns der Dichter seinen Gegenstand so sinnlich macht, daß wir uns dieses Gegenstandes deutlicher bewußt werden, als seiner Worte, heißt malerisch, heißt ein Gemälde, weil es uns dem Grade der Illusion näher bringt, dessen das materielle Gemälde besonders fähig ist, der sich von dem materiellen Gemälde am ersten und leichtesten abstrahieren lassen.[b]

XV

Nun kann der Dichter zu diesem Grade der Illusion, wie die Erfahrung zeiget, auch die Vorstellungen anderer, als sichtbarer Gegenstände erheben. Folglich müssen notwendig dem Artisten ganze Klassen von Gemälden abgehen, die der Dichter vor ihm voraus hat. Drydens Ode auf den Cäcilienstag ist

---

[b] Was wir poetische Gemälde nennen, nannten die Alten Phantasien, wie man sich aus dem Longin erinnern wird. Und was wir die Illusion, das Täuschende dieser Gemälde heißen, hieß bei ihnen die Enargie. Daher hatte einer, wie Plutarchus meldet, (Erot. T. II. Edit. Henr. Steph. p. 1351) gesagt: die poetischen Phantasien wären, wegen ihrer Enargie, Träume der Wachenden; Αι ποιητικαι φαν-

voller musikalischen Gemälde, die den Pinsel müßig lassen. Doch ich will mich in dergleichen Exempel nicht verlieren, aus welchen man am Ende doch wohl nicht viel mehr lernet, als daß die Farben keine Töne, und die Ohren keine Augen sind.

Ich will bei den Gemälden bloß sichtbarer Gegenstände stehen bleiben, die dem Dichter und Maler gemein sind. Woran liegt es, daß manche poetische Gemälde von dieser Art, für den Maler unbrauchbar sind, und hinwiederum manche eigentliche Gemälde unter der Behandlung des Dichters den größten Teil ihrer Wirkung verlieren?

Exempel mögen mich leiten. Ich wiederhole es: das Gemälde des Pandarus im vierten Buche der Ilias ist eines von den ausgeführtesten, täuschendsten im ganzen Homer. Von dem Ergreifen des Bogens bis zu dem Fluge des Pfeiles, ist jeder Augenblick gemalt, und alle diese Augenblicke sind so nahe und doch so unterschieden angenommen, daß, wenn man nicht wüßte, wie mit dem Bogen umzugehen wäre, man es aus diesem Gemälde allein lernen könnte.[a] Pandarus zieht seinen Bogen hervor, legt die Senne an, öffnet den Köcher, wählet

τασιαι δια την εναργειαν εγρηγοροτων ενυπνια εισιν. Ich wünschte sehr, die neuern Lehrbücher der Dichtkunst hätten sich dieser Benennung bedienet, und des Worts Gemälde gänzlich enthalten wollen. Sie würden uns eine Menge halbwahrer Regeln erspart haben, derer vornehmster Grund der Übereinstimmung eines willkürlichen Namens ist. Poetische Phantasie würde kein Mensch so leicht den Schranken eines materiellen Gemäldes unterworfen haben; aber sobald man die Phantasien poetische Gemälde nannte, so war der Grund zur Verführung gelegt.

a) Iliad. A. v. 105.

Αυτικ' εσυλα τοξον εϋξοον — — — —
Και το μεν ευ κατεθηκε τανυσσαμενος, ποτι γαιη
Αγκλινας — — — — — — —
Αυταρ ο συλα πωμα φαρετρης· εκ δ' ελετ' ιον
Αβλητα, πτεροεντα, μελαινων ερμ' οδυναων,
Αιψα δ' επι νευρη κατεκοσμει πικρον οϊστον — —
Ελκε δ' ομου γλυφιδας τε λαβων, και νευρα βοεια.
Νευρην μεν μαζω πελασεν, τοξω δε σιδηρον.
Αυταρ επειδη κυκλοτερες μεγα τοξον ετεινε,
Λιγξε βιος, νευρη δε μεγ' ιαχεν, αλτο δ' οϊστος
Οξυβελης, καθ' ομιλον επιπτεσθαι μενεαινων.

einen noch ungebrauchten wohlbefiederten Pfeil, setzt den Pfeil an die Senne, zieht die Senne mit samt dem Pfeile unten an dem Einschnitte zurück, die Senne nahet sich der Brust, die eiserne Spitze des Pfeiles dem Bogen, der große geründete Bogen schlägt tönend auseinander, die Senne schwirret, ab sprang der Pfeil, und gierig fliegt er nach seinem Ziele.

Übersehen kann Caylus dieses vortreffliche Gemälde nicht haben. Was fand er also darin, warum er es für unfähig achtete, seinen Artisten zu beschäftigen? Und was war es, warum ihm die Versammlung der ratpflegenden zechenden Götter zu dieser Absicht tauglicher dünkte? Hier sowohl als dort sind sichtbare Vorwürfe, und was braucht der Maler mehr, als sichtbare Vorwürfe, um seine Fläche zu füllen?

Der Knoten muß dieser sein. Ob schon beide Vorwürfe, als sichtbar, der eigentlichen Malerei gleich fähig sind: so findet sich doch dieser wesentliche Unterschied unter ihnen, daß jener eine sichtbare fortschreitende Handlung ist, deren verschiedene Teile sich nach und nach, in der Folge der Zeit, eräugnen, dieser hingegen eine sichtbare stehende Handlung, deren verschiedene Teile sich neben einander im Raume entwickeln. Wenn nun aber die Malerei, vermöge ihrer Zeichen oder der Mittel ihrer Nachahmung, die sie nur im Raume verbinden kann, der Zeit gänzlich entsagen muß: so können fortschreitende Handlungen, als fortschreitend, unter ihre Gegenstände nicht gehören, sondern sie muß sich mit Handlungen neben einander, oder mit bloßen Körpern, die durch ihre Stellungen eine Handlung vermuten lassen, begnügen. Die Poesie hingegen – –

XVI

Doch ich will versuchen, die Sache aus ihren ersten Gründen herzuleiten.

Ich schließe so. Wenn es wahr ist, daß die Malerei zu ihren Nachahmungen ganz andere Mittel, oder Zeichen gebrauchet, als die Poesie; jene nämlich Figuren und Farben in dem Raume, diese aber artikulierte Töne in der Zeit; wenn unstreitig die Zeichen ein bequemes Verhältnis zu dem Bezeichneten haben müssen: So können neben einander geordnete Zeichen, auch nur Gegenstände, die neben einander, oder deren Teile neben einander existieren, auf einander folgende Zeichen aber, auch nur Gegenstände ausdrücken, die auf einander, oder deren Teile auf einander folgen.

Gegenstände, die neben einander oder deren Teile neben einander existieren, heißen Körper. Folglich sind Körper mit ihren sichtbaren Eigenschaften, die eigentlichen Gegenstände der Malerei.

Gegenstände, die auf einander, oder deren Teile auf einander folgen, heißen überhaupt Handlungen. Folglich sind Handlungen der eigentliche Gegenstand der Poesie.

Doch alle Körper existieren nicht allein in dem Raume, sondern auch in der Zeit. Sie dauern fort, und können in jedem Augenblicke ihrer Dauer anders erscheinen, und in anderer Verbindung stehen. Jede dieser augenblicklichen Erscheinungen und Verbindungen ist die Wirkung einer vorhergehenden, und kann die Ursache einer folgenden, und sonach gleichsam das Zentrum einer Handlung sein. Folglich kann die Malerei auch Handlungen nachahmen, aber nur andeutungsweise durch Körper.

Auf der andern Seite können Handlungen nicht für sich selbst bestehen, sondern müssen gewissen Wesen anhängen. In so fern nun diese Wesen Körper sind, oder als Körper betrachtet werden, schildert die Poesie auch Körper, aber nur andeutungsweise durch Handlungen.

Die Malerei kann in ihren koexistierenden Kompositionen nur einen einzigen Augenblick der Handlung nutzen, und muß daher den prägnantesten wählen, aus welchem das Vorhergehende und Folgende am begreiflichsten wird.

Eben so kann auch die Poesie in ihren fortschreitenden Nachahmungen nur eine einzige Eigenschaft der Körper nutzen, und muß daher diejenige wählen, welche das sinnlichste Bild des Körpers von der Seite erwecket, von welcher sie ihn braucht.

Hieraus fließt die Regel von der Einheit der malerischen Beiwörter, und der Sparsamkeit in den Schilderungen körperlicher Gegenstände.

Ich würde in diese trockene Schlußkette weniger Vertrauen setzen, wenn ich sie nicht durch die Praxis des Homers vollkommen bestätigt fände, oder wenn es nicht vielmehr die Praxis des Homers selbst wäre, die mich darauf gebracht hätte. Nur aus diesen Grundsätzen läßt sich die große Manier des Griechen bestimmen und erklären, so wie der entgegen gesetzten Manier so vieler neuern Dichter ihr Recht erteilen, die in einem Stücke mit dem Maler wetteifern wollen, in welchem sie notwendig von ihm überwunden werden müssen.

Ich finde, Homer malet nichts als fortschreitende Handlungen, und alle Körper, alle einzelne Dinge malet er nur durch ihren Anteil an diesen Handlungen, gemeiniglich nur mit *einem* Zuge. Was Wunder also, daß der Maler, da wo Homer malet, wenig oder nichts für sich zu tun siehet, und daß seine Ernte nur da ist, wo die Geschichte eine Menge schöner Körper, in schönen Stellungen, in einem der Kunst vorteilhaften Raume zusammenbringt, der Dichter selbst mag diese Körper, diese Stellungen, diesen Raum so wenig malen, als er will? Man gehe die ganze Folge der Gemälde, wie sie Caylus aus ihm vorschlägt, Stück vor Stück durch, und man wird in jedem den Beweis von dieser Anmerkung finden.

Ich lasse also hier den Grafen, der den Farbenstein des Malers zum Probiersteine des Dichters machen will, um die Manier des Homers näher zu erklären.

Für *ein* Ding, sage ich, hat Homer gemeiniglich nur *einen* Zug. Ein Schiff ist ihm bald das schwarze Schiff, bald das hohle Schiff, bald das schnelle Schiff, höchstens das wohlberuderte schwarze Schiff. Weiter läßt er sich in die Malerei des Schiffes nicht ein. Aber wohl das Schiffen, das Abfahren, das Anlanden des Schiffes, macht er zu einem ausführlichen Gemälde, zu einem Gemälde, aus welchem der Maler fünf, sechs besondere Gemälde machen müßte, wenn er es ganz auf seine Leinwand bringen wollte.

Zwingen den Homer ja besondere Umstände, unsern Blick auf einen einzeln körperlichen Gegenstand länger zu heften: so wird dem ohngeachtet kein Gemälde daraus, dem der Maler mit dem Pinsel folgen könnte; sondern er weiß durch unzählige Kunstgriffe diesen einzeln Gegenstand in eine Folge von Augenblicken zu setzen, in deren jedem er anders erscheinet, und in deren letztem ihn der Maler erwarten muß, um uns entstanden zu zeigen, was wir bei dem Dichter entstehen sehn. Z. E. will Homer uns den Wagen der Juno sehen lassen, so muß ihn Hebe vor unsern Augen Stück vor Stück zusammen setzen. Wir sehen die Räder, die Achsen, den Sitz, die Deichsel und Riemen und Stränge, nicht sowohl wie es beisammen ist, als wie es unter den Händen der Hebe zusammen kömmt. Auf die Räder allein verwendet der Dichter mehr als einen Zug, und weiset uns die ehernen acht Speichen, die goldenen Felgen, die Schienen von Erzt, die silberne Nabe, alles insbesondere. Man sollte sagen: da der Räder mehr als eines war, so mußte in der Beschreibung eben so viel Zeit mehr auf sie gehen, als ihre besondere Anlegung deren in der Natur selbst mehr erforderte.*a*

> Ἥβη δ' ἀμφ' ὀχέεσσι θοῶς βάλε καμπύλα κύκλα,
> Χάλκεα ὀκτάκνημα, σιδηρέῳ ἄξονι ἀμφίς·
> Τῶν ἤτοι χρυσέη ἴτυς ἄφθιτος, αὐτὰρ ὕπερθεν
> Χάλκε' ἐπίσσωτρα, προσαρηρότα, θαῦμα ἰδέσθαι·
> Πλῆμναι δ' ἀργύρου ἐισι περίδρομοι ἀμφοτέρωθεν·
> Δίφρος δὲ χρυσέοισι καὶ ἀργυρέοισιν ἱμᾶσιν
> Ἐντέταται· δοιαὶ δὲ περίδρομοι ἄντυγές ἐισι·
> Τοῦ δ' ἐξ ἀργύρεος ῥυμὸς πέλεν· αὐτὰρ ἐπ' ἄκρῳ
> Δῆσε χρύσειον καλὸν ζυγόν, ἐν δὲ λέπαδνα
> Κάλ' ἔβαλε, χρύσεια. – – – –

Will uns Homer zeigen, wie Agamemnon bekleidet gewesen, so muß sich der König vor unsern Augen seine völlige Kleidung Stück vor Stück umtun; das weiche Unterkleid, den großen Mantel, die schönen Halbstiefeln, den Degen; und so ist er fertig, und ergreift das Szepter. Wir sehen die Kleider, indem der Dichter die Handlung des Bekleidens malet; ein anderer würde die Kleider bis auf die geringste Franze gemalet haben, und von der Handlung hätten wir nichts zu sehen bekommen.*

---

a) Iliad. E. v. 722–31.
* Iliad. B. v. 43–47.

― ― ― Μαλακον δ' ενδυνε χιτωνα,
Καλον, νηγαιεον, περι δ' άυ μεγα βαλλετο φαρος·
Ποσσι δ' ὑπαι λιπαροισιν ἐδησατο καλα πεδιλα.
Αμφι δ' ἀρ' ὠμοισιν βαλετο ξιφος ἀργυροηλον,
Ειλειο δε σκηπτρον πατρωϊον, ἀφθιτον ἀιει

Und wenn wir von diesem Szepter, welches hier bloß das väterliche, unvergängliche Szepter heißt, so wie ein ähnliches ihm an einem andern Orte bloß χρυσειοις ήλοισι πεπαρμενον, das mit goldenen Stiften beschlagene Szepter ist, wenn wir, sage ich, von diesem wichtigen Szepter ein vollständigeres, genaueres Bild haben sollen: was tut sodann Homer? Malt er uns, außer den goldenen Nägeln, nun auch das Holz, den geschnitzten Knopf? Ja, wenn die Beschreibung in eine Heraldik sollte, damit einmal in den folgenden Zeiten ein anderes genau darnach gemacht werden könne. Und doch bin ich gewiß, daß mancher neuere Dichter eine solche Wappenkönigsbeschreibung daraus würde gemacht haben, in der treuherzigen Meinung, daß er wirklich selber gemalt habe, weil der Maler ihm nachmalen kann. Was bekümmert sich aber Homer, wie weit er den Maler hinter sich läßt? Statt einer Abbildung gibt er uns die Geschichte des Szepters: erst ist es unter der Arbeit des Vulcans; nun glänzt es in den Händen des Jupiters; nun bemerkt es die Würde Merkurs; nun ist es der Kommandostab des kriegerischen Pelops; nun der Hirtenstab des friedlichen Atreus, u.s.w.

― Σκηπτρον ἐχων· το μεν Ηφαιςος καμε τευχων·
Ηφαιςος μεν δωκε Διϊ Κρονιωνι ἀνακτι·
Αυταρ ἀρα Ζευς δωκε διακτορῳ Αργειφοντῃ·
Ερμειας δε ἀναξ δωκεν Πελοπι πληξιππῳ·
Αυταρ ὁ ἀυτε Πελοψ δωκ' Ἀτρεϊ, ποιμενι λαων·
Ατρευς δε θνησκων ἐλιπε πολυαρνι Θυεςη·
Αυταρ ὁ ἀυτε Θυες' Αγαμεμνονι λειπε φορηναι,
Πολλῃσι νησοισι και Αργεϊ παντι ἀνασσειν.[b]

So kenne ich endlich dieses Szepter besser, als mir es der Maler vor Augen legen, oder ein zweiter Vulkan in die Hände liefern

b) Iliad. B. v. 101–108.

könnte. – Es würde mich nicht befremden, wenn ich fände, daß einer von den alten Auslegern des Homers diese Stelle als die vollkommenste Allegorie von dem Ursprunge, dem Fortgange, der Befestigung und endlichen Beerbfolgung der königlichen Gewalt unter den Menschen bewundert hätte. Ich würde zwar lächeln, wenn ich läse, daß Vulcan, welcher das Szepter gearbeitet, als das Feuer, als das, was dem Menschen zu seiner Erhaltung das unentbehrlichste ist, die Abstellung der Bedürfnisse überhaupt anzeige, welche die ersten Menschen, sich einem einzigen zu unterwerfen, bewogen; daß der erste König ein Sohn der Zeit, (Ζευς Κρονιων) ein ehrwürdiger Alte gewesen sei, welcher seine Macht mit einem beredten klugen Manne, mit einem Merkur, (Διακτορω Αργειφοντη) teilen, oder gänzlich auf ihn übertragen wollen; daß der kluge Redner zur Zeit, als der junge Staat von auswärtigen Feinden bedrohet worden, seine oberste Gewalt dem tapfersten Krieger (Πελοπι πληξιππω) überlassen habe; daß der tapfere Krieger, nachdem er die Feinde gedämpfet und das Reich gesichert, es seinem Sohne in die Hände spielen können, welcher als ein friedliebender Regent, als ein wohltätiger Hirte seiner Völker, (ποιμην λαων) sie mit Wohlleben und Überfluß bekannt gemacht habe, wodurch nach seinem Tode dem reichsten seiner Anverwandten (πολυαρνι Θυεςη) der Weg gebahnet worden, das was bisher das Vertrauen erteilet, und das Verdienst mehr für eine Bürde als Würde gehalten hatte, durch Geschenke und Bestechungen an sich zu bringen, und es hernach als ein gleichsam erkauftes Gut seiner Familie auf immer zu versichern. Ich würde lächeln, ich würde aber dem ohngeachtet in meiner Achtung für den Dichter bestärket werden, dem man so vieles leihen kann. – Doch dieses liegt außer meinem Wege, und ich betrachte itzt die Geschichte des Szepters bloß als einen Kunstgriff, uns bei einem einzeln Dinge verweilen zu machen, ohne sich in die frostige Beschreibung seiner Teile einzulassen. Auch wenn Achilles bei seinem Szepter schwöret, die Geringschätzung, mit welcher ihm Agamemnon begegnet, zu rächen, gibt uns Homer die Geschichte dieses Szepters. Wir sehen ihn auf den Bergen grünen, das Eisen trennet ihn von dem Stamme, entblättert und entrindet ihn, und macht ihn bequem, den Richtern des Volkes zum Zeichen ihrer göttlichen Würde zu dienen.^c

Ναι μα τοδε σκηπτρον, το μεν ὀυποτε φυλλα και ὀζους
Φυσει, ἐπειδη πρωτα τομην ἐν ὀρεσσι λελοιπεν,
Ουδ' ἀναθηλησει· περι γαρ ῥα ἑ χαλκος ἐλεψε
Φυλλα τε και φλοιον· νυν ἀυτε μιν ὑιες Αχαιων
Εν παλαμης φορεουσι δικασπολοι, ὁι τε θεμιςας
Προς Διος ἑιρυαται – – – –

Dem Homer war nicht sowohl daran gelegen, zwei Stäbe von verschiedener Materie und Figur zu schildern, als uns von der Verschiedenheit der Macht, deren Zeichen diese Stäbe waren, ein sinnliches Bild zu machen. Jener, ein Werk des Vulcans; dieser, von einer unbekannten Hand auf den Bergen geschnitten: jener der alte Besitz eines edeln Hauses; dieser bestimmt, die erste die beste Faust zu füllen: jener, von einem Monarchen über viele Inseln und über ganz Argos erstrecket; dieser, von einem aus dem Mittel der Griechen geführet, dem man nebst andern die Bewahrung der Gesetze anvertrauet hatte. Dieses war wirklich der Abstand, in welchem sich Agamemnon und Achill von einander befanden; ein Abstand, den Achill selbst, bei allem seinen blinden Zorne, einzugestehen, nicht umhin konnte.

Doch nicht bloß da, wo Homer mit seinen Beschreibungen dergleichen weitere Absichten verbindet, sondern auch da, wo es ihm um das bloße Bild zu tun ist, wird er dieses Bild in eine Art von Geschichte des Gegenstandes verstreuen, um die Teile desselben, die wir in der Natur neben einander sehen, in seinem Gemälde eben so natürlich auf einander folgen, und mit dem Flusse der Rede gleichsam Schritt halten zu lassen. Z. E. Er will uns den Bogen des Pandarus malen; einen Bogen von Horn, von der und der Länge, wohl polieret, und an beiden Spitzen mit Goldblech beschlagen. Was tut er? Zählt er uns alle diese Eigenschaften so trocken eine nach der andern vor? Mit nichten; das würde einen solchen Bogen angeben, vorschreiben, aber nicht malen heißen. Er fängt mit der Jagd des

c) Iliad. A. v. 234–239.

Steinbockes an, aus dessen Hörnern der Bogen gemacht worden; Pandarus hatte ihm in den Felsen aufgepaßt, und ihn erlegt; die Hörner waren von außerordentlicher Größe, deswegen bestimmte er sie zu einem Bogen; sie kommen in die Arbeit, der Künstler verbindet sie, polieret sie, beschlägt sie. Und so, wie gesagt, sehen wir bei dem Dichter entstehen, was wir bei dem Maler nicht anders als entstanden sehen können.[d]

> – – – Τοξον ἐΰξοον, ἰξαλου ἀιγος
> Αγριου, ὁν ρα ποτ' ἀυτος, ὑπο ϛερνοιο τυχησας,
> Πετρης ἐκβαινοντα δεδεγμενος ἐν προδοκῃσι
> Βεβληκει προς ϛηθος· ὁ δ' ὑπτιος ἐμπεσε πετρῃ·
> Του κερα ἐκ κεφαλης ἑκκαιδεκαδωρα πεφυκει·
> Και τα μεν ἀσκησας κεραοξοος ἠραρε τεκτων,
> Παν δ' ἐυ λειηνας, χρυσεην ἐπεθηκε κορωνην.

Ich würde nicht fertig werden, wenn ich alle Exempel dieser Art ausschreiben wollte. Sie werden jedem, der seinen Homer inne hat, in Menge beifallen.

XVII

Aber, wird man einwenden, die Zeichen der Poesie sind nicht bloß auf einander folgend, sie sind auch willkürlich; und als willkürliche Zeichen sind sie allerdings fähig, Körper, so wie sie im Raume existieren, auszudrücken. In dem Homer selbst fänden sich hiervon Exempel, an dessen Schild des Achilles man sich nur erinnern dürfte, um das entscheidenste Beispiel zu haben, wie weitläuftig und doch poetisch, man ein einzelnes Ding nach seinen Teilen neben einander schildern könne.

Ich will auf diesen doppelten Einwurf antworten. Ich nenne ihn doppelt, weil ein richtiger Schluß auch ohne Exempel gelten muß, und Gegenteils das Exempel des Homers bei mir von Wichtigkeit ist, auch wenn ich es noch durch keinen Schluß zu rechtfertigen weiß.

Es ist wahr; da die Zeichen der Rede willkürlich sind, so ist

---

d) Iliad. Δ. v. 105–111.

es gar wohl möglich, daß man durch sie die Teile eines Körpers eben so wohl auf einander folgen lassen kann, als sie in der Natur neben einander befindlich sind. Allein dieses ist eine Eigenschaft der Rede und ihrer Zeichen überhaupt, nicht aber in so ferne sie der Absicht der Poesie am bequemsten sind. Der Poet will nicht bloß verständlich werden, seine Vorstellungen sollen nicht bloß klar und deutlich sein; hiermit begnügt sich der Prosaist. Sondern er will die Ideen, die er in uns erweckte, so lebhaft machen, daß wir in der Geschwindigkeit die wahren sinnlichen Eindrücke ihrer Gegenstände zu empfinden glauben, und in diesem Augenblicke der Täuschung, uns der Mittel, die er dazu anwendet, seiner Worte bewußt zu sein aufhören. Hierauf lief oben die Erklärung des poetischen Gemäldes hinaus. Aber der Dichter soll immer malen; und nun wollen wir sehen, in wie ferne Körper nach ihren Teilen neben einander sich zu dieser Malerei schicken.

Wie gelangen wir zu der deutlichen Vorstellung eines Dinges im Raume? Erst betrachten wir die Teile desselben einzeln, hierauf die Verbindung dieser Teile, und endlich das Ganze. Unsere Sinne verrichten diese verschiedene Operationen mit einer so erstaunlichen Schnelligkeit, daß sie uns nur eine einzige zu sein bedünken, und diese Schnelligkeit ist unumgänglich notwendig, wann wir einen Begriff von dem Ganzen, welcher nichts mehr als das Resultat von den Begriffen der Teile und ihrer Verbindung ist, bekommen sollen. Gesetzt nun also auch, der Dichter führe uns in der schönsten Ordnung von einem Teile des Gegenstandes zu dem andern; gesetzt, er wisse uns die Verbindung dieser Teile auch noch so klar zu machen: wie viel Zeit gebraucht er dazu? Was das Auge mit einmal übersiehet, zählt er uns merklich langsam nach und nach zu, und oft geschieht es, daß wir bei dem letzten Zuge den ersten schon wiederum vergessen haben. Jedennoch sollen wir uns aus diesen Zügen ein Ganzes bilden. Dem Auge bleiben die betrachteten Teile beständig gegenwärtig; es kann sie abermals und abermals überlaufen: für das Ohr hingegen sind die vernommenen Teile verloren, wann sie nicht in dem Gedächtnisse zurückbleiben. Und bleiben sie schon da zurück: welche Mühe, welche Anstrengung kostet es, ihre Eindrücke alle in eben der Ordnung so lebhaft zu erneuern, sie nur mit einer mäßigen Geschwindigkeit auf einmal zu überdenken, um zu einem etwanigen Begriffe des Ganzen zu gelangen!

Man versuche es an einem Beispiele, welches ein Meisterstück in seiner Art heißen kann.[a]

> Dort ragt das hohe Haupt vom edeln Enziane
> Weit übern niedern Chor der Pöbelkräuter hin,
> Ein ganzes Blumenvolk dient unter seiner Fahne,
> Sein blauer Bruder selbst bückt sich, und ehret ihn.
> Der Blumen helles Gold, in Strahlen umgebogen,
> Türmt sich am Stengel auf, und krönt sein grau Gewand,
> Der Blätter glattes Weiß, mit tiefem Grün durchzogen,
> Strahlt von dem bunten Blitz von feuchtem Diamant.
> Gerechtestes Gesetz! daß Kraft sich Zier vermähle,
> In einem schönen Leib wohnt eine schönre Seele.
>
> Hier kriecht ein niedrig Kraut, gleich einem grauen Nebel,
> Dem die Natur sein Blatt im Kreuze hingelegt;
> Die holde Blume zeigt die zwei vergöldten Schnäbel,
> Die ein von Amethyst gebildter Vogel trägt.
> Dort wirft ein glänzend Blatt, in Finger ausgekerbet,
> Auf einen hellen Bach den grünen Widerschein;
> Der Blumen zarten Schnee, den matter Purpur färbet,
> Schließt ein gestreifter Stern in weiße Strahlen ein.
> Smaragd und Rosen blühn auch auf zertretner Heide,
> Und Felsen decken sich mit einem Purpurkleide.

Es sind Kräuter und Blumen, welche der gelehrte Dichter mit großer Kunst und nach der Natur malet. Malet, aber ohne alle Täuschung malet. Ich will nicht sagen, daß wer diese Kräuter und Blumen nie gesehen, sich aus seinem Gemälde so gut als gar keine Vorstellung davon machen könne. Es mag sein, daß alle poetische Gemälde eine vorläufige Bekanntschaft mit ihren Gegenständen erfordern. Ich will auch nicht leugnen, daß demjenigen, dem eine solche Bekanntschaft hier zu statten kömmt, der Dichter nicht von einigen Teilen eine lebhaftere Idee erwecken könnte. Ich frage ihn nur, wie steht es um den

---

[a]) S. des Herrn v. Hallers Alpen.

Begriff des Ganzen? Wenn auch dieser lebhafter sein soll, so müssen keine einzelne Teile darin vorstechen, sondern das höhere Licht muß auf alle gleich verteilet scheinen; unsere Einbildungskraft muß alle gleich schnell überlaufen können, um sich das aus ihnen mit eins zusammen zu setzen, was in der Natur mit eins gesehen wird. Ist dieses hier der Fall? Und ist er es nicht, wie hat man sagen können, »daß die ähnlichste Zeichnung eines Malers gegen diese poetische Schilderei ganz matt und düster sein würde?«[b] Sie bleibet unendlich unter dem, was Linien und Farben auf der Fläche ausdrücken können, und der Kunstrichter, der ihr dieses übertriebene Lob erteilet, muß sie aus einem ganz falschen Gesichtspunkte betrachtet haben; er muß mehr auf die fremden Zierraten, die der Dichter darein verwäbet hat, auf die Erhöhung über das vegetative Leben, auf die Entwickelung der innern Vollkommenheiten, welchen die äußere Schönheit nur zur Schale dienet, als auf diese Schönheit selbst, und auf den Grad der Lebhaftigkeit und Ähnlichkeit des Bildes, welches uns der Maler, und welches uns der Dichter davon gewähren kann, gesehen haben. Gleichwohl kömmt es hier lediglich nur auf das letztere an, und wer da sagt, daß die bloßen Zeilen:

> Der Blumen helles Gold in Strahlen umgebogen,
> Türmt sich am Stengel auf, und krönt sein grau Gewand,
> Der Blätter glattes Weiß mit tiefem Grün durchzogen,
> Strahlt von dem bunten Blitz von feichtem Diamant –

daß diese Zeilen, in Ansehung ihres Eindrucks, mit der Nachahmung eines Huysum wetteifern können, muß seine Empfindung nie befragt haben, oder sie vorsetzlich verleugnen wollen. Sie mögen sich, wenn man die Blume selbst in der Hand hat, sehr schön dagegen rezitieren lassen; nur vor sich allein sagen sie wenig oder nichts. Ich höre in jedem Worte den arbeitenden Dichter, aber das Ding selbst bin ich weit entfernet zu sehen.

Nochmals also: ich spreche nicht der Rede überhaupt das Vermögen ab, ein körperliches Ganze nach seinen Teilen zu

---

b) Breitingers Kritische Dichtkunst T. II. S. 407.

schildern; sie kann es, weil ihre Zeichen, ob sie schon auf einander folgen, dennoch willkürliche Zeichen sind: sondern ich spreche es der Rede als dem Mittel der Poesie ab, weil dergleichen wörtlichen Schilderungen der Körper das Täuschende gebricht, worauf die Poesie vornehmlich gehet; und dieses Täuschende, sage ich, muß ihnen darum gebrechen, weil das Koexistierende des Körpers mit dem Konsekutiven der Rede dabei in Kollision kömmt, und indem jenes in dieses aufgelöset wird, uns die Zergliederung des Ganzen in seine Teile zwar erleichtert, aber die endliche Wiederzusammensetzung dieser Teile in das Ganze ungemein schwer, und nicht selten unmöglich gemacht wird.

Überall, wo es daher auf das Täuschende nicht ankömmt, wo man nur mit dem Verstande seiner Leser zu tun hat, und nur auf deutliche und so viel möglich vollständige Begriffe gehet: können diese aus der Poesie ausgeschlossene Schilderungen der Körper gar wohl Platz haben, und nicht allein der Prosaist, sondern auch der dogmatische Dichter (denn da wo er dogmatisiert, ist er kein Dichter), können sich ihrer mit vielem Nutzen bedienen. So schildert z.E. Virgil in seinem Gedichte vom Landbaue eine zur Zucht tüchtige Kuh:

> – – – Optima torvae
> Forma bovis, cui turpe caput, cui plurima cervix,
> Et crurum tenus a mento palearia pendent.
> Tum longo nullus lateri modus: omnia magna:
> Pes etiam, et camuris hirtae sub cornibus aures.
> Nec mihi displiceat maculis insignis et albo,
> Aut juga detractans interdumque aspera cornu,
> Et faciem tauro propior; quaeque ardua tota,
> Et gradiens ima verrit vestigia cauda.

Oder ein schönes Füllen:

> – – – – Illi ardua cervix
> Argutumque caput, brevis alvus, obesaque terga:
> Luxuriatque toris animosum pectus etc.[c]

---

c) Georg. lib. III. v. 51 et 79.

Denn wer sieht nicht, daß dem Dichter hier mehr an der Auseinandersetzung der Teile, als an dem Ganzen gelegen gewesen? Er will uns die Kennzeichen eines schönen Füllens, einer tüchtigen Kuh zuzählen, um uns in den Stand zu setzen, nach dem wir deren mehrere oder wenigere antreffen, von der Güte der einen oder des andern urteilen zu können; ob sich aber alle diese Kennzeichen in ein lebhaftes Bild leicht zusammen fassen lassen, oder nicht, das konnte ihm sehr gleichgültig sein.

Außer diesem Gebrauche sind die ausführlichen Gemälde körperlicher Gegenstände, ohne den oben erwähnten Homerischen Kunstgriff, das Koexistierende derselben in ein wirkliches Sukzessives zu verwandeln, jederzeit von den feinsten Richtern für ein frostiges Spielwerk erkannt worden, zu welchem wenig oder gar kein Genie gehöret. Wenn der poetische Stümper, sagt Horaz, nicht weiter kann, so fängt er an, einen Hain, einen Altar, einen durch anmutige Fluren sich schlängelnden Bach, einen rauschenden Strom, einen Regenbogen zu malen:

– – – – Lucus et ara Dianae,
Et properantis aquae per amoenos ambitus agros,
Aut flumen Rhenum, aut pluvius describitur arcus.[d]

Der männliche Pope sahe auf die malerischen Versuche seiner poetischen Kindheit mit großer Geringschätzung zurück. Er verlangte ausdrücklich, daß wer den Namen eines Dichters nicht unwürdig führen wolle, der Schilderungssucht so früh wie möglich entsagen müsse, und erklärte ein bloß malendes Gedichte für ein Gastgebot auf lauter Brühen.[e] Von dem Herrn

---

d) De A. P. v. 16.
e) Prologue to the Satires. v. 340.

That not in Fancy's maze he wander'd long
But stoop'd to Truth, and moraliz'd his song.
Ibid. v. 148.
– – – – who could take offence,
While pure Description held the place of Sense?

Die Anmerkung, welche Warburton über die letzte Stelle macht, kann für eine authentische Erklärung des Dichters selbst gelten. He uses *pure* equivocally, to signify either chaste or empty; and

von Kleist kann ich versichern, daß er sich auf seinen »Frühling« das wenigste einbildete. Hätte er länger gelebt, so würde er ihm eine ganz andere Gestalt gegeben haben. Er dachte darauf, einen Plan hinein zu legen, und sann auf Mittel, wie er die Menge von Bildern, die er aus dem unendlichen Raume der verjüngten Schöpfung, auf Geratewohl, bald hier bald da, gerissen zu haben schien, in einer natürlichen Ordnung vor seinen Augen entstehen und auf einander folgen lassen wolle. Er würde zugleich das getan haben, was Marmontel, ohne Zweifel mit auf Veranlassung seiner Eklogen, mehrern deutschen Dichtern geraten hat; er würde aus einer mit Empfindungen nur sparsam durchwebten Reihe von Bildern, eine mit Bildern nur sparsam durchflochtene Folge von Empfindungen gemacht haben.*f*

XVIII

Und dennoch sollte selbst Homer in diese frostigen Ausmalungen körperlicher Gegenstände verfallen sein? –

Ich will hoffen, daß es nur sehr wenige Stellen sind, auf die man sich desfalls berufen kann; und ich bin versichert, daß

has given in this line what he esteemed the true Character of descriptive Poetry, as it is called. A composition, in his opinion, as absurd as a feast made up of sauces. The use of a picturesque imagination is to brighten and adorn good sense; so that to employ it only in Description, is like childrens delighting in a prism for the sake of its gaudy colours; which when frugally managed, and artifully disposed, might be made to represent and illustrate the noblest objects in nature. Sowohl der Dichter als Kommentator scheinen zwar die Sache mehr auf der moralischen, als kunstmäßigen Seite betrachtet zu haben. Doch desto besser, daß sie von der einen eben so nichtig als von der andern erscheinet.

f) Poetique Françoise T. II. p. 501. J'écrivois ces reflexions avant que les essais des Allemands dans ce genre (l'Eglogue) fussent connus parmi nous. Ils ont exécuté ce que j'avois conçu; et s'ils parviennent à donner plus au moral et moins au detail des peintures physiques, ils excelleront dans ce genre, plus riche, plus vaste, plus fecond, et infiniment plus naturel et plus moral que celui de la galanterie champetre.

auch diese wenige Stellen von der Art sind, daß sie die Regel, von der sie eine Ausnahme zu sein scheinen, vielmehr bestätigen.

Es bleibt dabei: die Zeitfolge ist das Gebiete des Dichters, so wie der Raum das Gebiete des Malers.

Zwei notwendig entfernte Zeitpunkte in ein und eben dasselbe Gemälde bringen, so wie Fr. Mazzuoli den Raub der Sabinischen Jungfrauen, und derselben Aussöhnung ihrer Ehemänner mit ihren Anverwandten; oder wie Titian die ganze Geschichte des verlornen Sohnes, sein lüderliches Leben und sein Elend und seine Reue: heißt ein Eingriff des Malers in das Gebiete des Dichters, den der gute Geschmack nie billigen wird.

Mehrere Teile oder Dinge, die ich notwendig in der Natur auf einmal übersehen muß, wenn sie ein Ganzes hervorbringen sollen, dem Leser nach und nach zuzählen, um ihm dadurch ein Bild von dem Ganzen machen zu wollen: heißt ein Eingriff des Dichters in das Gebiete des Malers, wobei der Dichter viel Imagination ohne allen Nutzen verschwendet.

Doch, so wie zwei billige freundschaftliche Nachbarn zwar nicht verstatten, daß sich einer in des andern innerstem Reiche ungeziemende Freiheiten herausnehme, wohl aber auf den äußersten Grenzen eine wechselseitige Nachsicht herrschen lassen, welche die kleinen Eingriffe, die der eine in des andern Gerechtsame in der Geschwindigkeit sich durch seine Umstände zu tun genötiget siehet, friedlich von beiden Teilen kompensieret: so auch die Malerei und Poesie.

Ich will in dieser Absicht nicht anführen, daß in großen historischen Gemälden, der einzige Augenblick fast immer um etwas erweitert ist, und daß sich vielleicht kein einziges an Figuren sehr reiches Stück findet, in welchem jede Figur vollkommen die Bewegung und Stellung hat, die sie in dem Augenblicke der Haupthandlung haben sollte; die eine hat eine etwas frühere, die andere eine etwas spätere. Es ist dieses eine Freiheit, die der Meister durch gewisse Feinheiten in der Anordnung rechtfertigen muß, durch die Verwendung oder Entfernung seiner Personen, die ihnen an dem was vorgehet, einen mehr oder weniger augenblicklichen Anteil zu nehmen erlaubet. Ich will mich bloß einer Anmerkung bedienen, welche Herr Mengs über die Drapperie des Raphaels macht.*a* »Alle Falten, sagt er, haben bei ihm ihre Ursachen, es sei durch ihr eigen Gewichte, oder durch die Ziehung der Glieder. Manchmal siehet man in ihnen, wie sie vorher gewesen; Raphael hat auch sogar in diesem Bedeutung gesucht. Man siehet an den Falten, ob ein Bein oder Arm vor dieser Regung, vor oder hinten gestanden, ob das Glied von Krümme zur Ausstreckung gegangen, oder gehet, oder ob es ausgestreckt gewesen, und sich krümmt.« Es ist unstreitig, daß der Künstler in diesem Falle zwei verschiedene Augenblicke in einen einzigen zusammen bringt. Denn da dem Fuße, welcher hinten gestanden und sich vor bewegt, der Teil des Gewands, welcher auf ihm liegt, unmittelbar folgt, das Gewand wäre denn von sehr steifem Zeuge, der aber eben darum zur Malerei ganz unbequem ist: so gibt es keinen Augenblick, in welchem das Gewand im geringsten eine andere Falte machte, als es der itzige Stand des Gliedes erfodert; sondern läßt man es eine andere Falte machen, so ist es der vorige Augenblick des Gewandes und der itzige des Gliedes. Dem ohngeachtet, wer wird es mit dem Artisten so genau nehmen, der seinen Vorteil dabei findet, uns diese beiden Augenblicke zugleich zu zeigen? Wer wird ihn nicht vielmehr rühmen, daß er den Verstand und das Herz gehabt hat, einen solchen geringen Fehler zu begehen, um eine größere Vollkommenheit des Ausdruckes zu erreichen?

Gleiche Nachsicht verdient der Dichter. Seine fortschreitende Nachahmung erlaubt ihm eigentlich, auf einmal nur eine einzige Seite, eine einzige Eigenschaft seiner körperlichen Gegenstände zu berühren. Aber wenn die glückliche Einrichtung seiner Sprache ihm dieses mit einem einzigen Worte zu tun verstattet; warum sollte er nicht auch dann und wann, ein zweites solches Wort hinzufügen dürfen? Warum nicht auch, wann es die Mühe verlohnet, ein drittes? Oder wohl gar ein viertes? Ich habe gesagt, dem Homer sei z.E. ein Schiff, entweder nur das schwarze Schiff, oder das hohle Schiff, oder

---

a) Gedanken über die Schönheit und über den Geschmack in der Malerei S. 69.

das schnelle Schiff, höchstens das wohlberuderte schwarze Schiff. Zu verstehen von seiner Manier überhaupt. Hier und da findet sich eine Stelle, wo er das dritte malende Epitheton hinzusetzet: Καμπυλα κυκλα, χαλκεα, ὀκτακνημα,[b] runde, eherne, achtspeichigte Räder. Auch das vierte: ἀσπιδα παντοσε ἰσην, καλην, χαλκειην, ἐξηλατον,[c] ein überall glattes, schönes, ehernes, getriebenes Schild. Wer wird ihn darum tadeln? Wer wird ihm diese kleine Üppigkeit nicht vielmehr Dank wissen, wenn er empfindet, welche gute Wirkung sie an wenigen schicklichen Stellen haben kann?

Des Dichters sowohl als des Malers eigentliche Rechtfertigung hierüber, will ich aber nicht aus dem vorangeschickten Gleichnisse von zwei freundschaftlichen Nachbarn hergeleitet wissen. Ein bloßes Gleichnis beweiset und rechtfertiget nichts. Sondern dieses muß sie rechtfertigen: so wie dort bei dem Maler die zwei verschiednen Augenblicke so nahe und unmittelbar an einander grenzen, daß sie ohne Anstoß für einen einzigen gelten können; so folgen auch hier bei dem Dichter die mehrern Züge für die verschiednen Teile und Eigenschaften im Raume in einer solchen gedrängten Kürze so schnell aufeinander, daß wir sie alle auf einmal zu hören glauben.

Und hierin, sage ich, kömmt dem Homer seine vortreffliche Sprache ungemein zu statten. Sie läßt ihm nicht allein alle mögliche Freiheit in Häufung und Zusammensetzung der Beiwörter, sondern sie hat auch für diese gehäufte Beiwörter eine so glückliche Ordnung, daß der nachteiligen Suspension ihrer Beziehung dadurch abgeholfen wird. An einer oder mehreren dieser Bequemlichkeiten fehlt es den neuern Sprachen durchgängig. Diejenigen, als die französische, welche z.E. jenes Καμπυλα κυκλα, χαλκεα, ὀκτακνημα umschreiben müssen: »die runden Räder, welche von Erzt waren und acht Speichen hatten«, drücken den Sinn aus, aber vernichten das Gemälde. Gleichwohl ist der Sinn hier nichts, das Gemälde alles; und jener ohne dieses macht den lebhaftesten Dichter zum langweiligsten Schwätzer. Ein Schicksal, das den guten

[b] Iliad. E. v. 722.
[c] Iliad. M. v. 294.

Homer unter der Feder der gewissenhaften Frau Dacier oft betroffen hat. Unsere deutsche Sprache hingegen kann zwar die Homerischen Beiwörter meistens in eben so kurze gleichgeltende Beiwörter verwandeln, aber die vorteilhafte Ordnung derselben kann sie der griechischen nicht nachmachen. Wir sagen zwar »die runden, ehernen, achtspeichigten« - - aber »Räder« schleppt hinten nach. Wer empfindet nicht, daß drei verschiedne Prädikate, ehe wir das Subjekt erfahren, nur ein schwankes verwirrtes Bild machen können? Der Grieche verbindet das Subjekt gleich mit dem ersten Prädikate, und läßt die andern nachfolgen; er sagt: »runde Räder, eherne, achtspeichigte.« So wissen wir mit eins wovon er redet, und werden, der natürlichen Ordnung des Denkens gemäß, erst mit dem Dinge, und dann mit seinen Zufälligkeiten bekannt. Diesen Vorteil hat unsere Sprache nicht. Oder soll ich sagen, sie hat ihn, und kann ihn nur selten ohne Zweideutigkeit nutzen? Beides ist eins. Denn wenn wir Beiwörter hintennach setzen wollen, so müssen sie im statu absoluto stehen; wir müssen sagen: runde Räder, ehern und achtspeichigt. Allein in diesem statu kommen unsere Adjectiva völlig mit den Adverbiis überein, und müssen, wenn man sie als solche zu dem nächsten Zeitworte, das von dem Dinge prädiziert wird, ziehet, nicht selten einen ganz falschen, allezeit aber einen sehr schielenden Sinn verursachen.

Doch ich halte mich bei Kleinigkeiten auf, und scheine das Schild vergessen zu wollen, das Schild des Achilles; dieses berühmte Gemälde, in dessen Rücksicht vornehmlich, Homer vor Alters als ein Lehrer der Malerei[d] betrachtet wurde. Ein Schild, wird man sagen, ist doch wohl ein einzelner körperlicher Gegenstand, dessen Beschreibung nach seinen Teilen neben einander, dem Dichter nicht vergönnet sein soll? Und dieses Schild hat Homer, in mehr als hundert prächtigen Versen, nach seiner Materie, nach seiner Form, nach allen Figuren, welche die ungeheure Fläche desselben füllten, so umständlich, so genau beschrieben, daß es neuern Künstlern nicht

---

[d] Dionysius Halicarnass. in Vita Homeri apud Th. Gale in Opusc. Mythol. p. 401.

schwer gefallen, eine in allen Stücken übereinstimmende Zeichnung darnach zu machen.

Ich antworte auf diesen besondern Einwurf, – daß ich bereits darauf geantwortet habe. Homer malt nämlich das Schild nicht als ein fertiges vollendetes, sondern als ein werdendes Schild. Er hat also auch hier sich des gepriesenen Kunstgriffes bedienet, das Koexistierende seines Vorwurfs in ein Konsekutives zu verwandeln, und dadurch aus der langweiligen Malerei eines Körpers, das lebendige Gemälde einer Handlung zu machen. Wir sehen nicht das Schild, sondern den göttlichen Meister, wie er das Schild verfertiget. Er tritt mit Hammer und Zange vor seinen Amboß, und nachdem er die Platten aus dem gröbsten geschmiedet, schwellen die Bilder, die er zu dessen Auszierung bestimmt, vor unsern Augen, eines nach dem andern, unter seinen feinern Schlägen aus dem Erzte hervor. Eher verlieren wir ihn nicht wieder aus dem Gesichte, bis alles fertig ist. Nun ist es fertig, und wir erstaunen über das Werk, aber mit dem gläubigen Erstaunen eines Augenzeugens, der es machen sehen.

Dieses läßt sich von dem Schilde des Aeneas beim Virgil nicht sagen. Der römische Dichter empfand entweder die Feinheit seines Musters hier nicht, oder die Dinge, die er auf sein Schild bringen wollte, schienen ihm von der Art zu sein, daß sie die Ausführung vor unsern Augen nicht wohl verstatteten. Es waren Prophezeiungen, von welchen es freilich unschicklich gewesen wäre, wenn sie der Gott in unserer Gegenwart eben so deutlich geäußert hätte, als sie der Dichter hernach ausleget. Prophezeiungen, als Prophezeiungen, verlangen eine dunkelere Sprache, in welche die eigentlichen Namen der Personen aus der Zukunft, die sie betreffen, nicht passen. Gleichwohl lag an diesen wahrhaften Namen, allem Ansehen nach, dem Dichter und Hofmanne hier das meiste.[e] Wenn ihn

---

e) Ich finde, daß Servius dem Virgil eine andere Entschuldigung leihet. Denn auch Servius hat den Unterschied, der zwischen beiden Schilden ist, bemerkt: Sane interest inter hunc et Homeri Clypeum: illic enim singula dum fiunt narrantur; hic vero perfecto opere noscuntur: nam et hic arma prius accipit Aeneas, quam spectaret; ibi postquam omnia narrata sunt, sic a Thetide deferuntur ad

aber dieses entschuldiget, so hebt es darum nicht auch die üble Wirkung auf, welche seine Abweichung von dem Homerischen Wege hat. Leser von einem feinern Geschmacke, werden mir Recht geben. Die Anstalten, welche Vulcan zu seiner Arbeit macht, sind bei dem Virgil ungefähr eben die, welche ihn Homer machen läßt. Aber anstatt daß wir bei dem Homer nicht bloß die Anstalten zur Arbeit, sondern auch die Arbeit selbst zu sehen bekommen, läßt Virgil, nachdem er uns nur den geschäftigen Gott mit seinen Cyklopen überhaupt gezeiget,

> Ingentem Clypeum informant – –
> – – Alii ventosis follibus auras
> Accipiunt, redduntque: alii stridentia tingunt
> Aera lacu. Gemit impositis incudibus antrum.
> Illi inter sese multa vi brachia tollunt
> In numerum, versantque tenaci forcipe massam.*f*

Achillem (ad v. 625. lib. VIII. Aeneid.). Und warum dieses? Darum, meinet Servius, weil auf dem Schilde des Aeneas, nicht bloß die wenigen Begebenheiten, die der Dichter anführet, sondern,

> – – – – genus omne futurae
> Stirpis ab Ascanio, pugnataque in ordine bella

abgebildet waren. Wie wäre es also möglich gewesen, daß mit eben der Geschwindigkeit, in welcher Vulkan das Schild arbeiten mußte, der Dichter die ganze lange Reihe von Nachkommen hätte namhaft machen, und alle von ihnen nach der Ordnung geführte Kriege hätte erwähnen können? Dieses ist der Verstand der etwas dunkeln Worte des Servius: Opportune ergo Virgilius, quia non videtur simul et narrationis celeritas potuisse connecti, et opus tam velociter expediri, ut ad verbum posset occurrere. Da Virgil nur etwas weniges von dem non enarrabili texto Clypei beibringen konnte, so konnte er es nicht während der Arbeit des Vulcanus selbst tun; sondern er mußte es versparen, bis alles fertig war. Ich wünschte für den Virgil sehr, dieses Raisonnement des Servius wäre ganz ohne Grund; meine Entschuldigung würde ihm weit rühmlicher sein. Denn wer hieß ihm, die ganze römische Geschichte auf ein Schild bringen? Mit wenig Gemälden machte Homer sein Schild zu einem Inbegriffe von allem, was in der Welt vorgehet. Scheinet es nicht, als ob Virgil, da er den Griechen nicht in den Vorwürfen und in der Ausführung der Gemälde übertreffen können, ihn wenigstens in der Anzahl derselben übertreffen wollen? Und was wäre kindischer gewesen?

f) Aeneid. lib. VIII. 447-54.

den Vorhang auf einmal niederfallen, und versetzt uns in eine ganz andere Szene, von da er uns allmählig in das Tal bringt, in welchem die Venus mit den indes fertig gewordenen Waffen bei dem Aeneas anlangt. Sie lehnet sie an den Stamm einer Eiche, und nachdem sie der Held genug begaffet, und bestaunet, und betastet, und versuchet, hebt sich die Beschreibung, oder das Gemälde des Schildes an, welches durch das ewige: Hier ist, und Da ist, Nahe dabei stehet, und Nicht weit davon siehet man – so kalt und langweilig wird, daß alle der poetische Schmuck, den ihm ein Virgil geben konnte, nötig war, um es uns nicht unerträglich finden zu lassen. Da dieses Gemälde hiernächst nicht Aeneas macht, als welcher sich an den bloßen Figuren ergötzet, und von der Bedeutung derselben nichts weiß,

– – rerumque ignarus imagine gaudet;

auch nicht Venus, ob sie schon von den künftigen Schicksalen ihrer lieben Enkel vermutlich eben so viel wissen mußte, als der gutwillige Ehemann; sondern da es aus dem eigenen Munde des Dichters kömmt: so bleibet die Handlung offenbar während demselben stehen. Keine einzige von seinen Personen nimmt daran Teil; es hat auch auf das Folgende nicht den geringsten Einfluß, ob auf dem Schilde dieses, oder etwas anders, vorgestellet ist; der witzige Hofmann leuchtet überall durch, der mit allerlei schmeichelhaften Anspielungen seine Materie aufstutzet, aber nicht das große Genie, daß sich auf die eigene innere Stärke seines Werks verläßt, und alle äußere Mittel, interessant zu werden, verachtet. Das Schild des Aeneas ist folglich ein wahres Einschiebsel, einzig und allein bestimmt, dem Nationalstolze der Römer zu schmeicheln; ein fremdes Bächlein, das der Dichter in seinen Strom leitet, um ihn etwas reger zu machen. Das Schild des Achilles hingegen ist Zuwachs des eigenen fruchtbaren Bodens; denn ein Schild mußte gemacht werden, und da das Notwendige aus der Hand der Gottheit nie ohne Anmut kömmt; so mußte das Schild auch Verzierungen haben. Aber die Kunst war, diese Verzierungen als bloße Verzierungen zu behandeln, sie in den Stoff einzuweben, um sie uns nur bei Gelegenheit des Stoffes zu zeigen;

und dieses ließ sich allein in der Manier des Homers tun. Homer läßt den Vulcan Zierraten künsteln, weil und indem er ein Schild machen soll, das seiner würdig ist. Virgil hingegen scheinet ihn das Schild wegen der Zierraten machen zu lassen, da er die Zierraten für wichtig gnug hält, um sie besonders zu beschreiben, nachdem das Schild lange fertig ist.

XIX

Die Einwürfe, welche der ältere Scaliger, Perrault, Terrasson und andere gegen das Schild des Homers machen, sind bekannt. Eben so bekannt ist das, was Dacier, Boivin und Pope darauf antworten. Mich dünkt aber, daß diese letztern sich manchmal zu weit einlassen, und in Zuversicht auf ihre gute Sache, Dinge behaupten, die eben so unrichtig sind, als wenig sie zur Rechtfertigung des Dichters beitragen.

Um dem Haupteinwurfe zu begegnen, daß Homer das Schild mit einer Menge Figuren anfülle, die auf dem Umfange desselben unmöglich Raum haben könnten, unternahm Boivin, es mit Bemerkung der erforderlichen Maße, zeichnen zu lassen. Sein Einfall mit den verschiedenen konzentrischen Zirkeln ist sehr sinnreich, obschon die Worte des Dichters nicht den geringsten Anlaß dazu geben, auch sich sonst keine Spur findet, daß die Alten auf diese Art abgeteilte Schilder gehabt haben. Da es Homer selbst σακος παντιοσε δεδαιδαλμενον, ein auf allen Seiten künstlich ausgearbeitetes Schild nennet, so würde ich lieber, um mehr Raum auszusparen, die konkave Fläche mit zu Hülfe genommen haben; denn es ist bekannt, daß die alten Künstler diese nicht leer ließen, wie das Schild der Minerva vom Phidias beweiset.[a] Doch nicht genug, daß sich Boivin dieses Vorteils nicht bedienen wollte; er vermehrte auch ohne Not die Vorstellungen selbst, denen er auf dem sonach um die Hälfte verringerten Raume Platz ver-

---

a) – Scuto ejus, in quo Amazonum praelium caelavit intumescente ambitu parmae; ejusdem concava parte Deorum et Gigantum dimicationem. Plinius lib. XXXVI. Sect. 4. p. 726. Edit. Hard.

schaffen mußte, indem er das, was bei dem Dichter offenbar nur ein einziges Bild ist, in zwei bis drei besondere Bilder zerteilte. Ich weiß wohl, was ihn dazu bewog; aber es hätte ihn nicht bewegen sollen: sondern, anstatt daß er sich bemühte, den Forderungen seiner Gegner ein Gnüge zu leisten, hätte er ihnen zeigen sollen, daß ihre Forderungen unrechtmäßig wären.

Ich werde mich an einem Beispiele faßlicher erklären können. Wenn Homer von der einen Stadt sagt:[b]

Λαοι δ' ἐιν ἀγρῃ οἐσαν ἀθροοι· ἐνθα δε νεικος
Ωρωρει· δυο δ'ανδρες ἐνεικεον ἐινεκα ποινης
Ανδρος ἀποφθιμενου· ὁ μεν ἐυχετο, παντ' ἀποδουναι,
Δημῳ πιφαυσκων· ὁ δ'αναινετο, μηδεν ἐλεσθαι·
Αμφω δ' ἰεσθην ἐπι ἰϛορι πειραρ ἐλεσθαι.
Λαοι δ'αμφοτεροισιν ἐπηπυον, ἀμφις ἀρωγοι·
Κηρυκες δ' ἀρα λαον ἐρητυον· ὁι δε γεροντες
Ειατ' ἐπι ξεϛοισι λιθοις, ἱερῳ, ἐνι κυκλῳ·
Σκηπτρα δε κηρυκων ἐν χερσ' ἐχον ἠεροφωνων.
Τοισιν ἐπειτ' ἠϊσσον, ἀμοιβηδις δ' ἐδικαζον.
Κειτο δ' ἀρ' ἐν μεσσοισι δυο χρυσοιο ταλαντα —

so, glaube ich, hat er nicht mehr als ein einziges Gemälde angeben wollen: das Gemälde eines öffentlichen Rechtshandels über die streitige Erlegung einer ansehnlichen Geldbuße für einen verübten Totschlag. Der Künstler, der diesen Vorwurf ausführen soll, kann sich auf einmal nicht mehr als einen einzigen Augenblick desselben zu Nutze machen; entweder den Augenblick der Anklage, oder der Abhörung der Zeugen, oder des Urtelspruches, oder welchen er sonst, vor oder nach, oder zwischen diesen Augenblicken für den bequemsten hält. Diesen einzigen Augenblick macht er so prägnant wie möglich, und führt ihn mit allen den Täuschungen aus, welche die Kunst in Darstellung sichtbarer Gegenstände vor der Poesie voraus hat. Von dieser Seite aber unendlich zurückgelassen, was kann der Dichter, der eben diesen Vorwurf mit Worten malen soll, und nicht gänzlich verunglücken will, anders tun, als daß er

b) Iliad. Σ. v. 497–508.

sich gleichfalls seiner eigentümlichen Vorteile bedienet? Und welches sind diese? Die Freiheit sich sowohl über das Vergangene als über das Folgende des einzigen Augenblickes in dem Kunstwerke auszubreiten, und das Vermögen, sonach uns nicht allein das zu zeigen, was uns der Künstler zeiget, sondern auch das, was uns dieser nur kann erraten lassen. Durch diese Freiheit, durch dieses Vermögen allein, kömmt der Dichter dem Künstler wieder bei, und ihre Werke werden einander alsdenn am ähnlichsten, wenn die Wirkung derselben gleich lebhaft ist; nicht aber, wenn das eine der Seele durch das Ohr nicht mehr oder weniger beibringet, als das andere dem Auge darstellen kann. Nach diesem Grundsatze hätte Boivin die Stelle des Homers beurteilen sollen, und er würde nicht so viel besondere Gemälde daraus gemacht haben, als verschiedene Zeitpunkte er darin zu bemerken glaubte. Es ist wahr, es konnte nicht wohl alles, was Homer sagt, in einem einzigen Gemälde verbunden sein; die Beschuldigung und Ableugnung, die Darstellung der Zeugen und der Zuruf des geteilten Volkes, das Bestreben der Herolde den Tumult zu stillen und die Äußerungen der Schiedesrichter, sind Dinge, die auf einander folgen, und nicht neben einander bestehen können. Doch was, um mich mit der Schule auszudrücken, nicht actu in dem Gemälde enthalten war, das lag virtute darin, und die einzige wahre Art, ein materielles Gemälde mit Worten nachzuschildern ist die, daß man das Letztere mit dem wirklich Sichtbaren verbindet, und sich nicht in den Schranken der Kunst hält, innerhalb welchen der Dichter zwar die Data zu einem Gemälde herzählen, aber nimmermehr ein Gemälde selbst hervorbringen kann.

Gleicherweise zerteilt Boivin das Gemälde der belagerten Stadt[c] in drei verschiedene Gemälde. Er hätte es eben sowohl in zwölfe teilen können, als in drei. Denn da er den Geist des Dichters einmal nicht faßte und von ihm verlangte, daß er den Einheiten des materiellen Gemäldes sich unterwerfen müsse: so hätte er weit mehr Übertretungen dieser Einheiten finden können, daß es fast nötig gewesen wäre, jedem besondern

c) v. 509–540.

Zuge des Dichters ein besonderes Feld auf dem Schilde zu bestimmen. Meines Erachtens aber hat Homer überhaupt nicht mehr als zehn verschiedene Gemälde auf dem ganzen Schilde; deren jedes er mit einem ἐν μεν ἐτευξε, oder ἐν δε ποιησε, oder ἐν δ' ἐτιθει, oder ἐν δε ποικιλλε Ἀμφιγυηεις anfängt.[d] Wo diese Eingangsworte nicht stehen, hat man kein Recht, ein besonderes Gemälde anzunehmen; im Gegenteil muß alles, was sie verbinden, als ein einziges betrachtet werden, dem nur bloß die willkürliche Konzentration in einen einzigen Zeitpunkt mangelt, als welchen der Dichter mit anzugeben, keinesweges gehalten war. Vielmehr, hätte er ihn angegeben, hätte er sich genau daran gehalten, hätte er nicht den geringsten Zug einfließen lassen, der in der wirklichen Ausführung nicht damit zu verbinden wäre; mit einem Worte, hätte er so verfahren, wie seine Tadler es verlangen: es ist wahr, so würden diese Herren hier an ihm nichts auszusetzen, aber in der Tat auch kein Mensch von Geschmack etwas zu bewundern gefunden haben.

Pope ließ sich die Einteilung und Zeichnung des Boivin nicht allein gefallen, sondern glaubte noch etwas ganz besonders zu tun, wenn er nunmehr auch zeigte, daß ein jedes dieser so zerstückten Gemälde nach den strengsten Regeln der heutiges Tages üblichen Malerei angegeben sei. Kontrast, Perspektiv, die drei Einheiten; alles fand er darin auf das beste beobachtet. Und ob er schon gar wohl wußte, daß zu Folge guter glaubwürdiger Zeugnisse, die Malerei zu den Zeiten des Trojanischen Krieges noch in der Wiege gewesen, so mußte doch entweder Homer, vermöge seines göttlichen Genies, sich nicht sowohl an das, was die Malerei damals oder zu seiner Zeit leisten konnte, gehalten, als vielmehr das erraten haben, was

d) Das erste fängt an mit der 483ten Zeile, und gehet bis zur 489ten; das zweite von 490–509; das dritte von 510–540; das vierte von 541–549; das fünfte von 550–560; das sechste von 561–572; das siebende von 573–586; das achte von 587–589; das neunte von 590–605; und das zehnte von 606–608. Bloß das dritte Gemälde hat die angegebenen Eingangsworte nicht; es ist aber aus den bei dem zweiten, ἐν δε δυω ποιησε πολεις, und aus der Beschaffenheit der Sache selbst, deutlich genug, daß es ein besonders Gemälde sein muß.

sie überhaupt zu leisten im Stande sei; oder auch jene Zeugnisse selbst mußten so glaubwürdig nicht sein, daß ihnen die augenscheinliche Aussage des künstlichen Schildes nicht vorgezogen zu werden verdiene. Jenes mag annehmen, wer da will; dieses wenigstens wird sich niemand überreden lassen, der aus der Geschichte der Kunst etwas mehr, als die bloßen Data der Historienschreiber weiß. Denn daß die Malerei zu Homers Zeiten noch in ihrer Kindheit gewesen, glaubt er nicht bloß deswegen, weil es ein Plinius oder so einer sagt, sondern vornehmlich weil er aus den Kunstwerken, deren die Alten gedenken, urteilet, daß sie viele Jahrhunderte nachher noch nicht viel weiter gekommen, und z. E. die Gemälde eines Polygnotus noch lange die Probe nicht aushalten, welche Pope die Gemälde des Homerischen Schildes bestehen zu können glaubt. Die zwei großen Stücke dieses Meisters zu Delphi, von welchen uns Pausanias eine so umständliche Beschreibung hinterlassen,[e] waren offenbar ohne alle Perspektiv. Dieser Teil der Kunst ist den Alten gänzlich abzusprechen, und was Pope beibringt, um zu beweisen, daß Homer schon einen Begriff davon gehabt habe, beweiset weiter nichts, als daß ihm selbst nur ein sehr unvollständiger Begriff davon beigewohnet.[f] »Homer, sagt er, kann kein Fremdling in der Perspektiv gewesen sein, weil er die Entfernung eines Gegenstandes von dem andern ausdrücklich angibt. Er bemerkt, z. E. daß die Kundschafter wenig weiter als die andern Figuren gelegen, und daß die

---

[e]) Phocic. cap. XXV–XXXI.
[f]) Um zu zeigen, daß dieses nicht zu viel von Popen gesagt ist, will ich den Anfang der folgenden aus ihm angeführten Stelle (Iliad. Vol. V. Obs. p. 61) in der Grundsprache anführen: That he was no stranger to aerial Perspective, appears in his expresly marking the distance of object from object: he tells us etc. Ich sage, hier hat Pope den Ausdruck aerial Perspective, die Luftperspektiv (Perspective aerienne) ganz unrichtig gebraucht, als welche mit den nach Maßgebung der Entfernung verminderten Größen gar nichts zu tun hat, sondern unter der man lediglich die Schwächung und Abänderung der Farben nach Beschaffenheit der Luft oder des Medii, durch welches wir sie sehen, verstehet. Wer diesen Fehler machen konnte, dem war es erlaubt, von der ganzen Sache nichts zu wissen.

Eiche, unter welcher den Schnittern das Mahl zubereitet worden, bei Seite gestanden. Was er von dem mit Herden und Hütten und Ställen übersäeten Tale sagt, ist augenscheinlich die Beschreibung einer großen perspektivischen Gegend. Ein allgemeiner Beweisgrund dafür kann auch schon aus der Menge der Figuren auf dem Schilde gezogen werden, die nicht alle in ihrer vollen Größe ausgedruckt werden konnten; woraus es denn gewissermaßen unstreitig, daß die Kunst, sie nach der Perspektiv zu verkleinern, damaliger Zeit schon bekannt gewesen.« Die bloße Beobachtung der optischen Erfahrung, daß ein Ding in der Ferne kleiner erscheinet, als in der Nähe, macht ein Gemälde noch lange nicht perspektivisch. Die Perspektiv erfordert einen einzigen Augenpunkt, einen bestimmten natürlichen Gesichtskreis, und dieses war es was den alten Gemälden fehlte. Die Grundfläche in den Gemälden des Polygnotus war nicht horizontal, sondern nach hinten zu so gewaltig in die Höhe gezogen, daß die Figuren, welche hinter einander zu stehen scheinen sollten, über einander zu stehen schienen. Und wenn diese Stellung der verschiednen Figuren und ihrer Gruppen allgemein gewesen, wie aus den alten Basreliefs, wo die hintersten allezeit höher stehen als die vodersten, und über sie wegsehen, sich schließen läßt: so ist es natürlich, daß man sie auch in der Beschreibung des Homers annimmt, und diejenigen von seinen Bildern, die sich nach selbiger in *ein* Gemälde verbinden lassen, nicht unnötiger Weise trennet. Die doppelte Szene der friedfertigen Stadt, durch deren Straßen der fröhliche Aufzug einer Hochzeitfeier ging, indem auf dem Markte ein wichtiger Prozeß entschieden ward, erfordert diesem zu Folge kein doppeltes Gemälde, und Homer hat es gar wohl als ein einziges denken können, indem er sich die ganze Stadt aus einem so hohen Augenpunkte vorstellte, daß er die freie Aussicht zugleich in die Straßen und auf den Markt dadurch erhielt.

Ich bin der Meinung, daß man auf das eigentliche Perspektivische in den Gemälden nur gelegentlich durch die Szenenmalerei gekommen ist; und auch als diese schon in ihrer Vollkommenheit war, muß es noch nicht so leicht gewesen sein, die Regeln derselben auf eine einzige Fläche anzuwenden, indem sich noch in den spätern Gemälden unter den Altertümern des Herculanums so häufige und mannigfaltige Fehler gegen die Perspektiv finden, als man itzo kaum einem Lehrlinge vergeben würde.*g*

Doch ich entlasse mich der Mühe, meine zerstreuten Anmerkungen über einen Punkt zu sammeln, über welchen ich in des Herrn Winckelmanns versprochener Geschichte der Kunst die völligste Befriedigung zu erhalten hoffen darf.*h*

XX

Ich lenke mich vielmehr wieder in meinen Weg, wenn ein Spaziergänger anders einen Weg hat.

Was ich von körperlichen Gegenständen überhaupt gesagt habe, das gilt von körperlichen schönen Gegenständen um so viel mehr.

Körperliche Schönheit entspringt aus der übereinstimmenden Wirkung mannigfaltiger Teile, die sich auf einmal übersehen lassen. Sie erfodert also, daß diese Teile neben einander liegen müssen; und da Dinge, deren Teile neben einander liegen, der eigentliche Gegenstand der Malerei sind; so kann sie, und nur sie allein, körperliche Schönheit nachahmen.

Der Dichter der die Elemente der Schönheit nur nach einander zeigen könnte, enthält sich daher der Schilderung körperlicher Schönheit, als Schönheit, gänzlich. Er fühlt es, daß diese Elemente nach einander geordnet, unmöglich die Wirkung haben können, die sie, neben einander geordnet, haben; daß der konzentrierende Blick, den wir nach ihrer Enumeration auf sie zugleich zurück senden wollen, uns doch kein übereinstimmendes Bild gewähret; daß es über die menschliche Einbildung gehet, sich vorzustellen, was dieser Mund, und diese Nase, und diese Augen zusammen für einen Effekt haben, wenn man sich nicht aus der Natur oder Kunst einer ähnlichen Komposition solcher Teile erinnern kann.

g) Betracht. über die Malerei S. 185.
h) Geschrieben im Jahr 1763.

Und auch hier ist Homer das Muster aller Muster. Er sagt: Nireus war schön; Achilles war noch schöner; Helena besaß eine göttliche Schönheit. Aber nirgends läßt er sich in die umständlichere Schilderung dieser Schönheiten ein. Gleichwohl ist das ganze Gedicht auf die Schönheit der Helena gebauet. Wie sehr würde ein neuerer Dichter darüber luxuriert haben!

Schon ein Constantinus Manasses wollte seine kahle Chronike mit einem Gemälde der Helena auszieren. Ich muß ihn für seinen Versuch danken. Denn ich wüßte wirklich nicht, wo ich sonst ein Exempel auftreiben sollte, aus welchem augenscheinlicher erhelle, wie törigt es sei, etwas zu wagen, das Homer so weislich unterlassen hat. Wenn ich bei ihm lese:[a]

---

a) Constantinus Manasses Compend. Chron. p. 20. Edit. Venet. Die Fr. Dacier war mit diesem Portrait des Manasses, bis auf die Tautologien, sehr wohl zufrieden: De Helenae pulchritudine omnium optime Constantinus Manasses, nisi in eo tautologiam reprehendas. (Ad Dictyn Cretensem lib. I. cap. 3. p. 5) Sie führet nach dem Mezeriac (Comment. sur les Epitres d'Ovide T. II. p. 361) auch die Beschreibungen an, welche Dares Phrygius und Cedrenus von der Schönheit der Helena geben. In der erstern kömmt ein Zug vor, der ein wenig seltsam klingt. Dares sagt nämlich von der Helena, sie habe ein Mal zwischen den Augenbraunen gehabt: notam inter duo supercilia habentem. Das war doch wohl nichts schönes? Ich wollte, daß die Französin ihre Meinung darüber gesagt hätte. Meines Teiles halte ich das Wort nota hier für verfälscht, und glaube, daß Dares von dem reden wollen, was bei den Griechen μεσοφρυον und bei den Lateinern glabella hieß. Die Augenbraunen der Helena, will er sagen, liefen nicht zusammen, sondern waren durch einen kleinen Zwischenraum abgesondert. Der Geschmack der Alten war in diesem Punkte verschieden. Einigen gefiel ein solcher Zwischenraum, andern nicht. (Junius de Pictura Vet. lib. III. cap. 9. p. 245) Anakreon hielt die Mittelstraße; die Augenbraunen seines geliebten Mädchens waren weder merklich getrennet, noch völlig in einander verwachsen, sie verliefen sich sanft in einem einzigen Punkte. Er sagt zu dem Künstler, welcher sie malen sollte (Od. 28):

> Το μεσοφρυον δε μη μοι
> Διακοπτε, μητε μισγε,
> Εχετω δ' όπως έκεινη
> Τι λεληθοτως συνοφρυν
> Βλεφαρων ίτυν κελαινην.

> Ην ἡ γυνη περικαλλης, ἐυοφρυς, ἐυχρουςατη,
> Ευπαρειος, ἐυπροσωπος, βοωπις, χιονοχρους,
> Ελικοβλεφαρος, ἀβρα, χαριτων γεμον ἀλσος,
> Λευκοβραχιων, τρυφερα, καλλος ἀντικρυς ἐμπνουν,
> Το προσωπον καταλευκον, ἡ παρεια· ῥοδοχρους,
> Το προσωπον ἐπιχαρι, το βλεφαρον ὡραιον,
> Καλλος ἀνεπιτηδευτον, ἀβαπτιςον, ἀυτοχρουν,
> Εβαπτε την λευκοτητα ῥοδοχρια πυρινη,
> Ως ἐι τις τον ἐλεφαντα βαψει λαμπρᾳ πορφυρᾳ.
> Δειρη μακρα, καταλευκος, ὁθεν ἐμυθουργηθη
> Κυκνογενη την ἐυοπτον Ελενην χρηματιζειν. — —

so dünkt mich, ich sehe Steine auf einen Berg wälzen, aus welchen auf der Spitze desselben ein prächtiges Gebäude aufgeführet werden soll, die aber alle auf der andern Seite von selbst wieder herabrollen. Was für ein Bild hinterläßt er, dieser Schwall von Worten? Wie sahe Helena nun aus? Werden nicht, wenn tausend Menschen dieses lesen, sich alle tausend eine eigene Vorstellung von ihr machen?

Nach der Lesart des Pauw, ob schon auch ohne sie der Verstand der nämliche ist, und von Henr. Stephano nicht verfehlet worden:

> Supercilii nigrantes
> Discrimina nec arcus,
> Confundito nec illos:
> Sed junge sic ut anceps
> Divortium relinquas,
> Quale esse cernis ipsi.

Wenn ich aber den Sinn des Dares getroffen hätte, was müßte man wohl sodann, anstatt des Wortes notam, lesen? Vielleicht moram? Denn so viel ist gewiß, daß mora nicht allein den Verlauf der Zeit ehe etwas geschieht, sondern auch die Hinderung, den Zwischenraum von einem zum andern, bedeutet.

> Ego inquieta montium jaceam mora,

wünschet sich der rasende Herkules beim Seneca, (v. 1215) welche Stelle Gronovius sehr wohl erklärt: Optat se medium jacere inter duas Symplegades, illarum velut moram, impedimentum, obicem; qui eas moretur, vetet aut satis arcte conjungi, aut rursus distrahi. So heißen auch bei eben demselben Dichter lacertorum morae, soviel als juncturae. (Schroederus ad. v. 762. Thyest)

Doch es ist wahr, politische Verse eines Mönches sind keine Poesie. Man höre also den Ariost, wenn er seine bezaubernde Alcina schildert:*b*

> Di persona era tanto ben formata,
> Quanto mai finger san Pittori industri:
> Con bionda chioma, lunga e annodata,
> Oro non è, che piu risplenda, e lustri,
> Spargeasi per la guancia delicata
> Misto color di rose e di ligustri.

b) Orlando Furioso, Canto VII. St. 11–15. »Die Bildung ihrer Gestalt war so reizend, als nur künstliche Maler sie dichten können. Gegen ihr blondes, langes, aufgeknüpftes Haar ist kein Gold, das nicht seinen Glanz verliere. Über ihre zarten Wangen verbreitete sich die vermischte Farbe der Rosen und der Lilien. Ihre fröhliche Stirn, in die gehörigen Schranken geschlossen, war von glattem Helfenbein. Unter zween schwarzen, äußerst feinen Bögen glänzen zwei schwarze Augen, oder vielmehr zwo leuchtende Sonnen, die mit Holdseligkeit um sich blickten und sich langsam drehten. Rings um sie her schien Amor zu spielen und zu fliegen; von da schien er seinen ganzen Köcher abzuschießen, und die Herzen sichtbar zu rauben. Weiter hinab steigt die Nase mitten durch das Gesicht, an welcher selbst der Neid nichts zu bessern findet. Unter ihr zeigt sich der Mund, wie zwischen zwei kleinen Tälern, mit seinem eigentümlichen Zinnober bedeckt; hier stehen zwo Reihen auserlesener Perlen, die eine schöne sanfte Lippe verschließt und öffnet. Hieraus kommen die holdseligen Worte, die jedes rauhe, schändliche Herz erweichen; hier wird jenes liebliche Lächeln gebildet, welches für sich schon ein Paradies auf Erden eröffnet. Weißer Schnee ist der schöne Hals, und Milch die Brust, der Hals rund, die Brust voll und breit. Zwo zarte, von Helfenbein geründete Kugeln wallen sanft auf und nieder, wie die Wellen am äußersten Rande des Ufers, wenn ein spielender Zephyr die See bestreitet.« (Die übrigen Teile würde Argus selbst nicht haben sehen können. Doch war leicht zu urteilen, daß das, was versteckt lag, mit dem, was dem Auge bloß stand, übereinstimme.) »Die Arme zeigen sich in ihrer gehörigen Länge, die weiße Hand etwas länglich, und schmal in ihrer Breite, durchaus eben, keine Ader tritt über ihre glatte Fläche. Am Ende dieser herrlichen Gestalt sieht man den kleinen, trocknen, geründeten Fuß. Die englischen Mienen, die aus dem Himmel stammen, kann kein Schleier verbergen.« – (Nach der Übersetzung des Herrn Meinhardt in dem Versuche über den Charakter und die Werke der besten Ital. Dicht. B. II. S. 228)

Di terso avorio era la fronte lieta,
Che lo spazio finia con giusta meta.
　Sotto due negri, e sottilissimi archi
Son due negri occhi, anzi due chiari soli,
Pietosi à riguardar, à mover parchi,
Intorno à cui par ch' Amor scherzi, e voli,
E ch' indi tuta la faretra scarchi,
E che visibilmente i cori involvi.
Quindi il naso per mezzo il viso scende
Che non trova l'invidia ove l'emende.
　Sotto quel sta, quasi fra due vallette.
La bocca sparsa di natio cinabro,
Quivi due filze son di perle elette,
Che chiude, ed apre un bello e dolce labro;
Quindi escon le cortesi parolette,
Da render molle ogni cor rozo e scabro;
Quivi si forma quel soave riso,
Ch' apre a sua posta in terra il paradiso.
　Bianca neve è il bel collo, e'l petto latte,
Il collo è tondo, il petto colmo e largo;
Due pome acerbe, é pur d'avorio fatte,
Vengono e van, come onda al primo margo.
Quando piacevole aura il mar combatte.
Non potria l' altre parti veder Argo,
Ben si può giudicar, che corrisponde,
A quel ch' appar di fuor, quel che s'asconde.
　Monstran le braccia sua misura giusta,
Et la candida man spesso si vede.
Lunghetta alquanto, e di larghezza angusta,
Dove nè nodo appar, nè vena eccede.
Si vede al fin de la persona augusta
Il breve, asciutto, e ritondetto piede.
Gli angelici sembianti nati in cielo
Non si ponno celar sotto alcun velo.

Milton sagt bei Gelegenheit des Pandämoniums: **einige lobten das Werk, andere den Meister des Werks. Das Lob des einen ist also nicht allezeit auch das Lob des andern. Ein Kunstwerk** kann allen Beifall verdienen, ohne daß sich zum Ruhme des Künstlers viel besonders sagen läßt. Wiederum kann ein Künstler mit Recht unsere Bewunderung verlangen, auch wenn sein Werk uns die völlige Gnüge nicht tut. Dieses vergesse man nie, und es werden sich öfters ganz widersprechende Urteile vergleichen lassen. Eben wie hier. Dolce, in seinem Gespräche von der Malerei, läßt den Aretino von den angeführten Stanzen des Ariost ein außerordentliches Aufheben machen;[c] ich hingegen, wähle sie als ein Exempel eines Gemäldes ohne Gemälde. Wir haben beide Recht. Dolce bewundert darin die Kenntnisse, welche der Dichter von der körperlichen Schönheit zu haben zeiget; ich aber sehe bloß auf die Wirkung, welche diese Kenntnisse, in Worte ausgedrückt, auf meine Einbildungskraft haben können. Dolce schließt aus jenen Kenntnissen, daß gute Dichter nicht minder gute Maler sind; und ich aus dieser Wirkung, daß sich das, was die Maler durch Linien und Farben am besten ausdrücken können, durch Worte grade am schlechtesten ausdrücken läßt. Dolce empfiehlet die Schilderung des Ariost allen Malern als das vollkommenste Vorbild einer schönen Frau; und ich empfehle es allen Dichtern als die lehrreichste Warnung, was einem Ariost mißlingen müssen, nicht noch unglücklicher zu versuchen. Es mag sein, daß wenn Ariost sagt:

Di persona era tanto ben formata
Quanto mai finger san Pittori industri,

er die Lehre von den Proportionen, so wie sie nur immer der fleißigste Künstler in der Natur und aus den Antiken studieret, vollkommen verstanden zu haben, dadurch beweiset.[d] Er mag sich immer hin, in den bloßen Worten:

---

c) (Dialogo della Pittura, intitolato l'Aretino, Firenze 1735. p. 178) Se vogliono i Pittori senza fatica trovare un perfetto esempio di bella Donna, leggano quelle Stanze dell' Ariosto, nelle quali egli discrive mirabilmente le bellezze della Fata Alcina: e vedranno parimente, quanto i buoni Poeti siano ancora essi Pittori. –

d) (Ibid.) Ecco, che, quanto alla proportione, l'ingeniosissimo Ariosto assegna la migliore, che sappiano formar le mani de' piu eccellenti Pittori, usando questa voce industri, per dinotar la diligenza, che conviene al buono artefice.

> Spargeasi per la guancia delicata
> Misto color di rose e di ligustri,

als den vollkommensten Koloristen, als einen Titian, zeigen.[e] Man mag daraus, daß er das Haar der Alcina nur mit dem Golde vergleicht, nicht aber güldenes Haar nennet, noch so deutlich schließen, da er den Gebrauch des wirklichen Goldes in der Farbengebung gemißbilliget.[f] Man mag sogar in seiner herabsteigenden Nase,

> Quindi il naso per mezo il viso scende,

das Profil jener alten griechischen, und von griechischen Künstlern auch Römern geliehenen Nasen finden.[g] Was nutzt alle diese Gelehrsamkeit und Einsicht uns Lesern, die wir eine schöne Frau zu sehen glauben wollen, die wir etwas von der sanften Wallung des Geblüts dabei empfinden wollen, die den wirklichen Anblick der Schönheit begleitet? Wenn der Dichter weiß, aus welchen Verhältnissen eine schöne Gestalt entspringet, wissen wir es darum auch? Und wenn wir es auch wüßten, läßt er uns hier diese Verhältnisse sehen? Oder erleichtert er uns auch nur im geringsten die Mühe, uns ihrer auf eine lebhafte anschauende Art zu erinnern? Eine Stirn, in die gehörigen Schranken geschlossen, la fronte,

> Che lo spazio finia con giusta meta;

eine Nase, an welcher selbst der Neid nichts zu bessern findet,

---

e) (Ibid. p. 182) Qui l'Ariosto colorisce, e in questo suo colorire dimostra essere un Titiano.

f) (Ibid. p. 180) Poteva l'Ariosto nella guisa, che ha detto chioma bionda, dir chioma d'oro: ma gli parve forse, che havrebbe havuto troppo del Poetico. Da che si puo ritrar, che 'l Pittore dee imitar l'oro, e nun metterlo (come fanno i Miniatori) nelle sue Pitture, in modo, che si possa dire, que' capelli non sono d'oro, ma par che risplendano, come l'oro. Was Dolce, in dem Nachfolgenden, aus dem Athenäus anführet, ist merkwürdig, nur daß es sich nicht völlig so daselbst findet. Ich rede an einem andern Orte davon.

g) (Ibid. p. 182) Il naso, che discende giu, havendo peraventura la consideratione a quelle forme de' nasi, che si veggono ne' ritratti delle belle Romane antiche.

Che non trova l'invidia, ove l'emende;

eine Hand, etwas länglich und schmal in ihrer Breite,

Lunghetta alquanto, et di larghezza angusta:

was für ein Bild geben diese allgemeine Formeln? In dem Munde eines Zeichenmeisters, der seine Schüler auf die Schönheiten des akademischen Modells aufmerksam machen will, möchten sie noch etwas sagen; denn ein Blick auf dieses Modell, und sie sehen die gehörigen Schranken der fröhlichen Stirne, sie sehen den schönsten Schnitt der Nase, die schmale Breite der niedlichen Hand. Aber bei dem Dichter sehe ich nichts, und empfinde mit Verdruß die Vergeblichkeit meiner besten Anstrengung, etwas sehen zu wollen.

In diesem Punkte, in welchem Virgil dem Homer durch Nichtstun nachahmen können, ist auch Virgil ziemlich glücklich gewesen. Auch seine Dido ist ihm weiter nichts als pulcherrima Dido. Wenn er ja umständlicher etwas an ihr beschreibet, so ist es ihr reicher Putz, ihr prächtiger Aufzug:

> Tandem progreditur – – – –
> Sidoniam picto chlamydem circumdata limbo:
> Cui pharetra ex auro, crines nodantur in aurum,
> Aurea purpuream subnectit fibula vestem.[h]

Wollte man darum auf ihn anwenden, was jener alte Künstler zu einem Lehrlinge sagte, der eine sehr geschmückte Helena gemalt hatte, »da du sie nicht schön malen können, hast du sie reich gemalt«: so würde Virgil antworten, »es liegt nicht an mir, daß ich sie nicht schön malen können; der Tadel trifft die Schranken meiner Kunst; mein Lob sei, mich innerhalb diesen Schranken gehalten zu haben.«

Ich darf hier die beiden Lieder des Anakreons nicht vergessen, in welchen er uns die Schönheit seines Mädchens und seines Bathylls zergliedert.[i] Die Wendung die er dabei nimmt, macht alles gut. Er glaubt einen Maler vor sich zu haben,

---

[h]) Aeneid. IV. v. 136.
[i]) Od. XXVIII. XXIX.

und läßt ihn unter seinen Augen arbeiten. So, sagt er, mache mir das Haar, so die Stirne, so die Augen, so den Mund, so Hals und Busen, so Hüft und Hände! Was der Künstler nur Teilweise zusammen setzen kann, konnte ihm der Dichter auch nur Teilweise vorschreiben. Seine Absicht ist nicht, daß wir in dieser mündlichen Direktion des Malers, die ganze Schönheit der geliebten Gegenstände erkennen und fühlen sollen; er selbst empfindet die Unfähigkeit des wörtlichen Ausdrucks, und nimmt eben daher den Ausdruck der Kunst zu Hülfe, deren Täuschung er so sehr erhebet, daß das ganze Lied mehr ein Lobgedicht auf die Kunst, als auf sein Mädchen zu sein scheinet. Er sieht nicht das Bild, er sieht sie selbst, und glaubt, daß es nun eben den Mund zum Reden eröffnen werde:

Απεχει· βλεπω γαρ αυτην.
Ταχα, κηρε, και λαλησεις.

Auch in der Angabe des Bathylls, ist die Anpreisung des schönen Knabens mit der Anpreisung der Kunst und des Künstlers so in einander geflochten, daß es zweifelhaft wird, wem zu Ehren Anakreon das Lied eigentlich bestimmt habe. Er sammelt die schönsten Teile aus verschiednen Gemälden, an welchen eben die vorzügliche Schönheit dieser Teile das Charakteristische war; den Hals nimmt er von einem Adonis, Brust und Hände von einem Merkur, die Hüfte von einem Pollux, den Bauch von einem Bacchus; bis er den ganzen Bathyll in einem vollendeten Apollo des Künstlers erblickt.

Μετα δε προσωπον εςω,
Τον Αδωνιδος παρελθων.
Ελεφαντινος τραχηλος·
Μειαμαζιον δε ποιει
Διδυμας τε χειρας Ερμου.
Πολυδευκεος δε μηρους.
Διονυσιην δε νηδυν — —
Τον Απολλωνα δε τουτον
Καθελων, ποιει Βαθυλλον.

So weiß auch Lucian von der Schönheit der Panthea anders keinen Begriff zu machen, als durch Verweisung auf die schönsten weiblichen Bildsäulen alter Künstler.[k] Was heißt aber dieses sonst, als bekennen, daß die Sprache vor sich selbst hier ohne Kraft ist; daß die Poesie stammelt und die Beredsamkeit verstummet, wenn ihnen nicht die Kunst noch einigermaßen zur Dolmetscherin dienet?

XXI

Aber verliert die Poesie nicht zu viel, wenn man ihr alle Bilder körperlicher Schönheit nehmen will? – Wer will ihr die nehmen? Wenn man ihr einen einzigen Weg zu verleiden sucht, auf welchem sie zu solchen Bildern zu gelangen gedenket, indem sie die Fußtapfen einer verschwisterten Kunst aufsucht, in denen sie ängstlich herumirret, ohne jemals mit ihr das gleiche Ziel zu erreichen: verschließt man ihr darum auch jeden andern Weg, wo die Kunst hinwiederum ihr nachsehen muß?

Eben der Homer, welcher sich aller stückweisen Schilderung körperlicher Schönheiten so geflissentlich enthält, von dem wir kaum einmal im Vorbeigehen erfahren, daß Helena weiße Arme[a] und schönes Haar[b] gehabt; eben der Dichter weiß dem ohngeachtet uns von ihrer Schönheit einen Begriff zu machen, der alles weit übersteigt, was die Kunst in dieser Absicht zu leisten im Stande ist. Man erinnere sich der Stelle, wo Helena in die Versammlung der Ältesten des Trojanischen Volkes tritt. Die ehrwürdigen Greise sehen sie, und einer sprach zu den andern:[c]

Ου νεμεσις, Τρωας και ἐϋκνημιδας Αχαιους
Τοιηδ' ἀμφι γυναικι πολυν χρονον ἀλγεα πασχειν·
Αινως ἀθανατῃσι θεης ἐις ὦπα ἐοικεν.

Was kann eine lebhaftere Idee von Schönheit gewähren, als

---

k) Εικονες §. 3. T. II. p. 461. Edit Reitz.
a) Iliad. Γ. v. 121.
b) Ibid. v. 329.
c) Ibid. v. 156–58.

das kalte Alter sie des Krieges wohl wert erkennen lassen, der so viel Blut und so viele Tränen kostet?

Was Homer nicht nach seinen Bestandteilen beschreiben konnte, läßt er uns in seiner Wirkung erkennen. Malet uns, Dichter, das Wohlgefallen, die Zuneigung, die Liebe, das Entzücken, welches die Schönheit verursachet, und ihr habt die Schönheit selbst gemalet. Wer kann sich den geliebten Gegenstand der Sappho, bei dessen Erblickung sie Sinne und Gedanken zu verlieren bekennet, als häßlich denken? Wer glaubt nicht die schönste vollkommenste Gestalt zu sehen, sobald er mit dem Gefühle sympathisieret, welches nur eine solche Gestalt erregen kann? Nicht weil uns Ovid den schönen Körper seiner Lesbia Teil vor Teil zeiget:

> Quos humeros, quales vidi tetigique lacertos!
> Forma papillarum quam fuit apta premi!
> Quam castigato planus sub pectore venter!
> Quantum et quale latus! quam juvenile femur!

sondern weil er es mit der wollüstigen Trunkenheit tut, nach der unsere Sehnsucht so leicht zu erwecken ist, glauben wir eben des Anblickes zu genießen, den er genoß.

Ein andrer Weg, auf welchem die Poesie die Kunst in Schilderung körperlicher Schönheit wiederum einholt, ist dieser, daß sie Schönheit in Reiz verwandelt. Reiz ist Schönheit in Bewegung, und eben darum dem Maler weniger bequem als dem Dichter. Der Maler kann die Bewegung nur erraten lassen, in der Tat aber sind seine Figuren ohne Bewegung. Folglich wird der Reiz bei ihm zur Grimasse. Aber in der Poesie bleibt er was er ist; ein transitorisches Schönes, das wir wiederholt zu sehen wünschen. Es kömmt und geht; und da wir uns überhaupt einer Bewegung leichter und lebhafter erinnern können, als bloßer Formen oder Farben: so muß der Reiz in dem nämlichen Verhältnisse stärker auf uns wirken, als die Schönheit. Alles was noch in dem Gemälde der Alcina gefällt und rühret, ist Reiz. Der Eindruck, den ihre Augen machen, kömmt nicht daher, daß sie schwarz und feurig sind, sondern daher, daß sie,

> Pietosi à riguardar, à mover parchi.

mit Holdseligkeit um sich blicken, und sich langsam drehen, daß Amor sie umflattert und seinen ganzen Köcher aus ihnen abschießt. Ihr Mund entzücket, nicht weil von eigentümlichem Zinnober bedeckte Lippen zwei Reihen auserlesener Perlen verschließen; sondern weil hier das liebliche Lächeln gebildet wird, welches, für sich schon, ein Paradies auf Erden eröffnet; weil er es ist, aus dem die freundlichen Worte tönen, die jedes rauhe Herz erweichen. Ihr Busen bezaubert, weniger weil Milch und Helfenbein und Äpfel, uns seine Weiße und niedliche Figur vorbilden, als vielmehr weil wir ihn sanft auf und nieder wallen sehen, wie die Wellen am äußersten Rande des Ufers, wenn ein spielender Zephyr die See bestreitet:

> Due pome acerbe, e pur d'avorio fatte,
> Vengono e van, come onda al primo margo,
> Quando piacevole aura il mar combatte.

Ich bin versichert, daß lauter solche Züge des Reizes in eine oder zwei Stanzen zusammen gedränget, weit mehr tun würden als die fünfe alle, in welche sie Ariost zerstreuet und mit kalten Zügen der schönen Form, viel zu gelehrt für unsere Empfindungen, durchflochten hat.

Selbst Anakreon wollte lieber in die anscheinende Unschicklichkeit verfallen, eine Untulichkeit von dem Maler zu verlangen, als das Bild seines Mädchens nicht mit Reiz beleben.

> Τρυφερου δ'εσω γενειου,
> Περι λυγδινῳ τραχηλῳ
> Χαριτες πετοιντο πασαι.

Ihr sanftes Kinn, befiehlt er dem Künstler, ihren marmornen Nacken laß alle Grazien umflattern! Wie das? Nach dem genauesten Wortverstande? Der ist keiner malerischen Ausführung fähig. Der Maler konnte dem Kinne die schönste Ründung, das schönste Grübchen, Amoris digitulo impressum, (denn das ἐσω scheinet mir ein Grübchen andeuten zu wollen) – er konnte dem Halse die schönste Karnation geben; aber weiter konnte er nichts. Die Wendungen dieses schönen Halses, das Spiel der Muskeln, durch das jenes Grübchen bald mehr bald weniger sichtbar wird, der eigentliche Reiz, war über seine

Kräfte. Der Dichter sagte das Höchste, wodurch uns seine Kunst die Schönheit sinnlich zu machen vermag, damit auch der Maler den höchsten Ausdruck in seiner Kunst suchen möge. Ein neues Beispiel zu der obigen Anmerkung, daß der Dichter, auch wenn er von Kunstwerken redet, dennoch nicht verbunden ist, sich mit seiner Beschreibung in den Schranken der Kunst zu halten.

XXII

Zeuxis malte eine Helena, und hatte das Herz, jene berühmte Zeilen des Homers, in welchen die entzückten Greise ihre Empfindung bekennen, darunter zu setzen. Nie sind Malerei und Poesie in einen gleichern Wettstreit gezogen worden. Der Sieg blieb unentschieden, und beide verdienten gekrönt zu werden.

Denn so wie der weise Dichter uns die Schönheit, die er nach ihren Bestandteilen nicht schildern zu können fühlte, bloß in ihrer Wirkung zeigte: so zeigte der nicht minder weise Maler uns die Schönheit nach nichts als ihren Bestandteilen, und hielt es seiner Kunst für unanständig, zu irgend einem andern Hülfsmittel Zuflucht zu nehmen. Sein Gemälde bestand aus der einzigen Figur der Helena, die nackend da stand. Denn es ist wahrscheinlich, daß es eben die Helena war, welche er für die zu Crotona malte.[a]

Man vergleiche hiermit, Wundershalber, das Gemälde welches Caylus dem neuern Künstler aus jenen Zeilen des Homers vorzeichnet: »Helena, mit einem weißen Schleier bedeckt, erscheinet mitten unter verschiedenen alten Männern, in deren Zahl sich auch Priamus befindet, der an den Zeichen seiner königlichen Würde zu erkennen ist. Der Artist muß sich besonders angelegen sein lassen, uns den Triumph der Schönheit in den gierigen Blicken und in allen den Äußerungen einer staunenden Bewunderung auf den Gesichtern dieser kalten

---

a) Val. Maximus lib. III. cap. 7. Dionysius Halicarnass. Art. Rhet. cap. 12. περι λογων ἐξετασεως.

Greise, empfinden zu lassen. Die Szene ist über einem von den Toren der Stadt. Die Vertiefung des Gemäldes kann sich in den freien Himmel, oder gegen höhere Gebäude der Stadt verlieren; jenes würde kühner lassen, eines aber ist so schicklich wie das andere.«

Man denke sich dieses Gemälde von dem größten Meister unserer Zeit ausgeführt, und stelle es gegen das Werk des Zeuxis. Welches wird den wahren Triumph der Schönheit zeigen? Dieses, wo ich ihn selbst fühle, oder jenes, wo ich ihn aus den Grimassen gerührter Graubärte schließen soll? Turpe senilis amor; ein gieriger Blick macht das ehrwürdigste Gesicht lächerlich, und ein Greis der jugendliche Begierden verrät, ist sogar ein ekler Gegenstand. Den Homerischen Greisen ist dieser Vorwurf nicht zu machen; denn der Affekt den sie empfinden, ist ein augenblicklicher Funke, den ihre Weisheit sogleich erstickt; nur bestimmt, der Helena Ehre zu machen, aber nicht, sie selbst zu schänden. Sie bekennen ihr Gefühl, und fügen sogleich hinzu:

Αλλα και ώς, τοιη περ έουσ', έν νηυσι νεεσθω,
Μηδ' ήμιν τεκεεσσι τ' όπισσω πημα λιποιτο.

Ohne diesen Entschluß wären es alte Gecke; wären sie das, was sie in dem Gemälde des Caylus erscheinen. Und worauf richten sie denn da ihre gierigen Blicke? Auf eine vermummte, verschleierte Figur. Das ist Helena? Es ist mir unbegreiflich, wie ihr Caylus hier den Schleier lassen können. Zwar Homer gibt ihr denselben ausdrücklich:

Αυτικα δ' άργεννησι καλυψαμενη όθονησιν
Ωρματ' έκ θαλαμοιο – –

aber, um über die Straßen damit zu gehen; und wenn auch schon bei ihm die Alten ihre Bewunderung zeigen, noch ehe sie den Schleier wieder abgenommen oder zurückgeworfen zu haben scheinet, so war es nicht das erstemal, daß sie die Alten sahen; ihr Bekenntnis durfte also nicht aus dem itzigen augenblicklichen Anschauen entstehen, sondern sie konnten schon oft empfunden haben, was sie zu empfinden, bei dieser Gelegenheit nur zum erstenmal bekannten. In dem Gemälde findet so etwas nicht Statt. Wenn ich hier entzückte Alte sehe, so will ich auch zugleich sehen, was sie in Entzückung setzt; und ich werde äußerst betroffen, wenn ich weiter nichts, als, wie gesagt, eine vermummte, verschleierte Figur wahrnehme, die sie brünstig angaffen. Was hat dieses Ding von der Helena? Ihren weißen Schleier, und etwas von ihrem proportionierten Umrisse, so weit Umriß unter Gewändern sichtbar werden kann. Doch vielleicht war es auch des Grafen Meinung nicht daß ihr Gesicht verdeckt sein sollte, und er nennet den Schleier bloß als ein Stück ihres Anzuges. Ist dieses (seine Worte sind einer solchen Auslegung zwar nicht wohl fähig: Helene couverte d'un voile blanc) so entstehet eine andere Verwunderung bei mir: er empfiehlt dem Artisten so sorgfältig den Ausdruck auf den Gesichtern der Alten; nur über die Schönheit in dem Gesichte der Helena verliert er kein Wort. Diese sittsame Schönheit, im Auge den feuchten Schimmer einer reuenden Träne, furchtsam sich nähernd – Wie? Ist die höchste Schönheit unsern Künstlern so etwas geläufiges, daß sie auch nicht daran erinnert zu werden brauchen? Oder ist Ausdruck mehr als Schönheit? Und sind wir auch in Gemälden schon gewohnt, so wie auf der Bühne, die häßlichste Schauspielerin für eine entzückende Prinzessin gelten zu lassen, wenn ihr Prinz nur recht warme Liebe gegen sie zu empfinden äußert?

In Wahrheit; das Gemälde des Caylus würde sich gegen das Gemälde des Zeuxis, wie Pantomime zur erhabensten Poesie verhalten.

Homer ward vor Alters ohnstreitig fleißiger gelesen, als itzt. Dennoch findet man so gar vieler Gemälde nicht erwähnet, welche die alten Künstler aus ihm gezogen hätten.[b] Nur den Fingerzeig des Dichters auf besondere körperliche Schönheiten, scheinen sie fleißig genutzt zu haben; diese malten sie; und in diesen Gegenständen, fühlten sie wohl, war es ihnen allein vergönnet, mit dem Dichter wetteifern zu wollen. Außer der Helena, hatte Zeuxis auch die Penelope gemalt; und des Apelles Diana war die Homerische in Begleitung ihrer Nymphen. Bei dieser Gelegenheit will ich erinnern, daß die

---

b) Fabricii Biblioth. Graec. Lib. II. cap. 6. p. 345.

Stelle des Plinius, in welcher von der letztern die Rede ist, einer Verbesserung bedarf.ᶜ Handlungen aber aus dem Homer zu malen, bloß weil sie eine reiche Komposition, vorzügliche Kontraste, künstliche Beleuchtungen darbieten, schien der

c) Plinius sagt von dem Apelles: (Libr. XXXV. sect. 36. p. 698. Edit. Hard) Fecit et Dianam sacrificantium virginum choro mixtam: quibus vicisse Homeri versus videtur id ipsum describentis. Nichts kann wahrer, als dieser Lobspruch gewesen sein. Schöne Nymphen um eine schöne Göttin her, die mit der ganzen majestätischen Stirne über sie hervorragt, sind freilich ein Vorwurf, der der Malerei angemessener ist, als der Poesie. Das sacrificantium nur, ist mir höchst verdächtig. Was macht die Göttin unter opfernden Jungfrauen? Und ist dieses die Beschäftigung, die Homer den Gespielinnen der Diana gibt? Mit nichten; sie durchstreifen mit ihr Berge und Wälder, sie jagen, sie spielen, sie tanzen: (Odyss. Z. v. 102–106)

Οιη δ' Αρτεμις εισι κατ' ουρεος ιοχεαιρα
Π κατα Τηΰγετον περιμηκετον, ἠ Ερυμανθον
Τερπομενη καπροισι και ὠκειης ελαφοισι·
Τη δε θ' ἁμα Νυμφαι, κουραι Διος Αιγιοχοιο,
Αγρονομοι παιζουσι· – – – –

Plinius wird also nicht sacrificantium, er wird venantium, oder etwas ähnliches geschrieben haben; vielleicht sylvis vagantium, welche Verbesserung die Anzahl der veränderten Buchstaben ohngefähr hätte. Dem παιζουσι beim Homer würde saltantium am nächsten kommen, und auch Virgil läßt in seiner Nachahmung dieser Stelle, die Diana mit ihren Nymphen tanzen: (Aeneid. I. v. 497. 98)

Qualis in Eurotae ripis, aut per juga Cynthi
Exercet Diana choros – –

Spence hat hierbei einen seltsamen Einfall: (Polymetis Dial. VIII. p. 102) This Diana, sagt er, both in the picture and in the descriptions, was the Diana Venatrix, tho' she was not represented either by Virgil, or Apelles, or Homer, as hunting with her Nymphus; but as employed with them in that sort of dances, which of old were regarded as very solemn acts of devotion. In einer Anmerkung fügt er hinzu: The expression of παιζειν, used by Homer on this occasion, is scarce proper for hunting; as that of, Choros exercere, in Virgil, should be understood of the religious dances of old, because dancing, in the old Roman idea of it, was indecent even for men, in public; unless it were the sort of dances used in Honour of Mars, or Bacchus, or some other of their gods. Spence will nämlich

alten Artisten ihr Geschmack nicht zu sein; und konnte es nicht sein, so lange sich noch die Kunst in den engern Grenzen ihrer höchsten Bestimmung hielt. Sie nährten sich dafür mit dem Geiste des Dichters; sie füllten ihre Einbildungskraft mit seinen erhabensten Zügen; das Feuer seines Enthusiasmus entflammte den ihrigen; sie sahen und empfanden wie er: und so wurden ihre Werke Abdrücke der Homerischen, nicht in dem Verhältnisse eines Portraits zu seinem Originale, sondern in dem Verhältnisse eines Sohnes zu seinem Vater; ähnlich aber verschieden. Die Ähnlichkeit liegt öfters nur in einem einzigen Zuge; die übrigen alle haben unter sich nichts gleiches, als daß sie mit dem ähnlichen Zuge, in dem einen sowohl als in dem andern harmonieren.

Da übrigens die Homerischen Meisterstücke der Poesie älter waren, als irgend ein Meisterstück der Kunst; da Homer die Natur eher mit einem malerischen Auge betrachtet hatte, als ein Phidias und Apelles: so ist es nicht zu verwundern, daß die Artisten verschiedene ihnen besonders nützliche Bemerkungen, ehe sie Zeit hatten, sie in der Natur selbst zu machen,

jene feierliche Tänze verstanden wissen, welche bei den Alten mit unter die gottesdienstlichen Handlungen gerechnet wurden. Und daher, meinet er, brauche denn auch Plinius das Wort sacrificare: It is in consequence of this that Pliny, in speaking of Diana's Nymphs on this very occasion, uses the word, sacrificare, of them; which quite determines these dances of theirs to have been of the religious kind. Er vergißt, daß bei dem Virgil die Diana selbst mit tanzet: exercet Diana choros. Sollte nun dieser Tanz ein gottesdienstlicher Tanz sein: zu wessen Verehrung tanzte ihn die Diana? Zu ihrer eignen? Oder zur Verehrung einer andern Gottheit? Beides ist widersinnig. Und wenn die alten Römer das Tanzen überhaupt einer ernsthaften Person nicht für sehr anständig hielten, mußten darum ihre Dichter die Gravität ihres Volkes auch in die Sitten der Götter übertragen, die von den ältern griechischen Dichtern ganz anders festgesetzt waren? Wenn Horaz von der Venus sagt: (Od. IV. lib. I)

> Iam Cytherea chorus ducit Venus, imminente luna:
> Iunctaeque Nymphis Gratiae decentes
> Alterno terram quatiunt pede – –

waren dieses auch heilige gottesdienstliche Tänze? Ich verliere zu viele Worte über eine solche Grille.

schon bei dem Homer gemacht fanden, wo sie dieselben begierig ergriffen, um durch den Homer die Natur nachzuahmen. Phidias bekannte, daß die Zeilen:[d]

Η, και κυανεῃσιν ἐπ' ὀφρυσι νευσε Κρονιων·
Αμβροσιαι δ' ἀρα χαιται ἐπερρωσαντο ἀνακτος,
Κρατος ἀπ' ἀθανατοιο· μεγαν δ' ἐλελιξεν Ολυμπον·

ihm bei seinem Olympischen Jupiter zum Vorbilde gedienet, und daß ihm nur durch ihre Hülfe ein göttliches Antlitz, propemodum ex ipso coelo petitum, gelungen sei. Wem dieses nichts mehr gesagt heißt, als daß die Phantasie des Künstlers durch das erhabene Bild des Dichters befeuert, und eben so erhabener Vorstellungen fähig gemacht worden, der, dünkt mich, übersieht das Wesentlichste, und begnügt sich mit etwas ganz allgemeinem, wo sich, zu einer weit gründlichern Befriedigung, etwas sehr spezielles angeben läßt. So viel ich urteile, bekannte Phidias zugleich, daß er in dieser Stelle zuerst bemerkt habe, wie viel Ausdruck in den Augenbraunen liege, quanta pars animi[e] sich in ihnen zeige. Vielleicht, daß sie ihn auch auf das Haar mehr Fleiß zu wenden bewegte, um das einigermaßen auszudrücken, was Homer ambrosisches Haar nennet. Denn es ist gewiß, daß die alten Künstler vor dem Phidias das Sprechende und Bedeutende der Mienen wenig verstanden, und besonders das Haar sehr vernachlässiget hatten. Noch Myron war in beiden Stücken tadelhaft, wie Plinius anmerkt,[f] und nach eben demselben, war Pythagoras Leontinus der erste, der sich durch ein zierliches Haar hervortat.[g] Was Phidias aus dem Homer lernte, lernten die andern Künstler aus den Werken des Phidias.

Ich will noch ein Beispiel dieser Art anführen, welches mich allezeit sehr vergnügt hat. Man erinnere sich, was Hogarth

d) Iliad. A. v. 528. Valerius Maximus lib. III. cap. 7.
e) Plinius lib. XI. sect. 51. p. 616. Edit. Hard.
f) Idem lib. XXXIV. sect. 19. p. 651. Ipse tamen corporum tenus curiosus, animi sensus non expressisse videtur, capillum quoque et pubem non emendatius fecisse, quam rudis antiquitas instituisset.
g) Ibid. Hic primus nervos et venas expressit, capillumque diligentius.

über den Apollo zu Belvedere anmerkt.*ʰ* »Dieser Apollo, sagt er, und der Antinous sind beide in eben demselben Palaste zu Rom zu sehen. Wenn aber Antinous den Zuschauer mit Verwunderung erfüllet, so setzt ihn der Apollo in Erstaunen; und zwar, wie sich die Reisenden ausdrücken, durch einen Anblick, welcher etwas mehr als menschliches zeiget, welches sie gemeiniglich gar nicht zu beschreiben im Stande sind. Und diese Wirkung ist, sagen sie, um desto bewunderswürdiger, da, wenn man es untersucht, das Unproportionierliche daran auch einem gemeinen Auge klar ist. Einer der besten Bildhauer, welche wir in England haben, der neulich dahin reisete, diese Bildsäule zu sehen, bekräftigte mir das, was itzo gesagt worden, besonders, daß die Füße und Schenkel, in Ansehung der obern Teile, zu lang und zu breit sind. Und Andreas Sacchi, einer der größten italiänischen Maler, scheinet eben dieser Meinung gewesen zu sein, sonst würde er schwerlich (in einem berühmten Gemälde, welches itzo in England ist) seinem Apollo, wie er den Tonkünstler Pasquilini krönet, das völlige Verhältnis des Antinous gegeben haben, da er übrigens wirklich eine Kopie von dem Apollo zu sein scheinet. Ob wir gleich an sehr großen Werken oft sehen, daß ein geringerer Teil aus der Acht gelassen worden, so kann dieses doch hier der Fall nicht sein. Denn an einer schönen Bildsäule ist ein richtiges Verhältnis eine von ihren wesentlichen Schönheiten. Daher ist zu schließen, daß diese Glieder mit Fleiß müssen sein verlängert worden, sonst würde es leicht haben können vermieden werden. Wenn wir also die Schönheiten dieser Figur durch und durch untersuchen, so werden wir mit Grunde urteilen, daß das, was man bisher für unbeschreiblich vortrefflich an ihrem allgemeinen Anblicke gehalten, von dem hergerühret hat, was ein Fehler in einem Teile derselben zu sein geschienen.« – Alles dieses ist sehr einleuchtend; und schon Homer, füge ich hinzu, hat es empfunden und angedeutet, daß es ein erhabenes Ansehen gibt, welches bloß aus diesem Zusatze von Größe in den Abmessungen der Füße und Schenkel entspringet. Denn wenn Antenor die Gestalt des Ulysses

---

h) Zergliederung der Schönheit. S. 47. Berl. Ausg.

mit der Gestalt des Menelaus vergleichen will, so läßt er ihn sagen:[i]

Σταντων μεν, Μενελαος ὑπειρεχεν ἐυρεας ὠμους,
Ἀμφω δ' ἐζομενω, γεραρωτερος ἠεν Ὀδυσσευς.

»Wann beide standen, ragte Menelaus mit den breiten Schultern hoch hervor; wann aber beide saßen, war Ulysses der ansehnlichere.« Da Ulysses also das Ansehen im Sitzen gewann, welches Menelaus im Sitzen verlor, so ist das Verhältnis leicht zu bestimmen, welches beider Oberleib zu den Füßen und Schenkeln gehabt. Ulysses hatte einen Zusatz von Größe in den Proportionen des erstern, Menelaus in den Proportionen der letztern.

XXIII

Ein einziger unschicklicher Teil kann die übereinstimmende Wirkung vieler zur Schönheit stören. Doch wird der Gegenstand darum noch nicht häßlich. Auch die Häßlichkeit erfodert mehrere unschickliche Teile, die wir ebenfalls auf einmal müssen übersehen können, wenn wir dabei das Gegenteil von dem empfinden sollen, was uns die Schönheit empfinden läßt.

Sonach würde auch die Häßlichkeit, ihrem Wesen nach, kein Vorwurf der Poesie sein können; und dennoch hat Homer die äußerste Häßlichkeit in dem Thersites geschildert, und sie nach ihren Teilen neben einander geschildert. Warum war ihm bei der Häßlichkeit vergönnet, was er bei der Schönheit so einsichtsvoll sich selbst untersagte? Wird die Wirkung der Häßlichkeit, durch die aufeinanderfolgende Enumeration ihrer Elemente, nicht eben sowohl gehindert, als die Wirkung der Schönheit durch die ähnliche Enumeration ihrer Elemente vereitelt wird?

Allerdings wird sie das; aber hierin liegt auch die Rechtfertigung des Homers. Eben weil die Häßlichkeit in der Schil-

i) Iliad. Γ. v. 210. 11.

derung des Dichters zu einer minder widerwärtigen Erscheinung körperlicher Unvollkommenheiten wird, und gleichsam, von der Seite ihrer Wirkung, Häßlichkeit zu sein aufhöret, wird sie dem Dichter brauchbar; und was er vor sich selbst nicht nutzen kann, nutzt er als ein Ingrediens, um gewisse vermischte Empfindungen hervorzubringen und zu verstärken, mit welchen er uns, in Ermangelung reinangenehmer Empfindungen, unterhalten muß.

Diese vermischte Empfindungen sind das Lächerliche, und das Schreckliche.

Homer macht den Thersites häßlich, um ihn lächerlich zu machen. Er wird aber nicht durch seine bloße Häßlichkeit lächerlich; denn Häßlichkeit ist Unvollkommenheit, und zu dem Lächerlichen wird ein Kontrast von Vollkommenheiten und Unvollkommenheiten erfodert.*a* Dieses ist die Erklärung meines Freundes, zu der ich hinzusetzen möchte, daß dieser Kontrast nicht zu krall und zu schneidend sein muß, daß die Opposita, um in der Sprache der Maler fortzufahren, von der Art sein müssen, daß sie sich in einander verschmelzen lassen. Der weise und rechtschaffene Äsop wird dadurch, daß man ihm die Häßlichkeit des Thersites gegeben, nicht lächerlich. Es war eine alberne Mönchsfratze, das Γελοιον seiner lehrreichen Märchen, vermittelst der Ungestaltheit auch in seine Person verlegen zu wollen. Denn ein mißgebildeter Körper und eine schöne Seele, sind wie Öl und Essig, die wenn man sie schon in einander schlägt, für den Geschmack doch immer getrennet bleiben. Sie gewähren kein Drittes; der Körper erweckt Verdruß, die Seele Wohlgefallen; jedes das seine für sich. Nur wenn der mißgebildete Körper zugleich gebrechlich und kränklich ist, wenn er die Seele in ihren Wirkungen hindert, wenn er die Quelle nachteiliger Vorurteile gegen sie wird: alsdenn fließen Verdruß und Wohlgefallen in einander; aber die neue daraus entspringende Erscheinung ist nicht Lachen, sondern Mitleid, und der Gegenstand, den wir ohne dieses nur hochgeachtet hätten, wird interessant. Der mißgebildete gebrechliche Pope mußte seinen Freunden weit inter-

---

a) Philos. Schriften des Hrn. Moses Mendelssohn Th. II. S. 23.

essanter sein, als der schöne und gesunde Wicherley den seinen. – So wenig aber Thersites durch die bloße Häßlichkeit lächerlich wird, eben so wenig würde er es ohne dieselbe sein. Die Häßlichkeit; die Übereinstimmung dieser Häßlichkeit mit seinem Charakter; der Widerspruch, den beide mit der Idee machen, die er von seiner eigenen Wichtigkeit heget; die unschädliche, ihn allein demütigende Wirkung seines boshaften Geschwätzes: alles muß zusammen zu diesem Zwecke wirken. Der letztere Umstand ist das Ουφθαρτικον, welches Aristoteles[b] unumgänglich zu dem Lächerlichen verlanget; so wie es auch mein Freund zu einer notwendigen Bedingung macht, daß jener Kontrast von keiner Wichtigkeit sein, und uns nicht sehr interessieren müsse. Denn man nehme auch nur an, daß dem Thersites selbst seine hämische Verkleinerung des Agamemnons teurer zu stehen gekommen wäre, daß er sie, anstatt mit ein paar blutigen Schwielen, mit dem Leben bezahlen müssen: und wir würden aufhören über ihn zu lachen. Denn dieses Scheusal von einem Menschen ist doch ein Mensch, dessen Vernichtung uns stets ein größeres Übel scheinet, als alle seine Gebrechen und Laster. Um die Erfahrung hiervon zu machen, lese man sein Ende bei dem Quintus Calaber.[c] Achilles betauert die Penthesilea getötet zu haben: die Schönheit in ihrem Blute, so tapfer vergossen, fodert die Hochachtung und das Mitleid des Helden; und Hochachtung und Mitleid werden Liebe. Aber der schmähsüchtige Thersites macht ihm diese Liebe zu einem Verbrechen. Er eifert wider die Wollust, die auch den wackersten Mann zu Unsinnigkeiten verleite,

– – – ἥτ' ἄφρονα φωτα τιθησι
Και πινυτον περ ἐοντα. – – – –

Achilles ergrimmt, und ohne ein Wort zu versetzen, schlägt er ihn so unsanft zwischen Back und Ohr, daß ihm Zähne, und Blut und Seele mit eins aus dem Halse stürzen. Zu grausam! Der jachzornige mörderische Achilles wird mir verhaßter, als der tückische knurrende Thersites; das Freudenge-

b) De Poetica cap. V.
c) Paralipom. lib. I. v. 720–775.

schrei, welches die Griechen über diese Tat erheben, beleidiget mich; ich trete auf die Seite des Diomedes, der schon das Schwerd zucket, seinen Anverwandten an dem Mörder zu rächen: denn ich empfinde es, daß Thersites auch mein Anverwandter ist, ein Mensch.

Gesetzt aber gar, die Verhetzungen des Thersites wären in Meuterei ausgebrochen, das aufrührerische Volk wäre wirklich zu Schiffe gegangen und hätte seine Heerführer verräterisch zurückgelassen, die Heerführer wären hier einem rachsüchtigen Feinde in die Hände gefallen, und dort hätte ein göttliches Strafgerichte über Flotte und Volk ein gänzliches Verderben verhangen: wie würde uns alsdenn die Häßlichkeit des Thersites erscheinen? Wenn unschädliche Häßlichkeit lächerlich werden kann, so ist schädliche Häßlichkeit allezeit schrecklich. Ich weiß dieses nicht besser zu erläutern, als mit ein paar vortrefflichen Stellen des Shakespeare. Edmund, der Bastard des Grafen von Gloster, im »König Lear«, ist kein geringerer Bösewicht, als Richard, Herzog von Glocester, der sich durch die abscheulichsten Verbrechen den Weg zum Throne bahnte, den er unter dem Namen, Richard der Dritte, bestieg. Aber wie kömmt es, daß jener bei weitem nicht so viel Schaudern und Entsetzen erwecket, als dieser? Wenn ich den Bastard sagen höre:[d]

> Thou, Nature, art my Goddess, to thy Law
> My services are bound; wherefore should I
> Stand in the Plague of Custom, and permit
> The curtesie of Nations to deprive me,
> For that I am some twelve, or fourteen Moonshines
> Lag of a Brother? Why Bastard? wherefore base?
> When my dimensions are as well compact,
> My mind as gen'rous, and my shape as true
> As honest Madam's Issue? Why brand they thus
> With base? with baseness? bastardy? base? base?
> Who, in the lusty stealth of Nature, take
> More composition and fierce quality,
> Than doth, within a dull, stale, tired Bed,

---

d) King Lear. Act. I. Sc. II.

> Go to creating a whole tribe of Fops,
> Got 'tween a-sleep and wake?

so höre ich einen Teufel, aber ich sehe ihn in der Gestalt eines Engels des Lichts. Höre ich hingegen den Grafen von Glocester sagen:[e]

> But I, that am not shap'd for sportive Tricks,
> Nor made to court an am'rous looking-glass,
> I, that am rudely stampt, and want Love's Majesty,
> To strut before a wanton, ambling Nymph;
> I, that am curtail'd of this fair proportion,
> Cheated of feature by dissembling nature,
> Deform'd, unfinish'd, sent before my time
> Into this breathing world, scarce half made up,
> And that so lamely and unfashionably,
> That dogs bark at me, as I halt by them:
> Why I (in this weak piping time of Peace)
> Have no delight to pass away the time;
> Unless to spy my shadow in the sun,
> And descant on mine own deformity.
> And therefore, since I cannot prove a Lover.
> To entertain these fair well-spoken days,
> I am determined, to prove a Villain!

so höre ich einen Teufel, und sehe einen Teufel; in einer Gestalt, die der Teufel allein haben sollte.

XXIV

So nutzt der Dichter die Häßlichkeit der Formen: welchen Gebrauch ist dem Maler davon zu machen vergönnet?

Die Malerei, als nachahmende Fertigkeit, kann die Häßlichheit ausdrücken: die Malerei, als schöne Kunst, will sie nicht ausdrücken. Als jener, gehören ihr alle sichtbare Gegenstände zu: als diese, schließt sie sich nur auf diejenigen sichtbaren Gegenstände ein, welche angenehme Empfindungen erwecken.

---

e) The Life and Death of Richard III. Act. I. Sc. I.

Aber gefallen nicht auch die unangenehmen Empfindungen in der Nachahmung? Nicht alle. Ein scharfsinniger Kunstrichter*a* hat dieses bereits von dem Ekel bemerkt. »Die Vorstellungen der Furcht«, sagt er, »der Traurigkeit, des Schrekkens, des Mitleids u. s. w. können nur Unlust erregen, in so weit wir das Übel für wirklich halten. Diese können also durch die Erinnerung, daß es ein künstlicher Betrug sei, in angenehme Empfindungen aufgelöset werden. Die widrige Empfindung des Ekels aber erfolgt, vermöge des Gesetzes der Einbildungskraft auf die bloße Vorstellung in der Seele, der Gegenstand mag für wirklich gehalten werden, oder nicht. Was hilfts dem beleidigten Gemüte also, wenn sich die Kunst der Nachahmung noch so sehr verrät? Ihre Unlust entsprang nicht aus der Voraussetzung, daß das Übel wirklich sei, sondern aus der bloßen Vorstellung desselben, und diese ist wirklich da. Die Empfindungen des Ekels sind also allezeit Natur, niemals Nachahmung.«

Eben dieses gilt von der Häßlichkeit der Formen. Diese Häßlichkeit beleidiget unser Gesichte, widerstehet unserm Geschmacke an Ordnung und Übereinstimmung, und erwecket Abscheu, ohne Rücksicht auf die wirkliche Existenz des Gegenstandes, an welchem wir sie wahrnehmen. Wir mögen den Thersites weder in der Natur noch im Bilde sehen; und wenn schon sein Bild weniger mißfällt, so geschieht dieses doch nicht deswegen, weil die Häßlichkeit seiner Form in der Nachahmung Häßlichkeit zu sein aufhöret, sondern weil wir das Vermögen besitzen, von dieser Häßlichkeit zu abstrahieren, und uns bloß an der Kunst des Malers zu vergnügen. Aber auch dieses Vergnügen wird alle Augenblicke durch die Überlegung unterbrochen, wie übel die Kunst angewendet worden, und diese Überlegung wird selten fehlen, die Geringschätzung des Künstlers nach sich zu ziehen.

Aristoteles gibt eine andere Ursache an,*b* warum Dinge, die wir in der Natur mit Widerwillen erblicken, auch in der getreuesten Abbildung Vergnügen gewähren; die allgemeine

---

a) Briefe die neueste Literatur betreffend, T. V. S. 102.
b) De Poetica cap. IV.

Wißbegierde des Menschen. Wir freuen uns, wenn wir entweder aus der Abbildung lernen können, τί ἕκαςον, was ein jedes Ding ist, oder wenn wir daraus schließen können, ὅτι ὁυτος ἐκεινος, daß es dieses oder jenes ist. Allein auch hieraus folgt, zum Besten der Häßlichkeit in der Nachahmung, nichts. Das Vergnügen, welches aus der Befriedigung unserer Wißbegierde entspringt, ist momentan, und dem Gegenstande, über welchen sie befriediget wird, nur zufällig: das Mißvergnügen hingegen, welches den Anblick der Häßlichkeit begleitet, permanent, und dem Gegenstande, der es erweckt, wesentlich. Wie kann also jenes diesem das Gleichgewicht halten? Noch weniger kann die kleine angenehme Beschäftigung, welche uns die Bemerkung der Ähnlichkeit macht, die unangenehme Wirkung der Häßlichkeit besiegen. Je genauer ich das häßliche Nachbild mit dem häßlichen Urbilde vergleiche, desto mehr stelle ich mich dieser Wirkung bloß, so daß das Vergnügen der Vergleichung gar bald verschwindet, und mir nichts als der widrige Eindruck der verdoppelten Häßlichkeit übrig bleibet. Nach den Beispielen, welche Aristoteles gibt, zu urteilen, scheinet es, als habe er auch selbst die Häßlichkeit der Formen nicht mit zu den mißfälligen Gegenständen rechnen wollen, die in der Nachahmung gefallen können. Diese Beispiele sind, reißende Tiere und Leichname. Reißende Tiere erregen Schrecken, wenn sie auch nicht häßlich sind; und dieses Schrecken, nicht ihre Häßlichkeit, ist es, was durch die Nachahmung in angenehme Empfindung aufgelöset wird. So auch mit den Leichnamen; das schärfere Gefühl des Mitleids, die schreckliche Erinnerung an unsere eigene Vernichtung ist es, welche uns einen Leichnam in der Natur zu einem widrigen Gegenstande macht; in der Nachahmung aber verlieret jenes Mitleid, durch die Überzeugung des Betrugs, das Schneidende, und von dieser fatalen Erinnerung kann uns ein Zusatz von schmeichelhaften Umständen entweder gänzlich abziehen, oder sich so unzertrennlich mit ihr vereinen, daß wir mehr wünschenswürdiges als schreckliches darin zu bemerken glauben.

Da also die Häßlichkeit der Formen, weil die Empfindung, welche sie erregt, unangenehm, und doch nicht von derjenigen

Art unangenehmer Empfindungen ist, welche sich durch die Nachahmung in angenehme verwandeln, an und vor sich selbst kein Vorwurf der Malerei, als schöner Kunst, sein kann: so käme es noch darauf an, ob sie ihr, nicht eben so wohl wie der Poesie, als Ingrediens, um andere Empfindungen zu verstärken, nützlich sein könne.

Darf die Malerei, zu Erreichung des Lächerlichen und Schrecklichen, sich häßlicher Formen bedienen?

Ich will es nicht wagen, so grade zu, mit Nein hierauf zu antworten. Es ist unleugbar, daß unschädliche Häßlichkeit auch in der Malerei lächerlich werden kann; besonders wenn eine Affektation nach Reiz und Ansehen damit verbunden wird. Es ist eben so unstreitig, daß schädliche Häßlichkeit, so wie in der Natur, also auch im Gemälde Schrecken erwecket; und daß jenes Lächerliche und dieses Schreckliche, welches schon vor sich vermischte Empfindungen sind, durch die Nachahmung einen neuen Grad von Anzüglichkeit und Vergnügung erlangen.

Ich muß aber zu bedenken geben, daß demohngeachtet sich die Malerei hier nicht völlig mit der Poesie in gleichem Falle befindet. In der Poesie, wie ich angemerket, verlieret die Häßlichkeit der Form, durch die Veränderung ihrer koexistierenden Teile in sukzessive, ihre widrige Wirkung fast gänzlich; sie höret von dieser Seite gleichsam auf, Häßlichkeit zu sein, und kann sich daher mit andern Erscheinungen desto inniger verbinden, um eine neue besondere Wirkung hervorzubringen. In der Malerei hingegen hat die Häßlichkeit alle ihre Kräfte beisammen, und wirket nicht viel schwächer, als in der Natur selbst. Unschädliche Häßlichkeit kann folglich nicht wohl lange lächerlich bleiben; die unangenehme Empfindung gewinnet die Oberhand, und was in den ersten Augenblicken possierlich war, wird in der Folge bloß abscheulich. Nicht anders gehet es mit der schädlichen Häßlichkeit; das Schreckliche verliert sich nach und nach, und das Unförmliche bleibt allein und unveränderlich zurück.

Dieses überlegt, hatte der Graf Caylus vollkommen Recht, die Episode des Thersites aus der Reihe seiner Homerischen Gemälde wegzulassen. Aber hat man darum auch Recht, sie aus dem Homer selbst wegzuwünschen? Ich finde ungern, daß ein Gelehrter, von sonst sehr richtigem und feinem Geschmacke, dieser Meinung ist.[c] Ich verspare es auf einen andern Ort, mich weitläuftiger darüber zu erklären.

XXV

Auch der zweite Unterschied, welchen der angeführte Kunstrichter, zwischen dem Ekel und andern unangenehmen Leidenschaften der Seele findet, äußert sich bei der Unlust, welche die Häßlichkeit der Formen in uns erwecket.

»Andere unangenehme Leidenschaften, sagt er,[a] können auch außer der Nachahmung, in der Natur selbst, dem Gemüte öfters schmeicheln; indem sie niemals reine Unlust erregen, sondern ihre Bitterkeit allezeit mit Wollust vermischen. Unsere Furcht ist selten von aller Hoffnung entblößt; der Schrecken belebt alle unsere Kräfte, der Gefahr auszuweichen; der Zorn ist mit der Begierde sich zu rächen, die Traurigkeit mit der angenehmen Vorstellung der vorigen Glückseligkeit verknüpft, und das Mitleiden ist von den zärtlichen Empfindungen der Liebe und Zuneigung unzertrennlich. Die Seele hat die Freiheit, sich bald bei dem vergnüglichen, bald bei dem widrigen Teile einer Leidenschaft zu verweilen, und sich eine Vermischung von Lust und Unlust selbst zu schaffen, die reizender ist, als das lauterste Vergnügen. Es braucht nur sehr wenig Achtsamkeit auf sich selber, um dieses vielfältig beobachtet zu haben; und woher käme es denn sonst, daß dem Zornigen sein Zorn, dem Traurigen seine Unmut lieber ist, als alle freudige Vorstellungen, dadurch man ihn zu beruhigen gedenket? Ganz anders aber verhält es sich mit dem Ekel und den ihm verwandten Empfindungen. Die Seele erkennet in demselben keine merkliche Vermischung von Lust. Das Mißvergnügen gewinnet die Oberhand, und daher ist kein Zustand, weder in der Natur noch in der Nachahmung zu er-

---

c) Klotzii Epistolae Homericae, p. 32. et seq.
a) Eben daselbst S. 103.

denken, in welchem das Gemüt nicht von diesen Vorstellungen mit Widerwillen zurückweichen sollte.«

Vollkommen richtig; aber da der Kunstrichter selbst, noch andere mit dem Ekel verwandten Empfindungen erkennet, die gleichfalls nichts als Unlust gewähren, welche kann ihm näher verwandt sein, als die Empfindung des Häßlichen in den Formen? Auch diese ist in der Natur ohne die geringste Mischung von Lust; und da sie deren eben so wenig durch die Nachahmung fähig wird, so ist auch von ihr kein Zustand zu erdenken, in welchem das Gemüt von ihrer Vorstellung nicht mit Widerwillen zurückweichen sollte.

Ja dieser Widerwille, wenn ich anders mein Gefühl sorgfältig genug untersucht habe, ist gänzlich von der Natur des Ekels. Die Empfindung, welche die Häßlichkeit der Form begleitet, ist Ekel, nur in einem geringern Grade. Dieses streitet zwar mit einer andern Anmerkung des Kunstrichters, nach welcher er nur die allerdunkelsten Sinne, den Geschmack, den Geruch und das Gefühl, dem Ekel ausgesetzt zu sein glaubet. »Jene beide, sagt er, durch eine übermäßige Süßigkeit, und dieses durch eine allzugroße Weichheit der Körper, die den berührenden Fibern nicht genugsam widerstehen. Diese Gegenstände werden sodann auch dem Gesichte unerträglich, aber bloß durch die Assoziation der Begriffe, indem wir uns des Widerwillens erinnern, den sie dem Geschmacke, dem Geruche oder dem Gefühle verursachen. Denn eigentlich zu reden, gibt es keine Gegenstände des Ekels für das Gesicht.« Doch mich dünkt, es lassen sich dergleichen allerdings nennen. Ein Feuermal in dem Gesichte, eine Hasenscharte, eine gepletschte Nase mit vorragenden Löchern, ein gänzlicher Mangel der Augenbrauen, sind Häßlichkeiten, die weder dem Geruche, noch dem Geschmacke, noch dem Gefühle zuwider sein können. Gleichwohl ist es gewiß, daß wir etwas dabei empfinden, welches dem Ekel schon viel näher kömmt, als das, was uns andere Unförmlichkeiten des Körpers, ein krummer Fuß, ein hoher Rücken, empfinden lassen; je zärtlicher das Temperament ist, desto mehr werden wir von den Bewegungen in dem Körper dabei fühlen, welche vor dem Erbrechen vorhergehen. Nur daß diese Bewegungen sich sehr bald wieder verlieren, und schwerlich ein wirkliches Erbrechen erfolgen kann; wovon man allerdings die Ursache darin zu suchen hat, daß es Gegenstände des Gesichts sind, welches in ihnen, und mit ihnen zugleich, eine Menge Realitäten wahrnimmt, durch deren angenehme Vorstellungen jene unangenehme so geschwächt und verdunkelt wird, daß sie keinen merklichen Einfluß auf den Körper haben kann. Die dunkeln Sinne hingegen, der Geschmack, der Geruch, das Gefühl, können dergleichen Realitäten, indem sie von etwas Widerwärtigen gerühret werden, nicht mit bemerken; das Widerwärtige wirkt folglich allein und in seiner ganzen Stärke, und kann nicht anders als auch in dem Körper von einer weit heftigern Erschütterung begleitet sein.

Übrigens verhält sich auch zur Nachahmung das Ekelhafte vollkommen so, wie das Häßliche. Ja, da seine unangenehme Wirkung die heftigere ist, so kann es noch weniger als das Häßliche an und vor sich selbst ein Gegenstand weder der Poesie, noch der Malerei werden. Nur weil es ebenfalls durch den wörtlichen Ausdruck sehr gemildert wird, getrauete ich mich doch wohl zu behaupten, daß der Dichter, wenigstens einige ekelhafte Züge, als ein Ingrediens zu den nämlichen vermischten Empfindungen brauchen könne, die er durch das Häßliche mit so gutem Erfolge verstärket.

Das Ekelhafte kann das Lächerliche vermehren; oder Vorstellungen der Würde, des Anstandes, mit dem Ekelhaften in Kontrast gesetzet, werden lächerlich. Exempel hiervon lassen sich bei dem Aristophanes in Menge finden. Das Wiesel fällt mir ein, welches den guten Sokrates in seinen astronomischen Beschauungen unterbrach.[b]

    ΜΑΘ. Πρωην δε γε γνωμην μεγαλην ἀφῃρεθη
    Ὑπ' ἀσκαλαβωτου. ΣΤΡ. Τινα τροπον; κατειπε μοι.
    ΜΑΘ. Ζητουντος αυτου της σεληνης τας ὁδους
    Και τας περιφορας, ἐιτ' ἀνω κεχηνοτος
    Απο της ὀροφης νυκτωρ γαλεωτης κατεχεσεν.
    ΣΤΡ. Ησθην γαλεωτῃ καταχεσαντι Σωκρατους.

b) Nubes v. 169-174.

Man lasse es nicht ekelhaft sein, was ihm in den offenen Mund fällt, und das Lächerliche ist verschwunden. Die drolligsten Züge von dieser Art hat die Hottentottische Erzählung, Tquassouw und Knonmquaiha, in dem »Kenner«, einer englischen Wochenschrift voller Laune, die man dem Lord Chesterfield zuschreibet. Man weiß, wie schmutzig die Hottentotten sind; und wie vieles sie für schön und zierlich und heilig halten, was uns Ekel und Abscheu erwecket. Ein gequetschter Knorpel von Nase, schlappe bis auf den Nabel herabhangende Brüste, den ganzen Körper mit eine Schminke aus Ziegenfett und Ruß an der Sonne durchbeizet, die Haarlocken von Schmeer triefend, Füße und Arme mit frischem Gedärme umwunden: dies denke man sich an dem Gegenstande einer feurigen, ehrfurchtsvollen, zärtlichen Liebe; dies höre man in der edeln Sprache des Ernstes und der Bewunderung ausgedrückt, und enthalte sich des Lachens![c]

[c] The Connoisseur, Vol. I. No. 21. Von der Schönheit des Knonmquaiha heißt es: He was struck with the glossy hue of her complexion, which shone like the jetty down on the black hogs of Hessaqua; he was ravished with the prest gristle of her nose; and his eys dwelt with admiration on the flaccid beauties of her breasts, which descended to her navel. Und was trug die Kunst bei, so viel Reize in ihr vorteilhaftes Licht zu setzen? She made a varnish of the fat of goats mixed with soot, with which she anointed her whole body, as she stood beneath the rays of the sun: her locks were clotted with melted grease, and powdered with the yellow dust of Buchu: her face, which shone like the polished ebony, was beautifully varied with spots of red earth, and appeared like the sable curtain of the night bespangled with stars: she sprinkled her limbs with wood-ashes, and perfumed them with the dung of Stinkbingsem. Her arms and legs were entwined with the shining entrails of an heifer: from her neck there hung a pouch composed of the stomach of a kid: the wings of an ostrich overshadowed the fleshy promontoryes behind; and before she wore an apron formed of the shaggy ears of a lion. Ich füge noch die Zeremonie der Zusammengebung des verliebten Paares hinzu: The Surri or Chief Priest approached them, and in a deep voice chanted the nuptial rites to the melodious grumbling of the Gom-Gom; and at the same time (according to the manner of Caffraria) bedewed them plentifully with the urinary benediction. The bride and bridegroom rubbed in the precious stream with extasy; while the briny drops

Mit dem Schrecklichen scheinet sich das Ekelhafte noch inniger vermischen zu können. Was wir das Gräßliche nennen, ist nichts als ein ekelhaftes Schreckliche. Dem Longin[d] mißfällt zwar in dem Bilde der Traurigkeit beim Hesiodus,[e] das Της ἐκ μεν ρινων μυξαι ρεον; doch mich dünkt, nicht sowohl weil es ein ekler Zug ist, als weil es ein bloß ekler Zug ist, der zum Schrecklichen nichts beiträgt. Denn die langen über die Finger hervorragenden Nägel, (μακροι δ'ὀνυχες χειρεσσιν ὑπησαν) scheinet er nicht tadeln zu wollen. Gleichwohl sind lange Nägel nicht viel weniger ekel, als eine fließende Nase. Aber die langen Nägel sind zugleich schrecklich; denn sie sind es, welche die Wangen zerfleischen, daß das Blut davon auf die Erde rinnet:

– – – – ἐκ δε παρειων
Αιμ' ἀπελειβετ' ἐραζε – – –

Hingegen eine fließende Nase, ist weiter nichts als eine fließende Nase; und ich rate der Traurigkeit nur, das Maul zuzumachen. Man lese bei dem Sophokles die Beschreibung der öden Höhle des unglücklichen Philoktet. Da ist nichts von Lebensmitteln, nichts von Bequemlichkeiten zu sehen; außer eine zertretene Streu von dürren Blättern, ein unförmlicher hölzerner Becher, ein Feuergerät. Der ganze Reichtum des kranken verlassenen Mannes! Womit vollendet der Dichter dieses traurige fürchterliche Gemälde? Mit einem Zusatze von Ekel. »Ha!« fährt Neoptolem auf einmal zusammen, »hier trockenen zerrissene Lappen, voll Blut und Eiter!«[f]

NE. Ορω κενην δικησιν ἀνθρωπων διχα.
ΟΔ. Ουδ' ἐνδον δικοποιος ἐςι τις τροφη;
NE. Στειπτη γε φυλλας ὡς ἐναυλιζοντι τῳ.
ΟΔ. Τα δ' ἀλλ' ἐρημα, κὀυδεν ἐσθ' ὑποςεγον;
NE. Αυτοξυλον γ' ἐκπωμα, φαυλουργου τινος
     Τεχνηματ' ἀνδρος, και πυρει' ὁμου ταδε.

trickled from their bodies; like the oozy surge from the rocks of Chirigriqua.

d) Περι Ὑψους, τμημα η', p. 18. edit. T. Fabri.
e) Scut. Hercul. v. 266.
f) Philoct. v. 31–39.

ΟΔ. Κεινου το θησαυρισμα σημαινεις τοδε.
ΝΕ. Ιου, ιου· και ταυτα γ' ἀλλα θαλπεται
Ρακη, βαρειας του νοσηλειας πλεα.

So wird auch beim Homer der geschleifte Hektor, durch das von Blut und Staub entstellte Gesicht, und zusammenverklebte Haar,

Squallentem barbam et concretos sanguine crines,

(wie es Virgil ausdrückt[g]) ein ekler Gegenstand, aber eben dadurch um so viel schrecklicher, um so viel rührender. Wer kann die Strafe des Marsyas, beim Ovid, sich ohne Empfindung des Ekels denken?[h]

Clamanti cutis est summos derepta per artus:
Nec quidquam, nisi vulnus erat: cruor undique manat:
Detectique patent nervi: trepidaeque sine ulla
Pelle micant venae: salientia viscera possis,
Et perlucentes numerare in pectore fibras.

Aber wer empfindet auch nicht, daß das Ekelhafte hier an seiner Stelle ist? Es macht das Schreckliche gräßlich; und das Gräßliche ist selbst in der Natur, wenn unser Mitleid dabei interessieret wird, nicht ganz unangenehm; wie viel weniger in der Nachahmung? Ich will die Exempel nicht häufen. Doch dieses muß ich noch anmerken, daß es eine Art von Schrecklichem gibt, zu dem der Weg dem Dichter fast einzig und allein durch das Ekelhafte offen stehet. Es ist das Schreckliche des Hungers. Selbst im gemeinen Leben drucken wir die äußerste Hungersnot nicht anders als durch die Erzählungen aller der unnahrhaften, ungesunden und besonders ekeln Dinge aus, mit welchen der Magen befriediget werden müssen. Da die Nachahmung nichts von dem Gefühle des Hungers selbst in uns erregen kann, so nimmt sie zu einem andern unangenehmen Gefühle ihre Zuflucht, welches wir im Falle des empfindlichsten Hungers für das kleinere Übel erkennen. Dieses sucht sie zu erregen, um uns aus der Unlust desselben schließen zu

---

g) Aeneid. lib. II. v. 277.
h) Metamorph. VI. v. 387.

lassen, wie stark jene Unlust sein müsse, bei der wir die gegenwärtige gern aus der Acht schlagen würden. Ovid sagt von der Oreade, welche Ceres an den Hunger abschickte:*i*

> Hanc (famem) procul ut vidit – –
> – refert mandata deae; paulumque morata,
> Quanquam aberat longe, quanquam modo venerat illuc.
> Visa tamen sensisse famem – – –

Eine unnatürliche Übertreibung! Der Anblick eines Hungrigen, und wenn es auch der Hunger selbst wäre, hat diese ansteckende Kraft nicht; Erbarmen, und Greul, und Ekel, kann er empfinden lassen, aber keinen Hunger. Diesen Greul hat Ovid in dem Gemälde der Fames nicht gesparet, und in dem Hunger des Eresichthons sind, sowohl bei ihm, als bei dem Kallimachus,*k* die ekelhaften Züge die stärksten. Nachdem Eresichthon alles aufgezehret, und auch der Opferkuh nicht verschonet hatte, die seine Mutter der Vesta auffütterte, läßt ihn Kallimachus über Pferde und Katzen herfallen, und auf den Straßen die Brocken und schmutzigen Überbleibsel von fremden Tischen betteln:

> Και ταν βων ἐφαγεν, ταν Εςιᾳ ἐτρεφε ματηρ,
> Και τον ἀεθλοφορον και τον πολεμηιον ἱππον,
> Και ταν ἀιλουρον, ταν ἐτρεμε θηρια μικκα –
> Και τοθ' ὁ τω βασιληος ἐνι τριοδοισι καθηςο
> Αιτιζων ἀκολως τε και ἐκβολα λυματα δαιτος –

Und Ovid läßt ihn zuletzt die Zähne in seine eigene Glieder setzen, um seinen Leib mit seinem Leibe zu nähren.

> Vis tamen illa mali postquam consumserat omnem
> Materiam – – – – –
> Ipse suos artus lacero divellere morsu
> Cœpit; et infelix minuendo corpus alebat.

Nur darum waren die häßlichen Harpyen so stinkend, so unflätig, daß der Hunger, welchen ihre Entführung der Speisen

i) Ibid. lib. VIII. v. 809.
k) Hym. in Cererem. v. 109–116.

bewirken sollte, desto schrecklicher würde. Man höre die Klage des Phineus, beim Apollonius:[l]

Τυτθον δ' ἠν ἀρα δη ποτ' ἐδητυος ἀμμι λιπωσι,
Πνει τοδε μυδαλεον τε και ὀυ τλητον μενος ὀδμης.
Ου κε τις ὀυδε μινυνθα βροτων ἀνσχοιτο πελασσας.
Ουδ' ἐι ὀι ἀδαμαντος ἐληλαμενον κεαρ ἐιη.
Αλλα με πικρη δητα κε δαιτος ἐπισχει ἀναγκη
Μιμνειν, και μιμνοντα κακη ἐν γαϛερι θεσθαι.

Ich möchte gern aus diesem Gesichtspunkte die ekele Einführung der Harpyen beim Virgil entschuldigen; aber es ist kein wirklicher gegenwärtiger Hunger, den sie verursachen, sondern nur ein instehender, den sie prophezeien; und noch dazu löset sich die ganze Prophezeiung endlich in ein Wortspiel auf. Auch Dante bereitet uns nicht nur auf die Geschichte von der Verhungerung des Ugolino, durch die ekelhafteste, gräßlichste Stellung, in die er ihn mit seinem ehemaligen Verfolger in der Hölle setzet; sondern auch die Verhungerung selbst ist nicht ohne Züge des Ekels, der uns besonders da sehr merklich überfällt, wo sich die Söhne dem Vater zur Speise anbieten. In der Note will ich noch eine Stelle aus einem Schauspiele von Beaumont und Fletcher anführen, die statt aller andern Beispiele hätte sein können, wenn ich sie nicht für ein wenig zu übertrieben erkennen müßte.[m]

l) Argonaut. lib. II. v. 228–33.
m) The Sea-Voyage Act. III. Sc. I. Ein französischer Seeräuber wird mit seinem Schiffe an eine wüste Insel verschlagen. Habsucht und Neid entzweien seine Leute, und schaffen ein Paar Elenden, welche auf dieser Insel geraume Zeit der äußersten Not ausgesetzt gewesen, Gelegenheit, mit dem Schiffe in die See zu stechen. Alles Vorrates von Lebensmitteln sonach auf einmal beraubet, sehen jene Nichtswürdige gar bald den schmähligsten Tod vor Augen, und einer drückt gegen den andern seinen Hunger und seine Verzweiflung folgendergestalt aus:

LAMURE. Oh, what a Tempest have I in my Stomach!
  How my empty Guts cry out! My wounds ake,
  Would they would bleed again, that I might get
  Something to quench my thirst.
FRANVILLE. O Lamure, the Happiness my dogs had

Ich komme auf die ekelhaften Gegenstände in der Malerei. Wenn es auch schon ganz unstreitig wäre, daß es eigentlich gar keine ekelhafte Gegenstände für das Gesicht gäbe, von welchen es sich von sich selbst verstünde, daß die Malerei, als schöne Kunst, ihrer entsagen würde: so müßte sie dennoch die ekelhaften Gegenstände überhaupt vermeiden, weil die

> When I kept house at home! they had a storehouse,
> A storehouse of most blessed bones and crusts,
> Happy crusts. Oh, how sharp Hunger pinches me! –
> LAMURE. How now, what news?
> MORILLAT. Hast any Meat yet?
> FRANVILLE. Not a bit that I can see;
> Here be goodly quarries, but they be cruel hard
> To gnaw: I ha' got some mud, we'll eat it with spoons,
> Very good thick mud; but it stincks damnably,
> There's old rotten trunks of trees too,
> But not a leaf nor blossom in all the island.
> LAMURE. How it looks!
> MORILLAT. It stincks too.
> LAMURE. It may be poison.
> FRANVILLE. Let it be any thing;
> So I can get it down. Why Man,
> Poison's a princely dish.
> MORILLAT. Hast thou no bisket?
> No crumbs left in thy pocket? Here is my doublet
> Give me but three small crumbs.
> FRANVILLE. Not for three Kingdoms,
> If I were Master of 'em. Oh, Lamure,
> But one poor joint of Mutton, we ha' scorn'd, Man.
> LAMURE. Thou speak'st of Paradise.
> FRANVILLE. Or but the snuffs of those Healths,
> We have lewdly at midnight flang away.
> MORILLAT. Ah! but to lick the glasses.

Doch alles dieses ist noch nichts gegen den folgenden Auftritt, wo der Schiffschirurgus dazu kömmt.

> FRANVILLE. Here comes the Surgeon. What
> Hast thou discover'd? Smile, smile and comfort us.
> SURGEON. I am expiring,
> Smile they that can. I can find nothing, Gentlemen,
> Here 's nothing can be meat, without a miracle.
> Oh that I had my boxes and my lints now,
> My stupes, my tents, and those sweet helps of Nature,
> What dainty dishes could I make of 'em.

Verbindung der Begriffe sie auch dem Gesichte ekel macht. Pordenone läßt, in einem Gemälde von dem Begräbnisse Christi, einen von den Anwesenden die Nase sich zuhalten. Richardson mißbilliget dieses deswegen,[n] weil Christus noch nicht so lange tot gewesen, daß sein Leichnam in Fäulung übergehen können. Bei der Auferweckung des Lazarus hingegen, glaubt er, sei es dem Maler erlaubt, von den Umstehenden einige so zu zeigen, weil es die Geschichte ausdrücklich sage, daß sein Körper schon gerochen habe. Mich dünkt diese Vorstellung auch hier unerträglich; denn nicht bloß der wirkliche Gestank, auch schon die Idee des Gestankes erwecket Ekel. Wir fliehen stinkende Orte, wenn wir schon den Schnupfen haben. Doch die Malerei will das Ekelhafte, nicht des Ekelhaften wegen; sie will es, so wie die Poesie, um das Lächerliche und Schreckliche dadurch zu verstärken. Auf ihre Gefahr! Was ich aber von dem Häßlichen in diesem Falle angemerkt habe, gilt von dem Ekelhaften um so viel mehr. Es verlieret in einer sichtbaren Nachahmung von seiner Wirkung ungleich weniger, als in einer hörbaren; es kann sich also auch dort mit den Bestandteilen des Lächerlichen und Schrecklichen weniger innig vermischen, als hier; sobald die Überraschung vorbei, sobald der erste gierige Blick gesättiget, trennet es sich wiederum gänzlich, und liegt in seiner eigenen cruden Gestalt da.

MORILLAT. Hast ne'er an old suppository?
SURGEON. Oh would I had, Sir.
LAMURE. Or but the paper where such a cordial
  Potion, or pills hath been entomb'd.
FRANVILLE. Or the best bladder where a cooling-glister.
MORILLAT. Hast thou no searcloths left?
  Nor any old pultesses?
FRANVILLE. We care not to what it hath been ministred.
SURGEON. Sure I have none of these dainties, Gentlemen.
FRANVILLE. Where's the great wen
  Thou cut'st from Hugh the sailor's shoulder?
  That would serve now for a most princely Banquet.
SURGEON. Ay if we had it, Gentlemen.
  I flung it over-bord, Slave that I was.
LAMURE. A most improvident Villain.

n) Richardson de la Peinture T. I. p. 74.

XXVI

Des Herrn Winckelmanns Geschichte der Kunst des Altertums ist erschienen. Ich wage keinen Schritt weiter, ohne dieses Werk gelesen zu haben. Bloß aus allgemeinen Begriffen über die Kunst vernünfteln, kann zu Grillen verführen, die man über lang oder kurz, zu seiner Beschämung, in den Werken der Kunst widerlegt findet. Auch die Alten kannten die Bande, welche die Malerei und Poesie mit einander verknüpfen, und sie werden sie nicht enger zugezogen haben, als es beiden zuträglich ist. Was ihre Künstler getan, wird mich lehren, was die Künstler überhaupt tun sollen; und wo so ein Mann die Fackel der Geschichte vorträgt, kann die Spekulation kühnlich nachtreten.

Man pfleget in einem wichtigen Werke zu blättern, ehe man es ernstlich zu lesen anfängt. Meine Neugierde war, vor allen Dingen des Verfassers Meinung von dem Laokoon zu wissen; nicht zwar von der Kunst des Werkes, über welche er sich schon anderwärts erkläret hat, als nur von dem Alter desselben. Wem tritt er darüber bei? Denen, welchen Virgil die Gruppe vor Augen gehabt zu haben scheinet? Oder denen, welche die Künstler dem Dichter nacharbeiten lassen?

Es ist sehr nach meinem Geschmacke, daß er von einer gegenseitigen Nachahmung gänzlich schweiget. Wo ist die absolute Notwendigkeit derselben? Es ist gar nicht unmöglich, daß die Ähnlichkeiten, die ich oben zwischen dem poetischen Gemälde und dem Kunstwerke in Erwägung gezogen habe, zufällige und nicht vorsetzliche Ähnlichkeiten sind; und daß das eine so wenig das Vorbild des andern gewesen, daß sie auch nicht einmal beide einerlei Vorbild gehabt zu haben brauchen. Hätte indes auch ihn ein Schein dieser Nachahmung geblendet, so würde er sich für die erstern haben erklären müssen. Denn er nimmt an, daß der Laokoon aus den Zeiten sei, da sich die Kunst unter den Griechen auf dem höchsten Gipfel ihrer Vollkommenheit befunden habe; aus den Zeiten Alexanders des Großen.

»Das gütige Schicksal, sagt er,[a] welches auch über die

a) Geschichte der Kunst S. 347.

Künste bei ihrer Vertilgung noch gewachet, hat aller Welt zum Wunder ein Werk aus dieser Zeit der Kunst erhalten, zum Beweise von der Wahrheit der Geschichte von der Herrlichkeit so vieler vernichteten Meisterstücke. Laokoon, nebst seinen beiden Söhnen, vom Agesander, Apollodorus[b] und Athenodorus aus Rhodus gearbeitet, ist nach aller Wahrscheinlichkeit aus dieser Zeit, ob man gleich dieselbe nicht bestimmen, und wie einige getan haben, die Olympias, in welcher diese Künstler geblühet haben, angeben kann.«

In einer Anmerkung setzet er hinzu: »Plinius meldet kein Wort von der Zeit, in welcher Agesander und die Gehülfen an seinem Werke gelebet haben; Maffei aber, in der Erklärung alter Statuen, hat wissen wollen, daß diese Künstler in der acht und achtzigsten Olympias geblühet haben, und auf dessen Wort haben andere, als Richardson, nachgeschrieben. Jener hat, wie ich glaube, einen Athenodorus unter des Polycletus Schülern, für einen von unsern Künstlern genommen, und da Polycletus in der sieben und achtzigsten Olympias geblühet, so hat man seinen vermeinten Schüler eine Olympias später gesetzet: andere Gründe kann Maffei nicht haben.«

Er konnte ganz gewiß keine andere haben. Aber warum läßt es Herr Winckelmann dabei bewenden, diesen vermeinten Grund des Maffei bloß anzuführen? Widerlegt er sich von sich selbst? Nicht so ganz. Denn wenn er auch schon von keinen andern Gründen unterstützt ist, so macht er doch schon für sich selbst eine kleine Wahrscheinlichkeit, wo man nicht sonst zeigen kann, daß Athenodorus, des Polyklets Schüler, und Athenodorus der Gehülfe des Agesander und Polydorus, unmöglich eine und eben dieselbe Person können gewesen sein. Zum Glücke läßt sich dieses zeigen, und zwar aus ihrem verschiedenen Vaterlande. Der erste Athenodorus

---

b) Nicht Apollodorus, sondern Polydorus. Plinius ist der einzige, der diese Künstler nennet, und ich wüßte nicht, daß die Handschriften in diesem Namen von einander abgingen. Harduin würde es gewiß sonst angemerkt haben. Auch die ältern Ausgaben lesen alle, Polydorus. Herr Winckelmann muß sich in dieser Kleinigkeit bloß verschrieben haben.

war, nach dem ausdrücklichen Zeugnisse des Pausanias,[c] aus Klitor in Arkadien; der andere hingegen, nach dem Zeugnisse des Plinius, aus Rhodus gebürtig.

Herr Winckelmann kann keine Absicht dabei gehabt haben, daß er das Vorgeben des Maffei, durch Beifügung dieses Umstandes, nicht unwidersprechlich widerlegen wollen. Vielmehr müssen ihm die Gründe, die er aus der Kunst des Werks, nach seiner unstreitigen Kenntnis, ziehet, von solcher Wichtigkeit geschienen haben, daß er sich unbekümmert gelassen, ob die Meinung des Maffei noch einige Wahrscheinlichkeit behalte oder nicht. Er erkennet, ohne Zweifel, in dem Laokoon zu viele von den argutiis,[d] die dem Lysippus so eigen waren, mit welchen dieser Meister die Kunst zuerst bereicherte, als daß er ihn für ein Werk vor desselben Zeit halten sollte.

Allein, wenn es erwiesen ist, daß der Laokoon nicht älter sein kann, als Lysippus, ist dadurch auch zugleich erwiesen, daß er ungefähr aus seiner Zeit sein müsse? daß er unmöglich ein weit späteres Werk sein könne? Damit ich die Zeiten, in welchen die Kunst in Griechenland, bis zum Anfange der römischen Monarchie, ihr Haupt bald wiederum empor hob, bald wiederum sinken ließ, übergehe: warum hätte nicht Laokoon die glückliche Frucht des Wetteifers sein können, welchen die verschwenderische Pracht der ersten Kaiser unter den Künstlern entzünden mußte? Warum könnten nicht Agesander und seine Gehülfen die Zeitverwandten eines Strongylion, eines Arkesilaus, eines Pasiteles, eines Posidonius, eines Diogenes sein? Wurden nicht die Werke auch dieser Meister zum Teil dem Besten, was die Kunst jemals hervorgebracht hatte, gleich geschätzet? Und wann noch ungezweifelte Stücke von selbigen vorhanden wären, das Alter ihrer Urheber aber wäre unbekannt, und ließe sich aus nichts schließen, als aus ihrer Kunst, welche göttliche Eingebung müßte den Kenner verwahren, daß er sie nicht eben sowohl in jene Zeiten setzen zu müssen glaubte, die Herr Winckelmann allein des Laokoons würdig zu sein achtet?

c) Αθηνοδωρος δε και Δαμιας – ουτοι δε Αρκαδες εισιν εκ Κλειτορος Phoc. cap. 9. p. 819. Edit. Kuh.
d) Plinius lib. XXXIV. sect. 19. p. 653. Edit. Hard.

Es ist wahr, Plinius bemerkt die Zeit, in welcher die Künstler des Laokoons gelebt haben, ausdrücklich nicht. Doch wenn ich aus dem Zusammenhange der ganzen Stelle schließen sollte, ob er sie mehr unter die alten oder unter die neuern Artisten gerechnet wissen wollen: so bekenne ich, daß ich für das letztere eine größere Wahrscheinlichkeit darin zu bemerken glaube. Man urteile.

Nachdem Plinius von den ältesten und größten Meistern in der Bildhauerkunst, dem Phidias, dem Praxiteles, dem Scopas, etwas ausführlicher gesprochen, und hierauf die übrigen, besonders solche, von deren Werken in Rom etwas vorhanden war, ohne alle chronologische Ordnung namhaft gemacht: so fährt er folgender Gestalt fort:[e] Nec multo plurium fama est, quorundam claritati in operibus eximiis obstante numero artificum, quoniam nec unus occupat gloriam, nec plures pariter nuncupari possunt, sicut in Laocoonte, qui est in Titi Imperatoris domo, opus omnibus et picturae et statuariae artis praeponendum. Ex uno lapide eum et liberos draconumque mirabiles nexus de consilii sententia fecere summi artifices, Agesander et Polydorus et Athenodorus Rhodii. Similiter Palatinas domus Caesarum replevere probatissimis signis Craterus cum Pythodoro, Polydectes cum Hermolao, Pythodorus alius cum Artemone, et singularis Aphrodisius Trallianus. Agrippae Pantheum decoravit Diogenes Atheniensis, et Caryatides in columnis templi ejus probantur inter pauca operum: sicut in fastigio posita signa, sed propter altitudinem loci minus celebrata.

Von allen den Künstlern, welche in dieser Stelle genennet werden, ist Diogenes von Athen derjenige, dessen Zeitalter am unwidersprechlichsten bestimmt ist. Er hat das Pantheum des Agrippa ausgezieret; er hat also unter dem Augustus gelebt. Doch man erwäge die Worte des Plinius etwas genauer, und ich denke, man wird auch das Zeitalter des Craterus und Pythodorus, des Polydektes und Hermolaus, des zweiten Pythodorus und Artemons, so wie des Aphrodisius Trallianus, eben so unwidersprechlich bestimmt finden. Er sagt von ihnen:

---

[e] Libr. XXXVI. sect. 4. p. 730.

Palatinas domus Caesarum replevere probatissimis signis. Ich frage: kann dieses wohl nur so viel heißen, daß von ihren vortrefflichen Werken die Paläste der Kaiser angefüllet gewesen? In dem Verstande nämlich, daß die Kaiser sie überall zusammen suchen, und nach Rom in ihre Wohnungen versetzen lassen? Gewiß nicht. Sondern sie müssen ihre Werke ausdrücklich für diese Paläste der Kaiser gearbeitet, sie müssen zu den Zeiten dieser Kaiser gelebt haben. Daß es späte Künstler gewesen, die nur in Italien gearbeitet, läßt sich auch schon daher schließen, weil man ihrer sonst nirgends gedacht findet. Hätten sie in Griechenland in frühern Zeiten gearbeitet, so würde Pausanius ein oder das andere Werk von ihnen gesehen, und ihr Andenken uns aufbehalten haben. Ein Pythodorus kömmt zwar bei ihm vor*f)*, allein Harduin hat sehr Unrecht, ihn für den Pythodorus in der Stelle des Plinius zu halten. Denn Pausanias nennet die Bildsäule der Juno, die er von der Arbeit des erstern zu Koronea in Böotien sahe, ἄγαλμα ἀρχαιον, welche Benennung er nur den Werken derjenigen Meister gibet, die in den allererstern und rauhesten Zeiten der Kunst, lange vor einem Phidias und Praxiteles, gelebt hatten. Und mit Werken solcher Art werden die Kaiser gewiß nicht ihre Paläste ausgezieret haben. Noch weniger ist auf die andere Vermutung des Harduins zu achten, daß Artemon vielleicht der Maler gleiches Namens sei, dessen Plinius an einer andern Stelle gedenket. Name und Name geben nur eine sehr geringe Wahrscheinlichkeit, derenwegen man noch lange nicht befugt ist, der natürlichen Auslegung einer unverfälschten Stelle Gewalt anzutun.

Ist es aber sonach außer allem Zweifel, daß Craterus und Pythodorus, daß Polydektes und Hermolaus, mit den übrigen, unter den Kaisern gelebet, deren Paläste sie mit ihren trefflichen Werken angefüllet: so dünkt mich, kann man auch denjenigen Künstlern kein ander Zeitalter geben, von welchen Plinius auf jene durch ein Similiter übergehet. Und dieses sind die Meister des Laokoon. Man überlege es nur: wären Agesander, Polydorus und Athenodorus so alte Meister, als wofür

---

f) Boeotie. cap. XXXIV. p. 778. Edit. Kuhn.

sie Herr Winckelmann hält; wie unschicklich würde ein Schriftsteller, dem die Präzision des Ausdruckes keine Kleinigkeit ist, wenn er von ihnen auf einmal auf die allerneuesten Meister springen müßte, diesen Sprung mit einem *Gleichergestalt* tun?

Doch man wird einwenden, daß sich dieser Similiter nicht auf die Verwandtschaft in Ansehung des Zeitalters, sondern auf einen andern Umstand beziehe, welchen diese, in Betrachtung der Zeit so unähnliche Meister, miteinander gemein gehabt hätten. Plinius rede nämlich von solchen Künstlern, die in Gemeinschaft gearbeitet, und wegen dieser Gemeinschaft unbekannter geblieben wären, als sie verdienten. Denn da keiner sich die Ehre des gemeinschaftlichen Werks allein anmaßen können, alle aber, die daran Teil gehabt, jederzeit zu nennen, zu weitläuftig gewesen wäre: (quoniam nec unus occupat gloriam, nec plures pariter nuncupari possunt) so wären ihre sämtlichen Namen darüber vernachlässiget worden. Dieses sei den Meistern des Laokoons, dieses sei so manchen andern Meistern widerfahren, welche die Kaiser für ihre Paläste beschäftiget hätten.

Ich gebe dieses zu. Aber auch so noch ist es höchst wahrscheinlich, daß Plinius nur von neuern Künstlern sprechen wollen, die in Gemeinschaft gearbeitet. Denn hätte er auch von älteren reden wollen, warum hätte er nur allein der Meister des Laokoons erwähnet? Warum nicht auch anderer? Eines Onatas und Kalliteles; eines Timokles und Timarchides, oder der Söhne dieses Timarchides, von welchen ein gemeinschaftlich gearbeiteter Jupiter in Rom war.[g] Herr Winckelmann sagt selbst, daß man von dergleichen älteren Werken, die mehr als einen Vater gehabt, ein langes Verzeichnis machen könne.[h] Und Plinius sollte sich nur auf die einzigen Agesander, Polydorus und Athenodorus besonnen haben, wenn er sich nicht ausdrücklich nur auf die neuesten Zeiten hätte einschränken wollen?

Wird übrigens eine Vermutung um so viel wahrscheinlicher,

---

g) Plinius lib. XXXVI. sect. 4. p. 730.
h) Geschichte der Kunst T. II. S. 332.

je mehrere und größere Unbegreiflichkeiten sich daraus erklären lassen, so ist es die, daß die Meister des Laokoons unter den ersten Kaisern geblühet haben, gewiß in einem sehr hohem Grade. Denn hätten sie in Griechenland zu den Zeiten, in welche sie Herr Winckelmann setzet, gearbeitet; hätte der Laokoon selbst in Griechenland ehedem gestanden: so müßte das tiefe Stillschweigen, welches die Griechen von einem solchen Werke (opere omnibus et picturae et statuariae artis praeponendo) beobachtet hätten, äußerst befremden. Es müßte äußerst befremden, wenn so große Meister weiter gar nichts gearbeitet hätten, oder wenn Pausanias von ihren übrigen Werken in ganz Griechenland, eben so wenig wie von dem Laokoon, zu sehen bekommen hätte. In Rom hingegen konnte das größte Meisterstück lange im Verborgenen bleiben, und wenn Laokoon auch bereits unter dem Augustus wäre verfertiget worden, so dürfte es doch gar nicht sonderbar scheinen, daß erst Plinius seiner gedacht, seiner zuerst und zuletzt gedacht. Denn man erinnere sich nur, was er von einer Venus des Scopas sagt,[i] die zu Rom in einem Tempel des Mars stand, quemcunque alium locum nobilitatura. Romae quidem magnitudo operum eam obliterat. ac magni officiorum negotiorumque acervi omnes a contemplatione talium abducunt: quoniam otiosorum et in magno loci silentio apta admiratio talis est.

Diejenigen, welche in der Gruppe Laokoon so gern eine Nachahmung des Virgilischen Laokoons sehen wollen, werden, was ich bisher gesagt, mit Vergnügen ergreifen. Noch fiele mir eine Mutmaßung bei, die sie gleichfalls nicht sehr mißbilligen dürften. Vielleicht, könnten sie denken, war es Asinius Pollio, der den Laokoon des Virgils durch griechische Künstler ausführen ließ. Pollio war ein besonderer Freund des Dichters, überlebte den Dichter, und scheinet sogar ein eigenes Werk über die »Aeneis« geschrieben zu haben. Denn wo sonst, als in einem eigenen Werke über dieses Gedicht, können so leicht die einzeln Anmerkungen gestanden haben, die Servius aus

---

[i]) Plinius l. c. p. 727.

ihm anführt?*k* Zugleich war Pollio ein Liebhaber und Kenner der Kunst, besaß eine reiche Sammlung der trefflichsten alten Kunstwerke, ließ von Künstlern seiner Zeit neue fertigen, und dem Geschmacke, den er in seiner Wahl zeigte, war ein so kühnes Stück als Laokoon, vollkommen angemessen:*l* ut fuit acris vehementiae sic quoque spectari monumenta sua voluit. Doch da das Cabinet des Pollio, zu den Zeiten des Plinius, als Laokoon in dem Palaste des Titus stand, noch ganz unzertrennet an einem besondern Orte beisammen gewesen zu sein scheinet: so möchte diese Mutmaßung von ihrer Wahrscheinlichkeit wiederum etwas verlieren. Und warum könnte es nicht Titus selbst getan haben, was wir dem Pollio zuschreiben wollen?

XXVII

Ich werde in meiner Meinung, daß die Meister des Laokoons unter den ersten Kaisern gearbeitet haben, wenigstens so alt gewiß nicht sein können, als sie Herr Winckelmann ausgibt, durch eine kleine Nachricht bestärket, die er selbst zuerst bekannt macht. Sie ist diese:*a*

»Zu Nettuno, ehemals Antium, hat der Herr Kardinal Alexander Albani, im Jahr 1717, in einem großen Gewölbe, welches im Meere versunken lag, eine Base entdecket, welche von schwarz gräulichem Marmor ist, den man itzo Bigio nennet, in welche die Figur eingefüget war; auf derselben befindet sich folgende Inschrift:

ΑΘΑΝΟΔΩΡΟΣ ΑΓΗΣΑΝΔΡΟΥ
ΡΟΔΙΟΣ ΕΠΟΙΗΣΕ

Athanodorus des Agesanders Sohn, aus Rhodus, hat es gemacht. Wir lernen aus dieser Inschrift, daß Vater und Sohn am

k) Ad ver. 7. lib. II. Aeneid. und besonders ad ver. 183 lib. XI. Man dürfte also wohl nicht Unrecht tun, wenn man das Verzeichnis der verlornen Schriften dieses Mannes mit einem solchen Werke vermehrte.
l) Plinius lib. XXXVI. sect. 4. p. 729.
a) Geschichte der Kunst T. II. S. 347.

Laokoon gearbeitet haben, und vermutlich war auch Apollodorus (Polydorus) des Agesanders Sohn: denn dieser Athanodorus kann kein anderer sein, als der, welchen Plinius nennet. Es beweiset ferner diese Inschrift, daß sich mehr Werke der Kunst, als nur allein drei, wie Plinius will, gefunden haben auf welche die Künstler das Wort *Gemacht* in vollendeter und bestimmter Zeit gesetzet, nämlich ἐποιησε, fecit: er berichtet, daß die übrigen Künstler aus Bescheidenheit sich in unbestimmter Zeit ausgedrücket, ἐποιει, faciebat.«

Darin wird Herr Winckelmann wenig Widerspruch finden, daß der Athanodorus in dieser Inschrift kein anderer, als der Athenodorus sein könne, dessen Plinius unter den Meistern des Laokoons gedenket. Athanodorus und Athenodorus ist auch völlig ein Name; denn die Rhodier bedienten sich des Dorischen Dialekts. Allein über das, was er sonst daraus folgern will, muß ich einige Anmerkungen machen.

Das erste, daß Athenodorus ein Sohn des Agesanders gewesen sei, mag hingehen. Es ist sehr wahrscheinlich, nur nicht unwidersprechlich. Denn es ist bekannt, daß es alte Künstler gegeben, die, anstatt sich nach ihrem Vater zu nennen, sich lieber nach ihrem Lehrmeister nennen wollen. Was Plinius von den Gebrüdern Apollonius und Tauriscus saget, leidet nicht wohl eine andere Auslegung.[b]

Aber wie? Diese Inschrift soll zugleich das Vorgeben des Plinius widerlegen, daß sich nicht mehr als drei Kunstwerke gefunden, zu welchen sich ihre Meister in der vollendeten Zeit, (anstatt des ἐποιει, durch ἐποιησε) bekannt hätten? Diese Inschrift? Warum sollen wir erst aus dieser Inschrift lernen, was wir längst aus vielen andern hätten lernen können? Hat man nicht schon auf der Statue des Germanicus Κλεομενης – ἐποιησε gefunden? Auf der sogenannten Vergötterung des Homers, Αρχελαος ἐποιησε? Auf der bekannten Vase zu Gatea, Σαλπιων ἐποιησε?[c] u.s.w.

b) Libr. XXXVI. sect. 4. p. 730.
c) Man sehe das Verzeichnis der Aufschriften alter Kunstwerke beim Mar. Gudius, (ad Phaedri fab. 1. lib. V) und ziehe zugleich die Berichtigung desselben vom Gronov (Praef. ad Tom. IX. Thesauri Antiqu. Graec.) zu Rate.

Herr Winckelmann kann sagen: »Wer weiß dieses besser als ich? Aber, wird er hinzusetzen, desto schlimmer für den Plinius. Seinem Vorgeben ist also um so öfterer widersprochen; es ist um so gewisser widerlegt.«

Noch nicht. Denn wie, wenn Herr Winckelmann den Plinius mehr sagen ließe, als er wirklich sagen wollen? Wenn also die angeführten Beispiele, nicht das Vorgeben des Plinius, sondern bloß das Mehrere, welches Herr Winckelmann in dieses Vorgeben hineingetragen, widerlegten? Und so ist es wirklich. Ich muß die ganze Stelle anführen. Plinius will, in seiner Zueignungsschrift an den Titus, von seinem Werke mit der Bescheidenheit eines Mannes sprechen, der es selbst am besten weiß, wie viel demselben zur Vollkommenheit noch fehle. Er findet ein merkwürdiges Exempel einer solchen Bescheidenheit bei den Griechen, über deren prahlende, vielversprechende Büchertitel, (inscriptiones, propter quas vadimonium deseri possit) er sich ein wenig aufgehalten, und sagt:[d] Et ne in totum videar Graecos insectari, ex illis nos velim intelligi pingendi fingendique conditoribus, quos in libellis his invenies, absoluta opera, et illa quoque quae mirando non satiamur, pendenti titulo inscripsisse: ut APELLES FACIEBAT, aut POLYCLETUS: tanquam inchoata semper arte et imperfecta: ut contra judiciorum varietates superesset artifici regressus ad veniam, velut emendaturo quidquid desideraretur, si non esset interceptus. Quare plenum verecundiae illud est, quod omnia opera tanquam novissima inscripsere, et tamquam singulis fato adempti. Tria non amplius, ut opinor, absolute traduntur inscripta, ILLE FECIT, quae suis locis reddam: quo apparuit, summam artis securitatem auctori placuisse, et ob id magna invidia fuere omnia ea. Ich bitte auf die Worte des Plinius, pingendi fingendique conditoribus, aufmerksam zu sein. Plinius sagt nicht, daß die Gewohnheit in der unvollendeten Zeit sich zu seinem Werke zu bekennen, allgemein gewesen; daß sie von allen Künstlern, zu allen Zeiten beobachtet worden: er sagt ausdrücklich, daß nur die ersten alten Meister, jene Schöpfer der bildenden Künste, pingendi

---

d) Libr. I. p. 5. Edit. Hard.

fingendique conditores, ein Apelles, ein Polyklet, und ihre Zeitverwandte, diese kluge Bescheidenheit gehabt hätten; und da er diese nur allein nennet, so gibt er stillschweigend, aber deutlich genug, zu verstehen, daß ihre Nachfolger, besonders in den spätern Zeiten, mehr Zuversicht auf sich selber geäußert.

Dieses aber angenommen, wie man es annehmen muß, so kann die entdeckte Aufschrift von dem einen der drei Künstler des Laokoons, ihre völlige Richtigkeit haben, und es kann demohngeachtet wahr sein, daß, wie Plinius sagt, nur etwa drei Werke vorhanden gewesen, in deren Aufschriften sich ihre Urheber der vollendeten Zeit bedienet; nämlich unter den ältern Werken, aus den Zeiten des Apelles, des Polyklets, des Nikias, des Lysippus. Aber das kann sodann seine Richtigkeit nicht haben, daß Athenodorus und seine Gehülfen, Zeitverwandte des Apelles und Lysippus gewesen sind, zu welchen sie Herr Winckelmann machen will. Man muß vielmehr so schließen. Wenn es wahr ist, daß unter den Werken der ältern Künstler, eines Apelles, eines Polyklets und der übrigen aus dieser Klasse, nur etwa drei gewesen sind, in deren Aufschriften die vollendete Zeit von ihnen gebraucht worden; wenn es wahr ist, daß Plinius diese drei Werke selbst namhaft gemacht hat:[e] so kann Athenodorus, von dem keines dieser drei Werke

---

e) Er verspricht wenigstens ausdrücklich, es zu tun: »quae suis locis reddam.« Wenn er es aber nicht gänzlich vergessen, so hat er es doch sehr im Vorbeigehen und gar nicht auf eine Art getan, als man nach einem solchen Versprechen erwartet. Wenn er z. E. schreibet: (Lib. XXXV. sect. 39) Lysippus quoque Aeginae picturae suae inscripsit, ἐνέκαυσεν: quod profecto non fecisset, nisi encaustica inventa: so ist es offenbar, daß er dieses ἐνέκαυσεν zum Beweise einer ganz andern Sache braucht. Hat er aber, wie Harduin glaubt, auch zugleich das eine von den Werken dadurch angeben wollen, deren Aufschrift in dem Aoristo abgefaßt gewesen: so hätte es sich wohl der Mühe verlohnet, ein Wort davon mit einfließen zu lassen. Die andern zwei Werke dieser Art, findet Harduin in folgender Stelle: Idem (Divus Augustus) in Curia quoque, quam in comitio consecrabat, duas tabulas impressit parieti: Nemeam sedentem supra leonem, palmigeram ipsam, adstante cum baculo sene, cujus supra caput tabula bigae dependet. Nicias scripsit se inussisse: tali enim usus est verbo. Alterius tabulae admiratio est,

ist, und der sich dem ohngeachtet auf seinen Werken der vollendeten Zeit bedienet, zu jenen alten Künstlern nicht gehören; er kann kein Zeitverwandter des Apelles, des Lysippus sein, sondern er muß in spätere Zeiten gesetzt werden.

puberem filium seni patri similem esse, salva aetatis differentia, supervolante aquila draconem complexa. Philochares hoc suum opus esse testatus est. (Lib. XXXV. sect. 10) Hier werden zwei verschiedene Gemälde beschrieben, welche Augustus in dem neuerbauten Rathause aufstellen lassen. Das zweite ist vom Philochares, das erste vom Nicias. Was von jenem gesagt wird, ist klar und deutlich. Aber bei diesem finden sich Schwierigkeiten. Es stellte die Nemea vor, auf einem Löwen sitzend, einen Palmenzweig in der Hand, neben ihr ein alter Mann mit einem Stabe; »cujus supra caput tabula bigae dependet«. Was heißt das? Über dessen Haupte eine Tafel hing, worauf ein zweispänniger Wagen gemalt war? Das ist noch der einzige Sinn, den man diesen Worten geben kann. Also war auf das Hauptgemälde noch ein anderes kleineres Gemälde gehangen? Und beide waren von dem Nikias? So muß es Harduin genommen haben. Denn wo wären hier sonst zwei Gemälde des Nicias, da das andere ausdrücklich dem Philochares zugeschrieben wird? Inscripsit Nicias igitur geminae huic tabulae suum nomen in hunc modum: Ο ΝΙΚΙΑΣ ΕΝΕΚΑΥΣΕΝ; atque adeo e tribus operibus, quae absolute fuisse inscripta, ILLE FECIT, indicavit Praefatio ad Titum, duo haec sunt Niciae. Ich möchte den Harduin fragen: wenn Nikias nicht den Aoristum, sondern wirklich das Imperfektum gebraucht hätte, Plinius aber hätte bloß bemerken wollen, daß der Meister, anstatt des γραφειν, ἐνκαιειν gebraucht hätte; würde er in seiner Sprache auch nicht noch alsdenn haben sagen müssen, Nicias scripsit se inussisse? Doch ich will hierauf nicht bestehen; es mag wirklich des Plinius Wille gewesen sein, eines von den Werken, wovon die Rede ist, dadurch anzudeuten. Wer aber wird sich das doppelte Gemälde einreden lassen, deren eines über dem andern gehangen? Ich mir nimmermehr. Die Worte cujus supra caput tabula bigae dependet, können also nicht anders als verfälscht sein. Tabula bigae, ein Gemälde, worauf ein zweispänniger Wagen gemalet, klingt nicht sehr Plinianisch, wenn auch Plinius schon sonst den Singularem von bigae braucht. Und was für ein zweispänniger Wagen? Etwan, dergleichen zu den Wettrennen in den Nemeäischen Spielen gebraucht wurden; so daß dieses kleinere Gemälde in Ansehung dessen, was es vorstellte, zu dem Hauptgemälde gehört hätte? Das kann nicht sein; denn in den Nemeäischen Spielen waren nicht zweispännige, sondern vierspännige Wagen gewöhnlich. (Schmidius in Prol. ad. Nemeonicas, p. 2) Einsmals kam ich auf die Gedanken, daß Plinius anstatt des

Kurz; ich glaube, es ließe sich als ein sehr zuverlässiges Kriterium angeben, daß alle Künstler, die das ἐποιησε gebraucht, lange nach den Zeiten Alexanders des Großen, kurz vor oder unter den Kaisern, geblühet haben. Von dem Kleomenes ist es unstreitig; von dem Archelaus ist es höchst wahrscheinlich; und von dem Salpion kann wenigstens das Gegenteil auf keine Weise erwiesen werden. Und so von den übrigen; den Athenodorus nicht ausgeschlossen.

Herr Winckelmann selbst mag hierüber Richter sein! Doch protestiere ich gleich im voraus wider den umgekehrten Satz. Wenn alle Künstler, welche ἐποιησε gebraucht, unter die späten gehören: so gehören darum nicht alle, die sich des ἐποιει bedienet, unter die ältern. Auch unter den spätern Künstlern können einige diese einem großen Manne so wohl anstehende Bescheidenheit wirklich besessen, und andere sie zu besitzen sich gestellet haben.

bigae vielleicht ein griechisches Wort geschrieben, welches die Abschreiber nicht verstanden, ich meine πτυχιον. Wir wissen nämlich aus einer Stelle des Antigonus Carystius, beim Zenobius, (conf. Gronovius T. IX. Antiquit. Graec. Praef. p. 8) daß die alten Künstler nicht immer ihre Namen auf ihre Werke selbst, sondern auch wohl auf besondere Täfelchen gesetzet, welche dem Gemälde, oder der Statue angehangen wurden. Und ein solches Täfelchen hieß πτυχιον. Dieses griechische Wort fand sich vielleicht in einer Handschrift durch die Glosse tabula, tabella erkläret; und das tabula kam endlich mit in den Text. Aus πτυχιον ward bigae; und so entstand das tabula bigae. Nichts kann zu dem Folgenden besser passen, als dieses πτυχιον; denn das Folgende eben ist es, was darauf stand. Die ganze Stelle wäre also zu lesen: cujus supra caput πτυχιον dependet, quo Nicias scripsit se inussisse. Doch diese Korrektur, ich bekenne es, ist ein wenig kühn. Muß man denn auch alles verbessern können, was man verfälscht zu sein beweisen kann? Ich begnüge mich, das letztere hier geleistet zu haben, und überlasse das erstere einer geschicktern Hand. Doch nunmehr wiederum zur Sache zurück zu kommen; wenn Plinius also nur von einem Gemälde des Nikias redet, dessen Aufschrift im Aoristo abgefaßt gewesen, und das zweite Gemälde dieser Art das obige des Lysippus ist: welches ist denn nun das dritte? Das weiß ich nicht. Wenn ich es bei einem andern alten Schriftsteller finden dürfte, als bei dem Plinius, so würde ich nicht sehr verlegen sein. Aber es soll bei dem Plinius gefunden werden; und noch einmal: bei diesem weiß ich es nicht zu finden.

XXVIII

Nach dem Laokoon war ich auf nichts neugieriger, als auf das, was Herr Winckelmann von dem sogenannten Borghesischen Fechter sagen möchte. Ich glaube eine Entdeckung über diese Statue gemacht zu haben, auf die ich mir alles einbilde, was man sich auf dergleichen Entdeckungen einbilden kann.

Ich besorgte schon, Herr Winckelmann würde mir damit zuvor gekommen sein. Aber ich finde nichts dergleichen bei ihm; und wenn nunmehr mich etwas mißtrauisch in ihre Richtigkeit machen könnte, so würde es eben das sein, daß meine Besorgnis nicht eingetroffen.

»Einige, sagt Herr Winckelmann,[a] machen aus dieser Statue einen Discobolus, das ist, der mit dem Disco, oder mit einer Scheibe von Metall, wirft, und dieses war die Meinung des berühmten Herrn von Stosch in einem Schreiben an mich, aber ohne genugsame Betrachtung des Standes, worin dergleichen Figur will gesetzt sein. Denn derjenige, welcher etwas werfen will, muß sich mit dem Leibe hinterwärts zurückziehen, und indem der Wurf geschehen soll, liegt die Kraft auf dem nächsten Schenkel, und das linke Bein ist müßig: hier aber ist das Gegenteil. Die ganze Figur ist vorwärts geworfen, und ruhet auf dem linken Schenkel, und das rechte Bein ist hinterwärts auf das äußerste ausgestrecket. Der rechte Arm ist neu, und man hat ihm in die Hand ein Stück von einer Lanze gegeben; auf dem linken Arme sieht man den Riem von dem Schilde, welchen er gehalten hat. Betrachtet man, daß der Kopf und die Augen aufwärts gerichtet sind, und daß die Figur sich mit dem Schilde vor etwas, das von oben her kommt, zu verwahren scheint, so könnte man diese Statue mit mehrerem Rechte für eine Vorstellung eines Soldaten halten, welcher sich in einem gefährlichen Stande besonders verdient gemacht hat: denn Fechtern in Schauspielen ist die Ehre einer Statue unter den Griechen vermutlich niemals widerfahren: und dieses Werk scheinet älter als die Einführung der Fechter unter den Griechen zu sein.«

---

a) Gesch. der Kunst T. II. S. 394.

Man kann nicht richtiger urteilen. Diese Statue ist eben so wenig ein Fechter, als ein Discobolus; es ist wirklich die Vorstellung eines Kriegers, der sich in einer solchen Stellung bei einer gefährlichen Gelegenheit hervortat. Da Herr Winckelmann aber dieses so glücklich erriet: wie konnte er hier stehen bleiben? Wie konnte ihm der Krieger nicht beifallen, der vollkommen in dieser nämlichen Stellung die völlige Niederlage eines Heeres abwandte, und dem sein erkenntliches Vaterland eine Statue vollkommen in der nämlichen Stellung setzen ließ?

Mit einem Worte: Die Statue ist Chabrias.

Der Beweis ist folgende Stelle des Nepos in dem Leben dieses Feldherrn.[b] Hic quoque in summis habitus est ducibus: resque multas memoria dignas gessit. Sed ex his elucet maxime inventum ejus in proelio, quod apud Thebas fecit, quum Boeotiis subsidio venisset. Namque in eo victoriae fidente summo duce Agesilao, fugatis jam ab eo conductitiis catervis, reliquam phalangem loco vetuit cedere, obnixoque genu scuto, projectaque hasta impetum excipere hostium docuit. Id novum Agesilaus contuens, progredi non est ausus, suosque jam incurrentes tuba revocavit. Hoc usque eo tota Graecia fama celebratum est, ut illo statu Chabrias sibi statuam fieri voluerit, quae publice ei ab Atheniensibus in foro constituta est. Ex quo factum est, ut postea athletae, ceterique artifices his statibus in statuis ponendis uterentur, in quibus victoriam essent adepti.

Ich weiß es, man wird noch einen Augenblick anstehen, mir Beifall zu geben; aber ich hoffe, auch wirklich nur einen Augenblick. Die Stellung des Chabrias scheinet nicht vollkommen die nämliche zu sein, in welcher wir die Borghesische Statue erblicken. Die vorgeworfene Lanze, projecta hasta, ist beiden gemein, aber das obnixo genu scuto erklären die Ausleger durch obnixo in scutum, obfirmato genu ad scutum: Chabrias wies seinen Soldaten, wie sie sich mit dem Knie gegen das Schild stemmen, und hinter demselben den Feind abwarten sollten; die Statue hingegen hält das Schild hoch. Aber wie, wenn die Ausleger sich irrten? Wie, wenn die Worte obnixo genu scuto nicht zusammen gehörten, und man obnixo genu

b) Cap. I.

besonders, und scuto besonders, oder mit dem darauf folgendem projectaque hasta zusammen lesen müßte? Man mache ein einziges Komma, und die Gleichheit ist nunmehr so vollkommen als möglich. Die Statue ist ein Soldat, qui obnixo genu,[c] scuto projectaque hasta impetum hostis excipit: sie zeigt was Chabrias tat, und ist die Statue des Chabrias. Daß das Komma wirklich fehle, beweiset das dem projecta angehängte que, welches, wenn obnixo genu scuto zusammen gehörten, überflüssig sein würde, wie es denn auch wirklich einige Ausgaben daher weglassen.

Mit dem hohen Alter, welches dieser Statue sonach zukäme, stimmet die Form der Buchstaben in der darauf befindlichen Aufschrift des Meisters vollkommen überein; und Herr Winckelmann selbst hat aus derselben geschlossen, daß es die älteste von den gegenwärtigen Statuen in Rom sei, auf welchen sich der Meister angegeben hat. Seinem scharfsichtigen Blicke überlasse ich es, ob er sonst in Ansehung der Kunst etwas daran bemerket, welches mit meiner Meinung streiten könnte. Sollte er sie seines Beifalles würdigen, so dürfte ich mich schmeicheln, ein besseres Exempel gegeben zu haben, wie glücklich sich die klassischen Schriftsteller durch die alten Kunstwerke, und diese hinwiederum aus jenen aufklären lassen, als in dem ganzen Folianten des Spence zu finden ist.

---

c) So sagt Statius obnixa pectora (Thebaid. lib. VI. v. 863)

– – – – rumpunt obnixa furentes
Pectora

welches der alte Glossator des Barths durch summa vi contra nitentia erklärt. So sagt Ovid (Halievt. v. 11) obnixa fronte, wenn er von der Merebramse (Scaro) spricht, die sich nicht mit dem Kopfe, sondern mit dem Schwanze durch die Reisen zu arbeiten sucht:

Non audet radiis obnixa occurrere fronte.

XXIX

Bei der unermeßlichen Belesenheit, bei den ausgebreitesten feinsten Kenntnissen der Kunst, mit welchen sich Herr Winkkelmann an sein Werk machte, hat er mit der edeln Zuversicht der alten Artisten gearbeitet, die allen ihren Fleiß auf die Hauptsache verwandten, und was Nebendinge waren, entweder mit einer gleichsam vorsetzlichen Nachlässigkeit behandelten, oder gänzlich der ersten besten fremden Hand überließen.

Es ist kein geringes Lob, nur solche Fehler begangen zu haben, die ein jeder hätte vermeiden können. Sie stoßen bei der ersten flüchtigen Lektüre auf, und wenn man sie anmerken darf, so muß es nur in der Absicht geschehen, um gewisse Leute, welche allein Augen zu haben glauben, zu erinnern, daß sie nicht angemerkt zu werden verdienen.

Schon in seinen Schriften über die Nachahmung der Griechischen Kunstwerke, ist Herr Winckelmann einigemal durch den Junius verführt worden. Junius ist ein sehr verfänglicher Autor; sein ganzes Werk ist ein Cento, und da er immer mit den Worten der Alten reden will, so wendet er nicht selten Stellen aus ihnen auf die Malerei an, die an ihrem Orte von nichts weniger als von der Malerei handeln. Wenn z. E. Herr Winckelmann lehren will, daß sich durch die bloße Nachahmung der Natur das Höchste in der Kunst, eben so wenig wie in der Poesie erreichen lasse, daß sowohl Dichter als Maler lieber das Unmögliche, welches wahrscheinlich ist, als das bloß mögliche wählen müsse: so setzt er hinzu: »die Möglichkeit und Wahrheit, welche Longin von einem Maler im Gegensatze des Unglaublichen bei dem Dichter fodert, kann hiermit sehr wohl bestehen.« Allein dieser Zusatz wäre besser weggeblieben; denn er zeiget die zwei größten Kunstrichter in einem Widerspruche, der ganz ohne Grund ist. Es ist falsch, daß Longin so etwas jemals gesagt hat. Er sagt etwas ähnliches von der Beredsamkeit und Dichtkunst, aber keinesweges von der Dichtkunst und Malerei. Ὡς δ' ἕτερον τι ἡ ῥητορικη φαντασια βουλεται, και ἕτερον ἡ παρα ποιηταις, ουκ ἀν λαθοι σε, schreibt er an seinen Terentian;[a] οὐδ' ὅτι της μεν ἐν ποιησει τελος ἐςιν

---

a) Περι Ὑψους, τμημα ιδ'. Edit. T. Fabri p. 36. 39.

ἔκπληξις, τῆς δ' ἐν λογοις ἐναργεια. Und wiederum: Οὐ μὴν ἀλλα τα μεν παρα τοις ποιηταις μυθικωτεραν ἐχει την ὑπερεκπτωσιν, και παντῃ το πιϛον ὑπεραιρουσαν· τῆς δε ῥητορικης φαντασιας, καλλιϛον ἀει το ἐμπρακτον και ἐναληθες. Nur Junius schiebt, anstatt der Beredsamkeit, die Malerei hier unter; und bei ihm war es, nicht bei dem Longin, wo Herr Winckelmann gelesen hatte:[b] Praesertim cum Poeticae phantasiae finis sit ἔκπληξις. Pictoriae vero ἐναργεια. Και τα μεν παρα τοις ποιηταις, ut loquitur idem Longinus, u. s. w. Sehr wohl; Longins Worte, aber nicht Longins Sinn!

Mit folgender Anmerkung muß es ihm eben so gegangen sein: »Alle Handlungen, sagt er,[c] und Stellungen der griechischen Figuren, die mit dem Charakter der Weisheit nicht bezeichnet, sondern gar zu feurig und zu wild waren, verfielen in einen Fehler, den die alten Künstler Parenthyrsus nannten.« Die alten Künstler? Das dürfte nur aus dem Junius zu erweisen sein. Denn Parenthyrsus war ein rhetorisches Kunstwort, und vielleicht, wie die Stelle des Longins zu verstehen zu geben scheinet, auch nur dem einzigen Theodor eigen.[d] Τουτῳ παρακειται τριτον τι κακιας ειδος ἐν τοις παθητικοις, ὁπερ ὁ Θεοδωρος παρενθυρσον ἐκαλει· ἐϛι δε παδος ἀκαιρον και κενον, ἐνθα μη δει παθους· ἠ ἀμετρον, ἐνθα μετριου δει. Ja ich zweifle sogar, ob sich überhaupt dieses Wort in die Malerei übertragen läßt. Denn in der Beredsamkeit und Poesie gibt es ein Pathos, das so hoch getrieben werden kann als möglich, ohne Parenthyrsus zu werden; und nur das höchste Pathos an der unrechten Stelle, ist Parenthyrsus. In der Malerei aber würde das höchste Pathos allezeit Parenthyrsus sein, wenn es auch durch die Umstände der Person, die es äußert, noch so wohl entschuldigt werden könnte.

Dem Ansehen nach werden also auch verschiedene Unrichtigkeiten in der Geschichte der Kunst, bloß daher entstanden sein, weil Herr Winckelmann in der Geschwindigkeit nur den Junius und nicht die Quellen selbst zu Rate ziehen wollen.

b) De Pictura Vet. lib. I. cap. 4. p. 33.
c) Von der Nachahmung der griech. Werke etc. S. 23.
d) Τμημα β'.

Z. E. Wenn er durch Beispiele zeigen will, daß bei den Griechen alles Vorzügliche in allerlei Kunst und Arbeit besonders geschätzet worden, und der beste Arbeiter in der geringsten Sache zur Verewigung seines Namens gelangen können: so führet er unter andern auch dieses an:*e* »Wir wissen den Namen eines Arbeiters von sehr richtigen Waagen, oder Waageschalen; er hieß Parthenius.« Herr Winckelmann muß die Worte des Juvenals, auf die er sich desfalls beruft, Lances Parthenio factas, nur in dem Catalogo des Junius gelesen haben. Denn hätte er den Juvenal selbst nachgesehen, so würde er sich nicht von der Zweideutigkeit des Wortes lanx haben verführen lassen, sondern sogleich aus dem Zusammenhange erkannt haben, daß der Dichter nicht Waagen oder Waageschalen, sondern Teller und Schüsseln meine. Juvenal rühmt nämlich den Catullus, daß er es bei einem gefährlichen Sturme zur See wie der Biber gemacht, welcher sich die Geilen abbeißt, um das Leben davon zu bringen; daß er seine kostbarsten Sachen ins Meer werfen lassen, um nicht mit samt dem Schiffe unter zu gehen. Diese kostbaren Sachen beschreibt er, und sagt unter andern:

> Ille nec argentum dubitabat mittere, lances
> Parthenio factas, urnae cratera capacem
> Et dignum sitiente Pholo, vel conjuge Fusci.
> Adde et bascaudas et mille escaria, multum
> Caelati, biberet quo callidus emtor Olynthi.

Lances, die hier mitten unter Bechern und Schwenkkesseln stehen, was können es anders ein, als Teller und Schüsseln? Und was will Juvenal anders sagen, als daß Catull sein ganzes silbernes Eßgeschirr, unter welchem sich auch Teller von getriebener Arbeit des Parthenius befanden, ins Meer werfen lassen. Parthenius, sagt der alte Scholiast, caelatoris nomen. Wenn aber Grangäus, in seinen Anmerkungen, zu diesem Namen hinzusetzt: sculptor, de quo Plinius, so muß er dieses wohl nur auf gutes Glück hingeschrieben haben; denn Plinius gedenkt keines Künstlers dieses Namens.

e) Geschichte der Kunst T. I. S. 136.

»Ja, fährt Herr Winckelmann fort, es hat sich der Name des Sattlers, wie wir ihn nennen würden, erhalten, der den Schild des Ajax von Leder machte«. Aber auch dieses kann er nicht daher genommen haben, wohin er seine Leser verweiset; aus dem Leben des Homers, vom Herodotus. Denn hier werden zwar die Zeilen aus der Iliade angeführt, in welchen der Dichter diesem Lederarbeiter den Namen Tychius beilegt; es wird aber auch zugleich ausdrücklich gesagt, daß eigentlich ein Lederarbeiter von des Homers Bekanntschaft so geheißen, dem er durch Einschaltung seines Namens seine Freundschaft und Erkenntlichkeit bezeigen wollen:*f* Απεδωκε δε χαριν και Τυχιῳ τῳ σκυτει, ὁς ἐδεξατο ἀυτον ἐν τῳ Νεῳ τειχει, προσελθοντα προς το σκυτειον, ἐν τοις ἐπεσι καταζευξας ἐν τη Ιλιαδι τοιςδε.

> Αιας δ' ἐγγυθεν ἠλθε, φερων σακος ἠυτε πυργον.
> Χαλκεον, ἑπταβοειον· ὁ ὁι Τυχιος καμε τευχων
> Σκυτοτομων ὁχ' ἀριςος, Ὑλῃ ἐνι ὁικια ναιων.

Es ist also grade das Gegenteil von dem, was uns Herr Winckelmann versichern will; der Name des Sattlers, welcher das Schild des Ajax gemacht hatte, war schon zu des Homers Zeiten so vergessen, daß der Dichter die Freiheit hatte, einen ganz fremden Namen dafür unterzuschieben.

Verschiedene andere kleine Fehler, sind bloße Fehler des Gedächtnisses, oder betreffen Dinge, die er nur als beiläufige Erläuterungen anbringet. Z.E.:

Es war Herkules, und nicht Bacchus, von welchem sich Parrhasius rühmte, daß er ihm in der Gestalt erschienen sei, in welcher er ihn gemalt.*g*

Tauriscus war nicht aus Rhodus, sondern aus Tralles in Lydien.*h*

Die Antigone ist nicht die erste Tragödie des Sophokles.*i*

---

f) Herodotus de Vita Homeri, p. 756. Edit. Wessel.

g) Gesch. der Kunst T. I. S. 167. Plinius lib. XXXV. sect. 36. Athenaeus lib. XII. p. 543.

h) Gesch. der Kunst T. II. S. 353. Plinius lib. XXXVI. sect. 4. p. 729. I. 17.

i) Gesch. der Kunst T. II. S. 328. »Er führte die Antigone, sein erstes Trauerspiel, im dritten Jahre der sieben und siebenzigsten

Doch ich enthalte mich, dergleichen Kleinigkeiten auf einen Haufen zu tragen. Tadelsucht könnte es zwar nicht scheinen; aber wer meine Hochachtung für den Herrn Winckelmann kennet, dürfte es für Krokylegmus halten.

Olympias auf.« Die Zeit ist ungefähr richtig, aber daß dieses erste Trauerspiel die Antigone gewesen sei, das ist ganz unrichtig. Samuel Petit, den Herr Winckelmann in der Note anführt, hat dieses auch gar nicht gesagt; sondern die Antigone ausdrücklich in das dritte Jahr der vier und achtzigsten Olympias gesetzt. Sophokles ging das Jahr darauf mit dem Perikles nach Samos, und das Jahr dieser Expedition kann zuverlässig bestimmt werden. Ich zeige in meinem Leben des Sophokles aus der Vergleichung mit einer Stelle des ältern Plinius, daß das erste Trauerspiel dieses Dichters, wahrscheinlicher Weise, Triptolemus gewesen. Plinius redet nämlich (Libr. XVIII. sect. 12. p. 107. Edit. Hard) von der verschiedenen Güte des Getreides in verschiednen Ländern, und schließt: »Hae fuere sententiae, Alexandro magno regnante, cum clarissima fuit Graecia, atque in toto terrarum orbe potentissima; ita tamen ut ante mortem ejus annis fere CXLV Sophocles poeta in fabula Triptolemo frumentum italicum ante cuncta laudaverit, ad verbum translata sententia:

Et fortunatam Italiam frumento canêre candido.«

Nun ist zwar hier nicht ausdrücklich von dem ersten Trauerspiele des Sophokles die Rede; allein es stimmt die Epoche desselben, welche Plutarch und der Scholiast und die Arundelschen Denkmäler einstimmig in die sieben und siebzigste Olympias setzen, mit der Zeit, in welche Plinius den Triptolemus setzt, so genau überein, daß man nicht wohl anders als diesen Triptolemus selbst für das erste Trauerspiel des Sophokles erkennen kann. Die Berechnung ist gleich geschehen. Alexander starb in der hundert und vierzehnten Olympias; hundert und fünf und vierzig Jahr betragen sechs und dreißig Olympiaden und ein Jahr, und diese Summe von jener abgerechnet, gibt sieben und siebzig. In die sieben und siebzigste Olympias fällt also der Triptolemus des Sophokles, und da in eben diese Olympias, und zwar, wie ich beweise, in das letzte Jahr derselben, auch das erste Trauerspiel desselben fällt: so ist der Schluß ganz natürlich, daß beide Trauerspiele eines sind. Ich zeige zugleich eben daselbst, daß Petit die ganze Hälfte des Kapitels seiner Miscellaneorum (XVIII. lib. III. eben dasselbe, welches Herr Winckelmann anführt) sich hätte ersparen können. Es ist unnötig in der Stelle des Plutarchs, die er daselbst verbessern will, den Archon Aphepsion, in Demotion, oder ἀνεψιος zu verwandeln. Er hätte aus dem dritten Jahr der 77ten Olympias nur

in das vierte derselben gehen dürfen, und er würde gefunden haben,
daß der Archon dieses Jahres von den alten Schriftstellern eben so
oft, wo nicht noch öfterer, Aphepsion, als Phädon genennet wird.
Phädon nennet ihn Diodorus Siculus, Dionysius Halicarnasseus
und der Ungenannte in seinem Verzeichnisse der Olympiaden.
Aphepsion hingegen nennen ihn die Arundelschen Marmor, Apollodorus, und der diesen anführt, Diogenes Laertius. Plutarchus
aber nennet ihn auf beide Weise; im Leben des Theseus Phädon,
und in dem Leben des Cimons Aphepsion. Es ist also wahrscheinlich, wie Palmerius vermutet, Aphepsionem et Phaedonem Archontas fuisse eponymos; scilicet uno in magistratu mortuo, suffectus
fuit alter. (Exercit. p. 452) – Vom Sophokles, erinnere ich noch gelegentlich, hatte Herr Winckelmann auch schon in seiner ersten
Schrift von der Nachahmung der griechischen Kunstwerke (S. 8)
eine Unrichtigkeit einfließen lassen. »Die schönsten jungen Leute,
tanzten unbekleidet auf dem Theater und Sophokles, der große
Sophokles, war der erste, der in seiner Jugend dieses Schauspiel
seinen Bürgern gab.« Auf dem Theater hat Sophokles nie nackend
getanzt; sondern um die Tropäen nach dem Salaminischen Siege,
und auch nur nach einigen nackend, nach andern aber bekleidet
(Athen. lib. I. p. m. 20). Sophokles war nämlich unter den Knaben,
die man nach Salamis in Sicherheit gebracht hatte; und hier auf
dieser Insul war es, wo es damals der tragischen Muse, alle ihre
drei Lieblinge, in einer vorbildenden Gradation zu versammeln
beliebte. Der kühne Aeschylus half siegen; der blühende Sophokles
tanzte um die Tropäen, und Euripides ward an dem Tage des Sieges, auf eben der glücklichen Insel geboren.

Ende des ersten Teiles

WIE DIE ALTEN
DEN TOD GEBILDET:

> ...... Nullique ea tristis imago!
> Statius

EINE UNTERSUCHUNG

Vorrede

Ich wollte nicht gern, daß man diese Untersuchung nach ihrer Veranlassung schätzen möchte. Ihre Veranlassung ist so verächtlich, daß nur die Art, wie ich sie genutzt habe, mich entschuldigen kann, daß ich sie überhaupt nutzen wollen.

Nicht zwar, als ob ich unser itziges Publicum gegen alles, was Streitschrift heißt und ihr ähnlich siehet, nicht für ein wenig allzu ekel hielte. Es scheinet vergessen zu wollen, daß es die Aufklärung so mancher wichtigen Punkte dem bloßen Widerspruche zu danken hat, und daß die Menschen noch über nichts in der Welt einig sein würden, wenn sie noch über nichts in der Welt gezankt hätten.

»Gezankt«; denn so nennet die Artigkeit alles Streiten: und Zanken ist etwas so unmanierliches geworden, daß man sich weit weniger schämen darf, zu hassen und zu verleumden, als zu zanken.

Bestünde indes der größere Teil des Publici, das von keinen Streitschriften wissen will, etwa aus Schriftstellern selbst: so dürfte es wohl nicht die bloße Politesse sein, die den polemischen Ton nicht dulden will. Er ist der Eigenliebe und dem Selbstdünkel so unbehäglich! Er ist den erschlichenen Namen so gefährlich!

Aber die Wahrheit, sagt man, gewinnet dabei so selten. – So selten? Es sei, daß noch durch keinen Streit die Wahrheit ausgemacht worden: so hat dennoch die Wahrheit bei jedem Streite gewonnen. Der Streit hat den Geist der Prüfung genähret, hat Vorurteil und Ansehen in einer beständigen Erschütterung erhalten; kurz, hat die geschminkte Unwahrheit verhindert, sich an der Stelle der Wahrheit festzusetzen.

Auch kann ich nicht der Meinung sein, daß wenigstens das Streiten nur für die wichtigern Wahrheiten gehöre. Die Wichtigkeit ist ein relativer Begriff, und was in einem Betracht sehr unwichtig ist, kann in einem andern sehr wichtig werden. Als Beschaffenheit unserer Erkenntnis, ist dazu eine Wahrheit so wichtig als die andere: und wer in dem allergeringsten Dinge für Wahrheit und Unwahrheit gleichgültig ist, wird mich nimmermehr überreden, daß er die Wahrheit bloß der Wahrheit wegen liebet.

Ich will meine Denkungsart hierin niemanden aufdringen. Aber den, der am weitesten davon entfernt ist, darf ich wenigstens bitten, wenn er sein Urteil über diese Untersuchung öffentlich sagen will, es zu vergessen, daß sie gegen jemand gerichtet ist. Er lasse sich auf die Sache ein, und schweige von den Personen. Welcher von diesen der Kunstrichter gewogener ist, welche er überhaupt für den bessern Schriftsteller hält, verlangt kein Mensch von ihm zu wissen. Alles was man von ihm zu wissen begehret, ist dieses, ob er, seiner Seits, in die Waagschale des einen oder des andern etwas zu legen habe, welches in gegenwärtigem Falle den Ausschlag zwischen ihnen ändere, oder vermehre. Nur ein solches Beigewicht, aufrichtig erteilet, macht ihn dazu, was er sein will: aber er bilde sich nicht ein, daß sein bloßer kahler Ausspruch ein solches Beigewicht sein kann. Ist er der Mann, der uns beide übersieht, so bediene er sich der Gelegenheit, uns beide zu belehren.

Von dem Tumultuarischen, welches er meiner Arbeit gar bald anmerken wird, kann er sagen, was ihm beliebt. Wann er nur die Sache darunter nicht leiden läßt. Allerdings hätte ich mit mehr Ordnung zu Werke gehen können; ich hätte meine Gründe in ein vorteilhafteres Licht stellen können; ich hätte noch dieses und jenes seltene oder kostbare Buch nutzen können; – was hätte ich nicht alles!

Dabei sind es nur längst bekannte Denkmale der alten Kunst, die mir freigestanden, zur Grundlage meiner Untersuchung zu machen. Schätze dieser Art kommen täglich mehrere an das Licht: und ich wünschte selbst von denen zu sein, die ihre Wißbegierde am ersten damit befriedigen können. Aber es wäre sonderbar, wenn nur der reich heißen sollte, der das meiste frisch gemünzte Geld besitzet. Die Vorsicht erfoderte vielmehr, sich mit diesem überhaupt nicht eher viel zu bemengen, bis der wahre Gehalt außer Zweifel gesetzt worden.

Der Antiquar, der zu einer neuen Behauptung uns auf ein altes Kunstwerk verweiset, das nur er noch kennet, das er zuerst entdeckt hat, kann ein sehr ehrlicher Mann sein; und es wäre schlimm für das Studium, wenn unter achten nicht sieben es wären. Aber der, der, was er behauptet, nur aus dem behauptet, was ein Boissard oder Pighius hundert und mehr Jahre vor ihm gesehen haben, kann schlechterdings kein Betrieger sein; und etwas Neues an dem Alten entdecken, ist wenigstens eben so rühmlich, als das Alte durch etwas Neues bestätigen.

VERANLASSUNG

Immer glaubt Herr Klotz, mir auf den Fersen zu sein. Aber immer, wenn ich mich, auf sein Zurufen, nach ihm umwende, sehe ich ihn, ganz seitab, in einer Staubwolke, auf einem Wege einherziehen, den ich nie betreten habe.

»Herr Lessing, lautet sein neuester Zuruf dieser Art,* wird mir erlauben, der Behauptung, daß die alten Artisten den Tod nicht als ein Skelett vorgestellt hätten (s. Laokoon S.86) eben den Wert beizulegen, den seine zween andern Sätze, daß die Alten nie eine Furie, und nie schwebende Figuren ohne Flügel gebildet haben. Er kann sich sogar nicht bereden, daß das lie-

* In der Vorrede zum zweiten Teile der Abhandlungen des Grafen Caylus.

gende Skelett von Bronze, welches mit dem einem Arme auf einem Aschenkruge ruhet, in der Herzoglichen Galerie zu Florenz, eine wirkliche Antike sei. Vielleicht überredet er sich eher, wenn er die geschnittenen Steine ansieht, auf welchen ein völliges Gerippe abgebildet ist. (s. Buonarotti Oss. sopr. alc. Vetri t. XXVIII. 3 und Lipperts Daktyliothek, zweites Tausend, n. 998) Im Museo Florentino sieht man dieses Skelett, welchem ein sitzender Alter etwas vorbläst, gleichfalls auf einem Steine. (s. Les Satires de Perse par Sinner S. 30) Doch geschnittene Steine, wird Herr Lessing sagen, gehören zur Bildersprache. Nun so verweise ich ihn auf das metallene Skelett in dem Kircherschen Museo (s. Ficoroni Gemmas antiq. rarior. t. VIII) Ist er auch hiemit noch nicht zufrieden, so will ich ihn zum Überflusse erinnern, daß bereits Herr Winckelmann in seinem *Versuch der Allegorie* S. 81 zwoer alten Urnen von Marmor in Rom Meldung getan, auf welchen Totengerippe stehen. Wenn Hr. Lessingen meine vielen Beispiele nicht verdrüßlich machen, so setze ich noch Sponii Miscell. Antiq. Erud. Sect. I. Art. III hinzu: besonders n. 5. Und da ich mir einmal die Freiheit genommen, wider ihn einiges zu erinnern, so muß ich ihn auf die prächtige Sammlung der gemalten Gefäße des Hrn. Hamilton verweisen, um noch eine Furie auf einem Gefäße zu erblicken. (Collection of Etruscan, Grecian and Roman Antiquities from the Cabinet of the Hon. Wm. Hamilton n. 6)«

Es ist, bei Gott, wohl eine große Freiheit, mir zu widersprechen! Und wer mir widerspricht, hat sich wohl sehr zu bekümmern, ob ich verdrüßlich werde, oder nicht!

Allerdings zwar sollte ein Widerspruch, als womit mich Hr. Klotz verfolgt, in die Länge auch den gelassensten, kältesten Mann verdrüßlich machen. Wenn ich sage, »es ist noch nicht Nacht«: so sagt Hr. Klotz, »aber Mittag ist doch schon längst vorbei.« Wenn ich sage, »sieben und sieben macht nicht funfzehn«: so sagt er, »aber sieben und achte macht doch funfzehn.« Und das heißt er, mir widersprechen, mich widerlegen, mir unverzeihliche Irrtümer zeigen!

Ich bitte ihn, einen Augenblick seinen Verstand etwas mehr, als sein Gedächtnis zu Rate zu ziehen.

Ich habe behauptet, daß die alten Artisten den Tod nicht als ein Skelett vorgestellt: und ich behaupte es noch. Aber sagen, daß die alten Artisten den Tod nicht als ein Skelett vorgestellt: heißt denn dieses von ihnen sagen, daß sie überhaupt kein Skelett vorgestellet? Ist denn unter diesen beiden Sätzen so ganz und gar kein Unterschied, daß wer den einen erweiset, auch notwendig den andern erwiesen hat? daß wer den einen leugnet, auch notwendig den andern leugnen muß?

Hier ist ein geschnittener Stein, und da eine marmorne Urne, und dort ein metallenes Bildchen: alle sind ungezweifelt antik, und alle stellen ein Skelett vor. Wohl! Wer weiß das nicht? Wer kann das nicht wissen, dem gesunde Finger und Augen nicht abgehen, sobald er es wissen will? Sollte man in den antiquarischen Werken nicht etwas mehr, als gebildert haben?

Diese antike Kunstwerke stellen Skelette vor: aber stellen denn diese Skelette den Tod vor? Muß denn ein Skelett schlechterdings den Tod, das personifierte Abstraktum des Todes, die Gottheit des Todes, vorstellen? Warum sollte ein Skelett nicht auch bloß ein Skelett vorstellen können? Warum nicht auch etwas anders?

Untersuchung

Der Scharfsinn des Herrn Klotz geht weit! – Mehr brauchte ich ihm nicht zu antworten: aber doch will ich mehr tun, als ich brauchte. Da noch andere Gelehrte an den verkehrten Einbildungen des Hrn. Klotz, mehr oder weniger, Teil nehmen: so will ich für diese hier zweierlei beweisen.

Vors *erste*: daß die alten Artisten den Tod, die Gottheit des Todes, wirklich unter einem ganz andern Bilde vorstellten, als unter dem Bilde des Skeletts.

Vors *zweite*: daß die alten Artisten, wenn sie ein Skelett vorstellten, unter diesem Skelette etwas ganz anders meineten, als den Tod, als die Gottheit des Todes.

I. Die alten Artisten stellten den Tod nicht als ein Skelett vor: denn sie stellten ihn, nach der Homerischen Idee,[*] als den

---

[*] Ιλ. π. v. 681. 82.

Zwillingsbruder des Schlafes vor, und stellten beide, den Tod und den Schlaf, mit der Ähnlichkeit unter sich vor, die wir an Zwillingen so natürlich erwarten. Auf einer Kiste von Zedernholz, in dem Tempel der Juno zu Elis, ruhten sie beide als Knaben in den Armen der Nacht. Nur war der eine weiß, der andere schwarz; jener schlief, dieser schien zu schlafen; beide mit über einander geschlagenen Füßen.*

Hier nehme ich einen Satz zu Hülfe, von welchem sich nur wenige Ausnahmen finden dürften. Diesen nämlich, daß die Alten die sinnliche Vorstellung, welche ein idealisches Wesen einmal erhalten hatte, getreulich beibehielten. Denn ob dergleichen Vorstellungen schon willkürlich sind, und ein jeder gleiches Recht hätte, sie so oder anders anzunehmen: so hielten es dennoch die Alten für gut und notwendig, daß sich der Spätere dieses Rechtes begebe, und dem ersten Erfinder folge. Die Ursache ist klar: ohne diese allgemeine Einförmigkeit, ist keine allgemeine Erkennlichkeit möglich.

Folglich auch, jene Ähnlichkeit des Todes mit dem Schlafe von den griechischen Artisten einmal angenommen, wird sie von ihnen, allem Vermuten nach, auch immer sein beobachtet worden. Sie zeigte sich ohnstreitig an den Bildsäulen, welche beide diese Wesen zu Lacedämon hatten: denn sie erinnerten den Pausanias** an die Verbrüderung, welche Homer unter ihnen eingeführet.

Welche Ähnlichkeit mit dem Schlafe aber läßt sich im geringsten denken, wenn der Tod als ein bloßes Gerippe ihm zur Seite stand?

»Vielleicht, schrieb Winckelmann,*** war der Tod bei den Einwohnern von Gades, dem heutigen Cadix, welche unter allen Völkern die einzigen waren, die den Tod verehrten, also gestaltet.« – Als Gerippe nämlich.

Doch Winckelmann hatte zu diesem Vielleicht nicht den geringsten Grund. Philostrat† sagt bloß von den Gaditanern,

---

* Pausanias Eliac. cap. XVIII. p. 422. Edit. Kuh. Laokoon S.84.
** Laconic. cap. XIIX. p. 253.
*** Allego. S. 81.
† Vita Apollo. lib. V. c. 4.

»daß sie die einzigen Menschen wären, welche dem Tode Päane sängen.« Er erwähnt nicht einmal einer Bildsäule, geschweige daß er im geringsten vermuten lasse, diese Bildsäule habe ein Gerippe vorgestellt. Endlich, was würde uns auch hier die Vorstellung der Gaditaner angehen? Es ist von den symbolischen Bildern der Griechen, nicht der Barbaren die Rede.

Ich erinnere beiläufig, daß ich die angezogenen Worte des Philostrats, τον θανατον μονοι ἀνθρωπων παιανιζονται, nicht mit Winckelmannen übersetzen möchte, »die Gaditaner wären unter allen Völkern die einzigen gewesen, welche den Tod verehret.« *Verehret* sagt von den Gaditanern zu wenig, und verneinet von den übrigen Völkern zu viel. Selbst bei den Griechen war der Tod nicht ganz ohne Verehrung. Das Besondere der Gaditaner war nur dieses, daß sie die Gottheit des Todes für erbittlich hielten; daß sie glaubten, durch Opfer und Päane seine Strenge mildern, seinen Schluß verzögern zu können. Denn Päane heißen im besonderen Verstande Lieder, die einer Gottheit zur Abwendung irgend eines Übels gesungen werden. Philostrat scheinet auf die Stelle des Aeschylus anzuspielen, wo von dem Tode gesagt wird, daß er der einzige unter den Göttern sei, der keine Geschenke ansehe, der daher keine Altäre habe, dem keine Päane gesungen würden:

Οὐδ' ἐϛι βωμος, ὁυδε παιωνιζεται.—

Winckelmann selbst merket, in seinem Versuche über die Allegorie, bei dem Schlafe an,* daß auf einem Grabsteine in dem Palaste Albani, der Schlaf als ein junger Genius, auf eine umgekehrte Fackel sich stützend, nebst seinem Bruder, dem Tode, vorgestellet wären, »und eben so abgebildet fänden sich diese zwei Genii auch an einer Begräbnisurne in dem Collegio Clementino zu Rom.« Ich wünschte, er hätte sich dieser Vorstellung bei dem Tode selbst wiederum erinnert. Denn so würden wir die einzig genuine und allgemeine Vorstellung des Todes da nicht vermissen, wo er uns nur mit verschiedenen Allegorien verschiedener Arten des Sterbens abfindet.

* S. 76.

Auch dürfte man wünschen, Winckelmann hätte uns die beiden Denkmäler etwas näher beschrieben. Er sagt nur sehr wenig davon, und das Wenige ist so bestimmt nicht, als es sein könnte. Der Schlaf stützet sich da auf eine umgekehrte Fackel: aber auch der Tod? und vollkommen eben so? Ist gar kein Abzeichen zwischen beiden Geniis? und welches ist es? Ich wüßte nicht, daß diese Denkmäler sonst bekannt gemacht wären, wo man sich Rats erholen könnte.

Jedoch sie sind, zum Glücke, nicht die einzigen ihrer Art. Winckelmann bemerkte auf ihnen nichts, was sich nicht auch auf mehrern, und längst vor ihm bekannten, bemerken ließe. Er sahe einen jungen Genius mit umgestürzter Fackel, und der ausdrücklichen Überschrift »Somno«: aber auf einem Grabsteine beim Boissard* erblicken wir die nämliche Figur, und die Überschrift »Somno Orestilia Filia« läßt uns wegen der Deutung derselben eben so wenig ungewiß sein. Ohne Überschrift kömmt sie eben daselbst noch oft vor: ja auf mehr als einem Grabsteine und Sarge kömmt sie doppelt vor.** Was kann aber in dieser vollkommen ähnlichen Verdoppelung, wenn das eine Bild der Schlaf ist, das andere wohl schicklicher sein, als der Zwillingsbruder des Schlafes, der Tod?

Es ist zu verwundern, wie Altertumsforscher dieses nicht wissen, oder wenn sie es wußten, in ihren Auslegungen anzuwenden vergessen konnten. Ich will hiervon nur einige Beispiele geben.

Vor allem aber fällt mir der marmorne Sarg bei, welchen Bellori in seinen Admirandis bekannt gemacht,*** und von dem letzten Schicksale des Menschen erkläret hat. Hier zeiget sich unter andern ein geflügelter Jüngling, der in einer tiefsinnigen Stellung, den linken Fuß über den rechten geschlagen, neben einem Leichname stehet, mit seiner Rechten und dem Haupte auf einer umgekehrten Fackel ruhet, die auf die Brust des Leichnames gestützet ist, und in der Linken, die um die Fackel herabgreift, einen Kranz mit einem Schmetterlinge

---

* Topograph. Parte III. p. 48.
** Parte V. p. 22. 23.
*** Tab. LXXIX.

hält.* Diese Figur, sagt Bellori, sei Amor, welcher die Fackel, das ist, die Affekten, auf der Brust des verstorbenen Menschen auslösche. Und ich sage, diese Figur ist der Tod!

Nicht jeder geflügelte Knabe, oder Jüngling, muß ein Amor sein. Amor, und das Heer seiner Brüder, hatten diese Bildung mit mehrern geistigen Wesen gemein. Wie manche aus dem Geschlecht der Genii, wurden als Knaben vorgestellet!** Und was hatte nicht seinen Genius? Jeder Ort; jeder Mensch; jede gesellschaftliche Verbindung des Menschen; jede Beschäftigung des Menschen, von der niedrigsten bis zur größten;*** ja, ich möchte sagen, jedes unbelebte Ding, an dessen Erhaltung gelegen war, hatte seinen Genius. – Wann dieses, unter andern auch dem Herrn Klotz, nicht eine ganz unbekannte Sache gewesen wäre: so würde er uns sicherlich mit dem größten Teile seiner zuckersüßen Geschichte des Amors aus geschnittenen Steinen,† verschonet haben. Mit den aufmerksamsten Fingern forschte dieser große Gelehrte diesem niedlichen Gotte durch alle Kupferbücher nach; und wo ihm nur ein kleiner nackter Bube vorkam, da schrie er Amor! Amor! und trug ihn geschwind in seine Rolle ein. Ich wünsche dem viel Geduld, der die Musterung über diese Klotzische Amors unternehmen will. Alle Augenblicke wird er einen aus dem Gliede stoßen müssen. – Doch davon an einem andern Orte!

Genug, wenn nicht jeder geflügelte Knabe oder Jüngling notwendig ein Amor sein muß: so braucht es dieser auf dem Monumente des Bellori am wenigsten zu sein.

Und kann es schlechterdings nicht sein! Denn keine allegorische Figur muß mit sich selbst im Widerspruche stehen. In diesem aber würde ein Amor stehen, dessen Werk es wäre, die Affekten in der Brust des Menschen zu verlöschen. Ein solcher Amor, ist eben darum kein Amor.

Vielmehr spricht alles, was um und an diesem geflügelten Jünglinge ist, für das Bild des Todes.

---

* Man sehe das Titelkupfer.
** Barthius ad Rutilii lib. I. v. 327. p. 121.
*** Idem ibid. p. 128.
† Über den Nutzen und Gebr. der alt. gesch. St. von S. 194 bis 224. 35.

Denn wenn es auch nur von dem Schlafe erwiesen wäre, daß ihn die Alten als einen jungen Genius mit Flügeln vorgestellt: so würde auch schon das uns hinlänglich berechtigen, von seinem Zwillingsbruder, dem Tode, ein Gleiches zu vermuten. Somni idolum senile fingitur, schrieb Barth auf gut Glück nur so hin,** um seine Interpunktion in einer Stelle des Statius zu rechtfertigen.

> Crimine quo merui, juvenis placidissime divum,
> Quove errore miser, donis ut solus egerem
> Somne tuis? ——

flehte der Dichter zu dem Schlafe; und Barth wollte, daß der Dichter das juvenis von sich selbst, nicht von dem Schlafe gesagt habe:

> Crimine quo merui juvenis, placidissime divum etc.

Es sei; weil es zur Not sein könnte: aber der Grund ist doch ganz nichtig. Der Schlaf war bei allen Dichtern eine jugendliche Gottheit; er liebte eine von den Grazien, und Juno, für einen wichtigen Dienst, gab ihm diese Grazie zur Ehe. Gleichwohl sollten ihn die Künstler als einen Greis gebildet haben? Das wäre von ihnen nicht zu glauben, wenn auch in keinem Denkmale das Gegenteil mehr sichtbar wäre.

Doch nicht der Schlaf bloß, wie wir gesehen, auch noch ein zweiter Schlaf, der nichts anders als der Tod sein kann, ist sowohl auf den unbekanntern Monumenten des Winckelmann, als auf den bekanntern des Boissard, gleich einem jungen Genius, mit umgestürzter Fackel zu sehen. Ist der Tod dort ein junger Genius: warum könnte ein junger Genuis hier, nicht der Tod sein? Und muß er es nicht sein, da außer der umgestürzten Fackel, auch alle übrige seiner Attributen die schönsten, redensten Attribute des Todes sind?

Was kann das Ende des Lebens deutlicher bezeichnen, als eine verloschene, umgestürzte Fackel? Wann dort der Schlaf, diese kurze Unterbrechung des Lebens, sich auf eine solche Fackel stützet: mit wie viel größerm Rechte darf es der Tod?

* Ad Statium, Silv. V. 4.

Auch die Flügel kommen noch mit größerm Rechte ihm, als dem Schlafe, zu. Denn seine Überraschung ist noch plötzlicher, sein Übergang noch schneller.

> – – – Seu me tranquilla Senectus
> Expectat, seu Mors atris circumvolat alis:

sagt Horaz.*

Und der Kranz in seiner Linken? Es ist der Totenkranz. Alle Leichen wurden bei Griechen und Römern bekränzt; mit Kränzen ward die Leiche von den hinterlassenen Freunden beworfen; bekränzt wurden Scheiterhaufe und Urne und Grabmal.**

Endlich, der Schmetterling über diesem Kranze? Wer weiß nicht, daß der Schmetterling das Bild der Seele, und besonders der von dem Leibe geschiedenen Seele, vorstellet?

Hierzu kömmt der ganze Stand der Figur, neben einem Leichnam, und gestützt auf diesen Leichnam. Welche Gottheit, welches höhere Wesen könnte und dürfte diesen Stand haben: wenn es nicht der Tod selbst wäre? Ein toter Körper verunreinigte, nach den Begriffen der Alten, alles, was ihm nahe war: und nicht allein die Menschen, welche ihn berührten oder nur sahen; sondern auch die Götter selbst. Der Anblick eines Toten war schlechterdings keinem von ihnen vergönnt.

> – – Εμοι γαρ ου θεμις φθιτους οραν·

sagt Diana, bei dem Euripides,*** zu dem sterbenden Hippolyt. Ja, um diesen Anblick zu vermeiden, mußten sie sich schon entfernen, sobald der Sterbende die letzten Atemzüge tat. Denn Diana fährt dort fort:

> Ουδ' ομμα χραινειν θανασιμοισιν εκπνοαις·
> Ὁρω δε σ' ηδη τουδε πλησιον κακου

und hiemit scheidet sie von ihrem Lieblinge. Aus eben diesem Grunde sagt auch Apoll, bei eben dem Dichter,† daß er die

---

* Lib. II. Sat. 1. v. 57, 58.
** Car. Paschalii Coronarum lib. IV. c. 5.
*** Hippol. v. 1437.
† Alc. v. 22. 23.

geliebte Wohnung des Admetus nun verlassen müßte, weil Alceste sich ihrem Ende nahe:

'Εγω δε, μη μιασμα μ' εν δομοις κιχη,
Λειπω μελαθρων τηνδε φιλτατην ςεγην.

Ich halte diesen Umstand, daß die Götter sich durch den Anblick eines Toten nicht verunreinigen durften, hier für sehr erheblich. Er ist ein zweiter Grund, warum es Amor nicht sein kann, der bei dem Leichname steht: und zugleich ein Grund wider alle andere Götter; den einzigen Gott ausgenommen, welcher sich unmöglich durch Erblickung eines Toten verunreinigen konnte, den Tod selbst.

Oder meinet man, daß vielleicht doch noch *eine* Gottheit hiervon auszunehmen sein dürfte? Nämlich der eigentliche Genius, der eigentliche Schutzgeist des Menschen. Wäre es denn, könnte man sagen, so etwas ungereimtes, daß der Genius des Menschen trauernd bei dem Körper stünde, durch dessen Erstarrung er sich auf ewig von ihm trennen müssen? Doch wenn das schon nicht ungereimt wäre, so wäre es doch völlig wider die Denkungsart der Alten; nach welcher auch der eigentliche Schutzgeist des Menschen den völligen Tod desselben nicht abwartete, sondern sich von ihm noch eher trennte, als in ihm die gänzliche Trennung zwischen Seele und Leib geschahe. Hiervon zeugen sehr deutliche Stellen;* und folglich kann auch dieser Genius der eigentliche Genius des eben verschiednen Menschen nicht sein, auf dessen Brust er sich mit der Fackel stützet.

Noch darf ich eine Besonderheit in dem Stande desselben, nicht mit Stillschweigen übergehen. Ich glaube in ihr die Bestätigung einer Mutmaßung zu erblicken, die ich an eben derselben Stelle des »Laokoon« berührte.** Sie hat Widerspruch gefunden, diese Mutmaßung: es mag sich nun zeigen, ob sie ihn zu behalten verdienet. –

Wenn nämlich Pausanias die gleich Anfangs erwähnte Vorstellung, auf der Kiste in dem Tempel der Juno zu Elis, be-

---

* Wonna Exercit. III. de Geniis cap. 2. §. 7.
** S. 85.

schreibet, wo unter andern eine Frau erscheine, die in ihrer Rechten einen schlafenden weißen Knaben halte, in ihrer Linken aber einen schwarzen Knaben, καθευδοντι ἐοικοτα, welches eben sowohl heißen kann, *der jenem schlafenden Knaben ähnlich sei*, als, *der zu schlafen scheine*: so setzt er hinzu, ἀμφοτερους διεςραμμενους τους ποδας. Diese Worte gibt der lateinische Übersetzer durch: distortis utrinque pedibus; und der französische durch: les pieds contrefaits. Ich fragte: was sollen hier die krummen Füße? wie kommen der Schlaf und der Tod zu diesen ungestalteten Gliedern? was können sie andeuten sollen? Und in der Verlegenheit, mir hierauf zu antworten, schlug ich vor, διεςραμμενους τους ποδας. nicht durch *krumme*, sondern durch *über einander geschlagene Füße* zu übersetzen: weil dieses die gewöhnliche Lage der Schlafenden sei, und der Schlaf auf alten Monumenten nicht anders liege.

Erst wird es, wegen einer Verbesserung, die Sylburg in eben den Worten machen zu müssen glaubte, nötig sein, die ganze Stelle in ihrem Zusammenhange anzuführen: Πεποιηται δε γυνη παιδα λευκον καθευδοντα ἀνεχουσα τη δεξια χειρι, τη δε ἑτερα μελανα ἐχει παιδα καθευδοντι ἐοικοτα, ἀμφοτερους διες ραμμενον τους ποδας. Sylburg fand das διεςραμμενους anstößig, und meinte, daß es besser sein würde, διεραμμενον dafür zu lesen, weil ἐοικοτα vorher gehe, und beides sich auf παιδα beziehe.* Doch diese Veränderung würde nicht allein sehr überflüssig, sondern auch ganz falsch sein. Überflüssig: denn warum soll sich nun eben das διαςρεφεσθαι auf παιδα beziehen, da es sich eben sowohl auf ἀμφοτερους oder ποδας beziehen kann? Falsch: denn sonach würde ἀμφοτερους nur zu ποδας gehören können, und man würde übersetzen müssen, *krumm an beiden Füßen*; da es doch auf das doppelte παιδα gehet, und man übersetzen muß, *beide mit krummen Füßen*. Wenn anders διεςραμμενος hier krumm heißt, und überhaupt krumm heißen kann!

Zwar muß ich gestehen, daß ich damals, als ich den Ort im Laokoon schrieb, schlechterdings keine Auslegung kannte, warum der Schlaf und der Tod mit krummen Füßen sollten sein

---

* Rectius διεςραμμενον, ut antea ἐοικοτα, respiciunt enim Accusativum παιδα.

gebildet worden. Ich habe erst nachher beim Rondel* gefunden, daß die Alten durch die krummen Füße des Schlafes, die Ungewißheit und Betrieglichkeit der Träume andeuten wollen. Aber worauf gründet sich dieses Vorgehen? und was wäre es auch damit? Was es erklären sollte, würde es höchstens nur zur Hälfte erklären. Der Tod ist doch wohl ohne Träume: und dennoch hatte der Tod eben so krumme Füße. Denn, wie gesagt, das ἀμφοτερους muß schlechterdings auf das doppelte vorhergehende παιδα sich beziehen: sonst würde ἀμφοτερους, zu τους ποδας genommen, ein sehr schaler Pleonasmus sein. Wenn ein Mensch krumme Füße hat, so versteht es sich ja wohl, daß sie beide krumm sind.

Oder sollte wohl jemand auch nur deswegen sich die Lesart des Sylburg (διεϛραμμενον für διεϛραμμενους) gefallen lassen, um die krummen Füße bloß und allein dem Schlafe beilegen zu können? Nun so zeige mir dieser Eigensinnige doch irgend einen antiken Schlaf mit dergleichen Füßen. Es sind sowohl ganz runde als halb erhabene Werke genug übrig, in welchen die Altertumskundigen einmütig den Schlaf erkennen. Wo ist ein einziger, an welchem sich krumme Füße auch nur argwohnen ließen?

Was folgt aber hieraus? – Sind die krummen Füße des Todes und des Schlafes ohne alle befriedigende Bedeutung; sind die krummen Füße des letztern in keiner antiken Vorstellung desselben sichtbar: so meine ich, folgt wohl nichts natürlicher, als die Vermutung, daß es mit diesen krummen Füßen überhaupt eine Grille sein dürfte. Sie gründen sich auf eine einzige Stelle des Pausanias, auf ein einziges Wort in dieser Stelle: und dieses Wort ist noch dazu eines ganz andern Sinnes fähig!

Denn διεστραμμενος, von διαστρεφειν, heißt nicht sowohl *krumm, verbogen*, als nur überhaupt *verwandt, aus seiner Richtung gebracht;* nicht sowohl *tortuosus, distortus*, als *obliquus, transversus*: und ποδες διεστραμμενοι sind also nicht nur eben sowohl durch *quer, überzwerch liegende* Füße, als durch *krumme* Füße zu übersetzen; sondern durch jenes sogar noch besser und eigentlicher zu übersetzen, als durch dieses.

---

* Expos. Signi veteris Tolliani p. 294. Fortuitorum Jacobi Tollii.

Doch daß διεστραμμενος bloß so übersetzt werden *könnte*, würde noch wenig entscheiden. Der eigentlichere Sinn ist nicht immer der wahre. Von größerm, den völligen Ausschlag gebendem Gewicht ist also dieses: daß die ποδες διεστραμμενοι, so übersetzt wie ich sage, durch *über einander geschlagen* übersetzt, nicht allein, sowohl bei dem Tode als bei dem Schlafe, die schönste angemessenste Bedeutung haben, sondern auch häufig auf alten Denkmälern zu erblicken sind.

Über einander geschlagene Füße sind die natürliche Lage, die der Mensch in einem ruhigen gesunden Schlafe nimmt. Diese Lage haben die alten Künstler auch einstimmig jeder Person gegeben, die sie in einem solchen Schlafe zeigen wollen. So schläft die vermeinte Cleopatra im Belvedere; so schläft die Nymphe auf einem alten Monumente beim Boissard; so schläft, oder will eben entschlafen, der Hermaphrodit des Dioskurides. Es würde sehr überflüssig sein, dergleichen Exempel zu häufen. Ich wüßte mich itzt nur einer einzigen alten Figur zu erinnern, welche in einer andern Lage schliefe. – (Dem Herrn Klotz unverwehrt, geschwind seine Kupferbücher durchzublättern, und mir mehrere zu zeigen!) – Aber diese einzige Figur ist auch ein trunkener Faun, dem der gärende Wein keinen ruhigen Schlaf vergönnen darf.* Bis auf die schlafenden Tiere, beobachteten die alten Künstler die angegebene Lage. Die zwei antiken Löwen, von gelblichem Marmor, unter den Königlichen Altertümern zu Berlin, schlafen mit über einander geschlagenen Vorderfüßen, auf welchen der Kopf ruhet. Kein Wunder folglich, daß man auch den Schlaf selbst, in dieser den Schlafenden so gewöhnlichen Lage, von ihnen vorgestellt sieht. Ich verwies auf den Schlaf beim Maffei,** und ich hätte eben sowohl auf den ähnlichen Marmor des Tollius verweisen können. Zwei kleinerer, ehedem bei dem Connetable Colonna, von jenen wenig oder nichts unterschieden, erwähnt ebenfalls Maffei.

Ja auch an wachenden Figuren, ist die Lage der über einan-

---

* Beim Maffei, (T. XCIV) wo man sich über den Geschmack dieses Auslegers ärgern muß, der eine so unanständige Figur mit aller Gewalt zu einem Bacchus machen will.
** Tab. CLI.

der geschlagenen Füße, das Zeichen der Ruhe. Nicht wenige von den ganz oder halb liegenden Flußgöttern, ruhen so auf ihren Urnen: und sogar an stehenden Personen ist ein Fuß über den andern geschlagen, der eigentliche Stand des Verweilens und der Erholung. Daher erscheinen die Merkure und Faune so manchmal in diesem Stande; besonders, wenn wir sie in ihre Flöte, oder sonst ein erquickendes Spiel, vertieft finden.

Nun wäge man alle diese Wahrscheinlichkeiten gegen die blank und bloßen Widersprüche ab, mit welchen man meine Auslegung abfertigen wollen. Der gründlichste ist noch der, der sich von einem Gelehrten herschreibt, dem ich wichtigere Erinnerungen zu danken habe. »Die Lessingische Erklärung des διεστραμμενους τους ποδας«, sagt der Verfasser der Kritischen Wälder,* »scheint dem Sprachgebrauche zu widersprechen; und wenn es aufs Mutmaßen ankäme, könnte ich eben so sagen: *sie schliefen mit über einander geschlagenen Füßen*, d. i. des einen Fuß streckte sich über den andern hin, um die Verwandtschaft des Schlafes und Todes anzuzeigen« u. s. w.

Wider den Sprachgebrauch? wie das? Heißt διεστραμμενος etwas anders, als verwandt? und muß denn alles, was verwandt ist, notwendig krumm sein? Wie könnte man denn einen mit übergeschlagenen Füßen auf griechisch richtiger und besser nennen, als διεστραμμενον (κατα) τους ποδας? oder διεστραμμενους τους ποδας, mit unter verstandenem ἐχοντα? Ich wüßte im geringsten nicht, was hier wider die natürliche Bedeutung der Worte, oder gegen die genuine Konstruktion der Sprache wäre. Wenn Pausanias hätte *krumm* sagen wollen, warum sollte er nicht das so gewöhnliche σκολιος gebraucht haben?

Mutmaßen hiernächst läßt sich freilich vielerlei. Aber verdient wohl eine Mutmaßung, die nichts als die bloße Möglichkeit vor sich hat, einer entgegen gesetzet zu werden, der so wenig zu einer ausgemachten Wahrheit fehlet? Ja, auch kaum die Möglichkeit kann ich jener mir entgegen gesetzten Mutmaßung einräumen. Denn der eine Knabe ruhete in dem einen,

---

* Erstes Wäldchen S. 83.

und der andere in dem andern Arme der Nacht: folglich wäre die Verschränkung der Füße des einen mit den Füßen des andern, kaum zu begreifen. Endlich die Möglichkeit dieser Verschränkung auch zugegeben: würde sodann das διεστραμμένους, welches sie ausdrücken sollte, nicht ebenfalls etwas ganz anders heißen, als krumm? Würde diese Bedeutung nicht ebenfalls wider den Sprachgebrauch sein? Würde die Mutmaßung meines Gegners also nicht eben der Schwierigkeit ausgesetzt sein, der er meine ausgesetzt zu sein meinet, ohne daß sie eine einzige der Empfehlungen hätte, die er dieser nicht absprechen kann?

Nun zurück zu dem Bilde beim Bellori. Wenn aus dem, was ich bisher beigebracht, erwiesen ist, daß die alten Artisten den Schlaf mit über einander geschlagenen Füßen gebildet; wenn es erwiesen ist, daß sie dem Tod eine genaue Ähnlichkeit mit dem Schlafe gegeben: so werden sie, allem Vermuten nach, auch den Tod mit über einander geschlagenen Füßen vorzustellen, nicht unterlassen haben. Und wie, wenn eben dieses Bild beim Bellori ein Beweis davon wäre? Denn wirklich stehet es, den einen Fuß über den andern geschlagen; und diese Besonderheit des Standes, glaube ich, kann eben sowohl dienen, die Bedeutung der ganzen Figur zu bestätigen, als die anderweits erwiesene Bedeutung derselben das Charakteristische dieses besondern Standes festzusetzen hinlänglich sein dürfte.

Doch es versteht sich, daß ich so geschwind und dreist nicht schließen würde, wenn dieses das einzige alte Monument wäre, auf welchem sich die über einander geschlagenen Füße an dem Bilde des Todes zeigten. Denn nichts würde natürlicher sein, als mir einzuwenden: »wenn die alten Künstler den Schlaf mit über einander geschlagenen Füßen gebildet haben, so haben sie ihn doch nur als liegend, und wirklich selbst schlafend so gebildet; von dieser Lage des Schlafes im Schlafe, ist also auf seinen stehenden Stand, oder gar auf den stehenden Stand des ihm ähnlichen Todes, wenig oder nichts zu schließen, und es kann ein bloßer Zufall sein, daß hier einmal der Tod so stehet, als man sonst den Schlaf schlafen sieht.«

Nur mehrere Monumente, welche eben das zeigen, was ich

Tab. I. p. 207

> Q. CAECILIO
> FEROCI
> KALATORI SACERDOTI
> TITIALIUM FLAVIALIUM
> STUDIOSO
> ELOQVENTIA
> VIXIT ANNIS XV.
> MENSE I DIEBVS XIIII
> FILIO OPTVMO AC
> REVERENTISSIMO
>
> M. GAVIVS CHARINVS

an der Figur beim Bellori zu sehen glaube, können dieser Einwendung vorbauen. Ich eile also, deren so viele anzuführen, als zur Induktion hinreichend sind, und glaube, daß man es für keine bloße überflüssige Auszierung halten wird, einige der vorzüglichsten in Abbildung beigefügt zu finden.

Zuerst also* erscheinet der schon angeführte Grabstein beim Boissard. Weil die ausdrücklichen Überschriften desselben nicht verstatten, uns in der Deutung seiner Figuren zu irren: so kann er gleichsam der Schlüssel zu allen übrigen Denkmälern heißen. Wie aber zeiget sich hier die Figur, welche mit »Somno Orestilia Filia« überschrieben ist? Als ein nackter Jüngling, einen traurigen Blick seitwärts zur Erde heftend, mit dem einen Arme auf eine umgekehrte Fackel sich stützend, und den einen Fuß über den andern geschlagen. – Ich darf nicht unerinnert lassen, daß von eben diesem Denkmale sich auch eine Zeichnung unter den Papieren des Pighius, in der Königl. Bibliothek zu Berlin befindet, aus welcher Spanheim

---

* S. die beigefügten Kupfer, Num. 1.

die einzelne Figur des Schlafes seinem Kommentar über den Kallimachus einverleibet hat.* Daß es schlechterdings die nämliche Figur des nämlichen Denkmals beim Boissard sein soll, ist aus der nämlichen Überschrift unstreitig. Aber um so viel mehr wird man sich wundern, an beiden so merkliche Verschiedenheiten zu erblicken. Die schlanke, ausgebildete Gestalt beim Boissard, ist beim Pighius ein fetter stämmiger Knabe; dieser hat Flügel, und jene hat keine; geringerer Abweichungen, als in der Wendung des Hauptes, in der Richtung der Arme, zu geschweigen. Wie diese Abweichungen von Spanheimen nicht bemerkt werden können, ist begreiflich; Spanheim kannte das Denkmal nur aus den »Inschriften« des Gruter, wo er die bloßen Worte ohne alle Zeichnung fand; er wußte nicht, oder erinnerte sich nicht, daß die Zeichnung bereits beim Boissard vorkomme, und glaubte also etwas ganz unbekanntes zu liefern, wenn er sie uns zum Teil aus den Papieren des Pighius mitteilte. Weniger ist Grävius zu entschuldigen, welcher seiner Ausgabe der Gruterschen »Inschriften« die Zeichnung aus dem Boissard beifügte,** und gleichwohl den Widerspruch, den diese Zeichnung mit der wörtlichen Beschreibung des Gruter macht, nicht bemerkte. In dieser ist die Figur Genius alatus, crinitus, obesus, dormiens, dextra manu in humerum sinistrum, a quo velum retrorsum dependet, posita: und in jener erscheinet sie, gerade gegen über, so wie wir sie hier erblicken, ganz anders; nicht geflügelt, nicht eben von starken Haaren, nicht fett, nicht schlafend, nicht mit der rechten Hand auf der linken Schulter. Eine solche Mißhelligkeit ist anstößig, und kann nicht anders als Mißtrauen bei dem Leser erwecken, besonders wann er sich noch dazu nicht einmal davor gewarnet findet. Sie beweiset indes so viel, daß unmöglich beide Zeichnungen unmittelbar von dem Denkmale können genommen sein: eine derselben muß notwendig aus dem Gedächtnisse sein gemacht worden. Ob dieses die Zeichnung des Pighius, oder die Zeichnung des Boissard sei, kann nur der entscheiden, welcher das Denkmal

---

* Ad. ver. 234. Hym. in Delum p. 524. Edit. Ern.
** Pag. CCCIV.

selbst damit zu vergleichen Gelegenheit hat. Nach der Angabe des letztern, befand es sich zu Rom, in dem Palaste des Kardinal Cesi. Dieser Palast aber, wenn ich recht unterrichtet bin, ward in der Plünderung von 1527 gänzlich zerstöret. Verschiedene von den Altertümern, welche Boissard daselbst sahe, mögen sich itzt in dem Palaste Farnese befinden; ich vermute dieses von dem Hermaphrodit, und dem vermeinten Kopfe des Pyrrhus.* Andere glaube ich in andern Cabinetten wiedergefunden zu haben: kurz, sie sind verstreuet, und es dürfte schwer halten, das Denkmal, wovon die Rede ist, wieder aufzufinden, wenn es noch gar vorhanden ist. Aus bloßen Mutmaßungen möchte ich mich eben so wenig für die Zeichnung des Boissard, als für die Zeichnung des Pighius erklären. Denn wenn es gewiß ist, daß der Schlaf Flügel haben kann: so ist es eben so gewiß, daß er nicht notwendig Flügel haben muß.

Tab. II. p. 210

* Hermaphroditus nudus, qui involutum palliolo femur habet. – Caput ingens Pyrrhi regis Epirotarum, galeatum, cristatum, et armato pectore. *Topogr. Parte I. p. 7.8* Winkelmanns Anmerkungen über die Geschichte der Kunst. S. 98.

Die *zweite* Kupfertafel zeiget das Grabmal einer Clymene, ebenfalls aus dem Boissard entlehnt.* Die eine der Figuren darauf, hat mit der eben erwähnten zu viel Ähnlichkeit, als daß diese Ähnlichkeit, und der Ort, den sie einnimmt, uns im geringsten ihrentwegen ungewiß lassen könnten. Sie kann nichts anders als der Schlaf sein: und auch dieser Schlaf, auf eine umgekehrte Fackel sich stützend, hat den einen Fuß über den andern geschlagen. – Die Flügel übrigens fehlen ihm gleichfalls: und es wäre doch sonderbar, wenn sie Boissard hier zum zweitenmale vergessen hätte. Doch wie gesagt, die Alten werden den Schlaf öfters auch ohne Flügel gebildet haben. Pausanias gibt dem Schlafe in dem Arme der Nacht keine; und weder Ovidius noch Statius legen, in ihren umständlichen Beschreibungen dieses Gottes und seiner Wohnung, ihm deren bei. Brouckhuysen hat sich sehr versehen, wenn er vorgibt, daß der letztere Dichter dem Schlafe sogar zwei Paar Flügel, eines an dem Kopfe und eines an den Füßen, andichte.** Denn obschon Statius von ihm sagt:

Ipse quoque et volucrem gressum et ventosa citavit
Tempora:

so ist dieses doch im geringsten nicht von natürlichen Flügeln, sondern von dem geflügelten Petasus und von den Talariis zu verstehen, welche die Dichter nicht bloß dem Merkur beilegen, sondern auch häufig von andern Göttern brauchen lassen, die sie uns in besonderer Eil zeigen wollen. Doch es ist mir hier überhaupt nicht um die Flügel, sondern um die Füße des Schlafes zu tun; und ich fahre fort, das διεςραμμενον derselben in mehrern Monumenten zu zeigen.

Auf der *dritten* Kupfertafel siehet man eine Pila, oder einen Sarg, der wiederum aus dem Boissard genommen ist.*** Die

---

* Par. VI. p. 119.
** Ad Tibullum Lib. II. Eleg. I. v. 89: Et sic quidem poetae plerique omnes, videlicet ut alas habuerit hic deus in humeris. Papinius autem, suo quodam jure peculiari, alas ei in pedibus et in capite adfingit; L. 10. Theb. v. 137.
*** Par. V. p. 115.

Tab. III. p. 210

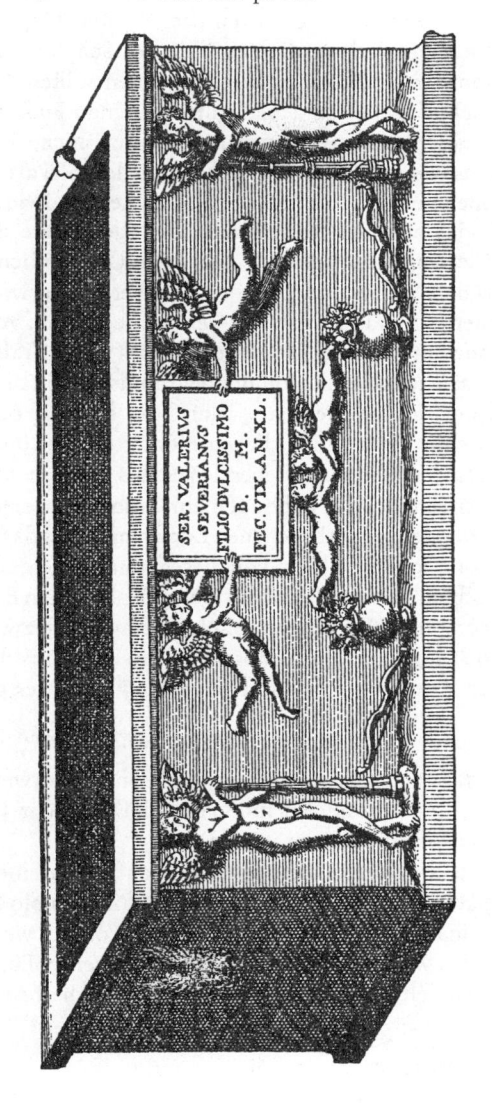

Aufschrift dieser Pila kömmt auch bei dem Gruter vor,* wo die zwei Genii mit umgekehrten Fackeln zwei Cupidines heißen. Doch wir sind mit diesem Bilde des Schlafes nun schon zu bekannt, als daß wir es hier verkennen sollten. Und auch dieser Schlaf stehet beidemal mit dem einen Fuße über den andern geschlagen. Aber warum diese nämliche Figur hier nochmals wiederholt? Nicht sowohl wiederholt: als vielmehr verdoppelt; um Bild und Gegenbild zu zeigen. Beides ist der Schlaf; das eine der überhingehende, das andere der lange daurende Schlaf; mit einem Worte, es sind die ähnlichen Zwillingsbrüder, Schlaf und Tod. Ich darf vermuten, wie wir sie hier sehen, so und nicht anders werden sie auf den von Winkkelmannen erwähnten Monumenten, auf dem Grabsteine in dem Palaste Albani, und auf der Begräbnisurne in dem Collegio Clementino erscheinen. – Man lasse sich die Bogen, die diesen Geniis hier zu Füßen liegen, nicht irren: sie können eben sowohl zu den beiden schwebenden Geniis gehören, als zu diesen stehenden; und ich habe auf mehr Grabmälern einen losgespannten, oder gar zerbrochenen Bogen, nicht als das Attribut des Amors, sondern als ein von diesem unabhängiges Bild des verbrauchten Lebens überhaupt, gefunden. Wie ein Bogen das Bild einer guten Hausmutter sein könne, weiß ich zwar nicht: aber doch sagt eine alte Grabschrift, die Leich aus der ungedruckten Anthologie bekannt gemacht,** daß er es gewesen,

Τοξα μεν αυδασει ταν ευτονον αγετιν οικου·

und daraus zeigt sich wenigstens, daß er nicht notwendig das Rüstzeug des Amors sein muß, und daß er mehr bedeuten kann, als wir zu erklären wissen.

Ich füge die *vierte* Tafel hinzu, und auf dieser einen Grabstein, den Boissard in Rom zu St. Angelo (in Templo Junonis, quod est in foro piscatorio) fand, wo er sich ohne Zweifel auch noch finden wird.*** Hinter einer verschlossenen Türe stehet, auf beiden Seiten, ein geflügelter Genius mit halbem Körper

---

* Pag. DCCXII.
** Sepulc. Car. XIV.
*** Parte V. p. 22.

Tab. IV. p. 212

> FESTO AVG. L.
> GEMETHLIANO
>
> ANTONIA LAETA
> CONTVBERNALI

hervorragend, und mit der Hand auf diese verschlossene Türe zeigend. Die Vorstellung ist zu redend, als daß uns nicht jene domus exilis Plutonia, einfallen sollte,* aus welcher keine Erlösung zu hoffen: und wer könnten die Türsteher dieses ewigen Kerkers besser sein, als Schlaf und Tod? Bei der Stellung und Aktion, in der wir sie erblicken, braucht sie keine umgestürzte Fackel deutlicher zu bezeichnen: nur den einen über den andern geschlagenen Fuß hat auch ihnen der Künstler gegeben. Aber wie unnatürlich würde hier dieser Stand sein, wenn er nicht ausdrücklich charakteristisch sein sollte?

Man glaube nicht, daß dieses die Beispiele alle sind, welche ich für mich anführen könnte. Selbst aus dem Boissard würde ich noch verschiedene hieher ziehen können, wo der Tod, entweder als Schlaf, oder mit dem Schlafe zugleich, den nämlichen

---

* Tollii Expos. Signi vet. p. 292.

Stand der Füße beobachtet.* Eine ganze Ernte von Figuren, so wie die auf der ersten Tafel erscheinet oder erscheinen sollte, würde mir auch Maffei anbieten.** Doch wozu dieser Überfluß? Vier dergleichen Denkmäler, das beim Bellori ungerechnet, sind mehr als hinlänglich, die Vermutung abzuwenden, daß das auch wohl ein bloßer unbedeutender Zufall sein könne, was eines so nachdenklichen Sinnes fähig ist. Wenigstens wäre ein solcher Zufall der sonderbarste, der sich nur denken ließe! Welch ein Ungefähr, wenn nur von Ungefähr in mehr als einem unverdächtigen alten Monumente gewisse Dinge gerade so wären, als ich sage, daß sie nach meiner Auslegung einer gewissen Stelle sein müßten: oder wenn nur von Ungefähr sich diese Stelle gerade so auslegen ließe, als wäre sie in wirklicher Rücksicht auf dergleichen Monumente geschrieben worden. Nein, das Ungefähr ist so übereinstimmend nicht; und ich kann ohne Eitelkeit behaupten, daß folglich meine Erklärung, so sehr es auch nur *meine* Erklärung ist, so wenig Glaubwürdigkeit ihr auch durch mein Ansehen zuwachsen kann, dennoch so vollkommen erwiesen ist, als nur immer etwas von dieser Art erwiesen werden kann.

Ich halte es daher auch kaum der Mühe wert, diese und jene Kleinigkeit noch aus dem Wege zu räumen, die einem Zweifler, der durchaus nicht aufhören will zu zweifeln, vielleicht einfallen könnte. Z. E. die Zeilen des Tibullus:***

> Postque venit tacitus fuscis circumdatus alis
> Somnus, et incerto somnia vara pede.

Es ist wahr, hier wird ausdrücklich krummbeiniger Träume gedacht. Aber Träume! und wenn die Träume krummbeinig waren: warum mußte es denn auch der Schlaf sein? Weil er der Vater der Träume war? Eine treffliche Ursache! Und doch ist auch das noch nicht die eigentliche Abfertigung, die sich mir hier anträgt. Denn die eigentliche ist diese: daß das Beiwort vara überhaupt, sicherlich nicht vom Tibull ist; daß es

---

* Aus Par. III. p. 69 und vielleicht auch Part. V. p. 23.
** Museo Veron. Tab. CXXXIX.
*** Lib. II. Eleg. 1. v. 89. 90.

nichts, als eine eigenmächtige Leseart des Brouckhuysen ist. Vor diesem Kommentator, lasen alle Ausgaben entweder nigra oder vana. Das letzte ist das wahre; und es zu verwerfen, konnte Brouckhuysen nur die Leichtigkeit, mit Veränderung eines einzigen Buchstaben, seinem Autor eine fremde Gedanke unterzuschieben, verleiten. Aber wenn schon die alten Dichter die Träume öfters auf schwachen, ungewissen Füßen einhergaukeln lassen; nämlich die täuschenden, betriegerischen Träume: folgt denn daraus, daß sie diese schwachen ungewissen Füße sich auch als krumme Füße müssen gedacht haben? Wo liegt denn die Notwendigkeit, daß schwache Füße auch krumme Füße, oder krumme Füße auch schwache Füße sein müssen? Dazu waren den Alten ja nicht alle Träume täuschend und betriegerisch; sie glaubten eine Art sehr wahrhafter Träume, und der Schlaf, mit diesen seinen Kindern, war ihnen eben sowohl Futuri certus als pessimus auctor.* Folglich konnten auch die krummen Füße, als das Symbolum der Ungewißheit, nach ihren Begriffen nicht den Träumen überhaupt, noch weniger dem Schlafe, als dem allgemeinen Vater derselben, zukommen. Und doch, gestehe ich, würden alle diese Vernünfteleien bei Seite zu setzen sein, wenn Brouckhuysen, außer der mißverstandenen Stelle des Pausanias, auch nur sonst eine einzige für die krummen Füße der Träume und des Schlafes anzuführen gewußt hätte. Was varus heißt, erklärt er mit zwanzig sehr überflüssigen Stellen: aber daß varus ein Beiwort des Traumes sei, davon gibt er keine Beweisstelle, sondern will sie erst machen; und, wie gesagt, nicht sowohl aus dem einzigen Pausanias, als aus der falschen Übersetzung des Pausanias machen. Denn fast lächerlich ist es, wenn er uns, da er keinen krummbeinigen Schlaf aufbringen kann, wenigstens einen Genius mit krummen Füßen in einer Stelle des Persius** zeigen will, wo genius weiter nichts heißt als indoles, und varus weiter nichts als von einander abstehend:

> – – Geminos, horoscope, varo
> Producis genio. –

* Seneca Herc. Fur. v. 1070.
** Sat. VI. v. 18.

Überhaupt würde diese Ausschweifung über das διεςραμ-μενους des Pausanias, hier viel zu weitläufig geraten sein, wann sie mir nicht Gelegenheit gegeben hätte, zugleich mehrere antike Abbildungen des Todes anzuführen. Denn mag es denn nur auch mit seinen und seines Bruders übergestellten Füßen sein, wie es will; mag man sie doch für charakteristisch halten, oder nicht: so ist aus den angeführten Denkmälern doch so viel unstreitig, daß die alten Artisten immer fortgefahren haben, den Tod nach einer genauen Ähnlichkeit mit dem Schlafe zu bilden; und nur das war es, was ich eigentlich hier erweisen wollte.

Ja, so sehr ich auch von dem Charakteristischen jener besondern Fußstellung selbst überzeugt bin: so will ich doch keinesweges behaupten, daß schlechterdings kein Bild des Schlafes oder Todes ohne sie sein können. Vielmehr kann ich mir den Fall sehr wohl denken, in welchem eine solche Fußstellung mit der Bedeutung des Ganzen streiten würde; und ich glaube Beispiele von diesem Falle anführen zu können. Wenn nämlich der über den andern geschlagene Fuß, das Zeichen der Ruhe ist: so wird es nur dem bereits erfolgten Tode eigentlich zukommen können; der Tod hingegen, wie er erst erfolgen soll, wird eben darum eine andere Stellung erfodern.

In so einer andern, die Annäherung ausdrückenden Stellung glaube ich ihn auf einer Gemme beim Stephanonius, oder Licetus,[*] zu erkennen. Ein geflügelter Genius, welcher in der einen Hand einen Aschenkrug hält, scheinet mit der andern eine umgekehrte, aber noch brennende Fackel ausschleidern zu wollen, und siehet dabei mit einem traurigen Blicke seitwärts auf einen Schmetterling herab, der auf der Erde kriecht. Die gespreizten Beine sollen ihn entweder im Fortschreiten begriffen, oder in derjenigen Stellung zeigen, die der Körper natürlicher Weise nimmt, wenn er den einen Arm mit Nachdruck zurück schleidern will. Ich mag mich mit Widerlegung der höchst gezwungenen Deutungen nicht aufhalten, welche sowohl der erste poetische Erklärer der Stephanonischen

---

[*] Schemate VII. p. 123; dem Anfange dieser Untersuchung vorgesetzt. S. 192.

Steine, als auch der hieroglyphische Licetus von diesem Bilde gegeben haben. Sie gründen sich sämtlich auf die Voraussetzung, daß ein geflügelter Knabe notwendig ein Amor sein müsse: und so wie sie sich selbst unter einander aufreiben, so fallen sie alle zugleich mit einmal weg, sobald man auf den Grund jener Voraussetzung gehet. Dieser Genius ist also weder Amor, der das Andenken des verstorbenen Freundes in treuem Herzen bewahret; noch Amor, der sich seiner Liebe entschlägt, aus Verdruß, weil er keine Gegenliebe erhalten kann: sondern dieser Genius ist nichts als der Tod; und zwar der eben bevorstehende Tod, im Begriffe die Fackel auszuschlagen, auf die, verloschen, ihn wir anderwärts schon gestützt finden.

Dieses Gestus der auszuschleidernden Fackel, als Sinnbild des nahenden Todes, habe ich mich immer erinnert, so oft mir die sogenannten Brüder, Castor und Pollux, in der Villa Ludovisi vor Augen gekommen.* Daß es Castor und Pollux nicht sind, hat schon vielen Gelehrten eingeleuchtet: aber ich zweifle, ob del Torre und Maffei der Wahrheit darum näher gekommen. Es sind zwei unbekleidete, sehr ähnliche Genii, beide in einer sanften melancholischen Stellung; der eine schläget seinen Arm um die Schulter des andern, und dieser hält in jeder Hand eine Fackel; die in der Rechten, welche er seinem Gespielen genommen zu haben scheinet, ist er bereit, auf einem zwischen ihnen inne stehenden Altare auszudrücken, indem er die andere, in der Linken, bis über die Schulter zurückgeführet, um sie mit Gewalt auszuschlagen; hinter ihnen stehet eine kleinere weibliche Figur, einer Isis nicht unähnlich. Del Torre sahe in diesen Figuren zwei Genii, welche der Isis opferten: aber Maffei wollte sie lieber für den Lucifer und Hesperus gehalten wissen. So gut die Gründe auch sein mögen, welche Maffei gegen die Deutung des Del Torre beibringet: so unglücklich ist doch sein eigener Einfall. Woher könnte uns Maffei beweisen, daß die Alten den Lucifer und Hesperus als zwei besondere Wesen gebildet? Es waren ihnen nichts als zwei Namen, so wie des nämlichen Sternes, also auch der nämlichen mythischen Person.** Es ist schlimm, wenn ein

* Beim Maffei Tab. CXXI.
** Hyginus Poet. Astr. Libr. II. cap. 42.

Mann, der die geheimsten Gedanken des Altertums zu erraten sich getrauet, so allgemein bekannte Dinge nicht weiß! Aber um so viel nötiger dürfte es sein, auf eine neue Auslegung dieses trefflichen Kunstwerkes zu denken: und wenn ich den Schlaf und den Tod dazu vorschlage, so will ich doch nichts, als sie dazu vorschlagen. Augenscheinlich ist es, daß ihre Stellung keine Stellung für Opfernde ist: und wenn die eine Fackel das Opfer anzünden soll; was soll denn die andere auf dem Rücken? Daß *eine* Figur beide Fackeln zugleich auslöscht, würde nach meinem Vorschlage sehr bedeutend sein: denn eigentlich macht doch der Tod beidem, dem Wachen und dem Schlafen, ein Ende. Auch dürfte, nach eben diesem Vorschlage, die kleinere weibliche Figur nicht unrecht für die Nacht, als die Mutter des Schlafes und des Todes, zu nehmen sein. Denn wenn der Kalathus auf dem Haupte, eine Isis, oder Cybele, als die Mutter aller Dinge kenntlich machen soll: so würde mich es nicht wundern, auch die Nacht, diese

— θεων γενετειρα — ἡ δε και ἀνδρων,

wie sie Orpheus nennet, hier mit dem Kalathus zu erblicken.

Was sich sonst aus der Figur des Stephanonius, mit der beim Bellori verbunden, am zuverlässigsten ergibt, ist dieses, daß der Aschenkrug, der Schmetterling, und der Kranz diejenigen Attributa sind, durch welche der Tod, wo und wie es nötig schien, von seinem Ebenbilde, dem Schlafe, unterschieden ward. Das besondere Abzeichen des Schlafes hingegen, war ohnstreitig das Horn.

Und hieraus möchte vielleicht eine ganz besondere Vorstellung auf dem Grabsteine eines gewissen Amemptus, eines Freigelassenen ich weiß nicht welcher Kaiserin, oder kaiserlichen Prinzessin, einiges Licht erhalten. Man sehe die *fünfte* Tafel.* Ein männlicher und weiblicher Centaur, jener auf der Leier spielend, diese eine doppelte Tibia blasend, tragen beide einen geflügelten Knaben auf ihren Rücken, deren jeder auf einer Querpfeife bläset; unter dem aufgehabenen Vorderfuße des einen Centaur lieget ein Krug, und unter des andern ein

---

* Boissardus Par. III. p. 144.

Tab. V. p. 218

Horn. Was kann diese Allegorie sagen sollen? was kann sie hier sagen sollen? Ein Mann zwar, wie Herr Klotz, der seinen Kopf voller Liebesgötter hat, würde mit der Antwort bald fertig sein. Auch das sind meine Amors! würde er sagen; und der *weise* Künstler hat auch hier den Triumph der Liebe über die unbändigsten Geschöpfe, und zwar ihren Triumph vermittelst der Musik, vorstellen wollen! – Ei nun ja; was wäre der Weisheit der alten Künstler auch würdiger gewesen, als nur immer mit der Liebe zu tändeln; besonders, wie diese Herren die Liebe kennen! Indes wäre es doch möglich, daß einmal auch ein alter Künstler, nach ihrer Art zu reden, der Liebe und den Grazien weniger geopfert, und hier bei hundert Meilen an die liebe Liebe nicht gedacht hätte! Es wäre möglich, daß was ihnen dem Amor so ähnlich sieht, als ein Tropfen Wasser dem andern, gerade nichts Lustigeres, als der Schlaf und der Tod sein sollte.

Sie sind uns beide, in der Gestalt geflügelter Knaben, nicht mehr fremd; und der Krug auf der Seite des einen, und das Horn auf der Seite des andern, dünken mich nicht viel weniger redend, als es ihre buchstäblichen Namen sein würden. Zwar weiß ich gar wohl, daß der Krug und das Horn auch nur Trinkgeschirre sein können, und daß die Centaure in dem Altertume nicht die schlechtesten Säufer sind; daher sie auch auf verschiedenen Werken in dem Gefolge des Bacchus erscheinen, oder gar seinen Wagen ziehen.* Aber was brauchten sie in dieser Eigenschaft, noch erst durch Attributa bezeichnet zu werden? und ist es nicht, auch für den Ort, weit schicklicher, diesen Krug, und dieses Horn für die Attributa des Schlafes und des Todes zu erklären, die sie notwendig aus den Händen werfen mußten, um die Flöten behandeln zu können?

Wenn ich aber den Krug oder die Urne, als das Attribut des Todes nenne, so will ich nicht bloß den eigentlichen Aschenkrug, das Ossuarium oder Cinerarium, oder wie das Gefäß sonst hieß, in welchem die Überreste der verbrannten Körper aufbewahret wurden, darunter verstanden wissen. Ich begreife darunter auch die Ληκυθους, die Flaschen jeder Art, die man den toten Körpern, die ganz zur Erde bestattet wurden, beizusetzen pflegte, ohne mich darüber einzulassen, was in diesen Flaschen enthalten gewesen. Sonder einer solchen Flasche blieb bei den Griechen ein zu begrabender Leichnam eben so wenig, als sonder Kranz; welches unter andern verschiedene Stellen des Aristophanes sehr deutlich besagen,** so daß es

---

* Gemme antiche colle sposizioni di P. A. Maffei, Parte III. p. 58.
** Besonders in den Ekklesiazusen, wo Blepyrus mit seiner Praxagora schilt, daß sie des Nachts heimlich aufgestanden und mit seinen Kleidern ausgegangen sei: (Z. 533-34.)

> Ὠχου καταλιπουσ' ὡσπερει προκειμενον,
> Μονον ὀυ ϛεφανωσασ', ὀυδ' ἐπιθεισα ληκυθον.

Der Scholiast setzt hinzu: Ειωθασι γαρ ἐπι νεκρων τουτο ποιειν. Man vergleiche in dem nämlichen Stücke die Zeilen 1022-27, wo man die griechischen Gebräuche der Leichenbestattung beisammen findet. Daß dergleichen den Toten beizusetzende Flaschen, ληκυθοι, bemalet wurden, und daß es eben nicht die größten Meister waren, die sich damit abgaben, erhellet eben daselbst, aus

ganz begreiflich wird, wie beides ein Attribut des Todes geworden.

Wegen des Hornes, als Attribut des Schlafes, ist noch weniger Zweifel. An unzähligen Stellen gedenken die Dichter dieses Hornes: aus vollem Horne schüttet er seinen Segen über die Augenlider der Matten,

> – – – Illos post vulnera fessos
> Exceptamque hiemem, cornu perfuderat omni
> Somnus; –

mit geleertem Horne folget er der weichenden Nacht nach, in seine Grotte,

> Et Nox, et cornu fugiebat Somnus inani.

Und so wie ihn die Dichter sahen, bildeten ihn auch die Künstler.* Nur das doppelte Horn, womit ihn die ausschweifende Einbildungskraft des Romeyn de Hooghe überladen, kannten weder diese noch jene.**

Zugegeben also, daß es der Schlaf und der Tod sein könnten, die hier auf den Centauren sitzen: was wäre nun der Sinn der Vorstellung zusammen? – Doch wenn ich glücklicher Weise einen Teil erraten hätte: muß ich darum, auch das Ganze zu erklären wissen? Vielleicht zwar, daß so tiefe Geheimnisse nicht darunter verborgen liegen. Vielleicht, daß Amemptus ein Tonkünstler war, der sich vornehmlich auf die Instrumente verstand, die wir hier in den Händen dieser unterirrdischen Wesen erblicken; denn auch die Centaure hatten

---

Z. 987. 88. Tanaquill Faber scheint geglaubt zu haben, daß es nicht wirklich bemalte Flaschen gewesen, die man den Toten beigesetzt, sondern daß man nur um sie her dergleichen Flaschen gemalt; denn er merkt bei der letzten Stelle an: Quod autem lecythi mortuis appingerentur, aliunde ex Aristophane innotuit. Ich wünschte, er hätte uns dieses aliunde nachweisen wollen.

* *Servius ad Aeneid. VI. v. 233:* Somnum cum cornu novimus pingi. *Lutatius apud Barthium ad Thebaid. VI. v. 27:* Nam sic a pictoribus simulatur, ut liquidum somnium ex cornu super dormientes videatur effundere.

** Denkbilder der alten Völker S. 193. deut. Übers.

bei den spätern Dichtern ihren Aufenthalt vor den Pforten der Hölle,

Centauri in foribus stabulant. –

und es war ganz gewöhnlich, auf dem Grabmale eines Künstlers die Werkzeuge seiner Kunst anzubringen, welches denn hier nicht ohne ein sehr feines Lob geschehen wäre.

Ich kann indes, von diesem Monumente überhaupt, mich nicht anders als furchtsam ausdrücken. Denn ich sehe mich wiederum, wegen der Treue des Boissard, in Verlegenheit. Von dem Boissard ist die Zeichnung; aber vor ihm hatte schon Smetius die Aufschrift, und zwar mit einer Zeile mehr,* bekannt gemacht, und eine wörtliche Beschreibung der darum befindlichen Bilder beigefügt. Inferius, sagt Smetius von den Hauptfiguren, Centauri duo sunt, alter mas, lyncea instratus, lyram tangens, cui Genius alatus, fistula, Germanicae modernae simili, canens insidet: alter foemina, fistulis duabus simul in os insertis canens, cui alter Genius foemineus alis papilionum, manibus nescio quid concutiens, insidet. Inter utrumque cantharus et cornu Bacchicum projecta jacent. Alles trifft ein; bis auf den Genius, den der weibliche Centaur trägt. Dieser soll nach dem Smetius, auch weiblichen Geschlechts sein, und Schmetterlingsflügel haben, und mit den Händen etwas zusammenschlagen. Nach dem Boissard aber hat er keine andere Flügel, als sein Gespiel; und anstatt der Cymbeln, oder des *Crotalum* vielleicht, bläset er auf eben dem Instrumente, auf dem jener. – Es ist traurig, solche Widersprüche oft zu bemerken. Sie müssen einem Manne, der nicht gern auf Treibsand bauet, das antiquarische Studium von Zeit zu Zeit sehr zuwider machen.

Zwar würde ich auch sodann, wenn Smetius richtiger gesehen hätte, als Boissard, meine Erklärung nicht ganz aufgeben dürfen. Denn sodann würde der weibliche Genius mit

---

* Die diejenigen benennt, welche dem Amemptus das Denkmal - gesetzet,

LALVS. ET. CORINTHVS. L.

V. Gruteri Corp. Inscr. p. DCVI. Edit. Graev.

Schmetterlingsflügeln eine Psyche sein; und wenn Psyche das Bild der Seele ist: so wäre anstatt des Todes, hier die Seele des Toten zu sehen. Auch dieser könnte das Attribut der Urne zukommen, und das Attribut des Hornes würde noch immer den Schlaf bezeichnen.

Ich bilde mir ohnedem ein, den Schlaf noch anderwärts, als auf sepulkralischen Monumenten, und besonders in einer Gesellschaft zu finden, in der man ihn schwerlich vermutet hätte. Unter dem Gefolge des Bacchus nämlich, erscheinet nicht selten ein Knabe, oder Genius, mit einem Füllhorne: und ich wüßte nicht, daß noch jemand es auch nur der Mühe wert gehalten hätte, diese Figur näher zu bestimmen. Sie ist z. E. auf dem bekannten Steine des Bagarris, itzt in der Sammlung des Königs von Frankreich, dessen Erklärung Casaubonus zuerst gegeben, von ihm und allen folgenden Auslegern* zwar bemerkt worden: aber kein einziger hat mehr davon zu sagen gewußt, als der Augenschein gibt, und ein Genius mit einem Füllhorne ist ein Genius mit einem Füllhorne geblieben. Ich wage es, ihn für den Schlaf zu erklären. Denn, wie erwiesen, der Schlaf ist ein kleiner Genius, das Attribut des Schlafes ist ein Horn: und welchen Begleiter könnte ein trunkner Bacchus lieber wünschen, als den Schlaf? Daß die Paarung des Bacchus mit dem Schlafe den alten Artisten auch gewöhnlich gewesen, zeigen die Gemälde vom Schlafe, mit welchen Statius den Palast des Schlafes auszieret:**

> Mille intus simulacra dei caelaverat ardens
> Mulciber. Hic haeret lateri redimita Voluptas.
> Hic comes in requiem vergens labor. Est ubi Baccho,
> Est ubi Martigenae socium pulvinar Amori
> Obtinet. Interius tectum in penetralibus altis,
> Et cum Morte jacet: nullique ea tristis imago.

Ja, wenn einer alten Inschrift zu trauen, oder vielmehr, wenn diese Inschrift alt genug ist: so wurden sogar Bacchus und der

---

* S. Lipperts Dakt. I. 366.
** Thebaid. X. v. 100. Barth hätte nicht so ekel sein, und dies- Zeilen darum zu kommentieren unterlassen sollen, weil sie in einigen der besten Handschriften fehlen. Er hat seine Gelehrsamkeit an schlechtere Verse verschwendet.

Schlaf, als die zwei größten und süßesten Erhalter des menschlichen Lebens, gemeinschaftlich angebetet.*

Es ist hier nicht der Ort, diese Spur schärfer zu verfolgen. Eben so wenig ist es itzt meine Gelegenheit, mich über meinen eigentlichen Vorwurf weiter zu verbreiten, und nach mehrern Beweisen umher zu schweifen, daß die Alten den Tod als den Schlaf, und den Schlaf als den Tod, bald einzeln, bald beisammen, bald ohne, bald mit gewissen Abzeichen, gebildet haben. Die angeführten, und wenn auch kein einziger sonst aufzutreiben wäre, erhärten hinlänglich, was sie erhärten sollen: und ich kann ohne Bedenken zu dem zweiten Punkte fortgehen, welcher die Widerlegung des Gegensatzes enthält.

II. Ich sage: die alten Artisten, wenn sie ein Skelett bildeten, meinten damit etwas ganz anders, als den Tod, als die Gottheit des Todes. Ich beweise also, 1) daß sie nicht den Tod damit meinten: und zeige 2) was sie sonst damit meinten.

1) Daß sie Skelette gebildet, ist mir nie eingekommen, zu leugnen. Nach den Worten des Hrn. Klotz müßte ich es zwar geleugnet haben, und aus dem Grunde geleugnet haben, weil sie überhaupt, häßliche und ekle Gegenstände zu bilden, sich enthalten. Denn er sagt, ich würde die Beispiele davon auf geschnittenen Steinen, ohne Zweifel, in die Bildersprache verweisen wollen, die sie von jenem höherm Gesetze der Schönheit losgesprochen. Wenn ich das nötig hätte, zu tun, dürfte ich nur hinzusetzen, daß die Figuren auf Grabsteinen und Totenurnen nicht weniger zur Bildersprache gehörten: und sodann würden von allen seinen angeführten Exempeln nur die zwei metallenen Bilder in dem Kircherschen Museo, und in der Galerie zu Florenz, wider mich übrig bleiben, die doch auch wirklich nicht unter die Kunstwerke, so wie ich das Wort im Laokoon nehme, zu rechnen wären.

Doch wozu diese Feinheiten gegen ihn? Gegen ihn brauche ich, was er mir Schuld gibt, nur schlechtweg zu verneinen. Ich habe nirgends gesagt, daß die alten Artisten keine Skelette gebildet: ich habe bloß gesagt, daß sie den Tod nicht als ein Skelett gebildet. Es ist wahr, ich glaubte an dem echten Alter-

* Corp. Inscript. p. LXVII. 8.

tume des metallenen Skeletts zu Florenz zweifeln zu dürfen; aber ich setzte unmittelbar hinzu: »den Tod überhaupt kann es wenigstens nicht vorstellen sollen, weil ihn die Alten anders vorstellten.« Diesen Zusatz verhält Hr. Klotz seinen Lesern, und doch kömmt alles darauf an. Denn er zeigt, daß ich das nicht geradezu leugnen will, woran ich zweifle. Er zeigt, daß meine Meinung nur die gewesen: wenn das benannte Bild, wie Spence behauptet, den Tod vorstellen soll, so ist es nicht antik; und wenn es antik ist, so stellt es nicht den Tod vor.

Ich kannte auch wirklich schon damals mehr Skelette auf alten Werken: und itzt kenne ich sogar verschiedene mehr, als der unglückliche Fleiß, oder der prahlerische Unfleiß des Herrn Klotz anzuführen vermögend gewesen.

Denn in der Tat stehen die, die er anführt, bis auf eines, schon alle beim Winckelmann;* und daß er diesen, auch hier, nur ausgeschrieben, ist aus einem Fehler sichtbar, welchen sie beide machen. Winckelmann schreibt: »Ich merke hier an, daß nur auf zwei alten Denkmalen und Urnen von Marmor, zu Rom, Totengerippe stehen, die eine ist in der Villa Medicis, die andere in dem Museo des Collegii Romani; ein anderes mit einem Gerippe findet sich beim Spon, und ist nicht mehr zu Rom befindlich.« Wegen des ersten dieser Gerippe, welches noch in der Villa Medicis stehe, beruft er sich auf Spons Rech. d'Antiq. p. 93: und wegen des dritten, das nicht mehr in Rom vorhanden sei, auf eben desselben Gelehrten Miscel. ant. p. 7. Allein dieses und jenes beim Spon, sind nur eines und das nämliche; und wenn das, welches Spon in seinen Recherches anführt, noch in der Villa Medicis stehet, so ist das in seinen Miscellaneis gewiß auch noch in Rom, und in der nämlichen Villa auf dem nämlichen Platze zu sehen. Spon zwar, welches ich zugleich erinnern will, sahe es nicht in der Villa Medicis, sondern in der Villa Madama. So wenig als Winckelmann die beiden Zitate des Spon verglichen haben konnte; eben so wenig kann es Hr. Klotz getan haben: denn sonst würde er mich nicht, zum Überflusse, wie er sagt, auf die beiden Marmor, die Winckelmann in seinem Versuche über die

---

* Allegorie S. 81.

Allegorie anführt, verweisen, und dennoch gleich darauf auch das Denkmal beim Spon in Rechnung bringen. Eines, wie gesagt, ist hier doppelt gezählt, und das wird er mir erlauben, ihm abzuziehn.

Damit er jedoch über diesen Abzug nicht verdrüßlich werde: so stehen ihm sogleich, für das eine abgestrittene Gerippe, ein Halbdutzend andere zu Dienste. Es ist Wildbret, das ich eigentlich nicht selbst hege, das nur von ungefähr in meine Gehege übergetreten ist, und mit dem ich daher sehr freigebig bin. Vors erste ganzer drei beisammen, habe ich die Ehre, ihm auf einem Steine aus der Daktyliothek des Andreini zu Florenz, beim Gori,* vorzuführen. Das vierte wird ihm eben dieser Gori auf einem alten Marmor, gleichfalls zu Florenz nachweisen.** Das fünfte trifft er, wenn mich meine Kundschaft nicht trügt, beim Fabretti:*** und das sechste auf dem andern der zwei Stoschischen Steine, von welchen er nur den einen aus den Lippertschen Abdrücken beibringet.†

Welch elendes Studium ist das Studium des Altertums, wenn das Feine desselben auf solche Kenntnisse ankömmt! wenn der der Gelehrteste darin ist, der solche Armseligkeiten am fertigsten und vollständigsten auf den Fingern herzuzählen weiß!

Aber mich dünkt, daß es eine würdigere Seite hat, dieses Studium. Ein anderes ist der Altertumskrämer, ein anderes der Altertumskundige. Jener hat die Scherben, dieser den Geist des Altertums geerbet. Jener denkt nur kaum mit seinen Augen, dieser sieht auch mit seinen Gedanken. Ehe jener noch sagt, »so war das!« weiß dieser schon, ob es so sein können.

Man lasse jenen noch siebzig und sieben solcher Kunstgerippe aus seinem Schutte zusammen klauben, um zu beweisen, daß die Alten den Tod als ein Gerippe gebildet; dieser wird über den kurzsichtigen Fleiß die Achsel zucken, und was er

---

* Inscript. antiq. quae in Etruriae Urbibus exstant Par. I. p. 455.
** Ibid. p. 382: – Tabula, in qua sub titulo sculptum est canistrum, binae corollae, foemina coram mensa tripode in lectisternio decumbens, Pluto quadriga vectus animam rapiens, praeeunte Mercurio petasato et caduceato, qui rotundam domum intrat, prope quam jacet sceletus.
*** Inscript. cap. I. p. 17; vom Gori am letztern Orte angeführt.
† Descript. des Pierres gr. p. 517. n. 241.

sagte, ehe er diese Siebensachen alle kannte, noch sagen: entweder sie sind so alt nicht, als man sie glaubt, oder sie sind das nicht, wofür man sie ausgibt!

Den Punkt des Alters, es sei als ausgemacht, oder als nicht auszumachend, bei Seite gesetzt: was für Grund hat man, zu sagen, daß diese Skelette den Tod vorstellen?

Weil wir Neuern den Tod als ein Skelett bilden? Wir Neuern bilden, zum Teil noch, den Bacchus als einen fetten Wanst: war das darum auch die Bildung, die ihm die Alten gaben? Wenn sich ein Basrelief von der Geburt des Herkules fände, und wir sähen eine Frau mit kreuzweis eingeschlagenen Fingern, digitis pectinatim inter se implexis, vor der Türe sitzen: wollten wir wohl sagen, diese Frau bete zur Juno Lucina, damit sie der Alkmene zu einer baldigen und glücklichen Entbindung helfe? Aber wir beten ja so? – Dieser Grund ist so elend, daß man sich schämen muß, ihn jemanden zu leihen. Zudem bilden auch wir Neuern den Tod nicht einmal als ein bloßes Skelett; wir geben ihm eine Sense, oder so was, in die Hand, und diese Sense macht erst das Skelett zum Tode.

Wenn wir glauben sollen, daß die alten Skelette den Tod vorstellen: so müssen wir entweder durch die Vorstellung selbst, oder durch ausdrückliche Zeugnisse alter Schriftsteller davon überzeugt werden können. Aber das ist weder dieses, noch jenes. Selbst nicht das geringste indirekte Zeugnis, läßt sich dafür aufbringen.

Ich nenne indirekte Zeugnisse, die Anspielungen und Gemälde der Dichter. Wo ist der geringste Zug bei irgend einem römischen oder griechischen Dichter, welcher nur argwohnen lassen könnte, daß er den Tod als ein Gerippe vorgestellt gefunden, oder sich selbst gedacht hätte?

Die Gemälde des Todes sind bei den Dichtern häufig, und nicht selten sehr schrecklich. Es ist der blasse, bleiche, fahle Tod;* er streifet auf schwarzen Flügeln umher;** er führet ein Schwert;*** er fletschet hungrige Zähne;† er reißet

---

* Pallida, lurida Mors.
** Atris circumvolat alis. *Horat. Sat. II. 1. v. 58.*
*** Fila sororum ense metit. *Statius Theb. I. v. 633.*
† Mors avidis pallida dentibus. *Seneca Her. Fur.*

einen gierigen Rachen auf;* er hat blutige Nägel, mit welchen er seine bestimmten Opfer zeichnet;** seine Gestalt ist so groß und ungeheuer, daß er ein ganzes Schlachtfeld überschattet,*** mit ganzen Städten davon eilet.† Aber wo ist da nur ein Argwohn von einem Gerippe? In einem von den Trauerspielen des Euripides wird er sogar als eine handelnde Person mit aufgeführt, und er ist auch da der traurige, fürchterliche, unerbittliche Tod. Doch auch da ist er weit entfernt, als ein Gerippe zu erscheinen; ob man schon weiß, daß die alte Skeuopöie sich kein Bedenken machte, ihre Zuschauer noch mit weit gräßlichern Gestalten zu schrecken. Es findet sich keine Spur, daß er durch mehr als sein schwarzes Gewand,†† und durch den Stahl bezeichnet gewesen, womit er dem Sterbenden das Haar abschnitt, und ihn so den unterirdischen Göttern weihete;††† Flügel hatte er nur vielleicht.*†

Prallet indes von diesem Wurfe nicht auch etwas auf mich selbst zurück? Wenn man mir zugibt, daß in den Gemälden der Dichter nichts von einem Gerippe zu sehen: muß ich nicht hinwieder einräumen, daß sie dem ohngeachtet viel zu schrecklich sind, als daß sie mit jenem Bilde des Todes bestehen könnten, welches ich den alten Artisten zugerechnet zu haben vermeine? Wenn aus dem, was in den poetischen Gemälden sich nicht findet, ein Schluß auf die materiellen Gemälde der Kunst gilt: wird nicht ein ähnlicher Schluß auch aus dem gelten, was sich in jenen Gemälden findet?

---

* Avidos oris hiatus pandit. *Idem Oedipo.*

** Praecipuos annis animisque cruento ungue notat. *Statius Theb. VIII. v. 380.*

*** Fruitur coelo, bellatoremque volando campum operit. *Idem ibid. v. 378.*

† Captam tenens fert Manibus urbem. *Idem Th. I. v. 633.*

†† Alcest. v. 843. wo ihn Herkules Ανακτα τον μελαμπεπλον νεκρων nennet.

††† Eben daselbst, Z. 76. 77, wo er von sich selbst sagt:

Ιερος γαρ ουτος των κατα χθονος θεων,
Οτου τοδ' ἐγχος κρατος ἁγνισει τριχα.

*† Wenn anders das πτερωτος ᾁδας in der 261sten Zeile von ihm zu verstehen ist.

Ich antworte: Nein; dieser Schluß gilt in dem einen Falle nicht völlig, wie in dem andern. Die poetischen Gemälde sind von unendlich weiterm Umfange, als die Gemälde der Kunst: besonders kann die Kunst, bei Personifierung eines abstrakten Begriffes, nur bloß das Allgemeine und Wesentliche desselben ausdrücken; auf alle Zufälligkeiten, welche Ausnahmen von diesem Allgemeinen sein würden, welche mit diesem Wesentlichen in Widerspruch stehen würden, muß sie Verzicht tun; denn dergleichen Zufälligkeiten des Dinges, würden das Ding selbst unkenntlich machen, und ihr ist an der Kenntlichkeit zuerst gelegen. Der Dichter hingegen, der seinen personifierten abstrakten Begriff in die Klasse handelnder Wesen erhebt, kann ihn gewissermaßen wider diesen Begriff selbst handeln lassen, und ihn in allen den Modifikationen einführen, die ihm irgend ein einzelner Fall gibt, ohne daß wir im geringsten die eigentliche Natur desselben darüber aus den Augen verlieren.

Wenn die Kunst also uns den personifierten Begriff des Todes kenntlich machen will: durch was muß sie, durch was kann sie es anders tun, als dadurch, was dem Tode in allen möglichen Fällen zukömmt? und was ist dieses sonst, als der Zustand der Ruhe und Unempfindlichkeit? Je mehr Zufälligkeiten sie ausdrücken wollte, die in einem einzeln Falle die Idee dieser Ruhe und Unempfindlichkeit entfernten, desto unkenntlicher müßte notwendig ihr Bild werden; Falls sie nicht ihre Zuflucht zu einem beigesetzten Worte, oder zu sonst einem konventionalen Zeichen, welches nicht besser als ein Wort ist, nehmen, und sonach, bildende Kunst zu sein, aufhören will. Das hat der Dichter nicht zu fürchten. Für ihn hat die Sprache bereits selbst die abstrakten Begriffe zu selbständigen Wesen erhoben; und das nämliche Wort hört nie auf, die nämliche Idee zu erwecken, so viel mit ihm streitende Zufälligkeiten er auch immer damit verbindet. Er kann den Tod noch so schmerzlich, noch so fürchterlich und grausam schildern, wir vergessen darum doch nicht, daß es nur der Tod ist, und daß ihm eine so gräßliche Gestalt nicht vor sich, sondern bloß unter dergleichen Umständen zukömmt.

Tot sein, hat nichts Schreckliches; und in so fern Sterben

nichts als der Schritt zum Totsein ist, kann auch das Sterben nichts Schreckliches haben. Nur so und so sterben, eben itzt, in dieser Verfassung, nach dieses oder jenes Willen, mit Schimpf und Marter sterben: kann schrecklich werden, und wird schrecklich. Aber ist es sodann das Sterben, ist es der Tod, welcher das Schrecken verursachte? Nichts weniger; der Tod ist von allen diesen Schrecken das erwünschte Ende, und es ist nur der Armut der Sprache zuzurechnen, wenn sie beide diese Zustände, den Zustand, welcher unvermeidlich in den Tod führt, und den Zustand des Todes selbst, mit einem und eben demselben Worte benennet. Ich weiß, daß diese Armut oft eine Quelle des Pathetischen werden kann, und der Dichter daher seine Rechnung bei ihr findet: aber dennoch verdienet diejenige Sprache ohnstreitig den Vorzug, die ein Pathetisches, das sich auf die Verwirrung so verschiedener Dinge gründet, verschmähet, indem sie dieser Verwirrung selbst durch verschiedene Benennungen vorbauet. Eine solche Sprache scheinet die ältere Griechische, die Sprache des Homer, gewesen zu sein. Ein anders ist dem Homer Κηρ, ein anders Θανατος: denn er würde Θανατον και Κηρα nicht so unzähligemal verbunden haben, wenn beide nur eines und eben dasselbe bedeuten sollten. Unter Κηρ versteht er die Notwendigkeit zu sterben, die öfters traurig werden kann; einen frühzeitigen, gewaltsamen, schmählichen, ungelegenen Tod: unter Θανατος aber den natürlichen Tod, vor dem keine Κηρ vorhergeht; oder den Zustand des Totseins, ohne alle Rücksicht auf die vorhergegangene Κηρ. Auch die Römer machten einen Unterschied zwischen Lethum und Mors.

> Emergit late Ditis chorus, horrida Erinnys,
> Et Bellona minax, facibusque armata Megaera,
> Lethumque, Insidiaeque, et lurida Mortis imago:

sagt Petron. Spence meinet, er sei schwer zu begreifen, dieser Unterschied: vielleicht aber hätten sie unter Lethum den allgemeinen Samen, oder die Quelle der Sterblichkeit verstanden, dem sie sonach die Hölle zum eigentlichen Sitze angewiesen; unter Mors aber, die unmittelbare Ursache einer jeden besondern Äußerung der Sterblichkeit auf unserer Erde.* Ich, meines Teils, möchte lieber glauben, daß Lethum mehr die Art des Sterbens, und Mors den Tod überhaupt, ursprünglich bedeuten sollen; denn Statius sagt:**

Mille modis lethi miseros Mors una fatigat.

Der Arten des Sterbens sind unendliche: aber es ist nur *ein* Tod. Folglich würde Lethum dem Griechischen Κηρ, und Mors dem Θανατος eigentlich entsprochen haben: unbeschadet, daß in der einen Sprache sowohl, als in der andern, beide Worte mit der Zeit verwechselt, und endlich als völlige Synonyma gebraucht worden.

Indes will ich mir auch hier einen Gegner denken, der jeden Schritt des Feldes streitig zu machen verstehet. Ein solcher könnte sagen: »Ich lasse mir den Unterschied zwischen Κηρ und Θανατος gefallen; aber wenn der Dichter, wenn die Sprache selbst, einen schrecklichen Tod und einen nicht schrecklichen unterschieden haben: warum könnte nicht auch die Kunst ein dergleichen doppeltes Bild für den Tod gehabt haben, und haben dürfen? Das minder schreckliche Bild mag der Genius, der sich auf die umgekehrte Fackel stützt, mit seinen übrigen Attributen, gewesen sein: aber sonach war dieser Genius nur Θανατος. Wie steht es mit dem Bilde der Κηρ? Wenn dieses schrecklich sein müssen: so ist dieses vielleicht ein Gerippe gewesen, und es bliebe uns noch immer vergönnt, zu sagen, daß die Alten den Tod, nämlich den gewaltsamen Tod, für den es unserer Sprache an einem besondern Worte mangelt, als ein Gerippe gebildet haben.«

Und allerdings ist es wahr, daß auch die alten Künstler die Abstraktion des Todes von den Schrecknissen, die vor ihm

---

* *Polymetis* p. 261. The Roman poets sometimes make a distinction between Lethum and Mors, which the poverty of our language will not allow us to express; and which it is even difficult enough to conceive. Perhaps, they meant by Lethum, that general principle or source of mortality, which they supposed to have its proper residence in hell; and by Mors, or Mortes, (for they had several of them) the immediate cause of each particular instance of mortality on our earth.
** Thebaid. IX. v. 280.

hergehen, angenommen, und diese unter dem besondern Bilde der Κηρ vorgestellet haben. Aber wie hätten sie zu dieser Vorstellung etwas wählen können, was erst spät auf den Tod folget? Das Gerippe wäre so unschicklich dazu gewesen, als möglich. Wen dieser Schluß nicht befriediget, der sehe das Faktum! Pausanias hat uns, zum Glück, die Gestalt aufbehalten, unter welcher die Κηρ vorgestellet wurde. Sie erschien als ein Weib mit gräulichen Zähnen und mit krummen Nägeln, gleich einem reißenden Tiere. So stand sie auf eben der Kiste des Cypselus, auf welcher Schlaf und Tod in den Armen der Nacht ruheten, hinter dem Polynices, indem ihn sein Bruder Eteokles anfällt: Του Πολυνεικους δε ὀπισθεν ἑςηκεν ὀδοντας τε ἐχουσα ὀυδεν ἡμερωτερους θηριου, και ὁι και των χειρων ἐισιν ἐπικαμπεις ὁι ὀνυχες· ἐπιγραμμα δε ἐπ' ἀυτη ἐιναι φασι Κηρα.* Vor dem ἑςηκεν scheinet ein Substantivum in dem Texte zu fehlen: aber es wäre eine bloße Chicane, wenn man zweifeln wollte, daß es ein anders als Γυνη sein könne. Wenigstens kann es Σκελετος doch nicht sein, und das ist mir genug.

Schon ehemals hatte Hr. Klotz dieses Bild der Κηρ, gegen meine Behauptung von dem Bilde des Todes bei den Alten, brauchen wollen:** und nun weiß er, was ich ihm hätte antworten können. Κηρ ist nicht der Tod; und es ist bloße Armut derjenigen Sprache, die es durch eine Umschreibung, mit Zuziehung des Wortes Tod, geben muß: ein so verschiedener Begriff sollte in allen Sprachen ein eigenes Wort haben. Und doch hätte Hr. Klotz auch den Kuhnius nicht loben sollen, daß er Κηρ durch Mors fatalis übersetzt habe. Genauer und richtiger würde Fatum mortale, mortiferum, gewesen sein: denn beim Suidas wird Κηρ durch θανατηφορος μοιρα, nicht durch Θανατος πεπρωμενος erkläret.

Endlich will ich an den Euphemismus der Alten erinnern;

---

* Libr. V. cap. 19. p. 425. Edit. Kuh.
** *Act. Litt. Vol. III. Parte III. p. 288*: Consideremus quasdam figuras arcae Cypseli in templo Olympico insculptas. Inter eas apparet γυνη ὀδοντας κ.τ.λ. — Verbum Κηρα recte explicat Kuhnius *mortem fatalem*, eoque loco refutari posse videtur Auctoris opinio de minus terribili forma morti ab antiquis tributa, cui sententiae etiam alia monimenta adversari videntur.

an ihre Zärtlichkeit, diejenigen Worte, welche unmittelbar eine ekle, traurige, gräßliche Idee erwecken, mit minder auffallenden zu verwechseln. Wenn sie, diesem Euphemismus zu Folge, nicht gern geradezu sagten, »er ist gestorben«, sondern lieber, »er hat gelebt, er ist gewesen, er ist zu den Mehrern abgegangen«,* und dergleichen; wenn eine der Ursachen dieser Zärtlichkeit, die so viel als mögliche Vermeidung alles Ominösen war: so ist kein Zweifel, daß auch die Künstler ihre Sprache zu diesem gelindern Tone werden herabgestimmt haben. Auch sie werden den Tod nicht unter einem Bilde vorgestellt haben, bei welchem einem jeden unvermeidlich alle die ekeln Begriffe von Moder und Verwesung einschießen; nicht unter dem Bilde des häßlichen Gerippes: denn auch in ihren Kompositionen hätte der unvermutete Anblick eines solchen Bildes eben so ominös werden können, als die unvermutete Vernehmung des eigentlichen Wortes. Auch sie werden dafür lieber ein Bild gewählt haben, welches uns auf das, was es anzeigen soll, durch einen anmutigen Umweg führt: und welches Bild könnte hierzu dienlicher sein, als dasjenige, dessen symbolischen Ausdruck die Sprache selbst sich für die Benennung des Todes so gern gefallen läßt, das Bild des Schlafes?

– – Nullique ea tristis imago!

Doch so wie der Euphemismus die Wörter, die er mit sanftern vertauscht, darum nicht aus der Sprache verbannet, nicht schlechterdings aus allem Gebrauche setzt; so wie er vielmehr eben diese widrigen, und itzt daher vermiedenen Wörter, bei einer noch gräulichern Gelegenheit, als die minder beleidigenden, vorsucht; so wie er z.E., wenn er von dem, der ruhig gestorben ist, sagt, daß er nicht mehr lebe, von dem, der unter den schrecklichsten Martern ermordet worden, sagen würde, daß er gestorben sei: eben so wird auch die Kunst diejenigen Bilder, durch welche sie den Tod andeuten könnte, aber wegen ihrer Gräßlichkeit nicht andeuten mag, darum nicht gänzlich aus ihrem Gebiete verweisen, sondern sie vielmehr auf Fälle versparen, in welchen sie hinwiederum die gefälligern, oder wohl gar die einzig brauchbaren sind.

* Gattakerus de novi Instrumenti stylo cap. XIX.

Also: 2) da es erwiesen ist, daß die Alten den Tod nicht als ein Gerippe gebildet; da sich gleichwohl auf alten Denkmälern Gerippe zeigen: was sollen sie denn sein, diese Gerippe?

Ohne Umschweif; diese Gerippe sind Larvae: und das nicht sowohl in so fern, als Larva selbst nichts anders als ein Gerippe heißt, sondern in so fern, als unter Larvae eine Art abgeschiedener Seelen verstanden wurden.

Die gemeine Pneumatologie der Alten war diese. Nach den Göttern glaubten sie ein unendliches Geschlecht erschaffener Geister, die sie Dämones nannten. Zu diesen Dämonen rechneten sie auch die abgeschiedenen Seelen der Menschen, die sie unter dem allgemeinen Namen Lemures begriffen, und deren nicht wohl anders als eine zweifache Art sein konnte. Abgeschiedene Seelen guter, abgeschiedene Seelen böser Menschen. Die guten wurden ruhige, selige Hausgötter ihrer Nachkommenschaft; und hießen Lares. Die bösen, zur Strafe ihrer Verbrechen, irrten unstet und flüchtig auf der Erde umher, den Frommen ein leeres, den Ruchlosen ein verderbliches Schrekken; und hießen Larvae. In der Ungewißheit, ob die abgeschiedene Seele der ersten oder zweiten Art sei, galt das Wort Manes.*

Und solche Larvae, sage ich, solche abgeschiedene Seelen böser Menschen, wurden als Gerippe gebildet. – Ich bin überzeugt, daß diese Anmerkung von Seiten der Kunst neu ist, und von keinem Antiquare zu Auslegung alter Denkmäler noch gebraucht worden. Man wird sie also bewiesen zu sehen verlangen, und es dürfte wohl nicht genug sein, wenn ich mich

---

* *Apuleius de Deo Socratis.* (p. 110. Edit. Bas. per Hen. Petri) Est et secundo signatu species daemonum, animus humanus exutus et liber, stipendiis vitae corpore suo abjuratis. Hunc vetere Latina lingua reperio Lemurem dictitatum. Ex hisce ergo Lemuribus, qui posterorum suorum curam sortitus, pacato et quieto numine domum possidet, Lar dicitur familiaris. Qui vero propter adversa vitae merita, nullis bonis sedibus incerta vagatione, ceu quodam exilio punitur, inane terriculamentum bonis hominibus, caeterum noxium malis, hunc plerique Larvam perhibent. Cum vero incertum est quae cuique sortitio evenerit, utrum Lar sit an Larva, nomine Manium deum nuncupant, et honoris gratia Dei vocabulum additum est.

desfalls auf eine Glosse des Henr. Stephanus berufte, nach welcher in einem alten Epigramm ὁι Σκελετοι durch Manes zu erklären sind. Aber was diese Glosse nur etwa dürfte vermuten lassen, werden folgende Worte außer Zweifel setzen. Nemo tam puer est, sagt Seneca*, ut Cerberum timeat, et tenebras, et Larvarum habitum nudis ossibus cohaerentium. Oder, wie es unser alter ehrlicher, und wirklich deutscher Michael Herr übersetzt: *Es ist niemants so kindisch, der den Cerberus förcht, die Finsterniß und die todten Gespenst, da nichts dann die ledigen Bein an einander hangen.*** Wie Wie könnte man ein Gerippe, ein Skelett, deutlicher bezeichnen, als durch das nudis ossibus cohaerens? Wie könnte man es geradezu bekräftiget wünschen, daß die Alten ihre spukenden Geister als Gerippe zu denken und zu bilden gewohnt gewesen?

Wenn eine dergleichen Anmerkung einen natürlichern Aufschluß für mißverstandene Vorstellungen gewähret, so ist es ohnstreitig ein neuer Beweis ihrer Richtigkeit. Nur *ein* Gerippe auf einem alten Denkmale könnte freilich der Tod sein, wenn es nicht aus anderweitigen Gründen erwiesen wäre, daß er so nicht gebildet worden. Aber wie, wo mehrere solche Gerippe erscheinen? Darf man sagen, so wie der Dichter mehrere Tode kenne,

Stant Furiae circum, variaeque ex ordine Mortes:

so müsse es auch dem Künstler vergönnt sein, verschiedene Arten des Todes jede in einen besondern Tod auszubilden? Und wenn auch dann noch eine solche Komposition verschiedener Gerippe, keinen gesunden Sinn gibt? Ich habe oben*** eines Steines, beim Gori, gedacht, auf welchem drei Gerippe zu sehen: das eine fähret auf einer Biga, mit grimmigen Tieren

---

* Epist. XXIV.
** *Sittliche Zuchtbücher des hochberühmten Philosophi Seneca. Strasburg 1536, in Folio.* Ein späterer Übersetzer des Seneca, Konrad Fuchs, (Frankf. 1620) gibt die Worte, et Larvarum habitum nudis ossibus cohaerentium, durch »und der Todten gebeinichte Companey.« Fein zierlich und toll!
*** Seite 226.

bespannt, über ein anderes, das zur Erde liegt, daher, und drohet ein drittes, das vorstehet, gleichfalls zu überfahren. Gori nennet diese Vorstellung, den *Triumph des Todes über den Tod*. Worte ohne Sinn! Aber zum Glücke ist dieser Stein von schlechter Arbeit, und mit einer griechischscheinenden Schrift vollgefüllt, die keinen Verstand macht. Gori erklärt ihn also für das Werk eines Gnostikers; und es ist von je her erlaubt gewesen, auf Rechnung dieser Leute so viel Ungereimtheiten zu sagen, als man nur immer, nicht zu erweisen, Lust hat. Anstatt den Tod über sich selbst, oder über ein Paar neidische Mitbewerber um seine Herrschaft, da triumphieren zu sehen; sehe ich nichts als abgeschiedene Seelen, als Larven, die noch in jenem Leben einer Beschäftigung nachhängen, die ihnen hier so angenehm gewesen. Daß dieses erfolge, war eine allgemein angenommene Meinung bei den Alten; und Virgil hat unter den Beispielen, die er davon gibt, der Liebe zu den Rennspielen nicht vergessen:*

    – – – quae gratia currûm
  Armorumque fuit vivis, quae cura nitentes
  Pascere equos, eadem sequitur tellure repostes.

Daher auf den Grabmälern und Urnen und Särgen, nichts häufiger als Genii, die

  – aliquas artes, antiquae imitamina vitae,

ausüben; und in eben dem Werke des Gori, in welchem er diesen Stein mitgeteilt, kömmt ein Marmor vor, von welchem der Stein gleichsam nur die Karikatur heißen könnte. Die Gerippe, die auf dem Steine fahren und überfahren werden, sind auf dem Marmor Genii.

Wenn denn aber die Alten sich die Larven, d. i. die abgeschiedenen Seelen böser Menschen, nicht anders als Gerippe dachten: so war es ja wohl natürlich, daß endlich jedes Gerippe, wenn es auch nur das Werk der Kunst war, den Namen Larva bekam. Larva hieß also auch dasjenige Gerippe, welches bei feierlichen Gastmalen mit auf der Tafel erschien, um zu

* Aeneid. VI. v. 653.

einem desto eilfertigern Genuß des Lebens zu ermuntern. Die Stelle des Petrons von einem solchen Gerippe, ist bekannt:* aber der Schluß wäre sehr übereilt, den man für das Bild des Todes daraus ziehen wollte. Weil sich die Alten an einem Gerippe des Todes erinnerten, war darum ein Gerippe das angenommene Bild des Todes? Der Spruch, den Trimalcio dabei sagte, unterscheidet vielmehr das Gerippe und den Tod ausdrücklich:

> Sic erimus cuncti, postquam nos auferet Orcus.

Das heißt nicht: bald wird uns dieser fortschleppen! in dieser Gestalt wird der Tod uns abfodern! Sondern: das müssen wir alle werden; solche Gerippe werden wir alle, wenn der Tod uns einmal abgefodert hat. –

Und so glaubte ich auf alle Weise erwiesen zu haben, was ich zu erweisen versprochen. Aber noch liegt mir daran, zu zeigen, daß ich, nicht bloß gegen Herr Klotzen, mir diese Mühe genommen. Nur Hr. Klotzen zurechte weisen, dürfte den meisten Lesern eine eben so leichte, als unnütze Beschäftigung scheinen. Ein anders ist es, wenn er mit der ganzen Herde irret. Sodann ist es nicht das hinterste nachbläckende Schaf, sondern die Herde, die den Hirten oder den Hund in Bewegung setzt.

Prüfung

Ich werfe also einen Blick auf bessere Gelehrte, die, wie gesagt, an den verkehrten Einbildungen des Hrn. Klotz mehr oder weniger Teil nehmen; und fange bei dem Manne an, der Hr.

---

* Potantibus ergo, et accuratissimas nobis lauticias mirantibus, larvam argenteam attulit servus sic aptatam, ut articuli ejus vertebraeque laxatae in omnem partem verterentur. Hanc quum super mensam semel iterumque abjecisset, et catenatio mobilis aliquot figuras exprimeret, Trimalcio adjecit:

> Heu, heu nos miseros, quam totus homuncio nil est!
> Sic erimus cuncti, postquam nos auferet Orcus.
> Ergo vivamus, dum licet esse bene.

(Edit. Mich. Hadr. p. 115)

Klotzen alles in allem ist: bei seinem verewigten Freunde, dem Grafen Caylus. – Was für schöne Seelen, die jeden, mit dem sie, in einer Entfernung von hundert Meilen, ein Paar Komplimente gewechselt, stracks für ihren Freund erklären! Schade nur, daß man eben so leicht ihr Feind werden kann!

Unter den Gemälden, welche der Graf Caylus den Künstlern aus dem Homer empfahl, war auch das vom Apoll, wie er den gereinigten und balsamierten Leichnam des Sarpedon dem Tode und dem Schlafe übergibt.* »Es ist nur verdrüßlich«, sagt der Graf, »daß Homer sich nicht auf die Attributa eingelassen, die man zu seiner Zeit dem Schlafe erteilte. Wir kennen, diesen Gott zu bezeichnen, nur seine Handlung selbst, und krönen ihn mit Mahn. Diese Ideen sind neu, und die erste, welche überhaupt von geringem Nutzen ist, kann in dem gegenwärtigen Falle gar nicht gebraucht werden, in welchem mir selbst die Blumen ganz unschicklich vorkommen, besonders für eine Figur, die mit dem Tode gruppieren soll.«** Ich wiederhole hier nicht, was ich gegen den kleinen Geschmack des Grafen, der von dem Homer verlangen konnte, daß er seine geistige Wesen mit den Attributen der Künstler ausstaffieren sollen, im Laokoon erinnert habe. Ich will hier nur anmerken, wie wenig er diese Attributa selbst gekannt, und wie unerfahren er in den eigentlichen Vorstellungen beides des Schlafes und des Todes gewesen. Vors erste erhellet aus seinen Worten unwidersprechlich, daß er geglaubt, der Tod könne und müsse schlechterdings nicht anders als ein Gerippe vorgestellet werden. Denn sonst würde er von dem Bilde desselben nicht gänzlich, als von einer Sache, die sich von selbst verstehet, geschwiegen haben; noch weniger würde er sich geäußert haben, daß eine mit Blumen gekrönte Figur mit der Figur des Todes nicht wohl gruppieren möchte. Diese Besorgnis konnte nur daher kommen, weil er sich von der Ähnlichkeit beider Figuren nie etwas träumen lassen; weil er den Schlaf als einen sanften Genius, und den Tod als ein ekles Ungeheuer sich dachte. Hätte er gewußt, daß der Tod ein eben so sanfter

* Iliad. π. v. 681.
** Tableaux tirés de l'Iliade. etc.

Genius sein könne, so würde er seinen Künstler dessen gewiß
erinnert, und mit ihm nur noch überlegt haben, ob es gut sei,
diesen ähnlichen Geniis ein Abzeichen zu geben, und welches
wohl das schicklichste sein könne. Aber er kannte, vors zweite,
auch nicht einmal den Schlaf, wie er ihn hätte kennen sollen.
Es ist ein wenig viel Unwissenheit zu sagen, daß wir diesen
Gott, außer seiner Handlung, nur durch die leidigen Mahn-
blumen kenntlich machen könnten. Er merkt zwar richtig an,
daß beide diese Kennzeichen neu wären: aber welches denn
nun die alten genuinen Kennzeichen gewesen, sagt er nicht
bloß nicht, sondern er leugnet auch geradezu, daß uns deren
überliefert worden. Er wußte also nichts von dem Horne, das
die Dichter dem Schlafe so häufig beilegen, und mit dem er,
nach dem ausdrücklichen Zeugnisse des Servius und Lutatius,
auch gemalt wurde! Er wußte nichts von der umgestürzten
Fackel; er wußte nicht, daß eine Figur mit dieser umgestürzten
Fackel aus dem Altertume vorhanden sei, welche nicht eine
bloße Mutmaßung, welche die eigene ungezweifelte Überschrift für den Schlaf erkläre; er hatte diese Figur weder beim
Boissard, noch Gruter, noch Spanheim, noch Beger, noch
Brouckhuysen* gefunden, und überall nichts von ihr in Erfahrung gebracht. Nun denke man sich das Homerische Gemälde,
so wie er es haben wollte; mit einem Schlafe, als ob es der auf-
geweckte Schlaf des Algardi wäre; mit einem Tode, ein klein
wenig artiger, als er in den deutschen Totentänzen herum-
springt. Was ist hier alt, was griechisch, was homerisch?
Was ist nicht galant, und gotisch, und französisch? Würde sich
dieses Gemälde des Caylus zu dem Gemälde, wie es sich Homer
denken mußte, nicht eben verhalten, als Hudarts Übersetzung
zu dem Originale? Gleichwohl wäre nur der Ratgeber des
Künstlers Schuld, wenn dieser so ekel und abenteuerlich modern würde, wo er sich, in dem wahren Geiste des Altertums,

---

* Brouckhuysen hat sie, aus dem Spanheim, seinem Tibull einverleibet. Beger aber, welches ich oben (S. 207) mit hätte anmerken
sollen, hat das ganze Monument, von welchem diese einzelne Figur genommen, gleichfalls aus den Papieren des Pighius, in seinem
Spicilegio Antiquitatis p. 106 bekannt gemacht. Beger gedenkt dabei so wenig Spanheims, als Spanheim Begers.

so simpel und fruchtbar, so anmutig und bedeutend zeigen könnte. Wie sehr müßte es ihn reizen, an zwei so vorteilhaften Figuren, als geflügelte Genii sind, alle seine Fähigkeit zu zeigen, das Ähnliche verschieden, und das Verschiedene ähnlich zu machen! Gleich an Wuchs, und Bildung, und Miene: an Farb und Fleisch so ungleich, als es ihm der allgemeine Ton seines Kolorits nur immer erlauben will. Denn nach dem Pausanias war der eine dieser Zwillingsbrüder schwarz; der andere weiß. Ich sage, der eine und der andere; weil es aus den Worten des Pausanias nicht eigentlich erhellet, welches der schwarze, oder welches der weiße gewesen. Und ob ich es schon dem Künstler itzt nicht verdenken würde, welcher den Tod zu dem schwarzen machen wollte: so möchte ich ihn darum doch nicht einer ganz ungezweifelten Übereinstimmung mit dem Altertume versichern. Nonnus wenigstens läßt den Schlaf μελανόχροον nennen, wenn sich Venus geneigt bezeigt, der weißen Pasithea so einen schwarzen Gatten nicht mit Gewalt aufdringen zu wollen:* und es wäre leicht möglich, daß der alte Künstler dem Tode die weiße Farbe gegeben, um auch dadurch anzudeuten, daß er der fürchterlichere Schlaf von beiden nicht sei.

Freilich konnte Caylus aus den bekannten ikonologischen Werken eines Ripa, Chartarius, und wie deren Ausschreiber heißen, sich wenig oder gar nicht eines Bessern unterrichten.

Zwar das Horn des Schlafes, kannte Ripa:** aber wie betrüglich schmücket er ihn sonst aus? Das weiße kürzere Oberkleid über ein schwarzes Unterkleid, welches er und Chartarius ihm geben,*** gehört dem Traume, nicht dem Schlafe. Von der Gleichheit des Todes mit ihm, kennet Ripa zwar die Stelle des Pausanias, aber ohne zu jenes Bild den geringsten Gebrauch davon zu machen. Er schlägt dessen ein dreifaches vor; und keines ist so, wie es der Grieche oder Römer würde erkannt haben. Gleichwohl ist auch nur das eine, von der Erfindung des Camillo da Ferrara, ein Skelett: aber ich zweifle, ob Ripa damit sagen wollen, daß dieser Camillo es sei, welcher den

---

* Lib. XXXIII. v. 40.
** Iconolog. p. 464. Edit. Rom. 1603.
*** Imag. Deorum p. 143. Francof. 1687.

Tod zuerst als ein Skelett gemalet. Ich kenne diesen Camillo überhaupt nicht.

Diejenigen, welche Ripa und Chartarius am meisten gebraucht haben, sind Gyraldus, und Natalis Comes.

Dem Gyraldus haben sie den Irrtum, wegen der weißen und schwarzen Bekleidung des Schlafes, nachgeschrieben;* Gyraldus aber muß, anstatt des Philostratus selbst, nur einen Übersetzer desselben nachgesehen haben. Denn es ist nicht Ὕπνος, sondern Ὄνειρος, von welchem Philostratus sagt:** ἐν ἀνειμένῳ τῷ ἔιδει γεγραπται, και ἐσθητα ἔχει λευκην ἐπι μελαινῃ, το, οἰμαι, νυκτωρ ἀυτου και μεθ' ἡμεραν. Es ist mir unbegreiflich, wie auch der neueste Herausgeber der Philostratischen Werke, Gottfr. Olearius, der uns doch eine fast ganz neue Übersetzung geliefert zu haben versichert, bei diesen Worten so äußerst nachlässig sein können. Sie lauten bei ihm auf Latein: Ipse somnus remissa pictus est facie, candidamque super nigra vestem habet, eo, ut puto, quod nox sit ipsius, et quae diem excipiunt. Was heißt das, et quae diem excipiunt? Sollte Olearius nicht gewußt haben, daß μεθ' ἡμεραν interdiu heiße, so wie νυκτωρ noctu? Man wird müde, könnte man zu seiner Entschuldigung sagen, die alten elenden Übersetzungen auszumisten. So hätte er wenigstens aus einer ungeprüften Übersetzung niemanden entschuldigen, und niemanden widerlegen sollen! Weil es aber darin weiter fort heißt; Cornu is (somnus) manibus quoque tenet, ut qui insomnia per veram portam inducere soleat: so setzt er in einer Note hinzu: Ex hoc vero Philostrati loco patet optimo jure portas illas *somni* dici posse, qui scilicet somnia per eas inducat, nec necesse esse ut apud Virgilium (Aeneid. VI. v. 893) *somni* dictum intelligamus pro *somnii*, ut voluit Turnebus I. IV. Advers. c. 14. Allein, wie gesagt, Philostratus selbst redet nicht von den Pforten des Schlafes, Somni, sondern des Traumes, Somnii; und Ὄνειρος, nicht Ὕπνος, ist es auch ihm, welcher die Träume durch die wahre Pforte einläßt. Folglich ist dem Virgil noch immer nicht anders, als durch die Anmerkung des Turnebus zu helfen, wenn

* Hist. Deorum Syntag. IX. p. 311. Edit. Jo. Jensii.
** Iconum lib. I. 27.

er durchaus, in seiner Erdichtung von jenen Pforten, mit dem Homer übereinstimmen soll. – Von der Gestalt des Todes schweigt Gyraldus gänzlich.

Natalis Comes gibt dem Tode ein schwarzes Gewand, mit Sternen.* Das schwarze Gewand, wie wir oben gesehen,** ist in dem Euripides gegründet: aber wer ihm die Sterne darauf gesetzt, weiß ich nicht. Träume contortis cruribus hat er auch, und er versichert, daß sie Lucian auf seiner Insel des Schlafes so umher schwärmen lassen. Aber bei dem Lucian sind es bloß ungestaltete Träume, ἄμορφοι, und die krummen Beine sind von seiner eigenen Ausbildung. Doch würden auch diese krummen Beine nicht den Träumen überhaupt, als allegorisches Kennzeichen, sondern nur gewissen Träumen, selbst nach ihm, zukommen.

Andere mythologische Compilatores nachzusehen, lohnt wohl kaum der Mühe. Der einzige Banier möchte eine Ausnahme zu verdienen scheinen. Aber auch Banier sagt von der Gestalt des Todes ganz und gar nichts, und von der Gestalt des Schlafes mehr als eine Unrichtigkeit.*** Denn auch er verkennet, in jenem Gemälde beim Philostrat, den Traum für den Schlaf, und erblickt ihn da als einen Mann gebildet, ob er schon aus der Stelle des Pausanias schließen zu können glaubet, daß er als ein Kind, und einzig als ein Kind, vorgestellet worden. Er schreibt dabei dem Montfaucon einen groben Irrtum nach, den schon Winckelmann gerügt hat, und der seinem deutschen Übersetzer sonach wohl hätte bekannt sein können.† Beide nämlich, Montfaucon und Banier, geben den Schlaf des Algardi, in der Villa Borghese, für alt aus, und eine neue Vase, die dort mit mehrern neben ihm stehet, weil sie Montfaucon auf einem Kupfer dazugesetzt gefunden, soll ein Gefäß mit schlafmachendem Safte bedeuten. Dieser Schlaf des Algardi selbst, ist ganz wider die Einfalt und den Anstand des Altertums; er mag sonst so kunstreich gearbeitet sein, als man will. Denn seine Lage und Gebärdung ist von der Lage und Gebärdung

---

* Mythol. lib. III. cap. 13.
** S. 228.
*** Erläut. der Götterlehre, vierter Band, S. 147 deut. Übers.
† Vorrede zur Geschichte der Kunst, S. XV.

des schlafenden Fauns, im Palaste Barberino, entlehnet, dessen ich oben gedacht habe.*

Mir ist überall kein Schriftsteller aus dem Fache dieser Kenntnisse vorgekommen, der das Bild des Todes, so wie es bei den Alten gewesen, entweder nicht ganz unbestimmt gelassen, oder nicht falsch angegeben hätte. Selbst diejenigen, welche die von mir angeführten Monumente, oder denselben ähnliche, sehr wohl kannten, haben sich darum der Wahrheit nicht viel mehr genähert.

So wußte Tollius zwar, daß verschiedene alte Marmor vorhanden wären, auf welchen geflügelte Knaben mit umgestürzten Fackeln den ewigen Schlaf der Verstorbenen vorstellten.** Aber heißt dieses, in dem *einen* derselben, den Tod selbst erkennen? Hat er darum eingesehen, daß die Gottheit des Todes von den Alten nie in einer andern Gestalt gebildet worden? Von dem symbolischen Zeichen eines Begriffs, bis zu der festgesetzten Bildung dieses personifierten, als ein selbstständiges Wesen verehrten Begriffes, ist noch ein weiter Schritt.

Eben dieses ist vom Gori zu sagen. Gori nennet zwar, noch ausdrücklicher, zwei dergleichen geflügelte Knaben auf alten Särgen, Genios Somnum et Mortem referentes:*** aber schon dieses referentes selbst, verrät ihn. Und da gar, an einem andern Orte,† ihm eben diese Genii Mortem et Funus designantes heißen; da er, noch anderswo, in dem einen derselben, Trotz der ihm, nach dem Buonarotti, zugestandenen Bedeutung des Todes, immer noch einen Cupido sieht; da er, wie wir gesehen, die Gerippe auf dem alten Steine für *Mortes* erkennet: so ist wohl unstreitig, daß er wenigstens über alle diese Dinge noch sehr uneins mit sich selbst gewesen.

Auch gilt ein gleiches von dem Grafen Maffei. Denn ob auch dieser schon glaubte, daß auf alten Grabsteinen die zwei geflügelten Knaben mit umgestürzten Fackeln, den Schlaf und den Tod bedeuten sollten: so erklärte er dennoch einen solchen

* S. 204.
** In notis ad Rondelli Expositionem S. T. p. 292.
*** Inscript. ant. quae in Etruriae Urbibus exstant, Parte III. p. XCIII.
† L. c. p. LXXXI.

Knaben, der auf dem bekannten Konklamationsmarmor in dem Antiquitätensaale zu Paris stehet, weder für den einen, noch für den andern; sondern für einen Genius, der durch seine umgestürzte Fackel anzeige, daß die darauf vorgestellte verblichene Person, in ihrer schönsten Blüte gestorben sei, und daß Amor, mit seinem Reiche, sich über diesen Tod betrübe.* Selbst als Dom Martin ihm das erstere Vorgeben mit vieler Bitterkeit streitig gemacht hatte, und er den nämlichen Marmor in sein Museum Veronense einschaltete: sagt er zu dessen näherer Bestätigung schlechterdings nichts, und läßt die Figuren der 139sten Tafel, die er dazu hätte brauchen können, ganz ohne alle Erklärung.

Dieser Dom Martin aber, welcher die zwei Genii mit umgestürzten Fackeln auf alten Grabsteinen und Urnen, für den Genius des Mannes und den Genius der Gattin desselben, oder für den doppelten Schutzgeist wollte gehalten wissen, den, nach der Meinung einiger Alten, ein jeder Mensch habe, verdienet kaum widerlegt zu werden. Er hätte wissen können und sollen, daß wenigstens die eine dieser Figuren, zu Folge der ausdrücklichen alten Überschrift, schlechterdings der Schlaf sei; und eben gerate ich, glücklicher Weise, auf eine Stelle unsers Winkelmanns, in der er die Unwissenheit dieses Franzosen bereits gerügt hat.

»Es fällt mir ein, schreibt Winkelmann,** daß ein anderer Franzos, Martin, ein Mensch, welcher sich erkühnen können zu sagen, Grotius habe die Siebenzig Dolmetscher nicht verstanden, entscheidend und kühn vorgibt, die beiden Genii an den alten Urnen könnten nicht den Schlaf und den Tod bedeuten; und der Altar, an welchem sie in dieser Bedeutung mit der alten Überschrift des Schlafes und des Todes stehen, ist öffentlich in dem Hofe des Palastes Albani aufgestellt.« Ich hätte mich dieser Stelle oben (S. 413) erinnern sollen: denn Winkelmann meinet hier eben denselben Marmor, den ich dort aus seinem »Versuche über die Allegorie« anführe. Was dort so deutlich nicht ausgedrückt war, ist es hier um so viel mehr:

---

* Explic. de divers Monumens singuliers qui ont rapport à la Religion des plus anciens peuples, par le R. P. Dom** p. 36.
** Vorrede zur Geschichte der Kunst S. XVI.

nicht bloß der eine Genius, sondern auch der andere, werden auf diesem Albanischen Monumente, durch die wörtliche alte Überschrift für das erkläret, was sie sind; für Schlaf und Tod. – Wie sehr wünschte ich, durch Mitteilung desselben, das Siegel auf diese Untersuchung drücken zu können!

Noch ein Wort von Spencen; und ich schließe. Spence, der uns unter allen am positivsten ein Gerippe für das antike Bild des Todes aufdringen will, Spence ist der Meinung, daß die Bilder, welche bei den Alten von dem Tode gewöhnlich gewesen, nicht wohl anders als schrecklich und gräßlich sein können, weil die Alten überhaupt weit finstrere und traurigere Begriffe von seiner Beschaffenheit gehabt hätten, als uns gegenwärtig davon beiwohnen könnten.*

Gleichwohl ist es gewiß, daß diejenige Religion, welche dem Menschen zuerst entdeckte, daß auch der natürliche Tod die Frucht und der Sold der Sünde sei, die Schrecken des Todes unendlich vermehren mußte. Es hat Weltweise gegeben, welche das Leben für eine Strafe hielten; aber den Tod für eine Strafe zu halten, das konnte, ohne Offenbarung, schlechterdings in keines Menschen Gedanken kommen, der nur seine Vernunft brauchte.

Von dieser Seite wäre es also zwar vermutlich unsere Religion, welche das alte heitere Bild des Todes aus den Grenzen der Kunst verdrungen hätte! Da jedoch eben dieselbe Religion uns nicht jene schreckliche Wahrheit zu unserer Verzweiflung offenbaren wollen; da auch sie uns versichert, daß der Tod der Frommen nicht anders als sanft und erquickend sein könne: so sehe ich nicht, was unsere Künstler abhalten sollte, das scheußliche Gerippe wiederum aufzugeben, und sich wiederum in den Besitz jenes bessern Bildes zu setzen. Die Schrift redet selbst von einem Engel des Todes: und welcher Künstler sollte nicht lieber einen Engel, als ein Gerippe bilden wollen?

Nur die mißverstandene Religion kann uns von dem Schönen entfernen: und es ist ein Beweis für die wahre, für die richtig verstandene wahre Religion, wenn sie uns überall auf das Schöne zurückbringt.

* Polymetis p. 262

EHEMALIGE FENSTERGEMÄLDE
IM KLOSTER HIRSCHAU

Vitrea fracta! dürfte bei dieser Aufschrift vielleicht ein Leser denken, der ekler ist, als ich ihn mir wünsche.

Aber mit seiner Erlaubnis. Man muß, auch in der gelehrten Welt, hübsch leben und leben lassen. Was uns nicht dienet, dienet einem andern. Was wir weder für wichtig noch für anmutig halten, hält ein andrer dafür. Vieles für klein und unerheblich erklären, heißt öftrer die Schwäche seines Gesichts bekennen, als den Wert der Dinge schätzen. Ja nicht selten geschieht es, daß der Gelehrte, der unartig genug ist, einen andern einen Mikrologen zu nennen, selbst der erbärmlichste Mikrolog ist: aber freilich, nur in seinem Fache. Außer diesem ist ihm alles klein: nicht weil er es wirklich als klein sieht, sondern weil er es gar nicht sieht; weil es gänzlich außer dem Sehwinkel seiner Augen liegt. Seine Augen mögen so scharf sein, als sie wollen: es fehlt ihnen zu guten Augen doch noch eine große Eigenschaft. Sie stehen ihm eben so unbeweglich im Kopfe, als dieser Kopf ihm unbeweglich auf dem Rumpfe steht. Daher kann er nichts sehen, als wovor er gerade mit dem ganzen vollen Körper gepflanzt ist. Von den flüchtigen Seitenblicken, welche zur Überschauung eines großen Ganzen so notwendig sind, weiß er nichts. Es gehören Maschinen dazu, den schwerfälligen Mann nach einer andern Gegend zu wenden: und wenn man ihn nun endlich gewandt hat, so ist ihm die vorige schon wieder aus dem Gedächtnisse. –

Doch warum diesen Ausfall hier? Meine ehemals so schön bemalte, nun längst zerbrochne Fensterscheiben im Kloster Hirschau, sind noch lange die Vitrea fracta nicht, die einer solchen Verteidigung bedürfen. Dazu ist es mir nicht sowohl um sie selbst zu tun, als vielmehr um das sonderbare Licht, welches sie mir auf eines von den ältesten Denkmälern der werdenden Druckerkunst, oder vielmehr Formenschneiderei, zu werfen scheinen. Und dieser Anwendung, meine ich, hätte man sich wohl am wenigsten vermutet.

Es ist aber jenes alte Denkmal, mit einem Worte, die sogenannte *Bibel der Armen,* oder *Biblia pauperum,* welches, mit allen andern seiner Art, uns der Herr von Heineke in dem zweiten Teile seiner »Nachrichten von Künstlern und Kunstsachen«* am genauesten und vollständigsten kennen lehret. Ich setze alles, was er davon gesagt hat, als bekannt voraus, und zeige kurz an, wie ich entdeckt habe, daß diese Biblia Pauperum nichts anders als Holzschnitte von den Gemälden sind, welche sich ehedem auf den Fenstern des Klosters Hirschau befunden.

Ich will nun nach der Ordnung erzählen, wie ich zu dieser Entdeckung gelangt, und wie weit ich nach und nach darin gekommen bin. Freilich muß diese Methode einem Gelehrten, dem man alles mit drei Worten sagen könnte, ein wenig langweilig vorkommen. Aber ich denke, daß sie doch auch dieses Gute hat, daß sie demjenigen, welcher einmal meine Untersuchung berichtigen, oder sie von neuem anstellen will, manche Mühe ersparen kann; wenn er sieht, welche Wege und Auswege ich dabei genommen, und ungefähr daraus urteilen kann, welche Aussichten mir vielleicht entgangen sein dürften. Zu geschweigen, daß oft die Art, wie man hinter eine Sache gekommen, eben so viel wert, eben so lehrreich ist, als die Sache selbst.

Ich fange also mit dem an, was mir die erste Vermutung erweckte: wenn es nicht anders sogleich weit mehr als Vermutung war. Ich kam nämlich, indem ich mir die einzeln Schriften bekannt machte, aus welchen Wegelins Thesaurus Rerum Suevicarum bestehet, im dritten Tome, auf des Martin Crusius Nachricht de Comitibus Calvensibus, fundatoribus Monasteriorum Hirsaugiensis et Syndelphingensis, und da ich einiges darin lese, erregt folgende Stelle, gegen das Ende, meine ganze Aufmerksamkeit. »Caeterum sicut ipsum Hirsaugiae Templum intra sese leucophaeis imaginibus Vete-

---

* S. 117 bis 156. Oder auch in seiner Idée générale d'une Collection complette d'Estampes, und zwar in der derselben eingeschalteten Dissertation sur l'origine de la Gravure et sur les premiers Livres d'Images, von Seite 292 bis 334.

ris et Novi Testamenti, Romanorumque Imperatorum, pictum est, ita etiam Monasterii Peristylium iconibus artificio in XL. fenestris encausto exornatum est, iisque ternis (sicut et pulcherrimo salientium aquarum fonte) ternis, inquam, imaginibus eleganter decoratum est: nempe ita, ut in medio cuiusque fenestrae cernatur historia aliqua Novi Testamenti (a nato Christo, per passionem eius, usque ad iudicium extremum et vitam aeternam) atque in utroque latere illius mediae fenestrae, ex veteri Testamento typus appareat, aut historia typica, cum praedictionibus Prophetarum de Christo.«

Auf einmal schoß mir die Gleichheit zu Sinne, die sich, nach dieser Beschreibung, zwischen jenen Fenstergemälden in dem Kreuzgange des Klosters Hirschau, und den Holzschnitten der Biblia Pauperum findet. Sie ist so groß, daß sie kaum größer sein könnte. Auch diese Holzschnitte enthalten typische und antitypische Vorstellungen von Christo; auch sie sind in drei Felder geteilet, wovon die beiden äußersten die Typi, und das mittelste den Antitypum enthalten; auch sie sind mit den Propheziehungen von Christo verbrämt. Und was das sonderbarste ist; auch ihrer sind gerade nicht mehr und nicht weniger als vierzig: so viel dort Fenster, so viel hier Blätter.

Was war nun natürlicher, als aus dieser Gleichheit auf die Identität zu schließen? Doch, dachte ich, dergleichen typischer und antitypischer Vorstellungen können so unzählige und so verschiedene erfunden werden; der Mönchswitz hat hier so reichen Stoff, so gutes Spiel gehabt: daß mehr dazu gehört, ehe man mit Zuverlässigkeit behaupten kann, daß beides für eins zu halten, und entweder die Holzschnitte nach den Fenstergemälden gezeichnet, oder die Fenster nach den Holzschnitten bemalt worden.

Ich dachte also herum, wo ich wohl mehrere und nähere Auskunft von diesen merkwürdigen Fenstern finden möchte: und man kann sich leicht einbilden, daß Trithemii Annales Hirsaugienses das erste Buch waren, welches ich in dieser Absicht fleißig durchsuchte. Aber vergebens. Hierauf ließ ich die Annales Suevici des nämlichen Crusius folgen, dem ich jenen Fingerzeig zu danken hatte. Aber auch das war umsonst; und ich konnte nirgends finden, daß er in diesem weitläuftigen, und mit so vielen fremden Sachen angefüllten Werke, das wenige auch nur wiederholt hätte, was er dort in seine Nachricht de Comitibus Calvensibus einfließen lassen. Endlich erinnerte ich mich glücklicher Weise, daß unsere Bibliothek verschiedene Handschriften von einem der Lutherschen Äbte verwahre, der dem Kloster Hirschau in der letzten Hälfte des sechszehnten Jahrhunderts vorgestanden: nämlich von dem D. Johann Parsimonius, oder, wie er mit seinem deutschen Namen hieß, Karg. Zu diesen nun verfügte ich mich; und wie groß war meine Freude, als ich darunter einen Band antraf, der nicht allein mancherlei Dinge zur Geschichte des Klosters Hirschau enthält, sondern, unter diesen Dingen auch sogar etwas fand, das mir mit eins so vollkommene Gnüge leistete, als ob ich es mir, wie man sagt, bestellt hätte; als ob es der ehrliche Karg, vor zweihundert Jahren, in einem prophetischen Geiste, ausdrücklich für mich zu meinem gegenwärtigen Behufe geschrieben hätte.

Er hat nämlich in besagtem Bande, im Jahre 1574, Picturas et scripturas omnis generis in Monasterio Hirsaugiensi hinc inde exstantes gesammelt und aufbehalten, worunter den größten Platz die Historiae Novi Testamenti de Christo, Dei et Hominis filio, una cum Typis et Prophetiis Veteris Testamenti, in fenestris circuitus Monasterii Hirsaugiensis depictae einnehmen. Und diese entscheiden alles; und entscheiden es auf eine Weise, daß schlechterdings auch nicht der geringste Zweifel mehr übrig bleiben kann; indem die Gemälde nicht sowohl beschrieben, als vielmehr gänzlich gezeichnet sind, nur so, daß man die Figuren nicht allein sehen, sondern auch hören kann.

Um meinem Leser von diesen wörtlichen Handrissen den vollständigsten Begriff zu machen, will ich ihm ein Paar Proben vorlegen, die er selbst mit den alten Holzschnitten vergleichen mag. Weil aber den wenigsten eine so äußerste Seltenheit zur Hand sein dürfte: so wähle ich dazu zwei Blätter, wovon sich in bekannten Büchern Kopien finden.

Auf beigefügter *Tafel I* also, zeiget sich das *erste* Fenstergemälde, so wie es uns Parsimonius aufbehalten wollen. In der sogenannten Biblia Pauperum ist es daher auch das *erste*

Blatt, dessen Kopie beim Schelhorn* ich meinen Leser bitte dagegen zu halten. Wozu er seine Augen brauchen kann, dazu habe ich nicht nötig, ihm die meinigen zu leihen. Der erste flüchtige Blick, so wie der letzte und genaueste, wird ihn überzeugen, daß beides, der Holzschnitt und die Beschreibung, offenbar von dem nämlichen Urbilde genommen sind, und daß folglich dieses Urbild nirgends anders als in dem Kloster zu Hirschau ehedem zu suchen gewesen. Daß es nun, und zwar seit 1692, als die Franzosen dieses Kloster einäscherten, nicht mehr in der Welt ist, das versteht sich. Daß aber nicht auch zugleich das Andenken davon auf ewig verloschen ist; daß wir sie, so zu reden, noch sehen, und in ihnen den Aufschluß über eine alte Seltenheit erkennen, deren Ursprung und Bestimmung ohne sie nie aufgehöret hätte, ein Rätsel zu bleiben: wem haben wir dieses alles anders zu danken, als der glücklichen Mikrologie eines Mannes, der wohl auch etwas bessers hätte tun können?

Die *zweite* beigefügte Tafel enthält das *vierzigste* und letzte Fenstergemälde, welches denn auch das letzte und vierzigste Blatt unter den alten Holzschnitten ist. Eine Kopie dieses Blatts gibt der Herr von Heineke;** aus der man die vollkommene Übereinstimmung desselben mit der Beschreibung des Parsimonius, nicht weniger als bei dem vorhergehenden, erkennen wird. Die einzige Kleinigkeit, in welcher man einige Verschiedenheit zwischen beiden zu bemerken glauben könnte, wäre höchstens diese, daß bei den kleinern Feldern, über und unter dem mittelsten Hauptfelde, wo bei dem Parsimonius bloß das Wort *Propheta* mit der prophetischen Schriftstelle stehet, in den Holzschnitten, der eigentliche Name des jedesmaligen Propheten und Urhebers dieser Schriftstelle zu stehen scheinet. Doch wenn man genau zusieht, ist dieser Name nichts als die Zitation der Schriftstelle, die beim Parsimonius hintennach folgt. Er selbst füget über besagte kleinere Fächer, zum Schlusse seiner Beschreibung, folgende Anmerkung bei. *Nota.* Ubicunque in praecedentibus descriptis

---

* Amoenit. Liter. Tomus IV. p. 296.
** Im angezogenen deutschen Werke, bei Seite 116.

figuris, supra aut infra mediam figuram seu historiam ex Novo Testamento de Christo positam, nomen Propheta legitur, ibi semper in fenestris circuitus Monasterii Hirsaugiensis pro ipso nomine Prophetae, pictus Propheta, hoc est, figura seu imago gravis et sapientis viri, interdum integra, interdum, et quidem ut plurimum, usque ad umbilicum tantummodo picta conspicitur, cui adiuncta aut circumvoluta est scheda, in qua Prophetae dictum legitur, in hunc vel similem modum. Und hierunter hat er mit der Feder zwei von diesen Brustbildern flüchtig gezeichnet, um welche, wie er sagt, die Zettel mit dem Spruche, die in den Holzschnitten links und rechts darunter weggehen, sich hin und her schlingen; eine Veränderung die der Formenschneider offenbar zu seiner Bequemlichkeit gemacht hat. – Ich merke sonst bei diesem *vierzigsten* Fenster noch an, daß es zu der Zeit des Parsimonius bereits eingegangen war, und er es also nicht selbst gesehen, sondern aus der Beschreibung seines Vorfahren, des Abt Heinrich Weickersreiter, genommen hatte, wie er selbst mit diesen, oberhalb der Tafel, beigesetzten Worten anzeigt: »Hanc figuram ego in Circuitu nunquam vidi, sed a meo antecessore D. Heinrico Abbate descripsi.«

Und so nun, wie diese zwei Tafeln beschaffen sind, sind auch die übrigen dazwischen enthaltenen *acht und dreißig* beschaffen. Überall und durchaus die nämliche Übereinstimmung mit den alten Holzschnitten. Nicht die geringste Versetzung in ihrer Folge: nicht die geringste Abweichung in irgend einer Figur, in irgend einer Schriftstelle, in irgend einem Verse! Kurz, wenn man von den Holzschnitten selbst, eine Beschreibung, nach der Weise des Parsimonius, machen sollte: so könnte sie unmöglich anders ausfallen, als diese Beschreibung, die Parsimonius von den Fenstern gemacht hat, ausgefallen ist.

Was ich hieraus, mit der völligsten Zuverlässigkeit folgern zu können glaubte, und noch glaube, habe ich gleich Eingangs gesagt: daß nämlich die Holzschnitte ganz ohnstreitig nach den Fenstern gemacht worden; und man sonach das, was bisher in Deutschland Biblia Pauperum genannt worden, wenigstens das, was man bisher für die erste originale Ausgabe dieser

Biblia Pauperum gehalten, (nämlich die aus vierzig Blättern bestehende lateinische) inskünftige mit weit mehrerm Rechte *die Hirschauschen Fenstergemälde* heißen kann.

Freilich ist es immer auch noch *möglich*, daß die Fenstergemälde nach den Holzschnitten wären gemacht worden: weiter aber auch nichts, als möglich. Denn wie wäre es nur im geringsten wahrscheinlich, daß man das Große nach dem Kleinen gemacht hätte; ohne daß wenigstens das Kleine ausdrücklich die Skizze, der Entwurf gewesen, wornach das Große ausgeführet worden? Also, eins von beiden: die Holzschnitte der gedachten ersten Ausgabe sind entweder der Entwurf, oder die Kopie der Fenstergemälde; ein drittes, das bei seiner Entstehung mit diesen Fenstergemälden gar nichts zu tun gehabt hätte, das man, bei Ausmalung der Fenster, nur zufälliger Weise zum Urbilde gebraucht hätte, können sie nicht wohl sein. Denn, wenn sie es wären, so müßte man nicht allein die Fenstergemälde nach ihnen gemalt, sondern den ganzen Kreuzgang ausdrücklich darnach gebaut haben; indem dieser, wie ich aus eines Andreas Reichards Beschreibung des Klosters Hirschau sehe, die unsere Bibliothek im Manuskripte besitzet, um einen viereckigten Garten gegangen, und gerade an seinen vier Seiten nicht mehr und nicht weniger als vierzig Fenster gehabt hat.

Und spricht denn nicht die Sache selbst? Ist es denn nicht aus den Holzschnitten selbst klar genug, daß sie nichts als Fenstergemälde vorstellen sollen? Verrät denn nicht ihre ganze Anordnung offenbar die breiten gotischen Fenster, mit ihren gewöhnlichen Verzierungen und drei Feldern, deren mittelstes das höchste ist, weil sie oben in einem Bogen sich schließen? Wie wäre es zu begreifen, daß der Zeichner oder Formenschneider gerade auf diese Gestalt und Einteilung gefallen wäre, wenn er sie nicht entweder von Fenstern genommen, oder zu Fenstern bestimmt hätte? Ich kann mich itzt nicht genug wundern, wie die Augen der Kenner dieses nicht längst vermutet haben. Es wäre doch so natürlich, darauf zu fallen! Aber als ob uns nicht immer das Natürlichste gerade am spätesten einleuchtete! Als ob wir es irgendwo errieten, ohne es zu sehen!

Legitur Gen. 3. Quod Dominus dixit serpenti: Super pectus tuum gradieris. Et ibidem de serpente et muliere: Ipsa conteret caput tuum, et insidiaberis calcaneo eius Nam istud in annunciatione beatae gloriosae Virginis adimpletum est, quae angelo annunciante concepit salvatorem mundi.	Propheta. 1. Ecce Virgo concipiet et pariet filium. Esa. 7.

Deus in arbore residens.

Arbor Vitae in horto Eden.

Eva cum Serpente loquens et de arbore comedens.

Arbor scientiae boni et mali; cui Serpens innixus seu circumvolutus seducit Evam.

Angelus Gabriel .. cum sceptro, salutans et compellans Virginem Mariam: Ave Maria etc.

Virgo salutatur innupta

Propheta.
Porta haec clausa erit, et non aperietur. Ezech. 44.

Vipera Vim perdit sine **Vi** pariente puella.

FENSTERGEMÄLDE IM KLOSTER HIRSCHAU

Tafel I

| Propheta. / Descendet Dominus sicut pluvia in Vellus. Ps. 71. | Legitur in lib. Judicum cap. 6. Quod Gedeon petiit signum victoriae in vellere, per madefactionem roris irrigandum: quod bene figurabat Viginem Mariam gloriosam sine corruptione Virginitatis impregnandam ex Spiritus Sancti infusione, in nostram salutem et redemtionem aeternam. |

Spiritus Sanctus specie columbae superveniens in Mariam.

Angelus salutans Gedeonem:

Dominus tecum virorum fortissime.

Virgo Maria legens seu orans, viso angelo perturbata, etc.

Gedeon flexis genibus et sublatis manibus cum Angelo loquens.

Vellus in terra expansum.

manens gravidatur.

Scutum Gedeonis in terra iacens.

Propheta.
Creavit Dominus novum super terram: foemina circumdabit virum. Jer. 31.

Rore madet Vellus, permansit arida tellus.

Legitur in Cantico Canticorum 4. cap. Quod Sponsus alloquatur Sponsam eamque sumendo dixerit: Tota pulchra es amica mea, et macula non est in te. Veni, amica mea, etenim coronaberis. Sponsus verus est Christus, qui assumendo animam coronat eam. Sponsa ista est anima sine macula omnis peccati, et quam educit in requiem aeternam et coronat corona immortalitatis.

Propheta. XXXX.

Ipse tanquam sponsus procedens de thalamo suo. Psal. 18.

Sponsus coronat sponsam.

Sponsa, quae a Sponso coronatur.

Christus coronans Animam. Hoc est, Homini fideli et se adoranti coronam imponens.

Tunc gaudent animae sibi

Propheta
Corona tua circumligata sit tibi, et calciamenta tua in pedibus, etc. Ezech. 24.

Laus animae verae, sponsum bene sentit habere.

FENSTERGEMÄLDE IM KLOSTER HIRSCHAU 257

Tafel II

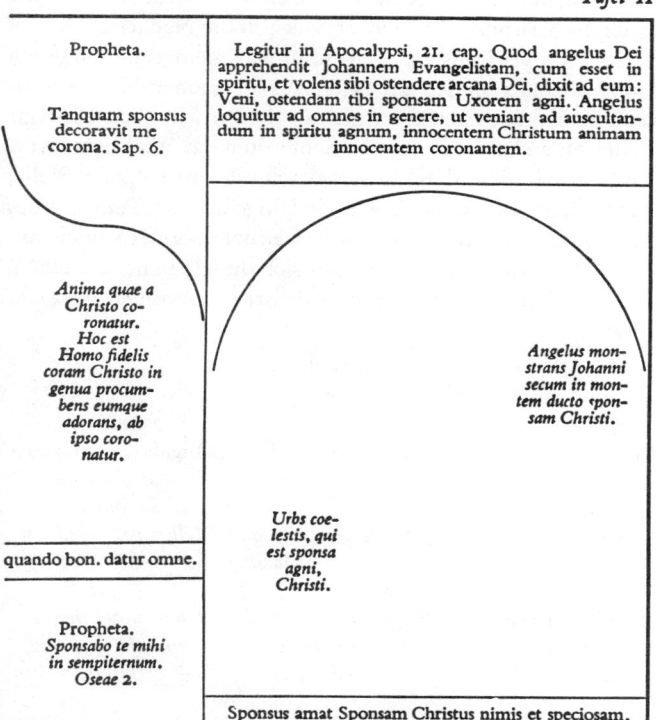

Propheta.	Legitur in Apocalypsi, 21. cap. Quod angelus Dei apprehendit Johannem Evangelistam, cum esset in spiritu, et volens sibi ostendere arcana Dei, dixit ad eum: Veni, ostendam tibi sponsam Uxorem agni. Angelus loquitur ad omnes in genere, ut veniant ad auscultandum in spiritu agnum, innocentem Christum animam innocentem coronantem.
Tanquam sponsus decoravit me corona. Sap. 6.	

Anima quae a Christo coronatur.
Hoc est Homo fidelis coram Christo in genua procumbens eumque adorans, ab ipso coronatur.

Angelus monstrans Johanni secum in montem ducto sponsam Christi.

quando bon. datur omne.

Urbs coelestis, qui est sponsa agni, Christi.

Propheta.
Sponsabo te mihi in sempiternum.
Oseae 2.

Sponsus amat Sponsam Christus nimis et speciosam.

So weit war ich, und wollte nun eben nachforschen, um welche Zeit die Fenster wohl möchten gemacht sein: als mir einkam, die gleich anfangs angeführte Stelle des Crusius an ihrem eigentlichen Orte nachzusehen. Ich suchte mir also die Rede des Crusius, aus welcher Wegelin die Nachricht de Comitibus Calvensibus gezogen: und, was meinet man, daß ich fand? Niemals bin ich auf einen Auszugmacher oder Verkürzer ungehaltener gewesen, als auf diesen. Um sich ein Paar Zeilen zu ersparen, lassen sie nicht selten das Wichtigste weg. Ich fand nämlich, daß Crusius, nach der angezognen Stelle, nicht allein ein Exempel, wie die Dinge auf den Fenstern des Kreuzganges geordnet gewesen, beifügt: sondern auch anzeigt, von wem und welcher Zeit sich dieselben herschreiben. Jenes, welches von dem ersten Fenster genommen ist, sieht so aus:

Exemplum

A	B	C
Genes. 3		Iudic. 6
Deus in arbore sedens.	*Ecce virgo concipiet.*	*Angelus; Dominus tecum, virorum fortissime.*
Eva Serpens. picta.	*Angelus Virgo cum Maria. sceptro.*	*Vellus ma- Gedeon defactum. flexis genibus.*
Vipera vim vidit, sine vi pariente puella.	*Virgo salutatur: innupta manens gravidatur.*	*Rore madet vellus: permansit at arida tellus.*

Und dieses geschieht mit diesen unmittelbar darauf folgenden Worten: Picta sunt haec studio et opera XXXXII. Hirsaugiensis Abbatis Ioannis, patria Caluensis: anno salu. circiter MDXVII. tempore inceptae Ecclesiarum per D. Lutherum reformationis.

Das war ärgerlich! Wenn ich es denn nur gleich beim Wegelin gelesen, und mir weiter keine Grillen in den Kopf gesetzt hätte. Nun aber hatte ich in meinen Gedanken schon den Fenstern, ich weiß nicht welches Alter gegeben; ich hatte gemeinet, daß sie wohl gar aus dem eilften Jahrhunderte sein könnten, als gegen dessen Ende das Kloster selbst, von dem zwölften Abte desselben, dem heil. Wilhelmus, erbauet worden. Und nun zu sehen, daß ich mich so geirret!

Aber wenn es denn also wahr ist, daß die Fenster nicht älter gewesen; daß sie erst zu Anfange des sechszehnten Jahrhunderts gemalt worden: wie steht es mit der so zuversichtlichen Entscheidung, daß die Holzschnitte nicht anders als nach ihnen können gemacht sein? Läßt sich dieses noch sagen? Es scheinet nicht. Denn daß die Holzschnitte nicht offenbar älter wären, dürfte sich wohl niemand überreden lassen, der sich erinnert, daß es Exemplare mit deutschem Texte davon gibt, welche die Jahrzahlen 1470 und 1475 haben. Beide diese Exemplare, welche vielleicht nirgends weiter beisammen zu finden, als in unserer Bibliothek, sind dem vermeinten Originale von 40 Blättern mit lateinischem Texte auch viel zu ähnlich, und das eine hat auch selbst gerade 40 Blätter, daß sie schlechterdings die Urbilder von ihnen so ähnlichen Gemälden müssen gewesen sein, die erst 1517 sollen sein gemacht worden.

In diese Enge sahe ich mich ungern getrieben, und fing also an, an dem Vorgeben selbst zu zweifeln. Vielleicht, dachte ich, hat Crusuis die Sache nicht recht gewußt; vielleicht auch will er die angegebne Jahrzahl von 1517 keinesweges von allen vorhergedachten Gemälden, sondern nur von einigen verstanden wissen, unter welchen wohl die Fenstergemälde gerade nicht gehören. Ich schlug also weiter nach, und fand das letztere, vollkommen wie ich es vermutet hatte.

Es ist zuverlässig falsch, daß es der Abt Johann von Calw gewesen, welcher die Fenster in dem Kreuzgange malen lassen; wie Crusius an dem angezognen Orte zu sagen scheinet. Denn *erstlich* sagt Crusius selbst, in seinem weitläuftigen spätern Werke, den »Annalibus Suevicis«, nichts davon: sondern schränkt sogar *zweitens*, was er dort überhaupt und unbestimmt gesagt hatte, hier auf ein einzelnes und besonderes Stücke ein, mit welchem die Gemälde im Kreuzgange nichts zu tun haben. Unter dem Jahre 1503 nämlich, wo er des Johann von Calw, als des Nachfolgers des Abt Blasius, gedenkt, schreibt er:*

---

* Lib. IX. Partis III. cap. 12. p. 521.

Hic 14 anno regiminis sui, petentibus fratribus suis, picturae opus, quod in aestivali Refectorio conspicitur, posteritati faciendum curavit. Konnte Crusius nun dieses geringern Werks hier zu seinem Lobe gedenken: so würde er ganz gewiß eines weit größern nicht vergessen haben, wenn er wirklich geglaubt hätte, daß es ihm gleichfalls zuzuschreiben wäre.

Eben diese genauere Nachricht finde ich auch in Jacob Frischlins ungedruckten Sammlungen zur Wirtenbergischen Geschichte bestätiget, welche unsere Bibliothek von des Verfassers eigner Hand bewahret. Es heißt da, unter besagtem Abt Johann: »dieser Abt hat, im vierzehnten Jare seiner Regierung, die schönen Gemähld in der Sommer Stuben, *Refectorium* genannt, angefangen, allda alle Prälaten in ihrer Statur und Form abcontraphet seyn.« Und unter dem folgenden Abt, Johann dem dritten dieses Namens, fügt er kurz darauf hinzu: »Unter diesem Abt ist die Kirch im Closter mit biblischen Figuren, wie noch zu sehen, zu mahlen angefangen worden, und unter seiner Regierung vollendet.«

Ich konnte hiervon beim Tritheim nichts suchen, als welcher, wie bekannt, mit dem Jahre 1513 aufhöret. Ich nahm aber doch daher Gelegenheit, genauer bei ihm nachzusehen, welcher von den Äbten sich etwa um die Gebäude des Klosters, und derselben Auszierung, vorzüglich verdient gemacht habe; um so vielleicht, im Vorbeigehen, einen kleinen Fingerzeig auf meine Fenstergemälde zu entdecken.

Endlich fand ich denn auch einen dergleichen; aber ebenfalls zu einer Zeit, wo er mich in nicht viel geringere Verlegenheit setzt, als mich die falsch befundene Nachricht des Crusius anfangs setzte: unter dem Abt Blasius nämlich, dem unmittelbaren Vorgänger jenes Johann von Calw, welcher von 1484 bis 1503 regierte. Wie dieser Abt die Einkünfte des Klosters ansehnlich vermehrte, so verwandte er auch wiederum einen großen Teil derselben auf die Ausbesserung, Erweiterung und Verschönerung seiner Gebäude. Wenn nun Tritheim das vornehmste hievon anführt, so sagt er, einmal unter dem Jahre 1489: Secundum quoque latus de Ambitu cum fonte in annis quinque perfecit, pro quo mille centumque auri nummos expendit; und ein andermal, unter dem Jahre 1491: Fenestras cum rotundis (id est Schyben) et picturis ad tria latera Ambitus Monasterii fieri iussit; pro quibus plus quam trecentos auri florenos exposuit: in quarto vero latere picturas sine rotundis fecit duntaxat. Wenn nun in beiden diesen Stellen Ambitus nichts anders wohl heißen kann, als was sonst in Beschreibungen der Klöster circuitus oder peristylium genennet wird; und folglich von dem *Kreuzgange* die Rede ist, dessen eine Seite der Abt Blasius ausgebauet, so wie drei andere mit gemalten Fenstern ausgezieret haben soll: was können dieses anders für Fenster gewesen sein, als die, von welchen ich behaupten will, daß die alten Holzschnitte genommen worden?

Aber was hätte ich sonach viel damit gewonnen, daß ich den Ungrund jener Nachricht des Crusius erwiesen? Sie mögen 1517 oder 1491 gemalt sein: was kann ein Unterschied von 30 Jahren hier helfen? Die Holzschnitte sind doch auch zuverlässig älter, als 1491. Und wenn ich es schon von der vermeinten Original-Ausgabe, die ohne Jahrzahl ist, gegen alle hergebrachte Meinung, gegen allen Ausspruch der Kenner, leugnen wollte: wie könnte ich es von den zwei Ausgaben mit deutschem Texte leugnen, in welchen ich die Jahrzahlen 1470 und 1475 hier vor meinen Augen sehe? Die letztere derselben besteht, wie schon gesagt, auch aus den nämlichen vierzig Blättern; und diese vierzig Blätter waren also schon längst da, ehe die Vorstellungen, die sie enthalten, auf die Fenster zu Hirschau gebracht wurden.

Ich weiß hierauf freilich nicht recht zu antworten. Aber dennoch gestehe ich, daß ich mich des Wesentlichen meines Einfalls auf keine Weise entschlagen kann; sondern mich vielmehr darin bestärke, je öfter und genauer ich die alten Holzschnitte betrachte. Sie sind doch so augenscheinlich nichts als Fenstergemälde! Das gotische Klosterfenster hat doch so offenbar ihre ganze Einteilung bestimmt! Wie also, wenn sie auch nur von ältern Fenstergemälden eines andern Klosters genommen wären? Oder wie, wenn selbst zu Hirschau die nämlichen Gemälde sich, schon lange vor den Zeiten des Blasius, in den Fenstern des Kreuzganges befunden hätten? Denn Blasius hat doch nicht den ganzen Kreuzgang gebauet; dieser Kreuzgang hatte schon vor ihm Fenster; und diese Fenster konnten vom Anfange an, das ist, von Erbauung des neuen Klosters an, von 1091 an, eben dieselben Gemälde gehabt haben, die zu den Zeiten des Blasius natürlicher Weise sehr beschädiget, sehr verunstaltet sein mußten, und die Blasius folglich nur erneuern und wieder herstellen ließ. Die vierzig Holzschnitte mit dem deutschen Texte würden sonach vielleicht die Hirschauschen Fenstergemälde vor dem Blasius sein: so wie die mit dem lateinischen Texte, die von ihm erneuerten und in der Zeichnung etwas veränderten sein würden. Ein besonderer Umstand, der mir dieses wahrscheinlich macht, und mich überhaupt bewegt, von den Hirschauschen Fenstern durchaus nicht abzugehen, ist dieser, daß sie sogar auch die kleinen Säulen hatten, welche in den Holzschnitten, von beider Art, die drei Felder in der Mitte scheiden. Ich lerne dieses aus der obgedachten Beschreibung des Andreas Reichards, die ich weiter hin, so weit sie zur Sache gehört, mitteilen will.

Der Gedanke inzwischen, daß sich vielleicht die nämlichen typischen und antitypischen Gemälde in den Fenstern von mehrern alten Klöstern befunden, ist auch nicht zu verachten. Denn man kann durch ihn von allen den verschiedenen Arten der, unter dem Namen der Biblia Pauperum bisher bei uns bekannten, alten Holzschnitte, eine sehr gute und natürliche Rechenschaft geben. Es gibt, außer den Folgen derselben von vierzig Blättern, andere von zwei und zwanzig, von sechs und zwanzig, von acht und dreißig, von funfzig Blättern. Woher dieses? Woher sonst, als von dem verschiedlichen Umfange, von der größern oder kleinern Anzahl der Fenster in den zu verzierenden Kreuzgängen? Wo nicht mehr Fenster waren, konnten auch nicht mehrere dergleichen Gemälde angebracht werden; und der Formenschneider kopierte gerade so viele, als er in diesem oder jenem Kloster fand, ohne sich zu bekümmern, ob in einem andern eine größere Folge davon vorhanden sei.

Ob denn aber auch die vollständigste derselben, außer dieser ihrer Bestimmung, Fenster zu verzieren, jemals noch etwas anders gewesen sei; ich will sagen, ob sie jemals nichts als ein Buch gewesen sei, ob die Holzschnitte bestimmt gewesen, dieses Buch bekannter und allgemeiner zu machen: daran zweifle ich sehr. Zwar hat man freilich von diesen bisher nicht wohl etwas anders glauben können; und der Titel Biblia Pauperum hat einen solchen Glauben ohne Zweifel bestärkt. Aber von wem ist er denn, dieser Titel? wo schreibt er sich her? Er findet sich bei keiner von den verschiednen Sammlungen der Holzschnitte, und alle, welche vor dem Herrn von Heineke ihrer erwähnen, geben ihnen nach Gutdünken ganz verschiedene Benennungen. »Der Namen, sagt dieser um sie so verdiente Mann, welchen wir ihnen im Deutschen geben, nämlich *Biblia Pauperum*, schickt sich am besten. Denn diese Bilder sind sicher gemacht worden, damit diejenigen, die nicht im Stande waren, ein damals sehr kostbares Manuskript von der heil. Bibel zu bezahlen, dennoch mit wenigen Kosten einen Begriff von der Bibel und deren Inhalte bekämen.« Daß sie zu dieser Absicht gelegentlich haben dienen können, will ich nicht leugnen; ob sie aber in jenen Zeiten zu dieser Absicht ausdrücklich gemacht worden, dürfte wohl eine andere Frage sein. Denn damals *sollte* der gemeine Mann die Bibel nicht lesen: wem hätte also einfallen können, einer anderweits dazukommenden Ursache, warum er sie auch nicht so leicht lesen *konnte*, als itzt, auf irgend eine Weise abzuhelfen? Was damals daher auch etwa den Titel Biblia Pauperum führte, war nichts weniger als ein Werk für den gemeinen Mann, dem man dadurch einen kleinen Begriff von dem Inhalte der Bibel machen wollte; sondern vielmehr ein Werk für die Prädikanten, deren Armut oder Unwissenheit man damit zu Hülfe zu kommen suchte. Dieses beweiset die Biblia Pauperum des Bonaventura, wovon ein alter Druck ohne Jahrzahl und Ort sich in der Bibliothek findet.* Es ist nichts, als eine homileti-

---

* Der Titel heißt: Biblia pauperum a domino Bonaventura edita omnibus predicatoribus perutilis. Die nähere Beschaffenheit derselben erklären die am Ende befindlichen Worte: Expliciunt exempla sacre scripture ordinata secundum alphabetum ut possint que sunt necessaria in materiis sermonum et predicationum facilius a predicatoribus inveniri. Mättäre (Tom. I. p. 529) gedenkt einer Ausgabe von 1490 in 4. Wenn es diese nämliche sein soll, so weiß ich nicht, wo er die Jahrzahl hergenommen; die ihr inzwischen gar wohl zukommen könnte. Ob der heil. Bonaventura, oder ein anderer dieses Namens ordinis Minorum, der Verfasser sei, kann ich

sche Schwarte, die nicht die geringste Ähnlichkeit mit den alten Holzschnitten hat.

Zwar ist es wahr, daß es auch sonst noch eine Ursache haben mag, warum man diesen den nämlichen Titel in Deutschland gegeben. Und vielleicht schreibt sich diese Ursache lediglich aus unsrer Bibliothek her. Denn über der Handschrift, welche sie davon besitzt, stehen wirklich die Worte: Hic incipit bibelia Pauperum. Allein man sieht deutlich, daß sie von einer zweiten Hand hinzugefügt worden; wie dem auch das Manuskript selbst höchstens aus der letztern Hälfte des vierzehnten Jahrhunderts ist. Ich würde mehr davon sagen, wenn ich nicht lieber vorher die Beschreibung erwarten wollte, die der Herr von Heineke davon versprochen hat, dessen Augen und Scharfsinne ich hier ganz sicher mehr trauen kann als den meinen. So viel ist gewiß, daß durch diese sehr zweifelhafte und fast verloschne Aufschrift, unser Lauterbach ehedem allein bewogen worden, sie den gedruckten Ausgaben beizuschreiben, wie auch unter ihr diese in den Catalogus einzutragen. Ihm also, wie gesagt, ist man wohl allein gefolgt, wenn man in Deutschland den diesem Manuskripte ähnlichen Holzschnitten eine Benennung gegeben, unter welcher sie außer Deutschland völlig unbekannt sind.

Am allerwenigsten aber sind sie für ein *Buch* zu halten, das den heil. Anscharius zum Verfasser habe. Ich kann zwar nicht sagen, worauf sich jene alte Hand gegründet, die dem Exemplare in der königlichen Bibliothek zu Hannover beigeschrieben: »S. Ansgarius est Auctor hujus libri«, noch wie alt diese alte Hand ist. Allein so viel weiß ich gewiß, daß die neuere Hand, welche diesem alten Zusatze durch das Zitat des Ornhjälms zu Hülfe kommen wollen, sich sehr betrogen hat; und gröblicher betrogen hat, als es dem Hrn. von Heineke in der Geschwindigkeit einleuchten konnte.

Die Sache ist wert, daß ich mich noch einen Augenblick dabei verweile. Nämlich, um jenem Vorgehen von dem heil. Anscharius mehr Wahrscheinlichkeit zu verschaffen, wird da-

---

auch nicht sagen. Fabricius macht weder unter diesem, noch unter einem andern, das schöne Werk namhaft.

selbst, *Claudii Ornhielmi Historia Suevonum Gothorumque ecclesiastica Lib. I. c. 21. p.70* angeführt; und diese Stelle, wie sie der Herr von Heineke beibringt, lautet so: Ingenii monumenta aliqua reliquisse videtur *(Anscharius),* sed quorum nulla posterorum cura ad nos pervenerint. Et quidem quos per *numeros et signa* conscripsisse eum libros Rembertus memorat, indigitatos *pigmentorum* vocabulo, eos continuisse palam est quasdam aut e devinarum litterarum, aut pie doctorum patrum scriptis, pericopas et sententias, ipsi in quotidianum usum delectas excerptasque, ac numeris librorum capitumque enotatas, ut cum usus requireret, ad manum essent, excitandae pietati ac resipiscentiae, nec non frequenti meditationi mortis et extremi illius rigidissimi iudicii. Aber so lautet sie nicht völlig auch beim Ornhjälm selbst. Denn bei diesem selbst hat sie, nach den Worten indigitatos *pigmentorum* vocabulo, noch ein Einschiebsel, von welchem ich nicht weiß, warum es der Herr von Heineke ausgelassen hat. Ornhjälm merkt nämlich im Vorbeigehen mit an, wie der schwedische Übersetzer der Lebensbeschreibung des h. Anscharius vom h. Rembertus, das Wort *pigmenta* hier gegeben, und was er darunter verstanden habe. *Pigmentorum* vocabulo, schreibt er, quod interpres Suecus reddit per *Säkkerkakur,* quasi diceres panes cupediarios u. s. w. Der schwedische Übersetzer hat hier sehr wohl gewußt, was er schreibt; welches nicht immer der Fall der Übersetzer ist: und wäre der Herr von Heineke nur seiner Spur nachgegangen, so würde er auf einmal den ganzen Ungrund eines Vorgebens entdeckt haben, welches er seines Teils zwar nicht behaupten will, das er aber doch auch so schlechthin nicht zu verwerfen wagt. Es gehört, sagt er, allerdings eine starke Einbildungskraft dazu, aus jener Stelle, die vom Anscharius extrahierten biblischen Texte und Sprüche für eben dieselben zu halten, welche den Holzschnitten in der Biblia Pauperum beigefügt sind: »indessen sind die Worte, daß Anscharius Bücher mit Zahlen und Zeichen geschrieben, welche er Malereien betitelt, allemal bedenklich.« Allerdings würden sie es sein, und würden es sehr sein, wenn es wahr wäre, daß er sie wirklich *Malereien* betitelt hätte. Allein der h. Mann war weit entfernt, seinen erbaulichen Auszügen eine

Benennung zu geben, von der es sicherlich auch dem abenteuerlichsten Mönchswitze schwer werden sollte, das ähnliche *Tertium* zu finden. Der nordische Apostel hatte, in dem eigentlichen Verstande, zu so etwas viel zu viel *Geschmack;* denn kurz, pigmenta heißen in seiner Sprache nichts weniger, als Gemälde; er verstand unter diesen pigmentis, wie es der Schwede in seine Seele übersetzt hat, *Zuckerkuchen*, nichts als *Zuckerkuchen*.

Die Sache ist klar, sobald man auf die Quelle des Ornhjälm zurück geht, welche das Leben des h. Anscharius ist, so wie es sein Nachfolger der h. Rembertus beschrieben. Sie ist, diese Quelle, beim Ornhjälm, ein wenig sehr getrübt. Porro, sagt Rembertus,* ad devotionem sibi in Dei amore acuendam quam studiosus fuerit, testantur codices magni apud nos, quos ipse propria manu *per notas* conscripsit, qui solummodo illa continere noscuntur, quae ad laudem omnipotentis Dei pertinent, et ad peccatorum redargutionem. Ad laudem quoque beatae et aeternae vitae et terrorem gehennae, et quicquid ad compunctionem pertinet et lamentum. Und bald darauf: Denique ex ipsis compunctivis rebus ex sacra scriptura sumptis, per omnes psalmos, unicuique videlicet psalmo, propriam aptavit oratiunculam, quod ipse *pigmentum* vocitare solebat, *ut ei psalmi hac de causa dulcescerent*. Der h. Mann nannte seine Stoßgebetchen, die er einem jeden Psalmen beifügte, pigmenta, weil sie den Psalmen einen lieblichen Geschmack geben sollten: ut ei psalmi hac de causa dulcescerent. Wie können das nun Gemälde heißen sollen? Doch es ist auch sonst schon zur Gnüge bekannt, daß in der spätern Latinität, pigmentum nicht allein *süßen Wein*, potionem ex melle et vino et diversis speciebus confectam, sondern auch irgend eine stark schmeckende Spezerei, irgend ein aus lieblichen Gewürzen verfertigtes Leckerbißchen, bedeutet. Man sehe die Beispiele davon beim du Cange, wovon ich nur das einzige, welches aus dem Leben des h. Gerardus genommen ist, hierher setzen will: Noverit utique sermonem divinum aptissime appellari Pigmentum, qui quo magis ruminando teritur ore sermocinantium, eo magis reddit saporis odorisve oblectamentum.

* Beim Staphorst Hamburgische Kirchengeschichte, 1. T. S. 124.

Und nun, worauf beruht es denn noch weiter, daß Anscharius der Verfasser der Rhapsodie sei, welche uns die alten Holzschnitte vor Augen stellen? Darauf etwa, daß Ornhjälm sagt, der h. Mann habe auch außer seinen Pigmentis, so wie Rembertus melde, noch andere Bücher per numeros et signa geschrieben? Aber wo sagt das Rembertus? Es ist ärgerlich, wenn man überall so viele Hirngespinste findet, deren ganzes Dasein sich auf weiter nichts, als auf eine leichtsinnige verstümmelte Anführung gründet. Rembertus redet bloß von codicibus, quos ipse propria manu *per notas* conscripsit. Und was waren das für Notae? Was sonst für welche, als die sogenannten Notae Tironianae? Die Verfasser des Nouveau Traité de Diplomatique hatten daher ohne Zweifel diese nämliche Stelle des Rembertus im Sinne, wenn sie sagen,* daß der h. Anscharius sich im neunten Jahrhunderte dieser Noten bedient habe, aber, wider ihre Gewohnheit, den Beweis davon nicht beibringen.**

* Tome III. p. 510.
** Ich kann mich nicht enthalten, eine Vermutung hier zu äußern, welcher auf den Grund zu gehen, sich vielleicht ein andermal Gelegenheit finden wird. In der oben angezognen Stelle des Rembertus heißt es nicht allein überhaupt, daß der h. Anscharius verschiedene große Bände voll heiliger Betrachtungen, »*per notas*« geschrieben habe: sondern es ist offenbar, daß Rembertus dieses auch von den »Pigmentis« zu den Psalmen verstanden wissen will. Denn er sagt, weiter hin, ausdrücklich von ihnen: Quae, aliis cum eo psalmos canentibus, finito psalmo ipse solus tacite ruminare solebat, *nec ulli ea manifestare volebat*. Um sie desto eher vor andern geheim halten zu können, hatte der heil. Mann auch diese seine Seufzerlein *per notas* geschrieben. Nun finden sich sowohl in der königlichen Bibliothek zu Paris, in der Abtei von St. Germain des Pres, und zu Reims in der Abtei von St. Remi, als auch in unserer Bibliothek, ganze mit Tironianschen Noten geschriebene Psalter; ohne des zu Straßburg zu gedenken, den Tritheim zuerst bekannt machte. Wie nun, wenn diese Psalter, oder wenigstens einer derselben, nicht bloß die Psalmen, sondern auch zugleich jene »Pigmenta« des h. Anscharius enthielte? Oder wenn sie wohl gar überhaupt nicht die Psalmen, sondern nur jene fromme Stoßgebetchen zu den Psalmen, bloß unter der Rubrik der Psalmen, enthielten? Es könnte leicht sein, daß sich in neuern Zeiten noch niemand die Mühe genommen hätte, sie zu entziffern, und sie also, bloß auf Treue und Glauben der Aufschrift, für die wirklichen

Ein einziger Fall ließe sich denken, wie es doch noch wohl wahr sein könnte, daß sich die Vorstellungen der alten Holzschnitte von dem Anscharius herschrieben. Nämlich, wenn er es wäre, der nicht sowohl ein Buch daraus gemacht, sondern sie einzig und allein angegeben hätte, um sie in den Fenstern einer seiner Kirchen, es sei zu Bremen, oder zu Hamburg, oder sonst wo, ausführen zu lassen. Und so könnte jene alte Hand auf dem Hannöverschen Exemplare noch gewissermaßen Recht haben; so könnte auch Seelen nicht ganz ohne Grund vorgegeben haben, daß Anscharius der Autor von etlichen in Holz geschnittenen Büchern sei. Aber freilich müßte, wenn man dieses für so gut als gewiß annehmen sollte, sich noch ein ganz anderer Beweis finden, als die so mißverstandene Stelle des Ornhjälm abgeben kann. Daß der Herr von Heineke, in dem Dome zu Bremen, einige von den Vorstellungen unserer Holzschnitte von erhabner Bildhauerarbeit in Stein gefunden, ist schon etwas. Und wer weiß, was sich mit der Zeit sonst noch findet.

Ich begnüge mich vor itzt, die Liebhaber auf eine neue, und wie ich mir schmeichle, auf die einzig wahre Spur gebracht zu haben, völlig hinter die Sache zu kommen. Zweifel und Bedenklichkeiten von Männern, wie der Herr von Heineke, werden mir sehr willkommen sein: freilich aber noch mehr, ihr Beifall.

Psalmen angenommen würden, von welchen sich doch kaum eine Wahrscheinlichkeit denken läßt, warum sie, die aller Welt bekannt sind, in geheimen Noten sollten sein geschrieben worden. Es wäre denn, daß sich die Schreiber selbst die Noten dadurch hätten wollen geläufiger machen, indem sie fleißig ihnen bereits geläufige Dinge darin lasen. Ich würde nicht säumen, unsern Codex hierüber auf die Probe zu stellen, wenn er sich nicht seit einiger Zeit in den Händen eines auswärtigen Gelehrten befände, der uns vielleicht mehr davon sagen wird.

THEOLOGIE

GEDANKEN ÜBER DIE HERRNHUTER

– – oro atque obsecro ut multis injuriis jactatam atque agitatam aequitatem in hoc tandem loco confirmari patiamini.
Cicero pro Publ. Quintio

1750

Die Siege geben dem Kriege den Ausschlag: sie sind aber sehr zweideutige Beweise der gerechten Sache: oder vielmehr sie sind gar keine.

Die gelehrten Streitigkeiten sind eben sowohl eine Art von Kriegen, als die kleinen Zuzus eine Art von Hunden sind. Was liegt daran, ob man über ein Reich oder über eine Meinung streitet; ob der Streit Blut oder Dinte kostet? Genug man streitet.

Und also wird auch hier der, welcher Recht behält, und der, welcher Recht behalten sollte, nur selten einerlei Person sein.

Tausend kleine Umstände können den Sieg bald auf diese, bald auf jene Seite lenken. Wie viele würden aus der Rolle der Helden auszustreichen sein, wenn die Wirkung von solchen kleinen Umständen, das Glück nämlich, seinen Anteil von ihren bewundernswürdigen Taten zurücknehmen wollte?

Laßt den und jenen großen Gelehrten in einem andern Jahrhunderte geboren werden, benehmt ihm die und jene Hülfsmittel, sich zu zeigen, gebt ihm andre Gegner, setzt ihn in ein ander Land; und ich zweifle, ob er derjenige bleiben würde, für den man ihn jetzo hält. Bleibt er es nicht, so hat ihn das Glück groß gemacht.

Ein Sieg, den man über Feinde davon trägt, welche sich nicht verteidigen können oder nicht wollen, welche sich ohne Gegenwehr gefangen nehmen oder ermorden lassen, welche, wann sie einen Gegenstreich führen, aus Mattigkeit durch ihren eigenen Hieb zu Boden fallen; wie ist so ein Sieg zu nennen? Man mag ihn nennen, wie man will; so viel weiß ich, daß er kein Sieg ist; außer etwa bei denen, die, wenn sie siegen sollen, ohne zu kämpfen siegen müssen.

Auch unter den Gelehrten gibt es dergleichen Siege. Und ich müßte mich sehr irren, wenn nicht die Siege unserer Theologen, die sie bisher über die *Herrnhuter* erhalten zu haben glauben, von dieser Art wären.

Ich in auf den Einfall gekommen, meine Gedanken über diese Leute aufzusetzen. Ich weiß es, sie sind entbehrlich; aber nicht entbehrlicher, als ihr Gegenstand, welcher wenigstens zu einem Strohmanne dient, an dem ein junger und mutiger Gottesgelehrter seine Fechterstreiche in Übung zu bringen, lernen kann. Die Ordnung, der ich folgen werde, ist die liebe Ordnung der Faulen. Man schreibt wie man denkt: was man an dem gehörigen Ort ausgelassen hat, holet man bei Gelegenheit nach: was man aus Versehen zweimal sagt, das bittet man den Leser das andremal zu übergehen.

Ich werde sehr weit auszuholen scheinen. Allein, ehe man sichs versieht, so bin ich bei der Sache.

Der Mensch ward zum Tun und nicht zum Vernünfteln erschaffen. Aber eben deswegen, weil er nicht dazu erschaffen ward, hängt er diesem mehr als jenem nach. Seine Bosheit unternimmt allezeit das, was er nicht soll, und seine Verwegenheit allezeit das, was er nicht kann. Er, der Mensch, sollte sich Schranken setzen lassen?

Glückselige Zeiten, als der Tugendhafteste der Gelehrteste war! als alle Weisheit in kurzen Lebensregeln bestand!

Sie waren zu glückselig, als daß sie lange hätten dauern können. Die Schüler der sieben Weisen glaubten ihre Lehrer gar bald zu übersehen. Wahrheiten, die jeder fassen, aber nicht jeder üben kann, waren ihrer Neubegierde eine allzuleichte Nahrung. Der Himmel, vorher der Gegenstand ihrer Bewunderung, ward das Feld ihrer Mutmaßungen. Die Zahlen öffneten ihnen ein Labyrinth von Geheimnissen, die ihnen um so viel angenehmer waren, je weniger sie Verwandtschaft mit der Tugend hatten.

Der weiseste unter den Menschen, nach einem Ausspruche des Orakels, in dem es sich am wenigsten gleich war, bemühte sich die Lehrbegierde von diesem verwegenen Fluge zurückzuholen. Törichte Sterbliche, was über euch ist, ist nicht für euch! Kehret den Blick in euch selbst! In euch sind die unerforschten Tiefen, worinnen ihr euch mit Nutzen verlieren könnt. Hier untersucht die geheimsten Winkel. Hier lernet die Schwäche und Stärke, die verdeckten Gänge und den offenbaren Ausbruch eurer Leidenschaften! Hier richtet das Reich auf, wo ihr Untertan und König seid! Hier begreifet und beherrschet das einzige, was ihr begreifen und beherrschen sollt; euch selbst.

So ermahnte Sokrates, oder vielmehr Gott durch den Sokrates.

Wie? schrie der Sophist. Lästerer unserer Götter! Verführer des Volks! Pest der Jugend! Feind des Vaterlandes! Verfolger der Weisheit! Beneider unsers Ansehens! Auf was zielen deine schwärmerische Lehren? Uns die Schüler zu entführen? Uns den Lehrstuhl zu verschließen? Uns der Verachtung und der Armut Preis zu geben?

Allein was vermag die Bosheit gegen einen Weisen? Kann sie ihn zwingen, seine Meinung zu ändern? die Wahrheit zu verleugnen? Beweinenswürdiger Weise, wenn sie so stark wäre. Lächerliche Bosheit, die ihm, wenn sie es weit bringt, nichts als das Leben nehmen kann. Daß Sokrates ein Prediger der Wahrheit sei, sollten auch seine Feinde bezeugen, und wie hätten sie es anders bezeugen können, als daß sie ihn töteten?

Nur wenige von seinen Jüngern gingen den von ihm gezeigten Weg. Plato fing an zu träumen, und Aristoteles zu schließen. Durch eine Menge von Jahrhunderten, wo bald dieser, bald jener die Oberhand hatte, kam die Weltweisheit auf uns. Jener war zum göttlichen, dieser zum untrüglichen geworden. Es war Zeit, daß Cartesius aufstand. Die Wahrheit schien unter seinen Händen eine neue Gestalt zu bekommen; eine desto betrüglichere, je schimmernder sie war. Er eröffnete allen den Eingang ihres Tempels, welcher vorher sorgfältig durch das Ansehen jener beiden Tyrannen bewacht ward. Und das ist sein vorzügliches Verdienst.

Bald darauf erschienen zwei Männer, die, trotz ihrer gemeinschaftlichen Eifersucht, einerlei Absicht hatten. Beiden hatte die Weltweisheit noch allzuviel praktisches. Ihnen war es vorbehalten, sie der Meßkunst zu unterwerfen. Eine Wissenschaft, wovon dem Altertume kaum die ersten Buchstaben bekannt waren, leitete sie mit sichern Schritten bis zu den verborgensten Geheimnissen der Natur. Sie schienen sie auf der Tat ertappt zu haben.

Ihre Schüler sind es, welche jetzo dem sterblichen Geschlechte Ehre machen, und auf den Namen der Weltweisen ein gar besonders Recht zu haben glauben. Sie sind unerschöpflich in Entdeckung neuer Wahrheiten. Auf dem kleinsten Raum können sie durch wenige mit Zeichen verbundene Zahlen Geheimnisse klar machen, wozu Aristoteles unerträgliche Bände gebraucht hätte. So füllen sie den Kopf, und das Herz bleibt leer. Den Geist führen sie bis in die entferntesten Himmel, unterdessen da das Gemüt durch seine Leidenschaften bis unter das Vieh herunter gesetzt wird.

Allein mein Leser wird ungeduldig werden. Er erwartet ganz was anders, als die Geschichte der Weltweisheit in einer Nuß. Ich muß ihm also sagen, daß ich bloß dieses deswegen vorangeschickt, damit ich durch ein ähnliches Beispiel zeigen könne, was die Religion für ein Schicksal gehabt hat: Und dieses wird mich weit näher zu meinem Zwecke bringen.

Ich behaupte also: es ging der Religion wie der Weltweisheit.

Man gehe in die ältesten Zeiten. Wie einfach, leicht und lebendig war die Religion des Adams? Allein wie lange? Jeder von seinen Nachkommen setzte nach eignem Gutachten etwas dazu. Das Wesentliche wurde in einer Sündflut von willkürlichen Sätzen versenkt. Alle waren der Wahrheit untreu geworden, nur einige weniger, als die andern; die Nachkommen Abrahams am wenigsten. Und deswegen würdigte sie Gott einer besondern Achtung. Allein nach und nach ward auch unter ihnen die Menge nichts bedeutender und selbst erwählter Gebräuche so groß, daß nur wenige einen richtigen Begriff von Gott behielten, die übrigen aber an dem äußerlichen Blendwerke hängen blieben, und Gott für ein

Wesen hielten, das nicht leben könne, wenn sie ihm nicht seine Morgen- und Abendopfer brächten.

Wer konnte die Welt aus ihrer Dunkelheit reißen? Wer konnte der Wahrheit den Aberglauben besiegen helfen? Kein Sterblicher. Θεος άπο μηχανης.

Christus kam also. Man vergönne mir, daß ich ihn hier nur als einen von Gott erleuchteten Lehrer ansehen darf. Waren seine Absichten etwas anders, als die Religion in ihrer Lauterkeit wieder herzustellen, und sie in diejenigen Grenzen einzuschließen, in welchen sie desto heilsamere und allgemeinere Wirkungen hervorbringt, je enger die Grenzen sind? Gott ist ein Geist, den sollt ihr im Geist anbeten. Auf was drang er mehr als hierauf? und welcher Satz ist vermögender alle Arten der Religion zu verbinden, als dieser? Aber eben diese Verbindung war es, welche Priester und Schriftgelehrten wider ihn erbitterte. Pilatus, er lästert unsern Gott; kreuzige ihn! Und aufgebrachten Priestern schlägt ein schlauer Pilatus nichts ab.

Ich sage es noch einmal, ich betrachte hier Christum nur als einen von Gott erleuchteten Lehrer. Ich lehne aber alle schreckliche Folgerungen von mir ab, welche die Bosheit daraus ziehen könnte.

Das erste Jahrhundert war so glücklich Leute zu sehen, die in der strengsten Tugend einhergingen, die Gott in allen ihren Handlungen lobten, die ihm auch für das schmählichste Unglück dankten, die sich um die Wette bestrebten, die Wahrheit mit ihrem Blute zu versiegeln.

Allein so bald man müde wurde, sie zu verfolgen, so bald wurden die Christen müde, tugendhaft zu sein. Sie bekamen nach und nach die Oberhand und glaubten, daß Sie nun zu nichts weniger als zu ihrer ersten heiligen Lebensart verbunden wären. Sie waren dem Sieger gleich, der durch gewisse anlockende Maximen sich Völker unterwürfig macht; so bald sie sich ihm aber unterworfen haben, diese Maximen zu seinem eigenen Schaden verläßt.

Das Schwert nutzt man im Kriege, und im Frieden trägt man es zur Zierde. Im Kriege sorgt man nur, daß es scharf ist. Im Frieden putzt man es aus, und gibt ihm durch Gold und Edelsteine einen falschen Wert.

So lange die Kirche Krieg hatte, so lange war sie bedacht, durch ein unsträfliches und wunderbares Leben, ihrer Religion diejenige Schärfe zu geben, der wenig Feinde zu widerstehen fähig sind. So bald sie Friede bekam, so bald fiel sie darauf, ihre Religion auszuschmücken, ihre Lehrsätze in eine gewisse Ordnung zu bringen, und die göttliche Wahrheit mit menschlichen Beweisen zu unterstützen.

In diesen Bemühungen war sie so glücklich, als man es nur hoffen konnte. Rom, das vorher allen besiegten Völkern ihre väterlichen Götter ließ, das sie sogar zu seinen Göttern machte, und durch dieses kluge Verfahren höher als durch seine Macht stieg, Rom ward auf einmal zu einem verabscheuungswürdigen Tyrannen der Gewissen. Und dieses, so viel ich einsehe, war die vornehmste Ursache, warum das römische Reich von einem Kaiser zu dem andern immer mehr und mehr fiel. Doch diese Betrachtung gehöret nicht zu meinem Zweck. Ich wollte nur wünschen, daß ich meinen Leser Schritt vor Schritt durch alle Jahrhunderte führen und ihm zeigen könnte, wie das ausübende Christentum von Tag zu Tag abgenommen hat, da unterdessen das beschauende durch phantastische Grillen und menschliche Erweiterungen zu einer Höhe stieg, zu welcher der Aberglaube noch nie eine Religion gebracht hat. Alles hing von einem Einzigen ab, der desto öfterer irrte, je sicherer er irren konnte.

Man kennt diejenigen, die in diesen unwürdigen Zeiten zuerst wieder mit ihren eigenen Augen sehen wollten. Der menschliche Verstand läßt sich zwar ein Joch auflegen; so bald man es ihm aber zu sehr fühlen läßt, so bald schüttelt er es ab. Huß und einige andre, die das Ansehen des Statthalters Christi nur in diesem und jenem Stücke zweifelhaft machten, waren die gewissen Vorboten von Männern, welche es glücklicher gänzlich über den Haufen werfen würden.

Sie kamen. Welch feindseliges Schicksal mußte zwei Männer über Worte, über ein Nichts uneinig werden lassen, welche am geschicktesten gewesen wären, die Religion in ihrem eigentümlichen Glanze wieder herzustellen, wenn sie mit vereinigten Kräften gearbeitet hätten? Selige Männer, die undankbaren Nachkommen sehen bei eurem Lichte, und verachten euch. Ihr waret es, die ihr die wankenden Kronen auf den Häuptern der Könige feste setztet, und man verlacht euch als die kleinsten, eigennützigsten Geister.

Doch die Wahrheit soll bei meinem Lobspruche nicht leiden. Wie kam es, daß Tugend und Heiligkeit gleichwohl so wenig bei euren Verbesserungen gewann? Was hilft es, recht zu glauben, wenn man unrecht lebt? Wie glücklich, wenn ihr uns eben so viel fromme als gelehrte Nachfolger gelassen hättet! Der Aberglaube fiel. Aber eben das, wodurch ihr ihn stürzet, die Vernunft, die so schwer in ihrer Sphäre zu erhalten ist, die Vernunft führte euch auf einen andern Irrweg, der zwar weniger von der Wahrheit, doch desto weiter von der Ausübung der Pflichten eines Christen entfernt war.

Und jetzo, da unsre Zeiten – soll ich sagen so glücklich? oder so unglücklich? – sind, daß man eine so vortreffliche Zusammensetzung von Gottesgelahrtheit und Weltweisheit gemacht hat, worinne man mit Mühe und Not eine von der andern unterscheiden kann, worinne eine die andere schwächt, indem diese den Glauben durch Beweise erzwingen, und jene die Beweise durch den Glauben unterstützen soll; jetzo, sage ich, ist durch diese verkehrte Art, das Christentum zu lehren, ein wahrer Christ weit seltner, als in den dunklen Zeiten geworden. Der Erkenntnis nach sind wir Engel, und dem Leben nach Teufel.

Ich will es dem Leser überlassen, mehr Gleichheiten zwischen den Schicksalen der Religion und der Weltweisheit aufzusuchen. Er wird durchgängig finden, daß die Menschen in der einen wie in der andern nur immer haben vernünfteln, niemals handeln wollen.

Nun kömmt es darauf an, daß ich diese Betrachtung auf die *Herrnhuter* anwende. Es wird leicht sein. Ich muß aber vorher einen kleinen Sprung zurück auf die Philosophie tun.

Man stelle sich vor, es stünde zu unsern Zeiten ein Mann auf, welcher auf die wichtigsten Verrichtungen unserer Gelehrten von der Höhe seiner Empfindungen verächtlich herabsehen könnte, welcher mit einer sokratischen Stärke die lächerlichen Seiten unserer so gepriesenen Weltweisen zu entdecken wüßte, und mit einem zuversichtlichen Tone auszurufen wagte:

Ach! eure Wissenschaft ist noch der Weisheit Kindheit,
Der Klugen Zeitvertreib, ein Trost der stolzen Blindheit!

Gesetzt, alle seine Ermahnungen und Lehren zielten auf das einzige, was uns ein glückliches Leben verschaffen kann, auf die Tugend. Er lehrte uns, des Reichtums entbehren, ja ihn fliehen. Er lehrte uns, unerbittlich gegen uns selbst, nachsehend gegen andre sein. Er lehrte uns, das Verdienst, auch wenn es mit Unglück und Schmach überhäuft ist, hochachten und gegen die mächtige Dummheit verteidigen. Er lehrte uns, die Stimme der Natur in unsern Herzen lebendig empfinden. Er lehrte uns, Gott nicht nur glauben, sondern was das vornehmste ist, lieben. Er lehrte uns endlich, dem Tode unerschrocken unter die Augen gehen, und durch einen willigen Abtritt von diesem Schauplatze beweisen, daß man überzeugt sei, die Weisheit würde uns die Maske nicht ablegen heißen, wenn wir unsere Rolle nicht geendigt hätten. Man bilde sich übrigens ein, dieser Mann besäße nichts von aller der Kenntnis, die desto weniger nützt, je prahlender sie ist. Er wäre weder in den Geschichten, noch in den Sprachen erfahren. Er kenne die Schönheiten und Wunder der Natur nicht weiter, als in soferne sie die sichersten Beweise von ihrem großen Schöpfer sind. Er habe alles das unerforscht gelassen, wovon er, bei Toren zwar mit weniger Ehre, allein mit desto mehr Befriedigung seiner selbst, sagen kann: *ich weiß es nicht, ich kann es nicht einsehen.* Gleichwohl mache dieser Mann Anspruch auf den Titel eines Weltweisen. Gleichwohl wäre er so beherzt, ihn auch Leuten abzustreiten, welchen öffentliche Ämter das Recht dieses blendenden Beinamens gegeben haben. Wenn er es nun gar, indem er in allen Gesellschaften der falschen Weisheit die Larve abriß, dahin brächte, daß ihre Hörsäle, ich will nicht sagen leer, doch minder voll würden; ich bitte euch, meine Freunde, was würden unsere Philosophen mit diesem Manne anfangen? Würden sie sagen: Wir haben geirrt? Ja, er hat Recht. Man muß keinen Philosophen kennen, wenn man glaubt, er sei fähig zu widerrufen.

Hu! würde ein stolzer Algebraist murmeln, Ihr mein Freund ein Philosoph? Laßt einmal sehen. Ihr versteht doch wohl einen hyperbolischen Afterkegel zu kubieren? Oder nein – – Könnet Ihr eine Exponential-Größe differentieren? Es ist eine Kleinigkeit; hernach wollen wir unsre Kräfte in was größern versuchen. Ihr schüttelt den Kopf? Nicht? Nu da haben wirs. Bald wollte ich wetten, Ihr wißt nicht einmal, was eine Irrational-Größe ist? Und werft Euch zu einem Philosoph auf? O Verwegenheit! o Zeit! o Barbarei!

Ha! Ha! fällt ihm der Astronom ins Wort, und also werde auch ich wohl eine schlechte Antwort von Euch zu erwarten haben? Denn wenn Ihr, wie ich höre, nicht einmal die ersten Gründe der Algebra inne habt, so müßte Gott es Euch unmittelbar eingegeben haben, wenn Ihr eine bessere Theorie des Monds hättet, als ich. Laßt sehen, was Ihr davon wißt? Ihr schweigt? Ihr lacht gar?

Platz! Ein paar Metaphysiker kommen, gleichfalls mit meinem Helden eine Lanze zu brechen. Nun, schreit der eine, Ihr glaubt doch wohl Monaden? Ja. Ihr verwerft doch wohl die Monaden, ruft der andre? Ja. Was? Ihr glaubt sie und glaubt sie auch nicht? Vortrefflich!

Umsonst würde er es wie jener Bauernjunge machen, den sein Pfarr fragte: kannst du das siebende Gebot? Anstatt zu antworten, nahm er seinen Hut, stellte ihn auf die Spitze eines Fingers, ließ ihn sehr künstlich darauf herumtanzen, und setzte hinzu: Herr Pfarr könnet Ihr das? Doch ich will ernsthafter reden. Umsonst, sage ich, würde er seinen Hohnsprechern andere wichtige Fragen vorlegen. Vergebens würde er sogar beweisen, daß seine Fragen mehr auf sich hätten, als die ihrigen. Könnt Ihr, würde er etwa zu dem ersten sagen, Euren hyperbolischen Stolz mäßigen? Und zu dem andern: seid Ihr weniger veränderlich, als der Mond? Und zu dem dritten: kann man seinen Verstand nicht in etwas bessern üben, als in unerforschlichen Dingen? Ihr seid ein Schwärmer! würden sie einmütig schreien. Ein Narr, der dem Tollhause entlaufen ist! Allein man wird schon Sorge tragen, daß Ihr wieder an Ort und Stelle kommt.

Gott sei Dank, daß so ein verwegener Freund der Laien noch nicht aufgestanden ist, und zu unsern Zeiten auch nicht aufstehen möchte: denn die Herrn, welche mit der Wirklichkeit der Dinge so viel zu tun haben, werden schon sorgen, daß meine Einbildung nimmermehr zur Wirklichkeit gelangt.

Wie aber, wenn so ein Schicksal unsre Theologen betroffen hätte? Doch ich will mich ohne Umschweif erklären. Ich glaube, das, was so ein Mann, wie ich ihn geschildert habe, für die Weltweisen sein würde, das sind anjetzo die *Herrnhuter* für die Gottesgelehrten. Sieht man bald wo ich hinaus will?

Eine einzige Frage, die man, wenn man die geringste Billigkeit hat, nimmermehr bejahen kann, wird deutlich zeigen, daß meine Vergleichung nicht ohne Grund ist. Haben die *Herrnhuter,* oder hat ihr Anführer, der *Graf von Z.* jemals die Absicht gehabt, die Theorie unsers Christentums zu verändern? Hat er jemals gesagt, in diesem oder jenem Lehrsatze irren meine Glaubensgenossen? Diesen Punkt verstehen sie falsch? Hier müssen sie sich von mir zu Rechte weisen lassen? Wenn unsre Theologen aufrichtig sein wollen, so werden sie gestehen müssen, daß er sich nie zu einem Religionsverbesserer aufgeworfen hat. Hat er ihnen nicht mehr als einmal die deutlichsten Versicherungen getan, daß seine Lehrsätze in allem dem augspurgischen Glaubensbekenntnis gemäß wären? Schon gut, werden sie antworten; allein warum behauptet er in seinen eigenen Schriften Sachen, die diesen Versicherungen offenbar widersprechen? Haben wir ihn nicht der abscheulichsten Irrtümer überführt? Man erlaube mir, daß ich die Beantwortung dieses Punkts ein wenig verspare. Genung wir haben sein Bekenntnis; er verlangt nichts in den Lehrsätzen unserer Kirche zu verändern. Was will er denn? -----

DAS CHRISTENTUM DER VERNUNFT

§ 1
Das einzige vollkommenste Wesen hat sich von Ewigkeit her mit nichts als mit der Betrachtung des Vollkommensten beschäftigen können.

§ 2
Das Vollkommenste ist er selbst; und also hat Gott von Ewigkeit her nur sich selbst denken können.

§ 3
Vorstellen, wollen und schaffen, ist bei Gott eines. Man kann also sagen, alles was sich Gott vorstellet, alles das schafft er auch.

§ 4
Gott kann sich nur auf zweierlei Art denken; entweder er denkt alle seine Vollkommenheiten auf einmal, und sich als den Inbegriff derselben; oder er denkt seine Vollkommenheiten zerteilt, eine von der andern abgesondert, und jede von sich selbst nach Graden abgeteilt.

§ 5
Gott dachte sich von Ewigkeit her in aller seiner Vollkommenheit; das ist, Gott schuf sich von Ewigkeit her ein Wesen, welchem keine Vollkommenheit mangelte, die er selbst besaß.

§ 6
Dieses Wesen nennt die Schrift den *Sohn Gottes,* oder welches noch besser sein würde, den *Sohn Gott.* Einen *Gott,* weil ihm keine von den Eigenschaften fehlt, die Gott zukommen. Einen *Sohn,* weil unserm Begriffe nach dasjenige, was sich etwas vorstellt, vor der Vorstellung eine gewisse Priorität zu haben scheint.

§ 7
Dieses Wesen ist Gott selbst und von Gott nicht zu unterscheiden, weil man es denkt, so bald man Gott denkt, und es ohne Gott nicht denken kann; das ist, weil man Gott ohne Gott nicht denken kann, oder weil es kein Gott sein würde, dem man die Vorstellung seiner selbst nehmen wollte.

§ 8
Man kann dieses Wesen ein Bild Gottes nennen, aber ein identisches Bild.

§ 9
Je mehr zwei Dinge mit einander gemein haben, desto größer ist die Harmonie zwischen ihnen. Die größte Harmonie muß also zwischen zwei Dingen sein, welche alles mit einander gemein haben, das ist, zwischen zwei Dingen, welche zusammen nur eines sind.

§ 10
Zwei solche Dinge sind Gott und der Sohn Gott, oder das identische Bild Gottes; und die Harmonie, welche zwischen ihnen ist, nennt die Schrift den Geist, *welcher vom Vater und Sohn ausgehet.*

§ 11
In dieser Harmonie ist alles, was in dem Vater ist, und also auch alles, was in dem Sohne ist; diese Harmonie ist also Gott.

§ 12
Diese Harmonie ist aber so Gott, daß sie nicht Gott sein würde, wenn der Vater nicht Gott und der Sohn nicht Gott wären, und daß beide nicht Gott sein könnten, wenn diese Harmonie nicht wäre, das ist: *alle drei sind eines.*

§ 13
Gott dachte seine Vollkommenheit zerteilt, das ist, er schaffte Wesen, wovon jedes etwas von seinen Vollkommenheiten hat; denn, um es nochmals zu wiederholen, jeder Gedanke ist bei Gott eine Schöpfung.

§ 14
Alle diese Wesen zusammen, heißen die Welt.

§ 15
Gott könnte seine Vollkommenheiten auf unendliche Arten zerteilt denken; es könnten also unendlich viel Welten möglich sein, wenn Gott nicht allezeit das vollkommenste dächte, und also auch unter diesen Arten die vollkommenste Art gedacht, und dadurch wirklich gemacht hätte.

§ 16
Die vollkommenste Art, seine Vollkommenheiten zerteilt zu denken, ist diejenige, wenn man sie nach unendlichen Graden des Mehrern und Wenigern, welche so auf einander folgen, daß nirgends ein Sprung oder eine Lücke zwischen ihnen ist, zerteilt denkt.

§ 17
Nach solchen Graden also müssen die Wesen in dieser Welt geordnet sein. Sie müssen eine Reihe ausmachen, in welcher jedes Glied alles dasjenige enthält, was die untern Glieder enthalten, und noch etwas mehr; welches etwas mehr aber nie die letzte Grenze erreicht.

§ 18
Eine solche Reihe muß eine unendliche Reihe sein, und in diesem Verstande ist die Unendlichkeit der Welt unwidersprechlich.

§ 19
Gott schafft nichts als einfache Wesen, und das Zusammengesetzte ist nichts als eine Folge seiner Schöpfung.

§ 20
Da jedes von diesen einfachen Wesen etwas hat, welches die andern haben, und keines etwas haben kann, welches die andern nicht hätten, so muß unter diesen einfachen Wesen eine Harmonie sein, aus welcher Harmonie alles zu erklären ist, was unter ihnen überhaupt, das ist, in der Welt vorgehet.

§ 21

Bis hieher wird einst ein glücklicher Christ das Gebiete der Naturlehre erstrecken: doch erst nach langen Jahrhunderten, wenn man alle Erscheinungen in der Natur wird ergründet haben, so daß nichts mehr übrig ist, als sie auf ihre wahre Quelle zurück zu führen.

§ 22

Da diese einfache Wesen gleichsam eingeschränkte Götter sind, so müssen auch ihre Vollkommenheiten den Vollkommenheiten Gottes ähnlich sein; so wie Teile dem Ganzen.

§ 23

Zu den Vollkommenheiten Gottes gehöret auch dieses, daß er sich seiner Vollkommenheit bewußt ist, und dieses, daß er seinen Vollkommenheiten gemäß handeln kann: beide sind gleichsam das Siegel seiner Vollkommenheiten.

§ 24

Mit den verschiedenen Graden seiner Vollkommenheit müssen also auch verschiedene Grade des Bewußtseins dieser Vollkommenheiten und der Vermögenheit denselben gemäß zu handeln, verbunden sein.

§ 25

Wesen, welche Vollkommenheiten haben, sich ihrer Vollkommenheiten bewußt sind, und das Vermögen besitzen, ihnen gemäß zu handeln, heißen *moralische Wesen,* das ist solche, welche einem Gesetze folgen können.

§ 26

Dieses Gesetz ist aus ihrer eigenen Natur genommen, und kann kein anders sein, als: *handle deinen individualischen Vollkommenheiten gemäß.*

§ 27

Da in der Reihe der Wesen unmöglich ein Sprung Statt finden kann, so müssen auch solche Wesen existieren, welche sich ihrer Vollkommenheiten nicht deutlich genung bewußt sind — —

— — — — — — — — — —

RETTUNG DES HIER. CARDANUS

Leser, welche den Cardan kennen, und auch mir zutrauen, daß ich ihn kenne, müssen es schon voraussehen, daß meine Rettung den ganzen Cardan nicht angehen werde. Dieses außerordentliche Genie hat alle Nachwelt seinetwegen in Zweifel gelassen. Man muß glauben, daß der größte Verstand mit der größten Torheit sehr wesentlich verbunden ist, oder sein Charakter bleibt ein unauflösliches Rätsel. Zu was hat man ihn nicht gemacht; oder vielmehr zu was hat er sich nicht selbst in einem Werke gemacht, dergleichen ich wollte, daß jeder große Mann mit eben der Aufrichtigkeit schreiben müßte! (de vita propria.)

Es wäre ein Wunder, wenn ein so seltner Geist dem Verdachte der Atheisterei entgangen wäre. Hat man oft mehr gebraucht, ihn auf sich zu laden, als selbst zu denken und gebilligten Vorurteilen die Stirne zu bieten? Selten hat man nötig gehabt, in der Tat anstößige Sätze und ein problematisches Leben, wie Cardan, damit zu verbinden.

Eine augenscheinliche Verleumdung, die man noch nicht aufhört aus einem Buche in das andere überzutragen, treibt mich an, dieses Verdachts in etwas zu gedenken. Man gründet ihn, wie bekannt, auf drei Stücke. Auf ein Buch, welches er wider die Unsterblichkeit der Seele soll geschrieben haben; auf seine astrologische Unsinnigkeit, dem Heilande die Nativität zu stellen; und endlich auf eine gewisse Stelle in seinem Werke de subtilitate.

Von den beiden erstern Gründen werde ich nichts sagen, weil schon andre nur allzuviel davon gesagt haben. Den ersten widerlegt sogleich das *soll*. Er soll so ein Buch geschrieben haben, welches er zwar nicht drucken lassen, aber doch heimlich seinen Freunden gewiesen. Und wer ist denn der Währmann dieses Vorgebens? Kein anderer, als Martinus del Rio. (Disput. Magic. Tom. I. Lib. II.) Wenn man es noch glauben will, so muß man diesen Spanier nicht kennen. – – Den zweiten Grund zernichten die eignen Worte des Cardans, welche insonderheit der Herr Pastor Brucker aus dessen seltnen Werke, über des Ptolemäus vier

Bücher de astrorum judiciis, angeführt hat. (Hist. Crit. Phil. Tomi IV. Parte altera p. 76.)

Ich werde mich, wie gesagt, hierbei nicht aufhalten; ich wende mich vielmehr sogleich zu dem letztern Punkte, weil ich in der Tat hoffe, etwas besonders dabei anzumerken. Man wird es als einen guten Zusatz zu dem Artikel ansehen können, welchen Bayle, in seinem kritischen Wörterbuche, von diesem Gelehrten gemacht hat.

Es ist billig, daß man die Ankläger des Cardans zuerst höret. Es sind deren so viele, daß ich nur einen werde das Wort können führen lassen. Dieses mag ein noch lebender Schriftsteller sein, dessen Buch in seiner Art ein Handbuch der Gelehrten geworden ist; der Herr Pastor Vogt; oder vielmehr de la Monnoye durch diesen. Er führt, in seinem Verzeichnisse von raren Büchern, die erstre, und noch eine andere Ausgabe des Cardanischen Werks de subtilitate an, und was er dabei anmerkt ist folgendes. »Man lieset, sagt er, in diesen ungemein seltnen Ausgaben eine sehr gottlose und ärgerliche Stelle, die man in den nachherigen Abdrücken weggelassen hat. Ich will die ganze Sache mit den Worten des gelehrten de la Monnoye, im 4 T. der Menagianen, S. 305, erzählen. Noch schlimmer als Pomponaz, sagt dieser, macht es Cardan. In dem eilften seiner Bücher de subtilitate vergleicht er die vier Hauptreligionen kürzlich unter einander; und nachdem er eine gegen die andre hat streiten lassen, so schließt er, ohne sich für eine zu erklären, mit diesen unbedachtsamen Worten: igitur his arbitrio victoriae relictis. Das heißt auf gut deutsch, er wolle dem Zufalle überlassen, auf welche Seite sich der Sieg wenden werde. Diese Worte veränderte er zwar selbst in der zweiten Ausgabe; dennoch aber ward er drei Jahre darauf von dem Scaliger Exercit. 258. n. 1 sehr bitter deswegen bestraft, weil der Sinn derselben sehr schrecklich ist, und die Gleichgültigkeit des Cardans, in Ansehung des Sieges deutlich beweiset, welchen eine von den vier Religionen, es möge nun sein welche es wolle, entweder durch die Stärke der Beweise, oder durch die Gewalt der Waffen, davon tragen könne.«

Aus dieser Anführung erhellet, daß Scaliger der erste gewesen ist, dem die Stelle wovon ich rede, zum Anstoße gereicht hat. Man darf aber nicht glauben, daß von ihm bis auf den de la

Monnoye sie von keinem andern sei gerüget worden. Marinus Mersennus ist in seiner Auslegung des ersten Buchs Mosis (S. 1830.) darwider aufgestanden, und hat sie für nichts schändlichers, als für einen Inbegriff des berüchtigten Buchs von den drei Betriegern gehalten. Aus dem Mersennus hat sie hernach besonders Morhof (Polyh. T. I. Lib. I. c. 8. §. 6.) Bücherkennern bekannt gemacht, und diese haben sie einander redlich aus einer Hand in die andre geliefert.

Reimann (Hist. univers. Atheismi et Atheorum p. 365. et 547.) die hällischen Verfasser der Observat. selectarum (Tom. X. p. 219.) Freytag (Analect. litteraria p. 210.) die Bibliothek des Salthenius (p. 272.) sagen alle ebendasselbe. Alle nennen die angeführte Stelle locum impium et scandalosissimum, locum offensionis plenissimum. Ich muß diesen noch einen Freund von mir beisetzen, nämlich den Herrn Adjunkt Schwarz in Wittenberg, welcher in seiner ersten Exerzitation in utrumque Samaritanorum Pentateuchum, gelegentlich eben diese Saite berührt.

Was wird man aber von mir denken, wenn ich kühnlich behaupte, daß alle diese Gelehrte, entweder nur Nachbeter sind, oder, wenn sie mit ihren eignen Augen gesehen haben, nicht haben construieren können. Ich sage: nicht können; denn auch das kann man nicht, woran uns die Vorurteile verhindern.

Ich für meinen Teil, habe es dem nur gedachten Herrn Adjunkt Schwarz zu danken, daß ich nicht in das gemeine Horn mit blasen darf. Bei ihm habe ich die allererste Ausgabe des Cardanischen Werks de subtilitate in die Hände bekommen, und sie mit um so viel größrer Begierde durchblättert, da eben dasselbe Exemplar dem Philipp Melanchthon zugehöret hatte, von dessen eigner Hand, hier und da, einige kleine Noten zu lesen waren. Es war mir leid, daß ich den nunmehrigen Besitzer desselben von der Richtigkeit meiner Anmerkung nicht überzeugen konnte.

Ich will mich nicht länger verweilen, sie dem Leser vorzulegen; vorher aber nur noch einige Worte von der ersten Ausgabe selbst gedenken. Aus einigen Kleinigkeiten schließe ich, daß sie Herr Vogt nicht selbst gesehen hat. Man vergleiche nur folgenden Titel mit dem seinigen: »HIERONYMI CARDANI, Medici Mediolanensis, de subtilitate Libri XXI. ad illustr. principem Ferrandum Gonzagam Mediolanensis Provinciae praefectum«.

Nach dieser Aufschrift folgt auf dem Titel selbst, eine kleine Anrede des Druckers an den Leser, in welcher er ihm die Vortrefflichkeit des Buchs anpreiset. Hier ist sie: »*Joh. Petrejus* Lectori: Habes hoc in libro, candide Lector, plus quam sesquimille, variarum non vulgarium, sed difficilium, occultarum et pulcherrimarum rerum causas, vires et proprietates, ab authore hinc inde experimento observatas: quae non solum propter cognitionem delectabiles, sed etiam ad varios usus, tum privatos tum publicos, multo utiliores quam hactenus plurimorum scripta, quae etsi ex philosophia sint, minoris tamen momenti esse, legens haec et illa, haud mecum dissentiet; uti singula in adjecto indice perspicue licet cernere.« Unter diesem kurzen Buchhändlerpanegyrico stehet endlich: »Norimbergae apud Jo. Petreium, jam primo impressum, cum Privilegio Caes. atque Reg. ad Sexennium Ao. MDL«. Das Format ist in Folio; die Stärke, 373 Blätter, ohne das Register.

Nunmehr wird man es mir hoffentlich zutrauen, daß ich die streitige Stelle wirklich aus der ersten Originalausgabe anführen werde. – – Aber man erlaube mir, daß ich es nicht lateinisch tun darf. Das Latein des Cardans ist so schlecht, daß der Leser nichts dabei einbüßt, wenn er es auch schon, in eben so schlechtes Deutsch verwandelt sieht. Denn habe ich nicht die Güte des Ausdrucks auch in der Übersetzung beibehalten müssen? Hier ist sie also:

Stelle aus dem XIten Buche des Cardanus de subtilitate.

»Die Menschen sind von je her, an Sprache, Sitten und Gesetzen, eben so sehr unter sich von einander unterschieden gewesen, als die Tiere von ihnen. Bei den Verehrern des Mahomets wird ein Christ, und bei beiden ein Jude nicht höher geschätzt, als der verworfenste Hund: er wird verspottet, verfolgt, geschlagen, geplündert, ermordet, in die Sklaverei gestoßen, durch die gewaltsamsten Schändungen gemißhandelt, und mit den unsaubersten Arbeiten gemartert, so daß er von einem Tiger, dem man die Jungen geraubet, nicht so viel auszustehen haben würde. Der Gesetze aber sind viere; der Götzendiener, der Juden, der Christen und der Mahometaner.

Der Götzendiener zieht sein Gesetz aus vier Gründen vor.

Erstlich weil er so oft, in den Kriegen wider die Juden, den Sieg davon getragen habe, bis es ihm endlich gelungen, ihre Gesetze ganz und gar zu vertilgen; es müsse daher dem höchsten Werkmeister und Regenten, die Verehrung eines einzigen Gottes nicht mehr, als die Verehrung vieler Götter gefallen haben. Hernach sagen sie: so wie es sich, wenn das Volk einen obersten Regenten über sich habe, für jeden gezieme, in Privatsachen und besonders in Kleinigkeiten, seine Zuflucht vielmehr zu den Befehlshabern und Hofleuten desselben zu nehmen, als dem Könige selbst, um jeder Ursach Willen, beschwerlich zu fallen: eben so müsse man, da der höchste Gott sich um das, was hier auf Erden vorgeht, und wovon die Angelegenheiten der Privatpersonen den allerkleinsten Teil ausmachen, sehr wenig bekümmert, vielmehr zu den Göttern, die dieser höchste Gott zu seinen Dienern geordnet hat, bei nicht wichtigen Dingen fliehen, als daß man denjenigen selbst, den kein Sterblicher nicht einmal mit den Gedanken erreichen kann, aus jeder nichtswürdigen Ursache, mit Bitten belästige. Endlich behaupten sie, daß durch dieses Gesetz, und durch diese Beispiele, indem sie Hoffnung machten, nach dieser Sterblichkeit göttlich verehrt zu werden, viele wären angetrieben worden, sich durch Tugenden berühmt zu machen, als Herkules, Apollo, Jupiter, Mercurius, Ceres. Was aber die Wunder anbelange, so könnten sie eben sowohl, Exempel der offenbaren Hülfe ihrer Götter und Orakelsprüche anführen, als irgend andre. Auch sei unsre Meinung von Gott und dem Ursprunge der Welt, nicht allein nicht weniger abgeschmackt, sondern auch noch abgeschmackter, als ihre, welches aus dem Streite unter den andern Gesetzen, und aus dem Hasse derselben gegen alle Weltweise, als die Urheber der Wahrheit, erhelle. Diese aber werfen ihnen die Menschenopfer, die Verehrung toter Bildsäulen und die Menge der Götter vor, welche auch von den ihrigen selbst verlacht würden; desgleichen die schändlichen Laster dieser ihrer Götter, die man sich schon an einem Menschen einzubilden schäme, und die undankbare Vergessung des allerhöchsten Schöpfers.

Nachdem diese also, auf besagte Art, widerlegt worden, so steht der Jude wider die Christen auf. Wenn in unserm Gesetze, sagt er, Fabeln enthalten sind, so sind sie alle, auch auf euch gekommen, die ihr unser Gesetz annehmet. Die Einheit Gottes hat niemand so unverfälscht verehret als wir; und von uns stammet diese Wahrheit auch her. Ferner kann sich kein Gesetz so großer Wunder und Zeichen, und kein Volk eines solchen Adels rühmen. Hierauf aber sprechen die übrigen wider dieses Gesetz: alles das, was untergegangen sei, müsse Gott nicht gefallen haben; sie die Juden hätten wider ihre Propheten gewütet; ihr Volk wäre allezeit der ganzen Welt ein Abscheu gewesen, und diejenigen, welche von den Christen und Mahometanern verehret würden, die befehle ihnen ihr eignes Gesetze anzubeten.

Nachdem auch dieses Gesetz übern Haufen geworfen, so streitet nunmehr der Christ wider den Mahometaner. Dieser Streit ist schärfer und wird auf beiden Teilen mit großen Kräften unterstützet, von welchen das Wohl ganzer Reiche und Länder abhängt. Der Christ stützet sich besonders auf vier Gründe. *Erstlich* auf das Zeugnis der Propheten, welche alles, was sich mit Christo zugetragen, so genau erzählten, daß man glauben sollte, es sei nicht vorher gesagt, sondern nachdem alles schon geschehen, aufgeschrieben worden. Diese aber melden nicht das geringste von dem Mahomet. *Zweitens* auf das Ansehen der Wunderwerke Christi, die von solcher Größe und Beschaffenheit gewesen sind, daß sie mit den Wundern der Mahometaner in keine Vergleichung kommen: wie zum Exempel die Auferweckung der Toten, des Lazarus, des Mägdleins und des Sohnes der Witwe. Die Wunderwerke der Mahometaner hingegen, das Herabfallen der Steine von den schwarzen Vögeln, oder die Verbergung in der Höhle, wie er in seinem Korane lehret, oder dieses, daß er in einer Nacht von Mecca nach Jerusalem wäre geschickt, oder versetzt worden, oder seine Aufnahme in den Himmel, oder seine Zerteilung des Mondes; alle diese können entweder nicht mit Zeugen bestätiget werden, oder sind ganz und gar keine Wunder. Daß Steine von Vögeln herabgeschmissen werden, dieses ist zwar etwas wundersames, und mag es immerhin gewesen sein, aber kein Wunder ist es nicht: daß der Mond zerteilt scheinet, dieses ist weder ein Wunder noch etwas wundersames. Von Mecca nach Jerusalem versetzt werden, oder in den Himmel hinansteigen, dieses wäre zwar ein Wunder, allein die Zeugen mangeln ihm. Der *dritte* Grund wird von den

Geboten Christi hergenommen, welche nichts enthalten, was mit der Moral oder mit der natürlichen Philosophie streitet. Was sein Leben anbelangt, darinne kann es ihm niemand gleich tun, und wenn es auch der allerbeste wäre; aber es nachahmen kann ein jeder. Was? *können* sag ich? Ja, so viel du dich von seinem Exempel entfernst, so viel Gottlosigkeit nimmst du an. Mahomet hingegen rät Mord und Krieg und den Turm im Paradiese; das Paradies aber beschreibt er so, daß man darinnen heirate, von schönen Knaben bedient würde, Fleisch und Äpfel esse, Nektar trinke, auf seidnen Betten liege, und unter dem Schatten der Bäume Edelsteine und seidne Lager besitze. Welcher gesunde Verstand wird dadurch nicht beleidiget? Und wie abgeschmackt ist nicht jenes Vorgeben im Korane, nach welchem Engel und Gott für den Mahomet beten sollen? Desgleichen die Erdichtung, daß Gott von der Erde gen Himmel hinaufsteige, hinansteige, und daß er selbst bei den Geistern, seinen Dienern, schwöre. Was soll man von der Historie mit dem Kamele, wenn es anders eine Historie, und nicht vielmehr eine Fabel ist, sagen, die wenigstens fünfmal wiederholet wird? Hierzu kommt noch als der letzte Grund für die Christen dieses, daß unser Gesetz von sehr wenigen unerfahrnen und armen Leuten, gegen so viele Kaiser und reiche Priester der Götzen ist geprediget worden, und daß es, da es auch schon von innerlichen Spaltungen geschwächt war, dennoch des ganzen Erdkreises sich bemächtiget hat.

Nun haben aber auch die Mahometaner fünf Beweisgründe für sich. *Erstlich* sagen sie: Die Christen verehrten die Einheit Gottes nicht so lauter, als sie; die Christen gäben ihm einen Sohn, welcher ebenfalls Gott sei. Wann aber, fahren sie fort, mehrere Götter sind, so werden sie auf einander erbittert sein, weil dieses bei einem Reiche etwas unvermeidliches ist, daß es von vielen ohne Eifersucht nicht kann verwaltet werden. Es ist aber auch etwas gottloses, dem erhabensten Gott, dem Schöpfer aller Dinge einen beizugesellen, der ihm gleich sei, da er doch der allerhöchste ist, und ihm einen Sohn zu geben, da er doch keinen braucht, und ewig ist. Über das also, sagen sie, was die Christen ihm beilegen, empören sich die Himmel, und die Erde fliehet vor Entsetzen davon. Gott wird daher bei ihnen eingeführet, als ob er sich beklagte; und Christus, als ob er sich entschuldigte; daß er sich dieses nicht selbst, sondern, daß es ihm andre, wider seinen Willen, beigelegt hätten. Der *zweite* Beweisgrund kömmt von dem Mahomet selbst, welcher den Christen zur Last legt, daß sie die Bilder anbeten, und daß sie also Verehrer der Götter, und nicht eines einzigen Gottes zu sein scheinen. Hierauf folgt der *dritte* Beweisgrund, welcher aus dem Erfolge hergenommen ist, indem sie schon so viel Siege erfochten, und schon so viel Provinzen erobert hätten, daß das christliche Gesetz kaum ein Teil des Mahometischen würde zu nennen sein, wann nicht, durch Vorsorge unsers Kaisers, schon zum Teil eine andre Welt, in der christlichen Religion wäre unterrichtet worden. Ist es aber, sagen sie, nun nicht wahrscheinlich, daß Gott denjenigen wohlwolle, welche einen richtigern Glauben haben? Er könnte ja so viele mit der allerkleinsten Hülfe retten, wenn er sich nicht von ihnen abgewandt hätte, und sie freiwillig verderben wollte. Was aber ihr Leben und ihre Sitten anbelangt, so geben diese ihrem Gesetze kein geringes Ansehen, indem auf eine ganz umgekehrte Weise, wir dem Mahomet und sie Christo nachzuahmen scheinen; sie beten, sie fasten, sie bedienen sich einer sehr simpeln, ja der allersimpelsten Tracht, sie enthalten sich des Mordes, der Glücksspiele, des Ehebruchs, und der abscheulichen Lästerungen gegen Gott, von welchen vier Lastern hauptsächlich die Völker der Christenheit, fast ganz und gar überschwemmt sind. Und was sagt man, wenn man die Ehrbarkeit ihrer Weiber, und die Verehrung ihrer Tempel betrachten will? Was endlich die Wunder anbelangt, so behaupten sie, daß wir nur erzählte Wunder haben, sie aber noch bis jetzt gegenwärtige. Einige enthalten sich viele Tage lang des Essens; andre brennen sich mit Feuer, und zerfleischen sich mit Eisen, ohne das geringste Zeichen eines Schmerzes von sich zu geben. Viele können durch den Bauch reden, welche ehedem Engastrimuthi genennt wurden; dieses aber können sie besonders alsdenn, wenn sie gewisse Orgia begehen, und sich im Kreise herumdrehen. So wie es mit diesen drei Punkten seine völlige Richtigkeit hat, indem sie, wie wir oben erinnert haben, natürlicher, obgleich wundersamer Weise zugehen; so ist es hingegen eine bloße Erdichtung, daß bei ihnen auch Kinder von Weibern, ohne Beischlaf, geboren würden. Auch sogar ihre Heiligen haben sie, welche durch wunderbare Hülfleistungen berühmt sind: den Sedichasim zum Siege; den Vanus zum Frieden; den Ascichus zur Wiederversöhnung der Eheleute; den Mirtschinus zur Bewahrung des Viehes; den Chidirelles für die Reisenden, der auf einem bunten Pferde sitzend, ihnen begegnen, und den rechten Weg zeigen soll. Sie heben auch noch die Schuh desjenigen auf, welcher von einem Könige unschuldiger Weise verdammt, und in einen glühenden Ofen geworfen worden, gleichwohl aber, nach Art der drei Männer im Feuerofen, deren die heilige Schrift gedenkt, unversehrt davon gekommen sei. Ganz bekannt ist endlich auch das Wunder des Mirathbeg, eines türkischen Regenten, welchen die Lateiner Amurath nennen, wodurch er aus einem großen und kriegerischen Könige, ein Priester geworden ist, und sich freiwillig in ein Kloster eingeschlossen hat. –«

So weit gehet der Streit, den Cardan die vier Religionen untereinander führen läßt. Noch sind einige Perioden davon übrig, die ich aber noch wenig Augenblicke versparen will, um die Rettung meines Philosophen desto besser in die Augen fallend zu machen. Man erlaube mir vor allen Dingen einige Anmerkungen über das, was man gelesen hat, zu wagen.

Warum verdammt man eigentlich diese Stelle? Ist die Vergleichung der verschiednen Religionen, an und vor sich selbst, strafbar; oder ist es nur die Art, mit welcher sie Cardan unternommen hat?

Das erste, wird man sich wohl nicht in den Sinn kommen lassen, zu behaupten. Was ist nötiger, als sich von seinem Glauben zu überzeugen, und was ist unmöglicher als Überzeugung, ohne vorhergegangene Prüfung? Man sage nicht, daß die Prüfung seiner eignen Religion schon zureiche; daß es nicht nötig sei, die Merkmale der Göttlichkeit, wenn man sie an dieser schon entdeckt habe, auch an andern aufzusuchen. Man bediene sich des Gleichnisses nicht, daß, wenn man einmal den rechten Weg wisse, man sich nicht um die Irrwege zu bekümmern brauche. – – Man lernt nicht diese durch jenen, sondern jenen durch diese kennen. Und benimmt man sich nicht, durch die Anpreisung dieser einseitigen Untersuchung, selbst die Hoffnung, daß die Irrgläubigen aus Erkenntnis unsre Brüder werden können? Wenn man dem Christen befiehlt, nur die Lehren Christi zu untersuchen, so befiehlt man auch dem Mahometaner, sich nur um die Lehre Mahomets zu bekümmern. Es ist wahr, jener wird darüber nicht in Gefahr kommen, einen bessern Glauben für einen schlechtern fahren zu lassen; allein dieser wird auch die Gelegenheit nicht haben, den schlechtern mit einem bessern zu verwechseln. Doch was rede ich von Gefahr? Der muß ein schwaches Vertrauen auf die ewigen Wahrheiten des Heilandes setzen, der sich fürchtet, sie mit Lügen gegen einander zu halten. Wahrer als wahr, kann nichts sein; und auch die Verleumdung hat da keine Statt, wo ich auf der einen Seite nichts als Unsinn, und auf der andern nichts als Vernunft sehe. Was folgt also daraus? Daß der Christ, bei der Vergleichung der Religionen, nichts verlieren, der Heide, Jude und Türke aber unendlich viel gewinnen kann; daß sie nicht nur, nicht zu untersagen, sondern auch anzupreisen ist.

Cardan muß also in der Art dieser Vergleichung gefehlt haben. Wir wollen sehen. Es kann auf eine gedoppelte Art geschehen sein. Entweder er hat die Gründe der falschen Religionen allzustark, oder die Gründe der wahren allzu schwach vorgestellt.

Hat er wohl das letztere getan? – – Ich verlange unparteiische Leser; und diese sollen es mir sagen, ob einer von allen den unzählbaren Gottesgelehrten und Weltweisen, welche nach dem Cardan die Wahrheit der christlichen Religion erwiesen haben, einen Grund mehr, oder eben dieselben Gründe stärker vorgetragen hat, als er. Weitläuftiger wohl, aber nicht stärker. Man weiß, daß die vornehmsten derselben die historischen sind; und welche Art von ihnen vermißt man hier? Man kann dieser Arten drei annehmen. Historische Gründe, welche aus den Zeiten vor der Menschwerdung des Heilandes hergenommen sind; historische Gründe aus den Zeiten des Heilandes selbst, und endlich historische Gründe, aus den Zeiten die nach ihm gefolget sind. Die ersten sind diejenigen, die uns die Propheten an die Hand geben; die andern sind die, welche auf den Wundern unsers Erlösers beruhen, und die dritten werden aus der Art, wie die christliche Religion ausgebreitet worden, hergeholt. Alle diese hat Cardan mit wenig Worten, aber mit sehr nachdrücklichen, berührt. Was kann man von den Vorherverkündigungen der jüdischen Propheten stärkers sagen, als dieses: daß sie in Christo so genau erfüllet worden, daß man sie eher für Erzählungen, die nach geschehener Sache aufgesetzt worden, als für das, was sie sind, halten sollte? Kann die Zweideutigkeit derselben mit ausdrücklichern Worten geleugnet werden? Ich will nicht hoffen, daß man mit lieblosen Vermutungen so weit gehen werde, daß man behaupte, Cardan habe, eben durch diesen Zusatz, sie verdächtig machen, und ganz von weitem anzeigen wollen, für was man sie eigentlich zu halten habe. So unsinnig kann kein vernünftiger Mann sein, welcher es weiß, daß noch jetzo ein ganzes Volk ihr unverfälschtes Altertum, zu seiner eignen Widerlegung, behauptet – Auch von den Wundern Christi spricht unser Philosoph sehr scharfsinnig, und bemerkt zwei Dinge dabei, deren eines bei den Wundern der falschen Religionen immer mangelt. Er behauptet, daß sie wirkliche Wunder sind, und behauptet, daß sie, als solche, von glaubwürdigen Zeugen bekräftiget worden. Er unterscheidet sie also von den Täuschereien eines gelehrten Betriegers, welcher einem unwissenden Pöbel das Seltene für das Göttliche, und das Künstliche für das Wunderbare verkauft. Er unterscheidet sie auch ferner von den Prahlereien der Schwärmer, die wer weiß was wollen getan haben; nur Schade, daß es niemand gesehen hat. Kann man ihre Glaubwürdigkeit besser, oder kann man sie nur anders beweisen? – Endlich sehe man auch, wie gründlich er von dem Beweise aus der Fortpflanzung der christlichen Religion redet. Er berührt nichts davon, als was wirklich eine schließende Kraft hat; und läßt alles Zweifelhafte weg. Er sagt: sie ward von *armen* Leuten geprediget; man kann sie also aus keinen eigennützigen Absichten angenommen haben: und diese armen Leute waren noch dazu *unwissend*, folglich waren sie denen, die sie bekehrten, am Verstande nicht überlegen, und was sie vermochten, war einer höhern Kraft zuzuschreiben. Er bemerkt den Widerstand der ihnen natürlicher Weise unüberwindlich gewesen wäre; und bemerkt auch etwas, welches ich nur von wenigen bemerkt finde. Dieses nämlich, daß unsre Religion auch alsdann nicht aufgehört hat, sich die Menschen unterwürfig zu machen, da sie von innerlichen Sekten zerrissen und verwirret war. Ein wichtiger Umstand! Ein Umstand, welcher notwendig zeigt, daß in ihr etwas sein müsse, welches unabhängig von allen Streitigkeiten seine Kraft zu allen Zeiten äußert. Und was kann dieses anders sein, als die immer siegende Wahrheit? Cardan läßt bei diesem Beweise nichts weg, als das, was ich wünschte, daß man es immer weggelassen hätte. Das Blut der Märtyrer nämlich, welches ein sehr zweideutiges Ding ist. Er war in ihrer Geschichte, ohne Zweifel allzuwohl bewandert, als daß er nicht sehr viele unter ihnen bemerken sollte, die eher Toren und Rasende genannt zu werden verdienen, als Blutzeugen. Auch kannte er ohne Zweifel das menschliche Herz zu gut, als daß er nicht wissen sollte, eine geliebte Grille könne es eben so weit bringen, als die Wahrheit in allem ihren Glanze. Kurz, er ist nicht allein ein starker Verfechter des christlichen Glaubens, sondern auch ein vorsichtiger. Zwei Dinge, die nicht immer beisammen sind. – – Man betrachte noch das Übrige! Cardan hätte es bei den historischen Gründen können bewenden lassen; denn wer weiß nicht, daß, wenn diese nur ihre Richtigkeit haben, man sonst alle Schwierigkeiten unter das Joch des Glaubens zwingen müsse? Allein er ist zu klug, diese Aufopferung der Vernunft, so gerade hin, zu fordern. Er behauptet vielmehr, daß die ganze Lehre Christi nichts enthalte, was mit der Moral und mit der natürlichen Weltweisheit streite, oder mit ihr in keine Einstimmung könne gebracht werden: nihil continent praecepta Christi a philosophia morali aut naturali *absonum*, sind seine eigne Worte. Das ist alles, was man verlangen kann! Man sage nicht, daß er dadurch auf einer andern Seite ausgeschweift sei, und unsrer Religion ihre eigentümlichen Wahrheiten, auf welche die Vernunft, vor sich allein, nicht kommen kann, absprechen wolle. Wenn dieses seine Meinung gewesen wäre, so würde er sich ganz anders ausgedrückt haben; die Lehre Christi, hätte er sagen müssen, enthält nichts anders, als was die Moral und natürliche Philosophie enthält; nicht aber: was sie enthält, harmoniert mit diesen. Zwei ganz verschiedne Sätze! Besonders dringt er auf die Vortrefflichkeit der christlichen Moral, und sagt klar, daß nur Christus das vollkommenste Muster aller Tugenden sei: illius vitam aequare nemo quamvis optimus, imitari autem quilibet potest. Quid potest? imo quantum ab illius exemplo abscedis, tantum nefarii moris induis. Man wäge diese Worte, die ich vielleicht in der Übersetzung zu schwach gegeben habe! Aber man sage mir nun endlich auch, ob man mehr Gutes von unsrer Religion sagen könne? Wer mehr Gründe verlangt, verrät, meines Erachtens, Lust, gar keine Statt finden zu lassen; und wer mehrere beibringt, Begierde, lieber viele und schlechte, als wenige und gute zu haben. Mit einem Worte, ich halte diese Stelle des Cardans für den gründlichsten Auszug, den man aus allen Verteidigungen der christlichen Religion, die, vor ihm und nach ihm, sind geschrieben worden, machen kann.

Noch ist der zweite Fall zurück. Wann Cardan die Gründe für die Wahrheit nicht geschwächt hat, so kann er doch der Lügen Farbe und Leben gegeben, und sich dadurch verdächtig gemacht haben. Auch dieses verdient erwogen zu werden.

Vor allen Dingen frage ich also: ob es erlaubt sei, bei Untersuchung der Wahrheit, sich die Unwissenheit seines Gegners zu Nutze zu machen? Ich weiß wohl, daß man in bürgerlichen Händeln nicht nötig hat, seinem Widersacher Beweise gegen sich an die Hand zu geben, ohne die er seine Sachen sogleich verlieren müßte. Man würde vielmehr denjenigen für einen Rasenden halten, der es täte, wann er nicht gewiß wäre, daß er, alles und jedes, auf das augenscheinlichste widerlegen könne. Aber warum? Weil sein Verlust notwendig mit des andern Gewinne verbunden ist; und weil man von einem Richter weiter nichts fordern kann, als daß er mit seinem Ausspruche auf diejenige Seite tritt, welche das meiste Recht vor sich zu haben *scheinet*. Dieses aber findet sich, bei den Streitigkeiten, welche die Wahrheit zum Vorwurfe haben, nicht. Man streitet zwar um sie; allein es mag sie der eine oder der andre Teil gewinnen, so gewinnt er sie doch nie für sich selbst. Die Partei welche verlieret, verlieret nichts als Irrtümer; und kann alle Augenblicke an dem Siege der andern, Teil nehmen. Die Aufrichtigkeit ist daher das erste, was ich an einem Weltweisen verlange. Er muß mir keinen Satz deswegen verschweigen, weil er mit seinem System weniger überein kömmt, als mit dem System eines andern; und keinen Einwurf deswegen, weil er nicht mit aller Stärke darauf antworten kann. Tut er es aber, so ist es klar, daß er aus der Wahrheit ein eigennütziges Geschäft macht, und sie in die engen Grenzen seiner Untrüglichkeit einschließen will. – Diese Anmerkung also voraus gesetzt, möchte ich doch wissen, wie man eine ernsthafte Beschuldigung daraus machen könne, wenn ein Philosoph auch die falschen Religionen, und die aller gefährlichsten Sophistereien, in das aller vorteilhafteste Licht setzt, um sich die Widerlegung, nicht sowohl leicht, als gewiß zu machen? Ich möchte doch wissen, was denn nunmehr daraus folgte, wann es auch wahr wäre, daß Cardan, den heidnischen, jüdischen und türkischen Glauben, mit so vielen und starken Gründen unterstützt hätte, daß auch die aller feinsten Köpfe von ihren eignen Anhängern nichts mehr hinzu tun könnten? Würden sie deswegen weniger falsch bleiben, oder würde unser Glaube deswegen weniger wahr werden? – – Doch es fehlt so viel, daß Cardan dieses getan habe, daß ich ihm vielmehr, zu meinem großen Leidwesen, gleich das Gegenteil Schuld geben muß.

Ich behaupte also, er sei mit keiner einzigen Religion aufrichtig verfahren, als mit der christlichen; die übrigen alle hat er mit den allerschlechtesten Gründen unterstützt, und mit noch schlechtern widerlegt. Man braucht nur ohne Vorurteile zu sein, um hierinne mit mir überein zu kommen. Ich will von der heidnischen nichts, und von der jüdischen nur wenig gedenken. Wider diese läßt er die übrigen drei den Einwurf machen: daß Gott dasjenige nicht könne gefallen haben, was er habe lassen untergehen. Ist sie denn untergegangen die jüdische Religion? Wie wann ihr jetziger Zustand, nichts als eine verlängerte Babylonische Gefangenschaft wäre? Der Arm, der sein Volk damals rettete, ist noch jetzt ungeschwächt. Vielleicht hat der Gott Abrahams, die Schwierigkeit, die Nachkommenschaft dieses Frommen wieder in ihr Erbteil zu führen, nur darum sich so häufen, und nur darum so unübersteiglich werden lassen, um seine Macht und Weisheit in einem desto herrlichern Glanze, zur Beschämung ihrer Unterdrücker, an den Tag zu legen. Irre dich nicht, Cardan, würde ihm ohne Zweifel ein rechtgläubiger Israelite geantwortet haben; unser Gott hat uns so wenig verlassen, daß er auch in seinen Strafgerichten, noch unser Schutz und Schirm bleibt. Wann er nicht über uns wachte, würden wir nicht längst von unsern Feinden verschlungen sein? Würden sie uns nicht längst von dem Erdboden vertilgt, und unsern Namen aus dem Buche der Lebendigen ausgelöschet haben? In alle Winkel der Welt zerstreuet, und überall gedrückt, beschimpft und verfolgt, sind wir noch eben die, die wir, vor tausend und viel mehr Jahren, gewesen sind. Erkenne seine Hand, oder nenne uns ein zweites Volk, das dem Elende so unüberwindliche Kräfte entgegen setzt, und bei allen Trübsalen den Gott anbetet, von dem diese Trübsalen kommen; ihn noch nach der Weise ihrer Väter anbetet, die er mit guten überschüttete. Was dieser Gott zu dem Satan sagte, als er seinen Mann, Hiob, auf die Probe stellen wollte: *Siehe da, er sei in deiner Hand, doch schone seines Lebens!* eben das sprach er zu unsern Feinden: *mein Volk sei in eurer Hand, doch schonet seines Lebens!* Da sind die Grenzen eures Tobens; da ist das Ufer, an welchem sich die Wellen eures Stolzes brechen sollen! Bis hierher und nicht weiter! Fahrt nur fort uns zu plagen; machet der Bedrängnissen kein Ende; ihr werdet den Zweck nicht erreichen, den ihr sucht. Er hat ein *schonet* gesprochen; und was er spricht ist wahr. Umsonst werden Bildads und Zophars, aus unserm eignen Geschlechte, aufstehen, und an unsrer guten Sache zweifeln; umsonst werden uns unsre eigne Weiber zurufen: haltet ihr noch fest an eurer Frömmigkeit? Ja, segnet Gott und sterbt! Wir wollen ihm nicht segnen; denn endlich wird er doch in einem Wetter herabfahren, und unser Gefängnis wenden, und uns zweifältig so viel geben, als wir gehabt haben. – – Ich will meinen Israeliten nicht weiter reden lassen; es sei nur eine Probe, wie leicht er die Trugschlüsse des Cardans widerlegen könnte. Und eben so leicht würde ihn auch der Mahometaner eintreiben, gegen dessen Glauben er noch ungerechter gewesen ist. *Ungerecht* sollte ich zwar vielleicht nicht sagen; weil Unwissenheit, ohne Zweifel, mehr Schuld daran hat, als der böse Wille. Die Nachrichten, die man zu seinen Zeiten, von dem Mahomet und dessen Lehren hatte, waren sehr unzulänglich, und mit tausend Lügen vermengt, welche die christlichen Polemici desto lieber für Wahrheiten annahmen, je ein leichtres Spiel sie dadurch erhielten. Wir haben nicht eher eine aufrichtige Kenntnis davon erhalten, als durch die Werke eines Reland und Sale; aus welchen man am meisten erkannt hat, daß Mahomet eben kein so unsinniger Betrieger, und seine Religion eben kein bloßes Gewebe übel an einander hangender Ungereimtheiten und Verfälschungen sei. Aber bei dem allen ist Cardan noch nicht entschuldiget: er, der sich um so viel unbekannte Sachen bekümmerte, hätte sich auch hierum erst bekümmern können, ehe er eine Vergleichung wagte, die eine völlige Erkenntnis voraussetzt, wenn sie einem Philosophen nicht unanständig sein soll. Und was würde er wohl haben erwidern können, wann sich ein Muselmann, der eben der gelehrteste nicht zu sein braucht, folgender Gestalt mit ihm eingelassen hätte. »Man sieht es wohl, mein guter Cardan, daß du ein Christ bist, und daß dein Vorsatz nicht sowohl gewesen ist, die Religionen zu vergleichen, als die christliche, so leicht als möglich, triumphieren zu lassen. Gleich Anfangs bin ich schlecht mit dir zufrieden, daß du die Lehren unsers Mahomets in eine Klasse setzest, in welche sie gar nicht gehören. Das, was der Heide, der Jude und der Christ seine Religion nennet, ist ein Wirrwarr von Sätzen, die eine gesunde Vernunft nie für die ihrigen erkennen wird. Sie berufen sich alle auf höhere Offenbarungen, deren Möglichkeit noch nicht einmal erwiesen ist. Durch diese wollen sie Wahrheiten überkommen haben, die vielleicht in einer andern möglichen Welt, nur nicht in der unsrigen, Wahrheiten sein können. Sie erkennen es selbst, und nennen sie daher Geheimnisse; ein Wort, das seine Widerlegung gleich bei sich führet. Ich will sie dir nicht nennen, sondern ich will nur sagen, daß eben sie es sind, welche die allergröbsten und sinnlichsten Begriffe von allem, was Göttlich ist, erzeugen; daß sie es sind, die nie dem gemeinen Volke erlauben werden, sich seinen Schöpfer auf eine anständige Art zu gedenken; daß sie es sind, welche den Geist zu unfruchtbaren Betrachtungen verführen, und ihm ein Ungeheuer bilden, welches ihr den Glauben nennet. Diesem gebt ihr die Schlüssel des Himmels und der Höllen; und Glücks genug für die Tugend, daß ihr sie mit genauer Not zu einer etwanigen Begleiterin desselben gemacht! Die Verehrung heiliger Hirngespinster, macht bei euch ohne Gerechtigkeit selig; aber nicht diese ohne jene. Welche Verblendung! Doch dem Propheten selbst ist es nur zum Teil geglückt, euch die Augen zu eröffnen, und ich sollte es unternehmen? Wirf einen Blick auf sein Gesetz! Was findest du darinne, das nicht mit der allerstrengsten Vernunft übereinkomme? Wir glauben einen einigen Gott: wir glauben eine zukünftige Strafe und Belohnung, deren eine uns, nach Maßgebung unserer Taten, gewiß treffen wird. Dieses glauben wir, oder vielmehr, damit ich auch eure entheiligten Worte nicht brauche, davon sind wir überzeugt, und sonst von nichts! Weißt du also, was dir obliegt, wann du wider uns streiten willst? Du mußt die Unzulänglichkeit unserer Lehrsätze beweisen! Du mußt beweisen, daß der Mensch zu mehr verbunden ist, als Gott zu kennen, und tugendhaft zu sein; oder wenigstens, daß ihm beides die Vernunft nicht lehren kann, die ihm doch eben dazu gegeben ward! Schwatze nicht von Wundern, wann du das Christentum über uns erheben willst. Mahomet hat niemals dergleichen tun wollen; und hat er es denn auch nötig gehabt? Nur der braucht Wunder zu tun, welcher unbegreifliche Dinge zu überreden hat, um das eine Unbegreifliche mit dem andern, wahrscheinlich zu machen. Der aber nicht, welcher nichts als Lehren vorträgt, deren Probierstein ein jeder bei sich führet. Wann einer aufstehet, und sagt: ich bin der Sohn Gottes; so ist es billig, daß man ihm zuruft: tue etwas, was ein solcher nur allein tun könnte! Aber wenn ein anderer sagt: es ist nur ein Gott, und ich bin sein Prophet; das ist, ich bin derjenige, der sich bestimmt zu sein fühlet, seine Einheit gegen euch, die ihr ihn verkennet, zu retten; was sind da für Wunder nötig? Laß dich also das Besondre unsrer Sprache, das Kühne in unsrer Art zu denken, welche den geringsten Satz in blendende Allegorien gern einschließt, nicht verführen, alles nach den Worten anzunehmen, und dasjenige für Wunder zu halten, worüber wir selbst sehr betroffen sein würden, wenn es in der Tat Wunder wären. Wir schenken euch gar gerne diese übernatürlichen – ich weiß nicht, wie ich sie nennen soll? Wir schenken sie euch, sage ich, und danken es unserm Lehrer, daß er seine gute Sache, nicht dadurch hat verdächtig machen wollen. Auch wirf uns nicht die Gewalt der Waffen vor, bei deren Unterstützung Mahomet predigte. Es ist wahr, er und seine Anhänger haben sehr viel, und Christus und seine Apostel haben gar kein Blut vergossen. Aber glaubst du wohl, daß das, was bei euch eine Grausamkeit gewesen wäre, es bei uns nicht ist? Gib Acht, es wird auf das vorige hinaus kommen! Wann der, welcher unbegreifliche Dinge vorträgt, die ich höchstens nur deswegen glauben kann, weil ich ihn für einen ehrlichen Mann halte, der mich nicht hintergehen wird; wann der, sage ich, den Glauben mit dem Schwerde erzwingen will, so ist er der verabscheuungswürdigste Tyrann, und ein Ungeheuer, das den Fluch der ganzen Welt verdienet. Wann aber der, welcher die Ehre des Schöpfers rettet, halsstarrige Verruchte findet, die nicht einmal das, wovon die ganze Natur zeuget, die nicht einmal seine Einheit bekennen wollen, und diese von dem Erdboden vertilgt, den sie entheiligen, so ist er kein Tyrann; er ist, – – wann du ihn ja keinen Propheten, der Friede verkündiget, nennen willst, nichts als ein rächendes Werkzeug des Ewigen. Oder glaubst du in der Tat, daß Mahomet und seine Nachfolger ein ander Bekenntnis von den Menschen gefordert haben, als das Bekenntnis solcher Wahrheiten, ohne die sie sich nicht rühmen können, Menschen zu sein. Weißt du was Abu Obeidach an die von Jerusalem schrieb, als er diesen heiligen Ort belagerte? »Wir verlangen von euch, zu bezeugen, daß nur ein Gott und Mahomet sein Apostel ist, und daß ein Tag des Gerichts sein wird, da Gott die Toten aus ihren Gräbern erwecken will. Wann ihr dieses Zeugnis ablegt, so ist es uns nicht erlaubt, euer Blut zu vergießen, oder uns an eurem Hab und Gut, oder Kindern zu vergreifen. Wollt ihr dieses ausschlagen, so bewilliget Tribut zu bezahlen, und uns unterwürfig zu sein: sonst will ich Leute wider euch bringen, welchen der Tod süßer ist, als euch der Wein und das Schweinefleisch.« – –* Siehe, diese Aufforderung erging an alle! Nun sprich, verdienten die zu leben, welche nicht einmal die Einheit Gottes und die Zukunft des Gerichts bekennen wollen? Stoße dich nicht daran, daß man von ihnen auch verlangte, den Mahomet für einen Gesandten Gottes zu erklären. Diese Klausel mußte beigefüget werden, um zu ersehen, ob sie auch die Einheit Gottes recht eigentlich annehmen wollten; denn auch ihr behauptet sie anzunehmen, aber wir kennen euch! Ich will nicht weiter in dich dringen; aber lachen muß ich noch zuletzt über dich. Du glaubst, daß wir die sinnlichen Vorstellungen des Paradieses, nach den Buchstaben verstehen. Sage mir doch, wenn ich euren Koran recht gelesen habe, versteht ihr die Beschreibung eures himmlischen Jerusalems auch nach den Buchstaben? – –

Doch ich glaube, das heißt lange genug einen andern reden lassen. Ich ergreife das Wort wieder selbst, und sage, daß es mich, bei so gestalten Sachen, nicht wundern würde, wann besonders

* Okley aus einer geschriebenen arabischen Geschichte des heiligen Landes.

die Mahometaner den guten Cardan, im Fall, daß sie ihn einmal kennen lernten, unter ihre boshaftesten Verleumder rechnen sollten; daß es mich aber sehr wundert, wann die Christen ihn unter die ihrigen rechnen.

Ich habe also noch den letzten Schritt zu tun. — — Je nun, man wird, ohne Zweifel, sagen, so mag denn die Stelle selbst so unschuldig sein, wie sie will; genug daß Cardan durch einen gottlosen Schluß sein Innerstes nur allzu unglücklich verraten hat. Das Igitur his arbitrio victoriae relictis, ist so erschrecklich, daß gewiß keine Wendungen zureichen werden, es zu etwas bessern, als zu einer Geringschätzung alles Göttlichen zu machen.

Da sei Gott vor, daß ich Wendungen brauchen wollte! Die Stelle muß sich selbst retten, oder ich will derjenige sein, welcher am meisten wider sie eifert. Man gehe also einen Augenblick zurück, und sehe wo ich oben auf der 126ten Seite aufhörete. *Und sich freiwillig in ein Kloster eingeschlossen hat*; waren die letzten Worte. Auf diese nun folgen unmittelbar folgende, die ich der größern Glaubwürdigkeit wegen in ihrer Sprache anführen will. Sed utinam tum facile esset, arma illorum superare, quam haec objecta diluere. Verum res ad arma traducta est, quibus plerumque major pars vincit meliorem. Doch wollte Gott, heißt dieses, daß man ihre Waffen eben so leicht überwinden könnte, als man diese ihre Einwürfe zunichte machen kann. Allein die Sache ist zu den Waffen gekommen, wo der stärkere Teil mehrenteils den bessern überwindet. — — Nunmehr verläßt Cardan auf einmal diese Materie, und wendet sich zu den Verschiedenheiten, die man unter den Gegenden der Erde bemerkt. Die Worte aber, die er zu dem Übergange braucht, sind die so oft verdammten Worte: Igitur his arbitrio victoriae relictis, ad provinciarum discrimina transeamus.

Wenn ich ein Mann von Ausrufungen wäre, so würde ich mich jetzt ganz und gar darinne erschöpfen. Ich würde mit manchem O und Ach zu verstehen geben, daß auch nicht das allerdeutlichste vor lieblosen Verdrehungen sicher sei. Ich würde den guten Cardan bejammern; ich würde allen ehrlichen Gelehrten wünschen, daß sie der liebe Gott ja für Neider behüten möge, die lieber die Regeln der Grammatik nicht kennen, als nicht verleumden wollen.

Doch ich will alles dieses nicht tun, sondern bloß die Stelle in ihrem Zusammenhange noch einmal hersetzen: Verum res ad arma traducta est, quibus plerumque major pars vincit meliorem. Igitur his arbitrio victoriae relictis, transeamus etc. O sagen Sie mir doch, meine Herren, Scaliger, Mersennus, Morhof, de la Monnoye, Vogt, Salthenius, Freytag, Schwarz, worauf geht denn *his*? Warum soll es denn auf den Inhalt zweier vorhergehenden Seiten gehen, und warum denn nicht auf arma? Warum soll es denn heißen: ich will es auf das gute Glück ankommen lassen, welche von den vier Religionen den Vorzug behaupten wird; und warum denn nicht vielmehr: wir müssen es dem Glücke überlassen, ob die Waffen der Mahometaner, oder die Waffen der Christen die Oberhand, nicht in ihren Lehrsätzen, sondern in den Schlachten, davon tragen werden? Ist denn beides etwa einerlei? Was haben Sie an dem letztern Sinne zu tadeln? Dieses doch wohl nicht, daß Sie Ihre fromme Galle nicht daran auslassen können? Wenn ein andrer an meiner Stelle wäre, der würde die seinige vielleicht an Ihnen auslassen.

Alles dieses ist so klar, daß ich mich wohl hüten will, noch ein Wort hinzu zu setzen. Es würde scheinen, als ob ich mit meinen Lesern selber streiten wollte, die mir ohne Zweifel, gleich bei dem ersten Worte, die ganze Verleumdung eingeräumt haben.

Allein warum hat Cardan gleichwohl diese Worte hernach geändert? – – Als wenn man nur alles änderte, was man selbst für unrecht erkennet; als wenn man es nicht auch oft mit dem allerunschuldigsten täte, wenn man sieht, daß Gegner Gift daraus saugen wollen.

Hier würde es vielleicht nicht undienlich sein, zu bestimmen, in welcher Ausgabe diese Veränderung am ersten vorgenommen worden; allein ich muß diese Arbeit demjenigen überlassen, welchem die Mittel dazu nicht fehlen. Ich habe, zu allem Unglücke keine andre Ausgabe bei der Hand, als eine von den jüngsten, wo es nicht gar die allerjüngste ist; nämlich die von 1664 in Basel bei Emanuel König. Und auch von dieser kann ich nicht einmal sagen, nach welcher ältern Ausgabe sie abgedruckt worden; ich vermute aber nach derjenigen, welche Cardan, ohne Zweifel in dem Jahre 1560 zum zweitenmale übersah; weil ich, sowohl die zweite Zuschrift an den Herzog von Suesse, als auch die Actionem primam in Calumniatorem dabei finde. Dem sei unterdessen, wie ihm wolle, ich will so viel tun, als ich tun kann, und die Änderungen bemerken, die Cardan in dieser ganzen Stelle, nach meiner Ausgabe zu urteilen, gemacht hat.

Man irret sich sehr, wenn man glaubt, daß er nichts als die Worte Igitur his etc. ausgestrichen und mit andern, weniger anstößigen, wenn Gott will! ersetzt habe! Ich bemerke sonderlich drei Stellen, welche sich in der Original Ausgabe vorzüglich befinden; und in den verbesserten weggeblieben sind. Die *erste* ist die, welche man im vorhergehenden auf meiner 120 Seite findet, wo anstatt der Worte: *und wie abgeschmackt,* bis *seinen Dienern schwöre,* Cardan folgende zu setzen für gut befunden hat: Absurda nonne sunt, quod fingant Deum ascendere ad coelum e terris, et quod ipse etiam per Daemones servos suos juret. Man sieht also, daß er aufrichtig genug gewesen ist, die abgeschmackte Beschuldigung wegzulassen, die er daselbst dem Korane macht, als ob er lehre, Gott und die Engel beteten für den Mahomet. Allein ich wollte, daß er noch aufrichtiger gewesen wäre und auch das übrige weggelassen hätte. Denn was will er damit? Wie kann er dem Korane etwas zur Last legen, wovon die heilige Schrift selbst nicht frei ist? Wird nicht auch in dieser, von dem Herauf und Herabsteigen Gottes unzähligmal geredet? Und wenn schon nicht darinne gesagt wird, daß Gott bei dem Himmel und bei der Erde schwöre; so schwört er doch bei seiner Seele. Ein Ausdruck der, ohne Zweifel, auch seine Erklärungen nötig hat. Die *zweite* Stelle, ist der ganze erste Beweisgrund der Mahometaner, welcher von der Einheit Gottes, deren Verleugnung sie den Christen Schuld geben, hergenommen ist (Siehe oben S. 121 von *Nun haben aber auch etc.* bis S. 122 *der zweite Beweisgrund kömmt.*) Alles dieses hat er in wenig Worte folgender Gestalt zusammen geschmolzen: At Mahumetani et ipsi munimenta habent. Primum quod Christiani non eam quam ipsi in Deo simplicitatem colant, et quod Christicolae imagines venerentur, videanturque Deorum non Dei unius cultores. Die *dritte* Stelle ist endlich die, wo Cardan von den Heiligen der Mahometaner redet, und von der ich in meiner Ausgabe nicht die geringste Spur sehe. Sie geht oben S. 125 von: *Auch so gar Heilige haben sie* bis zu Ende des ganzen Ortes, Seite 126 *eingeschlossen hat.* — — Von diesen drei Veränderungen kann man ohne viel Mühe einen Grund angeben, allein was ich von der vierten, die ich gleich anführen will, sagen soll, weiß ich nicht. Ich finde nämlich, daß er auch diejenige Worte, die zur Rettung seiner guten Gesinnung so vortrefflich sind, nämlich: Sed utinam tam facile esset, arma illorum superare quam haec objecta diluere. Verum res ad arma traducta est, quibus plerumque major pars vincit meliorem gänzlich weggelassen hat. Er bricht da ab, wo ich auf der 126ten Seite abgebrochen habe, und setzt anstatt des berüchtigten Überganges nichts als die kahlen Worte: Sed haec parum philosophos attinent, pro quibus institutus est sermo: ad provinciarum miracula transeamus etc.

Ich nenne diese Worte hoffentlich mit Recht *kahl*, und wer weiß, ob ich ihnen nicht noch ein härter Beiwort geben sollte. Dem guten Cardan ist es wie hundert andern Gelehrten gegangen, die sich eben so wenig, als er, auf das Verbessern verstanden haben. Setzt er nicht offenbar für etwas anstößiges, noch etwas anstößigers? Was hindert es, sein haec parum philosophos attinent zu übersetzen: Was hat sich ein Philosoph um die Religionen zu bekümmern? Was geht ihn das abergläubische Zeug an? Ich weiß wohl, seine Meinung ist so arg nicht, und er will weiter nichts sagen, als: *Dieses geht diejenigen Weltweisen, für die ich hier schreibe, die Naturforscher nämlich, weniger an.* Er meint also nicht die Weltweisen überhaupt, für welche die Religionen allerdings ein sehr würdiger Gegenstand sind. Allein nimmt man denn Gründe an, wenn man verdrehen will?

Ich will nur noch ein Paar Worte von der Ordnung, in welcher die verschiedenen Ausgaben der Bücher de subtilitate, auf einander gefolgt sind, beifügen, und alsdann mit einer Anmerkung schließen, die vielleicht von einigen Nutzen sein kann. Die erste Ausgabe ist ohne allem Streit die oben angeführte von 1550 in Nürnberg. Für die zweite hält Herr Freytag eine Ausgabe von Basel, ohne Jahrzahl in Folio; für die dritte, die von 1554 gleichfalls in Basel bei Ludovico Lucio, und für die vierte die von 1560 welche in 8vo an ebendemselben Orte herausgekommen ist. Über diese Folge wird er mir erlauben, einige Anmerkungen zu machen I. Cardan sagt es ausdrücklich selbst, in seiner Actione prima auf der 728. S. daß die zweite Ausgabe seines Buchs, 1554, und zwar im Anfange des Jahres erschienen sei. De la Monnoye, welchen Herr Freytag tadelt, könnte also doch wohl Recht haben, wenn er behauptet, daß die anstößigen Worte in derselben wären verbessert worden. Doch ich muß auch dieses zu Herrn Freytags Entschuldigung sagen, daß Cardan wenn er die Ausgabe von 1554 die zweite nennet, dadurch ohne Zweifel nicht sagen wolle, als ob die erste niemals nachgedruckt worden sei; er nennt sie die zweite, weil alle die vorhergehenden, als von einer einzigen Originalausgabe abgedruckt, nur für eine, in Ansehung des unveränderten Inhalts, anzusehen sind. II. Weil aber doch auf der Baselschen Ausgabe in Folio ohne Jahrzahl, sehr vieler Verbesserungen gedacht wird, weil man auch so gar die Actio prima auf dem Titel genennt findet, so irret sich Herr Freytag ganz gewaltig, wenn er sie für die zweite halten will. Wie ist das möglich? Hat dieser Bücherkenner vergessen, daß erst 1557 des Scaligers Exercitationes herausgekommen sind, und daß also die Actio prima, welches eine Antwort darauf sein soll, von noch späterm Dato sein muß? III. Warum aber auch nicht, nach des Herrn Freytags Art zu rechnen, die Ausgabe von 1554 die dritte sein kann, ist dieses der Grund, weil Cardan selbst, auf der 791. S. der Actio prima von einer prima et secunda Norimbergensi desgleichen von einer Lugdunensi und Lutetiana redet. Von der Lugdunensi nun weiß ich es gewiß, daß diese 1551 in Oktav ans Licht getreten sei, weil sie der Verfasser des in dem Xten Teile der Observationum Hallensium befindlichen Aufsatzes de libris raris ausdrücklich anführt. Überhaupt vermute ich, daß man aus diesen und vielen andern dabei vorkommenden Schwierigkeiten sich schwerlich jemals werde helfen können, weil die Buchhändler ohne Zweifel auch hier, ein Stückchen nach gelehrter Art gespielt, und um einerlei Ausgabe mehr als einen Titel gedruckt haben.

Ich komme endlich auf die Anmerkung mit welcher ich schließen will. Diese Beschuldigung des Cardans, welche ich hoffentlich unwidersprechlich zu Schanden gemacht, haben unsre Litteratores aus den Händen der Katholiken; besonders eines hitzigen Mersennus. Ich will ihnen raten, daß sie alles, was sie diesen Glaubensgenossen abborgen, vorher wohl untersuchen, ehe sie mit ihnen gemeinschaftliche Sache machen. Diese Herren haben oft besondere Ursachen, dem und jenem Verfasser einen Schandfleck anzuhängen, welche bei uns wegfallen. Cardan zum Exempel läßt die Vielheit der Götter in der streitigen Stelle, auf eben die Art verteidigen, wie sie die Heiligen zu verteidigen pflegen, dergleichen er auch den Mahometanern beilegt. Sollte dieses die Katholiken nicht etwa weit mehr verdrossen haben, als alles andre? Allein sie waren vielleicht zu klug, um nicht einen andern Vorwand zu suchen. Ich bitte dieses zu überlegen.

VON DULDUNG DER DEISTEN
Fragment eines Ungenannten

Die hauptsächlichste Betrachtung, auf welche Neusers Geschichte einen denkenden Leser führet, brauche ich wohl nicht erst lange anzugeben. Sie ist es aber, die mich an Fragmente eines sehr merkwürdigen Werks unter den allerneuesten Handschriften unserer Bibliothek, und besonders an eines derselben so lebhaft erinnert, daß ich mich nicht enthalten kann, von ihnen überhaupt ein Wort hier zu sagen, und dieses eine als Probe daraus mitzuteilen.

Es sind, sage ich, Fragmente eines Werks: aber ich kann nicht bestimmen, ob eines wirklich einmal vollendet gewesenen und zerstörten, oder eines niemals zu Stande gekommenen Werks. Denn sie haben keine allgemeine Aufschrift; ihr Urheber wird nirgends angegeben; auch habe ich auf keine Weise erfahren können, wie und wenn sie in unsere Bibliothek gekommen. Ja sogar, daß es Fragmente *eines* Werks sind, weiß ich nicht mit Gewißheit, sondern schließe es nur daher, weil sie alle *einen* Zweck haben, alle sich auf die geoffenbarte Religion beziehen, und vornehmlich die biblische Geschichte prüfen.

Sie sind mit der äußersten Freimütigkeit, zugleich aber mit dem äußersten Ernste geschrieben. Der Untersucher vergißt seine Würde nie; Leichtsinn scheint nicht sein Fehler gewesen zu sein; und nirgends erlaubt er sich Spöttereien und Possen. Er ist ein wahrer gesetzter Deutscher, in seiner Schreibart und in seinen Gesinnungen. Er sagt seine Meinung gerade zu, und verschmähet alle kleinen Hülfsmittel, den Beifall seiner Leser zu erschleichen.

Da, nach der Hand und der äußern Beschaffenheit seiner Papiere zu urteilen, sie ohngefähr vor dreißig Jahren geschrieben sein mögen; da aus vielen Stellen eine besondere Kenntnis der Hebräischen Sprache erhellet; und der Verfasser durchgängig aus Wolffischen Grundsätzen philosophiert: so haben mich alle diese Umstände zusammen an einen Mann erinnert, welcher um besagte Zeit hier in Wolfenbüttel lebte, und hier, unter dem

Schutze eines einsichtsvollen und gütigen Fürsten, die Duldung fand, welche ihn die wilde Orthodoxie lieber in ganz Europa nicht hätte finden lassen; an Schmid, den Wertheimschen Übersetzer der Bibel.

Doch, ohne mich bei Vermutungen über den Verfasser aufzuhalten, hier ist die Stelle, in welcher sich meine Leser mit seinem Geiste näher bekannt machen können. Sie ist aus einer Art von Einleitung genommen, in welcher er von der Vortrefflichkeit und Hinlänglichkeit der natürlichen Religion überhaupt handelt.

»Wenn kein vernünftiges Christentum, kein Arianer und Socinianer, heutiges Tages mehr geduldet werden will: was haben diejenigen zu hoffen, welche sich bloß an die gesunde Vernunft in der Erkenntnis und Verehrung Gottes halten? Denn dahin sind schon längst viele im Verborgnen gebracht worden, daß sie wohl eingesehn haben, wenn man Christi eigene Lehre nicht von der Lehre der Apostel und Kirchenväter absondern, und allein beibehalten wollte, so ließe sich das apostolische und nochmals immer weiter ausgeartete Christentum mit keinen Künsteleien und Wendungen mehr retten. Die reine Lehre Christi, welche aus seinem eigenen Munde geflossen ist, so fern dieselbe nicht besonders in das Judentum einschlägt, sondern allgemein werden kann, enthält nichts als eine vernünftige practische Religion. Folglich würde ein jeder vernünftiger Mensch, wenn es einer Benennung der Religion brauchte, sich von Herzen christlich nennen. Und vielleicht haben diejenigen bei den Corinthern, welche weder paulisch, noch apollisch, noch kefisch, sondern christisch heißen wollten, solche Reinigkeit der Lehre Christi, ohne alle Zusätze dieser und jener Apostel, dadurch bekannt. Eben diese Lehre würde auch noch christlich geblieben sein, wenn man sie nach eben denselben Grundsätzen weiter ausgeführt und zu einer vollständigen Unterweisung der Gottesfurcht, Pflicht und Tugend, gemacht hätte. Sobald aber die Apostel anfingen, ihr jüdisches System von dem Messias und von der Göttlichkeit der Schriften Mosis und der Propheten, mit hinein zu mischen, und auf diesen Grund ein geheimnisvolles neues System zu bauen: so konnte diese Religion nicht mehr allgemein werden. Der Glaube, worauf sie sich stützte, erforderte zuviel Beweis, als daß ihn ein jeder, aller Orten, und zu allen Zeiten, mit genugsamer Einsicht und Überführung hätte annehmen, oder auch von Einwürfen und Anstößen befreien können. Sollte es aber ein blinder Glaube, ohne Einsicht und Überführung sein: so mußte er notwendig die Vernunft gänzlich schweigen heißen und unterdrücken. Und darauf legten es schon die Apostel an; die denn auch, weil sie ihr eignes Glaubenssystem nicht völlig überdacht, und nach allen Grundartikeln zureichend bestimmt hatten, ihren Nachkommen Gelegenheit gaben, immer mehrere Glaubensbücher, Geheimnisse, Ceremonien und Glaubensformeln zu stiften, und sich dabei aufs äußerste unter einander zu verketzern, auch wenn der Apostel ihre Schriften nicht genugsam den Streit entscheiden, ein Nebenprincipium der Tradition, und des päpstischen Ausspruches einzuführen. Da man bei dem allzu grob gewordenen Abfall des Christentums zum Aberglauben, eine Reformation anfing; konnte man doch nicht einig werden, wie viel von den unsaubern Schlacken wegzuwerfen wäre. Der eine näherte sich der Vernunft mehr als der andre; und beide doch nicht genug, daß es gegen die Einwürfe der sogenannten Deisten und Naturalisten bestehen konnte. Daher haben einige Theologi, wie gesagt, das Christentum, was die Glaubenssätze und Principia betrifft, noch weiter nach der Venunft zu bequemen gesucht, um es auf solche Weise von seinem gänzlichen Falle zu retten, und dem denkenden Menschen unanstößig zu machen. Ich zweifle aber fast, ob nach dieser Methode von dem Christentume viel mehr nachbleiben werde, als der bloße Name. Wenigstens haben die mehrsten Theologi aller Sekten solche Vereinigung des Glaubens mit der Vernunft, für eine wirkliche Aufhebung aller Glaubenslehren angesehen, und mit allen Kräften dahin gestrebt, daß bei aller übrigen Toleranz irrgläubiger und phantastischer Christen, ja der Juden, Türken und Heiden, nur die Arianer und Socinianer nirgend in der Christenheit aufkommen und geduldet werden möchten, wovon keine andre Ursache sein kann, als weil Arianer und Socinianer eine fast gänzlich vernünftige Religion haben, welche ihnen ein Dorn in den Augen ist; da jene Ketzer, Fanatici, Juden, Türken, Heiden, bei allen übrigen Irrtümern doch noch dies Verdienst an sich haben, daß sie etwas glauben. Was sie denn glauben, davon ist bei der Toleranz die Frage nicht; genug sie glauben doch, und folgen der Vernunft nicht. Siehe dann, weil der gesunden Vernunft alle Wege versperrt worden, Gott nach ihrer Einsicht, unter einem angenommenen Christennamen zu verehren, so hat sie es endlich wagen müssen, sich bloß zu geben, und rein heraus zu sagen: nein es ist wahr, wir glauben das nicht, was das heutige Christentum zu glauben verlangt, und können es aus wichtigen Ursachen nicht glauben; dennoch sind wir keine ruchlosen Leute, sondern bemühen uns, Gott nach einer vernünftigen Erkenntnis demütigst zu verehren, unsern Nächsten aufrichtig und tätig zu lieben, die Pflichten eines rechtschaffnen Bürgers redlich zu erfüllen, und in allen Stücken tugendhaft zu wandeln. Was haben nun die Vorsteher der christlichen Glaubenslehren noch für Rat übrig, da die Menschen so frech geworden sind, öffentlich zu bekennen, daß sie von keiner andern Religion als von der vernünftigen überführt sind? Was für Rat? Sie verdoppeln ihren Eifer und wenden alle Beredsamkeit an, zuvorderst den gemeinen Mann, hienächst die Obrigkeit, in gleichen Eifer zu setzen. Da klagen sie es den Gemeinen und christgläubigen Seelen, daß jetzt der Unglaube und die Freidenkerei von Tage zu Tage mehr einreiße, und als der Krebs um sich fresse, daß hie und da so viele Unchristen, Naturalisten, Deisten, Religionsspötter und Gotteslästerer entstehen, die Gottes Wort Lügen strafen, Christi Verdienst mit Füßen treten, Kirche und Abendmahl verachten, ja wohl gar ihren Gift in verwegenen Schriften ausstreuen, oder daß auch selbst unter denen, die alle äußerliche Gnadenmittel des Christentums gebrauchen, manche Heuchler, und in ihrem Herzen bloße Unchristen, und höchstens nichts als vernünftige Heiden, sind. Das ist den Ohren des blindgläubigen Pöbels eine Posaune, welche die Religionsgefahr ankündigt, und ihm Haß und Verfolgung wider alle, die nicht glauben wollen, einbläset. Denn der Pöbel glaubt so kräftig, daß er sich wohl auf seinen Glauben totschlagen ließe, und andre gern totschlüge, die das nicht glauben was er glaubt. So bringen sie denn zur Unterdrückung der vernünftigen Religion, ein ganzes Heer fürchterlicher Streiter auf die Beine, und die Obrigkeit muß nunmehr, als Beschützerin des Glaubens, die freidenkerischen Schriften in den Buchläden bei großer Strafe verbieten, und durch des Scharfrichters Hand verbrennen lassen; wo nicht die entdeckten Verfasser gar vom Amte gesetzt, oder ins Gefängnis gebracht, oder ins Elend verwiesen werden. Dann macht man sich über die gottlosen Schriften her, und widerlegt sie in aller Sicherheit, nach theologischer Weise. Die Heuchelei, womit sich viele in der Christenheit zu ihrem innern Verdrusse behelfen müssen, zeuget wider die Herren Theologen, daß sie ein freies Bekenntnis der vernünftigen Religion durch Furcht und Zwang unterdrücken. Denn wer würde wohl in einer so ernsthaften Sache, wider seine eigene Überführung, öffentliche Handlungen begehen, die ihm ein Ekel und Ärgernis sind? Wer würde seine wahre Meinung, dafür er sich sonst gar nicht zu schämen hätte, vor seinen Freunden und Verwandten beständig verhehlen? Wer würde seine eigene Kinder in solche Schulen schicken, da sie, nach seiner Einsicht von der wahren Religion, die er selbst zu haben vermeint, zu einem blinden und verderblichen Aberglauben angeführt werden, wenn er solches alles nicht aus großer Furcht für den Verlust seiner ganzen zeitlichen Wohlfahrt zu tun genötigt wäre. Die Herren Prediger mögen gewiß glauben, daß ein ehrlicher Mann seinem Gemüte keine geringe Qual antun muß, wenn er sich sein ganzes Leben hindurch stellen und verstellen muß. Was soll er aber anfangen, da die meisten Menschen, darunter er lebt, mit Haß und Bosheit, gegen den Unglauben, von der Priesterschaft erfüllt sind?

Man würde ihm Freundschaft, Vertrauen, Umgang, Handel und Wandel, ja alle Liebesdienste versagen, und ihn als einen ruchlosen und abscheulichen Missetäter vermeiden. Welcher gute Bürger würde seine Tochter wissentlich einem Unchristen zur Ehe geben? Und wie würde die, so in seinen Armen schläft, wenn sie dereinst ihres Mannes wahre Meinung von dem Christentum erführe, nach ihrer Schwachheit ängstlich tun, und den Herrn Beichtvater anflehen, daß er doch ihren auf solche verdammliche Wege geratenen Mann bekehren möchte? Was für eine herrliche Parentation würden ihm die Herren Prediger noch nach seinem Tode halten? Würden sie auch seinem Körper noch eine Ruhe in ehrlichen Begräbnissen zugestehn?

Was ist also an der Heuchelei so vieler bedruckten Vernünftigen anders Schuld, als der mit so manchem zeitlichen Unglück verknüpfte Glaubenszwang, welchen die Herren Theologi und Prediger, vermöge ihrer Schmähungen und Verfolgungen, den Bekennern einer vernünftigen Religion bis in den Tod anlegen?

Wahrlich, solch Verfahren ist auf alle Weise zu mißbilligen. Ein Mensch, der ohne sein Wissen in der ersten Kindheit mit Gewalt zum Christen getaufet ist, und dem man den Glauben teils fälschlich angedichtet, teils in den unverständigen Jahren ohne Vernunft eingeprägt hat, kann nach keinem göttlichen oder menschlichen Rechte gehalten sein, so bald er andre Einsichten von der Wahrheit bekommt, eben dasselbe zu glauben, was er als ein Kind in Einfalt zu glauben gelehret war; vielweniger kann er darum, daß er nun dem angedichteten und blindlings eingeflößten Glauben entsagt, strafbar werden, oder die Vorzüge eines Menschen und Mitgliedes der menschlichen Gesellschaft verlieren, und mit allerlei zeitlichen Ungemach belegt werden. Warum hat man ihn auf solche unerlaubte Weise mit dem Glauben berückt? – Was haben die Herren Theologi für Recht, daß sie diejenigen, die doch eine vernünftige und wahre Religion haben und ausüben, sonst aber nichts wider den Staat und ihre Nebenmenschen, oder in besondern Tugendpflichten verbrechen, öffentlich vor dem gemeinen Haufen beschimpfen und verhaßt machen? Eigentlich gehören solche Dinge gar nicht auf die Kanzel. Denn die Zuhörer verstehen nichts von der Sache: und wenn sie aufrichtig die Gründe der Gegner zu wissen bekämen, würden sie nur irre werden.

Also hat auch da keine unparteiische Widerlegung Statt. Wer zum Lehrer auf der Katheder berufen ist, der mag immerhin gegen alle Ungläubige und Irrgläubige streiten. Aber ein Lehrer auf der Kanzel ist ein Lehrer der Gläubigen und Christen, bei welchen er die Überführung von der Wahrheit des Christentums billig voraussetzt. Was hat ein solcher mit denen zu schaffen, die draußen sind, und zur Kirche nicht gehören? – Daß er sie da mit rednerischen Ausdrücken, welche die Einbildungskraft und Affecten erregen, und mit verhaßten Namen, wovon die Zuhörer nicht einmal richtige Begriffe haben, öffentlich zur Schau stellet: das dienet zu nichts, als den unverständigen Eifer des blinden Pöbels wider unschuldige Leute in Feuer zu setzen. Zieht der Priester auf die Ungläubigen los, so denkt der gemeine Mann, dessen ganze Religion im Glauben besteht, daß es Leute sind, die gar keine Religion haben, die weder Gott noch Teufel, weder Himmel noch Hölle glauben. Denn er urteilt nach sich selbst: wenn bei ihm der Glaube wegfiele, so bliebe gar keine Religion übrig. Unchristen klingen in des Pöbels Ohren als ruchlose lasterhafte Bösewichter. Denn er ist einmal so unterrichtet, daß ein frommer Wandel allein aus dem Glauben, d. i. aus dem Christentume, entstehen könne, und daß alle, die nicht Christen sind, notwendig allen Sünden ergeben sein müßten. Gleich als ob die gesunde Vernunft und das Naturgesetz nicht die eigentliche Quelle aller Pflichten und Tugenden wäre, woraus Christus selbst und die Apostel ihre Vorschriften geschöpft haben. Wenigstens setzt diese Benennung der Unchristen, solche Leute in eine Reihe mit Juden, Türken und Heiden, von welchen die Christen alles Arge in Lehre und Leben zu denken pflegen. Von *Naturalisten, Deisten, Freidenkern* stellt sich der unwissende Haufe im bösen Verstande nichs bessers vor, als daß sie die Natur zu Gott machen, und in ungezügelter Frechheit bloß nach ihren Lüsten handeln. *Spötter der Religion* und *Gotteslästerer,* nebst andern solchen theologischen Ausdrücken, geben vollends christgläubigen Seelen, ein Bild von den abscheulichsten Creaturen, die man ausrotten und vertilgen müsse. Das heißt ja wohl recht, verleumden, die Unschuld mit der Bosheit vermengen, und eben die giftigen Waffen, womit die Heiden wider das Christentum stritten, nun als christliche gebrauchen. Denn die ersten Christen mußten auch bei den Heiden, Atheisten und Gotteslästerer heißen, weil sie weder an den Jupiter, noch an den Saturn, noch an die Juno glaubten, sondern ihrer wohl gar in öffentlichen Schriften spotteten. – Eben dieses erinnert uns aber auch der jetzigen Unbilligkeit, mit Schriften gegen das Christentum gewaltsam und schimpflich umzugehen. Wenn in solchen Schriften etwas wider den Staat und die guten Sitten eingestreut wäre: so würde es recht und billig sein, selbige zu verbieten und zu verbrennen, und die Verfasser für ihren Mutwillen derbe zu züchtigen. Allein wenn sie bloß die Streitfrage über die Wahrheit der Offenbarung erörtern, und der vernünftigen Religion das Wort reden: so hindert das der Ruhe des gemeinen Wesens gar nicht, wofern die Theologi nur nicht Lärm blasen und den Pöbel aufhetzen. Haben sie denn vergessen, daß die ersten Kirchenväter, Justinus, Tatianus, Athenagoras, Theophilus, Hermias, Clemens Alexandrinus, daß Tertullianus, Minucius Felix, Arnobius, Lactantius und hundert andere mehr, gegen das damals herrschende Heidentum, bald Apologien, bald Streitschriften, bald Spottschriften (διασυρμους, irrisiones, de vanitate idolorum, de superstitione saeculi etc.) herausgegeben, und daran von den Kaisern nicht behindert worden? Die Wahrheit muß durch Gründe ausgemacht werden, und sie stehet ihren Gegnern kein Verjährungsrecht zu. War es denn damals den Christen recht, die gemeinen Meinungen schriftlich anzufechten, weil sie dieselben für irrig und abergläubisch hielten: wie kann es in der jetzigen Christenheit für unerlaubt geachtet werden, daß einer sich ihrem herrschenden Glauben entgegen legt, und den Anstoß, welchen er daran hat, öffentlich an den Tag gibt? Sind die Theologi allein privilegiert, daß sie keine Rede und Antwort geben dürfen von den Sätzen, welche sie andern zu glauben aufbürden? Ihre Sache muß wohl schlecht stehen, da sie ihrer Gegner Schriften und Verteidigungen mit Gewalt unterdrücken und dann das große Wort haben wollen, als hätten sie dieselben rechtschaffen widerlegt.

Daß aber die Intoleranz und Verfolgung in der ganzen Christenheit, gleichsam durch eine gemeinschaftliche Verabredung, hauptsächlich, und fast allein, wider die vernünftige Religion gerichtet ist, das macht die Unbilligkeit noch größer, und gereicht dem Christentume, besonders den Protestanten, zum unauslöschlichen Schandflecken. Denn die katholischen Mächte und Geistlichen dulden in ihren Ländern, wo das Papsttum herrscht, ohne Unterschied, keine einzige fremde Religion; ein jeder Einwohner und Bürger soll und muß sich zu dem katholischen Glauben bekennen, oder das Land räumen. Die Protestanten hingegen sind gemeiniglich für die Toleranz, und verstatten sonst allen Sekten in und außer der Christenheit ein freies Bekenntnis und einen öffentlichen Gottesdienst unter sich, ohne davon Unruhen im Staate zu befürchten, oder im geringsten zu erfahren. Man findet, zumal in Holland, Catholiken, Lutheraner, Arminianer, Presbyterianer, Bischöfliche Engländer, Mennoniten, Synkretisten, Quaker, Separatisten, Fanaticos, Zinzendorfianer, Griechen, Armenier, häufige portugiesische und deutsche Juden, ungestört unter den Gliedmaßen der herrschenden reformierten Kirche wohnen, und man läßt einen jeden nach seiner Einsicht und Gewissen Gott verehren. Und so gibt es in England und den Englischen Colonien, wie auch in gewissen Städten der Dänischen und Schleswig-Holsteinischen Botmäßigkeit, allerlei Sekten und Religionen, die ohne Unterschied gehegt und geschützet werden. Ich will nicht sagen, daß unter dem russischen Gebiete noch außer den Christen viele Türken und mancherlei Heiden stehen. Aber diejenigen allein, deren Religion einigermaßen nach der gesunden Vernunft schmeckt, als Arianer und Socinianer, oder die gar keine Offenbarung erkennen und bloß vernünftig denken und leben wollen, die sind es, welche in der ganzen Christenheit sich nirgend einer bürgerlichen Toleranz zu getrösten haben, sondern allenthalben ausgestoßen, verbannet, gehasset und verfolgt werden. So leidet man denn im ganzen Christentume lieber so manchen ungöttlichen Aberglauben, so manchen albernen Irrglauben und eitlen Ceremonienstand, so manchen Wahn und phantastische Eingebung, ja lieber die abgesagten Feinde des Christlichen Namens, als eine vernünftige Religion. Die wird für die ärgste und allgemeine Widersacherin der jetzigen christlichen angesehen, wider welche sich alle sonst noch so sehr streitende Parteien verschworen haben, sie gänzlich auszurotten. Hast du den jüdischen Glauben von deinen Vorfahren bekommen: wohl! bleibe ein Jude, sage ungescheut, daß du es bist, und beschneide deine Kinder; du wirst in und außer der Christenheit auf der ganzen Welt sichern Aufenthalt finden, und wohl gar freiwillig zum Bürgerrecht eingeladen werden. Hast du des Pabstes, Luthers, Calvins Glauben: so ist allenthalben im Römischen und vielen andern Reichen Platz für dich. Bist du ein Mennonit, Separatist, Enthusiast: es hindert nichts, man wird dich hie und da unter den Protestanten herbergen und schützen. Aber glauben mußt du doch etwas, was es denn auch sei. Eine reine vernünftige Religion zu haben und zu üben, ist wenigstens in der Christenheit nirgend erlaubt. Gehe nur! – Wohin? Zu den Juden, Türken und Heiden? Aber ich habe auch deren Glauben nicht; sie werden mich eben so gläubig hassen, verdammen, verfolgen und noch dazu meinen, sie tun Gott einen Dienst daran. Wir haben ein klares Beispiel davon an dem berüchtigten Uriel Acosta, den ich zwar übrigens nicht verteidigen will, aber der jedoch eine vernünftige Religion, ohne Glauben an die jüdische oder christliche, bekannte.* Er war von Geburt und Erziehung ein Jude gewesen, und da er wegen der jüdischen Torheiten von ihnen abgetreten, dennoch auch kein Christ geworden. Nun hatte er also nirgend Schutz: er ward von seinen vorigen Glaubensgenossen aufs äußerste verfolgt, als ein Mensch, der gar keine Religion hatte, weil er weder ein Jude noch ein Christ, noch Mahomedaner wäre. Als er sich endlich aus langem Überdrusse der erlittenen Drangsale wieder zu der Synagoge wandte, ward er auf eine schändliche Weise in der jüdischen Versammlung nackend gegeißelt und mit Füßen getreten. Da hält er denn den pharisäischen Juden nicht unbillig vor: ob sie dann nicht wüßten, daß nach ihren eignen Lehrsätzen, außerdem, eine wahre und seligmachende Religion sei, welche dem Menschen als Menschen angeboren worden, und welche die gesunde Vernunft und das Gesetz der

* S. sein Exemplar vitae humanae, bei dem Limborch in collatione cum erudito Judaeo. p. 351. 353.

Natur lehre; die sie selbst dem Noah und allen Erzvätern vor dem Abraham zueigneten, welche ihn auch nach dem Gesetze Mosis berechtigte, unter den übrigen Juden als einer der Nachkommen des Noah zu leben? Er kann daher seine Verwunderung nicht bergen, daß die christliche Obrigkeit den Juden in solchem Falle richterliche Gewalt und Strafen zugestünde, und glaubt, wenn Christus selbst noch jetzt in Amsterdam, bei den Juden, wider ihre pharisäische Heuchelei predigte, und es gefiele ihnen, denselben abermal zu geißeln, so würden sie es da frei tun können. Sehet! so wird die vernünftige Religion bei allen Arten des Glaubens als eine allgemeine Feindin angelassen. Sobald sich der Glaube zum Herrn über die Erkenntnis Gottes gemacht hat, will er die Stimme der Vernunft nicht mehr hören. Also haben Aberglauben, Irrtümer, Torheiten und Greuel den ganzen Erdboden überschwemmt. Wo ist denn aber der Mensch? Wo wohnt die Vernunft? Wo hat sie ihren freien Gebrauch in der edelsten und wichtigsten Erkenntnis und Pflicht der Menschen behalten? Wenn sie sonst auch nirgend geduldet würde: so sollte es doch billig im Christentume, und in demselben, unter den Protestanten geschehen; weil sie vorzüglich rühmen, daß ihr Christentum mit der gesunden Vernunft sehr wohl bestehen könne, und sich für deren Prüfung gar nicht zu scheuen habe; ja daß die Vernunft selbst eine Wegweiserin zum Christentume sei. Warum verstatten sie denn der vernünftigen Religion nicht den geringsten Platz bei sich? Nein, das ist eine Protestatio facto contraria: ihr Glaube muß so wenig, als alle andre Arten eines falschen Glaubens, die gesunde Vernunft neben sich vertragen können.

Dies Betragen der ganzen itzigen Christenheit läuft gerade wider das Gesetz und den Gebrauch der Kirche alten Testaments, wider Christi Lehre und Exempel, und wider der Apostel ihr Verfahren und Zeugnis. Ungeachtet das Gesetz Mosis eine gar strenge Ausrottung der Heiden im Lande Canaan gebot, so befahl es doch auch, *die Fremdlinge, welche in ihren Toren wohnten, nicht zu bedrängen, noch zu unterdrücken, sondern sie wohnen zu lassen, wie die Einheimischen, und sie zu lieben als sich selbst.** Was waren das für Fremdlinge in den Toren der Israeliten? Es waren keine andre, als die Proselyti Portae seu Domicilii (Gere Schaar oder Gere Toschabh) d. i. vernünftige Verehrer Gottes aus allerlei Volke, die der Vielgötterei und Abgötterei nicht zugetan waren, sondern einen wahren Gott, als Schöpfer des Himmels und der Erde, erkannten und verehrten, auch dabei das allgemeine Natur- und Sitten-Gesetz beobachteten; übrigens aber den Glauben Israels nicht annahmen, noch zur Beschneidung und andern Gebräuchen der herrschenden Religion genö-

* Exod. XXII. 21. Levit. XI. 33. 34. Deut. X. 18. 19. collato Exod. XX. 10. Deut. V. 14. Nunm. XXXV. 15. Levit. XXV. 6.

tigt wurden. Sie hießen auch *Kinder Noah,* im Gegensatz von den Kindern Abraham und Israel; d. i. solche, die keine andre Religion, als des unbeschnittenen Noah, hatten und ausübten. Die Juden geben uns ihre Grundartikel, als Vorschriften des Noah, in sieben Hauptstücken an: 1: keine Abgötterei zu treiben; 2. Gottes Namen zu ehren; 3. niemand zu töten; 4. keine Unzucht zu treiben; 5. nichts zu rauben; 6. die Obern zu ehren; 7. nicht rohes Fleisch zu essen. Wenn wir das letzte Stück ausnehmen, welches wohl nur hinzugetan war, um den Juden kein Ärgerniß zu geben, so war alles übrige nichts als ein kurzer Inbegriff der vernünftigen Religion und des Naturgesetzes; daher auch der gelehrte Seldenus sein ganzes Natur- und Völkerrecht nach den Satzungen der Hebräer, auf diese Praecepta Noachica gebauet, und die Religions- und bürgerliche Freiheit der Proselytorum Domicilii genugsam bewiesen hat. Maimonides, der verständigste unter allen Juden, beschreibt diese venünftigen Judengenossen eben so, und sagt ausdrücklich, *daß sie weder verbunden gewesen, sich beschneiden noch taufen zu lassen, und daß sie doch als Fromme aus andern Völkern aufgenommen worden, indem den Israeliten unverboten gewesen, solchen Leuten einen Wohnsitz in ihrem Gebiete anzuweisen.** Er sagt sogar an einem andern Orte,** *daß diese frommen Judengenossen Teil hätten an der zukünftigen Seligkeit.* Auf solche Weise wurden nicht allein die Gibeoniter und andre zu Knechten gemachte Leute, oder Nethinaer, sondern auch die Rechabiten und die unbezwungenen Cananiter, nebst vielen andern Fremdlingen, mitten in Canaan, neben dem jüdischen Gottesdienste, fried- und freundschaftlich geduldet, und als bürgerliche ja geistliche Mitgenossen gehalten, ob sie gleich an Mosen und die Propheten nicht glaubten, und das Levitische Gesetz nicht beobachteten, sondern nur das vernünftige der Israelitischen Religion, als das Wesentlichste angenommen hatten. Für solche frommen Anbeter des wahren Gottes, hatte demnach der weise und damals ganz untadeliche König Salomo schon den ersten Tempel mit geweihet; und er läßt in sein Einweihungsgebet mit einfließen, wenn auch

---

* Maimonides Issure Biah. cap. XIV. *Qualisnam est ille, quem Proselytum Domicilii* Ger Toschabh, *vocamus? Is gentilis erat, qui in se susceperat a cultu extraneo abstinere, et cetera observare quae in Noachidarum iure continentur. Nec circumcidebatur ille, nec baptizabatur, sed admittebant eum velut unum ex piis e gentilibus mundi.* Ideo autem vocatur Inquilinus, quoniam liuit nobis ei sedes inter nos assignare in territorio Israelitico.

** Maimonides in tract. de Regibus cap. VIII. § 11. Quicunque in se suscepit septem praecepta Noachidarum et in iis observandis cautus est, ille est pius e gentibus mundi et portionem habet in saeculo futuro.

fremde, die nicht von dem Volke Israel wären, zum Tempel kämen und daselbst anbeteten, daß Gott sie in allen ihrem Anliegen erhören wolle.* Diese konnten daher mit den Israeliten in den Vorhof des Tempels kommen, und Gott nach ihrer vernünftigen Erkenntnis anflehen, wenn sie gleich nicht mit opferten. Ja, die spätere Geschichte gibt, daß auch heidnischen Königen und Kaisern zugestanden sei, für sich im zweiten Tempel opfern zu lassen.** Sehet nun dagegen das Betragen der Diener des neuen Testaments! Sollten diese wohl mit gutem Gewissen von sich sagen können, daß sie die vernünftigen Verehrer Gottes, als die Fremdlinge des Christentums, nicht zu bedrängen oder zu unterdrücken suchten, sondern vielmehr liebten als sich selbst? sie, deren Mund von dem innern Hasse und Religionseifer gegen solche Leute öffentlich überfließet. Sollten sie es wohl über ihr Herz bringen können, dieselbe Christgenossen, Religionsverwandte und Fromme zu nennen, oder sie an der Seligkeit Teil nehmen zu lassen? da sie dieselben mit allen Unchristen, Religionsspöttern, Atheisten und Gotteslästerern in eine Klasse setzen? Sollten sie ihnen wohl mit gutem Willen eine bürgerliche und Religionsfreiheit zugestehen? wider deren Aufkommen sie Himmel und Erde, Obrigkeit und Pöbel, zu bewegen trachten? Niemand wird unsern protestantischen Theologis, geschweige den päbstischen, solche Sanftmut und Duldung zutrauen; und ich zweifle nicht, wenn manche gläubige Seelen nur von solcher Nachsicht hörten, sie würden schon in Eifer wider diese Ungläubige geraten. Ein Zeichen, daß sie schon von ihren Lehrern in eine unzeitige Hitze wider alle, die nicht ihres Glaubens sind, gebracht worden!

Nun möchte ich doch wissen, ob diese geistliche Herren von Christo, dem Lehrer der allgemeinen Menschenliebe, einen gegenseitigen und strengern Befehl bekommen hätten, als Moses, in Betrachtung der vernünftigen Verehrer Gottes bekommen oder gegeben hat? Ob sie eine einzige Stelle im ganzen neuen Testament aufweisen können, daß solche Leute in der Christenheit durchaus nicht geduldet werden müßten? Ich weiß wohl, daß die Evangelisten Christo den harten Ausspruch in den Mund legen: wer nicht glaubt, der wird verdammet werden. Allein wenn wir auch diese Nachricht, so wie sie lautet und gedeutet wird, völlig annehmen: so bleibt doch ein gewaltiger Unterschied zwischen den Sätzen: diese und jene Menschen können nach der Heilsordnung Gottes nicht selig werden: und, eben die Menschen sind in der bürgerlichen Gesellschaft und unter Christen nicht zu dulden, noch zu einem öffentlichen Bekennt-

---

* 1 Reg. VIII. 38. 41. sq.
** So haben Alexander M., Heliodorus, Antiochus Eupator, Ptolemaeus Euergeta, Augustus, Vitellius für sich im zweiten Tempel opfern lassen. Vid. Selden. de I. N. et G. lib. III. cap. IV. et VII.

nisse ihrer Religion zu lassen. Wie wollten sie mit dem letztern Satze zusammen reimen, daß sie den Juden und mehrern andern Ungläubigen und Irrgläubigen, welche auch in ihren Augen ewig verdammt sind, dennoch auf dieser Welt unter sich eine öffentliche privilegierte Ausübung ihrer Religion verstatten? Christus sagt seinen Jüngern anderwärts: sie sollten das Unkraut wachsen lassen bis zur Ernte; d. i. sie sollten denen, die auch falsche Meinungen hegten und lehrten, ihre menschliche Einsicht und Religionsfreiheit nicht durch gewaltsame Mittel zu benehmen suchen, oder ihr Aufkommen hindern, sondern alles dem künftigen Gerichte Gottes überlassen. Wenn also auch die Menschen, welche Gott bloß nach vernünftigen Einsichten verehren, mit unter das Unkraut, d. i. unter die irrig und falsch lehrenden, zu rechnen wären: so würde nach Christi Regel dennoch keine äußere Unterdrückung der vernünftigen Religion und des vernünftigen Gottesdienstes zu entschuldigen sein. Allein Christus hat die vernünftigen Religionsverwandten nicht einmal unter dem Unkraute der Kirche begreifen können, von dessen Ausrottung die Frage wäre: weil sie nach dem Gesetze als Menschen, als Fremdlinge, als wohnhafte Bürger, ja als gottesfürchtige Leute, der allgemeinen Liebe, und der von Gott zugestandenen Rechte teilhaftig waren. Die Apostel haben dieselbe gleichfalls nicht so böse und unleidlich angesehen, sondern sie vielmehr mit den besten Ehrennamen belegt. Unsere jetzigen Kirchenlehrer werden sichs gefallen lassen, von den Aposteln eine bessere Sprache und Amtsführung anzunehmen. So oft die Apostel mit den vernünftigen Judengenossen aus den Heiden zu schaffen haben: so heißen sie stets bei ihnen *die Frommen, die Gottesfürchtigen, die Verehrer Gottes, die gottesfürchtigen Judengenossen,* (εὐσεβεῖς σεβόμενοι τὸν θεὸν, σεβόμενοι Ἕλληνες, δίκαιοι, φοβούμενοι τὸν θεὸν) und sie werden den Israeliten an die Seite gesetzt. *Ihr Männer von Israel,* sagt Paulus, *und die ihr Gott fürchtet, höret zu. Ihr Männer, lieben Brüder, ihr Kinder des Geschlechts Abraham, und die unter euch Gott fürchten.** In der Erzählung lautet es eben so: *Nach dieser Rede, sind Paulo und Barnabä viel Jüden und gottesfürchtige Judengenossen nachgefolgt. Es geselleten sich zu Paulo und Sila auch der gottesfürchtigen Griechen eine Menge. Paulus unterredete sich mit den Juden und den Gottesfürchtigen in der Synagoge.*** Daß nun in allen diesen Stellen keine Beschnittene und vollkommene Judengenossen oder Proselyti iustitiae, sondern bloß vernünftige Verehrer Gottes, oder Proselyti Portae gemeinet sind, hat unter andern Salomon Deyling, ein gelehrter lutherischer Theologus ausführlich gezeigt.*** Der Hauptmann Cornelius

* Actor. XIII. 16. 26.
** Actor. XIII. 42. 43. XVII. 4. 17.
*** Sal. Deyling Obss. Sacr. P. II. p. 352. de σεβομένοις τὸν θεόν.

war, nach des Evangelisten Lucä Zeugnis schon als ein vernünftiger Heide, *gottselig, gerecht und gottesfürchtig,* (εὐσεβὴς, δίκαιος, φοβούμενος τὸν θεόν)* so wie die Purpurkrämerin Lydia eine *Verehrerin Gottes hieß* (σεβομένοις τὸν θεόν).** Das ist ganz eine andere Sprache der ersten Jünger Jesu, als die man jetzt führt. Sie sagten nicht, ihr Ungläubige, ihr Freidenker, ihr Naturalisten, ihr Religionsspötter; sondern ihr Verehrer Gottes, ihr die ihr Gott fürchtet. Wie also die jüdische Kirche ungeachtet ihres großen Eifers für das Gesetz und für ihre Religion dennoch die vernünftigen Religionsverwandte nicht allein bürgerlich ungekränkt bei sich wohnen ließ, sondern auch in ihre geistliche Versammlungen und Synagogen willig aufnahm, und sie durch Liebe, Lob und freundschaftliche Begegnung an sich lockte: so billigten auch die Apostel, durch ihre Ehrennamen, welche sie solchen Judengenossen öffentlich erteilten, die Weise der jüdischen Kirche, und gaben mithin ihren Nachfolgern in der christlichen Kirche ein rühmliches Beispiel, wie nahe sie die vernünftige Religion auch mit der christlichen verwandt hielten, und wie entfernt sie von deren Verkleinerung, Beschimpfung und Unterdrückung wären. Woher haben denn die heutigen Lehrer des Christentums das gelernt, daß sie vernünftige Verehrer Gottes bei der Gemeine mit verhaßten Benennungen anschwärzen, als ob sie gar keine Religion hätten? Woher gönnen sie diesen allein kein freies Bekenntnis der erkannten Wahrheiten, da sie alle übrige Ungläubige und Irrgläubige dulden? Mit welchem Rechte mischen sie sich in die Verfassung des Staates, solche unschuldige und rechtschaffene Leute, auch durch obrigkeitliche Hülfe, aus der bürgerlichen Gesellschaft, und allen daher entstehenden Vorteilen zu verdrängen?

Es ist demnach solche Unterdrückung der vernünftigen Religon und ihrer Verehrer, welche die neuern christlichen Lehrer zur Maxim gemacht haben, sowohl dem alten als neuen Testamente, sowohl dem Gesetze Mosis und dem Betragen der jüdischen Kirche, als der Regel und dem Exempel Christi und seiner Apostel gerade entgegen. Aber wenn wir auch die Sache an sich selbst betrachten, so zeiget sich die offenbarste Unbilligkeit in der heutigen Methode, welche in der Christenheit herrscht. Ein jeder Mensch soll glauben, oder nicht in der menschlichen, es sei geistlichen oder bürgerlichen, Gesellschaft geduldet werden. Wie kann man aber das als eine Pflicht und Schuldigkeit fordern, und es mit einer Strafe verknüpfen, was nicht in der Menschen Macht und freiem Willkür stehet, ja manchem nach seiner Einsicht von sich selbst zu erhal-

---

* Actor. X. 1.
** Actor. XVI. 14.

ten, unmöglich wird? Entweder müssen dadurch Heuchler im Christentume entstehen, oder man muß ihnen auch erlauben, daß sie frei und ohne Kränkung ihres bürgerlichen Wohlstandes bekennen, sie glaubten es nicht, und könnten sich aus den und jenen Ursachen von dem Glaubenssystem und dessen Artikeln nicht überführen. Die Menschen sollen glauben, ehe sie noch zu den geringsten Begriffen, Urteilen und Prüfungen des geglaubten fähig sind. Sie sollen glauben, was über die Vernunft ist, ehe sie von dem, was der Vernunft faßlich ist, eine Einsicht haben. Wie läßt sich eine Religion, oder Erkenntnis Gottes, ohne alle Begriffe, ohne alles Vermögen der Einsicht pflanzen? Wie kann ein geheimnisvoller Glaube Statt finden, der nicht auf die Anfangsgründe einer vernünftigen Religion gebauet ist? Daraus kann nichts als ein blinder Glaube entstehen, da die Menschen selbst nicht wissen, was sie glauben, noch warum sie es glauben. Denn weil man ihnen von der Kindheit an alle vernünftige Erkenntnis von Gott und göttlichen Dingen in den Lehrbüchern sorgfältig entzieht, und ihnen wider die Vernunft und deren Gebrauch in dem, was des Geistes Gottes ist, kräftige Vorurteile beibringt: so kann nichts, als ein blinder Glaube übrig bleiben. Die Menschen sollen ohne Vernunft bloß glauben, und dadurch fromme Christen werden; da doch der Mensch allein dadurch, daß er eine vernünftige Creatur ist, vor allen Tieren einer Religion fähig wird, und sich durch vernünftige Bewegungsgründe zum Guten ziehen läßt. Wie kann man denn Christen erwarten, ehe sie in Menschen gebildet sind? Wie kann man eine tätige höhere Vollkommenheit des Willens und Wandels von ihnen hoffen, da sie keine innere Bewegungsgründe zu einer natürlichen Tugend und Frömmigkeit bekommen haben? Wenn man diese Methode in ihrer eigentlichen Folge betrachtet: so wird sie, nach Beschaffenheit der Menschen, zum Aberglauben und knechtischen Werkheiligkeit Gelegenheit geben, oder sie auch eben so bösartig und ruchlos, als sie aus Mangel einer vernünftigen Erziehung geworden sind, lassen. —«

Und so weiter! Zu einer Probe ist dieses mehr als hinreichend. Nun erlaube man mir noch, meinen Unbekannten nicht so ganz ohne Geleite abtreten zu lassen.

1. Ich habe gesagt, daß Neusers Schicksale mich an diese Stelle erinnert. Denn als Neuser so weit gekommen war, daß er sich kein Bedenken machte, zur Mahometanischen Religion überzutreten, war er doch vermutlich kein Phantast, der sich von der Wahrheit der Mahometanischen Religion, als geoffenbarter Religion, vorzüglich vor der Christlichen, überzeugt fühlte: son-

dern er war ein Deist, der *eine* geoffenbarte Religion für so erdichtet hielt, als die andere, und den nur die äußerste Verfolgung zu einem Tausche brachte, an den er nie würde gedacht haben, wenn er irgendwo in der Christenheit die Duldung zu finden gewußt hätte, auf welche unser Unbekannte für solcher Art Leute dringet. Er hatte sie bei den Unitariern anfangs zu finden geglaubt. Aber der Streit in welchen er auch mit ihnen sofort verwickelt wurde, mochte ihn wohl abnehmen lassen, was er sich mit der Zeit selbst von denen zu versehen habe, welche anderswo eben so vogelfrei waren, als er. Ja es scheinet, daß diese seine Besorgnis durch Franc. Davidis nachherige Schicksale hinlänglich gerechtfertigt worden. Indes kann es doch gar wohl sein, daß Neuser auch eine Art von Prädilection für die Mahometanische Religion gehabt, und daß er ihr bereits alle die Gerechtigkeit widerfahren lassen, die weit neurer Zeit freimütige und unverdächtige Gelehrte ihr erzeigen zu müssen geglaubt haben. »Des Mahomets Alkoran,« sagt auch unser Unbekannte kurz vor der mitgeteilten Stelle, »und der Türkische Glaube hat zwar einen bösen Ruf bei uns, nicht allein, weil der Stifter dieser Religion Betrügerei und Gewalt gebraucht, sondern auch weil viele Torheiten und Irrtümer, nebst manchen unnötigen äußerlichen hergebrachten Gebräuchen, sich eingemischet finden. Ich will ihm auch gar nicht das Wort reden, vielweniger denselben der christlichen Religion zum Nachteil erheben. Doch bin ich versichert, daß unter denen, die der Türkischen Religion dies und jenes Schuld geben, die wenigsten den Alkoran gelesen haben, und daß auch unter denen, die ihn gelesen, die wenigsten den Vorsatz gehabt, den Worten einen gesunden Verstand, dessen sie fähig sind, zu geben. Ich getraute mir, wenn dieses mein Hauptabsehen wäre, das vornehmste der natürlichen Religion aus dem Alkoran gar deutlich, und zum Teile gar schön ausgedruckt darzutun, und glaube, daß ich bei Verständigen leicht darin Beifall finden werde, daß fast alles wesentliche in Mahomets Lehre auf natürliche Religion hinauslaufe. Der gelehrte Tomas Hyde,* den man sowohl der Sachen kundig als unparteiisch halten muß, lobt den Mahomet als verae Religionis Abrahami restauratorem, der die

---

* Th. Hyde de relig. vet. Persar. p. 33.

wahre Religion Abrahams wieder hergestellt habe: und der getreuste Übersetzer und Ausleger des Alkorans George Sale* zeigt in seiner Einleitung zum Alkoran, daß der Grundsatz der Lehre Mahomets auf der Einheit Gottes beruhe, oder auf der Wahrheit, daß nur *ein* Gott sei, und sein könne: daß der Vorsatz, die heidnischen Araber von der Abgötterei zum Erkenntnis dieses einigen Gottes zu bringen, edel und höchlich zu loben gewesen, und daß Herr Prideaux nicht mit Grund vorgebe, ob habe Mahomet bei den Arabern statt der Abgötterei eine Religion eingeführt, welche eben so schlimm sei als die Abgötterei. Herr Sale sagt, daß die Ermahnungen zu guten Sitten und Tugenden, welche im Alkoran enthalten sind, und sonderlich die Ermahnungen zur Verehrung eines wahren Gottes zum Teil so vortrefflich sind, daß ein Christ sie wohl beobachten möchte.« – Wie weit nun dieses auch Neuser zu seiner Zeit bereits erkannt, würden wir mit Gewißheit sagen können, wenn es den Herausgebern der Monumentorum Palatinorum beliebt hätte, uns seine Anmerkungen über den Alkoran mitzuteilen, die sie vor sich gehabt zu haben versichern.

2. Dennoch, muß ich hinzufügen, würde mich diese Beziehung auf Neusern bloß und allein nicht haben bewegen können, die mitgeteilte Stelle vor allen andern zu wählen, wenn ich nicht, in ihr auch einen besondern Punkt der Gelehrsamkeit auf eine ganz besondere Art berührt zu finden, geglaubt hätte. Ich meine hiermit, was der Verfasssser von den Proselytis portae in der alten Jüdischen Kirche behauptet. Nicht als ob die Sache selbst nicht längst bekannt wäre: es ist bloß die Anwendung auf unsere heutige Deisten, die mir neu und ihm völlig eigen zu sein scheinet. Sie hat etwas sehr blendendes, diese Anwendung; und ich wünschte um so mehr, sie aus den Quellen geprüft zu sehen, je weniger ich meinem eigenen Urteile in mir so fremden Dingen trauen darf. Indes dünket mich doch, daß, wenn man schon zugeben müßte, daß diese Proselyti portae nichts als Deisten gewesen, damit gleichwohl noch nicht erwiesen sei, daß sie auch alle die Freiheit unter den Juden genossen, auf welche die heutigen Deisten unter den Christen Anspruch machen. Wenn wenigstens der Verfasser selbst zugibt, daß das Siebente der Noachischen

* G. Sale preliminary discourse to the Koran p. 36. et. 63.

Gebote sie keinesweges als ein Naturgesetz verbunden habe, sondern nur hinzugefügt worden, um den Jüden kein Ärgernis zu geben: so dürften sie leicht mehrern solchen Einschränkungen in Beziehung auf die herrschende Religion, der sie nicht zugetan sein wollten, unterworfen gewesen sein. Falls sich nun dergleichen fänden: sollten wohl nicht aus ihnen Bedingungen herzuleiten sein, unter welchen sich auch die Christen könnten und möchten gefallen lassen, Deisten in ihren Pfählen zu dulden? Aber unsere Deisten wollen ohne alle Bedingungen geduldet sein. Sie wollen die Freiheit haben, die christliche Religion zu bestreiten; und doch geduldet sein. Sie wollen die Freiheit haben, den Gott der Christen zu verlachen; und doch geduldet sein. Das ist freilich ein wenig viel: und ganz gewiß mehr, als ihren vermeinten Vorgängern in der alten jüdischen Kirche erlaubt war. Denn wenn deren einer des Herrn Namen lästerte, (Levit. XXIV. 12.) so ward er ohne Barmherzigkeit gesteiniget, und die Entschuldigung half ihm nichts, daß er nicht den wahren Gott, den die Vernunft den Menschen lehre, sondern den Aftergott gelästert habe, wie die Juden sich ihn bildeten. Und schon hieraus, meine ich, ist zu schließen, daß auch die alte jüdische Religion es in diesem Stücke nicht anders werde gehalten haben, als sie es alle halten.

3. Was von dem übrigen Inhalte der Stelle zu denken und zu sagen, brauchen meine Leser nicht von mir zu lernen. Aber wie sehr merkt man es ihr an, daß sie vor dreißig Jahren geschrieben worden! Wie? noch itzt wären der gesunden Vernunft alle Wege versperret, Gott nach ihrer Einsicht, unter einem angenommenen Christennamen, zu verehren? Freilich, ein dergleichen angenommener Christenname, als Arianer, Socianer, ist vielleicht noch eben so verhaßt, als er es jemals war. Allein, was braucht es auch dieser Namen? Ist der bloße Name Christ nicht weitläuftig, nicht bezeichnend genug? Sind die Namen Calvinist und Lutheraner nicht eben so verwerflich geworden? Weg mit allen diesen Namen, die uns der Einsicht eines Einzigen unterwerfen! Wir sind Christen, biblische Christen, vernünftige Christen. Den wollen wir sehen, der *unser* Christentum des geringsten Widerspruchs mit der gesunden Vernunft überführen kann! Was braucht es noch, die Schriften der Freigeister zu unterdrücken? Heraus damit! Sie können nichts als den Triumph *unserer* Reli-

gion vermehren. – Daß dieses die Sprache mancher heutigen Theologen ist, wer weiß das nicht? Und allerdings hat diese Sprache das Gute hervorgebracht, daß neurer Zeit, wenigstens in dem protestantischen Deutschlande, alle bürgerliche Verfolgung gegen Christen und Schriftsteller unterblieben ist. Eine merkwürdige Erscheinung, von welcher ich wohl wissen möchte, aus welchem Gesichtspunkte sie unser Unbekannte betrachtet haben dürfte! Er scheinet dergleichen Theologen in Verdacht zu haben, daß sie von dem ganzen Christentume nichts übrig lassen, und nichts übrig lassen wollen, als den Namen. Daß dieses bei einigen auch wohl der Fall sein möchte, daran ist kein Zweifel. Aber bei vielen ist er es auch gewiß nicht; bei denen gewiß nicht, die sich gegen die Verteidiger einer bloß natürlichen Religion mit so vielem Stolze, mit so vieler Bitterkeit ausdrücken, daß sie mit jedem Worte verraten, was man sich von ihnen zu versehen hätte, wenn die Macht in ihren Händen wäre, gegen welche sie itzt noch selbst protestieren müssen. Dieser ihr *vernünftiges Christentum* ist allerdings noch weit mehr, als natürliche Religion: Schade nur, daß man so eigentlich nicht weiß, weder wo ihm die Vernunft, noch wo ihm das Christentum sitzt.

Gegensätze des Herausgebers

Und nun genug dieser Fragmente! – Wer von meinen Lesern mir sie aber lieber ganz geschenkt hätte, der ist sicherlich *furchtsamer*, als *unterrichtet*. Er kann ein sehr *frommer* Christ sein, aber ein sehr *aufgeklärter* ist er gewiß nicht. Er kann es mit seiner Religion herzlich gut *meinen:* nur müßte er ihr auch mehr *zutrauen.*

Denn wie vieles läßt sich noch auf alle diese Einwürfe und Schwierigkeiten antworten! Und wenn sich auch schlechterdings nichts darauf antworten ließ: was dann? Der gelehrte Theolog könnte am Ende darüber verlegen sein: aber auch der Christ? Der gewiß nicht. Jenem höchstens könnte es zur Verwirrung gereichen, die Stützen, welche er der Religion unterziehen wollen, so erschüttert zu sehen; die Strebepfeiler so niedergerissen zu finden, mit welchen er, wenn Gott will, sie so schön verwahret hatte. Aber was gehen dem Christen dieses Mannes Hypothesen, und Erklärungen und Beweise an? Ihm ist es doch einmal da, das Christentum, welches er so wahr, in welchem er sich so selig *fühlet.* – Wenn der Paralyticus die wohltätigen Schläge des Elektrischen Funkens *erfähret:* was kümmert es ihn, ob Nollet, oder ob Franklin, oder ob keiner von beiden Recht hat? –

Kurz: der Buchstabe ist nicht der Geist; und die Bibel ist nicht die Religion. Folglich sind Einwürfe gegen den Buchstaben, und gegen die Bibel, nicht eben auch Einwürfe gegen den Geist und gegen die Religion.

Denn die Bibel enthält offenbar Mehr als zur Religion gehöriges: und es ist bloße Hypothes, daß sie in diesem Mehrern gleich unfehlbar sein müsse. Auch war die Religion ehe eine Bibel war. Das Christentum war, ehe Evangelisten und Apostel geschrieben hatten. Es verlief eine geraume Zeit, ehe der erste von ihnen schrieb; und eine sehr beträchtliche, ehe der ganze Kanon zu Stande kam. Es mag also von diesen Schriften noch so viel abhängen: so kann doch unmöglich die ganze Wahrheit der Religion auf ihnen beruhen. War ein Zeitraum, in welchem sie bereits so ausgebreitet war, in welchem sie bereits sich so vieler

Seelen bemächtiget hatte, und in welchem gleichwohl noch kein Buchstabe *aus dem* von ihr aufgezeichnet war, was bis auf *uns* gekommen: so muß es auch möglich sein, daß alles, was Evangelisten und Apostel geschrieben haben, wiederum verloren gänge, und die von ihnen gelehrte Religion doch bestände. Die Religion ist nicht wahr, weil die Evangelisten und Apostel sie lehrten: sondern sie lehrten sie, weil sie wahr ist. Aus ihrer innern Wahrheit müssen die schriftlichen Überlieferungen erkläret werden, und alle schriftliche Überlieferungen können ihr keine innere Wahrheit geben, wenn sie keine hat.

Dieses also wäre die allgemeine Antwort auf einen großen Teil dieser Fragmente, – wie gesagt, in dem schlimmsten Falle. In dem Falle, daß der Christ, welcher zugleich Theolog ist, in dem Geiste seines angenommenen Systems, nichts Befriedigendes darauf zu antworten wisse. Aber ob er das weiß, woher soll er selbst die Erfahrung haben, woher sollen wir es ihm zutrauen, wenn es nicht erlaubt sein soll, alle Arten von Einwürfen frei und trocken herauszusagen? Es ist falsch, daß schon alle Einwürfe gesagt sind. Noch falscher ist es, daß sie alle schon beantwortet wären. Ein großer Teil wenigstens ist eben so elend beantwortet, als elend gemacht worden. Seichtigkeit und Spötterei der einen Seite, hat man nicht selten mit Stolz und Naserümpfen auf der andern erwidert. Man hat sich sehr beleidiget gefunden, wenn der eine Teil Religion und Aberglauben für eins genommen: aber man hat sich kein Gewissen gemacht, Zweifel für Unglauben, Begnügsamkeit mit dem, was die Vernunft sagt, für Ruchlosigkeit auszuschreien. Dort hat man jeden Gottesgelehrten zum Pfaffen, hier jeden Weltweisen zum Gottesleugner herabgewürdiget. So hat der eine und der andere seinen Gegner zu einem Ungeheuer umgeschaffen, um ihn, wenn er ihn nicht besiegen kann, wenigstens vogelfrei erklären zu dürfen.

Wahrlich, er soll noch erscheinen, auf beiden Seiten soll er noch erscheinen, der Mann, welcher die Religion so bestreitet, und der, welcher die Religion so verteidigt, als es die Wichtigkeit und Würde des Gegenstandes erfodert. Mit alle den Kenntnissen, aller der Wahrheitsliebe, alle dem Ernste! – Stürme auf einzelne Bastionen wagen und abschlagen, heißt weder belagern noch entsetzen. Und gleichwohl ist bisher noch wenig mehr geschehen. Kein Feind hat noch die Feste ganz eingeschlossen; keiner noch einen allgemeinen Sturm auf ihre gesamten Werke zugleich gewagt. Immer ist nur irgend ein Außenwerk, und oft ein sehr unbeträchtliches angegriffen, aber auch nicht selten von den Belagerten mit mehr Hitze als Klugheit verteidiget worden. Denn ihre gewöhnliche Maxime war, alles Geschütz auf den einzigen angegriffenen Ort zusammen zu führen; unbekümmert, ob indes ein anderer Feind an einem andern Orte den entblößten Wall übersteige oder nicht. Ich will sagen: ein einzelner Beweis ward oft, zum Nachteil aller andern, ja zu seinem eigenen, überspannt; ein Nagel sollte alles halten, und hielt nichts. Ein *einzelner* Einwurf ward oft so beantwortet, als ob er der *einzige* wäre, und oft mit Dingen, die ihren eignen Einwürfen noch sehr ausgesetzt waren. Noch ein unbesonneneres Verfahren war es, wenn man das angegriffene Werk ohne alle Gegenwehr verließ, dem Feinde mit Verachtung Preis gab, und sich in ein anderes zog. Denn so hat man sich nach ud nach aus allen Werken nicht *vertreiben,* sondern *verscheuchen* lassen, und wird nun bald genötiget sein, sich wieder in das zuerst verlassene zu werfen. Wer in den neuesten Schriften für die Wahrheit der christlichen Religion ein wenig belesen ist, dem werden die Exempel zu jedem Gliede dieser Allegorie leicht beifallen.

Wie nahe unser Verfasser dem Ideale eines echten Bestreiters der Religion gekommen, läßt sich aus diesen Fragmenten zwar einigermaßen schließen, aber nicht hinlänglich erkennen. Raum genug scheinet er mit seinen Laufgräben eingenommen zu haben, und mit Ernst gehet er zu Werke. – Möchte er bald einen Mann erwecken, der dem Ideale eines echten Verteidigers der Religion nur eben so nahe käme!

Und nicht diesem Manne vorzugreifen, sondern bloß urteilen zu lassen, wie vieles nun *er* erst zu sagen haben würde, und hiernächst dem ersten Panischen Schrecken zu steuren, das einen kleinmütigen Leser befallen könnte, eile ich, jedem Fragmente insbesondere einige Gedanken beizufügen, die sich mir aufgedrungen haben. Wenn ich aber damit mehr tue, als ich gleich anfangs tun zu dürfen um Erlaubnis bat, so geschieht es, weil ich den Ton der Verhöhnung verabscheue, in den ich leicht fallen könnte, wenn ich *nur* jenes tun wollte. Freilich gibt es der Männer genug, welche itzt die Religion so verteidigen, als ob sie von ihren Feinden ausdrücklich bestochen wären, sie zu untergraben. Allein es wäre Verleumdung der Religion, wenn ich zu verstehen geben wollte, daß gleichwohl diese Männer nur noch allein vor dem Riß stünden. Ja woher weiß ich, ob nicht auch diese Männer die besten Absichten von der Welt haben? Wann *sie* nicht ihre Absichten schützen sollen, was wird *mich* schützen, wenn ich das Ziel eben so weit verfehle?

I.

Das erste Fragment bestreitet eine Sache, die nichts weniger, als das Christentum annehmlich zu machen, vermögend ist. Wenn es also Theologen gegeben, die darauf gedrungen, so müssen sie wohl von der Notwendigkeit derselben sich sehr lebendig überzeugt gefühlt haben. Würden sie sonst unter das Tor, in welches sie einzugehen ermunterten, Fußangel vor aller Augen haben streuen wollen?

Und allerdings hat es dergleichen Theologen gegeben: allein wo gibt es deren denn noch? Hat man den Mantel nicht längst auf die andere Schulter genommen? Die Kanzeln, anstatt von der Gefangennehmung der Vernunft unter den Gehorsam des Glaubens zu ertönen, ertönen nun von nichts, als von dem innigen Bande zwischen Vernunft und Glauben. Glaube ist durch Wunder und Zeichen bekräftigte Vernunft, und Vernunft raisonnierender Glaube geworden. Die ganze geoffenbarte Religion ist nichts, als eine erneuerte Sanction der Religion der Vernunft. Geheimnisse gibt es entweder darin gar nicht; oder wenn es welche gibt, so ist es doch gleichviel, ob der Christ diesen oder jenen oder gar keinen Begriff damit verbindet.

Wie leicht waren jene Theologaster zu widerlegen, die außer einigen mißverstandenen Schriftstellen nichts auf ihrer Seite hatten, und durch Verdammung der Vernunft die beleidigte Vernunft im Harnisch erhielten! Sie brachten alles gegen sich auf, was Vernunft haben wollte, und hatte.

Wie kitzlich hingegen ist es, mit diesen anzubinden, welche die Vernunft erheben und einschläfern, indem sie die Widersacher der Offenbarung als Widersacher des gesunden Menschenverstandes verschreien! Sie bestechen alles, was Vernunft haben will, und nicht hat.

Gleichwohl muß ohnstreitig die Wahrheit auch hier liegen, wo sie immer liegt; zwischen beiden Extremen. Ob eine Offenbarung sein kann, und sein muß, und welche von so vielen, die darauf Anspruch machen, es wahrscheinlich sei, kann nur die Vernunft entscheiden. Aber wenn eine sein kann, und eine sein muß, und die rechte einmal ausfündig gemacht worden: so muß es der Vernunft eher noch ein Beweis mehr für die Wahrheit derselben, als ein Einwurf darwider sein, wenn sie Dinge darin findet, die ihren Begriff übersteigen. Wer dergleichen aus seiner Religion auspolieret, hätte eben so gut gar keine. Denn was ist eine Offenbarung, die nichts offenbaret? Ist es genug, wenn man nur den Namen beibehält, ob man schon die Sache verwirft? Und sich das allein die Ungläubigen, welche den Namen mit der Sache aufgeben?

Eine *gewisse* Gefangennehmung unter den Gehorsam des Glaubens beruht also gar nicht auf dieser oder jener Schriftstelle: sondern auf dem wesentlichen Begriffe einer Offenbarung. Unser Verfasser mag immerhin jene Schriftstellen besser verstanden haben; und ich wüßte mehr als einen würdigen Ausleger, der eben nicht mehr darin gefunden. Er mag immerhin sehr Recht gegen die armseligen Homileten haben, welche zu dem kläglichen Sündenfalle der ersten Eltern ihre Zuflucht nehmen, eine Sache zu beweisen, die dieses Beweises gar nicht bedarf. Die Mosaische Geschichte davon, erkennet er selbst für unschuldig an solchem Mißbrauche. Aber wie es nicht wahr ist, daß daraus ein *nachheriges* Verderben der menschlichen Vernunft zu folgern: so scheinet mir doch auch *er* nicht völlig eingesehen zu haben, was darin liegt. Wenn er nämlich sagt: »daß, nach Anleitung derselben, die Prediger, als wahre Seelsorger, vielmehr schuldig wären, ihren Zuhörern die gesunde Vernunft und den Gebrauch derselben als eine untrügliche Richtschnur der göttlichen Erkenntnis und eines frommen Wandels zu empfehlen; indem unsere ersten Eltern eben darum gefallen wären, weil sie ihrer Vernunft sich nicht bedienet hätten:« so erschöpft er die Sache nur zur Hälfte. Denn über dieses wird auch noch die Ursache darin angedeutet, wie und warum ihre Vernunft unwirksam geblieben. Mit einem

Worte; die Macht unsrer sinnlichen Begierden, unsrer dunkeln Vorstellungen über alle noch so deutliche Erkenntnis ist es, welche zur kräftigsten Anschauung darin gebracht wird. Von dieser Macht berichtet die Mosaische Erzählung entweder die erste traurige Erfahrung, oder erteilet das schicklichste Beispiel. Factum oder Allegorie: in dieser Macht allein liegt die Quelle aller unserer Vergehungen, die dem Adam, des göttlichen Ebenbildes unbeschadet, eben sowohl anerschaffen war, als sie uns angeboren wird. Wir haben in Adam alle gesündiget, weil wir alle sündigen müssen: und Ebenbild Gottes noch genug, daß wir doch nicht eben nichts anders tun, als sündigen; daß wir es in uns haben, jene Macht zu schwächen, und wir uns ihrer eben sowohl zu guten als zu bösen Handlungen bedienen können. Dieser lehrreichen Auslegung wenigstens ist das so verhöhnte *Märchen* Mosis sehr fähig, wenn wir die Accommodationen, welche ein späteres System davon machte, nur nicht mit hinein tragen, und Accommodationen Accommodationen sein lassen.

Wie gesagt: eine *gewisse* Gefangennehmung der Vernunft unter den Gehorsam des Glaubens beruhet bloß auf dem wesentlichen Begriffe einer Offenbarung. Oder vielmehr, – denn das Wort *Gefangennehmung* scheinet Gewaltsamkeit auf der einen, und Widerstreben auf der andern Seite anzuzeigen, – die Vernunft *gibt* sich gefangen, ihre Ergebung ist nichts, als das Bekenntnis ihrer Grenzen, sobald sie von der Wirklichkeit der Offenbarung versichert ist. Dies also, dies ist der Posten, in welchem man sich schlechterdings behaupten muß; und es verrät entweder armselige Eitelkeit, wenn man sich durch hämische Spötter *herauslachen* läßt, oder Verzweiflung an den Beweisen für die Wirklichkeit einer Offenbarung, wenn man sich in der Meinung *hinausziehet,* daß man es alsdann mit diesen Beweisen nicht mehr so streng nehmen werde. Was man damit retten will, geht um so viel unwiederbringlicher verloren; und es ist bloßer Fallstrick, den die Widersacher der christlichen Religion, durch Übertreibung des Unbegreiflichen in derselben, denjenigen von ihren Verteidigern legen, die ihrer Sache so ganz gewiß nicht sind, und vor allen Dingen die Ehre ihres Scharfsinns in Sicherheit bringen zu müssen glauben.

Ein anderer Fallstrick, den man selbst Theologen von der bessern Art legt, ist der, daß man sich mit den bisherigen katechetischen Lehrbüchern so unzufrieden bezeigt, und es ihrer fehlerhaften Einrichtung zuschreibt, daß die Religion nicht mehr Eingang finde. Nun will ich zwar gar nicht leugnen, daß an diesen Büchern nicht manches zu verbessern sein sollte: aber man sehe doch wohl zu, ehe man mit gutherziger Übereilung eben das daran verbessert, was gewisse Leute so gern verbessert haben möchten, zu welchen selbst unser Verfasser gehöret, wenn er ihnen »den Mangel an einer vernünftigen Religion und an einem vernünftigen Übergange von derselben zur Offenbarung« vorwirft.

Ich denke: dieser Mangel ist Teils kein Mangel, und Teils würde es äußerst gefährlich sein, ihm abzuhelfen; ihm *wirklich* abzuhelfen. Denn davon kann doch nur die Rede sein; weil bloß so obenhin daran künsteln, die lieben Bücherchen ja erst recht schal und kahl machen würde.

Die geoffenbarte Religion setzt im geringsten nicht eine vernünftige Religion voraus: sondern schließt sie in sich. Wann sie dieselbe voraussetzte, das ist, wann sie ohne dieselbe unverständlich wäre: so wäre der gerügte Mangel der Lehrbücher ein wahrer Mangel. Da sie aber dieselbe in sich schließt; da sie alle Wahrheiten enthält, welche jene lehrt, und sie bloß mit einer andern Art von Beweisen unterstützt: so ist es noch sehr die Frage, ob die Einförmigkeit der Beweisart, in Lehrbüchern für Kinder und gemeine Leute, nicht bequemer und nützlicher ist, als eine genaue Absonderung der vernünftigen und geoffenbarten Lehrsätze, einen jeden aus der ihm eigentümlichen Quelle erwiesen.

Wenigstens ist es gewiß, daß der Übergang von bloßem Vernunftswahrheiten zu geoffenbarten, äußerst mißlich ist, wenn man sich durch die eben so scharfen als faßlichen Beweise der erstern verwöhnt hat. Man erwartet und fodert sodann bei den Beweisen der andern *ebendieselbe* Schärfe und Faßlichkeit, und hält, was nicht *eben so* erwiesen ist, für *gar nicht* erwiesen. Ich erinnere mich hierbei, was mir in meiner Jugend begegnete. Ich wollte Mathematik studieren, und man gab mir des ältern Sturms Tabellen in die Hände, in welchen noch die Chiromantie mit unter den mathematischen Wissenschaften abgehandelt ist. Als ich auf diese kam, wußte ich gar nicht, wie mir geschahe. Mein kleiner Verstand kam auf einmal aus aller seiner Wirksamkeit; und obschon eine Kunst, die mich mit meinem künftigen Schicksale bekannt zu machen versprach, keinen geringen Reiz für mich hatte: so war mir doch, als ob ich schales Zuckerwasser auf lieblichen Wein tränke, wenn ich aus der Geometrie in sie herüber blickte. Ich wußte nicht, was ich von dem Manne denken sollte, der so disparate Dinge in *ein* Buch vereiniget hatte: ich gab ihm seinen Abschied, und suchte einen andern Lehrer. Hätte ich aber glauben müssen, daß dieser Mann unfehlbar gewesen: so würden die erbetenen Grundsätze der Chiromantie, deren Willkürlichkeit mir so auffallend war, mich mit Furcht und Mißtrauen gegen die mathematischen Wahrheiten erfüllt haben, die meinem Verstande so sehr behagten, ob ich sie gleich zum Teil nur noch bloß mit dem Gedächtnisse gefaßt hatte. Unmöglich hätte ich beide, Geometrie und Chiromantie, für gleich gewiß halten können: aber möglich wäre es gewesen, daß ich mich gewöhnt hätte, Chiromantie und Geometrie als gleich ungewiß zu denken.

Ich halte es kaum der Mühe wert, mich vor dem Verdachte zu bewahren, als wolle ich hiermit zu verstehen geben, daß die Beweise für die Offenbarung und die Beweise für die Chiromantie von einerlei Gewichte wären. Sie sind freilich nicht von einerlei Gewichte; ihre specifiquen Gewichte haben schlechterdings kein Verhältnis gegen einander: aber beider Beweise sind doch aus der nämlichen Klasse; sie gründen sich beide auf Zeugnisse und Erfahrungssätze. Und das Abstechende der stärksten Beweise dieser Art gegen Beweise, die aus der Natur der Dinge fließen, ist so auffallend, daß alle Kunst dieses Auffallende zu vermindern, dieses Abstechende durch allerlei Schattierungen sanfter zu machen, vergebens ist.

II.

Das zweite Fragment sagt eine Menge vollkommen richtiger, ganz ungezweifelter Dinge. Es mag nichts als solche Dinge enthalten! Der Beweis, daß eine Offenbarung, die *alle* Menschen auf eine gegründete Art glauben könnten, unmöglich sei, sei mit aller Strenge geführt. Und er ist es wirklich.

Führt er aber seine Beantwortung nicht gleich mit sich? Wenn eine *solche* Offenbarung unmöglich ist, – nun freilich: so hat sie auch Gott nicht möglich machen können. Allein, wenn nun gleichwohl eine Offenbarung nützlich und nötig ist: sollte Gott dem ohngeachtet lieber *gar keine* erteilen, weil er keine *solche* erteilen konnte? Sollte Gott dem ganzen menschlichen Geschlechte diese Wohltat vorenthalten, weil er nicht alle Menschen zu *gleicher Zeit,* in *gleichem* Grade daran Teil nehmen lassen konnte? Wer hat das Herz, hierauf mit Ja zu antworten?

Genug, wenn die höchste Weisheit und Güte bei Erteilung der Offenbarung, die sie in jener Allgemeinheit und Allklarheit nicht gewähren konnte, nur denjenigen Weg gewählet hat, auf welchem in der *kürzesten* Zeit die *meisten* Menschen des Genusses derselben fähig wurden. Oder getraut sich jemand zu zeigen, daß dieses nicht geschehen? daß die Offenbarung, zu einer andern Zeit, einem andern Volke, in einer andern Sprache erteilet, mehrere Menschen in kürzerer Zeit mit den Wahrheiten und den Bewegungsgründen zur Tugend hätte ausrüsten können, deren sich itzt die Christen, als Christen, rühmen dürfen?

Wer sich dieses getraut, der nenne mir vorläufig doch nur erst ein Volk, in dessen Händen das anvertraute Pfund der Offenbarung wahrscheinlicher Weise mehr gewuchert haben würde, als in den Händen des Jüdischen. Dieses unendlich mehr verachtete als verächtliche Volk ist doch, in der ganzen Geschichte, schlechterdings das erste und einzige, welches sich ein Geschäft daraus gemacht, seine Religion mitzuteilen und auszubreiten. Wegen des Eifers, mit welchem die Juden dieses Geschäft betrieben, bestrafte sie schon Christus, verlachte sie schon Horaz. Alle andere Völker waren mit ihren Religionen entweder zu geheim und zu neidisch, oder viel zu kalt gegen sie gesinnt, als daß sie für derselben Ausbreitung sich der geringsten Mühwaltung hätten unterziehen wollen. Die christlichen Völker, die den Juden in diesem Eifer hernach gefolgt sind, überkamen ihn bloß, in so fern sie auf den Stamm des Judentums gepfropft waren.

Wenn denn nun aber gleichwohl, würde unser Verfasser insistieren, eine gegründete Kenntnis der Offenbarung, die *alle* Menschen unmöglich haben können, *allen* Menschen zur Seligkeit unumgänglich nötig ist: wie kommen die Millionen dazu –?

Laßt uns einen so grausamen Gedanken auch nicht einmal ausdenken! – Weh dem menschlichen Geschlechte, wenn nichts diesem Gedanken entgegen zu setzen, als etwa, – daß der Verfasser die Summe gezogen, ehe die Rechnung noch geschlossen und man zu ihm sagen könnte: »das Christentum ist auf ewige Zeiten; es gewinnt alle Jahre neuen Boden, obgleich weder Missionen noch gelehrte Erweise seiner Wahrheit diesen neuen Boden gewinnen helfen; wenn schon in den letzten Jahrhunderten der christlichen Völker nicht viel mehr geworden, so sind unter diesen christlichen Völkern doch gewiß mehr Christen geworden; die Zeit muß kommen da dieses unmerkliche Wachstum der Welt mit Erstaunen in die Augen leuchten wird; der glückliche Windstoß muß kommen, welcher die noch zerstreueten Flammen in *einen* alles umfassenden Brand vereiniget; so daß am Ende die Zahl der Verlornen sich zu der Zahl der Geretteten eben so verhalten wird, als noch itzt die Zahl der Geretteten sich zu der Zahl der Verlornen verhält.« –

Weh dem menschlichen Geschlechte, wenn nur dieses – oder etwa noch irgend ein armseliges Distinctiönchen, es trösten soll! – Daß man zwischen der Offenbarung und den Büchern der Offenbarung einen Unterschied machen müsse; daß jene nur eine einzige sehr faßliche Wahrheit sei, deren Geschichte in diesen enthalten; daß die Seligkeit nicht an die mühsame Erforschung dieser, sondern an die herzliche Annahme jener gebunden sei, welches in den einzeln Posten der Rechnung große Ausfälle machen müsse. –

Denn Weh dem menschlichen Geschlechte, wenn in dieser *Ökonomie des Heils* auch nur eine einzige Seele verloren geht. An dem Verluste dieser einzigen müssen *alle* den bittersten Anteil nehmen, weil jede von allen diese einzige hätte sein können. Und welche Seligkeit ist so überschwänglich, die ein solcher Anteil nicht vergällen könnte?

Aber wozu dieser Parenthyrsus? – Eine so unverschuldete Niederlage der Menschen, ein von Gott selbst der Hölle so in die Hände gespielter Sieg, ist ein elendes Hirngespinst. Man gehe dem blinden Lärmen nur auf den Grund. Ein Wort: und er ist beigelegt.

Daß nämlich die Offenbarung auch für diejenigen Menschen

zur Seligkeit nötig sei, die gar keine, oder doch keine gegründete Kenntnis davon erlangen können: ist weder die Lehre Christi, noch jemals die allgemein anerkannte Lehre der Kirche gewesen. Selbst die, die sich, in allen den verschiedenen Gemeinden derselben, am härtesten darüber ausgedrückt haben, die jener allgemeinen Notwendigkeit nichts vergeben zu dürfen geglaubt, sind den traurigen Folgerungen doch ausgewichen, und haben mit der andern Hand wiedergegeben, was sie mit der einen genommen. Es ist gleichviel, mit wie guter oder schlechter Art sie dieses getan; wie unphilosophisch sie dabei gedacht; wie treu oder nicht treu sie ihrem eignen System dabei geblieben: genug, sie haben es doch getan, und haben es gern und freudig getan. Ihr bloßer Wunsch rechtfertigt ihr Herz: und ihr Geständnis, daß Gott dispensieren könne, wo es der Theolog nicht könne, daß Gott Auswege wissen werde, wo es auch nicht einmal der Dispensation bedürfe, versöhnet mit ihrem System.

Und hier ist es, wo ich die allgemeine Anmerkung gegen unsern Verfasser, die ich schon angedeutet, ausdrücklich wiederholen muß; die ihm aber eben so wohl zur Entschuldigung als zum Tadel gereicht. Er nimmt alles, was ein gewisses in gewissen symbolischen Büchern vorgetragenes System des Christentums begreift, für das einzig wahre, eigentliche Christentum. Sätze, ohne welche das Christentum nicht bestehen kann, welche von dem Stifter mit ausdrücklichen Worten gelehret worden, und Sätze, welche man bloß zur bessern Verbindung jener eingeschaltet, oder aus ihnen folgern zu müssen vermeinet, sind ihm *eins*. Gleichwohl ist billig und recht, da bei Bestreitung des Christentums alle Sekten für *einen* Mann zu stehen angenommen werden, und eigentlich nichts wider das Christentum für gültig zu achten, als worauf keine von allen diesen Sekten antworten kann. Aber von dieser Art sind doch wahrlich nicht, weder die Lehre von der gänzlichen Verderbnis der menschlichen Vernunft in göttlichen Dingen, gegen welche er in dem ersten Fragmente so gutes Spiel hatte; noch die Lehre von der unumgänglichen Notwendigkeit eines klaren und deutlichen Glaubens zur Seligkeit, auf welche dieses zweite Fragment hinaus läuft; noch auch die Lehre von der Theopneustie, wie er sie (S. 384) vorträgt, aber freilich auch vortragen mußte, um allen seinen Einwürfen, selbst den geringfügigsten, einen gleich hohen Grad des Belangs zu verschaffen. – So wenigstens muß ich aus dem, was vor uns liegt, urteilen.

III.

Der Einwurf des dritten Fragents ist schon oft gemacht, und oft beantwortet worden. Aber wie ist er beides? Sicherlich ist er noch nie so gründlich, so ausführlich, allen Ausflüchten so vorbeugend gemacht worden, als hier. Und nun versuche man, wie viel die Antworten eines Clericus, eines Calmet, eines Saurin, eines Lilienthals dagegen verschlagen. Ich fürchte, sehr viel wohl nicht. Notwendig wird der Orthodox also ganz auf etwas Neues denken müssen, wenn er sich auf seinem Posten nicht zu behaupten weiß, und seiner Sache doch nichts vergeben will.

Er wird ihr aber nicht wenig zu vergeben glauben, wenn er die Unmöglichkeit, daß eine so große Menge in so kurzer Zeit einen solchen Weg machen können, eingestehen und sich damit zu retten suchen wollte, daß also wohl in dem Texte die Zahl des ausziehenden Volks verschrieben sein möge; daß anstatt sechs mal hundert tausend streitbarer Mann, nur deren sechzig tausend, nur sechs tausend ausgezogen. – Ich nun freilich wohl wüßte nicht, was ein solcher Schreibfehler, wenn er auch noch so wissentlich wäre begangen worden, eben verderben würde. In den ältesten Zeiten verband man mit großen Summen noch sehr undeutliche Begriffe, und es geschah wohl oft ganz unschuldiger Weise, wenn man eine sehr große Zahl bald durch diese, bald durch eine andere Anzahl ausdrückte. Man hätte viel zu bezweifeln, wenn man an allen den alten Schlachten zweifeln wollte, bei welchen die Zahl der gebliebenen Feinde von dem einen Schriftsteller so, von dem andern anders, und von allen weit größer angegeben wird, als sich mit andern zugleich erzählten Umständen reimen läßt. Warum sollte man mit Wundern es genauer nehmen wollen, bei welchen auf die Zahl derer, zu deren Besten oder zu deren Züchtigung sie geschehen, weit weniger ankömmt, – ganz und gar nichts auf ihr beruhet? Denn ob Moses mit seinem Stabe das Meer teilet, und Millionen trocknes Fußes hindurchführet, oder ob Elisa mit dem Mantel seines Meisters das nämliche an dem Jordan tut, und bloß für seine Person hindurchgehet: ist dieses nicht ein eben so gutes Wunder, als jenes?

So freilich würde ich denken. Aber allerdings kann der Orthodox so nachgebend nicht wohl sein, so lange noch eine Möglichkeit unversucht ist, die Sache bis in den kleinsten Buchstaben zu retten. – Wie vielleicht hier. – Denn wie, wenn das Wunder folgender Gestalt erfolgt wäre? – Als die Israeliten an einen Arm des Arabischen Meerbusens gelangt waren, durch welchen sie notwendig mußten, wenn sie ihren Verfolgern nicht in die Hände fallen wollten: so trieb ein starker Wind – man nehme die Ebbe zu Hülfe, wenn man will – das Wasser aus diesem Arme *Meer ein,* und hielt es so lange zurück, bis sie mit aller Gemächlichkeit hindurch gegangen waren. Indes suchte das oberwärts gestauchte Wasser einen andern Ablauf, brach hinter den Israeliten durch, stürzte sich einen neuen Weg wieder *Land ein,* und in diesem neuen Arme war es, wo die Ägypter ihren Untergang fanden. Was könnte ungezwungner sein, als diese Vorstellung? Ist es nicht die Natur des Wassers, daß es, in seinem gewöhnlichen Ablaufe gehindert, die erste die beste schwache oder niedrige Stelle des Ufers übersteigt oder durchreißt, und ein neues Bette sich wühlet? Und welche Schwierigkeit unsers Fragments bleibt durch diese Vorstellung noch ungehoben? Die Israeliten, deren so viel sein mögen, als man will, brauchen nun nicht zu eilen; sie können mit Rindern und Kindern, mit Sack und Pack nun so langsam ziehen, als sie nur immer nötig haben; sind sie gleich beim Eintritte der Morgenwache schon eben nicht über den ganzen breiten ausgetrockneten Arm, so ist das Wasser dieses Armes doch nun schon hinter ihnen, und ihre Feinde ersaufen in eben dem Wasser, auf dessen Boden sie ihnen entkommen.

Ich wüßte nicht, daß irgend ein Ausleger sich eine ähnliche Vorstellung gemacht, und den Text danach behandelt hätte, der sich gewiß in sehr vielen Stellen ihr ungemein fügen würde; ihr in allen besser fügen würde, als jeder andern Vorstellung. Ja, die Sache noch so genau genommen, sehe ich nur ein einziges Wort in der Mosaischen Erzählung Luthers, das ihr entgegen zu sein scheinet. Nämlich: *und das Meer kam wieder für Morgens in* seinen *Strom:* oder wie es Hr. Michaelis übersetzt: *da kam das Wasser um die Morgenzeit wieder, und hielt seine* gewöhnliche

Flut. Wenn es *sein* Strom war, in welchen das Meer zurückkam; wenn es seine *gewöhnliche* Flut war, mit welcher es zurückkam: so scheinet ein neuer Arm, ein neuer Ausfluß freilich mehr als eigenmächtig angenommen zu sein. Luther zwar hat ganz das Ansehen, hier mehr der Vulgata als dem Grundtexte gefolgt zu sein, welche sagt: mare reversum est primo diluculo ad priorem locum; und Hr. Michaelis dürfte leicht ein wenig zu viel von seiner Hypothes in den Text getragen haben. Denn nach den Worten heißt es in diesem doch nur: *und das Meer kam wieder am Morgen in seine Stärke;* so daß es noch nicht einmal entschieden ist, ob das Meer in seiner Stärke wiedergekommen, oder ob es wiederkam, als der Morgen in seiner Stärke war.

Doch dem sei, wie ihm wolle. Meine Auslegung lasse sich, oder lasse sich nicht verteidigen: ich bin weit entfernt, zu glauben, daß der Orthodox genötiget sei, zu einem Einfalle von mir seine Zuflucht zu nehmen. Er braucht, wie gesagt, nur auf seinem Posten sich zu behaupten, und er kann alle die sinnreichen Einfälle entbehren, mit welchen man ihm zu Hülfe zu kommen den Schein haben will, und in der Tat ihn nur aus seiner Verschanzung heraus zu locken sucht.

Ich nenne aber seinen Posten, den kleinen, aber unüberwindlichen Bezirk, außer welchem ihn gar keine Anfälle beunruhigen müßten; die *eine* befriedigende Antwort, die er auf so viele Einwürfe erteilen kann, und soll. Als hier. »Wenn denn nun aber, darf er bloß sagen, der *ganze* Durchgang ein Wunder war? Wenn das Wunder nicht bloß in der Auftrocknung des Meerbusens bestand, wenn auch die Geschwindigkeit, mit welcher eine solche Menge in so kurzer Zeit herüberkam, mit zu dem Wunder gehört? – Ich habe gar nichts darwider, saß man bei dem ersten Stücke dieser wunderbaren Begebenheit auch natürliche Ursachen wirksam sein läßt; nicht den Wind bloß, dessen die Schrift selbst gedenket; sondern auch die Ebbe, von der die Schrift nichts sagt: und wenn man in *einer* Ebbe nicht genug hat, meinetwegen auch zwei aufeinander folgende Ebben, Ebbe auf Ebbe, von welcher weder die Schrift, noch die Admiralitäts Lotsen in Cuxhafen etwas wissen*. Ich gebe es gern zu, daß es zu einem Wunder genug ist, wenn diese natürlichen Ursachen nur nicht itzt, oder itzt

---
* S. Niebuhrs Beschreibung von Arabien, S. 414.

nicht so und so wirksam gewesen wären, und ihre dermalige so beschaffene Wirksamkeit, die unmittelbar in dem Willen Gottes gegründet ist, gleichwohl vorhergesagt worden. Ich gebe das gern zu: nur muß man mit dem, was ich *zugebe,* mich nicht schlagen wollen; nur muß man das, wovon ich zugebe, daß es bei einem Wunder, dem Wunder unbeschadet, sein könne, nicht zu einer unumgänglichen Erfordernis des Wunders überhaupt machen; man muß ein Wunder, weil sich keine natürlichen Kräfte angeben lassen, deren sich Gott dazu bedienet, nicht platterdings verwerfen. Die Auftrocknung des Meerbusens geschahe durch Ebbe und Wind; gut: und war doch ein Wunder. Die Geschwindigkeit, mit der das Volk herüber kam, ward – freilich weiß ich nicht wie bewirkt: aber ist sie darum weniger ein Wunder? Sie ist gerade Wunders um so viel mehr. Es klingt allerdings ganz sinnreich, wenn sich euer Verfasser (S. 391) verbittet, *daß man den Israeliten und ihren Ochsen und Karren nur keine Flügel gebe.* Indes sagt doch Gott selbst, daß er die Israeliten auf *Adlersflügeln* (2. Mos. 19. 4.) aus Ägypten getragen habe: und wenn die Sprache nun kein Wort hat, die Art und Weise dieser wunderbaren Geschwindigkeit auszudrücken, als diese Metapher? Erlaubt mir immer, daß ich auch in einer Metaper, die Gott braucht, mehr Wirkliches sehe, als in allen euren symbolischen Demonstrationen.«

Und wenn der Orthodox so antwortet, wie will man ihm beikommen? Man kann die Achseln zucken über seine Antwort, so viel man will; aber stehen muß man ihn doch lassen, wo er steht. Das ist der Vorteil, den ein Mann hat, der seinen Grundsätzen treu bleibt, und lieber *nicht so ausgemachten* Grundsätzen folgen, als ihnen nicht *consequent* reden und handeln will. Diese Consequenz, vermöge welcher man voraussagen kann, wie ein Mensch in einem gegebnen Falle reden und handeln werde, ist es, was den Mann zum Manne macht, ihm Charakter und Stetigkeit gibt; diese großen Vorzüge eines denkenden Menschen. Character und Stetigkeit berichtigen sogar mit der Zeit die Grundsätze; denn es ist unmöglich, daß ein Mann lange nach Grundsätzen handeln kann, ohne es wahrzunehmen, wenn sie falsch sind. Wer viel rechnet, wird es bald merken, ob ihm ein richtiges Einmaleins beiwohnet, oder nicht.

Nicht also die Orthodoxie, sondern eine gewisse schielende, hinkende, sich selber ungleiche Orthodoxie ist so ekel! So ekel, so widerstehend, so aufstoßend! – Das wenigstens sind die eigentlichen Worte für *meine* Empfindung.

IV.

Das Alte Testament weiß von keiner Unsterblichkeit der Seele, von keinen Belohnungen und Strafen nach diesem Leben. Es sei so. Ja, man gehe, wenn man will, noch einen Schritt weiter. Man behaupte, das A. T. oder doch das Israelitische Volk, wie wir es in den Schriften des A. T. vor den Zeiten der Babylonischen Gefangenschaft kennen lernen, habe nicht einmal den wahren Begriff von der Einheit Gottes gehabt. Wenn man das Volk meinet, und einzelne erleuchtetere Seelen, dergleichen die heiligen Schriftsteller selbst waren, davon ausnimmt: so kann auch diese Behauptung zu einem hohen Grade von Wahrscheinlichkeit getrieben werden. Gewiß ist es wenigstens, daß die Einheit, welche das Israelitische Volk seinem Gotte beilegte, gar nicht die transcendentale metaphysische Einheit war, welche itzt der Grund aller natürlichen Theologie ist. Bis zu *der* Höhe hatte sich der gemeine menschliche Verstand in so frühen Zeiten noch nicht erhoben, am wenigsten unter einem Volke erhoben, dem Künste und Wissenschaften so unangelegen waren, und das sich aller Gemeinschaft mit unterrichtetern Völkern so hartnäckig entzog. Bei dem wahren echten Begriffe eines einigen Gottes, hätte dieses Volk unmöglich so oft von ihm abfallen, und zu andern Göttern übergehen können. Es würde die falschen Götter nicht des nämlichen Namens gewürdiget haben; es würde den wahren Gott nicht so ausschließungsweise *seinen* Gott, den Gott *seines* Landes, den Gott *seiner* Väter genannt haben. Kurz, der Einige hieß bei ihm nichts mehr, als der Erste, der Vornehmste, der Vollkommenste in seiner Art. Die Götter der Heiden waren ihm auch Götter; aber unter so vielen Göttern konnte doch nur *einer* der mächtigste und weiseste sein; und dieser mächtigste und weiseste war sein Jehova. So lange es keinen Grund fand, an der Macht und Weisheit, in welchen *sein* Gott den Göttern aller andern Völker überlegen war, zu zweifeln: so lange hing es ihm an. Kaum aber glaubte es zu erkennen, daß dieses oder jenes benachbarte Volk, durch Vorsorge seines Gottes, irgend eines Wohlstandes genoß, der ihm abging, den ihm also sein Jehova nicht gewähren konnte, oder nicht gewähren wollte: so wich es hinter ihm ab, und hurte mit den Göttern des vermeinten glücklichern Volks, von welchen es nicht eher wieder zurück kam, als bis es seine Lust gebüßet hatte, und durch den Verlust größerer Güter, durch Verwahrlosung des wesentlichern Wohlstandes gebüßt hatte. Nur als es in der Babylonischen Gefängnis seinen Verstand ein wenig mehr hatte brauchen lernen; als es ein Volk näher hatte kennen lernen, das sich den Einigen Gott würdiger dachte; als nun erst selbst die Schriften seines Gesetzgebers und seiner Propheten unter ihm gemeiner wurden; als es sahe, wie viel große unerkannte Wahrheiten in diesen Schriften lagen, oder sich hineinlegen ließen; als es erkannte, wie selbst nach diesen Schriften, seinem Jehova eine weit erhabnere Einheit zukomme, als die, welche ihn bloß an die Spitze aller andern Götter setzte: ward es auf einmal ein ganz andres Volk, und alle Abgötterei hörte unter ihm auf. Wenn diese plötzliche Veränderung, die kein Mensch leugnen kann, nicht durch den veredelten Begriff zu erklären, den es sich nun von seinem eignen Gott machte: so ist sie durch nichts zu erklären. Man kann einem Nationalgott untreu werden, aber nie Gott, sobald man ihn einmal erkannt hat.

Wie gesagt; man tue, über die Einwürfe des vierten Fragments, auch noch diesen Schritt hinaus, und füge hinzu: daß, so wie Moses selbst im Anfange seiner Sendung von dem Unendlichen keinen Begriff hatte, – würde er ihn sonst nach seinen Namen gefragt haben? – sich Gott zu ihm herabließ, und sich ihm nicht als den Unendlichen, sondern bloß als eine von den besondern Gottheiten *ankündigte,* unter welche der Aberglaube Länder und Völker verteilet hatte. Gott war der Gott der Ebreer; und wenn die Ebreer ihren Gott nun einmal satt hatten, was war natürlicher, als daß sie es mit einem andern versuchen wollten?

Auch so noch – wenn man dem alten Israelitischen Volke, selbst diesen großen mehr *hergebrachten* als *erwiesenen* Vorzug, den einigen wahren Gott gekannt zu haben, mit Grunde streitig machen könnte – auch so noch getraute ich mir die Wege Gottes mit ihm zu rechtfertigen.

Auf die Göttlichkeit der Bücher des A. T. ist aus dergleichen Dingen wenigstens gar nichts zu schließen. Denn diese muß ganz anders, als aus den darin vorkommenden Wahrheiten der natürlichen Religion erwiesen werden. Wahrheiten, die allerdeutlichsten, die allererhabensten, die allertiefsten von dieser Art, kann jedes andere eben so alte Buch enthalten, wovon wir itzt die Beweise haben; Beweise, welche so manchen gelehrten Sorites für die Göttlichkeit der Bibel fehlerhaft machen, in welchem die allein in dem A. T. gelehrte Einheit Gottes ein Glied ist. Die heiligen Bücher der Braminen müssen es an Alter und an würdigen Vorstellungen von Gott mit den Büchern des A. T. aufnehmen können, wenn das Übrige den Proben entspricht, die uns itzt erst zuverlässige Männer daraus mitgeteilet haben. Denn obschon der Menschliche Verstand nur sehr allmählich ausgebildet worden, und Wahrheiten, die gegenwärtig dem gemeinsten Manne so einleuchtend und faßlich sind, einmal sehr unbegreiflich, und daher unmittelbare Eingebungen der Gottheit müssen geschienen haben, und als solche auch damals nur haben angenommen werden können: so hat es doch zu allen Zeiten und in allen Ländern privilegierte Seelen gegeben, die aus eignen Kräften über die Sphäre ihrer Zeitverwandten hinausdachten, dem größern Lichte entgegen eilten, und andern ihre Empfindungen davon, zwar nicht mitteilen, aber doch erzählen konnten.

Was sich also von dergleichen Männern herschreiben kann, deren noch itzt von Zeit zu Zeit einige aufstehen, ohne daß man ihnen immer Gerechtigkeit widerfahren läßt, das kann zu keinem Beweise eines unmittelbar göttlichen Ursprungs gebraucht werden. Kann es diesen Ursprung aber nicht erweisen, da wo es vorhanden ist: so kann es diesen Ursprung auch nicht widerlegen, da wo es mangelt; und Bücher können gar wohl von Gott sein, durch eine höhere Eingebung Gottes verfaßt sein, ob sich schon nur wenige, oder gar keine, Spuren von der Unsterblichkeit der Seelen und der Vergeltung nach diesem Leben, darin finden. Diese Bücher können sogar eine seligmachende Religion enthalten; das ist, eine Religion, bei deren Befolgung sich der Mensch seiner Glückseligkeit so weit versichert halten kann, als er hinausdenkt. Denn warum dürfte eine solche Religion sich nicht nach den Grenzen seiner Sehnsucht und Wünsche fügen?

Warum müßte sie notwendig erst die Sphäre dieser Sehnsucht und Wünsche erweitern? Freilich wäre eine solche seligmachende Religion nicht die seligmachende Christliche Religion. Aber wenn denn die Christliche Religion nur erst zu einer gewissen Zeit, in einem gewissen Bezirke erscheinen konnten, mußten deswegen alle vorhergehende Zeiten, alle andere Bezirke keine seligmachende Religion haben? Ich will es den Gottesgelehrten gern zugeben, daß aber doch das *Seligmachende* in den verschiednen Religionen immer das *Nämliche* müsse gewesen sein: wenn sie mir nur hinwiederum zugeben, daß darum nicht immer die Menschen den *nämlichen Begriff* damit müssen verbunden haben. Gott könnte ja wohl in allen Religionen die guten Menschen in der *nämlichen Betrachtung,* aus den *nämlichen Gründen* selig machen wollen: ohne darum allen Menschen von dieser Betrachtung, von diesen Gründen die *nämliche Offenbarung* erteilt zu haben. –

Unter einem gewissen Zirkel von Freunden ist vor einiger Zeit ein kleiner Aufsatz in der Handschrift herum gegangen, welcher die ersten Linien zu einem ausführlichen Buche enthielt, und überschrieben war: *die Erziehung des Menschengeschlechts.* Ich muß bekennen, daß ich von einigen Gedanken dieses Aufsatzes bereits wörtlich Gebrauch gemacht habe. Was hindert mich also, oder vielmehr, was ist also schicklicher, als daß ich den Anfang desselben in seinem ganzen Zusammenhange mitteile, der sich auf den Inhalt unsers *vierten Fragments* so genau bezieht? Die Indiscretion, die ich damit begehe, weiß ich zu verantworten; und von der Lauterkeit der Absichten des Verfassers bin ich überzeugt. Er ist auch bei weitem so heterodox nicht, als er bei dem ersten Anblicke scheinet, wie ihm auch die schwierigsten Leser zugestehen werden, wenn er einmal den ganzen Aufsatz, oder gar die völlige Ausführung desselben, bekannt zu machen, für gut halten sollte. Hier ist indes, wie gesagt, der Anfang , – des verwandten und genutzten Inhalts wegen.

V.

Über die Widersprüche in der Auferstehungsgeschichte, welche das fünfte Fragment uns so nahe legt, dächte ich nun so.

§ Die Zeugen der Auferstehung Christi sind nicht die nämlichen Personen, die uns die Nachricht von der Aussage dieser Zeugen überliefert haben. Denn wenn schon in einem und dem andern beide Charaktere zusammen kommen, so ist doch unwidersprechlich, daß kein einziger Evangelist bei allen und jeden Erscheinungen Christi gegenwärtig gewesen.

§ Folglich sind zweierlei Widersprüche hier möglich. Widersprüche unter den Zeugen, und Widersprüche unter den Geschichtschreibern der Aussage dieser Zeugen.

§ Sind Widersprüche unter den Zeugen vorhanden? – Dergleichen könnten nur sein, wenn ein Evangelist über den einzeln Fall, bei welchem er selbst Augenzeuge gewesen, sich selbst widerspräche: oder wenigstens, wenn mehrere Evangelisten über den nämlichen einzeln Fall, bei welchem jeder gegenwärtig gewesen, sich unter einander widersprächen. Dergleichen Widersprüche sind mir unbekannt.

§ Sind Widersprüche unter den Zeugen vorhanden *gewesen?* – Anscheinende: warum nicht? Denn die Erfahrung gibt es, und es kann schlechterdings nicht anders sein, als daß von mehrern Zeugen nicht jeder die nämliche Sache, an dem nämlichen Orte, zu der nämlichen Zeit, anders sehen, anders hören, folglich anders erzählen sollte. Denn eines jeden Aufmerksamkeit ist anders gestimmt. Ich halte es sogar für unmöglich, daß der nämliche Zeuge von dem nämlichen Vorfalle, den er mit aller vorsätzlichen Aufmerksamkeit beobachtete, zu verschiedenen Zeiten die nämliche Aussage machen könne. Denn die Erinnerung des Menschen von der nämlichen Sache ist zu verschiedenen Zeiten verschieden. Er müßte denn seine Aussage auswendig gelernt haben: aber alsdann sagt er nicht, wie er sich der Sache itzt erinnerlich ist, sondern wie er sich derselben zu der Zeit, als er seine Aussage auswendig lernte, erinnerlich war.

§ Sind *wahre* Widersprüche unter den Zeugen vorhanden gewesen? solche, die bei keiner billigen Vergleichung, bei keiner nähern Erklärung verschwinden? – Woher sollen wir das wissen? Wir wissen ja nicht einmal, ob jemals die Zeugen gehörig vernommen worden? Wenigstens ist das Protokoll über dieses Verhör nicht mehr vorhanden; und wer Ja sagt, hat in diesem Betracht eben soviel Grund für sich, als wer Nein sagt.

§ Nur daß, wer Nein sagt, eine sehr gesetzliche Vermutung für sich anführen kann, die jener nicht kann. Diese nämlich. Der große Proceß, welcher von der glaubwürdigen Aussage dieser Zeugen abhing, ist gewonnen. Das Christentum hat über die Heidnische und Jüdische Religion gesiegt. Es ist da.

§ Und wir sollten geschehen lassen, daß man uns diesen gewonnenen Proceß nach den unvollständigen, unconcertierten Nachrichten von jenen, wie aus dem Erfolge zu schließen, glaubwürdigen und einstimmigen Zeugnissen, nochmals nach zwei tausend Jahren revidieren wolle? Nimmermehr.

§ Vielmehr: so viel Widersprüche in den Erzählungen der Evangelisten, als man will! – Es sind nicht die Widersprüche der Zeugen, sondern der Geschichtschreiber; nicht der Aussagen, sondern der Nachrichten von diesen Aussagen.

§ Aber der heilige Geist ist bei diesen Nachrichten wirksam gewesen. – Ganz recht; nämlich dadurch, daß er jeden zu schreiben getrieben, wie ihm die Sache nach seinem besten Wissen und Gewissen bekannt gewesen.

§ Wenn sie nun dem einen so, dem andern anders bekannt war, bekannt sein mußte? – Sollte der heilige Geist in dem Augenblicke, da sie die Feder ergriffen, lieber ihre verschiednen Vorstellungen einförmig, und eben durch diese Einförmigkeit verdächtig machen, oder sollte er zugeben, daß die Verschiedenheit beibehalten wurde, auf die itzt gar nichts mehr ankömmt?

§ Sagt man, Verschiedenheiten sind keine Widersprüche? – Was sie nicht sind, das werden sie in dem zweiten und dritten Munde. Was Verschiedenheit bei den Augenzeugen war, wird Widerspruch bei denen, welche die Sache nur von Hörensagen haben.

§ Nur ein fortdauerndes Wunder hätte es verhindern können, daß in den 30 bis 40 Jahren, ehe Evangelisten schrieben, solche Ausartungen der mündlichen Erzählung von der Auferstehung sich nicht eräugnet hätten. Aber was für Recht haben wir, dieses Wunder anzunehmen? Und was dringt uns, es anzunehmen?

§ Wer sich irgend einen solchen Drang mutwillig schafft, der hab es. Aber er wisse auch, was ihm sodann obliegt: alle die Widersprüche zu heben, die sich in den verschiedenen Erzählungen der Evangelisten finden; und sie auf eine leichtere, natürlichere Art zu heben, als es in den gewöhnlichen Harmonien geschehen ist.

§ Daß er dabei sich ja nicht auf dieses und jenes Werk zu sehr verlasse, dessen vielversprechender Titel ihm etwa nur bekannt ist. Ditton hat freilich die Wahrheit der christlichen Religion aus der Auferstehung *demonstrativisch* erwiesen. Aber er hat die Widersprüche der Evangelisten ganz übergangen; entweder weil er glaubte, daß diese Widersprüche schon längst auf die unwidersprechlichste Weise gehoben wären, – woran ich zweifle; oder weil er dafür hielt, daß seine Demonstration, ohngeachtet aller dieser Widersprüche, in ihrer ganzen Stärke bestehen könne, – wie auch mich dünkt.

§ Eben so ist Th. Sherlok in seiner *gerichtlichen* Prüfung der Zeugen der Auferstehung verfahren. Er erhärtet, daß die eigentlichen Zeugen allen Glauben verdienen; aber auf die Widersprüche in den Erzählungen der Evangelisten läßt er sich nicht ein.

§ Der einzige Gilbert West hat diese Widersprüche zum Teil mit in seinen Plan ziehen zu müssen geglaubt. Wen indes seine ewige Vervielfältigung der nämlichen Personen und Erscheinungen beruhigen kann, der muß so schwer eben nicht zu beruhigen sein.

§ Folglich findet der Mann, der die Untrüglichkeit der Evangelisten in jedem Worte behauptet, auch hier noch unbearbeitetes Feld genug. Er versuche es nun, und beantworte die gerügten zehn Widersprüche unsers Fragments. Aber er beantworte sie alle. Denn diesem und jenen nur etwas wahrscheinliches entgegen setzen, und die übrigen mit triumphierender Verachtung übergehen, heißt keinen beantworten.

ÜBER DEN
BEWEIS DES GEISTES
UND DER KRAFT

– δια τας τεραςιους δυναμεις, ἁς κατασκευαςεον γεγονεναι και ἐκ πολλων μεν ἀλλων, και ἐκ του ἰχνη μεν ἀυτων ἐτι σωζεσθαι, παρα τοις κατα το βουλημα του λογου βιουσι.   *Ὡριγενης κ. Κ.*

An den
Herrn Direktor Schumann,
zu Hannover

Mein Herr,
Wem konnte es angelegener sein, Ihre neue Schrift sofort zu lesen, als mir? – Ich hungere nach Überzeugung so sehr, daß ich, wie Erisichthon, alles verschlinge, was einem Nahrungsmittel nur ähnlich sieht. – Wenn Sie mit diesem Bogen es eben so machen: so sind wir, einer des andern Mann. Ich bin mit der Hochachtung, welche Untersucher der Wahrheit gegen einander zu tragen, sich nie entbrechen,
Ihr etc.

Ein andres sind erfüllte Weissagungen, die ich selbst erlebe: ein andres, erfüllte Weissagungen, von denen ich nur historisch weiß, daß sie andre wollen erlebt haben.

Ein andres sind Wunder, die ich mit meinen Augen sehe, und selbst zu prüfen Gelegenheit habe: ein andres sind Wunder, von denen ich nur historisch weiß, daß sie andre wollen gesehn und geprüft haben.

Das ist doch wohl unstreitig? Dagegen ist doch nichts einzuwenden?

Wenn ich zu Christi Zeiten gelebt hätte: so würden mich die in seiner Person erfüllten Weissagungen allerdings auf ihn sehr aufmerksam gemacht haben. Hätte ich nun gar gesehen, ihn Wunder tun; hätte ich keine Ursache zu zweifeln gehabt, daß es wahre Wunder gewesen: so würde ich zu einem, von so langeher ausgezeichneten, wundertätigen Mann, allerdings so viel Vertrauen gewonnen haben, daß ich willig meinen Verstand dem Seinigen unterworfen hätte; daß ich ihm in allen Dingen geglaubt hätte, in welchen eben so ungezweifelte Erfahrungen ihm nicht entgegen gewesen wären.

Oder; wenn ich noch itzt erlebte, daß Christum oder die christliche Religion betreffende Weissagungen, von deren Priorität ich längst gewiß gewesen, auf die unstreitigste Art in Erfüllung gingen; wenn noch itzt von gläubigen Christen Wunder getan würden, die ich für echte Wunder erkennen müßte: was könnte mich abhalten, mich diesem *Beweise des Geistes und der Kraft*, wie ihn der Apostel nennet, zu fügen?

In dem letztern Falle war noch Origenes, der sehr Recht hatte zu sagen, daß die christliche Religion an diesem Beweise des Geistes und der Kraft einen eigenen göttlichern Beweis habe, als alle griechische Dialektik gewähren könne. Denn, noch war zu seiner Zeit, »die Kraft wunderbare Dinge zu tun, von denen nicht gewichen«, die nach Christi Vorschrift lebten; und wenn er ungezweifelte Beispiele hiervon hatte, so mußte er notwendig, wenn er nicht seine eigenen Sinne verleugnen wollte, jenen Beweis des Geistes und der Kraft anerkennen.

Aber ich, der ich auch nicht einmal mehr in dem Falle des Origenes bin; der ich in dem 18ten Jahrhunderte lebe, in welchem es keine Wunder mehr gibt; wenn ich anstehe, noch itzt, auf den Beweis des Geistes und der Kraft, etwas zu glauben, was ich auf andre meiner Zeit angemessenere Beweise glauben kann: woran liegt es?

Daran liegt es: daß dieser Beweis des Geistes und der Kraft itzt weder Geist noch Kraft mehr hat; sondern zu menschlichen Zeugnissen von Geist und Kraft herabgesunken ist.

Daran liegt es: daß Nachrichten von erfüllten Weissagungen nicht erfüllte Weissagungen; daß Nachrichten von Wundern nicht Wunder sind. *Diese*, die vor meinen Augen erfüllten Weissagungen, die vor meinen Augen geschehenen Wunder, wirken *unmittelbar*. *Jene* aber, die Nachrichten von erfüllten Weissagungen und Wundern, sollen durch ein *Medium* wirken, das ihnen alle Kraft benimmt.

Den Origenes anführen, und ihn sagen lassen, »daß der Beweis der Kraft wegen der erstaunlichen Wunder so heiße, die zur Bestätigung der Lehre Christi geschehen«: ist nicht allzuwohl getan, wenn man das, was unmittelbar bei dem Origenes darauf folgt, seinen Lesern verschweigt. Denn die Leser werden den Origenes auch aufschlagen, und mit Befremden finden, daß er die Wahrheit jener bei der Grundlegung des Christentums geschehenen Wunder, ἐκ πολλων μεν ἄλλων, und also aus der Erzählung der Evangelisten wohl *mit,* aber doch vornehmlich und namentlich aus den Wundern erweiset, die noch damals geschahen.

Wenn nun dieser Beweis des Beweises itzt gänzlich weggefallen; wenn nun alle historische Gewißheit viel zu schwach ist, diesen weggefallenen augenscheinlichen Beweis des Beweises zu ersetzen: wie ist mir denn zuzumuten, daß ich die nämlichen unbegreiflichen Wahrheiten, welche Leute vor 16 bis 18 hundert Jahren auf die kräftigste Veranlassung glaubten, auf eine unendlich mindere Veranlassung eben so kräftig glauben soll?

Oder ist, ohne Ausnahme, was ich bei glaubwürdigen Geschichtschreibern lese, für mich eben so gewiß, als was ich selbst erfahre?

Das wüßte ich nicht, daß es jemals ein Mensch behauptet hätte: sondern man behauptet nur, daß die Nachrichten, die wir von jenen Weissagungen und Wundern haben, eben so zuverlässig sind, als nur immer historische Wahrheiten sein können. – Und freilich, fügt man hinzu, könnten historische Wahrheiten nicht demonstrieret werden: aber dem ohngeachtet müsse man sie eben so fest glauben, als demonstrierte Wahrheiten.

Hierauf nun antworte ich. *Erstlich;* wer leugnet es, – ich nicht – daß die Nachrichten von jenen Wundern und Weissagungen eben so zuverlässig sind, als nur immer historische Wahrheiten sein können? – Aber nun: wenn sie *nur* eben so zuverlässig sind, warum macht man sie bei dem Gebrauche auf einmal unendlich zuverlässiger?

Und wodurch? – Dadurch, daß man ganz andere und mehrere Dinge auf sie bauet, als man auf historisch erwiesene Wahrheiten zu bauen befugt ist.

Wenn keine historische Wahrheit demonstrieret werden

kann: so kann auch nichts *durch* historische Wahrheiten demonstrieret werden.

Das ist: *zufällige Geschichtswahrheiten können der Beweis von notwendigen Vernunftswahrheiten nie werden.*

Ich leugne also gar nicht, daß in Christo Weissagungen erfüllet worden; ich leugne gar nicht, daß Christus Wunder getan: sondern ich leugne, daß diese Wunder, seitdem ihre Wahrheit völlig aufgehöret hat, durch noch gegenwärtig gangbare Wunder erwiesen zu werden; seitdem sie nichts als Nachrichten von Wundern sind, (mögen doch diese Nachrichten so unwidersprochen, so unwidersprechlich sein, als sie immer wollen:) mich zu dem geringsten Glauben an Christi anderweitige Lehren verbinden können und dürfen. Diese anderweitigen Lehren nehme ich aus anderweitigen Gründen an.

Denn *zweitens:* was heißt einen historischen Satz für wahr halten? eine historische Wahrheit glauben? Heißt es im geringsten etwas anders: als diesen Satz, diese Wahrheit gelten lassen? nichts darwider einzuwenden haben? sich gefallen lassen, daß ein andrer einen andern historischen Satz darauf bauet, eine andre historische Wahrheit daraus folgert? sich selbst vorbehalten, andere historische Dinge darnach zu schätzen? Heißt es im geringsten etwas anders? etwas mehr? Man prüfe sich genau!

Wir alle glauben, daß ein Alexander gelebt hat, welcher in kurzer Zeit fast ganz Asien besiegte. Aber wer wollte, auf diesen Glauben hin, irgend etwas von großem dauerhaften Belange, dessen Verlust nicht zu ersetzen wäre, wagen? Wer wollte, diesem Glauben zu Folge, aller Kenntnis auf ewig abschwören, die mit diesem Glauben stritte? Ich wahrlich nicht. Ich habe itzt gegen den Alexander und seine Siege nichts einzuwenden: aber es wäre doch möglich, daß sie sich eben so wohl auf ein bloßes Gedicht des Choerilus, welcher den Alexander überall begleitete, gründeten, als die zehnjährige Belagerung von Troja sich auf weiter nichts, als auf die Gedichte des Homers gründet.

Wenn ich folglich historisch nichts darwider einzuwenden habe, daß Christus einen Toten erweckt: muß ich darum für wahr halten, daß Gott einen Sohn habe, der mit ihm gleiches Wesens sei? In welcher Verbindung steht mein Unvermögen, gegen die Zeugnisse von jenem etwas erhebliches einzuwenden, mit meiner Verbindlichkeit etwas zu glauben, wogegen sich meine Vernunft sträubet?

Wenn ich historisch nichts darwider einzuwenden habe, daß dieser Christus selbst von dem Tode auferstanden: muß ich darum für wahr halten, daß eben dieser auferstandene Christus der Sohn Gottes gewesen sei?

Daß der Christus, gegen dessen Auferstehung ich nichts Historisches von Wichtigkeit einwenden kann, sich deswegen für den Sohn Gottes ausgegeben; daß ihn seine Jünger deswegen dafür gehalten: das glaube ich herzlich gern. Denn diese Wahrheiten, als Wahrheiten einer und eben derselben Klasse, folgen ganz natürlich aus einander.

Aber nun mit jener historischen Wahrheit in eine ganz andre Klasse von Wahrheiten herüber springen, und von mir verlangen, daß ich alle meine metaphysischen und moralischen Begriffe darnach umbilden soll; mir zumuten, weil ich der Auferstehung Christi kein glaubwürdiges Zeugnis entgegen setzen kann, alle meine Grundideen von dem Wesen der Gottheit darnach abzuändern: wenn das nicht eine μεταβασις εἰς ἀλλο γενος ist; so weiß ich nicht, was Aristoteles sonst unter dieser Benennung verstanden.

Man sagt freilich: aber eben der Christus, von dem du historisch mußt gelten lassen, daß er Tote erweckt, daß er selbst vom Tode erstanden, hat es selbst gesagt, daß Gott einen Sohn gleichen Wesens habe, und daß Er dieser Sohn sei.

Das wäre ganz gut! Wenn nur nicht, daß dieses Christus gesagt, gleichfalls nicht mehr als historisch gewiß wäre.

Wollte man mich noch weiter verfolgen und sagen, »O doch! das ist mehr als historisch gewiß; denn inspirierte Geschichtschreiber versichern es, die nicht irren können«:

So ist auch das, leider, nur historisch gewiß; daß diese Geschichtschreiber inspiriert waren, und nicht irren konnten.

Das, das ist der garstige breite Graben, über den ich nicht kommen kann, so oft und ernstlich ich auch den Sprung versucht habe. Kann mir jemand hinüber helfen, der tu es; ich bitte ihn, ich beschwöre ihn. Er verdient ein Gotteslohn an mir.

Und so wiederhole ich, was ich oben gesagt, mit den nämlichen Worten. Ich leugne gar nicht, daß in Christo Weissagungen erfüllt worden; ich leugne gar nicht, daß Christus Wunder getan: sondern ich leugne, daß diese Wunder, seitdem ihre Wahrheit völlig aufgehöret hat, durch noch gegenwärtig gangbare Wunder erwiesen zu werden; seitdem sie nichts als Nachrichten von Wundern sind, (mögen doch diese Nachrichten so unwidersprochen, so unwidersprechlich sein, als sie immer wollen:) mich zu dem geringsten Glauben an Christi anderweitige Lehren verbinden können und dürfen.

Was verbindet mich denn dazu? – Nichts, als diese Lehren selbst, die vor 18 hundert Jahren allerdings so neu, dem ganzen Umfange damals erkannter Wahrheiten so fremd, so uneinverleiblich waren, daß nichts geringers als Wunder und erfüllte Weissagungen erfordert wurden, um erst die Menge aufmerksam darauf zu machen.

Die Menge aber auf etwas aufmerksam machen, heißt, den gesunden Menschenverstand auf die Spur helfen.

Auf die kam er; auf der ist er: und was er auf dieser Spur rechts und links aufgejaget, das, das sind die Früchte jener Wunder und erfüllten Weissagungen.

Diese Früchte sähe ich vor mir reifen und gereift, und ich sollte mich damit nicht sättigen dürfen? weil ich die alte fromme Sage, daß die Hand, die den Samen dazu ausgestreuet, sich siebenmal bei jedem Wurfe in Schneckenblute waschen müssen – nicht etwa leugnete, nicht etwa bezweifelte – sondern bloß an ihren Ort gestellt sein ließe? – Was kümmert es mich, ob die Sage falsch oder wahr ist: die Früchte sind trefflich.

Gesetzt es gäbe eine große nützliche mathematische Wahrheit, auf die der Erfinder durch einen offenbaren Trugschluß gekommen wäre: – (Wenn es dergleichen nicht gibt: so könnte es doch dergleichen geben.) – leugnete ich darum diese Wahrheit, entsagte ich darum, mich dieser Wahrheit zu bedienen, wäre ich darum ein undankbarer Lästerer des Erfinders, weil ich aus seinem anderweitigen Scharfsinne nicht beweisen wollte, es für beweislich daraus gar nicht hielt, daß der Trugschluß, durch den er auf die Wahrheit gestoßen, kein Trugschluß sein *könne*? –

– Ich schließe, und wünsche: möchte doch alle, welche das Evangelium Johannis trennt, das Testament Johannis wieder vereinigen! Es ist freilich apokryphisch, dieses Testament: aber darum nicht weniger göttlich.

DAS TESTAMENT JOHANNIS

– qui in pectus Domini recubuit et de purissimo fonte hausit rivulum doctrinarum.
                                                                Hieronymus

Ein Gespräch

ER UND ICH

ER. Sie waren sehr fix mit diesem Bogen:* aber man sieht es diesem Bogen auch an.
ICH. So?
ER. Sie pflegen sonst deutlicher zu schreiben.
ICH. Die größte Deutlichkeit, war mir immer die größte Schönheit.
ER. Aber ich sehe: Sie lassen sich auch fortreißen. Sie fangen auch an, zu glauben, nur immer auf Umstände anspielen, die unter hundert Lesern nicht einem bekannt sind; die Ihnen selbst vielleicht nur erst seit gestern oder ehegestern bekannt geworden –
ICH. Zum Exempel?
ER. Lasse gelehrt.
ICH. Zum Exempel?
ER. Ihr Rätsel, womit Sie schließen. – Ihr Testament Johannis. Ich habe meinen *Grabius* und *Fabricius* vergebens darnach durchblättert.
ICH. Muß denn auch alles ein Buch sein?
ER. Es ist kein Buch dieses Testament Johannis? – Nun, was ist es denn?
ICH. Der letzte Wille Johannis; – die letzten merkwürdigen, einmal über das andere wiederholten Worte des sterbenden Johannis. – Die können ja auch ein Testament heißen? Nicht?
ER. Können freilich. – Aber so bin ich schon weniger darauf neugierig. – Indes doch: wie lauten sie denn? – Ich bin in dem

* Über den Beweis des Geistes und der Kraft.

Abdias, oder wo sie sonst stehen mögen, nicht eben sehr belesen.

ICH. Bei einem minder verdächtigen Schriftsteller stehen sie nun doch. – Hieronymus hat sie uns aufbehalten, in seinem Kommentar über den Paulinischen Brief an die Galater. – Da schlagen Sie nur nach. – Ich denke kaum, daß sie Ihnen gefallen werden.

ER. Wer weiß? – Sagen Sie doch nur.

ICH. Aus dem Kopfe? Mit den Umständen, die mir itzt erinnerlich sind, oder wahrscheinlich dünken?

ER. Warum nicht?

ICH. Johannes, der gute Johannes, der sich von seiner Gemeinde, die er in Ephesus einmal gesammelt hatte, nie wieder trennen wollte: dem diese Eine Gemeinde ein genugsam großer Schauplatz seiner lehrreichen Wunder, und wundertätigen Lehre war; Johannes war nun alt, und so alt –

ER. Daß die fromme Einfalt glaubte, er werde nie sterben.

ICH. Da ihn doch jeder von Tag zu Tag immer mehr und mehr sterben sahe.

ER. Der Aberglaube trauet den Sinnen bald zu viel, bald zu wenig. – Selbst da, als Johannes schon gestorben war, hielt noch der Aberglaube dafür, daß Johannes nicht sterben *könne*: daß er schlafe, nicht tot sei.

ICH. Wie nahe der Aberglaube oft der Wahrheit tritt!

ER. Erzählen Sie nur weiter. Ich mag Sie nicht dem Aberglauben das Wort sprechen hören.

ICH. So zaudernd eilig, als ein Freund sich aus den Armen eines Freundes windet, um in die Umarmungen seiner Freundin zu eilen, – trennte sich allmählig sichtbar Johannis reine Seele, von dem eben so reinen, aber verfallenen Körper. – Bald konnten ihn seine Jünger auch nicht einmal zur Kirche mehr *tragen*. Und doch versäumte Johannes auch keine Kollekte gern; ließ keine Kollekte gern zu Ende gehen, ohne seine Anrede an die Gemeinde, welche ihr tägliches Brod lieber entbehrt hätte, als diese Anrede.

ER. Die öfters nicht sehr studiert mag gewesen sein.

ICH. Lieben Sie das Studierte?

ER. Nachdem es ist.

DAS TESTAMENT JOHANNIS

ICH. Ganz gewiß war Johannis Anrede das nie. Denn sie kam immer ganz aus dem Herzen. Denn sie war immer einfältig und kurz; und wurde immer von Tag zu Tag einfältiger und kürzer, bis er sie endlich gar auf die Worte einzog – –
ER. Auf welche?
ICH. *Kinderchen, liebt euch!*
ER. Wenig und gut.
ICH. Meinen Sie wirklich? – Aber man wird des Guten, und auch des Besten, wenn es alltäglich zu sein beginnt, so bald satt! – In der ersten Kollekte, in welcher Johannes nicht mehr sagen *konnte*, als *Kinderchen, liebt euch!* gefiel dieses, *Kinderchen, liebt euch!* ungemein. Es gefiel auch noch in der zweiten, in der dritten, in der vierten Kollekte: denn es hieß, der alte schwache Mann *kann* nicht mehr sagen. Nur als der alte Mann auch dann und wann wieder gute heitere Tage bekam, und doch nichts mehr sagte, und doch nur die tägliche Kollekte mit weiter nichts, als einem *Kinderchen, liebt euch!* beschloß; als man sahe, daß der alte Mann nicht bloß, nur so wenig sagen *konnte*; als man sahe, daß er vorsätzlich nicht mehr sagen *wollte*; ward das *Kinderchen, liebt euch!* so matt, so kahl, so nichtsbedeutend! Brüder und Jünger konnten es kaum ohne Ekel mehr anhören; und erdreisteten sich endlich den guten alten Mann zu fragen: Aber, Meister, warum sagst du denn immer das nämliche?
ER. Und Johannes? –
ICH. Johannes antwortete: *Darum, weil es der Herr befohlen. Weil das allein, das allein, wenn es geschieht, genug, hinlänglich genug ist.* –
ER. Also das? Das ist Ihr Testament Johannis?
ICH. Ja!
ER. Gut, daß Sie es apokryphisch genennet haben!
ICH. In Gegensatz des kanonischen Evangelii Johannis. – Aber göttlich ist mir es denn doch.
ER. Etwa, wie Sie auch wohl Ihre Schöne *göttlich* nennen würden.
ICH. Ich habe nie eine Schöne göttlich genannt, und bin nicht gewohnt, dieses Wort so zu mißbrauchen. – Was ich hier göttlich nenne, nennt Hieronymus dignam Ioanne sententiam.

ER. Ah Hieronymus!

ICH. Augustinus erzählt, daß ein gewisser Platoniker gesagt habe, der Anfang des Evangelii Johannis *Im Anfang war das Wort* usw. verdiene in allen Kirchen, an dem sichtbarsten in die Augen fallendsten Orte, mit goldnen Buchstaben angeschrieben zu werden.

ER. Allerdings! der Platoniker hatte sehr recht. – O die Platoniker! Und ganz gewiß, Plato selbst hätte nichts Erhabeners schreiben können, als dieser Anfang des Evangelii Johannis ist.

ICH. Mag wohl sein. – Gleichwohl glaube ich, der ich aus der erhabenen Schreiberei eines Philosophen eben nicht viel mache, daß mit weit mehrerm Rechte in allen unsern Kirchen, an dem sichtbarsten in die Augen fallendsten Orte, mit goldnen Buchstaben angeschrieben zu werden verdiente – das Testament Johannis.

ER. Hm!

ICH. *Kinderchen, liebt euch!*

ER. Ja! ja!

ICH. Dieses Testament Johannis war es, worauf ehedem ein gewisses *Salz der Erde* schwur. Itzt schwört dieses Salz der Erde, auf das Evangelium Johannis: und man sagt, es sei nach dieser Abänderung ein wenig dumpfig geworden.

ER. Auch ein Rätsel?

ICH. Wer Ohren hat zu hören, der höre!

ER. Ja, ja, ich merke nun wohl.

ICH. Was merken Sie?

ER. So ziehen immer gewisse Leute den Kopf aus der Schlinge. – Genug, daß sie die christliche Liebe beibehalten: mag doch aus der christlichen Religion werden, was da will.

ICH. Ob Sie mich mit zu diesen gewissen Leuten zählen?

ER. Ob ich recht daran tun würde: müssen Sie von sich selbst erfragen.

ICH. Ich darf doch also ein Wort für gewisse Leute sprechen?

ER. Wenn Sie sich fühlen.

ICH. Aber ich versteh Sie auch wohl nicht. – So ist die christliche Liebe nicht die christliche Religion?

ER. Ja und Nein.

ICH. Wie Nein?

ER. Denn ein anders sind die Glaubenslehren der christlichen Religion, und ein andres das Praktische, welches sie auf diese Glaubenslehren will gegründet wissen.

ICH. Und wie Ja?

ER. In so fern nur das wahre christliche Liebe ist, die auf christliche Glaubenslehren gegründet wird.

ICH. Aber welches von beiden möchte wohl das Schwerere sein? – Die christliche Glaubenslehren annehmen und bekennen? oder die christliche Liebe ausüben?

ER. Es würde Ihnen nichts helfen, wenn ich auch einräumte, daß das Letztere bei weitem das Schwerere sei.

ICH. Was soll es *mir* denn helfen?

ER. Denn es ist um so lächerlicher, daß sich jene gewisse Leute den Weg zur Hölle so sauer machen.

ICH. Wie so?

ER. Wozu das Joch der christlichen Liebe auf sich nehmen, wenn es ihnen durch die Glaubenslehren weder sanft noch verdienstlich wird?

ICH. Ja freilich: diese Gefahr müßten wir sie nun schon laufen lassen. Ich frage also nur: ist es von andern gewissen Leuten *klug* gehandelt, dieser Gefahr wegen, welche jene gewisse Leute mit ihrer unchristlichen christlichen Liebe laufen, ihnen den Namen der Christen abzusprechen?

ER. Cui non competit definitio, non competit definitum. Habe ich das erfunden?

ICH. Aber wenn wir gleichwohl die Definition ein wenig weiter fassen könnten? Und das nach dem Ausspruche jenes guten Mannes: *Wer nicht wider uns ist, der ist für uns.* – Sie kennen ihn doch, den guten Mann?

ER. Recht wohl. Es ist eben der, der an einem andern Orte sagt: *Wer nicht mit mir ist, der ist wider mich.*

ICH. Ja so! Allerdings; das bringt mich zum Stillschweigen. – O, Sie allein sind ein wahrer Christ! – Und belesen in der Schrift, wie der Teufel.

HIERONYMUS
in Epist. ad Galatas, c. 6.

Beatus Ioannes Evangelista, cum Ephesi moraretur usque ad ultimam senectutem, et vix inter discipulorum manus ad Ecclesiam deferretur, nec posset in plura vocem verba contexere, nihil aliud per singulas solebat proferre collectas, nisi hoc: Filioli diligite alterutrum. Tandem discipuli et fratres qui aderant, taedio affecti, quod eadem semper audirent, dixerunt: Magister, quare semper hoc loqueris? Qui respondit dignam Ioanne sententiam: Quia praeceptum Domini est, et si solum fiat, sufficit.

EINE DUPLIK

Contestandi magis gratia, quam aliquid ex oratione promoturus.
Dictys Cret.

Ich habe alle Achtung gegen den frommen Mann, der sich in seinem Gewissen verbunden gefühlt hat, die *Auferstehungsgeschichte* gegen das Fragment meines Ungenannten zu retten. Wir handeln alle nach dem Maße unsrer Einsichten und Kräfte; und es ist immer rührend, wenn auch der schwache abgelebte Nestor sich dem ausfordernden Hektor stellen will, falls kein jüngrer und stärkrer Grieche mit ihm anzubinden sich getrauet.

Auch will ich mir nicht herausnehmen, bei diesem Kampfe *Wärtel* zu sein, und meine Stange dazwischen zu werfen, wenn von der einen oder der andern Seite ein gar zu hämischer und unedler Streich geführet würde. Der *Kampfwärtel* war eine Gerichtsperson; und ich richte niemanden, um von niemanden gerichtet zu sein.

Aber ich darf nicht vergessen, was ich mir selbst schuldig bin. Ich laufe Gefahr, daß meine Absicht verkannt, und meine vorgeschlagnen Austräge gemißdeutet werden. Ein Wort kann diesem Übel noch vorbauen: und wer wird mir dieses Wort nicht erlauben, oder verzeihen? *Lessing.*

Erst wollen wir den Standort gehörig erwägen, auf dem jeder von uns hält; damit wir um so redlicher Licht und Wetter teilen können. Denn nicht genug, daß wir alle mit gleichen Waffen fechten. Ein Sonnenstrahl, der des einen Auge mehr trifft, als des andern; ein strenger Luftzug, dem dieser mehr ausgesetzt ist, als jener: sind Vorteile, deren sich kein ehrlicher Fechter wissendlich bedienet. – Besonders bewahre uns GOtt alle vor der tödlichen Zugluft heimlicher Verleumdung!

Mein Ungenannter behauptet: die Auferstehung Christi ist *auch darum* nicht zu glauben, weil die Nachrichten der Evangelisten davon sich widersprechen.

Ich erwidere: die Auferstehung Christi kann ihre gute Richtigkeit haben, *ob* sich *schon* die Nachrichten der Evangelisten widersprechen.

Nun kömmt ein Dritter und sagt: die Auferstehung Christi ist schlechterdings zu glauben, *denn* die Nachrichten der Evangelisten davon widersprechen sich nicht.

Man gebe auf dieses *auch darum*, auf dieses *obschon*, auf dieses *denn* wohl Acht. Man wird finden, daß auf diesen Partikeln gerade nur nicht alles beruhet.

I.

Der Ungenannte, so viel ich nun von seinen Papieren näher weiß, hat nichts geringeres als einen Hauptsturm auf die christliche Religion unternommen. Es ist keine einzige Seite, kein einziger noch so versteckter Winkel, dem er seine Sturmleitern nicht angeworfen. Freilich hat er diese Sturmleitern nicht alle mit eigner Hand neu geschnitzt; die meisten davon sind schon bei mehrern Stürmen gewesen; einige derselben sind sogar ein wenig sehr schadhaft, denn in der belagerten Stadt waren auch Männer, die zerschmetternde Felsenstücke auf den Feind herabwarfen. – Doch was tut das? Heran kömmt, nicht wer die Leiter machte, sondern wer die Leiter besteigt; und einen behenden kühnen Mann trägt auch wohl eine morsche Leiter.

Folglich mußte er notwendig, als er zur Auferstehungsgeschichte kam, alles mitnehmen, was man von jeher wider die historische Glaubwürdigkeit derselben eingewendet hat, oder einwenden hätte können; wenn anders über eine so abgedroschene Materie itzt noch etwas einzuwenden sein möchte, dessen sich nicht schon seit siebzehnhundert Jahren einer oder der andere sollte bedacht haben. Was nun schon, vor kurz oder lang, einmal eingewendet worden, darauf wird, wie leicht zu glauben, auch wohl sein geantwortet worden. Aber der Ungenannte dachte ohne Zweifel: ein andres ist *auf etwas antworten;* ein andres, *etwas beantworten*. Daher bot er alles auf, was ungefähr noch dienen konnte: Altes und Neues, mehr oder weniger Bekanntes, Argumente und Argumentchen. Und das mit *seinem* guten Rechte. Denn der zwanzigmal geschlagene Soldat kann endlich doch einmal siegen helfen.

Wenn man aber *nun* schon, da ich aus dem Werke des gründlichen und bündigen Mannes – (gründlich und bündig kann man sein, wenn man von der Wahrheit auch noch so weit entfernt bleibt –) nichts als Fragmente mitteilen können und wollen; wenn man, sage ich, nun schon mit höhnischen Achselzucken, mit halb mitleidiger halb ärgerlicher Miene, über ihn herfährt, von aufgewärmtem Brei spricht, und das Schicksal der Theologen beklagt, die noch immer auf Dinge antworten sollen, die auf Treu und Glauben ihrer Lehrer und ihrer Lehrer Lehrer, längst beantwortet sind: so muß ich freundschaftlich raten, den grellen Ton ein wenig sanfter zu halten, dieweil es noch Zeit ist. Denn man möchte sonst sich ganz lächerlich gemacht haben, wenn man endlich erfährt, wer der ehrliche unbescholtene Mann ist, über den man so christmilde gespöttelt; wer der unstreitige Gelehrte ist, den man so gern zum unwissenden mutwilligen Laffen erniedriget hätte.

Das ist nichts als Gerechtigkeit, die ich seiner *Person* widerfahren lasse. Die Gerechtigkeit seiner *Sache* steht auf einem ganz andern Blatte. Ein Mann, der Unwahrheit, unter entgegengesetzter Überzeugung, in guter Absicht, eben so scharfsinnig als bescheiden durchzusetzen sucht, ist unendlich mehr wert, als ein Mann, der die beste edelste Wahrheit aus Vorurteil, mit Verschreiung seiner Gegner, auf alltägliche Weise verteidiget.

Will es denn Eine Klasse von Leuten nie lernen, daß es schlechterdings nicht wahr ist, daß jemals ein Mensch wissendlich und vorsätzlich sich selbst verblendet habe? Es ist nicht wahr, sag ich; aus keinem geringern Grunde, als weil es nicht möglich ist. Was wollen sie denn also mit ihrem Vorwurfe mutwilliger Verstockung, gefließendlicher Verhärtung, mit Vorbedacht gemachter Pläne, Lügen auszustaffieren, die man Lügen zu sein weiß? Was wollen sie damit? Was anders, als – – Nein; weil ich *auch ihnen* diese Wahrheit muß zu gute kommen lassen; weil ich auch von *ihnen* glauben muß, daß sie vorsätzlich und wissendlich kein falsches verleumdrisches Urteil fällen können: so schweige ich, und enthalte mich alles Wiederscheltens.

Nicht die Wahrheit, in deren Besitz irgend ein Mensch ist,

oder zu sein vermeinet, sondern die aufrichtige Mühe, die er angewandt hat, hinter die Wahrheit zu kommen, macht den Wert des Menschen. Denn nicht durch den Besitz, sondern durch die Nachforschung der Wahrheit erweitern sich seine Kräfte, worin allein seine immer wachsende Vollkommenheit bestehet. Der Besitz macht ruhig, träge, stolz –

Wenn Gott in seiner Rechten alle Wahrheit, und in seiner Linken den einzigen immer regen Trieb nach Wahrheit, obschon mit dem Zusatze, mich immer und ewig zu irren, verschlossen hielte, und spräche zu mir: wähle! Ich fiele ihm mit Demut in seine Linke, und sagte: Vater gib! die reine Wahrheit ist ja doch nur für dich allein!

II.

Noch einmal: es ist ledig meine Schuld, wenn der Ungenannte bis itzt so beträchtlich nicht scheinet, als er ist. Man lasse ihn diese fremde Schuld nicht entgelten.

Was kann er dafür, daß ich nur Fragmente seiner Arbeit fand; und aus Fragmenten gerade nur eben diese bekannt machte? Er selbst würde, um sich in seinem besten Vorteile zu zeigen, vielleicht ganz andere Proben ausgesucht haben; wenn er sich nicht vielmehr alles Probegeben verboten hätte.

Denn wie kann man auch von einer weitläuftigen zusammengesetzten Maschine, deren kleinste Teile auf eine einzige große Wirkung berechnet sind, eine Probe geben? Ein Vorbild wohl; ein Modell wohl. Aber wer hat jemals ein Gewicht oder eine Unruh, eine Feder oder ein Rad zur Probe von einer Uhr gegeben?

Auch fühle ich wohl, daß in diesem Betracht – aber auch nur in diesem – ich selbst mit meinen Proben besser zu Hause geblieben wäre. Und warum blieb ich nicht auch? Weil ich das nämliche damals noch nicht fühlte? oder weil mich die Güte der Proben selbst verführte?

Das letztere, wenn ich die Wahrheit bekennen soll; das letztere. Ich gab ein Rad, eine Feder, nicht als Probe der Uhr; sondern als Probe ihres gleichen. Das ist: ich glaubte allerdings, daß auch in den einzeln Materien, in welche die gelieferten Fragmente schlagen, noch nicht besseres und gründlichers geschrieben worden, als eben diese Fragmente. Ich glaubte allerdings, daß z. B. außer dem Fragmente von der Auferstehungsgeschichte, noch nie und nirgends die häufigen Widersprüche der Evangelisten, die ich für wahre Widersprüche erkannte, so umständlich und gefließendlich ins Licht gesetzt worden.

Das glaubte ich; das glaub ich noch. – War ich aber, bin ich aber darum völlig des Ungenannten Meinung? Wollte ich darum, will ich darum eben dahinaus, wo er hinauswollte?

Mit nichten! – Ich gab den Vordersatz zu; und leugnete die Folge.

Ich gab den Vordersatz zu; weil ich nach vielfältigen aufrichtigen Versuchen, ihn nicht zugeben zu dürfen, mich überzeugte, wie schlecht es mit allen evangelischen Harmonien bestellt sei. Denn, überhaupt von ihnen zu reden, getraue ich mir, nach eben den Regeln, welche sie zum Grunde legen, schlechterdings ohne Ausnahme alle und jede verschiedne Erzählungen der nämlichen Begebenheit in nicht mindere Übereinstimmung zu setzen. Wo Geschichtschreiber nur in der Hauptsache übereinkommen, bietet die Methode unsrer evangelischen Harmonisten allen übrigen Schwierigkeiten Trotz. Man soll sie so toll nicht erdenken können: ich will sie gar bald in Ordnung haben, und mein jedesmaliges Verfahren mit ihnen, mit dem Verfahren irgend eines berühmten Harmonisten belegen. –

Aber ich leugnete meinem Ungenannten die Folge. – Und wer hat sich je in der Profangeschichte die nämliche Folgerung erlaubt? Wenn Livius und Polybius und Dionysius und Tacitus eben dieselbe Eräugnung, etwa eben dasselbe Treffen, eben dieselbe Belagerung, jeder mit so verschiedenen Umständen erzählen, daß die Umstände des einen die Umstände des andern völlig Lügen strafen: hat man darum jemals die Eräugnung selbst, in welcher sie übereinstimmen, geleugnet? Hat man sich nie getrauet, sie eher zu glauben, als bis man Mittel und Wege ausgesonnen, jene widerspännstige Verschiedenheit von Umständen wenigstens, gleich stößigen Böcken, in einen engen Stall zu sperren, in welchem sie das Widereinanderlaufen wohl unterlassen müssen?

Das wahre Bild unsrer harmonischen Paraphrasen der Evangelisten! denn leider bleiben die Böcke darum doch immer stößig, wenden darum doch immer die Köpfe und Hörner noch gegen einander, und reiben sich, und drängen sich. – Ei mag auch! Genug, daß der unverträglichen Böcke eben so viele in dem engen Stalle sind, als der geduldigen einverstandnen Schafe nur immer hineingehen würden.

O der schönen Eintracht! – Ohne eine solche immer gährende, brausende, aufstoßende Harmonie, sollten Livius und Polybius, Dionysius und Tacitus nicht glaubwürdige Geschichtschreiber sein können? –

„Possen! denkt der freie offene Leser, der sich nicht mutwillig durch kleine Sophistereien um den Nutzen und das Vergnügen der Geschichte bringen will, Possen! Was kümmert mich der Staub, der unter jedes Schritten aufliegt? Waren sie nicht alle Menschen? Hier hatte nun dieser oder jener nicht so gute Nachrichten, als der dritte! Hier schrieb der eine vielleicht etwas hin, worüber er gar keinen Gewährsmann hatte. Nach Gutdünken! Nach seinem besten Ermessen! So ein Umstand war ihm just noch nötig, um einen Übergang zu haben, um eine Periode zu runden. Nun dann, da steht er! – Kann ich verlangen, daß gleiche Schritte auch gleichen Staub erregen?"

So denkt, sag ich, der freie offene Kopf, der die Schranken der Menschheit und das Gewerbe des Geschichtschreibers ein wenig näher kennt. – Kreuzige und segne dich immer darüber, gute ehrliche Haut, die du beredet worden, ich weiß nicht welche Untrieglichkeit bis in der kleinsten Faser eines guten Geschichtschreibers zu suchen! Hast du nie gelesen, was ein Geschichtschreiber* selbst, und zwar einer von den allerpünktlichsten, sagt? Neminem scriptorum, quantum ad historiam pertinet, non aliquid esse mentitum. Vollständige Begebenheiten freilich' nicht; ganze Tatsachen freilich nicht: aber so von den kleinen Bestimmungen welche, die der Strom der Rede, auch wohl ganz unwillkürlich, aus ihm herausspielet. Welcher Geschichtschreiber wäre jemals über die erste Seite seines Werks gekommen, wenn er die Belege aller dieser kleinen Bestimmungen jedesmal

---

* *Vopiscus.*

hätte bei der Hand haben müssen? *Nordberg* straft in solchen kleinen Bestimmungen *Voltairen* hundertmal Lügen: und doch ist es das noch lange nicht, was Voltairen zum romanhaften Geschichtschreiber macht. So straff den Zügel in der Hand, kann man wohl eine Chronik zusammenklauben; aber wahrlich keine Geschichte schreiben.

Wenn nun Livius und Dionysius und Polybius und Tacitus so frank und edel von uns behandelt werden, daß wir sie nicht um jede Sylbe auf die Folter spannen: warum denn nicht auch Matthäus und Marcus und Lucas und Johannes?

Ich habe mich schon erklärt, daß ihr besondrer Vorzug, durch einen nähern Antrieb des h. Geistes geschrieben zu haben, hier nichts verschlägt. Aber wer darauf bestehet, verrät, warum es ihm zu tun ist. – Nicht um die Glaubwürdigkeit der Auferstehung, die unter unauflöslichen Widersprüchen der Evangelisten leiden möchte: sondern um seine einmal eingesogenen Begriffe von der Theopneustie. Nicht um das Evangelium: sondern um seine Dogmatik.

Und doch, selbst die krudesten Begriffe von der Theopneustie angenommen, getraue ich mir zu beweisen, daß, wenn die Evangelisten einmal, einander widersprechende Nachrichten von der und jener bei der Auferstehung vorgefallnen Kleinigkeit hatten, (sie konnten sie aber so leicht haben, sie konnten sie fast so unmöglich nicht haben, weil sie so spät hernach schrieben, weil sie von dem wenigsten oder von gar nichts Augenzeugen gewesen waren) daß, sag ich, der h. Geist ihnen diese widersprechende Nachrichten notwendig lassen mußte.

Der Orthodoxist – (Nicht der Orthodox. Der Orthodox tritt auf meine Seite. Auch mache ich den Unterschied zwischen Orthodox und Orthodoxist, nicht zuerst:) der Orthodoxist sagt ja selbst, daß es der Weisheit des h. Geistes nicht unanständig gewesen, *anscheinende* Widersprüche in die Erzählungen der Evangelisten mit einfließen zu lassen, damit so weniger der Verdacht der Abredung, den eine gar zu sichtliche Übereinstimmung erwecken würde, auf sie fallen könne.

Ganz recht! Aber warum denn nur *anscheinende* Widersprüche? – So hätte wahrlich der h. Geist auch nur ein *anscheinendes* Mittel gebraucht, jenen Verdacht von den Evangelisten abzulenken! Denn was sind *anscheinende* Widersprüche? Sind es nicht Widersprüche, die sich endlich in die vollkommenste Übereinstimmung auflösen lassen? – Nun da ist sie ja wieder, die vollkommene Übereinstimmung, die der h. Geist vermeiden wollte, weil sie so sehr nach Verabredung schmeckt. Der ganze Unterschied wäre ja nur, daß die Evangelisten in diesem Falle, ihre Verabredung meisterlich hätten zu verstecken gewußt. Sie verwirrten und verwickelten und verstümmelten ihre Erzählung, damit sie nicht nach vorläufiger Vereinständnis geschrieben zu haben scheinen möchten. Sie verwirrten und verwickelten und verstümmelten sie aber so, daß ihnen auch kein Widerspruch zur Last fallen konnte. Unsere nächsten Nachkommen, dachten sie, die dem Dinge noch auf die Spur kommen könnten, wie alle die Bäche doch nur aus einer Quelle geflossen, lassen sich durch das Labyrinth unsrer Erzählung von dieser Nachsuchung abhalten. Und wenn dergleichen Nachsuchung nicht mehr möglich ist, so wird man schon den Faden zu unserm Labyrinthe finden, und diese versteckte Eintracht wird ein neuer Beweis unsrer Wahrhaftigkeit werden.

Ich wette eine Million Jahre von meiner Seligkeit, daß die Evangelisten so nicht gedacht haben! Aber daß diese Spitzfindigkeit doch einem einfallen kann; daß man sich so etwas doch als möglich denken muß: was veranlaßt offenbarer dazu, als unsre kunstreichen Harmonien?

Sollte man sich nicht erst erkundiget haben, ob in dem ganzen weiten Umfange der Geschichte ein einziges Exempel anzutreffen, daß irgend eine Begebenheit von Mehrern, die weder aus einer gemeinsamen Quelle geschöpft, noch sich einer nach dem andern gerichtet, (wenn sie in ein ähnliches *Detail* kleiner Umstände gehen wollen, als womit wir die Auferstehungsgeschichte ausgeschmückt finden) ohne die offenbarsten unauflöslichsten Widersprüche erzählt worden? Ich biete aller Welt Trotz, mir ein einziges solches Exempel zu zeigen. Nur merke man die Bedingungen wohl: von Mehrern, die weder aus einer gemeinsamen Quelle geschöpft, noch sich einer nach dem andern gerichtet. – Ich bin von der Unmöglichkeit eines solchen Exempels eben so gewiß überzeugt, als von meinem eignen Dasein.

Wenn sich nun in der ganzen unendlichen Weltgeschichte ein

solches Exempel nie gefunden, nie finden wird, nie finden kann: warum verlangt man denn, daß uns gerade die Evangelisten dieses Exempel sollen geliefert haben?

Weil sie der h. Geist trieb? darum? – Weil freilich arme Menschen dem Irrtume unterworfen sind; aber nicht der h. Geist? darum?

Nimmermehr, nimmermehr! – Denn der h. Geist, um sich als den zu zeigen, der er ist, hat schlechterdings nichts tun können, was eben so wohl die Wirkung der feinsten Büberei sein *könnte*. Auch nur *könnte*. Nicht das, was die Ägyptischen Zauberer dem Moses nachtun konnten, (wahr oder nur zum Schein nachtun konnten) sondern was Moses allein tun konnte, bekräftigte seine Sendung.

Noch hat sich, so viel ich weiß, kein Orthodox einfallen lassen, daß der Antrieb des h. Geistes die Evangelisten allwissend gemacht habe. Das ist: was die Evangelisten vor diesem Antriebe nicht wußten, das wußten sie auch unter und nach diesem Antriebe nicht. Erfuhren sie also durch den Antrieb des h. Geistes *mehr,* so erfuhren sie auch nichts *besser*. Denn man kann nichts *besser* erfahren, ohne etwas *mehr* zu erfahren; indem alle unsere falschen Urteile nur daher entstehen, weil wir Erkenntnisgründe nicht genug haben, und aus Abgang der wahren, uns mit angenommnen behelfen.

Mitwirkung des h. Geistes genug, wenn er nur den zum Schreiben antrieb, in dem er die wenigsten und unerheblichsten Mißbegriffe erkannte; nur über dessen Schrift besonders wachte, der diese wenigen unerheblichen Mißbegriffe von geschehnen Dingen in keine notwendige Verbindung mit seinen Lehrsätzen gebracht hatte. Der gesunde Verstand, der sich damit nicht begnügt, wird des Dinges bald so viel haben, daß er sich lieber mit gar nichts begnügen will. In diesem Verstande kann man sagen, daß niemand mehr Ungläubige gemacht hat, als der sogenannte Rechtgläubige.

Allerdings ward die neue Religion auf *damalige* Überzeugung von der Auferstehung Christi gegründet, welche Überzeugung sich auf die Glaubwürdigkeit und Eintracht der Augenzeugen gründen mußte. Nun haben wir, die wir itzt leben, diese Augenzeugen nicht mehr unter uns; haben nur Geschichtschreiber von den Aussagen dieser Augenzeugen, in welchen Geschichtschreibern sich nur das allgemeine Resultat von den Aussagen dieser Augenzeugen unverfälscht erhalten konnte: und gleichwohl soll unsere itzige Überzeugung von der Auferstehung Christi nicht gegründet genug sein, wenn sie sich bloß auf jenes Resultat der Aussagen gründet, und sich nicht zugleich auf die völlige Übereinstimmung der Geschichtschreiber von diesen Aussagen gründen kann? – Da wären wir, die wir itzt leben, schön daran!

Und gleichwohl möchte ich gar zu gern behaupten, daß wir, die wir itzt leben, auch in diesem Punkte besser daran sind, als die, zu deren Zeiten die Augenzeugen noch vorhanden waren. Denn der Abgang der Augenzeugen wird uns reichlich durch etwas ersetzt, was die Augenzeugen nicht haben konnten. Sie hatten nur den Grund vor sich, auf den sie, in Überzeugung seiner Sicherheit, ein großes Gebäude aufzuführen wagten. Und wir, wir haben dieses große Gebäude selbst, aufgeführt vor uns. – Welcher Tor wühlet neugierig in dem Grunde seines Hauses, bloß um sich von der Güte des Grundes seines Hauses zu überzeugen? – Setzen mußte sich das Haus freilich erst, an diesem und jenem Orte. – Aber daß der Grund gut ist, weiß ich nunmehr, da das Haus so lange Zeit steht, überzeugender, als es die wissen konnten, die ihn legen sahen.

Ein Gleichnis, welches mir hier einfällt, wird nichts verderben. Gesetzt, der Tempel der Diana zu Ephesus stünde noch in seiner ganzen Pracht vor uns. Nun fände sich in alten Nachrichten, daß er auf einer Grundlage von Kohlen ruhe; sogar der Name des weisen Mannes wäre noch bekannt, der zu einer so sonderbaren Grundfeste den Rat gegeben. Eine Grundlage von Kohlen! von morschen zerreiblichen Kohlen! Doch darüber wäre ich hinweg; ich begriffe sogar, daß Theodorus wohl so uneben nicht geurteilet haben möchte, daß Kohlen, wenn sie die Holznatur abgelegt, den Anfällen der Feuchtigkeit widerstehen müßten. Sollte ich wohl, bei aller dieser wahrscheinlichen Vermutung a priori, an der ganzen historischen Auslage deswegen zweifeln, weil die verschiednen Urheber derselben über die Kohlen selbst etwa nicht einig wären? Weil Plinius etwa sagte, es wären ölbäumene Kohlen gewesen; Pausanias aber von ellernen, und Vitruvius von eichenen Kohlen spräche? O der Toren, die diesen Widerspruch, so Widerspruch als er ist, für wichtig genug hielten, den Grund an zwanzig Orten aufzugraben, um doch nur eine Kohle herauszuziehen, in deren vom Feuer zerrütteten Textur eben sowohl der Ölbaum, als die Eiche und Eller zu erkennen wäre! O der Erztoren, die lieber über eine vieldeutige Textur von Kohlen streiten, als die großen Ebenmaße des Tempels bewundern wollten!

Ich lobe mir, was über der Erde steht, und nicht, was unter der Erde verborgen liegt! – Vergib es mir, lieber Baumeister, daß ich von diesem weiter nichts wissen mag, als daß es gut und fest sein muß. Denn es trägt, und trägt so lange. Ist noch keine Mauer, keine Säule, keine Türe, kein Fenster aus seinem rechten Winkel gewichen: so ist dieser rechte Winkel freilich ein augenscheinlicher Beweis von dem unwandelbaren Grunde: aber er ist doch darum nicht die Schönheit des Ganzen. An dieser, an dieser will ich meine Betrachtungen weiden; in dieser, in dieser will ich dich preisen, lieber Baumeister! Preisen; auch wenn es möglich wäre, daß die ganze schöne Masse gar keinen Grund hätte, oder doch nur auf lauter Seifenblasen ruhete.

Daß die Menschen so ungern sich mit dem befriedigen, was sie vor sich haben! – Die Religion *ist da,* die durch die Predigt der Auferstehung Christi über die heidnische und jüdische Religion gesieget hat: und diese Predigt soll gleichwohl damals nicht glaubwürdig genug gewesen sein, als sie siegte? Ich soll glauben, daß sie damals nicht glaubwürdig genug befunden ward, weil ich itzt nicht mehr ihre völlige Glaubwürdigkeit beweisen kann? –

Nicht viel anders ist es mit den Wundern, durch welche Christus und seine Jünger die Religion gepflanzet. – Mögen doch die itzigen Nachrichten von ihnen noch so zweifelhaft, noch so verdächtig sein: sie wurden ja nicht für uns Christen getan, die wir itzt leben. Genug, daß sie die Kraft der Überzeugung gehabt haben, die sie haben sollten! Und daß sie die gehabt haben, beweiset das noch immer fortdaurende Wunder der Religion selbst. Die wunderbare Religion muß die Wunder wahrscheinlich machen, die bei ihrer ersten Gründung sollen geschehen sein. Aber auf die historische Wahrscheinlichkeit dieser Wunder die Wahrheit der Religion gründen: wenn das richtig, wenn das auch nur klug gedacht ist! – – Es sei herausgesagt! Wenn ich jemals so richtig, so klug zu denken fähig bin, so ist es um meinen Verstand geschehen. Das sagt mir mein Verstand itzt. Und habe ich jemals einen andern Verstand: so hatte ich nie einen.

Die Wunder, die Christus und seine Jünger taten, waren das Gerüste, und nicht der Bau. Das Gerüste wird abgerissen, sobald der Bau vollendet ist. Den muß der Bau wenig interessieren, der seine Vortrefflichkeit nur aus dem abgerissenen Gerüste beweisen zu dürfen glaubt, weil die alten Baurechnungen vermuten lassen, daß ein eben so großer Meister zu dem Gerüste müsse gehört haben, als zu dem Baue selbst. – Kann wohl sein! – Aber borgen und wagen will ich doch im geringsten nichts auf diese Vermutung; noch weniger will ich, durch dieses Vorurteil von dem Gerüste, mich im geringsten abhalten lassen, den Bau selbst nach den eingestandenen Regeln einer guten Architektur zu prüfen. –

Wann wird man aufhören, an den Faden einer Spinne nichts weniger als die ganze Ewigkeit hängen zu wollen! – Nein; so tiefe Wunden hat die scholastische Dogmatik der Religion nie geschlagen, als die historische Exegetik ihr itzt täglich schlägt.

Wie? Es soll nicht wahr sein, daß eine Lüge historisch ungezweifelt bewiesen werden könne? Daß unter den tausend und tausend Dingen, an welchen zu zweifeln uns weder Vernunft noch Geschichte Anlaß geben: daß unter diesen tausend und tausend Dingen auch wohl ungeschehene Sachen mit unterlaufen könnten? Es soll nicht wahr sein, daß unendliche Fakta, wahre unstreitige Fakta gewesen, für die uns dennoch die Geschichte zu wenige, zu unwichtige Zeugnisse hinterlassen, als daß wir sie ohne Leichtsinn glauben könnten?

Das soll nicht wahr sein? – Freilich, wenn es wahr ist: wo bleiben alle *historische* Beweise für die Wahrheit der christlichen Religion? – Wo sie wollen! Wäre es denn ein großes Unglück, wenn sie endlich einmal wieder in den Winkel des Zeughauses gestellt würden, in welchem sie noch vor *funfzig* Jahren standen?

III.

Bei dieser meiner Gesinnung von der historischen Wahrheit, die weder aus Skeptizismus entstehet, noch auf Skeptizismus leitet, war es also gewiß keine ernsthafte Aufmunterung, wenn ich in meinen Gegensätzen schrieb: »Der Mann, der die Untrüglichkeit der Evangelisten in jedem Worte behaupten wolle, finde auch hier (in der Auferstehungsgeschichte) noch unbearbeitetes Feld genug.« Ich setzte freilich hinzu: »Er versuche es nun, und beantworte die gerügten zehn Widersprüche unsers Fragments.« Aber in diesem Tone schreckt man auch ab; und das wollte ich. Abschrecken wollte ich. Denn ich sagte weiter: »Nur beantworte er sie alle, diese gerügten Widersprüche. Bloß diesem und jenem etwas wahrscheinliches entgegen setzen, und die übrigen mit triumphierender Verachtung übergehen, heißt keinen beantworten.«

Nun habe ich nie erwartet, daß man auf meine Ermunterung irgend etwas tun, oder auf meine Abschreckung irgend etwas unterlassen müsse. Mein Gewissen gibt mir das Zeugnis, daß ich so eitel zu sein nicht fähig bin. Alles, was ich mir in diesem Punkte selbst vorwerfen kann, ist dieses: daß es mich aber doch ein wenig befremdet, wenn auf meine Ermunterung etwas zu tun, gerade das nämliche unterlassen; und auf meine Abschrekkung etwas zu unterlassen, gerade das nämliche getan wird.

Doch auch diese Befremdung ist wahrlich nicht Stolz; ist wahrlich nicht Unleidlichkeit, von meinem guten Nachbar Ja für Nein, und Nein für Ja zu hören. Ich kann mir nur nicht gleich einbilden, daß ich meinen guten Nachbar, oder daß mich mein guter Nachbar gehörig verstanden. – So horche ich denn noch einmal hin, – und denn auf ewig nicht mehr. –

Wahrhaftig also, lieber Nachbar? wahrhaftig? – Auf alle, auf alle die gerügten Widersprüche hast du dir getrauet, zu antworten? befriedigend zu antworten? – Und glaubst wirklich nun nicht weniger geleistet zu haben, als du dir getrauet? –

So würde ich freundschaftlich meinem Nachbar unter vier Augen zusprechen, wenn ich ihn kennte; wenn ich seinen Namen zuverlässig wüßte, und ich mir seine Bekanntschaft durch Offenherzigkeit und Wahrheitsliebe zu erwerben hoffen dürfte. Aber ich weiß seinen Namen nicht; und er weiß meinen.

Er weiß ihn; ob er ihn schon nicht genannt hat. Er hat mich namentlich ganz aus diesem Streite gelassen; es ist ihm keine einzige nachteilige Beziehung auf mich entfahren. Er hat mich für das genommen, was ich bin. Für einen Aufseher von Bücherschätzen, der (wie diese Leute einmal sind!) sich unbekümmert läßt, ob das Seltene, das er mitteilet, auch in allem Betracht gut ist, oder nicht; wenn es nur selten ist. Dafür hat er mich genommen; und ich danke ihm aufrichtig, daß er mich wenigstens für nichts Schlimmers genommen.

Nur bedaure ich zugleich, daß ich mich bei seiner Darstellung auf eine vermeinte Herausforderung in derjenigen Entfernung nicht halten kann, in welcher mich zu halten, er mir so gütig freistellen wollen. Und das zwar aus folgender Ursache nicht.

Wenn es wahr ist, daß mein Ungenannter ein eben so unwissender, als boshafter Mann ist; wenn es wahr ist, daß alle seine Einwürfe, alle seine gerügten Widersprüche, unzähligmal schon gemacht und gerügt, aber auch bereits eben so oft abgewiesen und beantwortet worden; wenn es wahr ist, daß er schnurstracks wider einander laufende Behauptungen in der Auferstehungsgeschichte gefunden, bloß weil er sie finden *wollen*, nicht weil er das Unglück gehabt, sie wirklich dafür zu halten; wenn es wahr ist, daß man bloß seine Schmähschrift in die eine und die Bibel in die andere Hand nehmen darf, um beiden Gerechtigkeit widerfahren zu lassen; wenn alles das wahr ist: – (der Spruch ist gerecht! Ich spreche ihn über mich selbst aus; breche über mich selbst den Stab!) so bin ich, ich sein von ihm ungebetener Herausgeber, nicht allein eben so strafbar, sondern noch weit strafbarer, als er selbst.

Und das, das sollte ich – (Mit dem *Sein* hat es keine Not. Daß ich das nicht *bin*, braucht nur Einer zu wissen. Der weiß es.) – das sollte ich ruhig auch nur *scheinen* wollen? Ich müßte nicht wissen, daß die Welt mehr darauf achtet, was man scheinet, als was man ist. Und einmal muß ich doch mit der Welt leben; und will mit ihr leben.

Mein Ungenannter vielleicht hatte das Zeug einmal im hitzigen Fieber hingeschrieben; aber Gott hatte ihn wieder zu gesunder und kalter Überlegung kommen lassen; er war nur verhindert worden, den Bettel ganz zu vertilgen. *Nun* komme ich, ich der ich doch wohl auch wissen könnte und sollte, worauf sich der Ungenannte bloß im hitzigen Fieber nicht zu besinnen vermochte; nämlich, daß alles das nichts als abgedroschenes und längst den Flammen überantwortetes Stroh sei: nun komme ich, und vollführe eine Sünde, die ich auszuhecken und zu entwerfen, nicht einmal den Verstand hatte; vollführe eine Sünde, damit der arme Teufel ja nichts einbüßt, bloß um eine Sünde zu vollführen, und Ärgerniß zu geben. – Daß ich sage: ich räumte nur seinen Vordersatz ein, und leugnete die Folgerung: das macht meine Sache nicht um ein Haar besser. Denn die Leute, die ich ärgere, halten es für eben so wichtig, den Vordersatz zu leugnen, als die Folgerung nicht zuzugeben. Ja sie glauben die Folgerung nur, *weil* und *sofern* das Gegenteil des Vordersatzes seine Richtigkeit hat.

Aber wie? Weil ich sehe und überzeugt bin, daß man meinem Ungenannten nicht die Gerechtigkeit widerfahren läßt, die ihm gebühret; weil ich finde, daß man es sich eben so leicht macht, ihn zu widerlegen, als mich es schwer dünkt; weil ich bemerke, daß man ihm die Karten in die Hand praktiziert, die man sich am besten zu stechen getrauet: muß ich darum überhaupt sein Vorfechter werden? Das will ich denn auch wohl bleiben lassen! Wer mit solchen Fuscheleien spielt, und glauben kann, er habe sein Geld gewonnen und nicht gestohlen; der glaub es immerhin! Der Zuschauer, der auf die Finger zu gut Acht gab, tut am besten, er schweigt.

Schweigt? – Aber wenn er nun auf die Hand des betrogenen Spielers gewettet hat? – So kann er freilich nicht schweigen, wenn er sein Geld nicht mutwillig verlieren will. Dann ist der Fall kitzlich. Er gehe mit seinem Mute zu Rate; und wette wenigstens nicht weiter. – –

Nun so schränke ich mich denn auch, in dem Überreste dieser Duplik, lediglich auf das ein, was ich von den Behauptungen des Ungenannten zu dem Meinigen gemacht habe; auf die Widersprüche in der Auferstehungsgeschichte der Evangelisten.

Von diesen habe ich behauptet, und behaupte noch: sie nirgends so kräftig auf einander gehäuft, nirgends so deutlich auseinander gesetzt zu wissen. Irre ich mich: so nenne man mir doch den Mann oder das Buch, wo eben das, eben so gut zu lesen ist.

Meine Verwunderung, ein solches Werk nicht gekannt zu haben, kann nur durch die andere Verwunderung übertroffen werden, wenn man mir zugleich auch ein Werk nennt, worin das alles schon seine Abfertigung erhalten, welches ich eben so wenig gekannt hätte. Auch eben so wenig noch kenne. Denn daß, seit heute und gestern, wenigstens die Unterredungen meines guten Nachbars dieses Werk nicht geworden, will ich mit seiner Erlaubnis nunmehr näher zeigen.

Wie weit mich meine Geduld auf diesem Wege begleiten wird, weiß ich wahrscheinlich noch selbst nicht. Ob bis ans Ende; ob durch alle *zehn* Widersprüche und ihre vermeinten Beantwortungen: das stehet dahin! Ich traue es ihr kaum zu. Wozu auch? denn wenn ich nur an einem einzigen Widerspruche zeige, daß er weder durch die gegebene, noch durch irgend eine andere in der Welt zu gebende Antwort, sich heben läßt: so habe ich, nach meiner vorläufigen Erklärung, vertan. Wo Ein Widerspruch ist, können deren hundert sein; genug, daß auch deren tausend das nicht beweisen, was mein Ungenannter *daraus* beweisen will. – Also, ohne weitres, zur Sache! Was ich sonst noch zu sagen hätte, wird sich auch finden.

Erster Widerspruch

»*Lucas* (XXIII, 56.) läßt die frommen Weiber, welche den Leichnam Christi salben wollten, die Spezereien dazu am Freitage gegen Abend, vor Eintritt des Sabbats oder ersten Ostertages, einkaufen: und *Marcus,* (XVI, 1.) am Sonnabende des Abends, nach unsrer Art zu reden, als der Sabbat vorbei war.«

Daß man in diesen verschiednen Behauptungen vorlängst einen Widerspruch gefunden, erhellet daraus, daß man vorlängst versucht hat, entweder den Marcus nach dem Lucas, oder den Lucas nach dem Marcus umzustimmen.

Die den Marcus nach dem Lucas umstimmen wollen, sagen, daß in den Worten, διαγενομενου του σαββατου ἠγορασαν ἀρωματα, das ἠγορασαν auch wohl jam empta habebant heißen könne, indem öfterer die unbestimmte Zeit anstatt der längst vergangenen gebraucht werde. Sie übersetzen also: »Als der Sabbat vergangen war, hatten die Weiber bereits vorher Spezereien gekauft«; und ich darf wohl sagen, daß dieses unter den protestantischen Gottesgelehrten die *angenommenere* Auslegung bisher gewesen.

Mein Ungenannter hatte also Recht, sich bloß an diese Auslegung zu halten, gegen welche er, ein wenig pedantisch zwar, aber doch vollkommen gründlich erwies, daß die duo genitivi consequentiam designantes hier nicht zuließen, das ἠγορασαν in der längstvergangnen Bedeutung zu nehmen. Der ungenannte Gegner meines Ungenannten muß auch – (Aber wie soll ich diese zwei Ungenannte in der Folge am schicklichsten und kürzesten bezeichnen? Der Ungenannte bleibe der Ungenannte, und weil ich den ungenannten Gegner meines Ungenannten einmal meinen Nachbar zu nennen, veranlaßt worden: so bleibe er mein Nachbar. Sollte er diese Benennung übel nehmen? Wie könnte ich in ihm einen Mann besser bezeichnen, mit dem ich gern in Ruh und Friede leben möchte, als durch das Wort Nachbar?) Mein Nachbar also, muß auch weder beim *Glassius* noch beim *Wolf,* auf die wir von dem deutschen Ausgeber des englischen Bibelwerks verwiesen werden, ein Exempel fürs Gegenteil gefunden haben: sonst er wohl darauf bestanden, und nicht eine so gefährliche Volte geschlagen haben würde.

Denn wahrlich, wenn das keine gefährliche Volte ist: so gibt es gar keine. Weil Marcus sich nicht nach dem Lucas umstimmen läßt: so will er nun mit aller Gewalt den Lucas nach dem Marcus umstimmen. Da Marcus nicht gemeint haben *kann,* daß die frommen Weiber die Spezereien schon gekauft hatten, ehe der Sabbat vergangen war: so soll nun Lucas gemeint haben, daß sie sie nicht eher gekauft, als bis der Sabbat vergangen war. »Ei freilich!« dachte mein guter Nachbar, der nun einmal für allemal überzeugt war, daß wenn das Schloß nicht rechts aufgehen will, es notwendig links aufgehen müsse: »Ei freilich! das ist ja auch ganz leicht zu erweisen. Denn einmal sagt doch Lucas nicht mit ausdrücklichen Worten, daß die Spezereien den Freitag Abend gekauft worden: sondern er sagt nur, daß sie von den Weibern gekauft worden, nachdem sie den Freitag Abend von dem Grabe zurückgekommen. Nun kann zwar, wie jeder weiß, ὑποστρεψασαι ἠτοιμασαν ἀρωματα, nicht wohl anders verstanden werden, als daß sie die Spezereien *unmittelbar* nach ihrer Zurückkunft bereitet: doch da folgt bald darauf ein μεν, das im Deutschen nicht ausgedrückt ist, und von dem mir die guten Leute, für die ich schreibe, schon auf mein Wort glauben werden, daß es *nachdem inzwischen* bedeute, (denn μεν bloß durch *zwar* gegeben, will nicht langen,) und der Evangelist also *sichtbar* der Meinung damit vorbeugen wollen, daß die Zubereitung der Spezereien Freitag Abend vorgenommen worden. Getrost also den Versikel, ὑποστρεψασαι δε ἡτοιμασαν ἀρωματα και μυρα και το μεν σαββατον ἡσυχασαν κατα την ἐντολην, übersetzt: *zurückgekommen vom Grabe, bereiteten sie die Spezereien und Salben, nachdem sie inzwischen* (zwischen dem Zurückkommen und Bereiten, zwischen dem participio und verbo; denn das bedeutet das μεν hier sichtbar) *den Sabbat nach dem Gesetze geruhet hatten.*«

Ist es möglich, lieber Nachbar, ist es möglich, daß sich Ihre Feder – (denn daß Ihr Verstand mit fortmußte, begreife ich –) nicht *sichtbar* sträubte, als Sie dieses niederzuschreiben im Begriff waren? – Wenigstens, will ich hoffen, haben Sie sich nachher um den Beweis von der *sichtbaren* Bedeutung Ihres teuern, von keinem einzigen Übersetzer noch bemerkten μεν, umgetan; haben nachher ein Paar Stellen aufgesucht, wo μεν möglicherweise, obschon mit eben so wenig Grunde, diese sichtbare Bedeutung haben könnte. Das will ich hoffen; das *muß* ich hoffen: denn Sie sind ein ehrlicher Mann; Sie haben sich nicht auf einen Belag stillschweigend bezogen, von dem Sie wußten, daß Sie ihn nicht haben *könnten;* sondern Sie haben bloß einen Belag stillschweigend vorausgesetzt, von dem Sie annahmen, daß er Ihnen nicht fehlen könnte. Aber nun, lieber Nachbar, heraus damit! – heraus damit! ob ich schon voraus sehe, daß er eine Revolution in der ganzen Geschichte anrichten wird, die nicht klein ist. Denn welche Folge von Begebenheiten ist gegen dieses erwiesene μεν gekettet genug? Welche Wirkung läßt sich nicht dadurch zur Ursache, welche Ursache nicht zur Wirkung machen? Es gibt keine *Hysteraprotera* mehr, wenn dieses μεν erwiesen wird.

Immerhin! nur heraus mit dem Beweise – Denn wissen Sie, lieber Nachbar, wenn Sie ihn mißgünstig zurückbehalten, wissen Sie, was man alsdenn sagen wird, und *muß?* – Daß Sie Ihre Leser zum Besten gehabt; daß Sie lieber den Originaltext des N. T. für eine wächserne Nase erklären, als einen Widerspruch in ihm

zugeben wollen, der von ganz und gar keiner Erheblichkeit ist.
— Keines von beiden möchte *ich,* um alles in der Welt, nicht von mir sagen lassen, wenn ich ein Theolog wäre.

Aber sind *Sie* denn einer, lieber Nachbar? — Woher weiß ich denn, daß Sie einer sind? — Wie man doch gewisse Dinge so leicht annehmen kann! — Erst nun fange ich an, gerade das Gegenteil anzunehmen. Denn nur so sind Sie entschuldiget; und ich möchte Sie gar zu gern entschuldigen.

Ein Theolog, denke ich nun, hätte mir die Blöße gewiß nicht gegeben, die mir dieser gutmeinende Laie gibt. Auch werden die Theologen gewiß gegen diese Blöße protestieren. Wie können sie auch anders? Das Feuer ist ja noch nicht so nahe, daß man schon zum Fenster herabspringen muß. Ich selbst, der ich kein Theolog bin, wüßte noch eine ganz andre Antwort, wenn mir so viel daran gelegen wäre, diesen ersten Widerspruch zu heben.

Und welche? Ohne erst lange nachzusuchen, ob schon vor mir jemand auf eben den Einfall gekommen, will ich ihn hersetzen. Ist er zu brauchen: desto besser! Ich behaupte nur in Thesi, daß es in den Erzählungen der Evangelisten, ihrer Glaubwürdigkeit unbeschadet, Widersprüche geben *könne;* aber in Hypothesi, ob dieses und jenes wirklich ein Widerspruch sei, behalte ich mir alles Recht vor, die Sache noch erst genauer zu untersuchen. Dergleichen einzelne Untersuchungen mögen ausfallen, wie sie wollen: ich verliere und gewinne nichts dabei. Und wenn ich etwas dabei sagen kann, wodurch ein andrer, der nicht wie ich denkt, etwas zu gewinnen vermeinet: warum soll ich ihm die Freude nicht machen? Auch ist es aufrichtiger, für seinen Gegner mit zu sehen.

So denn also! — Wie wenn man den Evangelisten allen beiden Recht geben könnte? Nicht zwar dadurch, daß man den einen und den andern, auf der grammatischen Folter, das nämliche sagen ließe. Auch nicht dadurch, daß man, wie jemand gemeinet hat, die frommen Weiber zu zwei verschiedenen malen Spezereien kaufen läßt; den Freitag nur so viel, als sie in der Geschwindigkeit noch haben konnten, und den Sonnabend Abend das übrige. So hätte es ihnen allenfalls in einem kleinen Städtchen ergehen können, aber schwerlich wohl in Jerusalem. Sondern dadurch: daß man auf das ἑτοιμαζειν des Lucas aufmerksam mache, und es in seiner weitern Bedeutung hier gelten lasse. Wenn denn einmal die Weiber, als sie den Freitag gegen Abend vom Grabe zurückkamen, durchaus nicht mehr Zeit sollen gehabt haben, die Spezereien zu *kaufen,* mit barer klingender Münze zu *bezahlen:* sagt denn das auch Lucas von ihnen? Er sagt ja nur ἡτοιμασαν ἀρωματα; und nicht ἠγορασαν. Aber, wird man sagen, wie kann man Spezereien *bereiten,* die man noch nicht gekauft hat; und doch kaufen muß? Das ist es eben: ἑτοιμος heißt nicht bloß προχειρος, der gleich bei der Hand ist, der gleich zur Hand schafft; sondern auch nur προθυμος, der gleich willig und entschlossen ist, etwas zur Hand zu schaffen. Folglich heißt auch ἡτοιμασαν nicht bloß praeparabant *manibus,* sie machten zurecht, durch eine Art von Handarbeit, sondern auch praeparabant *animo,* curabant ut praeparata haberent, sie taten sich um, sie sorgten, daß sie sie in Bereitschaft haben möchten. Sie gingen nicht in die Gewölber der Spezereihändler, die freilich wohl schon geschlossen waren, und *kauften:* sondern sie *nahmen* sich nur *vor* zu kaufen, *erkundigten* sich nur, wo sie am besten zu kaufen wären; denn sie waren fremd. Und das durften sie tun, wenn auch der Sabbat schon längst angegangen war; das war ihnen, durch das Gebot am Sabbat zu ruhen, im geringsten nicht untersagt. – So wie auch den heutigen Juden noch nicht. Denn wäre ihnen mit dem Kaufen, auch das Denken an das Kaufen am Sabbat verboten: so würde der Sabbat wohl blutselten gehörig von ihnen gefeiert. Kaufen und versteigern sie nicht selbst am Sabbat, nicht selbst in der Synagoge, nicht selbst die Ehre, die Gesetzrolle an irgend einem feierlichen Tage aus ihrem Schranke nehmen und auf das Pult des Vorlesers tragen zu dürfen? Genug, wenn sie das *Geld* dafür nicht am Sabbat *erlegen!* – Kurz, man übersetze, ἡτοιμασαν ἀρωματα, durch destinabant aromata, providebant aromatibus: und was ist denn noch zu erinnern? – Daß auch ἑτοιμαζειν im N. T. an mehrern Orten nichts als destinare heißt, davon hat Grotius bereits die Exempel gesammelt; nur sehe ich keinen Grund, es mit ihm einzig auf destinationem divinam einzuschränken. – Und nun weiter!

Zweiter Widerspruch

»Johannes, bei welchem Joseph von Arimathia und Nicodemus den Leichnam Christi in allen Stücken nach der Weise der Juden bestatten; Johannes sagt nicht, daß die Weiber ihn salben wollen. Aber Marcus und Lucas, welche nur melden, daß Joseph von Arimathia den Leichnam bloß in feine Leinewand gewickelt, also nicht gesalbet habe; Marcus und Lucas sagen, daß die Weiber, die diese tumultuarische unvollständige Bestattung des Joseph von Arimathia mit angesehen hatten, nach Verlauf des Sabbats den Leichnam Christi auch salben wollen. Beim Johannes tun Joseph und Nicodemus alles: und die Weiber tun nichts, und wollen nichts tun. Beim Marcus und Lucas tut Joseph von Arimathia nicht alles: und die Weiber wollen nur spät hernach tun, was Joseph zu tun vergaß, oder nicht Zeit hatte. So einig also Johannes mit sich selbst ist; so einig Marcus und Lucas mit sich selbst sind: so sehr widerspricht Marcus und Lucas dem Johannes; und Johannes dem Marcus und Lucas.«

Und das, dächte ich, wäre klar. Wenigstens ist mir es *noch* klar, nachdem ich alles sorgfältig erwogen, was mein guter Nachbar darwider vorbringt, und fast ein wenig zu grämlich vorbringt. Denn er nennt diesen Widerspruch gerade zu einen *erträumten* Widerspruch, und sagt: »Eine Sache tun wollen, die ein andrer schon getan hat, die sich aber auch zweimal tun läßt, das streitet offenbar nicht mit einander.« Freilich nicht, lieber Nachbar. Aber ist denn die völlige Bestattung eines Leichnams, wobei nichts vergessen worden, was die Gebräuche des Landes und Volks erfordern, dergleichen nach dem Johannes die Bestattung des Joseph und Nicodemus gewesen, ist denn die etwas, was sich zweimal tun läßt? von vernünftigen Leuten zweimal tun läßt? Gründet sich bei dem Marcus und Lucas denn nicht offenbar die vorgehabte Balsamierung der Weiber, auf die *nicht völlige* Bestattung durch Joseph von Arimathia? So wie die *völlige* Bestattung durch Joseph von Arimathia und Nicodemus beim Johannes doch wohl der Grund ist, warum er von einer vorgehabten Balsamierung der Weiber nichts sagt? Völlige Bestattung, und nicht völlige: das widerspricht sich doch? – Gestehen Sie, lieber Nachbar, Sie haben gar nicht einmal eingesehen, worauf es hier eigentlich ankömmt! – Wenn bei Einem Evangelisten alles beides stünde; wenn Ein Evangelist sagte, daß Joseph und Nicodemus die Leiche auch gesalbt hätten, und ebenderselbe sagte nicht weniger, daß ihn die Weiber ebenfalls salben wollen; und man wollte alsdenn diesen Evangelisten in Widerspruch mit sich selbst setzen: so käme Ihre Antwort noch ein wenig zu Passe. Denn alsdenn wäre es durch diesen Evangelisten selbst festgesetzt, daß die Salbung eines Leichnams zweimal geschehen könne, und wir müßten uns alle mit bloß möglichen Gründen begnügen, warum sie zum zweitenmale unternommen worden. Da aber kein Evangelist von so einer doppelten Salbung spricht; da diese vorgehabte doppelte Salbung nur in der Harmonie steht, und doch wohl nicht auch die Harmonie von dem h. Geiste eingegeben ist: so ist es bloß gefabelt, guter Nachbar, wenn Sie sagen, daß vielleicht die erste Salbung den lieben akkuraten Weiberchen nicht gut genug gewesen; daß vielleicht die hebräischen Weiber in Galiläa andre Salbungsgebräuche gehabt, als in Jerusalem üblich waren; daß es vielleicht ein doppeltes Salbungsgeschäft gegeben, eines vor Fäulnis und Verwesung, welches die Männer besorgen müssen, und eines vor Wohlgeruch, womit sich die Weiber abgaben. Alles das ist bloß gefabelt, lieber Nachbar; und ohne allen Grund in der Geschichte gefabelt. Besonders Ihr Einfall von dem doppelten Balsamierungsgeschäfte, der dem Hrn. A. so sehr gefällt, hätte doch wohl erst müssen anderweits aus der Geschichte erwiesen werden; damit er nicht einzig und allein aus eben dem Umstande abgesondert scheine, zu dessen Beglaubigung Sie ihn anwenden. Nicht?

Doch die Grundlosigkeit dieses Einfalls vom doppelten Salbungsgeschäfte, ist noch bei weitem nicht seine schlimmste Seite. Wenn wir ihn gelten lassen, lieber Nachbar, sehen Sie denn nicht, daß er den Johannes offenbar Lügen straft? Johannes sagt, daß Joseph und Nicodemus den Leichnam Christi so begraben, ganz so, *wie die Juden zu begraben pflegen*. Und Sie sagen mit Ihrem raren Einfalle: nein, nicht so, nicht ganz so; denn sie hatten nur die eine Hälfte der Salbung, die Salbung wider die Fäulnis vollzogen, und die andre Hälfte, des Wohlgeruchs wegen, war noch übrig, und wie billig, den frommen Weibern übrig gelassen worden, deren Nase so ekel ist.

O der trefflichen Harmonie, die zwei widersprechende Nachrichten, die wörtlich bei den Evangelisten stehen, nicht anders vereinigen kann, als durch Erdichtung einer dritten Nachricht, von der kein einziger Evangelist eine Sylbe sagt!

O der erbaulichen Harmonie, die einen Evangelisten von dem armseligen elenden Widerspruche eines andern Evangelisten (armselig und elend, wegen der Unbeträchtlichkeit des Umstandes) auf keine andre Weise retten kann, als daß sie diesen oder jenen an einem andern Orte zum Lügner macht!

Dritter Widerspruch
»Matthäus sagt, daß vor den Augen der Maria Magdalena, und der andern Maria, geschehen sei, was die übrigen Evangelisten sie, bei Annäherung des Grabes, bereits geschehen finden lassen.«

Mein Ungenannter gründet sich auf das ἰδοῦ ἐγένετο beim Matthäus; und es könnte wohl sein, daß es Matthäus so verstanden habe. Doch Sie haben Recht, lieber Nachbar; ἰδοῦ ist öfters bloß eine Partikel der Aufmunterung für den Leser, und zeigt nicht immer an, daß die Sache in Gegenwart der dabei gedachten Personen geschehen sei. Ἐγένετο mag auch immerhin heißen, *es war geschehen*. – Aber warum ließen Sie es nun bei dieser Antwort nicht bewenden? Warum wollten Sie Ihren Gegner nicht bloß schlagen, sondern vernichten? Warum muß er Ihnen nun gleich ein Mann sein, der Abend und Morgen nicht unterscheiden *wolle?*

Die Strafe dieser Unbarmherzigkeit ist Ihnen auf dem Fuße gefolgt. Denn Sie haben sich dadurch in eine weitere Auflösung verwickelt, deren Folge Sie unmöglich gehörig können überdacht haben. Ich meine die Sätze, (S. 131) die Ihnen so klar und richtig scheinen, daß die Verwirrung derselben *Vorsatz* werden muß. – *Vorsatz,* die Wahrheit nicht für Wahrheit zu erkennen! Licht und Finsternis nicht unterscheiden *wollen!* Ich wüßte keinen Vorwurf, über welchen ich mehr schaudern würde, als diesen, wenn ich ihn *objective* als möglich denken könnte. Daß er *subjective* möglich ist, höre ich leider. Aber Sie müssen ganz etwas anders dabei denken, als ich: oder Sie könnten die schmähsüchtige Grausamkeit nicht haben, ihn so wiederholt zu machen.

Nun lassen Sie uns doch die Sätze näher betrachten, die so klar und richtig sein sollen. – Mir graulet, eine Menge unnötiger Worte machen zu müssen. Aber vielleicht, daß mir andere wohl noch unnötigere Worte, deren ich mich in meinem Leben schuldig gemacht, darum vergeben werden!

Ihr *erster* Satz also: »den Sonnabend spät Abends gingen die beiden Marien nach Christi Grabe, bloß zuzusehen, ob es noch ungestört sei, kamen aber allem Ansehen nach zu ihrem Zwecke nicht, weil es schon zu spät war. Matth. XXVIII«.

Und das ist einer von den Sätzen, die man nicht in Zweifel ziehen kann, ohne den Vorsatz zu haben, sich zu irren? So hat Grotius denn auch schon diesen unseligen Vorsatz gehabt. Denn er schreibt* ausdrücklich: Apud Matthaeum vero hoc loco agi de aliqua itione vespertina, qua nihil relatu dignum acciderit, matutinam ad quam sequentia omnia pertinet silentio omitti, nihil habet probabilitatis. – Lassen Sie doch einen Mann, lieber Nachbar, weil er nicht denkt wie Sie, sondern wie Grotius, nicht gleich einen von den Elenden sein, die Licht und Finsternis nicht unterscheiden *wollen*. Freilich; nicht unterscheiden *können,* das sieht nun freilich dem Grotius wohl ähnlich. Ich will mich wohl hüten, Ihnen auch über mich ein solches Urteil abzulocken. Sie sollen Recht haben.

Es folgt Ihr *zweiter* Satz, mit welchem ich den dritten sogleich verbinde: »Den Sonntag Morgen sehr früh gingen sie in Gesellschaft verschiedner anderer Weiber *wieder* dahin, in der Absicht, seinen Leib zu salben. Marc. XVI, 2. Luc. XXIV, 1. Auf diesem Wege wurden sie gewahr, daß der Stein vor dem Grabe weg, und es folglich geöffnet war. Marc. XVI, 3. 4. Luc. XXIV, 2.«

Die Weiber gingen *wieder* dahin? Was haben Sie denn, lieber Nachbar, für Grund zu diesem *Wieder?* Matthäus sagt ja nicht, daß auf jenen unfruchtbaren Abendbesuch ein neuer gefolgt sei. Und die übrigen Evangelisten sagen ja nicht, daß vor dem frühen Morgenbesuche der Weiber schon ein andrer vorhergegangen sei. Woher wissen Sie denn also das *Wieder?* – Was wissen zwar? – Die Bedürfnis Ihrer Harmonie erfordert, es anzunehmen. Das ist genug! Allerdings.

Kömmt Ihr *vierter* Satz: »Maria Magdalena, die unruhigste

---

* ad Matth. c. XXVIII, v. 2.

unter ihnen, sahe es, weil sie voraus ging, am ersten, und kehrte sogleich, ohne weiter bis zum Grabe zu gehen, um, dem Petrus und Johannes die Nachricht, welche sie für ganz gewiß hielt, zu bringen, daß der Leib Christi weggenommen sei. Joh. XX, 1. 2.«

Die arme Maria Magdalena! – Läuft nicht schon genug Torheit und Böses auf ihrer Rechnung? Muß sie auch noch *so* eine Närrin werden; der lieben Harmonie zu gefallen? – Wie? Maria konnte bloß daher, weil sie von weiten den Stein vom Grabe abgewälzt sahe, bloß daher schließen, daß der Leichnam Christi nicht mehr darin befindlich sei? Vergaß sie denn in dem Augenblicke, in welcher Absicht sie selbst herkam? Sie wollte mit ihren Gespielinnen ja auch den Stein vom Grabe wälzen. Sie war ja schon darum besorgt gewesen, wer ihnen wälzen hülfe. Und doch wollte sie den Leichnam Christi nicht verschleppen; sie wollte ihn nur salben. Und ihr fiel nicht erst ein, daß ihr andere in eben dieser Absicht wohl schon könnten zuvorgekommen sein? Sie sahe nicht erst hin, ob es nicht so wäre? Sie schließt nur – wenn das anders schließen heißen kann: der Stein ist weg; also ist auch der Leichnam weg? So schließt sie, und läuft und läuft; sonst möchten Petrus und Johannes nicht zeitig genug erfahren, was für eine unbesonnene Närrin sie ist. – O gewiß, wenn diese Maria Magdalena hier, so schließen, so handeln können: – wie kann man noch zweifeln? – so war sie Magdalene die Sünderin; das ist, die Hure. Denn nur eine Erzhure kann so leichtsinnig schließen. Nur durch solche leichtsinnige Schlüsse, werden Mädchen zu Huren. – Auch war sie ohne Zweifel die nämliche Maria Magdalena, aus welcher Christus sieben Teufel austrieb. Ein achter Teufel, bei dem sich die übrigen länger zu wohnen schämten, war in ihr zurückgeblieben: der alberne Teufel der Unbesonnenheit. Ohne den dümmsten von allen Teufeln konnte sie nicht so schließen. – Und doch läßt man sie so schließen; der lieben Harmonie zu gefallen. – Wahrlich, wenn die Nachricht, die Maria Magdalena auf diese Weise dem Petrus und Johannes brachte, die erste Verkündigung der Auferstehung Christi sein sollen: so ist diese erste Verkündigung eine große Armseligkeit gewesen.

Man sage nicht: daß man sich nicht darum zu bekümmern, oder daran zu ärgern habe, wie voreilig und unbesonnen Maria Magdalena hier erscheine; genug, daß sie Johannes nicht anders schildere. Und was sagt Johannes? – *Da sie sieht, daß der Stein vom Grabe hinweg war: da läuft sie, und kommt zu Simon Petro, und zu dem andern Jünger, welchen Jesus lieb hatte.* – Sie läuft, und sieht wirklich nicht erst in das Grab? Johannes will wirklich nicht, daß wir das dabei im Gedanken ergänzen sollen? Er ließ es nicht aus, weil es sich von selbst versteht? Er ließ es aus, weil es wirklich nicht geschehen war? – Nun, so ist Maria Magdalena nicht nur eine unbesonnene Närrin, sondern noch dazu eine unverschämte Lügnerin. Denn sie spricht zu den Jüngern: *Sie haben den Herrn weggenommen aus dem Grabe, und wir wissen nicht, wo sie ihn hingelegt haben.* Wie konnte sie das sagen, wenn sie nicht einmal zugesehen hatte, ob er auch wirklich weggenommen wäre? Sagt sie nicht mit diesen nämlichen Worten, daß sie wirklich zugesehen habe? – Nur darum, weil sie es hier selbst sagt: hielt Johannes für überflüssig, es die Zeile vorher von ihr zu sagen. – Oder ist das kein Lügner, der seine Vermutungen für Facta ausgibt?

Doch ich will auf dieser Verleumdung der armen Maria Magdalena – es ist eine wahre, wahre Verleumdung – nicht weiter bestehen. Es soll auch *damit* sein, wie mein Nachbar es haben will. Denn ich will seine Sätze hier gar nicht widerlegen: ich will sie vielmehr annehmen, und mich mit ihnen nur zum Matthäus wenden, um zu sehen, wie dieser dabei wegkommt.

Präge dir, mein geduldiger Leser, diese vier Sätze wohl ein, und lies nunmehr mit mir bei dem Matthäus: *Am Abend aber des Sabbats, welcher anbricht am Morgen des ersten Feiertages der Sabbaten, kam Maria Magdalena und die andere Maria, das Grab zu besehen. Und siehe, es geschah ein groß Erdbeben. Denn der Engel des Herrn kam vom Himmel herab, trat hinzu, und wälzete den Stein von der Türe, und setzte sich darauf, und seine Gestalt war wie der Blitz, und sein Kleid weiß, wie der Schnee. Die Hüter aber erschraken für Furcht, und wurden, als wären sie tot. Aber der Engel antwortete und sprach: fürchtet euch nicht!* –

Und so weiter! Es ist genug, mein Leser. Aber wissen muß ich, ob du es auch recht begriffen hast, wie *viel* du in diesen *wenigen* Worten des Matthäus gelesen? – Und sieh; da fällt denn folgendes Gespräch unter uns vor:

ICH. Wie viel also, freundlicher Leser, hast du itzt bei dem Matthäus gelesen?

DU. Wie viel? hm!

ICH. Ha! ich errate dich. Es ist wahr; ich muß nicht fragen, wie viel? Sondern: wie vielerlei?

DU. Das sollt ich meinen!

ICH. Also wie vielerlei?

DU. Wie willst du, daß ich dir antworte? Nach dem gesunden Menschenverstande? Oder nach den Sätzen deines Nachbars?

ICH. Ich hoffe ja, daß beides einerlei sein wird.

DU. Mit nichten! Denn nach dem gesunden Menschenverstande habe ich nur einerlei gelesen; indem alles ja vollkommen so fortlief, als ob es nur Ein Anfang, nur Ein Fortgang, und nur Ein Ende Einer und eben derselben Begebenheit wäre. Ich nehme an, wir hätten ausgelesen.

ICH. So laß den gesunden Menschenverstand ein wenig schlafen; und antworte mir auf die andere Weise. Wie vielerlei, nach den Sätzen meines Nachbars?

DU. Dreierlei. Erst: einen vorgehabten und angefangnen Abendbesuch, aus welchem ward, ich weiß nicht was. Zweitens: eine Erscheinung, erschienen ich weiß nicht wem. Drittens: einen Morgenbesuch, welcher anfing, ich weiß nicht wie.

ICH. Warum sagst du: einen Abendbesuch, aus welchem ward, ich weiß nicht was?

DU. Weil ihm das Ende fehlt, und dein Nachbar selbst nicht weiß, was daraus geworden. Es geht damit bis auf die Worte: *sie kamen, das Grab zu besehen. Sie kamen,* übersetzt dein Nachbar durch, sie *gingen.* Sie gingen also, sagt er: »aber das Tor war entweder schon zu, oder sie wurden von der Wache gewarnt, nicht weit zu gehen, wenn sie vor dem Torschlusse wieder in die Stadt wollten«. Kurz, sie machten was man nennt, einen *Fleischergang.* Und diesen Fleischergang hielt dennoch der h. Geist für wichtig genug, ihn aufzeichnen zu lassen. Denn er kam aus herzlicher Liebe zu Jesu.

ICH. Recht hübsch für eine Predigt! – Aber warum sagtest du: eine Erscheinung, erschienen ich weiß nicht wem?

DU. Weil sie den Weibern nicht geschehen sein soll, und die Hüter, welche darüber erschraken, und vor Furcht wurden, als wären sie tot, auch nicht viel davon abbekommen haben können.

ICH. Endlich warum sagtest du: ein Morgenbesuch, welcher anfing ich weiß nicht wie?

DU. Weil sich dieser Morgenbesuch mitten im Gespräche mit dem Engel anfängt. *Aber der Engel antwortete ihnen und sprach.* So sind sie denn da, die frommen Weiber; und niemand hört sie, weder ausgehen noch ankommen. Wenn auch das *antwortete* des Engels nicht voraussetzt, daß sie ihn vorher gefragt: so müssen sie doch schon wenigstens da gewesen sein, und irgend eine Miene der Bestürzung und Neugierde gemacht haben, auf die ihnen der Engel Auskunft erteilte. Sie waren also da; und weil sie von gestern Abend nicht mehr da waren: so waren sie da, einzig und allein durch das mächtige Wollen deines Nachbars.

ICH. Spottest du seiner?

DU. Warum sollte ich nicht? – O daß ich nur recht könnte! Denn spottet auch Er nicht eines ehrlichen Geschichtschreibers, der gerade deswegen so albern und dumm erzählen soll, weswegen er ein Muster aller Erzähler sein müßte, und sein könnte; deswegen, weil ihm der h. Geist die Feder geführt?

ICH. Ja sieh nur, lieber Leser: der h. Geist sah nicht sowohl auf das, was er jeden Evangelisten insbesondere schreiben ließ, als auf das, was man über siebzehn hundert Jahr aus den Nachrichten ihrer aller zusammensetzen würde.

DU. Und das ist es eben, was ich für Spötterei erkläre. Doch Spötterei sagt hier noch viel zu wenig. Er lästert; dein Nachbar lästert; und die einzige Entschuldigung, die ich ihm leihen kann, ist die: er weiß nicht was er sagt.

ICH. Ei, ei! lieber Leser, lieber Leser! Also *willst* auch du nicht begreifen, »daß man kurz sein müsse, wenn man verschiedne wichtige Begebenheiten in wenig Worten erzählen will?«*

DU. Freilich nicht; denn wie soll ich Unsinn begreifen *wollen*? Alles was ich begreife, ist das: daß man kurz ist, (nicht, kurz sein müsse) wenn man verschiedne Begebenheiten in wenig Worten erzählt. Oder: daß man verschiedne wichtige Bege-

---

* S. Fünfte Unterredung, Seite 130.

benheiten in wenig Worten erzählen müsse, wenn man kurz sein will.

ICH. Nun, nun; nimm es mit dem Nachbar nicht so genau. Sein Hr. A. verstand ihn doch. Und du verstehst ihn ja auch. Aber du *willst* ihn nicht verstehen; du *willst* nicht. Du *willst* nicht wissen, daß jedem Geschichtschreiber frei steht, aus einer Reihe von Begebenheiten, die er sämtlich zu erzählen nicht nötig hält, diejenigen auszuheben, welche er seiner besondern Absicht am gemäßesten findet«.*

DU. Das *will* ich nicht begreifen? O das begreif ich sehr wohl, und sehr gern.

ICH. Du *willst* nicht begreifen, »daß der Leser nicht berechtiget ist zu schließen: was ein Geschichtschreiber, der die Kürze liebt, und, wie man aus andern sieht, manches ausläßt, hinter einander erzählt, das ist unmittelbar auf einander gefolgt«.*

DU. Das *will* ich nicht wissen? O das weiß ich recht wohl. Aber er, dein Nachbar, *will* nicht wissen, *will* nicht begreifen –

ICH. Will nicht? – Soll ich denn das *Will nicht* auch von *Dir* vertragen? Verschone mich damit! Verschone dich selbst damit, günstiger Leser, wie man dich in allen Vorreden nennt. Denn dieses *Will nicht,* worüber nur Gott richten muß, weil nur Gott darüber richten kann, ist so ungünstig, so garstig, so giftig! Laß es dem Nachbar, der es sich nun einmal angewöhnt hat. Wenn er wüßte, wie weh es täte, er würde es selbst nicht brauchen. – Also, was wolltest du sagen, daß er nicht begreift? –

DU. Er begreift nicht, daß alles, was er da schwatzt, nicht zur Sache gehört. Denn ganz ein anders ist, aus mehrern Begebenheiten nur die zweckmäßigsten wählen, und die andern übergehen: und ganz ein anders, aus zwei verschiednen Begebenheiten nur Eine machen. Jenes darf der Geschichtschreiber; jenes muß er oft. Aber dieses darf er schlechterdings nie. Und dieses, nicht jenes; dieses, was schlechterdings kein Geschichtschreiber tun darf, er sei von dem h. Geiste inspiriert oder nicht; dieses, was er schlechterdings nicht tun darf, wenn er nicht ein elender unzuverlässiger Geschichtschreiber, in bei-

---

* Ebend. S. 132.

den Fällen, sein und bleiben will; dieses fällt durch die Sätze deines Nachbars dem Matthäus zur Last.

ICH. Das wäre!

DU. Wie albern du dich stellst! – Oder heißt das nicht aus zwei Begebenheiten Eine machen, wenn man von jener den Kopf nimmt, und den Schwanz wegläßt, und von dieser den Kopf wegläßt, und den Schwanz nimmt, und Kopf von jener und Schwanz von dieser unmittelbar an einander hängt, ohne im geringsten, auch nicht durch eine einzige Partikel, anzuzeigen, daß Schwanz von jener und Kopf von dieser fehlen?

ICH. Das täte nun freilich wohl Matthäus, nach den Sätzen meines Nachbars! – Aber wenn der Schwanz von jener, und der Kopf von dieser, nun nichts enthielt, was der Mühe des Erzählens wert war? –

DU. Nun ja doch; so konnte er sie weglassen! Aber er wußte doch, daß er sie weglasse? in seiner Seele mußte doch eine Idee davon sein, daß jener Kopf nicht zu diesem Schwanze, und dieser Schwanz nicht zu jenem Kopfe gehöre?

ICH. Allerdings.

DU. Und du glaubst, der h. Geist hätte es sich für unanständig oder für zu schwer gehalten, diese Idee von Zusammendrängung und Verstümmelung zweier Begebenheiten in *eine*, welche in der Seele des Matthäus doch liegen mußte, durch irgend eine kleine Partikel mit anzudeuten? Hätte der h. Geist dem Matthäus die Feder ungeführt gelassen: ich bin gewiß, Matthäus selbst, Matthäus allein würde schon, auch eben so kurz, in seinen Worten zu unterscheiden gewußt haben, was so unterschieden in seinem Kopfe war. – Also, sage deinem Nachbar von meinetwegen –

ICH. Nein, nein; ich will meinem Nachbar von deinetwegen nichts sagen. Du bist zu bitter, ungeduldiger Leser. Tritt ab! tritt ab! –

– Ich will lieber von meinetwegen den Nachbar noch bitten, alles dieses – wenn es ihm schon ein wenig zu beißend sollte gesagt sein, – wozu hilft das Salz, wenn man nicht damit salzen soll? – ruhig und sorgfältig zu überlegen, und mir bei Gelegenheit wissen zu lassen, ob er noch seine Sätze für so klar und richtig hält, daß ihre Verwirrung nur *Vorsatz* sein könne?

Vornehmlich beschwöre ich ihn: wohl in Erwägung zu ziehen, ob es nicht besser ist, ob es nicht ehrfurchtsvoller gegen die Schriften des N. Testaments gedacht ist, lieber von gar keiner Harmonie in *solchen* Dingen wissen zu wollen, als eine anzunehmen, wobei einer der Evangelisten so schändlich in den Kot getreten wird.

Vierter Widerspruch
»Die Engel betreffend, die nach der Auferstehung Christi in und um dem Grabe erschienen, ist der Widerspruch der Evangelisten allgemein. Sie sind weder in Ansehung der Anzahl derselben, noch in Ansehung des Standorts derselben, noch in Ansehung der Reden derselben, mit einander zu vereinigen.«

Diesen Widerspruch, so vielfach er auch sein mag, möchte ich herzlich gern meinem Nachbar Preis geben. Nicht zwar, als ob er ihn gehoben hätte; als ob er ihn ohne die grausamste Verletzung des Textes, dem er Ehrerbietung schuldig ist, gegen den er so viel Ehrerbietung zu haben vorgibt, gehoben hätte. Ganz und gar nicht!

Denn, wenn es auch wahr wäre, daß in den Worten des Marcus, (XVI, 5) και εισελθουσαι εις το μνημειον, ειδον νεανισκον καθημενον εν τοις δεξιοις, nicht notwendig läge, daß ihnen der Engel im Hereingehn innerhalb dem Grabe zur rechten Hand erschienen; wenn es auch wahr wäre, daß man den Marcus vielmehr so verstehen müsse, »die Weiber wären des Engels erst nach ihrem Eingange ins Grab, entweder beim Heraussehen, oder beim Herausgehen aus demselben, vor dem Grabe ansichtig geworden«: entsteht sodann nicht die unbeantwortliche Frage, warum sie denn, auch nicht gleich beim Hereingehen ins Grab, den Engel linker Hand sitzen gesehen? Er saß ja schon davor auf dem Steine, den er abgewälzt hatte, ehe die Weiber noch herbeikamen. Ist denn ein Engel, dessen Gestalt wie der Blitz ist, ein Ding, das man so leicht übersieht?

Auch ist es ja aus dem Matthäus offenbar, daß die Weiber den Engel auf dem Steine vor dem Grabe sahen, ehe sie hereingingen; daß sie nur auf seine Aufmunterung, auf sein Geheiß hereingingen: *Kommt her, und sehet die Stätte!* Alles, was vor diesen Worten vorhergeht, spricht der Engel ja augenscheinlich mit den

Weibern *vor* dem Grabe. Nur was darauf folgt, spricht er mit ihnen *innerhalb* dem Grabe. – Es ist ganz unglaublich, mit was für einer blinden Dreistigkeit diese Erzählung des Matthäus zur Bestätigung dessen angeführt wird, was man mit solcher Gewaltsamkeit aus den Worten des Marcus erzwungen! –*

Bei dem Lucas nun gar, sollen alle beide Engel draußen vor dem Grabe gesessen haben, und von den Weibern nicht eher sein gesehen worden, als bis sie wiederum aus dem Grabe herausgekommen. Wie war denn das möglich? Waren die Weiber blind im Hereingehen? Oder waren die Engel nur erst sichtbar im Herausgehen?

Und wozu alle diese Unwahrscheinlichkeiten? alle diese Winkelzüge? Damit nirgends mehr als zwei Engel herauskommen, weil die Evangelisten deren höchstens nur zwei erwähnen? damit der Engel, der auf dem Steine vor dem Grabe sitzt, immer fein mitgezählt werden kann?

O Armseligkeit aller Armseligkeit! – für den, mit Engeln so zu *knickern*, dem sie Legionenweise zu Dienste stunden!

Ja, wir knickern nur so damit, höre ich meinen Nachbar sagen, um die Evangelisten bei Ehren zu erhalten!

Nicht die Evangelisten, Nachbar! sondern eure engbrüstige, lahme, schielende, *thersitische* Harmonie der Evangelisten. Thersitisch: denn sie ist eben so ungestalten als schmähsüchtig gegen jeden Evangelisten insbesondere. Die, die, weil sie so ganz *euer* Werk ist, soll nichts leiden!

Was? es wäre den Evangelisten nicht anständiger, wenn ich sagte: Kalte Widerspruchklauber! seht ihr denn nicht, daß die Evangelisten die Engel nicht zählen? Das ganze Grab, die ganze weite Gegend um das Grab wimmelte unsichtbar von Engeln. Da waren nicht nur zwei Engel, (gleich als ein Paar Grenadier, die vor der Behausung des abmarschierten Generals zurückgelassen werden, bis sein ganzes Gepäcke abgeführt worden;) da waren deren Millionen. Es erschien nicht immer der eine und eben derselbe; nicht immer die nämlichen zwei. Bald erschien der, bald jener; bald an dieser Stelle, bald an einer andern; bald allein, bald in Gesellschaft; bald sagten sie das, bald jenes. –

---

* Fünft. Unterr. S. 133.

Auf so eine abwechselnde, unstete, weder an ein gewisses Moment der Zeit, noch an einen gewissen Punkt des Raumes zu heftende, auch in dem nämlichen Augenblicke, an der nämlichen Stelle, zwei oder mehrern verschiednen Personen verschiedentlich vorkommende Erscheinung, scheinen mir die Worte zu deuten, welche Matthäus zwar nur von dem Einen herabfahrenden Engel braucht: ἦν δε ἡ ἰδεα ἀυτου ὡς ἀστραπη; *die Idee, das Bild desselben war wie Blitz.* Denn ἰδεα ist hier wohl noch etwas anders, als προσωπον, und wenn damit, wie *Grotius* will, auf eine Stelle des *Daniels* nach der Übersetzung der Siebziger gesehen würde, so wäre ja wohl auch das in dieser Stelle befindliche προσωπον gebraucht worden. Ἰδεα heißt auch sonst nirgends das bloße Angesicht; wohl aber der totale Eindruck, den irgend etwas sichtbares Zusammengesetztes macht. Also: die Sichtbarwerdung des herabfahrenden Engels wirkte wie Blitz; und wer auf diese Wirkung jemals Acht gegeben hat, wird wissen, daß in dem erschütternden Auge der nämliche Eindruck zurückbleibt, welchen ein starrer Blick auf gefrornen Schnee im Sonnenglanze zu verursachen pflegt; welches in den folgenden Worten, και το ἐνδυμα ἀυτου λευκον ὡσει χιων, *und seine Hülle weiß wie der Schnee,* sehr malerisch ausgedrückt wird. –

Und das, das ist die Antwort – Man nenne sie immerhin mehr poetisch als wahr. – In solchen Fällen ist mir das Würdigste, das Wahrste. – Das ist die Antwort, um deren willen mir dieser ganze vierte Widerspruch so kümmerlich, so klein, so ganz in dem ängstlichen Geiste der Harmonie, die er bestreiten soll, gedacht vorkömmt: daß ich mich keinen Augenblick länger darnach umsehen mag.

Fünfter Widerspruch

»Beim *Lucas* berichten Maria Magdalena und die übrigen Weiber, dem Simon Petrus, und Johannes und übrigen Jüngern, die wirklich geschehene Auferstehung Christi, die sie von den Engeln vernommen: bei dem *Johannes* aber meldet Maria Magdalena nur allein, dem Petrus und Johannes nur allein, nur allein daß sie das Grab geöffnet gefunden, und der Leichnam des Herrn daraus entwendet worden.«

Diesen Widerspruch hat man vorlängst damit zu heben gesucht, daß man angenommen, Maria Magdalena sei zweimal zum Petrus gekommen; habe ihm zweimal Nachrichten gebracht, (die erste, welche Johannes meldet, und die zweite, deren Lucas gedenket;) und Petrus sei, zufolge ihrer zweimaligen Nachricht, zweimal zu dem Grabe gegangen. Mein Ungenannter aber sagt, daß der doppelte Gang des Petrus zum Grabe nicht zu erweisen stehe: indem der Hingang, von welchem Lucas (XXIV, 12) rede, ganz ungezweifelt eben derselbe sei, dessen Johannes (XX, 2) gedenke; welches sich durch die fast identischen Ausdrücke zu Tage lege, welche beide Evangelisten davon brauchen.

Was sagt nun mein Nachbar hierzu? Er sagt Anfangs,* daß dieser vermeinte Widerspruch aus dem Irrtum herrühre, »daß Magdalena mit unter den Weibern gewesen, welche die erste Erscheinung der Engel hatten«. – Und war sie denn das nicht? Ist denn das so ein ausgemachter Irrtum? Weiß denn mein Nachbar nicht einmal, daß die Väter der Kirche es als eine Maxime angenommen haben, daß Maria Magdalena bei allen und jeden Erscheinungen, deren von den vier Evangelisten gedacht wird, gegenwärtig gewesen: um sogleich mit Irrtümern um sich zu werfen? Wenigstens dächte ich doch, wäre es augenscheinlich, daß der, welcher diesen angeblichen Irrtum hegt, den Worten des Matthäus mehr Gerechtigkeit widerfahren lasse, als der den Matthäus, wie ich gezeigt habe, so unbesonnen zwei verschiedne Begebenheiten in Eine kneten läßt. Doch die Autorität des Matthäus – weil er ihr so halsbrechend hoch einmal ausweichen zu müssen geglaubt, und eine Calumnie leichter gemacht als widerrufen ist, – auch bei Seite gesetzt: sagen es denn nicht auch Marcus und Lucas mit ausdrücklichen Worten, daß Maria Magdalena bei der ersten Erscheinung der Engel gegenwärtig gewesen? Freilich nennt Lucas sie nicht namentlich bei dem Hingange: aber er nennt sie doch namentlich bei der Rückkunft. (XXIV, 10) Oder ist das bei dem Lucas, eben angezognen Orts, nicht die erste Erscheinung der Engel, auf welche unmittelbar folgt? *Es war aber Maria Magdalena, und Johanna, und Maria Jacobi, und andre mit ihnen, die solches den Aposteln sagten.*

* Fünfte Unterr. S. 136.

Daß mein Nachbar aber ja nicht glaube, daß ich nicht gelesen, was er an einer andern Stelle* über die namentliche Benennung der Maria Magdalena beim Marcus und Lucas sagt! Ich habe es gewiß gelesen; ich habe es zehnmal gelesen; ich habe es mit aller Aufmerksamkeit gelesen, deren ich fähig bin: aber Gott ist mein Zeuge, ich verstehe ihn nicht. Das ist das gelindeste, was ich hier sagen kann; und doch will ich mich den Ekel nicht abhalten lassen, seine Worte getreulich abzuschreiben. Vielleicht, daß sie mir in dem Abschreiben deutlicher werden. Ich habe mir schon öftrer etwas in das Gedächtnis und in den Verstand geschrieben. Gelingt mir das auch itzt, und ich bekenne es nicht: so möge dieses Hülfsmittel nie bei mir wieder anschlagen!

Alles, was ich noch bis itzt in den Worten meines Nachbars begreife, ist dieses: »daß, wie es mit dem Marcus sein soll, so sei es auch mit dem Lucas«. –** Und wie ist es denn mit dem Marcus? – Hier fängt mein Unverstand an. An Worten zwar, sich zu erklären, läßt es der Nachbar nicht fehlen. Schade nur, daß man manchmal, selbst vor Menge der Worte, den Sinn nicht sehen kann. »Unter den Weibern, sagt er, die zum Grabe Jesu, ihn zu salben, gingen, nennt Marcus v. 1 die Maria Magdalena zuerst, ohne Zweifel, weil sie die Sache am meisten betrieben.« – Kann wohl sein. Wer wird wider diese gründliche Vermutung etwas haben, der schon weiß, wie gern die Marien den Herrn salbten! »Darauf erzählt er v. 5–8 die Erscheinung des Engels, mit Vorbeilassung des Umstandes, den wir aus dem Johannes wissen, daß sich nämlich Magdalena von den übrigen entfernt, und die erste Erscheinung nicht mit gehabt habe.« – Zugegeben! ob ich gleich nicht recht weiß, was ich zugebe. Ob Marcus diesen Umstand weggelassen, weil er ihn nicht wußte: oder weil er ihn der Kürze wegen, als eben nicht wichtig, übergangen. – »Wenn er nun v. 9. 10 meldet, daß die bei dem Grabe vorgefallene Erscheinung den Jüngern treulich berichtet sei –« – Was? wie? in diesen angezognen Versikeln soll die Erscheinung, welche die Weiber ohne die Maria gehabt, berichtet sein? und getreulich berichtet sein? Habe ich den rechten Marcus nicht vor mir? oder

---

* Dritte Unterr. S. 90.
** Dritte Unterr. S. 92.

hatte ihn mein Nachbar nicht vor sich? In diesen Versikeln wird ja eine ganz andre Erscheinung, die Maria Magdalena ganz allein gehabt, von der Maria Magdalena ganz allein, den Jüngern berichtet. Und es ist so wenig wahr, daß unter der Erzählung dieser Erscheinung, welches eine Erscheinung Christi in eigner Person war, jene erste Erscheinung, welche beim Marcus und Lucas nur eine Erscheinung von Engeln ist, mit begriffen gewesen, daß sie schlechterdings nicht mit darunter begriffen gewesen sein *kann;* indem Marcus in dem vorhergehenden 8ten Versikel, ausdrücklich sagt, daß die Weiber von ihrer Erscheinung der Engel *keinem Menschen ein Wort* gesagt; ὀυδενι ὀυδεν ἐιπον. Aber hören wir den Nachbar nur erst ganz aus. »Wenn Marcus nun v. 9. 10 meldet, daß die bei dem Grabe vorgefallene Erscheinung den Jüngern treulich berichtet sei, so nennt er unter den Erzählern die allein, welche er v. 1 zuerst nannte, und erwartet billig von seinen Lesern, daß sie sie sich wieder in der schon berührten Gesellschaft denken sollen.« – Aber was hilft es denn, daß der Leser so billig ist, als ihn nicht Marcus, sondern der Nachbar verlangt? Was hilft es denn? Gut, Maria ist nun wieder in der Gesellschaft der übrigen Weiber: diese übrigen Weiber sagen ja *keinem Menschen ein Wort,* ὀυδενι ὀυδεν, von ihrer bei dem Grabe gehabten Erscheinung. Woher wußte denn Maria etwas davon? Wie kann sie den Jüngern etwas *treulich* berichten, wovon sie ganz und gar nichts weiß? Oder meinen Sie wohl, lieber Nachbar, daß das ὀυϑενι ὀυϑεν, *keinem Menschen ein Wort,* hier nicht so genau zu nehmen, weil es doch nur von Weiberchen gesagt werde; weil es ganz unglaublich, weil es moralisch unmöglich sei, daß Weiberchen von einer Erscheinung ὀυϑενι ὀυϑεν, keinem Menschen ein Wort sollten gesagt haben, weil Weiberchen doch immer einen guten Freund oder eine gute Freundin haben, die sie als ein zweites Selbst betrachten, dem sie alles vertrauen können, ohne es jemand in der Welt vertraut zu haben. Meinen Sie so? Nachbar, Nachbar, Sie sind ein loser Schalk! Wenn das im Grunde auch so wäre: so muß man es aus Höflichkeit gegen das Geschlecht doch nicht sagen; am wenigsten muß man es in einer evangelischen Harmonie sagen. Freilich wird durch einen solchen erzsatyrischen Zug, durch eine solche spaßhafte Wendung, auch eine evangelische Harmonie lustiger zu lesen: aber doch auch nichts weiter als lustiger; gründlicher nicht um ein Haar. – – Gott! Gott! ist es möglich, daß ein vernünftiger Mensch mit einem Texte, welchen er von dir eingegeben zu sein glaubt, so umgehen kann! – Doch wir haben den Nachbar noch nicht ganz ausgehört. »Hat Marcus gut gefunden, kurz zu sein, wie er denn sichtbar der Allerkürzeste ist, und daher den mehr erwähnten Umstand von der Entfernung der Magdalena vorbei zu lassen, so konnte er nicht anders sprechen, als: Jesus erschien ihr in Gesellschaft der übrigen, ohne welche er sie nicht aufführt, zuerst.« – Höre ich einen Menschen im Schlafe sprechen, oder was höre ich? Weil Marcus *sichtbar* der kürzeste ist; denn er hat sichtbar die wenigsten Kapitel: so darf er Dinge für wahr ausgeben, die nur alsdenn wahr wären, wenn das, was er der Kürze wegen übergeht, auch ganz und gar nicht geschehen wäre? Erwachen Sie doch, Nachbar, und lassen Sie uns unsre fünf Sinne nur ein wenig zusammen nehmen! Ich schüttle Sie, und frage: Wußte Marcus den Umstand, den er überging, und den wir aus dem Johannes wissen; oder wußte er ihn nicht? – Ich nehme den letzten Fall zuerst. Wußte er ihn nicht; glaubte er vielmehr das Gegenteil; glaubte er, daß Maria Magdalena sich nie von den übrigen Weibern entfernt habe: nun freilich, so konnte er ungefähr so schreiben, als Sie ihn schreiben lassen. Ich sage, *ungefähr so:* nicht *ganz so.* Denn er konnte nur sagen, daß Magdalena *mit unter den Ersten* gewesen, denen Christus nach seiner Auferstehung erschienen: nicht aber, daß Maria Magdalena *schlechtweg die erste* gewesen, die Christus dieses Vorzugs gewürdiget. (Daß er sie schlechtweg, vorzugsweise, sie allein, die erste nennet: das muß also in einer ganz andern Rücksicht geschehen, wie ich weiterhin erklären will.) Allein, worüber streiten wir denn sodann, lieber Nachbar? – Schlafen Sie mir nicht wieder ein, weil Sie hören, daß wir um nichts streiten! – Worüber streiten wir dann? Wenn Marcus einen Umstand der Auferstehungsgeschichte nicht wußte, den Johannes wußte; wenn er diesem seinen Nichtwissen gemäß schrieb und schreiben durfte: war es denn möglich, daß er nicht in Widerspruch mit dem fiel, der den nämlichen Umstand wußte, und diesem seinen Wissen gemäß schrieb und schreiben durfte? Jeder baute ja weiter auf das, was er wußte, oder nicht wußte; und was der Eine nicht wußte, nahm er ja als nicht geschehen an. Sie geben die Quelle aller Widersprüche zu, Nachbar: und wollen nur, daß sie nicht fließen soll. Sie halten, wie ein spielendes Kind, den Ausbruch des Strahls mit der Hand zurück: als ob Sie ihn immer mit Ihrem Händchen zurückhalten könnten; als ob der Strahl das Händchen endlich doch nicht wegpressen, und das Kindchen noch oben drein bespritzen würde! – Ha! Sie machen große Augen? Hat Sie das tändelnde Gleichnis so munter gemacht? – Da es also nur lächerlich sein würde, wenn Sie, unter der Voraussetzung, daß die Evangelisten nicht alle die nämliche vollständige Nachricht von dem gehabt, was bei der Auferstehung Christi vorgefallen; unter dem Eingeständnis, daß der h. Geist einen jeden nach dem Maße seiner eingezognen Kundschaft, auf bestes Wissen und Gewissen, schreiben lassen – Da es, sag ich, nur lächerlich sein würde, wenn Sie, unter dieser Voraussetzung, unter diesem Einverständnis, sich anmaßen wollten, alle nunmehr natürlicher und notwendiger Weise unter den Evangelisten eintretende Widersprüche zu heben – – Aber wie wird Ihnen auf einmal, Nachbar? Warum so zornig? Mit stummen Grimme weisen Sie auf Ihre eigne Worte, *hat Marcus für gut gefunden, den mehr erwähnten Umstand von der Entfernung der Magdalena vorbei zu lassen;* und weisen nochmals auf das, *hat er gut gefunden.* Ich verstehe! Sie wollen sagen, daß es Ihnen nicht eingekommen, den ersten Fall meines überflüssigen Dilemma hier anzunehmen. Marcus müsse ja wohl gewußt haben, was er für gut befunden, vorbei zu lassen. Warum ich mich also bei etwas so lange aufhalte, woran Sie nie gedacht hätten? – Nun, nun, lieber Nachbar; werden Sie nur nicht ungehalten, daß ich erst *das* annehmen wollen, was noch das leidlichste wäre; was mir Ihre Behauptung etwas weniger abscheulich machte. Ich wollte nicht so zufahren, und es Ihnen gleich auf den Kopf zusagen, daß Sie denn also dem Marcus nichts geringers als eine vorsätzliche Lüge Schuld geben. Denn hören Sie doch nur! – Aber daß Sie mir nicht wieder einschlafen! – Wenn Marcus, nach dem zweiten Falle des Dilemma, den Sie annehmen, den Umstand wußte, daß sich Maria Magdalena von ihren Gespielinnen abgesondert, und wieder nach der Stadt gelaufen, sobald sie das Grab eröffnet gesehen; wenn er wußte, daß Maria Magdalena bei der Erscheinung also gar nicht zugegen gewesen, die indes ihren Gespielinnen geschah; wenn er diese Erscheinung die erste Erscheinung des auferstandenen Christus nennet: wie kann er denn gesagt und geschrieben haben, daß Maria Magdalena diese erste Erscheinung in derjenigen Erscheinung gehabt habe, bei welcher er wußte, daß sie gar nicht zugegen gewesen war? Wie kann er denn das gesagt und geschrieben haben, ohne vorsätzlich eine Unwahrheit sagen und schreiben zu wollen? Heißt denn nicht vorsätzlich lügen, vorsätzlich etwas für Wahrheit ausgeben, wovon wir gar wohl wissen, daß es nicht Wahrheit ist? Wird eine vorsätzliche Lüge denn darum weniger vorsätzliche Lüge, weil ich sie machen muß, wenn ich dem, was ich zuvor gesagt, gleichförmig bleiben will? Oder wird sie eben dadurch noch um so viel vorsätzlicher? Wer hieß dich denn, von vorne herein die Sache so mangelhaft einleiten, die Umstände so verstümmeln, daß du notwendig eine Lüge sagen mußt, wenn man deine Verstümmlung, deine mangelhafte Einleitung nicht merken soll? – O Zeter! der Mann ist schon wieder eingeschlafen. Nun so schlaf denn – und daß dich nie die Schande wecke; ein so alberner Calumniant eines Evangelisten gewesen zu sein! – Und doch müssen wir nur bis ans Ende hören, was der Mann in der Töserei seiner Schlafsucht alles schrieb und drucken ließ. »Marcus, träumet er weiter, meint also offenbar mit diesen Worten die erste Erscheinung, welche den Weibern sämtlich widerfuhr, und die nennt er mit Recht die erste, ob sie gleich, nach dem Johannes, die Magdalena nicht mit, sondern nachher eine allein hatte.« Was einem im Traume nicht alles offenbar dünkt! Mit den Worten: *Jesus aber, da er auferstanden war, früh am ersten Tage der Sabbater, erschien er am ersten der Maria Magdalena, von welcher er sieben Teufel ausgetrieben hatte;* mit diesen Worten soll Marcus *offenbar* nicht die Erscheinung meinen, deren Johannes (XX, 14) gedenkt, sondern die Erscheinung, von der Matthäus und Lucas sagen, von der Marcus selbst kurz vorher gesagt, daß sie die frommen Weiber zugleich gehabt? *Offenbar!* Wenn ich doch erfahren könnte, wem diese schöne *offenbare* Fratze zuerst *offenbar* geworden! Mit den Harmonien des Clericus und Lamy, welche beide in dem nämlichen Jahre 1699 herauskamen, schließt sich meine Belesenheit in dieser Art Schriften; und bis dahin finde ich nicht die geringste Spur davon. Verzeihet mir also, ihr neuern Harmonisten, die ich nur den Namen nach kenne, wenn ich vielleicht gegen euch ungerecht bin, indem ich glaube, daß ein so seltner Pfifferling ganz allein auf meines Nachbars *Miste* gewachsen ist. Ich wüßte nicht, wo er sonst hätte wachsen können; es wäre denn, daß auch ihr, letzte Erben des harmonischen Geistes, *Miste* hättet, die eben so treffliche Schwämme hervortrieben.

Doch alle diese Höhnerei prallt auf mich selbst zurück, wenn ich nicht zeige, wie und in welchem Betracht Marcus denn sonst eine andre Erscheinung die erste nennen können, wenn ihm nicht die, welche den sämtlichen Weibern geschahe, die erste sein solle. – Wie? und in welchem Betracht? das wußte der Nachbar wirklich nicht? wirklich nicht? O so hat er nie das Kapitel des Marcus im Zusammenhange gelesen: und er ist ein Laie, er ist ein Laie; und kein Theolog. Nicht als ob die Laien nicht auch müßten die Kapitel im Zusammenhange lesen, aus welchen sie einen Versikel erklären wollen: es ist nur eher von einem treuherzigen Laien, der, mit Luthern zu reden, aber eben so *irrherzig* als *treuherzig* ist, zu besorgen, daß er es unterläßt; als von einem Theologen.

Mehr nämlich braucht es schlechterdings nicht, als das Kapitel des Marcus im Zusammenhange zu lesen, um den garstigen Bilz auf des Nachbars Miste zu zertreten, an dem sich auch ein Schwein vergiften könnte. Denn wem fällt es denn nicht sogleich in die Augen, und wem ist es denn noch nicht in die Augen gefallen, daß Marcus in seinem 16ten Kapitel eine zweifache Kundmachung der Auferstehung Christi erzählt; eine minder authentische und eine ganz authentische? Die minder authentische, ist die Kundmachung derselben durch Engel, und geht bis auf den 9ten Versikel. Die ganz authentische fängt mit dem 9ten Versikel an, und bestehet in den persönlichen Erscheinungen Christi, deren er vornehmlich drei gedenket, unter welchen, und andern ihres gleichen, Marcus so ausdrücklich sagt, daß die der Maria Magdalena ganz allein geschehene die allererste gewesen. – Ich schäme mich vor mir selbst, daß ich scheinen muß, eine solche Catechismusmilch meinem Leser noch vorkauen zu wollen. Aber muß man nicht, jenen verzauberten Kehlen zu gefallen, die oft an einem Tropfen reiner Milch ersticken wollen, und pfündige Kieselsteine ohne Würgen herabschlucken? So mächtig kämpft ihre unglückliche Idiosynkrasie mit allem, was lauter ist, und Nahrung gewähret!

»Ja! wird mein Nachbar antworten, wer die biblischen Schriftsteller *nur so* lesen dürfte, daß er bloß Acht hätte, was jeder selbst sagt! Wenn man nicht immer bei jedem auch ein Auge auf alle übrige haben müßte! Ei freilich, so kann jeder Bauer den Marcus erklären. Aber wir, wir Theologen – –« (wenn er anders diese fallende Larve wieder unter den Hut zu stecken wagt) »wir Theologen dürfen den Marcus durchaus nicht ohne den Matthäus erklären. Denn was hülfe es denn nun, daß wir den Marcus so verstünden, wie ihn jedes Kind verstehen kann: wenn Matthäus dadurch in die Enge käme? Denn erzählt Matthäus nicht ausdrücklich, daß den vom Grabe zurückkommenden Weibern, wo sie nichts als die Botschaft der Engel vernommen, unter Weges nach der Stadt zu, auch Christus in eigner Person erschienen sei? Diese Erscheinung muß ja doch wohl früher gewesen sein, als die, welche der Maria Magdalena allein (nach Johannis XX, 14) geschah, da sie den Herrn für den Gärtner ansah. Wenn nun Marcus in seinem 9ten Versikel eben diese Erscheinung meinet, so war sie ja nicht die erste, und er konnte nur in so fern sagen, daß Maria Magdalena die erste persönliche Erscheinung Christi gehabt, als er zu verstehen gab, (aber selbst nicht glaubte) daß Maria Magdalena immer bei den gesamten Weibern geblieben, und *mit diesen* zugleich auf dem Rückwege nach der Stadt den auferstandenen Christus *zuerst ganz allein* gesehen hätte?« –

Dies ist doch nach des Nachbars Meinung? Nicht? – Er schläft: aber antwortet ihr, die ihr seine Reden im Schlafe für Orakel gehalten! – Nicht?

Und nun muß ich doch erst noch einen Augenblick auf seine Seite treten, und anmerken, daß dem ohngeachtet noch Rat für seine liebe Harmonie gewesen wäre, ohne den Marcus so häßlich zu zerplacken. Wenn er es nicht weiß, wie es zu machen, daß die Erscheinung Christi beim Johannes (XX, 14) noch immer (nach Marcus XVI, 9) die erste bleibt, ohngeachtet Christus auch den sämtlichen Weibern auf dem Rückwege erschienen: so lerne er es von dem Dichter.* – Aber freilich; was ist von einem Dichter zu lernen? Der Dichter will das mit seiner profanen Einbildungskraft zwingen, was nur mit der heiligen Exegetik gezwungen werden muß.

Doch dieser ungenutzte Vorteil ist es nicht, was ich hier meinem Nachbar zur Last zu legen gedächte. Ich gedächte vielmehr, ihm bloß eine kleine Frage vorzulegen, – wenn er wache wieder ist, versteht sich – die nicht bloß den gegenwärtigen einzeln Fall, sondern das ganze Harmonienwesen betrifft.

Nämlich – Denn darin sind wir ohne Zweifel doch einig? daß wenn ein einzelner weltlicher Geschichtschreiber vollkommen mit sich selbst übereinstimmt, so daß das, was er selbst sagt, zusammenhängt und natürlich auseinander fließt: man die Widersprüche, in die er durch die *natürlichste* Erklärung seiner Nachrichten mit andern Geschichtschreibern gerät, lieber auf seiner Rechnung stehen lassen, als durch eine *minder natürliche* Erklärung seiner Worte ihn mit andern vergleichen, und ihn dadurch in Widerspruch mit sich selbst bringen muß. – Ich dächte nicht, daß jemand in der Welt dieses in Abrede sein könnte. Denn woher weiß man, ob der Geschichtschreiber, den ich so auf seine Kosten mit andern übereinstimmig machen, mit diesen andern hat übereinstimmig sein wollen? Ob er nicht vielmehr eben da, wo er mit andern nicht übereinkömmt, diese andere stillschweigend hat widerlegen wollen? – Und nun meine Frage! – Wenn dem so ist: sollte man nicht die nämliche Gerechtigkeit, die wir jedem weltlichen Geschichtschreiber erweisen, vor allen Dingen den Evangelisten, die doch auch Geschichtschreiber sein sollen, und sind, widerfahren lassen, ehe und bevor wir sie zu Werkzeugen des h. Geistes machen, der sich ihrer auf so verschiedene Art bedienen konnte?

Sollten wir das; wäre es nicht mehr als billig: wo bliebe *eure* Harmonie, Wortklauber, Sinnverdreher? Eure! Ich meine nicht jene bessere, die sich begnügt, ein einstimmiges Resultat zu erhalten, und kleine Nebenumstände, die in diesem nichts verändern, so verschieden, so widersprechend sein läßt, als sie wollen. Ich meine nicht eine Harmonie, mit der sich die Christen

---

* Messias, vierzehnter Gesang.

zu Tatianus Zeiten begnügten. Ich meine eine Osiandrische, oder wie die *gemilderten* Osiandrischen Namen haben, (denn sie sind doch alle mehr oder weniger Osiandrisch;) — kurz eine Harmonie, wie sie nur in dem Luthertume entstanden ist, wie sie nur in dem falsch verstandenen Luthertume entstehen können. Diese, diese Harmonie *wächserner Nasen,* die einen jeden Evangelisten in jeder Sylbe retten will, um aus ihnen allen ein Ding zusammen zu setzen, das kein einziger Evangelist für das *Seine* erkennen würde; diese Harmonie, gegen welche allein die Einwürfe meines Ungenannten gerichtet sind, die allein diese Einwürfe *hervorgebracht* hat: wo bleibt sie? wer braucht sie? wer mag sie? wenn wir die Evangelisten vor allererst als gesunde natürliche Menschen schreiben lassen.

Ja, denkt der Orthodoxist: die Evangelisten sind aber auch nicht gesunde natürliche Menschen; sie sind weit *mehr*. Nun dann; so scheue ich mich nicht zu sagen, daß ihnen dieses *Mehr* sehr teuer zu stehen kommt. Man hat jeden von ihnen einzeln zum elendesten Geschichtschmierer herabgewürdigt, um sie zusammen in corpore über alle menschliche Geschichtschreiber zu erheben. —

Aber dieses Allgemeine bringt mich zu weit von dem einzeln Falle, der mich hier beschäftigen soll. Zurück zu ihm. Was ich überflüssiges gesagt, habe ich auf Veranlassung der ohne allem gleichen seienden und ewig bleibenden Mißhandlung des Marcus gesagt, deren sich mein Nachbar unterfangen. Und wohl mir, dem man leicht eine Übertreibung Schuld geben könnte, daß der vorsichtige Nachbar seine Meinung nochmals mit andern Worten wiederholt. Denn auf eine Zwischenrede, deren sich sein Herr A. unterfängt, um ihm zu überlegen zu geben, ob man nicht gar sagen könne, »Marcus habe es nicht einmal gewußt, daß Magdalena eine eigene Erscheinung allein gehabt«, auf diese Zwischenrede antwortete er sehr bedächtig, wie folget. »Das wollte ich wohl nicht gern sagen« — — daß nämlich Marcus nichts von der besonderen Erscheinung gewußt, welche Maria ganz allein gehabt. Wie klug! ja nichts gegen den Marcus behaupten zu wollen, worüber wenigstens ein ganzer Versikel desselben (XVI, 9) für untergeschoben und eingeflickt hätte erkläret werden müssen! — »Sondern«, fährt er fort, »dafür will ich lieber, was ich gesagt, wiederholen.« – Nun gut, ich will es mit ihm wiederholen, um ganz sicher zu gehen. Denn das Herz schlägt mir noch immer von Mitleid, einen ehrlichen Mann, der ohnstreitig die beste Absicht gehabt, so etwas wüstes und wildes sagen zu lassen. Er wiederholt also: »Da Marcus nicht erwähnet, daß Magdalena von den übrigen gelaufen« – (ob er es schon wußte) – »sondern sie in deren Gesellschaft nach dem Grabe gehen läßt« – (welches er schlechterdings nicht hätte tun müssen, da er jenes wußte) – »die Erscheinung des Engels und seinen Auftrag an sie meldet, und der Ausrichtung desselben erwähnet«: – (Der Magdalena hatte der Engel nichts aufgetragen, denn sie war nicht dabei gewesen; und von Ausrichtung des Auftrags des Engels an die übrigen Weiber, sagt Marcus nicht ein Wort. Er sagt vielmehr ausdrücklich, daß sie diesen Auftrag nicht ausrichtet, ὀυδενι ὀυδεν ἐιπον; denn ὀυδενι durch nemini *obvio* zu übersetzen, und so das allgemeine *Niemand* auf die ersten die besten, die ihnen begegnet, einzuschränken, denen sie ihre gehabte Erscheinung nur nicht an den Kopf werfen wollen, ist in der Tat lächerlicher, als die obige Spöttelei zu Hülfe zu rufen. Was Marcus den gesamten Jüngern (v. 10. 11) melden läßt, ist augenscheinlich bloß und allein der Bericht der Maria Magdalena von der ihr besonders geschehenen Erscheinung. Denn Maria kömmt da ganz allein, erzählt ihnen ganz allein, daß der Herr lebe, και ἐθεαθη ὑπ' ἀυτης nicht ὑπ' ἀυτων. Und da dieses alles so ist: – man höre doch; denn so was Treffliches kann man nicht oft genug hören! –) »so meint Marcus die Erscheinung, welche die vereinigten Weiber hatten, und das war ganz recht die erste.« – (Aber wenn diese Erscheinung, die nur Matthäus allein hat, die weder Marcus noch Lucas haben, worauf Marcus also auch keine Rücksicht nehmen wollen, noch nehmen können, so *ganz recht* die erste war: wie kann denn Marcus sagen, daß sie der Maria Magdalena, und der Maria Magdalena allein geschehen? Er wußte ja, daß sie ihr nicht einmal *mit* geschehen war. Und wäre sie ihr auch *mit* geschehen gewesen, hätte er aus diesem Grunde nicht eben sowohl sagen können, daß der Herr der Maria Jacobi, oder der Johanna, oder der Salome zuerst erschienen wäre? Was hätte denn Maria Magdalena für ein Vorrecht gehabt, daß er nur von ihr sagt, der Auferstandene sei ihr zuerst erschienen? –) »Jeder Leser«, wiederholt sich mein Nachbar weiter, als ob er sich bewußt wäre, ganz etwas außerordentlich Kluges und Sinnreiches gesagt zu haben, »jeder Leser, der nichts vom Johannes weiß, muß ihn so verstehen«, – (Widerlegt; oder es ist nie etwas in der Welt widerlegt worden!) – »und wer den Johannes gelesen, sieht leicht, warum Marcus Magdalenens Erscheinung die erste heißt; weil er nämlich die damit meint, welche den Weibern, unter denen er sie zuerst namhaft macht, gegeben war.« – Welch ein Grund! Weil Marcus die Maria Magdalena bei einer Gelegenheit zuerst namhaft macht, wo er sie gar nicht hätte namhaft machen sollen: so muß das, was er klar und deutlich und mit Bestande der Wahrheit bei einer andern Gelegenheit von ihr sagt, nicht von dieser, sondern von jener Gelegenheit zu verstehen sein! –

Und nun wäre ich glücklich wieder da, wo ich oben meinen ersten Absprung nahm; bei den Worten des Nachbars »wie es mit dem Marcus ist, so ist es auch mit dem Lucas« – Also nur noch dieses Einzige von jenem. – Es waren auch einmal Leute, die sich in verschiednes nicht finden konnten, was Marcus von dem auferstandenen Christus erzählt, und denen besonders der 9te Versikel, Αναστας πρωτον ἐφανη Μαριᾷ τῇ Μαγδαληνῇ, an welchem sich der Nachbar ein so herrliches Denkmal gestiftet, ein gewaltiger Anstoß war, weil er, wie Hieronymus sagt,* diversa atque contraria Evangelistis caeteris narrare videatur: – und was taten diese Leute? – Weil sie so fein nicht waren, als der Nachbar; weil sie so viel Exegetik und Griechisch nicht verstanden, als der Nachbar: – denken Sie einmal selbst, lieber Nachbar, – (Ich hoffe, daß Sie dieser Weihrauch aufweckt.) – denken Sie einmal – so unterstunden sich diese unwissenden Grützköpfe, den ganzen Versikel, mit allem, was darauf folgt, für einen fremden spätern Zusatz zu erklären, und den Marcus in ihren Exemplaren mit ἐφοβουντο γαρ zu beschließen. – War das nicht erschrecklich? War das nicht eine so lästerliche Verwegenheit, als nur immer eine zu denken? – Und doch, (unter uns, Nachbar!) wollte ich ebenfalls lieber nicht allein diesen einen Versikel, nicht allein den ganzen Marcus, nicht allein alle vier

* Man sehe die Anmerkung des Millius.

Evangelisten, sondern gerade zu das ganze Neue Testament, mit samt der Offenbarung, unter das alte Eisen werfen: als mir erlauben, einem einzigen Orte darin so mitzuspielen, als Sie dem Versikel des Marcus mitzuspielen sich erdreistet. Unter uns!

Und nun auch gar dem Lucas mitspielen wollen, »mit dem es eben so sein soll, wie mit dem Marcus«. Denn auch er, sagen Sie, übergeht – (aber wußte doch?) »den oft genannten Umstand, den wir aus dem Johannes wissen, und nennet unter den Erzählerinnen der Vorfälle beim Grabe die Maria Magdalena zuerst, ob sie gleich bei der ersten Erscheinung nicht gegenwärtig, und auch die erste Erzählerin wohl nicht gewesen war«. (Wie auch das Lucas gar wohl wußte, der wider sein besseres Wissen nur so verwirrt schreibt, weil ihm der h. Geist die Feder führt. – Kleinigkeit! Aber nun paß auf, gähnender Leser, es wird was zu lachen geben.) »Ganz allein, fährt der Nachbar fort, ganz allein hatte Maria Magdalena die erste Erscheinung gehabt«, – (Nachbar, besinnen Sie sich! Nachbar, woher wissen Sie denn das? –) »vorzüglich voll schien sie davon zu sein, mehr als den andern war ihr den Jüngern zu sagen aufgegeben, und daher wird ihr Bericht, als verschieden von dem, den die Gesellschaft gebracht, besonders genannt, und diesem nicht unbillig vorgesetzt, ob er gleichwohl eine Stunde später eingelaufen sein mochte.« – Fern sei es von mir, daß ich hier das seltsame Antiklimax rügen sollte, dem zu gefallen der Evangelist wissendlich und vorsätzlich ein Hysteronproteron begangen hätte. Freilich ein menschlicher Geschichtschreiber hätte eben darum, weil der Maria Magdalena mehr als den andern, den Jüngern zu sagen, aufgetragen worden, eben darum, wenn es auch die Zeitordnung nicht erfordert hätte, ihren Bericht später beigebracht; weil man natürlicher Weise das Wenigere vorangehen läßt. Aber ein übermenschlicher, ein inspirierter Schriftsteller; ja der! – und so muß ich hiervon schweigen. Nur meine schon eingeworfene Frage muß ich in ihr völliges Licht stellen, wenn mein Leser lachen soll, – Falls er vor Gähnen dazu kommen kann. »Ganz allein«, sagt der Nachbar, »hatte Maria Magdalena die erste Erscheinung gehabt.« – Wirklich, Nachbar? Ums Himmels willen, wo haben Sie denn das her? Das einzige Zeugnis, daß Maria ganz allein zuerst den Auferstandenen persönlich gesehen habe, ist ja der nämliche Versikel beim

Marcus (XVI, 9) den Sie von dieser Erscheinung nicht wollen gelten lassen; von dem Sie erwiesen zu haben glauben, daß darin diejenige Erscheinung die erste genannt werde, die Maria Magdalena mit den übrigen Weibern auf dem Rückwege zugleich gehabt. Der einzige Johannes, der noch eben die Erscheinung (XX, 16) erzählt, von welcher *ich* sage, nicht Sie, daß der von Ihnen so gemißhandelte Versikel des Marcus rede, sagt ja mit keiner Sylbe, daß sie die *erste* gewesen. Denn ob er schon keine andre vorher erzählt, so folgt doch daraus nicht, daß auch keine vorhergegangen. Woher wissen Sie es denn also, daß Magdalena ganz allein die *erste* persönliche Erscheinung Christi gehabt? Ich will doch nicht hoffen, daß Sie die nämliche Stelle zum Beweise sowohl für die gewöhnliche, als für die neuerdings von Ihnen hineingelegte Meinung brauchen wollen? Sie werden ja nimmermehr, wie jener Geizhals, das Futter wieder in der Krippe suchen, von welchem Sie wissen, daß Sie es ihren eignen Pferden herausgestohlen? – Und doch ist es so. Wahrlich, so lange es Ausleger auf der Welt gibt, glaube ich nicht, daß Einem sein untreues Gedächtnis einen so lächerlichen Possen gespielt habe. Merken Sie sich doch, wenigstens aufs künftige, lieber Nachbar, daß, nach dem Lügner, kein Mensch unter der Sonne ein gutes Gedächtnis nötiger hat, als – der elende Ausleger. –

Wenn ich hier, voller Verdruß und Ekel, die Feder aus der Hand würfe: wer könnte es mir verdenken? – Ich bin bis an die Hälfte der Widersprüche, und habe unter allen fünfen *nicht Einen widerlegt* gefunden: da es schon für mich genug wäre, wenn *nur Einer unwiderlegt* geblieben wäre. – Dem ohngeachtet, mutig an die andre Hälfte nur auch!

Sechster Widerspruch

»Nach dem *Matthäus* ist der auferstandene Jesus der Maria Magdalena auf dem Rückweg zur Stadt erschienen: und nach dem *Johannes* vor der Tür des Grabes.«

Legt einem unbefangenen, von keinen harmonistischen Flikkereien etwas wissenden, vernünftigen Leser den Matthäus und Johannes vor: und hört, was er sagt. Wenn sich das nicht widerspricht, so widerspricht sich nichts. Und wie? gestehen denn selbst die Harmonisten nicht, daß hier offenbar ein Widerspruch bleiben würde, wenn sie nicht zu machen wüßten, daß Matthäus das *nicht* sagt, was er doch sagt? Würde der Nachbar selbst den Matthäus so mißhandeln, wie ich oben gezeigt habe, daß er tut, wenn Matthäus, *natürlich* verstanden, mit dem Johannes zu vereinigen wäre? – Matthäus nennt die Maria Magdalena unter den Weibern, die den Leichnam Christi zu salben ausgehen, und am Grabe die Erscheinung der Engel haben, ausdrücklich; eben das tut Marcus ausdrücklich; eben das tut Lucas ausdrücklich: und keiner von allen dreien läßt es mit einer Sylbe vermuten, daß sie von den übrigen Weibern, ehe sie ganz an das Grab gekommen, abgegangen. – Aber Johannes soll diesen Umstand doch haben. – Johannes? – So sagt wenigstens der Nachbar. »Daß Magdalena bei den übrigen Weibern, mit welchen sie zum Grabe ausging, nicht blieb, sondern nach der Entdeckung, daß es geöffnet sei, zurück lief, erzählt *Johannes so deutlich,* daß es wirklich *unbescheiden* ist, ihn mit dem Matthäus in Widerspruch zu setzen.« Hier muß ich wiederum zweifeln, ob ich und der Nachbar einerlei Text des Johannes haben? Unmöglich können wir ihn haben. Denn was in seinem *so deutlich* stehen soll, das steht in meinem gar nicht. In *seinem* soll *deutlich* stehen, »daß Magdalena bei den übrigen Weibern, mit welchen sie zum Grabe ausging, nicht blieb«; und in *meinem* steht nicht einmal, daß sie mit andern Weibern ausgegangen. Mein Johannes läßt die Magdalena ganz allein zum Grabe gehen, und weiß von keinen Begleiterinnen, die sie so übereilt, auf den ersten Anblick des eröffneten Grabes, verlassen hätte. Stünde nun in seinem Johannes nichts anders, nichts mehr: würde der Nachbar sich wohl so entscheidend ausdrücken, und seinem Gegner eine *Unbescheidenheit* vorwerfen, der nur Er schuldig wäre? – Doch warum nicht? – Er scheint gerade der Mann zu sein, der sich am mausigsten macht, wenn er am wenigsten Recht hat. Mein Johannes und sein Johannes sind die nämlichen: und der ganze Unterschied liegt nur darin, daß ich den Johannes mit bloß ungetäuschten Augen, er hingegen durch die Brille seiner Harmonie lieset. In seiner Harmonie steht es, nicht im Johannes, daß Maria, so bald sie von fern das Grab eröffnet siehet, die übrigen Weiber, mir nichts dir nichts, verlassen habe, und nach der Stadt geeilt sei. Bei dem Johannes ist sie weder so unhöflich noch so unbesonnen. Oder will man sie, mit dem Dichter, lieber furchtsam als unbesonnen machen?

Und die Bewohnerin Magdala's kam, sah offen das Grabmahl,
Weggewälzet den Fels, floh, riefs den andern entgegen,
Eilte zurück nach Jerusalem. Aber die Kommenden ließen
Sich nicht schrecken, und gingen heran. –

Gleich viel! Ihr Betragen ist immer gleich unbegreiflich: indem schwerlich ein Weib aus Furcht wegläuft, wo sie sieht, daß mehrere ihres Geschlechts stehen bleiben; oder auch mehr Weiber schwerlich stehen bleiben, wo sie sehen, daß *eine* aus Furcht davon läuft. Aber es ist ja so sichtbar, warum Maria Magdalena eine so lächerlich furchtsame, oder eine so lächerlich unbesonnene Rolle spielen muß. Ließe man sie mit den übrigen Weibern ganz herangehen: so sähe sie mit ihnen zugleich Engel, und nach dem Johannes muß sie noch nichts, als das leere Grab gesehen haben, als sie den zwei Aposteln die erste Nachricht bringt. – Arme Magdalene! Wären die Evangelisten nichts als menschliche Geschichtschreiber: so bliebst du bei Ehren. Denn man hat noch immer einen menschlichen Geschichtschreiber lieber etwas nicht recht wissen, als eine Person, die er einführt, unnatürlich abgeschmackt handeln lassen. Aber so sind die Evangelisten göttlich; d. i. – eine schöne Göttlichkeit! – nicht sowohl das, was jeder von ihnen sagt, ist göttlich, sondern das, das ist göttlich, was wir sie alle einstimmig aus unserm hermeneutischen Sprachrohre können sprechen lassen: und du wirst darüber – arme Magdalene! – – die *Harlequinin* der Harmonie.

Meinen Unwillen aber über des Mannes Unverschämtheit kann ich hier kaum zurückhalten: sagt der Nachbar von meinem Ungenannten. Behüte Gott, daß meine Leser glaubten, ich selbst wäre im Stande, so etwas von meinem Nachbar zu sagen! Ich wüßte nicht, warum ich Unwillen gegen einen Mann haben sollte, mit dem ich Mitleiden habe. Und Mitleiden muß man ja wohl mit einem Manne haben, der folgendes Raisonnement für so bündig halten kann, daß er es mit einem Trumpfe begleiten darf. »Johannes sagt klar, Jesus sei der Magdalena am Grabe erschienen, und Matthäus, er sei den Weibern auf der Rückkehr vom Grabe begegnet. Mußte nun vernünftiger Weise nicht erst bewiesen werden, daß Magdalena unter diesen Weibern gewesen?« – (Mußte? was braucht das erst erwiesen zu werden? Sagt es nicht Matthäus ausdrücklich? Müssen Sie nicht vielmehr beweisen, daß es Matthäus nicht sagt?) – »Dieses geschieht aber nicht, weil es nach Johann. XX, 1–18 nicht geschehen kann.« – (Freilich geschieht es nicht: denn es war geschehen, so bald Matthäus schrieb. So bald Matthäus geschrieben hatte, und ehe Johannes schrieb: wem konnte es auch nur im Traume einfallen, daß Maria Magdalena unter den Weibern nicht gewesen, unter welchen sie Matthäus zuerst nennet? und Marcus nennet; und Lucas nennet? In diesem Zeitraume war es doch wohl ausgemacht, und litte keinen Widerspruch, daß Maria Magdalena unter den Weibern gewesen, denen Christus auf dem Wege nach der Stadt erschienen war? Warum muß es denn, nur seit dem Johannes geschrieben, nicht mehr wahr sein? – Weil es dem, was Johannes schreibt, widersprechen würde? Nun freilich. – Und nichts in den Evangelisten sich widersprechen darf? Und wir sie in allen Worten müssen vergleichen können? – Wer sagt das? Sie vergleichen, wo sie sich vergleichen lassen, ohne daß dem einen oder dem andern Weh geschieht: wer würde das nicht gern wollen? Aber sie auf Kosten eines oder mehrerer Evangelisten vergleichen, welche darüber zu nachlässigen, elenden Geschichtschreibern werden, welche darüber in Widerspruch mit sich selbst kommen, welche darüber wissendlich und vorsätzlich (wie ich erwiesen habe) Lügen niedergeschrieben haben müssen: welchem gesunden Magen ist eine solche Vergleichung nicht unverdaulicher, als alle die Widersprüche, die man damit verglichen und gehoben zu haben versichert?

»Dennoch, fährt der Nachbar fort, setzt der Ungenannte beide Evangelisten in Widerspruch, wie die beiden Ältesten in Israel, die fälschlich wider die Susanna zeugten.« – Diese Erläuterung aus der Geschichte der Susanna hat mir auch nicht gefallen. Aber warum nicht? Weil ich mich mein Tage nicht bereden können, daß Daniel die Richter nicht zu einem sehr falschen Schritte verleitet hätte, wenn sie die Ältesten, auf den bloßen Widerspruch, in den sie fielen, verdammt hätten. Ihr eignes Bekenntnis muß dazu gekommen sein. Der bloße Widerspruch konnte gegen sie nichts beweisen; sondern er war nur die Gelegenheit einer

Überraschung, in der sie ihre Verleumdung gestanden. Und so, sage ich, bleibt es zwar allerdings ein eben so großer Widerspruch, wenn die nämliche Erscheinung an zwei verschiednen Orten soll geschehen sein, als wenn die nämliche Sache zugleich unter einer Eiche und unter einer Linde soll vorgegangen sein: aber derjenige, der des erstern Widerspruchs wegen, wenn er auch immer und ewig in den Evangelisten bleiben müßte, schließen wollte, »also sind die Evangelisten Lügner, also muß man den Evangelisten gar nichts glauben«, der schließt wirklich eben so übereilt, als die Richter geschlossen haben würden, wenn sie bloß darauf die Ältesten hätten steinigen lassen, weil der eine eine Eiche für eine Linde, oder der andre eine Linde für eine Eiche angesehen hätten, indem ihre lüstern Augen nach ganz etwas anderm sahen, als nach den Bäumen der wollüstigen Szene.

Daher mag ich dem Nachbar seinen Trumpf, *der unverschämte Mann!* auch kaum aufmutzen. Er sahe damit vielleicht nicht sowohl auf den Widerspruch, den der Ungenannte zwischen dem Matthäus und Johannes fand: als auf das, was der Ungenannte aus diesem und dergleichen Widersprüchen folgern zu dürfen glaubte. Da befiel ihn denn ein heiliger Eifer; und ich bin noch sehr wohl mit ihm zufrieden, daß er in diesem heiligen Eifer nur rief, *der unverschämte Mann!* und nicht gar ein *Gott schelte dich, Satan!* ausstieß. Was unmittelbar darauf folgt, ist wenigstens so kahl, daß ein förmlicher Fluch nicht übel dazu gepaßt hätte. »Kein Christ hätte vor ihm den absurden Widerspruch, wenn er da wäre, gesehen? Es müssen sehr stolze Leute sein, die so die Religion bestreiten, und sich für Generalpächter des Menschenverstandes halten.« – Vors *erste,* lieber Nachbar, sind Sie ganz unrecht berichtet, daß dieser Widerspruch zwischen dem Matthäus und Johannes, nicht schon längst gerüget worden. Und zum *andern,* was wäre es denn, wenn auch das nicht wäre, und der Ungenannte ihn schlechterdings zu allererst entdeckt hätte? Es ist bis itzt in der Welt noch unendlich mehr übersehen, als gesehen worden. Nur Leute, bei denen alles so bleiben soll, wie sie es von ihrem Professor gehört haben, können sich das nicht einbilden: und diese Leute sind der Wahrheit noch viel schädlicher, als die, die Sie so sinnreich Generalpächter des Menschenverstandes, ich weiß nicht wem nach, nennen. Denn was diese gepachtet haben, das haben sie doch, und sie verkaufen es zur Zeit der Not nur ein wenig teuer. Aber jene! Jene wollen das gar nicht in der Welt leiden, was diese nur ausschließend gepachtet zu haben vermeinen. – Fragen Sie mich aber, lieber Nachbar, wer denn diesen Widerspruch, bei dem wir halten, vor unserm Ungenannten schon gesehen habe? So antworte ich Ihnen nur: daß *Augustinus* sogar schon darauf geantwortet hat. Aber freilich ganz anders geantwortet hat, als Sie. Augustinus nämlich sagt – Lesen Sie es bei ihm selbst nach.* Ich würde nicht fertig, wenn ich vollends mit Ihnen in die ältesten Harmonien gehen wollte, die Sie mir so wenig zu kennen scheinen.

Siebenter Widerspruch

»Bei dem *Matthäus* umfassen die Weiber des Auferstandenen Füße; beim *Lucas* ermuntert der Auferstandene selbst die versammelten Eilfe, ihn zu berühren; beim *Johannes* befiehlt er dem Thomas, ihn mit der Hand zu betasten: nur von der Maria Magdalena, sagt *Johannes,* habe er sich durchaus nicht wollen berühren lassen.«

Wenn sich zwei oder mehrere Evangelisten widersprechen: so bin ich, falls ihre Vergleichung nicht notwendig ist, falls sie nicht höchst natürlich sich ergibt, sehr geneigt, alles so stehn zu lassen, wie es steht, und den Widerspruch lieber zuzugeben, als ihren zwar verschlissenen, aber immer noch ehrwürdigen Purpur mit meinen abstechenden Lappen zu flicken. Bei weiten aber bin ich so nachgebend nicht, wenn man mich bereden will, daß Ein Evangelist sich selbst widerspreche. Denn wie Mehrere nicht Eins sind: so ist auch Eins nicht Mehrere. Wenn der unterrichteste, redlichste Erzähler andern, die mit ihm zugleich erzählen, nicht widersprechen soll: so muß er diesen andern, oder diese andre müssen ihm schreiben helfen; und das möchte ich nicht gern auf die Evangelisten kommen lassen. Hingegen wenn ein Geschichtschreiber sich nicht selbst widersprechen soll: so braucht er nur immer derselbe zu sein, der er war.

Folglich, da in diesem Widerspruch nicht allein Matthäus und Lucas mit dem Johannes streiten, sondern Johannes auch mit

---

* De consensu Evangel. L. III. c. 24.

sich selbst uneinig ist: so habe ich ihn von je her unter diejenigen gerechnet, denen mit leichter Mühe zu begegnen sei. Da nämlich Johannes sagt, daß der Auferstandene sich den Betastungen des Thomas nicht nur nicht geweigert, sondern sie vielmehr aufgefordert; und eben dieser Johannes erzählt, daß der Auferstandene von der Maria Magdalena nicht berührt sein wollen: so kann ich mir nicht einbilden, daß Johannes zwei widersprechende Dinge damit zu verstehen geben wollen; einmal, daß Christus durch seine Fühlbarkeit den zweifelnden Thomas überzeugen; und einmal, daß Christus durch seine Nichtfühlbarkeit die schon überzeugte Magdalena, wenn sie etwa nach ihm griffe, nicht zweifelhaft machen wollen. Denn schlechterdings hat Johannes nur eines von beiden für wahr halten können: entweder daß Christus nach seiner Auferstehung einen fühlbaren körperlichen Körper, oder einen unfühlbaren Scheinkörper gehabt habe.

Und so würde ich ganz gern dem Nachbar zugestehen, daß er auf diesen Widerspruch geantwortet habe, wenn er weniger schnippisch und verächtlich geantwortet hätte. Aber diesen Ton kann man an einem Manne, der nicht mehr Scharfsinn, nicht mehr Gelehrsamkeit zeigt, als Er, so wenig vertragen: daß man vielmehr dadurch gereizt wird, einen Posten zu verteidigen, den man gutwillig verlassen wollte.

Gleichwohl will ich ihm in dieser Absicht nur zu Gemüte führen, daß seine Erklärung der Worte des Johannes, (XX, 17) worauf sich seine ganze Antwort gründet, noch lange so ausgemacht nicht sei, als er glaubt. Sie ist zwar freilich die, seit 150 Jahren, fast allgemein angenommene: aber sie macht doch auch die ganze Stelle so kahl, so leer, so frostig, so komplimentenmäßig, daß nicht zu verwundern, wenn das *gesamte Altertum* weit etwas anderes und mehrers darin gesucht hat. Selbst *Grotius* hängt noch an der alten mystischen Auslegung; und diejenigen, lieber Nachbar, sind eben nicht gleich *kranke Köpfe,* die diese und mehrere Auslegungen der Neuern für wahre Ausleerungen der ausgelegten Stellen halten.

Achter Widerspruch

»Nach dem *Matthäus* und *Marcus,* bescheidet Christus unmittelbar nach seiner Auferstehung, sowohl durch die Engel im

Grabe, als selbst mündlich durch die rückkehrenden Weiber, seine Jünger nach Galiläa: bei dem *Lucas* aber befiehlt er eben denselben, an eben dem Tage der Auferstehung, daß sie sämtlich in Jerusalem bleiben sollten, bis daß der h. Geist über sie ausgegossen würde, welches am Pfingstfeste geschah.«

Auch bei diesem Widerspruche, welchen ich unter allen bisher vorgekommenen, noch am liebsten möchte beantworten können, ist merkwürdig, daß sich jeder Evangelist einzeln sorgfältig gehütet hat, darein zu verfallen. Denn wenn Jesus beides von seinen Jüngern verlangt hätte; wenn er ihnen beides zu verschiednen Zeiten befohlen hätte: so würde derjenige Evangelist, welcher das Gebot an die Jünger, nach Galiläa zu gehen, so einschärft, (Matthäus,) nicht von allen Erscheinungen zu Jerusalem schweigen, und nur der einzigen auf einem Berge in Galiläa gedenken; und derjenige Evangelist, welcher den Auferstandenen seinen Jüngern befehlen läßt, die ersten funfzig Tage nicht aus Jerusalem zu weichen, (Lucas,) würde nicht bloß lauter Erscheinungen in Jerusalem erzählen, und selbst diejenige in Jerusalem bei verschlossenen Türen vorgehen lassen, (XXIV, 41) deren eine sehr gleichförmige Johannes (XXI, 1–13) am Galiläischen Meer erfolgen läßt.

Und dieses alles hat der Ungenannte so handgreiflich auseinander gesetzt: daß ich hier den Nachbar vornehmlich erwartet habe. Nicht, daß ich hoffen dürfte, er würde leisten, was noch kein Ausleger geleistet hat: sondern weil mir einfiel, daß eine blinde Henne manchmal auch ein Korn findet. Das albernste Gewäsche in den Tag hinein, hat oft Gelegenheit zu einem sehr sinnreichen Gedanken gegeben; und gar nicht witzige Leute werden oft durch dringende Verlegenheit, geschwind etwas zu ihrer Verteidigung sagen zu müssen, sehr witzig. Hier wird, dacht ich, die blinde Henne brav scharren: und wer weiß, ob nicht gar ein hübsches Steinchen in dem aufgescharrten Miste sich findet? Das Steinchen wäre denn für mich.

Nun dann! Hier ist das Steinchen, das die blinde Henne aufgescharret hat. Benennen mag es ein andrer: ich halte es für ein Krötensteinchen. Es kann aber auch ein Luchssteinchen sein: denn hohl ist es.

Pfiffig indes, werden manche sagen, sei mein Nachbar doch

für zehn andre. Denn er begnügt sich, diesen achten Widerspruch in eigner Person nur vorzutragen, und nachdem er ihn vorgetragen, wendet sich sein bescheidnes unterrichtendes B. an das unterrichtete und ihn schon wieder unterrichtende A. mit einem *Was sagen Sie dazu?* Und nun sagt das A. wie folget. »Ich sage, was ich öftrer gesagt, unser Autor muß alles durch einander werfen, wenn er Widersprüche zur Welt bringen will. Es ist wahr, daß die Engel und Jesus selbst am Tage seiner Auferstehung, den Weibern befahlen, seinen Jüngern zu sagen, daß sie nach Galiläa gehen, und ihn da sehen sollten; aber es *ist nicht wahr,* daß er an eben diesem Tage ihnen gebot, zu Jerusalem zu bleiben; denn das befahl er ihnen, am Tage seiner Himmelfahrt, wie *jeder sieht,* der Ap. Gesch. I, 3. 4 lesen kann.«

So? das ist nicht wahr? wie jeder sehen kann? – Wie froh bin ich, daß dieses A. sagt, ein Mann, der mir vom Anfange nicht gefallen, weil er ein Zweizüngler ist. Und ein hämischer, boshafter Zweizüngler. – Lieber Nachbar, mit was für Leuten geben Sie sich ins Gespräch! Merken Sie denn nicht, daß dieses tückische A. Sie gern in einen übeln Ruf bringen möchte? Was er da sagt, wird Ihnen Händel machen, weil Sie es mit keiner Sylbe bestrafen.

Oder ernsthafter: Ihr Pfiff, lieber Nachbar, hilft Ihnen nichts, daß Sie eine solche Antwort nicht selbst geben, sondern nur geben lassen. Sie haben zwar vielleicht einmal gehört, daß man in einer Komödie seine Personen kann sprechen lassen, wie man will, wenn es nur mit dem einmal angenommenen Charakter derselben nicht streitet; daß man sie fluchen und lügen und lästern kann lassen, so arg man will; und daß kein Mensch den Komödienschreiber dafür muß ansehen wollen. Aber Unterredungen, die zu Untersuchung der Wahrheit geschrieben werden, sind keine Komödien: und der Verfasser solcher Unterredungen muß für alles stehen, was er nicht darin gelegentlich selbst verwirft, oder wenigstens mit einem mißbilligenden Seitenblicke bezeichnet.

Also, lieber Nachbar, was sagen Sie? den Befehl, vors erste in Jerusalem zu bleiben, habe Christus seinen Jüngern am Tage seiner Himmelfahrt gegeben, wie jeder sehen müsse, der Ap. Gesch. I, 3. 4 lesen könne? – Es ist mir unbegreiflich, wie Sie so etwas so dreist in die Welt schreiben können. Wenn die Bibeln in der Welt noch so rar wären, daß man eine von hundert Meilen her verschreiben müßte: so wäre es noch was. Aber da jeder Ihrer Leser nur die Hand ausstrecken darf, um Sie auf der Unwahrheit zu ertappen – Wahrhaftig, unbegreiflich! ganz unbegreiflich!

So viel ist wahr: daß der Anfang der Apostelgeschichte bis auf den 9ten Versikel, drei verschiedene Absätze hat, die wohl ein Mann durch einander mengen könnte, der im Schlafe zu lesen gewohnt ist. Die *zwei ersten* Versikel enthalten einen bloßen Übergang von dem ersten auf das zweite Buch des Lucas, mit genauer Bemerkung, bis wie weit das erste Buch, sein Evangelium, gehe. Hierauf wiederholt er kürzlich, V. 3. 4. 5 was Christus in den 40 Tagen nach seiner Auferstehung getan und gesagt: und kömmt sodann, im 6ten V. auf die ganz letzte Begebenheit seines ersten Buches zurück, von welcher er den Faden wieder aufnimmt. Diese letzte Begebenheit ist die Himmelfahrt Christi, von welcher wir hier, V. 6. 7. 8 noch einen Umstand erfahren, den Lucas, weil er sich auf die Zukunft bezog, lieber zu Anfang des zweiten, als zu Ende des ersten Buchs erzählen wollte.

Wenn nun der Befehl, daß die Jünger vors erste nicht von Jerusalem weichen sollen, in dem mittelsten Absatze vorkömmt; wenn es nichts weniger als unwidersprechlich ist, daß συνελθόντες v. 6 sich auf συναλιζομενος v. 4 beziehet, und Lucas vielmehr im 6ten Versikel von einer ganz andern Versammlung zu reden anfängt, als deren er im 4ten Versikel gedenkt, wo nur von einer Versammlung der Eilfe die Rede war, anstatt daß im 6ten Versikel eine weit größere Versammlung von Jüngern zu verstehen, die bei der Himmelfahrt gegenwärtig sein sollten; wenn es noch im geringsten nicht erwiesen ist, daß das συναλιζομενος v. 4 nichts als ein bloßes *Zusammenbringen* bedeute, und folglich die beiden ältesten Übersetzer, der Lateinische und Lyrische, die es durch convescens geben, völlig unrecht hätten; wenn sogar es höchst wahrscheinlich ist, daß Lucas mit diesem Worte eben nicht wie Xenophon sich ausdrücken, sondern vielmehr auf eine andere Stelle bei sich selbst verweisen wollen:* wie können Sie

---

* V. Boisii Veteris Interpretis cum recentioribus Collatio, p. 347. Conf. Stokkius ad l. q.

denn sagen, daß jeder, der Apostg. I, 3. 4 lesen könne, sehen werde, Christus habe nicht am Tage seiner Auferstehung, sondern am Tage seiner Himmelfahrt, den Jüngern befohlen, in Jerusalem vors erste zu bleiben? Ich kann doch auch lesen: und sehe das nicht. Aber freilich, ich *will* nicht sehen: und ganz recht; ich will mit fremden Augen nicht sehen, sondern mit meinen. – Wenn Sie sich noch begnügt hätten zu sagen, daß jener Befehl in der Apostelgeschichte nicht eben am Tage der Auferstehung gegeben zu sein *scheine:* so möchte es noch hingehen; falls er an dieser Stelle allein stünde. –

Denn kurz: wozu alles dieses Spiegelgefechte? – Ihre Versündigung ist hier weit größer, als daß Sie bloß Ihre Meinung in einer streitigen Stelle ganz offenbar finden. So was widerfährt uns allen. Das wäre des Rügens nicht wert. Dabei kann man noch immer ein sehr ehrlicher Mann sein. Aber, Nachbar, auch dabei: wenn man nicht allein eine streitige Stelle als nicht streitig für sich anführt, sondern noch dazu eine anderweitige, nicht im geringsten streitige Stelle, die ausdrücklich wider uns ist, *wissendlich* verschweigt? Auch dabei? – Ich lasse es gelten, wenn man auf der Katheder disputiert; wo man sich nur seinem Pro loco würdig zeigen soll. Da gilt allerlei Münze. Aber wenn man vor den Augen der ganzen Welt als ein unparteiischer Untersucher der Wahrheit auftritt, der mit gutem Gewissen muß sagen können, οὐ σπευδω νικησαι κακως, ἀλλα ζητησαι ἀληθως: ist es auch da noch erlaubt, solche Adjunctenstreiche zu spielen?

Es hat nämlich jener Befehl in der Apostelgeschichte, nicht allein eine solche Parallelstelle, aus welcher er erklärt werden *kann:* sondern er hat sogar eine solche, aus welcher er notwendig erklärt werden *muß,* weil es Parallelstelle des nämlichen Verfassers ist. Der nämliche Lucas, welcher in seiner Apostelgeschichte den Tag, da jener Befehl gegeben worden, nicht bestimmt genug ausdrückt: drückt sich in seinem Evangelio so bestimmt darüber aus, daß schlechterdings keine genauere Bestimmung der Zeit möglich ist. Denn wenn läßt er ihn da geben, jenen Befehl? Nicht in der Versammlung der Eilfe, in welcher der Auferstandene *ein Stück vom gebratnen Fische und Honigseims aß?* Und wenn war diese Versammlung? War es nicht die nämliche, bei welcher sich die zwei Jünger, welche nach Emmaus gegangen waren, einfanden? Und wenn gingen diese Jünger nach Emmaus? War es nicht am dritten Tage nach der Kreuzigung Christi? wie sie selbst sagen. War es nicht, wie sie selbst sagen, am Abend des nämlichen Tages, an dessen frühen Morgen die Weiber das Gesicht der Engel gesehen hatten? – Also: am Tage der Auferstehung? –

Was ist hierwider einzuwenden? Nichts, schlechterdings nichts. Entweder hat Christus, nach dem Lucas, seinen Jüngern sogleich am Tage der Auferstehung befohlen, in Jerusalem zu bleiben: oder es ist bei allen Evangelisten nichts klar, nichts ausgemacht. Denn das Deutlichste, was sie uns irgendwo sagen, ist nichts deutlicher, als das.

»Aber, mein Gott!« muß ein ehrlicher Christ denken, der unter diesen Dornen zu wandeln nie für gut befunden, »wenn schlechterdings wider jene Stelle im Evangelio des Lucas nichts einzuwenden ist: wie helfen sich denn gleichwohl die Harmonisten?« Wie sie können, liebe Seele. Das ist, auf die schändlichste, heilloseste, unverantwortlichste Weise. Und da dürfte ich fast meinem Nachbar eine Ehrenerklärung tun. Er ist im Grunde nichts schlimmer, als sie alle; und wenn in Gesellschaft unsinnig sein, den Unsinn entschuldiget, so ist er hinlänglich entschuldigt. Eben die Stelle, die er hier verschweigt, hat sie längst zu einem Verfahren genötiget, bei welchem ich eben so gern die mangelhaften Stücke eines zerrissenen Briefes, mit welchen der Wind spielet, zu meiner Bibel machen möchte. Zu einem Verfahren, welches auch nur stillschweigend billigen, zur Schande der Evangelisten laut erklären heißt, daß in ihnen überall nichts aus dem Zusammenhange zu erklären sei; daß alle ihre Nachrichten, alle von ihnen eingeschaltete Reden Christi, nichts als feuchter Sand sind, der sich nur so lange zusammenballet, als man ihn nicht reibet.

Sie sagen nämlich: Lucas brauche in seinem Evangelio eine Antizipation, und lasse Christum daselbst etwas weit früher sagen, als er es wirklich gesagt habe; welches er selbst Apostelg. I, 3. 4 zu verstehen gebe. – Vollkommen wie Toinette der Medicus im *eingebildeten Kranken!* Die Weise der heiligen Lehrer, mit Luthern zu reden, die Schrift so zu erklären, daß sie helle klare Sprüche nehmen, und machen damit die dunkeln Wankelsprüche klar: diese Weise war so alt, so abgenutzt! Warum sollen sie das Herz nicht einmal verlegen? warum sollen sie, wenigstens zur Veränderung, das Ding nicht einmal umkehren, und die dunkeln Wankelsprüche nehmen, um damit in die allzuhellen allzuklaren Sprüche eine angenehme Dämmerung zu bringen?

Oder sie sagen mit andern Worten: Lucas habe, dort in seinem Evangelio, zwei Reden Christi in eine geschmolzen; zwischen dem 43ten und 44ten Versikel, die Lucas freilich mit eisern Klammern verbunden zu haben scheine, die er mit Einem Zuge der Feder geschrieben, oder in Einem Atem seinem Schreiber vorgesagt, liege nicht weniger als eine Zeit von 40 Tagen; von dem einem Versikel auf den andern mache Christus mit seinen Jüngern einen kleinen Sprung von Jerusalem bis Bethania. – Und warum nicht? Tausend Jahre sind ja vor Gott wie ein Tag: mit einer Spanne umfaßt er ja die ganze Erde. Folglich sind 40 Tage vor ihm nur wenige Sekunden; folglich ist ihm der Abstand von Jerusalem bis Bethania, ein Punkt der in den andern fällt: und aus Vernachlässigung dieser wenigen Sekunden, aus dieser Verwechselung der rechten Seite eines Sonnenstäubchens mit dessen linker, wagt man es, dem Lucas ein Verbrechen zu machen? – Sie wären es fähig diese Herren, ihre harmonische Mißhandlung so zu rechtfertigen. –

Wahr ist es, daß ihnen schon Tatian gewissermaßen vorgegangen, als welcher den 49ten Versikel in dem letzten Kapitel des Lucas, auf eine eben so gewaltsame Art trennet, und zwischen das wiederholte Versprechen Christi, seinen Jüngern die Verheißung seines Vaters zu senden, und den unmittelbar darauf folgenden Befehl, in Jerusalem zu bleiben, ich weiß nicht wie viel Erscheinungen noch einschaltet, deren die andern Evangelisten gedenken. Aber wie dieses überhaupt für sie nichts beweisen, sondern nur zeigen würde, wie früh es schon Leute gegeben habe, die sich alles mit den Evangelisten erlaubet, um nur ein Ganzes aus ihnen zusammensetzen zu können, das nach ihrem Kopfe wäre: so antworte ich hierauf noch folgendes insbesondere. Vors *erste* ist noch eine große Frage, ob wir den wahren Tatian haben. *Zweitens*, hätten wir ihn auch, und wäre es eben derselbe, den uns Victor Capuanus aufbehalten: so ist klar, daß sein Werk nichts weniger als eine Harmonie, in dem uns gebräuchlichen Verstande dieses Wortes, ist, oder sein soll; es ist ein bloßer Faden, auf welchen er taliter qualiter die Erzählungen der Evangelisten gereihet; es ist ein bloßes βιβλιον συντομον, dessen sich die gemeinen Christen in aller Einfalt bedienten. *Drittens* bitte ich nicht zu vergessen, daß die rechtgläubige Kirche mit der Arbeit des Tatian nur schlecht zufrieden war; nicht allein wegen verschiedner Auslassungen, die er zu Gunsten seiner Enkratitischen Irrtümer machte, sondern auch wegen der Zusammensetzung des beibehaltenen und unverfälschten Textes der Evangelisten selbst. Denn Theodoret gibt ihm eine κακουργιαν της συνθηκης Schuld, worunter ich mir nichts anders denken kann, als daß er, wo es ihm vorteilhaft gewesen, solcher gewaltsamer Trennungen der Worte des Herrn mehrere zu machen sich unterstanden, als diese eine ist, die in dem Werke etwa noch übrig geblieben, das gegenwärtig seinen Namen führt.

Wenigstens ist gewiß, daß keiner von den nachfolgenden Kirchenvätern, weder die Trennung des 49ten Versikels, noch die Trennung des 43ten und 44ten gebilliget, und sich dadurch aus der Verlegenheit zu helfen gesucht, daß Christus an dem nämlichen Tage seinen Jüngern in Jerusalem zu bleiben, und nach Galiläa zu gehen, befohlen.

Hieronymus sicherlich nicht; dem Hedibia diesen nämlichen achten Widerspruch meines Ungenannten zur Auflösung vorlegte. Denn Hieronymus sagt bloß, daß die Erscheinungen Christi in Jerusalem für keine eigentliche Erscheinungen zu rechnen, als in welchen er nur pro consolatione timentium videbatur, et videbatur breviter, rursumque ex oculis tollebatur. In den Erscheinungen in Galiläa hingegen wäre tanta familiaritas et perseverantia gewesen, ut cum eis pariter vesceretur. Nun ist zwar freilich unbegreiflich, wie Hieronymus fortfahren, Unde et Paulus Apostolus refert, eum *quingentis simul apparuisse discipulis.* Et in Joanne legimus quod piscantibus Apostolis *in littore steterit et partem assi piscis favumque comederit:* quae verae resurrectionis indicia sunt, und unmittelbar darauf hinzu setzen können: In Hierusalem autem nihil horum fecisse narratur. Denn wie war es immer möglich, daß Hieronymus einer Bibelleserin, wie Hedibia war, so etwas schreiben konnte? Hedibia mußte notwendig sehr sonderbare Begriffe, entweder von der Übereinstimmung der verschiednen Exemplare des neutestamentlichen

Textes, oder von der Bekanntschaft des Hieronymus mit demselben, bekommen. Der auferstandene Christus habe in Jerusalem nicht gegessen? Steht denn nicht in seinem eignen Lucas: at illi (die in *Jerusalem* versammelten Jünger, zu welchen die von Emmaus zurückgekehrten kamen) obtulerunt ei partem piscis et favum mellis? Folgt denn nicht auch in seinem Lucas: et cum manducasset coram eis? Wie gesagt; diese Vergeßlichkeit des Hieronymus ist mir ganz unbegreiflich: eben so unbegreiflich als es mir ist, daß sie sonst niemanden, so viel ich wüßte, vor mir aufgefallen. Dieser einzigen Stelle wegen, wenn ich Herausgeber des Hieronymus gewesen wäre, würde ich, ohne weiteres Bedenken, die ganze Antwort auf die zwölf Fragen der Hedibia, nicht bloß unter die ἀμφιβολως νοθα, sondern gerade zu unter die ψευδεπιγραφα indocta dieses Kirchenlehrers geworfen haben. Denn was kann ungelehrter für einen Ausleger der Schrift sein, als wenn ihm die ausdrücklichen Worte derselben so wenig gegenwärtig sind? Wäre es sonst einem wohl zu verdenken, der diese Vergeßlichkeit des Hieronymus nur für angenommen ausgäbe, weil er der Hedibia nichts gescheiders zu antworten wußte? – Doch was mache ich mir für Sorge? Die Benediktiner, deren neueste Ausgabe ich nicht nachsehen kann, werden da schon andern Rat gefunden haben!

Eben so wenig, und noch weniger als Hieronymus, läßt es sich Augustinus einfallen, jenes doppelten einer den andern aufhebenden Befehls wegen, eine und eben dieselbe Rede beim Lucas halb in Jerusalem, und halb vierzig Tage hernach in Bethania halten zu lassen. Auch geht er mit Beantwortung des daraus entspringenden Einwurfs schon weit feiner zu Werke. Da nämlich Marcus, welcher eben sowohl als Matthäus, den Befehl hat, daß die Jünger nach Galiläa gehen sollen, ganz und gar keiner Erscheinung in Galiläa gedenke; da der Engel beim Matthäus nicht gesagt habe, »praecedit vos in Galilaeam, ibi *primum* eum videbitis; aut, ibi *tantum* eum videbitis; aut, *non nisi* ibi eum videbitis,« als in welchen Fällen Matthäus den übrigen Evangelisten freilich widersprechen würde; da Matthäus den Engel bloß sagen lasse: *ibi eum videbitis,* non expressum est quando id futurum esset, utrum quam primum antequam alibi ab eis visus esset; an postea quam eum alicubi etiam praeterquam in Gali-

laea vidissent: so glaubt Augustinus, Christus habe zwar freilich wohl den Jüngern versprechen lassen, irgend einmal in Galiläa ihnen zu erscheinen, in der Tat aber liege doch in dem Befehle, daß sie ihm nach Galiläa *folgen* sollten, noch ganz etwas anders. Und was? Was anders als ein Mysterium, welches in der wörtlichen Bedeutung des Namens *Galiläa,* wie die Dotter in der Schale des Eies, eingeschlossen liege. Galilaea namque, sagt er, interpretatur vel transmigratio, vel revelatio. Und nun nehme man das eine oder das andere: die Sache ist klar; und das praecedit vos in Galilaeam wäre genau erfüllt worden, auch wann der auferstandene Christus ganz und gar nicht nach Galiläa gekommen wäre. Denn vors *erste,* secundum transmigrationis sententiam: transmigrierte nicht nunmehr die Gnade Christi zu den Heiden? Vors *zweite,* secundum illud, quod Galilaea interpretatur revelatio: wo sonst, als in Galiläa, offenbarte sich Christus zuerst in derjenigen Gestalt, in welcher er dem Vater gleich ist? –

Wie nüchtern! wie nüchtern! werden mir die Exegeten seit heute und gestern zurufen. – Meine Herren, es kann wohl sein. Und obschon auch Hieronymus an einem andern Orte,[*] wo er sich vermutlich besann, daß jene der Hedibia gegebene Antwort nicht weit reichen möchte, sogar zu einer mystischen Auslegung seine Zuflucht nimmt: die mystischen, so wie die allegorischen Auslegungen, sind freilich ein wenig nüchtern. Gleichwohl, ich muß es nur zu meiner Schande gestehen, – die nüchternste von allen mystischen und allegorischen Auflösungen unauflöslicher Knoten, dünkt mich unendlich besser, als Ihre alexandrischen, meine Herren, mit dem Schwerte. Denn jene sind doch nur Spiele, leere Versuche: und Ihre, sind Mißhandlungen, tätige Vergehungen, die Sie, an einem bloß menschlichen Schriftsteller auszuüben, sich selbst schämen würden. –

Ehe ich hierüber bittrer werde, will ich nur weiter gehen.

Neunter Widerspruch

»Nach dem *Matthäus* geschieht die Erscheinung in Galiläa auf einem Berge, dahin Christus seine Jünger beschieden hatte: nach

[*] Comment. in Matthaeum.

dem *Johannes* geschieht sie am Ufer des Galiläischen Sees bei Tiberias. Da und dort unter ganz verschiednen Umständen.«

Das gibt mein Nachbar mit beiden Händen zu. Nur ist dem guten Mann sehr traurig, daß ein Mensch, der doch Berg und See unterscheiden könne, aus zwei so sichtbar verschiednen Erscheinungen lieber einen Widerspruch schmieden, als sie unterscheiden *wollen*.

Endlich steht einmal das Wörtchen *wollen* am rechten Orte. Der Ungenannte *wollte* nicht: weil er glaubte, nicht zu *dürfen*. Der Nachbar aber *will:* ohne sich zu bekümmern, ob er *darf*.

Zwar sagt der Nachbar, daß weder Matthäus noch Johannes den Ungenannten auf irgend eine Weise veranlassen können, beide Erscheinungen für eine zu halten: daß es folglich kaum wert sei, auf den ganzen Widerspruch zu antworten. Er macht hiermit auch in der Tat links um, marschieret ab, und schießt Victorie.

Aber, lieber Nachbar, wenn Sie von Ihrer glorreichen Expedition glücklich wieder nach Hause sind: wollen Sie wohl Folgendes in Betrachtung zu ziehen *geruhen,* um wenigstens ex post zu urteilen, ob Sie sich den Sieg so leicht hätten machen sollen?

Die Erscheinung, die den Eilfen auf dem Berge geschah, ist die einzige, deren Matthäus gedenkt, deren Matthäus, zu Folge des Versprechens, welches bei ihm der auferstandene Christus seinen Jüngern tun läßt, gedenken mußte. Wäre es daher auch *nur* Matthäus, aus dem wir unsere Nachrichten von der Auferstehung Christi schöpfen könnten und müßten: so würde man nicht unrecht annehmen, daß diese einzige erzählte Erscheinung, auch die einzige geschehene gewesen. Ja, ich bin ganz sicher, daß sodann unsre Theologen schon längst die Gründe ausfindig gemacht hätten, warum der auferstandene Christus nicht mehr als einmal hätte erscheinen können und müssen.

Nun aber, da wir mehrere Evangelisten haben, die eben so glaubwürdig sind als Matthäus; da jene andere Evangelisten mehrere Erscheinungen berichten: so ist freilich aus dem Stillschweigen des Matthäus nicht zu schließen, daß er damit, daß er nur einer Erscheinung gedenkt, andeuten wollen, daß es auch nur eine Erscheinung gegeben. Sondern die Sache ist nunmehr nur die, daß wir die einzige Erscheinung bei dem Matthäus unter die anderweitigen Erscheinungen so einschalten, daß weder jene anderweitige, noch diese eingeschaltete etwas dabei leiden.

Bloß nach den Worten zu urteilen, die Christus bei der galiläischen Erscheinung auf dem Berge zu seinen Jüngern redet: sollte man meinen, daß diese Erscheinung, wenn es nicht die erste und letzte gewesen, doch wenigstens die letzte gewiß gewesen sein müsse. Denn Christus erteilet ihnen da seine letzten Befehle, und nimmt förmlich von ihnen Abschied. Doch da wir aus dem Lucas wissen, daß die Himmelfahrt ohnfern Jerusalem, und nicht in Galiläa geschehen; und die letzte Erscheinung doch wohl die Erscheinung bei der Himmelfahrt muß gewesen sein: so fällt die Galiläische Erscheinung irgendwo *zwischen* die übrigen.

Und auch dieses *irgendwo* läßt sich näher bestimmen: indem wir mehr als eine von den übrigen Erscheinungen angeben können, welche notwendig vor ihr hergegangen sein müssen. Nämlich, nicht allein alle die einzeln Erscheinungen am Tage der Auferstehung, bei welchen Thomas nicht zugegen war; nicht allein die Erscheinung acht Tage darauf, welcher Thomas beiwohnte, müssen vor ihr vorhergegangen sein: sondern sogar die am See Tiberias, welche Johannes berichtet, kann nicht anders als früher gewesen sein. Dieses erhellet aus Johannis XXI, 14 unwidersprechlich, wo dieser Evangelist letztbenannte am See Tiberias ausdrücklich die *dritte* an der Zahl nennet; welches, da es ihm selbst widersprechen würde, wenn man es von jeder einzeln Erscheinung, die etwa nur einer oder weniger Personen geschehen war, verstehen wollte, notwendig nur von den solennern unter einer beträchtlichen Anzahl geschehenen Erscheinungen zu verstehen ist; dergleichen die bei verschlossenen Türen, und diejenige, welche acht Tage darauf erfolgte, gewesen waren. Nach diesen beiden, sagt Johannes, war die am See Tiberias die dritte. Grotius hatte hier keinen glücklichen Einfall, wenn er dieses *drittemal* beim Johannes, auf die Zahl der Tage will gezogen haben, an welchen Christus erschienen. Denn er vergaß in dem Augenblick, wie die Juden ihre Tage zu zählen pflegen, als wonach sich nicht sagen läßt, daß die Erscheinung bei verschlossenen Türen, mit den Erscheinungen am Grabe an dem nämlichen Tage geschehen wären. Fallen diese und jene aber auf zwei verschiedne Tage: so war die Erscheinung in Gegenwart des

Thomas die dritte, und die am See Tiberias müßte die *vierte,* nicht die dritte gewesen sein.

Mag man aber doch jenes *drittemal* beim Johannes verstehn und auslegen, wie man will: genug, daß die Harmonisten alle, keinen einzigen ausgenommen, einmütig die Erscheinung am See Tiberias vor der Erscheinung auf dem Berge vorhergehen lassen. Nun sind dieser Berg und dieser See beide in Galiläa: beide Erscheinungen sind also in Galiläa geschehen, beide sind zu Folge der Verheißung Christi geschehen, daß er seinen Jüngern daselbst sichtbar werden wolle. Und das, lieber Nachbar, sehen Sie, das macht die Schwierigkeit, aus welcher nach der Meinung des Ungenannten, und auch ein wenig nach meiner, bei aufrichtiger Entwicklung, nichts geringers als ein formeller Widerspruch erwächst.

Denn lassen Sie uns doch nur die Erscheinung auf dem Berge etwas genauer erwägen. Derjenige Evangelist, (Matthäus,) bei dem der auferstandene Christus seinen Jüngern zweimal befehlen läßt, unverzüglich nach Galiläa zu gehen, *wo sie ihn sehen würden,* ist, wie gesagt, der einzige, der dieser Erscheinung auf dem Berge gedenkt; ist der, der sonst durchaus keiner andern Erscheinung gedenkt; ist der, der dieser Erscheinung mit dem Zusatze gedenkt, daß eben auf diesen Berg sie *Christus beschieden.* Gesetzt nun aber auch, daß dieser Zusatz, *dahin sie Christus beschieden hatte,* sich nicht auf den Berg, sondern bloß auf Galiläa bezöge: so bleibt doch noch immer, auch ohne diesen Zusatz, die Erscheinung auf dem Berge die *anberaumte* Erscheinung; und muß folglich, wenn ich schon nicht sage, die erste von allen Erscheinungen überhaupt, aber doch ganz gewiß die erste von allen Galiläischen Erscheinungen gewesen sein. Das ist notwendig; das ist unwidersprechlich: oder Matthäus (man merke das wohl!) Matthäus, der zu allererst schrieb, der nicht wissen konnte, was und wie viel der h. Geist nach ihm durch andere Evangelisten würde ergänzen, würde berichtigen lassen, Matthäus hat als Einer geschrieben, in dem nicht ein Funken Menschenverstandes glimmet. Denn so, wie kein vernünftiger Mensch mit seinen Freunden eine zweite, dritte Zusammenkunft verabredet und anberaumet, ohne zu wissen, wo und wenn die erste geschehen soll: so kann auch kein vernünftiger Geschichtschreiber von Anberaumung einer Zusammenkunft sprechen, und in Erfolg dieser Anberaumung, ich weiß nicht welcher zweiten, dritten Zusammenkunft gedenken, ohne von der, welche die erste und nächste nach der Anberaumung gewesen, ein Wort zu erwähnen.

Ist es aber notwendig, lieber Nachbar, daß die Erscheinung auf dem Berge, die erste Galiläische Erscheinung muß gewesen sein; ist es zugleich ausgemacht, daß dem ungeachtet die Erscheinung an dem See Tiberias, dem sogenannten Galiläischen Meere, vor jener Erscheinung vorhergegangen: nun so haben wir ja zwei erste Galiläische Erscheinungen. Zwei erste! – – Zwei gar? Ei, lieber Nachbar, was ist denn das, *zwei erste?* Ist es ein Rätsel? oder ist es ein Widerspruch? Mir ist es nur ein Rätsel. Dem Ungenannten war es ein Widerspruch. Und Ihnen, Nachbar? O! Ihnen ist es weder das eine, noch das andre. Ihnen sind zwei erste, zwei erste! Sie können nichts, als den Mann beklagen, der zwei so verschiedne Zwei lieber in Widerspruch stellen, als trennen will. Die Kleinigkeit, daß sowohl das eine als das andre von diesen Zwei, in einem und eben demselben Betracht das Erste sein soll, ist ja so eine Kleinigkeit! –

Mehr will ich hierüber nicht sagen. Wer gewisse Dinge nicht sogleich fühlt, dem sind sie auf keine Weise fühlbar zu machen. Der

Zehnte Widerspruch

ohnedem, ist mit dem *neunten* so genau verbunden, daß ich bei Gelegenheit seiner noch alles nachholen könnte, was ich etwa bisher beizubringen vergessen hätte. Ja, er ist, dieser zehnte Widerspruch, nichts als die fernere stückweise Auseinandersetzung des Neunten. Und dieser Stücke macht der Ungenannte besonders drei, in welchen allen seine erkannten Widersprüche sehr leicht zu rechtfertigen sind, nachdem wir in dem Vorigen den Hauptgrund derselben gesichert haben.

Nämlich; wenn der Ungenannte berechtiget gewesen ist, die Erscheinung auf dem Berge, und die Erscheinung am Meere in Galiläa, für einerlei Erscheinung zu halten, die nur, durch die immer wachsenden Abweichungen der mündlichen Erzählung in den ersten dreißig bis vierzig Jahren, zu solcher Verschiedenheit gediehen; (er war zu dergleichen aber dadurch berechtiget, weil die Erscheinung auf dem Berge, als die *anberaumte* Erscheinung, notwendig die erste, wenigstens die erste in Galiläa sein mußte, und gleichwohl die Erscheinung am Galiläischen Meere, nach der Rechnung des Johannes, noch vor jene fällt:) so ist er allerdings auch berechtiget gewesen, darin einen Widerspruch zu finden, daß Matthäus die Galiläische Erscheinung zur ersten macht, Johannes aber vor selbiger zwei Erscheinungen zu Jerusalem vorhergehen läßt.

Nun hätte ich, meines Teils, hierauf bloß geantwortet, daß Johannes die Erscheinungen überhaupt zähle, Matthäus aber nur die erste und vornehmste Erscheinung in Galiläa namhaft mache; als welches nach seiner einmal gemachten Anlage genug war. Doch mein Nachbar weiß den Aal ganz anders zu fassen; weil Matthäus, sagt er, kein Protokoll abgeschrieben habe, weil er nur der einen Erscheinung erwähne, weil er (Er, der erste Evangelist!) nicht für nötig gehalten, seinen Lesern von mehrern etwas zu melden: so sei aus ihm überhaupt nicht zu schließen, in welcher Ordnung die Erscheinung auf dem Berge gefolgt sei. Freilich; Ordnung ist nur unter den Mehrern: aber Eines, was aus diesen geordneten Mehrern herausgerissen wird, muß doch noch immer Merkmale seines gehabten Platzes behalten, oder man hat, auf eine höchst unvorsichtige Art, dieses Eine für das Einzige erklärt. Auch hat Matthäus seiner *einen* Erscheinung noch immer jene Merkmale gelassen; indem er sagt, daß es die *anberaumte* gewesen. Nur die Harmonisten halten für gut, auf diese seine Anberaumung gar nicht zu achten, und ihn die erste die beste Erscheinung aus dem Glückshafen greifen zu lassen. Mein weltkluger Nachbar will ein Gleichnis aus der neuesten Geschichte geben, und sagt: »Es kömmt die Rede auf den letzten Krieg, ich erwähne besonders der Schlacht bei Roßbach; erkläre ich sie dadurch für die erste oder letzte?« Ei nicht doch! Sie könnten so einen Fehler machen! Aber, lieber Nachbar, wenn Ihnen ein andrer den ganzen letzten Preußischen Krieg in folgendem Epitome erzählen wollte, »(Der König, nachdem er fast aus allen seinen Staaten vertrieben war, hatte sich die vornehmsten seiner Feinde, die Franzosen und Reichstruppen, nach Sachsen wie bestellt. Sie kamen voll Übermuts und Spottes, als hätten sie den Sieg schon in Händen. Aber, wie ein Donnerstrahl aus hellem Himmel, überfiel er sie bei Torgau. Da erkannten sie wieder, mit wem sie es zu tun hatten, und machten Friede; etliche aber blieben noch seine Feinde:)« was würden sie von einem solchen Erzähler wohl denken? Würden Sie ihn auch durchhelfen wollen, wie Sie den Matthäus durchzuhelfen suchen? Denn gerade ein solcher Erzähler wäre, nach Ihrer Auslegung, Matthäus. Er ließe Christum seine Jünger nach Galiläa bestellen, wo sie ihn sehen würden: und hierauf verschwiege er nicht allein, daß, ungeachtet dieser Bestellung, er ihnen erst an andern Orten mehrmalen erschienen sei; sondern gedächte auch nicht einmal seiner ersten Erscheinung dort in Galiläa; gedächte anstatt der ersten, wenigstens anstatt der frühern, welches die am Ufer der See gewesen, einer spätern, und wer weiß wie viel spätern, auf einem Berge! – Aber, Gott Lob, daß Matthäus nur nach Ihrer Auslegung, lieber Nachbar, ein so abgeschmackter Erzähler ist! Nur nach der Auslegung der abgeschmackten Harmonisten, ein so abgeschmackter Erzähler! Man bleibe ihm mit diesen vom Leibe: und er erzählt als ein planer gesunder Mann, dessen Erzählung wohl unrichtig sein kann, aber ungereimt doch wahrlich nicht ist.

Eben so ist es mit den übrigen Umständen beschaffen. Matthäus und Johannes widersprechen sich offenbar in jedem derselben, sobald man annehmen muß, daß die Erscheinungen am See Tiberias und auf dem Berge, ursprünglich nur eine Erscheinung gewesen.

Umsonst schreien Sie, lieber Nachbar, so laut und so oft: »Aber wer heißt euch, das annehmen? Aber könnt ihr denn nicht zwei zählen? Wer hier nicht Zwei zählen kann, muß nicht *wollen!*« – Gott erbarms! wir wollten gern: aber wie können wir? Wie können wir Zwei zählen, da wir nicht wissen, wo wir anfangen sollen? nicht wissen, welches wir Eins nennen sollen? Will ich die Erscheinung an dem See, mit dem Johannes, *Eins* nennen; so ruft die Erscheinung auf dem Berge: »Nein, ich bin *Eins*, oder mein Gewährsmann Matthäus war blödsinnig.« Will ich nun diese *Eins* nennen; so ruft mir Johannes entgegen: »darfst du mich Lügen strafen? Glaubst du, daß ich nicht drei zählen kann?« – So werden wir ewig von einer Seite zu der andern geworfen; zählen ewig Eins und Eins: und kommen in alle Ewigkeit nicht bis auf Zwei.

Wie bewundre ich Sie, lieber Nachbar! wie bewundre ich Sie! Sie können Zwei zählen: und was das Sonderbarste ist, können mit dem nämlichen Zahlpfennige, in die Hand eines jeden Kindes, zwei zählen! – Ist das Kind artig: so lächelt es, und schweigt. –

Und schweigt. – O daß ich nicht auch so artig gewesen bin, wie dieses Kind! daß ich nicht auch jeden neuen Druck des nämlichen Zahlpfennigs für einen neuen Zahlpfennig mehr, lächelnd hingenommen und geschwiegen habe!

Doch diese Reue kömmt zu spät: auch ist das Übel, unter dessen Gefühl sie mich am meisten nagen könnte, überstanden; ich bin fertig. Ich bin fertig: fertig mit Verteidigen und Beantworten. Nicht zwar fertig, mit Verteidigung meines ganzen Ungenannten, der ich weit entfernt bin, mich zu unterziehen; nicht zwar fertig, mit Beantwortung der ganzen Schrift meines Nachbars, die ich nicht einmal ganz lesen mögen: aber doch fertig mit Verteidigung dessen, was ich von den Fragmenten des Ungenannten zu dem Meinigen gemacht habe; aber doch fertig mit Beantworten dessen, was in den Unterredungen meines Nachbars gegen das gerichtet ist, wovor ich mit dem Ungenannten für einen Mann zu stehen, mir einfallen lassen.

Gott verhüte! daß ich mich mit diesem auf ein Mehrers einlassen sollte, was mir etwa, selbst bei der flüchtigen und nur mich betreffende Dinge suchenden Durchlesung, als contraband aufgestoßen wäre. Er behalte, z. E. was er von der gänzlichen Unwissenheit eines geistlichen Messias sagt, in welcher die Apostel bei Lebzeiten Christi schlechterdings gestanden, unangefochten! Er behalte unangefochten, was er von dem spöttischen Unglauben der versammelten Jünger sagt, als die von Emmaus zu ihnen eintreten! Er kitzele sich an so skandalösen Albernheiten immerhin; und freue sich, mit dem mutwillig ausgebrochenen und zerschlagnen Schlußsteine eines wichtigen Bogens, unbedeutende Lücken zugemauert zu haben! Was geht es mich an? Ich will fertig sein, und bin fertig.

Habe ich aber meine Muße, auch so schon, nicht zum Besten angewandt: was tut das? Wer weiß, ob ich sie mit etwas andern nicht noch schlechter angewandt hätte? Mein Vorsatz war es wenigstens, sie gut anzuwenden. Meine Überzeugung war es wenigstens, daß ich sie *so* gut anwenden könne. Ich überlasse es der Zeit, was meine aufrichtig gesagte Meinung wirken soll und kann. – Vielleicht *soll* sie so viel nicht wirken, als sie wirken *könnte.* Vielleicht soll, nach Gesetzen einer höhern Haushaltung, das Feuer noch lange so fortdampfen, mit Rauch noch lange gesunde Augen beißen, ehe wir seines Lichts und seiner Wärme zugleich genießen können. – Ist das: so verzeihe Du, ewige Quelle aller Wahrheit, die allein weiß, wenn und wo sie sich ergießen soll, einem unnütz geschäftigen Knechte! Er wollte Schlamm dir aus dem Wege räumen. Hat er Goldkörner unwissend mit weggeworfen: so sind deine Goldkörner unverloren!

Nach diesem unwillkürlichen Ausbruche meiner innigsten Empfindung, darf ich ruhig auf den Schlamm zurück sehen, den ich hier zu Haufe geführt habe.

Auf diesen Schlamm, auf diesen Schlamm, großer Gott! wenn auch einige Goldkörner darunter wären, versetzt trotzig und keck mein Nachbar das vollendete Gebäude seines Glaubens!

Denn hier muß ich meinen Leser an die obigen Standorte erinnern, auf welchen mein Ungenannter, und ich, und mein Nachbar halten. An meines Ungenannten zu voreiliges *auch darum;* an mein bescheidenes *obschon;* an meines Nachbars dreistes *denn.*

Welch ein Mann, mein Nachbar! welch ein Christ! Die Widersprüche, aus welchen mein Ungenannter zu viel schloß; die Widersprüche, die ich der Wahrheit unbeschadet zugebe; diese Widersprüche – Nein, nicht diese Widersprüche – die Antworten, die glücklichen Antworten, die sein Scharfsinn so sonder alle Mühe auf diese Widersprüche fand, – diese seine, – wie man will, – kunstlosen oder kunstreichen Antworten, – was spott ich? – Diese ekeln Mißgeburten seines eigenen Gehirnes – deren man freilich den langen Tag über nicht so viele ersäufen kann, als er die folgende Nacht wieder auszubrüten im Stande ist: sind das, was seine Überzeugung an der Gewißheit der Auferstehung Christi *vollendet* hat.* Zwar zweifelte er nie an diesem großen

---

* Unterr. S. 1.

Vorfalle: aber doch nach dem Angriffe meines Ungenannten, nachdem ihm dieser Gelegenheit gegeben, schärfer zuzusehen, und mit Bewunderung zu bemerken, wie auch in anscheinenden Kleinigkeiten die Evangelisten so genau sind: wie weit stärker und fester ist sein Glaube geworden!* Und nun sage man mir noch mehr, daß die Einwürfe der Ungläubigen nichts Gutes stiften!

Gott! Gott! worauf können Menschen einen Glauben gründen, durch den sie ewig glücklich zu werden hoffen!

Nur noch ein Wort von mir selbst: und ich schließe. – Ich fühle es sehr wohl, daß mein Blut anders umfleußt itzt, da ich diese *Duplik*** ende, als da ich sie anfing. Ich fing so ruhig an, so fest entschlossen, alles, was ich zu sagen habe, so kalt, so gleichgültig zu sagen, als ich bin, wenn ich auf meinen Spaziergängen, vor langer Weile, Schritte zähle. Und ich ende so bewegt, kann es so wenig in Abrede sein, daß ich vieles so warm, so teilnehmend gesagt habe, als ich mich schämen würde, in einer Sache meines einzigen Halses zu sprechen. Besonders wollte ich durchaus nicht über das Edle oder Unedle, über das Moralische oder Unmoralische gewisser Hiebe und Stöße meines Kampfpaares urteilen: und habe es doch getan. Ich wollte bloß die Gründe dieses Urteils meinen Leser beiläufig abnehmen lassen: und habe

---

* S. 76.
** *Duplik*: nicht *Replik*. Denn die Evangelisten und mich, halte ich für den angeklagten Teil. Die Anklage erhob mein Ungenannter mit der unbilligen Äußerung, daß wegen einiger Widersprüche in Kleinigkeiten, den Evangelisten aller Glaube abzusprechen sei. Hierauf ließ ich mich in meinen Gegensätzen ein, und antwortete ohne Umschweif, was ich für die kürzeste und unfehlbarste Antwort hielt. Diese Antwort mißfiel meinem Nachbar, der sie vermutlich mehr für eine verdeckte hämische Bestätigung der Anklage, als für eine Antwort hielt. Er wollte lieber eine alte verschriene Ware das 999ste mal wieder zu Markte bringen, als aus dem Magazine eine frische holen, die mehr Abgang fände. Aber dafür erkläre ich nun auch seine Antwort *laut* für eben das, wofür er meine *stillschweigend* erklärt hat: für Anklage der Evangelisten mehr, für nur anders gewandte, aber auf das Nämliche hinauslaufende Anklage, als für Antwort. Und das ist sie auch wirklich: indem es ihm damit nicht um die Glaubwürdigkeit jedes einzeln Evangelisten, sondern bloß um die Glaubwürdigkeit einer gewissen Harmonie eigner Schöpfung zu tun ist, die, wenn sie verwiesen wäre, die Evangelisten gerade noch verdächtiger machen würde, als sie der Ungenannte zu machen weder *Fug* noch *Willen* gehabt hat. Also *Duplik!*

ihm das Urteil selbst oft wörtlich vorgesprochen. Was soll ich tun? Mich entschuldigen? Mit der albernen Miene eines unausgelernten Heuchlers um Vergebung bitten? Versprechen, daß ich ein andermal besser auf meiner Hut sein wolle?

Kann ich das? Ich versprechen? – Ja, ja; ich verspreche: – mir es nie wieder auch nur *vorzunehmen,* bei gewissen Dingen kalt und gleichgültig zu bleiben. Wenn der Mensch bei dem, was er deutlich für Mißhandlung der Vernunft und Schrift erkennet, nicht warm und teilnehmend werden darf: wenn und wo darf er es denn?

EINE PARABEL

– quae facilem ori paret bolum.
Etymologista vetus

Nebst einer kleinen Bitte,
und einem eventualen Absagungsschreiben
an den Herrn Pastor Goeze, in Hamburg

Ehrwürdiger Mann
Ich würde *ehrwürdiger Freund* sagen, wenn ich der Mensch wäre, der durch öffentliche Berufung auf seine Freundschaften ein günstiges Vorurteil für sich zu erschleichen gedächte. Ich bin aber vielmehr der, der durchaus auf keinen seiner Nächsten dadurch ein nachteiliges Licht möchte fallen lassen, daß er der Welt erzählet, er stehe, oder habe mit ihm in einer von den genauern Verbindungen gestanden, welche die Welt Freundschaft zu nennen gewohnt ist. –

Denn berechtiget wäre ich es allerdings, einen Mann *Freund* zu nennen, der mir mit Verbindlichkeit zuvor gekommen ist; den ich auf einer Seite habe kennen lernen, von welcher ihn viele nicht kennen wollen; dem ich noch Verbindlichkeit habe, wenn es auch nur die wäre, daß seine Wächterstimme noch meines Namens schonen wollen.

Doch, wie gesagt, ich suche, bloß durch meine Freunde, eben so wenig zu gewinnen, als ich möchte, daß sie durch mich verlieren sollten.

Also nur, *Ehrwürdiger Mann!* Ich ersuche Sie, die Güte zu haben, nachstehende Kleinigkeit in einige Überlegung zu ziehen. Besonders aber dringe ich darauf, sich über die beigefügte Bitte nicht bloß als Polemiker, sondern als rechtschaffner Mann und Christ, auf das baldigste zu erklären.

DIE PARABEL

Ein weiser tätiger König eines großen großen Reiches, hatte in seiner Hauptstadt einen Palast von ganz unermeßlichem Umfange, von ganz besonderer Architektur.

Unermeßlich war der Umfang, weil er in selbem alle um sich versammelt hatte, die er als Gehülfen oder Werkzeuge seiner Regierung brauchte.

Sonderbar war die Architektur: denn sie stritt so ziemlich mit allen angenommenen Regeln; aber sie gefiel doch, und entsprach doch.

Sie gefiel: vornehmlich durch die Bewunderung, welche Einfalt und Größe erregen, wenn sie Reichtum und Schmuck mehr zu verachten, als zu entbehren scheinen.

Sie entsprach: durch Dauer und Bequemlichkeit. Der ganze Palast stand nach vielen vielen Jahren noch in eben der Reinlichkeit und Vollständigkeit da, mit welcher die Baumeister die letzte Hand angelegt hatten: von außen ein wenig unverständlich; von innen überall Licht und Zusammenhang.

Was Kenner von Architektur sein wollte, ward besonders durch die Außenseiten beleidigt, welche mit wenig hin und her zerstreuten, großen und kleinen, runden und viereckten Fenstern unterbrochen waren; dafür aber desto mehr Türen und Tore von mancherlei Form und Größe hatten.

Man begriff nicht, wie durch so wenige Fenster in so viele Gemächer genugsames Licht kommen könne. Denn daß die vornehmsten derselben ihr Licht von oben empfingen, wollte den wenigsten zu Sinne.

Man begriff nicht, wozu so viele und vielerlei Eingänge nötig wären, da ein großes Portal auf jeder Seite ja wohl schicklicher wäre, und eben die Dienste tun würde. Denn daß durch die mehreren kleinen Eingänge ein jeder, der in den Palast gerufen würde, auf dem kürzesten und unfehlbarsten Wege, gerade dahin gelangen solle, wo man seiner bedürfe, wollte den wenigsten zu Sinne.

Und so entstand unter den vermeinten Kennern mancherlei Streit, den gemeiniglich diejenigen am hitzigsten führten, die von dem Innern des Palastes viel zu sehen, die wenigste Gelegenheit gehabt hatten.

EINE PARABEL

Auch war da etwas, wovon man bei dem ersten Anblicke geglaubt hätte, daß es den Streit notwendig sehr leicht und kurz machen müsse; was ihn aber gerade am meisten verwickelte, was ihm gerade zur hartnäckigsten Fortsetzung die reichste Nahrung verschaffte. Man glaubte nämlich verschiedne alte Grundrisse zu haben, die sich von den ersten Baumeistern des Palastes herschreiben sollten: und diese Grundrisse fanden sich mit Worten und Zeichen bemerkt, deren Sprache und Charakteristik so gut als verloren war.

Ein jeder erklärte sich daher diese Worte und Zeichen nach eignem Gefallen. Ein jeder setzte sich daher aus diesen alten Grundrissen einen beliebigen Neuen zusammen; für welchen Neuen nicht selten dieser und jener sich so hinreißen ließ, daß er nicht allein selbst darauf schwor, sondern auch andere darauf zu schwören, bald beredte, bald zwang.

Nur wenige sagten: »was gehen uns eure Grundrisse an? Dieser oder ein andrer: sie sind uns alle gleich. Genug, daß wir jeden Augenblick erfahren, daß die gütigste Weisheit den ganzen Palast erfüllet, und daß sich aus ihm nichts als Schönheit und Ordnung und Wohlstand auf das ganze Land verbreitet.«

Sie kamen oft schlecht an, diese Wenigen! Denn wenn sie lachenden Muts manchmal einen von den besondern Grundrissen ein wenig näher beleuchteten, so wurden sie von denen, welche auf diesen Grundriß geschworen hatten, für Mordbrenner des Palastes selbst ausgeschrien.

Aber sie kehrten sich daran nicht, und wurden gerade dadurch am geschicktesten, denjenigen zugesellet zu werden, die innerhalb des Palastes arbeiteten, und weder Zeit noch Lust hatten, sich in Streitigkeiten zu mengen, die für sie keine waren.

Einsmals, als der Streit über die Grundrisse nicht sowohl beigelegt, als eingeschlummert war, – einsmals um Mitternacht erscholl plötzlich die Stimme der Wächter: Feuer! Feuer in dem Palaste!

Und was geschah? Da fuhr jeder von seinem Lager auf; und jeder, als wäre das Feuer nicht in dem Palaste, sondern in seinem eignen Hause, lief nach dem Kostbarsten, was er zu haben glaubte, – nach seinem Grundrisse. »Laßt uns den nur retten! dachte jeder. Der Palast kann dort nicht eigentlicher verbrennen, als er hier stehet!«

Und so lief ein jeder mit seinem Grundrisse auf die Straße, wo, anstatt dem Palaste zu Hülfe zu eilen, einer dem andern es vorher in seinem Grundrisse zeigen wollte, wo der Palast vermutlich brenne. »Sieh, Nachbar! hier brennt er! Hier ist dem Feuer am besten beizukommen. – Oder hier vielmehr, Nachbar; hier! – Wo denkt ihr beide hin? Er brennt hier! – Was hätt es für Not, wenn er da brennte? Aber er brennt gewiß hier! – Lösch ihn hier, wer da will. Ich lösch ihn hier nicht. – Und ich hier nicht! – Und ich hier nicht! –

Über diese geschäftigen Zänker hätte er denn auch wirklich abbrennen können, der Palast; wenn er gebrannt hätte. – Aber die erschrocknen Wächter hatten ein Nordlicht für eine Feuersbrunst gehalten.

DIE BITTE

Ein andres ist ein Pastor: ein andres ein Bibliothekar. So verschieden klingen ihre Benennungen nicht: als verschieden ihre Pflichten und Obliegenheiten sind.

Überhaupt denke ich, der Pastor und Bibliothekar verhalten sich gegen einander, wie der Schäfer und der Kräuterkenner.

Der Kräuterkenner durchirret Berg und Tal, durchspähet Wald und Wiese, um ein Kräutchen aufzufinden, dem Linneus noch keinen Namen gegeben hat. Wie herzlich freuet er sich, wenn er eines findet! Wie unbekümmert ist er, ob dieses neue Kräutchen giftig ist, oder nicht! Er denkt, wenn Gifte auch nicht nützlich sind – (und wer sagt es denn, daß sie nicht nützlich wären?) – so ist es doch nützlich, daß die Gifte bekannt sind.

Aber der Schäfer kennt nur die Kräuter seiner Flur; und schätzt und pflegt nur diejenigen Kräuter, die seinen Schafen die angenehmsten und zuträglichsten sind.

So auch wir, ehrwürdiger Mann! – Ich bin Aufseher von Bücherschätzen; und möchte nicht gern der Hund sein, der das Heu bewacht: ob ich schon freilich auch nicht der Stallknecht sein mag, der jedem hungrigen Pferde das Heu in die Raufe trägt. Wenn ich nun unter den mir anvertrauten Schätzen etwas finde, von dem ich glaube, daß es nicht bekannt ist: so zeige ich es an.

Vors erste in unsern Katalogen; und dann nach und nach, so wie ich lerne, daß es diese oder jene Lücke füllen, dieses oder jenes berichtigen hilft, auch öffentlich: und ich bin ganz gleichgültig dabei, ob es dieser für wichtig, oder jener für unwichtig erkläret, ob es dem einen frommet, oder dem andern schadet. Nützlich und verderblich, sind eben so relative Begriffe, als groß und klein.

Sie hingegen, ehrwürdiger Mann, würdigen alle literarische Schätze nur nach dem Einflusse, den sie auf Ihre Gemeinde haben können, und wollen lieber zu besorglich als zu fahrlässig sein. Was geht es Sie an, ob etwas bekannt, oder nicht bekannt ist? wenn es nur Einen auch von den Kleinsten ärgern könnte, die Ihrer geistlichen Aufsicht anvertrauet sind.

Recht gut! Ich lobe Sie darum, Ehrwürdiger Mann. Aber weil ich Sie lobe, daß Sie Ihre Pflicht tun: so schelten Sie mich nicht, daß ich die meinige tue; – oder, welches einerlei ist, zu tun glaube.

Sie würden vor Ihrer Todesstunde zittern, wenn Sie an der Bekanntmachung der bewußten Fragmente den geringsten Anteil hätten. – Ich werde vielleicht *in* meiner Todesstunde zittern: aber *vor* meiner Todesstunde werde ich nie zittern. Am allerwenigsten deswegen, daß ich getan habe, was verständige Christen itzt wünschen, daß es die alten Bibliothekare zu Alexandria, zu Cäsarea, zu Constantinopel, mit den Schriften des Celsus, des Fronto, des Porphyrius, wenn sie es hätten tun können, möchten getan haben. Um die Schriften des letztern, sagt ein Mann, der sich auf solche Dinge verstehet, gäbe itzt mancher Freund der Religion gern einen frommen Kirchenvater hin.

Und ich hoffe ja nicht, Ehrwürdiger Mann, daß Sie sagen werden: »jene alten Feinde der Religion hätten es allerdings verdient, daß ihre Schriften sorgfältiger wären aufbehalten worden. Aber wozu der Neuern ihre aufbewahren, die nach siebzehnhundert Jahren doch nichts Neues sagen könnten?«

Wer weiß das, ohne sie gehört zu haben? Wer von unsern Nachkommen glaubt das, ohne es zu sehen? Dazu bin ich der festen Meinung, daß Welt und Christentum noch *so* lange stehen werden, daß in Betracht der Religion die Schriftsteller der ersten zwei Tausend Jahre nach Christi Geburt, der Welt eben so wichtig sein werden, als uns itzt die Schriftsteller der ersten zwei Hundert Jahre sind.

Das Christentum geht seinen ewigen allmählingen Schritt: und Verfinsterungen bringen die Planeten aus ihrer Bahn nicht. Aber die Sekten des Christentums sind die Phases desselben, die sich nicht anders erhalten können, als durch Stockung der ganzen Natur, wenn Sonn und Planet und Betrachter auf dem nämlichen Punkte verharren. Gott bewahre uns vor dieser schrecklichen Stockung!

Also, ehrwürdiger Mann: mißbilligen Sie es wenigstens weniger hart, daß ich ehrlich genug gewesen, eben sowohl sehr unchristliche Fragmente, als eine sehr christliche Schrift des Berengarius, von ihrem Untergange zu retten, und an das Licht zu bringen.

Doch das ist die Bitte noch nicht, ehrwürdiger Mann, die ich Ihnen zu tun habe. Ich bitte von gewissen Leuten nichts, was ich nicht allenfalls auch Recht hätte, von ihnen zu fodern. Und mit dieser Bitte allerdings können Sie es halten, wie Sie wollen.

Sondern meine eigentliche Bitte ist *der* Art, daß Sie die Gewährung derselben mir nicht wohl verweigern können. Sie haben mir Unrecht getan; und einem ehrlichen Manne ist nichts angelegner, als Unrecht, welches er nicht tun wollen, und doch getan, wieder gut zu machen.

Es besteht aber dieses mir zugefügte Unrecht darin, daß Sie eine von mir geschriebene Stelle ganz wider ihren Zusammenhang zu kommentieren, das Unglück gehabt. Ihr Kopf war eben wärmer, als helle. Ich erkläre mich an einem Gleichnisse.

Wenn ein Fuhrmann, der in einem grundlosen Wege mit seinem schwerbeladenen Wagen festgefahren, nach mancherlei vergeblichen Versuchen, sich los zu arbeiten, endlich sagt, *wenn alle Stränge reißen, so muß ich abladen:* wäre es billig, aus dieser seiner Rede zu schließen, daß er gern abladen *wollen,* daß er mit Fleiß die schwächsten mürbesten Stränge vorgebunden, um mit guter Art abladen zu dürfen? Wäre der Betrachter nicht ungerecht, der aus diesem Grunde die Vergütung alles Schadens, selbst alles innern von außen unmerklichen Schadens, an welchem eben sowohl der Einpacker Schuld könnte gehabt haben, von dem Fuhrmanne verlangen wollte?

Dieser Fuhrmann bin ich: dieser Befrachter sind Sie, ehrwürdiger Mann. Ich habe gesagt, *wenn* man auch nicht im Stande sein sollte, alle die Einwürfe zu heben, welche die Vernunft gegen die *Bibel* zu machen, so geschäftig ist: so bliebe dennoch die *Religion* in den Herzen derjenigen Christen unverrückt und unverkümmert, welche ein inneres Gefühl von den wesentlichen Wahrheiten derselben erlangt haben. Dieses zu unterstützen, schrieb ich die Stelle nieder, die eine so unmilde Ausdehnung von Ihnen erdulden müssen. Ich soll und muß gesagt haben, daß auf die Einwürfe gegen die Bibel sich schlechterdings nichts antworten lasse; daß es nur umsonst sei, darauf antworten zu wollen. Ich soll und muß die letzte unfehlbare Zuflucht des *Christen* dem *Theologen,* je eher je lieber zu nehmen, angeraten haben; damit ein schwacher, aber großsprecherischer Feind desto eher das Feld behaupten könne.

Das ist nicht die wahre Vorstellung meiner Gedanken, ehrwürdiger Mann. Gleichwohl kann es bei Ihnen auch nicht *Vorsatz* gewesen sein, eine so falsche Vorstellung meiner Gedanken zu machen. Sie waren, in Zuversicht auf Ihre gute Sache, die Sie auch von mir angegriffen zu sein vermeinten, zu hastig: Sie übereilten sich.

Ehrwürdiger Mann, die sich am leichtesten übereilen, sind nicht die schlechtesten Menschen. Denn sie sind größten Teils eben so fertig, ihre Übereilung zu bekennen; und eingestandene Übereilung ist oft lehrreicher, als kalte überdachte Unfehlbarkeit.

Sonach erwarte ich denn auch von Ihnen, ehrwürdiger Mann, daß Sie, in einem der nächsten Stücke Ihrer *freiwilligen Beiträge,* eine so gut als freiwillige Erklärung zu tun, nicht ermangeln werden; des Inhalts: daß allerdings noch ein gewisser Gesichtspunkt übrig sei, in welchem meine von Ihnen angegriffene Stelle sehr unschuldig erscheine; daß Sie diesen Gesichtspunkt übersehen; daß Sie weiter keine Ursache haben, diesen übersehenen Gesichtspunkt, nachdem Sie von mir darauf geführt worden, nicht für den zu halten, auf welchen ich hier gearbeitet.

Nur eine solche Erklärung kann dem Verdachte Einhalt tun, den Sie, ehrwürdiger Mann, über meine Absichten verbreiten zu wollen scheinen. Nur nach einer solchen Erklärung darf ich auf das wieder begierig sein, was Ihnen ferner gegen mich zu erinnern, gefallen möchte. Ohne eine solche Erklärung aber, ehrwürdiger Mann, muß ich Sie schreiben lassen, – *so* wie ich Sie predigen lasse.

DAS ABSAGUNGSSCHREIBEN

Mein Herr Pastor,
Mit vorstehenden friedlichen Blättern glaubte ich von Ihnen abzukommen; und schon freute ich mich in Gedanken auf den *freiwilligen Beitrag,* in welchem Ihre heilige Faust das christliche Banier wieder über mich schwenken würde.

Indes aber entweder mich die Presse, oder ich die Presse nicht genugsam fördern konnte, erhalte ich das 61–63ste Stück besagter Beiträge, – und bin wie vernichtet!

Das hat der nämliche Mann geschrieben? Wie soll die Nachwelt, auf welche die *freiwilligen Beiträge* doch ganz gewiß kommen werden, einen so plötzlichen Sprung von Weiß auf Schwarz sich erklären? – »Goeze, wird die Nachwelt sagen, Goeze wäre der Mann gewesen, der in Einem Atem gegen einen und eben denselben Schriftsteller sauersüße Komplimente zwischen den Zähnen murmeln, und aus vollem Halse laute Verleumdungen ausstoßen können? Er hätte zugleich die Katze und den Eber gespielt? Die Katze, die um den heißen Brei gehet; und den Eber, der blind auf den Spieß rennet? Das ist unglaublich! In dem 55sten Stücke ist sein Eifer noch so gemäßiget, noch so ganz anonymisch; er nennet weder Sack noch Esel, auf die sein Stekken zuschlägt: und auf einmal im 61sten Stücke ist *Lessing* namentlich hinten und vorne; muß *Lessing* namentlich geknippen werden, so oft er den Krampf in seine orthodoxen Finger beköммt? Dort will er das Wasser kaum regen: und hier, *Plumps!* Das ist unbegreiflich! Notwendig müssen also zwischen dem 55sten und 61sten Stücke dieser kostbaren Blätter, wie wir sie itzt haben, alle diejenigen verloren gegangen sein, die uns dieses *Plumps!* erklären würden.«

So wird die Nachwelt sagen, Herr Pastor. Doch was kümmert Uns die Nachwelt, Herr Pastor, die vielleicht auch so *nicht* sagen wird? Genug, Sie wissen selbst am besten, wie sehr sich die

EINE PARABEL

Nachwelt irren würde; und ich berühre diese Saite bloß, um es bei der *itztlebenden* Welt, – versteht sich, *der* Welt, die wir *Beide* füllen – zu entschuldigen, Falls auch mein Ton, den ich mir künftig mit dem Hrn. Pastor *Goeze* erlauben dürfte, ihr von dem allzuviel abzuweichen scheinen sollte, den ich noch bisher anzugeben, für schicklicher gehalten.

Denn wahrlich, Herr Pastor, der zudringlichen Griffe, mit welchen Sie an mich setzen, werden allmählig zu viel! Erwarten Sie nicht, daß ich sie Ihnen alle vorrechne: es würde Sie kitzeln, wenn Sie sähen, daß ich alle gefühlt habe. Ich will Ihnen nur sagen, was daraus kommen wird.

Ich will schlechterdings von Ihnen nicht als der Mann verschrien werden, der es mit der Lutherischen Kirche weniger gut meinet, als Sie. Denn ich bin mir bewußt, daß ich es weit besser mit ihr meine, als der, welcher uns jede zärtliche Empfindung für sein einträgliches Pastorat, oder dergleichen, lieber für heiligen Eifer um die Sache Gottes einschwatzen möchte.

Sie, Herr Pastor, Sie hätten den allergeringsten Funken Lutherischen Geistes? – Sie? der Sie auch nicht einmal Luthers Schulsystem zu übersehen im Stande sind? – Sie? der Sie, mit stillschweigendem Beifall, von ungewaschenen, auch wohl treulosen Händen die Seite des Lutherischen Gebäudes, die ein wenig gesunken war, weit über den Wasserpaß hinaus schrauben lassen? – Sie? der Sie den ehrlichen Mann, der freilich ungebeten, aber doch aufrichtig, den Männern bei der Schraube zuruft: schraubt dort nicht weiter! damit das Gebäude nicht hier stürze! – der Sie diesen ehrlichen Mann mit Steinen verfolgen?

Und warum? – Weil dieser ehrliche Mann zugleich den schriftlich gegebenen Rat eines ungenannten Baumeisters, das Gebäude lieber ganz abzutragen, – gebilliget? unterstützt? ausführen wollen? auszuführen angefangen? – Nicht doch! – nur nicht unterschlagen zu dürfen, geglaubt.

O sancta simplicitas! – Aber noch bin ich nicht *da,* Herr Pastor, wo der gute Mann, der dieses ausrief, *nur noch* dieses ausrufen konnte. – Erst soll uns hören, erst soll über uns urteilen, wer hören und urteilen kann und will!

O daß Er es könnte, Er, den ich am liebsten zu meinem Richter haben möchte! – Luther, du! – Großer, verkannter Mann! Und von niemanden mehr verkannt, als von den kurzsichtigen Starrköpfen, die, deine Pantoffeln in der Hand, den von dir gebahnten Weg, schreiend aber gleichgültig daher schlendern! – Du hast uns von dem Joche der Tradition erlöset: wer erlöset uns von dem unerträglichern Joche des Buchstabens! Wer bringt uns endlich ein Christentum, wie du es *itzt* lehren würdest; wie es Christus selbst lehren würde! Wer – –

Aber ich vergesse *mich;* und würde noch mehr Sie vergessen, Herr Pastor, wenn ich, auf eine dergleichen Äußerung, Ihnen vertraulich zuspräche: »Herr Pastor, bis dahin, was weder Sie noch ich erleben werden; bis dahin, was aber gewiß kömmt, gewiß! gewiß! – wäre es nicht besser, unsers Gleichen schwiegen? unsers Gleichen verhielten sich nur ganz leidend? Was einer von Uns zurück halten will, möchte der andere übereilen: so daß der eine mehr die Absichten des andern beförderte, als seine eignen. Wie wäre es, Herr Pastor, wenn wir den Strauß, den ich noch mit Ihnen auszufechten habe, den ersten und letzten sein ließen? Ich bin bereit, kein Wort weiter mit Ihnen zu verlieren, als was ich schon verloren habe.«

Denn nein; das werden Sie nicht wollen. Goeze hat noch keinem seiner Gegner das letzte Wort gelassen; ob er sich gleich immer das erste genommen. Er wird, was ich zu meiner Verteidigung sagen *müssen,* als Angriff betrachten. Denn der Tummelplatz des seligen Ziegra muß ihm nicht vergebens nun *ganz* angestorben sein.

Ich beklage: denn sehen Sie, Herr Pastor, es wird mir unmöglich sein, nicht gegen Ihren Stachel zu läcken, und die Furchen, fürchte ich, die Sie auf dem Acker Gottes mich und mit aller Gewalt wollen ziehen lassen, werden immer krümmer und krümmer werden.

Nicht zwar, daß ich Ihnen jede hämische Anspielung; jeden, wenn Gott will, giftigen Biß; jeden komischen Ausbruch Ihres tragischen Mitleids; jeden knirschenden Seufzer, der es beseufzet, nur ein Seufzer zu sein; jede pflichtschuldige Pastoralverhetzung der weltlichen Obrigkeit, womit Sie gegen mich von nun an Ihre freiwilligen Beiträge spicken und würzen werden, aufmutzen, oder, wenn ich auch könnte, verwehren wollte. So unbillig bin ich nicht, daß ich von Einem Vogel in der Welt eine einzige andere Feder verlangen sollte, als er hat. Auch haben dieserlei *Pharmaka* ihren Credit längst verloren.

Sondern nur eines werde ich nicht aushalten können: Ihren Stolz nicht; der einem Jeden Vernunft und Gelehrsamkeit abspricht, welcher Vernunft und Gelehrsamkeit anders braucht, als Sie. Besonders wird alle meine Galle rege werden, wenn Sie meinen Ungenannten, den Sie nur noch aus unzusammenhängenden Bruchstücken kennen, so schülerhaft und bubenmäßig zu behandeln fortfahren. Denn Mann gegen Mann, – nicht Sache gegen Sache – zu schätzen: so war dieser Ungenannte *des* Gewichts, daß in aller Art von Gelehrsamkeit, sieben *Goeze* nicht ein Siebenteil von ihm aufzuwägen vermögend sind. Das glauben Sie mir indes, Herr Pastor, auf mein Wort.

Und sonach meine Ritterliche *Absage* nur kurz. *Schreiben Sie, Herr Pastor, und lassen Sie schreiben, so viel das Zeug halten will: ich schreibe auch. Wenn ich Ihnen in dem geringsten Dinge, was mich oder meinen Ungenannten angeht, Recht lasse, wo Sie nicht Recht haben: dann kann ich die Feder nicht mehr rühren.*

AXIOMATA
wenn es deren in dergleichen Dingen gibt

– – – – acumine pollentibus notionem praedicati in notione subjecti indivulso nexu cum ea cohaerentem pervidendi.   *Wolfii Ph. r.*

Wider den Herrn Pastor Goeze, in Hamburg

Der Bogen, oder wie viel es geben wird, den ich zu schreiben mich niedersetze, dürfte mir deswegen sehr sauer werden, weil ich kaum weiß, *für* wen ich schreibe. Ich weiß nur, *wider* wen; und habe so wenig Hoffnung, daß er auch *für* den werden könne, *wider* den er gerichtet ist, daß ich diese Hoffnung kaum in einen Wunsch zu verwandeln wage.

Über eine Stelle nämlich, von der ich mir bewußt bin, daß ich sie mit Überlegung und in guter Meinung geschrieben habe, hat der Hr. Pastor Goeze, in Hamburg, Erinnerungen gemacht, und in zweierlei Zeitungen abdrucken lassen, die mich lieber als Gegner der christlichen Religion brandmarkten.

Ich mag die Stelle, so wie ich sie geschrieben habe, hier nicht wiederholen. Und das um so viel weniger, da ich den einzeln Sätzen derselben, die ich wie *lauter Axiome dahin gepflanzt haben soll*, eine etwas andre Ordnung geben will. Vielleicht, daß durch diese kleine Veränderung allein, mein Gegner mich besser verstehen lernt; besonders wenn er findet, daß seine eignen Einwendungen mir behülflich gewesen, mich besser zu erklären. Vielleicht, daß durch diese kleine Veränderung allein, meine Sätze vollends werden, was sie noch nicht waren. Denn wer weiß nicht, daß Axiomata Sätze sind, deren Worte man nur gehörig verstehen darf, um an ihrer Wahrheit nicht zu zweifeln?

Gleich Anfangs stutzt der Hr. Pastor gewaltig, daß mir weder die bisherigen Bestreitungen, noch die bisherigen Verteidigungen der christlichen Religion, so ganz gefallen. Er stutzt; aber wenn ich ihn nur bewegen kann, das Ding, welches ihn so scheu macht, erst recht anzusehen: so soll er es beruhiget wohl hoffentlich vorbei gehen.

Wenn ich heucheln wollte, dürfte ich mich nur so erklären, daß alle Schuld meiner unbefriedigten Erwartung, auf die Bestreitungen der Religion fiele. Daß diese, ohne Ausnahme, ganz schief und verfehlt sind, wird mir der Hr. Pastor gern zugeben. Wenn ich nun sagte? »wie der Angriff, so die Verteidigung. Was kann der Gottesgelehrte dafür, daß man seine gute Sache auf keiner andern Seite, mit keinen bessern Waffen angreifen wollen? Wenn man die Festungen von oben herab belagern wird: so wird man auch darauf denken, sie von oben herein zu beschirmen.«

Doch ich verachte alle Ausflüchte; verachte alles, was einer Ausflucht nur ähnlich sieht. Ich habe es gesagt, und sage es nochmals: auch an und für sich selbst, sind die bisherigen Verteidigungen der christlichen Religion, bei weitem nicht mit allen den Kenntnissen, mit aller der Wahrheitsliebe, mit allem dem Ernste geschrieben, den die Wichtigkeit und Würde des Gegenstandes erfodern!

Und allerdings ist diese meine allgemeine Äußerung aus Induktion entstanden; und zwar aus einer so vollständigen, so genau erwogenen Induktion, als ich in meiner Verfassung zu machen, nur im Stande gewesen.

Nun, so führe man diese Induktion erst vor unsern Augen! ruft mein Gegner in einem schon triumphierenden Tone mir zu.

Lieber Herr Pastor, ich wünschte sehr, diese Zumutung wäre nicht gedruckt an mich ergangen. Es ist eine wahre Kanzelzumutung: und Sie wissen wohl, wie man einer dergleichen Zumutung begegnet. Ebenfalls durch eine Zumutung.

Wenn ich sage, alles Quecksilber verraucht über dem Feuer: muß ich demjenigen zu gefallen, dem die Allgemeinheit meiner Behauptung nicht ansteht, alles Quecksilber aus der ganzen Natur zusammen bringen, und es vor seinen Augen verrauchen lassen? Ich dächte, bis ich das im Stande bin, spräche ich bloß zu ihm: »Guter Freund, alles Quecksilber, das ich noch über Feuer brachte, das verrauchte wirklich. Kennst du welches, das nicht verraucht: so bring es, damit ich es auch kennen lerne; und du sollst Dank haben.«

Alle die unzähligen großen und kleinen Schriften, die auch nur seit diesem Jahrhunderte für die Wahrheit der christlichen Religion geschrieben worden, auf die Kapelle zu bringen: welch ein Zumuten! War es dem Hrn. Pastor doch Ernst damit, wollte er nicht bloß mich damit verhöhnen, nicht bloß sich an meiner Verlegenheit weiden, entweder zu widerrufen, oder mich einer Arbeit ohne Ende zu unterziehen: nun gut, so beweise er es durch eine Kleinigkeit. Sie soll ihm nur ein Wort kosten, diese Kleinigkeit.

Nämlich: er nenne mir nur diejenige Schrift, mit welcher ich meinen Versuch des Verrauchens zuerst machen soll. Er nenne mir sie nur; und ich bin bereit. Ist es eine, die ich schon kenne: so darf mir nicht bange sein. Ist es eine, die ich nicht kenne, und mein Versuch schlägt fehl: desto besser. Ich nehme für eine große Belehrung eine kleine Beschämung gern vorlieb.

Nur eines muß ich mir dabei ausbedingen. Er muß nicht tun, als ob der, welcher *gewisse* Beweise einer Sache bezweifelt, die Sache selbst bezweifle. Der geringste Fingerzeig dahin ausgestreckt, ist Meuchelmord. Was kann ich dafür, daß man neuerer Zeit Nebenbeweise zu einer Gewißheit und Evidenz erheben wollen, die sie schlechterdings nicht haben können? Was kann ich dafür, daß man die ganze Sache nicht in den bescheidenen Schranken lassen wollen, innerhalb welchen sie alle ältere Theologen gesichert genug hielten? Oder ist dem Hrn. Pastor die Geschichte der Dogmatik so wenig bekannt, daß er von diesen Veränderungen nichts weiß? Wie kömmt er, und Er insbesondere dazu, sich gegen einen Mann zu erklären, der nur mit diesen Veränderungen unzufrieden ist? Er ist ja sonst kein Freund von theologischen Neuerungen. Warum will er nur diese gegen mich in Schutz nehmen? Weil ich mich nicht überall nach der theologischen Schulsprache ausgedrückt habe, die *ihm* geläufig ist? Ich bin Liebhaber der Theologie und nicht Theolog. Ich habe auf kein gewisses System schwören müssen. Mich verbindet nichts, eine andre Sprache, als die meinige, zu reden. Ich betaure alle ehrliche Männer, die nicht so glücklich sind, dieses von sich sagen zu können. Aber diese ehrlichen Männer müssen nur andern ehrlichen Männern nicht auch den Strick um die Hörner werfen wollen, mit welchem *sie* an die Krippe gebunden sind.

Sonst hört mein Betauren auf: und ich kann nichts als sie verachten.

So viel von dem Grausale, der dem Hrn. Pastor gleich am Eingange des Weges aufstieß. Nun von der Stelle selbst, die ich, wie gesagt, nicht ganz in der nämlichen Ordnung, aber doch in allen ihren Worten, in ihrem ganzen Sinne, gegen die Mißdeutungen des Hrn. Pastors zu retten, mich gezwungen sehe. Die logische Ordnung unsrer Gedanken, ist nicht immer die, in welcher wir sie andern mitteilen. Aber sie ist die, welche vor allen Dingen der Gegner aufsuchen muß, wenn sein Angriff nach der Billigkeit sein soll. Und so hätte der Hr. Pastor mit dem 3ten meiner Sätze anfangen müssen, wie folget.

I. (3)

Die Bibel enthält offenbar mehr, als zur Religion gehöret

Dieses geschrieben zu haben, darf mich nicht reuen. Aber darauf geantwortet haben, wie der Hr. Pastor Goeze darauf antwortet, möchte ich um alles in der Welt nicht.

»In diesem Satze, antwortet er, liegen zwei Sätze. Einmal: die Bibel enthält das, was zur Religion gehört. Zweitens: die Bibel enthält mehr als zur Religion gehört. In dem ersten Satze räumt der Hr. H. das ein, was er in dem Vorhergehenden geleugnet hat. Enthält die Bibel das, was zur Religion gehört: so enthält sie die Religion objective selbst.«

Ich erschrecke! Ich soll geleugnet haben, daß die Bibel die Religion *enthalte*? Ich? Wo das? Gleich in dem vorhergehenden? Doch wohl nicht damit, daß ich gesagt habe: die Bibel *ist* nicht die Religion? damit?

Lieber Herr Pastor, wenn Sie mit allen Ihren Gegnern so zu Werke gegangen sind! Ist denn *sein* und *enthalten* einerlei? Sind es denn ganz identische Sätze: die Bibel *enthält* die Religion; und die Bibel *ist* die Religion? Man wird mir doch nimmermehr in Hamburg den ganzen Unterschied zwischen *Brutto* und *Netto* wollen streitig machen? Da, wo so viele Waren ihre bestimmte *Tara* haben, wollte man mir auf die h. Schrift, auf eine so kostbare Ware, nicht auch eine kleine Tara gut tun? – Nun, nun;

AXIOMATA

der Hr. Pastor ist auch wirklich so *unkaufmännisch* nicht. Denn er fährt fort:

»Der zweite Satz kann zugegeben werden, wenn man einen Unterschied macht zwischen dem, was wesentlich zur Religion gehört, und zwischen dem, was zur Erläuterung und Bestätigung der Hauptsätze, welche eigentlich das Wesen der Religion ausmachen, gehöret.«

Gut! also handeln wir doch schon um das *Brutto*. Und wie? wenn auch ganz unnötige *Emballage* darunter wäre? – Wie? wenn auch nicht Weniges in der Bibel vorkäme, das schlechterdings weder zur Erläuterung noch zur Bestätigung, auch des allergeringsten Satzes der Religion, diene? Was andere *auch gute* Lutherische Theologen von ganzen Schriften der Bibel behauptet haben, darf ich doch wohl von einzeln Nachrichten in dieser und jener Schrift behaupten? Wenigstens muß man ein Rabbi oder ein Homilet sein, um nur eine Möglichkeit oder ein Wortspiel auszugrübeln, wodurch die Hajiemim des Ana, die Krethi und Plethi des David, der Mantel, den Paulus zu Troas vergaß, und hundert andere solche Dinge, in einige Beziehung auf die Religion können gebracht werden.

Also der Satz, *die Bibel enthält mehr, als zur Religion gehöret*, ist ohne Einschränkung wahr. Auch kann er, durch seinen gehörigen Gebrauch, der Religion unendlich vorteilhafter, als durch seinen Mißbrauch ihr schädlich werden. Mißbrauch ist von allen Dingen zu besorgen; und ich hätte nichts dagegen, daß man sich im voraus darwider decket. Nur hätte das auf eine passendere Art geschehen müssen, als es in folgendem Zusatze des Hrn. Pastors geschehen ist.

»Soll aber dieser Satz der Bibel zum Nachteil gereichen; so ist er völlig unkräftig, eben so unkräftig, als wenn ich sagen wollte: Wolfs System der Mathematik enthält Scholia, und diese verringern den Wert desselben.«

Wie gesagt, bei mir soll dieser Satz, der Bibel zu keinem Nachteile gereichen. Er soll sie vielmehr mit Eins unzähligen Einwürfen und Spöttereien entziehen, und in die aufgegebnen Rechte alter Urkunden wieder einsetzen, denen man Ehrerbietung und Schonung schuldig ist.

Mit Ihrem Exempel hiernächst, Herr Pastor, bin ich mehr

zufrieden, als Sie glauben. Freilich verringern die Scholia in Wolfs Elementen der Mathematik, nicht den Wert derselben. Aber sie machen doch, daß nun nicht alles darin demonstriert ist. Oder glauben Sie, daß die Scholia eben so gewiß sein müssen, als die Theoremata? Nicht zwar, als ob nicht auch Scholien demonstriert werden *könnten*: sondern sie brauchen es hier nur nicht. Es hieße die Demonstration verschwenden, wenn man alle die Kleinigkeiten damit versehen wollte, die man in ein Scholion bringen und auch nicht bringen kann. – Eine ähnliche Verschwendung der Inspiration ist von eben so wenig Nutzen, aber von unendlich mehr Ärgernis.

II. (4)

Es ist bloß Hypothese, daß die Bibel in diesem Mehrern gleich unfehlbar sei

Nicht? Sondern was denn? *Unwidersprechliche Wahrheit.* Unwidersprechlich? dem so oft widersprochen worden! dem noch itzt so viele widersprechen! So viele: die auch Christen sein wollen, und Christen sind. Freilich nicht Wittenbergisch-Lutherische Christen: freilich nicht Christen von Calovs Gnaden. Aber doch Christen, und selbst Lutherische Christen; von Gottes Gnaden.

Wenn indes Calov und Goeze doch Recht hätten! Letzterer führt wenigstens ein so treffliches Dilemma an. »Entweder, sagt er, dieses Mehrere ist von Gott eingegeben, wenigstens gebilliget, oder nicht. Ist das erste, so ist es eben so unfehlbar, wie das Wesentliche. Nimmt man aber das letzte an, so verliert das erste auch seine Zuverlässigkeit.«

Wenn dieses Dilemma richtig ist: so muß es auch gelten, wenn ich, anstatt des *Mehrern*, irgend ein ander Subjekt setze, von welchem das nämliche doppelte Prädikat zu gelten scheinet. Z. E. »*Das moralisch Böse* ist entweder durch Gott geworden, wenigstens von ihm gebilliget, oder nicht. Ist das erste: so ist es eben so göttlich, und also eben so gut, als das Gute. Nimmt man aber das letzte an, so können wir auch nicht wissen, ob Gott das

Gute erschaffen und gebilliget habe. Denn Böses ist nie ohne Gutes, und Gutes nie ohne Böses.«

Was denkt mein Leser? Wollen wir beide Dilemmata behalten? oder beide verwerfen? Ich bin zu dem letzten entschlossen. Denn wie? wenn sich Gott bei seiner Inspiration gegen die menschlichen Zusätze, die selbst durch die Inspiration möglich wurden, eben so verhalten hätte, wie bei seiner Schöpfung gegen das *moralisch Böse*? Wie? wenn er, nachdem das eine und das andere Wunder einmal geschehen war, das, was diese Wunder hervorgebracht hatten, seinem natürlichen Laufe überlassen hätte? Was schadet es, daß in diesem Falle die Grenzen zwischen menschlichen Zusätzen und geoffenbarten Wahrheiten, so genau nicht mehr zu bestimmen wären? Ist doch die Grenzscheidung zwischen dem moralisch Bösen und dem moralisch Guten, eben so unbestimmbar. Haben wir aber darum gar kein Gefühl vom Guten und Bösen? Würden sich deswegen gar keine geoffenbarte Wahrheiten von menschlichen Zusätzen unterscheiden? Hat denn eine geoffenbarte Wahrheit gar keine innere Merkmale? Hat ihr unmittelbar göttlicher Ursprung an ihr und in ihr keine Spur zurückgelassen, als die historische Wahrheit, die sie mit so vielen Fratzen gemein hat?

Also gegen den Schluß des Hrn. Pastors hätt ich das, und sonst noch manches, einzuwenden. Aber er will auch nicht sowohl durch Schlüsse beweisen, als durch Gleichnisse und Schriftstellen.

Und diese letztern, die Schriftstellen, werden doch wohl unwidersprechlich sein? Wenn sie das doch wären! Wie gern wollte ich den ewigen Zirkel vergessen, nach welchem die Unfehlbarkeit eines Buches aus einer Stelle des nämlichen Buches, und die Unfehlbarkeit der Stelle, aus der Unfehlbarkeit des Buches bewiesen wird. Aber auch die sind so wenig unwidersprechlich: daß ich denken muß, der Hr. Pastor hat nur gerade die allerzweifelhaftesten für mich aufgesucht, um die triftigern auf eine bessere Gelegenheit zu versparen.

Wenn Christus von der Schrift sagt, *sie zeuge von ihm:* hat er damit sagen wollen, daß sie *nur* von ihm zeuge? Wie liegt in diesen Worten die Homogenität aller biblischen Bücher, sowohl in Ansehung ihres Inhalts, als ihrer Eingebung? Könnte die

Schrift nicht eben sowohl von Christo zeugen, wenn auch nur das eingegeben wäre, was sich darin als ausdrückliche Worte Gottes oder der Propheten auszeichnet?

Und die πασα γραφη des Paulus! – Ich brauche den Hrn. Pastor nicht zu erinnern, wem er erst über die wahre Erklärung dieser Stelle genug tun muß: ehe er fortfährt, sich ihrer so geradehin zu bedienen. Eine andere Konstruktion gibt den Worten des Paulus einen so andern Sinn; und diese Konstruktion ist eben so grammatisch, mit dem Zusammenhange eben so übereinstimmend, hat eben so viele alte und neue Gottesgelehrten für sich, als die in den gemeinsten Lutherschen Dogmatiken gebilligte Konstruktion: daß ich gar nicht einsehe, warum es schlechterdings bei dieser bleiben soll? Luther selbst hat in seiner Übersetzung nicht sowohl diese, als jene befolgt. Er hat kein και gelesen; und schlimm genug, wenn durch diese Variante, so wie man dieses και mitnimmt oder wegläßt, die Hauptstelle von dem principio cognoscendi der ganzen Theologie, so äußerst schwankend wird.

Endlich das *feste prophetische Wort*! – Woher der Beweis, daß unter dem prophetischen Worte auch alle historischen Worte verstanden werden? Woher? Die historischen Worte sind das *Vehiculum* des prophetischen Wortes. Ein *Vehiculum* aber soll und darf die Kraft der Natur der Arzenei nicht haben. Was hat der Hr. Pastor an dieser Vorstellung auszusetzen? Daß es nicht seine, nicht seine Wittenbergische Vorstellung ist: das weiß ich. Wenn aber nur das, Deutschland durch zwei Zeitungen erfahren sollen: warum hat er sich und mir die Sache nicht noch leichter gemacht? Warum hat er nicht kurz und gut in Bausch und Bogen erklärt, daß meine ganze Stelle den Kompendien der Wittenbergischen Orthodoxie platterdings widerspreche? Zugegeben; und herzlich gern! hätte ich sodann eben so kurz antworten können.

III. (1)

*Der Buchstabe ist nicht der Geist,
und die Bibel ist nicht die Religion*

Wenn es wahr ist, daß die Bibel mehr enthält, als zur Religion gehöret: wer kann mir wehren, daß ich sie, in so fern sie beides enthält, in so fern sie ein bloßes Buch ist, den *Buchstaben* nenne; und dem bessern Teile derselben, der Religion ist, oder sich auf Religion beziehet, den Namen des *Geistes* beilege?

Zu dieser Benennung ist derjenige sogar berechtiget, der das innere Zeugnis des h. Geistes annimmt. Denn da dieses Zeugnis sich doch nur bei denjenigen Büchern und Stellen der Schrift mehr oder weniger äußern kann, welche auf unsere geistliche Besserung mehr oder weniger abzwecken: was ist billiger, als nur solcherlei Bücher und Stellen der Bibel den Geist der Bibel zu nennen? Ich denke sogar, es streife ein wenig an Gotteslästerung, wenn man behaupten wollte, daß die Kraft des H. Geistes sich eben sowohl an dem Geschlechtsregister der Nachkommen des Esau beim Moses, als an der Bergpredigt Jesu beim Matthäus, wirksam erzeigen könne.

Im Grunde ist dieser Unterschied zwischen dem Buchstaben und dem Geiste der Bibel, der nämliche, welchen andere *auch gute* Lutherische Theologen schon längst zwischen der heiligen Schrift und dem Worte Gottes gemacht haben. Warum hat Hr. Pastor Goeze nicht erst mit diesen angebunden, ehe er einem armen Laien ein Verbrechen daraus macht, in ihre Fußtapfen zu treten?

IV. (2)

*Folglich sind die Einwürfe gegen den Buchstaben
und gegen die Bibel, nicht eben auch Einwürfe gegen
den Geist und gegen die Religion*

Ganz gewiß hat eine Folge die Natur des Grundsatzes, aus welchem sie hergeleitet wird. Jener ist teils zugegeben, teils erwiesen. Sind Einwürfe gegen zufällige Erläuterungen der Hauptsätze der christlichen Religion, keine Einwürfe gegen die Hauptsätze selbst: so können noch weniger Einwürfe gegen biblische Dinge, die auch nicht einmal zufällige Erläuterungen der Religion sind, Einwürfe gegen die Religion sein.

Ich brauche also hier nur noch auf die Instanz des Hrn. Pastors zu antworten. Freilich, wenn eine *Landesverfassung* gerade nicht weniger und nicht mehr enthält, als die *Landesordnung*: so hat derjenige Untertan, der mutwillige Einwürfe gegen die Landesverfassung macht, auch die Landesordnung mutwillig angegriffen. Aber wozu wären denn sodann ganz verschiedne Benennungen? Warum hieße nicht das Eine, sowohl als das Andere, Landesordnung oder Landesverfassung? Daß das Eine anders *heißt*, als das Andere, ist ja ein offenbarer Beweis, daß das Eine auch etwas anders *ist*, als das Andere. Denn vollkommene Synonyma gibt es nicht. Ist aber das Eine etwas anders, als das Andere: so ist es ja nicht wahr, daß das Eine bestreiten, notwendig auch das Andere bestreiten, heißen muß. Denn der Umstand, welcher die zweifache Benennung veranlaßt hat, sei noch so klein: so kann der Einwurf auch doch nur diesen kleinen Umstand betreffen; und das, was der Hr. Pastor so spöttisch Antithese nennt, ist völlige Rechtfertigung. Ich will mich an einem Exempel erklären, das ihm ganz nahe ist. Die Sammlung Hamburgischer Gesetze des Hrn. Syndicus Klefeker (wenn sie fertig geworden, was ich itzt nicht weiß,) enthält doch wohl die vollständigste und zuverlässigste Verfassung der Stadt Hamburg? könnte doch wohl auch diesen Titel führen? Wenn sie ihn nun führte: könnte ich keinen Einwurf gegen dieses Werk machen, ohne mich der Autorität der Hamburgischen Gesetze selbst entgegen zu stellen? Könnte mein Einwurf nicht die historischen Einleitungen betreffen, die Hr. Klefeker einer jeden Klasse von Gesetzen vorausgeschickt hat? Oder haben diese historischen Einleitungen dadurch die Kraft der Gesetze erhalten, weil sie mit den Gesetzen in Einem Bande abgedruckt worden? Woher weiß der Hr. Pastor, daß die historischen Bücher der Bibel, nicht ohngefähr solche Einleitungen sein sollen? welche Bücher Gott eben so wenig einzugeben, oder auch nur zu genehmigen brauchte, als Bürgerschaft und Rat nötig hatten, diese Einleitungen in ihren besondern Schutz zu nehmen. Genug, daß Klefekern alle Archive der Stadt offen stunden! Hat er sie nicht sorgfältig genug gebraucht: so brauche sie ein andrer besser; und damit gut. Vielmehr wäre es ein ärgerlicher Mißbrauch, eine unnütze Verschleuderung der gesetzgebenden Macht, wenn man ihr Ansehen an zwei so verschiedene Dinge so ganz gleich hätte verteilen wollen; an die Gesetze, und an die Geschichte der Gesetze.

V. (5)

Auch war die Religion, ehe eine Bibel war

Hierwider sagt der Hr. Pastor: »Aber doch nicht ehe eine Offenbarung war.« – Was er damit will, ist mir ganz unbegreiflich. Freilich kann eine geoffenbarte Religion nicht eher sein, als sie geoffenbaret worden. Aber sie kann doch eher sein, als sie niedergeschrieben worden. Davon ist ja nur die Rede. Ich will ja nur sagen: die Religion war, ehe das geringste von ihr schriftlich verfaßt wurde. Sie war, ehe es noch ein einziges Buch von *der* Bibel gab, die itzt sie selbst sein soll. Was soll nun die windschiefe Frage, die mich in meinen eignen Gedanken irre machen könnte? – Mehr weiß ich hierauf nicht zu erwidern.

VI. (6)

Das Christentum war,
ehe Evangelisten und Apostel geschrieben hatten.
Es verlief eine geraume Zeit, ehe der erste von ihnen schrieb;
und eine sehr beträchtliche,
ehe der ganze Kanon zu Stande kam

»Alles dieses, sagt der Hr. Pastor, kann ich dem Herausgeber einräumen.« – *Kann*? warum denn nur *kann*? – *Muß* mir der Hr. Pastor einräumen.

Muß er mir das aber einräumen: so räumt er mir ja auch zugleich ein, daß das mündlich geoffenbarte Christentum weit früher gewesen, als das aufgeschriebene; daß es sich erhalten und ausbreiten könne, ohne aufgeschrieben zu sein. Mehr will ich ja nicht; und ich weiß wiederum gar nicht, warum er mir auch hier die Frage entgegen setzt: »War denn das Christentum schon, ehe Christus und die Apostel geprediget hatten?«

Diese Frage soll diesen Satz zu seiner Absicht unbrauchbar machen; welche Absicht der folgende Satz enthält. Da wollen wir sehen.

Hier möchte ich vorläufig nur auch gern eine Frage, oder zwei, tun; bloß um mich zu belehren, bloß den ganzen Sinn des Hrn. Pastors zu fassen. — »Wenn, so lange Christus und die Apostel predigten, so lange die außerordentlichen Gaben des h. Geistes in den Gemeinden wirksam waren, die Fortpflanzung der christlichen Religion durch mündlichen Unterricht *besser* zu erhalten war, als durch Schriften«: fing der Gebrauch der Schriften erst an, als jene außerordentlichen Gaben aufhörten; oder fing er früher an? Fing er früher an, und ist es unleugbar, daß diese Gaben nicht zugleich mit den Aposteln aufhörten, sondern noch Jahrhunderte fortdauerten: entlehnten in diesem Zeitraume die Gaben den Beweis von den Schriften, oder die Schriften von den Gaben? Jenes hat keinen Verstand; und war dieses: sind *wir* nicht sehr übel daran, daß die nämlichen Schriften, welche die ersten Christen auf den Beweis der Gaben glaubten, wir ohne diesen Beweis glauben müssen? Fing hingegen der Gebrauch der Schriften nicht eher an, als die Wundergaben aufhörten: woher nehmen wir den Beweis, daß die Schriften in die Stelle der Wundergaben nicht sowohl *getreten*, als treten *sollen*?

Und doch erhellet aus der Geschichte, daß dieses allerdings der Fall ist. Allerdings ist zu erweisen, daß so lange die Wundergaben, und besonders die unmittelbare Erleuchtung der Bischöfe, Statt hatten, man aus dem geschriebenen Worte weit weniger machte. Es war ein Verbrechen sogar, dem Bischofe nicht anders, als auf das geschriebene Wort glauben zu wollen. Und das nicht ohne Grund. Denn die ἔμφυτος δωρεα της διδαχης, die in den Bischöfen war, war eben dieselbe, welche in den Aposteln gewesen war; und wenn Bischöfe das geschriebene Wort anführten, so führten sie es freilich zur Bestätigung ihrer Meinung, aber nicht als die Quelle ihrer Meinung an.

Dieses bringt mich nahe zu der Absicht wieder zurück, in welcher ich den Satz, bei welchem wir halten, und den nächstvorgehenden, vorausgeschickt habe. Zu der Folge nämlich:

VII. (7)

Es mag also von diesen Schriften noch so viel abhangen: so kann doch unmöglich die ganze Wahrheit der christlichen Religion auf ihnen beruhen

D. i. wenn es wahr ist, daß die Religion des A. und N. Testaments eine geraume Zeit schon geoffenbaret war, ehe das geringste von ihr schriftlich verfaßt wurde; und eine noch geraumere Zeit bestand, ehe alle die Bücher fertig wurden, die wir itzt zum Kanon des A. und N. Testaments rechnen: so muß sie ja wohl ohne diese Bücher sich denken lassen. Ohne diese Bücher, sage ich. Ich sage nicht: ohne den Inhalt dieser Bücher. Wer mich dieses, statt jenem, sagen läßt: läßt mich Unsinn sagen, um das große heilige Verdienst zu haben, Unsinn zu widerlegen. Nochmals, und nochmals: ohne diese Bücher. Auch hat, so viel ich weiß, noch kein Orthodox behauptet, daß die Religion in einem dieser Bücher zuerst, durch eines dieser Bücher ursprünglich, geoffenbaret worden, und so wie die übrigen dazu gekommen, allmählig mit angewachsen sei. Vielmehr gestehen es gelehrte und denkende Theologen einmütig, daß in diesen Büchern bloß *gelegentlich*, bald mehr bald weniger, davon aufbehalten worden. – Dieses Mehrere oder Wenigere wäre schon *wahr gewesen, ehe es* gelegentlich schriftlich aufbehalten wurde: und sollte itzt für uns nur *wahr sein, weil* es schriftlich aufbehalten worden? –

Hier sucht sich zwar der Hr. Pastor mit einer Unterscheidung zu helfen: ein andres, will er, sei die Wahrheit der Religion; und ein andres, unsre Überzeugung von dieser Wahrheit. »Die Wahrheit der christlichen Religion, sagt er, beruhet allerdings auf sich selbst; sie bestehet auf ihrer Übereinstimmung mit den Eigenschaften und Willen Gottes, und auf der historischen Gewißheit der Factorum, auf welche ihre Lehrsätze sich zum Teil gründen. Allein, unsere Überzeugung von der Wahrheit der christlichen Religion beruhet doch lediglich und allein auf diesen Schriften.« Aber, wenn ich diese Worte recht verstehe: so sagt der Hr. Pastor entweder etwas sehr Unphilosophisches, oder er schlägt sich selbst, und ist völlig meiner Meinung. Vielleicht auch, daß er sich so unphilosophisch ausdrücken mußte, um nicht gar zu deutlich meiner Meinung zu scheinen. Denn man überlege doch nur! Wenn die Wahrheit der christlichen Religion *Teils* – (dieses *Teils* hat er freilich nicht buchstäblich hingeschrieben, aber sein Sinn erfodert es doch notwendig –) wenn sie, sage ich, *Teils* auf sich selbst, d. i. auf ihrer Übereinstimmung mit den Eigenschaften und dem Willen Gottes, *Teils* auf der historischen Gewißheit der Factorum beruhet, auf die sich einige ihrer Lehrsätze gründen: entspringt nicht aus diesem doppelten Grunde, auch eine doppelte Überzeugung? Hat nicht jeder einzelne Grund seine Überzeugung für sich? Was braucht einer von beiden, die Überzeugung des andern zu entlehnen? Ist es nicht fauler Leichtsinn, dem einen die Überzeugung des andern zu gute kommen zu lassen? Ist es nicht leichtsinnige Faulheit, die Überzeugung des einen, auf beide erstrecken zu wollen? Warum soll ich Dinge, die ich deswegen für *wahr halten muß*, weil sie mit den Eigenschaften und dem Willen Gottes übereinstimmen, *nur* deswegen *glauben*, weil andre Dinge, die irgend einmal in Zeit und Raum mit ihnen verbunden gewesen, historisch erwiesen sind?

Es sei immerhin wahr, daß die biblischen Bücher alle die Fakta erweisen, worauf sich die christlichen Lehrsätze zum Teil gründen: Fakta erweisen, das können Bücher; und warum sollten es diese nicht können? Genug, daß die christlichen Lehrsätze sich nicht alle auf Fakta gründen. Die übrigen gründen sich, wie zugegeben, auf ihre innere Wahrheit: und wie kann die innere Wahrheit irgend eines Satzes von dem Ansehen des Buches abhangen, in dem sie vorgetragen worden? Das ist offenbarer Widerspruch.

Noch kann ich mich über eine Frage nicht genug wundern, die der Hr. Pastor mit einer Zuversicht tut, als ob nur *Eine* Antwort darauf möglich wäre. »Würde, fragt er, wenn die Neutestamentlichen Bücher nicht geschrieben, und bis auf uns gekommen wären, wohl eine Spur von dem, was Christus getan und gelehret hat, in der Welt übrig geblieben sein?« – Gott behüte mich, jemals so klein von Christi Lehren zu denken, daß ich diese Frage so gerade zu mit Nein zu beantworten wagte! Nein; dieses *Nein* spräche ich nicht nach, und wenn mir es ein Engel vom Himmel vorsagte. Geschweige, da mir es nur ein Lutherscher Pastor in den Mund legen will. – Alles, was in der Welt geschieht, ließe

Spuren in der Welt zurück, ob sie der Mensch gleich nicht immer nachweisen kann: und nur deine Lehren, göttlicher Menschenfreund, die du nicht aufzuschreiben, die du zu predigen befahlest, wenn sie auch *nur* wären geprediget worden, sollten nichts, gar nichts gewirket haben, woraus sich ihr Ursprung erkennen ließe? Deine Worte sollten erst, in tote Buchstaben verwandelt, Worte des Lebens geworden sein? Sind die Bücher der einzige Weg, die Menschen zu erleuchten, und zu bessern? Ist mündliche Überlieferung nichts? Und wenn mündliche Überlieferung tausend vorsätzlichen und unvorsätzlichen Verfälschungen unterworfen ist: sind es die Bücher nicht auch? Hätte Gott durch die nämliche Äußerung seiner unmittelbaren Gewalt, nicht eben sowohl die mündlichen Überlieferungen vor Verfälschungen bewahren können, als wir sagen, daß er die Bücher bewahret hat? – O über den Mann, allmächtiger Gott! der ein Prediger deines Wortes sein will, und so keck vorgibt, daß du deine Absicht zu erreichen, nur den einzigen Weg gehabt, den du dir gefallen lassen, ihm kund zu machen! O über den Gottesgelehrten, der außer diesem einzigen Wege, den er sieht, alle anderen Wege, weil er sie nicht sieht, platterdings leugnet! – Laß mich, gütiger Gott, nie so rechtgläubig werden, damit ich nie so vermessen werde! –

Wie viel kleine Nachrichten und Begriffe sind nicht auch wirklich, durch bloße mündliche Überlieferung bis auf den heutigen Tag fortgepflanzet worden, *ohne* deren Hülfe wir schwerlich wohl die Schriften des N. T. vollkommen *so* verstehen und auslegen würden, als wir *mit* ihrer Hülfe tun? Dieses gilt nicht allein von den Katholiken, die es eingestehen: sondern auch von den Protestanten, ob deren es schon wenige zugeben.

Das Apostolische Glaubensbekenntnis ist offenbar mehr aus einem mündlich überlieferten Lehrbegriffe entstanden, als unmittelbar aus der Schrift gezogen worden. Wäre es dieses: so würde es gewiß, Teils vollständiger, Teils bestimmter sein. Daß es dieses nicht ist, läßt sich weniger aus der Mutmaßung erklären, daß es nur ein Formular für Täuflinge sein sollen, als daher, daß es den mündlich überlieferten Glauben enthält, der zur Zeit seiner Abfassung, als man die Bücher des N. Testaments so sorgfältig noch nicht durchsiebt hatte, auch den Grund noch nicht erkannte, sie so sorgfältig durchsieben zu müssen, gänge und gäbe war.

Doch wo gerate ich hin? – Wohin der Hr. Pastor mir leichter ein Kreuz nachschlagen kann, mir lieber einen Fluch nachrufen wird, als mir folgen. – Also zurück und weiter.

VIII. (8)

War ein Zeitraum, in welchem sie (die christliche Religion)
*bereits so ausgebreitet war,
in welchem sie sich bereits so vieler Seelen bemächtiget hatte,
und in welchem gleichwohl noch kein Buchstabe
aus dem von ihr aufgezeichnet war,
was bis auf uns gekommen ist:
so muß es auch möglich sein, daß alles, was die Evangelisten
und Apostel geschrieben haben, wiederum verloren ginge,
und die von ihnen gelehrte Religion doch bestünde*

Es ist nicht spöttische Parodie, es ist mein herzlicher Ernst, wenn ich zum Teil die Worte des Hrn. Pastors gegen ihn selbst kehre, und sage: »Bei aller Achtung, welche ich für die sonstige Geschicklichkeit und Verdienste des Hrn. Pastors um die theologische Literatur habe, kann ich mich doch nicht entbrechen, das, was er gegen diesen Satz erinnert, entweder für höchst gefährliche *Heterodoxie*, oder für höchst hämische *Verleumdung* zu erklären.« – Er wähle! Auch steht ihm beides zu Diensten.

Zuerst also: seine Erinnerungen von Seiten der Verleumdung. – Ein *handgreifliches* Sophisma! ruft er. Ei! Aber doch wohl nicht, nur für einen Mann, an dem die Hand verständiger und rechtgläubiger ist, als der Kopf? »Denn, sagt er, man setze nur für die Worte: *in welchem gleichwohl noch kein Buchstabe aus dem von ihr aufgezeichnet war, was bis auf uns gekommen ist,* diese, *in welchem gleichwohl noch kein Wort aus dem von ihr geprediget war, was bis auf uns gekommen ist*; so wird uns die Falschheit desselben in die Augen leuchten.« – Vortrefflich! – Wo ist der Schriftsteller, dem ich nicht ein Sophisma, dem ich nicht eine Gotteslästerung anflicken will, sobald ich ihm, statt seiner Worte, andere unterschieben darf? Andere? bloß andere?

Wenn es der billige, der christliche Hr. Pastor dabei bewenden ließe! Aber er schiebt mir, statt meiner guten, statt meiner, wenn auch nicht einen wahren Sinn, doch einen Sinn habenden Worte, Worte unter, die schlechterdings gar keinen Sinn haben. Ich sage: die christliche Religion war, ehe von der christlichen Religion etwas aufgeschrieben wurde. Damit soll ich gesagt haben: die christliche Religion war, ehe die christliche Religion geprediget, geoffenbaret wurde. Das ist, ich soll gesagt haben: die christliche Religion war, ehe die christliche Religion war. Bin ich denn aus dem Tollhause entlaufen, um so etwas zu sagen? zu schreiben?

Der Hr. Pastor fährt hierauf fort, mir Dinge vorzuhalten, an denen ich nie gezweifelt habe. Und warum? wozu? Damit seine Zeitungsleser glauben sollen, ich zweifle allerdings daran? – Schön! Seiner sehr anständig!

Nur wenn er nochmals in die Frage fällt, »Woher können wir nun die Lehren und Taten Christi und seiner Apostel wissen?« und er sich selbst darauf antwortet, »*Allein*, aus den Schreiben der Evangelisten und Apostel«: muß ich mich nochmals gegen dieses *Allein* verwahren. Mit dem Zusatze: daß der größere Teil der Christen ihm dieses *Allein* eben so wenig zugibt. Oder sind die Katholiken keine Christen? Wäre ich kein Christ, wenn ich in diesem Stücke mich auf die Seite der Katholiken neigte? Unartig genug, daß viele Protestanten den Beweis für die Wahrheit der christlichen Religion so führen, als ob die Katholiken durchaus keinen Anteil daran hätten! Ich dächte, wie nur das *gegen* das Christentum gelten kann, worauf weder Katholik noch Protestant zu antworten weiß: so müsse auch nur das *zum* Christentum gehören, was dem Katholiken und Protestanten gemein ist. Wenigstens kleidet es einen Theologen, von welchem Teile er auch sei, sehr schlecht, einen Satz, von dem er weiß, daß ihn der andere Teil behauptet, in dem Munde eines Dritten, da wo dieser Dritte weder Katholik noch Protestant sein will, als einen solchen zu verdammen, der die ganze christliche Religion schlechterdings aufhebe.

Und hier fängt sich die Heterodoxie des Hrn. Pastors an. Wie? die christliche Religion selbst würde verloren gehen, wenn es möglich wäre, daß die Schriften der Evangelisten und Apostel verloren gingen? Wie? So hat man noch keinen zuverlässigen Lehrbegriff aus diesen Schriften gezogen, der sich in andern Schriften erhalten würde? So ist derjenige, der seinen ganzen Glauben nur aus einem dergleichen Lehrbegriffe hat, kein Christ? So wird niemand gesund, als wer die Arzenei mit samt der Schachtel verschlingt? – Man gebe nur Acht, nun werde ich müssen gesagt haben, daß nicht allein die Schriften der Evangelisten und Apostel, sondern auch alles das, was jemals aus diesen Schriften gezogen worden, verloren gehen, und dennoch die christliche Religion bestehen könnte. – Nun werde ich müssen gesagt haben, daß die christliche Religion bestehen könne, obgleich die christliche Religion verloren gänge.

Und doch darf man nur auf meine Absicht zurück sehen, in welcher ich die ganze Stelle geschrieben habe, die dem Hrn. Pastor ein solches Ärgernis ist. Ich will Einwürfe gegen den minder wichtigen Teil der Bibel auf ihren wahren Belang herabsetzen. Das ist meine Absicht. Und nur in dieser Absicht sage ich, daß derjenige, dessen Herz mehr Christ ist, als der Kopf, sich ganz und gar an diese Einwürfe nicht kehre; weil er *fühle,* was andere sich zu *denken* begnügen; weil er allenfalls die ganze Bibel entbehren könnte. Er ist der zuversichtliche Sieger, der die Festungen liegen läßt, und das Land einnimmt. Der Theolog ist der furchtsame Soldat, der sich an den Grenzfestungen den Kopf zerstößt, und kaum das Land darüber zu sehen bekömmt.

A propos! – Zu Anfange des vorigen Jahrhunderts wollte ein abgesetzter Lutherscher Prediger aus der Pfalz, mit seiner Familie, die aus zusammengebrachten Kindern beiderlei Geschlechts bestand, sich nach einer von den Kolonien des Britischen Amerika begeben. Das Schiff, worauf er überging, scheiterte an einer kleinen unbewohnten Bermudischen Insel; und von dem Schiffsvolke ersoff, außer der Familie des Predigers, fast alles. Der Prediger fand diese Insel so angenehm, so gesund, so reich an allem, was zur Unterhaltung des Lebens gehört, daß er sich gern gefallen ließ, die Tage seiner Wallfahrt daselbst zu beschließen. Der Sturm hatte unter andern eine kleine Kiste an das Land getrieben, in welcher bei allerlei Gerätschaft für seine Kinder, auch ein Katechismus Lutheri sich befand. Es versteht sich, daß dieser Katechismus, bei gänzlichem Mangel aller andern Bücher, ein sehr kostbarer Schatz für ihn wurde. Er fuhr fort, seine Kinder daraus zu unterrichten; und starb. Die Kinder unterrichteten ihre Kinder wieder daraus; und sturben. Nur erst vor zwei Jahren, ward wieder einmal ein Englisches Schiff, auf welchem ein Hessischer Feldprediger war, an diese Insel verschlagen. Der Feldprediger, – ich könnte es aus seinen eigenen Briefen haben, – ging mit einigen Matrosen, die frisches Wasser einnehmen sollten, ans Land; und erstaunte nicht wenig, sich auf einmal, in einem ruhigen lachenden Tale, unter einem nackten, fröhlichen Völkchen zu finden, das Deutsch sprach; und zwar ein Deutsch, in welchem er nichts als Redensarten und Wendungen aus Luthers Katechismus zu hören glaubte. Er ward neugierig darob; und siehe! Er fand, daß das Völkchen nicht allein mit Luthern sprach: sondern auch mit Luthern glaubte; und so orthodox glaubte, als nur immer ein Feldprediger. Einige Kleinigkeiten ausgenommen. Der Katechismus war, wie natürlich, in den anderthalb hundert Jahren aufgebraucht, und sie hatten nichts davon mehr übrig, als die Bretterchen des Einbandes. In diesen Bretterchen, sagten sie, steht das alles, was wir wissen. – Hat es gestanden, meine Lieben! sagte der Feldprediger. – Steht noch, steht noch! sagten sie. Wir können zwar selbst nicht lesen, wissen auch kaum, was Lesen ist: aber unsere Väter haben es ihre Väter daraus herlesen hören. Und diese haben den Mann gekannt, der die Bretterchen geschnitten. Der Mann hieß Luther, und lebte kurz nach Christo.

Ehe ich weiter erzähle, Hr. Pastor: waren diese guten Leutchen wohl Christen, oder waren sie keine? Die glaubten sehr lebhaft, daß es ein höchstes Wesen gebe; daß sie arme sündige Geschöpfe wären; daß dieses höchste Wesen demohngeachtet, durch ein andres eben so hohes Wesen, sie nach diesem Leben ewig glücklich zu machen, die Anstalt getroffen. – Hr. Pastor; waren diese Leutchen Christen, oder waren sie keine?

Sie müssen notwendig sagen: sie waren keine. Denn sie hatten keine Bibel. – Barmherziger Gott! Unbarmherziger Priester! – Nein; ich erzähle Ihnen, von diesem lieben, fröhlichen, glücklichen Völkchen, weiter nichts.

Lieber schwatzen wir noch einen Augenblick über ein Ding, von dem es weit verzeihlicher ist, keine richtigen Begriffe zu haben. Der Hr. Pastor will beweisen, daß »überdem mein Satz der Erfahrung und Geschichte offenbar widerspreche.« Aber, was er desfalls anführt, ist so kahl, so obenabgeschöpft, daß er dergleichen Tiraden sich höchstens nur in seinen Texten erlauben müßte. Man höre nur. »Von dem neunten Jahrhunderte an, sagt er, bis auf den Anfang des funfzehnten, war ein Zeitraum, in welchem die Schriften der Evangelisten und Apostel beinahe verloren gegangen waren. Wer kannte, außer wenigen Gelehrten, die Bibel? Sie steckte in Handschriften und Übersetzung, bis auf die Erfindung der Druckerei, in den Klöstern.« Warum sollen vom neunten bis zum funfzehnten Jahrhundert der Abschriften des N. Testaments wenigere gewesen sein, als vom fünften bis aufs neunte? Warum vom fünften bis aufs neunte wenigere, als vom ersten bis aufs fünfte? Gerade umgekehrt; die Codices der neutestamentlichen Schriften vermehrten sich mit der Folge der Zeit. Gerade waren dergleichen Codices, im ersten und zweiten Jahrhunderte am seltensten; und so selten, daß ganze große Gemeinden nur einen einzigen Codicem besaßen, den die Presbyteri der Gemeinde unter ihrem Schlosse hielten, und den auch, ohne ihre besondere Erlaubnis, niemand lesen durfte. Getraut er sich von dem Zeitraume, den er angibt, eben das zu erweisen? Ich glaube, meines wenigen Teils, daß in diesem Zeitraume mehr Abschriften der Bibel in dem einzigen Deutschland gewesen, als in den zwei ersten Jahrhunderten in der ganzen Welt; den Grundtext des A. Testaments etwa ausgenommen. Oder will er zu verstehen geben, daß man mit dem neunten Jahrhunderte angefangen habe, dem gemeinen Manne die Bibel aus den Händen zu spielen? Das muß er wohl; denn er fährt fort: »Der große Haufe erfuhr aus derselben nichts mehr, als was ihm die Römische Klerisei davon sagte, und diese sagte ihm nichts mehr, als was er ohne Nachteil ihres Interesse wissen konnte. Wie war in dieser Zeit die christliche Religion, in Absicht auf den großen Haufen, beschaffen? War sie mehr als ein verwandeltes Heidentum?« – Die strenge Wahrheit ist, daß die Bibel auch vor dem neunten Jahrhunderte nie in den Händen des gemeinen Mannes gewesen war. Der gemeine Mann hatte nie mehr daraus erfahren, als ihm die Klerisei daraus mitteilen wollen. Und so hätte sich die Religion schon weit eher verschlimmern müssen, wenn es nicht wahr wäre, daß sie sich auch ohne unmittelbaren Gebrauch der Bibel erhalten könnte. Cui assentiunt, möchte ich aus dem Irenäus hinzusetzen, multae gentes barbarorum, eorum qui in Christum credunt, sine charta et atramento scriptam habentes per Spiritum in cordibus suis salutem. Endlich; wenn die christliche Religion vom neunten bis zum funfzehnten Jahrhunderte nur daher so verfiel, weil die Schrift beinahe verloren war: warum hätte sie sich denn nicht allgemeiner wieder aufgerichtet, seitdem die Schrift durch die Druckerei gleichsam wiedergefunden worden? Hat denn die Römische Kirche seitdem nur eine einzige ihrer alten Lehren fahren lassen? Gibt es nicht Midletone, die sie noch itzt für nichts bessers, als für ein abgeändertes Heidentum halten? Ich bin gewiß, der Hr. Pastor ist dieser erbaulichen Meinung sogar selbst. – Aber die Reformation doch? diese haben wir doch wohl ganz dem ungehindertern häufigern Gebrauch der Bibel zu danken? – Auch das ist so ungezweifelt nicht. Denn die Reformation kam weniger dadurch zu Stande, daß man die Bibel besser zu brauchen *anfing*; als dadurch, daß man die Tradition zu brauchen *aufhörte*. Auch haben wir dem ungehindertern häufigern Gebrauche der Bibel, eben sowohl den Socinianismus zu danken, als die Reformation.

So wenigstens denke ich; unbekümmert, wie sehr sich der Hr. Pastor darüber wundert. Ich wundre mich nicht einmal, daß er sich wundert. Der Himmel erhalte uns nur noch lange in dem nämlichen Verhältnisse: daß er sich wundert, und ich mich nicht.

IX. (9)

Die Religion ist nicht wahr, weil die Evangelisten und Apostel sie lehrten: sondern sie lehrten sie, weil sie wahr ist

Jede scharfsinnige Unterscheidung läßt sich von einem, der seiner Sprache nur ein wenig mächtig ist, in eine Antithese bringen. Weil nun aber freilich nicht jede Antithese auf einer scharfsinnigen Unterscheidung beruhet; weil oft nur ein bloßes Wetterleuchten des Witzes ist, was ein zerschmetternder Strahl des

Scharfsinnes sein sollte, zumal bei den lieben Dichtern: so ist der Name Antithese ein wenig verdächtig geworden. Das kömmt nun den Herren sehr gut zu Passe, die, ich weiß nicht welchen natürlichen Widerwillen gegen allen Scharfsinn haben; besonders, wenn er sich nicht in ihre Alltagsworte kleidet. Sie schreien: Antithese! Antithese! Und damit haben sie alles widerlegt.

Auch diese Antithese sagt nichts! sagt der vielsagende Hr. Pastor. »Denn sind die Evangelisten und Apostel Männer, welche geredet und geschrieben haben, getrieben durch den h. Geist: so ist die christliche Religion wahr, weil die Evangelisten und Apostel, oder eigentlich, weil Gott selbst sie gelehret hat. Der zweite Satz steht bloß müßig da.«

Nun denn! so muß ich schon das Maß meiner Sünden häufen, und eine Antithese mit einer andern Antithese unterstützen. Auch das, was Gott lehret, ist nicht wahr, weil es Gott lehren *will*: sondern Gott lehrt es, weil es wahr ist.

Steht der zweite Satz hier auch müßig? – Ja; wenn wir nicht wüßten, was diese Herren sich für einen schönen Begriff von dem Willen Gottes machten! Wenn wir nicht wüßten, daß, nach ihrem Sinne, Gott etwas wollen könne, bloß weil er es wolle. Und auch das ließe sich in gewissem Verstande von Gott noch sagen: so daß ich kaum weiß, wie ich ihren Unsinn in Worte fassen soll.

X. (10)

Aus ihrer innern Wahrheit müssen die schriftlichen Überlieferungen erkläret werden, und alle schriftliche Überlieferungen können ihr keine innere Wahrheit geben, wenn sie keine hat

Das erste Wort, was der Hr. Pastor hierauf erwidert, ist: *Gut!* Und so freuete ich mich schon. Doch er läßt auf dieses Gut ein *Aber* folgen: und das sonderbarste *Aber* von der Welt. Sogleich ist nichts mehr gut: auch das nicht, was wir oben aus seinem eignen Munde haben.

Oben (VII. 7) hatte er selbst uns belehret, daß die innere Wahrheit der christlichen Religion auf der Übereinstimmung mit den Eigenschaften Gottes beruhe: und nun weiß er auf einmal von dieser innern Wahrheit kein Wort mehr; sondern setzt die *hermeneutische* Wahrheit entweder lediglich an ihre Stelle, oder erklärt doch wenigstens die hermeneutische Wahrheit für die einzige Probe der innern. Als ob die innere Wahrheit eine Probe noch brauchte! Als ob nicht vielmehr die innere Wahrheit die Probe der hermeneutischen sein müßte!

Man höre nur. Ich will des Hrn. Pastors vermeinte Widerlegung, und meine Antwort, in eine Art von Dialog bringen, welcher der Kanzeldialog heißen könnte. Nämlich; ich unterbreche den Hrn. Pastor: aber der Hr. Pastor hält sich nicht für unterbrochen. Er redet fort, ohne sich zu bekümmern, ob unsere Worte zusammen klappen, oder nicht. Er ist aufgezogen, und muß ablaufen. *Also: Ein Dialog und kein Dialog.*

ER. Gut; aber derjenige, der mir die schriftlichen Überlieferungen aus ihrer innern Wahrheit erklären will, muß mich *vorher* überzeugen, daß er selbst von der innern Wahrheit derselben eine richtige und gegründete Vorstellung habe. –

ICH. *Vorher?* Warum vorher? Indem er das eine tut, tut er ja auch das andre. Indem er mir die innere Wahrheit eines geoffenbarten Satzes erklärt, (ich sage erklärt, nicht bloß erklären *will*:) beweiset er ja wohl genugsam, daß er selbst von dieser innern Wahrheit eine richtige Vorstellung habe.

ER. – und daß er sich nicht selbst ein Bild davon mache, das seinen Absichten gemäß ist.

ICH. Wenn seine Absichten keine innere Güte haben: so können die Religionssätze, die er mir beibringen will, auch keine innere Wahrheit haben. Die innere Wahrheit ist keine wächserne Nase, die sich jeder Schelm nach seinem Gesichte bossieren kann, wie er will.

ER. Woher aber will er die Erkenntnis der innern Wahrheit der christlichen Religion nehmen,

ICH. Woher die innere Wahrheit nehmen? Aus ihr selbst. Deswegen heißt sie ja die *innere* Wahrheit; die Wahrheit, die keiner Beglaubigung von außen bedarf.

ER. – als aus den schriftlichen Überlieferungen, oder aus den Schriften der Evangelisten und Apostel, –

ICH. Was müssen wir aus diesen nehmen? Die innere Wahrheit?

oder unsere erste historische Kenntnis dieser Wahrheit? Jenes wäre eben so seltsam, als wenn ich ein geometrisches Theorem nicht wegen seiner Demonstration, sondern deswegen für wahr halten müßte, weil es im Euclides steht. Daß es im Euclides steht, kann gegründetes Vorurteil für seine Wahrheit sein; so viel man will. Aber ein anders ist die Wahrheit aus Vorurteil glauben; und ein anders, sie um ihrer selbst willen glauben. Beides kann vielleicht in der Anwendung auf das Nämliche hinaus führen: aber ist es darum das Nämliche? – Also ist es bloß die historische Kenntnis der innern Wahrheit, die wir einzig und allein aus den Schriften der Evangelisten und Apostel sollen schöpfen können? Aber der größere Teil der Christen versichert, daß es noch eine andere Quelle dieser historischen Kenntnis gebe; nämlich die mündliche Überlieferung der Kirche. Und allerdings ist es unwidersprechlich, daß die mündliche Überlieferung einmal die einzige Quelle derselben gewesen; und daß sich schlechterdings keine Zeit angeben läßt, wenn sie nicht bloß zur zweiten Quelle geworden, sondern ganz und gar Quelle zu sein aufgehört habe. Doch dem sei, wie ihm wolle. Ich will hier nur Protestant sein; die neutestamentlichen Schriften mögen die einzige Quelle unserer historischen Kenntnis der Religion immerhin sein. Hat sich die erste einzige Quelle seit siebzehnhundert Jahren nie ergossen? Ist sie nie in andere Schriften übergetreten? Nie und nirgends in ihrer ursprünglichen Lauterkeit und Heilsamkeit in andere Schriften übergetreten? Müssen schlechterdings alle Christen aus ihr selbst schöpfen? Darf sich schlechterdings kein Christ an den nähern zugänglichern Tiefen begnügen, in welche sie übergetreten ist? Das, das ist ja nur hier die Frage. – Darf er: warum könnten die Schriften der Evangelisten und Apostel nicht ohne seinen Nachteil verloren sein? verloren gehen? Warum dürfte er sie nicht als verloren gegangen ansehen, so oft man ihm mit Einwürfen gegen Stellen derselben zusetzt, die in dem Wesen seiner Religion nichts verändern? – Darf er nicht: so darf er ohne Zweifel vornehmlich darum nicht, weil bis auf diesen Tag noch kein vollständiger untrüglicher Lehrbegriff aus ihnen gezogen worden; auch vielleicht ein dergleichen Lehrbegriff nun und nimmermehr aus ihnen gezogen werden kann. Denn nur dann wäre es allerdings notwendig, daß jeder mit seinen eignen Augen zusähe; jeder sein eigner Lehrer, jeder sein eigner Gewissensrat aus der Bibel würde. Aber wie betauerte ich sodann euch, arme unschuldige Seelen, in Ländern geboren, deren Sprache die Bibel noch nicht redet! in Ständen geboren, die überall noch des ersten Grades einer bessern Erziehung ermangeln, noch überall nicht lesen lernen! Ihr glaubt Christen zu sein, weil ihr getauft worden. Unglückliche! Da hört ihr ja: daß *Lesen können* eben so notwendig zur Seligkeit ist, als *Getauft sein*!

ER. – in der gehörigen Verbindung mit den Schriften des alten Testaments.

ICH. Nun vollends gar! – Ich sorge, ich sorge, liebe fromme Idioten; ihr müßt noch Hebräisch lernen, wenn ihr eurer Seligkeit wollt gewiß sein.

ER. Ich werde seiner Vernunft hier nichts einräumen, ob ich gleich allezeit voraussetze, daß die Lehrsätze der Religion, welche mir als die christliche vorgepredigt wird, nie einem allgemeinen und unstreitigen Grundsatze der Vernunft widersprechen müssen.

ICH. Hr. Pastor! Hr. Pastor! – Also besteht die ganze *Vernunftmäßigkeit* der christlichen Religion darin, daß sie nicht *unvernünftig* ist? – Und Sie schämen sich nicht in Ihr theologisches Herz, so etwas zu schreiben? – Schreiben Sie es: so predigen Sie es auch. Und das läßt man Sie in Hamburg predigen?

ER. Wir erkennen also die Wahrheit der christlichen Religion nur alsdenn, wenn unsere Begriffe von derselben eben diejenigen sind, welche die schriftlichen Überlieferungen, die in der h. Schrift enthalten sind, davon in unsern Seelen hervorbringen *sollen*.

ICH. – *Sollen*! Aber welche sollen sie hervorbringen? – Können Sie es leugnen, Hr. Pastor, können Sie es sich selbst verhehlen, daß nur wenige Stellen des ganzen N. T. bei allen Menschen die nämlichen Begriffe hervorbringen? daß der bei weiten größere Teil bei diesen diese, bei andern andere Begriffe hervorbringt? Welches sind die rechten, die hervorgebracht werden *sollen*? Wer soll das entscheiden? Die Hermeneutik? Jeder hat seine eigene Hermeneutik. Welches ist die wahre? Sind sie alle wahr? oder ist keine wahr? Und dieses Ding, dieses mißliche, elende Ding soll die Probe der innern Wahrheit sein! Was wäre denn *ihre* Probe?

ER. Freilich können die schriftlichen Überlieferungen der christlichen Religion keine innere Wahrheit geben, wenn sie keine hat.

ICH. Mich dünkt, Hr. Pastor, daß Sie oben ganz so freigebig nicht waren, wo es Ihnen innere Wahrheit eines Lehrsatzes genug schien, daß er geschrieben da stehe. Sie sind doch wohl nicht nur darum so freigebig, weil Sie aus der Sache, mit der Sie es sind, im Grunde nicht viel machen? weil Ihnen eine geoffenbarte Wahrheit, bei der sich nichts denken läßt, eben so lieb ist als eine, bei der sich etwas denken läßt?

ER. Das soll sie aber auch nicht.

ICH. Schön, daß sie nicht soll, was sie nicht kann! – Wenn aber die schriftliche Überlieferung der christlichen Religion innere Wahrheit weder geben kann, noch geben soll: so hat auch die christliche Religion ihre innere Wahrheit nicht von ihr. Hat sie sie nicht von ihr: so hängt sie auch von ihr nicht ab. Hängt sie von ihr nicht ab, so kann sie auch ohne sie bestehen. Dahin will ich ja nur.

ER. Ihr Zweck ist also dieser: die innere Wahrheit derselben zu entdecken und zu beweisen.

ICH. Soll *entdecken* so viel heißen, als zuerst bekannt machen: so habe ich schon bewiesen, daß die Schrift die innere Wahrheit der christlichen Religion *der Welt* nicht zuerst bekannt gemacht hat. Hier setze ich noch hinzu, daß sie itzt den einzeln Menschen dieses noch weniger tut. Denn wir kommen alle, mit den Grundbegriffen der Religion bereits versehen, zu ihr. – Und *beweisen*! Soll beweisen hier nur so viel heißen, als, einen schriftlichen Belag geben, in welchem die Worte des zu beweisenden Satzes enthalten sind: so hat ja der Hr. Pastor selbst schon eingestanden, daß ein solcher Belag der innern Wahrheit nichts helfen kann, nichts helfen soll. Soll aber *beweisen* hier heißen, was es eigentlich heißt; die Verbindung einer Wahrheit mit andern anerkannten und ungezweifelten Wahrheiten dartun: so kann ja jedes andere Buch dieses eben sowohl, als die Schrift; besonders nachdem es ihr die Schrift vorgetan. Und so wäre wieder nicht einzusehen, warum die christliche Religion *itzt* nicht ganz ohne die Schrift sollte bestehen können.

ER. Folglich sind es leere Worte, wenn man die innere Wahrheit der christlichen Religion und die Überlieferungen, oder deutlicher, die heilige Schrift, einander als zwei verschiedne Dinge *entgegen setzen* will.

ICH. Entgegen setzen? Wer will denn diese zwei Dinge einander entgegen setzen? Ich? Ich behaupte ja nur, daß sie *itzt* von einander ganz unabhängig sein *können.* Sind denn jede zwei verschiedne Dinge einander entgegen gesetzt? Wer das behauptet, mag freilich leere Worte machen: ich mache durchaus keine. Ich will dem Theologen die Schrift nicht nehmen, der allein an ihr seine Künste zu zeigen gelernt hat. Ich sehe es zu wohl ein, wie viel das gelehrte Studium der Schrift allen andern Kenntnissen und Wissenschaften aufgeholfen hat; in welche Barbarei wir leicht wieder versinken könnten, wenn es ganz aus der Welt verbannet würde. Aber der Theolog soll uns Christen sein gelehrtes Bibelstudium nur nicht für Religion aufdringen wollen. Er soll nur nicht gleich über Unchristen schreien, wenn er auf einen ehrlichen Laien stößt, der sich an dem Lehrbegriffe begnügt, den man längst für ihn aus der Bibel gezogen, und diesen Lehrbegriff nicht sowohl deswegen für wahr hält, weil er aus der Bibel gezogen, sondern weil er einsieht, daß er Gott anständiger, und dem menschlichen Geschlechte ersprießlicher ist, als die Lehrbegriffe aller andern Religionen; weil er *fühlt*, daß ihn dieser christliche Lehrbegriff beruhiget.

ER. – Eben so vergeblich, als wenn man sagen wollte: man muß die Gesetze eines Gesetzgebers aus seiner innern Gerechtigkeit erklären. Umgekehrt; die innere Gerechtigkeit eines Gesetzgebers muß aus seinem Gesetze erkannt, und beurteilet werden.

ICH. Der Hr. Pastor sind doch in allen Ihren Instanzen und Erläuterungen ganz sonderbar unglücklich. Umgekehrt! sage ich nun wiederum. Und wenn die Wahrheit kein Wetterhahn ist, so wird sie es hoffentlich wohl bei meinem Commando bewenden lassen. Was? die Gesetze eines Gesetzgebers müßten nicht aus seiner innern Gerechtigkeit erklärt werden?

Wenn der Buchstabe des Gesetzes einen trifft, den der Gesetzgeber zu treffen unmöglich kann die Absicht gehabt haben; wenn, dem Buchstaben nach, Strafe auf einen fällt, auf dessen in ihrer Art einzige Handlung, die der Gesetzgeber nicht vorher sehen können, vielmehr Belohnung als Strafe stehen müßte: verläßt der Richter nicht mit Fug den Buchstaben, und holt seinen Ausspruch aus der innern Gerechtigkeit her, von der er annimmt, daß sie dem Gesetzgeber beigewohnet habe? – Was? die innere Gerechtigkeit eines Gesetzgebers müsse aus seinen Gesetzen erkannt und erklärt werden? Solon war doch wohl auch Gesetzgeber? Und Solon würde sehr unzufrieden gewesen sein, wenn man ihm nicht eine lautrere vollkommnere Gerechtigkeit hätte zutrauen wollen, als aus seinen Gesetzen sichtbar war. Denn als man ihn fragte, ob er seinen Bürgern die besten Gesetze gegeben habe: was antwortete er? Ὅτι οὐ τοὺς καθάπαξ καλλίστους, ἀλλ' ὧν ἐδύναντο τοὺς καλλίστους. »Die besten schlechterdings nun freilich nicht: aber doch die besten, deren sie fähig waren.« Also: –

Doch ich bin es herzlich satt, mit einem Tauben länger zu reden. Sonst könnte ich hier nicht unschicklich einer Anwendung dieser Worte des Solon noch gedenken, die dem Hrn. Pastor höchst ärgerlich sein würde, wenn er nicht etwa schon wüßte, daß sie ein Kirchenvater gemacht hat. Und doch, was würden ohne Ausnahme die armen Kirchenväter für Wischer von unsern Lutherschen Pastoren bekommen, wenn sie itzt schrieben! Dieser nämliche Kirchenvater entbricht sich nicht, eine zweifache christliche Religion gelten zu lassen: eine für den gemeinen Mann, und eine andere für den feinern gelehrtern Kopf, die unter jener nur verborgen liege. So weit gehe ich doch noch lange nicht. Bei mir bleibt die christliche Religion die nämliche: nur daß ich die Religion von der Geschichte der Religion will getrennet wissen. Nur daß ich mich weigere, die historische Kenntnis von ihrer Entstehung und ihrer Fortpflanzung; und eine Überzeugung von dieser Kenntnis, die schlechterdings bei keiner historischen Wahrheit sein kann, für unentbehrlich zu halten. Nur daß ich die Einwürfe, die gegen das Historische der Religion gemacht werden, für unerheblich erkläre; sie mögen beantwortet werden können, oder nicht. Nur daß ich die Schwächen der Bibel nicht für Schwächen der Religion halten will. Nur daß ich die Prahlerei des Theologen nicht leiden kann, welcher dem gemeinen Manne weis macht, jene Einwürfe wären alle schon längst beantwortet. Nur daß ich den kurzsichtigen Hermeneutiker verschmähe, der Möglichkeiten auf Möglichkeiten türmet, um die Möglichkeit zu erhärten, daß diese Schwächen auch wohl keine Schwächen sein könnten; der eine kleine Bresche, welche der Feind geschossen, nicht anders zu stopfen weiß, als durch einen weit größern Wallbruch, den er anderwärts mit eignen Händen macht.

Und damit soll ich mich an der christlichen Religion versündiget haben? Damit? damit, daß ich geschrieben: »Was gehen den Christen des Theologen Hypothesen, und Erklärungen, und Beweise an? Ihm ist es doch einmal da, das Christentum, welches er so wahr, in welchem er sich so selig *fühlet.* Wenn der Paralyticus die wohltätigen Schläge des elektrischen Funken *erfährt*: was kümmert es ihn, ob Nollet, oder ob Franklin, oder ob keiner von beiden Recht hat?«

Doch, daß ich *auch das* geschrieben habe, läßt der Hr. Pastor seinen Zeitungslesern zu melden wohl bleiben. Gleichwohl ist nur zur Rechtfertigung eines Christen *solcher* Art, die ganze Stelle hinzugefügt worden, über die er einen so kauderwelschen Kommentar zu machen für gut befunden. Nur dieses war die Absicht dieser Stelle. Nur dem *fühlenden* Christen sollte darin eine Schanze versichert werden, in welche er sich getrost werfen könne, wenn er mit seinen mutigern Theologen das Feld nicht mehr zu halten wage. Daß die Theologen, und die Theologen einer jeden Sekte, den Wahlplatz nicht sobald räumen, auch nicht sobald zu räumen brauchen; besonders, wenn sie sich nur mit ihres gleichen herumschlagen: wer weiß das nicht? Habe auch ich, es nicht genug gesagt? Habe ich nicht mit ausdrücklichen Worten bekannt, daß jeder Theolog in dem Geiste seines angenommenen Systems, Antworten genug haben werde? Habe ich nicht selbst einen Versuch gemacht, ihm mit einigen dieser Antworten vorzugreifen? Taugt dieser mein Versuch nicht viel; wie leicht möglich ist: so mach es besser, wer kann! Das wünsche ich ja nur. Bloß darum machte ich ja nur die Fragmente bekannt. Oder meint man, weil ich völlig befriedigende Antworten wünschte und hoffte: hätte ich meinen Trost auf den Fall, daß dergleichen Antworten nicht erfolgten, lieber zurück behalten sollen? Warum das? Wollte ich denn durch diesen Trost im voraus alle Antworten für überflüssig erklären? Er war ja bloß dem einfältigen Christen, und nicht dem Theologen gegeben, dieser Trost: wenigstens nur demjenigen Theologen zugleich gegeben, der über seine höhere Weisheit nicht verlernt hat, auch bloß einfältiger Christ zu sein.

Daß diesen Trost, den ich für das unersteiglichste Bollwerk des Christentums halte, der Hr. Pastor einen strohernen Schild nennt, tut mir seinetwegen sehr leid. Er ist, fürchte ich, in seinen theologischen Kriegen von der Heterodoxie des Feindes nicht unangesteckt geblieben; mehr davon angesteckt worden, als er sich auf einer Hamburgischen Kanzel wird wollen merken lassen; mehr, als er sich vielleicht noch selbst abgemerkt hat. Denn auch er muß also alles innere Gefühl des Christentums leugnen. Und wenn man ihn auf der Kanzel noch nicht ausrufen hören, »Gefühl! Was Gefühl? Gefühl ist ein stroherner Schild. Unsere Hermeneutik, unsere symbolischen Bücher, das, das sind das alles schirmende, undurchdringliche, diamantene Schild des Glaubens!« so kömmt es vermutlich nur daher, weil selbst in den symbolischen Büchern auf den strohernen Schild noch gerechnet wird. Von Stroh möchte er daher auch immer sein: denn es gibt dort mehr stroherne Schilde. Wenn er nur nicht zugleich so schmal wäre! Aber da hat nur eben ein einzelner Mensch, die Religion im Herzen, darunter Raum. Was soll ein Pastor damit, wenn er nicht auch seine Bibel, nicht auch seine ganze liebe Gemeinde mit eins darunter bergen kann?

Wie treuherzig der Hr. Pastor auch sonach allen seinen werten Herren Kollegen anrät, lieber offenbar feldflüchtig zu werden, als sich dieses Schildes zu bedienen: ist wohl noch wert, mit seinen eignen Worten gehört zu werden. »Ich würde«, sagt er mit bebender Stimme, »den Christen, der zugleich Theolog ist, sehr betauern, wenn er sich aus Mangel andrer Gründe, in der traurigen Notwendigkeit sehen sollte, diesen aus Stroh geflochtenen Schild den in den Fragmenten befindlichen feurigen Pfeilen entgegen zu halten.« – Das würde gewissermaßen auch ich tun. Wenigstens würde ich die Achseln über ihn zucken, daß er sein Handwerk so schlecht verstünde. Aber wer sprach denn von einem Christen, der zugleich Theolog ist? Sollen denn, müssen denn alle Christen zugleich Theologen sein? Ich habe noch immer die besten Christen unter denen gefunden, die von der Theologie am wenigsten wußten. Warum können die nicht einen strohernen Schild haben, die unter feurige Pfeile nicht kommen? Hilft ein stroherner Schild gegen feurige Pfeile nicht: so hilft er doch gegen Hiebe. – Der entschlossene Hr. Pastor fährt fort: »Ich würde ihm (dem Christen, der zugleich Theolog ist) lieber raten, gar die Flucht zu nehmen.« – Wenn er glaubt, daß er schlechterdings den Theologen seiner Sekte beibehalten muß: Glück auf den Weg! Genug, daß diejenigen bei der Fahne halten, die *nur* Christen sind. – »Denn durch Anwendung dieser von dem Hrn. Herausgeber an die Hand gegebnen Sätze, würde er die *Bibel Preis geben*, um die *Religion zu retten*: aber welche Religion?« – Welche? Die nämliche, aus welcher die Bibel entstand. Die nämliche, die man in spätern Zeiten, als sie in ihrer ursprünglichen Lauterkeit sollte verloren gegangen sein, wieder aus der Bibel zog. Oder ist noch keine zuverlässig daraus gezogen worden? Ist die daraus gezogene, nur provisorie, nicht wirklich die christliche? Das muß wohl; denn der Hr. Pastor sagt so ganz entscheidend: »Gewiß nicht die christliche, als welche mit der Bibel steht und fällt.« – Das tut mir leid! Und die Bibel steht und fällt? Doch wohl mit ihrer Theopneustie? Allerdings muß er sagen: wenn ohne Bibel kein Christentum ist; so ist ohne Theopneustie keine Bibel.

Und hier sei mir erlaubt, mich auf die Stelle eines Andern zurück zu ziehen, an welche mich die nämlichen Worte *stehen und fallen* erinnern. »Die Frage«, sagt ein Mann,* der sich um die Bibel zu verdient gemacht hat, als daß es ihm, nach des Hrn. Pastors eigner Art zu folgern, nicht mit der christlichen Religion ein Ernst sein sollte. – »Die Frage, ob die Bücher des N. Testaments von Gott eingegeben sind, ist der christlichen Religion nicht völlig so wichtig, als die vorige, ob sie echt sind? Sie *steht und fällt nicht so schlechterdings mit ihr.* Gesetzt, Gott hätte keines der Bücher des N. Testaments inspiriert, sondern Matthäum, Marcum, Lucam, Johannem, Paulum bloß sich selbst

---

* Michaelis, in s. Einleitung in die Schriften des N. T. S. 73 u. a.

überlassen, zu schreiben, was sie wußten, die Schriften wären aber nur alt, echt und glaubwürdig, so würde die christliche Religion die wahre bleiben. Die Wunder, durch die sie bestätiget ist, würden ihre Wahrheit eben so gut beweisen, wenn auch die Zeugen derselben nicht inspirierte, sondern bloß menschliche Zeugen wären, denn ohnehin setzen wir bei Untersuchung der Wahrheit dieser Wunder gar nicht das göttliche Ansehen der Schriftsteller zum voraus, sondern betrachten sie bloß als menschliche Zeugen. Wären die Wunder wahr, die der Evangelist erzählte, so würden auch die Reden Christi, die dadurch bestätiget sind, ein untrügliches Gottes Wort sein, doch mit dieser kleinen Furcht und Ausnahme, daß der Erzähler vielleicht etwas nicht recht gefasset, und es uns nicht völlig richtig aufbehalten haben könnte: und aus den Briefen der Apostel, gesetzt, sie hätten in Nebensachen gefehlt, würden wir doch die so oft wiederholten Hauptsachen der christlichen Religion, die zu predigen Christus sie aussandte, so gut lernen können, als etwa aus Bülfingern Wolfens Lehrsätze der Philosophie. Es wäre also ganz wohl möglich, daß jemand an der göttlichen Eingebung der sämtlichen Schriften des N. T. einen Zweifel hätte, oder sie sogar leugnete, und doch die christliche Religion von Herzen glaubte: ja es gibt wirklich so denkende, zum Teil in der Stille, zum Teil auch öffentlich, die man nicht sogleich zu den Unchristen rechnen darf. Gar nicht zu ihrer Verunglimpfung, sondern bloß als Factum sei es gesagt: manche alte Ketzer, die die Schriften des N. Testaments für echt, aber doch nicht für untrügliches Principium cognoscendi gelten ließen, sondern sich zu Richtern über die Apostel aufwarfen, könnten wohl eben so gedacht haben.« –

Wie weit würde der Schutz dieser Stelle über mich heraus reichen, wenn ich unter dieser Stelle Schutz suchen müßte! Aber das brauche ich nicht: und noch weniger habe ich die Sitte boshafter Bettelleute hiermit nachmachen wollen, die sich einen hastigen Hund nicht anders vom Leibe zu halten wissen, als dadurch, daß sie ihn auf einen andern hetzen. Denn wenn ich den Hrn. Pastor Goeze kenne: so versteht er seinen Vorteil zu wohl, daß er nicht lieber *mich* festhalten, als frischerdings auf einen Michaelis losgehen sollte.

ANTI-GOEZE

Multa sunt sic digna revinci, ne gravitate adorentur.
Tertullianus

*D. i. Notgedrungener Beiträge
zu den freiwilligen Beiträgen
des Hrn. Past. Goeze
Erster*
(Gott gebe, letzter!)

(S. 71tes Stück der freiwill. Beiträge)

Lieber Herr Pastor,
Poltern Sie doch nicht so in den Tag hinein: ich bitte Sie. – Ich gehe ungern daran, daß ich meiner *Absage* schon bald nachleben muß. Aber Sie glaubten wohl sonst, es sei mein Ernst nicht.

Sehen Sie also, welchen Plan zu meiner Fehde gegen Sie, ich hiermit anlege. Auch schließen Sie auf den Ton aus dem Lemma des Tertullian, und den fernern Worten, die bei ihm folgen. *Überschreien* können Sie mich alle acht Tage: Sie wissen, *wo*. *Überschreiben* sollen Sie mich gewiß nicht.

Gott weiß es, ich habe nichts dagegen, daß Sie und alle Schulrectores in Niedersachsen gegen meinen Ungenannten zu Felde ziehen. Vielmehr freue ich mich darüber; denn eben darum zog ich ihn an das Licht, damit ihn recht viele prüfen, recht viele widerlegen könnten. Ich hoffe auch, er wird noch Zeit genug unter die rechten Hände kommen, unter welchen er mir noch nicht zu sein scheinet: und so dann glaube ich wirklich der christlichen Religion durch seine Bekanntmachung einen größern Dienst erwiesen zu haben, als Sie, mit allen Ihren Postillen und Zeitungen.

Wie? weil ich der christlichen Religion mehr zutraue, als Sie, soll ich ein Feind der christlichen Religion sein? Weil ich das Gift, das im Finstern schleichet, dem Gesundheitsrate anzeige, soll ich die Pest in das Land gebracht haben? Denn kurz, Herr Pastor – Sie irren sich sehr, wenn Sie glauben, daß der Ungenannte ganz aus der Welt geblieben wäre, wenn ich ihm nicht herein geholfen hätte. Vernehmen Sie, daß *das* Buch ganz existieret, und bereits in mehrern Abschriften existieret, wovon, ich weiß nicht wie, nur Fragmente des *ersten Entwurfs*, sich in *die* Bibliothek verlaufen haben, die ich der Welt freilich nutzbarer hätte machen können, wenn ich alle darin befindlichen plattdeutsche Bibeln von Wort zu Wort für Sie konferieret hätte.

Versichern Sie indes nicht selbst, daß diese *leidigen* Fragmente schon ein Paar Werke hervorgebracht haben, deren Nutzen den besorglichen Schaden derselben unendlich überwiege? Und ich, ich, der ich die causa sine qua non dieser vortrefflichen Werke bin, sollte desfalls ein Reichshofratsconclusum zu besorgen haben? Vielmehr verspreche ich mir eine Belohnung von dem Reichshofrate, so bald es nicht bloß die traurige Pflicht des Reichshofrats sein wird, Unrecht zu steuern, und böse Handlungen zu ahnden, – so bald aufgeklärtere tugendhaftere Zeiten, wie wir unter einem Joseph II. sie uns immer mehr und mehr versprechen dürfen, auch dem Reichshofrate Muße und Stoff geben werden, verborgene Tugend aufzusuchen, und gute Taten zu belohnen. Bis dahin hat es wenigstens keine Not, daß nur Einer in den ersten Gerichten des Reichs sein sollte, der so dächte – wie *Goeze*.

Schön, vortrefflich, ganz in Luthers Geiste, ist es von diesem Lutherschen Pastor gedacht, daß er den Reichshofrat zu einem Schritte gern verhetzen möchte, der, vor zweihundert und fünfzig Jahren mit Ernst getan, uns um alle Reformation gebracht hätte! Was hatte Luther für Rechte, die nicht noch jeder Doctor der Theologie hat? Wenn es itzt keinem Doctor der Theologie erlaubt sein soll, die Bibel aufs neue und so zu übersetzen, wie er es vor Gott und seinem Gewissen verantworten kann: so war es auch Luthern nicht erlaubt. Ich setze hinzu: so war es Luthern noch weniger erlaubt. Denn Luther, als er die Bibel zu übersetzen unternahm, arbeitete eigenmächtig gegen eine von der Kirche angenommene Wahrheit: nämlich gegen die, daß es besser sei, wenn die Bibel von dem gemeinen Manne in seiner Sprache nicht gelesen werde. Den Ungrund dieses von seiner Kirche für wahr angenommenen Satzes mußte er erst erweisen; er mußte die Wahrheit des Gegensatzes erst erfechten; er mußte sie als schon erfochten voraussetzen: ehe er sich an seine Übersetzung machen konnte. Das alles braucht ein itziger protestantischer Übersetzer nicht; die Hände sind ihm durch seine Kirche weniger gebunden, die es für einen Grundsatz annimmt, daß der gemeine Mann die Bibel in seiner Sprache lesen dürfe, lesen müsse, nicht genug lesen könne. Er tut also etwas, was ihm niemand streitig macht, *daß* er es tun könne: anstatt daß Luther etwas tat, wobei es noch sehr streitig war, *ob* er es tun dürfe. – Das ist ja sonnenklar. – Kurz, Bahrdtens, oder eines andern Itztlebenden, Übersetzung verdammen, heißt der Lutherschen Übersetzung den Prozeß machen; wenn jene auch noch so sehr von dieser abgehen. Luthers Übersetzung ging von den damals angenommenen Übersetzungen auch ab; und mehr oder weniger, darauf kömmt nichts an.

Der wahre Lutheraner will nicht bei Luthers Schriften, er will bei Luthers Geiste geschützt sein; und Luthers Geist erfodert schlechterdings, daß man *keinen* Menschen, in der Erkenntnis der Wahrheit nach seinem eigenen Gutdünken fortzugehen, hindern muß. Aber man hindert *alle* daran, wenn man auch nur *Einem* verbieten will, seinen Fortgang in der Erkenntnis andern mitzuteilen. Denn ohne diese Mitteilung im Einzeln, ist kein Fortgang im Ganzen möglich.

Herr Pastor, wenn Sie es dahin bringen, daß unsere Lutherschen Pastores unsere Päbste werden; – daß diese uns vorschreiben können, wo wir aufhören sollen, in der Schrift zu forschen; – daß diese unserm Forschen, der Mitteilung unsers Erforschten, Schranken setzen dürfen: so bin ich der erste, der die Päbstchen wieder mit dem Pabste vertauscht. – Hoffentlich werden mehrere so entschlossen denken, wenn gleich nicht viele so entschlossen reden dürften. Und nun, Herr Pastor, arbeiten Sie nur darauf los, so viele Protestanten, als möglich wieder in den Schoß der Katholischen Kirche zu scheuchen. So ein Lutherscher Eiferer ist den Katholiken schon recht. Sie sind ein Politicus wie ein Theolog. –

Das *eine* der vortrefflichen Werke, die ohne Mich in des Nichts unfruchtbaren Lenden geblieben wären, sind die *Unterredungen meines Nachbars*, dessen gutem Willen ich bereits in meiner *Duplik* alle mögliche Gerechtigkeit erwiesen habe. Sie wissen nun ohne Zweifel, Herr Pastor, daß damals, als Sie mich auffoderten, auf diese Unterredungen zu antworten, ich bereits darauf geantwortet hatte. Die Reihe zu reden, ist nun an Ihnen; und es soll mich verlangen, wie weit es Ihre Exegetik treiben wird, das Wort GOttes in den Augen vernünftiger Menschen lächerlich zu machen. Es soll mich verlangen, aus welchen Gründen, mit welcher Stirne, Sie die unverdauten Einfälle eines vermutlichen Laien, wie mein Nachbar ist, den weit bessern Antworten vorziehen werden, die auf die Einwürfe meines Ungenannten schon vorhanden waren. –

Das *zweite* dieser Werke ist des *Herrn Mascho Verteidigung der christlichen Religion:* oder, wie ich lieber sagen möchte, *die Verteidigung der christlichen Religion des Herrn Mascho*. Denn wahrlich die Verteidigung ist nicht so sehr sein eigen, als die Religion, die er verteidiget. Und was? diese hätten Sie gelesen gehabt, Herr Pastor, ganz gelesen gehabt, als Sie das 71stemal dieses Jahr in Ihr Horn stießen? – Ja?

So kann es denn das Publikum nicht zeitig genug erfahren, wie mancherlei Maß und Gewichte *Goeze und Compagnie* in Hamburg haben!

Es tut mir leid, daß ich dieses sonst *gute Haus* so blamieren muß. Aber warum braucht es auch sein richtiges volles Gewicht nicht wenigstens gegen seine *alten Freunde*? Warum will es mit seinem richtigen vollen Gewichte sich nur erst Freunde *machen*, aber nicht *erhalten*?

Armer Mascho, lassen Sie den neidischen Mann, der alle Handlungen einzig in seine Kanäle lenken will, nur erst mit mir fertig sein. Er wird Sie schon auch nach Hause leuchten. Itzt tut er mit Fleiß, als ob er nicht merkte, auf welcher Seite Sie hinken. Er braucht Hülfe: Tros Rutulusue fuat – Seine Partie muß sich wenigstens in den Zeitungen immer vergrößern. Aber warten Sie nur!

Doch ist es nicht unschicklich, in einem Briefe einen andern anzureden, als den, an welchen der Brief gestellet ist? Ich wende mich also wieder zu Ihnen, Herr Pastor, und frage Sie nochmals: haben Sie des Herrn *Mascho Verteidigung*, welche Sie so rühmen, wirklich gelesen?

Wirklich? – Nun so ist es erwiesen, Herr Pastor, was ich Ihnen Schuld gebe. Sie haben mancherlei Maß und Gewicht, *welches dem Herrn ein Greuel ist.* Mit einem andern bevorteilen Sie mich: mit einem andern bedienen Sie den Herrn Mascho. Wovor Sie bei mir andere warnen, das preisen Sie bei ihm andern an. Die nämlichen Species, die Sie nach meiner Verschreibung als gefährlich und tödlich nicht administrieren wollen, verkaufen Sie auf sein *Recipe*, in der nämlichen Quantität, oder in einer noch bedenklichern, als höchst unschuldig und heilsam.

Oder das Ding, Herr Pastor, in Ihrer sinnreichen Metapher des *strohernen Schildes* auszudrücken: Herr Mascho streitet schlechterdings unter dem nämlichen strohernen Schilde, mit welchem Sie mich der Welt so lächerlich und verdächtig gemacht haben. Wie kömmt es denn, daß dieses stroherne Schild nur an meinem Arme schlimmer als keines ist? an seinem aber für eine gar hübsche taugliche Waffe passieren muß?

Nämlich: behauptet nicht auch Herr Mascho, (S. 10) daß die Bibel zwar eine Offenbarung *enthält,* aber keine *ist*?

Unterscheidet nicht auch Herr Mascho (S. 249) den *Buchstaben* von dem *Geiste* der Bibel?

Lehret nicht auch Herr Mascho, (S. 202) daß die *Religion* eher gewesen, als die *Bibel*?

Und sind denn das nicht die drei Sätze, um welche der Herr Pastor den Tanz mit mir angefangen?

Sie können nicht sagen, Herr Pastor, daß Sie diese Sätze bei ihm nicht gefunden. Denn sie stehen nicht allein mit deutlichen Worten da: sondern alles, alles, was Herr Mascho sagt, bezieht sich, gründet sich darauf.

Ja noch mehr: eben diese Sätze, die *ich* für bloße Betrachtungen gebe, mit welchen sich diejenigen beruhigen können, die sich an dem Christentume ohne Theologie begnügen wollen, oder begnügen müssen; eben diese Sätze macht Herr Mascho zu Grundsätzen, nicht des Christentums, sondern der Theologie.

Denn das ganze System von Inspiration, welches Sie annehmen, Herr Pastor; in dessen Geiste Sie die uns gemeinschaftlichen, aber nicht zu einerlei Absicht gemeinschaftlichen Sätze, bei mir anfeindeten: was ist es dem Herrn Mascho? – Was es *mir* bei weiten noch nicht ist.

Es ist ihm eben das, was meinen Ungenannten in den Naturalismus gestürzt hat. Es ist ihm das, was jeden nicht besser organisierten Kopf, als meinem Ungenannten zu Teil geworden war, in den Naturalismus notwendig stürzen muß. Das ist es ihm; das ist es ihm auf allen Blättern.*

Und nun, Herr Pastor, sein Sie auf Ihrer Hut! Ich warne Sie auf den Wink des Herrn Mascho. Ehe Sie es sich versehen, liegen Sie, nach dem Herrn Mascho, in eben dem Abgrunde, in welchem mein Ungenannter nun jammert: und dann ist keine Hülfe für Sie, als entweder da zu verzweifeln, oder mit eins alle den Plunder aufzugeben, der noch vor 50 bis 60 Jahren in unsern Lehrbüchern Religion hieß**, und alle die schönen Siebensachen dafür anzunehmen, die man seit dieser Zeit in der Religion erfunden hat, und noch täglich erfindet.***

So gar werden Sie gezwungen sein, solcher schönen Siebensachen nicht wenige anzunehmen, die Herr Mascho selbst, unter Ihren Augen erfindet. Er hat bereits Dinge in seinem Körbchen, die jedem guten Alltagschristen völlig fremd und unerhört sind. Über gewisse jüdische Ideen, die wir sehr unrecht ganz vergessen haben†; über das große Pfingstwunder††; über – was weiß ich!

Und o, welch neues Unglück drohet dem Hamburgischen Katechismus wieder in Hamburg selbst! Denn Herr Mascho ist mit nichts weniger zufrieden, als mit unsern bisherigen Religionsunterrichten, deren notwendige Berichtigung und Verbesserung er aus den leidigen Fragmenten meines Ungenannten erst recht erkannt hat. Seine, seine Ideen müssen vor allen Dingen in unsere Katechismen: oder es geht nimmermehr gut!†††

---

* S. Vorr. IV. VIII. X. XII. desgleichen in der Schrift selbst, S. 258. 271. 306 und wo nicht?
** Vorr. XV.
*** S. 3. 4.
† S. 82.
†† S. 113.
††† Vorr. XIII. S. 26. 36. 71. 111. u.m.

Wie, Herr Pastor? ,das wollten Sie gestatten? Als unserm guten Freunde Alberti ehedem so etwas beifiel: wem hat es die Hamburgische Kirche zu danken, daß er nicht damit durchdrang, als Ihnen? Und nun sollte Herr Mascho damit durchdringen, indem Ihre ganze Aufmerksamkeit, Ihr ganzer Eifer nur auf mich gerichtet ist?

Erkennen Sie doch die Diversion, die man Ihnen zu machen sucht, und lassen mich in Ruhe. Es könnte ja gar sein, daß ich und Mascho uns verstünden! Doch, das muß ich Ihnen nicht zweimal sagen, wenn unsre List gelingen soll.

ANTI-GOEZE

Bella geri *placeat* nullos habitura triumphos!
Luc.

Zweiter

Mein Herr Hauptpastor

Ich erhielt Ihr *Etwas Vorläufiges* gegen meine – wenn es nicht Ihre erste Lüge ist – *mittelbare und unmittelbare feindselige Angriffe auf unsre allerheiligste Religion etc.* am Abend des Osterabends; und hatte noch eben Zeit, den herrlichen *Vorlauf* zu kosten. Der soll mir auf das Fest schmecken! dachte ich. Und er hat mir geschmeckt. Gott gebe, daß mir der *Nachlauf* zu seiner Zeit auch so schmecken, auch so wohl bekommen mag!

Aber was das nun wieder ist! Der Herr Hauptpastor verweisen mir in Ihrem *Etwas Vorläufigen,* welches ich, der Geschmeidigkeit wegen, lieber das *Vorläufige Etwas* nennen will, mit so vielem Ernst und Nachdruck meine *Äquivoken** und Wortspiele: und dennoch mache ich schon wieder ein so häßlich Ding, und äquivoziere und wortspiele mit *vorläufig* und *Vorlauf;* ohne auch nur im geringsten vorher zu erklären, ob ich den Vorlauf von der *Kelter* oder von der *Blase* verstehe.

Doch lieber vergeben Sie mir immer, Herr Hauptpastor, eine Schwachheit, die mir zur andern Natur geworden ist. Jeder

---

* Der Herr Hauptpastor schreiben *Equivocen;* und das mehr wie einmal. (S. VII. IX. 55) Es kann also weder Schreib- noch Druckfehler sein; sondern diese spaßhafte Orthographie ward beliebt, – um auch ein Wortspielchen zu machen. *Aequivocum,* quasi dicas, *equi vocem.* Denn freilich, was ist *äquivoker* als das Wiehern des Pferdes? Für den Cardanus zwar nicht; aber doch für uns andere, die wir uns auf das Wiehern nicht so gut verstehen, als Cardanus. – Oder sollte der Herr Hauptpastor hier wohl noch spaßhafter sein wollen, und zugleich ein Wort im Sinne gehabt haben, welches Luther in seinem *Hanswurst von Wolfenbüttel* braucht? Der Bibliothekar zu Wolfenbüttel erinnerte ihn an dies Buch; dies Buch an dies Wort: und ich freue mich herzlich, daß ich seinem Witze so auf die Spur komme. Das nenne ich doch eine Nachahmung Luthers!

Mensch hat seinen eignen Stil, so wie seine eigne Nase; und es ist weder artig noch christlich, einen ehrlichen Mann mit seiner Nase zum besten haben, wenn sie auch noch so sonderbar ist. Was kann ich dafür, daß ich nun einmal keinen andern Stil habe? Daß ich ihn nicht erkünstle, bin ich mir bewußt. Auch bin ich mir bewußt, daß er gerade dann die ungewöhnlichsten Kaskaden zu machen geneigt ist, wenn ich der Sache am reifsten nachgedacht habe. Er spielt mit der Materie oft um so mutwilliger, je mehr ich erst durch kaltes Nachdenken derselben mächtig zu werden gesucht habe.

Es kömmt wenig darauf an, wie wir schreiben: aber viel, wie wir denken. Und Sie wollen doch wohl nicht behaupten, daß unter verblümten, bilderreichen Worten notwendig ein schwanker, schiefer Sinn liegen muß? daß niemand richtig und bestimmt denken kann, als wer sich des eigentlichsten, gemeinsten, plattesten Ausdruckes bedienet? daß, den kalten, symbolischen Ideen auf irgend eine Art etwas von der Wärme und dem Leben natürlicher Zeichen zu geben suchen, der Wahrheit schlechterdings schade?

Wie lächerlich, die Tiefe einer Wunde nicht dem *scharfen*, sondern dem *blanken* Schwerte zuschreiben! Wie lächerlich also auch, die Überlegenheit welche die Wahrheit einem Gegner über uns gibt, einem blendenden Stile desselben zuschreiben! Ich kenne keinen blendenden Stil, der seinen Glanz nicht von der Wahrheit mehr oder weniger entlehnet. Wahrheit allein gibt echten Glanz; und muß auch bei Spötterei und Posse, wenigstens als Folie, unterliegen.

Also von *der,* von der Wahrheit lassen Sie uns sprechen, und nicht vom Stil. – Ich gebe den meinen aller Welt Preis; und freilich mag ihn das Theater ein wenig verdorben haben. Ich kenne den Hauptfehler sehr wohl, der ihn von so manchen andern Stilen auszeichnen soll: und alles, was zu merklich auszeichnet, ist Fehler. Aber es fehlt nicht viel, daß ich nicht, wie Ovid, die Kunstrichter, die ihn von allen seinen Fehlern säubern wollten, gerade für diesen einzigen um Schonung anflehen möchte. Denn er ist nicht sein Fehler: er ist seine Erbsünde. Nämlich: er verweilt sich bei seinen Metaphern, spinnt sie häufig zu Gleichnissen, und malt gar zu gern mit unter eine in Allegorie aus; wodurch er sich nicht selten in allzuentfernte und leicht umzuformende tertia comparationis verwickelt. Diesen Fehler mögen auch gar wohl meine dramatische Arbeiten mit verstärkt haben: denn die Sorge für den Dialog gewöhnt uns, auf jeden verblümten Ausdruck ein scharfes Auge zu haben; weil es wohl gewiß ist, daß in den wirklichen Gesprächen des Umganges, deren Lauf selten die Vernunft, und fast immer die Einbildung steuert, die mehresten Übergänge aus den Metaphern hergenommen werden, welche der eine oder der andere braucht. Diese Erscheinung allein, in der Nachahmung gehörig beobachtet, gibt dem Dialog Geschmeidigkeit und Wahrheit. Aber wie lange und genau muß man denn auch eine Metapher oft betrachten, ehe man den Strom in ihr entdecket, der uns am besten weiter bringen kann! Und so wäre es ganz natürlich, daß das Theater eben nicht den besten prosaischen Schriftsteller bilde. Ich denke sogar, selbst Cicero, wenn er ein beßrer Dialogist gewesen wäre, würde in seinen übrigen in eins fortlaufenden Schriften so wunderbar nicht sein. In diesen bleibt die Richtung der Gedanken immer die nämliche, die sich in dem Dialog alle Augenblicke verändert. Jene erfodern einen gesetzten, immer gleichen Schritt; dieser verlangt mit unter Sprünge: und selten ist ein hoher Springer, ein guter ebner Tänzer.

Aber, Herr Hauptpastor, das ist mein Stil, und mein Stil ist nicht meine Logik. – Doch ja! Allerdings soll auch meine Logik sein, was mein Stil ist: eine Theaterlogik. So sagen Sie. Aber sagen Sie was Sie wollen: die gute Logik ist immer die nämliche, man mag sie anwenden, worauf man will. Sogar die Art, sie anzuwenden, ist überall die nämliche. Wer Logik in einer Komödie zeigt, dem würde sie gewiß auch zu einer Predigt nicht entstehen: so wie der, dem sie in einer Predigt mangelt, nimmermehr mit ihrer Hülfe auch eine nur erträgliche Komödie zu Stande bringen würde, und wenn er der unerschöpflichste Spaßvogel unter der Sonne wäre. Glauben Sie, daß Pater Abraham gute Komödien gemacht hätte? Gewiß nicht: denn seine Predigten sind allzu elend. Aber wer zweifelt wohl, daß Moliere und Shakespear vortreffliche Predigten gemacht und gehalten hätten, wenn sie, anstatt des Theaters, die Kanzel hätten besteigen wollen?

Als Sie, Herr Hauptpastor, den guten Schlosser wegen seiner Komödien so erbaulich verfolgten, fiel eine doppelte Frage vor. Die eine: darf ein Prediger Komödien machen? Hierauf antwortete ich: warum nicht? *wenn er kann.* Die zweite: darf ein Komödienschreiber Predigten machen? Und darauf war meine Antwort: warum nicht? *wenn er will.* –

Doch wozu alles dieses Geschwätz? Was gehen mich itzt die Armseligkeiten des Stils und Theaters an; itzt da ein so schreckliches Halsgericht über mich verhangen wird? – Da steht er, mein unbarmherziger Ankläger, und wiehert Blut und Verdammung: und ich, einfältiger Tropf, stehe bei ihm, und lese ihm ruhig die Federn vom Kleide. –

Ich muß, ich muß entbrennen, – oder meine Gelassenheit selbst, meine Kälte selbst, machen mich des Vorwurfs wert.

Wie, Herr Hauptpastor? Sie haben die Unverschämtheit, mir mittelbare und unmittelbare feindselige Angriffe auf die christliche Religion Schuld zu geben? Was hindert mich, in die Welt zu schreiben, daß alle die heterodoxen Dinge, die Sie itzt an mir verdammen, ich ehedem aus Ihrem eigenen Munde gehört und gelernt habe? Was hindert mich? Eine Unwahrheit wäre der andern wert. Daß ich Ihre Stirn nicht habe: das allein hindert mich. Ich unterstehe mich nicht zu sagen, was ich nicht erweisen kann: und Sie – Sie tun alle sieben Tage, was Sie nur einen Tag in der Woche tun sollten. Sie schwatzen, verleumden und poltern: für Beweis und Eviktion mag die Kanzel sorgen.

Und die einen so infamierenden Titel führt, – was enthält diese Goezische Scharteke? Nichts enthält sie, als elende Rezensionen, die in den *freiwilligen Beiträgen* schon stehen, oder wert sind darin zu stehen. Doch ja; sie enthält auch einen zum drittenmale aufgewärmten Brei, den ich längst der Katze vorgesetzt habe. Und dennoch sollen und müssen sich des Herrn Hauptpastors liebe Kinder in Christo diesen beschnuffelten, beleckten Brei wieder in den Mund schmieren lassen.

Ist es von einem rechtschaffenen Gelehrten, – ich will nicht sagen, von einem Theologen – begreiflich, daß er, unter einem solchen Titel, widerlegte Beschuldigungen nochmals in die Welt schickt, ohne auf ihre Widerlegung die geringste Rücksicht zu nehmen? – »So hat er denn wohl von dieser Widerlegung nichts gewußt?« – O doch! Er weiß sehr wohl, daß sie vorhanden ist; er hat davon gehört: nur gelesen hat er sie noch nicht, und nach dem Feste wird es sich zeigen, ob er es für nötig findet, darauf zu antworten. –

Und inzwischen, Herr Hauptpastor, inzwischen haben Sie dennoch die Grausamkeit, Ihre Beschuldigungen zu wiederholen? in diesem geschärften Tone zu wiederholen? – Also sind Sie allwissend? Also sind Sie untrieglich? – Also kann schlechterdings in meiner Wiederlegung nichts stehen, was mich in einem unschuldigern Lichte zeigte? was Sie einen Teil Ihrer Klage zurück zu nehmen, bewegen könnte? Also, wie Sie eine Sache einmal ansehen, so, vollkommen so, sind Sie gewiß, daß Sie dieselbe von nun an bis in Ewigkeit ansehen werden?

In diesem einzigen Zuge, Herr Hauptpastor, stehen Sie mir ganz da, wie Sie leiben und leben. Sie haben vor dem Feste nicht Zeit, die Verteidigung des Beklagten zu hören. Sie wiederholen die Anklage, und schlagen seinen Namen getrost an Galgen. Nach dem Feste, nach dem Feste, werden Sie schon sehen, ob auf seine Verteidigung der Name wieder abzunehmen ist, oder nicht!

Gegen einen solchen Mann wäre es möglich, die geringste Achtung beizubehalten? – Einem dritten: vielleicht. Aber nicht dem, nach dessen Kopfe diese Steine zielen. Gegen einen solchen Mann sollte es nicht hinwiederum erlaubt sein, sich aller Arten von Waffen zu bedienen? Welche Waffen können meuchelmörderischer sein, als sein Verfahren ist?

Gleichwohl, Herr Hauptpastor, befürchten Sie von mir nur nicht, daß ich die Grenzen der Wiedervergeltung überschreiten werde. Ich werde diese Grenzen noch lange nicht berühren, wenn ich von Ihnen auch noch so höhnend, auch noch so verachtend, auch noch so wegwerfend schreibe. Sie können einen *ungesitteten* Gegner vielleicht an mir finden: aber sicherlich keinen *unmoralischen*.

Dieser Unterschied, zwischen *ungesittet* und *unmoralisch*, der sehr wichtig ist, obgleich beide Wörter, ihrer Abkunft nach, vollkommen das nämliche bedeuten müßten, soll ewig unter uns bleiben. Nur Ihre *unmoralische* Art zu disputieren, will ich in ihr möglichstes Licht zu setzen suchen, sollte es auch nicht anders, als auf die *ungesitteteste* Weise geschehen können.

Itzt ist mein Bogen voll; und mehr als einen Bogen sollen Sie auf einmal von mir nicht erhalten. Es ist erlaubt, Ihnen den Eimer faulen Wassers, in welchem Sie mich ersäufen wollen, tropfenweise auf den entblößten Scheitel fallen zu lassen.

ANTI-GOEZE

Avolent quantum volent paleae levis fidei quocunque afflatu tentationum, eo purior massa frumenti in horrea domini reponetur.

Tertulli.

Dritter

Also: – »meine mittelbaren und unmittelbaren feindseligen Angriffe auf die christliche Religion.«

Nun dann! So hält Hr. Goeze doch wenigstens *einen* Spruch im Neuen Testament für *nicht* eingegeben, für *nicht* göttlich; sondern für eine bloße menschliche gute Lehre, von welcher er Ausnahmen nach Gutdünken machen darf. *Verdammet nicht, so werdet ihr auch nicht verdammt!*

Zwar nein! Er *selbst* verdammt ja nicht. Er wiederholt nur die Verdammung, welche der h. Geist ausgesprochen. Er hat bloß die Ehre und das Vergnügen, den Herren Basedow, Teller, Semler, Bahrdt, den Verfassern der *Allgemeinen Bibliothek,* und meiner Wenigkeit, die Verdammung anzukündigen. Denn da stehts! *Wer nicht gläubt, der wird verdammt!* – Ihm nicht glaubt; nicht gerade das nämliche glaubt, was er glaubt – *wird verdammt!*

Warum sollte er also nicht, *trotz* seines fleißigen Verdammens, welches ja nur das unschuldige *Echo* des Donners ist, selig zu werden hoffen? Ich bilde mir ein, daß er selbst *durch* dieses Verdammen selig zu werden hoffet. Was Wunder? hoffte nicht jene fromme Hure, durch Kinderzeugen selig zu werden? Die Worte, worauf sie sich gründete, stehn auch da.

Und wie säuberlich, wie sanft, wie einschmeichelnd er, noch mit unter, bei diesem kitzlichen Geschäfte zu Werke geht! Ganz in dem Tone, und in der Manier eines gewissen *Monsieur Loyal,* in einer gewissen Komödie, die man vor gewissen Leuten nicht gern nennet. Er ist für meinen Ruhm – ha! was liegt an dieser

Seifenblase? – er ist für meine Seligkeit so besorgt! Er zittert so mitleidig vor meiner Todesstunde! Er sagt mir so gar hier und da recht artige Dinge, – nur damit es mich nicht allzusehr schmerze, daß er mich *aus dem Hause meines Vaters wirft.*

Ce Monsieur Loyal porte un air bien deloyal!

Doch was tut alles das zur Sache? Laßt uns die Beschuldigungen selbst vornehmen. – Genug, daß mich mein Herz nicht verdammet, und ich also, mit aller Freudigkeit zu Gott, einem jeden intoleranten Heuchler, der mir *so* kömmt, die Larve vom Gesicht reißen *darf,* – und reißen *will,* – sollte auch die ganze Haut daran hängen bleiben!

Von meinen *mittelbaren* Angriffen demnach zu *erst.* – Unter diesen versteht der Hr. Hauptpastor »den von mir veranstalteten Druck der Fragmente, die von mir übernommene Advokatur des Verfassers derselben.«

Jenes ist notorisch: ich kann es so wenig leugnen, als ich es leugnen möchte, wenn ich auch könnte. *Dieses* will ich durchaus von mir nicht gesagt, – wo möglich auch nicht gedacht wissen. Wenigstens in dem Sinne nicht, welchen der Hr. Hauptpastor damit verbindet.

Ich habe die Fragmente drucken lassen: und ich würde sie noch drucken lassen, wenn mich auch aller Welt *Goezen* darüber in den tiefsten Abgrund der Hölle verdammten. Die Gründe, warum ich es mit gutem Gewissen tun zu können geglaubt, habe ich verschiedentlich auch schon beigebracht. Aber Hr. Goeze will mir nicht eher zugestehen, daß diese Gründe das geringste verfangen, als bis ich ihn überführe, daß die nämlichen Gründe mich rechtfertigen würden, »wenn ich Fragmente drucken ließe, in welchen die Gerechtsame des hohen Hauses, dem ich diene, die Ehre und Unschuld der ehemaligen großen und unbescholtenen Minister desselben, und selbst des regierenden Herrn, so angegriffen würden, als dort, in jenen Fragmenten, die Wahrheit der christlichen Religion, die Ehre und Unschuld der h. Apostel, und selbst unsers ewigen Königs, angegriffen wirklich werde.«

Wie kindisch! und wie pfiffig, wie boshaft zugleich! – Denn lassen Sie uns doch, Hr. Hauptpastor, vor allen Dingen die Sache auf beiden Teilen erst gleich machen. Sie haben eine Kleinigkeit auch in die andre Waagschale zu legen vergessen: und Sie wissen wohl, im Gleichgewichte gibt jede Kleinigkeit den Ausschlag. Also nur dieses erst berechtiget; und ich hoffe, Sie werden mir das beizubringende glaubwürdige Zeugnis meiner Obern gütigst erlassen.

Nämlich; nehmen Sie doch nur an, daß dergleichen historische und politische Fragmente, als durch deren Druck Sie mich gern auf das Eis führen möchten, von *der* Beschaffenheit wären, daß ihr Ungrund nicht allein klar und deutlich in die Augen leuchte, sondern sie zugleich auch einen unverhofften Anlaß und Stoff gäben, die Ehre und die Gerechtsamen des nämlichen Hauses noch von mehrern Seiten zu verherrlichen und zu erhärten: was ist sodann Ihr Zweifel, ob ich dergleichen Fragmente wohl dürfe drucken lassen? worauf gründet er sich? Darauf: daß es doch wohl mit jener Ehre, und jenen Gerechtsamen noch so ausgemacht nicht sei? Darauf: daß man einen wandelbaren Grund nicht noch mehr untergraben müsse? selbst in der Absicht nicht, ihn zu verstärken? – O, Herr Hauptpastor, das Durchlauchtigste Haus meines Herrn ist Ihnen für diese Schmeichelei, für diese Besorgnis recht sehr verbunden! recht sehr! – Darüber getraue ich mir allenfalls, Ihnen ein glaubwürdiges Zeugnis von meinen Obern beizubringen.

Oder darf ich, was ich bei den Gerechtsamen des Hauses annehme, dem ich diene, bei der Wahrheit der Religion nicht annehmen, die ich bekenne? Darf ich nicht darauf rechnen, daß alle Einwendungen gegen diese, wenigstens eben sowohl zu beantworten sind, als gegen jene? Darf ich nicht erwarten, daß auch hier neue Einwürfe neue Erörterungen, geschärftere Zweifel geschärftere Auflösungen veranlassen werden? Nicht?

»Allerdings! ruft der Hr. Hauptpastor, allerdings! Die Religion, betrachtet als Inbegriff der zu unsrer Seligkeit geoffenbarten Wahrheiten, gewinnet allerdings, je aufrichtiger und scharfsinniger sie bestritten wird. Aber, das ist nur die *objektive* Religion; nur die objektive! Mit der *subjektiven* ist es ganz anders. Die subjektive Religion verlieret unwidersprechlich, durch dergleichen Bestreitungen, unendlich mehr, als jene nur immer dadurch gewinnen kann! Folglich – –«

Und was ist diese *subjektive* Religion? – »Die Gemütsverfassung der Menschen, in Absicht auf die Religion, ihr Glaube, ihre

Beruhigung, ihr Vertrauen auf uns, ihre Lehrer. Die, die periklitieren bei jedem Worte, das in deutscher Sprache gegen unsere allerheiligste Religion geschrieben wird.«

So! Bei Gott! ein tiefgedachter Unterschied, den ich ja in seinen Schulterminis zu lassen bitte, wenn er nicht ausgepfiffen, und gerade gegen seine Bestimmung gebraucht werden soll.

Denn, wenn es wahr ist, daß die Religion bei allen und jeden Anfällen, die auf sie geschehen, *objektive* gewinnt, und nur *subjektive* verliert: wer will behaupten, daß es also nach dem größern Gewinne, oder nach dem größern Verluste entschieden werden müsse, ob dergleichen Anfälle überhaupt zu dulden sind, oder nicht. Ja, wenn Gewinn und Verlust hier völlig homogene Dinge wären, die man nur von einander abzuziehn brauche, um sich durch den Überrest bestimmen zu lassen! Aber der Gewinn ist wesentlich: und der Verlust ist nur zufällig. Der Gewinn erstreckt sich auf alle Zeiten: der Verlust schränkt sich nur auf den Augenblick ein, so lange die Einwürfe noch unbeantwortet sind. Der Gewinn kömmt allen guten Menschen zu statten, die Erleuchtung und Überzeugung lieben: der Verlust trifft nur wenige, die weder wegen ihres Verstandes, noch wegen ihrer Sitten in Betracht zu kommen verdienen. Der Verlust trifft nur die paleas levis fidei; nur die leichte christliche *Spreu,* die bei jedem Windstoße der Bezweiflung von den schweren Körnern sich absondert, und aufflieget.

Von dieser, sagt Tertullian, mag doch verfliegen so viel als will! Avolent quantum volent! – Aber nicht so unsre heutigen Kirchenlehrer. Auch von der christlichen *Spreu* soll kein Hülschen verloren gehen! Lieber wollen sie die Körner selbst nicht lüften und umwerfen lassen.

Überhaupt läßt sich alles, was Tertullian* von den Ketzereien seiner Zeit, mit so vieler Scharfsinnigkeit sagt, vollkommen auf die Schriften der Ungläubigen und Freigeister unsrer Zeit anwenden. Was sind diese Schriften auch anders als Ketzereien? Nur daß ihnen gerade noch das gebricht, was die eigentlichen Ketzereien so fürchterlich macht. Sie zielen unmittelbar auf keine Spaltung und Trennung; sie machen keine Parteien und Rotten.

---

* *De praescript. haereticorum.*

Die alten Ketzer lehrten mehr mündlich als schriftlich, und fingen immer damit an, daß sie sich Anhänger zu verschaffen suchten, welche ihren vorzutragenden Lehren sogleich ein politisches Gewicht geben könnten. Wie viel unschädlicher schickt itzt ein Mißgläubiger seine Grillen bloß in die Druckerei, und läßt sie so viel Anhänger sich machen, als sie ohne sein weiteres Zutun, sich zu machen vermögen. –

Die freigeisterischen Schriften sind also offenbar das kleinere Übel: und das kleinere Übel sollte verderblicher sein, als das große? Wenn das größere Übel sein *muß, auf daß die, so rechtschaffen sind, offenbar werden,* – ut fides, habendo tentationem, haberet etiam probationem: warum wollen wir das kleinere nicht dulden, das eben dieses Gute hervorbringt?

O ihr Toren! die ihr den Sturmwind gern aus der Natur verbannen möchtet, weil er dort ein Schiff in die Sandbank vergräbt, und hier ein anders am felsigten Ufer zerschmettert! – O ihr Heuchler! denn wir kennen euch. Nicht um diese unglücklichen Schiffe ist euch zu tun, ihr hättet sie denn versichert: euch ist lediglich um euer eignes Gärtchen zu tun; um eure eigne kleine Bequemlichkeit, kleine Ergetzung. Der böse Sturmwind! da hat er euch ein Lusthäuschen abgedeckt; da die vollen Bäume zu sehr geschüttelt; da eure ganze *kostbare Orangerie,* in sieben irdenen Töpfen, umgeworfen. Was geht es euch an, wie viel Gutes der Sturmwind sonst in der Natur befördert? Könnte er es nicht auch befördern, ohne eurem Gärtchen zu schaden? Warum bläset er nicht bei eurem Zaune vorbei? oder nimmt die Backen wenigstens weniger voll, sobald er an euren Grenzsteinen anlangt?

Wenn Tertullian von denen, die sich zu seiner Zeit an den Ketzereien so ärgerten, über deren Fortgang so wunderten, sagt: vane et inconsiderate hoc ipso scandalizantur, quod tantum haereses valeant: was würde er von Ihnen sagen, Herr Hauptpastor, der Sie um die papierne Grundlage einer möglichen Ketzerei so ein Lärmen anfangen? Um Fragmente eines Ungenannten! Würde er nicht auch sagen: »Kurzsichtiger, – nihil valebunt, si illa tantum valere, non mireris? Dein Lärmen selbst ist Schuld, wenn diese Fragmente mehr Schaden anrichten, als sie anzurichten bestimmt sind. Der Ungenannte wollte sich keinen Namen erschreiben: sonst hätte er sich genannt. Er wollte sich kein

Häufchen sammlen: sonst hätte ers bei seinen Lebzeiten getan. Mit einem Worte: der diese Fragmente drucken ließ, hat weit weniger Verantwortung, als Du, der Du das laute Zeter über sie anstimmst. Jener hat nur gemacht, daß mehrere sie lesen *können:* Du machst, daß mehrere sie wirklich gelesen *haben,* und nun lesen *müssen.«* —

Vielleicht, daß der Herr Hauptpastor diesen Verweis aus dem Munde eines Kirchenvaters lieber hört, als aus meinem! —

Antwort auf die Anzeige im 30sten Beitrage des Altonaer Postreuters

1) Habe ich denn auch dem Herrn Goeze die Rezension des Maschoschen Buchs einzig und allein in die Schuh gegossen? Habe ich nicht ausdrücklich gasagt, *Goeze und Compagnie?* Die Compagnieschaft mit den *freiwilligen Beiträgern* kann er doch nicht ableugnen, mit welchen er sich einer gemeinschaftlichen *Firma* bedient? Meint denn der Herr Hauptpastor, weil er sich, außer dieser gemeinschaftlichen Firma, auch noch einer besondern, ihm allein eignen, von Zeit zu Zeit bedienet, daß er für jene gar nicht mit einstehen darf? Ich will es ihm zugeben, wenn er wenigstens nun, da er weiß, daß das Buch des Herrn Mascho eben die Grundsätze enthält, die er an mir verdammet, nächstens den Herrn Mascho in den *Fr. Bei.* eben so behandelt, als mich. —
2) Warum muß denn Herr Nicolai immer dem Herrn Goeze namentlich büßen, so oft in der *Allgemeinen Bibliothek* etwas vorkömmt, was ihm nicht ansteht? Herr Nicolai ist auch nicht Director der A. B. Herr Nicolai bekömmt auch nicht alle Aufsätze vorher zu sehen, die in der A. B. Platz finden. Vielleicht, daß er selbst nie ein Wort gegen ihn geschrieben hat. Was sich Herr Goeze mit Nicolai erlaubt: das sollte ich mir nicht mit Goezen erlauben dürfen? — 3) Und von dieser Kleinigkeit, wenn ich mich auch damit geirret hätte, sollen die Leser auf meine übrigen Behauptungen einen Schluß machen? Ja, wenn sie so schließen wollen, wie Herr Goeze oder Herr E. schließt! Dieser Herr E. mag sein, wer er will. Näher zu kennen verlange ich ihn gar nicht.

ANTI-GOEZE

Tonto sin saber Latin,
Nunca es gran tonto.
Francis. de Roxas

Vierter

Wenn doch indes das eine ohne dem andern sehr füglich sein könnte? – Wenn es gar wohl möglich wäre, »daß die christliche Religion *objective* allen Vorteil aus den Einwürfen der Freigeister ziehen könnte, ohne *subjective* den geringsten Schaden zu besorgen?«

Das wäre allerdings das Bessere. Aber wie? wodurch? – Hier ist es, wo man mit einem Einfalle aufgezogen kömmt, der pedantisch genug klingt, um gründlich sein zu können. Ein andrer würde ihn bloß lächerlich machen: ich, ich will ihn prüfen. Denn mir ist das Pedantische fast Empfehlung.

Es dürfte, sagt man, nur ausgemacht sein, daß der Streit nie anders, als in der Sprache der Gelehrten geführt würde. »Schreibt lateinisch, ihr Herrn! schreibt lateinisch! – Ja! wer fleißiger in den Klassen gewesen wäre! wer lateinisch könnte!«

– Nicht weiter, Herr Subconrector: oder man merkt Ihre *wahre* Absicht. Sie möchten Ihrem lieben Latein nur gern eine Empfehlung mehr verschaffen. »Lernt Latein, Jungens, lernt Latein! Alle Einwürfe gegen die Religion sind lateinisch geschrieben! Wenn ihr auch selbst keine schreiben wollt: müßt ihr die geschriebenen doch kennen.« – Und nun lernen die Jungens Latein, daß ihnen der Kopf raucht.

Doch ich habe gesagt, daß ich den Einfall nicht bloß lächerlich machen: sondern prüfen will. – Es wäre denn, wie ich fast besorge, daß dieses auf jenes hinaus liefe. Und das wäre doch meine Schuld wohl nicht. Genug, ich will ernsthaft und ordentlich zu Werke gehen.

Also: *wer gegen die Religion schreiben will, soll nicht anders, als lateinisch schreiben dürfen; damit der gemeine Mann nicht geärgert werde.* – Und in den Ländern, wo der gemeine Mann ziemlich Latein verstehet, als in Polen, Ungarn – da müssen wohl sonach die Einwürfe gegen die Religion griechisch geschrieben werden? – Natürlich! Was für ein schöner pädagogischer Handgriff, nun auch die griechische Sprache in diesen Ländern gemein zu machen! Denn es versteht sich, daß die in andern Ländern wider die Religion geschriebenen lateinischen Bücher in diese Länder nicht kommen.

Aber schon wieder auf das Lächerliche zu, das ich so gern vermeiden möchte! – »Was läge daran, wenn der Vorschlag in Polen und Ungarn nicht hülfe? er hülfe doch vors erste in Deutschland.« –

Gewiß? er hülfe? – Kann ein Vorschlag helfen, der weder tulich, noch billig, noch klug, noch christlich ist? – Das ist, was ich so ernsthaft erweisen will, als möglich.

Zwar, daß er *tulich* wäre, müßte ich wohl voraussetzen lassen. Ich müßte zugeben, daß ein Reichsgesetz darüber gemacht werden könne und dürfe. Denn ein geringers Verbot, als ein Reichsgesetz, würde nichts fruchten. Der Kopf, oder wenigstens ewige Gefangenschaft bei Wasser und Brod, und ohne Dinte und Feder, müßte im ganzen heiligen römischen Reiche darauf stehen, wenn jemand wider heilige Sachen anders als römisch schriebe. Das Gesetz läge schon in dem Namen des *heiligen römischen Reichs*, und sollte nicht tulich sein?

Nun gut; so sei es tulich: aber wäre es denn billig? – Kann überhaupt ein Gesetz billig sein, das eben so viel unfähige Leute zu etwas berechtigen, als fähige davon ausschließen würde? – Und wer sieht nicht, daß dieses hier geschähe? Oder ist es das Latein selbst, welches die Fähigkeit gewähret, Zweifel gegen die Religion zu haben, und vorzutragen? Ist es die Urkunde des Lateins selbst, welche diese Fähigkeit allen Menschen ohne Ausnahme aberkennet? Ist kein gewissenhafter, nachdenklicher Mann *ohne* Latein möglich? Gibt es keinen Dummkopf, keinen Narren *mit* Latein? Ich will auf dem Einfalle des de Roxas nicht bestehen, *daß das Latein erst den rechten Narren macht:* aber den rechten Philosophen macht es doch auch nicht. – Darzu; von was für einem *Latein können* ist die Rede? Von *dem,* bis zum schreiben. Wenn nun Baco, der kein Latein schreiben konnte, Zweifel gegen die Religion gehabt hätte: so hätte auch Baco diese Zweifel unterdrücken müssen? So hätte jeder Schulkollege, der ein lateinisches Programm zusammen raspeln kann, eine Erlaubnis, die Baco nicht hatte? Ich finde zwar nicht, daß Baco wie Huart dachte, der es gerade zu für das Zeichen eines schiefen Kopfes, eines Stümpers hielt, zu glauben, daß er sich in einer fremden Sprache besser werde ausdrücken können, als in seiner. Aber Baco konnte vielleicht doch denken: wie ich Latein schreiben möchte, kann ich nicht; und wie ich kann, mag ich nicht. – Wenn mehrere wüßten, welch Latein sie schrieben: so würden noch weniger Latein schreiben. Es wäre denn freilich, daß sie *müßten.* Ein *Muß,* das vielleicht der Sprache zuträglich sein könnte; aber nimmermehr den Sachen.

Und wenn schon in diesem Betracht, daß man sonach dem kleinern Nutzen den größern aufopferte, das unbillige Gesetz auch nicht *klug* wäre: wäre es *nur* in diesem Betracht unklug? Wäre es nicht auch darum unklug, weil es dem gemeinen Manne notwendig Verdacht gegen die Güte einer Sache erwecken müßte, die man sich unter seinen Augen zu behandeln nicht getraute? von deren Prüfung ihm die Lateinischen Männer durch ihre Dolmetscher nur so viel mitteilen ließen, als sie für dienlich erachteten? – Wäre es nicht auch darum unklug, weil es den Schaden, dem es vorbauen soll, gerade vermehret? Die Einwendungen gegen die Religion sollen lateinisch geschrieben werden, damit sie unter *weniger* Leuten Schaden anrichten. Unter wenigern? Ja, unter *wenigern* in jedem Lande, in welchem das Lateinische nur bei einer gewissen Klasse von Leuten üblich wäre: aber auch in ganz Europa? in der ganzen Welt? Schwerlich wohl. Denn sollten, auch nur in Europa zusammen, nicht mehr Menschen sein, welche Lateinisch könnten, und doch nicht im Stande wären, jedem übeln Eindrucke wahrscheinlicher Zweifel zu widerstehen und zu begegnen: als dergleichen schwache Menschen, die nicht Lateinisch könnten, in jedem einzeln Lande? Seele ist für den Teufel Seele: oder, wenn er einen Unterschied unter Seelen macht, so gewänne er ja wohl noch dabei. Er bekäme, z. E. für die Seele eines deutschen Michels, der nur durch deutsche Schriften hätte verführt werden können, die Seele eines studierten Franzosen oder Engländers. Er bekäme für einen trocknen Braten, einen gespickten.

Sein Votum also, das Votum des Teufels, hätte das unkluge Gesetz gewiß: wenn es auch nicht, noch oben darein, *unchristlich* wäre; wie schon daraus zu vermuten, daß es unbillig ist. – Ich verstehe aber unter unchristlich, was mit dem Geiste des Christentums, mit der letzten Absicht desselben streitet. Nun ist, so viel ich, mit Erlaubnis des Herrn Hauptpastor Goeze, davon verstehe, die letzte Absicht des Christentums nicht unsere Seligkeit, sie mag herkommen woher sie will: sondern unsre *Seligkeit, vermittelst unsrer Erleuchtung;* welche Erleuchtung nicht bloß als Bedingung, sondern als Ingredienz zur Seligkeit notwendig ist; in welcher am Ende unsre ganze Seligkeit besteht. Wie ganz also dem Geiste des Christentums zuwider, lieber zur Erleuchtung so *vieler* nichts beitragen, als *wenige vielleicht* ärgern wollen! Immer müssen diese *Wenige,* die niemals Christen waren, niemals Christen sein werden, die bloß unter dem Namen Christen ihr undenkendes Leben so hinträumen; immer muß dieser *verächtliche* Teil der Christen vor das Loch geschoben werden, durch welches der bessere Teil zu dem Lichte hindurch will. Oder ist dieser verächtlichste Teil nicht der wenigste? Muß er wegen seiner *Vielheit* geschont werden? – Was für ein Christentum hat man denn bisher geprediget, daß dem *wahren* Christentume noch nicht einmal der größere Haufe so anhängt, wie sichs gehöret? – Wenn nun auch von diesen Namenchristen sich einige ärgerten; einige von ihnen, auf Veranlassung in ihrer Sprache geschriebener freigeisterischen Schriften, so gar erklärten, daß sie nicht länger sein wollten, was sie nie waren: was wäre es denn nun mehr? Tertullian fragt, und ich mit ihm: Nonne ab ipso Domino quidam discentium scandalizati diverterunt? Wer, ehe er zu handeln, besonders zu schreiben, beginnt, vorher untersuchen zu müssen glaubt, ob er nicht vielleicht durch seine Handlungen und Schriften, hier einen Schwachgläubigen ärgern, da einen Ungläubigen verhärten, dort einem Bösewichte, der Feigenblätter sucht, dergleichen in die Hände spielen werde: der entsage doch nur gleich allem Handeln, allem Schreiben. Ich mag gern keinen Wurm vorsätzlich zertreten; aber wenn es mir zur Sünde gerechnet werden soll, wenn ich einen von ungefähr zertrete: so weiß ich mir nichts anders zu raten, als daß ich mich gar nicht rühre; keines meiner Glieder aus der Lage bringe, in der es sich einmal befindet; zu leben aufhöre. Jede Bewegung, im Physischen entwickelt und zerstöret, bringt Leben und Tod; bringt diesem Geschöpfe Tod, *indem* sie jenem Leben bringt: soll lieber kein Tod sein, und keine Bewegung? oder lieber, Tod und Bewegung?

Und so ist es mit diesem Wunsche beschaffen, daß die Feinde der Religion sich nie einer andern, als der lateinischen Sprache bedienen dürften; mit diesem Wunsche, der so gern Gesetz werden möchte! So ist es schon itzt damit beschaffen: und wie meinet man, daß es mit aller Untersuchung der Wahrheit überhaupt aussehen würde, wenn er nun erst Gesetz wäre? – Man urteile aus den Krallen, welche die geistliche Tyrannei in einem ihrer grimmigsten, zum Glück noch gefesselten Tiger, bereits zu entblößen wagt!

Ich ziele hiermit auf das, was der Herr Hauptpastor S. 79 und 80 über diesen Punkt sagt: und wer es noch nicht riecht, wohin alle die Einschränkungen und Bedingungen abzielen, mit und unter welchen es *vergönnt bleiben könne*, Einwürfe gegen die Religion zu machen: der hat den Schnupfen ein wenig zu stark.

»Verständigen, – heißt es alldort – verständigen und gesetzten Männern kann es vergönnt bleiben, bescheidene Einwürfe gegen die christliche Religion, und selbst gegen die Bibel zu machen.« – Aber von wem soll die Entscheidung abhangen, wer ein gesetzter und verständiger Mann ist? Ist der bloß ein *verständiger* Mann, der Verstand genug hat, die Verfolgung zu erwägen, die er sich durch seine Freimütigkeit zuziehen würde? Ist der bloß ein *gesetzter* Mann, der gern in dem bequemen Lehnstuhle, in den ihn sein Amt *gesetzt* hat, ruhig sitzen bliebe, und daher herzlich wünscht, daß auch andre, wenn sie schon so weich nicht sitzen, dennoch eben so ruhig sitzen bleiben möchten? Sind nur das *bescheidene* Einwürfe, die sich bescheiden, der Sache nicht ans Leben zu kommen? die sich bescheiden, nur so weit sich zu entwickeln, als ohngefähr noch eine Antwort abzusehen ist?

Das letztere muß wohl. Denn der Herr Hauptpastor fährt fort:

»Es wird solches nötig sein, um die Lehrer in Otem zu erhalten« – So? nur darum? So soll alle Bestreitung der Religion nur eine Schulübung, nur ein Spiegelgefechte sein? Sobald der Präses dem Opponenten einen Wink gibt; sobald der Opponent merkt, daß der Respondent nichts zu antworten haben werde, und daß den Herrn Präses zu sehr hungert, als daß dieser selbst, mit gehöriger Ruhe und Umständlichkeit, darauf antworten könne: muß die Disputation aus sein? müssen Präses und Opponent freundschaftlich mit einander zum Schmause eilen? – Doch wohl, nein: denn der Herr Hauptpastor setzt ja noch hinzu: »und um solche Zeiten der Ruhe zu verhüten, unter welchen die Christenheit von dem 9ten bis zum 15ten Jahrhundert beinahe völlig zu Grunde gegangen wäre.« – Vortrefflich! Aber weiß der Herr Hauptpastor wohl, daß selbst in diesen barbarischen Zeiten doch noch mehr Einwürfe gegen die christliche Religion gemacht wurden, als die Geistlichen zu beantworten Lust hatten? Bedenkt er wohl, daß diese Zeiten nicht darum der christlichen Religion so verderblich wurden, weil niemand Zweifel hatte: sondern darum, weil sich niemand damit an das Licht getrauen durfte? darum, weil es Zeiten waren, wie der Herr Hauptpastor will, daß unsere werden sollen?

ANTI-GOEZE

Cognitio veritatis omnia falsa, si modo proferantur, etiam quae prius inaudita erant, et dijudicare et subvertere idonea esti.
Augustinus ad Dioscorum

Fünfter

O glückliche Zeiten, da die Geistlichkeit noch alles in allem war, – für uns dachte und für uns aß! Wie gern brächte euch der Herr Hauptpastor im Triumphe wieder zurück! Wie gern möchte er, daß sich Deutschlands Regenten zu dieser heilsamen Absicht mit ihm vereinigten! Er predigt ihnen süß und sauer, er stellt ihnen Himmel und Hölle vor. Nun, wenn sie nicht hören wollen: so mögen sie fühlen. Witz und Landessprache sind die Mistbeete, in welchen der Same der Rebellion so gern und so geschwind reifet. Heute ein Dichter: morgen ein Königsmörder. Clement, Ravaillac, Damiens sind nicht in den Beichtstühlen, sind auf dem Parnasse gebildet.

Doch auf diesem *Gemeinorte* des Herrn Hauptpastors lasse ich mich wohl wieder ein andermal treffen. Itzt will ich nur, wem es noch nicht klar genug ist, vollends klar machen, daß Herr Goeze schlechterdings *nicht* gestattet, was er zu gestatten scheinet; und daß eben das die Klauen sind, die der Tiger nur in das hölzerne Gitter schlagen zu können, sich so ärgert.

Ich sage nämlich: es ist mit seiner Erlaubnis, Einwürfe gegen Religion und Bibel, gegen das, was er Religion und Bibel nennt, machen zu dürfen, nur *Larifari*. Er gibt sie und gibt sie nicht: denn er verklausuliert sie von allen Seiten so streng und rabulistisch, daß man sich, Gebrauch davon zu machen, wohl hüten muß.

Die Klausel, in Ansehung der Sprache, habe ich genugsam beleuchtet. Auch habe ich die Klausel in Ansehung der Personen und der Absicht, berührt. Aber noch ist die Klausel in Ansehung der Punkte selbst übrig, welche die Einwürfe nur sollen treffen können; und diese verdient um so mehr, daß wir uns einen Augenblick dabei verweilen, je billiger sie klingt, je weniger man, dem ersten Ansehen nach, etwas dagegen einzuwenden haben sollte.

»Nur müßte«, sind die Worte des Herrn Hauptpastors, »der angreifende Teil die Freiheit nicht haben, die heiligen Männer Gottes, von welchen die ganze Christenheit glaubt, daß sie geredet und geschrieben haben, getrieben von dem heiligen Geiste, als Dummköpfe, als Bösewichter, als Leichenräuber zu lästern.«

Wie gesagt, dieses klingt so billig, daß man sich fast schämen sollte, eine Erinnerung dagegen zu machen. Und doch ist es im Grunde mehr nicht, als Pfiff, oder Armseligkeit. Denn verstehen wir uns nur erst recht!

Will der Herr Hauptpastor bloß, daß der angreifende Teil die Freiheit nicht haben müßte, dergleichen Schimpfworte, als er ihm in den Mund legt, anstatt aller Gründe, zu gebrauchen? Oder will er zugleich, daß der angreifende Teil auch die Freiheit nicht haben müßte, solche Dinge und Tatsachen zu berühren, aus deren Erweisung erst folgen würde, daß den Aposteln jene Benennungen *gewissermaßen* zukommen? Das ist die Frage, deren er sich wohl nicht versehen hat.

Will er bloß jenes: so ist seine Forderung höchst gerecht; aber sie betrifft eine Armseligkeit, über die sich der Christ lieber hinwegsetzt. Leere Schimpfworte bringen ihn nicht auf; sie mögen wider ihn selbst, oder wider seinen Glauben gerichtet sein. Ruhige Verachtung ist alles, was er ihnen entgegen setzt. Wehe seinem Gegner, der nichts anders hat, womit er ihn bestreite, und ihn doch bestreitet! –

Will der Herr Hauptpastor aber auch zugleich dieses: so geht er mit Pfiffen um, deren sich nur eine theologische *Memme* schuldig macht; und jeder muß sich ihm widersetzen, dem die Wahrheit der christlichen Religion am Herzen liegt. – Denn wie? So hat die christliche Religion kranke Stellen, die schlechterdings keine Betastung dulden? die man selbst der Luft nicht auslegen darf? Oder hat sie keine solche Stellen: warum sollen ihre Freunde immer und ewig den Vorwurf hören, »daß man nur nicht alles sagen dürfe, was man gegen sie sagen könnte?« Dieser

Vorwurf ist so erniedrigend, ist so marternd! Ich wiederhole es: nur eine theologische *Memme* kann ihm nicht ein Ende gemacht zu sehen wünschen, kann durch ihr Betragen länger dazu berechtigen. Nicht, daß mir der Theologische *Renommist* lieber wäre, welcher mitten vom Pflaster dem leutescheuen Freigeiste, der sich an den Häusern hinschleicht, ein Schnippchen schlägt, und trotzig zuruft: »komm heraus, wenn du was hast!« Ich kann beide nicht leiden; und das sonderbarste ist, daß auch hier nicht selten *Memme* und *Renommist* in Einer Person sind. Sondern ich glaube, daß der *wahre* Christ weder den einen noch den andern spielt: zu mißtrauisch auf seine Vernunft; zu stolz auf seine Empfindung. –

So viel gegen die Foderung des Herrn Hauptpastors, im Allgemeinen betrachtet. Ich komme auf den einzeln Fall, den er dabei im Sinne hat. Denn mein Ungenannter muß es doch wohl sein sollen, der sich einer Freiheit bedienet, die er nicht haben müßte.

Aber wo hat er sich denn ihrer bedienet? Wo hat er denn die Apostel als Dummköpfe, Bösewichter, Leichenräuber gelästert? Ich biete dem Herrn Hauptpastor Trotz, mir eine einzige Stelle in den Fragmenten zu zeigen, wo er mit solchen Ehrentiteln um sich wirft. Der Herr Hauptpastor sind es einzig und allein selbst, dem sie hier zuerst über die Zunge, oder aus der Feder, – zuerst in die Gedanken gekommen. Er, er mußte, im Namen des Ungenannten, die Apostel lästern, damit er den Ungenannten lästern könne.

Und daß man ja nicht glaube, als ob ich meinen Ungenannten bloß damit schützen wolle, daß jene Ehrentitel nicht buchstäblich bei ihm zu finden! Mein Ungenannter hat sogar nichts von den Aposteln *positiv* behauptet, was sie derselben würdig machen könnte; nirgends ihnen den Gehalt derselben gerade auf den Kopf zugesagt.

Es ist nicht wahr, daß mein Ungenannter schlechthin sagt: »Christus ist nicht auferstanden, sondern seine Jünger haben seinen Leichnam gestohlen.« Er hat die Apostel dieses Diebstahls weder überwiesen, noch überweisen *wollen*. Er sahe zu wohl ein, daß er sie dessen nicht überweisen *könne*. Denn ein Verdacht, selbst ein höchstwahrscheinlicher Verdacht, ist noch lange kein Beweis.

Mein Ungenannter sagt bloß: dieser Verdacht, welchen sein Gehirn nicht ausgebrütet, welcher sich aus dem Neuen Testamente selbst herschreibt, dieser Verdacht sei durch die Erzählung des Matthäus von Bewahrung des Grabes, nicht so völlig gehoben und widerlegt, daß er nicht noch immer *wahrscheinlich* und *glaublich* bleibe; indem besagte Erzählung nicht allein ihrer innern Beschaffenheit nach höchst verdächtig, sondern auch ein ἅπαξ λεγόμενον sei, dergleichen in der Geschichte überhaupt nicht viel Glauben verdiene; und hier destoweniger, weil sich selbst diejenigen nie darauf zu berufen getrauet, denen an der Wahrheit derselben am meisten gelegen gewesen.

Wer sieht nun nicht, daß es sonach hier weniger auf die Wahrheit der Sache, als auf die glaubwürdige Art der Erzählung ankömmt? Und da die Erzählung einer sehr wahren Sache sehr unglaublich sein kann: wer erkennt nicht, daß diese Unglaublichkeit jener Wahrheit nur in so weit präjudiziert, als man die Wahrheit einzig und allein von der Erzählung will abhangen lassen?

Doch gesetzt auch, mein Ungenannter hätte sich in diesen Grenzen nicht gehalten, er hätte nicht bloß zeigen wollen, was jeder gute Katholik ohne Anstoß glauben und behaupten kann, daß in der *schriftlichen* Erzählung der Evangelisten und Apostel *einzig und allein,* gewisse heilige Begebenheiten so ungezweifelt nicht erscheinen, daß sie nicht noch einer anderweitigen Bekräftigung bedürfen; gesetzt, er hätte das wahrscheinliche für wahr, das glaubliche für unleugbar gehalten, er hätte es schlechterdings für ausgemacht gehalten, daß die Apostel den Leichnam Jesu entwendet: so bin ich auch sodann noch überzeugt, daß er diesen Männern, durch welche gleichwohl so unsäglich viel Gutes in die Welt gekommen, wie er selbst nicht in Abrede ist, daß er, sage ich, diesen uns in aller Absicht so teuren Männern, die schimpflichen Namen *Betrüger, Bösewichter, Leichenräuber* würde erspart haben, die dem Herrn Hauptpastor so geläufig sind.

Und zwar würde er sie ihnen nicht bloß aus Höflichkeit erspart haben; nicht bloß aus Besorglichkeit, das Kalb, wie man zu sagen pflegt, zu sehr in die Augen zu schlagen: sondern er würde sie ihnen erspart haben, weil er überzeugt sein mußte, daß ihnen zu viel damit geschähe.

Denn wenn es schon wahr ist, daß moralische Handlungen, sie mögen zu noch so verschiednen Zeiten, bei noch so verschiednen Völkern vorkommen, in sich betrachtet immer die nämlichen bleiben: so haben doch darum die nämlichen Handlungen nicht immer die nämlichen Benennungen, und es ist ungerecht, irgend einer eine andere Benennung zu geben, als die, welche sie zu ihren Zeiten, und bei ihrem Volk zu haben pflegte.

Nun ist es erwiesen und ausgemacht, daß die ältesten und angesehensten Kirchenväter einen Betrug, der in guter Absicht geschiehet, für keinen Betrug gehalten, und diese nämliche Denkungsart den Aposteln beizulegen, sich kein Bedenken gemacht haben. Wer diesen Punkt von einem unverdächtigen Theologen selbst, belegt und aufs Reine gebracht lesen will, der lese Ribovs Programm de Oeconomia patrum. Die Stellen sind unwidersprechlich, die Ribov daselbst mit Verschwendung zusammen trägt, um zu beweisen, daß die Kirchenväter fast ohne Ausnahme der festen Meinung gewesen, integrum omnino Doctoribus et coetus Christiani Antistitibus esse, ut dolos versent, falsa veris intermisceant et imprimis religionis hostes fallant, dummodo veritatis commodis et utilitati inserviant. Auch sind die Stellen der andern Art, wo die Kirchenväter den Aposteln selbst eine dergleichen οἰκονομίαν, eine dergleichen falsitatem dispensativam beilegen, eben so unleugbar. Was Hieronymus unter andern vom h. Paulus versichert,[*] ist so *naiv,* daß es dem naiven Ribov selbst auffällt, darum aber nicht weniger die wahre Meinung des Hieronymus bleibt.

Man sage nicht, daß diese uns itzt so befremdende Vorstellung von der Aufrichtigkeit der ersten Kirchenväter und Apostel, bloße Vorteile der Auslegungskunst, bloßen Wörterkram betreffe. Worte und Handlungen liegen nicht so weit auseinander, als man insgemein glaubt. Wer fähig ist, eine Schriftstelle wider besser Wissen und Gewissen zu verdrehen, ist zu allem andern fähig; kann falsch Zeugnis ablegen, kann Schriften unterschieben, kann Tatsachen erdichten, kann zu Bestätigung derselben jedes Mittel für erlaubt halten.

---

[*] Paulus in testimoniis, quae sumit de veteri testamento, quam artifex, quam prudens, quam dissimulator est ejus quod agit!

Gott bewahre mich, daß ich zu verstehen geben sollte, daß die Apostel zu diesem *allen* fähig gewesen, weil sie die Kirchenväter zu *einem* für fähig gehalten! Ich will nur die Frage veranlassen: ob in eben dem Geiste, in welchem wir itzt in Ansehung dieses *einen* über sie urteilen, ein billiger Mann allenfalls nicht auch in Ansehung des *übrigen* urteilen müßte, wenn es ihnen wirklich zur Last fiele?

Und so ein billiger Mann war mein Ungenannter allerdings. Er hat keine Schuld, die in leichtem Gelde gemacht war, in schwerem wiedergefodert. Er hat kein Verbrechen, welches unter nachsehendern Gesetzen begangen war, nach spätern geschärfteren Gesetzen gerichtet. Er hat keine Benennung, die dem Abstracto der Tat zu ihrer Zeit nicht zukam, dem Concreto des Täters zu unsrer Zeit beigelegt. Er hat immer in seinem Herzen dafür halten können, daß wir *betrogen* sind: aber er hat sich wohl gehütet zu sagen, daß wir von *Betrügern betrogen* sind.

Vielmehr spielt jeder, welcher meinen Ungenannten dieses letztere sagen läßt, weil er ihn überführen kann, daß er das erstere geglaubt habe, selbst einen *Betrug,* um einen Pöbel in Harnisch zu bringen, der keinen Unterschied zu machen fähig ist. Ob aber diese Absicht auch zu den Absichten gehört, die einen Betrug entschuldigen, das lasse ich dahin gestellt sein. Ich sehe wenigstens den Nutzen, der daraus entspringen soll, noch nicht ein; und ich muß erst erfahren, ob selbst der Pöbel itziger Zeit nicht schon klüger und vernünftiger ist, als die Prediger, die ihn so gern hetzen möchten.

Herr Goeze weiß sehr wohl, daß mein Ungenannter eigentlich nur behauptet, daß die Apostel es ebenfalls gemacht, wie es alle Gesetzgeber, alle Stifter neuer Religionen und Staaten zu machen für gut befunden. Aber das fällt dem Pöbel, für den er schreibt und prediget, nicht so recht auf. Er spricht also mit dem Pöbel die Sprache des Pöbels, und schreiet, daß mein Ungenannter die Apostel als *Betrüger und Bösewichter lästere.* – Das klingt! das tut Wirkung! – Vielleicht, wie gesagt, aber auch nicht. Denn auch der geringste Pöbel, wenn er nur von seiner Obrigkeit gut gelenkt wird, wird von Zeit zu Zeit erleuchteter, gesitteter, besser: anstatt, daß es bei gewissen Predigern ein Grundgesetz ist, auf dem nämlichen Punkte der Moral und Religion immer und ewig stehen zu bleiben, auf welchem ihre Vorfahren vor vielen hundert Jahren standen. Sie reißen sich nicht von dem Pöbel, – aber der Pöbel reißt sich endlich von ihnen los.

ANTI-GOEZE

Non leve est, quod mihi impingit tantae urbis pontifex.
Hieron. adv. Ruffinum

Sechster

Ich habe erwiesen, (Anti-Goeze III.) daß die Vorteile, welche die Religion *objective* aus den Zweifeln und Einwürfen ziehet, mit welchen die noch ununterjochte Vernunft gegen sie angeht, so wesentlich und groß sind, daß aller *subjektive* Nachteil, der daraus mehr befürchtet wird, als daß er wirklich daraus entstehe, in keine Betrachtung zu kommen verdienet; welches auch schon daher klar ist, weil der subjektive Nachteil nur so lange dauert, bis der objektive Vorteil sich zu äußern beginnet, in welchem Augenblicke sofort objektiver Vorteil auch subjektiver Vorteil zu werden anfängt. – Ich habe erwiesen, daß sonach die Kirche, welche ihr wahres Beste verstehet, sich nicht einfallen lassen kann, die Freiheit, die Religion zu bestreiten, auf irgend eine Weise einzuschränken; weder in Ansehung der Sprache noch in Ansehung der Personen einzuschränken, von welchen allein und in welcher allein die Bestreitung geschehen dürfe. (A. G. IV.) – Ich habe erwiesen, daß am wenigsten eine Ausnahme von Punkten gemacht werden dürfe, welche die Bestreitung nicht treffen solle (A. G. V.); indem dadurch ein Verdacht entstehen würde, welcher der Religion sicherlich mehr Schaden brächte, als ihr die Bestreitung der ausgenommenen Punkte nur immer bringen könnte. –

Wenn nun hieraus erhellet, daß die Kirche auch nicht einmal das Recht muß haben *wollen,* die Schriften, die gegen sie geschrieben worden, von welcher Beschaffenheit sie auch sein mögen, in ihrer Geburt zu ersticken, oder zu ihrer Geburt gar nicht gelangen zu lassen; es sei denn durch die bessere Belehrung ihrer Urheber; wenn selbst diese Urheber, in welchen sie nur den

Irrtum verfolget, alle die Schonung von ihr genießen, welche man denjenigen so gern widerfahren läßt, die uns wider ihren Willen, der nur auf unser Verderben geht, Gutes erzeigen: wie kann sie den für ihren Feind erkennen, in welchem sie nicht einmal den eigenen Irrtum zu verfolgen hat, welcher bloß fremde Irrtümer bekannt macht, um ihr den daraus zu erwartenden Vorteil je eher je lieber zu verschaffen? Wie kann der Herausgeber eines freigeisterischen Buches eine Ahndung von ihr zu besorgen haben, mit der sie nicht einmal den Verfasser desselben ansehen würde?

Als Hieronymus eine, seinem eignen Urteile nach, der wahren christlichen Religion höchst verderbliche Schrift aus dem Griechischen *übersetzte* – Es waren des Origenes Bücher περὶ ἀρχῶν. Man merke wohl, *übersetzte!* Und *übersetzen* ist doch wohl mehr, als bloß *herausgeben* – Als er diese gefährliche Schrift in der Absicht übersetzte, um sie von den Verkleisterungen und Verstümmlungen eines andern Übersetzers, des Ruffinus, zu retten, d. i. um sie ja in ihrer ganzen Stärke, mit allen ihren Verführungen, der Lateinischen Welt vorzulegen; und ihm hierüber eine gewisse schola tyrannica Vorwürfe machte, als habe er ein sehr strafbares Ärgernis auf seiner Seele: was war seine Antwort? O impudentiam singularem! Accusant medicum, quod venena prodiderit. – Nun weiß ich freilich nicht, was er mit jener schola tyrannica eigentlich sagen wollen. Und es wäre doch erstaunlich, wenn es auch damals schon unter den christlichen Lehrern Leute gegeben hätte, wie *Goeze!* – Aber eine ähnliche Antwort habe ich doch schon für mich auch gegeben*. »Weil ich das Gift, das im Finstern schleichet, dem Gesundheitsrate anzeige, soll ich die Pest in das Land gebracht haben?«

Freilich, als ich die Fragmente heraus zu geben anfing, wußte ich, oder äußerte ich doch, den Umstand noch nicht, den ich zur Entschuldigung eines Unternehmens, bei welchem ich darauf keine Rücksicht nahm oder nehmen konnte, hier brauchen zu wollen *scheine*. Ich wußte oder äußerte noch nicht, daß das Buch ganz vorhanden sei, an mehrern Orten vorhanden sei, und in der Handschrift darum keinen geringern Eindruck mache, weil der

---

* Anti-Goeze I. S. 4.

Eindruck nicht in die Augen falle. Aber ich *scheine* auch nur, mich dieses Umstandes zu meiner Rechtfertigung bedienen zu wollen.

Ich bin ohne ihn dadurch gerechtfertigt genug, daß ich, als ich einmal eine sehr unschuldige Stelle aus dem Werke meines Ungenannten gelegentlich bekannt gemacht hatte, aufgefodert wurde, mehr daraus mitzuteilen. Ja ich will noch mehr Blöße geben.

Ich will gerade zu bekennen, daß ich auch ohne alle Auffoderung würde getan haben, was ich getan habe. Ich würde es vielleicht nur etwas später getan haben.

Denn einmal habe ich nun eine ganz abergläubische Achtung gegen jedes geschriebene, und nur geschrieben vorhandene Buch, von welchem ich erkenne, daß der Verfasser die Welt damit belehren oder vergnügen *wollen*. Es jammert mich, wenn ich sehe, daß Tod oder andere dem tätigen Manne nicht mehr und nicht weniger willkommene Ursachen, so viel gute Absichten vereiteln können; und ich fühle mich so fort in der Befassung, in welcher sich jeder Mensch, der dieses Namens noch würdig ist, bei Erblickung eines ausgesetzten Kindes befindet. Er begnügt sich nicht, ihm nur nicht vollends den Garaus zu machen; es unbeschädigt und ungestört da liegen zu lassen, wo er es findet: er schafft oder trägt es in das Findelhaus, damit es wenigstens Taufe und Namen erhalte. Eines denn freilich wohl lieber als das andere: nach dem ihm das eine mehr angelächelt, als das andere; nach dem ihm das eine den *Finger mehr gedrücket,* als das andere.

Gerade so *wünschte* ich wenigstens – Denn was wäre es nun, wenn auch darum noch so viel Lumpen mehr, dergestalt verarbeitet werden müßten, daß sie Spuren eines unsterblichen Geistes zu tragen fähig würden? – *wünschte* ich wenigstens, alle und jede ausgesetzte Geburten des Geistes, mit eins in das große für sie bestimmte Findelhaus der Druckerei bringen zu können: und wenn ich deren selbst nur wenige wirklich dahin bringe, so liegt die Schuld gewiß nicht an mir allein. Ich tue was ich kann; und jeder tue nur eben so viel. Selbst die Ursache liegt oft in mir nicht allein, warum ich eher diese als jene hinbringe, warum ich mir von dem gesundern und freundlichern Findlinge den Finger umsonst muß drücken lassen: sondern es wirken auch hier meistens so viel kleine unmerkliche Ursachen zusammen, daß man mit Recht sagen kann, habent sua fata libelli.

Aber nie habe ich diese meine Schwachheit, – wodurch ich, ich weiß nicht ob ich sagen soll, zum Bibliothekar geboren, oder zum Bibliothekar von der Natur verwahrloset bin, – nie habe ich diese meine Schwachheit denken können, ohne meine individuelle Lage glücklich zu preisen. Ich bin sehr glücklich, daß ich *hier* Bibliothekar bin, und an keinem *andern* Orte. Ich bin sehr glücklich, das ich *dieses* Herrn Bibliothekar bin, und *keines* andern. –

Unter den heidnischen Philosophen, welche in den ersten Jahrhunderten wider das Christentum schrieben, muß ohne Zweifel Porphyrius der gefährlichste gewesen sein, so wie er, aller Vermutung nach, der scharfsinnigste und gelehrteste war. Denn seine 15 Bücher κατὰ χριστιανῶν sind, auf Befehl des Constantinus und Theodosius, so sorgsam zusammengesucht und vernichtet worden, daß uns auch kein einziges kleines Fragment daraus übrig geblieben. Selbst die dreißig und mehr Verfasser, die ausdrücklich wider ihn geschrieben hatten, worunter sich sehr große Namen befinden, sind darüber verloren gegangen; vermutlich weil sie zu viele und zu große Stellen ihres Gegners, der nun einmal aus der Welt sollte, angeführet hatten. – Wenn es aber wahr sein sollte, was Isaac Vossius den Salvius wollen glauben machen*, daß dem ohngeachtet noch irgendwo ein Exemplar dieser so fürchterlichen Bücher des Porphyrius vorhanden sei; in der Mediceischen Bibliothek zu Florenz nämlich, wo es aber so heimlich gehalten werde, daß niemand es lesen, niemand das geringste der Welt daraus mitteilen dürfe: wahrlich, so möchte ich dort zu Florenz nicht Bibliothekar sein, und wenn ich Großherzog zugleich sein könnte. Oder vielmehr, ich möchte es nur unter dieser Bedingung sein, damit ich ein der Wahrheit und dem Christentume so nachteiliges Verbot geschwind aufheben, geschwind den Porphyrius in meinem herzoglichen Palaste drucken lassen, und geschwind das Großherzogtum, welches mir itzt schon im Gedanken zur Last ist, geschwind wieder an seine Behörde abgeben könnte. –

* Ritmeieri Conringiana Epistolica p. 71.

Abälard ist der Mann, den ich oben* in Gedanken hatte, als ich sagte, daß selbst in jenen barbarischen Zeiten mehr Einwürfe gegen die Religion gemacht worden, als die Mönche zu beantworten Lust hatten, die beliebter Kürze und Bequemlichkeit wegen, den nur gleich zu allen Teufeln zu schicken bereit waren, der sich mit seinen Einwürfen an das Licht wagte. Denn sollte man wohl glauben, daß Trotz den Streitigkeiten, welche der h. Bernhardus dem Abälard gegen verschiedene seiner Schriften erregte; Trotz der Sammlung, welche Amboise mit seiner nicht geringen Gefahr von den Schriften des Abälards machte; Trotz den Nachlesen, welche Martene und Durand und B. Petz zu dieser Sammlung gehalten haben, uns doch noch dasjenige Werk des Abälard mangelt, aus welchem die Religionsgesinnungen desselben vornehmlich zu ersehen sein müßten. D'Achery hatte es, ich weiß nicht in welcher Bibliothek gefunden, hatte eine Abschrift davon genommen, und war Willens, es drucken zu lassen. Aber D'Achery ging oder mußte mit andern Gelehrten – auch Benediktinern ohne Zweifel – vorher noch darüber zu Rate gehen, und so konnte aus dem Druck nichts werden; die glücklich aufgefundene Schrift des Abälard, in quo, genio suo indulgens, omnia christianae religionis mysteria in utramque partem versat, ward zu *ewigen Finsternissen* verdammet**. Die Abschrift des D'Achery kam in die Hände des Martene und Durand; und diese, welche so viel historischen und theologischen Schund dem Untergange entrissen hatten, hatten eben so wenig das Herz, noch ein bißchen Schund mehr der Welt aufzubewahren; weil es doch nur philosophischer Schund war. – Arme Scharteke! Gott führe dich mir in die Hände, ich lasse dich so gewiß drucken, so gewiß ich kein Benediktiner bin! – Aber wünschen einer zu sein, könnte ich fast, wenn man *nur* als ein solcher mehr dergleichen Manuskripte zu sehen bekäme. Was wäre es, wenn ich auch gleich das erste Jahr wieder aus dem Orden gestoßen würde?

Und das würde ich gewiß. Denn ich würde zu viel wollen drucken lassen, wozu mir der Orden den Vorschub verweigerte.

---

* A. G. IV. S. 16.
** Thes. Anecdot. T. V. Praef.

Der alte Lutheraner würde mich noch zu oft in den Nacken schlagen; und ich würde mich nimmermehr bereden können, daß eine Maxime, welche der päbstischen Hierarchie so zuträglich ist, auch dem wahren Christentume zuträglich sein könne.

»Doch das alles heißt ja nur eine Missetat durch das Jucken entschuldigen wollen, welches man, sie zu begehen, unwiderstehlich fühlet. Wenn es denn deine Schwachheit ist, dich verlassener Handschriften anzunehmen, so leide auch für deine Schwachheit. Genug, von dieser Handschrift hätte schlechterdings nichts müssen gedruckt werden, weil sie wenigstens eben so schlimm ist, als das *Toldos Jeschu*.«

Wohl angemerkt! Und also hätte auch wohl Toldos Jeschu nicht müssen gedruckt werden? Also waren die, welche es unter uns bekannt, und durch den Druck bekannt machten, keine Christen? Freilich war der, welcher es den Christen zuerst gleichsam unter die Nase rieb, nur ein getaufter Jude. Aber Porchetus? Aber Luther? Und Wagenseil, der sogar das Hebräische Original retten zu müssen glaubte! O der unbesonnene, der heimtückische Wagenseil! Sonst bekam unter tausend Juden kaum einer Toldos Jeschu zu lesen: nun können es alle lesen. Und was er auch sonst noch einmal vor dem Richterstuhl Gottes schwer wird zu verantworten haben, der böse Wagenseil! Aus seiner Ausgabe hat der abscheuliche Voltaire seine skurrilen Auszüge gemacht, die er zu machen wohl unterlassen haben würde, wenn er das Buch erst in den alten Drucken des Raimundus oder Porchetus hätte aufsuchen müssen. –

Nicht wahr, Herr Hauptpastor? Ich setze hinzu: die er zu machen auch wohl gar hätte müssen bleiben lassen, wenn Wagenseil das Lästerbuch anstatt hebräisch und lateinisch, hebräisch und deutsch hätte drucken lassen. Das wäre denn ein kleines Exempelchen, von welchem allgemeinen Nutzen es ist, wenn die Schriften wider die Religion nur lateinisch zu haben sind. Nicht wahr, Herr Hauptpastor?

Indes, Herr Hauptpastor, hat doch Wagenseil, in der weitläuftigen Vorrede zu seinen Telis igneis Satanae, sein Unternehmen so ziemlich gut verteidiget. Und wollen Sie wohl erlauben, daß ich nur eine einzige Stelle daraus hersetze, in welcher auch ich mit eingeschlossen zu sein glaube? Es ist die, welche den Haupt-

inhalt der ganzen Vorrede in wenig Worte faßt. Neque vero, non legere tantum Haereticorum scripta, sed et opiniones illorum manifestare, librorumque ab iis compositorum, sive fragmenta aut compendia, sive integrum contextum, additis quidem plerumque confutationibus, aliquando tamen etiam sine iis, publice edere, imo et blasphemias impiorum hominum recitare, viri docti piique olim et nunc fas esse arbitrati sunt.

ANTI-GOEZE

Ne hoc quidem nudum est intuendum, qualem causam vir bonus, sed etiam quare, et qua mente defendat. *Quinctilianus*

Siebenter

Aber der Herr Pastor wird ärgerlich werden, daß ich ihm so Schritt vor Schritt auf den Leib rücke, um ihn endlich in dem Winkel zu haben, wo er mir nicht entwischen kann. Er wird schon itzt, ehe ich ihn noch ganz umzingelt habe, mir zu entwischen suchen, und sagen: »Ei, wer spricht denn auch von dem bloßen Drucke? Der ließe sich freilich noch so so beschönigen. Das eigentliche Verbrechen stecket da, daß der Herausgeber der Fragmente zugleich die *Advokatur des Verfassers übernommen* hat.«

Advokatur? Die Advokatur des Verfassers? – Was hatte denn mein Ungenannter für eine Advokatur, die ich an seiner Statt übernommen? Die Advokatur ist die Befugnis, vor gewissen Gerichten gewisse Rechtshändel führen zu dürfen. Daß mein Ungenannter irgendwo eine solche Befugnis gehabt habe, wüßte ich gar nicht. – Es wäre denn, daß man seine Befugnis, den gesunden Menschenverstand vor dem Publico zu verteidigen, darunter verstehen wolle. Doch diese Befugnis hat ja wohl ein jeder von Natur; gibt sich ja wohl ein jeder von selbst; braucht keiner erst lange von dem andern zu übernehmen. Sie ist weder eine Fleischbank, noch ein Pastorat.

Doch dem guten Herrn Hauptpastor die Worte so zu mäkeln! So genau bei ihm auf das zu sehn, was er sagt; und nicht vielmehr auf das, was er sagen will? Er will sagen, daß ich übernommen, der Advokat des Ungenannten zu sein; mich zum Advokaten des Ungenannten aufgeworfen. Das will er sagen; und ich wette zehne gegen eins, daß ihn kein Karrenschieber anders versteht. –

So habe er es denn auch gesagt! – Wenn ich nur sähe, wo der

Weg nun weiter hinginge. Denn auch hier laufen Straßen nach allen Gegenden des Himmels. – Freilich, wenn ich wüßte, was für einen Begriff der Herr Hauptpastor von seinem Advokaten sich mache: so wollte ich den geraden Weg, in seine Gedanken einzudringen, bald finden. –

Sollte der Herr Hauptpastor wohl Wundershalben hier einmal gar den *rechten* Begriff sich machen? Sollte er wohl gar den *wahren* Advokaten kennen und meinen? den ehrlichen Mann unter diesem Namen meinen, der der Gesetze genau kundig ist, und keinen Handel übernimmt, als solche von deren Gerechtigkeit er überzeugt ist? – Nein, nein; den kann er nicht meinen. Denn ich habe nirgend gesagt, daß ich die ganze Sache meines Ungenannten, völlig so wie sie liegt, für gut und wahr halte. Ich habe das nie gesagt: vielmehr habe ich gerade das Gegenteil gesagt. Ich habe gesagt und erwiesen, daß wenn der Ungenannte auch noch in so viel einzeln Punkten Recht habe und Recht behalte, im Ganzen dennoch daraus nicht folge, was er daraus folgern zu wollen scheine.

Ich darf kühnlich hinzusetzen, was einer Art von Prahlerei ähnlich sehen wird. Genug, daß billige Leser Fälle kennen, wo dergleichen abgedrungene Prahlerei nötig ist; und Leser von Gefühl wohl empfinden, daß ich mich hier in einem nicht der geringsten dieser Fälle befinde. – Ich habe es nicht allein nicht ausdrücklich gesagt, daß ich der Meinung meines Ungenannten zugetan sei: ich habe auch bis auf den Zeitpunkt, da ich mich mit der Ausgabe der Fragmente befaßt, nie das geringste geschrieben, oder öffentlich behauptet, was mich dem Verdachte aussetzen könnte, ein heimlicher Feind der christlichen Religion zu sein. Wohl aber habe ich mehr als eine Kleinigkeit geschrieben, in welchen ich nicht allein die Christliche Religion überhaupt nach ihren Lehren und Lehrern in dem besten Lichte gezeigt, sondern auch die Christlichlutherische orthodoxe Religion insbesondere gegen Katholiken, Socinianer und Neulinge verteidiget habe.

Diese Kleinigkeiten kennt der Herr Hauptpastor größtenteils selbst, und er hat mir ehedem mündlich und gedruckt seinen Beifall darüber zu bezeigen beliebt. Wie erkennt er denn nun erst auf einmal den Teufel in mir, der sich, wo nicht in einen Engel des

Lichts, doch wenigstens in einen Menschen von eben nicht dem schlimmsten Schlage verstellt hatte? Sollte ich wirklich umgeschlagen sein, seitdem ich die nämliche Luft mit ihm nicht mehr atme? Sollten mich mehrere und bessere Kenntnisse und Einsichten, die ich seit unsrer Trennung zu erlangen, eben so viel Begierde als Gelegenheit gehabt habe, nur kurzsichtiger und schlimmer gemacht haben? Sollte ich an der Klippe, die ich in dem stürmischen Alter brausender Aufwallungen vermieden habe, itzt erst nachlässig scheitern, da sanftere Winde mich dem Hafen zutreiben, in welchem ich eben so freudig zu landen hoffe, als Er? – Gewiß nicht, gewiß nicht; ich bin noch der nämliche Mensch: aber der Herr Hauptpastor betrachtet mich nicht mehr mit dem nämlichen Auge. Die Galle hat sich seiner Sehe bemeistert, und die Galle trat ihm über – Wodurch? Wer wird es glauben, wenn ich es erzähle! Tantaene animis coelestibus irae? – Doch ich muß meinen Nachtisch nicht vor der Suppe aufzehren.

Ich komme auf die Advokatur zurück und sage: der wahre eigentliche Advokat meines Ungenannten, der mit seinem Klienten über den anhängigen Streit Ein Herz und Eine Seele wäre, bin ich also nicht, kann ich also nicht sein. Ja, ich kann auch nicht einmal der sein, der von der Gerechtigkeit der Sache seines Klienten nur eben einen kleinen Schimmer hat, und sich dennoch, entweder aus Freundschaft oder aus andern Ursachen, auf gutes Glück mit ihm auf das Meer der Chicane begibt; fest entschlossen, jeden Windstoß zu nutzen, um ihn irgendwo glücklich ans Land zu setzen. Denn der Ungenannte war mein Freund nicht; und ich wüßte auch sonst nichts in der Welt, was mich bewegen können, mich lieber mit seinen Handschriften, als mit funfzig andern abzugeben, die mir weder so viel Verdruß noch so viel Mühe machen würden: wenn es nicht das Verlangen wäre, sie so bald als möglich, sie noch bei meinen Lebzeiten widerlegt zu sehen.

Bei Gott! die Versicherung dieses Verlangens, weil ich bis itzt noch wenig Parade damit machen wollen, ist darum keine leere Ausflucht. Aber freilich eigennützig ist dieses Verlangen; höchst eigennützig. Ich möchte nämlich gar zu gern, selbst noch etwas von der Widerlegung mit aus der Welt nehmen. Ich bedarf ihrer. Denn daß ich als Bibliothekar die Fragmente meines Ungenannten las, war nicht mehr als billig; und daß sie mich an mehrern Stellen verlegen und unruhig machten, war ganz natürlich. Sie enthalten so mancherlei Dinge, welche mein Bißchen Scharfsinn und Gelehrsamkeit gehörig auseinander zu setzen, nicht zureicht. Ich sehe hier und da, auf tausend Meilen, keine Antwort; und der Herr Hauptpastor wird sich freilich nicht vorstellen können, wie sehr eine solche Verlegenheit um Antwort ein Wahrheit liebendes Gemüt beunruhiget.

Bin ich *mir* denn nun nichts? Habe ich keine Pflicht gegen mich selbst, meine Beruhigung zu suchen, wo ich sie zu finden glaube? Und wo konnte ich sie besser zu finden glauben, als bei dem Publico? Ich weiß gar wohl, daß ein Individuum seine einzelne *zeitliche* Wohlfahrt der Wohlfahrt mehrerer aufzuopfern schuldig ist. Abert auch seine *ewige?* Was vor Gott und dem Menschen kann mich verbinden, lieber von quälenden Zweifeln mich nicht befreien zu wollen, als durch ihre Bekanntmachung Schwachgläubige zu ärgern? – Darauf antworte mir der Herr Hauptpastor. –

Allerdings habe ich keine *besondere* Erlaubnis gehabt, von den mir anvertrauten literarischen Schätzen auch dergleichen *feurige Kohlen* der Welt mitzuteilen. Ich habe diese besondere Erlaubnis in der allgemeinen mit eingeschlossen zu sein geglaubt, die mir mein gnädigster Herr zu erteilen geruhet. Habe ich durch diesen Glauben mich seines Zutrauens unwürdig bezeigt: so beklage ich mein Unglück, und bin strafbar. Gern, gern will ich auch der billigen Gerechtigkeit darüber in die Hände fallen: wenn Gott mich nur vor den Händen des zornigen Priesters bewahret!

Und was wird dieser zornige Priester nun vollends sagen, wenn ich bei Gelegenheit hier bekenne, daß der Unbenannte selbst, an das Licht zu *treten,* sich nicht übereilen wollen. Daß ich ihn schon itzt an das Licht *gezogen,* ist nicht allein ohne seinen Willen, sondern wohl gar wider seinen Willen geschehen. Dieses läßt mich der Anfang eines Vorberichts besorgen, der mir unter seinen Papieren allerdings schon zu Gesichte gekommen war, noch ehe ich mich zu dem Dienste seines Einführers in die Welt entschloß. Er lautet also: »Die Schrift, wozu ich hier den Vorbericht mache, ist schon vor vielen Jahren von mir aufgesetzt worden. Jedoch habe ich sie bei Gelegenheit eines öftern Durchlesens an manchen Stellen vermehrt, an andern eingekürzt, oder geändert. Also meine eigene Gemütsberuhigung war vom ersten Anfange der Bewegungsgrund, warum ich meine Gedanken niederschrieb; und ich bin nachher nimmer auf den Vorsatz geraten, die Welt durch meine Einsichten irre zu machen, oder zu Unruhen Anlaß zu geben. Die Schrift mag im Verborgenen, zum Gebrauch verständiger Freunde, liegen bleiben; mit meinem Willen soll sie nicht durch den Druck gemein gemacht werden, bevor sich die Zeiten mehr aufklären. Lieber mag der gemeine Haufe noch eine Weile irren, als daß ich ihn, obwohl ohne meine Schuld, mit Wahrheiten ärgern und in einen wütenden Religionseifer setzen sollte. Lieber mag der Weise sich des Friedens halber, unter den herrschenden Meinungen und Gebräuchen schmiegen, dulden und schweigen; als daß er sich und andere durch gar zu frühzeitige Äußerung unglücklich machen sollte. Denn ich muß es zum Voraus sagen, die hierin enthaltenen Sätze sind nicht katechismusmäßig, sondern bleiben in den Schranken einer vernünftigen Verehrung Gottes, und Ausübung der Menschenliebe und Tugend. Da ich aber mir selbst, und meinen entstandenen Zweifeln zureichend Genüge tun wollte: so habe ich nicht umhin können, den Glauben, welcher mir so manche Anstöße gemacht hatte, von Grund aus zu untersuchen, ob er mit den Regeln der Wahrheit bestehen könne, oder nicht.«

Luther und alle Heiligen! Herr Hauptpastor, was haben Sie da gelesen! Nicht wahr? so gar strafbar hätten Sie mich nimmermehr geglaubt? – Der Ungenannte war bei aller seiner Freigeisterei, doch noch so ehrlich, daß er die Welt durch *seine* Einsichten nicht irre machen wollte: und ich, ich trage kein Bedenken, sie durch *fremde* Einsichten irre zu machen. Der Ungenannte war ein so friedlicher Mann, daß er zu keinen Unruhen Anlaß geben wollte: und ich, ich setze mich über alle Unruhen hinweg, von welchen Sie, Herr Hauptpastor, am besten wissen, wie sauer es itzt einem treufleißigen Seelsorger wird, sie auch nur in einer einzigen Stadt zur Ehre unsrer allerheiligsten Religion zu erregen. Der Ungenannte war ein so behutsamer Mann, daß er keinen Menschen mit Wahrheiten ärgern wollte: und ich, ich glaube ganz und gar an kein solches Ärgernis; fest überzeugt, daß nicht Wahrheiten, die man bloß zur Untersuchung vorlegt, sondern allein Wahrheiten, die man so fort in Ausübung bringen will, den gemeinen Haufen in wütenden Religionseifer zu versetzen fähig sind. Der Ungenannte war ein so kluger Mann, daß er durch allzufrühzeitige Äußerungen, weder sich noch andere unglücklich machen wollte: und ich, ich schlage als ein Rasender meine eigene Sicherheit zuerst in die Schanze, weil ich der Meinung bin, daß Äußerungen, wenn sie nur Grund haben, dem menschlichen Geschlechte nicht früh genug kommen können. Mein Ungenannter, der ich weiß nicht wenn schrieb, glaubte, daß sich die Zeiten erst mehr aufklären müßten, ehe sich, was er für Wahrheit hielt, öffentlich predigen lasse: und ich, ich glaube, daß die Zeiten nicht aufgeklärter werden können, um vorläufig zu untersuchen, ob das, was er für Wahrheit gehalten, es auch wirklich ist.

Das ist alles wahr, Herr Hauptpastor; das ist alles wahr. Wenn nur bei der löblichen Bescheidenheit und Vorsicht des Ungenannten, nicht so viel Zuversicht auf seinen Erweis, nicht so viel Verachtung des gemeinen Mannes, nicht so viel Mißtrauen auf sein Zeitalter zum Grunde läge! Wenn er nur, zu Folge dieser Gesinnungen, seine Handschrift lieber vernichtet, als zum Gebrauche verständiger Freunde hätte liegen bleiben lassen! – Oder meinen Sie auch, Herr Hauptpastor, daß es gleich viel ist, was die Verständigen im Verborgenen glauben; wenn nur der Pöbel, der liebe Pöbel fein in dem Gleise bleibt, in welchem allein, ihn die Geistlichen zu leiten verstehen? Meinen Sie?

ANTI-GOEZE

Ex hoc uno capitulo comprobabo,
ferream te frontem possidere fallaciae.
Hierony. adv. Ruff.

Achter

Heida! wo wollte ich in meinem Vorigen hin? Es hat sich wohl, daß der Herr Hauptpastor den Namen Advokat in seiner eigentlichen Bedeutung nehmen sollte! Advokat heißt bei seines gleichen weiter nichts als Zungendrescher; und das, das bin ich ihm. Ein feiler Zungendrescher in Sachen des Ungenannten bin ich ihm; und er hat bloß die Güte, das minder auffallende Wort zu brauchen.

Was Wunder auch? Sein guter Freund, der *Reichspostreiter,* ehedem selbst ein Advokat, scheinet, ohne Zweifel aus eigner Erfahrung, eben den Begriff vom Advokaten zu haben; wie aus einem Epigramm zu sehen, welches er neulich in einem seiner Beiträge mit einfließen lassen. Ich weiß die schönen Zeilen nicht mehr; aber die Spitze war, daß nichts als Schreien zum Advokaten gehöre. Dieses Epigramm soll zu seiner Zeit zwischen der Börse und dem Rathause in Hamburg einiges Aufsehen gemacht haben, und es hätte dem Verfasser leicht eben so bekommen können, wie ihm mehrere Epigramme bekommen sind, wenn er nicht die Klugheit gehabt hätte, noch zur rechten Zeit zu erklären, daß er selbst das Epigramm nicht gemacht habe. Dieses schrieb man mir aus Hamburg, und setzte hinzu: »Das fand sich auch wirklich. Nicht der Reichspostreiter, sondern des Reichspostreiters Pferd, hatte das Epigramm *gemacht.*«

Doch das Pferd dieses Reiters kümmert mich eben so wenig, als der Reiter dieses Pferdes. Mag doch noch ferner eines mit dem andern immer durchstechen, und das Pferd, was es sich schämt *gemacht* zu haben, auf den Reiter, so wie der Reiter in gleichem

Falle auf das Pferd schieben. Ihr gemeinschaftlicher Sattel ist ein Maultier: damit gut! – Es sollte mir leid sein, wenn der Reichspostreiter nicht eben so wohl Miller's Jests, als den Dedekind gelesen hätte. –

Und so wende ich mich wieder zu dem geistlichen Herrn, dem dieser Postreiter nur manchmal vorspannt. Ja, ja, so ist es, und nicht anders. Wenn mich der Herr Hauptpastor den Advokaten des Ungenannten nennet, so meint er bloß einen gedungenen Zungendrescher, dem es gleich viel ist, was für einer Sache er seinen Beistand leihet; wenn es nur eine Sache ist, bei der er recht viele Ränke und Kniffe, von ihm genannt *Heuremata,* anbringen, und Richter und Gegenteil so blenden und verwirren kann, daß dieser gern mit dem magersten Vergleiche vorlieb nimmt, ehe jener das Urteil an den Knöpfen abzählt, oder blindlings aus dem Hute greift.

So ein Kerl bin ich dem Herrn Hauptpastor! Dahin zielet 1) seine ewige Klage, über meine Art zu streiten. Dahin zielet 2) sein Vorwurf, daß ich meinen Ungenannten mit unverdienten Lobsprüchen an das Licht gezogen. Dahin zielet 3) seine Beschuldigung, daß ich alle, welche bisher noch gegen ihn geschrieben, und sich der christlichen Religion wider ihn angenommen haben, mit dem bittersten Spotte abgewiesen.

Was meine Art zu streiten anbelangt, nach welcher ich nicht sowohl den Verstand meiner Leser durch Gründe zu überzeugen, sondern mich ihrer Phantasie durch allerhand unerwartete Bilder und Anspielungen zu bemächtigen suchen soll: so habe ich mich schon zur Hälfte darüber erklärt*. Ich suche allerdings, durch die Phantasie mit, auf den Verstand meiner Leser zu wirken. Ich halte es nicht allein für nützlich, sondern auch für notwendig, Gründe in Bilder zu kleiden; und alle die Nebenbegriffe, welche die einen oder die andern erwecken, durch Anspielungen zu bezeichnen. Wer hiervon nichts weiß und verstehet, müßte schlechterdings kein Schriftsteller werden wollen; denn alle gute Schriftsteller sind es nur auf diesem Wege geworden. Lächerlich also ist es, wenn der Herr Hauptpastor etwas verschreien will, was er nicht kann, und *weil* er es nicht kann. Und

* Anti-Goeze II.

noch lächerlicher ist es, wenn er gleichwohl selbst überall so viel Bestreben verrät, es gern können zu wollen. Denn unter allen nüchtern und schalen Papierbesudlern braucht keiner mehr Gleichnisse, die von nichts ausgehen, und auf nichts hinaus laufen, als Er. Selbst witzig sein und spotten, möchte er manchmal gern; und der Reichspostreiter, oder dessen Pferd, hat ihm auch wirklich das Zeugnis gegeben, »daß er die satyrische Schreibart *gleichfalls* in seiner Gewalt habe.« – Worauf sich aber wohl dieses *gleichfalls* beziehen mag? – Ob auf die anständige Schreibart, welche sonst in der Schrift des Herrn Hauptpastors herrschen soll? Ob auf die Gründe, mit welchen er streiten soll? – Darüber möchte ich mir denn nun wohl kompetentere Richter erbitten, als den Postreiter und sein Pferd. – Oder ob auf mich? Ob der Postreiter sagen wollen, daß der Herr Hauptpastor eben so gut als ich die satyrische Schreibart in seiner Gewalt habe? – Ja, darin kann der Postreiter und sein Pferd leicht Recht haben. Denn ich habe die satyrische Schreibart, Gott sei Dank, gar nicht in meiner Gewalt; habe auch nie gewünscht, sie in meiner Gewalt zu haben. Das einzige, was freilich mehrere Pferde Satyre zu nennen pflegen, und was mir hierüber zu Schulden kömmt, ist dieses, daß ich einen Postreiter einen Postreiter, und ein Pferd ein Pferd nenne. Aber wahrlich, man hat Unrecht, wenn man Offenherzigkeit, und Wahrheit mit Wärme gesagt, als Satyre verschreiet. Häckerling und Haber können nicht verschiedner von einander sein, mein gutes Pferd! Ich will dich besser lehren, was Satyre ist. Wenn dein Reiter, – sonst genannt der *Schwager;* weil er schwägerlich die Partei eines jeden hält, dem er vorreitet, – sagt, daß eine anständige Schreibart, in den Schriften des Herrn Hauptpastors herrsche; wenn er sagt, daß der Herr Hauptpastor mit Gründen streite: glaube mir; das, das ist Satyre. Das ist eben so platte Satyre, als wenn er dich einen Pegasus nennen wollte, indem du eben unter ihm in die Knie sinkest. Glaube mir, Scheckchen, du kennst diesen abgefeimten Schwager noch nicht recht: ich kenne ihn besser. Er hat sonst auch *mir* vorgeritten; und du glaubst nicht, was für hämische Lobsprüche sein ironisches Hörnchen da vor mir her geblasen. Wie er es mir gemacht hat, so macht er es allen; und ich betaure den Herrn Hauptpastor, wenn er, durch so ein boshaftes Lob eingeschläfert, sich nicht im Ernst auf die Gründe gefaßt hält, die der Schwager in ihm schon will gefunden haben. Er kann ja allenfalls den Schwager auch nur fragen, welches diese Gründe sind. – Denn komm an, Scheckchen, – weil ich doch einmal angefangen habe, mit einem Pferde zu raisonieren – Sage du selbst, edler *Houyhnhnm* – (man muß seinen Richter auch in einem Pferde ehren) – sage du selbst, mit was für Gründen kann der Mann streiten, der sich auf meine Gegengründe noch mit keinem Worte eingelassen hat? der, anstatt zu antworten, nur immer seine alte Beschuldigungen wörtlich wiederholt, und höchstens ein Paar neue hinzusetzt, die er eben so wenig gut zu machen gedenkt? Seit der Zeit, da du sein erstes Kartel in die weite Welt getragen, das du großmütig einem noch stumpf gerittenern Pferde abnahmest, hat er nicht aufgehört, mich mündlich und schriftlich zu schmähen, ob ich ihm gleich auf jenes sein Kartel, wie ein Mann geantwortet zu haben glaube. Warum widerlegt er meine Axiomata nicht, wenn er kann? Warum bringt er nur immer neue Lästerungen gegen mich auf die Bahn? Warum paßt er mir in allen hohlen Wegen so tückisch auf, und zwingt mich, ihm nicht als einem Soldaten, sondern als einem Buschklepper zu begegnen? Ist das guter Krieg, wenn er den Männern des Landes aus dem Wege geht, um die Weiber und Kinder desselben ungestört würgen zu können? Der Begriff ist der Mann; das sinnliche Bild des Begriffes ist das Weib; und die Worte sind die Kinder, welche beide hervorbringen. Ein schöner Held, der sich mit Bildern und Worten herumschlägt, und immer tut, als ob er den Begriff nicht sähe! oder immer sich einen Schatten von Mißbegriff schafft, an welchem er zum Ritter werde. Er versprach einst, den Liebhabern solcher Leckerbissen eine ganze große Schüssel Fricassee von diesen Weibern und Kindern meines Landes vorzusetzen*. Aber er hat sein Versprechen wieder zurückgenommen: denn es ist freilich ganz etwas anders, hier und da ein Weib oder ein Kind in meinem Lande meuchlings zu morden; und ganz etwas anders, dieser Weiber und Kinder zusammen mehrere, oder gar alle, in die Pfanne zu hauen. Er fand bald, daß er auch davon die Nase weglassen müsse; und ich muß bekennen, daß er mich damit um

---

* Etwas Vorl. Vorr. S. 170.

einen sehr lustigen Triumph gebracht hat. Denn die Gelegenheit wird mir sobald nicht wiederkommen, ohne Großsprecherei zeigen zu können, daß auch da, wo ich mit Worten am meisten spiele, ich dennoch nicht mit leeren Worten spiele; daß überall ein guter triftiger Sinn zum Grunde liegt, auch wenn nichts als lauter Ägyptische Grillen und Chinesische Fratzenhäuserchen daraus empor steigen. Das, wie gesagt, kann ich nicht mehr zeigen; und mit Analysierung der Proben, die der Herr Hauptpastor in der ersten blinden Hitze gegeben, will ich auch ein Pferd nicht aufhalten, das mehr zu tun hat. Lieber, wenn du meinest, edler Houyhnhnm, daß ich die Wiederlegung meiner Axiomen von ihm noch zu erwarten habe, will ich dich bitten, ihm durch den Schwager ein Wort im Vertrauen zukommen zu lassen, dieweil er es noch nutzen kann. – Aber warum durch den Schwager? Als ob ich dir minder zutraute, als dem Schwager? Als ob der Herr Hauptpastor dich mit mindrer Aufmerksamkeit hören würde, als den Schwager? – Sei du es also nur selbst, der dem Herrn Hauptpastor meine Wünsche und Erwartungen und Besorgnisse mitteilet. Sage du ihm nur selbst, wie sehr ich mich darauf freue, endlich auch einmal von ihm *belehret* zu werden. Ich bin äußerst unruhig, bis ich seine Gründe in aller ihrer Stärke gegen die meinigen abwägen kann, denen ich gleichfalls alle ihre Schärfe zu erteilen, nur auf Gelegenheit warte. Ich habe manches in den Axiomen hingeworfen, von welchem ich wohl weiß, daß es eine nähere Erörterung bedarf und verdienet; aber ich bin auch gefaßt darauf, und es sollte mir sehr leid tun, wenn er nirgends anbeißen, sich auf nichts, was eigentlich zur Sache gehöret, einlassen wollte. Gleichwohl muß ich es leider besorgen! Denn denke nur, edler Houyhnhnm; denke nur, was er mir eben itzt* schon im voraus von seinem halb zu eröffnenden Feldzuge wissen läßt! Da steht auf einer Anhöhe eine armselige Vedette; die, die will er mit Heereskraft vors erste verjagen. Ich habe ein Histörchen erzählt von einem Hessischen Feldprediger, (könnte auch ein Braunschweigischer gewesen sein) der auf einer Insel, die in keiner Geographie steht, gute Luthersche Christen fand, die von dem Katechismus sehr wenig, und von der Bibel

---

* Lessings Schwächen S. 217.

ganz und gar nichts wußten. Nun ist ihm das Ding, weil der Reichspostreiter nichts davon mitgebracht hat, weil auch du ohne Zweifel nichts davon weißt, so unbegreiflich, als ob es gar nicht möglich wäre; und ich soll es ihm beweisen, wie man wirklich geschehene Dinge zu beweisen pflegt; mit glaubwürdigen Zeugen, mit rechtskräftigen Dokumenten und dergleichen. Kann ich das, so will er es glauben, es mag möglich sein oder nicht. Kann ich das aber nicht, so will er der ganzen Welt erklären, daß ich ein Betrüger bin, und mir die gesamten Hessischen Feldprediger, wegen dieser groben Verleumdung eines ihrer Kollegen, auf den Hals hetzen. Ja er treibt seine Rache wohl noch weiter, und gibt mich bei der Englischen Regierung an, der die Bermudischen Inseln schon seit 1609 ein wohltätiger Sturm samt und sonders geschenkt hat, daß ich ihr auch dieses Inselchen schaffen muß, ich mag es hernehmen, woher ich will. Wahrlich, edler Houyhnhnm, wenn er das tut, so bin ich ohne Rettung verloren! Denn sieh nur; welches du und der Schwager vielleicht auch nicht wissen: der Hessische Feldprediger ist seitdem bei Saratoga mit gefangen worden, und die bösen Amerikaner wechseln vor der Hand nicht aus. Gut, daß ihr beide das wenigstens wißt, und es mir bezeugen könnt! Wie kann ich nun dem Herrn Hauptpastor den Feldprediger sogleich zur Stelle schaffen? Er muß warten, bis der Handel mit den Amerikanern zu Ende ist, und die Hessen wieder zu Hause sind. Dann will ich mein möglichstes tun, ihn zu befriedigen; vorausgesetzt, daß der ausgewechselte Feldprediger auf der Heimreise nicht stirbt. Damit aber doch auch meine Widerlegung nicht so lange verschoben bleiben darf: was hindert, daß er indes die historische Wahrheit meiner Erzählung bei Seite setzt, und sie als bloße zweckmäßige Erdichtung betrachtet? Folgt aus dem bloß möglichen Falle nicht eben das, was aus dem wirklichen Falle folgen würde? Ist die Frage, »ob Menschen, welche sehr lebhaft glauben, daß es ein höchstes Wesen gibt; daß sie arme sündige Geschöpfe sind; daß dieses höchste Wesen demohngeachtet, durch ein andres eben so hohes Wesen, sie nach diesem Leben ewig glücklich zu machen, die Anstalt getroffen – ob Menschen, welche das und weiter nichts glauben, Christen sind, oder keine?« – in beiden Fällen nicht die nämliche? Überlege es doch nur selbst, lieber – Gaul.

Denn was brauchst du viel, dieses zu können, ein Houyhnhnm zu sein, der du doch einmal nicht bist? Überlege es nur; und suche es dem Herrn Hauptpastor so gut du kannst begreiflich zu machen. Auf jene Frage soll er antworten, auf jene Frage; und um die Kolonie sich unbekümmert lassen. – Hörst du? – Hiemit lebe wohl, Gaul; und grüß mir den Schwager!

ANTI-GOEZE

Qui auctorem libri dogmaticum absconditum mihi revelat, non tam utilitati meae, quam curiositati servit: immo non raro damnum mihi affert, locum faciens praejudicio auctoritatis.

Heumannus de libr. an. et pseud.

Neunter

Die Klage, über meine Art zu streiten, konnte ich nur in dieser nämlichen Art beantworten; und ich lasse es mir gar wohl gefallen, daß der Herr Hauptpastor meine Antwort selbst, zu einem Beweise seiner Klage macht. Warum sollte ich ihm nicht, mit gutem Vorsatze, noch mehrere Beweise zu einer Klage liefern, die ich verachte?

2. Aber der Vorwurf, daß ich den Ungenannten mit unverdienten und unmäßigen Lobsprüchen beehret, in der doppelt schelmischen Absicht, bei flachen Lesern ein günstiges Vorurteil für ihn zu erschleichen, und die Gegner abzuschrecken, die sich etwa wider ihn rüsten möchten: dieser Vorwurf ist ernsthafter und verdienet eine ernsthaftere Antwort. Nur Schade, daß ich diese ernsthaftere Antwort nicht so einleuchtend zu machen im Stande bin. Denn dieses zu können, müßte schon das ganze Werk des Ungenannten der Welt vor Augen liegen, indem sich alle meine Lobsprüche bloß und allein auf eine Beschaffenheit desselben beziehen, aus einer Beschaffenheit desselben entsprungen sind. Und aus welcher? Aus einer solchen, die sich gar wohl auch von einem Werke denken läßt, das in der Hauptsache sehr weit vom Ziele schießt. Ich habe es ein freimütiges, ernsthaftes, gründliches, bündiges, gelehrtes Werk genannt: lauter Eigenschaften, aus welchen die Wahrheit der darin abgehandelten Materie noch keines Weges folget; und die ich gar wohl auf den Verfasser übertragen dürfen, ohne ihn deswegen als einen Mann

anzunehmen oder zu empfehlen, auf den man sich in allen Stükken verlassen könne. Es setzen daher auch diese Lobsprüche im geringsten nicht voraus, daß ich ihn näher, oder aus mehrern Werken kenne; noch weniger, daß ich ihn persönlich kenne, oder gekannt habe.

Denn so empfindlich es auch immer dem Herrn Hauptpastor mag gewesen sein, daß ich geradezu gesagt »mein Ungenannter sei *des* Gewichts, daß in allen Arten der Gelehrsamkeit, sieben *Goezen* nicht ein Siebenteil von ihm aufzuwägen vermögend sind«: so getraue ich mir doch diese Äußerung einzig und allein aus dem gut zu machen, was mir von seinem Werke in den Händen ist. Der Herr Hauptpastor muß nur nicht, was ich von allen Arten der Gelehrsamkeit sage, auf alle Minutissima dieser Arten ausdehnen. So möchte es z. E. mir allerdings wohl schwer zu erweisen sein, daß mein Ungenannter von allen Plattdeutschen Bibeln eine eben so ausgebreitete gründliche Kenntnis gehabt, als der Herr Hauptpastor. Kaum dürften ihm die verschiednen Ausgaben der Lutherischen Bibelübersetzung selbst, so vollkommen bekannt gewesen sein, als dem Herrn Hauptpastor; welcher so außerordentliche Entdeckungen darin gemacht, daß er auf ein Haar nun angeben kann, um wie weit mit jeder Ausgabe die Orthodoxie des seligen Mannes gewachsen. Aber alles dieses sind doch nur Stäubchen aus der Literargeschichte, welchen mein Ungenannter nur siebenmal siebenmal so viel andere Stäubchen eben daher entgegen zu setzen haben dürfte, um mich nicht zum Lügner zu machen. Und so mit den übrigen Kenntnissen allen! Selbst mit denen, die der Ungenannte actu gar nicht, sondern nur virtualiter besaß. Die Ursache ist klar. Er war ein selbstdenkender Kopf; und selbstdenkenden Köpfen ist es nun einmal gegeben, daß sie das ganze Gefilde der Gelehrsamkeit übersehen, und jeden Pfad desselben zu finden wissen, so bald es der Mühe verlohnt, ihn zu betreten. Ein Wievielteilchen eines solchen Kopfes dem Herrn Hauptpastor zu Teil worden, bleibt seinem eignen unparteiischen Ermessen anheimgestellt. Gnug daß 7 mal 7 nur 49 macht; und auch ein Neunundvierzigteilchen meines Ungenannten noch aller Hochachtung wert, und siebenmal mehr ist, als man an allen Orten und Enden der Christenheit zu einem Pastor oder Hauptpastor erfodert.

Doch halt! Ich habe ja meinen Ungenannten auch einen ehrlichen unbescholtenen Mann genannt: und dieses setzt doch wohl voraus, daß ich ihn näher und persönlich kenne? – Auch dieses nicht! Und ohne mich viel mit dem Quilibet praesumitur etc. zu decken, will ich nur gleich sagen, was für Grund in seinem Werke ich gefunden habe, ihm auch diese Gerechtigkeit widerfahren zu lassen. Nämlich; obschon mein Ungenannter freilich alle *geoffenbarte* Religion in den Winkel stellet; so ist er doch darum so wenig ein Mann ohne alle Religion, daß ich schlechterdings niemanden weiß, bei dem ich von der bloß *vernünftigen* Religion so wahre, so vollständige, so warme Begriffe gefunden hätte, als bei ihm. Diese Begriffe trägt das ganze erste Buch seines Werkes vor; und wie viel lieber hätte ich dieses erste Buch an das Licht gebracht, als ein andres Fragment, welches mir seine voreiligen Bestreiter abgedrungen haben! Nicht so wohl, weil die spekulativen Wahrheiten der vernünftigen Religion darin in ein größer Licht durch neue und geschärftere Beweise gestellet worden: sondern vielmehr, weil mit einer ungewöhnlichen Deutlichkeit darin gezeigt wird, welchen Einfluß diese Wahrheiten auf unsere Pflichten haben müssen, wenn die vernünftige Religion in einen vernünftigen Gottesdienst übergehen soll. Alles, was er von diesem, von diesem Einflusse insbesondere, sagt, trägt das unverkennlichste Merkmal, daß es aus einem eben so erleuchteten Kopfe, als reinem Herzen geflossen; und ich kann mir unmöglich einbilden, daß in eben diesem Kopfe bei eben diesen erhabenen Einsichten, in eben diesem Herzen bei eben diesen edeln Neigungen, tolle vorsetzliche Irrtümer, kleine eigennützige Affekten hausen und herrschen können. In eodem pectore, sagt Quinctilian, nullum est honestorum turpiumque consortium: et cogitare optima simul ac deterrima non magis est unius animi, quam ejusdem hominis bonum esse ac malum. – Das also, das war es, warum ich meinen Ungenannten einen ehrlichen unbescholtenen Mann nennen zu können glaubte, ohne aus seinem bürgerlichen Leben Beweise dafür zu haben!

Freilich glaubte ich einmal, ihn in der Person des Wertheimischen Bibelübersetzers näher zu kennen; und noch kürzlich hätte mich die ungesuchte Äußerung eines hiesigen ehrlichen Mannes in solchem Glauben bestärken können. Dieser Mann hat ehedem, wie noch gar wohl bekannt, mit Schmiden vielen Umgang gepflogen; und ich habe sein schriftliches Zeugnis in Händen. Doch Herr Mascho hat durch so viel Schlüsse a priori meinen Wahn, oder wofür er es sonst halten mag, so kräftig bestritten, daß ich ganz und gar keine Achtung für dergleichen Schlüsse in rebus facti haben müßte, wenn ich nicht wenigstens sollte zweifelhaft geworden sein. Zwar hinken einige dieser Schlüsse ein wenig sehr; z. E. der, welcher von der Wolfischen Philosophie hergenommen ist, die sich Schmid so ganz zu eigen gemacht hatte, und von welcher bei meinem Ungenannten keine Spur zu finden sein soll. Denn mit Erlaubnis des Herrn Mascho, das eben angeführte erste Buch ist ganz auf Wolfische Definitionen gegründet; und wenn in allen Übrigen die strenge mathematische Methode weniger sichtbar ist, so hat ja wohl die Materie mit Schuld, die ihrer nicht fähig war. Auch muß ich dem Herrn Mascho aufrichtig bekennen, daß ich nicht einsehe, wie mein Vorgeben, die Handschrift des Ungenannten habe wenigstens ein Alter von 30 Jahren, darum nicht Statt finden könne, weil Wettsteins und des Spruches 1. Johann. V. 7, darin gedacht werde. Es ist wahr, Wettsteins neues Testament kam erst 1751 heraus; aber die Prolegomena waren doch bereits 1730 erschienen, und die Streitigkeit über den Spruch Johannis ist ja wohl noch älter. Allein, was würde es helfen, wenn ich auch in diesen Kleinigkeiten Recht bekäme? Herr Mascho weiß so unzählig andere Particularia von meinem Ungenannten, welche alle auf den Wertheimischen Schmid nicht passen, daß schwerlich an diesen weiter gedacht werden kann; wenn uns Herr Mascho nur noch vorher zu sagen beliebt, woher er diese Particularia hat.

Von mir hat er sie gewiß nicht. Sondern vermutlich hat er sie von einem gewissen E. der in den Altonaer Beiträgen (St. 30) den Verfasser der Fragmente »einen leider! nur zu bekannten Ungenannten nennet«: wenn dieser E. nicht vielmehr, was er so dreist in die Welt schreibt, von dem Herrn Mascho hat. Nach Belieben! Nur daß sich keiner auf mich berufe. Denn ich, für mein Teil, so bald ich merkte, daß ich mich in meiner Vermutung mit Schmiden wohl möchte übereilet haben, machte mir das Gesetz, einer solchen Vermutung nie wieder nachzuhängen. Ja ich faßte so fort den Entschluß, auch wenn ich den wahren Namen ganz zuverlässig erführe, ihn dennoch nun und nimmermehr der Welt bekannt zu machen. Und bei diesem Entschlusse, so mir Gott hilft, bleibt es; gesetzt auch, daß ich ihn wirklich erfahren hätte.

Welche elende Neugierde, die Neugierde nach einem Namen! nach ein Paar Buchstaben, die so oder so geordnet sind! Ich lasse es gelten, wenn wir zugleich mit dem Namen, und durch den Namen erfahren, wie weit wir dem Zeugnisse eines Lichtscheus trauen können. Aber da, wo von Zeugnissen, von Dingen, die lediglich auf Zeugnissen beruhen, gar nicht die Rede ist; wo die Vernunft auf ihrem eignen Wege nur Gründe prüfen soll: was soll da der Name des, der das bloße Organ dieser Gründe ist? Er nutzt nicht allein nichts; sondern schadet auch wohl öfters, indem er einem Vorurteile Raum gibt, welches alle vernünftige Prüfungen so jämmerlich abkürzt. Denn entweder der Ungenannte wird als ein Mann erkannt, dem es auch sonst weder an Willen noch an Kraft die Wahrheit zu erkennen, gefehlt hat: und sogleich läßt sich der Pöbel, dem das Denken so sauer wird, von ihm blindlings hinreißen. Oder es findet sich, daß der Ungenannte schon sonst wo übel bestanden: und sogleich will eben der Pöbel ganz und gar weiter mit ihm nichts zu schaffen haben; der festen schönen Meinung, daß dem, der an einem Sinne verwahrloset ist, notwendig alle fünfe mangeln müssen. – So urteilen selbst Literatores, die es sonst für keine kleine Sache halten, auf anonyme und pseudonyme Schriftsteller Jagd zu machen: und ich sollte unphilosophischer urteilen und handeln, als diese Männer, welche so zu reden ein Recht haben, unnütze und unphilosophische Entdeckungen zu machen? Prudentis est, sagt Heumann an dem nämlichen Orte, woher das Lemma dieses Stücks gekommen ist, ita quosvis dogmaticos libros legere, quasi auctor plane sit ignotus. Hier ist das quasi wirklich. Der Leser braucht nicht erst wieder zu vergessen, was er nicht weiß.

Und nun stelle man sich vor, was ich für Augen möge gemacht haben, als ich, im Gefühl dieser meiner Gesinnungen, folgende Stelle des Herrn Hauptpastors las.* »Zuletzt erinnere ich den Herrn L. noch, daß es nun für ihn Pflicht sei, *den Verfasser der Fragmente zu nennen,* da er mit der Entdeckung seines Namens

---

* Frei. Beitr. 5. B. 75.

gedrohet, und es versucht hat, seinen Gegnern dadurch Furcht einzujagen, da es ihm nicht unbekannt sein kann, was für gelehrte unbescholtene Männer für Verfasser dieser Mißgeburten ausgegeben worden. Die Schuld, daß ihre Asche so unverantwortlich besudelt wird, fällt auf ihn zurück, wofern er mit der Wahrheit länger zurück hält; und er kann solche zu offenbaren, um so viel weniger Bedenken tragen, da er seinen Autor und dessen Arbeit schon vorläufig mit solchen Lobsprüchen beehret hat.«

Wie? Ich soll gedroht haben, den Verfasser der Fragmente zu nennen? Wo das? Und darauf soll ich meine Pflicht gründen, mit seinem Namen nicht länger hinter dem Berge zu halten? darauf? Wie die Pflicht, so der Bewegungsgrund zu Erfüllung derselben! Ich habe gewarnet, dem Ungenannten nicht gar zu bubenmäßig und schülerhaft zu begegnen, damit man sich nicht allzu sehr schämen müsse, wenn man endlich einmal erführe, wer er gewesen. Heißt das drohen? Heißt das drohen, daß man es durch *mich* erfahren soll? Daß *ich* endlich den Namen aussprechen will? – Wenn der Herr Hauptpastor hier nicht mit gutem Wissen und Vorsatz eine Lüge hingeschrieben hat: so ist es doch ein Beweis, wie er mich lieset. Er lieset nie das, was ich geschrieben habe: sondern immer nur das, was er gerne möchte, daß ich geschrieben hätte.

ANTI-GOEZE

Ärgernis hin, Ärgernis her! Not bricht Eisen, und hat kein Ärgernis. Ich soll der schwachen Gewissen schonen, so fern es ohne Gefahr meiner Seelen geschehen mag. Wo nicht, so soll ich meiner Seelen raten, es ärgere sich daran die ganze oder halbe Welt.   *Luther*

Zehnter

Hiernächst ist es mir allerdings völlig unbekannt, was für gelehrte und unbescholtene Männer, ohne Zweifel auf Vorspiegelung der Herren Mascho und E. in Hamburg für Verfasser der Fragmente ausgegeben werden. Aber es freuet mich, daß man dort doch *mehrere* kennet, die so etwas könnten geschrieben haben. Es macht keinem Schande; wer er auch sei: und was der Herr Hauptpastor von unverantwortlicher Besudelung ihrer Asche sagt, will weder nach der eigentlichen, noch nach der verblümten Bedeutung, mir in den Kopf. Asche nimmt es gar nicht übel, mit Kot vermengt zu werden; und der Geist, der diese Asche belebte, steht vor den Augen des, dem es keine Mühe macht, das Eigene von dem Angelogenen zu unterscheiden. Die tappende Neugier der Sterblichen ist für beide ein Spiel, das des Zusehens nicht wert ist; und welcher Vernünftige diese Neugierde am ersten zu befriedigen sucht, erzürnet die spielenden Kinder am meisten.

Wenn der Herr Hauptpastor unter diese neugierigen spielenden Kinder nicht selbst gerechnet werden will: so sage er doch nur, in welcher ernsthaften Absicht sonst, er gern den Namen meines Ungenannten wissen möchte. Kann er seine Asche noch einmal zu Asche brennen lassen? Sollen seine Gebeine in der Erde, welche sie willig aufnahm, nicht länger ruhen? Sollen sie in Staub zermalmet, auf das Wasser geworfen, in den Wind zerstreuet werden? Die Erde, in beiden Fällen, lieber Herr Hauptpastor, nimmt sie ja doch wieder auf. Oder wollen Sie nur das

Vergnügen haben, daß Sie in ganz Deutschland herum schreiben können, ob und wo irgend noch ein Anverwandter oder Nachkomm zu finden, den Sie es können empfinden lassen, daß er in seiner Linie, oder in seinen Nebenlinien, aufsteigend oder absteigend, einen solchen Bösewicht gehabt habe? – Wem ist es zu verargen, wenn er so heillos von Ihnen urteilet? Denn ganz ohne Grund kann der Mensch ja doch nicht handeln. –

Ich wollte noch eben, in Ansehung des bekannt zu machenden Namens eines so höllischen Abenteurers, wofür Goeze, und die Wenigen seines Gelichters, den Ungenannten halten, einen ganz andern Vorschlag tun; indem mir der 45te Beitrag zum Reichspostreiter gebracht wird.

O bravo! Der nämliche E. welcher in dem 30sten Beitrage uns versicherte, daß der Ungenannte »leider! nur gar zu bekannt sei«, findet nun für gut, wie er sich ausdrückt, »der sehr weit ausgebreiteten Lüge, als ob *ein gewisser ehmaliger berühmter Lehrer am Hamburgischen Gymnasio Verfasser der Fragmente sei,* öffentlich zu widersprechen.« Er fügt hinzu: »daß er dieses um so viel zuversichtlicher tun könne, da der Herr Lizentiat Wittenberg Briefe von dem Sohne dieses berühmten Mannes in Händen habe, worin derselbe jenes Vorgehen für eine Lüge und Verleumdung erkläret, und deren Einsicht der Herr Besitzer einem jeden, dem daran gelegen ist, gern erlauben werde.«

Kann sein: kann nicht sein! – Aber vor allen Dingen eine Frage an den Reichspostreiter, oder an diesen mehrbelobten E. im Reichspostreiter: wird an beiden Orten des Reichspostreiters der nämliche Mann verstanden, oder nicht? – Wenn nicht der nämliche: ist es nicht wahre Vexiererei des Publikums, sich hier des *nicht rechten* so feierlich anzunehmen, und von dem *rechten,* von dem es dort leider! nur gar zu bekannt war, daß er und kein andrer der wahre Verfasser der Fragmente sei, so gänzlich zu schweigen? – Wenn aber der nämliche: was sollen wir von einem Manne denken, dem es gleich leicht wird, eine Lüge zu besiegeln, und sich der nämlichen Lüge wegen, fast zu gleicher Zeit, vor der ganzen Welt auf das Maul zu schlagen? Der Reichspostreiter kann sich allenfalls mit seinem Relata refero schützen: aber auch Er? Der Reichspostreiter muß jeden Tag sein Blatt voll haben: was kümmert es den, womit es voll wird? Ihn hingegen zwang nichts, über Hals über Kopf drucken zu lassen, daß ein elendes Gerede eine ganz bekannte Sache sei: er war an Ort und Stelle, diesem Gerede sogleich auf den Grund zu kommen; er durfte nur eben den Weg einschlagen, auf welchem die Unzuverlässigkeit desselben sich nun soll erwiesen haben. Warum ist er der erste und einzige, der die Lüge in die Welt schrieb? Warum ist er der erste und einzige, der dieser Lüge, die vielleicht niemand geglaubt hat, itzt widerspricht? Sollte ihn bloß der Kitzel getrieben haben, itzt mit guter Manier einen noch bedeutendern Fingerzeig tun zu können? –

An den Briefen, auf welche er sich beruft, zweifle ich im geringsten nicht. Auch zweifle ich nicht an der Bereitwilligkeit des Herrn Lizentiat Wittenberg, diese Briefe einem jeden, der es verlangt, zu zeigen. Ich bin sogar versichert, daß er sie mehrern zeigen wird, als sie zu sehen verlangen werden. Auf diese Weise wird allerdings jede Verleumdung auf die allerunschuldigste Weise verbreitet; und das erste Böse, was ich von dem Herrn Lizentiat von nun an höre, will ich auf die nämliche Weise zu widerlegen bedacht sein.

Doch was kann auch wohl der Herr Lizentiat dafür, wenn eine eben so dumme als boshafte *Klatsche** (*Klätscher* wäre hier viel

---

* Ich kann mir kaum die Mühe nehmen, die Dummheit und Bosheit dieser *Klatsche* zugleich aus dem zu erweisen, was sie von *mir* sagt. Auch möchte ich sie nicht gern abschrecken, sich noch ferner hin *an mir* lächerlich zu machen; in der süßen Meinung, daß sie *mich* lächerlich gemacht habe. Doch ein Paar Worte, unter den Text geworfen, können doch auch nicht schaden. – Gleich Anfangs also geifert Mutter Else, oder wie sie sonst heißen mag: »da die schlechte Beschaffenheit meiner *Sache* mir nicht erlaube, bei der *Sache* selbst zu bleiben, so ergreife ich Nebendinge, und lasse die *Hauptsache* unbeantwortet.« – Mütterchen, und wenn Ihr noch zwanzigmal das Wort *Sache* in einem Atem heraussprudelt: so wißt Ihr doch von der Sache gerade so viel, wie nichts. Aber seid doch so gut und nennt mir ein einziges von jenen Nebendingen; und Ihr sollt alle Eure Zähne, oder, wenn Ihr lieber wollt, einen Mann wieder haben! Denn begreift doch nur, Else, daß ich ja nicht der angreifende Teil, sondern der angegriffene bin, und also überall mit hin muß, wohin mich Euer Seelensorger, der Herr Hauptpastor Goeze, schleppt. Freilich schleppt er mich an manchen Ort, wo wir beide nichts zu suchen haben: aber ist das meine Schuld? Muß ich ihm nicht allerwärts, wo er mich vor den Augen Israels dem Herrn opfern will, in das heilige Messer fallen? Ich schneide mich freilich oft genug in diesem heiligen Messer, aber ich wehre mir es endlich doch von der Kehle. – *Zweitens*, gutes Mütterchen, hat Euch dieser liebe Herr Seelensorger weis gemacht, daß er sich an den bösen Nicolai bloß als an den Verleger der *allgemeinen Biblio-*

zu gut) die Unverschämtheit hat, sich auf ihn zu berufen, und ihn in läppische unnütze Händel zu verwickeln? Denn daß der Herr Lizentiat selbst, nicht vollkommen mit mir einsehen sollte, wie läppisch und unnütz diese ganze Namenjagd sei, wird mich hoffentlich niemand bereden wollen, der ihn kennt. Und gesetzt auch, daß er darin nicht mit mir einig wäre, daß der entdeckte Name sogar zur Prüfung der Sache *schädlich* werden könne: so wird er doch nicht in Abrede sein, daß er wenigstens der Ruhe und dem Leumunde aller derer nachteilig zu sein nicht fehlen werde, welche sich in dem entdeckten Verfasser einen Anverwandten oder Freund zu erkennen, nicht entbrechen wollten. — Die Neugier eines ehrlichen Mannes steht da gern stille, wo Wahrheitsliebe sie nicht weiter treibt, und Liebe des Nächsten sie still zu stehen bittet.

Freilich desto besser, wenn die Briefe, welche Herr Licentiat Wittenberg in Händen hat, einen Mann aus dem Spiele setzen, welchen mancher schwache Gesell sich als seinen Gewährsmann wohl wünschen möchte. In der Tat wüßte ich auch selbst, keinen neuern Gelehrten in ganz Deutschland, für welchen ein Vorurteil in dergleichen Dingen zu haben, verzeihlicher wäre, als eben ihn. Aber eben daher möchte ich auch auf diesen Mann keinen Fin-

thek zu halten pflege. Seht, das hat er Euch wohl weis machen können; aber wem er es sonst weis machen wird, der ist der zweite. Denkt nur, wenn ich wegen der *freiwilligen Beiträge* mich an Euch halten wollte, weil vielleicht unter den Lumpen, woraus das Papier dazu gemacht worden, sich einige von Euern alten Hemden befunden: was würdet Ihr sagen? Und doch ist wahrlich eines dem andern nicht sehr aus dem Wege. Denn eben so wenig Ihr wißt, was man mit Euren alten Hemden macht: eben so wenig weiß der Verleger, als bloßer Verleger, was der Gelehrte, den er bezahlt, auf sein weißes Papier drucken läßt; und er ist *das* eben so wenig verbunden zu wissen, als Ihr *jenes*. Habt Ihr denn auch nie gehört, Else, daß Euer Herr Seelensorger noch bei viel mehrern Verlegern so übel zu Gaste gewesen ist, als bei Nicolai? Warum hat er sich denn nie auch an jene Verleger gehalten? Warum denn nur an den Verleger Nicolai? Nein, Else, glaubt mir; er hat es nicht mit Nicolai dem Verleger zu tun, sondern mit Nicolai dem Mitarbeiter an der A. B. welcher sich bis itzt, so viel ich weiß, noch allein genannt hat. Und so, so will ich mich auch an den Herrn Hauptpastor Goeze wegen der freiwilligen Beiträge halten: er mag schreien wie er will. Mit gefangen, mit gehangen. Er nennt sich in dieser Bande; und das ist mir genug. Das ist mir so lange genug, bis er wenigstens öffentlich sein Mißfallen zu erkennen gibt, daß seine Herren Kollegen ein Buch rühmen, und in Beziehung wider mich rühmen, das von Silbe zu Silbe die nämlichen Sätze enthält, um deren willen er mich so gern zum Teufel beten möchte. — Und nun

gerzeig geben, und wenn er mir selbst, in eigner verklärter Person, die Papiere aus jenem Leben gebracht hätte, mit dem ausdrücklichen Verlangen, sie unter seinem Namen herauszugeben; und wenn er mir seitdem auch immer über die zweite Nacht wieder erschiene, und das nämliche Gesuch, ich weiß nicht unter welchen Drohungen oder Versprechungen, wiederholte. Ich würde zu ihm sagen: »Lieber Geist, herausgeben will ich deine Handschrift recht gern; ob ich gleich wohl merke, daß die Sache nicht ohne Gefahr ist, und man mir vorwerfen wird, daß ich die *schwachen Gewissen* nur damit ärgern wollen. Denn was dieses Ärgernis betrifft, darüber denke ich wie Luther. Genug, ich kann *ohne Gefahr meiner Seele,* deine Schrift nicht unter den Scheffel stellen. Sie hat Zweifel in mir erregt, die ich mir muß heben lassen. Und wer kann sie mir anders heben, als das Publikum? Mich an den und jenen berühmten Gottesgelehrten durch Privatbriefe deshalb zu wenden, das kostet Geld und Zeit; und ich habe deren keines viel zu versplittern. Also, wie gesagt, herausgeben will ich deine Schrift gern: aber warum soll ich sie nicht anders herausgeben, als mit deinem Namen? Bist du in jenem Leben eitler geworden, als du in diesem warest? Oder gehört dein Name auch mit zu den Beweisen? Wenn du auf diesem kindi-

drittens, Else, was wißt denn Ihr von der Orthographie? Ich habe nie eine Vettel orthographisch schreiben sehen. Das klatscht Ihr wieder nur so nach; und merkt nicht, daß auch Ihr dadurch Anlaß gebt, daß ich mich auf Nebendinge einlassen muß. Sagt selbst; was hat es mit der Auferstehungsgeschichte, oder mit sonst einem Punkte in den Fragmenten und meiner Widerlegung derselben, zu schaffen, daß ich schreibe *vorkömmt* und *bekömmt,* da es doch eigentlich heißen müsse, *vorkommt* und *bekommt?* Es kränkt Euch, daß ein so großer Sprachkundiger, wie ich – (niemals sein wollen) – in solchen Kleinigkeiten fehlt? Ei, gutes Mütterchen! weil Ihr ein gar so zartes Herz habt, muß ich Euch ja wohl zurechte weisen. Nehmt also Eure Brille zur Hand, und schlagt den *Adelung* nach. Was leset Ihr hier? »*Ich komme, du kommst, er kommt;* im gemeinen Leben, und der vertraulichen Sprechart, *du kömmst, er kömmt.*« Also sagt man doch beides? Und warum soll ich denn nicht auch beides schreiben können? Wenn man in der vertraulichen Sprechart spricht, *du kömmst, er kömmt;* warum soll ich es denn in der vertraulichen Schreibart nicht auch schreiben können? Weil Ihr und Eure Gevattern nur das andre sprecht und schreibt? Ich ersuche Euch höflich, Else, allen Euern Gevattern, bei der ersten Zusammenkunft von mir zu sagen, daß ich unter den Schriftstellern Deutschlands längst mündig geworden zu sein glaube, und sie mich mit solchen Schulpossen ferner ungehudelt lassen sollen. Wie ich schreibe, *will* ich nun einmal schreiben! *will* ich nun einmal! Verlange ich denn, daß ein andrer auch so schreiben *soll?*

schen ärgerlichen Ehrgeize bestehest: so weiß ich wohl, woher du kömmst. Die Glorie, die du da um deinen Kopf hast, ist Betrug; denn du bist klein genug, noch eine andre neben ihr zu verlangen.«

Diese Phantasie erinnert mich wieder an den Vorschlag, den ich oben zu tun im Begriffe war. – Hat mein Ungenannter nicht aus Überzeugung geschrieben; nicht aus innerm Drang, was er für wahr hielt, auch seinen Nächsten mitzuteilen: so kann er keinen andern Bewegungsgrund gehabt haben, als unselige Ruhmsucht, gloriae cupiditatem sacrilegam; und ich finde in der ganzen Geschichte ihn mit niemanden zu vergleichen, als mit dem Unsinnigen, der den Tempel der Diana zu Ephesus verbrennen wollte, ut opere pulcherrimo consumpto, nomen ejus per totum terrarum orbem disjiceretur. Als nun der Fantast diesen seinen Schwindel auf der Folter bekannte: was taten die Epheser? Sie beschlossen, um ihn von der empfindlichsten Seite zu strafen, daß niemand seinen Namen nennen solle; und wir würden es noch nicht wissen, wie der stolze Narr geheißen, hätte sich Theopomp in seinen Geschichtbüchern dieser klugen Verfügung unterwerfen wollen. Ich folge den weisen Ephesern; nenne, Trotz dem Theopomp, nach dem Beispiel des Valerius, den ungeheuren Geck auch noch nicht; und trage an: wie, wenn wir ein gleiches unter uns ausmachten, und den Frevler nie nennten, (gesetzt, daß wir seinen Namen wüßten, oder erführen) der aus Ehrfurcht den Felsen sprengen wollen, auf welchen Christus seine Kirche gegründet? – Ich stelle mir vor, ich sammle die Stimmen, fange an von den Patribus conscriptis des Luthertums, einem Ernesti, einem Semler, einem Teller, einem Jerusalem, einem Spalding etc. und komme herab bis auf den kleinsten Dorfpriester, der in den freiwilligen Nachrichten seiner Notdurft pfleget: und alle, alle stimmen für *Ja*.

Nur einer, einer nur, der Hauptpastor Goeze, stimmt für *Nein*. Nein! donnert er; und nochmals Nein! Nicht genug, daß der Ungenannte dort ewig zu Schanden geworden: er muß auch noch hier zeitlich zu Schanden werden. Amen! fügt er hinzu; Amen!

ANTI-GOEZE

Pro boni viri officio, si quando eum ad defensionem nocentium ratio
duxerit, satisfaciam. *Quinctilianus*

Eilfter

Ich komme endlich auf das *Dritte*, wodurch ich mich als den Advokaten des Ungenannten erzeigen soll. Es soll in meinem Betragen gegen diejenigen bestehen, die sich der christlichen Religion wider ihn annehmen.

Diese Rüge enthält zweierlei, auf deren jedes ich verschieden antworten muß. Entweder man findet es nur sonderbar und unrecht, daß ich überhaupt noch den Ungenannten bei seinen Gegnern vertrete; oder man findet es zugleich so viel sonderbarer und unrechter, daß ich es in dem Tone tue, den man mir so hoch aufmutzt.

Auf *erstres* glaube ich schon zum Teil damit geantwortet zu haben, daß ich mich erkläret, nicht als Advokat für ihn zu sprechen, der ihn seine Sache will gewinnen machen. Ich spreche bloß als ehrlicher Mann, der ihn nur so tumultuarisch nicht will verdammt wissen. Höchstens spreche ich so, als ein *zugegebner* Advokat für einen Verbrecher spricht; und rede nur *statt seiner*; und rede nur, wie man es im gemeinen Leben auszudrücken pflegt, *in seine Seele*. Hierzu aber bin ich um so mehr verpflichtet, da ich das Mehrere von seinen Papieren in Händen habe. Es wäre Verrat an der Unschuld, er mag nun viel oder wenig Anspruch auf Unschuld machen können, wenn ich in diesen mehrern Papieren das Geringste, das ihm auf irgend eine Weise zu Statten käme, fände, und nicht anzeigte. Der Verrat wäre von *mir* um so viel größer, da ich ungebeten sein Herausgeber geworden bin, und als literarische Proben, Stücke aus ihm mitgeteilet habe, die aus aller Verbindung gerissen sind, durch welche allein sie ihr wahres Leben erhalten. Warum hat man diese Proben durchaus nicht wollen sein lassen, was sie sein sollen? Warum hat man sie einer größern Aufmerksamkeit gewürdiget, als Fragmente von aller Art verdienen, auf die kein Mensch sich einzulassen verbunden ist? Warum hat man sogar Verbindungspartikeln, durch welche sich der Ungenannte auf etwas anderweits Erwiesenes bezieht, für bloßes Blendwerk ausgegeben, und dadurch so wohl meine als seine Redlichkeit in den lieblosesten Verdacht gezogen? – Doch davon an einem andern Orte.

Hier lasse man mich nur noch hinzufügen, was ich mich nicht schämen darf zu wiederholen, da es einmal gestanden ist. Ich habe den Ungenannten auch darum in die Welt gestoßen, weil ich mit ihm allein nicht länger unter einem Dache wohnen wollte. Er lag mir unaufhörlich in den Ohren, und ich bekenne nochmals, daß ich seinen Zuraunungen nicht immer so viel entgegen zu setzen wußte, als ich gewünscht hätte. Uns, dachte ich, muß ein Dritter entweder näher zusammen, oder weiter aus einander bringen: und dieser Dritte kann niemand sein als das Publikum.

Verliere ich nun aber nicht alle den Nutzen, den ich mir aus diesem Schritte versprach, wenn ich nicht auf jedes Wort, auf jede Miene aufmerksam bin, mit welcher man ihn im Publico empfängt? Ich muß jeden fragen, der über ihn stutzt, oder über ihn lacht, oder über ihn erschrickt, oder über ihn poltert: wie verstehen Sie das? wie beweisen Sie das? Auch werde ich mich mit der ersten der besten Antwort des ersten des besten Gegners schwerlich begnügen können. Denn wenn sie auch wirklich die beste wäre: so ist das Beste doch nicht immer gut; und ich kenne für tausend Zweifel die besten Antworten sehr wohl, ohne eine einzige gute darunter zu finden.

Daß man mir aber nur nicht eine so schwer zu befriedigende Nachforschung als einen Beweis dessen vorwerfe, was ich so eifrig abzulehnen suche! Ich erzeige mich auch dadurch so wenig als den Advokaten des Ungenannten, daß ich mich vielmehr, (weil es doch einmal Advokat heißen soll) als den Advokaten der Religion damit erweise, die der Ungenannte angreift. Denn was hat er zu tun, der rechtschaffene Advokat, ehe er eine Sache übernimmt? Nachdem er seinen Klienten lange genug angehöret, sich ein Langes und Breites von ihm vorsagen lassen, in die Länge und in die Quere ihn ausgefragt*, in aliam rursus ei personam transeundum est, agendusque adversarius, proponendum, quidquid omnio excogitari contra potest, quicquid recipit in ejusmodi disceptatione natura. Gerade so, auch ich! Aber wer den Verteidigern der Religion sodann am schärfsten widersprechen wird, wird es darum mit der Religion nicht am schlimmsten meinen. Denn ich werde nur darum die Verteidiger der Religion interrogare quam infestissime, ac premere, weil auch hier, dum omnia quaerimus, aliquando ad verum, ubi minime expectavimus, pervenimus; weil auch hier optimus est in discendo patronus incredulus.

Nun habe ich freilich dieser Pflicht gegen mich selbst zur Zeit noch wenig Genüge leisten können. Aber ich hoffe, in Zukunft es besser zu tun; und es mit aller der Kälte, mit alle dem Glimpfe gegen die Personen zu tun, die mit jener Strenge und Wärme für die Sache bestehen können, welche allein Quinctilian bei seinem infestissime kann gedacht haben.

»Ei nun ja!« höre ich den Herrn Hauptpastor rufen – und bin bei dem *zweiten* Gliede dieser Rüge. »Ei nun ja! Da verlasse sich einer darauf, und binde mit ihm an! Wir haben die Erfahrung davon; ich und sein Nachbar. Wie höhnend, wie verachtend, wie wegwerfend hat er wider uns geschrieben!«

Fühlen Sie das, Herr Hauptpastor? Desto besser. So habe ich meinen Zweck mit Ihnen erreicht; aber noch lange nicht getan, was Sie verdienen. Denn einmal gehören Sie zu den Gegnern meines Ungenannten noch gar nicht. Sie haben bis diese Stunde ihn noch in nichts widerlegt; Sie haben bloß auf ihn geschimpft. Sie sind bis diese Stunde nur noch als *mein* Gegner anzusehen; nur noch als der Gegner eines Gegners des Ungenannten. Und nächst dem haben Sie wider diesen Gegner des Ungenannten sich Dinge erlaubt, die Sie zum Teil kaum gegen den Ungenannten sich hätten erlauben müssen. Sie haben mich feindseliger Angriffe auf die christliche Religion beschuldiget; Sie haben mich förmlicher Gotteslästerungen beschuldiget. Sagen Sie selbst: wissen Sie infamierendere Beschuldigungen, als diese? Wissen Sie Be-

---

* Quinctilianus L. XII.

schuldigungen, die unmittelbarer Haß und Verfolgung nach sich ziehen? Mit diesem Dolche kommen Sie auf mich eingerannt, und ich soll mich nicht anders, als den Hut in der Hand, gegen Sie verteidigen können? soll ganz ruhig und bedächtig stehn bleiben, damit ja nicht Ihr schwarzer Rock bestaubt werde? soll jeden Atemzug so mäßigen, daß ja Ihre Perrucke den Puder nicht verliere? Sie schreien über den Hund, »er ist toll!« wohl wissend, was die Jungen auf der Gasse daraus folgern: und der arme Hund soll gegen Sie auch nicht einmal blaffen? blaffend Sie nicht Lügen strafen? Ihnen nicht die Zähne weisen? Das wäre doch sonderbar. Hieronymus sagt, daß die Beschuldigung der Ketzerei (wie viel mehr der Irreligion?) *der* Art sei, in qua tolerantem esse, impietas sit, non virtus. Und doch, doch hätte ich mich lieber dieser Gottlosigkeit schuldig machen, als eine Tugend nicht aus den Augen setzen sollen, die keine ist? Anständigkeit, guter Ton, Lebensart: elende Tugenden unsers weibischen Zeitalters! Firnis seid ihr; und nichts weiter. Aber eben so oft Firnis des Lasters, als Firnis der Tugend. Was frage ich darnach, ob meine Darstellungen diesen Firnis haben, oder nicht? Er kann ihre Würkung nicht vermehren; und ich will nicht, daß man für meine Gemälde das wahre Licht erst lange suchen soll. – Sagen Sie an, Herr Hauptpastor, was habe ich gegen Sie geschrieben, warum Sie nicht nach wie vor Hauptpastor in Hamburg sein und bleiben könnten? Ich hingegen könnte das nicht sein, könnte das nicht bleiben, was ich bin; wenn Ihre Lüge Wahrheit wäre. Sie wollen mir die Nase abschneiden, und ich soll Ihrer nicht mit ein wenig assa foetida räuchern? –

Dieses ist nun freilich der Fall meines Nachbars nicht ganz. Aber ihn habe ich auch nirgends so behandelt, als den Herrn Hauptpastor. Bloß sein wiederholter Vorwurf, daß der Ungenannte, die Wahrheit, die er gar wohl einsehe, nur nicht einsehen *wolle;* bloß dieser Vorwurf, welcher einen Menschen so ganz in einen Teufel verwandelt; bloß dieser Vorwurf, von dessen Gifte, wie ich bewiesen habe, ein großer Teil auf mich zurücke spritzt: hat mich im Fortgange des Wortwechsels bitterer gegen ihn gemacht, als ich zu sein mir vorgenommen hatte. Und *wie* bitter bin ich denn gegen ihn gewesen? Das bitterste ist doch wohl, daß ich von ihm gesagt habe, »er schreibe im Schlafe«? Mehr nicht?

Und daraus will der Herr Hauptpastor schließen, daß das *Testament Johannis,* in welchem die allgemeine brüderliche Liebe so sehr empfohlen wird, von mir unmöglich sein könne? Nun wohl: so hat Hieronymus, aus welchem ich das Testament Johannis genommen, eben so wenig von dieser Liebe gehabt, als ich; und ich bin lange zufrieden, daß ich deren doch eben so viel habe, als Hieronymus; wenn schon nicht ganz so viel, als der Herr Hauptpastor Goeze, der seine Herren Kollegen aus brüderlicher Liebe eher *ewig schlafen macht,* als ihnen das Schlafen vorwirft. Denn gerade sagt Hieronymus einem seiner Gegner nicht mehr und nicht weniger, als ich meinem Nachbar gesagt habe. Dem Vigilantius nämlich schreibt er mit dürren Worten: Ego reor, et nomen tibi κατ' ἀντιφρασιν impositum. Nam tota mente dormitas et profundissimo non tam somno stertis, quam lethargo. Auch wiederholt der heilige Mann das böse Wortspiel überall, wo er von dem Vigilantius spricht; und wenn ich recht gezählt habe, mag er ihn wohl eben so oft ausdrücklich Dormitantius nennen, als ich meinen Nachbar in seinem Schlafe zu stören, mir die Freiheit genommen habe. Ich fürchte auch im geringsten nicht, daß der Nachbar selbst diesen kleinen Spaß so hoch aufgenommen haben sollte, daß er sich mit mir nicht weiter abzugeben beschlossen hätte. Darunter würde ich allerdings zu viel verlieren; und lieber will ich gleich hier, mit folgenden Worten des Augustinus, ihn um Verzeihung bitten: Obsecro to per mansuetudinem Christi, ut si te laesi, dimittas mihi, nec, me vicissim laedendo, malum pro malo reddas. Laedes enim, si mihi tacueris errorem meum, quem forte inveneris in scriptis meis. –

Nun eben wollte ich noch die Frage tun; welchem Gegner meines Ungenannten sonst, ich auf eine unanständige abschreckende Art begegnet bin? als mit eins ein Ritter, das Visier weder auf noch nieder geschoben, in den Kampfplatz gesprengt kömmt, und gleich von weiten, in dem wahren Ton eines Homerischen Helden mir zuruft:* »Ich sollte –? Woher wissen Sie –? Warum taten Sie –? Nicht wahr –?« Und hierauf ein Geschrei über Verleumdung, und ein Hochzeitbitter-Beweis, daß ein Subrector in einer Reichsstadt eben so viel sei, als ein Bibliothekar,

---

* Anti-Lessing.

der Hofrat *heiße!* – Ei, meinetwegen noch zehnmal mehr! Aber gilt das mir? Ich kenne Sie nicht, edler Ritter. Mit Erlaubnis, wer sind Sie? Sie sind doch wohl nicht gar *Herr M. Friedrich Daniel Behn, des Lübeckischen Gymnasii Subrector?* Wahrlich? O wie betaure ich, daß ich den Herrn Subrector durch meinen vierten Anti-Goeze, wider alle mein Wollen, so in den Harnisch geschrieben habe! Aber bedenken Sie doch nur! Ich habe Sie nirgends genannt; ich habe Ihre Schrift nirgends angezogen; ich habe Ihre Worte nirgends gebraucht. Sie sagen selbst, daß die Meinung, die ich lächerlich mache, Ihre Meinung nicht sei. Und leicht möglich, daß sie es wirklich nicht ist; obgleich der Herr Hauptpastor Goeze sie um ein großes so vorstellt, indem er uns sagt, wie sehr Sie in Ihrem zweiten Abschnitte den *Unfug beklagen,* daß man die christliche Religion in deutscher Sprache bestreite. Wie, wenn ich es also nur mit diesem Manne zu tun hätte, der alles für Unfug erklärt, was nicht in seinen Kram taugt? Wie, wenn ich es nur mit denen zu tun hätte, die mir diese nämliche Meinung hundertmal mündlich geäußert haben? Woher erhellet denn, daß ich der Welt zu verstehen geben wollen, als ob auch Sie dieser nämlichen Meinung wären? Daher, weil ich sie einem Subconrector in den Mund gelegt habe? Aber Sie sind ja nicht Subconrector, sondern Subrector. Warum muß ich denn diesen lieber in jenen *herabgewürdiget,* als unter jenem diesen gar nicht gemeint haben? Darf ich denn einen Pedanten nicht Subconrector nennen, weil Herr Behn Subrector ist? Oder wollen Sie den Unterschied zwischen *objektiver* und *subjektiver* Religion schlechterdings zuerst erfunden, zuerst gebraucht haben; so daß ich Sie notwendig dadurch kenntlich gemacht hätte, daß ich ihn nachgebraucht? – Ich merke, mein lieber Herr Subrector, Sie sind ein wenig sehr stolz; aber doch noch hitziger als stolz; und mich jammert Ihrer Klasse. So oft ein Knabe lacht, muß er über den Herrn Subrector gelacht haben, – et vapulat.

GOTTH. EPHR. LESSINGS NÖTIGE ANTWORT
auf eine sehr unnötige Frage
des Hrn. Hauptpastor Goeze in Hamburg

Endlich scheinet der Herr Hauptpastor Goeze, nach so langen ärgerlichen *Aufheben,* welches nur bei der schlechtesten Art von Klopffechtern im Gebrauch ist, zur Klinge kommen, und bei der Klinge bleiben zu wollen.

Wenigstens äußert er nun*, daß er auf dem Punkt, über welchen er mit mir streite –

Ob die christliche Religion bestehen könne, wenn auch die Bibel völlig verloren ginge, wenn sie schon längst verloren gegangen wäre, wenn sie niemals gewesen wäre? –

sich so fort weiter gehörig einlassen wolle, so bald ich eine bestimmte Erklärung würde von mir gegeben haben, *was für eine Religion ich unter der Christlichen Religion verstehe.*

Wenn ich mich weniger rein wüßte, wer könnte es mir verdenken, wenn ich mich dieser Anfoderung, die eine wahre Calumnie enthält, aus eben dem Grunde weigerte, aus welchem Er sich, einer weit weniger verfänglichen Anforderung von mir, zu entziehen für gut findet. Er sagt nämlich:** *der Bibliothekar in Wolfenbüttel habe dem Hauptpastor in Hamburg nichts zu befehlen.* Sehr wahr! Aber was hat denn der Hauptpastor in Hamburg dem Bibliothekar in Wolfenbüttel zu befehlen, daß er ihn öffentlich vorladen darf, auf eine Frage zu antworten, die voraussetzt, daß er befriedigend nicht darauf antworten könne?

Doch der Bibliothekar will es so genau nicht nehmen. Denn der Bibliothekar, wie gesagt, weiß sich rein, und muß herzlich lachen, wenn der Hauptpastor versichert zu sein vorgibt,*** »daß ich, wenn ich voraus hätte sehen können, daß die Controvers diesen Lauf nehmen werde, mich wohl gehütet haben würde,

---

* Lessings Schwächen, Zweites Stück S. 269.
** S. 267.
*** S. 270.

mich so frühzeitig zu verraten, und die wahren Gedanken meines Herzens zu offenbaren.«

Ich habe nichts mehr gewünscht, als das; und es soll sich gleich zeigen, wer von uns beiden, ob der Hauptpastor oder der Bibliothekar, mit der längern Nase nun abziehen wird.

Denn kurz: ich antworte auf die vorgelegte Frage so bestimmt, als nur ein Mensch von mir verlangen kann; daß ich unter der Christlichen Religion alle diejenigen Glaubenslehren verstehe, welche in den Symbolis der ersten vier Jahrhunderte der Christlichen Kirche enthalten sind.

Damit sich der Herr Hauptpastor auch keine Whistonsche Falle träumen lasse, setze ich hinzu, daß ich sogar das so genannte Symbolum der Apostel, und das so genannte Symbolum des Athanasius mit darunter begreifen will, ob es schon ausgemacht ist, daß diese zu jenen gar nicht gehören.

Bei dieser Erklärung könnte ich es bewenden lassen, und dürfte ruhig abwarten, wie der Herr Hauptpastor seinen Feldzug nunmehr weiter anzustellen belieben werde. Denn nunmehr ist es an ihm, zu beweisen;

1), warum notwendig die in jenen Glaubensbekenntnissen enthaltenen Lehren sich verlieren müßten, wenn die Bibel sich verlöre;

2), warum diese Lehren längst verloren gegangen sein müßten, wenn die Bibel verloren gegangen wäre;

3), warum wir diese Lehren gar nicht wissen könnten, wenn die Bibel niemals gewesen wäre?

Doch ich will an unnötiger Verlängerung unserer Streitigkeit nicht Schuld haben, und füge daher folgende kurze Sätze hinzu, bei welchen mich der Herr Hauptpastor jederzeit festhalten kann. Nur muß er mich bei keinem derselben eher festhalten wollen, als bis *er seinen* Beweis geführt hat. Denn sonst würde offenbar eine gelehrte Streitigkeit, zu einem Inquisitions-Verhör werden. Genug, daß er ungefähr daraus sieht, was ich in recessu habe, und worauf Er sich gefaßt halten muß.

§ 1

Der Inbegriff jener Glaubensbekenntnisse heißt bei den ältesten Vätern Regula fidei.

§ 2
Diese Regula fidei ist nicht aus den Schriften des Neuen Testaments gezogen.

§ 3
Diese Regula fidei war, ehe noch ein einziges Buch des Neuen Testaments existierte.

§ 4
Diese Regula fidei ist sogar älter als die *Kirche*. Denn die Absicht, zu welcher; die Anordnung, unter welcher eine Gemeinde zusammen gebracht wird, ist ja wohl früher als die Gemeinde.

§ 5
Mit dieser Regula fidei haben sich, nicht allein die ersten Christen, bei Lebzeiten der Apostel, begnügt: sondern auch die nachfolgenden Christen der ganzen ersten vier Jahrhunderte, haben sie für vollkommen hinlänglich zum Christentum gehalten.

§ 6
Diese Regula fidei also ist der Fels, auf welchen die Kirche Christi erbauet worden, und *nicht die Schrift*.

§ 7
Diese Regula fidei ist der Fels, auf welchen die Kirche Christi erbauet worden; *nicht Petrus und dessen Nachfolger*.

§ 8
Die Schriften des Neuen Testaments, so wie sie unser itziger Kanon enthält, sind den ersten Christen unbekannt gewesen; und die einzeln Stücke, welche sie ohngefähr daraus kannten, haben bei ihnen nie in dem Ansehen gestanden, in welchem sie, bei einigen von Uns, *nach* Luthers Zeiten, stehen.

§ 9
Die Laien der ersten Kirche durften diese einzelne Stücke gar nicht einmal lesen; wenigstens nicht ohne Erlaubnis des Presbyters lesen, der sie in Verwahrung hatte.

§ 10
Es ward sogar den Laien der ersten Kirche zu keinem geringen Verbrechen gerechnet, wenn sie dem geschriebenen Worte eines Apostels mehr glauben wollten, als dem lebendigen Worte ihres Bischofs.

§ 11

Nach der Regula fidei sind selbst die Schriften der Apostel beurteilet worden. Nach ihrer mehrern Übereinstimmung mit der Regula fidei, ist die Auswahl unter diesen Schriften gemacht worden; und nach ihrer wenigern Übereinstimmung mit derselben, sind Schriften verworfen worden, ob sie schon Apostel zu Verfassern hatten, oder zu haben vorgegeben wurden.

§ 12

Die Christliche Religion ist in den ersten vier Jahrhunderten aus den Schriften des Neuen Testaments nie erwiesen, sondern höchstens nur beiläufig erläutert und bestätiget worden.

§ 13

Der Beweis, daß die Apostel und Evangelisten ihre Schriften in der Absicht geschrieben, daß die Christliche Religion ganz und vollständig daraus gezogen und erwiesen werden könne, ist nicht zu führen.

§ 14

Der Beweis, daß der heil. Geist durch seine Leitung es dennoch, selbst ohne die Absicht der Schriftsteller, so geordnet und veranstaltet, ist noch weniger zu führen.

§ 15

Die Authentie der Regula fidei ist viel leichter und richtiger zu erweisen, als die Authentie der Neutestamentlichen Schriften.

§ 16

Auf die unstreitig erwiesene Authentie der Regula fidei, ist auch weit sicherer, die Göttlichkeit derselben zu gründen, als man itzt auf die Authentie der Neutestamentlichen Schriften derselben Inspiration gründen zu können vermeinet; welches eben, um es beiläufig zu sagen, der *neu gewagte Schritt* ist, welcher den Bibliothekar mit allen neumodischen Erweisen der Wahrheit der Christlichen Religion so unzufrieden macht.

§ 17

Auch nicht einmal als authentischer Kommentar der gesamten Regula fidei sind die Schriften der Apostel in den ersten Jahrhunderten betrachtet worden.

§ 18

Und das war eben der Grund, warum die älteste Kirche nie

erlauben wollte, daß sich die Ketzer auf die Schrift beriefen. Das war eben der Grund, warum sie durchaus mit keinem Ketzer aus der Schrift streiten wollte.

§ 19

Der ganze wahre Wert der Apostolischen Schriften, in Absicht der Glaubenslehren, ist kein anderer, als daß sie unter den Schriften der Christlichen Lehrer obenan stehen; und so fern sie mit der Regula fidei übereinstimmen, die ältesten Beläge derselben, aber nicht die Quellen derselben, sind.

§ 20

Das Mehrere, was sie über die Regula fidei enthalten, ist nach dem Geiste der ersten vier Jahrhunderte, zur Seligkeit nicht notwendig; kann wahr oder falsch sein; kann so oder so verstanden werden.

Diese Sätze habe ich aus eigner sorgfältiger, mehrmaligen Lesung der Kirchenväter der ersten vier Jahrhunderte gesammlet; und ich bin im Stande mich mit dem gelehrtesten Patristiker darüber in die schärfste Prüfung einzulassen. Der Belesenste hatte in dieser Sache nicht mehr Quellen, als ich. Der Belesenste kann also auch nicht mehr wissen, als ich; und es ist gar nicht wahr, daß so tiefe und ausgebreitete Kenntnisse erfordert werden, um in allen diesen Stücken auf den Grund zu kommen, als sich manche wohl einbilden, und manche die Welt gern bereden möchten.

Ich sollte vielleicht noch etwas über die Unschädlichkeit dieses meines Systems beifügen, und zugleich den besondern Nutzen und Vorteil zeigen, den die Christliche Religion in Absicht ihrer itzigen Feinde davon zu erwarten habe. Doch dazu wird mir der fernere Fortgang der Controvers schon noch Gelegenheit geben; besonders, wenn es dem Herrn Hauptpastor gefallen sollte, sie von unserer übrigen Katzbalgerei abzusondern, und ohne Vermischung mit neuen Verleumdungen zu behandeln.

Ihm dazu um so vielmehr Lust zu machen, habe ich mich in diesem Bogen aller Gleichnisse, aller Bilder, aller Anspielungen sorgfältig enthalten; und bin es weiter zu tun erbötig, wenn er sich eben der Präzision und Simplizität in seinen Gegensätzen bedienen will.

DER NÖTIGEN ANTWORT
auf eine sehr unnötige Frage
des Herrn Hauptpastor Goeze in Hamburg

> Si licet, et, falsi positis ambagibus oris,
> Vera loqui sinitis – – –   *Ovid*

Erste Folge

Ich habe meine Erklärung, *was für eine Religion ich unter der christlichen Religion verstehe,* ohne Anstand abgegeben. Aber, anstatt des Beweises, den ich darauf erwartete, den Herr Goeze darauf versprochen; (nämlich, *daß diese christliche Religion sich notwendig mit der Bibel verlieren müsse, daß sie ohne Bibel weder werden noch dauern können:*) muß ich nun hören, daß es eine Ungereimtheit sei, einen dergleichen Beweis von ihm zu fodern.

»Diese Foderung, sagt er*, ist so ungereimt, als eine sein kann. Ich bin in dieser Sache der Respondent. Herr L. ist der Opponent. Ich behaupte eine Wahrheit, welche von allen vernünftigen Christen, von allen Lehrern der christlichen Kirche, ohne Unterschied der verschiedenen Parteien, in welche dieselbe geteilet ist, selbst die Socinianer nicht ausgenommen, als ein, keinem Zweifel unterworfener Grundsatz angenommen ist: *daß die Bibel der einige Lehrgrund der christlichen Religion ist, ohne welchen, dieselbe nicht erwiesen, nicht fortgepflanzet werden, also nicht bestehen könne.*«

Ich will mich auf jene Kathederetiquette, welche eben so wohl für mich, als für ihn zu erklären ist, nicht einlassen. Wer beweisen kann, läßt sich nicht lange nötigen, zu beweisen. Ich will nur sogleich den Nagel auf den Kopf zu treffen suchen, und rund heraus erklären:

---
* Lessings Schwächen 3tes Stück.

1) Daß es nicht wahr ist, daß alle Lehrer der christlichen Kirche, ohne Unterschied der verschiedenen Parteien, die Bibel für den *einigen* Lehrgrund der christlichen Religion halten;
2) Daß die Socinianer eben dadurch ihre Sache so gut wie gewonnen haben, wenn man die Bibel zum einigen Lehrgrunde der christlichen Religion macht.

1. Es ist notorisch, daß die Lehrer der christlich katholischen Kirche die Bibel so wenig für den *einigen* Lehrgrund der christlichen Religion annehmen, daß sie ihn nicht einmal für den *vornehmsten* gelten lassen; indem bei ihnen das Ansehen der Bibel dem Ansehen der Kirche schlechterdings untergeordnet ist; indem bei ihnen es nicht darauf ankömmt, was die Bibel sagt, sondern darauf, was die Kirche sagt, daß es die Bibel sage, oder sagen hätte können. Haben einige Katholiken, welche gern Proselyten unter den Protestanten machen wollen, sich nachgebender hierüber erklärt: so geht mich dieses nichts an; und der eigentliche Lehrbegriff der Römischen Kirche ist nach diesen wenigen Achselträgern nicht zu bestimmen. Alle und jede *rechtgläubige* Katholiken glauben *die* Bibel und *der* Bibel, weil sie Christen sind: sind aber nicht Christen, weil sie *die* oder *der* Bibel glauben. – Und nun möchte ich gern wissen, mit welchem Fuge ein Lutherischer Pastor, und ein verdorbener Advokat, einem Manne mit dem Reichsfiscale drohen können, weil er aufrichtig genug ist, als Lutheraner lieber seine Zuflucht zu einem Lehrsatze der Römischen Kirche zu nehmen, als die ganze christliche Religion unter Einwürfen der Freigeister erliegen zu lassen, die bloß die Bibel und nicht die Religion treffen; die bloß das Buch treffen, in welchem, nach dem höchst neuen und bis auf diesen Tag unerwiesenen Lehrsatze der strengern Lutheraner, die Religion einzig und allein enthalten sein soll. – Diese Herren mögen sich nur selbst vor dem Reichsfiscale in Acht nehmen. Denn es wird dem Reichsfiscale leicht begreiflich zu machen sein, daß nur sie und ihres Gleichen die Stänker sind, welche den Groll, den die im deutschen Reiche geduldeten Religionsparteien gegen einander doch endlich einmal ablegen müßten, nähren und unterhalten; indem sie alles, was Katholisch ist, für Unchristlich verdammen, und durchaus keinen Menschen, auch nicht einmal einen armen Schriftsteller, dem es nie in die Gedanken gekommen ist,

sich eine Partei zu machen, auf den aus feiger Klugheit verwüsteten und öde gelassenen Confiniis beider Kirchen dulden wollen.

2. Was ich von den Socinianern sage, liegt am Tage. Wer die Gottheit Christi nicht mit ins Neue Testament bringt, wer sie nur aus dem Neuen Testamente holen will, dem ist sie bald abdisputiert. Daher ist den Socinianern der Grundsatz, daß sowohl die Gottheit Christi, als die übrigen Wahrheiten der christlichen Religion, einzig aus den Schriften der Evangelisten und Apostel erwiesen werden müssen, sehr willkommen gewesen; und es läßt sich leicht zeigen, daß es ebenfalls Feinde der Gottheit Christi, daß es die Arianer gewesen, welche ihn zuerst angenommen haben. –

Also nur alsdann, wenn Herr Goeze sowohl dieses, als jenes abzuleugnen, und das Gegenteil davon zu erhärten im Stande ist: will ich ihm allenfalls den Beweis des Hauptsatzes, zu welchem er sich anheischig gemacht hat, schenken, und den Erweis meiner Gegensätze antreten. Aber bis dahin muß er mir nicht übel nehmen, wenn ich geradezu äußere, daß er dasjenige nicht beweisen *kann*, wovon er so trotzig vorgibt, daß er es nicht zu beweisen *brauche*. Denn wenn er nicht damit sagen will, daß man es *ohne* Beweis *annehmen* müsse: so muß es wenigstens doch anderswo erwiesen sein; und er kann ja diesen anderswo geführten Beweis, mich zu beschämen, mit leichter Mühe abschreiben, oder auch nur mit einem Worte nachweisen.

Ich sage: daß ich sodann meine Gegensätze zu erweisen nicht anstehen will. Aber werde ich damit nicht zu spät kommen? Hat Herr Goeze nicht bereits mit einer einzigen Stelle des Irenäus alle meine 20 Gegensätze auf einmal niedergeschlagen? »Da die Kirchenväter, sagt er, bei Herr Lessing mehr gelten, als die Bibel« – (Verleumdung! die Neutestamentlichen Schriften gelten mir nur nicht viel mehr, als die ersten Kirchenväter.) – »so will ich ihm eine Stelle aus dem Irenäo entgegensetzen, welche sein Gewäsche, und überhaupt seine in der Antwort angegebenen 20 Sätze auf einmal niederschlagen kann. Dieser ehrwürdige Vater des zweiten Jahrhunderts schreibt adv. Haer. lib. III. cap. 1. Non enim per alios dispositionem nostrae salutis cognovimus, quam per eos, per quos Evangelium pervenit ad nos, quod quidem tunc praeconaverunt, postea vero per Dei voluntatem in scripturis nobis tradiderunt, fundamentum et columnam fidei nostrae futurum. Es *wird* sich zeigen, ob Herr Lessing Stellen in Vorrat habe, welche hinlänglich sein werden, dieses Zeugnis niederzuschlagen.«

Und was sich *itzt* schon zeigt, ist dieses, daß Herr Goeze, wenn er sich in der Geschwindigkeit nicht besser beritten macht, auf dem ausgeschriebenen Turniere nur eine sehr armselige Figur spielen wird. – Er hätte den Irenäus, den er zitieret, selbst gelesen? Unmöglich! Er hat dieses einzelne Stellchen, Gott weiß in welcher Lutherschen Polemik, bloß aufgelesen. Denn er legt, wider alle Grammatik, wider allen Zusammenhang, einen Sinn hinein, welcher nicht der Sinn des Irenäus, sondern der Sinn der Lutherschen Polemik ist, in welcher er es auflas. – Denn kurz, Irenäus sagt in dieser Stelle schlechterdings nicht, daß die *Schrift* der Grund und Pfeiler unsers Glaubens geworden. Wenn er dieses hätte sagen wollen, müßte es heißen: in scripturis nobis tradiderunt, fundamentum et columnam fidei nostrae futuris. Aber es heißt nicht futuris, sondern futurum, und bezieht sich nicht auf scripturis, sondern auf evangelium, welches hier nicht die vier aufgezeichneten Evangelia, sondern den wesentlichen Inhalt der Evangelien, ohne Rücksicht auf dessen Verzeichnung, bedeutet. Herr Goeze selbst, in der beigefügten Übersetzung dieser Stelle, hat nicht anders konstruieret; und nur bei ihm ist es begreiflich, wie man so leichte Worte anders konstruieren und anders verstehen kann. Das *Evangelium* ist der Grund und Pfeiler unsers Glaubens: wer leugnet das? Allein das Evangelium ist eben sowohl ein praeconatum, als ein scripturis traditum; und das futurum muß sich eben sowohl auf jenes, als auf dieses beziehen. Eben sowohl das bloß *gepredigte* Evangelium muß der Grund und Pfeiler unsers Glaubens sein können, als das *aufgeschriebene*. – Daß dieses der wahre Sinn des Irenäus ist, erhellet aus den folgenden Kapiteln unwidersprechlich. Und wenn er besonders im 4ten sagt; Quid autem si neque Apostoli quidem Scripturas reliquissent nobis, nonne oportebat ordinem sequi Traditionis, quam tradiderunt iis quibus committebant Ecclesias: hat er auch wie Goeze geglaubt, daß die christliche Religion notwendig hätte untergehen müssen, wenn die Apostel nichts geschrieben hätten? Wenn er fortfährt; Cui ordinationi assentiunt multae gentes barbarorum, eorum qui in Christum credunt *sine charta et atramento,* scriptam habentes per Spiritum in cordibus suis salutem, et veterum Traditionem diligenter custodientes, in unum Deum credentes, fabricatorem coeli et terrae et omnium quae in eis sunt, per Christum Jesum Dei filium: hat er auch gelehrt, wie Goeze, daß der heilige Geist ohne Schrift nichts vermöge; daß kein Glaube ohne Schrift möglich sei? Wenn er, nachdem er die damalige Regulam fidei wörtlich angeführet, hinzusetzt; Hanc fidem qui *sine literis* crediderunt, quantum ad sermonem nostrum barbari sunt: quantum autem ad sententiam, ad consuetudinem et conversationem, propter fidem perquam sapientissimi sunt, et placent Deo, conversantes in omni justitia, et castitate, et sapientia: hat er auch, wie Goeze, den Gebrauch der Bibel allen und jeden Christen für unentbehrlich gehalten? würde er mich auch, wie Goeze, wegen meiner Fiktion eines Volks, das ich ohne Bibel Christen sein lasse, verdammet haben? –

Was ich oben von den Arianern sage, daß sie die ersten gewesen zu sein scheinen, welche verlangt haben, daß man ihnen die Gottheit Christi vor allen Dingen in den Neutestamentlichen Schriften zeigen müsse, gründet sich auf das, was wir von dem eigentlichen Verlaufe der Streitigkeit auf dem Nicäischen Concilio wissen. Die Geschichte dieses Concilii selbst kann Herr Goeze doch wohl nicht auch mit unter die verrufenen Quellen rechnen, gegen deren Gebrauch er S. 136 protestieret? Folgende Sätze mögen den Gang meines Erweises, den ich zu seiner Zeit führen will, in Voraus zeigen.

§

Der Sieg der heiligen Schrift über die Ketzerei, oder die Kraft der heiligen Schrift in Bestimmung der Rechtgläubigkeit, hat sich auf dem Nicäischen Concilio nur schlecht erwiesen. Durch die Schrift ist auf demselben schlechterdings nichts ausgemacht worden.

§

Arius und seine Philosophen blieben auf ihren Köpfen; und nur zwei der letztern wurden für die Orthodoxie gewonnen. Aber wie?

§

Der eine Philosoph ward durch die bloße Regulam fidei, durch das bloße Glaubensbekenntnis, auf eine wunderbare Weise erleuchtet.

§

Die Mitwirkung des heiligen Geistes bei dem bloßen Glaubensbekenntnisse, war also noch damals nichts befremdendes.

§

Hingegen zeigte sich von der Mitwirkung des heiligen Geistes bei vermeinten deutlichen Stellen der Schrift, nicht die geringste Spur.

§

Denn der zweite Philosoph ward nicht durch dergleichen Stellen *überführt*, sondern durch ein Paar menschliche, nicht einmal sehr passende Gleichnisse *überredet*.

§

Ja, den rechtgläubigen Vätern kam es im geringsten nicht ein, ihren Lehrsatz aus der Schrift auch nur erweisen zu *wollen*. Sie hatten bloß die Herablassung, auf die Schriftstellen, welche die Arianer dagegen anführten, übel und böse zu antworten.

§

Sie gaben ihren Lehrsatz für keine Wahrheit aus, die in der Schrift klar und deutlich enthalten sei; sondern für eine Wahrheit, die sich von Christo unmittelbar herschreibe, und ihnen von Vater auf Sohn treulich überliefert worden.

§

Sie erwiesen also nur, daß die Schrift diesen Überlieferungen nicht widerspreche.

§

Und der Gebrauch, den sie sonach von der Schrift machten, war ein ganz andrer, als der, den man uns neuerer Zeit aufgedrungen hat; welchem zu Folge nach dem gar nicht gefragt wird, was uns überliefert *worden*, sondern aus der einzigen Schrift unmittelbar bestimmt wird, was uns hätte überliefert werden *sollen*.

§

Sollte die Überlieferung gar nicht mit in Anschlag kommen: so müßte man behaupten, daß jeder vernünftige Mann, ohne im geringsten etwas von dem Christentume zu wissen, das ganze Christentum aus den Neutestamentlichen Schriften einzig und allein ziehen und absondern könne; und daran zweifle ich sehr.

§

Schade, daß davon keine Erfahrung gemacht werden kann, indem wohl schwerlich ein vernünftiger Mann zu den Neutestamentlichen Schriften kommen dürfte, ohne das Christentum vorher zu kennen; und die Kunst, es wieder zu vergessen, wenn er zu dieser vermeinten einigen Quelle nun selbst kommt, noch soll erfunden werden.

G. E. LESSINGS
SOGENANNTE BRIEFE
AN VERSCHIEDENE GOTTESGELEHRTEN
die an seinen theologischen Streitigkeiten
auf eine oder die andere Weise Teil zu nehmen beliebt haben

Sogenannte Briefe sind eine Art Schriftstellerischer Composition, bei welcher sich die Posten eben nicht am besten stehen. Denn selten ist es notwendig, sie schriftlich abzuschicken. Nur dann und wann kann es seinen Nutzen haben, wenn sie gedruckt werden und mit Buchladenfracht durch das Land reisen. Man könnte sie auch den *einseitigen Dialog* nennen; weil man sich würklich mit einem Abwesenden darin unterhält, den man aber nicht zum Wort kommen läßt, so oft auch darin steht: Sagen Sie, mein Herr; werden Sie antworten, mein Herr?

Figürlich ist es die allerkommodeste Art von Buchmacherei; obgleich darum eben nicht die schlechteste. Was sie durch Mangel der Ordnung verliert, gewinnt sie durch Leichtigkeit wieder: und selbst Ordnung ist leichter in sie hinein zu bringen als Lebhaftigkeit in eine didaktische Abhandlung, die an niemand gerichtet ist, als an alle, und von niemand ganz sich herzuschreiben scheint, als von der alten ruhigen Wahrheit selbst.

1.
Sogenannte Briefe
an den Herrn Doktor Walch
1ter.

Hochwürdiger etc. etc.
So gleich als ich Ew. Hochwürden *Kritische Untersuchung vom Gebrauche der heiligen Schrift unter den alten Christen in den vier ersten Jahrhunderten*, angekündiget fand, wisperte mir mein Gewissen oder meine Eitelkeit zu: auch das vermutlich wird dir gelten.

Denn eben damals schien es, als wollten sich meine Händel mit dem Herrn Hauptpastor Göze in Hamburg in einen gelehrten Streit auflösen, der eine Materie betrifft, die mit dem Inhalt Ihrer Schrift sehr nahe verwandt ist.

Ich hatte, um gewissen Einwürfen gegen das Christentum mit eins den Weg zu verlegen, behaupten zu dürfen geglaubt, daß Einwürfe gegen die Bibel nicht notwendig auch Einwürfe gegen die christliche Religion wären, weil diese, in dem engen Verstande genommen, in welchem man nur die eigentlichen Glaubenslehren darunter begreift, die sie von jeder andern positiven Religion unterscheiden, sich weder auf die *ganze* Bibel, noch auf die Bibel *einzig* und *allein* gründe. Ich hatte behauptet, daß sich das Wesen des Christentums gar wohl ohne alle Bibel denken lasse. Ich hatte behauptet, daß es einem wahren Christen sehr gleichgültig sein könne, ob sich auf alle Schwierigkeiten gegen die Bibel befriedigend antworten lasse oder nicht. Besonders wenn diese Schwierigkeiten nur daraus entstehen, daß so mancherlei Schriften von so verschiedenen Verfassern, aus so verschiedenen Zeiten ein Ganzes ausmachen sollen, in welchen sich nicht der geringste Widerspruch finden müsse, wovon doch der Beweis in diesen Schriften selbst unmöglich zu finden sein könne.

Diese Behauptungen hatte der Herr Hauptpastor in Hamburg für weit giftiger, weit verdammlicher erklärt, als alle das Böse, das ich damit unschädlich zu machen hoffte. Die abscheulichen Fragmente selbst wären ihm nichts gegen diesen meinen Vorschlag; die einzige simpelste Art, darauf zu antworten.

Denn ihm war es allerdings so klar, wie der Tag, daß die heilige Schrift der einige Grund *seiner* allerheiligsten Religion sei, von deren mehresten Glaubenslehren er gar nicht einsähe, wo er an heiliger Stätte den Beweis anders her als aus der Bibel nehmen könne! »Da stehts! da kratzt es aus! da seht ihrs ja, daß nur wir, wir Lutheraner, erhörlich zu Gott beten können! Das und dergleichen mehr ist einzig aus der Bibel und einzig aus Luthers Bibel zu beweisen, von welcher mir Gott alle die Original-Ausgaben so neben bei in die Hände geführt hat.«

Auch war ja der liebe Mann so versichert, daß mein Vorgeben, ein·Christ zu sein, ohne auf die Schriften des neuen Testaments vollkommen eben den Wert zu legen, den er als ein Lutherscher Theolog Wittenbergischer Schule darauf zu legen geschworen, das bloße Blendwerk eines Teufels sei, der gerne den Engel des

Lichts spielen möchte! Sehet da – dachte er? Nein, schrieb er – die Naturalisten können dir großes Aufheben von der christlichen Religion machen, im Grunde aber weiter nichts, als ihre Bischen elende Religion der Vernunft darunter verstehen.

»Und nun will ich ihn fragen, fuhr er fort, diesen undienstfertigen Bibliothekar! Ich will ihm auflegen, nur kurz und rund zu erklären, was er unter christlicher Religion eigentlich verstehe. Auf das mein *Alle gute Geister!* soll er sich wohl packen, dieser Teufel! Sprich, rede, Teufel!«

Ich tat es; aber wie groß muß sein Erstaunen gewesen sein, als er nun gewahr ward, daß ich sonach doch wohl von einer andern Art Teufel sei, gegen welchen diese Beschwörung nicht anschlage. Denn er erstaunete bis – zum Verstummen.

Kaum daß er auf die kurzen Sätze, die Ew. Hochwürden kennen, und die ich nur so hinwarf, um meinen Gegner erst auf das freie Feld zu locken, ein einziges abgedroschenes Stellchen aus dem Irenäus erwiderte! Und als ich auch diesem Stellchen die Ehre antat, mich darauf einzulassen: wie gesagt; nirgends kein Laut mehr, und selbst jeder Frosch in den Sümpfen der freiwilligen Beiträge und des Postreuters war mit ihm zugleich verstummt!

Nun also der Gedanke, einen beschwerlichen Gegner, an dem keine Ehre zu erjagen ist, losgeworden zu sein und dafür einen andern zu erhalten, dem selbst unterzuliegen Ehre sein müßte – dieser Gedanke, der mir bei Erblickung des Titels aufstieß, durch welchen Ew. Hochwürden bald zu erscheinende Schrift sich ankündigte: wie hätte er mir nicht höchst angenehm und schmeichelhaft sein sollen, wenn er auch weit minder natürlich gewesen wäre?

Das halbe Jahr, das darauf hinging, ehe diese Schrift Ew. Hochwürden erschien, würde mir sehr lang geworden sein, wenn es mir die unruhige Neugierde, den nähern Inhalt voraus zu erraten, in welcher ich so manches Buch aufs Neue nachlas, nicht sehr kurz gemacht hätte.

Da ist sie nun! da liegt sie nun vor mir, und ich habe die Feder ergriffen, ein ungeheucheltes Bekenntnis von dem Eindrucke abzulegen, den sie nach einer sorgfältigen Durchlesung auf mich gemacht hat.

Ein dergleichen Bekenntnis kann ein Mann, dem es nur um Wahrheit zu tun ist, einem Manne unmöglich übel nehmen, der sich bewußt zu sein versichert, keine unedlere Absicht zu haben, dabei aber das sonderbare Unglück hat, nicht selten gerade da auf eine ganz ungeheuere Art mißverstanden zu werden, wo er geglaubt hätte, daß seine Äußerungen am allerwillkommensten sein würden.

Dieses Unglück, denke ich, hat mir sogar bei Ew. Hochwürden nicht wenig aufgelauert; denn ich könnte mich gleich anfangs beklagen, daß der Herr Doktor Walch mich lieber aus Gözen, als aus mir selber verstehen wollen.

So ist denn Gözens Sache notwendig die Sache der Kirche? und wenn sie es ist: ist denn nicht wenigstens diese Sache von diesem Anwalde zu unterscheiden?

II.

Göze hatte behauptet, daß es schlechterdings keine christliche Religion geben könne, wenn die Bibel nicht wäre; wenn die Bibel nicht vollkommen das wäre, wofür sie nur der Lutheraner hält. Ich setze diesem *schneidenden* Satze, andre *vielleicht* (dieses vielleicht soll mir aber durchaus nichts vergeben) eben so *schneidende* Sätze entgegen: und mir will man nichts zu gute halten; ihm alles?

Bei der unchristlichen Anstößigkeit seines allgemeinen Satzes, auf dem er zum offenbaren Nachteile des *gesamten* Christentums, zum bloß anscheinenden Vorteile seiner *Partei*, so trotzig und unwissend besteht, soll ihm stillschweigend doch Recht gegeben werden? Bei der geringsten Einschränkung, die ich hingegen von seinem allgemeinen Satze mache, soll und muß ich nicht einschränken, sondern völlig aufheben wollen?

Weil ich behaupte, daß die ersten Christen ihre Glaubenslehren nicht aus den Schriften des neuen Testaments geschöpft haben; sondern aus einer frühern Quelle, aus welcher selbst diese Schriften und ihre, wenn ich das Wort wagen darf, Canonicität, geflossen: soll ich behaupten, daß die Schriften des neuen Testaments gar nichts nutzen? daß die ersten Christen sie gar nicht gekannt? gar nicht gebraucht haben?

Ich hätte geglaubt, so könne nur *Göze* schließen, dem es nun einmal zur Natur geworden, einer jeden Behauptung, die nicht in seinen Kram taugt, die allerliebloseste Ausdehnung zu geben? Ich hätte geglaubt, so könne nur ein Homilet schließen, dem es erlaubt ist, von dem Unterschiede zwischen regula fidei und regula disciplinae nie etwas gehört zu haben.

Allerdings! so kann auch nur *er* schließen! Und wenn Ew. Hochwürden nicht viel anders zu schließen scheinen: so geschieht es doch bloß auf seine Rechnung. Bloß weil Herr Doktor Walch die Gutherzigkeit gehabt, sich dem Hauptpastor surrogieren zu lassen, muß er mich ja wohl eben in dem Gesichtspunkt fassen, in welchem mich dieser genommen. Ich muß ein förmlicher Bibliomachus sein: oder was für ein Buch kann er denn gegen mich schreiben? Wenigstens hätte er *das* nicht gegen mich schreiben können.

Zwar wollen Ew. Hochwürden es auch eigentlich gegen mich nicht geschrieben haben. Noch weniger gegen den Herrn Doktor Semler. Wie kann ich auch? fragen Sie; »da keiner von beiden bis jetzt die Gründe angegeben, die beantwortet werden könnten.«

Was Herr Doktor Semler zu dieser Erklärung sagen wird, weiß ich nicht. So viel weiß ich nur: daß ich sein Interesse von dem meinigen nicht früh genug absondern kann. Denn wenn ich mit ihm auch jetzt auf *einem* Wege zu wandeln scheine, so wollen wir beide doch gewiß nicht nach *einem* Orte.

Zudem hat mich ohnlängst Herr Doktor Semler durch einen guten Freund, der ehemals Theologie studieret, jetzt aber *festere* Wissenschaften treiben soll (vermutlich *handfestere*) nach Bedlam ins Tollhaus bringen lassen. Und das wohl darum, damit ich auf alle Weise mit ihm zu tun zu haben verreden muß. Träte ich nun auf seine Seite, dächt' ich, späch' ich so wie er: würde es nicht scheinen, als ob ich wünschte, daß er ein lucidum intervallum für die völlige Rückkehr meiner Vernunft halten, und sonach Befehl stellen möchte, daß man mich aus dem Tollhause nur wieder entlassen könnte! Gleichwohl befinde ich mich in dem Tollhause, in welches mich gewesene oder noch sein wollende Theologen bringen, so wohl! so wohl!

Oder wollt ich nun gar anderer Meinung mit ihm sein; nur im

geringsten mit ihm anbinden: – Gott sei bei uns! – er ließ mich vollends an Ketten legen!

Ohne also auch für den Herrn Doktor Semler mit zugleich antworten zu wollen, muß ich Ew. Hochwürden bekennen, daß ich Ihre *Kritische Untersuchung etc.* um so mehr gegen mich geschrieben zu sein glauben muß, je sonderbarer die Ursache ist, warum sie es nicht sein soll. –

Wenn ich gesagt habe, daß die ersten Christen das neue Testament nicht für ihre regulam fidei erkannt: habe ich denn das nämliche auch von der regula disciplinae gesagt? Von dieser ist ja gar nicht die Rede gewesen. Auf diese hat man mich ja gar noch nicht kommen lassen.

Und nun urteilen Ew. Hochwürden selbst, wie nahe es mir gehen muß, wenn ich finde, daß ich gleichwohl in Ihrer Schrift unter einem Schwalle von Stellen erliegen soll, die *alle* nur erweisen, daß die ersten Christen das neue Testament bloß für regulam disciplinae gehalten haben.

Ich sage, alle; alle, sage ich, alle! da ist auch nicht eine einzige, die das neue Testament als die Quelle empföhle, aus welcher der Glaube fließe, den die ersten Christen in der Taufe angelobten, und von welchem sie die Überzeugung, Kraft dieser aufrichtigen Angelobung, *durch* die Taufe erhielten.

Es ist wahr, Ew. Hochwürden haben einen ganzen Paragraph, welcher versichert*, »daß die heilige Schrift die Erkenntnisquelle der christlichen Religionslehren sei« und dieser Paragraph ist mit Zeugnissen aus dem Ignatius, Justinus Martyr, Theophilus von Antiochien, Celsus, Irenäus, Clemens von Alexandrien, Tertullian, Athanasius, Julian, Hilarius, Paulinus, Johann Chrysostomus, Hieronymus, Pelagius, Augustinus, Theodoretus belegt.

Wenn ein einziges von diesen Zeugnissen schlechterdings wider mich ist, was für ein Großsprecher, oder was für ein Leser muß ich sein, der ich mich gerühmt habe, meinen Satz (daß die Grundlehren unsers Glaubens nicht aus der Schrift gezogen sind, so deutlich sie auch immer darin enthalten sein mögen, und daß die Schrift folglich der einzige Grund derselben nicht ist) aus eig-

---

* Kritische Untersuchung. S. 168.

ner, sorgfältigen, mehrmaligen Lesung der Kirchenväter der ersten vier Jahrhunderte zu haben!

Aber ich bin weder Großsprecher, noch unachtsamer Leser, und alle jene Zeugnisse, insgesamt und sonders, beweisen gegen mich so viel als Nichts. Denn entweder sprechen sie nicht von den Schriften des neuen Testaments, oder unter die Kenntnisse, deren Quelle diese sein sollen, gehöret die Kenntnis der eigentlichen Glaubens-Artikel offenbar nicht; welches nicht sowohl aus den einzeln angeführten Stellen, als vielmehr aus dem Geiste der ganzen Werke, aus welchen sie genommen sind, erhellen muß.

Erlauben mir Ew. Hochwürden sie durchzulaufen; und das was sie eigentlich sagen, mit dem was sie sagen müßten, wenn sie *mich* widerlegen sollten, kurz und gut zusammen zu halten.

1) Zuförderst fertige ich also den Ignatius, Justinus und Theophilus mit einer und eben derselben Antwort ab.* Sie reden alle drei bloß und namentlich von den Propheten des alten Testaments, und nicht von Schriften des Neuen, die man doch nur vornehmlich in Gedanken hat, wenn man behauptet, daß die Grundlehren unsers Glaubens aus der Bibel gezogen worden. Daß die Propheten von den ersten Christen fleißig und vielleicht nur zu fleißig gelesen worden, wie habe ich das leugnen können oder wollen? Aus den Propheten freilich konnten es die ersten Christen einzig und allein lernen, daß Christus der Messias sei; das ist, derjenige Verheißene, welcher dem Gesetze Mosis ein Ende machen, und der Welt eine allgemeinere Religion dafür schenken sollte. Aber wenn sie in den Propheten den Stifter der neuen Religion erkannten, erkannten sie denn auch darin die Grundlehren dieser neuen Religion? Oder wenn sie aus den Propheten sich würdigere, erhabenere Vorstellungen von Gott zu machen lernten, als ihnen ihre ehemaligen heidnischen Religionen beizubringen im Stande waren, sind denn dergleichen Vorstellungen das eigentliche ganze Christentum? Von diesem, so wie es in dem apostolischen oder jedem andern orthodoxen Glaubensbekenntnisse der ersten Jahrhunderte enthalten ist, ist ja nur allein die Frage. Von diesem behaupte ich ja nur allein,

---

* Kritische Untersuchung. S. 32. §. III. 1. und S. 34. §. V. 3. 5. und S. 40. § VIII. 1. 2. 3.

daß es aus der Bibel ursprünglich unmöglich könne gezogen sein; am wenigsten aber aus dem neuen Testamente. – Ich will nicht hoffen, daß man mich hier zu Schöttgen verweisen wird, welcher im Sohar und andern Midraschischen Büchern die deutlichsten Spuren von allen christlichen Glaubens-Artikeln will gefunden haben. Denn wenn das wahr ist, was ich nicht beurteilen kann: so waren die Verfasser besagter Bücher zuverlässig keine eigentliche Juden; sondern es waren Juden-Christen, es waren Nazarener oder Ebioniten, welche ihre christliche Ideen in die Propheten hineintrugen, aber nicht aus ihnen herholten.

Gegen das Zeugnis des Ignatius insbesondere hätte ich noch dieses zu erinnern, daß die Worte desselben äußerst verstümmelt und verfälscht sind, und daß das, was Ew. Hochwürden und Hr. Doktor Leß* itzt darin zu finden glauben, ursprünglich unmöglich an dieser Stelle gestanden haben kann. Wie Ignatius eigentlich geschrieben, glaub ich aus dem 30ten Kapitel des zweiten Buchs der apostolischen Constitutionen zuverlässig erraten zu haben. Es ist von keinem Evangelio, von keinem Apostel, von keinem Propheten als Büchern und Schriftstellern die Rede. Anstatt Ευαγγελιῳ muß Επισκοπῳ gelesen werden; und Ignatius will die Philadelpher durch sein Exempel bloß lehren, wie hoch sie ihren Bischof, ihre Presbyteros und ihre Diaconos verehren sollen. Den Bischof als den Körper Christi, die gesammleten Presbyteros als die Apostel, und die Diakonos als die Propheten. Kurz, ich bin des festen Glaubens, daß die ganze Stelle ohngefähr so geheißen: Προσφυγων τῳ Επισκοπῳ, ὡς σαρκι Ιησου Χριςου· και τοις πρεσβυτεροις ἐκκλησιας, ὡς Αποςολοις· και τους Διακονους δε ἀγαπω, ὡς προφητας Χριςον καταγγειλαντας και του ἀυτου πνευματος μετασχοντας, ὁυ και ὁι Αποςολοι; und nur so entsteht ein Sinn, wie er des Ignatius und seines Zeitalters würdig ist. Ich will mich hier bei den einzeln Beweisen aller meiner Veränderungen und Einschaltungen nicht aufhalten. Genung, daß Ew. Hochwürden sie größtenteils aus dem angeführten Kapitel der apostolischen Constitutionen leicht erraten werden; besonders wenn Sie in dem Briefe an die Smirnäer den achten Paragraph damit

---

* Wahrheit der christlichen Religion. Vierte Auflage, Seite 44.

vergleichen wollen, den ich für die vollkommenste und entscheidenste Parallelstelle halte. Für meine weitere Ausführung ist bereits ein anderer Ort bestimmt, und ich hoffe, daß mir jeder Beifall geben soll, der die Sache ohne Vorurteile überlegen will und nicht befürchten darf, ich weiß nicht welchen Hauptbeweis für die Authentie des neuen Testaments dadurch zu verlieren.

2) Ich komme von den drei apostolischen Männern zu einem ihnen sehr ungleichen Mann; zum Celsus.* Wie? auch der soll es gewußt haben, daß die Christen die heilige Schrift für die Erkenntnisquelle ihrer Religion halten? Kaum beweisen die Stellen, welche Ew. Hochwürden aus seinen Fragmenten anführen, daß er die Schriften des neuen Testaments nur gekannt hat. Denn namentlich führt er keine derselben an; und Origenes, bei verschiedenen auffallenden Beweisen von der Unwissenheit seines Gegners in den allerbekanntesten Evangelischen Nachrichten, zweifelt ja selbst, ob er die Evangelia gelesen habe. Was er daraus zu haben scheint, konnte er aus hundert andern Büchern haben. Wenn er sie aber auch gelesen, die Evangelia: was beweiset das wider mich? Sind sie deswegen für alle und jede zu lesen gewesen? Haben die Christen seiner Zeit kein Geheimnis daraus machen können? Wenn der spätere Hierokles in seiner Schrift gegen die Christen so viele und so geheime Dinge beibrachte, ut aliquando ex eadem disciplina fuisse videatur; und Laktanz** ihn in diesem Falle den ruchlosesten Verräter nennt: was setzet Laktanz gleichwohl noch hinzu? Nisi forte casu in manus ejus divinae litterae inciderant. Hatte den Celsus nicht ein ähnlicher Zufall begünstigen können, aus dem entweder sein Vorsatz, wider die Christen zu schreiben, entsprang, oder den er um so viel begieriger ergriff, weil er diesen Vorsatz schon hatte. Auf alle Weise ist aus den Worten des Laktanz unwidersprechlich, daß Schriften, zu deren Besitz Hierokles oder Celsus nur als Christen hätten gelangen können, wenn sie ihnen nicht etwa durch einen besondern Zufall in die Hände gekommen wären, daß solche Schriften, unmöglich sehr gemein sein konnten. Doch sehr gemein oder nicht sehr gemein: Celsus soll sie gehabt haben; Celsus soll ge-

---

* Kritische Untersuchung. S. 41.
** Instit. lib. V. c. 2. p. 581. Edit. Bünem.

wußt haben, daß sie die Quellen christlicher Kenntnisse sind. Aber welcher Kenntnisse? doch wohl nur der historischen und nicht der dogmatischen? Daß sich die Christen wegen der Begegnisse und Taten ihres Meisters auf die Evangelia beruften: sei dem Celsus immerhin bekannt gewesen. Genung ihm war unbekannt, daß sie auch wegen der Lehren, die nicht unmittelbar aus seinen Taten folgen, sich auf die nämlichen Evangelia, oder auf irgend eine itzige Schrift des neuen Testaments zu berufen gewohnt gewesen. Und das ist daher unwidersprechlich, weil er gerade ganz andre Schriften namhaft macht, wenn er den Christen ihre geheimen Lehrsätze vorrückt. *Das himmlische Gespräch* zum Exempel. Würde Celsus die Christen wohl aus einer solchen gnostischen Armseligkeit haben überweisen wollen, wenn er die eigentlichen Quellen ihres Lehrbegriffs gekannt hätte? Wer unsre symbolischen Bücher kennt, wird der einen Einwurf gegen das Luthertum aus einem herrenhutischen Katechismus hernehmen?

3) Den Irenäus anbelangend, kann ich mich, wegen der Hauptstelle aus ihm, auf meine *Erste Folge der nötigen Antwort etc.* beziehen, von der es mir leid sein sollte, wenn sie Ew. Hochwürden nicht zu Gesichte gekommen wäre. Es ist die nämliche Stelle, die sogar Gözen bekannt war; und wem ist sie's nicht? Aber um so mehr steht zu verwundern, daß Männern entwischt, was jeder Knabe sehen muß, der construieren kann. Die Worte des Irenäus sind: Non enim per alios dispositionem nostrae salutis cognovimus, quam per eos, per quos Evangelium pervenit ad nos, quod quidem tunc praeconaverunt, postea vero per Dei voluntatem in scripturis nobis tradiderunt, fundamentum et columnam fidei nostrae futurum. Diese Worte sollen sagen, daß die Schriften der Grund und Pfeiler unsers Glaubens geworden? Gewiß nicht! Es müßte sodann schlechterdings futuris anstatt futurum; und da der Syntax Fundamentum et columnam futuris zu sein nicht wohl erlauben würde: so müßte die Veränderung sich noch weiter erstrecken und es wenigstens heißen, fundamento et column*ae* futuris: wenn Irenäus nicht lieber eine ganz andre Wendung gewählt hätte, falls er das hätte sagen wollen, was man mit einer lutherschen Brille so offenbar darin entdecken will. Futurum bezieht sich auf Evangelium; und daß dieses so-

wohl praeconatum, als scripturis traditum, der Grund und Pfeiler unsers Glaubens geworden, ist der eigentliche Sinn des Irenäus. Was brauche ich mich bei den übrigen Stellen aus ihm aufzuhalten? Wer behaupten darf, daß Irenäus die Schrift unabhängig von der Tradition gemacht; daß er der Meinung gewesen, so bald die Schriften der Apostel vorhanden waren, sei es gar nicht mehr darauf angekommen, was die Apostel mündlich gelehrt; daß er nicht dafür gehalten, nur der mündliche Vortrag der Apostel, so wie er in der Regula fidei zusammen gezogen und aufbehalten worden, sei der wahre Grund unsers Glaubens, sei der unentbehrliche Schlüssel zu den Schriften der Apostel: wer, sage ich, das behaupten darf, der hat den Irenäus nie im Zusammenhange gelesen; der kann sich kaum die Mühe genommen haben, auch nur die Ökonomie seiner 5 Bücher contra Haereses mit einem flüchtigen Blicke zu übersehen. Denn wie ist sein Gang in diesen Büchern? Nachdem er die abgeschmackten schändlichen Lehren der Gnostiker an den Tag gebracht und sie vorläufig aus ihrer eigenen Ungereimtheit und mit Vernunftschlüssen bestritten: (eversis, qui irreligiosas adinvenerunt sententias, aliquid quidem ex propria unius cujusque illorum doctrina, quam in suis conscriptis reliquerunt; aliquid autem ex ratione, universis ostensionibus procedente) läßt er nicht sein Erstes sein, sie manifestato praeconium Ecclesiae zu widerlegen? Und was ist dieses praeconium Ecclesiae anders als die Regula fidei? oder wie sie Irenäus lieber nennen wollen, die Regula veritatis, der κανων της ἀληθειας, den er allen Widerlegungen aus der Schrift vorausschickt, nach welchem er allein ausdrücklich prüfen zu müssen versichert, ob eine Schriftstelle für oder wider die Ketzer gelten könne. Durchaus erst traditio und dann ostensio ex scripturis. — Wäre es nicht gut, wenn man auch ein wenig auf den Geist des ganzen Buchs sähe, aus dem man einzelne Stellen anführt, und diese nach jenem vorher prüfte, ob sie das auch sagen könnten, was sie nach den ausgehobenen Worten freilich oft wahrscheinlich genung zu sagen scheinen?

Ich will aber diese Erinnerung bloß in Rücksicht auf den Herrn Hauptpastor Göze gemacht haben. An das sorglose Nachsprechen, welches ich diesem mit so völliger Zuversicht auf den Kopf zusagen darf, ist bei Ew. Hochwürden gar nicht zu denken. Mit Ew. Hochwürden ist es hier gar etwas anders. Sie mußten notwendig diese Stelle des Irenäus hier so beibringen, wie sie die Protestanten gemeiniglich zu nehmen pflegen, wenn man Ihrer Sammlung ähnlicher Stellen nicht einen sehr wesentlichen Mangel vorwerfen sollte. Ich bin weit entfernt, mich in einem Studio, welches ich nur bis zu meiner eigenen Beruhigung getrieben, einem Manne gleich zu dünken, dessen Stand und Pflicht es mit sich gebracht, den größten Teil seiner Zeit und seines Fleißes darauf zu wenden. Ich bin zufrieden, wenn mir ein solcher Mann nur zugesteht, daß ich nicht in den Tag hinein plaudere, und keine feindselige Angriffe auf die christliche Religion tue, welches mir jener Schreier so hämisch Schuld gibt.

Ich hoffe, daß mich Ew. Hochwürden sogar von aller Untergrabung der protestantischen Kirche, und namentlich der Lutherschen, loszählen sollen, wenn ich hinzusetze, daß jene Regula veritatis des Irenäus, von der ich behaupte, daß sie das, nicht *aus* der Schrift gezogene, sondern der Schrift als Grundfeste *unter*zogene Glaubens-Bekenntnis sei, mir nun auch einzig und allein das ist, was er unter apostolischer Tradition versteht. Die katholischen Schriftsteller, die mehr darunter begreifen wollen, können aus ihm wenigstens keinen Beweis führen: und hieraus allein können schon Ew. Hochwürden abnehmen, wie weit ich noch von allem Pabsttum entfernt bin, und wie wenig ich bloß den alten Streit über Tradition und Schrift zu erneuern gedenke. Nur kann ich unmöglich vorsätzlich taub sein, wenn mir das ganze Altertum einmütig zuruft, daß unsre Reformatores, unter dem ihnen so verhaßten Namen *Tradition*, viel zu viel weggeworfen haben. Sie hätten schlechterdings wenigstens dem, was Irenäus darunter versteht, das nämliche göttliche Ansehen lassen müssen, was sie so ausschließungsweise der Schrift beizulegen für gut fanden.

Wenigstens bin ich gewiß versichert, wenn Ew. Hochwürden diesen echten ältesten Sinn des Worts *Tradition* bei dem Irenäus erkannt hätten, daß Sie eine Stelle desselben minder anstößig würden übersetzt haben. Nach Ihnen soll Irenäus unter andern auch sagen: »Wenn die Apostel keine Schriften hinterlassen hätten, *denn* müßte man dem mündlichen Unterricht folgen, welchen sie denjenigen erteilt, die sie zu Vorstehern der Kirche verordnet.« – Nur alsdenn? Es tut mir leid, daß, wenn ein strenger Katholik dieses für parteiische Entkräftung, wo nicht gar für eigentliche Verfälschung erklärte, ich eigentlich nicht wüßte, was ich darauf antworten sollte. Nur alsdenn? Also, da nun aber die Apostel Schriften hinterlassen, ist es gar nicht mehr nötig, sich um Tradition zu bekümmern? Und das wäre die wahre Meinung des Irenäus? Nimmermehr; und Ew. Hochwürden hätten ihm schlechterdings seine Frage hier lassen müssen. Quid autem, si neque Apostoli quidem scripturas reliquissent, nonne oportebat ordinem sequi Traditionis? Denn nur aus der Frage erhellet, daß Irenäus den Nutzen der Tradition, den man in dem angenommenen Falle doch wohl für ganz unwidersprechlich erkennen müßte, auch außer diesem Falle erkennt. Bleibt hingegen die Frage weg: so scheint dieses so nicht, welches im Zusammenhange mit dem, was vorhergeht, noch merklicher auffällt. Denn kurz, aus dem Vorhergehenden ist klar, daß Irenäus schlechterdings von keiner Trennung der Tradition und Schrift weiß; sondern ihm vielmehr Schrift so gut als keine Schrift ist, wenn sie nicht nach der Tradition verstanden wird. Und was ist darin auch Anstößiges für einen Lutheraner; so bald wir wissen, daß er unter Tradition nichts anders versteht als das Glaubens-Bekenntnis, von welchem wir ja selbst drei verschiedene Formeln unsern symbolischen Büchern vorgesetzt haben?

Auch schiebe ich wahrlich dem Irenäus keinen bessern Sinn unter, als er hat. Denn eben das, was er Regulam veritatis nennt, nennt er an andern Stellen Veritatis traditionem oder veterem Traditionem, mit unmittelbarer Beifügung des Glaubens-Bekenntnisses selbst, welches alle falsche Deutung unmöglich macht. Und wie hätte auch das Glaubens-Bekenntnis in der ersten Kirche überhaupt anders heißen können, als Tradition, da es gar nicht aufgeschrieben werden durfte, sondern von den *Competenten* bloß auswendig gelernt, bloß aus öftern mündlichen Vorsagen auswendig gelernt werden mußte? So ward es noch zu den Zeiten des Augustinus in der Kirche damit gehalten; und was könnte uns verleiten zu argwohnen, daß es jemals anders damit gehalten worden? Die Reden, die Augustinus bei Ablegung des Glaubens-Bekenntnisses zu mehrmalen gehalten, heißen alle Sermones in Traditione Symboli, und in einer derselben* sind die Worte so ausdrücklich als möglich. Nec ut eadem verba symboli teneatis, sagt er zu den Täuflingen, ullo modo debetis scribere; sed audiendo perdiscere: nec cum didiceritis, scribere; sed memoria semper tenere atque recolere; so wie bald darauf, audiendo symbolum discitur; nec in tabulis vel in aliqua materia, sed in corde scribitur. Und Irenäus, der die nämlichen Worte braucht, sollte nicht die nämliche Sache meinen, wenn er von den gläubigen barbarischen Völkern, welche die Schriften der Apostel nicht lesen können, sagt, daß sie, sine charta et atramento scriptam habent per spiritum in cordibus suis salutem? Er sollte etwas anders damit meinen, als das auswendig gelernte Glaubens-Bekenntnis, welches der heilige Geist in ihren Herzen mit seiner Kraft begleite und als hinlänglich zu ihrer Seligkeit versiegle?

4) Aus dem Clemens Alexandrinus sind es nicht weniger als *fünf* Stellen, welche die Bibel als die Quelle der christlichen Religion zeigen sollen. Da ich mich, wie begreiflich, nicht eher darüber zu erklären anfange, als bis ich alle fünfe in Erwägung gezogen: so kann ich mich kaum enthalten, mich in Voraus zu beklagen, welch sonderbares Unglück entweder ich, oder Ew. Hochwürden mit diesem Clemens haben. Denn wenigstens drei von diesen fünf Stellen finde ich in meinen Kollektaneen als solche angemerkt, die *meine* Meinung von dem Gebrauche, den die damaligen Christen von der heiligen Schrift zu machen pflegten, am kräftigsten bestärken. Sollten die Stellen selbst eines so zweideutigen Lichts fähig sein? Wir wollen sehen.

a) Wegen der Stelle aus dem Pädagogen sind mir Ew. Hochwürden bereits selbst mit der Antwort zuvorgekommen. Der Pädagog zeigt, »wie die Kinder aus der heiligen Schrift des alten und neuen Testaments *in der Moral* zu unterrichten.« Daß dieses sehr wohl geschehen könne, besonders wenn der Pädagog den Kindern die Bibel nicht selbst in die Hände gibt, sondern ihnen das bloß stellenweise beibringt, was ihren Einsichten und Umständen angemessen ist: wer wird das in Zweifel ziehen? Aber Moral ist nicht diese und jene Religion, ist die Grundlage aller

---

* Sermone CCXII. T. V. Edit. Bened. p. 653.

Religionen; und Clemens, durch häufige Anführungen aus heidnischen Schriftstellern, welche die nämliche Vorschriften enthalten, gestehet genugsam ein, daß moralisch gut zu leben, es eben keiner Offenbarung bedurft hätte. Und wenn auch schon der christliche Pädagog bei bloßer Moral der Vernunft nicht stehen bleibt, sondern auch eine höhere christliche Moral lehrt: so ist doch auch selbst die christliche Moral nicht die christliche Religion. Von dieser will ich wissen, wo der Pädagog die ersten Grundlehren aus der Bibel beibringt? Nirgends, nirgends. Tugendlehren, Sittensprüche, nicht dicta probantia der eigentlichen Glaubens-Artikel zog er für seine Jugend aus der Bibel; und war sonach das völlige Widerspiel von unsern lutherschen Schulmeistern. Denn was diese *fast nur* tun, tat er gar nicht; weil er wußte, daß er damit entweder zu früh oder zu spät komme. Zu früh, wenn seine Untergebenen noch nicht getauft waren. Zu spät, wenn sie es bereits waren. In jenem Falle sollten sie noch nichts von den eigentlichen Glaubenslehren des Christentums wissen. In diesem hatten sie nichts mehr davon zu lernen. Die Taufe, die Taufe war der entscheidende Augenblick, in welchem die Competenten alles erfuhren. Was sie da erfuhren, war der vollständige christliche Glaube; die eigentliche christliche Religion, in sofern in jeder geoffenbarten Religion das allein das Wesen derselben ausmacht, was mit der Vernunft nicht zu erreichen steht, weil es entweder über die Vernunft, oder bloß positiv, bloß willkürlich ist. Ich bitte hierüber das sechste Kapitel im ersten Buche des Pädagogen nachzulesen. Denn ich selbst möchte mich nicht gern aus der Nachbarschaft der vorigen Stelle bringen lassen, in welcher eine andre Stelle vorkommt, aus welcher ich mir zuerst meine Thesin abstrahiert habe. Wenn denn nun aber, läßt sich Clemens oder der Pädagog gleichsam fragen,* für Kinder und für den gemeinen Christen, der immer Kind bleiben soll, aus der Bibel weiter nichts zu nehmen als moralische Lehren und Sprüche, durch welche das Laster gleichsam mit der Wurzel ausgerissen wird; die Bibel gleichwohl noch so viel andre Dinge enthält, und doch die *ganze* Bibel von dem heiligen Geiste eingegeben ist: für wen ist denn alle das übrige? Hierauf antwortet Clemens, für

---

* Libro III. cap. 12. pag. 309. Edit. Potteri.

προσωπα ἐκλεκτά, für auserlesene Personen. Und wer sind ihm diese auserlesene Personen? Teils die Personen geistlichen Standes; Bischöfe, Presbyteri, Diakoni, Witwen. Teils seine Gnostiker; das ist, diejenigen Christen, welche Zeit und Kräfte haben, in diejenigen Tiefen des Glaubens zu dringen, welche der heilige Geist bloß durch Aenigmata und Parabeln in der Schrift anzudeuten für gut befunden hat. Das, das liegt offenbar in folgender Stelle, die unmittelbar auf eine kurze Zusammenfassung aller vernunftmäßigen Tugendlehren folgt, die in den Schriften der Apostel enthalten sind! Ὀλιγα ταυτα ἐκ πολλων, δειγματος χαριν, ἀπ᾽ αὐτων διεξελθων των θειων γραφων ὁ Παιδαγωγος, τοις αὐτου παρατιθεται παισιν, δι᾽ ὡν, ὡς ἐπος εἰπειν, ἀρδην ἐκκοπτεται κακια, και περιγραφεται ἀδικια. Μυριαι δε ὁσαι ὑποθηκαι, ἐις προσωπα ἐκλεκτα διατεινουσαι, ἐγγεγραφαται ταις βιβλοις ταις ἁγιαις· ἁι μεν πρεςβυτεροις· ἁι δε, ἐπισκοποις· ἁι δε διακονοις· ἀλλαι χηραις· περι ὡν ἀλλος ἀν ἐιη λεγειν καιρος· πολλα δε και δι᾽ ἀινιγματων· πολλα δε και δια παραβολων τοις ἐντυγχανουσιν ἐξεςιν ὠφελεισθαι. Ich darf nicht vermuten, daß mir Ew. Hochwürden hier einwerfen könnten, daß Clemens unter den auserlesenen Personen auch der Witwen gedenke. Denn Ew. Hochwürden wissen zu wohl, daß unter dieser Benennung die Diakonissä verstanden worden, die zu Zeiten des Clemens noch einzig und allein aus dem Stande der Witwen genommen wurden. Wohl aber werde ich zu einer andern Zeit auf diese Bemerkung zurückkommen, wenn ich zeigen werde, daß alle die Bibelleserinnen, die in der Kritischen Untersuchung eine so ansehnliche Rolle spielen, zu den Laien, unter die sie daselbst gesetzt worden, nicht gehören, sondern vermutlich insgesamt Diakonissä gewesen.

b) Jetzt will ich nur zu der zweiten Stelle des Clemens, die zu der Klasse derjenigen Stellen gehört, die ich für diesesmal durchlaufen zu müssen, um Erlaubnis gebeten habe. Das Quid pro quo, das Ew. Hochwürden mit dieser widerfahren, kann ich mir nur auf eine einzige Art erklären. Dadurch nämlich, daß Sie diese Stelle nicht selbst nachgesehn, sondern nur bei einem von denjenigen Männern gefunden haben, die Sie S. 20 und 21 so sehr empfehlen. Aber nur erst das Quid pro quo selbst: und sodann noch ein Wort von dem Gebrauche dieser Männer. Die Stelle ist aus dem Anfange des ersten Buchs der Stromatum, wo Clemens überhaupt von der Schriftstellerei handelt. Nach verschiedenen allgemeinen Betrachtungen, ob man überhaupt schreiben müsse, wer schreiben müsse, aus was für Ursachen man schreiben müsse, deren einige verloren gegangen; kömmt es endlich darauf hinaus, daß Schriften doch immer einen doppelten unstreitigen Nutzen haben: einen für den Schriftsteller und den andern für den Leser. Der Schriftsteller, so wenig er sich auch bemüht, künstlich und zierlich zu schreiben, hat doch immer den Nutzen, daß das Aufschreiben seinem Gedächtnis zu statten kömmt, und ein untrügliches φαρμακον ληθης ist. Dem Leser hingegen sind Schriften um so viel vorteilhafter, je unwissender er selbst ist. Selbst einer, der in seiner Erziehung und in seinem ersten Unterrichte ganz versäumt worden, ὅταν ἀπημβλυται κακη τροφη τε και διδασκαλια το της ψυχης ὀμμα, braucht, wenn er diese Versäumnis wieder einbringen will, nur zu demjenigen Lichte seine Zuflucht zu nehmen, das einem jeden bei der Hand ist, einem jeden gleichsam eigentümlich zugehört, προς το ὀικειον φως βαδιζετω, braucht nur denjenigen Wahrheitslehrer aufzusuchen, der schriftlich ihm auch das Ungeschriebene erklärt, ἐπι την ἀληθειαν, την ἐγγραφως τα ἀγραφα δηλουσαν, das ist, braucht nur zu lesen. Dieses Lob der Lektüre insgemein, ist eine so feine und richtige Bemerkung, als nicht Viele von einem Kirchenvater zu erwarten geneigt sein möchten. Aber, bei Gott, so ist es! Wer aus den Büchern nichts mehr lernt, als was in den Büchern steht, der hat die Bücher nicht halb genutzt. Wen die Bücher nicht fähig machen, daß er auch das verstehen und beurteilen lernt, was sie nicht enthalten; wessen Verstand die Bücher nicht überhaupt schärfen und aufklären, der wäre schwerlich viel schlimmer dran, wenn er auch gar keine Bücher gelesen hätte. »Die Schrift, fährt Clemens bald darauf fort, entzündet jeden Funken der Seele, und gewöhnt das innere Auge zur Beschauung. Vielleicht, daß sie, wie ein pfropfender Landmann, auch etwas hineinlegt; aber ganz gewiß erweckt sie doch das, was darinnen ist.« Daß Clemens hier auf die Platonische Entwickelung zielt, brauche ich nicht zu erinnern. Aber wenn denn nun auch dieses allgemeine Lob des Bücherlesens, die heiligen Bücher notwendig mit treffen muß: was für Ursachen haben Ew. Hochwürden gehabt, uns die Stelle so zu übersetzen, als ob sie von diesen nur allein handle? Heißt denn γραφη immer nur die heilige Schrift? Oder soll das etwas entscheiden, daß Potter das Wort mit einem großen Anfangsbuchstaben drucken lassen? Und nun vollends ἐγγραφως und ἀγραφα nicht für geschrieben und ungeschrieben überhaupt, sondern in dem besondern Sinne, in welchem beides erst um das Nicäische Concilium gebräuchlich ward! Doch weg mit allen den Wortkritteleien! Die Verfälschung, in welcher uns gleich darauf eine Tatsache gezeigt wird, verdient eine schärfere Rügung. – Clemens will nun auch anzeigen, was er denn eigentlich in seinem vorhabenden Werke aufzeichnen wolle. Und da gedenkt er denn verschiedener apostolischer Männer, die er in seiner Jugend zu hören gewürdiget worden, deren Reden er gern niederschreiben möchte, damit sie ihm in seinem Alter nicht einmal entfielen. Von einem insbesondere sagt er, daß er wie eine Biene in Sizilien auf der prophetischen und apostolischen Flur Blumen gebrochen: und von allen insgesamt sagt er, daß sie die wahren Überlieferungen der seligen Lehre unmittelbar vom Petrus, Jacobus, Johannes und Paulus erhalten gehabt, und durch Gottes Gnade bis auf seine Zeit leben müssen, damit auch er jenes uralten apostolischen Samens durch sie teilhaftig werden können. Es ist merkwürdig, daß das, was Clemens von jenem einzelen sagt, Eusebius in seiner Anführung der ganzen Stelle völlig wegzulassen für gut befunden. Ein alter unverdächtiger Lehrer, der auf der prophetischen und apostolischen Flur nur Blumen gebrochen, ist freilich kein Mann, der uns einen hohen Begriff von der homogenen Göttlichkeit der heiligen Schrift machen kann. Doch hätte nun wohl eben Eusebius kein spitzes Maul machen dürfen, der uns an einer andern Stelle so etwas, auf eine noch anstößigere Art, schon vom Papias erzählt hat. Wenn man auch nur die Worte ein klein wenig anders schraubt, was wäre denn darin, was nicht vollkommen Lutherisch klänge? Ew. Hochwürden übersetzen ja ganz ohne Anstoß, wie folget: »Wer die Blumen auf den prophetischen und apostolischen Wiesen benutzt, gleich einer Biene in Sizilien, der pflanzet einen vortrefflichen Vorrat von Erkenntnis in die Seelen derer, welche ihn hören. Solche Lehrer bleiben bei der wahren Überlieferung der seligen Lehre, welche sie von Petro, Jacobo, Johanne und Paulo, diesen heiligen Aposteln, empfangen und vom Vater auf den Sohn bis auf unsere Zeiten fortgepflanzt.« Ich habe mir alle Wortkritiken bereits untersagt. Aber die Übersetzung eines dritten dagegen halten, das darf ich doch wohl? Dieser dritte ist Herr Stroth, von welchem wir ohnlängst eine sehr treue und unbefangene Übersetzung der Kirchengeschichte des Eusebius erhalten haben. Da lautet es in dem 11ten Kapitel des 5ten Buches, wo Eusebius die Stelle des Clemens einschaltet, nun so: »Diese Männer, die die wahre Überlieferung der seligen Lehre erhalten haben, die sie unmittelbar vom Petrus, Jakobus, Johannes und Paulus, wie ein Kind von seinem Vater überkommen haben, (wiewohl sonst wenig Kinder ihren Vätern ähnlich sind) hat uns Gott erleben lassen, daß sie jenen altväterlichen apostolischen Samen auf uns brächten.« Sehr gut und genau! das heiß' ich doch übersetzen! Bloß für die Kleinigkeit, *hat uns Gott erleben lassen*, möchte ich lieber gesetzt wünschen, hat Gott bis auf uns leben lassen, weil erleben einen Nebenbegriff der Zukunft mit sich führt, welcher die Zeitordnung, wenn sie nicht sonst bekannt wäre, ungewiß machen könnte. Aber nun? Getrauen sich Ew. Hochwürden wohl, auch dieser Strothischen Übersetzung die nämliche Anmerkung gleich an die Seite zu stellen, die Sie Ihrer Übersetzung beizufügen, kein Bedenken getragen? Die Versicherung meine ich: »daß die Namen der *vier Apostel* sich *offenbar* auf ihre Schriften und nicht auf ihren mündlichen Unterricht beziehen.« Getrauen sich Ew. Hochwürden das wirklich? Und so entscheidend? mit einem solchen *offenbar*? Wenn es wahr ist, daß unter andern hier auch die Epistel Jacobi zu verstehen: so haben der Ritter Michaelis und D. Leß sehr Unrecht, daß sie diese Stelle nicht als ein *offenbares* Zeugnis für die Authentie derselben angenommen haben, und Ew. Hochwürden würden wohl getan haben, diesen Männern eine dergleichen Entdeckung unter den Fuß zu geben. Doch ich bin gewiß versichert, daß weder der eine noch der andre, was Ihnen so *offenbar* scheinet, auch nur wahrscheinlich, auch nur möglich würden gefunden haben. Und noch mehr Schade, daß nicht schon Luther aus dieser Stelle des Clemens gewußt, daß ein Jacobus wenigstens sich zuverlässig unter den apostolischen Schriftstellern befunden! Er würde uns das Ärgernis mit der *strohernen* Epistel erspart haben. – Im Ernst und ohne alle Spötterei: zweierlei ist vielmehr aus der Stelle des Clemens *offenbar*. *Einmal*, daß Clemens mündliche geheime Nachrichten meint, die durch seine Lehrer von gedachten Aposteln auf ihn gekommen. Denn was hatte er nötig, die Schriften der Apostel von ihnen zu erhalten? Oder würden Ew. Hochwürden, um dieses mit einigem Anschein vorgeben zu können, nicht wirklich Ihre eigene Ernte niedertreten müssen? Und *zweitens*, daß Clemens seine Lehrer, den Pantänus, den Bardesanes, den Tatianus oder wie sie sonst geheißen, für nicht geringer gehalten, als die benannten Apostel selbst, welches aus der Anspielung auf den Vers des Homers folgt, »wiewohl sonst wenig Kinder ihren Vätern ähnlich sind«, in welchem Herr Stroth ὅμοιοι auch wohl ein wenig nachdrücklicher hätte übersetzen können. Denn Kinder, die ihren Vätern bloß ähnlich sind, gibt es doch genung? –

Und sonach darf ich meine Vermutung gar wohl wiederholen, daß Ew. Hochwürden ohne Zweifel diese Stelle des Clemens selbst nachzusehen für überflüssig gehalten, weil Sie dieselbe beim Chamier oder Suicer, oder Gott weiß, bei wem sonst, dergestalt angeführt gefunden, auf welchen allein alle das Harte zurückfällt, was ich von einer so groben Mißdeutung zu sagen, gezwungen worden. Ich müßte den Hrn. D. Walch in seinen übrigen Schriften zu sehr verkannt haben, wenn ich ihn selbst für fähig halten könnte, uns vorsätzlich einen solchen Staub in die Augen streuen zu wollen. Er glaubte als ein redlicher Mann, daß das, was solche Männer untersucht hätten, ein für allemal untersucht sei. Aber lieber nicht so: und besonders möchte ich mir meine Landsleute und Glaubensgenossen, die Gerharde, die Kortholte und die Zorne verbitten. Diese guten Leute waren viel zu herzliche Lutheraner, als daß sie nicht ihren Lehrbegriff nur allzuoft auch da gesehen haben sollten, wo das pure platte Gegenteil davon befindlich ist. Wahrlich bedürfen vornehmlich ihre Anführungen einer sehr starken Revision: und wie anders? Die gelehrten Katholiken hatten das Entscheidenste darin schon beschlagen, und befanden sich in ihrer Heimat.

c) Ich will bei den übrigen Stellen des Clemens kürzer zu sein suchen. Die dritte Stelle ist eine Auslegung, die Clemens von einer Dichtung des Hermas macht. Aber so, wie das ganze Buch des Hermas meiner Hypothese von Entstehung des neuen Testaments und von dem Gebrauche, den die ersten Christen, davon machen zu müssen, sich verbunden hielten, ganz besonders günstig ist: so ist es diese Clementinische Auslegung nicht minder; so gezwungen sie auch an und für sich selber ist. Ich verstehe nur die Worte ein wenig anders, als Ew. Hochwürden sie zu übersetzen für gut befunden. Wenn nämlich die Bibel, κατα την ψιλην ἀναγνωσιν genommen, allen Menschen verständlich sein soll: so verstehe ich die darauf folgende Worte, και ταυτην ἐιναι την πιςιν ςοιχειων ταξιν ἐχουσαν, nur so, daß πιςις hier nicht der Glaube, die Disposition unsrer Seele, sondern das Glaubens-Bekenntnis bedeute. Auch ist es weit schicklicher, dieses mit den ersten Elementen der Schrift, mit den Buchstaben zu vergleichen, als jenen. Das Glaubens-Bekenntnis allein macht die Bibel allen Menschen verständlich: und das ist gerade das, was ich will. Aber dieses Glaubens-Bekenntnis muß nicht aus dem neuen Testament gezogen sein, sondern es muß früher als das neue Testament, und in seiner völligen Unabhängigkeit vom neuen Testamente, wenigstens eben so glaubwürdig als das neue Testament sein. – Wenn das Buch des Hermas hiernächst, von welchem Eusebius sagt, daß es zum ersten Unterrichte in der Religion gebraucht worden, überhaupt der heiligen Schriften mit keiner Sylbe gedenkt, worüber sich Hr. Leß selbst so sehr verwundert: was folgt daraus? Entweder waren die Schriften des neuen Testaments damals noch nicht beisammen; oder sie standen in dem Ansehen noch nicht, in welchem sie jetzt stehen, und wurden zu dem Unterrichte in der christlichen Religion für entbehrlich gehalten; – oder beides.

d) Bei der vierten Stelle des Clemens wünschte ich sehr, daß Ew. Hochwürden wenige Zeilen weiter damit zurückgegangen wären. Clemens will von der Schwierigkeit reden, welche mit den Gnostischen Auslegungen der Schrift verbunden ist. Bei hohen Unternehmungen, sagt er, steht immer ein hoher Fall zu besorgen; vor welchem man sich hier nicht anders sichern kann, als wenn wir uns genau an die Regel der Wahrheit halten, die wir von der Wahrheit selbst überkommen haben. Σφαλλεσθαι γαρ ἀναγκη μεγιςα τους μεγιςοις ἐγχειρουντας πραγμασιν, ἢν μὴ τον κανονα της ἀληθειας παρ' αυτης λαβοντες ἐχωσι της ἀληθειας. Nun wissen wir aber, wenn wir es auch aus ihm selbst nicht wüßten, aus dem Irenäus, was diese Regel der Wahrheit, dieser κανων της ἀληθειας, ist. Es ist das Glaubens-Bekenntnis, die πιςις der vorigen Stelle, wodurch das Verständliche der Schrift auch dem gemeinsten Manne verständlich wird, und das Unverständliche auch dem kühnsten Forscher nicht länger unverständlich bleibt. Ich brauche Ew. Hochwürden nicht zu sagen, wie Clemens diesen κανονα της ἀληθειας von dem κανονι ἐκκλησιαςικῳ unterscheidet, die er beide unter dem gemeinen Namen der παραδοσεως ἐκκλησιαςικης zusammen faßt. Aber ich darf versichern, daß man, ohne diesen Unterschied genau in Gedanken zu behalten, im Clemens gar nicht fortkömmt, und da bloß ein gnostisches Geschwätz findet, wo er doch sehr bestimmte Begriffe zum Grunde legt. Er geht freilich von der Göttlichkeit der heiligen Schrift aus: und habe ich denn die schon geleugnet? Ich bezeige ja bloß mein Mißfallen, daß man ihn auf seinem Wege so bald verläßt und von dem Werte der Hülfsmittel, die heilige Schrift zu verstehen, so verschieden mit ihm denkt, als welche die Protestanten in die Schrift selbst zu legen für gut finden, anstatt daß Clemens, mit dem gesamten christlichen Altertume, sie außer der Schrift annimmt. Es ist wahr, Clemens sagt allerdings: »Menschen, die nur schlechthin (ἀπλως, d. i. ohne Beweis) ihre Lehren vortragen, lasset uns keinen Glauben schenken. Sie können auf eben diese Art auch Irrtümer lehren.« Aber wie? Ohne Beweis reden, soll ihm so viel sein, als ohne Beweis aus der Schrift reden? Ihm ist ohne Beweis reden, gerade das Gegenteil; ihm ist ohne Beweis reden, mit nichts als mit Stellen aus der Schrift beweisen wollen: denn dieses Beweises rühmen sich ja auch alle Ketzer. Clemens soll fortfahren: »Wenn es nun nicht hinreicht, seine Meinung schlechthin zu sagen, sondern man auch das, was man sagt, beweisen muß, *so erwarten wir keine menschliche Zeugnisse:* sondern wir erweisen durch das Wort des Herrn das, das bewiesen werden soll. Diese Stimme des Herrn übertrifft alle Beweise (ἀποδειξεις) an Sicherheit; ja recht zu sagen, ist sie allein ein Beweis. *Durch diese Überzeugung sind diejenigen, welche die heilige Schrift gekostet haben, gläubig.*« Fährt Clemens wirklich so fort: wo bleibt Tertullian: Fides salvum facit, non exercitatio scripturarum? Aber er fährt auch so nicht fort; und man mißbraucht auf eine unverantwortliche Weise einige seiner Worte, um ihn nichts weniger als seine Gedanken sagen zu lassen. Ihm sind die menschlichen Zeugnisse, eben die Zeugnisse der Propheten und Apostel, so lange sie unabhängig von der Regel der Wahrheit genommen werden; und die Stimme des Herrn, die allein gilt, die allein keine weitere Demonstration zuläßt, ist diese Regel der Wahrheit, die wir von der Wahrheit selbst empfangen haben; ist, mit einem Worte, das Glaubens-Bekenntnis. Dieses, dieses ist die Wissenschaft, καθ' ἣν οἱ μεν ἀπογευσαμενοι μονον των γραφων, πιϛοι; durch welche auch die gläubig sind, welche die Schriften auch nur gekostet haben. Auch nur gekostet! Ἀπογευσαμενοι μονον. Ei, sagen mir doch Ew. Hochwürden, warum Sie dieses μονον nicht mit übersetzt haben? Sie empfanden ohne Zweifel, daß es sehr abgeschmackt sein würde, den Clemens sagen zu lassen: Die Stimme des Herrn, wenn Stimme des Herrn notwendig das geschriebene Wort Gottes bedeuten müsse, mache auch diejenigen gläubig, welche die heiligen Schriften nur eben gekostet hätten? Aber warum wollen Sie hieraus nicht lieber schließen, daß jene Überzeugung aus dem Worte des Herrn, die Überzeugung aus der Schrift nicht sein könne? Warum wollten Sie Ihren Autor lieber verstümmeln? Ich kann nichts anders glauben, als daß Ew. Hochwürden auch hier bloß mit den Augen eines Compilators gesehen haben, der in seiner Anführung das μονον wohl ganz weggelassen hatte. – Ich muß über den Clemens nur wegzukommen suchen. Es möchte mir länger unmöglich sein, über Männer nicht heftig und bitter zu werden, die uns solche Steine für Brod in die Hände stecken wollen.

e) Auf die fünfte Stelle des Clemens endlich brauche ich nichts zu erwidern als dieses, daß Clemens daselbst von den Gnostikern insbesondere, nicht aber von den Christen überhaupt spricht. Der Gnostiker allerdings muß Schrift aus Schrift erklären und beweisen. Aber die Christen überhaupt haben das nicht nötig; weil der Gnostiker selbst, so weit er sich über sie verstiegen hat, doch wieder zu ihnen herab muß, und wenn er die Schrift aus Schrift noch so apodiktisch erwiesen hat, doch nur auch durch das Glaubens-Bekenntnis apodiktisch überführen kann. Das ist der wahre Sinn folgender Stelle des Clemens, die, wenn sie diesen Sinn nicht hätte, gar keinen haben würde. Ουτως και ἡμεις, auch wir, wir Gnostiker, ἀπ' ἀυτων περι ἀυτων των γραφων τελειως ἀποδεικνυντες ἐκ πιςεως πειθομεθα ἀποδεικτικως.

5) Ich bin wirklich sehr erfreut, über den Clemens hinweg zu sein. Ich kenne keinen salebrosern Scribenten, der mehr Schlupfwinkel für Zänker gewährt, als ihn. Besonders sind seine Stromata ein so buntscheckiges, desultorisches Werk, daß man selten eine Seite lang gewiß bleibt, mit ihm auf einer Bahn zu wandeln. Ich will damit nicht sagen, daß er in streitigen Untersuchungen darum ganz unbrauchbar sei: ich will nur sagen, daß er eine ganz besondre Aufmerksamkeit erfordert, und von zwanzig Lesern, die ihn in die Hände nehmen, achtzehn ganz gewiß, bloß den schönen Brocken nachjagen, die er aus der weltlichen Gelehrsamkeit so reichlich einstreuet, wenn von den übrigen zwei, der eine auch nur bloß bei den schönen theologischen Steinchen verweilt, die sich in *einen* Lehrbegriff so gut wie in den andern passen. Wir kommen von ihm auf einen Lateiner, der in Ansehung des Stils und der Worte vielleicht noch salebroser ist; aber doch in Ansehung der Ordnung und Deutlichkeit des gesamten Vortrags ihn bei weiten übertrifft: auf den Tertullian.

Von diesem nun muß ich Ew. Hochwürden im Voraus bekennen, daß er es ist, von welchem ich zuerst eine richtigere Vorstellung von der wahren Quelle unsers Glaubens erlangt zu haben glaube; daß er es ist, welcher mir das Pochen auf die bloße Schrift zuerst verdächtig gemacht hat; daß er es ist, welcher mich zuerst überzeugt, wie natürlich es sei, wenn sich die Apostel vor allen Dingen unter einander über ein gewisses Formular verglichen, um nicht allein selbst einerlei zu glauben, sondern auch einerlei zu lehren, welches Formular schlechterdings auch noch jetzt mehr gelten müsse, als die nachherigen Schriften der Apostel, die nur gelegentliche Erläuterungen über diesen und jenen Punkt desselben sein könnten, indem nicht eine einzige erst Christen machen sollen, sondern alle an schon gläubige Christen geschrieben worden.

Doch ist hier noch nicht der Ort, wo ich zeigen muß, was alles für mein System aus dem einzigen Tertullian zu beweisen stehet.

Jetzt soll ich nur auf ein paar Stellen antworten, die mir Ew. Hochwürden aus ihm entgegen setzen, als deutliche Beweise, daß auch *er* die Schrift für die einige Erkenntnis-Quelle der christlichen Religionslehren erkannt habe.

Die erste derselben ist aus der Schutzschrift genommen und lautet nach Ew. Hochwürden Übersetzung, wie folget: »Wie könnet ihr Heiden euch doch einbilden, daß wir Christen uns um das Wohl der Kaiser nicht bekümmern? Leset nur selbst *die Befehle Gottes, die Quellen unserer Erkenntnis, die wir gewiß selbst nicht unterdrücken und die so viele besondre Pflichten gegen Nichtchristen vorschreiben.*« Und das wäre eine Übersetzung von den Worten des Tertullian, die ich aus der nämlichen Ausgabe, die Ew. Hochwürden gebraucht, hersetze. Qui ergo putaveris, nihil nos de salute Caesarum curare, inspice Dei voces, literas nostras, quas neque ipsi supprimimus et plerique casus ad extraneos transferunt. Wo steht denn da eine Sylbe von *Erkenntnis-Quellen?* Sie haben doch nicht literas nostras durch Erkenntnis-Quellen geben zu müssen geglaubt; in der Meinung, daß literae nostrae auch wohl so viel als primae litterae fidei nostrae heißen könne? Ja, wenn man so übersetzen darf! So läßt sich freilich Alles in Allem finden! Eben so unrichtig und ohne allen Grund hineingetragen, ist das letzte: »die so viel besondere Pflichten gegen Nichtchristen vorschreiben.« Casus, *Pflichten!* transferunt, *vorschreiben!* Wem ist so was schon vorgekommen? Tertullian will sagen, daß die Schriften der Christen, auf die er sich hier beruft, von ihnen ja nicht unterdrückt würden; *sondern durch diesen und jenen Zufall in die Hände der Heiden kämen.* Es ist eben das, was oben Laktanz vom Hierokles vermutet, und ich kann mich nicht enthalten, den ähnlichen Fingerzeig dabei zu tun. Wenn es wahr ist, wie Tertullian hier saget, daß die ersten Christen ihre heilige Schriften nur eben nicht unterdrückt haben, und bloß zulassen *müssen*, daß sie zufälliger Weise vielen Nichtchristen in die Hände gekommen: so kann man doch auch wahrlich nicht sagen, daß sie dieselben auszubreiten und bekannter zu machen, freiwillig bemüht gewesen; so kann man doch auch wahrlich nicht leugnen, daß sie eine Art von Vorsicht damit gebraucht, und eben das Geheimnis daraus gemacht haben, was ungefähr die Freimäurer aus ihren Constitutions-Büchern oder die Preußischen Officiere aus ihren Reglements machen, die sie beide auch eben nicht unterdrücken, sondern vielmehr in die weite Welt zu kommen, nicht verhindern können.

Die zweite Stelle des Tertullian, die aus eben der Schrift genommen ist, würde mir eben so leichtes Spiel machen, wenn ich im geringsten auf die Hinterfüße treten wollte. Cogimur ad litterarum divinarum commemorationem, si quid praesentium temporum qualitas aut praemonere cogit, aut recognoscere. Ich dürfte nämlich nur fragen, wie Ew. Hochwürden beweisen wollten, daß unter den litteris divinis auch das gesamte neue Testament begriffen gewesen? Weil wir es jetzt unter jener allgemeinen Benennung mit begreifen würden? Divina litteratura heißt dem Tertullian in eben derselben Schutzschrift offenbar nur* das alte Testament, von welchem er behauptet, daß es die Schatzkammer aller fremden Weisheit gewesen, und gegen welches, seinem Ausdrucke nach, eine gewisse novitiola paratura sehr absticht, unter welcher er das neue Testament verstehen soll. Doch in die Verlegenheit, sich auf solche Dinge einzulassen, brauche *ich* niemand zu setzen, der ich es mit beiden Händen zugebe, daß die gesamten Schriften der Evangelisten und Apostel nicht allein damals vorhanden, sondern auch bei den Christen im Gebrauche gewesen. Ich frage ja nur, in welchem Gebrauche? Ich frage ja nur, ob sie ihre Glaubenslehren daraus hergeholt? ob sie ihre Glaubenslehren ohne sie nicht gehabt haben würden? Hierauf antwortet diese Stelle des Tertullians so wenig mit einiger Bejahung, daß sie vielmehr einen ganz andern Gebrauch, einen bloß zufälligen Gebrauch, nach Maßgebung gewisser Zeitumstände, offenbar anzudeuten scheint. Die Christen schlugen ihre heiligen Schriften nach, so wie die Römer ihre geheimen archivalischen Nachrichten, oder die Sybillinischen Bücher; nicht ihre Gesetze daraus zu lernen, sondern daraus zu sehen, wie es bei gewissen Vorfällen ehedem gehalten worden, oder was ihnen bei gewissen ominösen Eräugnungen bevorstehe. Vollends machen die nächstfolgenden Worte des Tertullian: Certe fidem sanctis vocibus pascimus, spem erigimus, fiduciam figimus, disciplinam praeceptorum nihilominus in compulsationibus densamus, es

---

* cap. 47. p. 396.

klar, daß bloß von einem disciplinarischen und von keinem dogmatischen Gebrauche des neuen Testaments hier die Rede sein könne. Fidem sanctis vocibus pascimus kann gar wohl auch nur heißen: zur Stärkung unsers Glaubens singen wir geistliche Lieder. Denn daß das Singen in den ersten Versammlungen der Christen Mode war, wissen wir gewiß; da hingegen von Vorlesungen, wenigstens der jüngere Plinius, weder in Gutem noch in Bösem etwas erfahren hatte. Wenn nun gar unter Compulsationibus die Verfolgungen zu verstehen wären, wem könnte man es verdenken, wenn er unter der commemoratione litterarum divinarum vornehmlich die Ablesung der Verhandlungen der heiligen Märtyrer verstehen wollte, als welche freilich erst nach den Zeiten des Plinius recht üblich werden konnte, und von welcher bekannt ist, wie viel die erste Kirche darauf gehalten, ut armentur filiorum animi, dum patrum recensentur triumphi.

Und das wäre denn alles, was man mir aus dem Tertullian entgegen setzen könnte? Wie gut komme ich da weg! Ich fürchte, ich werde Ew. Hochwürden so leicht nicht können abkommen lassen, wenn ich nun einmal den Tertullian für mich reden lasse. Und wie? wenn Ew. Hochwürden, damit diese wiederholte Drohung nicht bloß einer Drohung ähnlich bleibe, mir sofort erlaubten, hier eine kleine Ausschweifung über einen Punkt zu machen, der am besten zeigen kann, wer von uns beiden seinen Tertullian am richtigsten inne hat?

Dieser Punkt betrifft die Glaubens-Bekenntnisse, die Ew. Hochwürden, nach dem Basnage, für nichts als zufällige menschliche Erweiterungen der ersten von Christo selbst eingesetzten Taufformel ansehen, weil man die Täuflinge mit den Unterscheidungs-Lehren der Ketzer nicht zeitig genug bekannt machen können. Von diesen behaupten der Herr Doktor S. 205 u. f. Ihrer kritischen Untersuchung, eine Menge Dinge, von welchen Sie, ich weiß nicht, ob mitleidiger oder zufriedener mit sich selbst, – bald hätte ich stolzer gesagt, – bedauern, daß sie denen, die sich darüber zu schreiben erdreisten, nicht bekannt sind. Was Wunder also, daß ich die Gelegenheit nicht früh genug ergreifen zu können glaube, mich von dem Verdachte einer so schülerhaften Unwissenheit – denn welche Unwissenheit ist schülerhafter, als wenn man auch das nicht einmal weiß, was andre glauben? – zu befreien, und zu entschuldigen, wenn ich von so bekannten Angaben nicht vermeine, *daß sie darum keines Beweises nötig haben?* – Das Scharmützel ist aber noch kein Treffen, in welches ich mich zu seiner Zeit Paragraph vor Paragraph einzulassen gesonnen. –

*Ausschweifung über das Glaubens-Bekenntnis
der ersten Christen*

§ 1

Es sei immerhin noch so wahrscheinlich, daß die Anerkennung der von Christo Matth. 28,19 vorgeschriebenen Taufformel Anfangs hinlänglich gewesen, denen die sich zu Christo bekennen wollten, die Taufe widerfahren zu lassen: ist es denn darum unwahrscheinlich, oder etwa gar unmöglich, daß Christus nach seiner Auferstehung seinen Jüngern einen kurzen Inbegriff von dem hinterlassen, was sie künftig von ihm lehren sollten? welchen er ihnen vor seinem Tode darum nicht erteilen konnte, weil das wenigste davon noch geschehen war. Daß ein solcher Inbegriff sehr nützlich gewesen wäre, wird doch niemand leugnen wollen: und nach der großen Entdeckung, die in unsern Tagen gemacht worden, daß Christus, nach seiner Auferstehung bis zu seiner Himmelfahrt, nicht bloß seinen Jüngern dann und wann erschienen, sondern die ganzen vierzig Tage continuierlich, nach wie vor, mit ihnen gelebt habe, hatte er ja wohl auch noch Zeit genung dazu.

§ 2

Es wäre falsch, schlechterdings falsch, daß man vor dem Ende des zweiten Jahrhunderts auch nur eine Spur eines vermehrten Taufformulars oder eigentlichen Glaubens-Bekenntnisses anträfe? Bei dem Irenäo und Tertullian kommen dergleichen zuerst vor? Wer sie älter mache, der sage nicht historische Wahrheit, sondern Konjektur und Hypothese? Hierauf antworte ich. *Erstlich:* gibt es denn frühere Kirchenväter dieser Art, als Irenäus und Tertullian, bei welchen ein eigentliches Glaubens-Bekenntnis vorkommen könnte? Ich sage, *dieser Art*; d. i. solcher, die sich mit Widerlegung der Ketzer abgegeben und sonach Anlaß gehabt hätten, sich ausdrücklich darauf zu beziehen? *Zweitens:* wenn diejenigen, bei welchen ein eigentliches Glaubens-Bekenntnis zuerst in extenso zu finden, versichern, daß das von ihnen angeführte das nämliche sei, welches sofort mit dem Evangelio seinen Umlauf in der Welt gemacht habe, hanc regulam ab initio Evangelii decucurrisse; wenn sie versichern, daß es das nämliche sei, welches die Kirche von den Aposteln, die Apostel von Christo, Christus von Gott erhalten habe, quam Ecclesia ab Apostolis, Apostoli a Christo, Christus a Deo tradidit; wenn sie versichern, daß es das nämliche sei, welches selbst Paulus, ungeachtet seiner unmittelbaren Erleuchtung, sich endlich von den Aposteln habe müssen geben lassen: sind das keine ältere Spuren?

§ 3

Ja, die letztgedachte: führt sie uns nicht so hoch hinauf, als wir nur immer verlangen können? führt sie uns nicht auf ein Zeugnis des Apostels selbst? Paulus Hierosolymam ascendit, sagt Tertullian, ad cognoscendos Apostolos et consultandos, ne forte in vanum cucurrisset, id est, ne non secundum illos credidisset et non secundum illos evangelizaret. Denique ut cum auctoribus contulit et convenit de regula fidei, dexteras miscuere et exinde officia praedicandi distinxerunt. Nun beziehet sich dieses freilich auf Galat. 2,2, wo nach Luthers Übersetzung bloß steht, daß sich Paulus mit den Aposteln *über dem Evangelio besprochen*. Doch da ἀνατιθεσθαι in dieser Bedeutung nur an diesem Orte vorkommen würde, so müssen die alten Kirchenväter doch ihren Grund gehabt haben, eine nähere Anspielung auf das eigentliche Glaubens-Bekenntnis darin wahrzunehmen. Denn nicht allein Tertullian erkennet diese, sondern auch Augustinus; und zwar unter dem nämlichen Ausdrucke der Regula fidei. Wenn denn auch das Symbolum, wie der Herr Doktor wollen, weiter nichts als ein bloßer geheimer Gruß gewesen, wie ihn noch unsre Handwerker haben: so kann ja wohl ἀνατιθεσθαι το ἐυαγγελιον bedeutet haben: diesen Gruß hersagen, um sich dadurch für einen wahren Bruder in Christo erkennen zu lassen.

§ 4

Oder soll etwa regula fidei das Glaubens-Bekenntnis nicht bedeuten? Hat Tertullian die Bedeutung dieses Ausdrucks durch die unmittelbare Hinzufügung der Sache selbst nicht genug gesichert. Herr D. Walch scheinen, als ob Sie es gar zu gern leugnen möchten. Denn nicht allein soll noch gar nicht gewiß sein, daß κανων und κανων ἀληθειας das öffentliche Glaubens-Bekenntnis bedeute, sondern die lateinische Benennung, die nach jener unstreitig gemacht ist, (indem Tertullian eben sowohl regula veritatis sagt als regula fidei) soll nun wohl einmal eine Sammlung der vornehmsten christlichen Lehren; aber *wiederum kein eigentliches Symbolum anzeigen?* Kein eigentliches? Nun was gehört denn zu einem eigentlichen? Ipsissima verba, in welchen es zuerst abgefaßt worden? Und weil die Tertullianische regula fidei diese nicht hat, soll es kein eigentliches Symbolum sein? Wie haben der Herr Doktor hier mich erinnern können, daß es ja verboten war, das Symbolum aufzuschreiben: ipsissimis verbis versteht sich aufzuschreiben.

Nun folgt in der Reihe der Väter, welche die Bibel zur Erkenntnis-Quelle der christlichen Lehren machen sollen, Athanasius. – Athanasius? und wer mehr? Wer sonst, als lauter Männer, mit welchen sich die zweite Periode der Kirche anfängt, und die nur immer zum vierten Jahrhunderte gezogen werden können.

Dieser aller, wenn ich Ew. Hochwürden die Wahrheit gestehen darf, wäre ich mir kaum hier vermuten gewesen. Es ist wahr, ich habe überall, was ich behauptet habe, von den ersten vier Jahrhunderten behauptet. Aber ich habe wirklich geglaubt, daß es erlaubt sei, sich so in Bausch und Bogen auszudrücken, wenn man eigentlich nur die erste Periode der Kirche meine, die sich, in Ansehung der äußern Verfassung, mit der Regierung Constantin des Großen, und in Ansehung der innern, mit dem Nicäischen Concilio beschließt. Ich habe wirklich geglaubt, daß ein Schriftsteller, welcher von gewissen Besonderheiten der Kirche in den ersten vier Jahrhunderten spreche, nicht eben sagen wolle, daß diese Besonderheiten gerade bis 399 gedauert. Ich habe wirklich geglaubt, daß, wenn man einen solchen Schriftsteller gütlich behandeln wolle, man vornehmlich auf die Hauptmeinung sehen müsse, die sich in dem letzten Viertel seiner ganzen Epoche zugetragen.

Doch was hätten Ew. Hochwürden *mich* so gütlich zu behandeln für Ursache gehabt? Nachgebend ist man nur für seine Freunde, und mit wem wir nach der äußersten Strenge verfahren, der mag es sich selbst zuschreiben, daß er unter unsre Freunde nicht gehört. Auch wäre es Torheit, das *Nachgeben* weiter zu erstrecken, wo man sich selbst dadurch so viel *vergeben* würde.

Meine Thesis hätte offenbar nicht mehr und nicht weniger auf sich gehabt, wenn ich sie so ausgedrückt hätte: bis auf das Nicäische Concilium findet man keine Spur, daß die Kirche die heilige Schrift für eine eigentliche Quelle ihrer Glaubenslehren gehalten. Was aber hätten Ew. Hochwürden nicht verloren, wenn es mir eingekommen wäre, mich so vorsichtig auszudrücken? Ihr Buch würde offenbar auf sein Dritteil eingeschrumpft sein; und das ist nun einmal Disputierkunst, daß man seinen Gegner bei dem geringsten Excesse vornehmlich angreift, den er sich entwischen zu lassen, das Unglück hat.

Freilich werden Ew. Hochwürden nunmehr sagen, daß diese nähere Beschränkung meines Satzes nichts als ein elender Fechterstreich sei, genannt Brechung der Mensur, durch den man einen Stoß noch gar abglitschen machen möchte, der schon sitzt. Aber bei Gott! das ist sie nicht. Denn sehen Ew. Hochwürden; daß mit und nach dem Nicäischen Concilio die Väter der Kirche angefangen haben, der Bibel einen höhern Wert beizulegen, und sie nach und nach so vorzustellen, als ob auch die eigentlichen Glaubens-Artikel daraus gezogen wären und gezogen sein müßten: das will ich so wenig leugnen, das ist mir so wenig unbekannt gewesen, daß vielmehr dieser nämliche Unterschied zwischen den Vätern vor der Nicäischen Versammlung und zwischen den Vätern nach derselben eben das ist, was mich zuerst aufmerksam gemacht hat.

Dieser Unterschied, sagte ich mir, muß notwendig eine besondere Ursache haben. Er kann nicht bloß die Frucht einer allmähligen Wurzelgewinnung der größern Evidenz sein. Denn er ist so auf einmal, so schnell! Äußere Ursachen müssen ihn befördert haben.

Hier fiel mir bei, daß so wie alle Ketzer von jeher fleißig in der Schrift geforscht und ihnen von dieser Seite nichts vorzuwerfen gewesen, als daß sie nicht bloß nach dem, quod salva regula fidei potest in quaestionem devenire, darin geforscht, sondern diese regulam fidei selbst nach ihrem Gutdünken darin finden wollen: besonders sind die Arianer wegen ihrer vorzüglichen Fertigkeit, die Schrift auszulegen, von Anfang an berühmt gewesen. Arius selbst war –

2.
Hilarius

Auch hier brauche ich mich bei den einzeln Stellen nicht aufzuhalten. Es trifft mich keine. Sie beweisen alle nur, daß Hilarius die heiligen Schriften gekannt, gebraucht und empfohlen habe. Das habe ich nie geleugnet; und das ist die Frage nicht. Sondern die Frage ist, wozu er sie gebraucht, wozu er sie empfohlen habe? Die Frage ist, ob er sie gebraucht habe, die Glaubenslehren daraus zu lernen? ob er sie empfohlen habe, daß andere und besonders der Laie die Glaubenslehren darin suchen solle? Und das hat er gewiß nicht.

Es ist wahr, in seinem Buche de Trinitate führt er unendliche Schriftstellen an. Aber bloß sie von den Verdrehungen der Arianer zu retten; bloß als die Belege seiner katholischen Lehre, und im geringsten nicht als die Quellen derselben.

Es waren die Arianer, es war Constantius, auf Anstiften der Arianer, die es ausdrücklich verlangten, daß der Streit von der Gottheit Christi tantum secundum ea, quae scripta sunt* ausgemacht werden sollte. Hilarius ließ sich dieses sehr wohl gefallen. Er sagte: Hoc qui repudiat antichristus est, et qui simulat anathema est. Nun fuhr er fort: Sed unum hoc ego per hanc dignationis tuae sinceram audientiam rogo, ut praesente synodo, quae nunc de fide litigat, pauca me de scripturis evangelicis digneris audire. Diese seine Rede ist nicht mehr; aber wir können darum nicht minder zuverlässig wissen, was der Inhalt derselben gewe-

---

* Hil. ad. Constantium, lib. II. §. 8.

sen. Er stellte dem Kaiser darin vor, daß es unmöglich sei, Glaubenslehren aus bloßen Schriftstellen auszumachen, wenn man nicht zugleich eine gewisse Regel annehme, wie diese Schriftstellen verstanden werden müßten. Und diese Regel war keine andere, als das Glaubens-Bekenntnis, davon er die Überzeugung in der Taufe angelobet und empfangen habe. Diese innere Überzeugung, sagt Hilarius, habe er, und bedürfe einer äußern aus der Schrift nicht: penes me habeo fidem, exteriore non egeo. Dieser in der Taufe erhaltene Glaube müsse als der Sinn der Schrift angenommen werden, und aller vorgegebene Glaube, der einzig auf Schriftstellen beruhe, sei außer diesem Glauben nichts, weil Schriftstellen auch Ketzer für sich anzuführen nicht ermangelten. Es sei daher auch in diesem Sturme mit einander streitender Auslegung das Sicherste, sich in den Hafen, aus welchem man ausgelaufen sei, wieder zurückzuziehen, und man sieht leicht, welchen Hafen er meint. Inter haec fidei naufragia, coelestis patrimonii jam paene profligata haereditate, tutissimum nobis est, primam et solam evangelicam fidem confessam in baptismo intellectamque retinere.

Heißt das nun auch die Schrift zur einzigen Quelle des Glaubens machen? Meint Hilarius auch, wenn die Bibel nicht wäre, würde er gar keinen Glauben haben? Er würde auf Niemand getauft sein, wenn es die Bibel nicht sagte, auf wen er getauft sein müßte? –

3.
Theodoretus
Lib. I. p. 7.

Arius, cui sacrorum voluminum expositio commissa erat. Vom Alexander aber heißt es: τοις θειοις λογοις ἑπομενος, welches nicht gut durch sacrarum litterarum vestigiis insistens übersetzt wird. θειοι λογοι heißen wohl mehr die göttlichen Überlieferungen.

DIE RELIGION CHRISTI

Denn der Vater will auch haben, die ihn also anbeten.
St. Johannes

§ 1
Ob Christus mehr als Mensch gewesen, das ist ein Problem. Daß er wahrer Mensch gewesen, wenn er es überhaupt gewesen; daß er nie aufgehört hat, Mensch zu sein: das ist ausgemacht.

§ 2
Folglich sind die Religion Christi und die christliche Religion zwei ganz verschiedene Dinge.

§ 3
Jene, die Religion Christi, ist diejenige Religion, die er als Mensch selbst erkannte und übte; die jeder Mensch mit ihm gemein haben kann; die jeder Mensch um so viel mehr mit ihm gemein zu haben wünschen muß, je erhabener und liebenswürdiger der Charakter ist, den er sich von Christo als bloßen Menschen macht.

§ 4
Diese, die christliche Religion, ist diejenige Religion, die es für wahr annimmt, daß er mehr als Mensch gewesen, und ihn selbst als solchen, zu einem Gegenstande ihrer Verehrung macht.

§ 5
Wie beide diese Religionen, die Religion Christi sowohl als die Christliche, in Christo als in einer und eben derselben Person bestehen können, ist unbegreiflich.

§ 6
Kaum lassen sich die Lehren und Grundsätze beider in einem und ebendemselben Buche finden. Wenigstens ist augenscheinlich,

daß jene, nämlich die Religion Christi, ganz anders in den Evangelisten enthalten ist als die Christliche.

§ 7
Die Religion Christi ist mit den klarsten und deutlichsten Worten darin enthalten;

§ 8
Die Christliche hingegen so ungewiß und vieldeutig, daß es schwerlich eine einzige Stelle gibt, mit welcher zwei Menschen, so lange als die Welt steht, den nämlichen Gedanken verbunden haben.

PHILOSOPHIE

ERNST UND FALK

Gespräche für Freimäurer

Sr. Durchlaucht dem *Herzoge Ferdinand*

Durchlauchtigster Herzog,
Auch ich war an der Quelle der Wahrheit, und schöpfte. Wie tief ich geschöpft habe, kann nur der beurteilen, von dem ich die Erlaubnis erwarte, noch tiefer zu schöpfen. – Das Volk lechzet schon lange und vergehet vor Durst. –

Ew. Durchlaucht,
untertänigster Knecht
– –

VORREDE EINES DRITTEN

Wenn nachstehende Blätter die wahre *Ontologie* der Freimäurerei nicht enthalten: so wäre ich begierig zu erfahren, in welcher von den unzähligen Schriften, die sie veranlaßt hat, ein mehr bestimmter Begriff von ihrer *Wesenheit* gegeben werde.

Wenn aber die Freimäurer alle, von welchem Schlage sie auch immer sein mögen, gern einräumen werden, daß der hier angezeigte Gesichtspunkt der einzige ist, aus welchem – sich nicht einem blöden Auge ein bloßes Phantom zeigt, – sondern gesunde Augen eine wahre Gestalt erblicken: so dürfte nur noch die Frage entstehen; warum man nicht längst, so deutlich mit der Sprache herausgegangen sei?

Auf diese Frage wäre vielerlei zu antworten. Doch wird man schwerlich eine andere Frage finden, die mit ihr mehr Ähnlichkeit habe, als die: warum in dem Christentume die systematischen Lehrbücher so spät entstanden sind? warum es so viele und gute Christen gegeben hat, die ihren Glauben auf eine verständliche Art weder angeben konnten, noch wollten?

Auch wäre dieses im Christentume noch immer zu früh geschehen, indem der Glaube selbst vielleicht wenig dabei gewonnen: wenn sich Christen nur nicht hätten einfallen lassen, ihn auf eine ganz widersinnige Art angeben zu wollen.

Man mache hiervon die Anwendung selbst.

ERSTES GESPRÄCH

ERNST. Woran denkst du, Freund?

FALK. An nichts.

ERNST. Aber du bist so still.

FALK. Eben darum. Wer denkt, wenn er genießt? Und ich genieße des erquickenden Morgens.

ERNST. Du hast Recht; und du hättest mir meine Frage nur zurückgeben dürfen.

FALK. Wenn ich an etwas dächte, würde ich darüber sprechen. Nichts geht über das *laut denken* mit einem Freunde.

ERNST. Gewiß.

FALK. Hast *du* des schönen Morgens schon genug genossen; fällt *dir* etwas ein; so sprich *du*. Mir fällt nichts ein.

ERNST. Gut das! – Mir fällt ein, daß ich dich schon längst um etwas fragen wollen.

FALK. So frage doch.

ERNST. Ist es wahr, Freund, daß du ein Freimäurer bist?

FALK. Die Frage ist eines der keiner ist.

ERNST. Freilich! – Aber antworte mir gerader zu. – Bist du ein Freimäurer?

FALK. Ich glaube es zu sein.

ERNST. Die Antwort ist eines, der seiner Sache eben nicht gewiß ist.

FALK. O doch! Ich bin meiner Sache so ziemlich gewiß.

ERNST. Denn du wirst ja wohl wissen, ob und wenn und wo und von wem du aufgenommen worden.

FALK. Das weiß ich allerdings; aber das würde so viel nicht sagen wollen.

ERNST. Nicht?

FALK. Wer nimmt nicht auf, und wer wird nicht aufgenommen!

ERNST. Erkläre dich.

FALK. Ich glaube ein Freimäurer zu sein; nicht so wohl, weil ich von älteren Maurern in einer gesetzlichen Loge aufgenommen worden: sondern weil ich einsehe und erkenne, was und warum die Freimäurerei ist, wenn und wo sie gewesen, wie und wodurch sie befördert oder gehindert wird.

ERNST. Und drückst dich gleichwohl so zweifelhaft aus? – *Ich glaube einer zu sein!*

FALK. Dieses Ausdrucks bin ich nun so gewohnt. Nicht zwar, als ob ich Mangel an eigner Überzeugung hätte: sondern weil ich nicht gern mich jemanden gerade in den Weg stellen mag.

ERNST. Du antwortest mir als einem Fremden.

FALK. Fremder oder Freund!

ERNST. Du bist aufgenommen, du weißt alles – –

FALK. Andere sind auch aufgenommen, und glauben zu wissen.

ERNST. Könntest du denn aufgenommen sein, ohne zu wissen, was du weißt?

FALK. Leider!

ERNST. Wie so?

FALK. Weil viele, welche aufnehmen, es selbst nicht wissen; die wenigen aber, die es wissen, es nicht sagen *können*.

ERNST. Und könntest du denn wissen, was du weißt, ohne aufgenommen zu sein?

FALK. Warum nicht? – Die Freimäurerei ist nichts willkürliches, nichts entbehrliches: sondern etwas notwendiges, das in dem Wesen des Menschen und der bürgerlichen Gesellschaft gegründet ist. Folglich muß man auch durch eignes Nachdenken eben so wohl darauf verfallen können, als man durch Anleitung darauf geführet wird.

ERNST. Die Freimäurerei wäre nichts Willkürliches? – Hat sie nicht Worte und Zeichen und Gebräuche, welche alle anders sein könnten, und folglich willkürlich sind?

FALK. Das hat sie. Aber diese Worte und diese Zeichen und diese Gebräuche, sind nicht die Freimäurerei.

ERNST. Die Freimäurerei wäre nichts Entbehrliches? – Wie machten es denn die Menschen, als die Freimäurerei noch nicht war?

FALK. Die Freimäurerei war immer.

ERNST. Nun was ist sie denn, diese notwendige, diese unentbehrliche Freimäurerei?

FALK. Wie ich dir schon zu verstehen gegeben: — Etwas, das selbst die, die es wissen, nicht sagen können.

ERNST. Also ein Unding.

FALK. Übereile dich nicht.

ERNST. Wovon ich einen Begriff habe, das kann ich auch mit Worten ausdrücken.

FALK. Nicht immer; und oft wenigstens nicht so, daß andre durch die Worte vollkommen eben denselben Begriff bekommen, den ich dabei habe.

ERNST. Wenn nicht vollkommen eben denselben, doch einen etwanigen.

FALK. Der etwanige Begriff wäre hier unnütz oder gefährlich. Unnütz, wenn er nicht genug; und gefährlich, wenn er das geringste zu viel enthielte.

ERNST. Sonderbar! — Da also selbst die Freimäurer, welche das Geheimnis ihres Ordens wissen, es nicht wörtlich mitteilen können, wie breiten sie denn gleichwohl ihren Orden aus?

FALK. Durch Taten. — Sie lassen gute Männer und Jünglinge, die sie ihres nähern Umgangs würdigen, ihre Taten vermuten, erraten, — sehen, so weit sie zu sehen sind; diese finden Geschmack daran, und tun ähnliche Taten.

ERNST. Taten? Taten der Freimäurer? — Ich kenne keine andere, als ihre Reden und Lieder, die meistenteils schöner gedruckt, als gedacht und gesagt sind.

FALK. Das haben sie mit mehrern Reden und Liedern gemein.

ERNST. Oder soll ich das für ihre Taten nehmen, was sie in diesen Reden und Liedern von sich rühmen?

FALK. Wenn sie es nicht bloß von sich rühmen.

ERNST. Und was rühmen sie denn von sich? — Lauter Dinge, die man von jedem guten Menschen, von jedem rechtschaffnen Bürger erwartet. — Sie sind so freundschaftlich, so guttätig, so gehorsam, so voller VaterlandsLiebe!

FALK. Ist denn das nichts?

ERNST. Nichts! — um sich dadurch von andern Menschen auszusondern. — Wer soll das nicht sein?

FALK. Soll!

ERNST. Wer hat, dieses zu sein, nicht, auch außer der Freimäurerei, Antrieb und Gelegenheit genug?

FALK. Aber doch in ihr, und durch sie, einen Antrieb mehr.

ERNST. Sage mir nichts von der Menge der Antriebe. Lieber einem einzigen Antriebe alle mögliche intensive Kraft gegeben! – Die Menge solcher Antriebe ist wie die Menge der Räder in einer Maschine. Je mehr Räder: desto wandelbarer.

FALK. Ich kann dir das nicht widersprechen.

ERNST. Und was für einen Antrieb mehr! – Der alle andre Antriebe verkleinert, verdächtig macht! sich selbst für den stärksten und besten ausgibt!

FALK. Freund, sei billig! – Hyperbel, Quidproquo jener schalen Reden und Lieder! Probewerk! Jüngerarbeit!

ERNST. Das will sagen: Bruder Redner ist ein Schwätzer.

FALK. Das will nur sagen: was Bruder Redner an den Freimäurern preiset, das sind nun freilich ihre Taten eben nicht. Denn Bruder Redner ist wenigstens kein Plauderer; und Taten sprechen von selbst.

ERNST. Ja, nun merke ich worauf du zielest. Wie konnten sie mir nicht gleich einfallen diese Taten, diese sprechende Taten. Fast möchte ich sie schreiende nennen. Nicht genug, daß sich die Freimäurer einer den andern unterstützen, auf das kräftigste unterstützen: denn das wäre nur die notwendige Eigenschaft einer jeden Bande. Was tun sie nicht für das gesamte Publikum eines jeden Staats, dessen Glieder sie sind!

FALK. Zum Exempel? – Damit ich doch höre, ob du auf der rechten Spur bist.

ERNST. Z.E. die Freimäurer in Stockholm! – Haben sie nicht ein großes Findelhaus errichtet?

FALK. Wenn die Freimäurer in Stockholm sich nur auch bei einer andern Gelegenheit tätig erwiesen haben.

ERNST. Bei welcher andern?

FALK. Bei sonst andern; meine ich.

ERNST. Und die Freimäurer in Dresden! die arme junge Mädchen mit Arbeit beschäftigen, sie klöppeln und stücken lassen, – damit das Findelhaus nur kleiner sein dürfe.

FALK. Ernst! Du weißt wohl, wenn ich dich deines Namens erinnere.

ERNST. Ohne alle Glossen dann. – Und die Freimäurer in Braunschweig! die arme fähige Knaben im Zeichnen unterrichten lassen.

FALK. Warum nicht?

ERNST. Und die Freimäurer in Berlin! die das Basedowsche Philantropin unterstützen.

FALK. Was sagst du? – Die Freimäurer? Das Philanthropin? unterstützen? – Wer hat dir das aufgebunden?

ERNST. Die Zeitung hat es ausposaunet.

FALK. Die Zeitung! – Da müßte ich Basedows eigenhändige Quittung sehen. Und müßte gewiß sein, daß die Quittung nicht an Freimäurer in Berlin, sondern an die Freimäurer gerichtet wäre.

ERNST. Was ist das? – Billigest du denn Basedows Institut nicht?

FALK. Ich nicht? Wer kann es mehr billigen?

ERNST. So wirst du ihm ja diese Unterstützung nicht mißgönnen?

FALK. Mißgönnen? – Wer kann ihm alles Gute mehr gönnen, als Ich?

ERNST. Nun dann! – Du wirst mir unbegreiflich.

FALK. Ich glaube wohl. Dazu habe ich Unrecht. – Denn auch die Freimäurer können etwas tun, was sie nicht als Freimäurer tun.

ERNST. Und soll das von allen auch ihren übrigen guten Taten gelten?

FALK. Vielleicht! – Vielleicht, daß alle die guten Taten, die du mir da genannt hast, um mich eines scholastischen Ausdruckes, der Kürze wegen zu bedienen, nur ihre Taten ad extra sind.

ERNST. Wie meinst du das?

FALK. Nur ihre Taten, die dem Volke in die Augen fallen; – nur Taten, die sie bloß deswegen tun, damit sie dem Volk in die Augen fallen sollen.

ERNST. Um Achtung und Duldung zu genießen?

FALK. Könnte wohl sein.

ERNST. Aber ihre wahre Taten denn? – Du schweigst?

FALK. Wenn ich dir nicht schon geantwortet hätte? – Ihre wahre Taten sind ihr Geheimnis.

ERNST. Ha! ha! Also auch nicht erklärbar durch Worte?

FALK. Nicht wohl! – Nur so viel kann und darf ich dir sagen: die wahren Taten der Freimäurer sind so groß, so weit aussehend, daß ganze Jahrhunderte vergehen können, ehe man sagen kann: das haben sie getan! Gleichwohl haben sie alles Gute getan, was noch in der Welt ist, – merke wohl: in der *Welt*! – Und fahren fort, an alle dem Guten zu arbeiten, was noch in der Welt werden wird, – merke wohl, in der *Welt*.

ERNST. O geh! Du hast mich zum besten.

FALK. Wahrlich nicht. – Aber sieh! dort fliegt ein Schmetterling, den ich haben muß. Es ist der von der Wolfmilchsraupe. – Geschwind sage ich dir nur noch: die wahren Taten der Freimäurer zielen dahin, um größten Teils alles, was man gemeiniglich gute Taten zu nennen pflegt, entbehrlich zu machen.

ERNST. Und sind doch auch gute Taten?

FALK. Es kann keine bessere geben. – Denke einen Augenblick darüber nach. Ich bin gleich wieder bei dir.

ERNST. Gute Taten, welche darauf zielen, gute Taten entbehrlich zu machen? – Das ist ein Rätsel. Und über ein Rätsel denke ich nicht nach. – Lieber lege ich mich indes unter den Baum, und sehe den Ameisen zu.

ZWEITES GESPRÄCH

ERNST. Nun? wo bleibst du denn? Und hast den Schmetterling doch nicht?

FALK. Er lockte mich von Strauch zu Strauch, bis an den Bach. – Auf einmal war er herüber.

ERNST. Ja, ja. Es gibt solche Locker!

FALK. Hast du nachgedacht?

ERNST. Über was? Über dein Rätsel? – Ich werde ihn auch nicht fangen, den schönen Schmetterling! Darum soll er mir aber auch weiter keine Mühe machen. – Einmal von der Freimäurerei mit dir gesprochen, und nie wieder. Denn ich sehe ja wohl; du bist, wie sie alle.

FALK. Wie sie alle? Das sagen diese alle nicht.

ERNST. Nicht? So gibt es ja wohl auch Ketzer unter den Freimäurern? Und du wärest einer. – Doch alle Ketzer haben mit den Rechtgläubigen immer noch etwas gemein. Und davon sprach ich.

FALK. Wovon sprachst du?

ERNST. Rechtgläubige oder Ketzerische Freimäurer – sie alle spielen mit Worten, und lassen sich fragen, und antworten ohne zu antworten.

FALK. Meinst du? – Nun wohl, so laß uns von etwas andern reden. Denn einmal hast du mich aus dem behäglichen Zustande des stummen Staunens gerissen –

ERNST. Nichts ist leichter, als dich in diesen Zustand wieder zu versetzen – Laß dich nur hier bei mir nieder, und sieh!

FALK. Was denn?

ERNST. Das Leben und Weben auf und in und um diesen Ameisenhaufen. Welche Geschäftigkeit, und doch welche Ordnung! Alles trägt und schleppt und schiebt; und keines ist dem andern hinderlich. Sieh nur! Sie helfen einander sogar.

FALK. Die Ameisen leben in Gesellschaft, wie die Bienen.

ERNST. Und in einer noch wunderbarern Gesellschaft als die Bienen. Denn sie haben niemand unter sich, der sie zusammen hält und regieret.

FALK. Ordnung muß also doch auch ohne Regierung bestehen können.

ERNST. Wenn jedes einzelne sich selbst zu regieren weiß: warum nicht?

FALK. Ob es wohl auch einmal mit den Menschen dahin kommen wird?

ERNST. Wohl schwerlich!

FALK. Schade!

ERNST. Ja wohl!

FALK. Steh auf, und laß uns gehen. Denn sie werden dich bekriechen die Ameisen; und eben fällt auch mir etwas bei, was ich bei dieser Gelegenheit dich doch fragen muß. – Ich kenne deine Gesinnungen darüber noch gar nicht.

ERNST. Worüber?

FALK. Über die bürgerliche Gesellschaft des Menschen überhaupt. – Wofür hältst du sie?

ERNST. Für etwas sehr Gutes.

FALK. Ohnstreitig. – Aber hältst du sie für Zweck, oder für Mittel?

ERNST. Ich verstehe dich nicht.

FALK. Glaubst du, daß die Menschen für die Staaten erschaffen werden? Oder daß die Staaten für die Menschen sind?

ERNST. Jenes scheinen einige behaupten zu wollen. Dieses aber mag wohl das Wahrere sein.

FALK. So denke ich auch. – Die Staaten vereinigen die Menschen, damit durch diese und in dieser Vereinigung jeder einzelne Mensch seinen Teil von Glückseligkeit desto besser und sichrer genießen könne. – Das Totale der einzelnen Glückseligkeiten aller Glieder, ist die Glückseligkeit des Staats. Außer dieser gibt es gar keine. Jede andere Glückseligkeit des Staats, bei welcher auch noch so wenig einzelne Glieder leiden, und leiden *müssen,* ist Bemäntelung der Tyrannei. Anders nichts!

ERNST. Ich möchte das nicht so laut sagen.

FALK. Warum nicht?

ERNST. Eine Wahrheit, die jeder nach seiner eignen Lage beurteilet, kann leicht gemißbraucht werden.

FALK. Weißt du, Freund, daß du schon ein halber Freimäurer bist?

ERNST. Ich?

FALK. Du. Denn du erkennst ja schon Wahrheiten, die man besser verschweigt.

ERNST. Aber doch sagen *könnte.*

FALK. Der Weise *kann* nicht sagen, was er besser verschweigt.

ERNST. Nun, wie du willst! – Laß uns auf die Freimäurer nicht wieder zurück kommen. Ich mag ja von ihnen weiter nichts wissen.

FALK. Verzeih! – Du siehst wenigstens meine Bereitwilligkeit, dir mehr von ihnen zu sagen.

ERNST. Du spottest. – – Gut! das bürgerliche Leben des Menschen, alle Staatsverfassungen sind nichts als Mittel zur menschlichen Glückseligkeit. Was weiter?

FALK. Nichts als Mittel! Und Mittel menschlicher Erfindung; ob ich gleich nicht leugnen will, daß die Natur alles so eingerichtet, daß der Mensch sehr bald auf diese Erfindung geraten müssen.

ERNST. Dieses hat denn auch wohl gemacht, daß einige die bürgerliche Gesellschaft für Zweck der Natur gehalten. Weil alles, unsere Leidenschaften und unsere Bedürfnisse, alles darauf führe, sei sie folglich das Letzte, worauf die Natur gehe. So schlossen sie. Als ob die Natur nicht auch die Mittel zweckmäßig hervorbringen müssen! Als ob die Natur mehr die Glückseligkeit eines abgezogenen Begriffs – wie Staat, Vaterland und dergleichen sind – als die Glückseligkeit jedes wirklichen einzeln Wesens zur Absicht gehabt hätte!

FALK. Sehr gut! Du kömmst mir auf dem rechten Wege entgegen. Denn nun sage mir; wenn die Staatsverfassungen Mittel, Mittel menschlicher Erfindungen sind: sollten sie allein von dem Schicksale menschlicher Mittel ausgenommen sein?

ERNST. Was nennst du Schicksale menschlicher Mittel?

FALK. Das, was unzertrennlich mit menschlichen Mitteln verbunden ist; was sie von göttlichen unfehlbaren Mitteln unterscheidet.

ERNST. Was ist das?

FALK. Daß sie nicht unfehlbar sind. Daß sie ihrer Absicht nicht allein öfters nicht entsprechen, sondern auch wohl gerade das Gegenteil davon bewirken.

ERNST. Ein Beispiel! wenn dir eines einfällt.

FALK. So sind Schiffahrt und Schiffe Mittel in entlegene Länder zu kommen; und werden Ursache, daß viele Menschen nimmermehr dahin gelangen.

ERNST. Die nämlich Schiffbruch leiden, und ersaufen. Nun glaube ich dich zu verstehen. – Aber man weiß ja wohl, woher es kömmt, wenn so viel einzelne Menschen durch die Staatsverfassung an ihrer Glückseligkeit nichts gewinnen. Der Staatsverfassungen sind viele; eine ist also besser als die andere; manche ist sehr fehlerhaft, mit ihrer Absicht offenbar streitend; und die beste soll vielleicht noch erfunden werden.

FALK. Das ungerechnet! Setze die beste Staatsverfassung, die sich nur denken läßt, schon erfunden; setze, daß alle Menschen in der ganzen Welt diese beste Staatsverfassung angenommen haben: meinst du nicht, daß auch dann noch, selbst aus dieser besten Staatsverfassung, Dinge entspringen müssen, welche der menschlichen Glückseligkeit höchst nachteilig sind, und wovon der Mensch in dem Stande der Natur schlechterdings nichts gewußt hätte?

ERNST. Ich meine: wenn dergleichen Dinge aus der besten Staatsverfassung entsprängen, daß es sodann die beste Staatsverfassung nicht wäre.

FALK. Und eine bessere möglich wäre? – Nun, so nehme ich diese Bessere als die *Beste* an: und frage das Nämliche.

ERNST. Du scheinest mir hier bloß von vorne herein aus dem angenommenen Begriffe zu vernünfteln, daß jedes Mittel menschlicher Erfindung, wofür du die Staatsverfassungen samt und sonders erklärest, nicht anders als mangelhaft sein könne.

FALK. Nicht bloß.

ERNST. Und es würde dir schwer werden, eins von jenen nachteiligen Dingen zu nennen –

FALK. Die auch aus der besten Staatsverfassung notwendig entspringen müssen? – O zehne für eines.

ERNST. Nur eines erst.

FALK. Wir nehmen also die beste Staatsverfassung für erfunden an; wir nehmen an, daß alle Menschen in der Welt in dieser besten Staatsverfassung leben: würden deswegen alle Menschen in der Welt, nur einen Staat ausmachen?

ERNST. Wohl schwerlich. Ein so ungeheurer Staat würde keiner Verwaltung fähig sein. Er müßte sich also in mehrere kleine Staaten verteilen, die alle nach den nämlichen Gesetzen verwaltet würden.

FALK. Das ist: die Menschen würden auch dann noch Deutsche und Franzosen, Holländer und Spanier, Russen und Schweden sein; oder wie sie sonst heißen würden.

ERNST. Ganz gewiß!

FALK. Nun da haben wir ja schon Eines. Denn nicht wahr, jeder dieser kleinern Staaten hätte sein eignes Interesse? und jedes Glied derselben hätte das Interesse seines Staats?

ERNST. Wie anders?

FALK. Diese verschiedene Interesse würden öfters in Kollision kommen, so wie itzt: und zwei Glieder aus zwei verschiedenen Staaten würden einander eben so wenig mit unbefangenem Gemüt begegnen können, als itzt ein Deutscher einem Franzosen, ein Franzose einem Engländer begegnet.

ERNST. Sehr wahrscheinlich!

FALK. Das ist: wenn itzt ein Deutscher einem Franzosen, ein Franzose einem Engländer, oder umgekehrt, begegnet, so begegnet nicht mehr ein *bloßer* Mensch einem *bloßen* Menschen, die vermöge ihrer gleichen Natur gegen einander angezogen werden, sondern ein *solcher* Mensch begegnet einem *solchen* Menschen, die ihrer verschiednen Tendenz sich bewußt sind, welches sie gegen einander kalt, zurückhaltend, mißtrauisch macht, noch ehe sie für ihre einzelne Person das geringste mit einander zu schaffen und zu teilen haben.

ERNST. Das ist leider wahr.

FALK. Nun so ist es denn auch wahr, daß das Mittel, welches die Menschen vereiniget, um sie durch diese Vereinigung ihres Glückes zu versichern, die Menschen zugleich trennet.

ERNST. Wenn du es so verstehest.

FALK. Tritt einen Schritt weiter. Viele von den kleinern Staaten würden ein ganz verschiedenes Klima, folglich ganz verschiedene Bedürfnisse und Befriedigungen, folglich ganz verschiedene Gewohnheiten und Sitten, folglich ganz verschiedene Sittenlehren, folglich ganz verschiedene Religionen haben. Meinst du nicht?

ERNST. Das ist ein gewaltiger Schritt!

FALK. Die Menschen würden auch dann noch Juden und Christen und Türken und dergleichen sein.

ERNST. Ich getraue mir nicht, Nein zu sagen.

FALK. Würden sie das; so würden sie auch, sie möchten heißen, wie sie wollten, sich unter einander nicht anders verhalten, als sich unsere Christen und Juden und Türken von je her unter einander verhalten haben. Nicht als *bloße* Menschen gegen *bloße* Menschen; sondern als *solche* Menschen gegen *solche* Menschen, die sich einen gewissen geistigen Vorzug streitig machen, und darauf Rechte gründen, die dem natürlichen Menschen nimmermehr einfallen könnten.

ERNST. Das ist sehr traurig; aber leider doch sehr vermutlich.

FALK. Nur vermutlich?

ERNST. Denn allenfalls dächte ich doch, so wie du angenommen hast, daß alle Staaten einerlei Verfassung hätten, daß sie auch wohl alle einerlei Religion haben könnten. Ja ich begreife nicht, wie einerlei Staatsverfassung ohne einerlei Religion auch nur möglich ist.

FALK. Ich eben so wenig. – Auch nahm ich jenes nur an, um deine Ausflucht abzuschneiden. Eines ist zuverlässig eben so unmöglich, als das andere. Ein Staat: mehrere Staaten. Mehrere Staaten: mehrere Staatsverfassungen. Mehrere Staatsverfassungen: mehrere Religionen.

ERNST. Ja, ja: so scheint es.

FALK. So ist es. – Nun sieh da das zweite Unheil, welches die bürgerliche Gesellschaft, ganz ihrer Absicht entgegen, verursacht. Sie kann die Menschen nicht vereinigen, ohne sie zu trennen; nicht trennen, ohne Klüfte zwischen ihnen zu befestigen, ohne Scheidemauern durch sie hin zu ziehen.

ERNST. Und wie schrecklich diese Klüfte sind! wie unübersteiglich oft diese Scheidemauern!

FALK. Laß mich noch das dritte hinzufügen. – Nicht genug, daß die bürgerliche Gesellschaft die Menschen in verschiedene Völker und Religionen teilet und trennet. – Diese Trennung in wenige große Teile, deren jeder für sich ein Ganzes wäre, wäre doch immer noch besser, als gar kein Ganzes. – Nein; die bürgerliche Gesellschaft setzt ihre Trennung auch in jedem dieser Teile gleichsam bis ins Unendliche fort.

ERNST. Wie so?

FALK. Oder meinest du, daß ein Staat sich ohne Verschiedenheit von Ständen denken läßt? Er sei gut oder schlecht, der Vollkommenheit mehr oder weniger nahe: unmöglich können alle Glieder desselben unter sich das nämliche Verhältnis haben. – Wenn sie auch alle an der Gesetzgebung Anteil haben: so können sie doch nicht gleichen Anteil haben, wenigstens nicht gleich unmittelbaren Anteil. Es wird also vornehmere und geringere Glieder geben. – Wenn Anfangs auch alle Besitzungen des Staats unter sie gleich verteilet worden: so kann diese gleiche Verteilung doch keine zwei Menschenalter bestehen. Einer wird sein Eigentum besser zu nutzen wissen, als der andere. Einer wird sein schlechter genutztes Eigentum gleichwohl unter mehrere Nachkommen zu verteilen haben, als der andere. Es wird also reichere und ärmere Glieder geben.

ERNST. Das versteht sich.

FALK. Nun überlege, wie viel Übel es in der Welt wohl gibt, das in dieser Verschiedenheit der Stände seinen Grund nicht hat.

ERNST. Wenn ich dir doch widersprechen könnte! – Aber was hatte ich für Ursache, dir überhaupt zu widersprechen? – Nun ja, die Menschen sind nur durch Trennung zu vereinigen! nur durch unaufhörliche Trennung in Vereinigung zu erhalten! Das ist nun einmal so. Das kann nun nicht anders sein.

FALK. Das sage ich eben!

ERNST. Also, was willst du damit? Mir das bürgerliche Leben dadurch verleiden? Mich wünschen machen, daß den Menschen der Gedanke, sich in Staaten zu vereinigen, nie möge gekommen sein?

FALK. Verkennst du mich so weit? – Wenn die bürgerliche Gesellschaft auch nur das Gute hätte, daß allein in ihr die menschliche Vernunft angebauet werden kann: ich würde sie auch bei weit größern Übeln noch segnen.

ERNST. Wer des Feuers genießen will, sagt das Sprichwort, muß sich den Rauch gefallen lassen.

FALK. Allerdings! – Aber weil der Rauch bei dem Feuer unvermeidlich ist: durfte man darum keinen Rauchfang erfinden? Und der den Rauchfang erfand, war der darum ein Feind des Feuers? – Sieh, dahin wollte ich.

ERNST. Wohin? – Ich verstehe dich nicht.

FALK. Das Gleichnis war doch sehr passend. – – Wenn die Menschen nicht anders in Staaten vereiniget werden konnten, als durch jene Trennungen: werden sie darum gut, jene Trennungen?

ERNST. Das wohl nicht.

FALK. Werden sie darum heilig, jene Trennungen?

ERNST. Wie heilig?

FALK. Daß es verboten sein sollte, Hand an sie zu legen?

ERNST. In Absicht? ...

FALK. In Absicht, sie nicht größer einreißen zu lassen, als die Notwendigkeit erfodert. In Absicht, ihre Folgen so unschädlich zu machen, als möglich.

ERNST. Wie könnte das verboten sein?

FALK. Aber geboten kann es doch auch nicht sein; durch bürgerliche Gesetze nicht geboten! Denn bürgerliche Gesetze erstrecken sich nie über die Grenzen ihres Staats. Und dieses würde nun gerade außer den Grenzen aller und jeder Staaten liegen. – Folglich kann es nur ein Opus supererogatum sein: und es wäre bloß zu wünschen, daß sich die Weisesten und Besten eines jeden Staats diesem Operi supererogato freiwillig unterzögen.

ERNST. Bloß zu wünschen; aber recht sehr zu wünschen.

FALK. Ich dächte! Recht sehr zu wünschen, daß es in jedem Staate Männer geben möchte, die über die Vorurteile der Völkerschaft hinweg wären, und genau wüßten, wo Patriotismus, Tugend zu sein aufhöret.

ERNST. Recht sehr zu wünschen!

FALK. Recht sehr zu wünschen, daß es in jedem Staate Männer geben möchte, die dem Vorurteile ihrer angebornen Religion nicht unterlägen; nicht glaubten, daß alles notwendig gut und wahr sein müsse, was sie für gut und wahr erkennen.

ERNST. Recht sehr zu wünschen!

FALK. Recht sehr zu wünschen, daß es in jedem Staate Männer geben möchte, welche bürgerliche Hoheit nicht blendet, und bürgerliche Geringfügigkeit nicht ekelt; in deren Gesellschaft der Hohe sich gern herabläßt, und der Geringe sich dreist erhebet.

ERNST. Recht sehr zu wünschen!

FALK. Und wenn er erfüllt wäre, dieser Wunsch?

ERNST. Erfüllt? – Es wird freilich hier und da, dann und wann, einen solchen Mann geben.

FALK. Nicht bloß hier und da; nicht bloß dann und wann.

ERNST. Zu gewissen Zeiten, in gewissen Ländern auch mehrere.

FALK. Wie, wenn es dergleichen Männer itzt überall gäbe? zu allen Zeiten nun ferner geben müßte?

ERNST. Wollte Gott!

FALK. Und diese Männer nicht in einer unwirksamen Zerstreuung lebten? nicht immer in einer unsichtbaren Kirche?

ERNST. Schöner Traum!

FALK. Daß ich es kurz mache. – Und diese Männer die Freimäurer wären?

ERNST. Was sagst du?

FALK. Wie, wenn es die Freimäurer wären, die sich *mit* zu ihrem

Geschäfte gemacht hätten, jene Trennungen, wodurch die Menschen einander so fremd werden, so eng als möglich wieder zusammen zu ziehen?

ERNST. Die Freimäurer?

FALK. Ich sage: *mit* zu ihrem Geschäfte.

ERNST. Die Freimäurer?

FALK. Ach! verzeih! – Ich hatt es schon wieder vergessen, daß du von den Freimäurern weiter nichts hören willst – Dort winkt man uns eben zum Frühstücke. Komm!

ERNST. Nicht doch! – Noch einen Augenblick! – Die Freimäurer, sagst du –

FALK. Das Gespräch brachte mich wider Willen auf sie zurück. Verzeih! – Komm! Dort, in der größern Gesellschaft, werden wir bald Stoff zu einer tauglichern Unterredung finden. Komm!

DRITTES GESPRÄCH

ERNST. Du bist mir den ganzen Tag im Gedränge der Gesellschaft ausgewichen. Aber ich verfolge dich in dein Schlafzimmer.

FALK. Hast du mir so etwas wichtiges zu sagen? Der bloßen Unterhaltung bin ich auf heute müde.

ERNST. Du spottest meiner Neugierde.

FALK. Deiner Neugierde?

ERNST. Die du diesen Morgen so meisterhaft zu erregen wußtest.

FALK. Wovon sprachen wir diesen Morgen?

ERNST. Von den Freimäurern.

FALK. Nun? – Ich habe dir im Rausche des Pyrmonter doch nicht das Geheimnis verraten?

ERNST. Das man, wie du sagst, gar nicht verraten kann.

FALK. Nun freilich; das beruhigt mich wieder.

ERNST. Aber du hast mir doch über die Freimäurer etwas gesagt, das mir unerwartet war; das mir auffiel; das mich denken machte.

FALK. Und was war das?

ERNST. O quäle mich nicht! – Du erinnerst dich dessen gewiß.

FALK. Ja; es fällt mir nach und nach wieder ein. – Und das war es, was dich den ganzen langen Tag unter deinen Freunden und Freundinnen so abwesend machte?

ERNST. Das war es! – Und ich kann nicht einschlafen, wenn du mir wenigstens nicht noch eine Frage beantwortest.

FALK. Nach dem die Frage sein wird.

ERNST. Woher kannst du mir aber beweisen, wenigstens nur wahrscheinlich machen, daß die Freimäurer wirklich jene große und würdige Absichten haben?

FALK. Habe ich dir von ihren Absichten gesprochen? Ich wüßte nicht. – Sondern da du dir gar keinen Begriff von den wahren Taten der Freimäurer machen konntest: habe ich dich bloß auf einen Punkt aufmerksam machen wollen, wo noch so vieles geschehen kann, wovon sich unsere staatsklugen Köpfe gar nichts träumen lassen. – Vielleicht, daß die Freimäurer da herum arbeiten. – Vielleicht! da herum! – Nur um dir dein Vorurteil zu benehmen, daß alle baubedürftige Plätze schon ausgefunden und besetzt, alle nötige Arbeiten schon unter die erforderlichen Hände verteilet wären.

ERNST. Wende dich itzt, wie du willst. – Genug, ich denke mir nun aus deinen Reden die Freimäurer als Leute, die es freiwillig über sich genommen haben, den unvermeidlichen Übeln des Staats entgegen zu arbeiten.

FALK. Dieser Begriff kann den Freimäurern wenigstens keine Schande machen. – Bleib dabei! – Nur fasse ihn recht. Menge nichts hinein, was nicht hinein gehöret. – Den unvermeidlichen Übeln des Staats! – Nicht dieses und jenes Staats. Nicht den unvermeidlichen Übeln, welche, eine gewisse Staatsverfassung einmal angenommen, aus dieser angenommenen Staatsverfassung nun notwendig folgen. Mit diesen gibt sich der Freimäurer niemals ab; wenigstens nicht als Freimäurer. Die Linderung und Heilung dieser überläßt er dem Bürger, der sich nach seiner Einsicht, nach seinem Mute, auf seine Gefahr damit befassen mag. Übel ganz andrer Art, ganz höherer Art, sind der Gegenstand seiner Wirksamkeit.

ERNST. Ich habe das sehr wohl begriffen. – Nicht Übel, welche den mißvergnügten Bürger machen, sondern Übel, ohne welche auch der glücklichste Bürger nicht sein kann.

FALK. Recht! Diesen entgegen – wie sagtest du? – entgegen zu arbeiten?

ERNST. Ja!

FALK. Das Wort sagt ein wenig viel. – Entgegen arbeiten! – Um sie völlig zu heben? – Das kann nicht sein. Denn man würde den Staat selbst mit ihnen zugleich vernichten. – Sie müssen nicht einmal denen mit eins merklich gemacht werden, die noch gar keine Empfindung davon haben. Höchstens diese Empfindung in dem Menschen von weiten veranlassen, ihr Aufkeimen begünstigen, ihre Pflanzen versetzen, begäten, beblatten – kann hier entgegen arbeiten heißen. – Begreifst du nun, warum ich sagte, ob die Freimäurer schon immer tätig wären, daß Jahrhunderte dennoch vergehen könnten, ohne daß sich sagen lasse: das haben sie getan.

ERNST. Und verstehe auch nun den zweiten Zug des Rätsels– Gute Taten, welche gute Taten entbehrlich machen sollen.

FALK. Wohl! – Nun geh, und studiere jene Übel, und lerne sie alle kennen, und wäge alle ihre Einflüsse gegen einander ab, und sei versichert, daß dir dieses Studium Dinge aufschließen wird, die in Tagen der Schwermut die niederschlagendsten, unauflöslichsten Einwürfe wider Vorsehung und Tugend zu sein scheinen. Dieser Aufschluß, diese Erleuchtung wird dich ruhig und glücklich machen; – auch ohne Freimäurer zu *heißen*.

ERNST. Du legest auf dieses *heißen* so viel Nachdruck.

FALK. Weil man etwas sein kann, ohne es zu heißen.

ERNST. Gut das! ich versteh – Aber auf meine Frage wieder zu kommen, die ich nur ein wenig anders einkleiden muß. Da ich sie doch nun kenne, die Übel, gegen welche die Freimäurerei angehet – –

FALK. Du kennest sie?

ERNST. Hast du mir sie nicht selbst genannt?

FALK. Ich habe dir einige zur Probe namhaft gemacht. Nur einige von denen, die auch dem kurzsichtigsten Auge einleuchten: nur einige von den unstreitigsten, weit umfassendsten. – Aber wie viele sind nicht noch übrig, die, ob sie schon nicht so einleuchten, nicht so unstreitig sind, nicht so viel umfassen, dennoch nicht weniger gewiß, nicht weniger notwendig sind!

ERNST. So laß mich meine Frage denn bloß auf diejenigen Stücke einschränken, die du mir selbst namhaft gemacht hast. – Wie beweisest du mir auch nur von diesen Stücken, daß die Frei-

mäurer wirklich ihr Absehen darauf haben? – Du schweigst?
– Du sinnest nach?

FALK. Wahrlich nicht dem, was ich auf diese Frage zu antworten hätte! – Aber ich weiß nicht, was ich mir für Ursachen denken soll, warum du mir diese Frage tust?

ERNST. Und du willst mir meine Frage beantworten, wenn ich dir die Ursachen derselben sage?

FALK. Das verspreche ich dir.

ERNST. Ich kenne und fürchte deinen Scharfsinn.

FALK. Meinen Scharfsinn?

ERNST. Ich fürchte, du verkaufst mir deine Spekulation für Tatsache.

FALK. Sehr verbunden.

ERNST. Beleidiget dich das?

FALK. Vielmehr muß ich dir danken, daß du Scharfsinn nennest, was du ganz anders hättest benennen können.

ERNST. Gewiß nicht. Sondern ich weiß, wie leicht der Scharfsinnige sich selbst betriegt; wie leicht er andern Leuten Plane und Absichten leihet und unterlegt, an die sie nie gedacht haben.

FALK. Aber woraus schließt man auf der Leute Plane und Absichten? Aus ihren einzeln Handlungen doch wohl?

ERNST. Woraus sonst? – Und hier bin ich wieder bei meiner Frage. – Aus welchen einzeln, unstreitigen Handlungen der Freimäurer ist abzunehmen, daß es auch nur *mit* ihr Zweck ist, jene von dir benannte Trennung, welche Staat und Staaten unter den Menschen notwendig machen müssen, durch sich und in sich wieder zu vereinigen?

FALK. Und zwar ohne Nachteil dieses Staats, und dieser Staaten.

ERNST. Desto besser! – Es brauchen auch vielleicht nicht Handlungen zu sein, woraus jenes abzunehmen. Wenn es nur gewisse Eigentümlichkeiten, Besonderheiten sind, die dahin leiten, oder daraus entspringen. – Von dergleichen müßtest du sogar in deiner Spekulation ausgegangen sein; gesetzt, daß dein System nur Hypothese wäre.

FALK. Dein Mißtrauen äußert sich noch. – Aber ich hoffe, es soll sich verlieren, wenn ich dir ein Grundgesetz der Freimäurer zu Gemüte führe.

ERNST. Und welches?

FALK. Aus welchem sie nie ein Geheimnis gemacht haben. Nach welchem sie immer vor den Augen der ganzen Welt gehandelt haben.

ERNST. Das ist?

FALK. Das ist, jeden würdigen Mann von gehöriger Anlage, ohne Unterschied des Vaterlandes, ohne Unterschied der Religion, ohne Unterschied seines bürgerlichen Standes, in ihren Orden aufzunehmen.

ERNST. Wahrhaftig!

FALK. Freilich scheint dieses Grundgesetze dergleichen Männer, die über jene Trennungen hinweg sind, vielmehr bereits voraus zu setzen, als die Absicht zu haben, sie zu bilden. Allein das Nitrum muß ja wohl in der Luft sein, ehe es sich als Salpeter an den Wänden anlegt.

ERNST. O ja!

FALK. Und warum sollten die Freimäurer sich nicht hier einer gewöhnlichen List haben bedienen dürfen? – Daß man einen Teil seiner geheimen Absichten ganz offenbar treibt, um den Argwohn irre zu führen, der immer ganz etwas anders vermutet, als er sieht.

ERNST. Warum nicht?

FALK. Warum sollte der Künstler, der Silber *machen* kann, nicht mit altem Bruchsilber handeln, damit man so weniger argwohne, daß er es machen kann?

ERNST. Warum nicht?

FALK. Ernst! – Hörst du mich? – Du antwortest im Traume, glaub ich.

ERNST. Nein, Freund! Aber ich habe genug; genug auf diese Nacht. Morgen, mit dem frühsten, kehre ich wieder nach der Stadt.

FALK. Schon? Und warum so bald?

ERNST. Du kennst mich, und fragst? Wie lange dauert deine Brunnenkur noch?

FALK. Ich habe sie vorgestern erst angefangen.

ERNST. So sehe ich dich vor dem Ende derselben noch wieder. – Lebe wohl! gute Nacht!

FALK. Gute Nacht! lebe wohl!

Zur Nachricht
Der Funke hatte gezündet: Ernst ging, und ward Freimäurer. Was er vors erste da fand, ist der Stoff eines 4ten und 5ten Gesprächs, mit welchen – sich der Weg scheidet.

Ernst und Falk

Gespräche für Freimäurer

Fortsetzung

VORREDE EINES DRITTEN

Der Verfasser der ersten drei Gespräche hatte diese Fortsetzung, wie man weiß, im Manuskripte, zum Drucke fertig liegen, als derselbe *höheren Orts* einen bittenden Wink bekam, dieselbe nicht bekannt zu machen.

Vorher aber hatte er dies vierte und fünfte Gespräch einigen Freunden mitgeteilt, welche, vermutlich ohne seine Erlaubnis, Abschriften davon genommen hatten. Eine dieser Abschriften war dem itzigen Herausgeber durch einen sonderbaren Zufall in die Hände gefallen. Er bedauerte, daß so viel herrliche Wahrheiten unterdrückt werden sollten, und beschloß das Manuskript, ohne Winke zu haben, drucken zu lassen.

Wenn die Begierde, Licht über so wichtige Gegenstände allgemeiner verbreitet zu sehen, nicht diese Freiheit hinlänglich entschuldiget; so läßt sich nichts weiter zur Verteidigung derselben sagen, als daß der Herausgeber kein aufgenommener Maurer ist.

Übrigens wird man doch finden, daß er, aus Vorsicht und Achtung gegen einen gewissen Zweig dieser Gesellschaft, einige Namen, welche ganz ausgeschrieben waren, bei der Herausgabe nicht genannt hat.

VIERTES GESPRÄCH

FALK. Ernst! Willkommen! Endlich wieder einmal! Ich habe meine Brunnen-Kur längst beschlossen.
ERNST. Und befindest Dich wohl darauf? Ich freue mich.
FALK. Was ist das? Man hat nie ein: »*ich freue mich*« ärgerlicher ausgesprochen.

ERNST. Ich bin es auch, und es fehlt wenig, daß ich es nicht über Dich bin.
FALK. Über mich?
ERNST. Du hast mich zu einem albernen Schritte verleitet – Sieh her! – Gib mir Deine Hand! – Was sagst Du? – Du zuckst die Achseln? Das hätte mir noch gefehlt.
FALK. Dich verleitet?
ERNST. Es kann sein, ohne daß Du es gewollt hast.
FALK. Und soll doch Schuld haben.
ERNST. Der Mann Gottes spricht dem Volke von einem Lande, da Milch und Honig innen fließt, und das Volk soll sich nicht darnach sehnen? Und soll über den Mann Gottes nicht murren, wenn er sie, anstatt in dieses gelobte Land, in dürre Wüsten führt?
FALK. Nun, nun! der Schade kann doch so groß nicht sein – Dazu sehe ich ja, daß Du schon *bei den Gräbern unserer Vorfahren* gearbeitet hast.
ERNST. Aber sie waren nicht mit *Flammen*, sondern mit Rauch umgeben.
FALK. So warte, bis der Rauch sich verzieht, und die Flamme wird leuchten und wärmen.
ERNST. Der Rauch wird mich ersticken, ehe mir die Flamme leuchtet, und wärmen, sehe ich wohl, werden sich Andere an ihr, die den Rauch besser vertragen können.
FALK. Du sprichst doch nicht von Leuten, die sich vom Rauch gern beißen lassen, wenn es nur der Rauch einer fremden fetten Küche ist?
ERNST. Du kennst sie also doch?
FALK. Ich habe von ihnen gehört.
ERNST. Um so mehr, was konnte Dich bewegen mich auf dies Eis zu führen? Mir dazu Sachen vorzuspiegeln, deren Ungrund Du nur allzuwohl wußtest?
FALK. Dein Verdruß macht Dich sehr ungerecht – Ich sollte mit Dir von der Freimäurerei gesprochen haben, ohne es auf mehr als eine Art zu verstehen zu geben, wie unnütz es sei, daß jeder ehrliche Mann ein Freimäurer werde – wie unnütze nur? – ja, wie schädlich. –
ERNST. Das mag wohl sein.

FALK. Ich sollte Dir nicht gesagt haben, daß man die höchsten Pflichten der Mäurerei erfüllen könne, ohne ein Freimäurer zu heißen?

ERNST. Vielmehr erinnere ich mich dessen – Aber Du weißt ja wohl, wenn meine Fantasie einmal den Fittig ausbreitet, einen Schlag damit tut – kann ich sie halten? – Ich werfe Dir nichts vor, als daß Du ihr eine solche Lockspeise zeigtest. –

FALK. Die Du zu erreichen doch auch sehr bald müde geworden – Und warum sagtest Du mir nicht ein Wort von Deinem Vorsatze?

ERNST. Würdest Du mich davon abgeraten haben?

FALK. Ganz gewiß – *Wer wollte einem raschen Knaben, weil er dann und wann noch fällt, den Gängelwagen wieder einschwätzen?* Ich mache Dir kein Kompliment; Du warst schon zu weit, um von da wieder auszugehen. Gleichwohl konnte man mit Dir keine Ausnahme machen. Den Weg müssen Alle betreten.

ERNST. Es sollte mich auch nicht reuen ihn betreten zu haben, wenn ich mir nur von dem noch übrigen Wege mehr zu versprechen hätte. Aber Vertröstungen, und wieder Vertröstungen, und nichts als Vertröstungen!

FALK. Wenn man Dich doch schon vertröstet! Und auf was vertröstet man Dich denn?

ERNST. Du weißt ja wohl, auf die *schottische Mäurerei,* auf den schottischen Ritter.

FALK. Nun ja, ganz recht – Aber wessen hat sich denn der schottische Ritter zu trösten?

ERNST. Wer das wüßte!

FALK. Und Deines Gleichen, die andern Neulinge des Ordens, wissen denn die auch nichts?

ERNST. O die! die wissen so viel! die erwarten so viel! – Der Eine will Gold machen, der Andere will Geister beschwören, der Dritte will die * * * wieder herstellen – Du lächelst – Und lächelst *nur*? –

FALK. Was kann ich anders?

ERNST. Unwillen bezeugen über solche Querköpfe!

FALK. Wenn mich nicht *Eins* mit ihnen wieder versöhnte.

ERNST. Und was?

FALK. Daß ich in allen diesen Träumereien Streben nach Würklichkeit erkenne, daß sich aus allen diesen Irrwegen noch abnehmen läßt, wohin der wahre Weg geht.

ERNST. Auch aus der Goldmacherei?

FALK. Auch aus der Goldmacherei. Ob sich würklich Gold machen läßt, oder nicht machen läßt, gilt mir gleichviel. Aber ich bin sehr versichert, daß vernünftige Menschen nur in Rücksicht auf Freimäurerei es machen zu können wünschen werden. Auch wird der erste der beste, dem der Stein der Weisen zu Teil wird, in dem nämlichen Augenblicke Freimäurer — Und es ist doch sonderbar, daß dieses alle Nachrichten bestätigen, mit welchen sich die Welt von wahren oder vermeinten Goldmachern trägt.

ERNST. Und die Geister-Beschwörer?

FALK. Von ihnen gilt ohngefähr das nämliche — Unmöglich können Geister auf die Stimme eines andern Menschen hören, als eines Freimäurers.

ERNST. Wie ernsthaft Du solche Dinge sagen kannst! —

FALK. Bei allem was heilig ist! nicht ernsthafter als sie sind.

ERNST. Wenn das wäre! — Aber endlich die neuen * * *, wenn Gott will?

FALK. Vollends die!

ERNST. Siehst Du! Von denen weißt Du nichts zu sagen. Denn * * * waren doch einmal, Goldmacher aber und Geister-Beschwörer gab es vielleicht nie. Und es läßt sich freilich besser sagen, wie die Freimäurer sich zu solchen Wesen der Einbildung verhalten, als zu würklichen.

FALK. Allerdings kann ich mich hier nur in einem Dilemma ausdrücken: Entweder, oder —

ERNST. Auch gut! Wenn man nur wenigstens weiß, daß unter zwei Sätzen einer wahr ist: Nun! Entweder diese * * * would be —

FALK. Ernst! Ehe Du noch eine Spötterei völlig aussagst! Auf mein Gewissen! — Diese — eben diese sind entweder gewiß auf dem rechten Wege, oder so weit davon entfernt, daß ihnen auch nicht einmal die Hoffnung mehr übrig ist, jemals darauf zu gelangen.

ERNST. Ich muß das so mit anhören. Denn Dich um eine nähere Erklärung zu bitten —

FALK. Warum nicht? Man hat lange genug aus Heimlichkeiten das Geheimnis gemacht.

ERNST. Wie verstehst Du das?

FALK. Das Geheimnis der Freimäurerei, wie ich Dir schon gesagt habe, ist das, was der Freimäurer *nicht* über seine Lippen bringen *kann*, wenn es auch möglich wäre, daß er es *wollte*. Aber Heimlichkeiten sind Dinge, die sich wohl sagen lassen, und die man nur zu gewissen Zeiten, in gewissen Ländern, teils aus Neid verhehlte, teils aus Furcht verbiß, teils aus Klugheit verschwieg.

ERNST. Zum Exempel?

FALK. Zum Exempel! Gleich diese Verwandtschaft unter * * * und Freimäurern. Es kann wohl sein, daß es einmal nötig und gut war, sich davon nichts merken zu lassen – Aber jetzt – jetzt kann es im Gegenteil höchst verderblich werden, wenn man aus dieser Verwandtschaft noch länger ein Geheimnis macht. Man müßte sie vielmehr laut bekennen, und nur den gehörigen Punkt bestimmen, in welchem die * * * die Freimäurer ihrer Zeit waren.

ERNST. Darf ich ihn wissen, diesen Punkt?

FALK. Lies die Geschichte der * * * mit Bedacht! Du mußt ihn erraten. Auch wirst Du ihn gewiß erraten, und eben das war die Ursache, warum Du kein Freimäurer hättest werden müssen.

ERNST. Daß ich nicht den Augenblick unter meinen Büchern sitze! – Und wenn ich ihn errate, willst Du mir gestehen, daß ich ihn erraten habe?

FALK. Du wirst zugleich finden, daß Du dieses Geständnis nicht brauchst – Aber auf mein Dilemma wieder zurückzukommen! Eben dieser Punkt ist es allein, woraus die Entscheidung desselben zu holen ist – Sehen und fühlen alle Freimäurer, welche jetzt mit den * * * schwanger gehen, diesen rechten Punkt; Wohl ihnen! Wohl der Welt! Segen zu allem, was sie tun! Segen zu allem, was sie unterlassen! – Erkennen und fühlen sie ihn aber nicht, jenen Punkt; hat sie ein bloßer Gleichlaut verführt; hat sie bloß der *Freimäurer der* im * * arbeitet, auf die * * * gebracht; haben sie sich nur in das - - - auf dem - - - - vergafft; mögten sie nur gern einträgliche - - - - fette Pfründen sich und ihren Freunden zuteilen können; – Nun so schenke uns der Himmel recht viel Mitleid, damit wir uns des Lachens enthalten können.

ERNST. Sieh! Du kannst doch noch warm und bitter werden.

FALK. Leider! – Ich danke Dir für Deine Bemerkung, und bin kalt wieder, wie Eis.

ERNST. Und was meinst Du wohl, welcher von den beiden Fällen der Fall dieser Herren ist?

FALK. Ich fürchte der letztere – Mögt' ich mich betrügen! – Denn wenn es der erste wäre; wie könnten sie einen so seltsamen Anschlag haben? – die * * * wieder herzustellen! – Jener große Punkt, in welchem die * * * Freimäurer waren, hat nicht mehr Statt. Wenigstens ist Europa längst darüber hinaus, und bedarf darin weiter keines außerordentlichen Vorschubs – Was wollen sie also? Wollen sie auch ein voller Schwamm werden, den die Großen einmal ausdrücken? – Doch an wen diese Frage? Und wider wen? Hast Du mir denn gesagt – Hast Du mir denn sagen können, daß mit diesen Grillen von Goldmachern, Geister-Bannern, * * *, sich andre, als die Neulinge des Ordens schleppen? andere, als Kinder, als Leute, die Kinder zu mißbrauchen kein Bedenken tragen? – Aber Kinder werden Männer – Laß sie nur! – Genug, wie gesagt, daß ich schon in dem Spielzeuge die Waffen erblicke, welche einmal die Männer mit sicherer Hand führen werden.

ERNST. Im Grunde, mein Freund! sind es auch nicht diese Kindereien, die mich unmutig machen. Ohne zu vermuten, daß etwas Ernsthaftes hinter ihnen sein könnte, sahe ich über sie weg – Tonnen, dachte ich, den jungen Wallfischen ausgeworfen! – Aber was mich nagt, ist das: daß ich überall nichts sehe, überall nichts höre, als diese Kindereien, daß von dem, dessen Erwartung *Du* in mir erregtest, keiner etwas wissen will. Ich mag diesen Ton angeben, so oft ich will, gegen wen ich will; niemand will einstimmen, immer und aller Orten das tiefste Stillschweigen.

FALK. Du meinst –

ERNST. Jene Gleichheit, die Du mir als Grundgesetz des Ordens angegeben; jene Gleichheit, die meine ganze Seele mit so unerwarteter Hoffnung erfüllte: sie endlich in Gesellschaft von

Menschen atmen zu können, die über alle bürgerlichen Modifications hinweg zu denken verstehen, ohne sich an einer zum Nachteil eines Dritten zu versündigen –

FALK. Nun?

ERNST. Sie wäre noch? Wenn sie jemals gewesen! – Laß einen aufgeklärten Juden kommen, und sich melden! »Ja« heißt es »ein Jude? Christ wenigstens muß freilich der Freimäurer sein. *Es ist nur gleichviel was für ein Christ.* Ohne Unterschied der Religion, heißt nur, ohne Unterschied der drei im heiligen römischen Reiche öffentlich geduldeten Religionen« – Meinst Du auch so?

FALK. Ich nun wohl nicht.

ERNST. Laß einen ehrlichen Schuster, der bei seinem Leiste Muße genug hat, manchen guten Gedanken zu haben (wäre es auch ein Jakob Böhme und Hans Sachse) laß ihn kommen, und sich melden! »Ja« heißt es »ein Schuster! freilich ein Schuster« – Laß einen treuen, erfahrnen, versuchten Dienstboten kommen und sich melden – »Ja« heißt es »dergleichen Leute freilich, die sich die Farbe zu ihrem Rocke nicht selbst wählen – Wir sind unter uns so gute Gesellschaft« –

FALK. Und wie gute Gesellschaft sind sie denn?

ERNST. Ei nun! Daran habe ich allerdings weiter nichts auszusetzen, als daß es *nur* gute Gesellschaft ist, die man in der Welt so müde wird – Prinzen, Grafen, Herrn von, Offiziere, Räte von allerlei Beschlag, Kaufleute, Künstler – alle die schwärmen freilich ohne Unterschied des Standes in der Loge unter einander durch – Aber in der Tat sind doch alle nur von Einem Stande, und der ist leider - - - -

FALK. Das war nun wohl zu meiner Zeit nicht so – Aber doch! – Ich weiß nicht, ich kann nur raten – Ich bin zu lange Zeit außer aller Verbindung mit Logen, von welcher Art sie auch sein mögen – In die *Loge vor jetzt,* auf eine Zeit nicht können zugelassen werden, und von der *Freimäurerei ausgeschlossen sein,* sind doch noch zwei verschiedene Dinge.

ERNST. Wie so?

FALK. Weil Loge sich zur Freimäurerei verhält, wie Kirche zum Glauben. Aus dem äußeren Wohlstande der Kirche ist für den Glauben der Glieder nichts, gar nichts, zu schließen. Vielmehr gibt es einen gewissen äußerlichen Wohlstand derselben, von dem es ein Wunder wäre, wenn er mit dem wahren Glauben bestehen könnte. Auch haben sich beide noch nie vertragen, sondern eins hat das andere, wie die Geschichte lehrt, immer zu Grunde gerichtet. Und so auch, fürchte ich, fürchte ich –

ERNST. Was?

FALK. Kurz! Das Logen-Wesen, so wie ich höre, daß es itzt getrieben wird, will mir gar nicht zu Kopfe. Eine Kasse haben; Kapitale machen; diese Kapitale belegen; sie auf den besten Pfenning zu benutzen suchen; sich ankaufen wollen; von Königen und Fürsten sich Privilegien geben lassen; das Ansehn und die Gewalt derselben zu Unterdrückung der Brüder anwenden, die einer andern Observanz sind, als der, die man so gern zum Wesen der Sache machen mögte – Wenn das in die Länge gut geht! – Wie gern will ich falsch prophezeiet haben!

ERNST. Je nun! Was kann denn werden? Der Staat fährt itzt nicht mehr so zu. Und zudem sind ja wohl unter den Personen, die seine Gesetze machen, oder handhaben, selbst schon zu viel Freimäurer –

FALK. Gut! Wenn sie also auch von dem Staate nichts zu befürchten haben, was denkst Du wird eine solche Verfassung für Einfluß auf sie selbst haben? Geraten sie dadurch nicht offenbar wieder dahin, wovon sie sich losreißen wollten? Werden sie nicht aufhören zu sein, was sie sein wollen? – Ich weiß nicht ob Du mich ganz verstehst –

ERNST. Rede nur weiter!

FALK. Zwar! – ja wohl – nichts dauert ewig – Vielleicht soll dieses eben der Weg sein, den die Vorsicht ausersehen, dem ganzen jetzigen Schema der Freimäurerei ein Ende zu machen –

ERNST. Schema der Freimäurerei? Was nennst Du so? Schema?

FALK. Nun, Schema, Hülle, Einkleidung.

ERNST. Ich weiß noch nicht –

FALK. Du wirst doch nicht glauben, daß die Freimäurerei immer Freimäurerei gespielt?

ERNST. Was ist nun das? Die Freimäurerei nicht immer Freimäurerei gespielt?

FALK. Mit andern Worten! Meinst Du denn, daß das, was die

Freimäurerei ist, immer Freimäurerei geheißen? – Aber sieh! Schon Mittag vorbei! Da kommen ja bereits meine Gäste! Du bleibst doch?

ERNST. Ich wollte nicht, aber ich muß ja nun wohl. Denn mich erwartet eine doppelte Sättigung.

FALK. Nur bei Tische, bitte ich, kein Wort.

FÜNFTES GESPRÄCH

ERNST. Endlich sind sie fort! – O die Schwätzer! – Und merktest Du denn nicht, oder wolltest Du nicht merken, daß der eine mit der Warze an dem Kinn – heiße er wie er will! – ein Freimäurer ist? Er klopfte so oft an.

FALK. Ich hörte ihn wohl. Ich merkte sogar in seinen Reden, was Dir wohl nicht so aufgefallen – Er ist von denen, die in Europa für die Amerikaner fechten –

ERNST. Das wäre nicht das Schlimmste an ihm.

FALK. Und hat die Grille, daß der Kongreß eine Loge ist; daß *da* endlich die Freimäurer ihr Reich mit gewaffneter Hand gründen.

ERNST. Gibt es auch *solche Träumer?*

FALK. Es muß doch wohl.

ERNST. Und woraus nimmst Du diesen Wurm ihm ab?

FALK. Aus einem Zuge, der Dir auch schon einmal kenntlicher werden wird.

ERNST. Bei Gott! wenn ich wüßte, daß ich mich in den Freimäurern gar *so* betrogen hätte! –

FALK. Sei ohne Sorge, der Freimäurer erwartet ruhig den Aufgang der Sonne, und läßt die Lichter brennen, so lange sie wollen und können – Die Lichter auslöschen und, wenn sie ausgelöscht sind, erst wahrnehmen, daß man die Stümpfe doch wieder anzünden, oder wohl gar andre Lichter wiederaufstecken muß; das ist des Freimäurers Sache nicht.

ERNST. Das denke ich auch – Was Blut kostet ist gewiß kein Blut wert.

FALK. Vortrefflich! – nun frage, was Du willst! Ich muß Dir antworten.

ERNST. So wird meines Fragens kein Ende sein.
FALK. Nur kannst Du den Anfang nicht finden.
ERNST. Verstand ich Dich, oder verstand ich Dich nicht, als wir unterbrochen wurden? Widersprachst Du Dir, oder widersprachst Du Dir nicht? – Denn allerdings, als Du mir einmal sagtest: *Die Freimäurerei sei immer gewesen,* verstand ich es also, daß nicht allein ihr Wesen, sondern auch ihre gegenwärtige Verfassung sich von undenklichen Zeiten herschreibe.
FALK. Wenn es mit beiden einerlei Bewandtnis hätte! – Ihrem Wesen nach ist die Freimäurerei eben so alt, als die bürgerliche Gesellschaft. Beide konnten nicht anders als *miteinander* entstehen – Wenn nicht gar die bürgerliche Gesellschaft nur ein Sprößling der Freimäurerei ist. Denn die Flamme im Brennpunkte, ist auch Ausfluß der Sonne.
ERNST. Auch mir schimmert das so vor –
FALK. Es sei aber Mutter und Tochter, oder Schwester und Schwester; ihr beiderseitiges Schicksal hat immer wechselseitig in einander gewürkt. Wie sich die bürgerliche Gesellschaft befand, befand sich aller Orten auch die Freimäurerei, und so umgekehrt. Es war immer das sicherste Kennzeichen einer gesunden, nervösen Staatsverfassung, wenn sie die Freimäurerei neben sich blühen ließ; so wie es noch jetzt das ohnfehlbare Merkmal eines schwachen, furchtsamen Staats ist, wenn er das nicht öffentlich dulden will, was er in Geheim doch dulden muß, er mag wollen oder nicht.
ERNST. Zu verstehen: die Freimäurerei!
FALK. Sicherlich! – Denn die beruht im Grunde nicht auf *äußerlichen Verbindungen,* die so leicht in *bürgerliche Anordnungen* ausarten; sondern auf dem gemeinschaftlichen Gefühl sympathisierender Geister.
ERNST. Und wer unterfängt sich dem zu gebieten?
FALK. Indes hat freilich die Freimäurerei immer und aller Orten sich nach der bürgerlichen Gesellschaft schmiegen und biegen müssen, denn diese war stets die stärkere. So mancherlei die bürgerliche Gesellschaft gewesen, so mancherlei Formen hat auch die Freimäurerei anzunehmen sich nicht entbrechen können, und hatte jede neue Form, wie natürlich, ihren neuen

Namen. Wie kannst Du glauben, daß der Name Freimäurerei älter sein werde, als diejenige herrschende Denkungsart der Staaten, nach der sie genau abgewogen worden?

ERNST. Und welches ist diese herrschende Denkungsart?

FALK. Das bleibt Deiner eigenen Nachforschung überlassen – Genug, wenn ich Dir sage, daß der Name Freimäurer, ein Glied unserer geheimen Verbrüderung anzuzeigen, vor dem Anfange dieses laufenden Jahrhunderts nie gehört worden. Er kömmt zuverlässig vor dieser Zeit in keinem gedruckten Buche vor, und den will ich sehen, der mir ihn auch nur in einer geschriebenen älteren Urkunde zeigen will.

ERNST. Das heißt: den deutschen Namen.

FALK. Nein, nein! auch das ursprüngliche Free-Mason, so wie alle darnach gemodelte Übersetzungen, in welcher Sprache es auch sein mag.

ERNST. Nicht doch! – Besinne Dich – In keinem gedruckten Buche vor dem Anfange des laufenden Jahrhunderts? In keinem?

FALK. In keinem.

ERNST. Gleichwohl habe ich selbst –

FALK. So? – Ist auch Dir von dem Staube etwas in die Augen geflogen, den man um sich zu werfen noch nicht aufhört?

ERNST. Aber doch die Stelle in –

FALK. In der Londinopolis? Nicht wahr? – Staub!

ERNST. Und die Parlaments-Akte unter Heinrich dem sechsten?

FALK. Staub!

ERNST. Und die großen Privilegia, die Karl der elfte, König von Schweden, der Loge von Gothenburg erteilte?

FALK. Staub!

ERNST. Und Locke?

FALK. Was für eine Locke?

ERNST. Der Philosoph – Sein Schreiben an den Grafen von Pembrock; seine Anmerkungen über ein Verhör, von Heinrich des sechsten eigener Hand geschrieben?

FALK. Das muß ja wohl ein ganz neuer Fund sein; den kenne ich nicht – Aber wieder Heinrich der Sechste? – Staub! und nichts als Staub!

ERNST. Nimmermehr!

FALK. Weißt Du einen gelinderen Namen für Wort-Verdrehungen, für untergeschobene Urkunden?
ERNST. Und das hätten sie so lange vor den Augen der Welt ungerügt treiben dürfen?
FALK. Warum nicht? der Klugen sind viel zu wenig, als daß sie allen Geckereien, gleich bei ihrem Entstehen, widersprechen könnten. Genug, daß bei ihnen keine Verjährung Statt findet – Freilich wäre es besser, wenn man vor dem Publico ganz und gar keine Geckereien unternähme. Denn gerade die Verächtlichste kann eben dadurch, daß sie die verächtlichste ist, daß sich niemand die Mühe nimmt, sich ihr entgegen zu stellen, mit dem Laufe der Zeit das Ansehn einer sehr ernsthaften, heiligen Sache gewinnen. Da heißt es dann über tausend Jahren: »würde man das so in die Welt haben schreiben dürfen, wenn es nicht wahr gewesen wäre? Man hat diesen glaubwürdigen Männern damals nicht widersprochen, und ihr wollt ihnen jetzt widersprechen?«
ERNST. O Geschichte! O Geschichte! Was bist du?
FALK. Andersons kahle Rhapsodie, in welcher die Historie der Baukunst für die Historie des Ordens untergeschoben wird, mögte noch hingehen! Für einmal, und für damals mogte das gut sein – Dazu war die Gaukelei so handgreiflich. – Aber daß man noch jetzt auf diesem morastigen Grunde fortbauet, daß man noch immer *gedruckt* behaupten will, was man *mündlich* gegen einen ernsthaften Mann vorzugeben sich schämt, daß man zu Fortsetzung eines Scherzes, den man längst hätte sollen fallen lassen, sich eine forgery erlaubt, auf welche, wenn sie ein nichtswürdiges bürgerliches Interesse beträfe, die pillory steht –
ERNST. Wenn es denn nun aber wahr wäre, daß hier mehr als Wortspiel vorwaltete? Wenn es nun wahr wäre, daß das Geheimnis des Ordens sich von Alters her unter dem homonymen Handwerke vornehmlich erhalten hätte? –
FALK. Wenn es wahr wäre?
ERNST. Und muß es nicht wahr sein? – Denn wie käme der Orden sonst dazu, die Symbole eben dieses Handwerks zu entlehnen? Eben dieses? Und warum keines andern?
FALK. Die Frage ist allerdings verfänglich.

ERNST. Ein solcher Umstand muß doch eine Ursache haben?
FALK. Und hat sie.
ERNST. Und hat sie? Und hat eine andere Ursache, als jene vermeinte?
FALK. Eine ganz andre.
ERNST. Soll ich raten, oder darf ich fragen?
FALK. Wenn Du mir schon eher eine andere Frage getan hättest, die ich längst erwarten mußte, so würde Dir das Raten nun nicht schwer fallen.
ERNST. Eine andere Frage, die Du längst hättest erwarten müssen? –
FALK. Denn, wenn ich Dir sagte, daß das was Freimäurerei ist, nicht immer Freimäurerei geheißen, was war natürlicher und näher –
ERNST. Als zu fragen, wie es sonst geheißen? – ja wohl! – So frage ich es denn nun.
FALK. Wie die Freimäurerei geheißen, ehe sie Freimäurerei hieß, fragst Du? – Massoney –
ERNST. Nun ja freilich! Masonry auf Englisch –
FALK. Auf Englisch nicht Masonry, sondern Masony. – Nicht von Mason, der Maurer, sondern von Mase, der Tisch, die Tafel.
ERNST. Mase, der Tisch? In welcher Sprache?
FALK. In der Sprache der Angelsachsen, doch nicht in dieser allein, sondern auch in der Sprache der Goten und Franken, folglich ein ursprünglich deutsches Wort, von welchem noch jetzt so mancherlei Abstammungen üblig sind, oder doch ohnlängst üblig waren, als: *Maskopie, Masleidig, Masgenosse*. Selbst *Masoney* war zu Luthers Zeiten noch häufig im Gebrauche; nur daß es seine gute Bedeutung ein wenig verschlimmert hatte.
ERNST. Ich weiß weder von seiner guten, noch von seiner verschlimmerten Bedeutung.
FALK. Aber die Sitte unserer Vorfahren weißt Du doch, auch die wichtigsten Dinge am Tische zu überlegen? – *Mase* also der Tisch, und *Masoney* eine geschlossene, vertraute Tischgesellschaft. Und wie aus einer geschlossenen, vertrauten Tischgesellschaft ein Saufgelach worden, in welchem Verstande Agri-

cola das Wort Masoney braucht, kannst Du leicht abnehmen

ERNST. Wäre es dem Namen *Loge* vor einiger Zeit bald besser gegangen?

FALK. Vorher aber, ehe die Masoneyen zum Teil so ausarteten, und in der guten Meinung des Publikums so herabkamen, standen sie in desto größerem Ansehn. Es war kein Hof in Deutschland, weder klein noch groß, der nicht seine Masoney hatte. Die alten Lieder- und Geschichtsbücher sind davon Zeugen. Eigene Gebäude, die mit den Schlössern und Palästen der regierenden Herrn verbunden oder benachbart waren, hatten von ihnen ihre Benennung, von der man neuerer Zeit so manche ungegründete Auslegung hat – Und was brauche ich Dir zu ihrem Ruhme mehr zu sagen, als daß die Gesellschaft der *runden Tafel* die erste und älteste Masoney war, von der sie insgesamt abstammen?

ERNST. Der runden Tafel? das steigt in ein sehr fabelhaftes Altertum hinauf –

FALK. Die Geschichte des Königs Arthur sei so fabelhaft als sie will, die *runde Tafel* ist so fabelhaft nicht.

ERNST. Arthur soll doch der Stifter derselben gewesen sein.

FALK. Mit Nichten! Auch nicht einmal der Fabel nach – Arthur, oder sein Vater, hatten sie von den Angelsachsen angenommen, wie schon der Name Masoney vermuten läßt. Und was versteht sich mehr von selbst, als daß die Angelsachsen keine Sitte nach England herüber brachten, die sie in ihrem Vaterlande nicht zurückließen? Auch sieht man es an mehreren deutschen Völkern damaliger Zeit, daß der Hang, in und neben der großen bürgerlichen Gesellschaft, kleinere vertraute Gesellschaften zu machen, ihnen eigen war.

ERNST. Hiermit meinest Du? –

FALK. Alles was ich Dir jetzt nur flüchtig und vielleicht nicht mit der gehörigen Präcision sage, mache ich mich anheischig das nächstemal, daß ich mich mit Dir in der Stadt unter meinen Büchern befinde, schwarz auf weiß zu belegen – Höre mich jetzt nur, wie man das erste Gerücht irgend einer großen Begebenheit hört. Es reizt die Neugierde mehr, als daß es sie befriedigt.

ERNST. Wo bliebst Du?

FALK. Die Masoney also war eine deutsche Sitte, welche die Sachsen nach England verpflanzten. Die Gelehrten sind uneinig, wer die *Mase-Thanes* unter ihnen waren. Es waren allem Ansehen nach die Edlen der Masoney, welche so tiefe Wurzeln in diesem neuen Boden schlug, daß sie unter allen nachfolgenden Staatsveränderungen blieb, und sich von Zeit zu Zeit in der herrlichsten Blüte zeigte. Besonders waren die Masoneyen der * * * im zwölften Jahrhundert und im dreizehnten in sehr großem Rufe. Und so eine * * * Masoney war es, die sich, bis zu Ende des siebenzehnten Jahrhunderts, trotz der Aufhebung des Ordens, mitten in London erhalten hatte – Und hier fängt die Zeit an, wo die Fingerzeige der niedergeschriebenen Historie freilich ermangeln; aber eine sorgfältig aufbewahrte Tradition, die so viel innere Merkmale der Wahrheit hat, ist bereit diesen Mangel zu ersetzen.

ERNST. Und was hindert, diese Tradition endlich einmal durch schriftliche Verzeichnung zur Geschichte zu erheben?

FALK. Hindert? Nichts hindert! Alles rät vielmehr dazu an – Wenigstens fühle ich, ich fühle mich berechtigt, ja verpflichtet, Dir und Allen, welche sich mit Dir in dem nämlichen Falle befinden, länger kein Geheimnis daraus zu machen.

ERNST. Nun denn! – Ich bin in der äußersten Erwartung.

FALK. Jene * * * Masoney also, die noch zu Ausgang des vorigen Jahrhunderts in London bestand, aber in aller Stille bestand, hatte ihr Versammlungshaus ohnfern der Sankt Pauls-Kirche, die damals neu erbauet ward. Der Baumeister dieser zweiten Kirche der ganzen Welt war –

ERNST. Christoph Wren –

FALK. Und Du hast den Schöpfer der ganzen heutigen Freimäurerei genannt –

ERNST. Ihn?

FALK. Kurz! Wren, der Baumeister der St. Pauls-Kirche, in deren Nähe sich eine uralte Masoney, von undenklichen Jahren her, versammlete, war ein Mitglied dieser Masoney, welche er die dreißig Jahre über, die der Bau dauerte, um so öfterer besuchte.

ERNST. Ich fange an ein Mißverständnis zu wittern.

FALK. Nichts anders! Die wahre Bedeutung des Worts Masoney war bei dem englischen Volke vergessen, verloren — Eine Masony, die in der Nähe eines so wichtigen Baues lag, in der sich der Meister dieses Baues so fleißig finden ließ, was kann die anders sein, als eine Masonry, als eine Gesellschaft von Bauverständigen, mit welchen Wren die vorfallenden Schwierigkeiten überlegt? —

ERNST. Natürlich genug!

FALK. Die Fortsetzung eines solchen Baues einer solchen Kirche interessierte ganz London. Um Nachrichten davon aus der ersten Hand zu haben, bewarb sich jeder, der einige Kenntnisse von Baukunst zu haben vermeinte, um Zutritt zu der vermeinten Masonry — und bewarb sich vergebens. Endlich — Du kennst Christoph Wren, nicht bloß dem Namen nach, Du weißt, welch ein erfindsamer, tätiger Kopf er war. Er hatte ehedem den Plan zu einer Sozietät der Wissenschaften entwerfen helfen, *welche spekulativische Wahrheiten gemeinnütziger, und dem bürgerlichen Leben ersprießlicher machen sollte.* Auf einmal fiel ihm das Gegenbild einer Gesellschaft bei, *welche sich von der Praxis des bürgerlichen Lebens zur Spekulation erhöbe.* »Dort, dachte er, würde untersucht, was unter dem Wahren, brauchbar; und hier, was unter dem Brauchbaren, wahr wäre. Wie, wenn ich einige Grundsätze der Masoney exoterisch machte? Wie, wenn ich das, was sich nicht exoterisch machen läßt, unter die Hieroglyphen und Symbole desjenigen Handwerks versteckte, was man jetzt unter dem Worte Masony so hartnäckig zu finden glaubt? Wie wenn ich die Masony zu einer Free-Masonry erweiterte, an welcher Mehrere Teil nehmen könnten?« — So dachte Wren, und die Freimäurerei ward — Ernst! Wie ist dir?

ERNST. Wie einem Geblendeten.

FALK. Geht Dir nun einiges Licht auf?

ERNST. Einiges? Zuviel auf einmal.

FALK. Begreifst Du nun —

ERNST. Ich bitte Dich Freund, nichts mehr. — Aber hast Du nicht bald Verrichtungen in der Stadt?

FALK. Wünschest Du mich da?

ERNST. Wünsche? — nachdem Du mir versprochen —

FALK. So hab ich der Verrichtungen daselbst genug – Noch einmal! ich werde mich über manches aus dem Gedächtnisse zu schwankend, zu unbefriedigend ausgedruckt haben – Unter meinen Büchern sollst Du sehen und greifen – Die Sonne geht unter, Du mußt in die Stadt. Lebe wohl! –
ERNST. Eine andre ging mir auf. Lebe wohl!

Nachricht
Ein sechstes Gespräch, welches unter diesen Freunden vorfiel, ist nicht so nachzubilden. Aber das Wesentliche davon ist zu kritischen Anmerkungen über das fünfte Gespräch bestimmt, die man zur Zeit noch zurückhält.

DIE ERZIEHUNG DES MENSCHENGESCHLECHTS

Haec omnia inde esse in quibusdam vera, unde in quibusdam falsa sunt.
Augustinus

Vorbericht des Herausgebers

Ich habe die erste Hälfte dieses Aufsatzes in meinen *Beiträgen* bekannt gemacht. Itzt bin ich im Stande, das Übrige nachfolgen zu lassen.

Der Verfasser hat sich darin auf einen Hügel gestellt, von welchem er etwas mehr, als den vorgeschriebenen Weg seines heutigen Tages zu übersehen glaubt.

Aber er ruft keinen eilfertigen Wanderer, der nur das Nachtlager bald zu erreichen wünscht, von seinem Pfade. Er verlangt nicht, daß die Aussicht, die ihn entzücket, auch jedes andere Auge entzücken müsse.

Und so, dächte ich, könnte man ihn ja wohl stehen und staunen lassen, wo er steht und staunt!

Wenn er aus der unermeßlichen Ferne, die ein sanftes Abendrot seinem Blicke weder ganz verhüllt noch ganz entdeckt, nun gar einen Fingerzeig mitbrächte, um den ich oft verlegen gewesen!

Ich meine diesen. – Warum wollen wir in allen positiven Religionen nicht lieber weiter nichts, als den Gang erblicken, nach welchem sich der menschliche Verstand jedes Orts einzig und allein entwickeln können, und noch ferner entwickeln soll? als über eine derselben entweder lächeln, oder zürnen? Diesen unsern Hohn, diesen unsern Unwillen, verdiente in der besten Welt nichts: und nur die Religionen sollten ihn verdienen? Gott hätte seine Hand bei allem im Spiele: nur bei unsern Irrtümern nicht?

DIE ERZIEHUNG DES MENSCHENGESCHLECHTS

Was die Erziehung bei dem einzeln Menschen ist, ist die Offenbarung bei dem ganzen Menschengeschlechte.

§ 2
Erziehung ist Offenbarung, die dem einzeln Menschen geschieht: und Offenbarung ist Erziehung, die dem Menschengeschlechte geschehen ist, und noch geschieht.

§ 3
Ob die Erziehung aus diesem Gesichtspunkte zu betrachten, in der Pädagogik Nutzen haben kann, will ich hier nicht untersuchen. Aber in der Theologie kann es gewiß sehr großen Nutzen haben, und viele Schwierigkeiten heben, wenn man sich die Offenbarung als eine Erziehung des Menschengeschlechts vorstellet.

§ 4
Erziehung gibt dem Menschen nichts, was er nicht auch aus sich selbst haben könnte: sie gibt ihm das, was er aus sich selber haben könnte, nur geschwinder und leichter. Also gibt auch die Offenbarung dem Menschengeschlechte nichts, worauf die menschliche Vernunft, sich selbst überlassen, nicht auch kommen würde: sondern sie gab und gibt ihm die wichtigsten dieser Dinge nur früher.

§ 5
Und so wie es der Erziehung nicht gleichgültig ist, in welcher Ordnung sie die Kräfte des Menschen entwickelt; wie sie dem Menschen nicht alles auf einmal beibringen kann: eben so hat auch Gott bei seiner Offenbarung eine gewisse Ordnung, ein gewisses Maß halten müssen.

§ 6
Wenn auch der erste Mensch mit einem Begriffe von einem Einigen Gotte sofort ausgestattet wurde: so konnte doch dieser mitgeteilte, und nicht erworbene Begriff, unmöglich lange in seiner Lauterkeit bestehen. Sobald ihn die sich selbst überlassene menschliche Vernunft zu bearbeiten anfing, zerlegte sie den Ein-

zigen Unermeßlichen in mehrere Ermeßlichere, und gab jedem dieser Teile ein Merkzeichen.

§ 7
So entstand natürlicher Weise Vielgötterei und Abgötterei. Und wer weiß, wie viele Millionen Jahre sich die menschliche Vernunft noch in diesen Irrwegen würde herumgetrieben haben; ohngeachtet überall und zu allen Zeiten einzelne Menschen erkannten, daß es Irrwege waren: wenn es Gott nicht gefallen hätte, ihr durch einen neuen Stoß eine bessere Richtung zu geben.

§ 8
Da er aber einem jeden *einzeln Menschen* sich nicht mehr offenbaren konnte, noch wollte: so wählte er sich ein *einzelnes Volk* zu seiner besondern Erziehung; und eben das ungeschliffenste, das verwildertste, um mit ihm ganz von vorne anfangen zu können.

§ 9
Dies war das Israelitische Volk, von welchem man gar nicht einmal weiß, was es für einen Gottesdienst in Ägypten hatte. Denn an dem Gottesdienste der Ägypter durften so verachtete Sklaven nicht Teil nehmen: und der Gott seiner Väter war ihm gänzlich unbekannt geworden.

§ 10
Vielleicht, daß ihm die Ägyptier allen Gott, alle Götter ausdrücklich untersagt hatten; es in den Glauben gestürzt hatten, es habe gar keinen Gott, gar keine Götter; Gott, Götter haben, sei nur ein Vorrecht der bessern Ägyptier: und das, um es mit so viel größerm Anscheine von Billigkeit tyrannisieren zu dürfen. – Machen Christen es mit ihren Sklaven noch itzt viel anders?

§ 11
Diesem rohen Volke also ließ sich Gott anfangs bloß als den Gott seiner Väter ankündigen, um es nur erst mit der Idee eines auch ihm zustehenden Gottes bekannt und vertraut zu machen.

§ 12
Durch die Wunder, mit welchen er es aus Ägypten führte, und in Kanaan einsetzte, bezeugte er sich ihm gleich darauf als einen Gott, der mächtiger sei, als irgend ein andrer Gott.

§ 13

Und indem er fortfuhr, sich ihm als den Mächtigsten von allen zu bezeugen, – welches doch nur *einer* sein kann, – gewöhnte er es allmählig zu dem Begriffe des *Einigen*.

§ 14

Aber wie weit war dieser Begriff des Einigen, noch unter dem wahren transzendentalen Begriffe des Einigen, welchen die Vernunft so spät erst aus dem Begriffe des Unendlichen mit Sicherheit schließen lernen!

§ 15

Zu dem wahren Begriffe des Einigen – wenn sich ihm auch schon die Besserern des Volks mehr oder weniger näherten – konnte sich doch das Volk lange nicht erheben: und dieses war die einzige wahre Ursache, warum es so oft seinen Einigen Gott verließ, und den Einigen, d. i. Mächtigsten, in irgend einem andern Gotte eines andern Volks zu finden glaubte.

§ 16

Ein Volk aber, das so roh, so ungeschickt zu abgezognen Gedanken war, noch so völlig in seiner Kindheit war, was war es für einer *moralischen* Erziehung fähig? Keiner andern, als die dem Alter der Kindheit entspricht. Der Erziehung durch unmittelbare sinnliche Strafen und Belohnungen.

§ 17

Auch hier also treffen Erziehung und Offenbarung zusammen. Noch konnte Gott seinem Volke keine andere Religion, kein anders Gesetz geben, als eines, durch dessen Beobachtung oder Nichtbeobachtung es hier auf Erden glücklich oder unglücklich zu werden hoffte oder fürchtete. Denn weiter als auf dieses Leben gingen noch seine Blicke nicht. Es wußte von keiner Unsterblichkeit der Seele; es sehnte sich nach keinem künftigen Leben. Ihm aber nun schon diese Dinge zu offenbaren, welchen seine Vernunft noch so wenig gewachsen war: was würde es bei Gott anders gewesen sein, als der Fehler des eiteln Pädagogen, der sein Kind lieber übereilen und mit ihm prahlen, als gründlich unterrichten will.

§ 18

Allein wozu, wird man fragen, diese Erziehung eines so rohen Volkes, eines Volkes, mit welchem Gott so ganz von vorne anfangen mußte? Ich antworte: um in der Folge der Zeit einzelne Glieder desselben so viel sichrer zu Erziehern aller übrigen Völker brauchen zu können. Er erzog in ihm die künftigen Erzieher des Menschengeschlechts. Das wurden Juden, das konnten nur Juden werden, nur Männer aus einem so erzogenen Volke.

§ 19

Denn weiter. Als das Kind unter Schlägen und Liebkosungen aufgewachsen und nun zu Jahren des Verstandes gekommen war, stieß es der Vater auf einmal in die Fremde; und hier erkannte es auf einmal das Gute, das es in seines Vaters Hause gehabt und nicht erkannt hatte.

§ 20

Während daß Gott sein erwähltes Volk durch alle Staffeln einer kindischen Erziehung führte: waren die andern Völker des Erdbodens bei dem Lichte der Vernunft ihren Weg fortgegangen. Die meisten derselben waren weit hinter dem erwählten Volke zurückgeblieben: nur einige waren ihm zuvorgekommen. Und auch das geschieht bei Kindern, die man für sich aufwachsen läßt; viele bleiben ganz roh; einige bilden sich zum Erstaunen selbst.

§ 21

Wie aber diese glücklichern Einige nichts gegen den Nutzen und die Notwendigkeit der Erziehung beweisen: so beweisen die wenigen heidnischen Völker, die selbst in der Erkenntnis Gottes vor dem erwählten Volke noch bis itzt einen Vorsprung zu haben schienen, nichts gegen die Offenbarung. Das Kind der Erziehung fängt mit langsamen aber sichern Schritten an; es holt manches glücklicher organisierte Kind der Natur spät ein; aber es holt es doch ein, und ist alsdann nie wieder von ihm einzuholen.

§ 22

Auf gleiche Weise. Daß, – die Lehre von der Einheit Gottes bei Seite gesetzt, welche in den Büchern des Alten Testaments sich findet, und sich nicht findet – daß, sage ich, wenigstens die Lehre von der Unsterblichkeit der Seele, und die damit verbundene

Lehre von Strafe und Belohnung in einem künftigen Leben, darin völlig fremd sind: beweiset eben so wenig wider den göttlichen Ursprung dieser Bücher. Es kann dem ohngeachtet mit allen darin enthaltenen Wundern und Prophezeiungen seine gute Richtigkeit haben. Denn laßt uns setzen, jene Lehren würden nicht allein darin *vermißt,* jene Lehren wären auch sogar *nicht* einmal *wahr*; laßt uns setzen, es wäre wirklich für die Menschen in diesem Leben alles aus: wäre darum das Dasein Gottes minder erwiesen? stünde es darum Gotte minder frei, würde es darum Gotte minder ziemen, sich der zeitlichen Schicksale irgend eines Volks aus diesem vergänglichen Geschlechte unmittelbar anzunehmen? Die Wunder, die er für die Juden tat, die Prophezeiungen, die er durch sie aufzeichnen ließ, waren ja nicht bloß für die wenigen sterblichen Juden, zu deren Zeiten sie geschahen und aufgezeichnet wurden: er hatte seine Absichten damit auf das ganze Jüdische Volk, auf das ganze Menschengeschlecht, die hier auf Erden vielleicht ewig dauern sollen, wenn schon jeder einzelne Jude, jeder einzelne Mensch auf immer dahin stirbt.

§ 23

Noch einmal. Der Mangel jener Lehren in den Schriften des Alten Testaments beweiset wider ihre Göttlichkeit nichts. Moses war doch von Gott gesandt, obschon die Sanktion seines Gesetzes sich nur auf dieses Leben erstreckte. Denn warum weiter? Er war ja nur an das *Israelitische* Volk, an das *damalige* Israelitische Volk gesandt: und sein Auftrag war den Kenntnissen, den Fähigkeiten, den Neigungen dieses *damaligen* Israelitischen Volks, so wie der Bestimmung des *künftigen*, vollkommen angemessen. Das ist genug.

§ 24

So weit hätte Warburton auch nur gehen müssen, und nicht weiter. Aber der gelehrte Mann überspannte den Bogen. Nicht zufrieden, daß der Mangel jener Lehren der göttlichen Sendung Mosis nichts schade: er sollte ihm die göttliche Sendung Mosis sogar beweisen. Und wenn er diesen Beweis noch aus der Schicklichkeit eines solchen Gesetzes für ein solches Volk zu führen gesucht hätte! Aber er nahm seine Zuflucht zu einem von Mose bis auf Christum ununterbrochen fortdauernden Wunder, nach welchem Gott einen jeden einzeln Juden gerade so glücklich oder unglücklich gemacht habe, als es dessen Gehorsam oder Ungehorsam gegen das Gesetz verdiente. Dieses Wunder habe den Mangel jener Lehren, ohne welche kein Staat bestehen könne, ersetzt; und eine solche Ersetzung eben beweise, was jener Mangel, auf den ersten Anblick, zu verneinen scheine.

§ 25

Wie gut war es, daß Warburton dieses anhaltende Wunder, in welches er das Wesentliche der Israelitischen Theokratie setzte, durch nichts erhärten, durch nichts wahrscheinlich machen konnte. Denn hätte er das gekonnt; wahrlich – alsdenn erst hätte er die Schwierigkeit unauflöslich gemacht. – Mir wenigstens. – Denn was die Göttlichkeit der Sendung Mosis wieder herstellen sollte, würde an der Sache selbst zweifelhaft gemacht haben, die Gott zwar damals nicht mitteilen, aber doch gewiß auch nicht erschweren wollte.

§ 26

Ich erkläre mich an dem Gegenbilde der Offenbarung. Ein Elementarbuch für Kinder, darf gar wohl dieses oder jenes wichtige Stück der Wissenschaft oder Kunst, die es vorträgt, mit Stillschweigen übergehen, von dem der Pädagog urteilte, daß es den Fähigkeiten der Kinder, für die er schrieb, noch nicht angemessen sei. Aber es darf schlechterdings nichts enthalten, was den Kindern den Weg zu den zurückbehaltnen wichtigen Stücken versperre oder verlege. Vielmehr müssen ihnen alle Zugänge zu denselben sorgfältig offen gelassen werden: und sie nur von einem einzigen dieser Zugänge ableiten, oder verursachen, daß sie denselben später betreten, würde allein die Unvollständigkeit des Elementarbuchs zu einem wesentlichen Fehler desselben machen.

§ 27

Also auch konnten in den Schriften des Alten Testaments, in diesen Elementarbüchern für das rohe und im Denken ungeübte Israelitische Volk, die Lehre von der Unsterblichkeit der Seele und künftigen Vergeltung gar wohl mangeln: aber enthalten durften sie schlechterdings nichts, was das Volk, für das sie geschrieben waren, auf dem Wege zu dieser großen Wahrheit auch nur verspätet hätte. Und was hätte es, wenig zu sagen, mehr dahin *verspätet*, als wenn jene wunderbare Vergeltung in diesem Leben darin wäre versprochen, und von dem wäre versprochen worden, der nichts verspricht, was er nicht hält?

§ 28
Denn wenn schon aus der ungleichen Austeilung der Güter dieses Lebens, bei der auf Tugend und Laster so wenig Rücksicht genommen zu sein scheinet, eben nicht der strengste Beweis für die Unsterblichkeit der Seele und für ein anders Leben, in welchem jener Knoten sich auflöse, zu führen: so ist doch wohl gewiß, daß der menschliche Verstand ohne jenem Knoten noch lange nicht – und vielleicht auch nie – auf bessere und strengere Beweise gekommen wäre. Denn was sollte ihn antreiben können, diese bessern Beweise zu suchen? Die bloße Neugierde?

§ 29
Der und jener Israelite mochte freilich wohl die göttlichen Versprechungen und Androhungen, die sich auf den gesamten Staat bezogen, auf jedes einzelne Glied desselben erstrecken, und in dem festen Glauben stehen, daß wer fromm sei auch glücklich sein müsse, und wer unglücklich sei, oder werde, die Strafe seiner Missetat trage, welche sich sofort wieder in Segen verkehre, sobald er von seiner Missetat ablasse. – Ein solcher scheinet den Hiob geschrieben zu haben; denn der Plan desselben ist ganz in diesem Geiste. –

§ 30
Aber unmöglich durfte die tägliche Erfahrung diesen Glauben bestärken: oder es war auf immer bei dem Volke, das diese Erfahrung hatte, *auf immer* um die Erkennung und Aufnahme der ihm noch ungeläufigen Wahrheit geschehen. Denn wenn der Fromme schlechterdings glücklich war, und es zu seinem Glücke doch wohl auch mit gehörte, daß seine Zufriedenheit keine schrecklichen Gedanken des Todes unterbrachen, daß er alt und *lebenssatt* starb: wie konnte er sich nach einem andern Leben sehnen? wie konnte er über etwas nachdenken, wornach er sich nicht sehnte? Wenn aber der Fromme darüber nicht nachdachte: wer sollte es denn? Der Bösewicht? der die Strafe seiner Missetat fühlte, und wenn er dieses Leben verwünschte, so gern auf jedes andere Leben Verzicht tat?

§ 31

Weit weniger verschlug es, daß der und jener Israelite die Unsterblichkeit der Seele und künftige Vergeltung, weil sich das Gesetz nicht darauf bezog, gerade zu und ausdrücklich leugnete. Das Leugnen eines Einzelnen – wäre es auch ein Salomo gewesen, – hielt den Fortgang des gemeinen Verstandes nicht auf, und war an und für sich selbst schon ein Beweis, daß das Volk nun einen großen Schritt der Wahrheit näher gekommen war. Denn Einzelne leugnen nur, was Mehrere in Überlegung ziehen; und in Überlegung ziehen, warum man sich vorher ganz und gar nicht bekümmerte, ist der halbe Weg zur Erkenntnis.

§ 32

Laßt uns auch bekennen, daß es ein heroischer Gehorsam ist, die Gesetze Gottes beobachten, bloß weil es Gottes Gesetze sind, und nicht, weil er die Beobachter derselben hier und dort zu belohnen verheißen hat; sie beobachten, ob man schon an der künftigen Belohnung ganz verzweifelt, und der zeitlichen auch nicht so ganz gewiß ist.

§ 33

Ein Volk, in diesem heroischen Gehorsame gegen Gott erzogen, sollte es nicht bestimmt, sollte es nicht vor allen andern fähig sein, ganz besondere göttliche Absichten auszuführen? – Laßt den Soldaten, der seinem Führer blinden Gehorsam leistet, nun auch von der Klugheit seines Führers überzeugt werden, und sagt, was dieser Führer mit ihm auszuführen sich nicht unterstehen darf? –

§ 34

Noch hatte das Jüdische Volk in seinem Jehova mehr den Mächtigsten, als den Weisesten aller Götter verehrt; noch hatte es ihn als einen eifrigen Gott mehr gefürchtet, als geliebt: auch dieses zum Beweise, daß die Begriffe, die es von seinem höchsten einigen Gott hatte, nicht eben die rechten Begriffe waren, die wir von Gott haben müssen. Doch nun war die Zeit da, daß diese seine Begriffe erweitert, veredelt, berichtigt werden sollten, wozu sich Gott eines ganz natürlichen Mittels bediente; eines bessern richtigern Maßstabes, nach welchem es ihn zu schätzen Gelegenheit bekam.

§ 35

Anstatt daß es ihn bisher nur gegen die armseligen Götzen der kleinen benachbarten rohen Völkerschaften geschätzt hatte, mit welchen es in beständiger Eifersucht lebte: fing es in der Gefangenschaft unter dem weisen Perser an, ihn gegen das Wesen aller Wesen zu messen, wie das eine geübtere Vernunft erkannte und verehrte.

§ 36

Die Offenbarung hatte seine Vernunft geleitet, und nun erhellte die Vernunft auf einmal seine Offenbarung.

§ 37

Das war der erste wechselseitige Dienst, den beide einander leisteten; und dem Urheber beider ist ein solcher gegenseitiger Einfluß so wenig unanständig, daß ohne ihm eines von beiden überflüssig sein würde.

§ 38

Das in die Fremde geschickte Kind sahe andere Kinder, die mehr wußten, die anständiger lebten, und fragte sich beschämt: warum weiß ich das nicht auch? warum lebe ich nicht auch so? Hätte in meines Vaters Hause man mir das nicht auch beibringen; dazu mich nicht auch anhalten sollen? Da sucht es seine Elementarbücher wieder vor, die ihm längst zum Ekel geworden, um die Schuld auf die Elementarbücher zu schieben. Aber siehe! es erkennet, daß die Schuld ledig sein eigen sei, warum es nicht längst eben das wisse, eben so lebe.

§ 39

Da die Juden nunmehr, auf Veranlassung der reinern Persischen Lehre, in ihrem Jehova nicht bloß den größten aller Nationalgötter, sondern Gott erkannten; da sie ihn als solchen in ihren wieder hervorgesuchten heiligen Schriften um so eher finden und andern zeigen konnten, als er wirklich darin war; da sie vor allen sinnlichen Vorstellungen desselben einen eben so großen Abscheu bezeugten, oder doch in diesen Schriften zu haben angewiesen wurden, als die Perser nur immer hatten: was Wunder, daß sie vor den Augen des Cyrus mit einem Gottesdienste Gnade fanden, den er zwar noch weit unter dem reinen Sabeismus, aber doch auch weit über die groben Abgöttereien zu sein erkannte, die sich dafür des verlaßnen Landes der Juden bemächtiget hatten?

§ 40

So erleuchtet über ihre eignen unerkannten Schätze kamen sie zurück, und wurden ein ganz andres Volk, dessen erste Sorge es war, diese Erleuchtung unter sich dauerhaft zu machen. Bald war an Abfall und Abgötterei unter ihm nicht mehr zu denken. Denn man kann einem Nationalgott wohl untreu werden, aber nie Gott, so bald man ihn einmal erkannt hat.

§ 41

Die Gottesgelehrten haben diese gänzliche Veränderung des jüdischen Volks verschiedentlich zu erklären gesucht; und Einer, der die Unzulänglichkeit aller dieser verschiednen Erklärungen sehr wohl gezeigt hat, wollte endlich »die augenscheinliche Erfüllung der über die Babylonische Gefangenschaft und die Wiederherstellung aus derselben ausgesprochnen und aufgeschriebnen Weissagungen,« für die wahre Ursache derselben angeben. Aber auch diese Ursache kann nur in so fern die wahre sein, als sie die nun erst veredelten Begriffe von Gott voraus setzt. Die Juden mußten nun erst erkannt haben, daß Wundertun und das Künftige vorhersagen, nur Gott zukomme; welches beides sie sonst auch den falschen Götzen beigeleget hatten, wodurch eben Wunder und Weissagungen bisher nur einen so schwachen, vergänglichen Eindruck auf sie gemacht hatten.

§ 42

Ohne Zweifel waren die Juden unter den Chaldäern und Persern auch mit der Lehre von der Unsterblichkeit der Seele bekannter geworden. Vertrauter mit ihr wurden sie in den Schulen der Griechischen Philosophen in Ägypten.

§ 43

Doch da es mit dieser Lehre, in Ansehung ihrer heiligen Schriften, die Bewandtnis nicht hatte, die es mit der Lehre von der Einheit und den Eigenschaften Gottes gehabt hatte; da jene von dem sinnlichen Volke darin war gröblich übersehen worden, diese aber gesucht sein wollte; da auf diese noch *Vorübungen* nötig gewesen waren, und also nur *Anspielungen* und *Fingerzeige* Statt gehabt hatten: so konnte der Glaube an die Unsterblichkeit der Seele natürlicher Weise nie der Glaube des gesamten Volks werden. Er war und blieb nur der Glaube einer gewissen Sekte desselben.

§ 44

Eine *Vorübung* auf die Lehre von der Unsterblichkeit der Seele, nenne ich z.E. die göttliche Androhung, die Missetat des Vaters an seinen Kindern bis ins dritte und vierte Glied zu strafen. Dies gewöhnte die Väter in Gedanken mit ihren spätesten Nachkommen zu leben, und das Unglück, welches sie über diese Unschuldige gebracht hatten, voraus zu fühlen.

§ 45

Eine *Anspielung* nenne ich, was bloß die Neugierde reizen und eine Frage veranlassen sollte. Als die oft vorkommende Redensart, *zu seinen Vätern versammlet werden,* für sterben.

§ 46

Einen *Fingerzeig* nenne ich, was schon irgend einen Keim enthält, aus welchem sich die noch zurückgehaltne Wahrheit entwickeln läßt. Dergleichen war Christi Schluß aus der Benennung *Gott Abrahams, Isaaks und Jakobs.* Dieser Fingerzeig scheint mir allerdings in einen strengen Beweis ausgebildet werden zu können.

§ 47

In solchen Vorübungen, Anspielungen, Fingerzeigen besteht die *positive* Vollkommenheit eines Elementarbuchs; so wie die oben erwähnte Eigenschaft, daß es den Weg zu den noch zurückgehaltenen Wahrheiten nicht erschwere, oder versperre, die *negative* Vollkommenheit desselben war.

§ 48

Setzt hierzu noch die Einkleidung und den Stil – 1) die Einkleidung der nicht wohl zu übergehenden abstrakten Wahrheiten in Allegorien und lehrreiche einzelne Fälle, die als wirklich geschehen erzählet werden. Dergleichen sind die Schöpfung, unter dem Bilde des werdenden Tages; die Quelle des moralischen Bösen, in der Erzählung vom verbotnen Baume; der Ursprung der mancherlei Sprachen, in der Geschichte vom Turmbaue zu Babel, u.s.w.

§ 49

2) den Stil – bald plan und einfältig, bald poetisch, durchaus voll Tautologien, aber solchen, die den Scharfsinn üben, indem sie bald etwas anders zu sagen scheinen, und doch das nämliche sagen, bald das nämliche zu sagen scheinen, und im Grunde etwas anders bedeuten oder bedeuten können: –

§ 50

Und ihr habt alle gute Eigenschaften eines Elementarbuchs sowohl für Kinder, als für ein kindisches Volk.

§ 51

Aber jedes Elementarbuch ist nur für ein gewisses Alter. Das ihm entwachsene Kind länger, als die Meinung gewesen, dabei zu verweilen, ist schädlich. Denn um dieses auf eine nur einigermaßen nützliche Art tun zu können, muß man mehr hineinlegen, als darin liegt; mehr hineintragen, als es fassen kann. Man muß der Anspielungen und Fingerzeige zu viel suchen und machen, die Allegorien zu genau ausschütteln, die Beispiele zu umständlich deuten, die Worte zu stark pressen. Das gibt dem Kinde einen kleinlichen, schiefen, spitzfindigen Verstand; das macht es geheimnisreich, abergläubisch, voll Verachtung gegen alles Faßliche und Leichte.

§ 52

Die nämliche Weise, wie die Rabbinen ihre heiligen Bücher behandelten! Der nämliche Charakter, den sie dem Geiste ihres Volks dadurch erteilten!

§ 53

Ein beßrer Pädagog muß kommen, und dem Kinde das erschöpfte Elementarbuch aus den Händen reißen. – Christus kam.

§ 54

Der Teil des Menschengeschlechts, den Gott in *Einen* Erziehungsplan hatte fassen wollen – Er hatte aber nur denjenigen in Einen fassen wollen, der durch Sprache, durch Handlung, durch Regierung, durch andere natürliche und politische Verhältnisse in sich bereits verbunden war – war zu dem zweiten großen Schritte der Erziehung reif.

§ 55

Das ist: dieser Teil des Menschengeschlechts war in der Ausübung seiner Vernunft so weit gekommen, daß er zu seinen moralischen Handlungen edlere, würdigere Bewegungsgründe bedurfte und brauchen konnte, als zeitliche Belohnung und Strafen waren, die ihn bisher geleitet hatten. Das Kind wird Knabe. Leckerei und Spielwerk weicht der aufkeimenden Begierde, eben so frei, eben so geehrt, eben so glücklich zu werden, als es sein älteres Geschwister sieht.

§ 56

Schon längst waren die Bessern von jenem Teile des Menschengeschlechts gewohnt, sich durch einen *Schatten* solcher edlern Bewegungsgründe regieren zu lassen. Um nach diesem Leben auch nur in dem Andenken seiner Mitbürger fortzuleben, tat der Grieche und Römer alles.

§ 57

Es war Zeit, daß ein andres *wahres* nach diesem Leben zu gewärtigendes Leben Einfluß auf seine Handlungen gewönne.

§ 58

Und so ward Christus der erste *zuverlässige, praktische* Lehrer der Unsterblichkeit der Seele.

§ 59

Der erste *zuverlässige* Lehrer. – Zuverlässig durch die Weissagungen, die in ihm erfüllt schienen; zuverlässig durch die Wunder, die er verrichtete; zuverlässig durch seine eigene Wiederbelebung nach einem Tode, durch den er seine Lehre versiegelt hatte. Ob wir noch itzt diese Wiederbelebung, diese Wunder beweisen können: das lasse ich dahin gestellt sein. So, wie ich es dahin gestellt sein lasse, wer die Person dieses Christus gewesen. Alles das kann damals zur *Annehmung* seiner Lehre wichtig gewesen sein: itzt ist es zur Erkennung der Wahrheit dieser Lehre so wichtig nicht mehr.

§ 60

Der erste *praktische* Lehrer. – Denn ein anders ist die Unsterblichkeit der Seele, als eine philosophische Spekulation, vermuten, wünschen, glauben: ein anders, seine innern und äußern Handlungen darnach einrichten.

§ 61
Und dieses wenigstens lehrte Christus zuerst. Denn ob es gleich bei manchen Völkern auch schon vor ihm eingeführter Glaube war, daß böse Handlungen noch in jenem Leben bestraft würden: so waren es doch nur solche, die der bürgerlichen Gesellschaft Nachteil brachten, und daher auch schon in der bürgerlichen Gesellschaft ihre Strafe hatten. Eine innere Reinigkeit des Herzens in Hinsicht auf ein andres Leben zu empfehlen, war ihm allein vorbehalten.

§ 62
Seine Jünger haben diese Lehre getreulich fortgepflanzt. Und wenn sie auch kein ander Verdienst hätten, als daß sie einer Wahrheit, die Christus nur allein für die Juden bestimmt zu haben schien, einen allgemeinern Umlauf unter mehrern Völkern verschafft hätten: so wären sie schon darum unter die Pfleger und Wohltäter des Menschengeschlechts zu rechnen.

§ 63
Daß sie aber diese Eine große Lehre noch mit andern Lehren versetzten, deren Wahrheit weniger einleuchtend, deren Nutzen weniger erheblich war: wie konnte das anders sein? Laßt uns sie darum nicht schelten, sondern vielmehr mit Ernst untersuchen: ob nicht selbst diese beigemischten Lehren ein neuer *Richtungsstoß* für die menschliche Vernunft geworden.

§ 64
Wenigstens ist es schon aus der Erfahrung klar, daß die Neutestamentlichen Schriften, in welchen sich diese Lehren nach einiger Zeit aufbewahret fanden, das zweite beßre Elementarbuch für das Menschengeschlecht abgegeben haben, und noch abgeben.

§ 65
Sie haben seit siebzehnhundert Jahren den menschlichen Verstand mehr als alle andere Bücher beschäftigt; mehr als alle andere Bücher erleuchtet, sollte es auch nur das Licht sein, welches der menschliche Verstand selbst hineintrug.

§ 66

Unmöglich hätte irgend ein ander Buch unter so verschiednen Völkern so allgemein bekannt werden können: und unstreitig hat das, daß so ganz ungleiche Denkungsarten sich mit diesem nämlichen Buche beschäftigten, den menschlichen Verstand mehr fortgeholfen, als wenn jedes Volk für sich besonders sein eignes Elementarbuch gehabt hätte.

§ 67

Auch war es höchst nötig, daß jedes Volk dieses Buch eine Zeit lang für das Non plus ultra seiner Erkenntnisse halten mußte. Denn dafür muß auch der Knabe sein Elementarbuch vors erste ansehen; damit die Ungeduld, nur fertig zu werden, ihn nicht zu Dingen fortreißt, zu welchen er noch keinen Grund gelegt hat.

§ 68

Und was noch itzt höchst wichtig ist: – Hüte dich, du fähigeres Individuum, der du an dem letzten Blatte dieses Elementarbuches stampfest und glühest, hüte dich, es deine schwächere Mitschüler merken zu lassen, was du witterst, oder schon zu sehn beginnest.

§ 69

Bis sie dir nach sind, diese schwächere Mitschüler; – kehre lieber noch einmal selbst in dieses Elementarbuch zurück, und untersuche, ob das, was du nur für Wendungen der Methode, für Lückenbüßer der Didaktik hältst, auch wohl nicht etwas Mehrers ist.

§ 70

Du hast in der Kindheit des Menschengeschlechts an der Lehre von der Einheit Gottes gesehen, daß Gott auch bloße Vernunftswahrheiten unmittelbar offenbaret; oder verstattet und einleitet, daß bloße Vernunftswahrheiten als unmittelbar geoffenbarte Wahrheiten eine Zeit lang gelehret werden: um sie geschwinder zu verbreiten, und sie fester zu gründen.

§ 71

Du erfährst, in dem Knabenalter des Menschengeschlechts, an der Lehre von der Unsterblichkeit der Seele, das Nämliche. Sie wird in dem zweiten bessern Elementarbuche als Offenbarung *geprediget,* nicht als Resultat menschlicher Schlüsse *gelehret*.

§ 72

So wie wir zur Lehre von der Einheit Gottes nunmehr des Alten Testaments entbehren können; so wie wir allmählig, zur Lehre von der Unsterblichkeit der Seele, auch des Neuen Testaments entbehren zu können anfangen: könnten in diesem nicht noch mehr dergleichen Wahrheiten vorgespiegelt werden, die wir als Offenbarungen so lange anstaunen sollen, bis sie die Vernunft aus ihren andern ausgemachten Wahrheiten herleiten und mit ihnen verbinden lernen?

§ 73

Z. E. die Lehre von der Dreieinigkeit. – Wie, wenn diese Lehre den menschlichen Verstand, nach unendlichen Verirrungen rechts und links, nur endlich auf den Weg bringen sollte, zu erkennen, daß Gott in dem Verstande, in welchem endliche Dinge *eins* sind, unmöglich *eins* sein könne; daß auch seine Einheit eine transzendentale Einheit sein müsse, welche eine Art von Mehrheit nicht ausschließt? – Muß Gott wenigstens nicht die vollständigste Vorstellung von sich selbst haben? d. i. eine Vorstellung, in der sich alles befindet, was in ihm selbst ist. Würde sich aber alles in ihr finden, was in ihm selbst ist, wenn auch von seiner *notwendigen Wirklichkeit,* so wie von seinen übrigen Eigenschaften, sich bloß eine Vorstellung, sich bloß eine Möglichkeit fände? Diese Möglichkeit erschöpft das Wesen seiner übrigen Eigenschaften: aber auch seiner notwendigen Wirklichkeit? Mich dünkt nicht. – Folglich kann entweder Gott gar keine vollständige Vorstellung von sich selbst haben: oder diese vollständige Vorstellung ist eben so notwendig wirklich, als er es selbst ist etc. – Freilich ist das Bild von mir im Spiegel nichts als eine leere Vorstellung von mir, weil es nur das von mir hat, wovon Lichtstrahlen auf seine Fläche fallen. Aber wenn denn nun dieses Bild *alles,* alles ohne Ausnahme hätte, was ich selbst habe: würde es sodann auch noch eine leere Vorstellung, oder nicht vielmehr eine wahre Verdopplung meines Selbst sein? – Wenn ich eine ähnliche Verdopplung in Gott zu erkennen glaube: so irre ich mich vielleicht nicht so wohl, als daß die Sprache meinen Begriffen unterliegt; und so viel bleibt doch immer unwidersprechlich, daß diejenigen, welche die Idee davon populär machen wollen, sich schwerlich faßlicher und schicklicher hätten ausdrücken können, als durch die Benennung eines *Sohnes,* den Gott von Ewigkeit zeugt.

§ 74

Und die Lehre von der Erbsünde. – Wie, wenn uns endlich alles überführte, daß der Mensch auf der *ersten und niedrigsten* Stufe seiner Menschheit, schlechterdings so Herr seiner Handlungen nicht sei, daß er moralischen Gesetzen folgen könne?

§ 75

Und die Lehre von der Genugtuung des Sohnes. – Wie, wenn uns endlich alles nötigte, anzunehmen: daß Gott, ungeachtet jener ursprünglichen Unvermögenheit des Menschen, ihm dennoch moralische Gesetze lieber geben, und ihm alle Übertretungen, in Rücksicht auf seinen *Sohn,* d. i. in Rücksicht auf den selbstständigen Umfang aller seiner Vollkommenheiten, gegen den und in dem jede Unvollkommenheit des Einzeln verschwindet, lieber verzeihen wollen; als daß er sie ihm nicht geben, und ihn von aller moralischen Glückseligkeit ausschließen wollen, die sich ohne moralische Gesetze nicht denken läßt?

§ 76

Man wende nicht ein, daß dergleichen Vernünfteleien über die Geheimnisse der Religion untersagt sind. – Das Wort Geheimnis bedeutete, in den ersten Zeiten des Christentums, ganz etwas anders, als wir itzt darunter verstehn; und die Ausbildung geoffenbarter Wahrheiten in Vernunftswahrheiten ist schlechterdings notwendig, wenn dem menschlichen Geschlechte damit geholfen sein soll. Als sie geoffenbaret wurden, waren sie freilich noch keine Vernunftswahrheiten; aber sie wurden geoffenbaret, um es zu werden. Sie waren gleichsam das Facit, welches der Rechenmeister seinen Schülern voraus sagt, damit sie sich im Rechnen einigermaßen darnach richten können. Wollten sich die Schüler an dem voraus gesagten Facit begnügen: so würden sie nie rechnen lernen, und die Absicht, in welcher der gute Meister ihnen bei ihrer Arbeit einen Leitfaden gab, schlecht erfüllen.

§ 77
Und warum sollten wir nicht auch durch eine Religion, mit deren historischen Wahrheit, wenn man will, es so mißlich aussieht, gleichwohl auf nähere und bessere Begriffe vom göttlichen Wesen, von unsrer Natur, von unsern Verhältnissen zu Gott, geleitet werden können, auf welche die menschliche Vernunft von selbst nimmermehr gekommen wäre?

§ 78
Es ist nicht wahr, daß Spekulationen über diese Dinge jemals Unheil gestiftet, und der bürgerlichen Gesellschaft nachteilig geworden. – Nicht den Spekulationen: dem Unsinne, der Tyrannei, diesen Spekulationen zu steuern; Menschen, die ihre eigenen hatten, nicht ihre eigenen zu gönnen, ist dieser Vorwurf zu machen.

§ 79
Vielmehr sind dergleichen Spekulationen – mögen sie im Einzeln doch ausfallen, wie sie wollen – unstreitig die *schicklichsten* Übungen des menschlichen Verstandes überhaupt, so lange das menschliche Herz überhaupt, höchstens nur vermögend ist, die Tugend wegen ihrer ewigen glückseligen Folgen zu lieben.

§ 80
Denn bei dieser Eigennützigkeit des menschlichen Herzens, auch den Verstand nur allein an dem üben wollen, was unsere körperlichen Bedürfnisse betrifft, würde ihn mehr stumpfen, als wetzen heißen. Er will schlechterdings an geistigen Gegenständen geübt sein, wenn er zu seiner völligen Aufklärung gelangen, und diejenige Reinigkeit des Herzens hervorbringen soll, die uns, die Tugend um ihrer selbst willen zu lieben, fähig macht.

§ 81
Oder soll das menschliche Geschlecht auf diese höchste Stufen der Aufklärung und Reinigkeit nie kommen? Nie?

§ 82
Nie? – Laß mich diese Lästerung nicht denken, Allgütiger! – Die Erziehung hat ihr *Ziel*; bei dem Geschlechte nicht weniger als bei dem Einzeln. Was erzogen wird, wird zu Etwas erzogen.

§ 83

Die schmeichelnden Aussichten, die man dem Jünglinge eröffnet; die Ehre, der Wohlstand, die man ihm vorspiegelt: was sind sie mehr, als Mittel, ihn zum Manne zu erziehen, der auch dann, wenn diese Aussichten der Ehre und des Wohlstandes wegfallen, seine Pflicht zu tun vermögend sei.

§ 84

Darauf zwecke die menschliche Erziehung ab: und die göttliche reiche dahin nicht? Was der Kunst mit dem Einzeln gelingt, sollte der Natur nicht auch mit dem Ganzen gelingen? Lästerung! Lästerung!

§ 85

Nein; sie wird kommen, sie wird gewiß kommen, die Zeit der Vollendung, da der Mensch, je überzeugter sein Verstand einer immer bessern Zukunft sich fühlet, von dieser Zukunft gleichwohl Bewegungsgründe zu seinen Handlungen zu erborgen, nicht nötig haben wird; da er das Gute tun wird, weil es das Gute ist, nicht weil willkürliche Belohnungen darauf gesetzt sind, die seinen flatterhaften Blick ehedem bloß heften und stärken sollten, die innern bessern Belohnungen desselben zu erkennen.

§ 86

Sie wird gewiß kommen, die Zeit eines *neuen ewigen Evangeliums,* die uns selbst in den Elementarbüchern des Neuen Bundes versprochen wird.

§ 87

Vielleicht, daß selbst gewisse Schwärmer des dreizehnten und vierzehnten Jahrhunderts einen Strahl dieses neuen ewigen Evangeliums aufgefangen hatten; und nur darin irrten, daß sie den Ausbruch desselben so nahe verkündigten.

§ 88

Vielleicht war ihr *dreifaches Alter der Welt* keine so leere Grille; und gewiß hatten sie keine schlimme Absichten, wenn sie lehrten, daß der Neue Bund eben so wohl *antiquieret* werden müsse, als es der Alte geworden. Es blieb auch bei ihnen immer die nämliche Ökonomie des nämlichen Gottes. Immer – sie meine

Sprache sprechen zu lassen – der nämliche Plan der allgemeinen Erziehung des Menschengeschlechts.

§ 89
Nur daß sie ihn übereilten; nur daß sie ihre Zeitgenossen, die noch kaum der Kindheit entwachsen waren, ohne Aufklärung, ohne Vorbereitung, mit Eins zu Männern machen zu können glaubten, die ihres *dritten Zeitalters* würdig wären.

§ 90
Und eben das machte sie zu Schwärmern. Der Schwärmer tut oft sehr richtige Blicke in die Zukunft: aber er kann diese Zukunft nur nicht erwarten. Er wünscht diese Zukunft beschleuniget; und wünscht, daß sie durch ihn beschleuniget werde. Wozu sich die Natur Jahrtausende Zeit nimmt, soll in dem Augenblicke seines Daseins reifen. Denn was hat er davon, wenn das, was er für das Bessere erkennt, nicht noch bei seinen Lebzeiten das Bessere wird? Kömmt er wieder? Glaubt er wieder zu kommen? – Sonderbar, daß diese Schwärmerei allein unter den Schwärmern nicht mehr Mode werden will!

§ 91
Geh deinen unmerklichen Schritt, ewige Vorsehung! Nur laß mich dieser Unmerklichkeit wegen an dir nicht verzweifeln. – Laß mich an dir nicht verzweifeln, wenn selbst deine Schritte mir scheinen sollten, zurück zu gehen! – Es ist nicht wahr, daß die kürzeste Linie immer die gerade ist.

§ 92
Du hast auf deinem ewigen Wege so viel mitzunehmen! so viel Seitenschritte zu tun! – Und wie? wenn es nun gar so gut als ausgemacht wäre, daß das große langsame Rad, welches das Geschlecht seiner Vollkommenheit näher bringt, nur durch kleinere schnellere Räder in Bewegung gesetzt würde, deren jedes sein Einzelnes eben dahin liefert?

§ 93
Nicht anders! Eben die Bahn, auf welcher das Geschlecht zu seiner Vollkommenheit gelangt, muß jeder einzelne Mensch (der früher, der später) erst durchlaufen haben. – »In einem und eben

demselben Leben durchlaufen haben? Kann er in eben demselben Leben ein sinnlicher Jude und ein geistiger Christ gewesen sein? Kann er in eben demselben Leben beide überholet haben?«

§ 94

Das wohl nun nicht! – Aber warum könnte jeder einzelne Mensch auch nicht mehr als einmal auf dieser Welt vorhanden gewesen sein?

§ 95

Ist diese Hypothese darum so lächerlich, weil sie die älteste ist? weil der menschliche Verstand, ehe ihn die Sophisterei der Schule zerstreut und geschwächt hatte, sogleich darauf verfiel?

§ 96

Warum könnte auch Ich nicht hier bereits einmal alle die Schritte zu meiner Vervollkommnung getan haben, welche bloß zeitliche Strafen und Belohnungen den Menschen bringen können?

§ 97

Und warum nicht ein andermal alle die, welche zu tun, uns die Aussichten in ewige Belohnungen, so mächtig helfen?

§ 98

Warum sollte ich nicht so oft wiederkommen, als ich neue Kenntnisse, neue Fertigkeiten zu erlangen geschickt bin? Bringe ich auf Einmal so viel weg, daß es der Mühe wieder zu kommen etwa nicht lohnt?

§ 99

Darum nicht? – Oder, weil ich es vergesse, daß ich schon da gewesen? Wohl mir, daß ich das vergesse. Die Erinnerung meiner vorigen Zustände, würde mir nur einen schlechten Gebrauch des gegenwärtigen zu machen erlauben. Und was ich auf itzt vergessen *muß*, habe ich denn das auf ewig vergessen?

§ 100

Oder, weil so zu viel Zeit für mich verloren gehen würde? – Verloren? – Und was habe ich denn zu versäumen? Ist nicht die ganze Ewigkeit mein?

HERKULES UND OMPHALE

A. Erkläre mir doch dieses Gemälde.
B. Es ist Herkules und Omphale.
A. Das heißt, mir das Gemälde nennen, aber nicht erklären –
B. Mehr versteh ich davon nicht.
A. Desto schlimmer. Sieh, der da, dieser Athlet am Spinnrocken, in dem engen weiblichen Purpur ist –
B. Herkules.
A. Nicht doch – ist ein Nagelneuer *Philosoph*. Und die da, diese schöne gebieterische Nymphe, so fürchterlich lustig ausgeputzt, ist –
B. Omphale.
A. Behüte! – ist die liebe *Theologie*. Der Philosoph hat ihr seine Demonstration umgehangen, und einen knotichten Sorites in die Hand gegeben. Dafür hat er sich in ihren Purpurrock gepaßt, der ihm auf dem nervichten Leibe überall platzt, und nun sitzt er da, und spinnt ihren Rocken ab.
B. Warum droht sie ihm denn aber mit dem knotichten Sorites?
A. Er soll noch feiner spinnen. –

ÜBER EINE ZEITIGE AUFGABE

*Wird durch die Bemühung kaltblütiger Philosophen
und Lucianischer Geister gegen das,
was sie Enthusiasmus und Schwärmerei nennen,
mehr Böses als Gutes gestiftet?
Und in welchen Schranken müssen sich
die Antiplatoniker halten, um nützlich zu sein?*

(Deutscher Merkur)

Ich habe lieber sagen wollen: über eine *zeitige* Aufgabe; als: über eine Aufgabe *der Zeit*. Einmal, weil dieses mir zu Französisch klingt: und dann, weil eine Aufgabe *der Zeit* nicht immer eine *zeitige* Aufgabe ist. Das ist: eine Aufgabe, welche zu gegenwärtiger Zeit auf dem Tapete ist, ist nicht immer eine Aufgabe, die der gegenwärtigen Zeit besonders *angemessen*, und eben jetzt zur Entscheidung *reif* wäre. Ich wollte aber gern, daß man mehr dieses als jenes bei meinem Titel denken möchte.

Da stand vor einiger Zeit eine Aufgabe im *Deutschen Merkur*, über die jetzt so manches geschrieben wird. Ich muß doch auch ein wenig darüber nachdenken. Nur Schade, daß ich nicht nachdenken kann, ohne mit der Feder in der Hand! Zwar was Schade! Ich denke nur zu meiner eigenen Belehrung. Befriedigen mich meine Gedanken am Ende: so zerreiße ich das Papier. Befriedigen sie mich nicht: so lasse ich es drucken. Wenn ich besser belehrt werde, nehme ich eine kleine Demütigung schon vorlieb.

Die Aufgabe heißt: *Wird durch die Bemühung kaltblütiger Philosophen und Lucianischer Geister gegen das, was sie Enthusiasmus und Schwärmerei nennen, mehr Böses als Gutes gestiftet? Und in welchen Schranken müssen sich die Antiplatoniker halten, um nützlich zu sein?*

Eine sonderbare Aufgabe! dünkt mich bei dem ersten allgemeinen Blicke, mit dem ich sie anstaune. Wenn ich doch wüßte, was diese Aufgabe veranlaßt hat, und worauf sie eigentlich zielt!

Weiß man wenigstens nicht, wer sie aufgegeben? Ein kaltblütiger Philosoph und Lucianischer Geist? Oder ein Enthusiast und Schwärmer?

Der Wendung nach zu urteilen, wohl ein Enthusiast und Schwärmer. Denn Enthusiasmus und Schwärmerei erscheinen darin als der angegriffene Teil, – den man auch wohl verkenne, – gegen den man zu weit zu gehen in Gefahr sei.

Doch was kümmern mich Veranlassung und Absicht und Urheber? Ich will ja nicht zu dieses oder jenes Gunsten, mit der oder jener Rücksicht die Aufgabe entscheiden: ich will ja nur darüber nachdenken.

Wie kann ich aber einer Aufgabe *nachdenken,* ohne sie vorher *durchzudenken*? Wie kann ich die Auflösung zu finden hoffen, wenn ich von der Aufgabe und ihren Teilen keinen deutlichen, vollständigen, genauen Begriff habe? Also Stück für Stück, und πρωτον απο των πρωτων.

Kaltblütige Philosophen? – Ist das nicht so etwas, als ein stählerner Degen? Freilich gibt es auch hölzerne Degen; aber es ist doch nur eigentlich den Kindern zu gefallen, daß man einen hölzernen Degen einen Degen nennt.

Nicht alle Kaltblütige sind Philosophen. Aber alle Philosophen, habe ich gedacht, wären doch kaltblütig.

Denn ein warmer Philosoph! – was für ein Ding! – Ein warmer philosophischer Kopf, das begreife ich wohl. Aber ein philosophischer Kopf ist ja noch lange nicht ein Philosoph. Ein philosophischer Kopf gehört zu einem Philosophen: so wie Mut zu einem Soldaten. Nur gehöret beides nicht allein dazu. Es gehöret noch weit mehr als Mut zum Soldaten, und noch weit mehr als natürlicher Scharfsinn zum Philosophen.

Wortgrübelei! wird man sagen. – Wer mit Wortgrübelei sein Nachdenken nicht anfängt, der kommt, wenig gesagt, nie damit zu Ende. – Nur weiter.

Kaltblütige Philosophen und Lucianische Geister – das sollen doch wohl nicht die nämlichen Wesen sein? Lucian war ein Spötter, und der Philosoph verachtet alle Spötterei. – Philosophische Köpfe, weiß ich wohl, mochten einmal, und möchten noch gern die Spötterei zum Probiersteine der Wahrheit machen.

– Aber eben darum waren und sind sie auch keine Philosophen, sondern nur philosophische Köpfe.

Folglich, sind kaltblütige Philosophen und Lucianische Geister zwei verschiedene Klassen von Geistern: so ist auch die Aufgabe doppelt.

Einmal fragt man: wird durch die Bemühung der kaltblütigen Philosophen gegen das, was sie Enthusiasmus und Schwärmerei nennen, mehr Böses als Gutes gestiftet?

Und einmal: wird durch die Bemühung der Lucianischen Geister gegen das, was sie Enthusiasmus und Schwärmerei nennen, mehr Böses als Gutes gestiftet?

Unmöglich kann auf diese doppelte Frage nur Eine Antwort zureichen. Denn notwendig haben verschiedene Geister auch ein verschiedenes Verfahren. – Und wenn die Bemühung der kaltblütigen Philosophen mehr Gutes als Böses, oder nichts als Gutes stiftete: so könnte leicht die Bemühung der Lucianischen Geister mehr Böses als Gutes, oder nichts als Böses stiften. Oder umgekehrt.

Wie können nun die Schranken des einen auch die Schranken des andern sein?

Ich will geschwind den Weg links, und den Weg rechts ein wenig vorauslaufen, um zu sehen, wohin sie beide führen. Ob es wahr ist, daß beide an der nämlichen Stelle wieder zusammentreffen? – Bei *Enthusiasmus* und *Schwärmerei*.

Enthusiasmus! Schwärmerei! – Nennt man diese Dinge erst seit gestern? Haben diese Dinge erst seit gestern angefangen, ihre Wirkungen in der Welt zu äußern? Und ihre Wirkungen – ihre seligen und unseligen Wirkungen – sollten nicht längst dem ruhigen Beobachter ihr innerstes Wesen aufgeschlossen haben?

O freilich weiß jedermann, was Enthusiasmus und Schwärmerei ist; und weiß es sowohl, daß der genaueste Schattenriß, das ausgemalteste Bild, welches ich hier von ihnen darstellen wollte, sie in den Gedanken eines jeden gewiß nur unkenntlicher machen würde.

Erklärungen bekannter Dinge sind wie überflüssige Kupferstiche in Büchern. Sie helfen der Einbildung des Lesers nicht allein nicht; sie fesseln sie; sie irren sie.

Aber was will ich denn? Es ist ja in der Aufgabe auch nicht

einmal die Rede davon, was Enthusiasmus und Schwärmerei *wirklich* ist. Es ist ja nur die Rede von dem, was die kaltblütigen Philosophen und Lucianischen Geister für Enthusiasmus und Schwärmerei *halten*.

Und was halten sie denn dafür? – Das was wirklich Enthusiasmus und Schwärmerei ist? oder was es nicht ist?

Wenn das, was es wirklich ist: so sind wir wieder im Geleise. Wenn aber das, was es nicht ist, und ihnen *tausenderlei* Dinge Enthusiasmus und Schwärmerei scheinen können, die es nicht sind: so mag Gott wissen, auf welches von diesen tausenderlei Dingen ich fallen muß, den Sinn des Aufgebers zu treffen! Der Aufgabe fehlt eine Bestimmung, ohne welche sie unendlicher Auflösungen fähig ist.

Z. E. Diese Herren, die ich nicht kenne und nicht kennen mag, hielten Wärme und Sinnlichkeit des Ausdrucks, inbrünstige Liebe der Wahrheit, Anhänglichkeit an eigne besondere Meinungen, Dreistigkeit zu sagen was man denkt, und wie man es denkt, stille Verbrüderung mit sympathisierenden Geistern – hielten, sage ich, dieser Stücke eins oder mehrere, oder alle, für Enthusiasmus und Schwärmerei: ei nun! desto schlimmer für sie. – Ist es aber sodann noch eine Frage, ob ihre Bemühungen gegen diese verkannten Eigenschaften, auf welchen das wahre philosophische Leben des denkenden Kopfes beruht, mehr Böses als Gutes stiften?

Doch wie können sie das? Wie können, wenigstens kaltblütige Philosophen, so irrig und abgeschmackt denken? – Philosophen! – Den Lucianischen Geistern sieht so etwas noch eher ähnlich; weil Lucianische Geister nicht selten selbst Enthusiasten sind, und in ihrer gedankenlosen Lustigkeit einen Einfall für einen Grund, eine Posse für eine Widerlegung halten.

Aber, wie gesagt, Philosophen! – Philosophen sollten nicht besser wissen, was Enthusiasmus und Schwärmerei ist? Philosophen sollten in Gefahr sein, durch ihre Bemühungen gegen Enthusiasmus und Schwärmerei, mehr Böses als Gutes zu stiften? Philosophen?

Denn was tut denn der Philosoph gegen Enthusiasmus und Schwärmerei? – Gegen den Enthusiasmus der *Darstellung* tut er nicht allein nichts; sondern er pflegt ihn vielmehr auf das allersorgfältigste. Er weiß zu wohl, daß dieser die ἀκμη, die Spitze, die Blüte aller schönen Künste und Wissenschaften ist, und daß einem Dichter, einem Maler, einem Tonkünstler den Enthusiasmus abraten, nichts anders ist, als ihm anraten, zeitlebens mittelmäßig zu bleiben. – Aber gegen den Enthusiasmus der *Spekulation*? was tut er gegen den? Gegen den, in welchem er sich selbst so oft befindet? – Er sucht bloß zu verhüten, daß ihn dieser Enthusiasmus nicht zum Enthusiasten machen möge. So wie der feine Wollüstling, dem der Wein schmeckt, und der gern unter Freunden sein Gläschen leeret, sich wohl hüten wird, ein Trunkenbold zu werden. Was nun der Philosoph, an sich, zu seinem eignen Besten tut, das sollte er nicht auch an Andern tun dürfen? Er sucht sich die dunkeln lebhaften Empfindungen, die er während des Enthusiasmus gehabt hat, wenn er wieder kalt geworden, in deutliche Ideen aufzuklären. Und er sollte dieses nicht auch mit den dunkeln Empfindungen Andrer tun dürfen? Was ist denn sein Handwerk, wenn es dieses nicht ist? Trifft er endlich, der Philosoph, auf den doppelten Enthusiasmus, das ist, auf einen Enthusiasten der Spekulation, welcher den Enthusiasmus der Darstellung in seiner Gewalt hat, was tut er dann? Er unterscheidet. Er bewundert das Eine, und prüft das Andere.

Das tut der Philosoph gegen den Enthusiasmus! Und was gegen die Schwärmerei? – Denn beides soll hier doch wohl nicht Eins sein? Schwärmerei soll doch wohl nicht bloß der übersetzte Ekelname von Enthusiasmus sein?

Unmöglich! Denn es gibt Enthusiasten, die keine Schwärmer sind. Und es gibt Schwärmer, die nichts weniger als Enthusiasten sind; kaum, daß sie sich die Mühe nehmen, es zu scheinen.

Schwärmer, Schwärmerei kommt von Schwarm, schwärmen; so wie es besonders von den Bienen gebraucht wird. Die Begierde, Schwarm zu machen, ist folglich das eigentliche Kennzeichen des Schwärmers.

Aus was für Absichten der Schwärmer gern Schwarm machen möchte, welcher Mittel er sich dazu bedienet: das gibt die Klassen der Schwärmerei.

Nur weil diejenigen Schwärmer, welche die Durchsetzung gewisser Religionsbegriffe zur Absicht haben, und eigne göttliche Triebe und Offenbarungen vorgeben, (sie mögen Betrüger oder Betrogene, betrogen von sich selbst oder von Andern sein,) um zu jener Absicht zu gelangen, die vielleicht wiederum nur das Mittel ist, eine andere Absicht zu erreichen: nur weil diese Schwärmer, sage ich, leider die zahlreichste und gefährlichste Klasse der Schwärmerei ausmachen, hat man diese Schwärmer κατ' ἐξοχην Schwärmer genennt.

Daß manche Schwärmer aus dieser Klasse durchaus keine Schwärmer heißen wollen, weil sie keine eignen göttlichen Triebe und Offenbarungen vorgeben, tut nichts zur Sache. So klug sind die Schwärmer alle, daß sie ganz genau wissen, welche Maske sie zu jeder Zeit vornehmen müssen. Jene Maske war gut, als Aberglaube und Tyrannei herrschten. Philosophischere Zeiten erfordern eine philosophischere Maske. Aber *umgekleidete* Maske, wir kennen euch *doch* wieder! Ihr seid *doch* Schwärmer; – weil ihr Schwarm machen wollt. Und seid doch Schwärmer von dieser gefährlichsten Klasse; weil ihr das nämliche, weswegen ihr sonst eigne göttliche Triebe und Offenbarungen vorgabt, *blinde Anhänglichkeit,* nun dadurch zu erhalten sucht, daß ihr kalte Untersuchung verschreiet, sie für unanwendbar auf gewisse Dinge ausgebt, und sie durchaus nicht weiter getrieben wissen wollt, als ihr sie selbst treiben wollet und könnet.

Gegen diese Schwärmerei im allerweitesten Verstande, was tut der Philosoph? – Der Philosoph! – Denn um den Lucianischen Geist bekümmere ich mich auch hier nicht. Wie dessen Bemühungen gegen den Enthusiasmus nicht weit her sein können, weil er selbst Enthusiast ist: so können auch seine Bemühungen gegen die Schwärmerei von keinem wahren Nutzen sein, weil er selbst Schwärmer ist. Denn auch Er will Schwarm machen. Er will die Lacher auf seiner Seite haben. Ein Schwarm von Lachern! – Der lächerlichste, verächtlichste Schwarm von allen.

Weg mit den Fratzengesichtern! – Die Frage ist: was der Philosoph gegen die Schwärmerei tut?

Weil der Philosoph nie die Absicht hat, selbst Schwarm zu machen, sich auch nicht leicht an einen Schwarm anhängt; dabei wohl einsieht, daß Schwärmereien nur durch Schwärmerei Einhalt zu tun ist: so tut der Philosoph gegen die Schwärmerei – gar nichts. Es wäre denn, daß man ihm das für Bemühungen gegen die Schwärmerei anrechnen wollte, daß wenn die Schwärmerei *spekulativen Enthusiasmus* zum Grunde hat, oder doch zum Grunde zu haben vorgibt, er die Begriffe, worauf es dabei ankommt, aufzuklären und so deutlich als möglich zu machen bemüht ist.

Freilich sind schon dadurch so manche Schwärmereien zerstoben. Aber der Philosoph hatte doch keine Rücksicht auf die schwärmenden Individua; sondern ging bloß seinen Weg. Ohne sich mit den Mücken herumzuschlagen, die vor ihm herschwärmen, kostet seine bloße Bewegung, sein Stillsitzen sogar, nicht wenigen das Leben. Die wird von ihm zertreten; die wird verschluckt; die verwickelt sich in seinen Kleidern; die verbrennet sich an seiner Lampe. Macht sich ihm eine durch ihren Stachel an einem empfindlichen Orte gar zu merkbar – Klapp! Trifft er sie, so ist sie hin. Trifft er sie nicht – reise, die Welt ist weit!

Im Grunde ist es auch nur dieser Einfluß, welchen die Philosophen auf alle menschlichen Begebenheiten, ohne ihn haben zu wollen, wirklich haben. Der Enthusiast und Schwärmer sind daher gegen ihn so sehr erbittert. Sie möchten rasend werden, wenn sie sehen, daß am Ende doch alles nach dem Kopfe der Philosophen geht, und nicht nach ihrem.

Denn was die Philosophen sogar ein wenig nachsehend und parteiisch gegen Enthusiasten und Schwärmer macht, ist, daß sie, die Philosophen, am allermeisten dabei verlieren würden, wenn es gar keine Enthusiasten und Schwärmer mehr gäbe. Nicht bloß, weil sodann auch der Enthusiasmus der *Darstellung*, der für sie eine so lebendige Quelle von Vergnügungen und Beobachtungen ist, verloren wäre; sondern weil auch der Enthusiasmus der *Spekulation* für sie eine so reiche Fundgrube neuer Ideen, eine so lustige Spitze für weitere Aussichten ist, und sie diese Grube so gern befahren, diese Spitze so gern besteigen; ob sie gleich unter zehnmalen das Wetter nicht einmal da oben treffen, was zu Aussichten nötig ist. Und unter den Schwärmern sieht der Philosoph so manchen tapfern Mann, der für die Rechte der Menschheit schwärmt, und mit dem er, wenn Zeit und Umstände ihn aufforderten, eben so gern schwärmen, als zwischen seinen vier Mauern Ideen analysieren würde.

Wer war mehr kaltblütiger Philosoph, als Leibniz? Und wer

würde sich die Enthusiasten ungerner haben nehmen lassen, als Leibniz? Denn wer hat je so viel Enthusiasten besser genutzt, als eben er? – Er wußte sogar, daß wenn man aus einem deutschen Enthusiasten auch sonst nichts lernen könne, man ihn doch der Sprache wegen lesen müsse. So billig war Leibniz! – Und wer ist den Enthusiasten gleichwohl verhaßter, als eben dieser Leibniz! Wo ihnen sein Name nur aufstößt, geraten sie in Zuckungen; und weil Wolf einige Leibnizens Ideen, manchmal ein wenig verkehrt, in ein System verwebt hat, das ganz gewiß nicht Leibnizens System gewesen wäre: so muß der Meister ewig seines Schülers wegen Strafe leiden. – Einige von ihnen wissen zwar sehr wohl, wie weit Meister und Schüler von einander noch abstehen; aber sie wollen es nicht wissen. Es ist doch so gar bequem, unter der Eingeschränktheit und Geschmacklosigkeit des Schülers den scharfen Blick des Meisters zu verschreien, der es immer so ganz genau anzugeben wußte, ob und wie viel jede unverdaute Vorstellung eines Enthusiasten Wahrheit enthalte, oder nicht!

»O dieses verwüstenden, tötenden, unseligen Blickes!« sagt der Enthusiast. »Da macht der kalte Mann einen kleinen lumpigen Unterschied, und dieses Unterschieds wegen soll ich alles aufgeben? Da seht ihr nun, was das Unterscheiden nutzt! Es spannt alle Nerven ab. Ich fühle mich gar nicht mehr, wie ich war. Ich hatte sie schon ergriffen die Wahrheit; ich war ganz im Besitz derselben: – wer will mir mein eignes Gefühl abstreiten? – Nein, ihr müßt nicht unterscheiden, nicht analysieren; ihr müßt das, was ich euch sage, so lassen, nicht wie ihr es denken könnt, sondern so wie ich es fühle; wie ich gewiß machen will, daß ihr es auch fühlen sollt, wenn Er euch Gnade und Segen gibt.«

Nach meiner Übersetzung: – wenn euch Gott Gnade und Segen gibt, den einzigen ungezweifelten Segen, mit dem Gott den Menschen ausgestattet, zu verkennen, mit Füßen zu treten!

Freilich was konnte der ehrliche Mann in dem Hafen zu Athen, dessen schönen Enthusiasmus ein alter Arzt, ich weiß nicht, ob durch eine Purganz oder durch Niesewurz verjagte, anders antworten, als: Giftmischer!

Also so, nur so beträgt sich der Philosoph gegen Enthusiasmus und Schwärmerei. Ist das alles nicht gut, was er tut? Was könnte denn Böses darin sein? Und was will nun die Frage: Kann was Böses in dem sein, was er tut?

GESPRÄCHE ÜBER DIE SOLDATEN UND MÖNCHE

A. Muß man nicht erschrecken, wenn man bedenkt, daß wir mehr Mönche haben als Soldaten?
B. Erschrecken? Warum nicht eben sowohl erschrecken, daß es weit mehr Soldaten gibt als Mönche? Denn eins gilt nur von dem und jenem Lande in Europa; und nie von Europa überhaupt. Was sind Mönche? und was sind denn Soldaten?
A. Soldaten sind Beschützer des Staats etc.!
B. Mönche sind Stützen der Kirche!
A. Mit eurer Kirche!
B. Mit eurem Staate!

A. – – – – –
B. Du willst sagen: daß es weit mehr Soldaten gibt als Mönche.
A. Nein, nein, mehr Mönche als Soldaten.
B. In dem und jenem Lande von Europa magst du Recht haben. Aber in Europa überhaupt? Wenn der Landmann seine Saat von Schnecken und Mäusen vernichtet siehet: was ist ihm dabei das Schreckliche? daß der Schnecken mehr sind als der Mäuse? Oder daß es der Schnecken oder der Mäuse so viel gibt?
A. Das versteh' ich nicht.
B. Weil du nicht willst. – Was sind denn Soldaten?
A. Beschützer des Staats.
B. Und Mönche sind Stützen der Kirche.
A. Mit eurer Kirche!
B. Mit eurem Staate!
A. Träumst du? der Staat! der Staat! das Glück, welches der Staat jedem einzelnen Gliede in diesem Leben gewährt.
B. Die Seligkeit, welche die Kirche jedem Menschen nach diesem Leben verheißt.
A. Verheißt!
B. Gimpel!

ANHANG

GESCHICHTE DER KUNST

LAOKOON (S. 9)

Lessings »Laokoon« entstand zwischen 1762 und 1766; in diesem Jahr erschien der Erstdruck bei Christian Friedrich Voß in Berlin. Das Material für Fortsetzungen (Teil 2 und 3) und thematische Erweiterungen des »Laokoon« war zum Teil schon vorbereitet, wurde aber nicht mehr veröffentlicht. Die Vorarbeiten und Studien, Lessings Beschäftigung mit antiker Kunst und Ästhetik reichen bis in die 50er Jahre zurück.

Wie schon in seinen »Abhandlungen über die Fabel« (s. Bd. 1, S. 53 ff.) von 1759 geht es Lessing auch im Laokoon um die Erkundung der Grenzen zwischen den Künsten, insbesondere um die Abgrenzung der Poesie zu den bildenden Künsten, wobei Lessings Hauptinteresse der Poesie galt. Schon im Dezember 1756 hatte Moses Mendelssohn Lessing auf Winckelmanns Vergleich zwischen den poetischen und plastischen Laokoon-Darstellungen (in dessen »Gedanken über die Nachahmung der griechischen Werke in der Malerei und Bildhauerkunst« von 1755) hingewiesen, aber Lessing hatte damals hierauf nicht reagiert. Es scheint, als ob er dieses Buch erst Anfang der 60er Jahre in Breslau genauer gelesen hat. Doch war Winckelmanns Betrachtungsweise von der analytischen Lessings durchaus verschieden.

Ebenfalls konträr zu Lessings Denken war auch die zeitgenössische Verquickung von Poesie und Malerei, die in England und Frankreich vor allem durch Spence und den Grafen Caylus forciert wurde. Die Qualität von Dichtung und bildender Kunst sollte danach bemessen werden, wieviele »Gemälde« sie sich gegenseitig anzubieten hatten.

Hier Begriffe und Urteile zu klären, aufzuklären und Verwirrung von Begriffen und Unüberprüfbarkeit von Urteilen zu verhindern, das unternimmt Lessing im »Laokoon«, indem er die »Grenzen der Malerei und Poesie« festzulegen versucht. Welche Mittel dem poetischen und dem bildenden Künstler im äußersten gegeben seien und für welchen subjektiven Zeit- und Erlebnisraum er seine Werke schaffe, ist das primäre Problem, hinter dem die alte, oft hervorgezogene Schulfrage, ob und wann Laokoon schreien oder seufzen dürfe, zurücktritt. Wie in einem gut gebauten Stück treibt Lessing alle Fäden der geistigen Handlung auf einen Punkt zu, in dem sich die Aspekte des Problems konzentrieren und sinnfällig werden: den Schild des Achilles (Kap. XVI-XVIII).

Wenn auch Lessing nicht erklärtermaßen der Poesie den Vorrang einräumt vor der Malerei (– und der Vorwurf, Lessing hätte zwischen der Flächenmalerei und der Plastik differenzieren müssen, ist hier unerheblich), so steht er doch auf seiten der Dichtkunst, denn sie verlangt und gewährt Mitdenken und Mithandeln, geistige Entwicklung synchron mit dem Vortrag des Autors. Dagegen wird Malerisches eher passiv aufgenommen, ziellos, ungelenkt.

Die technische Behandlung des Laokoon-Problems entspricht Lessings Vorliebe für die dialogische Form. Er spricht immer mit dem Leser, geht auf seine vermeintlichen Einwände ein und versucht, ihn weiterzubilden. So ist auch der »Laokoon« jenseits aller antiquarischen Kleinteiligkeit Gespräch, echte, verbindliche Literatur.

S. 9   5 *Yλη ...:* Durch den Stoff und die Arten der Nachahmung unterscheiden sie sich. – Aus Plutarch: »Ob die Athener berühmter waren auf Grund ihrer Kriegstaten oder der Wissenschaften«.

S. 10   11 *abziehen:* abstrahieren. – 26 *witzige:* geistreiche; »witzig« hier in der im 18. Jh. üblichen Bedeutung von: willkürlich, ›analogisch‹ in Beziehung setzend, demgegenüber das Erstellen einer klaren Beziehung nach objektiven Kriterien als »scharfsinnig« bezeichnet wird. – 30 *Apelles und Protogenes:* Apelles, griechischer Maler aus Kolophon, Zeitgenosse Alexanders des Großen, für dessen Darstellung mit dem Blitz er berühmt war. Der Inhalt seiner Schriften ist nicht genau bekannt. – Protogenes, griechischer Maler aus Kaunos, Karien, ebenfalls Zeitgenosse Alexanders. Er soll zwei Bücher über Malerei geschrieben haben. – 34/35 *Aristoteles, Cicero ...:* Aristoteles (384-322) aus Stagira, der einflußreichste Philosoph des Altertums und des Mittelalters. – Cicero, Marcus Tullius (106-43 v. Chr.), römischer Staatsmann, Schriftsteller und Redner. – Horaz, Quintus Flaccus Horatius (65 bis 8 v. Chr.), der große römische Dichter. – Quintilian, Marcus Fabius Quintilianus (etwa 35-95 n. Chr.), römischer Redner und Schriftsteller, Verfasser eines klassisch gewordenen Werkes über die Redekunst (»De institutione oratoria«), in dem er auch über Malerei und Dichtkunst spricht.

S. 11   9 *griechischen Voltaire:* Der griechische Lyriker Simonides von Keos (556-468 v. Chr.) war wegen seines epigrammatischen, etwas boshaften Witzes berühmt. Der Ausspruch ist in der oben zitierten Schrift des Plutarch überliefert. – 23 *die krudesten:* die rohsten im Sinne von oberflächlichsten. – 31 *Vorwurf:* Gegenstand. – 36 *die Virtuosen selbst:* die genialen Künstler. – 38 *Allegoristerei:* übertreibende allegorische Manier im Unterschied zur angemessenen Allegorie.

S. 12   5 *willkürlichen Schriftart:* erster Hinweis auf die für die spätere Untersuchung (vgl. »Laokoon«, XVII) bedeutsame Unterscheidung zwischen den »willkürlichen« Zeichen der Sprache und also auch der Dichtung und den »natürlichen« der bildenden Kunst. – *13 Collectanea:* Stoffsammlungen. – *19 trotz einer Nation:* besser als irgendeine Nation. – 20 *Baumgarten:* Alexander Gottlieb Baumgarten (1714-1762), Professor der Philosophie in Frankfurt/Oder, durch sein Werk »Aesthetica« (1750-1758) Begründer der Ästhetik als selbständiger philosophischer Disziplin. – 21 *Gesners Wörterbuche:* Johann Matthias Gesner (1691-1761), seit 1734 Professor der Beredsamkeit in Göttingen, bearbeitete den »Thesaurus linguae latinae« (Schatz der lateinischen Sprache) des Henricus Stephanus aus dem 16. Jahrhundert und gab ihn 1747/48 als »Novus linguae et eruditionis Romanae thesaurus« (Neues Wörterbuch der römischen Sprache und Gelehrsamkeit) neu heraus. – 25 *Laokoon:* Die Marmorgruppe wurde 1506 im »Goldenen Haus« des Nero auf dem Esquilin in Rom wieder aufgefunden und steht seither im Vatikan. Der dargestellte Vorgang ist aus Vergils »Aeneis« bekannt: Als Strafe für seinen Ungehorsam göttlichen Geboten gegenüber wird der trojanische Priester Laokoon mit seinen Söhnen am Altare von Schlangen überfallen und getötet. Die einzige antike Nachricht über das Werk enthält die Naturgeschichte des älteren Plinius: »... Laokoon, der im Haus des Kaisers Titus ist, ein Werk, das man allen der Malerei und plastischen Kunst vorziehen muß. Aus einem Block machten ihn, seine Kinder und der Schlangen bewundernswürdige Windungen auf Ratsbeschluß die großen Künstler Agesander, Polydorus und Athenodorus aus Rhodus.« Die Gruppe wurde bis ins 19. Jahrhundert als ein Meisterwerk griechischer klassischer Kunst bewundert, während sie heute als Musterbeispiel späthellenistischer Plastik gilt. Die Entstehungszeit wird etwa auf 50 v. Chr. angesetzt. – 25 *aussetzte:* ausging. – 27 *Ausschweifungen:* Abschweifungen, Exkurse. – 34 *übrigen Künste:* Von Musik und Tanzkunst wollte L. in den nicht ausgeführten Teilen des »Laokoon« handeln.

S. 13   4 *Winckelmann:* Der Bahnbrecher der wissenschaftlichen Archäologie und Kunstgeschichte Johann Joachim Winckelmann (1717-1768), als Sohn eines Schuhmachers zu Stendal in der Altmark geboren, wurde 1748 Bibliothekar des sächsischen Ministers Grafen von Bünau; Studium der Dresdner Kunstsammlungen. 1755 reiste er mit einer königlichen Pension nach Rom; 1760 erhielt er eine Anstellung als Bibliothekar und Aufseher über die Altertümersammlung des Kardinals Albani. 1763 wurde er zum Oberaufseher aller Altertümer in und um Rom ernannt. Reisen nach Neapel, Portici, Herculaneum, Pompeji und Florenz. Auf einer Rückreise von Deutschland in Triest ermordet. – Die

1755 erschienene Abhandlung »Von der Nachahmung der griechischen Werke in der Malerei und Bildhauerkunst« wurde zum entscheidenden Anlaß für die Niederschrift von L.s »Laokoon«. Neben Winckelmanns Hauptwerk, der »Geschichte der Kunst des Altertums« (1763) waren folgende Schriften von besonders einflußreicher Bedeutung für L.: »Description des pierres gravées du feu Baron de Stosch« (Beschreibung der geschnittenen Steine des verstorbenen Barons von Stosch, 1760); »Nachrichten von den neuesten herculanischen Entdeckungen« (1764); »Versuch einer Allegorie, besonders für die Kunst« (1766); »Anmerkungen über die Geschichte der Kunst« (1767); »Monumenti antichi ed inediti« (Antike unveröffentlichte Denkmäler, 1767/68); »Abhandlung von der Fähigkeit der Empfindung des Schönen in der Kunst und dem Unterricht in derselben« (1771). – *17 Virgil:* in der »Aeneis«, II, 201-223; vgl. »Laokoon«, V. Die Schreibweise »Virgil« statt richtig »Vergil« entspricht einer vom Mittelalter bis in unser Jahrhundert reichenden Tradition. – *19 Sadolet:* Jacobus Sadoletus (1477-1547), römischer Kardinal und Philologe. Mit einem lateinischen Gedicht begrüßte er die Ausgrabung der Laokoon-Gruppe im Januar 1506; vgl. »Laokoon«, VI. – *30 und mehr als einen Metrodor:* Maler und Philosoph in einer Person (2. Jh. v. Chr.). – *36f. Von der Nachahmung ...:* L. zitiert nach der 1756 erschienenen zweiten Auflage von Winckelmanns Erstlingsschrift.

S. 14 *1 vollkommen richtig:* in der späteren Kunstkritik bezweifelt. – *23 dritten Aufzug:* Die griechische Tragödie war durch den Wechsel von Sprechszenen und Chorliedern gegliedert und kannte nicht die Einteilung in Aufzüge. L. meint hier die Verse 730-826. Die im folgenden zitierten griechischen Laute sind Ausrufe des von einem Schmerzanfall überwältigten Philoktet. – *37 Brumoy:* Pierre Brumoy (1688-1742) war durch sein »Théâtre des Grecs« (Theater der Griechen, 1730) und die darin enthaltenen französischen Übersetzungen und Erläuterungen wichtiger Vermittler zwischen griechischer Antike und dem Deutschland des 18. Jahrhunderts.

S. 15 *27 Palnatoko:* Held der dänischen Geschichte, um den sich ein großer Sagenkreis gebildet hat. – *37 Th. Bartholinus ...:* Die Schrift »De causis contemptae ...« (Über die Gründe, warum die heidnischen Dänen den Tod verachten) des dänischen Arztes und Gelehrten Thomas Bartholinus (1619-1680) erschien 1689.

S. 16 *9 zur Schlacht führet:* vgl. »Ilias«, III, 1-9. – *16 δακρυα θερμα χεοντες:* heiße Tränen vergießend. – *17f. οὐδ' ἐια ...:* nicht ließ sie weinen der große Priamos. – *18 die Dacier:* Anne Lefèvre Dacier (1654-1720) und ihr Gatte André Dacier waren klassische Philologen und Übersetzer. In der sogenannten »Querelle«, dem gegen Ende des

17. Jahrhunderts in Frankreich entbrennenden Streit, ob die modernen Dichter nicht den Vorzug vor den antiken verdienten, war die Dacier die führende Verteidigerin Homers. Ihre Übersetzung der »Ilias« erschien 1711, die der »Odyssee« 1716. – 26f Νεμεσσωμαι γε ...: Ich tadle keineswegs das Weinen. – 33 »*Der sterbende Herkules*«: L. meint die »Trachinierinnen« des Sophokles.

S. 17 2f. *neuesten Dichter:* Der »Philoctète« des französischen Schriftstellers Jean Baptiste Châteaubrun (1686-1775) erschien 1755. Im 4. Kapitel des »Laokoon« geht L. ausführlicher auf das Werk ein. – 13 *gleichmäßig:* angemessen, entsprechend. – 30 *Es sei Fabel oder Geschichte:* Nach einer griechischen Sage hat die Tochter eines Töpfers den Schattenriß ihres scheidenden Geliebten an die Wand gezeichnet, den dann ihr Vater mit Ton ausfüllte. So sei das erste Relief entstanden.

S. 18 5 *das gemeine Schöne:* das durchschnittliche Schöne. – 25 *ihren Pauson:* Im 2. Kapitel seiner »Poetik« urteilt Aristoteles, daß der griechische Maler Pauson die Menschen »schlechter«, als sie in Wirklichkeit waren, dargestellt habe. *Pauson:* Griechischer Tiermaler, Ende des 5. Jahrhunderts v. Chr. *Pyreicus:* Piraiikos, griechischer Maler der hellenistischen Zeit. – 31 *Harduin:* Jean Hardouin (1646-1729), französischer Jesuit, Herausgeber der »Naturalis historia« des älteren Plinius (1723). – 32 *Plinius:* Gajus Plinius Secundus d. Ä. (23-79). Von den Werken des römischen Schriftstellers und Gelehrten ist nur sein letztes und bedeutendstes, die große enzyklopädische »Naturgeschichte« (»Naturalis historia«) erhalten. Für die antiquarischen Studien vor L. und zu L.s Lebzeiten stellte das Werk eine Fundgrube von unschätzbarem Wert dar, vor allem seine Behandlung der Mineralien in Buch 33-37, wo sich auch wenige Angaben über Kunstwerke und Künstler finden. Zuverlässigkeit und Gewissenhaftigkeit des Plinius werden auch heute noch anerkannt.

S. 19 10 *Gesetz der Thebaner:* Gegen diese von dem griechischen Schriftsteller Claudius Aelianus überlieferte Nachricht spricht die Tatsache, daß wir gerade aus der böotischen Kunst besonders viele Karikaturen kennen. – 13 *Junius:* Franciscus Junius (François Du Jon, 1589-1677), französischer Philologe, Verfasser einer Geschichte der antiken Malerei (»De pictura veterum«, 1637). – 14 *Ghezzi:* Pier Leone Ghezzi (1674-1755), italienischer Maler und Karikaturist. – 23 *bekannte Stelle:* s. o. zu S. 18, 25. – 35 *Anthropograph:* Menschenmaler.

S. 20 1 *Hellanodiken:* Kampfrichter in Olympia. Der Grund für das Gesetz lag im Gegensatz zu der von L. vertretenen Auffassung in der im 4. Jahrhundert aufkommenden höheren Schätzung der Porträtstatue gegenüber dem Idealbild ohne individuelle Züge. – 2 *ikonische:* porträthafte. – 27 *in Ungeheuern:* Gemeint sind Mißgeburten infolge schrecklicher Eindrücke, denen die Mütter ausgesetzt waren – *30 Aristomenes:* sagenhafter Führer im sogenannten zweiten messenischen Krieg (Krieg der Spartaner gegen ihre Nachbarn, 7. Jahrhundert v. Chr.). – *30f. Aristodamas:* Irrtum L.s. Es handelt sich um Aristodama, die Mutter des Feldherrn Aratos von Sikyon (271-213 v. Chr.). – *36 Die Schlange ...:* Die Antike gibt die Schlange hauptsächlich der Erde verbundenen Gottheiten bei. In ihrer Gestalt vereinigt sich die Gottheit mit sterblichen Frauen. Die rationalistische Erklärung L.s ist mit den Einsichten der Tiefenpsychologie, der die Schlange als phallisches Traumsymbol gilt, nicht vereinbar. – *40 Spence:* Josef Spence (1699-1768), Professor für Poetik in Oxford, ging fünf Jahre nach Florenz und Rom, um dort antike Kunst zu studieren. Die beiden Tätigkeiten brachten ihn dazu, die Gegenstände von Dichtung und bildender Kunst miteinander zu verbinden. Sein Werk hat die Form eines Gesprächs und nennt sich nach der Hauptperson »Polymetis« (1732); er will darin die Abhängigkeit der römischen Dichtung von der bildenden Kunst nachweisen.

S. 21 *21 Stande:* Zustand. – *26 Wut und Verzweiflung:* vgl. »Laokoon«, IX, Fußnote c. (s. o. S. 76f.). Zur Sache: Auf Vasenbildern finden sich die Rachegöttinnen ziemlich oft abgebildet. – *28f. παρα παντι ...:* Bei jedem der bei euch (den Griechen) verehrten Götter ist eine Schlange als großes Symbol und Geheimnis aufgeschrieben. – *39 lieber von den Münzen:* Darauf ist Hekate, keine Furie dargestellt.

S. 22 *6 Timanthes:* griechischer Maler aus Sikyon (um 420-380 v. Chr.). – *9 Seguini:* Pierre Seguin lebte um 1660 in Paris, Numismatiker; »Selecta numismatica antiqua observationibus illustrata« (Ausgewählte Stücke zur antiken Münzkunde, mit Anmerkungen erläutert, 1660) mit Zusätzen und Anmerkungen von Jean Vaillant 1684. – *10 Spanheim:* Ezechiel Spanheim (1629-1710), Numismatiker, Altertumsforscher und Staatsmann aus Genf, übersetzte 1660 aus dem Griechischen ins Französische »Les Césars de Julien« (Die »Cäsaren des Julianus«). – *16 Basreliefs:* mit nur wenig aus dem Bildgrund herausgewölbten Figuren. – *21 Bellori:* Giovanni Pietro Bellori (1615-1696), päpstlicher Antiquar in Rom. Sein Hauptwerk »Admiranda Romanarum antiquitatum ac veteris sculpturae vestigia« (Denkwürdige Spuren römischer Altertümer und antiker Skulptur) erschien 1693. Mit dem italienischen Maler und Kupferstecher Pietro Santo Bartoli zusammen gab er »Le pitture antiche del sepolcro dei Nasoni« (Die alten Gemälde aus dem nasonischen Grabmal) heraus. – *22 zwei Weiber:* Die eine ist eine Parze, die andere tatsächlich eine Furie. – *27 runde Scheibe:* Schild des Meleager mit dem Kopf des Helios. – *36f. Protulit hunc ...:* Dies (Scheit) holt die Mutter hervor, befiehlt, Kienstücke und Bruchholz aufzuhäufen, und entzündet den Haufen mit dem gehässigen Feuer.

S. 23 2 *verhüllete:* Verhüllung des Hauptes galt bei den Griechen als Ausdruck tiefster Trauer und kommt auch bei Euripides in seiner »Ighigenie in Aulis« vor. L.s Schlußfolgerung ist also unzutreffend. – *18 ff. Inscius atque ...:* Nichtsahnend und weit entfernt wird Meleager in jener Flamme verbrannt; er fühlt, wie sein Inneres von unsichtbarem Feuer verzehrt wird, und mit männlicher Kraft bezwingt er die großen Schmerzen. – 24 *Montfaucon:* Dom Bernard de Montfaucon (1655-1741), französischer Benediktiner; Herausgeber eines großen archäologisch-antiquarischen Bilderwerks in 15 Bänden: »L'antiquité expliquée et représentée en figures« (Das Altertum, erklärt und in Bildern dargestellt, 1719-1724). – 30 *Cassandra:* Versehen für Kleopatra, die Gattin des Meleager. – *37 ff. Cum moestos ...:* Während er alle mit traurigem Ausdruck malte, zumal den Oheim, und alle Ausdrucksmöglichkeiten des Leids erschöpft hatte, verschleierte er das Antlitz des Vaters, dessen Kummer er nicht voll ausdrücken konnte. – *40 f. Summi moeroris ...:* Er bekannte, daß die höchste Bitterkeit des Schmerzes nicht dargestellt werden könnte. – 41 *Valerius Maximus:* römischer Historiker in der Zeit des Kaisers Tiberius, bekannt als Verfasser der Anekdotensammlung »Factorum et dictorum memorabilium libri IX« (Bemerkenswerte Taten und Aussprüche, 9 Bücher).

S. 24 *18 verstellet:* entstellt. – *23 verwendet:* abwendet. – *33 Jupiter ausgab:* Der Kopf ist eine tragische Maske. – *36 f. in dem nur gedachten:* in dem soeben erwähnten.

S. 25 *4 f. die wildesten Barbaren:* Gemeint sind die besiegten Dakier auf dem Konstantinbogen in Rom. – *12 f. die Euböischen Vorgebirge:* Sophokles schildert in den »Trachinierinnen« (786-88) das Geschrei des leidenden Herakles mit den von L. angeführten Worten. – *14 Pythagoras ...:* Pythagoras Leontinos (um 460 v. Chr.). Der griechische Bildhauer, einer der Hauptvertreter des sogenannten strengen Stils, stammte aus Rhegium in Unteritalien. Der Beiname Leontinos beruht auf falscher Lesart bei Plinius. – *22 f. Calchantem tristem ...:* Den Kalchas traurig, betrübt den Ulysses, schreiend den Aias, jammernd den Menelaus. – *31 ff. Eundem ... vicit ...:* Diesen übertraf Pythagoras aus Leontini, der die Bildsäule des Wettläufers Astylos schuf, die in Olympia zu sehen ist; ebenso einen Libyschen Knaben, der eine Tafel hält, und einen nackten Knaben, der Äpfel trägt. In Syrakus aber formte er einen Hinkenden, dessen Schmerz über sein Geschwür auch die Beschauer zu verspüren meinen.

S. 26 *35 ςιβον ...:* Sophokles, »Philoktet«, 206: den Fuß aus Zwang nachschleifen.

S. 27 *9 f. über die sie die sichtbare Fülle des Ausdrucks als ihre Grenze scheuet:* Sinn: Da die im Bilde Wirklichkeit gewordene Vollkommenheit des Ausdrucks schon die oberste Grenze dessen darstellt, was die Phantasie sich vorstellen kann, muß sie sich mit Bildern beschäftigen, die schwächer sind als das bildlich Ausgedrückte. — *18 transitorisch:* vorübergehend, plötzlich entstehend und wieder verschwindend. Die Forderung nach der Wahl des fruchtbaren Augenblicks und das Verbot des Transitorischen bilden im Rahmen des »Laokoon« ein besonders wichtiges Kriterium bei der Wesensbestimmung der bildenden Kunst im Unterschied zur Dichtung. Der Gedanke ist weiter ausgeführt im 16. Kapitel. — *26 La Mettrie:* Das Hauptwerk des französischen Philosophen Julien Offray de La Mettrie »L'homme machine« (Der Mensch — eine Maschine, 1748) knüpft an die materialistische Philosophie des Griechen Demokrit an. Dieser galt, da er die heitere Gemütsruhe als höchstes Lebensziel erklärte, als der »lachende« Philosoph im Gegensatz zum »weinenden« Heraklit.

S. 28   *3 Timomachus:* Timomachos aus Byzanz, von Plinius in die Zeit Cäsars versetzt, wahrscheinlich aber schon in die hellenistische Zeit gehörig, griechischer Maler. — *6 Beschreibungen:* bei Plinius und in den griechischen Epigrammen. — *30 überhingehenden:* vorübergehenden.

S. 29   *6 des Philostrats:* Flavius Philostratos (Ende des 2. Jahrhunderts n.Chr./Anfang des 3. Jahrhunderts). Drei oder vier Schriftsteller dieses Namens gehören verwandtschaftlich und literarisch eng zusammen. Die Tradition über die Zugehörigkeit der unter dem Namen Philostratos umlaufenden Werke (Corpus Philostrateum) ist sehr unzuverlässig. Darunter gehören die »Eikones« (Bildnisse), die Beschreibung einer Anzahl von wahrscheinlich erfundenen Gemälden, und eine Biographie des Neupythagoreers Apollonios von Tyana. — *18 übersehe:* überblicke. — *25 Ohne hier zu untersuchen:* Die Untersuchung folgt im 20. Kapitel.

S. 30   *9 clamores horrendos ...:* »Aeneis«, II, 222: Grauenvolles Geschrei zu den Sternen erhebt er. — *22 vergütet:* wieder gut gemacht.

S. 31   *7 materiellen Malerei:* in einem toten Material arbeitend. — *14 des Mitleidens:* der Erweckung des Mitleids. — *17 gleichmäßigen:* gleichartigen.

S. 32   *12 sympathetische:* mitleidende, mitempfindende. — *14 fatalen:* schicksalhaften. Das Leben des Meleager hing an einem Holzscheit, das seine Mutter verwahrte und im Zorn über den durch Meleager verursachten Tod ihrer Brüder verbrannte. — *16 göttliches Strafgericht:* Der Schlangenbiß war die Strafe dafür, daß Philoktet in ein Heiligtum eingedrungen war.

S. 33   *4 Industrie:* Fleiß. — *10ff. Ἵν' αὐτὸς ...:* »Philoktet«, 691-95: Dort war er für sich allein, zu keinem Angrenzenden konnte er gehen und hatte keinen von den Einheimischen zum Unglücksnachbarn, bei dem er in widerhallendem Stöhnen sein heftig zehrendes, blutiges Leid beweinen konnte. – *15 gemeine:* allgemein verbreitete. – *Winshemsche Übersetzung:* Vitus Winshemius, eigentlich Veit Oertel (1501-1570), Professor in Wittenberg. Seine lateinische Übersetzung der Tragödien des Sophokles erschien 1546. – *16 ff. Ventis expositus ...:* Den Winden ausgesetzt und an den Füßen gefesselt, hatte er keinen Mitbewohner und keinen Nachbarn, nicht einmal einen bösen, dem er in wechselseitigem Stöhnen sein schweres und blutiges Leid ausdrücken konnte. – *22 interpolierte:* die durch Einschaltung von Wörtern den Text abändernde. – *Th. Johnson:* Thomas Johnson (gest. 1740), englischer Philologe, Übersetzer des Sophokles. – *24 ff. Ubi ipse ...:* Dort war er für sich den Winden ausgesetzt, hatte keinen festen Tritt und keinen unter den Einheimischen, nicht einmal einen bösen Nachbarn, bei dem er beweinen konnte die heftig fressende, blutige Krankheit in wechselseitigem Stöhnen. – *30 Naogeorgus:* eigentlich Thomas Kirchmeyer (1511-1578), übersetzte den »Philoktet« des Sophokles ins Lateinische. – *31 Fabricius:* Johann Albert Fabricius (1688-1736), Theologe, Polyhistor, Rektor des Johanneums in Hamburg, Schwiegervater des Reimarus. Er gab in »Bibliotheken« griechisches, lateinisches und christliches Schrifttum heraus. Seine »Bibliotheca graeca« erschien 1705-1728. – *32 Oporinschen Bücherverzeichnis ...:* Oporinus, eigentlich Johannes Herbster (1507-1568), Buchdrucker in Basel. L. kannte den »Catalogus librorum per Johannem Oporinum excussorum« (Katalog der von Johannes Oporinus herausgebrachten Bücher). – *33 ff. ubi expositus ...:* Dort war er ausgesetzt den Winden für sich allein, hatte keinen festen Tritt und keinen Einheimischen, nicht einmal einen bösen Nachbarn, bei dem er beweinen konnte die heftig fressende und blutige Krankheit wechselweis.

S. 34 *12 ff. Cast on ...:* Ausgesetzt auf der wildesten der Zykladen, deren Strand nie ein menschlicher Fuß betreten hatte, verließen mich diese Räuber – doch, glaube mir, Arkas: so stark ist die eingepflanzte Liebe zu den Menschen: Obwohl sie Räuber waren, vernahm ich niemals einen so schrecklichen Ton als von ihren abfahrenden Rudern. – Das Zitat stammt aus Thomsons Trauerspiel »Agamemnon«. – *22 Scholiasten:* Auslegers, Kommentators. – *24 f. Οὐ μόνον ...:* Wo er nicht nur keinen Guten unter den Einheimischen zum Nachbarn hatte, sondern nicht einmal einen bösen, von dem er eine Wechselrede auf sein Stöhnen hören konnte. – *28 Übersetzer:* Johann Jakob Steinbrüchel. Seine Übersetzung des »Philoktet« erschien 1760. – *28 f. sans societé ...:* ohne einen Gefährten, selbst einen lästigen.

S. 35 *23 f. und hätte es durch einen Nachbar des Bösen erklären sollen:* L. hat recht. Die ganze Fußnote ist ein gutes Beispiel für die in der Vorrede angekündigte lockere Methode der Untersuchung. Der philologische Exkurs gilt dem richtigen Verständnis eines einzigen griechischen Worts im »Philoktet« des Sophokles, der Übersetzung von κακογείτων (V. 692) als »Nachbar im Leid« statt »böser Nachbar«. Damit erweist sich die Fußnote auch als Zeugnis für L.s wissenschaftliche Redlichkeit; denn die allgemein übliche Auffassung, die L. korrigiert, wäre eher geeignet, die im Text entwickelten Behauptungen über das künstlerische Vorgehen des Sophokles zu stützen. – *33 Thomas Franklin:* Die Übersetzung von Sophokles' »Philoktet« des englischen Übersetzers und Philologen Thomas Francklin (1721-1784) erschien 1759. – *35 fellow-mourner:* Leidensgefährte. – *37 ff. Expos'd to ...:* Ausgesetzt den unbarmherzigen Himmeln, liegt er vereinsamt und verlassen, kein Freund ist da, kein Leidensgefährte, zu lindern seinen Kummer und zu teilen seine Sorge.

S. 36   *10 Chataubrun:* Jean Baptiste Chateaubrun (1686-1775), französischer Schriftsteller. Sein Drama »Philoctète« erschien 1755. – *19 Besorgung:* Besorgnis. – *22 der Sohn des Achilles:* Neoptolemos liebt in Châteaubruns »Philoctète« Sophie, Philoktets Tochter. – *25 f. »La Difficulté vaincue«:* Die überwundene Schwierigkeit. – *34 Engländer:* Gemeint ist der englische Nationalökonom Adam Smith (1723-1790). – *35 f. falsche Delikatesse:* übertriebene Empfindsamkeit.

S. 37   *17 betrüglicher:* trügerischer. – Die Polemik gegen Châteaubrun macht L.s kritische Vorbehalte gegen den Rationalismus und gleichzeitig den höfischen Geschmack der französischen Aufklärung besonders deutlich.

S. 38   *10 gewähren könnten:* vgl. »Philoktet«, 410 ff. – *17 wenig Geschmack finde:* interessantes Zeugnis für den Wandel des Cicero-Bildes durch die von Winckelmann hervorgerufene griechische Renaissance in Deutschland. – *19 auskramet:* Im 2. Buch der »Tusculanae disputationes« (Gespräche in Tusculum) trägt Cicero die stoische Lehre von der Überwindung des Schmerzes vor. – *22 Ungeduld:* mangelnde Ausdauer im Ertragen des Schmerzes. – *28 f. »Sie sollen ...«:* Tusc. disp. II, 11,27. – *31 Fechter:* Gladiator, der entweder als Verbrecher zum Kampf verurteilt war oder für Geld kämpfte.

S. 39   *5 f. Klopffechter:* zunftmäßige Fechter, die im 17. Jh. auf Jahrmärkten ihre Kunst zur Schau stellten; später allgemeine Bezeichnung für »Raufbolde«. Kothurn ist ein stelzenartiger Absatz, den die griechischen Schauspieler trugen. – *7 f. Senecaschen Tragödien:* Die Autorschaft des römischen Philosophen Seneca an den unter seinem Namen überlieferten neun Tragödien wird (mit Ausnahme einer Tragödie) heute nicht mehr angezweifelt. – *12 ein Ktesias:* richtig: Kresilas. Die

Verbindung des Künstlers mit den Gladiatorenspielen ist schon deshalb unmöglich, weil er in die Zeit des Phidias gehört. Winckelmann hatte den berühmten »sterbenden Gallier« im Kapitolinischen Museum irrtümlich für einen Fechter gehalten und dem Kresilas zugeschrieben. – *15 Rodomontaden:* Großsprechereien, nach dem Großsprecher Rodomonte in Bojardos »Verliebtem Roland« (1495).

S. 40   *10 Zufall:* Anfall. – *19 Reisegefährten:* die Griechen, die, wie Philoktet irrtümlich glaubte, ihn in die Heimat zurückbringen würden. – *24 Franzosen:* Châteaubrun. – *32 Lichas:* der Bote, der dem Herakles das vergiftete Nessosgewand bringt. – *37 De mes ...:* Was würde Sophie von meinen Verstellungskünsten denken?

S. 41   *3 Orakel:* Ein Orakel sagte, daß Herakles nach 15 Monaten von seinen Plagen erlöst werde, ein anderes, daß er durch einen Toten (den von ihm erschlagenen Nessos) sterben müsse. Beide erfüllten sich in einem einzigen Vorgang. – *14 Verzuckungen:* Zuckungen, Verzerrungen. – *19f. Skeuopoeie:* Kunst des Maskenbildens. – *25f. Zeit der Kaiser:* römische Kaiserzeit. – *28 Bartholomäus Marliani:* Bartolomeo Marliani (gest. um 1560), Verfasser der »Topographia urbis Romae«, der ersten großen wissenschaftlichen Topographie Roms. – *29 Montfaucon:* Die Ergänzungen zu seinem Werk »L'antiquité expliquée« erschienen 1724. – *30ff.* ὅςις ...: Sophokles, »Trachinierinnen«, 1048 f.: Der ich wie ein Mädchen weinend aufschluchze. – *33ff. Et quamquam ...:* Und obwohl diese – nämlich die Rhodier Agesander, Polydor und Athenodor – diese Statue nach der Beschreibung des Vergil gebildet zu haben scheinen. – *36ff. Il semble ...:* Es scheint, daß Agesander, Polydor und Athenodor, die die Schöpfer der Statue waren, gleichsam im Wetteifer gearbeitet haben, um ein Werk entstehen zu lassen, das der unvergleichlichen Schilderung, die Vergil von Laokoon gegeben hat, entspräche.

S. 42   *13 Macrobius:* lateinischer Autor (um 400 n. Chr.). Seine »Saturnalia« behandeln verschiedene Themen römischer Gelehrsamkeit in der Form von Tischgesprächen während der Saturnalien (karnevalsähnliches Fest zu Ehren des römischen Gottes Saturn). – *28ff. Quae Virgilius ...:* Glaubt ihr, ich würde allgemein Bekanntes wiederholen, was nämlich Vergil von den Griechen übernommen hat? daß er den Theokrit zum Muster seiner schäferlichen, den Hesiod zum Vorbild seiner ländlichen Dichtung genommen hat? daß er selbst in den »Georgica« die Darstellung von Unwetter und Aufheiterung aus den »Phaenomena« des Aratus geholt hat? und daß er die Zerstörung Trojas mit seinem Sinon und dem hölzernen Pferd und allen anderen Ereignissen, die das 2. Buch ausmachen, von Pisander fast wörtlich übertragen hat? der unter den griechischen Dichtern durch sein Werk hervorragt, weil er, von Jupiters und Junos Hochzeit beginnend, alle Geschichten, die im Mittelalter bis zu Pisanders Zeit selbst sich ereignet haben, in eine Folge gebracht und aus den verschiedenen Zeitspannen eine Einheit geschaffen hat? Dabei wird unter anderen Geschichten auch der Untergang Trojas in dieser Art erzählt. Durch eine getreue Übertragung hat Vergil dann die Zerstörung der Stadt Ilion sich zurechtgezimmert. Aber das und anderes übergehe ich als von den Schulknaben hergeleierte Dinge.

S. 43   *10 eigene Erfindung:* L. begreift hier die Originalität Vergils durchaus im Sinne heutiger Erkenntnis. – *14 Quintus Calaber:* eigentlich Quintus von Smyrna, kaiserzeitlicher griechischer Dichter des 3. oder 4. Jahrhunderts n. Chr., Verfasser einer Fortsetzung der »Ilias«. Ob die stofflichen Übereinstimmungen mit Vergil auf gemeinsamen Vorlagen beruhen oder ob Benutzung des römischen Dichters anzunehmen ist, ist bis heute umstritten. – *28 Lykophron:* griechischer Grammatiker und Dichter (3. Jahrhundert v. Chr.) aus Chalkis (Euböa), verfaßte am Königshofe von Alexandria Dramen. Erhalten ist nur die Dichtung »Alexandra« (Kassandra), in der ein Bote von einer Prophezeiung der trojanischen Seherin berichtet. – *38 Καὶ ...:* Und die doppelten Inseln der knabenfressenden Schlange.

S. 44   *7 Eumolp:* als Stegreifdichter karikierte Figur aus dem Roman »Satiricon« des römischen Autors Petron. – *21 ff. Hic aliud ...:* Hier ereignet sich ein größeres und gewaltigeres Schrecknis und erschüttert die nichtsahnenden Herzen. Laokoon, durch das Los dem Neptun als Priester bestimmt, wollte feierlich am Altar einen ungeheuren Stier schlachten. Siehe, da wälzen sich von Tenedos her durch die ruhige See (ich schaudre beim Erzählen) in unermeßlichen Windungen zwei Schlangen dem Ufer zu und gelangen zu gleicher Zeit an das Gestade: ihre Brust ist über die Wellen erhoben, und die blutigen Mähnen ragen über die Wogen hinaus; der übrige Teil schleppt sich hintennach durch das Meer und krümmt im Bogen den unermeßlichen Rücken. Laut aufschäumt die Salzflut; rasch erreichen sie das Festland mit blutunterlaufenen, feurigen Augen, und aus den zischenden Rachen züngeln die zitternden Zungen. Wir fliehen totenbleich vor dem Anblick. Jene greifen in sicherem Zuge den Laokoon an. Zuerst umstricken beide in furchtbarer Umarmung die zarten Körper der zwei Knaben und zerfleischen mit ihren Bissen die unglücklichen Glieder. Dann packen sie ihn, der speerschwingend zu Hilfe eilen will, und fesseln ihn mit furchtbaren Windungen; doppelt umstricken sie seinen Leib, doppelt ringeln sich die schuppigen Rücken um seinen Hals, und sie überragen ihn mit dem Kopf und dem hohen Nacken. Jener versucht mit den Händen zugleich die Knoten zu zerreißen, während seine Binde von Geifer und schwarzem Gift besudelt wird; das schreckliche Geschrei der Unglücklichen dringt bis zu den Sternen empor. Brüllend flieht der verwundete Stier vom Altar und schüttelt das schwankende Beil vom Nacken. – *11 Zeuxis, Protogenes, Apelles:* Zeuxis (2. Hälfte des 5. Jahrhunderts v. Chr.) aus Herakleia (Unteritalien), griechischer Maler und Tonbildner, Begründer der Illusionsmalerei. Zu Protogenes und Apelles vgl. Anm. zu S. 10, 30.

S. 45 *10 ff. Ecce alia ...:* Petron, »Satiricon«, 89, 29-51: Siehe da, andere Wunderzeichen! Wo das steile Tenedos sich mit dem Rücken aus dem Meere hebt, schwellen die Fluten auf, und die Wogen springen aufgeregt übereinander. Ein Geräusch ertönt, wie wenn in schweigender Nacht bei der seefahrenden Flotte der Ruderschlag weithin erschallt, und wie der Marmor stöhnt, getroffen von der stürzenden Tanne. Wir sehen uns um: Schlangen tragen die Wogen in doppelten Windungen an die felsigen Gestade, ihre Brüste ragen auf wie hohe Balken, Schaum peitscht ihre Flanken, ihre Schwänze klatschen tönend nieder; über das Wasser erheben sich schimmernd die Mähnen, blitzender Glanz strahlt über die See, und die schwanken Wogen zittern. Erstarrt sind unsere Seelen. Mit heiligen Binden und in phrygischer Tracht stehen bei Laokoon die beiden Söhne, die plötzlich die glänzenden Schlangen mit ihren Leibern umstricken; die kleinen Hände erheben jene gegen die Rachen, keiner hilft sich selbst, sondern jeder will wechselseitig hilfsbereit den Bruder befreien, und in gegenseitiger Angst ereilt der Tod die Unglücklichen. Der Kinder Vernichtung übersteigert noch der Vater, der schwache Helfer: nach Mord lüstern, ergreifen sie den Vater und reißen seine Glieder zur Erde. Als Schlachtopfer liegt der Priester am Altar.

S. 46 *4 als eine Hypothesis:* Seit erwiesen ist, daß die Laokoon-Gruppe älter ist als Vergils »Aeneis« (vgl. o. zu S. 12, 25), ist L.s Beweisführung gegenstandslos geworden. L. greift die Vermutung im 26. Kapitel des »Laokoon« wieder auf. – *12 Parergon:* Beiwerk. – *17 ff. neuter auxilio ...:* Keiner hilft sich selbst, sondern jeder will wechselseitig den Bruder befreien, und in wechselseitiger Angst ereilt die Unglücklichen der Tod. – *25 ff. ἔνθα ...:* Da klagten die Frauen, und es vergaß wohl eine der eigenen Kinder, da sie selber sich retten wollte vor dem schrecklichen Verderben.

S. 47 *15 ff. illi agmine ...:* »Aeneis«, II, 212-17: Jene greifen in sicherem Zuge den Laokoon an. Zuerst umstricken beide in furchtbarer Umarmung die zarten Körper der zwei Knaben und zerfleischen mit ihren Bissen die unglücklichen Glieder. Dann packen sie ihn, der speerschwingend zu Hilfe eilt, und fesseln ihn mit furchtbaren Windungen. – *34 ff. Il y a ...:* Es besteht ein kleiner Unterschied zwischen dem, was

Vergil sagt, und dem, was der Marmor darstellt. Nach den Worten des Dichters scheint es, daß die Schlangen die beiden Kinder verließen, um den Vater zu umschlingen, während sie im Marmor Vater und Kinder zugleich umfangen.

S. 48 3 *Donatus:* Tiberius Claudius Donatus (um 400 n.Chr.), Verfasser eines erhaltenen Kommentars zu Vergils »Aeneis«, der nicht gelehrte Erklärung bietet, sondern den Gedankengang interpretiert. – *10 Ille simul ...:* »Aeneis«, II, 220: Jener versucht mit den Händen zugleich die Knoten zu zerreißen. – *25f. Bis medium ...:* »Aeneis«, II, 218-19: Doppelt umstricken sie seinen Leib, doppelt ringeln sich die schuppigen Rücken um seinen Hals, und sie überragen ihn mit dem Kopf und den hohen Nacken. – *27ff. Mirandum non ...:* Es ist nicht zu verwundern, daß sie sich hinter dem Schild und der Kleidung des Götterbildes decken konnten; denn er hat oben gesagt, daß sie lang und stark waren und in mehrfacher Windung die Leiber des Laokoon und seiner Kinder umstrickten, und daß doch noch ein Teil (ihres Körpers) übrig blieb. – *38 keinen Sinn:* »non« ist nicht zu streichen; es ist eben ein Wunder, das man nicht bezweifeln soll.

S. 49 *11f. ausdrückend:* ausdrucksvoll. – *17 pyramidalische:* pyramidenförmige. – *20 Mensur:* Größenverhältnis, Proportion. – *25 Cleyn:* Franz Cleyn (1590-1658), belgischer Maler und Kupferstecher. – *32 Drydens ...:* John Dryden (1631-1700), englischer Dichter und Kritiker, Hauptvertreter der Restauration. Für L.s kunsttheoretische Schriften spielen folgende drei Werke des Engländers eine Rolle: die »Ode auf Cäcilienstag« (1687), die Übersetzung des in lateinischen Hexametern verfaßten Gedichts »De arte graphica« (Von der Malerei) des französischen Malers Charles Alphonse Du Fresnoy (»The art of painting of Ch.A. Du Fresnoy«, 1695) und die Vergil-Übersetzung von 1697. Den »Essay of Dramatic Poetry« (1668) hatte L. im 4. Stück seiner »Theatralischen Bibliothek« (1759) übersetzt.

S. 50 *18 anständige Kleidung:* künstlerisch zulässige Kleidung. – *23 Artisten:* Künstler. – *24 De Piles... Du Frenoy:* Roger de Piles (1635-1709), französischer Kunstschriftsteller, übersetzte und kommentierte das in lateinischen Hexametern abgefaßte Gedicht »De arte graphica« (Von der Malerei) des französischen Malers Charles Alphonse Du Fresnoy. – *25ff. Remarqués...:* Man beachte, daß die zarten und leichten Gewänder nur dem weiblichen Geschlecht gegeben wurden und daß es die alten Bildhauer so sehr als möglich vermieden, Männerfiguren zu bekleiden, weil sie, wie schon gesagt, dachten, daß der Bildhauer Stoffe nicht wiedergeben könne und die dicken Falten schlecht wirkten. Es gibt fast ebenso viel Beispiele dieser Wahrheit wie nackte Männerfiguren unter den Antiken. Ich will nur den Laokoon erwähnen, der aller

Wahrscheinlichkeit nach bekleidet sein mußte. Ist es tatsächlich wahrscheinlich, daß ein Königssohn, ein Apollopriester bei der feierlichen Handlung eines Opfers ganz nackt gewesen sei; denn die Schlangen kamen von der Insel Tenedos nach Troja und überraschten Laokoon und seine Söhne, als er gerade am Meeresufer dem Neptun opferte, wie Vergil im zweiten Buch seiner »Aeneis« bemerkt. Doch die Künstler, die dieses schöne Bildwerk schufen, haben wohl gesehen, daß sie den Gestalten keine zu ihrer Stellung passenden Gewänder geben konnten, ohne eine Art von Steinhaufen zu machen, dessen Masse einem Felsen geähnelt hätte, an Stelle der drei bewundernswerten Gestalten, die das Staunen der Jahrhunderte waren und immer bleiben werden. Deshalb haben sie von zwei Übeln das der Gewänder für weit schlimmer gehalten als das, gegen die Wahrheit selbst zu verstoßen.

S. 51   21 *Perfusus ...:* Vergil, »Aeneis«, II, 221: Während seine Binde von Geifer und schwarzem Gifte besudelt ist. – 32 *geringschätzige:* gering geschätzte.

S. 52   27 *aus der Zeit sein:* Über die Entstehungszeit des Laokoon vgl. »Laokoon«, XXVI und o. zu S. 12, 25 und S. 167, 34f. – 30f.: *Maffei, Richardson, Herr von Hagedorn:* Paolo Alessandro Maffei (1653-1716), italienischer Archäologe, behandelte die Laokoon-Gruppe in seinem Werk »Raccolta di statue antiche e moderne« (Sammlung antiker und moderner Statuen, 1704). Bedeutsam für L.s Beschäftigung mit antiken Gemmen war sein Werk »Gemme antiche figurate« (Geschnittene antike Steine, 1707-1709). – Jonathan Richardson (1665-1745), englischer Porträtmaler und Kunstschriftsteller. Sein »Essay on the theory of painting« (Versuch über die Malerei) erschien 1715, die französische Ausgabe »Traité de la peinture« 1728. – Christian Ludwig Hagedorn (1712-1780), ein jüngerer Bruder des Dichters, seit 1763 Generaldirektor der sächsischen Kunstakademien. 1775/76 war L. als sein Nachfolger im Gespräch. Seine »Betrachtungen über die Malerei« erschienen 1762, der erste deutsche Versuch auf diesem Felde, von bedeutendem Einfluß auf Winckelmann, L., Herder. – 32 *De Fontaines ...:* Pierre-François Guyot Desfontaines (1685-1745), französischer Schriftsteller. Die Übersetzung des Vergil erschien 1743. – 36 *Phidias:* Pheidias, lateinisch Phidias (5. Jahrhundert v. Chr.), der bedeutendste Bildhauer Athens, Freund des Perikles. Nach 450 wurde er der künstlerische Leiter für die Neugestaltung des Parthenons und der Stadt Athen.

S. 53   23 f. *willkürliche oder natürliche Zeichen:* vgl. »Laokoon«, XVII.

S. 54   9 ff. *De Laokoontis ...:* Über die Statue des Laokoon. Gedicht des *Jakob Sadoletus:* Siehe, aus dem hohen Erdhügel und aus den ungeheuren Eingeweiden der Ruine führte der lange Tag den Laokoon heimkehrend zurück; der einst im königlichen Hof stand und, o Titus, deinen Palast schmückte, ein Abbild göttlicher Kunst; und kein edleres Werk schaute das gelehrte Altertum. Jetzt erblickt jenes wieder, aus der Finsternis hervorgeholt, die hohen Mauern des neuerstandenen Rom. Was soll ich als Erstes und Höchstes rühmen? den unglücklichen Vater und die beiden Sprößlinge? oder die in Windungen aufgebäumten Schlangen, schrecklich anzusehen? oder die vor Erbitterung peitschenden Schwänze der Drachen, die Wunden und steinerweichenden Schmerzen? Hier stockt das Herz, und Mitleid, vermengt mit großem Schrecken, erregt die Brust. Zwei feurige Schlangen schlagen in Windungen einen weiten Zirkel, winden sich in bauschigen Kreisen herum und umstricken drei Leiber mit vielfacher Umarmung. Kaum vermögen die Augen das furchtbare Ende zu ertragen und das grausame Geschick: das eine Untier zuckt blitzschnell auf, ergreift den Laokoon selbst, umwickelt ihn ganz von oben bis unten und verletzt ihm endlich mit wütendem Bisse die Weiche. Der umschlungene Körper flieht gleichsam die qualvoll sich windenden Glieder, und du kannst sehen, wie sich die verwundete Seite nach rückwärts bäumt. Von heftigem Schmerz und herbem Biß gepeinigt, stöhnt jener ungeheuerlich auf, strebt, sich den grausamen Zähnen zu entreißen, und stützt sich mit der Linken ungeduldig auf den Rücken des Chelydrus; alle Muskeln sind angespannt, und die gesammelte Kraft des ganzen Körpers drängt sich vergeblich in die höchsten Anstrengungen zusammen. Er kann den wütenden Angriff nicht ertragen, und dumpfes Gestöhn erhebt sich infolge der Wunde. Dagegen die schlüpfrige Schlange wendet sich in häufig wiederkehrendem Kreise nach unten und fesselt mit schnürendem Knoten die Knie. Die Waden werden schwach, und unter engen Windungen zusammengeschnürt schwillt der Schenkel an. Der Sitz des Lebens gärt auf unter pressendem Druck und zerdehnt die mit dunklem Blut gefüllten bläulichen Adern. Ebenso gegen die Söhne wütet die gleiche Unbezwinglichkeit, engt sie in grausig rasche Verstrickung ein und zerfleischt die bejammernswerten Glieder: schon zerbeißt sie die Brust des einen, der mit letzter Stimme den Erzeuger zu Hilfe ruft, und hält ihn in stärkster Umkreisung fest. Der andere, noch nicht getroffen vom Biß und bemüht, dem gefährlichen Schwanz den Fuß zu entreißen, erschaudert beim Anblick des unglücklichen Vaters, hängt sich an ihn, und schon hemmt die verdoppelte Furcht voll Zweifels erbärmliches Weinen und Tränengüsse. Also, ihr großen Künstler, die ihr solch gewaltiges Werk unvergänglichen Lobes wert geschaffen habt (mag auch durch bessere Taten der unsterbliche Name errungen und ein berühmteres Genie sich zukünftigem Ruhm dauernd anvertraut haben, dennoch kann jede gebotene Gelegenheit den Hervorragenden zu diesem Ruhm hinreißen und zu den höchsten Gipfeln führen) – ihr habt den starren Stein mit lebenden Leibern in großartigster Weise beseelt, das sehen wir, und auch die Bewegungen, die Zornesausbrüche, die Schmerzen, und fast hören wir das Gestöhn: euch gebar einst das berühmte Rhodus, unermeßliche Zeit schlummerte der Ruhm eurer Kunst, bis ihn wieder in strahlendem Lichte Rom sieht, laut feiert und die Anmut des alten Werkes verjüngt erblickt. Um wieviel herrlicher ist es, durch den arbeitenden Geist die Unsterblichkeit zu erringen, als wenn du öden Prunk und vergängliche Reichtümer zu erwerben strebst!

S. 55   *5 gerührt:* interessiert. – *Leodegarii ...:* Leodegarius a Quercu (Duchesne; gestorben 1588). Seine »Farrago poematum« (Vermischte Gedichte) erschienen 1560.

S. 56   *29 Augenpunkte:* Gesichtspunkte. – *33 ff. C'est l'horreur ...:* Gerade das Entsetzen, das die Trojaner vor dem Laokoon ergriffen hat, war dem Vergil für den Gang seiner Dichtung notwendig; und das führt ihn zu dieser erschütternden Schilderung der Zerstörung der Vaterstadt seines Helden. Daher vermied es Vergil, die Aufmerksamkeit an der letzten Nacht einer ganzen Stadt durch die Ausmalung eines kleinen Unglücks eines einzelnen zu zerstreuen.

S. 57   *15 ff. micat alter ... infima nodo:* Übersetzung s. o. zu S. 54 von »... das eine Untier – die Weiche.« und »Dagegen die schlüpfrige Schlange – die Knie«. – *25 f. Bis medium ...:* s. o. zu S. 48, *25 f.*

S. 58   *16 oben erwähnt:* s. o. S. 43 und S. 47. – *30 f. das Kunstwerk älter sei:* Obwohl heute feststeht, daß die Gruppe älter ist als die »Aeneis«, ist es doch sehr unwahrscheinlich, daß Vergil sie kannte oder gar als Vorbild benutzt hat. – *33 f. der Künstler ahme ...:* Der Satz, daß die Nachahmung das Wesen der Kunst ausmache, ist die zentrale Bestimmung in der »Poetik« des Aristoteles.

S. 59   *24 für ursprüngliche Züge:* anstatt ursprünglicher Züge. – *31 Beeiferung:* Wetteifer.

S. 60   *14 Valerius Flaccus:* Gajus Valerius Flaccus (gestorben kurz vor 92 n. Chr.), römischer Epiker, schrieb nach dem Vorbild des Apollonios Rhodios 8 Bücher »Argonautica«, eine Schilderung des Argonautenzugs. An der hier angeführten Stelle fingiert er, daß das Heer eines skythischen Führers bereits den Blitz als Schildzeichen geführt habe, wie einige römische Legionen der Kaiserzeit. – *16 f. Nec primus ...:* Und du könntest, römischer Krieger, zuerst die Strahlen des Schlangenblitzes und die rötlichen Flügel auf den Schilden nicht unterscheiden. – *21 Addison:* Joseph Addison (1672-1719), englischer Philologe und Schriftsteller, Herausgeber (zusammen mit Richard Steele) der »moralischen Wochenschriften« »Spectator« und »Guardian« (1711-

1713). Addison unternahm 1699-1703 eine Reise nach Italien, die er mit Anführung zahlreicher antiker Autoren über alle von ihm besuchten Orte beschrieb: »Remarks on several parts of Italy« (Bemerkungen über verschiedene Teile Italiens). L. setzt sich hier mit seinen »Dialogues upon the usefulness of ancient medals« (Gespräche über die Nützlichkeit antiker Münzen, 1702) auseinander, in denen antike Kunstwerke zur Auslegung von Dichtungen herangezogen werden. – *24ff. Polymetis, or ...:* Polymetis, oder eine Untersuchung über die Übereinstimmung zwischen den Werken der römischen Dichter und den überlieferten Stücken der alten Künstler; ein Versuch, sie eins aus dem andern zu erklären. In zehn Büchern von Reverend Mr. Spence. Gedruckt für Dodsley. Folio. – *28 Tindal:* Nicholas Tindal (1687-1774), englischer Historiker. Sein »Guide to classical learning or Polymetis abridged« (Führer zur klassischen Gelehrsamkeit oder der gekürzte Polymetis), eine Bearbeitung des »Polymetis« von Josef Spence, erschien 1764. – *37ff. Tunc rudis ...:* Damals war der Soldat ungebildet und verstand noch nicht, die griechischen Kunstwerke zu bewundern, die als Beute ihm zugefallen waren; Becher, von großen Künstlern verfertigt, zerbrach er, damit das Pferd in glänzendem Stirnschmuck prange, damit der getriebene Helm das Bild der Romulischen Wölfin, die auf höheres Gebot sich zahm erwies, und das der Quirinischen Zwillinge unter dem Felsen und das unverhüllte Bild des mit Schild und Lanze prangenden, herabschwebenden Gottes dem todgeweihten Feinde zeigte.

S. 61   *5 ff. Magnorum ...:* Der Inhalt der Juvenal-Verse wird anschließend von L. (Z. 11-14) zusammengefaßt wiedergegeben. – *9 fulgentis:* Die neuere Forschung nimmt an, daß statt »fulgentis« (blitzenden) »venientis« (kommenden) zu lesen ist. – *19 Glosse:* Randbemerkung eines Abschreibers in einer alten Handschrift. – *18 Rigaltius:* Nicolas Rigault (Rigaltius, 1577-1654), französischer Jurist und Philologe. Seine Ausgabe der »Satiren« von Juvenal erschien 1616. – *19 quasi ad...:* gleichsam zum Werfen sich beugend. – *20 Lubinus:* Eilhardus Lubinus (Eilhart Lübben) (1565-1621), Professor in Rostock, gab 1603 die »Satiren« des Juvenal, 1612 den Horaz heraus.

S. 62   *3 Aura ...:* Ovid, »Metamorphosen«, 7, 813 f.: Luft, mögest du kommen, mir helfen und mir in die Brust dringen, du hochwillkommene! – *14 letzten ohn einen:* vorletzten. – *15f. Martis ad ...:* Mars, der zur Ilia kommt, um mit ihr zu schlafen. – *20 Hysteronproteron:* umgekehrte Reihenfolge. – *24 Emblema:* Sinnbild, Abzeichen.

S. 63   *2 personifieret:* So hat L. selbst im Manuskript aus »personifizieret« korrigiert (nach dem französischen »personifier«). – *2 Sylphen:* der Antike fremde, mittelalterliche Bezeichnung für Luft- und Wassergeister. – 4f. *Hermessäule:* Die Hermessäule (Herme) war ursprünglich ein nur mit dem Kopf des Gottes versehener Pfeiler. Später wurde die Form auch für andere Darstellungen verwendet und schließlich auch mit dem Rumpf, selten mit den Armen ausgestattet. – 17 *verstellt:* entstellt. – 28 Τὴν μεν ...: Die aber trugen zum Olymp ihre Füße. – 29 *Caylus:* Anne-Claude-Philippe de Tubières, Comte de Caylus (1692-1765), französischer Altertumsforscher. Er bereiste Italien, Griechenland und die kleinasiatische Küste und lebte, nachdem er 1717 mit reichen Sammlungen zurückgekehrt war, in Paris. Seine »Tableaux tirés de l'Iliade« (Der Ilias entnommene Gemälde, 1757) verweisen die bildenden Künstler auf die Möglichkeit, die Stoffe der Dichter zu nutzen. Sein Hauptwerk »Recueil d'antiquités« (Sammlung antiker Kunstwerke) erschien in sieben Bänden zwischen 1752 und 1767. Johann Georg Meusel übersetzte 1768/69 die kleineren »Abhandlungen zur Geschichte und zur Kunst«, die Christian Adolf Klotz mit einer Vorrede versah. Ausdrücklichen Bezug nimmt L. auch auf die beiden Schriften »De la perspective des anciens« (Von der Perspektive der Alten) und »Examen d'un passage de Pline, dans lequel il est question de la pierre obsidienne« (Untersuchung einer Stelle des Plinius, in der vom Obsidianischen Stein die Rede ist). – Caylus gehört zu den für die Mitte des 18. Jahrhunderts charakteristischen Vertretern einer Altertumswissenschaft, welche die durch die Archäologie wiederentdeckte Welt der Anschauung in Beziehung zur Philologie setzte und antike Dichtung und bildende Kunst in engen gegenseitigen Zusammenhang brachte. Kein Autor ist dem Grundgedanken der Kunstgeschichte Winckelmanns so nahegekommen wie er.

S. 64 3 *schlechter:* schlichter.

S. 65 11 *»non liquet«:* Es ist nicht klar. – 32 *Nonnus:* Nonnos (um 400 n. Chr.), der bedeutendste griechische Epiker der Kaiserzeit. Seine »Dionysiaca« behandeln in 48 Gesängen die Geschichte des Gottes Dionysos von der Geburt bis zur Apotheose. – *38 ff. At tu ...:* Aber du bist nur ein Cecropide und gleichst einem Hermespfeiler, allein mit dem Unterschied, daß dessen Haupt aus Marmor ist, du aber ein lebendes Bild darstellst.

S. 67 1 *Tibull:* Albius Tibullus (ca. 54-19 v. Chr.), römischer Elegiker. – 9 *Echions:* richtig: Aetions. – 9 *nova nupta ...:* durch Schamhaftigkeit sich auszeichnende Neuvermählte. – 20 *Ephemeron:* Eintagsfliege. – 17 *Lucrez:* Titus Lucretius Carus (88-55 v. Chr.), einer der bedeutendsten römischen Dichter, Verfasser des durch den griechischen Philosophen Epikur und seine materialistische Lehre inspirierten Lehrgedichts »De rerum natura« (Von der Natur der Dinge). – 26 *pontem indignatus Araxes:* »Aeneis«, VIII, 725: Der über die Brücke ergrimmte

Araxes (Fluß in Asien). – *34 Statius:* Publius Papinius Statius (2. Hälfte des 1. Jahrhunderts n. Chr.), römischer Dichter. In seinem Epos »Thebais« schildert er in 12 Büchern den Krieg der Sieben gegen Theben. Von den Taten des Achilles handelt die unvollendete »Achilleis«, die »Silvae« (Wälder) enthalten in 5 Büchern Gelegenheitsgedichte. – *36 ff. It Ver... :* Der Frühling erscheint und Venus, und als Vorbote des Frühlings schreitet vorweg der geflügelte Zephir; neben ihren Schritten erfüllt die mütterliche Flora alle Wege mit herrlichen Blumen und Düften. Darauf folgt der glühende Calor (Hitzegott) und als einzige bestaubte Begleiterin Ceres, dazu die gleichmäßig warm wehenden Passatwinde. Von dort naht der Herbst heran, mit ihm zugleich wandelt Bacchus; von dort folgen die anderen Stürme und Winde, der hoch herabdonnernde Volturnus und der blitzeglänzende Auster. Endlich bringt Bruma den Schnee und starre Kälte, der Winter folgt und der zähneklappernde Algus (Frost).

S. 68 *35 Abraham Preigern:* Abraham Preiger (Anfang des 18. Jahrhunderts). Seine Anmerkungen zu Lukrez finden sich in der Lukrezausgabe von Sigebert Haverkamp aus dem Jahre 1725. – *37 f. Ordo est...:* Die Ordnung ist gleichsam die einer Prozession: Frühling und Venus, Zephyr und Flora.

S. 69 *4 ekel:* eigensinnig, grillenhaft. – *11 anständig:* passend, zuträglich. – *19 f. Daß die Poesie die weitere Kunst ist:* Hier wird besonders deutlich, daß es L. im »Laokoon« vor allem um eine Begründung des Vorrangs der Dichtkunst vor der bildenden Kunst geht. – *31 Antiquare:* Altertumsforscher.

S. 70 *3 Hörner des Bacchus:* L. geht von falschen Voraussetzungen aus: 1. Dionysos trägt in der bildenden Kunst häufig Hörner, 2. das Diadem ist bei Dionysosköpfen die Regel, 3. Athene und Hera sind auch blitzeschleudernd abgebildet worden, 4. die soziale Stellung der bildenden Künstler war in Griechenland tatsächlich nicht sehr hoch. – *7 f. Tibi, cum ...:* Mädchenhaft ist dein Haupt, wenn du ohne Hörner dastehst. – *15 an dem Diadem befestigt:* Sie kommen vielmehr über dem Diadem aus der Stirn hervor. – *25 Biformis:* Der Zweigestaltige. – *27 von seiner Gestalt:* im Sinne: von seinen Gestalten. – *29 schleidern:* schleudern. – *33 Samothracischen Geheimnissen:* Auf der Insel Samothrake wurden die Kabiren, ursprünglich semitische Gottheiten, in Form eines Geheimkults verehrt. – *35 Begeri:* Lorenz Beger (1653-1705), Direktor der Berliner Altertümersammlung. In seinem »Thesaurus Brandenburgicus selectus« beschrieb er die Hauptdenkmäler der Sammlung.

S. 71 *1 gemeine Leute:* Leute niederen Standes. – *5 vor ihren Kopf:* nach eigenem Kopf. – *35 ff. Scarce any ...:* Schwerlich kann irgend etwas in einer dichterischen Beschreibung gut sein, was, in einer Statue oder einem Gemälde dargestellt, als widersinnig erscheinen würde.

S. 72   7 f. *abgesonderten:* abstrakten.

S. 73   6 ff. *Neque enim ...:* Nicht mehr glüht sie als holde Göttin, noch hält sie das Haar mit glattem Gold zusammen, das sternenstrahlende Gewand bauschig gelöst. Sondern verwildert, riesig, mit beschmutzten Wangen, mit einer flackernden Kienfackel und in schwarzem Gewand, den Stygischen Jungfrauen ähnlich. – *12 ff. Illa Paphon ...:* Jene verließ das alte Paphos und die hundert Altäre; weder in Antlitz noch in Haar wie früher, soll sie den bindenden Gürtel gelöst und ihre Idalischen Vögel weit weggeschickt haben. Auch erzählen einige, die Göttin habe sich mitten im Dunkel der Nacht, andere Flammen und größere Geschosse in den Händen haltend, in der Behausung der Tartarischen Schwestern gezeigt; mit verstrickten Schlangen habe sie das Innere der Wohnungen, mit grausigem Schrecken alle Eingänge erfüllt.

S. 74   23 ff. *Serta patri ...:* Den Kranz, das Haar und die Kleidung des jungen Lyäus legt sie dem Vater an und stellt ihn auf den Wagen, mitten zwischen die Erzbecken, Trommeln und geheimnisvollen Kisten. Sie selbst umwindet Brust und Glieder mit heimischem Efeu und schwingt mit leichten Händen den Rebenstab, achtsam besorgt, daß der Vater im Schmuck die grünen Zügel halte, daß die Hörner unter der schneeigen Mitra sich emporwölben und daß der heilige Becher den Bacchus abspiegele. – *31 letzten ohn einen:* vorletzten. – *34 Der sogenannte Bacchus:* ist ein Faun.

S. 75   *13 Verabredungen:* Konventionen, herkömmliche Attribute. – *17 das Bedeutende:* Bezeichnende, Charakteristische. – *32 Clemens Alexandrinus:* Titus Flavius Clemens Alexandrinus (gestorben vor 215 n. Chr.), griechischer Kirchenvater, Verfasser eines »Protrepticus ad Graecos«, einer Mahnrede an die Griechen (= Heiden). – *33 ff. Ἐβούλετο ...:* Alexander wollte als Sohn des Zeus Ammon gelten und von den Bildhauern deshalb mit Hörnern dargestellt werden, obwohl das dazu führte, daß durch die Hörner die Schönheit des Menschenbildes geschändet wurde.

S. 76   *9 oben:* vgl. das 2. Kapitel des »Laokoon« (o. S. 17 ff.). – *12 Cerynea:* Stadt in der nördlichen Peloponnes. *Pausanias:* Geb. um 115 n. Chr., Verfasser eines Griechenlandführers in 10 Büchern. Das Werk (ca. 170/180 verfaßt) beschreibt Städte und Sehenswürdigkeiten Griechenlands. Gelehrte Exkurse über Geschichte, Kunstgeschichte und Mythologie zeigen besonderes Interesse für das Altertum. – *19 Abraxas:* gnostische Bezeichnung für Gott, bezeichnet dann auch geschnittene Steine mit Figuren mystischer Bedeutung. *Chiffletius:* Jean Chifflet

(1612-1666), französischer Archäologe. – *20 Licetus:* Fortunio Liceto (1577-1657), italienischer Arzt und Altertumsforscher, Professor der Philosophie in Padua. Seine »Lucernae antiquae reconditae« (Unbekannte antike Lampen) erschienen 1652, die »Hieroglyphica seu antiqua schemata gemmarum anularium« (Hieroglyphenkunde oder die antiken Zeichen auf Siegelringen) 1653. – *21 Bannier:* Antoine Banier (1673-1741), französischer Altertumsforscher, Verfasser einer »Mythologie« (darin die »Abhandlung über die Furien«), Übersetzer der »Metamorphosen« des Ovid. Seine »Götterlehre und Fabeln« übersetzte L. 1751/52, doch kam Johann Adolf Schlegel L. mit seiner Übersetzung zuvor. – *22 Gorius:* Antonio Francesco Gori (1691-1757), italienischer Altertumsforscher. Sein »Museum Etruscum« (Etruskisches Museum) erschien 1737 bis 1747. – *22 Urne:* verschollen. – *22 Hetrurischer:* etruskischer. – *41 expirantis praeportat ...:* Catull, 64, 194: schon im voraus die Ausbrüche ihrer Wut sehen läßt. – *42 Carniole:* rötlicher Schmuckstein. – *42f. Stoschischen Cabinette:* die berühmte Gemmensammlung des Baron Philipp von Stosch (1691-1757), von Winckelmann 1760 beschrieben, jetzt im Berliner Museum. Stosch war Kunstsammler, Freund des Kardinals Albani und Förderer Winckelmanns. Als englischer Agent lebte er jahrelang in Rom, seit 1731 in Florenz. 1724 erschien sein Werk »Gemmae antiquae caelatae«. Die Hauptsammlung des Barons befand sich seit 1770 in Berlin.

S. 77 *4 persönlichen Bilde:* Die älteste Götterverehrung der Römer war wahrscheinlich bildlos. – *8 Folge:* Folgerung. – *12 Mißhandlungen des Priapus:* Nach der in Ovids »Fasten« (VI, 321-344) erzählten Sage wollte Priapus einst die schlummernde Vesta überwältigen. – *32 mit einem Schleier bedeckt sind:* Der Stein stellt eine Bacchantin dar. – *39 eigensinnige:* dem eigenen Sinn entsprechende.

S. 78 *5 Numa:* Numa Pompilius, sagenhafter König aus der römischen Vorzeit, der Überlieferung nach folgte er auf Romulus und regierte von 715-673. – *16ff. Esse diu ...:* Ich Törichter habe geglaubt, es gebe Bildsäulen der Vesta: bald habe ich gelernt, daß sich unter dem runden Kuppeldach keine befinden. Ein nie verlöschendes Feuer nur wird in jenem Tempel gehegt. Kein Bild hat Vesta, wie das Feuer keines hat. – *23f. Regis opus ...:* Das Werk des gütigen Königs, wie milder keine Gottheit je die Sabinische Erde trug. – *26f. Sylvia fit ...:* Sylvia wird Mutter: da sollen die Bildsäulen der Vesta mit den jungfräulichen Händen die Augen bedeckt haben. – *34f. Manibus vittas ...:* Vergil, »Aeneis«, II, 296f.: Auf den Händen trägt er die Binden und die mächtige Vesta und das ewige Feuer aus dem Allerheiligsten heraus.

S. 79 *3 eines Pontificis Vestae:* eines Priesters der Vesta. – *7 im Prytaneo:* Das Prytaneum war ein Staatsgebäude der Athener, das den geweihten Staatsherd, in dem ein ewiges Feuer brannte, enthielt. – *7 Jasseer:* Bewohner der griechischen Stadt Jassos in Kleinasien. – *10 Skopas:* Griechischer Bildhauer und Architekt aus Paros (4. Jahrhundert v. Chr.). Zahlreiche römische Kopien werden auf Statuen des Skopas zurückgeführt. – *17 Palladium:* das Bild der Göttin Pallas Athene, das Äneas aus Troja mitnahm und das später im Tempel der Vesta zu Rom aufbewahrt wurde. – *18 Tympanum:* Trommel, die beim Kult benutzt wurde. – *18 Codinus:* byzant. Historiker, dem fälschlich ein Sammelwerk unbekannter Autoren über Konstantinopel zugeschrieben wurde; Entstehungszeit ungesichert (Mittelalter bis maximal Ende des 16. Jahrhunderts): De Originibus Constantinopolitanis (Über die Ursprünge Konstantinopels). – *19 als der Erde zu:* Die Erdgöttin wird in später Zeit mit Kybele und diese mit Hestia identifiziert; das Tympanon ist das Instrument des Kybele-Kults. – *21 Lipsius:* Justus Lipsius, eigentlich Joest Lips (1547-1606), belgischer Philologe und Philosoph. 1603 veröffentlichte er eine Abhandlung über die Göttin Vesta und die Vestalinnen (»De Vesta et vestalibus«). – *24 Polyb:* Polybios (ca. 201-120 v. Chr.), griechischer Geschichtsschreiber; 166 kam er mit 1000 vornehmen Achäern als Geisel nach Rom, wo er Freund und Lehrer des jüngeren Scipio wurde. Von seinem Hauptwerk, einer Weltgeschichte in 40 Büchern, besitzen wir die Bücher 1-5 vollständig, von den übrigen zahlreiche Bruchstücke. Polybios stellt in den erhaltenen Büchern die Ereignisse in den Jahren 221-144 dar. An der zitierten Stelle ist nicht von Hestia, sondern von Artemis die Rede. – *37 Suidas:* Der Titel eines griechischen Wörterbuchs aus dem 10. Jahrhundert mit Notizen über alte Schriftsteller und Zitaten aus ihren Werken wurde als Verfassername mißverstanden.

S. 80   *19 f. Ipsa diu ...:* Urania selbst hatte längst seinen Tod aus der Stellung der Gestirne vorhergesagt. – *23 f. σχῆμα ...:* Ihre Form sei die eines Tympanon. – *24 Plutarchus:* »Über das Gesicht im Mond« in »Von den Lehrsätzen der Philosophen« (unecht). – *32 f. Hinc radios ...:* Darauf drechselten die Bauern die Speichen für die Räder, darauf die Vollräder für die Lastwagen. – *35 Fabretti:* Raffaelo Fabretti (1619-1700), Direktor der Archive in Rom. Seine Abhandlung »Ad tabulam Iliadis« (Zur Ilias-Tafel), die Beschreibungen der auf den Trojanischen Krieg bezüglichen Basreliefs im Kapitolinischen Museum enthält, findet sich in dem 1690 erschienenen Werk »De columna Traiani« (Über die Trajanssäule).

S. 81   *2 Radius:* Stab, mit dem die Mathematiker und Astronomen ihre Figuren in Sand oder weiche Stoffe zeichneten, deshalb ein Attribut der Urania. – *5 Serraglio:* italienisch für Serail; gemeint sind die Haremswächter. – *14 Aufzug:* äußere Erscheinung.

S. 83   6 ff. *Te semper* ...: Horaz, »Oden«, I, 35, 17 ff.: Dir geht immer voraus die grausame Notwendigkeit, die Balkennägel und die Klammern in eherner Hand haltend, und es fehlt nicht der schonungslose Haken noch das flüssige Blei. – *15 Sanadon:* Noël Etienne S. (1676-1733). Seine Horaz-Ausgabe, von André Dacier ins Französ. übersetzt, erschien 1735. – *15 ff. J'ose dire* ...: Ich wage zu sagen, daß dies Gemälde, im einzelnen genommen, auf der Leinwand schöner wäre als in einer heroischen Ode. Ich kann das Galgengerät von Nägeln, Keilen, Haken und geschmolzenem Blei nicht ertragen. Ich habe geglaubt, die Übersetzung davon entlasten zu müssen, indem ich die allgemeinen Vorstellungen an Stelle der Einzelvorstellungen setzte. Es ist schade, daß der Dichter dieser Korrektur bedurfte. – *29 Verfolgt:* Fortsetzung.

S. 84   *6 Livius:* Titus Livius (59 v. Chr.-17 n. Chr.), größter römischer Historiker zur Zeit des Augustus. In seinem Hauptwerk stellte er in 142 Büchern die römische Geschichte von der Gründung der Stadt bis zum Jahre 9 v. Chr. dar. – *17 f. Te spes* ...: Dich hegt die Hoffnung und die seltene Treue im weißen Schleierkleid. – *22 Fides raro* ...: Die Treue, eingehüllt in ein dünnes Gewand. – *28 Arcanique Fides* ...: die das Geheimnis preisgebende Treue, durchsichtiger als Glas. – *34 ff. Apollo übergibt* ...: Die in der Fußnote angestellten Überlegungen sind der Ausgangspunkt für L.s Schrift »Wie die Alten den Tod gebildet« (vgl. u. S. 189 ff.). – *37 f. Πεμπε* ...: »Ilias«, XVI, 679 f.: Er übergab ihn den Zwillingsbrüdern Schlaf und Tod als schnellen Begleitern, um ihn fortzutragen.

S. 85   *2 Anlaß zu erheblichern Betrachtungen:* Sie sind für L.s Höherbewertung der Dichtung gegenüber der bildenden Kunst besonders wichtig. – *5 ff. Il est facheux* ...: Es ist ärgerlich, daß Homer uns nichts über die Attribute hinterlassen hat, die man zu seiner Zeit dem Schlaf gab. Wir kennen, um diesen Gott zu bezeichnen, nur seine Tätigkeit selbst, und wir bekränzen ihn mit Mohnblumen. Diese Ideen sind modern; die erste leistet einige Hilfe, kann aber im vorliegenden Fall nicht angewendet werden, wo selbst die Blumen mir nicht am Platz zu sein scheinen, zumal an einer Gestalt, die mit dem Tod eine Gruppe bildet. – *24 Kiste von Zedernholz:* Diese Kiste, bekannt unter dem Namen der Lade des Kypselos, ist uns in einer genauen Beschreibung bei Pausanias erhalten; s. u. zu S. 195, *3 ff.* – *29 ἀμφοτερους* ...: mit verkrüppelten Füßen. – *30 Gedoyn:* Nicolas Gedoyn (1667-1744), französischer Abbé. Seine Übersetzung des Pausanias erschien 1731 unter dem Titel »Voyage historique de la Grèce«. – *43 gruppieren:* in die Gruppe einfügen.

S. 86   *4 Schildereien:* Gemälde. – *10 Nachahmung:* vgl. den Anfang des 7. Kapitels.

S. 87 *16 Thomsons:* L. meint die naturbeschreibende Dichtung »The Seasons« (1726-1730) des englischen Dichters James Thomson. – *31 Vorwürfe:* Gegenstände.

S. 88 *5 ff. Tuque Rectius ...:* Horaz, »Ars poetica«, 128-130: Du spinnst richtiger die Ilias in Akte aus, als wenn du als erster Unbekanntes und Ungesagtes ans Licht förderst. – *19 auf eins:* auf einmal, zugleich.

S. 89 *19 Fabel:* Sage. – *38 nicht gesetzt genug:* von L. falsch beurteilt. Protogenes, der fast immer auf der Insel Rhodos lebte, wollte offensichtlich Gegenstände malen, bei denen das Sachinteresse die Aufmerksamkeit nicht von der künstlerischen Leistung abziehen konnte.

S. 90 *2 gewisser Übermut:* L.s Übersetzung ist ungenau. Richtiger: der innere Drang und die Begierde nach künstlerischem Schaffen. – *4 f. Ialysus:* der Stammheros der gleichnamigen rhodischen Stadt, Kydippe seine Mutter. – *33 Meursius:* Johannes Meursius (d. Ä.), eigentlich Jan de Meurs (1579-1639), niederländischer Altertumsforscher. Sein Werk über »Creta, Cyprus, Rhodus« erschien 1675. – *33 ff. In eadem ...:* Auf demselben, Gemälde nämlich, auf dem Jalysus gemalt war, befand sich auch der Satyr, den sie den Ruhenden nannten, mit seiner Flöte. – *37 Strabo:* Strabon (um 64 v. Chr.-23 n. Chr.), in Rom lebender griechischer Geograph. Seine »Geographica« beschreiben in 17 Büchern die damals bewohnte Welt.

S. 91 *34 Demetrius:* Die hier erwähnte falsche Fassung der Anekdote findet sich in Plutarchs Biographie des Demetrios Poliorketes (338-283 v. Chr.), eines der Diadochen Alexanders, 294 König von Makedonien; Belagerung von Rhodos. – *überkam:* überfiel.

S. 92 *3 ff. Ἡ δ' ἀναχασσαμένη ...:* »Ilias«, XXI, 403-405: Sie aber wich zurück und ergriff einen Stein mit starker Hand, der auf dem Felde lag, einen schwarzen, rauhen und großen; den hatten Männer der Vorzeit aufgestellt als Grenze der Flur. – *35 Grammatiker:* Philologe.

S. 93 *9 ff. Οἱ δε ...:* Steine rissen sie vom Fuß des Ida los und schleuderten sie gegeneinander; doch leicht wie Sand zerstoben diese und zersplitterten an den unwiderstehlichen Gliedern der Götter. – *35 Assertion:* Behauptung. – *35 in Abrede sein:* widersprechen. – *40 f. Κυνεην ...:* Ein Helm, geschmückt mit den Vorkämpfern von hundert Städten, d. h. mit der Darstellung von zahlreichen Kämpfen.

S. 94 *15 Neptun:* nicht Neptun, sondern Vulkan (Hephaistos). – *19 ff. Ἧρχε ...:* Und es führte sie an Ares und Pallas Athene, beide golden, goldne Gewänder hatten sie angelegt, schön und groß in den Waffen, wie eben Götter, rings umher strahlend; die Männer aber waren kleiner. – *25 lindernden Erklärungen:* schwächenden. – *27 Clarkisch-Ernestische Ausgabe:* Die Ausgabe »Homeri opera cum notis, cura J. A. Ernesti« (Homers Werke mit Anmerkungen, durchgesehen von J. A. Ernesti) von 1759 des englischen Philologen Samuel Clarke (1675-1729). – *31f. verwöhnet:* zum Nachteil gewöhnt. – *40 andern Ort:* Die Anmerkungen hat L. nicht mehr gegeben.

S. 95 *4 poetische Redensart:* Diese rationalistische Erklärung wird Homer nicht gerecht. – *15 gotischen:* mittelalterlichen. – *19 τρις δ' ἠερα ...:* Und dreimal stach er den dichten Nebel.

S. 96 *13 Tätigkeiten:* Tätlichkeiten. – *23 ἠερα ἐσσαμενω:* in Nebel gehüllt. – *29 f. Πως κ' ἐοι ...:* »Ilias«, XIV, 333-334. – Wie wäre es, wenn einer der ewigen Götter uns beide schlafend erblickte? – *32 f. einige Zeilen darauf:* »Ilias«, XIV, 342-344. – *34 ff. Ηρη ...:* Hera, du brauchst nicht zu fürchten, daß ein Gott oder ein Mensch zuschauen werden; denn mit einem solchen Nebel werde ich dich umhüllen, einem goldenen.

S. 98 *1 ff. Βη δε ...:* Und er schritt von den Häuptern des Olympos herab, zürnend in seinem Herzen, auf den Schultern den Bogen und den ringsverschlossenen Köcher. Die Pfeile klirrten an der Schulter des Zürnenden, da er sich rasch bewegte. Der Nacht glich er, wie er herankam. Dann setzte er sich fern von den Schiffen nieder und schoß einen Pfeil ab. Der silberne Bogen gab einen schrecklichen Klang. Maultiere erlegte er zuerst und flinke Hunde. Dann aber gegen sie selbst das scharfe Geschoß entsendend, traf er und traf, und immer brannten die Feuer der Toten, reihenweise.

S. 99 *2 plane:* klare, leicht verständliche. – *6 ff. Οι δε ...:* Die Götter, bei Zeus sitzend, berieten auf goldener Flur; unter ihnen schenkte die edle Hebe Nektar ein. Die aber tranken in goldenen Bechern einander zu, indem sie auf die Stadt der Troer hinunterschauten. – *10 Apollonius:* Apollonios Rhodios (um 295-215 v. Chr.), hellenistischer Epiker; sein Hauptwerk sind die »Argonautika«, ein Epos in 4 Büchern, das die Argonautensage mit der geographisch-antiquarischen Gelehrsamkeit des Alexandriners darstellt. – *19 ausnimmt:* auszeichnet.

S. 100 *15 Milton:* John Milton (1608-1674), englischer Dichter, mit 42 Jahren erblindet. Das biblische Epos »The Paradise Lost« (Das verlorene Paradies) erschien 1667, »The Paradise Regained« (Das wiedergewonnene Paradies) 1671. Die im Altertum herrschende Auffassung von Homers Blindheit geht zurück auf die Vorstellung vom blinden Seher. – *28 ff. On est toujours ...:* Man ist sich immer einig gewesen, daß ein Gedicht, je mehr Bilder und Handlungen es liefere, desto mehr Überlegenheit in der Poesie habe. Diese Überlegung hatte mich auf den Gedanken gebracht, daß die Berechnung der verschiedenen Gemälde, die die Gedichte enthalten, dazu dienen könnte, den betreffenden Wert der Dichtungen und der Dichter zu vergleichen. Die Zahl und die Art der Gemälde, die diese großen Werke bieten, würden eine Art Prüfstein werden, oder vielmehr eine zuverlässige Waage des Wertes dieser Gedichte und des Genies ihrer Verfasser.

S. 101 *1 Epopee:* Epos. – *29 Drydens Ode:* »Alexander's Feast, or the power of music«; sie erschien 1700 zur Feier des Cäcilientags; 1725 wurde sie von Händel vertont. – *31 Longin:* Longinos (um 213-273), neuplatonischer Philosoph aus Athen. Kaiser Aurelian ließ ihn 273 n.Chr. hinrichten. Irrtümlich wurde ihm die Schrift »Über den hohen Stil«, die aus dem 1. Jahrhundert n.Chr. stammt, zugeschrieben. Sie übte auf die Ästhetik des 17. und 18. Jahrhunderts einen starken Einfluß aus. – *33 Enargie:* Klarheit, Deutlichkeit, lebendige Darstellung von etwas, so daß man es leibhaft vor Augen zu sehen glaubt.

S. 102 *1 musikalischen Gemälde:* Gemeint sind vom Dichter geschilderte musikalische Vorgänge. – *19 Senne:* Sehne. – *30ff. Αυτικ'...:* »Ilias«, IV, 105-126: Auf der Stelle entblößte er den wohlgeglätteten Bogen ... und stellte ihn zurecht und spannte ihn, gegen den Boden ihn stemmend ... Dann öffnete er den Deckel des Köchers und nahm einen Pfeil heraus, einen noch nicht geschossenen, geflügelten, Bringer schwarzer Schmerzen. Rasch legte er nun den bitteren Pfeil auf die Sehne ... faßte zugleich Kerbe und Rindersehne und zog. Die Sehne brachte er nah an die Brust, das Eisen dem Bogen. Als er aber kreisrund den großen Bogen gedehnt hatte, klirrte der Bogen und die Sehne erklang, und es sprang hinweg der gespitzte Pfeil, voller Verlangen in den Haufen der Krieger hineinzufliegen.

S. 103 *36 ein bequemes Verhältnis:* bequem für die Auffassung.

S. 104 *5 die große Manier:* der große Stil. – *22 lasse:* verlasse. – *22 Farbenstein:* der Stein, auf dem die Maler früher selbst die Farben rieben.

S. 106 *11 Erzt:* Erz. – *16ff. Ἥβη ...:* Hebe fügte um den Wagen rasch die gebogenen Räder, eherne mit acht Speichen, rings um die eiserne Achse. Ihr Kranz ist aus Gold, unvergänglichem, aber drüber sind eherne Schienen angepaßt, wunderbar anzuschauen. Die Naben sind aus Silber, auf beiden Seiten herumlaufend. Der Wagensitz ist in goldene und silberne Riemen eingespannt, zwei umlaufende Ränder fassen ihn ein. Die Deichsel ist aus Silber; doch an die Spitze band sie ein goldenes, schönes Joch und schlang schöne Seile hinein, goldene.

S. 107 *1ff. Μαλακον ...:* »Ilias«, II, 42-46: Er zog das weiche Gewand an, das schöne, neugewirkte, und warf sich den großen Mantel um. Unter die glänzenden Füße band er die schönen Sandalen. Dann hängte er um die Schultern das silberbeschlagene Schwert und nahm den vom Vater ererbten Herrscherstab, unvergänglich für alle Zeit. – *13 Heraldik:* Wappenkunde. – *16 Wappenkönigsbeschreibung:* Der

Wappenkönig war der Vorsteher der Wappenherolde, der bei Turnieren die Wappenbücher der Ritterschaft führte. – *22 f. bemerkt:* bezeichnet. – *26 ff. Σχηπτρον ...:* Haltend den Herrscherstab; den hatte Hephaistos mit Mühen verfertigt. Hephaistos gab ihn dem Kronossohn Zeus. Aber Zeus gab ihn dem Geleiter, dem Argostöter. Hermes, der Herr, gab ihn dem Rossebändiger Pelops. Pelops wiederum gab ihn dem Atreus, dem Hirten der Völker. Atreus hinterließ ihn sterbend dem lämmerreichen Thyestes. Thyestes wiederum hinterließ ihn dem Agamemnon, daß er ihn trage und viele Inseln und ganz Argos beherrsche.

S. 108 *3 Allegorie:* allegorische, mythische Darstellung. – *11 ein Sohn der Zeit:* Verwechslung von Kronos (Vater des Zeus) und Chronos (Zeit). – *18 gedämpfet:* niedergeworfen. – *20 f. Hirte seiner Völker:* Atreus. – *30 leihen:* unterlegen.

S. 109 *3 ff. Ναι μα ...:* Bei diesem Zepter hier, das niemals Blätter und Zweige wachsen lassen wird, nachdem es einmal den Stamm im Gebirge verlassen hat, und nicht wieder aufblühen wird. Denn ringsum schälte das Erz ihm Blätter und Rinde ab. Jetzt aber tragen es Söhne der Achaier in ihren Händen, rechtsprechende, denen die Satzungen von Zeus anvertraut sind. – *17 aus dem Mittel:* aus der Mitte, der Menge.

S. 110 *8 ff. Τοξον ...:* den schöngeglätteten Bogen aus dem Gehörn des Steinbocks, den er einst selbst an der Brust getroffen hatte. Als er hinter dem Felsen hervortrat, hatte er ihn auf dem Anstand erwartet und in die Brust geschossen. Der fiel rücklings gegen den Felsen. Sechzehn Handbreit wuchs ihm aus dem Haupt das Gehörn. Das bearbeitete der das Horn schleifende Künstler und fügte es zusammen und, nachdem er es ganz geglättet hatte, beschlug er die Spitzen mit Gold. – *17 beifallen:* einfallen.

S. 112 *9 blauer Bruder:* Gentiana foliis amplexicaulibus floris fauce barbata. – *10 helles Gold:* Tausendgüldenkraut (Erythraea). – *16 niedrig Kraut:* Löwenmaul (Antirrhinum). – *23 weiße Strahlen:* die schwarze Meisterwurz (Astrantia major). – *24 Rosen:* wilder Rosmarin (Ledum palustre). – *25 Purpurkleide:* Leimkraut (Silene acaulis). – *36 Herrn v. Hallers Alpen:* Albrecht von Haller (1708-1777), Arzt, Physiologe und Botaniker aus Bern. Das philosophische Lehrgedicht »Die Alpen« erschien 1729. In ihm sah L. ein Musterbeispiel malender Poesie, der »Schilderungssucht« in der Dichtung, die er kritisiert.

S. 113 *5 mit eins:* auf einmal. – *27 Huysum:* Jan van Huysum (1682-1749), niederländischer Maler. – *36 Breitingers Kritische Dichtkunst:* Die »Kritische Dichtkunst«, aus der L. das Haller-Zitat entlehnt, erschien 1740. Johann Jakob B. (1701-1776) war Professor für Griechisch und Hebräisch am Gymnasium in Zürich, Freund Bodmers und mit ihm verbündet im literaturtheoretischen Streit gegen Gottsched.

S. 114   4 *wörtlichen Schilderungen der Körper:* Schilderungen der Körper durch Worte. — *6 f. das Koexistierende:* nebeneinander existierend. — *7 mit dem Konsekutiven:* aufeinander folgend. Für »konsekutiv« verwendet L. weiter unten auch den Begriff »sukzessiv«. — *18 der dogmatische Dichter:* der belehrende. — *22 ff. Optima torvae:* Vergil, »Georgica«, III, 51-59: ... die beste Gestalt einer wilden Kuh, deren Kopf häßlich, deren Nacken feist ist, und deren Wamme vom Kinn bis zu den Schenkeln herabhängt. Die Flanke ist nicht lang, alles groß, der Fuß auch und die struppigen Ohren unter den krummen Hörnern. Immer erscheint sie mir schön, das Fell weiß mit Flecken, mag sie das drückende Joch auf der Stirn dahinschleppen oder sich dem Stier nahen; lang wallt der Schweif herab, wenn sie über den holprigen Boden dahintritt. — *32 ff. Illi ardua ...:* Vergil, »Georgica«, III, 79-81: Hoch trägt es den Nacken, zierlich geformt ist der Kopf, kurz ist der Bauch und fest der Rücken, und die beherzte Brust prangt mit den Muskeln.

S. 115   *19 ff. Lucus et ...:* Horaz, »De Arte Poetica« (Über die Dichtkunst), 16-18: Der Hain und Altar der Diana, der sich durch liebliche Fluren eilig dahinschlängelnde Bach oder der Rheinstrom oder der Regenbogen werden beschrieben. — *30 f. That not ...:* Daß er nicht lange wandere im Irrgarten der Phantasie, sondern sich der Wahrheit zuwende und seinem Liede einen moralischen Inhalt gebe. — *33 f. who could ...:* Wer könnte Anstoß nehmen, wenn reine Beschreibung den Platz des vernünftigen Inhalts einnimmt? — *37 ff. He uses ...:* Er gebraucht das Wort »pure« doppelsinnig, um entweder »rein« oder »leer« zu bezeichnen, und er hat in diesem Vers angegeben, was er für den wahren Charakter der sogenannten beschreibenden Poesie hält: eine Dichtung, nach seiner Meinung, so sinnwidrig wie ein Festmahl aus lauter Brühen. Der Nutzen einer schildernden Phantasie ist es, den gesunden Menschenverstand zu erhellen und zu schmücken; so daß sie, wendet man sie nur in der Beschreibung an, mit dem Vergnügen der Kinder an den glitzernden Farben eines Prismas zu vergleichen ist, das, bei sparsamem Gebrauch und kunstgerechter Anwendung, die edelsten Gegenstände der Natur zum Vorschein bringen und erklären könnte.

S. 116   *1 Kleist ... »Frühling«:* Ewald von Kleist (1715-1759), Offizier und Dichter, seit 1740 in preußischen Diensten; starb an den Wunden, die er in der Schlacht bei Kunersdorf erhalten hatte. Der enge Freund L.s wird zum Modell des Tellheim in der »Minna von Barnhelm«. Sein in Hexametern abgefaßtes Gedicht »Der Frühling« ist ein Musterbeispiel jener idyllischen Kleinmalerei, die L. im »Laokoon« kritisiert; es erschien 1749. — *9 Marmontel:* Jean François de Marmontel (1723-1799), französischer Schriftsteller und Literaturtheoretiker. Seine »Poétique française« (Französische Poetik) erschien 1763. — *10*

Eklogen: Gemeint sind Ewald von Kleists Hirtengedichte. – *31 ff. J'écrivois ...:* Ich schrieb diese Betrachtungen, ehe die Versuche der Deutschen in dieser Gattung (dem Hirtengedicht) bei uns bekannt waren. Sie haben ausgeführt, was ich mir vorgestellt hatte; und wenn es ihnen gelingt, größeres Gewicht auf das Moralische und weniger aufs Einzelne der äußeren Dinge zu legen, so werden sie Ausgezeichnetes in dieser Gattung leisten, die reicher, weiter, fruchtbarer und unendlich viel natürlicher und moralischer ist als die des galanten Schäfergedichts.

S. 117   *7 Raub:* Das erwähnte Bild ist nicht bekannt. – *10 Sohnes:* Das Bild in der Villa Borghese in Rom gilt heute nicht mehr als Werk des Tizian. – *28 Absicht:* Hinsicht. – *36 Verwendung:* Wendung, Stellung.

S. 118   *2 Mengs:* Anton Raphael Mengs (1728-1779), ging 1741 nach Rom, wo er die Antike, Michelangelo und Raffael studierte; 1754 übernahm er die Direktion der neuerrichteten Malerakademie auf dem Kapitol; mit Winckelmann befreundet. Unter seinen theoretischen Schriften zitiert L. die »Gedanken über die Schönheit und über den Geschmack in der Malerei« (1762).

S. 119   *26 Suspension:* Verzögerung. – *29 als:* wie.

S. 120   *18 statu absoluto:* undekliniert. – *22 prädiziert:* ausgesagt. – *36 Vita Homeri:* Leben Homers. Die Zuschreibung an den griechischen Redner und Geschichtsschreiber Dionysius von Halikarnassus (1. Jahrhundert v. Chr.), einen Zeitgenossen des Kaisers Augustus, ist nicht begründet.

S. 121   *32 Hofmanne:* Vergil feiert Kaiser Augustus in seinem Werk. – *33 Servius:* Römischer Grammatiker (um 400 n. Chr.), Verfasser eines Vergil-Kommentars. – *35 ff. Sane interest ...:* Freilich ist ein Unterschied zwischen diesem Schild und dem des Homer: hier nämlich wird das einzelne im Entstehen erzählt, dort aber nach der Vollendung geschildert; dort erhält Äneas die Waffen, bevor man sie sieht, hier aber bringt sie Thetis dem Achilles, nachdem ihre Herstellung erzählt worden ist.

S. 122   *10 ff. Ingentem ...:* Den riesigen Schild schmieden sie ... Andere fangen in windreichen Blasebälgen die Luft ein und stoßen sie wieder aus, wieder andere tauchen das zischende Erz ins Wasser. Laut dröhnt die Höhle von Amboßschlägen. Jene heben im Takte die kräftigen Arme und drehen mit fester Zange die ungefüge Masse hin und her. – *19 f. genus omne ...:* Vergil, »Aeneis«, VIII, 628-29: die ganze Art des zukünftigen Geschlechts seit Ascanius und der Reihe nach die gekämpften Schlachten. – *26 ff. Opportune ergo ...:* Sehr geschickt handelt also Vergil, da er nicht glaubt, die Schnelligkeit der Erzählung und die Herstellung der Waffen in so geschwinder Zeit miteinander verknüpfen zu können, daß er es mit dem Worte hätte darstellen können. – *29 non enarrabili ...:* der unerzählbaren Darstellung auf dem Schilde.

S. 123 *15 rerumque ...:* Vergil, »Aeneis«, VIII, 730: Unwissend freut er sich an der Darstellung der Dinge. – *17 Enkel:* das römische Geschlecht der Julier, dem Cäsar entstammte und dadurch auch der von ihm adoptierte Augustus. – *18 Ehemann:* Vulkan, den Venus mit Anchises, dem Vater des Äneas, betrogen hat.

S. 124 *8 Einwürfe:* L. bezieht sich auf die berühmte »Querelle des anciens et des modernes« (Streit der Altertumsanhänger und der Modernisten), die das geistige Frankreich im letzten Drittel des 17. Jahrhunderts beherrschte. Die Anwälte des Modernismus, unter ihnen vor allem Fontenelle, La Motte, Perrault und Terrasson, übten von einem rationalistischen Standpunkt aus spöttische Kritik an dem vermeintlichen Barbarismus der homerischen Helden. La Motte versuchte die »Ilias« durch eine stark bearbeitete Übersetzung zu retten; besonders stolz war er auf seine Verbesserung der bekannten Schildbeschreibung im 18. Buch. Unter den Altertumsanhängern verfaßte z. B. der Philologe Jean Boivin de Villeneuve (1649-1724) eine »Apologie d'Homère et du bouclier d'Achille« (Verteidigung Homers und des Achilleischen Schildes). – *18 Bemerkung:* Angabe. – *19 f. konzentrischen Zirkeln:* konzentrischen Kreisen. – *32 ff. Scuto ejus ...:* ihrem Schild, auf dessen nach außen sich wölbende Seite er die Amazonenschlacht trieb, auf dessen konkave Seite den Kampf der Götter und Giganten.

S. 125 *10 ff.* Λαοι ...: Die Männer waren auf dem Marktplatz versammelt. Dort hatte ein Streit sich erhoben: Zwei Männer zankten sich wegen des Bußgelds für einen erschlagenen Mann. Der eine beteuerte, alles bezahlt zu haben, indem er es vor dem Volke beschwor; der andere leugnete, irgendetwas bekommen zu haben. Beide drangen beim kundigen Richter auf Entscheidung. Das Volk rief teils dem einen, teils dem andern zu, begünstigte beide. Herolde hielten es zurück. Die Ältesten saßen auf geglätteten Steinen im heiligen Kreis; die Stäbe der rufenden Herolde hielten sie in den Händen. Dann standen sie nacheinander auf und sprachen der Reihe nach das Urteil. In der Mitte lagen zwei Talente Gold. – *29 bequemsten:* geeignetsten. – *30 prägnant:* bezeichnend, sonst »fruchtbar«.

S. 126 *7 f. kömmt ... bei:* wird gleich. – *22 nicht actu:* actu = tatsächlich; virtute = dem Wesen nach. Die beiden aus der Philosophie des Aristoteles stammenden Begriffe dienen der Scholastik zur Unterscheidung des Faktischen vom Möglichen. – *27 Data:* Gegebenheiten. – *34 Einheiten:* Die von Aristoteles in seiner »Poetik« für das Drama geforderten drei Einheiten von Ort, Zeit und Handlung wurden auch auf die bildende Kunst übertragen.

S. 127   *4 f. ἐν μεν ...:* dort bildete er; dort machte er; dort setzte er; dort bildete der Hinkende (Hephaistos). – *37 ἐν δε ...:* dort aber machte er zwei Städte.

S. 128   *12 Gemälde eines Polygnotus:* Polygnotos (Mitte des 5. Jahrhunderts v. Chr.), berühmter griechischer Maler. In der Stoa Poikile von Athen schuf er die Wandgemälde »Die Zerstörung Trojas« und »Die Schlacht bei Marathon«. Die von L. erwähnten Bilder schilderte Pausanias in dem Kapitel »Phokis« seiner Griechenlandbeschreibung. – *14 glaubt:* von L. dem Lateinischen nachgebildete Akkusativ-mit-Infinitiv-Konstruktion. – *29 ff. That he ...:* Daß ihm die Luftperspektive nicht fremd war, geht daraus hervor, daß er uns ausdrücklich den Abstand der Gegenstände voneinander bezeichnet: er sagt uns usw.

S. 129   *20 allgemein:* Auf zahlreichen Reliefs stehen alle Figuren auf einem Boden. – *34 Ich bin der Meinung:* L. bezieht sich auf die Schrift »De architectura« des römischen Baumeisters Vitruv. Danach hat Agatharchos (um 450 v. Chr.) zuerst die Regeln der Perspektive in seiner Schrift über die von ihm gemalte Bühnendekoration aufgestellt.

S. 130   *2 des Herculanums:* Herculaneum, die Nachbarstadt Pompejis, wurde 1719 wiederentdeckt. L. hielt sie wohl für ein einzelnes Gebäude, etwa ein Heiligtum des Herkules. – *8 hoffen darf:* Winckelmanns »Geschichte der Kunst des Altertums« erschien 1763. – *26 Enumeration:* Aufzählung. – *33 Betracht. über die Malerei:* von Christian Ludwig von Hagedorn, 1762.

S. 131   *1 Er sagt:* Homer, »Ilias«, II, 671-72: Nixeus, schöner, wie sonst kein Mann gegen Troja zog rings im Danaervolk, nach dem untadeligen Achilleus. – Zur göttlichen Schönheit Helenas vgl. »Ilias«, III, 158. – *6 luxuriert:* geschwelgt. – *7 Manasses:* Byzantinischer Schriftsteller des 12. Jahrhunderts, Verfasser einer bis 1081 reichenden byzantinischen Geschichte (»Compendium chronicum«). – *15 ff. De Helenae pulchritudine ...:* Über die Schönheit der Helena hat Constantinus Manasses am besten gehandelt, nur daß man seine Tautologien tadeln könnte. – *18 Mezeriac:* Claude Gaspard Bachet de (1581-1638). Französischer Kommentator Ovids (1626). – *19 Dares Phrygius ... Cedrenus:* Dares Phrygius (1. oder 2. Jahrhundert n. Chr.) verfaßte als angeblicher Augenzeuge in griechischer Prosa einen Bericht über den Untergang Trojas. Zusammen mit einer ähnlichen Darstellung des Kreters Dictys bildete dieses Werk die Grundlage für spätlateinische Übersetzungen. – *24 die Französin:* Anne Dacier. – *25 nota:* Mal. – *27 glabella:* Zwischenraum zwischen den Augenbrauen. – *31 Junius:* Franciscus Junius (François Du Jon, 1589-1677), französischer Philologe, Verfasser einer Geschichte der antiken Malerei (»De pictura veterum«, 1637). – *32 Anakreon:* Jonischer Lyriker aus Teos (6. Jahrhundert v. Chr.), lebte am Hof des Polykrates auf Samos. Von ihm selbst sind nur wenige Gedichte erhalten. Die uns überlieferte Sammlung »Anacreontea« besteht großenteils aus spätantiken Nachahmungen, die von L. für echte Werke des griechischen Lyrikers gehalten wurden. Anakreontische Motive wurden in der Lyrik L.s in zahlreichen Variationen abgewandelt. – 37 ff. Τὸ μεσόφρυον: Die Augenbrauen trenne mir nicht noch bringe sie mir zusammen! Sondern beide sollen unmerklich einen schwarzen Kranz über den Augen bilden!

S. 132 1 ff. Ἢν ἦ ...: Sie war ein überschönes Weib, glattstirnig, wohlgestaltet, zartwangig, reizend von Antlitz, großäugig, von schneeiger Haut, mit runden Brauen, die Brust eine Wohnstätte der Chariten, weißarmig, anmutig, Schönheit aushauchend, das Gesicht ganz weiß, die Wange rosig, das Gesicht entzückend, das Auge strahlend, von ungekünstelter Grazie; ungeschminkt, im Schmuck der natürlichen Hautfarbe, färbte sie die Blässe mit rosenfarbenem Feuer, wie wenn einer Elfenbein färbt mit leuchtendem Purpur; mit langem weißschimmerndem Halse, was auf die nach dem Mythos dem Schwanengeschlecht entstammende schöne Helena hindeutet ... – 19 Pauw: Jan Cornelis de Pauw (gestorben 1749), niederländischer Philologe; Herausgeber des Anakreon (1732). – Verstand: Sinn. – 20 Stephano: Henricus Stephanus (Henri II. Estienne) (1528-1598), französischer Buchdrucker und Gelehrter in Genf, neben Scaliger und Casaubonus Frankreichs größter klassischer Philologe im 16. Jahrhundert. Seine bedeutendste Leistung ist ein umfassendes griechisches Wörterbuch, der »Thesaurus linguae Graecae« (Schatz der griechischen Sprache, 1572). Er edierte nahezu 30 griechische Erstausgaben; nach seiner Platon-Ausgabe wird heute noch zitiert. – 32 Ego inquieta ...: O daß ich als das ruhelose Hemmnis der Berge daläge! – 34 Gronovius: Johann Friedrich Gronov (1611-1671), Professor der Philologie in Leiden. – 34 ff. Optat se ...: Er wünscht sich mitten zwischen den beiden Symplegaden zu liegen, gleichsam als Hemmnis, als Hindernis, als Riegel, der sie hemmt und ihnen nicht gestattet, ganz eng zusammenzuschlagen und sich wieder zu trennen. – 37 lacertorum morae: die Riegel der Muskeln. – 38 iuncturae: Verbindungen.

S. 133 1 politische Verse: im Sinne von »bürgerlichen Versen«: ein Versmaß der byzantinischen Literatur, 15silbig, ohne Rücksicht auf Quantität. – 2 Ariost: Lodovico Ariosto (1474-1533), italienischer Dichter, Verfasser des Versepos »Orlando furioso« (Der rasende Roland, 1516). – 39 englischen: engelhaften. – 41 Meinhardt: Johann Nikolaus Meinhard (1727-1767), Verfasser der »Versuche über den Charakter und die Werke der besten italienischen Dichter«, 1763/64. L. hat sich mit dem Werk im 332. Literaturbrief beschäftigt (s. Bd. 2, S. 695 ff.).

S. 134   *35 Pandämoniums:* Gemeint ist der über Nacht erbaute Palast des Satans im 1. Gesang von Miltons »Verlorenem Paradies« (Vers 748 f.).

S. 135   *6 Dolce:* Lodovico Dolce (1508-1566), italienischer Gelehrter und Dichter, Übersetzer der Satiren des Horaz und einiger Tragödien Senecas. In seinem »Dialogo« (1537) tritt der berüchtigte Pietro Aretino als Hauptredner auf. – *7 Aretino:* Pietro A. (1492-1557), italien. Schriftsteller und Dichter der Renaissance, gefürchteter Satiriker. – *24 f. Di persona ...:* So wohlgeformt war ihre Gestalt, wie nur geschickte Künstler es ersinnen können. – *31 ff. Se vogliono ...:* Die Maler können ohne Mühe das vollkommene Muster einer schönen Frau finden, wenn sie jene Stanzen des Ariost lesen, in denen in wundervoller Art die Schönheit der Fee Alcina beschrieben wird, und sie können zugleich sehen, wie gute Dichter auch gute Maler sind. – *35 ff. Ecco, che ...:* Sieh, wie betreffs der Proportion der geistvolle Ariost die beste aufzeigt, die die Hände weniger hervorragender Maler zu formen wissen, wobei er die Sorgfalt beobachtet, die dem guten Künstler geziemt.

S. 136   *1 f. Spargeasi per ...:* Über ihre zarten Wangen verbreitete sich die vermischte Farbe der Rosen und des Liguster. – *3 Titian:* Tizian (Tiziano Vercellio) 1477-1576, der Meister der Venezianischen Schule. – *9 Quindi il ...:* Weiter hinab steigt die Nase mitten durch das Gesicht. – *24 f. Qui l'Ariosto ...:* Wenn Ariost Farben malt, so gleicht er darin wahrlich einem Tizian. – *26 ff. Poteva l'Ariosto ...:* In dieser Art kann Ariost, wenn er blondes Haar beschreibt, es Haar von Gold nennen, aber dies nur schreiben: es ist eben dichterische Redeweise. Daraus kann man schließen, daß der Maler nicht, wie die Miniaturisten tun, das Gold wirklich in sein Gemälde setzen darf, ebenso wie man sagen kann, daß die Haare nicht von Golde sind, sondern nur wie Gold glänzen. – *31 ff. Was Dolce ...:* Der Grammatiker Athenäus (3. Jh. n. Chr.) berichtet in seinem Sammelwerk »Deipnosophistai« (Gastmahl der Gelehrten) 13, 603 E, daß Sophokles dem Dichter und dem Maler unterschiedliche Mittel zur Darstellung körperlicher Eigenschaften zugewiesen habe. L. geht an anderem Ort nicht mehr darauf ein. – *35 ff. Il naso ...:* Die herabsteigende Nase hat für den Betrachter die Form der Nasen, die man an den Bildnissen der schönen alten Römerinnen findet.

S. 137   *15 f. pulcherrima Dido:* die wunderschöne Dido. – *18 ff. Tandem progreditur ...:* Sie wandelt hervor, umwallt vom Sidonischen (purpurnen) Mantel, mit gesticktem Saum, ihr Köcher ist golden, goldene Kämme halten die Haare, eine goldene Spange schürzt das purpurne Gewand. – *22 jener alte Künstler:* Apelles. – *31 seines Bathylls:* des Geliebten Anakreons.

S. 138   *6 Direktion:* Anweisung. – *14 f. Απεχει ...:* Anakreon,

15.(28.) Ode, Vers 33 f.: Genug! Denn ich sehe sie wirklich, und gleich wird sie sprechen. – *26ff. Μετα δε ...:* Anakreon, 16.(29.) Ode, Vers 27-33, 43-44: Unter dem Angesicht stehe, den Adonis übertreffend, ein elfenbeinerner Hals; die Brust und beide Hände bilde er nach dem Hermes, die Hüften nach dem Polydeukes, den Bauch nach dem Dionysos ... den Apollon ganz vollendend, bilde er den Bathyllos! – *35 Lucian:* Zum Preise der Panthea, der Geliebten des Kaisers Lucius Verus, verfaßte Lukian (2. Jh. n. Chr.) seinen Dialog »Εἰκόνες« (Bilder). L. zitiert die Ausgabe von Tib. Hemsterhuis und J. F. Reitz, 1743-46.

S. 139   *14 ihr nachsehen:* hinter ihr zurückbleiben. – *26ff. Ου νεμεσις ...:* Keiner schelte, daß die Troer und die mit schönen Beinschienen versehenen Achaier um eine solche Frau schon so lange Zeit Schmerzen erleiden. Wirklich, sie gleicht an Aussehen unsterblichen Göttinnen!

S. 140   *8 Sappho:* Griechische Lyrikerin (um 600 v. Chr.) aus Mytilene auf Lesbos. L. bezieht sich auf das Fragment 2 D. – *12 Ovid:* in den »Amores« I, 5, 19-22. »Lesbia« ist Verwechslung mit der Geliebten des Catull. Hier richtig: Corinna. – *14ff. Quos humeros ...:* Welche Schultern habe ich gesehen, und welche Arme betastet! Wie fest war die Form der Brüste! Wie glatt unter dem straffen Busen der Leib! Wie voll die Hüften! und wie schlank die Schenkel! – *23 Reiz:* abgeleitet aus dem griechischen Begriff der lat. gratia, bei Schiller »Anmut«.

S. 141   *13ff. Due pome ...:* »Zwei zarte, von Helfenbein gerundete Kugeln wallen sanft auf und nieder, wie die Wellen am äußersten Rande des Ufers, wenn ein spielender Zephyr die See bestreitet.« (Übersetzung von L.). – *24ff. Τρυφερου ...:* »Anacreontea« 28, 26: In dem schwellend weichen Kinn rings um den blendendweißen Marmorhals schweben alle Chariten. – *31 Amoris digitulo impressum:* Varro bei Nonius 135,21: von Amors Fingerchen eingedrückt. – *33 Karnation:* Fleischfärbung, sinnliche Gestalt.

S. 142   *19 unanständig:* unangemessen. – *23 die zu Crotona:* die Einwohner von Kroton in Süditalien. – *34 περι λογων ἐξετασεως:* Über die Prüfung der Reden; Titel des 12. Kapitels der »Redekunst« des Dionysius von Halikarnassus.

S. 143   *10f. Turpe senilis amor:* Ovid, »Amores« I, 9, 4: Schimpflich ist die Begierde bei Greisen. – *13 Den Homerischen Greisen:* vgl. den fünften antiquarischen Brief (s. o. S. 204, *3ff.*). – *19f. Αλλα και ...:* »Ilias«, III, 159-160: Aber wenn sie auch noch so reizend ist, soll sie in den Schiffen heimkehren und nicht unseren Söhnen hinterher Leid zurücklassen! – *27f. Αυτικα ...:* »Ilias«, III, 141-42: Sogleich in den schimmernden Schleier gehüllt, eilte sie aus dem Gemach.

S. 144   *8 des Grafen:* Caylus. – *11f. Helene couverte ...:* Helena, bedeckt mit einem weißen Schleier. – *16 reuenden:* reuigen.

S. 145   *6 f. Fecit et ...:* Er malte auch die Diana inmitten einer Schar von opfernden Jungfrauen; damit scheint er die Verse des Homer, die sie beschreiben, übertroffen zu haben. – *11 sacrificantium:* opfernder. – L.s Bedenken bestehen zu Recht. – *17 ff. Οἵη δ' ...:* Wie Artemis geht im Gebirg, die pfeilfrohe, entweder über den breiten Taygetos oder den Erymanthos, sich freuend an Ebern und flinken Hirschkühen. Mit ihr spielen die auf den Fluren wohnenden Nymphen, die Töchter des ägishaltenden Zeus. – *22 venantium:* jagender. – *23 sylvis vagantium:* in den Wäldern umherschweifender. – *25 παίζουσι:* spielen. – *25 saltantium:* tanzender. – *29 f. Qualis in ...:* Wie an den Ufern des Eurotas und auf den Bergen des Cynthus Diana die Tänze anführt. – *32 ff. This Diana ...:* Diese Diana, sowohl in dem Gemälde als in den Beschreibungen, war die Jägerin Diana, obgleich sie weder von Vergil noch von Apelles noch von Homer mit ihren Nymphen jagend dargestellt wurde; sondern mit ihnen in jener Art von Tänzen beschäftigt, die von den Alten als sehr feierliche Handlungen der Andacht betrachtet wurden. – *37 ff. The expression ...:* Der Ausdruck παίζειν (spielen), der von Homer bei dieser Gelegenheit gebraucht wird, ist kaum passend für ›jagen‹; wie jenes ›choros exercere‹ (den Reihen führen) bei Vergil von den religiösen Tänzen der Alten verstanden werden muß, weil öffentliches Tanzen nach altrömischer Auffassung selbst für Männer unanständig war; außer es war die Art von Tänzen, die zu Ehren des Mars oder Bacchus oder eines anderen ihrer Götter gepflegt wurden.

S. 146   *22 sacrificare:* opfern. – *23 ff. It is ...:* Infolgedessen verwendet Plinius, wenn er von den Nymphen der Diana in dieser Situation spricht, das Wort ›sacrificare‹, das genau diese ihre Tänze als solche religiöser Art kennzeichnet. – *27 exercet Diana choros:* Diana tanzt den Reigen. – *36 ff. Iam Cytherea ...:* Schon führt im Mondenschein Venus Cytherea die Tänze an, und die züchtigen Grazien hüpfen vereint mit den Nymphen im Wechselschritt auf dem Rasen ...

S. 147   *3 Phidias bekannte ...:* Vom olympischen Zeus des Phidias haben wir kaum eine Vorstellung; sicher ist er nicht durch die Verse der »Ilias« dazu angeregt worden. – *4 ff. Η, καὶ ...:* »Ilias«, I, 527-30: Sprach es und nickte mit dunklen Brauen der Kronide. Und das göttliche Haar des Herrschers wallte vom unsterblichen Haupt, und er ließ den großen Olymp erbeben. – *8 f. propemodum ...:* fast vom Himmel selbst gestiegen. – *18 quanta pars animi:* welch großer Teil der Seele. – *20 ambrosisches:* göttliches; nach Ambrosia, der Unsterblichkeit verleihenden Speise der Götter. – *23 vernachlässiget:* Die archaische Stilisierung des Haars erschien nur der späteren Zeit als unvollkommen. – *24 Myron:* Attischer Bildhauer (5. Jahrhundert v. Chr.), der vor allem in Erz arbeitete. – *33 ff. Ipse tamen ...:* Dieser war zwar in der Bildung der Körper sorgfältig, aber die seelischen Gefühle scheint er nicht ausgedrückt, auch Haar und Bart nicht genauer als das rohe Altertum nachgebildet zu haben. – 36f. *Hic primus ...:* Dieser zuerst bildete Muskeln, Adern und das Haar sorgfältiger nach.

S. 148 2 *Antinous:* irrtümlich für Hermes. – *10 gemeinen:* ungeschulten. – *15 Sacchi:* Andreas Sacchi (1598-1661), römischer Maler. – *18 Pasquilini:* richtig: Pasqualini; wahrscheinlich ein Sänger der päpstlichen Kapelle.

S. 149 29 *Enumeration:* Aufzählung.

S. 150 4 *vor sich selbst:* an und für sich. – *17 krall:* grell. – *18 Opposita:* Farbgegensätze, Kontrastfarben. – *22 alberne Mönchsfratze:* alberne Deutung der mittelalterlichen Klostergelehrten. – *22 das Γελοιον:* das Lächerliche. – *23 Ungestaltheit:* Die Berichte vom Leben des griechischen Fabeldichters Aisopos sind sagenhaft ausgeschmückt. Seine Bucklichkeit ist spätere Erfindung. – *35 wird interessant:* erweckt Teilnahme.

S. 151 9 *Ουφθαρτικον:* nicht-Schädliche. – *29f. ἥτ' ἄφρονα ...:* Fortsetzung der »Ilias«, I, 737: die unverständig den Mann macht, auch wenn er sonst verständig. – *36 De Poetica:* »Poetik«, 1448 b.

S. 152 3 *Anverwandten:* Thersites ist in der späteren Sage Vetter des Diomedes. – *24ff. Thou, Nature ...:* Natur, sei meine Göttin! Dein Gesetz gibt mir Befehle. Warum sollt ich mich dem Fluch der Sitte fügen und gestatten, daß mich der Völker Peinlichkeit beraubt, weil ich zwölf, vierzehn Monate nach einem Bruder kam? Was Bastard? Weshalb schlecht? Wenn meine Glieder so wohl gefügt sind, mein Sinn so edel, meine Bildung so echt ist wie einer wahren Dame Sproß? Was brandmarkt man uns »schlecht«? »von schlechter Art«? Bastard? Schlecht? Schlecht? Uns, die wir im heißen Diebstahl der Natur mehr Stoff und feurigeren Geist empfingen, als im dumpfen, schalen, trägen Bett verwendet wird auf ein ganzes Heer von Tröpfen, erzeugt zwischen Schlafen und Wachen?

S. 153 6ff. *But I ...:* Ich aber, zu Possenspielen nicht gemacht, auch nicht um mit verliebten Spiegeln zu buhlen, ich, der ich roh geprägt bin, entblößt von Liebesmajestät, vor leicht sich drehenden Nymphen mich zu brüsten: Ich, der ich um dieses schöne Ebenmaß verkürzt bin, von der falschen Natur um edle Form betrogen, mißgestaltet, unfertig, vor der Zeit geschickt in diese atmende Welt, halb fertig kaum, und zwar so lahm und ungeheuerlich, daß Hunde mich anbellen, wenn ich an ihnen vorbeihinke: in dieser schlaffen Friedenszeit, kenne ich kein Vergnügen, mir die Zeit zu vertreiben, außer meinen Schatten in der Sonne zu beschauen und meine eigene Mißgestalt zu erörtern. Und deshalb, weil ich nicht als ein Verliebter diese fein-beredten Tage mir verkürzen kann, bin ich entschlossen, ein Bösewicht zu werden! – *31 f. schließt sie sich ... ein:* beschränkt sie sich auf. – *33 The Life ...:* Leben und Tod Richards III.

S. 154   *2 f. Kunstrichter:* Mendelssohn im 82. Literaturbrief. – *23 noch im Bilde:* Die antike Kunst hat die Darstellung des Thersites nicht vermieden, wie sie überhaupt nicht auf die Darstellung des Grotesken und Häßlichen verzichtet hat. – *31 fehlen:* verfehlen.

S. 155   *8 zufällig:* zufallend, akzidentell, nicht wesenseigen.

S. 156   *12 Affektation nach:* Absicht auf. – *17 Anzüglichkeit:* Anziehung.

S. 157   *1 Ich finde ungern ...:* An dieser Stelle entzündete sich die für L.s kritisches Werk so folgenreiche Fehde mit Klotz. – *33 Klotzii ...:* Christian Adolf Klotz (1738-1771), ab 1765 Professor der Beredsamkeit in Halle. In seinen lateinischen Gedichten, gesammelt als »Opuscula poetica« (1766), seinen lateinisch geschriebenen Abhandlungen, darunter den »Epistolae Homericae« (Homerische Briefe, 1764) und seinen Ausgaben des Strato und Tyrtaios (beide 1764) erweist er sich als fähiger Philologe. Durch die von ihm herausgegebenen Zeitschriften, die »Acta litteraria« (1764-1772, darin 1766 die Rezension des »Laokoon«), die »Neue Hallische gelehrte Zeitung« (1766-1771), die »Deutsche Bibliothek der schönen Wissenschaften« (1767-1771), die gegen Friedrich Nicolais »Allgemeine deutsche Bibliothek« opponierte, und die »Bibliothek der elenden Skribenten« (1768-1771) griff er in das wissenschaftliche Leben seiner Zeit ein und verwickelte sich in Streitigkeiten. L.s Polemik in seinen (57) »Briefen, antiquarischen Inhalts« (1768/69) richtete sich vor allem gegen seine antiquarischen Werke: »Beiträge zur Geschichte des Geschmackes und der Kunst aus Münzen« (1767), »Über den Nutzen und Gebrauch der alten geschnittenen Steine« (1768), seine Vorreden zu Meusels Übersetzung der »Abhandlungen« des Grafen Caylus und zu Meusels Übersetzung der »Bibliothek« des Apollodor.

S. 158   *21 Fibern:* Nerven. – *28 f. gepletschte:* plattgedrückte. – *35 zärtlicher:* empfindlicher.

S. 159   *10 gerühret:* berührt. – *17 vor sich:* für sich. – *27 Aristophanes:* um 455-388 v. Chr., der bedeutendste Autor der alten attischen Komödie. – *Wiesel:* kein Wiesel, sondern eine Eidechse. – *30 ff. ΜΑΘ. ...:* Schüler: Vorgestern wurde er unerwartet eines großen Gedankens beraubt. – Str. Wie denn? Erzähle! – Sch. Als er die Wege und den Umlauf des Mondes erforschen wollte, schiß ihm nachts ein Eidechs oben vom Dach in den offenstehenden Mund. – Str. Lachen muß ich über den Eidechs, der auf Sokrates hinunterschiß. – *36 Nubes:* »Die Wolken«, Komödie des Aristophanes, 423 v. Chr. aufgeführt.

S. 160   6 *Chesterfield:* Philip Dormer Stanhope Graf von Chesterfield (1694-1773), englischer Staatsmann und Dichter; die ihm zugeschriebene Wochenschrift »The Connoisseur« (Der Kenner) wurde 1754 bis 1756 von Colman und Thornton herausgegeben. – *18ff. He was ...:* Er war hingerissen von dem gleißenden Schmelz ihres Teints, der da leuchtete wie der Gagatflaum der schwarzen Ferkel von Hessaqua; er war von dem netten Knorpel ihrer Nase entzückt, und seine Augen verweilten mit Bewunderung auf den schlotterigen Schönheiten ihrer Brüste, welche ihr bis zum Nabel herabhingen. – *23ff. She made ...:* Sie bereitete einen Firnis von Ziegenfett und Ruß, mit dem sie ihren ganzen Leib salbte, während sie an der Sonne stand. Ihre Locken waren mit ausgelassenem Schmeer verklebt und mit dem gelben Staube des Buchu gepudert, ihr Antlitz, das gleich dem polierten Ebenholz erglänzte, war mit Tupfen von roter Erde herrlich gesprenkelt und sah aus wie der schwarze, mit Sternen gezierte Mantel der Nacht; sie bestreute ihre Glieder mit Holzasche und parfümierte sie mit dem Miste des Stinkbisam. Ihre Arme und Beine waren mit den glänzenden Eingeweiden einer Färse umwunden, von ihrem Halse hing ein Beutel herab, der aus dem Magen eines Böckleins bereitet war, die Flügel eines Straußes überschatteten ihre hinteren fleischigen Wölbungen und vorn trug sie eine Schürze, die aus den zottigen Ohren eines Löwen gemacht war. – *36ff. The Surri ...:* Der Surri oder Oberpriester brachte sie zusammen und sang mit tiefer Stimme den Hochzeitsgesang unter dem melodischen Brummen eines Gom-Gom; und gleichzeitig benetzte er sie (nach der Sitte von Caffraria) mit dem Urinsegen. Braut und Bräutigam rieben mit Entzücken die kostbare Flüssigkeit ein, während die salzigen Tropfen von ihrem Körper herabträufelten wie die schlammigen Wogen von den Felsen Chirigriquas.

S. 161   4 *Bilde der Traurigkeit:* Achlys, die Finsternis des Todes. – *Hesiodus:* Hesiodos (um 700 v. Chr.), griechischer Dichter, Verfasser zweier Lehrgedichte, der »Theogonie« und der »Werke und Tage«. »Der Schild des Herakles« wurde dem Hesiod schon im Altertum abgesprochen. – *5 Τῆς ἐκ ...:* Aus ihren Nasenlöchern floß Schleim. – *8 μακροί ...:* Lange Nägel waren an den Händen. – *14f. ἐκ δὲ ...:* Aus den Wangen tropfte das Blut zur Erde. – *27ff. NE. ...: Neoptolemos.* Ich sehe eine zwiefach leere Menschenwohnung. – *Odysseus.* Ist drinnen keine menschliche Nahrung? – *N.* Nur eine zertretene Blätterstreu zum Schlafen. – *Od.* Und alles verlassen, nichts unterm Dach? – *N.* Ein Becher ganz aus Holz, Geräte eines armen Mannes, dazu ein Feuerzeug. – *Od.* Da schilderst du jenes ganzen Reichtum! – *N.* Wehe, wehe! Hier trocknen Lappen voll von schwerem Eiter! – *35 Περὶ Ὕψους:* Über den erhabenen Stil. – *36 Scut. Hercul.:* Der »Schild des Herakles«.

S. 162   7 *Squallentem* ...: Struppig starrte der Bart, verklebt die blutigen Haare. – *12 ff. Clamanti cutis* ...: Dem Schreienden wird die Haut bis an das Ende der Gliedmaßen abgezogen; es war nur *eine* Wunde; überall troff das Blut; die aufgedeckten Nerven lagen offen; die Adern zuckten ohne jede Hülle; man konnte die Eingeweide zittern sehen und die glänzenden Fasern am Brustfell zählen – *35 Metamorph.:* Ovid, »Metamorphosen«.

S. 163   3 *Ceres:* Ceres (Demeter) will ihren Verächter Eresichthon durch Heißhunger strafen. – *4 ff. Hanc (famen)* ...: Sobald sie den Hunger sieht, meldet sie ihm die Befehle der Göttin; und obgleich sie nur kurze Zeit dort verweilt hatte, verspürte sie dennoch infolge des Anblicks selbst Hunger. – *12 der Fames:* des Hungers. – *20 ff. Καὶ ταν* ...: Und die Kuh verzehrte er, die die Mutter für die Hestia aufgezogen hatte, und das sieggekrönte Streitroß und die Katze, vor der die kleinen Tiere zitterten ... und die Brocken, die auf den Straßen des Königs in den Kot fielen, erbettelte er und die schmutzigen Speisereste. – *27 ff. Vis tamen* ...: Ovid, »Metamorphosen«, VIII, 864-67: Nachdem jenes mächtige Übel alle Nahrung verbraucht hatte ..., begann er die eigenen Glieder mit scharfem Zahn zu zerfleischen, und der Unglückliche nährte sich vom schwindenden Fleische des eigenen Leibes.

S. 164   *3 ff. Τυτθὸν* ...: Wenn sie uns aber ein wenig Speise nachließen, so strömte ein gewaltiger verwesender und unerträglicher Gestank davon aus. Kein Mensch konnte es in der Nähe aushalten, wenn auch sonst sein Herz nicht zu erweichen war. Und nur die bittere Hungersnot zwang mich, zu bleiben und die scheußlichen Reste mir in den Magen zu stopfen. – *10 Harpyen beim Virgil:* »Aeneis«, III, 211 ff. – *12 instehender:* bevorstehender. – *14 Dante:* »Göttliche Komödie«, XXXII, 124-39. Der Graf Ugolino benagt den Schädel des Erzbischofs Ruggiero, der ihn mit seinen Kindern in den Hungerturm von Pisa hatte werfen lassen. Im folgenden Gesang schildert Ugolino seinen und seiner Söhne Hungertod. – *21 Beaumont und Fletcher:* Francis Beaumont (1584-1616) und John Fletcher (1576-1625), englische Dramatiker, Zeitgenossen Shakespeares, die ihre Stücke meist gemeinsam arbeiteten. »Die Seereise« erschien 1622. – *34 ff. Lamure: Oh, what* ...: Beaumont-Fletcher, »Die Seereise«, 3. Akt, 1. Szene:

LAMURE. Welch Ungewitter tobt in meinem Magen:
   Wie schrein die leeren Därme! Meine Wunden schmerzen;
   Oh, daß sie nur noch einmal bluten möchten,
   So hätt ich etwas, meinen Durst zu löschen!
FRANVILLE. Welch gutes Leben hatten meine Hunde
   Daheim in meinem Haus, ein Magazin,

Ein Magazin von schönen Knochen, Krusten,
Kostbaren Krusten! Oh, wie kneipt der Hunger!
LAMURE. Wie steht es?
MORILLAR. Hast du Essen aufgefunden?
FRANVILLE. Nicht einen Bissen kann ich hier erspähn.
Zwar gibt's die besten Steine, doch sie sind
Zu hart zum Nagen: etwas Schlamm auch holt ich,
Mit Löffeln zu verzehren, guten, dicken Schlamm,
Allein er stinkt verflucht; auch alte, faule Strünke,
Sonst wächst nicht Laub noch Blüt auf dieser Insel.
LAMURE. Wie sieht es aus?
MORILLAR. Es stinkt auch.
LAMURE. Es mag wohl Gift sein.
FRANVILLE. Sei's, was es will, wenn's nur hinuntergeht!
Ei, guter Freund, Gift ist ein fürstlich Essen!
MORILLAR. Hast du nicht etwas Zwieback? Keine Krumen
In deiner Tasche? Hier, da nimm mein Wams
Und gib mir nur dafür drei kleine Krümchen.
FRANVILLE. Nicht für drei Königreiche, wenn ich sie hätte!
Lamure, o nur ein ärmlich Schöpsenstückchen,
Das wir verschmähten!
LAMURE. Du sprichst vom Paradies.
FRANVILLE. Oh, nur den Hefen von den Freundschaftsbechern,
Die wir zur Nacht aus Übermut verschüttet.
MORILLAR. Oh, nur die Gläser, um sie abzulecken!
FRANVILLE. Hier kommt der Wundarzt. Was hast du entdeckt?
O lächle, lächl und tröst uns.
WUNDARZT. Ich verschmachte.
Jetzt lächle, wer noch kann! Ich finde nichts,
Nichts kann uns Nahrung werden ohne Wunder;
O hätt ich meine Büchsen, meine Leinwand,
Bählappen, meine Wieken und die andern
Wohltätigen Gehülfen der Natur,
Welch leckres Mahl wollt ich daraus bereiten!
MORILLAR. Hast keinen alten Stuhlzapf?
WUNDARZT. Möcht ich's, Herr!
LAMURE. Nicht ein Papier, in welchem so ein Labsal,
Wie Pulver, Pillen, eingekerkert lagen?
FRANVILLE. Die Blase, die ein kühlendes Klistier –
MORILLAR. Hast du kein Pflaster, keinen alten Umschlag?
FRANVILLE. Uns kümmert nicht, wozu es einst gedient.
WUNDARZT. Ich habe nichts von solchen Leckerbissen,
Ihr Herrn.

FRANVILLE. Wo blieb der große Wulst, den du
  Hugh, dem Matrosen, von der Schulter schnittest?
  Das wäre jetzt ein rechter Fürstenschmaus!
WUNDARZT. Ja, wenn wir den noch hätten, meine Herren!
  Ich warf ihn über Bord, ich Eselskopf!
LAMURE. Du unbedachter Schurke!

S. 166 2 *Pordenone:* eigentlich Giovanni Antonio de Corticellis (1483-1539), italienischer Maler. – *Gemälde:* Bei dem Gemälde handelt es sich wohl um die Kreuzabnahme im Dom von Cremona. – 12 *wenn wir schon:* selbst wenn wir. – 24 *cruden:* rohen.

S. 167 2ff. *Des Herrn Winckelmanns ...:* Hier bricht der eigentliche Gedankengang des »Laokoon« ab. Die vier letzten Kapitel setzen sich mit Einzelheiten aus Winckelmanns »Geschichte der Kunst des Altertums« auseinander, wobei der Eindruck erweckt wird, als habe L. von dem Buch erst Kenntnis erhalten, nachdem er den »Laokoon« fast beendet hatte. Er las es aber bereits kurz nach seinem Erscheinen Ende des Jahres 1763. – 18 *schon anderwärts:* In seinem Buch »Von der Nachahmung der griechischen Werke in der Malerei und Bildhauerkunst«, 1755. – 25 *oben:* im 5. Kapitel des »Laokoon«. – 34f. *aus den Zeiten Alexanders des Großen:* Zur Entstehungszeit der Laokoon-Gruppe s. H. Sichtermann, »Laokoon«. Werkmonographien zur bildenden Kunst in Reclams Universal-Bibliothek, Nr. B 9101, S. 16-19: »Lessing setzte sich erst am Schlusse seiner Arbeit ... mit dieser Frage auseinander, wobei er übrigens nicht ungeschickt verfuhr. Doch erst in den letzten Jahrzehnten des vorigen Jahrhunderts, als der Blick für den Entwicklungsgang der Künste sich schärfte, begann man intensiver nach der Entstehungszeit des Laokoon zu fragen, und bald entstand eine heftige, heute noch nicht abgeschlossene Diskussion ... denen, die die Gruppe auf Grund ihres Erwerbs durch den Kaiser Titus erst in dessen Zeit entstanden wissen wollten, standen diejenigen gegenüber, die sie wegen ihrer stilistischen Ähnlichkeit mit Werken des hellenistischen Barock, so vor allem dem Gigantenfries von Pergamon, schon in das zweite vorchristliche Jahrhundert setzten ... mit Hilfe von Inschriften auf Rhodos und in Italien konstruierte man schließlich einen Stammbaum der drei Verfertiger des Laokoon, der sie in die zweite Hälfte des ersten vorchristlichen Jahrhunderts setzte. Diese These blieb zwar nicht ohne Widerspruch, beherrschte aber im Grunde doch die Meinungen, bis höchst aufsehenerregende Funde bei der Küstenstadt Sperlonga Ende September 1957 mit einem Schlag ihre Unhaltbarkeit bewiesen: Neben bedeutenden Bruchstücken von Skulpturen wurde eine Inschrift gefunden, die die drei Künstler mit ihren Vätern zusammen nannte, woraus sich die Falschheit des vorher aufgestellten Stammbaumes ergab. Freilich enthielt diese Inschrift auch keinen neuen Hinweis auf die Datierung, und die Wissenschaft war wieder allein auf die Analyse des Stiles angewiesen ... Die bald nach den Funden von Sperlonga auf Grund der neuen Genealogie der Künstler gemachten Datierungsvorschläge zogen, wie es schon achtzig Jahre davor geschehen war, vor allem die Reliefs vom Zeusaltar in Pergamon zum Vergleich heran, und wie damals wurde der Laokoon entweder vor oder nach dieses Werk gesetzt, wodurch sich die Frage zu dem Problem zuspitzte, ob der Laokoon ›klassisch‹ oder ›klassizistisch‹, echt oder nachempfunden sei ... Wenn also wohl auch der durch die falsche Genealogie erzwungene Ansatz in die zweite Hälfte des ersten vorchristlichen Jahrhunderts zu spät sein könnte, so wird die Gruppe wohl doch noch in dieses klassizistische, den römischen Geschmack vorbereitende Jahrhundert gehören.«

S. 168 *5f. Agesander, Apollodorus, Athenodorus:* Agesander (gegen 50 v. Chr.), Bildhauer aus Rhodos, einer der Meister des Laokoon. – Apollodoros von Athen (2. Jahrhundert v. Chr.), griechischer Gelehrter. Er verfaßte eine chronologische Weltgeschichte, ein großes Werk über die griechischen Götter und einen Kommentar zum homerischen Schiffskatalog. – Athanadoros (fälschlich Athenodoros), Sohn und Gehilfe des Agesandros aus Rhodos, einer der Meister der Laokoongruppe. – *8 Olympias:* Die griechischen Historiker rechneten nach den alle vier Jahre stattfindenden Olympischen Spielen, wobei sie die ersten für das Jahr 776 v. Chr. ansetzten. – *14 acht und achtzigsten Olympias:* 428-425 v. Chr. – *15 als:* wie zum Beispiel. – *16 Polycletus:* Polykletos (um 460-415 v. Chr.), neben Pheidias der berühmteste griechische Bildhauer des 5. Jahrhunderts. – *18 sieben und achtzigsten Olympias:* 432-429 v. Chr. – *26 wo:* wenn. – *29 Polydorus:* Polydoros (um 50 v. Chr.), Bildhauer aus Rhodos, einer der Meister der Laokoongruppe.

S. 169 *12 argutiis:* technische Feinheiten. – *Lysippus:* Lysippos (4. Jahrhundert v. Chr.), griechischer Bildhauer aus Sikyon, größter Bronzeplastiker seiner Zeit. – *26 Strongylion:* kein Zeitgenosse der weiterhin genannten Bildhauer. – *27 Diogenes:* Bildhauer aus Athen (1. Jahrhundert v. Chr.), arbeitete um 25 v. Chr. am Pantheon in Rom. – *33 verwahren:* bewahren. – *36 Αθηνοδωρος ...:* Pausanias X, 9, 8: Athenodorus und Damias, diese sind Arkader aus Klitor.

S. 170 *13ff. Nec multo ...:* Weniger redet man von vielen Künstlern, deren Berühmtheit bei hervorragenden Werken der Umstand hinderte, daß nicht einer allein den Ruhm (des gemeinschaftlichen Werkes) in Anspruch nahm und mehrere zugleich nicht genannt werden können, wie beim Laokoon, der im Palast des Kaisers *Titus* sich befindet, ein Werk, das alle an malerischer und bildhauerischer Kraft übertrifft. Aus einem einzigen Marmorblock haben ihn und die Söhne und die merkwürdigen Verschlingungen der Schlangen mit künstlerischem Vorbedacht die größten Künstler gebildet: *Agesander* und *Polydorus* und *Athenodorus* aus Rhodus. In gleicher Weise haben andere die Palatinischen Paläste der Kaiser mit herrlichsten Bildwerken gefüllt, nämlich *Craterus* mit *Pythodorus, Polydektes* mit *Hermolaus,* ein anderer *Pythodorus* mit *Artemon* und der einzig dastehende *Aphrodisius* aus Tralles. Das Pantheum des *Agrippa* schmückte *Diogenes* aus Athen, und unter wenigen Werken werden die Karyatiden an den Säulen dieses Tempels gerühmt; ebenso die Bildwerke am Giebel, diese allerdings wegen der Höhe des Standorts weniger gefeiert. – 25 *Caryatides:* Gebälkträgerinnen; Stützpfeiler in weiblicher Gestalt. – 30 *Pantheum:* das Pantheon in Rom.

S. 171 1 *Palatinas ...:* Die Palatinischen Paläste der Kaiser haben sie mit herrlichsten Bildwerken gefüllt. – 17 ἄγαλμα ἀρχαιον: ein Götterbild aus alter Zeit. – 24 *an einer andern Stelle:* Plinius, »Historia naturalis«, XXXV, 139. – 34 *Similiter:* gleichergestalt.

S. 172 8 f. *in Betrachtung:* in Anbetracht.

S. 173 8 f. *opere omnibus ...:* ein Werk, das alles an malerischer und bildhauerischer Kunst übertrifft. – 20 ff. *quemcunque alium ...:* An jedem anderen Orte würde sie verherrlicht worden sein. In Rom aber bringt sie die Menge der Werke in Vergessenheit, und die Überhäufung mit Pflichten und Geschäften lenkt alle von der Betrachtung solcher Kunstwerke ab. Denn nur der Unbeschäftigte kann wahrhaft bewundern, und das nur an einem ungestörten Orte. – 30 *Pollio:* Asinius Pollio (76-5 v. Chr.), römischer Staatsmann und Feldherr, Kunstsammler und Kunstkritiker.

S. 174 5 f. *ut fuit ...:* wie er selbst von heftiger Leidenschaftlichkeit war, so wollte er auch seine Bildwerke sehen. – 7 *Cabinet:* Kunstsammlung. – 9 *beisammen:* weil Plinius die Kunstwerke dieser Sammlung zusammen aufzählt. – 21 *Albani:* Alessandro Albani (1692-1779), italienischer Kardinal, berühmt durch seine Sammlung antiker Kunstwerke und als Freund und Förderer Winckelmanns. – 22 *Base:* Basis, Untersatz eines Standbildes.

S. 175 6 f. *in vollendeter ... Zeit:* nicht im Imperfekt, sondern im griechischen Aorist, der den Aspekt des Vollendetseins einer Handlung ausdrücken kann. – 7 ἐποιησε: er machte, schuf. – ἐποῖ: er versuchte zu machen. – 22 *Apollonius und Tauriscus:* Apollonios (1. Jahrhundert v. Chr.), griechischer Bildhauer aus Tralleis, verfertigte mit seinem Bruder Tauriskos die berühmte Gruppe des sogenannten Farnesischen Stieres. – 30 *Statue des Germanicus:* Statue eines Römers aus der Mitte des ersten Jh. v. Chr. in der Form einer griechischen Hermesstatue; jetzt im

Louvre. – *31 Vergötterung des Homers:* Das Relief der Homerapotheose befindet sich heute im Britischen Museum. – *32 Vase zu Gatea:* Mischkrug aus Marmor, römische Zeit; jetzt im Nationalmuseum zu Neapel. – *36 Gudius:* Gude (Gudius) Marquard (1635-1689), deutscher Philologe. Sein Phaedrus-Kommentar erschien 1698, herausgegeben von Pieter Burmann dem Älteren.

S. 176 *3 Vorgeben:* Angabe. – *16f. inscriptiones ...:* Titel, derentwegen man einen Gerichtstermin versäumen könnte. – *17f. Et ne ...:* Und damit ich nicht die Griechen zu verhöhnen scheine, möchte ich, daß man aus den Titeln die vollendeten Werke jener Schöpfer der Malerei und Bildhauerei, deren Namen du hier findest, erkenne, auch alle jene Werke, in deren Bewunderung wir unersättlich sind, mit einem kurzen Titel bezeichnet würden, wie ›*Apelles* machte es‹ oder nur: ›*Polycletus*‹, so daß gegen die Mannigfaltigkeit der Urteile dem Künstler eine Zuflucht zur Nachsicht möglich sei, als ob etwas vollkommener gewünscht würde, wenn er noch nicht dahingerafft wäre. Deshalb ist es ein Zeichen von Bescheidenheit, daß sie alle Werke gleichsam als ganz neu bezeichneten und sich selbst gleichsam als durch das Schicksal dem einzelnen Werk entrissen. Nur dreimal, wie mir scheint, wurde auf den Inschriften die Vollendung bezeichnet: ›Jener hat es geschaffen‹, worauf ich an seinem Orte zurückkommen werde; daraus erhellt, daß das Gefühl höchster Sicherheit den Künstler beseelt habe und deshalb großer Neid geherrscht habe. – *31 pingendi ...:* Schöpfern der Malerei und Bildhauerkunst.

S. 177 *24f. quae suis ...:* auf sie werde ich an der entsprechenden Stelle zurückkommen. – *28ff. Lysippus quoque ...:* Auch Lysippus schrieb auf sein Gemälde in Ägina: »Er hat es in Enkaustik gemalt«, was er sicherlich nicht getan hätte, wenn nicht die Enkaustik erfunden gewesen wäre. – *29f. encaustica:* Enkaustik, ein griechisches Malverfahren, bei dem die wachsgebundenen Farben heiß aufgetragen oder durch einen erhitzten Spachtel mit dem Malgrund vereinigt werden, was sie gegen Feuchtigkeit unempfindlich macht. Wiederbelebungsversuche im 18. und 19. Jahrhundert nach den von Plinius (»Naturalis historia«, XXXV, 122) überlieferten Rezepten. – Ein Vertreter dieser Technik war der athenische Maler Nikias. – *33 in dem Aoristo:* s.o. zu S. 176, 6f. – *36ff. Idem ...:* Derselbe (der göttliche Augustus) ließ auch in dem Senatsgebäude, das er auf dem Forum einweihte, zwei Gemälde in die Wand einfügen: Auf dem einen sitzt Nemea auf einem Löwen, einen Palmzweig in der Hand, neben ihr ein Greis mit einem Stabe, über dessen Haupt das Gemälde eines Zweigespanns hängt. Nikias schrieb darauf, er habe es in Enkaustik gemalt; denn dieses Ausdrucks bediente er sich. An dem anderen Gemälde bewundert man die Ähnlichkeit, die bei allem Unterschiede der Jahre zwischen einem mannbaren Sohn und seinem greisen Vater besteht, darüber fliegt ein Adler, eine Schlange in den Fängen haltend. Philochares hat es als sein Werk gekennzeichnet.

S. 178   *21 ff. Inscripsit Nicias ...:* Nikias hat also auf dieses Doppelgemälde seinen Namen folgendermaßen geschrieben: Nikias hat es in Enkaustik gemalt. Und so sind von den drei Werken, die Plinius in der Vorrede an Titus erwähnt hat, daß sie die bestimmte Aufschrift »Jener machte es« tragen, zwei von Nikias. − *27 γραφειν, ἐνκαιειν:* malen, in Enkaustik malen. − *29 Nicias scripsit ...:* Nikias schrieb, er habe es in Enkaustik gemalt. − *35 Tabula bigae:* lies: tabella bigae. Unter »tabella« ist ein Votivbildchen zu verstehen, das den Sieg beim Wagenrennen in Nemea verherrlicht. − *43 Schmidius:* Erasmus Schmidt (Schmidius) (1560-1637), Professor der griechischen Sprache und der Mathematik in Wittenberg. L. zitiert seine Pindar-Ausgabe von 1616.

S. 179   *18 πτυχιον:* Täfelchen. − *29 f. cujus supra ...:* über dessen Haupt ein Täfelchen herabhängt, auf das Nikias schrieb, er habe es in Enkaustik gemalt.

S. 180   *3 f. Borghesischen Fechter:* entstanden im 1. Jh. v. Chr, ein Werk des Agasias von Ephesos. Die Statue, die einen Krieger, der sich verteidigt, darstellt, wurde in Antium gefunden und befand sich lange Zeit in Rom in der Villa Borghese. Heute steht sie im Louvre. L.s Deutung auf Chabrias, einen athenischen Feldherrn, wurde von dem Göttinger Philologen Heyne als falsch erwiesen. In den »Briefen, antiquarischen Inhalts« versucht L. seine Hypothese zunächst mit einem gewaltigen Aufgebot an philologischer Gelehrsamkeit zu verteidigen, bis er sie schließlich zurücknimmt (vgl. den 13. und den 35. bis 39. Brief). − *13 Discobolus:* Diskuswerfer. − *16 Standes:* Stellung. − *21 f. auf dem linken Schenkel:* Von der Verwechslung des linken mit dem rechten Bein nimmt L.s irrige Deutung ihren Ausgang. − *30 Vorstellung:* Darstellung.

S. 181   *10 Chabrias:* Athenischer Feldherr (gestorben 358 v. Chr.). − *11 Nepos:* Cornelius Nepos (1. Jahrhundert v. Chr.), römischer Geschichtsschreiber. Aus seiner umfangreichen Biographiensammlung »De viris illustribus« (Berühmte Männer) besitzen wir Lebensbeschreibungen von 23 nichtrömischen Feldherrn. − *12 ff. Hic quoque ...:* Dieser wird unter die größten Feldherrn gerechnet, und viele ruhmwürdige Taten hat er vollbracht. Besonders hervorzuheben ist jene Erfindung in der Schlacht bei Theben, als er den Böotern zu Hilfe kam. Während hier der (feindliche) Oberfeldherr Agesilaus schon gesiegt zu haben glaubte und die Soldtruppen in die Flucht geschlagen hatte, verbot Chabrias der übrigen Phalanx, vom Platze zu weichen, und lehrte sie, das Knie fest aufzustemmen und mit Schild sowie vorgestreckter Lanze den Angriff der Feinde abzufangen. Agesilaus sah diese neue Kampfstellung, wagte nicht vorzurücken und rief seine Truppen, die schon den Angriff beginnen wollten, durch Trompetensignal zurück. Die Mär hiervon verbreitete sich rasch in ganz Griechenland so sehr, daß Chabrias in dieser Stellung dargestellt sein wollte, als die Athener beschlossen hatten, ihm von Staatswegen eine Bildsäule auf dem Markte zu errichten. Seitdem verwendeten Athleten und Künstler diese Stellung bei den Bildsäulen, mit denen sie einen Sieg verherrlichen wollten. – *31 obnixo in ...:* mit gegen den Schild gestemmtem, gegen den Schild gepreßtem Knie.

S. 182   *4f. qui obnixo ...:* der mit aufgestemmtem Knie, mit Schild und vorgestreckter Lanze den Angriff der Feinde erwartet. – *8 que:* und. – *12 Form der Buchstaben:* beweist vielmehr die spätere Datierung. – *24 obnixa pectora:* die entgegengestemmten Brüste. – *25f. rumpunt obnixa ...:* Mit Wut durchbrechen sie die entgegengestemmten Brüste. – *27 summa vi ...:* mit äußerster Kraft sich dagegenstemmend. – *28 obnixa fronte:* mit entgegengestemmter Stirn. – *32 Non audet ...:* Sie wagt es nicht, mit entgegengestemmter Stirn durch die Maschen zu brechen. – Die »Halieutica« sind ein fragmentarisch überliefertes Gedicht über Fischfang; die Autorschaft Ovids (43 v.Chr.-18 n.Chr.), des neben Vergil und Horaz bedeutendsten römischen Dichters der augusteischen Zeit, wird angezweifelt.

S. 183   *18 Cento:* »Fleckerlteppich«, unselbständige Zusammensetzung älterer Schriftwerke. – *26ff. »die Möglichkeit ...«:* Zitat aus Winckelmanns »Erläuterungen der Gedanken von der Nachahmung der griechischen Werke in der Malerei«, 1756. – *30 die zwei größten Kunstrichter:* Longin und Aristoteles. Winckelmann hatte vorher gesagt: »Aristoteles (Poet. cap. 25) setzt hierinne (daß der Dichter lieber das Unmögliche, welches wahrscheinlich ist, als das bloß Mögliche wählt) das Wesen der Dichtkunst und berichtet uns, daß die Gemälde des Zeuxis diese Eigenschaft gehabt haben.« – *34f. Ὡς δ' ...:* Wie aber die rednerische Darstellung etwas anderes will als die der Dichter, ist dir doch wohl nicht verborgen; nämlich daß das Ziel der Dichtkunst die Erschütterung ist, das der Redekunst die Klarheit. – *36 Terentian:* Adressat der Schrift »Vom hohen Stil« des Pseudo-Longin.

S. 184   *1ff. Ου μην ...:* Die Kunst der Dichter zielt auf Erschütterung durch das Wort und Unglaubliches; die Redekunst dagegen verbindet Schönheit mit Wirklichkeit und Wahrheit. – *7ff. Praesertim cum ...:* Zumal wenn der Zweck der Dichtkunst ›Erschütterung‹ ist, der Malerei aber ›Klarheit‹. ›Auch die Kunst der Dichter‹, wie derselbe Longinus sagt ... – *17 Parenthyrsus:* überflüssiges Pathos, Schwulst. – *19 Theodor:* Theodoros (1.Jahrhundert n.Chr.), griechischer Rhetor aus Gaza, der Lehrer des römischen Kaisers Tiberius. – *19 ff. Τουτῳ ...:* Daneben steht eine dritte Art der Häßlichkeit in den pathetischen Stellen, die Theodorus ›Parenthyrsus‹ nennt. Das ist ein unzeitiges und leeres Pathos, wo kein Pathos erforderlich ist, oder ein maßloses, wo Maß sein muß.

S. 185 *11 Zweideutigkeit des Wortes lanx:* Schale, Schüssel oder Waagschale. – *15 Catullus:* ein reicher Römer, nicht der bekannte Dichter. – *16 die Geilen:* Hoden. – *21 ff. Ille nec ...:* Juvenal, »Satiren«, XII, 43-47: Er zögerte nicht, auch das Silber über Bord zu werfen, die von Parthenios gefertigten Schüsseln und den Mischkrug, der einen Eimer faßte und des Durstes eines Kentauren (Pholos) oder der Gattin des Fuscus würdig war. Dazu kamen noch die Näpfe und tausenderlei Geschirr, schön getrieben, aus dem der kluge Käufer in Olynth trinken wollte. – *25 emtor Olynthi:* Der verschlagene Käufer ist Philipp von Mazedonien, der die Stadt Olynthus durch Bestechung erkauft hatte. – *31 caelatoris nomen:* Name eines Erzschmiedes. – *32 Grangäus:* Isaac de la Grange, französischer Dichter, gab 1614 Juvenals Satiren mit Kommentar heraus. – *33 sculptor, de ...:* Ein Bildhauer, den Plinius erwähnt.

S. 186 *5 Herodotus:* Das »Leben Homers«, eine kompilierte Biographie, wurde fälschlich dem griechischen Historiker Herodot (um 484-425 v.Chr.) zugeschrieben. – *11 ff. Απεδωκε ...:* Er bezeigte dem Lederarbeiter Tychios, der ihn in der Neuen Mauer aufgenommen hatte, als er zur Schusterwerkstätte gekommen war, seinen Dank dadurch, daß er ihn seinerseits in die ›Ilias‹ mit folgenden Worten einführte: »Ajas nahte sich, tragend einen Schild, der einem ehernen Turm glich, siebenhäutig; den hatte ihm Tychios kunstvoll verfertigt, unter den Lederbereitern weitaus der beste, wohnend in Hyle.« (»Ilias«, VII, 219-221). – *37 f. der sieben und siebenzigsten Olympias:* 470 v.Chr.

S. 187 *4 Krokylegmus:* eigentlich: »Absuchen von Flocken«, d.h. die Art eines Schmeichlers, der nur ganz unbedeutende Fehler erwähnt und damit zu verstehen gibt, keine größeren finden zu können. – *7 Samuel Petit:* Französischer Philologe (1594-1643). Seine »Miscellanorum libri IX« (Neun Bücher Miszellen) erschienen 1630. – *9 der vier und achtzigsten Olympias:* 442 v.Chr. – *12 Leben des Sophokles:* erschien erst aus dem Nachlaß 1790. Die ersten sieben Bogen wurden schon 1760 gedruckt; das Werk blieb wohl wegen L.s Übersiedlung nach Breslau liegen. – *13 das erste Trauerspiel:* 468 hat Sophokles erstmalig aufgeführt und dabei zugleich seinen ersten Sieg errungen; L.s Annahme, daß es der »Triptolemos« war, wird auch heute noch vertreten. Die Nachricht, die »Antigone« habe Sophokles das Strategenamt für den Samischen Krieg (441/439) eingebracht, berechtigt uns, die

Aufführung in die letzten der vierziger Jahre zu datieren. – *16 ff. Hae fuere ...:* So waren die Ansichten zur Zeit Alexanders des Großen, als Griechenland am berühmtesten und auf der ganzen Erde am mächtigsten war; hingegen hatte 145 Jahre vor dessen Tode der Dichter Sophokles in der Tragödie ›Neoptolemos‹ das italische Getreide vor allen gelobt mit folgenden Worten: ›Und Italien besangen sie, das an fleckenlosem Getreide reich ist.‹ – *25 f. die Arundelschen Denkmäler:* eine Sammlung antiker Inschriften und Kunstdenkmäler des englischen Grafen Thomas von Arundel. – *30 f. hundert und vierzehnten Olympias:* 323 v. Chr. – *42 Archon:* Die Archonten waren die neun höchsten Beamten in Athen. An der Spitze stand der Archon Eponymos, nach dessen Namen das Jahr seiner Herrschaft genannt wurde. – *42 ἀνεψιός:* Neffe.

S. 188 *4 Diodorus..., Dionysius ...:* Diodoros Siculus (1. Jahrhundert v. Chr.), griechischer Geschichtsschreiber aus Agyrion in Sizilien; seine Weltgeschichte unter dem Titel »Bibliotheca historica« (Historische Bibliothek) umfaßt in 40 Büchern die Zeit bis zum Jahre 60 v. Chr. – Dionysios von Halikarnassos (1. Jahrhundert v. Chr.), griechischer Rhetor in Rom, Vorkämpfer des Attizismus. – *7 Diogenes ..., Plutarchus:* Diogenes Laërtios (3. Jahrhundert n. Chr.), griechischer Schriftsteller; Verfasser eines Werks über »Leben und Meinungen der großen Philosophen« in 10 Büchern, das nicht nur als ganz erhaltenes Werk seiner Art, sondern auch wegen seiner ausgebreiteten Zitatengelehrsamkeit wichtig ist. – Plutarch (um 46-125), griechischer Schriftsteller, letzter und größter Vertreter der hellenistischen Gelehrsamkeit, schrieb eine Biographien-Sammlung und zahlreiche philosophische Dialoge und Abhandlungen, die sogenannten »Moralia«. – *10 ff. Aphepsionem et ...:* Aphepsion und Phädon gaben als Archonten dem Jahr den Namen; während nämlich der eine im Amte starb, wurde der andere dafür nachgewählt. – *19 Tropäen:* Siegeszeichen aus den Waffen der besiegten Feinde. – *19 Salaminischen Siege:* Bei Salamis siegten die Athener zur See über die Perser (480 v. Chr.). – *21 Athen.:* Athenaios. – *24 Gradation:* Stufenfolge.

WIE DIE ALTEN DEN TOD GEBILDET (S. 189)

Zugleich mit dem zweiten Teil seiner 1768 begonnenen »Briefe, antiquarischen Inhalts« erschien 1769 Lessings Untersuchung »Wie die Alten den Tod gebildet«. Beide Werke, das erstere ausladend und mit verschiedenartigen Problemen sich beschäftigend, das zweite einen besonderen Streitfall behandelnd, sind das Produkt der Auseinandersetzungen mit dem Professor und Geheimrat Christian Adolf Klotz (1738 bis 1771) und dessen Angriffen gegen Lessings Laokoon, vor allem in der Schrift: »Über den Nutzen und Gebrauch der alten geschnittenen Steine ...« (1768).

Als ein wendiger Allerweltsfreund, der den Apparat der Journalistik einzusetzen verstand, hatte Klotz auch auf einen ungeschmälerten Beifall Lessings gerechnet. Aber Lessing ließ sich von den Schriften des Professors für Philosophie und Eloquenz nicht so sehr beeindrucken, wie dieser es von vielen Zeitgenossen gewöhnt war. Mit offener Polemik versuchte er, sich für die kritische Distanz Lessings zu rächen. Lessing wies den »prahlerischen Unfleiß des Herrn Klotz« erst zurückhaltend, dann mit vollem Einsatz aller seiner antiquarischen Kenntnisse und sprachlichen Mittel wirkungsvoll ab.

Den Gedanken, die antiken Künstler hätten den Tod als Zwillingsbruder des Schlafes aufgefaßt und ihn im Gegensatz zur neueren Kunst nicht als Skelett dargestellt, hatte Lessing schon in einer Fußnote zum 11. Kapitel des »Laokoon« (s. S. 85) geäußert. Ihm widersprach Klotz. Diese Entgegnung war Anlaß zu Lessings Schrift, die aber weit über ihren Ausgangspunkt hinausführte und bei den Zeitgenossen (Goethe!) volle Resonanz fand.

S. 189 *3 Nullique ...:* Statius, »Thebais«, Buch 10, Vers 105: Und keinem ist dieses Bildnis traurig. – Papinius Statius (ca. 45-96 n. Chr.), aus Neapel, schrieb u. a. in 12 Gesängen die »Thebais«, den Krieg der Sieben gegen Theben.

S. 190 *3 f. verächtlich:* unbedeutend. – *8 ekel:* ablehnend.

S. 191 *18 übersieht:* überragt. – *20 Tumultuarischen:* Ungeordneten. – *36 Antiquar:* Altertumsforscher. – *37 noch:* erst.

S. 192 *3 Boissard ... Pighius:* Jean Jacques Boissard (1528-1602), französischer Archäologe; »Romanae urbis topographia et antiquitates« (Ortsbeschreibung und Altertümer der Stadt Rom, 1597). – Stephanus Vinandus Pighius (1520-1604), niederländischer Philologe. – *9 Klotz:* Vgl. Anm. o. zu S. 158, 33. – *14 Artisten:* Künstler. – *20 Caylus:* Vgl. Anm. o. zu S. 63, 29.

S. 193 *5 Buonarotti:* L. zitiert hier sein Werk »Osservazione sopra alcuni frammenti du vasi antichi di vetro« (Beobachtungen über einige Bruchstücke antiker Vasen aus Glas, 1716). – *6 Lipperts Daktyliothek:* Philipp Daniel Lippert (1702-1785), ursprünglich Glaser und in der Meißener Porzellanfabrik tätig; seit 1765 Aufseher der Antiken und Professor an der Akademie der Künste in Dresden. Aus den Erfahrungen der Meißener Zeit entwickelte er die Fertigkeit, Pasten und Abdrücke in dieser Masse herzustellen, die er in einer großen Sammlung vereinigte. 1755 bis 1762 erschien hierüber in drei Abteilungen sein Werk »Dactyliothecae Lippertianae universalis signorum exemplis nitidis redditae chilias« (Tausend Stücke aus der gesamten Lippertschen Daktyliothek), sodann »Milliarum secundum« und »Milliarum tertium« – insgesamt also 3000 Abbildungen, mit Text von Johann Friedrich Christ und Christian Gottlob Heyne. – *9 Sinner:* Jean Rodolphe de Sinner (1730-1787), Schweizer Gelehrter, Bibliothekar in Bern; »Les satires de Perse avec des notes« (Die Satiren des Persius mit Erläuterungen, 1765). – *12 Kirherschen Museo:* Athanasius Kircher (1601 bis 1680), aus Fulda, Jesuit am Collegio Romano, Begründer des Museo Kircheriano in Rom, einer Antikensammlung. – *18 Sponii:* Jacques Spon (1647-1685), französischer Arzt und Archäologe; »Miscellanea eruditae antiquitatis« (Vermischtes aus dem gelehrten Altertum, 1679). – *22 Hamilton:* William Lord H. (1730-1803), englischer Gesandter in Neapel, Altertumsforscher und Kunstsammler; »Collection of Etruscan, Greek and Roman antiquities from the cabinet of Hamilton« von P. F. d'Hancarville 1766/67 englisch und französ. herausgegeben.

S. 194   *14 gebildert:* die Bilder durchgeblättert. – *34 Homerischen Idee:* »Ilias«, XVI, 679f.: Schlaf und Tod bestatten als Zwillinge den getöteten Memnon.

S. 195   *3f. Kiste von Zedernholz:* Bei der sogenannten Kypselos-Lade handelt es sich um eine reichverzierte Truhe (Einlegearbeit aus Elfenbein und Gold in Zedernholz) im Heraion von Olympia, ein Weihgeschenk der Familie des Kypselos von Korinth. Sie ist um 600 v. Chr. entstanden. Pausanias schildert das Werk ausführlich (Buch 5, Kapitel 17, 5). Zu Pausanias vgl. o. zu S. 76, 12. – *17 Erkenntlichkeit:* Erkennbarkeit. – *22 Lacedämon:* Sparta. – *23 Pausanias:* L. verweist in den Fußnoten auf die Elis und Sparta behandelnden Abschnitte seines Griechenlandführers. – *29 Cadix:* die spanische Stadt Cadiz, von den Phönikern um 1100 v. Chr. gegründet. – *33 Philostrat:* Vgl. o. zu S. 29, 6.

S. 196   *2 Päane:* Bitt- und Danklieder an Gottheiten, besonders Apoll und Artemis. – *8 τον ...:* Als einzige unter allen Menschen singen sie dem Tode Päane. – *19f. Stelle des Aeschylus:* aus der verloren gegangenen Tragödie »Niobe« des griechischen Tragikers Aischylos (525-456 v. Chr.). – *24 Οὐδ' ...:* Keinen Altar gibt es, und er wird nicht im Pän besungen. – *27 Genius:* persönlicher Schutzgott eines Menschen, meist mit Flügeln dargestellt. – *28f. dem Tode:* Auf dem Stein wird nicht der Tod, sondern das Schicksal dem Schlaf gegenübergestellt. – *30f. Collegio Clementino:* Kloster der irischen Dominikanermönche von San Clemente in Rom.

S. 197   *13 Somno:* dem Schlafe geweiht. – *14 erblicken wir:* s. u. S. 207, Abbildung 1. – *15 Somno Orestilia Filia:* Die Tochter Orestilia weihte dies Bildwerk dem Schlafe. – *26 Sarg:* Der sogenannte Prometheus-Sarg befindet sich jetzt im Kapitolinischen Museum in Rom. – *27 Bellori:* Vgl. Anm. o. zu S. 22, 21. – *34 Schmetterlinge:* Die Zeichnung ist ungenau; der Schmetterling (die Seele) fliegt von dem Leichnam weg.

S. 198   *2 Affekten:* Leidenschaften. – *33 Bild des Todes:* Nach heutiger wissenschaftlicher Auffassung trifft L.s Erklärung nicht zu; die betreffende Figur ist wahrscheinlich trotzdem ein Amor. – *35 Barthius:* Kaspar Barth (1587-1658), Philologe in Leipzig. L. zitiert seine Ausgabe des Rutilius Namatianus und des Statius (1664 posthum).

S. 199   *5 Somni ...:* Das Bild des Schlafes wird greisenhaft dargestellt. – *8 ff. Crimine quo ...:* Statius, »Silvae« (Wälder), 5. Buch, 4. Gedicht, Vers 1-3: Durch welches Verbrechen habe ich, anmutigster Jüngling unter den Göttern, durch welchen Irrtum habe ich Elender verdient, allein deiner Gaben zu entbehren, o Schlaf? – *14 Crimine quo ...:* Durch welches Verbrechen habe ich Jüngling es verdient, Anmutigster unter den Göttern. – *18 zur Ehe:* vgl. »Ilias«, XIV, 267 ff., wo Hera dem Schlaf eine der Chariten als Frau verspricht, wenn er Zeus einschläfere.

S. 200   *4 f. Seu me ...:* Ob mich das ruhige Alter erwartet oder der Tod mit den schwarzen Flügeln mich umfängt. – *22 Εμοι ...:* Ich habe kein Recht, Tote zu sehen. – *27 Οὐδ' ...:* noch das Auge zu beflecken durch sterbliche Entatmende; dich aber sehe ich schon nahe diesem Unheil. – *33 Hippol.:* »Hippolytos«, Tragödie des Euripides. – *34 Alc.:* »Alkestis«, Tragödie des Euripides.

S. 201   *3 'Εγω ...:* Damit nicht Befleckung mich treffe im Palaste, verlasse ich trauerverhüllt dies liebe Haus. – *14 Schutzgeist des Menschen:* Auf antiken Grabschriften wird der Genius des Verstorbenen genannt; trotzdem ist hier die Deutung der Gestalt mit der gesenkten Fackel als Genius unwahrscheinlich. – *30 f. Widerspruch gefunden:* durch Johann Gottfried Herder im 1. Stück seiner »Kritischen Wälder« (1769). – *35 Wonna:* Georgius Wonna (1637-1708); »Exercitationes degeniis« (Studien über die Genien, 1659-1663).

S. 202   *6 f. lateinische Übersetzer:* Die Pausanias-Übersetzung von Romulus Amasaeus erschien 1557. – *7 distortis utrinque pedibus:* mit beiderseitig verrenkten Füßen. – *7 der französische:* Nicolas Gedoyn, 1731. – *8 les pieds contrefaits:* die Füße verunstaltet. – *16 Sylburg:* Friedrich Sylburg (1536-1596), Herausgeber des Pausanias (1583). – *18 ff. Πεποιηται ...:* Pausanias, V, 18, 1: Dargestellt ist eine Frau, die auf ihrem rechten Arm einen schlafenden weißen Knaben, auf dem linken einen schwarzen Knaben trägt, der einem schlafenden gleicht, beide (Knaben) mit verrenkten Füßen (oder: dessen beide Füße verrenkt sind). – 22 *διεςραμμενον:* verrenkt. – 23 *ἐοικοτα:* gleichend. – 23 *auf παιδα:* auf den Knaben (Einzahl). – 26 *διαςρεφεσϑαι:* verrenkt sein. – 27 *auf ἀμφοτερους oder ποδας:* auf beide (nämlich Knaben) oder Füße. – 33 *den Ort:* die Stelle. – 36 f. *Rectius …:* Richtiger verbindet man »verrenkt«, wie das vorangehende »gleichend« mit dem Akkusativ »den Knaben«.

S. 203 1 *Rondel:* Jacques Du Rondel (gestorben 1715), französischer Philologe. – 10 *Pleonasmus:* das Nebeneinander gleichbedeutender Wörter, so daß dieselbe Vorstellung doppelt zum Ausdruck gebracht wird. – 32 *tortuosus:* verwickelt. – 32 *distortus:* verrenkt. – 32 f. *obliques:* schräg. – 33 *transversus:* seitwärts gebogen. – 37 *Expos. Signi …:* Beschreibung des alten Bildwerkes von Tollius in dem Buche »Gelegentliches« von Jacob Tollius, Seite 294.

S. 204 5 f. *durch über einander geschlagen übersetzt:* L.s Deutung gilt aus der Sicht der heutigen Altertumswissenschaft als untypisch für die antike Darstellung. – 13 *die vermeinte Cleopatra:* Die sogenannte Kleopatra im Belvedere des Vatikan ist eine schlafende Ariadne. – 15 *der Hermaphrodit:* der Sage nach der Sohn des Hermes und der Aphrodite, der auf Bitten seiner Geliebten, der Nymphe Salmakis, in einen Zwitter verwandelt wurde. Wahrscheinlich ist weder der Stein mit der Nymphe noch der mit dem Hermaphrodit antik. – 16 *Dioskurides:* Dioscorides, antiker Steinschneider zur Zeit des Kaisers Augustus. – 21 *Faun:* der berühmte barberinische Faun. – 29 *Ich verwies:* vgl. »Laokoon«, XI, o. S. 85, 33 f. – *Maffei:* Vgl. o. zu S. 52, 30 f. – 32 *Colonna:* Fabricio Colonna (gestorben 1520), erhielt von Ferdinand dem Katholischen den Titel Connetable.

S. 205 4 *Stand:* Stellung. – 14 f. *Verfasser der Kritischen Wälder:* Herders »Kritische Wälder« erschienen 1769 anonym; der 1. Teil ist eine Auseinandersetzung mit L.s »Laokoon«. – 25 f. *διεστραμμενον …:* »übereinandergeschlagen in Bezug auf die Füße«? oder »übereinandergeschlagene Füße«, zu ergänzen: »habend«? – 30 *σκολιος:* krumm.

S. 207 12 *Somno Orestilia Filia:* s. o. zu S. 197, 15. – *Spanheim:* Vgl. o. zu S. 22, 10. – 19 *Kupfer, Num. I:* Text der Abbildung (Mitte): Dem Quintus Caecilius Ferox, dem Kalator (eine Art Herold, Diener) des Priesterkollegiums des Titiales Flaviales (denen der Kult des vergöttlichten Kaisers Titus oblag), dem Studenten der Beredsamkeit. Er lebte 15 Jahre, 1 Monat und 24 Tage. (Dies Grabmal errichtete) Marcus Gavius Charinus dem besten und ehrerbietigsten Sohne. (Oben links:) Die Tochter Orestilia (weihte dies Bildwerk) dem Schlafe. (Oben rechts:) Den Schicksalsgottheiten, der Sohn Caecilius Ferox.

S. 208   2 *Kallimachus:* Kallimachos (um 310-240 v. Chr.), der bedeutendste hellenistische Dichter. – *12 Gruter:* Janus Gruter (1560-1627), niederländischer Philologe und Historiker. L. benutzte vor allem seine »Inscriptiones antiquae totius orbis Romani« (Die antiken Inschriften aus dem gesamten römischen Weltreich), die 1602/03 erschienen waren und von Johann Georg Graeve (Graevius) 1707 neu herausgegeben wurden. Die Sammlung »Deliciae C. C. Italorum poetarum« von 1608 enthielt eine reiche Auswahl neulateinischer Dichter. – *17 Grävius:* Johann Georg Graeve (1632-1703), aus Naumburg, Philologe, Professor der Beredsamkeit in Utrecht. Sein »Thesaurus antiquitatum et historiarum Italiae« (Schatz der Altertümer und Geschichte Italiens, 1704-1723) wurde von Pieter Burmann d. Ä. herausgegeben. S. auch die vorhergehende Anmerkung. – *22 Genius alatus ...:* Ein geflügelter Genius, mit langem Haar, fett, schlafend, seine rechte Hand ist auf die linke Schulter gelegt, von der ein zurückgeschlagener Schleier herabhängt. – *36 Hym. in Delum:* Die Fußnote zitiert den Hymnos des Dichters auf Delos, das griechische Heiligtum des Apollon und der Artemis.

S. 209   *3 Cesi:* Angelus Cesi (gestorben 1606). – *7 Hermaphrodit:* Es handelt sich tatsächlich um einen Apoll; der »Pyrrhus« wird jetzt als Mars gedeutet. – *17f. Hermaphroditus nudus ...:* Ein nackter Hermaphrodit, dessen Oberschenkel in ein Mäntelchen gehüllt ist. – Der Kopf des Pyrrhus, des Königs von Epirus, behelmt und mit Helmbusch, die Brust gewappnet.

S. 210   *1 zweite Kupfertafel:* s. o. S. 209, Abbildung 2. Text: Den Manen geweiht. Ruhestätte der Klymene, ihrer Freigelassenen und der Raphis. (Inschrift und Grabmal sind nicht antik.) – *13 weder Ovidius noch Statius:* Ovid in den »Metamorphosen«, XI, 592ff.; Statius in der »Thebais«, X, 94ff. – *15 Brouckhuysen:* Jan von Broekhuyzen (1640 bis 1707), niederländischer Dichter und Privatgelehrter; seine Ausgabe des Tibull erschien 1708. – *19f. Ipse quoque ...:* Statius, »Thebais«, X, 137: Er selbst beschleunigte den geflügelten Gang und die windumwehten Schläfen. – *22 Petasus:* Reisehut mit Krempe, Attribut des Hermes. – *22 Talariis:* Dativ, richtig: talaribus. Das Wort bezeichnet Flügelschuhe. – *29 dritten Kupfertafel:* Text der Abbildung 3 (s. u. S. 211f.).: Servius Valerius Severianus ließ (dies Grabmal) errichten für seinen süßen Sohn, der es wohl verdient hat; er lebte 12 Jahre. – *29 Pila:* (italienisch) Wassertrog, auch Sarkophag. Die antiken Sarkophage wurden oft als Wassertröge verwendet. – *32ff. Et sic ...:* Und so sagen fast alle Dichter, daß dieser Gott an den Schultern Flügel gehabt habe. Papinius (Statius) aber gibt ihm, von sich aus, Flügel an den Füßen und am Kopf. Zu Statius vgl. o. zu S. 67, 34.

WIE DIE ALTEN · S. 208-216   729

S. 212   2 *zwei Cupidines:* Liebesgötter. — *16 nicht irren:* Man lasse sich durch die Bogen nicht irre machen. — *23 Leich:* Johann Heinrich Leich (1720-1750), Professor der lateinischen und griechischen Sprache in Leipzig; Herausgeber der »Carmina sepulcralia ex Anthologia ms. Graecorum epigrammatum delecta« (Grabepigramme, ausgewählt aus der handschriftlichen Anthologie griechischer Epigramme, 1745). — *23 f. ungedruckten:* Die »Anthologia Palatina« war nur teilweise veröffentlicht worden. — *25 Τόξα. ...:* Der Bogen wird mich als eine allseitig aufmerksame Hausfrau bezeichnen (d. h. als eine Frau, die auf alles im Hause »gespannt« ist). In dem Grabepigramm des Antipater von Sidon spricht die Tote selbst. — *29 vierte Tafel:* Text der Abbildung 4 (s. u. S. 213): Dem Festus Gemethlianus, dem Freigelassenen unseres Kaisers, ihrem Lebensgefährten (errichtete dies Grabmal) Antonia Laeta. — *30 St. Angelo:* Nach anderer Annahme steht das Kirchlein St. Angelo, das hier gemeint ist, nicht in Rom, sondern in Pescaria. Der Grabstein gilt als verschollen. — *30 f. in Templo ...:* im Tempel der Juno, der auf dem Marktplatz in Pescaria (Pescheria) steht.

S. 213   *4 domus exilis Plutonia:* Horaz, »Carmina«, I, 4, 17: jenes dürftige Haus des Pluto.

S. 214   *7 nachdenklichen:* zum Nachdenken anregenden. — *9 Ungefähr:* Zufall. — *24 Tibullus:* Albius Tibullus (ca. 54-19 v. Chr.), römischer Elegiker. — *25 f. Postque ...:* Und dahinter kommen schweigend mit dunklen Flügeln der Schlaf und auf schwankendem Fuß krummbeinige Träume. — *33 vara:* »varus« kann ebenso »unsicher« wie »voneinander abstehend« bedeuten.

S. 215   *2 nigra:* schwarze. — *3 vana:* unsichere. — *16 Futuri certus:* des Zukünftigen sicher. — *16 pessimus auctor:* trügerischster Prophet. — *32 Persius:* Aulus Persius Flaccus (34-62 n. Chr.), der dritte der vier »kanonischen« römischen Satirendichter, nach Lucilius und Horaz, vor Juvenal. — *33 indoles:* Anlage, Veranlagung. — *34 f. Geminos ...:* Zwillinge bringst du hervor, Horoskopsteller, von verschiedenem Geiste. — *36 Seneca:* Lucius Annaeus Seneca (4 v. Chr.-65 n. Chr.), römischer Staatsmann und Schriftsteller, Erzieher Neros, lenkte von 54 an die Regierung des jungen Kaisers, dessen Vertrauen er später verlor. Seine stoische Philosophie entwickelt er vor allem in seinen »Epistulae ad Lucilium« (Briefe an Lucilius). Unter seinem Namen sind neun Tragödien überliefert, deren Echtheit heute nicht mehr umstritten ist. L. veröffentlichte 1754 die Abhandlung »Von den lateinischen Trauerspielen, welche unter dem Namen des Seneca bekannt sind«.

S. 216   *24 Stephanonius:* Pietro Stefanoni (Anfang des 17. Jahrhunderts), aus Vicenza. Sein Werk »Gemmae antiquitus sculptae collectae et declarationibus illustratae« (Antike geschnittene Steine, gesammelt und mit Erklärungen versehen) erschien 1627. – *25 Licetus:* Vgl. o. zu S. 76, 20. – *27 ausschleidern:* durch Schleudern zum Verlöschen bringen.

S. 217   *1 hieroglyphische Licetus:* L. bezieht sich hier auf sein Werk »Hieroglyphica seu antiqua schemata gemmarum anularium« (Hieroglyphenkunde oder die antiken Zeichen auf Siegelringen, 1653). Deshalb ist weiter unten vom »hieroglyphischen« Licetus die Rede. – *13 Dieses Gestus:* dieser Gestus, diese Gebärde und Haltung. – *15 Castor und Pollux:* Die sogenannte »Gruppe von San Ildefonso« befand sich schon zu L.s Zeit im Museum zu Madrid. – *18 del Torre ... Maffei:* Filippo della Torre (1657-1717), italienischer Archäologe, Bischof von Adria. L. bezieht sich auf sein Werk »Monumenta veteris Antii« (Denkmäler der antiken Stadt Antium, 1700). – Zu Maffei vgl. o. zu S. 52, 30. – *29 Lucifer und Hesperus:* Morgen- und Abendstern: zwei Aspekte der Venus, in Mythos und Kunst als verschiedene Personen behandelt.

S. 218   *10 bedeutend:* bezeichnend. – *15 Kalathus:* ursprünglich der kelchartige Korb aus Weidengeflecht, den die griechischen Frauen benutzten, dann Kopfschmuck und der Kern des Kapitells der korinthischen Säule. – *18 θεων ...:* Erschafferin der Götter und auch der Menschen. – *19 Orpheus ...:* L. zitiert den dritten Orphischen Hymnus, Vers 1. – *28 Amemptus:* Freigelassener der Kaiserin Livia. – *30 f. fünfte Tafel:* Text der Abbildung 5 (s. u. S. 219): Den Manen des Amemptus, des Freigelassenen ihrer göttlichen Majestät, der verstorbenen Kaiserin. – Das Grabmal befindet sich im Louvre, Paris. Auf dem Rücken des Kentauren ist Eros, auf dem der Kentaurin Psyche dargestellt, am Boden Trinkhorn und Mischkrug, aus dem Wein fließt. Die erotisch-bacchantische Darstellung hat nichts mit dem Tod zu tun. – *32 Tibia:* Flöte.

S. 220   *17 Ossuarium oder Cinerarium:* Knochen- oder Aschenkrug. Die gewöhnliche Bezeichnung ist »olla« oder »urna«. – *20 Ληκυθους:* Die Lekythen sind Ölfläschchen, die den Toten der Griechen beigegeben wurden. Das Gefäß auf dem Stein des Amemptus ist keine Lekythe. – *23 Sonder:* ohne. – *26 Aristophanes:* Um 455 bis kurz nach 388 v. Chr.; der bedeutendste Vertreter der alten attischen Komödie. – *28 Ekklesiazusen:* In dieser Komödie des Aristophanes (389) übernehmen die Frauen in einer Volksversammlung die Macht und erlassen Gesetze, die ihren Interessen dienen. – *31 f. Ωχου ...:* Du ließest mich nackt wie eine Leiche liegen; es fehlte nur, daß du mich bekränztest und eine Salbenflasche neben mich setztest. – *33 Scholiast:* der antike Erklärer. – *33 Ειωθασι ...:* Denn das pflegen sie mit den Toten zu tun. – *34 die Zeilen 1022-27:* 1030-33.

S. 221   *7 ff. Illos ...:* Jene, ermattet von Wunden und Winterkälte, hatte der Schlaf aus vollem Horn überschüttet. – *12. Et Nox ...:* Die Nacht floh und der Schlaf mit leerem Horn. – *15 de Hooghe:* Romein de Hooghe (1645-1708), niederländischer Maler und Radierer. Die »Denkbilder der alten Völker« erschienen deutsch 1744. – *26 Faber:* Basilius Faber (1520-1576), Herausgeber eines »Thesaurus eruditionis scholasticae« (Sammelwerk der Schulgelehrsamkeit, 1571). – *29 f. Quod autem ...:* Daß aber den Toten Salbgefäße beigemalt wurden, ist anderswoher aus Aristophanes bekannt. – *31 aliunde:* anderswoher. Bei Aristophanes findet sich keine derartige Äußerung. – *32 f. Somnum ...:* Wir wissen, daß der Schlaf mit einem Horn gemalt wird. – *33 ff. Lutatius apud ...:* Lutatius in Barths erklärender Ausgabe von Statius' »Thebais«, zu Buch VI, Vers 27: Denn er (der Schlaf) wird so von den Malern dargestellt, daß er einen Traum wie eine Flüssigkeit aus einem Horne über die Schlafenden auszugießen scheint.

S. 222 *3 Centauri ...:* Vergil, »Aeneis«, VI, 286: Am Tore lagern sich Kentauren. – *11 Smetius:* Martin Smetius (um 1525 bis etwa 1578), reformierter Theologe. Seine »Inscriptiones antiquae« (Antike Inschriften) erschienen 1688. – *13 ff. Inferius ...:* Weiter unten befinden sich zwei Kentauren, von denen der eine, ein mit einem Luchsfell bedeckter männlicher Kentaur, eine Leier schlägt, auf ihm ein geflügelter Genius, der eine Flöte, ähnlich den modernen deutschen, spielt. Das andere ist ein Kentaurenweib, das auf zwei zusammen in den Mund gesteckten Flöten bläst, auf deren Rücken ein anderer weiblicher Genius mit Schmetterlingsflügeln sitzt, der mit den Händen irgend etwas zusammenschlägt. Zwischen beiden Kentauren liegt ein Krug und ein bacchisches Horn. – *15 Genius alatus:* geflügelter Genius; die geflügelten Genien (Schutzgeister) oder Eroten sind in der römischen Kunst sehr verbreitet. Die »fistula« ist eine Hirtenflöte. – *24 f. Cymbeln, oder des Crotalum:* Klapperinstrumente, bei verschiedenen Kulten benutzt. – *32 dürfen:* brauchen.

S. 223 *7 auf sepulkralischen Monumenten:* auf Grabdenkmälern. – *13 dem bekannten Steine:* berühmte Gemme, nach ihrem ersten Besitzer, Pierre Antoine Rascas de Bagarris genannt, noch jetzt im »Cabinet des médailles« in Paris. – *14 Casaubonus:* Isaac Casaubonus (1559 bis 1614), französischer Philologe, Verfasser einer Abhandlung über das griechische Satyrspiel und die römische Satire; seine Ausgabe der »Charaktere« des Theophrast erschien 1592. – *26 ff. Mille intus ...:* Innen hatte ihm der glühende Vulkanus tausend Götterbilder gegossen. Hier hängt an der Wand blumenbekränzt die Wollust. Hier als Gefährte, zur Ruhe sich neigend, die Mühe. Hier weist er dem Bacchus, hier dem Marssohn Amor ein gemeinsames Lager an. Ganz im Innern die Decke, und mit dem Tode ruht er, und keinem ist traurig dies Bildnis. – *33 alt genug:* die Inschrift ist nicht antik. – *35 nicht so ekel:* nicht so überstreng.

S. 224 *37 Corp. Inscript.:* Corpus Inscriptionum (Sammlung antiker Inschriften).

S. 225 *4 verhält:* verhehlt, enthält vor. – *8 wie Spence behauptet:* Zu Spence vgl. o. zu S. 20, 40 und »Laokoon«, XI (s.o.S. 86, 35). – *32 Villa Madama:* Mit der Villa Medicis hat Spon nicht die heute so genannte Villa Medici auf dem Pincio gemeint, sondern die Villa Madama auf dem Monte Mario, die der Landsitz der Medici in Rom war und deshalb auch Villa Medici genannt wurde.

S. 226 *10 f. Vors erste ...:* Fürs erste habe ich die Ehre, ihm ganze drei beisammen ... vorzuführen. – *11 Andreini:* Pietro Andrea Andreini (gestorben 1729), Antiquar des Kardinals Leopold von Medici, Besitzer einer berühmten Gemmensammlung in Florenz. – *12 beim Gori:* Antonio Francesco Gori (1691-1757), italienischer Altertumsforscher. L. zitiert hier sein Werk »Inscriptiones antiquae, quae in Etruriae urbibus exstant« (Antike Inschriften, die in den Städten Etruriens erhalten sind). – *14 Kundschaft:* Kenntnis. – *15 Fabretti:* Rafaello Fabretti (1619-1700), Direktor der Archive in Rom. – *16 Stoschischen Steine:* s. u. zu Z. 39 und zu S. 76, 42 f. – *33 ff. Tabula ...:* Eine Tafel, auf welcher unter der Inschrift ein Körbchen und zwei Kränze dargestellt sind; eine Frau, die vor einem dreifüßigen Tische auf das Lager niedersinkt; Pluto auf einem Viergespann, der ihre Seele entführt, vor ihm Merkur, der im Reisehut und mit Heroldsstab ein rundes Haus betritt, neben dem ein Gerippe liegt. – *39 Descript ...:* »Description des pierres gravées du feu Baron de Stosch« (Beschreibung der geschnittenen Steine des verstorbenen Barons von Stosch) von Winckelmann (1760).

S. 227 *10 Basrelief:* aus der Fläche nur wenig herausgewölbtes Bildwerk. – *10 Geburt des Herkules:* Plinius, »Naturalis historia«, 28. Buch, Kapitel 17, 59 und Ovid, »Metamorphosen«, 9. Buch, Vers 295 ff., berichten, daß Juno, um die Geburt des Herkules zu verhindern, der Geburtsgöttin Eileithyia befahl, mit gefalteten Händen vor der Haustür der Wöchnerin zu verharren. – *12 digitis ...:* mit kammartig ineinander verflochtenen Fingern. – *35 Pallida, lurida Mors:* der blasse, fahle Tod. – *36 Atris ...:* Er fliegt auf schwarzen Flügeln umher. – *37 Fila ...:* Die Fäden der Schwestern durchschneidet er mit dem Schwerte. (Gemeint sind die Lebensfäden, die die drei Parzen spinnen.) – *38 Mors ...:* Der bleiche Tod mit seinen gierigen Zähnen.

S. 228 *5 f. In einem von den Trauerspielen des Euripides:* in der »Alkestis«. – *10 Skeuopöie:* die Kunst, Masken und andere Bühnenrequisiten zu verfertigen. – *21 zugerechnet:* zuerkannt. – *27 Praecipuos ...:* Die an Jahren und Geist Hervorragenden zeichnet er mit blutigem

WIE DIE ALTEN · S. 224-232

Nagel. — *29 Fruitur ...*: Er schwebt hoch am Himmel und überschattet im Fluge das Schlachtfeld. — *31 Captam ...*: Die eroberte Stadt hält er und trägt sie in den Händen hinab. — *32 f. Ανακτα ...*: Den schwarzgekleideten Herrscher der Toten. — *35 f. Ιερος ...*: Heilig (d. i. verfallen) ist der Mensch den unterirdischen Göttern, dessen Hauptes Haar dieses Schwert geweiht hat. — *37 πτερωτος ἁδας*: der geflügelte Hades.

S. 229   *27 konventionalen:* verabredeten.

S. 230   *12 des Pathetischen:* L. verwendet das Wort noch mehr im Sinne des griechischen »pathos«, das nicht nur Leiden, sondern jeden Gemütszustand bezeichnet. — *19 Κηρ:* bezeichnet den bösen Dämon des Todes, die schlimme Todesart; Θανατος allgemein die Wirklichkeit des Todes. — *28 Lethum:* richtig: »letum«. Die falsche Schreibweise erklärt sich daraus, daß L. das Wort mit dem griechischen Unterweltsfluß »Lethe« (Vergessen) in Verbindung brachte. »Letum« meint die mit dem Tode verbundene Vernichtung, »mors« entspricht dem griechischen ϑάνατος. — *29 ff. Emergit ...*: Petron, »Satiricon«, Kapitel 124, Vers 255-257: Es breitet sich aus der Reigen des Todes, die grauenhafte Erinnys und die drohende Bellona, und die fackelbewehrte Megäre, und das Sterben und die List und des Todes fahles Bild.

S. 231   *5 Mille ...*: Mit tausend Arten des Hinscheidens bedroht die Elenden der eine Tod. — *10 f. Synonyma:* verschiedene Wörter in gleicher Bedeutung. — *30 ff. The Roman ...*: Die römischen Dichter machen bisweilen einen Unterschied zwischen Lethum und Mors, den auszudrücken die Armut unserer Sprache uns nicht erlaubt und der überhaupt schwer zu begreifen ist. Vielleicht verstehen sie unter Lethum das allgemeine Prinzip oder die Quelle der Sterblichkeit, von dem sie annehmen, daß es seinen eigentlichen Sitz in der Hölle habe, und unter Mors oder Mortes (denn sie hatten mehrere derselben) die unmittelbare Ursache einer jeden besonderen Äußerung der Sterblichkeit auf unserer Erde.

S. 232   *10 Cypselus:* Kypselos (Ende des 7. Jahrhunderts v. Chr.), Begründer der Tyrannis in Korinth. — *12 ff. Του ...*: Hinter dem Polyneikes aber steht (eine Frau), deren Zähne so grimmig aussehen wie die eines wilden Tieres, auch ihre Fingernägel sind gekrümmt wie Klauen. Eine Aufschrift sagt, daß es die Ker ist. — *15 ἑςηκεν:* steht. — *17 Γυνη:* Frau. — *18 Σκελετος:* »Skelett« kann wegen der Endungen nicht gemeint sein, die sich auf ein weibliches Substantiv beziehen müssen. — *Kuhnius:* Joachim Kühn (Kuhnius, 1647-1697), Philologe, Professor in Straßburg; Herausgeber des Älian (1685) und des Pausanias (1696). — *27 Mors fatalis:* der unentrinnbare Tod. — *28 Fatum mortale, mortiferum:* das tödliche, todbringende Schicksal. — *29 Suidas:* vgl. o. zu S. 79, 37. — *ϑανατηφορος μοιρα:* das todbringende Schicksal. — *30*

Θανατος πεπρωμενος: der verhängte Tod. – 31 *Euphemismus:* Begriff der Rhetorik: Beschönigung, Abmilderung. – 33 *ff. Consideremus ...:* Man betrachte die Figuren auf der Lade des Kypselos im olympischen Tempel. Unter ihnen erscheint »eine Frau, die Zähne hat usw.«. – Das Wort *Κηρα* erklärt Kuhnius richtig mit »den unentrinnbaren Tod«, und durch diese Stelle scheint die Meinung des Verfassers (Lessings) widerlegt werden zu können, als hätten die Alten dem Tode eine weniger furchtbare Gestalt gegeben, eine Meinung, der auch andere Denkmäler zu widersprechen scheinen.

S. 233   *1 Zärtlichkeit:* aus Empfindlichkeit entstandene Gewohnheit. – *3 verwechseln:* vertauschen. – *7 Ominösen:* vom lateinischen »omen«: Vorzeichen mit guter oder unheilvoller Bedeutung. – *12 einschießen:* einfallen. – *22 Nullique ...:* s. o. zu S. 189, 3. – *37 Gattakerus:* Thomas Gataker (1574-1654), englischer Theologe.

S. 234   *4 Larvae:* Gespenster. In der Bedeutung »Gerippe« nur einmal bei Petron. – *8 gemeine:* allgemein angenommene. – *8 Pneumatologie:* Begriff der christlichen Dogmatik: Geisterlehre. – *28 Apuleius ... Petri:* Apuleius »Vom Gott des Sokrates« (S. 110 der Basler Ausgabe von Henricus Petri). Lucius Apuleius, lateinischer Schriftsteller aus Madaura in Nordafrika, verfaßte neben dem bekannten Roman »Der goldene Esel« als Anhänger der platonischen Philosophie auch eine Schrift »Vom Gott des Sokrates«. – Henricus Petri (1508-1579), gelehrter Buchdrucker in Basel; »Apuleji quae quidem extare novimus monimenta« (Die uns bekannten erhaltenen Werke des Apulejus, 1533). – *28 ff. Est et ...:* Das Wort bedeutet aber auch zweitens eine Gattung von Geistern, nämlich den seiner Hülle ledigen und befreiten menschlichen Geist, der seine Zeit im Körper ausgedient hat. Dieser, finde ich, ist in der alten lateinischen Sprache Lemur genannt worden. Wer von diesen Lemuren also für seine Nachkommenschaft zu sorgen hat und mit feierlichem und ruhigem Walten ein Haus bewohnt, wird Familiar genannt. Der aber, welcher wegen Verschuldungen während seines Lebens mit schlechten Wohnsitzen bei unstetem Umherschweifen wie mit einer Art Verbannung bestraft wird, als leeres Schreckbild für gute, aber als schadenbringend für böse Menschen, den nennt man gewöhnlich Larva. Wenn es aber ungewiß ist, welches Los einem zuteil geworden ist, ob er Lar oder Larva ist, dann nennen sie ihn Gott Manes, indem sie das Wort Gott, um ihn dadurch zu ehren, beifügen.

S. 235   *1 Stephanus:* vgl. o. zu S. 132, 20. – *2 Manes:* vollständig »Di manes«, römische Götter der Unterwelt, die die Gräber schützten und bei Totenfeiern angerufen wurden. In der Kaiserzeit galten die Seelen aller Verstorbenen als göttliche Manen. – *8 Herr:* Michael Herr, Arzt und Übersetzer klassischer Werke (gestorben um 1550). – *12 nu-*

dis ossibus cohaerens: aus bloßen Knochen zusammenhängend. – 22 *der Dichter:* Statius, »Thebais«, Buch 8, Vers 24. – 24 *Stant ...:* Herum stehen die Furien und der Reihe nach die verschiedenen Todesgöttinnen. – 28 *oben:* s. S. 226, 11f. – 30 *Biga:* Zweigespann. – 34 *Fuchs:* Übersetzer Senecas, lebte in der 1. Hälfte des 17. Jahrhunderts.

S. 236   7 *Gnostikers:* Die Gnosis (griechisch »Erkenntnis«) ist eine religiös-philosophische Strömung des 1. und 2. Jahrhunderts n. Chr., die sich an die Neupythagoreer anlehnte und durch Mystik und eschatologische Spekulation geprägt war. Der fragliche Stein gehört zu den gnostischen (»Abraxas«-)Gemmen. Vgl. auch »Laokoon«, IX (o. S. 136, 5 *ff.*). – 18 *ff. quae gratia ...:* Die Vorliebe und Sorge der Lebenden für Waffen, Wagen, glänzende Pferde folgt ihnen auch nach, wenn sie von der Erde geschieden sind. – 23 *aliquas ...:* Ovid, »Metamorphosen«, 4. Buch, Vers 445: Manche Künste, Nachahmungen des früheren Lebens.

S. 237   9 *Sic erimus ...:* So werden wir alle sein, nachdem uns der Tod hinweggerafft hat. – 27 *ff. Potantibus ...:* Petron, »Gastmahl des Trimalchio«, Kapitel 34: Während wir also tranken und den prunkvollen Aufwand bewunderten, brachte ein Sklave eine silberne Puppe, deren lockere Glieder und Gelenke nach allen Seiten gedreht werden konnten. Diese wurde auf dem Tisch hin und her gereicht, und ihre bewegliche Verknüpfung drückte verschiedene Stellungen aus. Da fügte Trimalchio hinzu: »Wehe wir Elenden, wie ist doch der Mensch nichts! So werden wir alle einstmals sein, nachdem uns der Tod hinweggerafft hat! Also wollen wir gut leben, solange wir noch können!« – 35 *Edit. Mich. Hadr.:* Ausgabe des Michael Hadrianides. H. (2. Hälfte des 17. Jahrhunderts); Verfasser eines Kommentars zu Petrons »Satiricon« (1669).

S. 238   1 *verewigten Freunde:* Caylus starb 1765. – 13 *Mahn:* eine bis ins 18. Jahrhundert gebräuchliche Form von »Mohn«. – 17 *gruppieren:* eine Gruppe bilden. – 21 *erinnert habe:* vgl. »Laokoon«, XI.

S. 239   7 *leidigen:* leidbringenden. – 20 *Beger:* vgl. o. zu S. 70, 35. – 24 *Algardi:* Alessandro Algardi (1602-1654), italienischer Bildhauer und Architekt. – 27 *galant:* modern (dem Geschmack des Rokoko entsprechend), zierlich. – 27 *gotisch:* verschnörkelt, überladen, geschmacklos.

S. 240   7 *f. nach dem Pausanias:* Die Stelle ist nicht eindeutig zu interpretieren; wahrscheinlich ist der schwarze Bruder der Tod. – 15 *Nonnus:* vgl. o. zu S. 65, 32. – 16 μελανοχροον: schwarzfarbig. – 22 *ikonologischen:* bilderkundlichen – 23 *Ripa, Chartarius:* Cesare Ripa (Anfang des 17. Jahrhunderts), Verfasser einer »Iconologia deorum« (Götterbilderlehre, 1593), in der er den Dichtern und Malern Anweisungen zur Darstellung allegorischer Gestalten gibt. – Vincenzo Cartari (Mitte des 16. Jahrhunderts), italienischer Dichter und Schriftsteller. Sein Werk »Le immagini degli dei antichi« (Die Darstellungen der antiken Götter) erschien 1593. L. führt eine spätere Ausgabe an (Frankfurt 1687). – *30 ohne zu jenes Bild:* ohne für das Bild jenes, d. i. des Todes.

S. 241   *4 Gyraldus ... Natalis Comes:* Lilio Gregorio Giraldi (Gyraldus) (1479-1552), italienischer Philologe, Dichter und päpstlicher Beamter. Seine »Historiae poetarum tam Graecorum quam Latinorum dialogi decem« (Zehn Dialoge über die Geschichte sowohl der griechischen wie der lateinischen Dichter) erschienen 1545, die »De deis gentium libri vel syntagmata« (Bücher oder Sammlungen über die Götter der Heiden) 1560. – Natale Conti (Natalis Comes), (1520-1582), italienischer Philologe und Dichter. Seine »Mythologiae sive explicationis fabularum libri X« (Mythologie oder Erklärung der Sagen in 10 Büchern) erschienen 1561-1564. – *8 ῞Υπνος:* Schlaf. – *9 ᾿Ονειρος:* Traum. – *9 ff. ἐν ...:* Er hat auf dem Gemälde ein müdes Aussehen; er trägt ein weißes Gewand über einem schwarzen; sein Nacht-, wie ich glaube, und sein Tageskleid. – *13 Olearius:* Gottfried Olearius (1672-1715), evangelischer Theologe, gab 1709 die Werke der beiden Philostratos heraus. – *15 ff. Ipse ...:* Der Schlaf selbst hat auf dem Bilde ein müdes Aussehen und trägt ein weißes Gewand über einem schwarzen, darum, wie ich meine, weil die Nacht und alles, was auf den Tag folgt, sein ist. – *19 interdiu:* bei Tage. – *20 noctu:* nachts. – *24 ff. Cornu ...:* Ein Horn hält dieser (der Schlaf) auch in den Händen, als der, welcher die Träume durch die richtige Pforte einzuführen pflegt. – *26 ff. Ex hoc ...:* Aus der Stelle des Philostratus aber wird es ganz deutlich, daß man jene Pforten mit bestem Rechte die des Schlafes nennen kann, der ja die Träume durch sie einführt, und daß es nicht notwendig ist, zu meinen, beim Vergil (»Aeneis«, VI, 893) stehe »somni« für »somnii«, wie Turnebus in seinen Kritischen Schriften, 4. Buch, Kapitel 14, wollte. – *30 Turnebus:* Adrianus Turnebus (1512-1565), französischer Humanist, Professor der griechischen Sprache in Paris. Sein Werk »Adversariorum libri XXX« (Dreißig Bücher kritische Schriften) erschien 1564-1573.

S. 242   *7 contortis cruribus:* mit verrenkten Beinen. – *9 Lucian:* In seinen »Wahren Geschichten« (2. Buch, Kapitel 32 ff.) erzählt Lukian ausführlich von der Insel des Schlafes und den dort wohnenden Träumen. – *8 Lucian:* Lukianos (um 120-180 n. Chr.), Syrer aus Samosata, griechischer philosophischer Schriftsteller und Satiriker. – *11 von seiner eigenen:* d. h. Lukians. – *15 Compilatores:* Die antiken Sagenstoffe wurden später in mythologischen Nachschlagewerken stichwortartig verkürzt dargestellt. – *16 Banier:* vgl. o. zu S. 76, 21. – *24 Montfaucon:* vgl. o. zu S. 23, 24.

S. 243   3 *überall:* überhaupt. – *10 Tollius:* Jakob Tollius (1633 bis 1696), niederländischer Philologe. – *21 Genios ...:* Genien, die Schlaf und Tod darstellen. – *23 f. Mortem ...:* den Tod und das Sterben bezeichnend. – *26 Cupido:* Liebesgott. – *27 Mortes:* Darstellungen des Todes. – *35 In notis ...:* In den Anmerkungen zu Du Rondels Erklärung. – *36 Inscript. ...:* Antike Inschriften, die in den Städten Etruriens erhalten sind.

S. 244   *1 Konklamationsmarmor:* Marmorrelief mit Darstellung einer Totenklage, nicht antik. – *7 Dom Martin:* Dom Jacques Martin (1684-1751), französischer Benediktiner, Historiker. Sein Werk »Explication de divers monuments singuliers qui ont rapport à la religion des plus anciens peuples« (Erklärungen verschiedener einzigartiger Kunstdenkmäler, die zur Religion der ältesten Völker in Beziehung stehen) erschien 1739. – *26 Grotius:* Hugo Grotius (Huigh de Groot) (1583-1645), niederländischer Staatsrechtslehrer, einer der Begründer des neueren bürgerlichen Völkerrechts, Theologe arminianischer Richtung. – *26 Siebenzig Dolmetscher:* Nach der Legende, die der sogenannte Aristeasbrief berichtet, die siebzig Übersetzer, die, streng voneinander abgeschlossen, den hebräischen Text des Alten Testaments ins Griechische übertrugen und deren Übersetzungen wörtlich übereinstimmten (die sogenannte Septuaginta). – *31 Albani:* Alessandro Albani (1692-1779), italienischer Kardinal, berühmt durch seine Sammlung antiker Kunstwerke und als Förderer Winckelmanns.

S. 245   *4 Mitteilung:* Abbildung. – *16 Sold der Sünde:* Paulus, Brief an die Römer, Kapitel 6, Vers 21 und 23. – *24 verdrungen:* verdrängt. – *31 Engel des Todes:* ungenaue Bezeichnung; vgl. die biblischen Darstellungen vom »Engel des Herrn« als »Verderber«, z. B. 1. Mos. 19; Psalm 35,5; Apostelgeschichte 12, 23.

EHEMALIGE FENSTERGEMÄLDE IM KLOSTER HIRSCHAU (S. 247)

In der Wolfenbütteler Bibliothek fand Lessing in der Handschrift eines der lutherischen Äbte von Hirsau, Johannes Parsimonius, eine Beschreibung der Glasgemälde des 1692 zerstörten Klosters. Ihm fiel auf, daß sie mit dem Holzschnittwerk der »Biblia pauperum« Zug um Zug übereinstimmten, auf das gerade Karl Heinrich Heinecken (1706-1791), der damalige Direktor der Dresdner Galerie des sciences, aufmerksam gemacht hatte.

Die Abhandlung über die »Fenstergemälde im Kloster Hirschau« ist ein besonders eindrucksvolles Beispiel für Lessings Methode der Darstellung, den Leser nicht einfach mit Resultaten zu konfrontieren, sondern ihn am Gedankengang, der zu diesen Resultaten führt, zu beteiligen. – Die Schrift erschien 1773 als Nr. 10 im zweiten Beitrag der von Lessing begründeten sogenannten Wolfenbütteler Beiträge »Zur Geschichte und Literatur. Aus den Schätzen der Herzoglichen Bibliothek zu Wolfenbüttel«.

S. 247 3 *Vitrea fracta:* Glasscherben, Lappalien. – 12 *Mikrologen:* Kleinigkeitskrämer. – 28*f.: Kloster Hirschau:* Hirschau (heute: Hirsau) ist ein an der Nagold gelegenes württembergisches Dorf. Das dortige Benediktinerkloster wurde in der ersten Hälfte des 9. Jahrhunderts vom Grafen Erlefried von Calw gegründet; 1692 wurde es durch die Franzosen niedergebrannt.

S. 248 2 *Biblia pauperum:* eine Sammlung von Darstellungen aus dem Alten und Neuen Testament, die mit kurzen lateinischen oder deutschen oder auch zweisprachigen Erläuterungen versehen und so angeordnet waren, daß stets eine Darstellung aus dem Neuen Testament von zwei entsprechenden Darstellungen aus dem Alten und vier Brustbildern von Erzvätern und Propheten umgeben war. Die ältesten dieser Darstellungen sind Manuskripte mit Miniaturen, die bis in das 13. Jahrhundert zurückreichen. Ein geschriebenes Exemplar in Wolfenbüttel trägt den Titel B.p., nach dem die ganze Gattung den Namen erhalten hat. Anfangs nur 34 Darstellungen umfassend, wuchs die Armenbibel allmählich bis zu 50. Seit der Erfindung des Holzschnittes wurden Bilder und Text auf einzelne Holzplatten geschnitten und von diesen zahlreiche Abdrücke gemacht, die mit den freien Rückseiten zusammengeklebt und zu einem Buch vereinigt wurden. In dem Maße, als sich die Buchdruckerkunst vervollkommnete und vollständige Bibeln gedruckt werden konnten, traten die Armenbibeln in den Hintergrund, bis sie zu Beginn des 16. Jahrhunderts ganz verschwanden. Ihre Funktion ist nicht ganz geklärt. Sie waren wohl weniger für die armen Leute gedacht als für den Theologen, dem sie ein kurzgefaßtes Kompendium, vor allem für seine Predigertätigkeit, an die Hand gaben. – 3 *Heineke:* Karl Heinrich Heineken (1706-1791), Geheimsekretär des Grafen Brühl in Dresden, ab 1746 Direktor der dortigen sogenannten Galerie des sciences, die außer naturwissenschaftlichen Sammlungen das Kabinett der Kupferstiche und Handzeichnungen enthielt; Übersetzer der damals viel gelesenen Schrift Longins »Vom Erhabenen«; »Nachrichten von Künstlern und Kunstsachen« (1768). Den Plan des von ihm geschaffenen Kupferstichkabinetts veröffentlichte er 1771 in

KLOSTER HIRSCHAU · S. 247-250

der »Idée générale d'une Collection complète d'Estampes«. – *27 Wegelins ...:* Johann Reinhard Wegelin (1721-1791), Historiker. – *27f. Thesaurus Rerum Suevicarum:* Schwäbischer Wissensschatz. – *29 Crusius:* Martin Crusius (Krause) (1526-1607), Professor der griechischen Sprache in Tübingen, Historiograph, Verfasser der »Annales Suevici« (Schwäbische Jahrbücher). – *29f. de Comitibus ...:* über die Grafen von Calw, die Gründer der Klöster Hirsau und Sindelfingen. – *32ff. Caeterum ...:* Wie übrigens die Kirche von Hirsau selbst mit Grisaillebildern aus dem Alten und Neuen Testament sowie mit ebensolchen Bildnissen von Römischen Kaisern ausgemalt ist, so ist auch der Kreuzgang des Klosters mit kunstvollen Glasgemälden in 40 Fenstern geschmückt (ebenso wie mit einem besonders schönen Springbrunnen), und zwar ist jedes Fenster mit drei Bildern geschmackvoll geziert: In der Mitte sieht man jeweils eine Szene aus dem Neuen Testament, von der Geburt Christi über die Leidensgeschichte bis zum Jüngsten Gericht und dem ewigen Leben, und auf beiden Seiten von diesem mittleren Fensterteil erscheint ein Vorbild oder eine vorbildhafte Szene aus dem Alten Testament mit Weissagungen der Propheten über Christus. – *34f. Idée générale ...:* Allgemeine Vorstellung einer vollständigen Sammlung von Kupferstichen. – *36 sur l'origine ...:* über den Ursprung des Holzschnitts und die ersten Bilderbücher.

S. 249 *15f. typische und antitypische Vorstellungen von Christo:* Gemeint ist die im Mittelalter beliebte Gegenüberstellung von Szenen aus dem Neuen und dem Alten Testament, in denen man eine Parallele oder ein Gegenbild zur Handlung des Evangeliums zu finden glaubte. – *33 Trithemii ...:* Johannes Trithemius (Tritheim), (1462-1516), Abt zu Würzburg, Verfasser einer Geschichte des Klosters Hirsau: »Annales Hirsaugenses«.

S. 250 *8 Parsimonius:* Johannes Parsimonius (Karg), von 1569 bis 1588 Abt des Kloster Hirsau, beschrieb Gemälde und Schriften, die sich im Kloster befanden. – *18ff. Picturas ...:* Gemälde und Schriften jeder Art, die sich im Kloster Hirsau an verschiedenen Orten befinden. – *21ff. Historiae ...:* Szenen aus dem Neuen Testament von Christus, dem Gottes- und Menschensohn, zusammen mit den Vorbildern und Prophezeiungen des Alten Testaments, die in den Fenstern des Kreuzgangs im Kloster Hirsau dargestellt sind. – *36 Tafel I:* s.u. S. 254f.
Übersetzungen:
(linker Teil)
(oberhalb des Bogens) Man liest Genes. 3: Der Herr sprach zur Schlange: »Auf deinem Bauche sollst du kriechen.« Und ebendort über die Schlange und das Weib: »Sie wird dir den Kopf zertreten und du wirst ihrer Ferse nachstellen.« Dies nämlich hat sich bei der Verkündi-

gung an die selige und glorreiche Jungfrau erfüllt, die auf die Ankündigung des Engels hin den Erlöser der Welt empfing.
(im Bogenfeld)
(links) Der Lebensbaum im Garten Eden. Gott auf dem Baum.
(in der Mitte) Eva, die mit der Schlange spricht und vom Baume ißt.
(rechts) Der Baum der Erkenntnis von Gut und Böse; auf ihm oder genauer um ihn gewunden die Schlange, die Eva verführt.
(Schriftband unter dem Bogenfeld) Die Schlange richtet die Gewalt zugrunde, wenn die Jungfrau ohne Schmerzen gebiert. (So der lateinische Text, der sicherlich verdorben ist, vgl. oben [unter Nr. 10], wo Crusius bereits zu bessern versucht hat. Der ursprüngliche Text ist bestimmt auch das nicht.)
(mittlerer Teil)
(oberhalb des Bogens)
(links) Prophet.
Siehe, die Jungfrau wird empfangen und einen Sohn gebären. Isaias 7.
(rechts) Prophet.
Der Herr wird niedersteigen wie Regen auf das Vlies. Psalm 71.
(im Bogenfeld)
(links) Der Engel Gabriel mit dem Szepter, wie er die Jungfrau grüßt und anspricht: Gegrüßt seist du, Maria, usw.
(rechts oben) Der Heilige Geist, der in Gestalt einer Taube über Maria kommt.
(darunter) Maria, beim Lesen oder Beten, wie sie beim Anblick des Engels erschrickt usw.
(Schriftband unter dem Bogenfeld) Die Jungfrau wird gegrüßt; ehelos bleibt sie und wird doch schwanger.
(Unter dem Schriftband)
(Links) Prophet.
Diese Pforte wird verschlossen sein und nicht aufgetan werden. Ezechiel 44.
(Rechts) Prophet.
Der Herr hat etwas Neues auf der Erde geschaffen: Das Weib wird den Mann umschließen. Jeremias 31.
(Rechter Teil)
(Oberhalb des Bogens) Man liest im Buch der Richter, Kap. 6: Gideon bat um ein Siegeszeichen, daß ein Vlies vom Tau naß werden sollte. Ein treffendes Vorbild der glorreichen Jungfrau Maria, die ohne Verletzung ihrer Jungfräulichkeit durch die Eingießung des Heiligen Geistes schwanger wurde zu unserem Heil und unserer Erlösung auf immer.
(Im Bogenfeld)
(Oben) Ein Engel, der Gideon grüßt: »Der Herr ist mit dir, tapferster Held.«

(Rechts, darunter) Gideon auf den Knieen, wie er mit erhobenen Händen mit dem Engel spricht.
(Links) Das Vlies, das auf dem Boden ausgebreitet ist.
(Rechts, ganz unten) Der Schild Gideons auf dem Boden.
(Schriftband unter dem Bogenfeld) Vom Tau ist das Vlies naß, die Erde ist trocken geblieben.

S. 251   1 *Schelhorn:* Johann Georg Schellhorn (1694-1773), Bibliograph; »Amoenitates Litterariae« (Literarische Anmutigkeiten, 1725).
– *18 zweite beigefügte Tafel:* s. o. S. 256 f. Übersetzungen:
(Linker Teil)
(Oberhalb des Bogens) Man liest im Hohenlied, 4. Kap.: Der Bräutigam redet die Braut an und spricht, indem er sie umfängt: »Ganz schön bist du, meine Freundin, und kein Makel ist an dir. Komm, meine Freundin, du wirst gekrönt werden.« Der wahre Bräutigam ist Christus, der die Seele aufnimmt und krönt. Die Braut ist die Seele ohne allen Makel der Sünde. Er führt sie empor zur ewigen Ruhe und krönt sie mit der Krone der Unsterblichkeit.
(Im Bogenfeld)
(Links) Der Bräutigam krönt die Braut.
(Rechts) Die Braut, die vom Bräutigam gekrönt wird.
(Schriftband unter dem Bogenfeld) Das Lob einer wahrhaftigen Seele: Sie fühlt, daß ihr Bräutigam gut ist.
(Mittlerer Teil)
(Oberhalb des Bogens)
(Links) Prophet.
Er tritt hervor wie ein Bräutigam aus seinem Gemach. Psalm 18.
(Rechts) Prophet.
Er schmückte mich wie ein Bräutigam mit einer Krone. Weisheit 6.
(Im Bogenfeld)
(Links) Christus, der die Seele krönt, d. h. dem gläubigen und ihn anbetenden Menschen die Krone aufsetzt.
(Rechts) Die Seele, die von Christus gekrönt wird, d. h. der gläubige Mensch, der vor Christus kniet, ihn anbetet und von ihm gekrönt wird.
(Schriftband unter dem Bogenfeld) Dann freuen sich die Seelen, wenn ihnen alle Güter gegeben werden.
(Unter dem Schriftband)
(Links) Prophet.
Setze deine Krone auf und lege deine Schuhe an usw. Ezechiel 24.
(Rechts) Prophet.
Ich vermähle dich mir auf ewig. Hosea 2.
(Rechter Teil)
(Oberhalb des Bogens) Man liest in der Geheimen Offenbarung,

21. Kap.: Ein Engel des Herrn nahm den Evangelisten Johannes bei der Hand, als er im Geist entrückt war, und indem er daran ging, ihm die Geheimnisse Gottes zu zeigen, sprach er zu ihm: »Komm, ich will dir die Braut zeigen, die Gattin des Lammes.« Der Engel spricht zu allen ohne Unterschied, daß sie kommen, um im Geiste dem Lamm zuzuhören, dem schuldlosen Christus, der die schuldlose Seele krönt.
(Im Bogenfeld)
(Links) Die himmlische Stadt, die die Braut des Lammes ist.
(Rechts) Ein Engel, der Johannes auf einen Berg mitgenommen hat und ihm gerade die Braut Christi zeigt.
(Schriftband unter dem Bogenfeld) Als Bräutigam liebt Christus die schöne Braut über alle Maßen.
35 ff. Nota. Ubicunque ...: Anmerkung: Überall, wo in der obigen Beschreibung über oder unter der mittleren Figur bzw. der Szene aus dem Neuen Testament über Christus das Wort »Prophet« steht, dort findet sich immer in den Kreuzgangfenstern des Klosters Hirsau statt des bloßen Wortes ein Prophetenbild, d. h. das Bild eines würdigen und weisen Mannes, teils in ganzer Figur, teils, und das in den meisten Fällen, nur als Halbfigur gemalt, mit beigefügtem oder auch darum gewundenem Spruchband, auf dem man einen Spruch des Propheten liest, in der folgenden oder einer ähnlichen Art.

S. 252   *17 Weickersreiter:* Heinrich Weickersreiter (Weickerschreiter), von 1560-1569 Abt des Klosters Hirsau, beschrieb die dortigen Fenstergemälde. – *19 ff. Hanc figuram ...:* Diese Figur habe ich im Kreuzgang nie gesehen, sondern die Beschreibung von meinem Vorgänger, dem Herrn Abt Heinrich, übernommen. – *38 erste originale Ausgabe:* Es gibt fünf verschiedene Ausgaben der lateinischen Biblia pauperum, darunter eine mit 50 Blättern.

S. 253   *19 Reichards ...:* Andreas Reichard, Verfasser einer Beschreibung des Klosters Hirsau, 1610.

S. 258   *3 anfangs angeführte Stelle:* s. o. S. 248, 32 ff. – *16 ff. Exemplum ...:* Beispiel. A. Genes. 3: Gott auf dem Baum. Bild der Eva. Schlange. Die Schlange litt Drangsal, als die Jungfrau ohne Schmerzen gebar. B. Siehe, die Jungfrau wird empfangen. Engel mit Szepter. Jungfrau Maria. Die Jungfrau wird gegrüßt; ehelos bleibt sie und wird doch schwanger. C. Richter 6: Engel: Der Herr ist mit dir, tapferster Held. Das betaute Vlies. Gideon auf den Knieen. Vom Tau ist das Vlies naß; die Erde ist trocken geblieben. – *29 ff. Picta sunt ...:* Dies wurde gemalt auf Veranlassung des 42. Abtes von Hirsau, Johannes von Calw, um das Jahr 1517, zu der Zeit, als die Reformation der Kirche durch D. Luther begann.

S. 259   *1 zwölften Abte:* In der historisch nachweisbaren Folge der

KLOSTER HIRSCHAU · S. 252-265

Äbte ist Wilhelm der zweite Abt (1071-1093). – *27 Johann von Calw:* Johannes von Calw, von 1503-1524 Abt des Klosters Hirsau.

S. 260   *1 ff. Hic ...:* Dieser ließ im 14. Jahr seiner Regierung auf Bitten seiner Mitbrüder die Malerei im Sommerrefektorium für die Nachwelt ausführen. – *8 Frischlins ...:* Jakob Frischlin (1537 bis nach 1612), Dichter und Geschichtsschreiber. – *36 ff. Secundum ...:* Vom Kreuzgang vollendete er auch die zweite Seite mit dem Brunnen innerhalb von fünf Jahren; dafür gab er 1100 Goldstücke aus. – *38 ff. Fenestras ...:* Fenster mit Butzenscheiben und Gemälden ließ er auf drei Seiten des Klosterkreuzgangs anbringen; dafür gab er mehr als 300 Goldgulden aus. Auf der vierten Seite ließ er nur Gemälde ohne Butzenscheiben machen.

S. 261   *11 genommen worden:* danach abgebildet worden.

S. 263   *25 f. Prädikanten:* Hilfsprediger. – *28 Bonaventura:* Eigentlich Johann von Fidanza (1221-1274), Franziskaner. Der Heilige mit dem Beinamen »Doctor seraphicus« ist der Verfasser der »Biblia pauperum« (Armenbibel). – *29 f. homiletische Schwarte:* ein Buch, das eine Handreichung für Prediger darstellt. – *30 f. Biblia ...:* Armenbibel, herausgegeben von dem Herrn Bonaventura. – *32 ff. Expliciunt ...:* Ende der Beispiele aus der Heiligen Schrift, die alphabetisch angeordnet worden sind, damit der nötige Stoff zu Ansprachen und Predigten von den Predigern leichter gefunden werden kann. – *35 Mättäre:* Michel Maìttaire (1668-1747), englischer Bibliograph und Altertumsforscher; »Annales typographici ab artis inventae origine ad annum 1557, cum appendice ad annum 1664« (Typographische Jahrbücher vom Ursprung der Kunst bis zum Jahre 1557, mit einem Anhang bis zum Jahre 1664). – *39 ordinis Minorum:* Minoritenorden.

S. 264   *7 f. Hic ...:* Hier beginnt die Armenbibel. – *16 Lauterbach:* Georg Burchard Lauterbach (gestorben 1751), Sekretär an der Bibliothek zu Wolfenbüttel. – *24 Anscharius:* Ansgarius (801-864), heiliggesprochen, Erzbischof von Hamburg, Apostel der Dänen. – *27 S. Ansgarius ...:* Der Verfasser dieses Buches ist der heilige Ansgar. – *30 Ornhjälm:* Claudius Ornhielmus (Clas Oernhjelm) (2. Hälfte des 17. Jahrhunderts), schwedischer Historiker, Verfasser einer Kirchengeschichte der Schweden und Goten.

S. 265   *1 f. Claudii ...:* Claudius Ornhielmius, Kirchengeschichte der Schweden und Goten. – *3 ff. Ingenii ...:* Er (Ansgar) scheint etliche Zeugnisse seiner Begabung hinterlassen zu haben, allein die Nachwelt hat sich nicht so sehr darum gekümmert, daß sie auf uns gekommen wären. Die Bücher aber, die er nach Mitteilung Remberts mit Zahlen und Zeichen geschrieben hat und die »Pigmenta« hießen, enthielten offensichtlich bestimmte Abschnitte und Sätze aus der Heiligen Schrift oder den frommen Schriften der Kirchenväter, die für den täglichen Gebrauch ausgewählt, exzerpiert und mit Buch- und Kapitelnummer bezeichnet waren, damit sie bei Bedarf zur Hand wären zur Erweckung von Frömmigkeit und Reue sowie zur häufigen Betrachtung des Todes und des strengen Gerichts. – *15 f. indigitatos pigmentorum vocabulo:* die »Pigmenta« hießen. – *21 ff. Pigmentorum ...:* »Pigmenta«, was der schwedische Übersetzer durch »Säkkerkakur« wiedergibt, d. h. so etwas wie Konfekt.

S. 266   *2 f. ähnliche Tertium:* tertium comparationis, Vergleichspunkt. – *12 ff. Porro ...:* Ferner, wie eifrig er war, die Hingabe in der Gottesliebe zu steigern, bezeugen die großen Handschriften bei uns, die er selbst eigenhändig in Noten verfaßt hat, welche, wie man erkennt, nur das enthalten, was sich auf das Lob des allmächtigen Gottes und auf die Zurechtweisung der Sünder bezieht, aber auch auf das Lob der ewigen Seligkeit, den Schrecken der Hölle und alles, was zur Zerknirschung und Reue gehört. – *13 Rembertus:* Erzbischof zu Hamburg und Bremen (gestorben 888), heiliggesprochen; Verfasser einer Lebensgeschichte des heiligen Ansgarius. – *15 per notas:* Gemeint ist: in Kurzschrift. – *19 ff. Denique ...:* Schließlich hat er aus den zur Zerknirschung geeigneten Stellen bei allen Psalmen, d. h. für jeden Psalm einzeln, ein kurzes Gebet zusammengestellt, das er selbst »Pigmentum« zu nennen pflegte, weil es ihm jeweils den Psalm versüßen sollte. – *26 ut ei ...:* weil sie ihm die Psalmen versüßen sollten. – *29 f. potionem ...:* ein Getränk aus Wein, Honig und verschiedenen Gewürzen. – *33 du Cange:* Charles Dufresne du Cange (1610-1688), französischer Historiker und Sprachforscher, der 1688 ein »Wörterbuch zu den mittelalterlichen und neueren griechischen Schriftstellern« (»Glossarium ad scriptores mediae et infimae graecitatis«) veröffentlichte. – *35 ff. Noverit ...:* Er wird jedenfalls wissen, daß das göttliche Wort sehr passend ein »Pigmentum« genannt wird, das um so angenehmeren Geruch und Geschmack verströmt, je mehr es im Munde der Prediger wieder und wieder gekaut wird. – *38 Staphorst:* Nicolai Staphorst (1679-1731), Prediger in Hamburg; seine »Hamburgische Kirchengeschichte« erschien 1723.

S. 267   *5 per numeros et signa:* mit Zahlen und Zeichen. – *10 codicibus ...:* Handschriften, die er selbst eigenhändig in Noten verfaßt hat. – *12 Notae Tironianae:* Tironische (Tironianische) Noten, der im 16. Jahrhundert aufkommende Name für die altrömische Kurzschrift, deren Erfinder der Freigelassene Ciceros, Marcus Tullius Tiro, war. – *12 Verfasser:* Ch. Fr. Toustain, R. P. Tassin, J. B. Baussonet. – *12 f. Nouveau Traité ...:* Neue Abhandlung über die Diplomatie. Das sechsbändige Werk erschien zwischen 1750 und 1765. – *26 ff. Quae, aliis* ...: Was er, wenn die anderen mit ihm die Psalmen sangen, nach beendetem Psalm still bei sich zu betrachten pflegte, das wollte er keinem mitteilen.

ZU THEOLOGIE UND PHILOSOPHIE

Für viele Leser verbindet sich mit Lessings Schriften zur Theologie allein die Vorstellung von seiner Auseinandersetzung mit dem Hamburger Hauptpastor Goeze gegen Ende seines Lebens. Doch weder beschränkten sich Lessings Studien zur Theologie auf seine letzte Lebenszeit noch waren sie immer oder auch nur überwiegend polemischer Art. Vielmehr hat Lessing sich mit Fragen der Theologie und der Kirchengeschichte von Jugend an immer wieder befaßt – besonders intensiv sogar in seinen »weltlichsten« Jahren als Sekretär des Generals Tauentzien während des Siebenjährigen Kriegs in Breslau –, und es waren häufig die für ihn so typischen »Rettungen«, mit denen er gerade auf diesem Gebiet an die Öffentlichkeit trat. Dabei handelte es sich meist um Rettungen von »Ketzern« oder Verketzerten, so z.B. bereits 1754 in der »Rettung des Hier. Cardanus«, aber auch Lessings erste Publikation aus der Wolfenbütteler Zeit, alsbald nach Antritt seines Dienstes, noch 1770, war eine theologische Rettung, nämlich des Berengar von Tours, Jahre also vor dem Fragmentenstreit, und dieser – mit besonderer Freude unternommen – Arbeit folgten über zehn Jahre überwiegend weitere Arbeiten über theologische Themen. *Daß* es aber die Verketzerten, die, denen Unrecht geschehen war und die sich nicht mehr verteidigen konnten, waren, deren sich Lessing annahm, das ist nicht weniger bezeichnend für ihn als das Aufdecken von Voreingenommenheiten und das Rütteln an verfestigten Sanktioniertheiten.

Um aber Stellung und Bedeutung der Arbeiten zur Theologie in Lessings Leben und Werk recht zu sehen, muß man sich zudem vergegenwärtigen, daß er nur einen Teil seiner Vorhaben fertigstellen und veröffentlichen konnte, daß der größere Teil seiner Arbeiten, und darunter wohl das, was er als seine wichtigsten empfand, Fragment und damit unveröffentlicht geblieben ist. Dabei hat natürlich die Aufhebung der Zensurfreiheit 1778, die praktisch einem Veröffentlichungsverbot von Werken mit theologischer Thematik gleichkam und die er nicht allzusehr mißachten durfte, mitgewirkt. Aber auch wenn Lessing nicht an der Weiterführung des Streits mit Goeze wie an der Ausarbeitung bereits begonnener Arbeiten gehindert worden wäre, in der ihm noch beschiedenen Lebenszeit hätte er all diese Pläne nicht vollenden können. Dennoch war das, was Lessing im Zusammenhang mit der Bekanntmachung der bibel- und religionskritischen »Fragmente« des »ungenannt« gebliebenen Hermann Samuel Reimarus von 1774 an veröffentlichte, brisant genug, um die stärkste Erschütterung in der Kirchengeschichte seit Luther zu bewirken. Allein zu Lessings Lebzeiten sind über 50 Gegenschriften gegen ihn erschienen, und die Wirkung ins 19. Jahrhundert hinein, nicht nur auf David Friedrich Strauß und seine Leben-Jesu-Forschung, war stark.

Obwohl Lessing über vielfältige gründliche theologische Kenntnisse verfügte – in der frühen Kirchengeschichte z. B., der Patristik, dürfte es zuletzt kaum einen besseren Kenner als ihn gegeben haben –, hat er sich nicht als »Theologen«, sondern als »Liebhaber der Theologie« bezeichnet. Und seine Arbeiten sind – auch für die »Rettungen« gilt das großenteils – zumeist theologiekritischer Art. Doch veröffentlichte er die deistischen Schriften von Reimarus nicht, weil er sich mit ihnen identifizierte, sondern weil sie ihm der geeignete Anstoß zu sein schienen, die theologischen Grundprobleme der Zeit wie das Verhältnis von »Vernunft und Offenbarung«, von »zufälligen Geschichtswahrheiten und notwendigen Vernunftwahrheiten« zu klären. Dabei zeigte sich in Deutschland die Spannung zwischen »natürlicher« und Offenbarungsreligion wesentlich schwächer als etwa in England, dem Ursprungsland des Deismus, oder auch in Frankreich. Den beiden deutschen das geistige Klima des 18. Jahrhunderts weithin bestimmenden Philosophen: Leibniz und seinem Vermittler Christian Wolff ging es nicht um den Gegensatz, sondern um den Ausgleich, die Harmonie von Vernunft und Offenbarung. Die moderne Theologie jedoch, die Neologie, wie sie – oft abwertend – genannt wurde, setzte sich mit der Orthodoxie vor allem wegen unterschiedlicher Auffassungen über Theorie und Praxis des Christentums, von christlicher Lehre und christlichem Leben auseinander. Diese – z. T. durch den Pietismus bedingte – deutsche Sonderentwicklung hätte der Haltung Lessings, dem stets praktizierte Frömmigkeit als Hauptkriterium galt, entsprechen können, wenn die Neologen seiner Zeit – von wenigen Ausnahmen abgesehen – klarere und bessere Denker gewesen wären. Daß man »uns unter dem Vorwande, uns zu vernünftigen Christen zu machen, zu höchst unvernünftigen Philosophen« mache, das mußte Lessing durchschauen und ablehnen, und so kam er in die seltsame Lage, im Postulat zwar anscheinend den Neologen nahezustehen, hinsichtlich ihrer theologisch geistigen Leistung aber den Orthodoxen größeren Respekt zu erweisen. Er wisse »kein Ding in der Welt, an welchem sich der menschliche Scharfsinn mehr gezeigt und geübt hätte« als an dem »alten Religionssystem«, schrieb er am 2. Februar 1774 an seinen Bruder Karl, aber das, was man jetzt an die Stelle des alten setzen wolle, sei »ein Flickwerk von Stümpern und Halbphilosophen«. Ja, im Verlauf der theologischen Auseinandersetzungen und seiner immer tiefer schürfenden Forschungen nach den – schriftlich noch nicht genau dokumentierten – Anfängen des Christentums mußte sich Lessing notwendig sogar von der These des Protestantismus, nur »die Schrift« als Grundlage anzuerkennen, zugunsten der Einbeziehung einer hypothetischen mündlichen »Tradition« lösen, wodurch er sich dem – damals in manchen Kreisen ungeheuerlichen – Vorwurf katholisierender Tendenzen aussetzte.

Eine »Rettung« gegen dogmatische Orthodoxie war Lessings frühester theologisch-theoretischer, aber Fragment gebliebener Versuch, seine »Gedanken über die Herrnhuter«, wohl von 1750, in dem der Satz, daß der Mensch zum Tun, nicht zum »Vernünfteln« erschaffen worden sei, deutlich die Richtung angibt, in welcher seine weitausholenden Gedanken hätten weitergehen sollen. »Vernünfteln« hat man Lessing gelegentlich wegen seines spekulativen Versuchs, ein »Christentum der Vernunft« zu entwerfen, vorgeworfen. Die Deduktion der Trinität aus der Vernunft, die dieses Fragment enthält, dürfte in ihrer Radikalität einzigartig sein. Dieser Entwurf, die spätere Geschichtsdeutung in der »Erziehung des Menschengeschlechts« einerseits und die streng historischen Untersuchungen über die Frühzeit des Christentums andererseits bezeichnen die Pole, zwischen denen sich Lessings Bemühungen um theologische Fragen bewegten. Man kann eine tiefsinnige Ironie darin sehen, daß der »Nathan«, der den Fragmentenstreit, diese kurze polemische Phase innerhalb von Lessings Arbeiten zur Theologie, beendete, die Folge eines Zwanges war. Doch ist es nicht unbezeichnend, daß am Anfang dieses Streits ebenfalls eine Dichtung stand, eine kleine zwar, von der Lessing selbst später aber sagte, sie sei »nicht das Schlechteste«, was er gemacht habe, die »Parabel«. Nicht weniger aber muß es zu denken geben, daß Lessings erste Antwort auf eine Gegenschrift zu seiner »Fragmenten«-Publikation, an Schumann über den »Beweis des Geistes und der Kraft« in das »Testament Johannis« mündet, daß er also die Glaubenslehren auf die Liebe gründen wollte, und daß in den »Anti-Goeze«-Schriften selbst sich das Thema mehr und mehr von den Thesen des Fragmentisten auf die »regula fidei« der ersten Christen verlagert. Zweifellos sind die »Anti-Goeze«-Schriften Beispiele ersten Ranges für große polemische Literatur. Sie sind so brillant, daß sie sogar abgelöst von ihrem Gegenstand ohne Kontext für sich selbst stehen können. Die Polemik verdeckt und verdunkelt sozusagen oft das, worum es geht, zumindest für uns heute, nach über 200

Jahren. Für Lessing sollte nach seinem Plan die Auseinandersetzung mit Goeze nur der Anfang sehr viel weiterreichender eigener theologiekritischer Auseinandersetzungen sein. Geplant war von ihm eine historisch-philologisch-kritische Untersuchung der Evangelien, woran er »seit vielen Jahren« gearbeitet hätte, von der aber die Fragment gebliebene »Neue Hypothese über die Evangelisten als bloß menschliche Geschichtschreibet betrachtet« nur »die ersten Linien« gezeigt hätte. Im einzelnen sind manche Hypothesen und Thesen Lessings in diesem Fragment von der im 19. Jahrhundert dann kräftig einsetzenden Forschung widerlegt worden, in der Forschungsrichtung war er bahnbrechend. Diese »Neue Hypothese« wäre eine unpolemische Schrift geworden. Aber auch in der persönlichen Auseinandersetzung konnte Lessing sachlich sein: es kam auf sein Gegenüber an. Das zeigt sich in den ebenfalls Fragment gebliebenen »Sogenannten Briefen an den Herrn Doktor Walch«, einen angesehenen Göttinger Professor, der mit viel Gelehrsamkeit sich mit Lessing eingelassen hatte, nun aber – wenn die Antwort vollendet gewesen wäre und hätte erscheinen dürfen – auf seinem eigensten Feld, der Patristik, von Lessing weit zurückgedrängt worden wäre. Gewiß, hier kann Lessings Antwort für uns heute nicht mehr vom Sachbezug isoliert stehen wie die Goeze-Polemik: als Gegenbeispiel für Lessings Möglichkeiten und auch als Zeichen dafür, worum es sachlich ging, kommt gerade diesen Briefen, die zudem Lessings Stil deutlich genug zeigen, erhebliche Bedeutung zu. Und auch sie zeigen, daß Lessings Weg weit über die in jedem Fall noch eng begrenzte Polemik seiner Zeit hinauswies.

Theologische und philosophische Arbeiten sind in jener Zeit bei Lessing kaum zu trennen. Für die »Erziehung des Menschengeschlechts«, deren großer Wurf ja hinter all den theologischen Auseinandersetzungen seit 1774 steht, ist das evident, es gilt aber auch für die Dialoge von »Ernst und Falk«, bei denen bereits die Vorrede entsprechende Hinweise gibt und die in ihren entscheidenden Punkten wohl noch der Entdeckung harren. – Vielleicht hat die von Lessing nicht veranlaßte Veröffentlichung des 4. und 5. Gesprächs das Verständnis des Ganzen eher erschwert.

Lessings eigene religiöse Überzeugung, seine persönliche »regula fidei«, wird man bei jemandem, der nicht Theologe sein wollte und der zudem mit seinen Gefühlen so verschwiegen war wie er, gerade in seinen Schriften zur Theologie nicht unmittelbar suchen dürfen. Im »Testament Johannis«, auf jeden Fall im vorkirchlichen Bereich, wird man ihr nahekommen, vor allem aber wird man sich an die Dichtungen halten, an die »Parabel« und an den »Nathan« (mit der fundamentalen Szene IV, 7).

THEOLOGIE

Gedanken über die Herrnhuter (S. 271)

Diese Fragment gebliebene früheste theologische Arbeit Lessings hat erst Karl Lessing nach dem jetzt verschollenen Manuskript aus dem Nachlaß veröffentlicht (»Theologischer Nachlaß«, 1784). Das Entstehungsdatum 1750 hat möglicherweise auf dem Titelblatt der Handschrift gestanden.

Bemerkenswert ist, daß Lessings Schrift bereits eine »Rettung« darstellt, also eine Verteidigung zu Unrecht Angegriffener, wie er – bis zum »Nathan« – viele geschrieben hat, und zwar aufgrund der religiösen Praxis der Herrnhuter, und daß sie nicht eine Auseinandersetzung mit ihrer »Theorie« werden sollte. Damit wird eine Konstante in Lessings Religionsverständnis sichtbar. Ausgeführt hat der junge Lessing in dem Fragment nur – in bestimmter Absicht – eine »Geschichte der Weltweisheit« und der Religion »in einer Nuß«: es lohnt sich, diesen Entwurf mit der späten »Erziehung des Menschengeschlechts« zu vergleichen.

Die Brüdergemeinde – heute noch an verschiedenen Orten tätig – hatte sich unter der aktiven Protektion des schlesischen Grafen Nikolaus Ludwig von Zinzendorf (1700-1760) aus vertriebenen mährischen lutherischen Pietisten in den 20er Jahren des 18. Jahrhunderts in Herrnhut in der Oberlausitz (nicht weit von Camenz) gebildet. Sie ist geprägt durch die enge Verbindung von Herzensfrömmigkeit und praktischtätiger Caritas, theologisch steht sie auf der Grundlage der Confessio Augustana. Schon Lessings Vater hatte sich – zwar aus theologischer Distanz – positiv über die Brüdergemeinde geäußert. – S. auch Lessings Rezension vom 23. 3. 1751, Bd. 2, S. 521 f.

S. 271   2 f. *oro* ...: ich bitte und beschwöre euch, daß ihr die von so viel Unrecht erschütterte und verfolgte Gerechtigkeit an diesem Orte endlich bekräftigen lasset. – 10 *Zuzu:* Chow-chow.

S. 272   31 *sieben Weise:* Legendäre frühgriech. Urheber gnomischer Spruchweisheiten, in hellenistischer Zeit Mittelpunkte von Briefromanen und Dialogen (Plutarch), noch im Mittelalter zitiert, aber schon vom 4. Jh. v. Chr. mit der »bescheideneren« Philosophie des Pythagoras konfrontiert (nach: Lexikon der Antike). – 36 *Labyrinth von Geheimnissen:* Anspielung auf die Pythagoreer, denen Zahlenverhältnisse als das Wesen aller Dinge galten.

S. 273 2 *sich am wenigsten gleich:* Gemeint ist die Eindeutigkeit des Ausspruchs des Delphischen Orakels, Sokrates (469-399 v. Chr.) sei der weiseste Mensch, im Gegensatz zur üblichen Zweideutigkeit der Orakelsprüche. − *15 Sophist:* Vom 5. Jh. v. Chr. an vager Sammelbegriff für − oft herumziehende − Weisheitslehrer und Rhetoren; hier in der sehr einseitigen, karikierenden Stilisierung Platos. − *32 göttlichen ... untrüglichen:* Beinamen Platos und Aristoteles' in der mittelalterlichen Philosophie. − *33 Cartesius:* René Descartes (1596-1650), Begründer der modernen Philosophie; Kernsatz: cogito, ergo sum (ich denke, also bin ich).

S. 274 *1 zwei Männer:* Newton und Leibniz. − *3 Weltweisheit:* Philosophie. − *4 Meßkunst:* Mathematik.

S. 275 *5 Θεος από μηχανης:* der »Gott aus der Maschine«, der im griech. Theater durch eine besondere Vorrichtung auf die Bühne herabgelassen wurde, wenn die Schwierigkeit einer Situation übernatürlicher Eingriffe zu ihrer Lösung bedurfte. − *12 im Geist anbeten:* Joh. 4, 24.

S. 276 *6 f. mit ... Beweisen zu unterstützen:* L. denkt an die Theologie der Kirchenväter und Scholastiker. − *12 f. Rom ... Tyrannen:* das Papsttum im Gegensatz zum vorchristlichen Rom, das nicht-röm. Religionen duldete. − *33 f. zwei Männer ... uneinig:* Luther und Zwingli in der Abendmahlsfrage (»Dies ist mein Leib« − »Dies bedeutet meinen Leib«).

S. 277 *10 die Vernunft:* L. versteht also den Übergang zur Reformation aufklärerisch als Leistung der Vernunft. − *11 Irrweg:* die protestantische, bes. lutherische, Betonung der Rechtfertigung allein durch den Glauben (»sola fides«) statt durch die »Werke«. − *21 diese verkehrte Art:* die für die Aufklärungstheologie vieler Schattierungen typische Verquickung von Glaube und Vernunft.

S. 278 *1 f. Ach! eure Wissenschaft ...:* Haller, »Gedanken über Vernunft, Aberglauben und Unglauben«, V. 59 f.

S. 279 *17 Monaden:* »Einheiten«, ein Grundbegriff der Leibnizschen Philosophie, der die immateriellen Kraftpunkte bezeichnet, aus denen sich die Welt in »prästabilierter Harmonie« aufbaut. − *29 hyperbolischer Stolz:* Wortspiel mit der geometrischen (s. o. S. 279, 1) und übertragenen Bedeutung von »hyperbolisch«.

S. 280 *12 Graf von Z.:* Zinzendorf. − *21 augspurgisches Glaubensbekenntnis:* die 1530 auf dem Reichstag zu Augsburg Kaiser Karl V. überreichte protestantische Confessio; die grundlegende Bekenntnisschrift der Lutherischen Kirche.

Das Christentum der Vernunft (S. 281)

Der Fragment gebliebene Text muß spätestens 1753 schon existiert haben. Nach einem Brief an Moses Mendelssohn vom 1. Mai 1774 scheint Lessing in Unterhaltungen mit Mendelssohn von der Weiterführung dieser Gedanken abgekommen zu sein. (Zur Entstehung ausführlich in: Werke, Bd. 7, S. 802, 844 ff., 851 f.)

Nach ihrer Thematik stand die geplante Schrift in der Zeit nicht isoliert, die Entschiedenheit aber, die Trinität ohne Abstriche stringent aus der theozentriert gesehenen Vernunft zu entwickeln, dürfte wohl einzigartig sein. Jedoch ist es bezeichnend für Lessing, daß er auch hier bald von der »systematischen« zur »praktischen« Theologie (§ 26) übergeht. Das Problem der Trinität hat Lessing später immer wieder, sowohl historisch, wie etwa bei den Unitariern und Sozinianiern, aber auch grundsätzlich – etwa im Zusammenhang mit dem Nicäischen Konzil und den Bekenntnisformeln – beschäftigt, als zentrales Thema in einem Aufsatz hat er es nicht wieder behandelt. Zu seiner eigenen späteren Einstellung s. »Erziehung des Menschengeschlechts« § 73, S. 673 dieses Bandes.

Rettung des Hier. Cardanus (S. 285)

Die »Rettung des Hier. Cardanus« erschien im Anschluß an die »Rettungen des Horaz« (s. Bd. 2, S. 575 ff.) im dritten Teil von »G. E. Lessings Schriften« zur Ostermesse 1754.

Lessing arbeitete über Einzelfragen der Reformationsgeschichte bereits in der Wittenberger Studienzeit (1751-52). Dort entstand neben anderen »Rettungen« auch die des Cardan, mit dem sich Lessing nach einem Zeugnis seines Bruder Karl (»G. E. Lessings Leben« I, 162) noch weiter hatte beschäftigen wollen. Vorbild war Pierre Bayles »Dictionnaire historique et critique« (»Historisches und kritisches Wörterbuch«) von 1697 sowie der bereits auf Bayle fußende Leipziger Lehrer Lessings Johann Friedrich Christ.

Hieronymus Cardanus oder Geronimo Cardano aus Pavia, ein sehr vielseitiger und vorwärtsweisender Gelehrter, lebte von 1501 bis 1576, studierte in Pavia und Mailand und arbeitete dort und in Bologna später als Mathematiker, Philosoph und als Professor der Medizin. Über sein Leben wurde im 18. Jahrhundert jedoch direkt oder in Andeutungen negativ berichtet. Vor allem wurde ihm seit dem 16. Jahrhundert der Vorwurf der »Atheisterei« gemacht. Davon versuchte ihn Lessing zu retten. Die Rettung bezieht sich aber in erster Linie auf Cardans Fragen und Beweise für den Vorzug der christlichen Religion im Zusammenhang mit dem Vergleich jüdischer, christlicher und mohammedanischer Religion. Das eigentliche Thema ist die Diskussion um den Religionsvergleich, wobei Lessing zur Darstellung auch seiner Auffassung auf den Begründungszusammenhang Cardans zurückgreift. So wird die Abhandlung über Cardan zu einer Schrift der Toleranz der Aufklärung.

S. 285   *6 der größte Verstand ...:* Bayle verwies in seinem »Dictionnaire« schon auf das hier angedeutete Seneca-Zitat: »Nullum magnum ingenium sine mixtura dementiae fuit« (Es hat keinen großen Geist ohne eine Beimischung von Wahnsinn gegeben). Aus: »De tranquillitate animi« 17, 10. – *11 de vita propria:* Über das eigene Leben, Autobiographie des Cardanus. – *21 f. die Unsterblichkeit der Seele:* bezieht sich auf Cardanus' Schrift »De immortalitate animorum«. – *22 dem Heilande die Nativität zu stellen:* die Konstellation der Gestirne zur Zeit der Geburt Jesu aufzeigen, um daraus sein Leben vorzudeuten. – *23 de subtilitate:* »Über den Scharfsinn«. – *28 Währmann:* hier Gewährsmann. – *29 Martinus del Rio:* Martin Anton Delrio (1551-1608), spanischer Jesuit und Theologieprofessor. Der Buchtitel lautet: »Disquisitionum magicarum libri VI« (»Sechs Bücher Untersuchungen über die Zauberei«) 1593. – *32 f. Pastor Brucker:* Johann Jakob Brucker (1696-1770) war Theologe und Geschichtsschreiber der Philosophie; seit 1744 Pastor in Augsburg. Seine »Historia critica philosophiae« in 5 Bdn. erschien 1742-1744. – *33 f. des Ptolemäus vier Bücher:* Claudius Ptolemäus (im 2. Jh. n. Chr.), Begründer des nach ihm benannten Weltbildes, verfaßte als Mathematiker, Geograph und Astronom u. a. den »Tetrabiblos«, ein Handbuch der Astrologie. – *de astrorum iudiciis* bezieht sich auf »dessen seltnen Werke«, also auf ein Werk Cardans: »In Cl. Ptolemaei de astrorum iudiciis libros commentarii« (»Kommentare zu den Büchern des Claudius Ptolemaeus über die Schicksalsbestimmung aus den Sternen«) 1554.

S. 286   *13 Pastor Vogt:* Johann Vogt (1695-1764), evang. Geistlicher; L. meint den »Catalogus historico-criticus librorum rariorum« von 1732. – *13 de la Monnoye:* Bernhard de La Monnoye (1641 bis 1728), franz. Schriftsteller, gab 1715 die umstrittenen »Menagiana« aus dem Nachlaß von Gilles Ménage in erweiterter Ausgabe heraus. Ménage (1613-1692) war ein einflußreicher franz. Philologe und Kritiker. 1693 erschienen zuerst die »Menagiana ou les bons mots et remarques critiques, historiques, morales et d'érudition de M. Ménage, ed. par ses amis« (»Menagiana oder die Bonmots und kritischen, historischen, moralischen und gelehrten Bemerkungen von Ménage, herausgegeben von seinen Freunden.«) in 4 Bänden. – *21 Pomponaz:* Petrus Pomponatius oder Pietro Pomponazzi (1462-1525), ital. Philosoph, Professor in Padua und Bologna, verfaßte wie auch Cardanus eine Schrift »De immortalitate animae«, 1516. – *26 die vier Hauptreligionen:* dazu Cardanus in der Übersetzung L.s: »Der Gesetze ... sind viere; der Götzendiener, der Juden, der Christen und der Mahometaner.« (Mahometaner: nach franz. Schreibweise: Mahomet). Das Zitat u. S. 287 Z. 34 f. – *30 igitur his ...:* »sie bleiben also der Entscheidung des Sieges überlassen«. Vgl. auch den Anfang von L.s »Gedanken über die Herrnhuter«, S. 271. – *34 Scaliger Exercit. 258. n. 1.:* Julius Cäsar Scaliger (1484-1558), Arzt und klassischer Philologe in Oberitalien und Frankreich, hatte u. a. mit Cardanus heftige Auseinandersetzungen. Neben naturwiss. und philologischen Schriften begründeten vor allem seinen Ruhm die »Poetices libri VII« (»Poetik in 7 Büchern«), Lyon 1561. In L.s Zitat wird verwiesen auf Scaligers »Exotericarum exercitationum liber quintus decimus de subtilitate, ad Hieron. Cardanum« (»15. Buch der allgemeinverständlichen Studien über den Scharfsinn, an Hier. Cardanus«), Paris 1557 und Hannover 1634.

S. 287 *1 f. Marinus Mersennus:* Der Franzose Marin Mersenne (1588-1648), Theologe, Naturforscher und Philosoph, verfaßte »Quaestiones in Genesim« (»Untersuchungen zur Genesis« also zum Schöpfungsbericht, 1. Buch Mose), 1623. – *4 f. Buchs von den drei Betriegern:* Das Buch »De tribus impostoribus« erschien anonym mit fingierter Jahresangabe 1598. Entstanden ist es wahrscheinlich im 17. Jahrhundert. Es kritisiert spezifische Glaubenssätze der drei Offenbarungsreligionen. – *6 Morhof ...:* Daniel Georg Morhof (1639-1691) verfaßte einen »Polyhistor« (»Der Vielwisser«), Lübeck 1688; 4. Ausgabe in 2 Bd. 1747, womit er in Deutschland die Literaturgeschichtsschreibung anregte. – *9 Reimann ...:* Jakob Friedrich Reimann (1668-1743), Theologe und Literaturhistoriker, ab 1717 Superintendent in Hildesheim, verfaßte die »Historia universalis atheismi et atheorum« (»Allgemeine Geschichte des Atheismus und der Atheisten«) 1725. – *10 die hällischen Verfasser ...:* L. meint die »Observationes selectae Halenses ad rem literariam spectantes« (Hallische ausgewählte Bemerkungen, die Literatur betreffend). – *11 Freytag (Analect. Litteraria p. 210):* Die »Literarische Auslese seltener Bücher« von dem Juristen und Bürgermeister von Naumburg Friedrich Gotthilf Freytag (1723-1776) erschien 1750. – *11 f. die Bibliothek des Salthenius:* »Bibliotheca librorum rariorum« (1751) von Daniel Salthenius (1701-1750), einem schwedischen Theologen. – *13 locum impium ...:* eine gottlose und äußerst anstößige Stelle; eine Stelle, die in höchstem Maße Ärgernis erregt. – *15 Adjunkt:* ein Hilfsbeamter. – *15 Schwarz:* Der mit L. befreundete Wittenberger Bibliothekar und spätere Leipziger Theologieprofessor Friedrich Immanuel Schwarz (1728-1786) verfaßte »Exercitationes historiocriticae in utrumque Samaritanorum Pentateuchum« (»Historisch-kritische Studien zu beiden Pentateuchfassungen der Samaritaner«); in Samarien war nur der P. (5 Bücher Mose) als heilige Schrift anerkannt. – *20 construiren:* hier etwa: logisch folgern. – *27 Melanchthon:* Philipp Melanchthon (1497-1560), Freund Luthers, ab 1518 Professor in Wittenberg. Vgl. u.a. Bd. 3 dieser Ausgabe, S. 270ff. – *28 Noten:* Randbemerkungen. – *35ff. Hieronymi Cardani ...:* Des Hieronymus Cardanus, Arztes zu Mailand, einundzwanzig Bücher ›Über den Scharfsinn‹, an den berühmten Fürsten Ferdinand Gonzaga, Präfekten der mailändischen Provinz.

S. 288 *3ff. Joh. Petrejus ...:* Johannes Petrejus an den Leser: ›Du hast in diesem Buche, aufrichtiger Leser, die Ursachen, Kräfte und Eigenschaften von mehr als anderthalbtausend verschiedener nicht gewöhnlicher, sondern schwieriger, verborgener und allerschönster Sachen, vom Verfasser hier und da im Versuch beobachtet, die nicht nur wegen der Erkenntnis angenehm, sondern auch zu verschiedenem Gebrauch, dem privaten, wie dem öffentlichen, weitaus nützlicher sind als bisher die meisten Schriften. Wenn solche auch ins Gebiet der Philosophie gehören, so wirst du, wenn du beide vergleichst, mit mir wohl einer Meinung sein, daß sie trotzdem von geringerem Wert sind. Das ist im einzelnen aus dem beigefügten Verzeichnis deutlich zu ersehen.‹ – *12f. Buchhändlerpanegyrico:* Lobrede des Buchhändlers. – *13ff. Norimbergae apud ...:* In Nürnberg bei Johannes Petrejus, nunmehr erstmalig gedruckt, mit kaiserlichem und königlichem Schutzrecht für sechs Jahre. Im Jahre 1550.

S. 289 *21f. Herkules, Apollo, Jupiter, Mercurius, Ceres:* lat. Namen von Göttern und Halbgöttern. Die griechischen Namen: Herakles, Apollon, Zeus, Hermes, Demeter. – *29ff. Diese aber werfen ...:* Die im folgenden genannten Vorwürfe stammen aus der altkirchlichen Apologetik.

S. 290 *23 Exempel:* Johannes 11, 1ff.; Matthäus 9, 18ff.; Lukas 7, 11ff. – *26 Herabfallen der Steine ...:* vgl. Koran 105. Sure, Vers 4f. – *26f. Verbergung in der Höhle:* 18. Sure, 10ff. – *28 in einer Nacht ...:* Davon wird nicht im Koran, sondern in der mohammedanischen Tradition berichtet. – *30 Zerteilung des Mondes:* vgl. 54. Sure, 1ff.

S. 291 *7 Mord und Krieg:* Gemeint ist wohl das Gebot zum Glaubenskrieg. – *7 Turm im Paradiese:* vgl. 15. Sure 17. – *7ff. das Para-*

dies ...: Die hier folgenden Beispiele sind wohl zusammengestellt aus 52. Sure, 20 ff.; 76. Sure 5 ff. und 35. Sure 33. – *13 f. Engel und Gott sollen ...:* 33. Sure 57. – *14 daß Gott von der Erde ...:* eventuell 2. Sure 29. – *15 bei den Geistern ...:* Quelle nicht bekannt. – *16 Historie mit dem Kamele:* Quelle nicht bekannt.

S. 292   *31 Engastrimuthi:* von griech. »ἐγγαστρίμυθος« (Bauchredner). – *32 Orgia:* in der Antike die Feste zu Ehren des Gottes Dionysos (lat.: Bacchus). Später wurde diese Bezeichnung auf ekstatische Feiern überhaupt erweitert; in diesem Sinne sind hier religiöse Bräuche des Islam gemeint. – *37 f. ihre Heiligen:* Der Islam kennt keine Heiligen etwa im Sinne des Katholizismus. Für die im folgenden genannten Namen lassen sich keine Quellen angeben, auch ihre Bedeutung ist nicht genau bekannt. »Vanus« meint wohl »Junus«, also »Jonas« (vgl. 10. Sure), »Chidirelles« meint hier wohl vor allem Georgius, den Schutzpatron der Reisenden; es könnte auch ein weiterer Name für Elias oder für Al-Hidr, den Gefährten Moses, Pinehas, sein.

S. 293   *8 f. deren die heilige Schrift gedenkt:* Daniel 3. und das Apokryphon zum Danielbuch. – *10 Mirathbeg:* Wer hiermit gemeint ist, konnte nicht ermittelt werden. – *16 Perioden:* Sätze. – *26 Was ist nötiger:* Im folgenden Abschnitt entwickelt L. Ansätze seiner Ansichten in den Auseinandersetzungen der 70er Jahre. Zugleich nimmt er »das Programm der vergleichenden Religionskritik vorweg« (Beyschlag).

S. 295   *16 von glaubwürdigen Zeugen bekräftiget:* Gemeint sind die Evangelisten. – *24 f. Fortpflanzung der christlichen Religion:* Bezieht sich auf die erst in der Zeit der Aufklärung überwundene altkirchliche Ansicht einer übernatürlichen Ausbreitung des Christentums. L. begann selbst (nach 1760) eine Abhandlung zu diesem Thema. – *Sekten:* Gemeint sind die frühchristlichen Strömungen der Gnostiker, Manichäer, Ebioniten u. a.

S. 296   *22 f. nihil continent ...:* nach L.s Übersetzung o. S. 291, *1 f.:* »Die Gebote Christi enthalten nichts, was mit der Moral oder der natürlichen Philosophie streitet.« – *34 ff. illius vitam ...:* nach L.s Übersetzung o. S. 291, *2 ff.:* »Was sein Leben anbelangt, darinne kann es ihm niemand gleich tun, und wenn es auch der allerbeste wäre; aber es nachahmen kann ein jeder. Wie? *kann* sage ich? Ja, so viel du dich von seinem Exempel entfernst, so viel Gottlosigkeit nimmst du an.« – *26 f. Vernunft:* vgl. hiermit aber »Die Erziehung des Menschengeschlechts« §§ 4 u. 77.

S. 298   *23 f. Babylonische Gefangenschaft:* die Gefangensetzung eines Teils des jüdischen Volkes durch Nebukadnezar in Babylon am Anfang des 6. Jh. v. Chr.

S. 299   *8 doch schone seines Lebens:* vgl. Hiob 2, 6. – *10 Grenzen eures Tobens:* vgl. ebd. 3, 17. — *15 Bildads und Zophars:* Neben Eliphas kommen Bildad und Zophar, um ihren Freund Hiob zu trösten. Aber sie erkennen ihn zunächst nicht. Vgl. Hiob 2, 11ff. — *18f. segnet Gott und sterbt:* vgl. Hiob 2, 9: »Und sein Weib sprach zu ihm: Hältst du noch fest an deiner Frömmigkeit? Ja, sage Gott ab und stirb!« Eventuell ist das »segnet« des hebräischen Bibeltextes in dieser Weise als »saget ab« zu verstehen. — *30 Polemici:* Verfasser von polemischen theologischen Streitschriften. — *33 Reland und Sale:* Adrianus Reland (1676-1718), Professor der Orientalistik in Utrecht, schrieb 1715 »De religione Mohammedanica libri II« (»Zwei Bücher über die mohammedanische Religion«). George Sale (ca. 1697-1736), verfaßte 1721 als englischer Orientalist »Observations historiques et critiques sur le mahometisme« (»Historische und kritische Betrachtungen über den Mohammedanismus«) und übersetzte 1734 den Koran ins Englische. Für L. sind u. a. als weitere Quellen auch seine Übersetzungen von Marigny und Voltaire sowie die noch von ihm unten genannten Arbeiten zu berücksichtigen. Vgl. »Des Abts von Marigny Geschichte der Araber unter der Regierung der Kalifen«. Berlin und Potsdam. 1753.

S. 300   *3 nicht unanständig:* nicht gemäß. — *24 anständige Art:* gemäße Art. — *27 die Schlüssel des Himmels und der Höllen:* vgl. Matthäus 16, 18f. und Offenbarung 1. 18. — *30 ohne Gerechtigkeit selig:* vgl. Römer 3, 28. — *31 Propheten:* Gemeint ist Mohammed. — *33 sein Gesetz:* die aus dem Koran zu entnehmenden wichtigsten Gebote. Es folgen die immer wiederkehrenden Merkmale der Predigten Mohammeds.

S. 302   *30f. nach den Buchstaben verstehen:* Hier greift L. eine Problematik auf, die vor allem in den Auseinandersetzungen mit Goeze wieder wichtig wird; er unterscheidet zwischen dem Buchstaben und dem Geist der Bibel. Vgl. den 2. Antigoeze S. 484ff. — *31 euren Koran:* hier die Bibel. — *32f. Beschreibung eures himmlischen Jerusalems:* vgl. Offenbarung 21 und 22. — *37 Okley:* Simon Ockley (1678-1720), Professor für Orientalistik in Cambridge.

S. 303   *29f. Igitur his ...:* Sie bleiben also der Entscheidung des Sieges überlassen, und wir wollen zum Unterschied der Länder übergehen.

S. 304   *2ff. Verum res ad ...:* Indessen die Sache ist zu einer Angelegenheit der Waffen geworden und dabei siegt vielfach der stärkere über den besseren Teil. Sie bleiben also der Entscheidung des Sieges überlassen und wir wollen ... übergehen. — *7 his:* sie bzw. diese. — *8 arma:* Waffen. — *32 keine andre Ausgabe:* L. weist auf S. 287, 25ff. dieses Aufsatzes darauf hin, daß er in Wittenberg die 1. Ausgabe von Cardans »De subtilitate« aus dem Jahre 1550 einsehen konnte. — *38 Herzog von*

Suesse: Gonzalo Fernandez de Cordoba, Großadmiral von Neapel, um 1550 Statthalter von Mailand. – *38 f. Actionem primam in Calumniatorem:* Erste Verhandlung gegen einen Verleumder. Mit Verleumder ist hier Scaliger gemeint.

S. 305   12 *ff. Absurda nonne sunt ...:* Ist es nicht abgeschmackt, daß sie vorgeben, daß Gott von der Erde gen Himmel hinansteige, und daß er selbst bei den Geistern, seinen Dienern, schwöre? – *17 beteten:* vgl. 33. Sure 57, wo »beten« als »segnen« zu verstehen ist. – *22 Herauf und Herabsteigen Gottes:* Im Alten Testament vgl. 2. Moses 19, 11 und 34, 5, sowie 18. Psalm 10; »unzähligmahl« ist nur dann verständlich, wenn man zum Herauf- und Herabsteigen die Erscheinungen Gottes (etwa 1. Samuel 3, 10 und 2. Chronik 1, 7) und auch entsprechende Aussagen über Christus (etwa Johannes 20, 17) hinzurechnet. – *24 f. schwört er doch bei seiner Seele:* vgl. etwa 1. Moses 22, 16, Amos 4, 2 und Hebr. 6, 13. Gott schwört hier bei »sich selbst« oder bei seiner »Heiligkeit«. – *31 ff. At Mahumetani ...:* Nun haben die Mohammedaner auch ihrerseits Beweisgründe. Erstens, weil die Christen nicht jene Einheit in der Gottheit verehrten wie sie selbst, und weil die Christusgläubigen Bilder verehrten, und weil sie so als Verehrer von Göttern und nicht eines einzigen Gottes erscheinen.

S. 306   *5 ff. Sed utinam ...:* vgl. o. S. 303, Z. 22 die Übersetzung L.s. – *10 ff. sed haec parum ...:* Aber das betrifft weniger die Philosophen, für die meine Rede bestimmt ist: wir wollen also zu den Wundern der Länder übergehen.

S. 307   *21 f. prima et secunda ...:* ersten und zweiten Nürnberger. – *22 Lugdunensi ...:* »Leidener« und »Pariser«. – *25 de libris ...:* Über seltne Bücher. – *33 f. Litteratores:* (von lat. litterator) Sprachgelehrte, Philologen.

S. 308   *4 f. wie sie die Heiligen zu verteidigen pflegen:* Bekanntlich verehrt der Protestantismus im Gegensatz zum Katholizismus keine Heiligen. L. geht in seinen theologiekritischen Schriften übrigens selten auf Auseinandersetzungen ein, die diese beiden christlichen Konfessionen miteinander führen.

VON DULDUNG DER DEISTEN (S. 309)

Während seines Hamburger Aufenthalts hatte Lessing die Familie des Gymnasialprofessors und Orientalisten Hermann Samuel Reimarus (1694-1768) kennen gelernt, der sich durch philosophierende Werke wie »Von den vornehmsten Wahrheiten der natürlichen Religion« (1754), »Die Vernunftlehre« (1758) und »Allgemeine Betrachtungen über die Triebe der Tiere, hauptsächlich über ihre Kunsttriebe, zum Erkenntnis des Zusammenhangs der Welt, des Schöpfers und unser selbst« (1760) einen Namen gemacht hatte. Er vertrat in diesen Büchern eine vernünftige, natürliche Religion in der Nachfolge des englischen Deismus, der hinter allen positiven Religionen die eine, allein wahre »natürliche« und den Menschen zu einem sittlich guten Leben führende Religion suchte. Diese Bücher, die sich jeder Polemik enthielten, blieben öffentlich unangefochten. Absichtlich nicht veröffentlicht hatte Reimarus jedoch eine »Apologie oder Schutzschrift für die vernünftigen Verehrer Gottes«, in der u.a. eine radikal rationalistische Kritik gewisser Inhalte des Alten Testament (wie z.B. des Zugs der Juden durch das Rote Meer), vor allem aber der Evangelienberichte, einschließlich der Auferstehungsgeschichte des Neuen Testament enthalten war. Reimarus hatte damit zwar manche späteren Ergebnisse der historisch-kritischen Bibelforschung, speziell des Lebens Jesu vorausgenommen, hatte andererseits aber kein Organ für das Numinose, insbesondere des originär-Christlichen hinter der historischen Überlieferungsweise. Gerade hierauf aber kam es Lessing an. Er wollte die »zufälligen Geschichtswahrheiten«, die für ihn nie »notwendige Vernunftwahrheiten« sein konnten, als solche erkannt und relativiert sehen, aber er wollte auch sehen und erkennen, was hinter der historisch bedingten Überlieferung stünde.

Eine Veröffentlichung der »Apologie« unter dem Namen von Reimarus wäre nach den damaligen Gesetzen nur unter Umgehung der Zensur möglich und dann für alle Beteiligten gefährlich gewesen. Lessing, der sich von Reimarus' Sohn und Tochter, mit denen er befreundet war, ein Exemplar des – mindestens in zwei Ausfertigungen existierenden – Werks verschafft hatte, hielt eine Teilveröffentlichung im Interesse einer Klärung der verschwommenen theologischen Positionen für nötig. Da er für die von ihm als Bibliothekar seit 1773 herausgegebenen Beiträge »Zur Geschichte und Literatur. Aus den Schätzen der Herzoglichen Bibliothek zu Wolfenbüttel« Zensurfreiheit besaß und da er in den ersten beiden »Beiträgen« auch Publikationen zu theologischen Fragen, die durchaus auch den Charakter seiner »Rettungen« trugen, ohne Widerspruch gebracht hatte, gab er vor, das Manuskript des Reimarus sei ein in der herzoglichen Bibliothek liegendes Werk eines »Ungenannten«, aus dem er nun etwas zur Diskussion stelle, zumal sich dieser Text inhaltlich an die jüngste dort erschienene Veröffentlichung über Adam Neuser anschließe.

So veröffentlichte er 1774 in seinem »Dritten Beitrag«, aber zwischen anderen echten Manuskripten aus der Bibliothek von den sogenannten »Fragmenten« seines »Ungenannten« ein verhältnismäßig harmloses Stück, dem er den nicht sonderlich auffälligen Titel »Von Duldung der Deisten« gab. Eine öffentliche Reaktion hierauf blieb aus. Daraufhin brachte Lessing, aber erst drei Jahre später, 1777, als »Vierten Beitrag« fünf weitere Fragmente, und zwar nunmehr nur für sich, das ganze Heft füllend, ohne andere Texte, und mit recht provozierenden Überschriften. Schon die Hauptüberschrift »Ein Mehreres aus den Papieren des Ungenannten« signalisierte: »die Offenbarung betreffend«, sodann waren die fünf Fragmente überschrieben: »Von der Verschreiung der Vernunft auf den Kanzeln«, »Unmöglichkeit einer Offenbarung, die alle Menschen auf eine gegründete Art glauben können«, »Durchgang der Israeliten durch das Rote Meer«, »Daß die Bücher des A. T. nicht geschrieben wurden, eine Religion zu offenbaren« und »Über die Auferstehungsgeschichte«. Dem letzten dieser »Fragmente« ließ Lessing »Gegensätze des Herausgebers« folgen, in denen er sich klar von vielen Thesen des »Ungenannten« distanzierte und die in die ersten 53 Paragraphen der »Erziehung des Menschengeschlechts« mündeten. Wenn diese Paragraphen auch Lessings eigene Ansichten enthielten, so gab er sie doch nicht als eigene Schrift, sondern als Äußerungen eines anderen, die er sich jedoch zu eigen mache, aus. Anzunehmen ist, daß die Erziehungsschrift, die Lessing vollständig erst 1780, aber anonym, veröffentlichte, schon 1777 fertig vorlag, so daß man guttut, sich das bei der Beurteilung der nun folgenden Auseinandersetzungen als Kontrapunkt gegenwärtig zu halten.

Dieser »Vierte Beitrag« war unübersehbar, und nun setzte eine breite, z.T. leidenschaftliche öffentliche Reaktion – mit insgesamt über 50 Gegenschriften – ein, die sich zunächst jedoch auf die »Fragmente« selbst bezog, also Lessings in seinen »Gegensätzen« ausgesprochene Haltung respektierte.

Die Anonymität des »Ungenannten« wurde erst 1812 gelüftet. Eine vollständige Publikation der »Apologie« aufgrund eines Original-Manuskripts von Reimarus erfolgte erst 1972 durch Gerhard Alexander. (S. hierzu wie zum gesamten Reimarus-Komplex die ausführlichen Darlegungen von Helmut Göbel in: Werke 7, S. 865-883.)

S. 309   3 f. *Neusers Geschichte:* Unmittelbar vor diesem »Fragment« hatte L. im »Dritten Beitrag« »Einige authentische Nachrichten von Adam Neusern«, einem verketzerten Theologen, einem Antitrinitarier, aus dem 16. Jahrhundert veröffentlicht. – Im »Ersten Beitrag« von 1773 hatte L. einen Text von Leibniz »Von den ewigen Strafen« und im »Zweiten Beitrag« im gleichen Jahr einen weiteren theologischen Beitrag: »Des Wissowatius«, eines polnischen Theologen des 17. Jahrhunderts, »Einwürfe gegen die Dreieinigkeit« veröffentlicht. – *32 Wolffischen Grundsätzen:* die Philosophie des Leibnizpopulisators und Aufklärungsphilosophen Christian Freiherrn von Wolff (1679-1754), der vor allem als Professor in Halle auf einen Teil der evangelischen Theologen des 18. Jh.s nachhaltig wirkte. So haben die berühmten Neologen Michaelis, Semler und Töllner Gedanken Wolffs aufgenommen und ihre Theologie auf wenige Grundansichten reduziert, was sie in die Nähe des philosophischen Deismus brachte.

S. 310   *3 Schmid:* Der Theologe Johann Lorenz Schmidt in Wertheim (1702-1749) hatte 1735 eine kommentierte Übersetzung der Bücher Moses veröffentlicht, in der alle allegorisierenden Beziehungen zum Neuen Testament, die fester Bestandteil des Textverständnisses seit je waren, geleugnet wurden. Die Übersetzung wurde auf Beschluß des Reichshofrats in Wien konfisziert, Schmidt zeitweilig gefangen gesetzt, zuletzt kam er in Wolfenbüttel unter. – *10 Arianer:* Anhänger des Presbyters Arianus von Alexandria (336), der die Wesensgleichheit Christi mit Gott verneinte. – *Socinianer:* Anhänger des Lälius und Faustus Socinius, zweier italienischer Theologen des 16. Jahrhunderts, die »Unitarier«, vor allem Antitrinitarier waren. – *24 Corinthern ...:* vgl. 1. Korinther 10 ff.

S. 311   *12 Naturalisten:* Bezeichnung für diejenigen, die Gott, Natur und Vernunft gleichsetzen und übervernünftige Offenbarung ablehnen. – *22 Türken:* hier zu verstehen als Mohammedaner.

S. 312   *29 wider seine eigne Überführung:* gegen seine eigene Einsicht (in den erbrachten Schuldbeweis). – *36 zeitlichen:* Gemeint ist die Zeit des Lebens. – *39 stellen:* hier im Sinn von »sich stellen als ob«.

S. 313   *3 vermeiden:* meiden. – *9 Parentation:* Totenfeier, Trauerrede. – *28 berückt:* bildhafte Übertragung aus der Sprache der Jagdlist für »einfangen«.

S. 314   *40 Justinus ...:* Die folgenden Namen sind Kirchenlehrer aus der Zeit um 100 bis zur 1. Hälfte des 4. Jh.s. *Justin,* genannt der »Märtyrer«, war der erste, der vom Platonismus zum Christentum übertrat. Er wurde um 165 n. Chr. wegen seines Glaubens enthauptet. *Tatian* war Schüler Justins. *Athenagoras* schrieb um 177 einen Brief an Kaiser Mark Aurel, in dem u. a. der Vorwurf des Atheismus und Kannibalismus gegen die Christen entkräftet und Gerechtigkeit gefordert wurde. *Theophilos* in der 2. Hälfte des 2. Jh.s Bischof von Antiochia, verfaßte ebenfalls Verteidigungsschriften. *Hermias* oder Hermeias war christlicher Apologet, wahrscheinlich am Ende des 3. Jh.s. *Clemens Alexandrinus,* gest. vor 215, war christlicher Gelehrter. In seinen Schriften wird zuerst versucht, die christlich-jüdische Offenbarung mit der griech. Philosophie zu verbinden. Zum Verteidiger des Christentums *Tertullian* (ca. 160 bis ca. 220) wollte sich auch L. ausführlicher äußern. *Minucius Felix*, Zeitgenosse Tertullians, ist Verfasser eines prochristlichen Dialogs. *Arnobius* schrieb ca. 304-310 sieben Bücher »Gegen die Heiden«. *Laktanz* war Schüler von Arnobius.

S. 315   *3 f. διασυρμους:* Spottschriften, Verhöhnungen der Nichtigkeit der Götterbilder, des Aberglaubens der Zeit etc. – *30 Arminianer, Presbyterianer ...:* Die hier aufgezählten Konfessionen und Religionsgemeinschaften sind sehr unterschiedlicher Art und Herkunft: *Arminianer*, benannt nach Jakob Arminius, die sich wegen ihrer Ablehnung der Lehre von der Prädestination (Vorherbestimmung des Schicksals des und der Menschen) von der reformierten Kirche der Niederlande abtrennten. *Presbyterianer* haben die bischöfliche Verfassung der Anglikanischen Kirche, die Verbindung von Königtum und Kirche und die Kultformen dieser Staatskirche verworfen und sich dogmatisch eng an den Calvinismus angelehnt. *Bischöfliche Engländer* werden hier die Anhänger der englischen Staatskirche genannt. *Mennoniten*, benannt nach dem Niederländer Simon Menno (1492-1559), »Taufgesinnte«, die Kindertaufe, Eide und Kriegsdienst verweigern. *Synkretisten*, Anhänger des Abtes von Königslutter und Professors der Theologie in Helmstedt Georg Calixtus (1586-1656), der die Vereinigung der christlichen Kirchen zu einer Kirche forderte. *Quäker*, vom englischen »to quake«: »zittern«; als Spottname für die Anhänger des Engländers George Fox (1624-1691) entstanden. Fox lehnte alle Äußerlichkeiten der Christlichen Religionen (Schrift, Predigtamt, Sakrament) ab. *Fanaticos*, als Fanatiker (oder Enthusiasten und Schwärmer) galten sowohl die Mystiker wie Jacob Böhme als auch französ. Reformierte nach der Aufhebung (1685) des Toleranzedikts von Nantes. *Zinzendorfianer*, Anhänger der pietistischen Herrnhuter Gemeinde des Grafen von Zinzendorf. S. dazu auch L.s Fragment S. 271 ff. Mit *Griechen* sind hier die Anhänger der griechisch-orthodoxen Kirche gemeint. *Armenier*, Anhänger der christlichen sog. »Gregorianischen Kirche«, die nur die menschgewordene göttliche Natur von Christus anerkennt.

S. 316   *17 Enthusiast:* vgl. letzte Anm. zu »Fanaticos«. – *25 Uriel Acosta:* Gabriel (Uriel) da Costa (ca. 1585-1640) aus Portugal wurde getauft und katholisch erzogen. Nach Glaubenszweifeln floh er mit der Familie nach Amsterdam und nahm dort den jüdischen Glauben an; er bekam jedoch auch mit der jüdischen Gemeinde erhebliche Schwierigkeiten, weil er an der Göttlichkeit des religiösen Gesetzes zweifelte. Nach vielen Auseinandersetzungen beging er Selbstmord. Reimarus verweist hier auf da Costas Autobiographie »Exemplar vitae humanae« (»Beispiel eines menschlichen Lebens«), die u. a. der arminianische Amsterdamer Theologe Philippus van Limborch 1687 ediert hat. Neuausgabe in: Konrad Müller: Das »Exemplar humanae vitae« des Uriel da Costa. (Berner Diss.) Aarau 1952. – *34 Zu der Synagoge:* im bildlichen Sinne für »zum Judentum«.

S. 317   *22 f. eine Protestatio ...:* ein der Wirklichkeit entgegengesetztes Zeugnis. – *33 Proselytorum ...:* Proselyten nannten die Juden diejenigen Heiden, die zum Judentum, zum Mosaismus, übergetreten waren. Es gab »Proselyti Domicilii« (»Proselyten des Wohnsitzes«) oder »Proselyti Portae« (»Proselyten des Tores«), die die von Reimarus unten genannten Gebote Noahs anerkennen mußten, um als Freie oder Sklaven unter den Israeliten in Palästina wohnen zu dürfen. Die »Proselyti Iustitiae« (»Proselyten der Gerechtigkeit«) bekannten sich zu allen jüdischen Lehren und Gebräuchen und wurden in das Judentum feierlich aufgenommen. – *40 Exod ...:* »Exodus«: 2. Buch; »Leviticus«: 3. Buch; »Numeri«: 4. Buch; »Deuteronomium«: 5. Buch Mosis.

S. 318   *10 Seldenus:* John Selden (1584-1654), engl. Jurist und Orientalist, verfaßte die Schrift »De jure naturali et gentium juxta disciplinam Hebraeorum ...« (»Über das Natur- und Völkerrecht nach der Lehre der Hebräer«), verschiedene Ausgaben, u. a. Leipzig und Frankfurt 1695. – *12 Praecepta Noachica:* Vorschriften Noahs. – *13 f. Maimonides:* oder Moses ben Maimon (1135-1204), bedeutendster jüdischer Philosoph und Gelehrter des Mittelalters, der die Philosophie des Aristoteles mit dem Judentum zu verbinden versuchte und so zu einer Art Vernunftreligion kam, die in seiner Zeit und später stark gewirkt hat. Reimarus zitiert zuerst aus »Issure biah. De prohibito congressu et incestu« (»Über verbotenen Geschlechtsverkehr und Unzucht«), wovon Kap. XIII u. XIV 1679 Humphrey Prideau (engl. Orientalist u. Theol.) herausgab, dann aus »Tractatus de regibus Hebraerum« (»Abhandlung über Judaica«), Rotterdam 1699. – *20 Judengenossen:* Man nannte diejenigen so, die vor der christlichen Mission zum Judentum übertraten. Vgl. auch o. zu S. 317, 33. – *21 Gibeoniter:* vgl. das Buch Josua 9, 3-27: die Einwohner Gibeons waren »Holzhauer« und »Wasserträger«, wie Luther übersetzt. – *22 Nethinaer:* Die Tempelsklaven heißen hebräisch »Nethinim«. Vgl. Josua 9, 20, auch Esra 2, 42 ff. und 55 ff. – *22 Rechabiten:* Ihr Gehorsam wird gelobt und dem Ungehorsam des jüdischen Volkes gegenübergestellt in Jeremia 35, 2 ff. – *23 Cananiter:* vgl. etwa Josua 16, 10: »Und sie vertrieben die Kanaaniter nicht, die zu Geser wohnten; also blieben die Kanaaniter unter Ephraim bis auf diesen Tag und wurden zinsbar.« – *26 f. das Levitische Gesetz:* Nach dem 3. Buch Mose (»Leviticus«) u. a. die Priestergesetze, Kultus- und Opferbestimmungen. – *32 ff. Qualisnam est ...:* Wie verhält es sich denn nun mit dem, den wir einen Proselyten des Wohnsitzes, Ger Toschabh, nennen? Er war ein Heide, der sich verpflichtet hatte, den fremden Kultus zu verlassen und im übrigen das zu beobachten, was im Gesetz der Kinder Noahs enthalten ist. Er wurde weder beschnitten noch getauft, sondern sie nahmen ihn auf wie einen von den Frommen unter den Heiden der Welt. Wohngenosse aber wird er deshalb genannt, weil es uns erlaubt war, ihm Wohnsitze unter uns im jüdischen Gebiet zu geben. – *39 ff. Quincunque in ...:* Jeder, der die sieben Gebote der Kinder Noahs anerkennt und sie sorgsam befolgt, ist ein Frommer aus den Völkern der Welt und hat Anteil an der künftigen Zeit (d.h. der Ewigkeit).

S. 319   38 *1. Reg.:* 1. Buch der Könige. – *39 Alexander M.:* Alexander »Magnus« (»der Große«). – *39 Heliodorus:* Schatzmeister des syrischen Seleukus IV. (187-175 v. Chr.); vergiftete diesen und wurde selbst König. – *39 Antiochus Eupator:* Syrischer König v. 163-161 v. Chr. – *39 Ptolemaeus Energeta:* ägyptischer König v. 221-147 v. Chr. – *40 Vitellius:* (15-69 n. Chr.), 69 n. Chr. von röm. Legionen in Germanien zum Kaiser ausgerufen. – *41 Selden:* vgl. o. zu S. 318, *10.*

S. 320   6 *Unkraut wachsen lassen:* vgl. Matthäus 13, 24 ff. – 24 *Judengenossen:* vgl. o. zu S. 318, 20. – *26 f. εὐσεβεῖς ...:* die Frommen, die Gott verehren, die frommen Griechen, die Gerechten, die Gott fürchten. – *40 Actor:* Actorum Apostolorum (Apostelgeschichte). – *36 f. Proselyti iustitiae:* Proselyten der Gerechtigkeit. Vgl. o. zu S. 317, *33.* – *38 Salomon Deyling:* (1677-1755), Leipziger Professor der Theologie. Reimarus verweist auf dessen »Observationes sacrae« (»Theologische Betrachtungen«), 4 Bde., Leipzig 1708-1736.

S. 322   34 *Neusers Schicksale:* vgl. o. S. 309 ff.

S. 323   11 *Franc. Davidis:* Franciscus Davidt (oder David oder Davidis) (gest. 1579), war Mitbegründer der unitarischen Kirche Siebenbürgens. – *13 Prädilection:* Vorliebe. – *16 f. Mahomets Alkoran:* der vom Propheten Mohammed geschriebene Koran. – *31 ausgedruckt:* ausgedrückt. – *34 Thomas Hyde:* (1636-1703), Theologe, Orientalist und Bibliothekar in Cambridge und Oxford. Reimarus verweist auf seine »Veterum Persarum et Magorum religionis historiae« (»Die Religionsgeschichte der alten Perser und Mager«) 1700. – *36 verae Religionis ...:* Wiederhersteller der wahren Religion Abrahams.

S. 324   2 *George Sale:* ca. 1697-1736, englischer Orientalist. Reimarus verweist hier auf die Vorrede von Sales kommentierter Koranübersetzung von 1734. – *8 Prideaux:* Der englische Orientalist und Theologe Humphrey Pr. (1648-1724) hatte ein 6bändiges Werk: »The Old and New Testament connected in the history of the Jews« herausgegeben, das seit 1715-1718 bis 1726 in acht Auflagen erschienen war, in deutscher Übersetzung erschien es (»Die Verbindung des Alten und

Neuen Testaments in der Geschichte der Juden«) in Dresden 1721, 2. Aufl. 1726. – *16 f. Herausgeber der Monumentorum ...:* Ludwig Christian Mieg u. Daniel Nebel, 1701. – *25 Proselytis portae:* vgl. o. zu S. 317, 33.

S. 325   *15 Levit:* »Leviticus«, 3. Buch. Gemeint sein dürfte 3. Buch Mose, 24, 16: »Welcher des Herrn Namen lästert, der soll des Todes sterben; die ganze Gemeinde soll ihn steinigen. Wie der Fremdling, so soll auch der Einheimische sein; wenn er den Namen lästert, so soll er sterben.«

Zu den Gegensätzen des Herausgebers

S. 327   *9 Der gelehrte Theolog:* L. gibt hier zu verstehen, daß er mit der Veröffentlichung die Theologen ansprechen will und nicht die praktizierenden Pastoren oder gar die einzelnen Gemeindemitglieder. – *17 f. fühlet:* In den Bemerkungen zu Reimarus wird dem »Fühlen« für einen ungelehrten Personenkreis ein selbstverständliches Recht zugesprochen. L. handelt vom »*fühlenden* Christen« wieder im letzten Teil seiner »Axiomata«. Vgl. S. 473 ff. – *18 Paralyticus:* der durch Schlaganfall Gelähmte. – *19 Nollet ...:* Jean Antoine Nollet (1700-1770), franz. Physiker, der in seiner Schrift »Receuil de lettres sur l'électricité« (»Sammlung von Briefen über die Elektrizität«) Paris 1753-54, die Erscheinung der Elektrizität auf zwei polare Elemente, ein positives und ein negatives, zurückführte und die Theorie des franz. Physikers Dufay ausbaute, während Benjamin Franklin in den »New Experiments and Observations on Electricity« (»Neue Versuche und Beobachtungen zur Elektrizität«), 1747, nur ein elektrisches Fluidum annahm. Der Verweis auf die Meinung der Physiker charakterisiert hier bildhaft die theologische Auseinandersetzung etwa um die Frage, ob Gott als Einzelner (»Unitarier«) oder in Gestalt einer Zwei-(»Dualisten«) oder Dreiheit (»Trinitarier«) aufgefaßt wird. – *21 der Buchstabe:* Hier faßt L. das knapp zusammen, was einen der Hauptpunkte seiner Schriften gegen Goeze ausmachen wird. – *29 der erste ...:* Die meisten Forscher nehmen heute an, daß das Markus-Evangelium die früheste Evangelienschrift des Neuen Testaments und ungefähr um 70 n. Chr., also kurz vor oder nach der Zerstörung Jerusalems niedergeschrieben worden sei. Von den christlichen Quellen zu Jesus überhaupt gelten die Paulusbriefe und zwar die Thessalonicherbriefe als die ältesten, verfaßt ca. 50/52 n. Chr. Paulus kannte sehr wahrscheinlich Jesus nicht. Was er berichtet, weiß er von den Christen in Damaskus und von Petrus und Jakobus (vgl. Galaterbrief 1, 17-19). – *30 der ganze Kanon:* »Kanon« (»Norm«, »Maßstab«) heißen die zum Corpus des Alten und Neuen

Testaments gehörenden heiligen Schriften. Die Zusammensetzung ist in den verschiedenen Religionen und Kirchen unterschiedlich. Der neutestamentliche Kanon wurde erst im 4. Jh. festgelegt, der Bestand der Schriften, die man als kanonisch betrachtete, stand jedoch schon seit ca. 200 fest. In der katholischen Kirche gilt der heutige Kanon seit dem Tridentinischen Konzilsdekret von 1546.

S. 328   9f. *inneren Wahrheit:* Dies ist ein weiterer zentraler Ausgangspunkt für die späten theologiekritischen Schriften L.s

S. 329   22 *Allegorie:* bildhafte Darstellung von abstrakten Gedankengängen; die hier verwendete Bildlichkeit von Angriff und Verteidigung der Bastionen mit ihren Entsprechungen in den theologischen Schriften der Zeit erscheint später abgewandelt im scheinbar brennenden Palast der »Parabel« (S. 433 f.).

S. 330   4f. *vor dem Riß:* Bis ins 18. Jh. ist »vor den Riß treten (stehen)« allgemein üblich und meint »schützend für etwas Bedrohtes eintreten«. – 11 *annehmlich:* annehmbar. – 20 *Gefangennehmung der Vernunft:* vgl. 2. Korintherbrief 10, 4 und 5.

S. 331   23 *Homileten:* Kanzelredner, Prediger.

S. 332   15 *Accommodationen:* »Anpassung« entweder an den Denk- und Vorstellungshorizont eines Menschen oder als »Angleichung« zweifelhafter oder widersprüchlicher Bibelstellen. Die »Akkommodation« spielte in der Exegetik eine große Rolle.

S. 333   9 *den Mangel an ...:* So beginnt das 2. Fragment ›Ein Mehreres aus den Papieren des Ungenannten‹. – 34f. *Ich erinnere mich ...:* Ein derartiges persönliches Beispiel in einer Argumentation ist bei L. äußerst selten. – 37 *Sturms Tabellen:* Johann Christoph Sturm (1635 bis 1703), Mathematiker und Physiker, Verfasser der »Mathesis compendiaria tabulis comprehensa« (»Handbuch der Mathematik in Tabellenform«), 1670. – 37 *Chiromantie:* Wahrsagen aus der Beschaffenheit der Hände.

S. 334   11 *erbetenen Grundsätze:* übersetzt aus dem Lat. »petitiones principii«; man setzt also voraus, was erst erwiesen werden müßte.

S. 335   28 *Christus:* vgl. z. B. Matthäus 23,13 ff. und Lukas 11,39 ff. – 28 *Horaz:* vgl. dessen Satiren I, 4, Vers 142 und I, 9, Vers 69 f. – 33 *überkamen ihn:* nahmen ihn in Besitz.

S. 336   33 *Parenthyrsus:* leidenschaftliche Übertreibung.

S. 337   14 *dispensieren:* hier Freisprechen von der Schuld oder Sünde des Nichtglaubens. – 21 *symbolischen Büchern:* Bekenntnisschriften der christlichen Konfessionen: für die lutherische Kirche etwa die »Augsburgische Konfession« oder für die reformierte Kirche der »Heidelberger Katechismus«. – 37 *Theopneustie:* göttliche Inspiration der Verfasser der biblischen Schriften.

S. 338 *9 Clericus:* Jean Le Clerc (1657-1736), Theologe und Professor am Arminianischen Gymnasium in Amsterdam, verfaßte u.a. die »Dissertatio de maris Idumaei traiectione« (»Abhandlung über den Durchzug durch das Rote Meer«) und die »Commentarii ad Pentateuchum«, Amsterdam 1696 u.ö. – *9 Calmet:* Augustin Calmet (1672 bis 1757), franz. Benediktiner, Verfasser mehrerer Bibelkommentare. – *9 Saurin:* Jacques Saurin (1677-1730), franz. protestantischer Theologe, schrieb 1720-1728 »Discours historiques, critiques, théologiques et moraux sur les événements les plus mémorables du Vieux et du Nouveau Testament« (»Historische, kritische, theologische und moralische Abhandlungen über die bemerkenswertesten Geschehnisse des alten und Neuen Testaments«). – *10 Lilienthals:* Theodor Christian Lilienthal (1717-1782), Professor der Theologie in Königsberg, Verfasser der Schrift »Durchgang der Israeliten durch das Rote Meer«. Vgl. auch L.s Rezension, Bd. 2, S. 8f. – *17 Zahl:* vgl. 2. Buch Mose, 14,7ff. – *34 ob Moses:* vgl. 2. Buch Mose, 14,16. – *36 ob Elisa:* vgl. 2. Könige 2,13 f.

S. 339 *11 f. Meer ein:* dem Meer zu. – *35 Luthers:* vgl. 2. Buch Mose, 14,27. – *37 Michaelis:* L. verweist auf den 1. Teil der Übersetzung des Alten Testaments, 1769, des Göttinger Orientalisten und Theologen Johann David Michaelis.

S. 340 *5 Vulgata:* lat. die »allgemein Gebrauchte«, nämlich lat. Übersetzung der Bibel aus dem hebräischen »Grundtext« von Hieronymus. – *6 mare reversum ...:* Das Meer kehrte bei Morgengrauen an seine frühere Stelle zurück. – *35 Admiralitäts Lotsen:* »Niebuhr hatte bei den Hamburgischen Admiralitätslotsen Erkundigungen eingezogen, ob Michaelis' Annahme einer durch Landwind verursachten Ebbe begründet sei.« (Rilla, Bd. 7, S. 829). – *38 Niebuhrs:* Carsten Niebuhr (1733-1815), reiste mit anderen 1761-1767 im Auftrag des Königs von Dänemark in den vorderen Orient. Die Reise wurde von Michaelis (vgl. o. zu S. 339, 37) angeregt, der sich davon Erkenntnisse für das Verständnis des Alten Testaments versprach. 1772 erschien Niebuhrs »Beschreibung von Arabien«.

S. 342 *6 von keiner Unsterblichkeit:* gilt nur für die Frühzeit. Auf das spätere Judentum bezieht sich vermutlich § 31 der »Erziehung des Menschengeschlechts« (S. 645). – *10 f. vor den Zeiten der Babylonischen Gefangenschaft:* vor dem 6. Jh. v. Chr. Unter Nebukadnezar kam 597 v. Chr. ein Teil der israelitischen Stämme Juda und Benjamin nach Babylon; sie kehrten zum großen Teil nach der Eroberung Babylons durch den Perserkönig Cyrus 537 und unter Artaxerxes 458 wieder heim. Vgl. auch 2. Buch der Könige 24 f. und 2. Buch der Chronik 36,6 ff. – *16 Einheit:* vgl. denselben Gedanken § 14 der »Erziehung des Menschengeschlechts«. – *22 unangelegen:* im Sinne von »unwichtig«.

S. 343 9 *ein Volk:* Gemeint sind die Perser und die monistische Religion Zoroasthers. Vgl. auch die §§ 35 und 39 ff. der »Erziehung des Menschengeschlechts«. – 27 *nach seinem Namen:* vgl. 2. Buch Mose 3, 13. – 22 *Ebreer:* Hebräer.

S. 344 7 *Sorites:* aus dem Griech. »Häufung«; gemeint ist ein aus mehreren logischen Schlüssen zusammengesetzter Schluß, der Kettenschluß. – 10 *Braminen:* von der franz. Schreibweise der indischen Brahmanen, Priester, Gelehrte und Dichter aus der obersten der vier Kasten. – 13 *zuverlässige Männer:* Es ist unklar, welche Autoren welcher Schriften L. hier meint. – 33 *eine seligmachende Religion:* Dies ist eine wichtige religionsgeschichtliche Erkenntnis. »Offenbarung« so verstanden ist auch auf nichtchristliche Religionen anzuwenden. Vgl. dazu Zscharnack, Lessing und Semler. Gießen 1905, S. 119-127.

S. 345 18 *ein kleiner Aufsatz:* Im Anschluß an diesen Abschnitt druckt L. die ersten 53 Paragraphen der 1780 vollständig und anonym erschienenen Schrift »Die Erziehung des Menschengeschlechts«. Die einleitenden Worte hier waren u. a. Anlaß, die Schrift einem anderen Verfasser als L. zuzuschreiben (s. S. 637 ff. u. Anmerkungen).

S. 347 6 *unconcertierten:* nicht übereinstimmenden. – 38 *gewöhnlichen Harmonien:* die seit dem 2. Jh. nachweisbaren Evangelienharmonien, welche die vier Evangelien zu einer zusammenhängenden Erzählung, unter möglichster Aufhebung der Widersprüchlichkeiten, zusammenfaßten.

S. 348 3 *Ditton:* Humphry Ditton (1675-1715), protestantischer Geistlicher, später Mathematiker, schrieb »A discourse concerning the resurrection of Jesus Christ ...« (»Eine Abhandlung über die Auferstehung Jesu Christi ...«), London 1712; Wilhelm Götten übersetzte die Schrift 1749 mit dem Titel: »Wahrheit der christlichen Religion aus der Auferstehung Christi«. – 11 *Sherlock:* Thomas Sherlock (1678-1761), Bischof von London, schrieb im Zusammenhang einer Diskussion um die biblischen Wunder »The Tryal of the witnesses of the Resurrection of Jesus« (»Die gerichtliche Untersuchung der Zeugen der Auferstehung Jesu«), 1729; deutsch 1751. – 15 *Gilbert West:* (1703-1756), engl. Schriftsteller, schrieb »Observations on the history and the evidence of the resurrection of Jesus Christ« (»Betrachtungen über die Geschichte und die Gewißheit der Auferstehung Jesu Christi«) 1747, übersetzt von Johann Georg Sulzer 1748. – 20 *Folglich ...:* Zum letzten Abschnitt vgl. L.s »Duplik«, S. 361 ff.

ÜBER DEN BEWEIS DES GEISTES
UND DER KRAFT (S. 349)

Die Kontroverse nach der zweiten »Fragmenten«-Veröffentlichung durch Lessing Anfang 1777 begann im Oktober dieses Jahres. Als erstes erschien (»geschrieben im September«), jedoch im Druck auf 1778 vorausdatiert, eine sachlich gehaltene Abhandlung des Lyceumsdirektors und Superintendenten Johann Daniel Schumann (1714-1789) aus Hannover mit dem Titel: »Über die Evidenz der Beweise für die Wahrheit der christlichen Religion«, die sich vor allem gegen das zweite der 1777 veröffentlichten Fragmente (»Unmöglichkeit einer Offenbarung, die alle Menschen auf eine begründete Art glauben können«) richtete. Schumann ging von einer grundsätzlich anderen Position aus als Reimarus, nämlich nicht von der Glaubhaftigkeit oder Unglaubhaftigkeit historischer Ereignisse, sondern von der Glaubensüberzeugung, mit der der Apostel Paulus seine Predigt (1.Kor. 2,4) nicht als Menschenrede, sondern als Beweis des Geistes und der Kraft Gottes bezeichnet hatte.

Lessings Antwort »Über den Beweis des Geistes und der Kraft« sowie die unmittelbar folgende Schrift »Das Testament Johannis« erschienen anonym und ohne Verlagsangabe, nur mit der Ortsangabe »Braunschweig« im Oktober oder November »1777«.

Wohl noch im Dezember 1777 erschien J.D. Schumanns »Antwort...«, wiederum datiert mit 1778. Von dieser Antwort war Lessing enttäuscht, er begann zwar eine Gegenantwort zu formulieren, doch blieb diese Fragment.

S. 349   4 δια τας τεραςιους ...: »wegen der erstaunlichen Wunder, deren Tatsächlichkeit sich sowohl aus vielen anderen Gründen, als auch besonders dadurch erweisen läßt, daß sich Spuren davon noch bei den nach dem göttlichen Wort Lebenden erhalten haben.« Origenes, »Contra Celsum«, I, 2. Die Origenes-Stelle, die sich auf den 1.Korintherbrief 2,4 bezieht, hatte Schumann als Autorität gegen die Fragmente ins Feld zu führen versucht. Lessing nimmt sie hier als Motto auf. Dem Mottozitat geht folgender Text bei Origenes voraus: »Ferner ist hier noch zu sagen, daß es für unseren Glauben einen besonderen Beweis gibt, der ihm allein zukommt und viel höher steht als der mit Hilfe der Dialektik geführte griechische. Diesen höheren Beweis nennt der Apostel den Beweis ›des Geistes und der Kraft‹: den Beweis ›des Geistes‹ wegen der Prophezeiungen, die geeignet sind, in dem Leser besonders an Stellen, die von Christus handeln, Glauben zu erwecken; den Beweis ›der Kraft‹ ...«. – *13 Erisichthon:* Erysichthon (in Ovids »Metamorphosen«

8, 738 ff.) fällte im Hain der Göttin Ceres heilige Bäume und wurde deswegen von dieser mit einem derartigen Heißhunger bestraft, daß er sich schließlich selbst zu verzehren begann.

S. 350   8 f. *Priorität:* hier wohl im Sinn von ›Vorzüglichkeit‹. – *14 ... war noch Origenes:* Origenes lebte von 185 bis 253/4 n. Chr.

S. 351   8 εκ πολλων ...: aus vielen anderen Gründen. – 27 *demonstrieret:* hier im Sinne von (mit den Mitteln der Vernunft) »beweisen«.

S. 352   23 *Alexander:* Alexander der Große (356-323 v. Chr.), König von Makedonien. – 31 *Gedicht des Choerilus:* L. verweist öfters auf den poetischen Begleiter Alexanders. Er gilt ihm wie Horaz als Beispiel eines schlechten Dichters. Horaz berichtet in den »Briefen« und in der »Poetik« von Überlieferungen, nach denen Choerilus für jeden guten Vers von Alexander ein Goldstück, für jeden schlechten eine Maulschelle erhalten haben und daß er schließlich an den vielen Ohrfeigen gestorben sein soll. – 35 *Christus einen Toten erweckt:* Vgl. Johannes 11,1 ff. – 36 *Gott einen Sohn habe, der ...:* Die Wesensgleichheit von Gott und Christus, eine der fundamentalen Glaubenslehren der christlichen Religion, wurde besonders von den ›Deisten‹, die in diesem Punkt mit den ›Arianern‹ übereinstimmten, angezweifelt.

S. 353   19 μεταβασις ...: ›Übergang in eine andere Gattung‹, also ein logischer Fehler, weil zwei verschiedene Abstraktions- und Begriffsebenen unzulässig miteinander verbunden werden und damit scheinbar eine richtige logische Folgerung gezogen wird.

S. 354   7 *Lehren:* Als Kern dieser Lehren gilt L. wohl die am Ende dieser Schrift mit dem »Testament Johannis« gemeinte Liebeslehre. – 21 ff. *die alte fromme Sage:* Eine weiter nicht bekannte Sage, die sich wohl von dem in der Antike geschätzten Saft der Purpurschnecke herleitet. – 38 *Evangelium Johannis trennt:* In der Gegenüberstellung von ›Evangelium‹ und ›Testament‹ nimmt L. andeutungsweise die folgende Schrift »Das Testament Johannis« vorweg. Mit der Trennung durch das Johannes-Evangelium wird angespielt auf die in diesem Evangelium vor allem dargestellte Göttlichkeit Jesu, die seit dem Konzil von Nicäa zu unterschiedlichen, also »trennenden« Konfessionen geführt hat und in der Aufklärungszeit erneut radikal infrage gestellt bzw. abgelehnt wurde. – 38 *apokryphisch:* zugehörig zu dem Teil der testamentarischen Schriften, die nicht in den Kanon der heiligen Schriften aufgenommen worden sind.

DAS TESTAMENT JOHANNIS (S. 355)

Das unmittelbar nach der Schrift »Über den Beweis des Geistes und der Kraft« erschienene Gespräch gehört zwar zu der Polemik gegen Schumann, aber Lessing hat es wohl deshalb gesondert erscheinen lassen, weil es in einem ganz andern, unpolemischen Ton geschrieben ist. Wenn die ironische Dialektik in diesem Teil der Antwort Lessings auch nicht zu überhören ist, so steht mit ihr am Anfang der Auseinandersetzungen doch der Versuch Lessings, über theologische Richtungen, über Konfessionen, getrennte Kirchen hinweg das gemeinsam Christliche zu betonen. Zugleich bezeugt diese kleine Schrift wieder die Dominanz der religiösen Praxis über die theologische Theorie in Lessings Vorstellungen. Er verwirrte seine Kontrahenten, indem er auf ihre theologischen Argumente mit dem unwidersprechlichen christlichen Liebesgebot antwortete. Auch wird hier bereits deutlich, daß Lessing, wie sich in der weiteren Auseinandersetzung zeigt, das Christentum an seinem Ursprung aufzuspüren sucht.

S. 355   2 – *qui in rectus ...:* ... der an der Brust des Herrn lag und das Rinnsal seiner Lehren aus der reinsten Quelle schöpfte. – Zitat – nach Joh. 13,23 ff. – aus dem Kommentar des römischen Kirchenvaters Hieronymus (331 oder 340/350-420) zum Galaterbrief, 6.Kap., wie das Schlußzitat. H. war ein Vorkämpfer des Mönchtums, sein Hauptwerk ist die – später Vulgata genannte – lat. Bibelübersetzung. Vgl. auch »Anti-Goeze« XI, S. 541 ff. – *18 Lasse gelehrt:* man mache einen gelehrten Eindruck. – *21 Grabius:* Johann Ernst Grabe (1666-1711), nach England emigrierter kritischer Theologe, besonders Kenner der Kirchenväter, schrieb u. a. ein »Spicilegium patrum ...« (»Nachlese zu den Kirchenvätern und Ketzern des 1., 2. u. 3.Jh.s ...«), 1698. – *21 Fabricius:* Johann Albert F. (1668-1738), Theologe, Rektor des Johanneums in Hamburg, Schwiegervater von Reimarus: »Codex apogryphus Novi Testamenti« (»Apokryphen des Neuen Testamentes«) 3 Bde., 1703-1719.

S. 356   *1 Abdias:* sagenhafter Verfasser verschiedener Apostelgeschichten im 6. Jh. – *32 Kollekte:* Versammlung, Gottesdienst.

S. 357   *32 f. Aber göttlich ...:* Vgl. die Übereinstimmung mit dem Schluß von »Über den Beweis des Geistes und der Kraft« o. S. 354. – *38 dignam Joanne ...:* einen des Johannes würdigen Ausspruch.

S. 358   *2 Augustinus erzählt ...:* Vgl. »De civitate Dei« (»Über den Gottesstaat«) X, 29,2. – *21 Salz der Erde:* Vgl. Matthäus 5,13; Markus 9,50; Lukas 14,34.

S. 359   *17 f.:* Vgl. Matth. 11,30. − *25 Cui non ...:* Von wem die Definition nicht gilt, von dem gilt auch nicht der definierte Begriff; das bedeutet hier: Der Name Christ kommt dem nicht zu, auf den die Definition des Christseins nicht zutrifft. − *29 wer nicht wider ...:* Vgl. Matth. 12,30 u. Luk. 11,23.

S. 360   *1 f. Hieronymus ...:* »Als der gottselige Evangelist Johannes, der bis ins höchste Alter zu Ephesus lebte, von den Armen seiner Jünger gestützt, kaum mehr zur Kirche gebracht werden und auch nicht mehr längere Zeit sprechen konnte, pflegte er in allen Versammlungen nichts anderes zu sagen, als: ›Kinderchen, liebt euch!‹ Schließlich wurden die anwesenden Jünger und Brüder dessen überdrüssig, immer dasselbe zu hören, und sprachen: ›Aber, Meister, warum sagst du denn immer das nämliche?‹ Johannes gab darauf die seiner würdige Antwort: ›Weil es das Gebot des Herrn ist und, wenn es allein geschieht, genug ist.‹«

EINE DUPLIK (S. 361)

Eine zweite Gegenschrift gegen die »Fragmente« erschien im November oder Dezember 1777 in der Braunschweigischen Waisenhausbuchhandlung, also an derselben Stelle, an der Lessing publizierte, ebenfalls anonym: »Die Auferstehungsgeschichte Jesu Christi gegen einige im vierten Beitrage zur Geschichte und Literatur ... gemachte neure Einwendungen verteidiget«. Verfasser dieser in Dialogform gehaltenen Schrift war der Wolfenbütteler Superintendent Johann Heinrich Reß. Er wandte sich gegen das 5. Fragment »Über die Auferstehungsgeschichte«, in dem Reimarus auf die Differenzen zwischen den verschiedenen Osterberichten in den Evangelien hingewiesen und die Auferstehung unter Hinweis auf Matth. 27,62 ff. als eine von den Jüngern erfundene Geschichte bezeichnet hatte. Auf Lessings »Gegensätze« ging Reß nicht ein.

Lessing, der über die Person des Verfassers unterrichtet sein mußte, antwortete sehr ausführlich, sehr scharf und hochironisch. Diese Schärfe dürfte zu erklären sein durch die qualitative Argumentationsdifferenz von Reß' Dialogen, die der Gewichtigkeit der Fragen nicht entsprachen, durch die Selbstsicherheit des Wortführers der Dialoge sowie wohl dadurch, daß nur der »Ungenannte«, der sich nicht mehr wehren konnte, nicht aber Lessing als Herausgeber angegriffen wurde: in solchen Situationen kam Lessing stets dem Schwächeren zu Hilfe. Gerade diese Schrift aber war es, in der Lessing sich zu jenem Wahrheitsgleichnis provoziert sah (S. 363), das symbolisch geworden ist für sein Denken überhaupt.

Lessings Antwort erschien im Januar 1778 in der Buchhandlung des Fürstl. Waisenhauses in Braunschweig; sein Name steht nur unter dem Vorwort, nicht auf dem Titelblatt. Auf eine weitere Gegenschrift von Reß von 1779 hat Lessing nicht geantwortet.

S. 361 *1 Duplik:* juristischer Begriff aus dem Römischen Recht; Widerlegung eines Einwandes des Klägers (einer Replik) durch einen Gegeneinwand des Angeklagten, also Verdoppelung seiner Argumente. – *2 Contestandi ...:* ... mehr um die Sache in Gang zu bringen, als um durch Reden etwas zu erreichen. – *3 Dictys ...:* D. von Kreta, sagenhafter Dichter des Trojanischen Krieges: »Ephemeris belli Trojani«, in lat. Übersetzung von L. Septimius (4. Jh. n. Chr.) überliefert. – *8 Nestor:* im 7. Gesang der Ilias. – *12 Wärtel:* ältere Form für ›Wart‹, besonders verwendet für den Kampfrichter bei Turnieren. – *15 f. ich richte niemanden ...:* wohl Anspielung auf Matth. 7,1 f. – *19 Austräge:* von ›austragen‹, einen Prozeß abschließen, schlichten.

S. 362 *9 gerade nur nicht alles:* zu verstehen als ›gerade fast alles‹. – *15 f. bei mehrern Stürmen:* etwa der englischen, für Reimarus wichtigen Deisten.

S. 363 *15 der ehrliche unbescholtene Mann:* L. kann natürlich anders über den Verfasser sprechen als Reß und Goeze, die ihn zwar gekannt haben, denen seine Verfasserschaft aber unbekannt ist. Erst 1814 übergab Reimarus' Sohn das Manuskript der »Schutzschrift der Universitätsbibliothek Göttingen«. – *28 vorsätzlich sich selbst ...:* Diesen Aufklärungsoptimismus L.s griff Goeze mehrmals kritisch auf. – *38 Nicht die Wahrheit ...:* Neben der sog. Ringparabel des Nathan dies wohl eine der am häufigsten zitierten Lessing-Stellen. Goeze, der den dogmatisch gesicherten »Besitz der Wahrheit« nicht preisgeben kann, antwortet später in »Lessings Schwächen I« hierauf bezeichnenderweise so: »Wenn Gott mir in seiner Rechten den einzigen immer regen Trieb nach Wahrheit, aber mit dem Zusatze: mich immer und ewig zu irren, und in der Linken das allerschrecklichste Schicksal, vernichtet zu werden, vorhielte, und sagte: wähle! so würde ich mit Zittern in seine Linke fallen, und sagen: Vater, vernichte mich! Denn gehört die reine Wahrheit allein für Gott, bin ich in ewiger Gefahr zu irren; so ist kein Augenblick möglich, da ich versichert sein könnte, daß ich nicht irre, und dabei einen immer regen Trieb nach Wahrheit zu haben, das ist der schröcklichste Zustand, in welchem ich mir eine menschliche Seele denken kann.« (S. Werke 8, 205-210.)

S. 364 *14 ledig:* = heute: lediglich.

S. 365   *15 evangelische Harmonieen:* s. S. 347, 38. – *28 Livius ...:* vier Geschichtsschreiber im 1. vor- u. nachchristlichen Jh. – *29 Eräugnung:* Ereignis.

S. 366   *37 Vopiscus:* Flavius Vopiscus, römischer Historiker im 4.Jh. n.Chr., Verf. von Lebensbeschreibungen römischer Kaiser. L. zitiert daraus: »daß kein Schriftsteller, was die Geschichte betrifft, nicht irgend etwas fälschlich behauptet habe«.

S. 367   *1 Nordberg:* Joeran Anders Nordberg (1677-1744), schwedischer Theologe, Feldprediger beim schwed. König Karl XII., also Augenzeuge der Feldzüge. Auf Veranlassung des schwed. Reichstags schrieb er eine »Geschichte Karls XII.« (Stockholm 1740; dt. Hamburg 1745-61). Nordberg kritisiert darin Voltaires »Histoire de Charles XII.«, (1731). – *17 Theopneustie:* die Lehre, daß die biblische Schrift durch die Eingebung des Geistes Gottes geschrieben sei. – *28 Orthodoxist:* unbekannt, wer diesen Unterschied zuerst formulierte. – *31 unanständig:* hier im Sinn von »unangemessen«.

S. 368   *10 Vereinständnis:* Einverständnis, Absprache.

S. 369   *10 die Aegyptischen Zauberer:* Vgl. 2.Mose 7, 11 ff.

S. 370   *24 Tempel der Diana:* eines der sieben Weltwunder der Antike, gegen mögliche Zerstörung durch ein Erdbeben in sumpfigem Gebiet erbaut. Um die Feuchtigkeit abzuhalten, soll man den Grund des Fundaments mit Schichten von zerstoßenen Kohlen und diese wiederum mit Wollfellen abgedichtet haben. Quelle: C. Plinius Secundus (»der Ältere«, gestorben 79 v.Chr.) »Naturalis historia« (»Naturgeschichte«) 36,21. – *30 Theodorus:* Theodorus von Samos (um 550 v.Chr.), Architekt u. Bildhauer. – *37 Pausanias:* Verfasser einer Reisebeschreibung Griechenlands. – *ellernen:* aus Erlen. – *Vitruvius:* röm. Baumeister unter Cäsar u. Augustus; schrieb zehn Bücher »Über die Architektur«.

S. 371   *3 Textur:* Gewebezeichnung; hier: Maserung. – *6f. die großen Ebenmaße:* Hier wie im nächsten Abschnitt ist für L. nicht nur die Vollkommenheit des Tempels, der auf die christliche Religion verweist, wichtig, sondern auch die »Schönheit«.

S. 372   *19 historische Exegetik:* Bibelauslegung auf historischer Grundlage, etwa die von Semler oder Michaelis. – *33 vor funfzig Jahren:* Offenbar bezieht sich diese grobe Datierung nur auf die Theologie der deutschen Staaten, voran auf die Arbeiten der durch den Leibnizschüler Christian Wolff beeinflußten Neologen Semler, Töllner u.a.

S. 375   *22 Fuscheleien:* Pfuschereien, Unehrlichkeiten.

S. 376   *16 vertan:* »genug getan«, und zwar entsprechend der »Erklärung« in den »Gegensätzen«, die L. am Anfang des 3.Abschnittes, o.S. 373, aufgriff. – *21 Erster Widerspruch:* In den folgenden 10 Kapiteln behandelt L. die von Reimarus dargestellten 10 Widersprüche. – *33 ἠγορασαν ...:* sie kauften. – *33 jam ...:* sie hatten (die Spezereien) schon gekauft.

S. 377   *5 duo genetivi ...:* zwei Genitive, die eine Folge anzeigen. – *16 Glassius:* Salomon Glass(ius) »Philologia sacra« (»heilige Philologie«) 1623-36, die häufig aufgelegt wurde. – *17 Wolf:* Johann Christoph Wolf »Curae philologicae et criticae in IV SS. Evangelia et Actus Apostolicus« (»kritisch-philologische Arbeiten zu den IV Evangelien und der Apostelgesch.«) 3. Aufl., 1739. – *17 Ausgeber des englischen...:* Romanus Teller (1703-50), Theologe und Pastor an der Leipziger Thomaskirche, begann die deutsche Ausgabe der 17bändigen, ausführlich kommentierten antideistischen engl. Bibel von Brion Walton (1653 bis 1677); deutscher Titel: »Die hl. Schriften ATs und NTs nebst einer vollständigen Erklärung derselben ...«. Zu den Herausgebern gehören noch Jakob Bruckner und Joh. Aug. Dietelmair. – *20 Volte:* rasche Kreisbewegung beim Reiten.

S. 378   *25 Belag:* Beleg. – *28 Revolution:* hier im Wortsinn: Umwälzung. – *33 Hysteraprotera:* Redefiguren, in denen das Spätere zuerst genannt wird.

S. 379   *18 in Thesi:* als Hauptsatz. – *20 in Hypothesi:* in bezug auf die Voraussetzung (dieses Satzes). – *38 ἑτοιμαζειν:* bereiten; diese und die folgenden griechischen Wörter aus dem Lucas-Zitat S. 378.

S. 380   *30f. destinebant aromata ...:* »Sie wollten Spezereien kaufen«, »sie trugen Vorsorge für Spezereien«. – *33 Grotius:* Hugo Grotius: »Annotationes ad Novum Testamentum« (Anmerkungen zum NT) 1641. – *35 destinationem ...:* göttliche Vorsorge.

S. 382   *11 in der Harmonie:* einer Evangelienharmonie. – *23 dem Hrn. A.:* Reß läßt in einem Dialog einen B. seinen Standpunkt für eine Harmonisierung vertreten, von dem sich ein A. überzeugen läßt. – *30 Johannes sagt:* 19, 40. – *37 ekel:* hier wohl im Sinne von »wählerisch«.

S. 383   *ιδου ...:* Siehe, es geschah! Vgl. Matth. 28, 2.

S. 384   *11 Grotius:* »Annotationes« zu Matth. 28, 2. – *12 Apud ...:* »Daß es sich aber bei Matthäus an dieser Stelle um einen beliebigen abendlichen Gang handeln solle, bei dem nichts Erwähnenswertes vorgefallen sei, daß der morgendliche jedoch, auf den sich alles Folgende bezieht, mit Stillschweigen übergangen werde, hat keinerlei Wahrscheinlichkeit.« – *22 Zweiter Satz:* Die Hervorhebung von »wieder« ist von L.

S. 385   *27 sieben Teufel:* Vgl. Mark. 16, 9 u. Luk. 8, 2. – *28 achter Teufel:* Matth. 12, 45.

S. 386   *1 Johannes:* 20, 1 ff. – *25 bei dem Matthäus:* Vgl. 28, 1-5. – *37f. folgendes Gespräch:* Parodie auf die Gesprächsform bei Reß.

S. 387   32 *Fleischergang:* vergeblicher Gang, wie ihn die Fleischer für den Viehkauf oft machen mußten.

S. 390   35 *wozu hilft das Salz:* Vgl. Matth. 5,13.

S. 391   20f. καὶ ...: Und sie gingen hinein in das Grab und sahen einen Jüngling zur rechten Hand sitzen.

S. 392   5 *aus den Worten des Markus:* Vgl. Mark. 16,5f. – *18 Legionenweise:* Vgl. Matth. 26,53. – *22 thersitische Harmonie:* Thersites wird in Homers »Ilias« II, 212ff. als häßlicher, schielender, an einem Fuß hinkender und höckeriger Mann geschildert, der auf der Versammlung »zügelloses Geschrei« erhob, dessen »Herz mit vielen und törichten Worten« voll war, und der von Odysseus »törichter Schwätzer« genannt wird und von ihm Schläge erhält, worüber die Anwesenden lachen. (Die Übersetzung von Voß.)

S. 393   6f. *herabfahrenden Engel:* Vgl. Matth. 28,3. – *9 πρόσωπον:* Antlitz, Gesicht. – *9 Grotius:* s.o. zu 380,33. – *10 Daniels:* Vgl. die Erscheinung in Daniel 10,5f. – *10 Übersetzung der Siebziger:* »Septuaginta« (»Siebzig«) heißt die griechische Übersetzung des Alten Testaments.

S. 394   27 *Calumnie:* Verleumdung. – *33 eben angezogenen Orts:* an soeben genannter Stelle.

S. 398   24 *Dilemma:* Wahl zwischen zwei gleichen Übeln.

S. 399   21 *Töserei:* Döserei. – *27 Mit den Worten:* Mark. 16,9. – *36 Clericus:* Jean Le Clerc: »Harmonia evangelica«. – *36 Lamy:* Bernhard Lamy: »Harmonia, sive Concordia quatuor Evangelistarum«.

S. 401   5 *Ja!* ...: Ist nicht Zitat. – *35 Zerplacken:* durch Plagen beschädigen, entstellen.

S. 402   37 *Messias:* Klopstocks Epos.

S. 403   1 *Tatianus:* syrischer Gelehrter (um 175 n.Chr.). L. verweist auf dessen sog. »Diatessaron«, die erste Evangelienharmonie, die große Wirkung hatte. Sie ist aus arab., armenischen und lat. Übersetzungen rekonstruierbar. – *1 Osiandrische:* Andreas Osiander (1498-1552), Professor u. Theologe in Königsberg. Mit seiner »Evangelienharmonie«, 1537, begründet er die lutherischen Harmonien, die L. im folgenden kritisiert. – *19 in corpore:* in ihrer Gesamtheit.

S. 404   15 οὐδενί ...: Sie sagten keinem etwas. Mark. 16,8. – *15 obvio:* keinem Begegnenden. – *24 καὶ ...:* und sei von ihr gesehen worden. Mark. 16,11, nicht: von ihnen. – *36 Maria Jacobi:* zu den Frauen vgl. Mark. 16,1 u. Luk. 24,10.

S. 405   21 Ἀναστὰς ...: Da er auferstanden war, erschien er am ersten der Maria Magdalena. – *23 Hieronymus:* L. bezieht sich auf John Mill (1645-1707), einen englischen Theologen, der in seiner Ausgabe des griechischen Textes von 1707 des NT Kommentare und Anmerkungen auch der Kirchenväter anführt. Hier Hieronymus' Brief Nr. 120, Kap. 3 an die Christin Hedibia. Das lat. Zitat: »von den übrigen Evangelisten Abweichendes und Widersprechendes zu erzählen scheint«. – *32 ἐφοβοῦντο ...:* Denn sie fürchteten sich. – *32 Zu beschliessen:* Schon früh wurde erkannt, daß Mark. 16,9-16,20 nicht genau an 16,8 (»denn sie fürchteten sich«) anschließt, und deshalb wurde diese Stelle als unechter Markusschluß bezeichnet. In diesem Schlußstück steht die Erscheinung Jesu vor Maria Magdalena. Zu Forschungsfragen vgl. Conzelmann/Lindemann: Arbeitsbuch zum Neuen Testament, Tübingen 1975, S. 245.

S. 406   *23 Antiklimax:* Rhetorische Figur, die das Gegenteil einer Steigerung bezeichnet, also die absteigende, immer mehr einschränkende Folge von Begriffen oder Ausdrücken. – *25 Hysteronproteron:* s. o. zu S. 378,33.

S. 407   *30 Nach dem Matthäus ...:* Matth. 28,8 ff. u. Joh. 20,14 ff.

S. 408   *8 f. Lukas ausdrücklich:* Vgl. Luk. 24,10; dazu Matth. 28,1 und Mark. 16,1.

S. 409   *3 Und die Bewohnerin ...:* Klopstocks »Messias« 14. Gesang, Vers 35 ff. – *24 f. hermeneutischen Sprachrohre:* Das Sprachrohr meint wohl die Evangelienharmonie, Hermeneutik: Kunst der Bibelauslegung. – *26 Harlequinin:* weibliches Gegenstück zur ital. Komödienfigur »Harlequin«, dem Hanswurst.

S. 410   *7 f. ehe Johannes schrieb:* L. nimmt eine Anordnung der Evangelien in zeitlicher Reihenfolge an. Für die Evangelienharmonien waren solche historischen Fragen unbedeutend. – *31 wider die Susanna:* Reimarus hatte die aus einem apokryphen Zusatz zum Buch Daniel stammende Geschichte zitiert, wonach zwei »Älteste« des falschen Zeugnisses gegen die von ihnen vergeblich begehrte S. überführt worden waren.

S. 411   *15 f. der unverschämte Mann:* Reß bezeichnet so Reimarus S. 139. – *16 aufmutzen:* vorwerfen. – *22 f. schelte dich, Satan:* Vgl. das Buch Sacharja 3,2 im AT. Schelten: hier: ›verfluchen‹.

S. 412   *7 Augustinus:* in »De consensu Evangelistarum« (»Von der Übereinstimmung der Evangelisten«) Buch III, Kap. 24, wo er für Matthäus und Markus einerseits und Lukas andrerseits zwei verschiedene Engel am Grabe sieht und auch Joh. 20,14 ff., sowie Matth. 28,9 f. als zwei verschiedene Erscheinungen Jesu deutet. – *23 f. mit meinen abstechenden Lappen:* Vgl. Matth. 9,16.

S. 413   *31 mystische Auslegung:* »In der mystischen (d. h. allegorischen) Auslegung von Joh. 20,17 (Rühre mich nicht an ...) figuriert Maria (Magdalena) für die Kirche, sofern sie Christus erst dann im Glauben ›berühren‹ kann, wenn er zum Vater aufgefahren und damit im Vollsinn zum Gott i.S. des kirchlichen Dogmas geworden ist (vgl. Origenes, Johanneskommentar IV, 30; Augustin, Traktate zum Joh.-Evangelium 120,3; ähnlich Hugo Grotius in seinen ›annotationes [Anmerkungen] zum Neuen Testament‹ Bd. I (1641) zu dieser Stelle, der aber die Symbolik Maria = Kirche wegläßt.« (Beyschlag in ›Lessings Werke‹ Bd. 3, Frankf./M. 1967, S. 649).

S. 414   13f. *zu Jerusalem schweigen:* Hier irrt L.; den Frauen erscheint Jesus nach Matthäus bei Jerusalem (28,9f.). – *36 Krötensteinchen:* Bufoniten, Batrachiten, meist kleine fossile Pflasterzähne eines Fisches von bräunlicher, rötlicher, gelblicher Farbe auf schwarzem Grund; angeblich aus dem Kopf von Kröten gewonnen, wurden sie in Gold- oder Silberringe gefaßt und als Amulette gegen Krankheiten getragen. *Luchssteinchen* hingegen, Belemniten, Echeniten, sind versteinerte Reste von Vorfahren der Tintenfische, schlanke Hohlkegel (nach häufigem Volksglauben aus dem Harn des Luchses entstanden), als Amulette gegen Gewitter benutzt.

S. 416   *6 So viel ...:* In den folgenden Abschnitten geht es um die unterschiedlichen Erscheinungsorte, die in Lukas 24 und Apostelgeschichte 1 einerseits und in Matthäus 28, Markus 16 und Johannes 21 andererseits genannt werden. In der Apostelgeschichte ist die Erzählung in 1,6ff. aber eventuell auf die Zusammenkunft von 1,4 bezogen. Die Himmelfahrt allerdings legt Lukas im Evangelium wohl auf den Auferstehungstag im Gegensatz zu dem späteren Zeitpunkt in der Apostelgeschichte. – *22f. συνελθόντες:* die zusammengekommen waren. – *23 συναλιζομενο:* als er sie versammelt hatte. – *32 convescens:* zusammen speisend. – *36 V. Boisii Veteris ...:* L. verweist auf die »Veteris interpretis cum Beza aliis que recentioritus collatio in quatuor Evangeliis et Apostolorum Actis« (»Vergleich der alten Übersetzung der vier Evangelien und der Apostelgeschichte mit Beza [reformierter Theologe u. Altphilologe in Lausanne, [1519-1605] und anderen Neueren«) des Dekans von Canterbury John Boys (1571-1625) von 1655 und zum Vergleich auf das »Novum Testamentum Graecum, observationibus philologicis, criticis et exegeticis« (»Das griechische Neue Testament mit philologischen, kritischen und erklärenden Anmerkungen«) von 1731 des Jenaer Philosophen und Orientalisten Christian Stock (Stockius) (1672-1733). In diesen beiden Büchern wird zu Apostelgesch. 1,4 auf Lukas 24,36ff. verwiesen.

S. 417   *20f. Pro loco:* dem Ort entsprechend. – *24 οὐ σπεύδω:* Ich strebe nicht danach, mit schlechten Mitteln zu siegen, sondern ehrlich zu untersuchen. – *25 Adjunctenstreiche:* hier im Sinn von Anfänger-, Gehilfenfehler. – *29 Parallelstelle:* Vgl. Lukas 24,49. – *35 Versammlung der Eilfe:* Apostelgesch. 1,6ff. – *35f. ein Stück ...:* Vgl. Lukas 24,42.

S. 418 *5 am Tage der Auferstehung:* Vgl. Lukas 24,21-23. – *26 überall:* überhaupt. – *32 Antizipation:* Vorwegnahme. – *34 wie Toinette ...:* Lessing nennt irrtümlich die als Arzt verkleidete Zofe Toinette in Molières »Eingebildetem Kranken«; er hatte entweder Molières »Arzt wider Willen«, 2. Akt, 6. Sz., im Auge, der das Herz auf der rechten Körperseite annimmt und sich rechtfertigt, eine ganz neue Methode der Medizin anzuwenden, oder er dachte an eine zu früh und an den falschen Dialogpartner gerichtete Rede des Arztes Thomas Diafoirus im »Eingebildeten Kranken«, *(II, 6).*

S. 419 *13 Tausend Jahre ...:* Vgl. Psalm 90,4, Jesaja 40,12 u. 2. Petrusbrief 3,8. – *22 Tatian:* s. o. zu S. 402, 1. – *36 Capuanus:* Bischof Victor von Capua (gestorben 554 n. Chr.) verfertigte nach einer lateinischen Vorlage eine Evangelienharmonie, die späteren Werken dieser Art, wie dem deutschen Tatian, zugrunde lagen. Von seiner Vorlage nahm Victor an, sie sei die Evangelienharmonie des Tatian.

S. 420 *1 taliter ...:* schlecht und recht. – *2 βιβλιον ...:* Kompendium, kurzer Auszug. – *7 Enkratitische Irrtümer:* Enkratiten (griech. Enthaltsame) wurden Anhänger des oben erwähnten Tatian genannt, eine Sekte, die Fleisch- und Weingenuß sowie die Ehe für sündhaft hielt. – *9 Theodoret:* Bischof von Cyrus (östl. Antiochia) (1. Hälfte 5. Jh.) in: »Haereticarum fabularum Compendium« (»Handbuch der häretischen Erfindungen«) I, 20. – *9f. κακουργιαν ...:* Verfälschung des Neuen Testaments. – *21 Hieronymus ... Hedibia:* s. o. zu S. 404,23. – *25f. pro ...:* zum Troste der Furchtsamen erschien, und kurz erschien, und dann wieder aus ihren Augen entrückt wurde. – *27f. tanta ...:* eine solche Vertraulichkeit und Dauer. – *28 ut cum ...:* daß er mit ihnen zusammen aß. – *29ff. Unde et Paulus ...:* »Weshalb auch der Apostel Paulus berichtet, daß er *fünfhundert Jüngern zugleich erschienen sei.* Und bei Johannes lesen wir, daß er, als die Apostel fischten, *am Ufer stand und ein Stück gebratenen Fisch und Honigseim aß;* was Zeichen für eine wirkliche Auferstehung sind.« Vgl. 1. Korintherbrief 15,6; Johannes 21,1 ff.; Lukas 24,42. – *34 In Hierusalem ...:* In Jerusalem aber soll er nichts dergleichen gesagt haben.

S. 421 *3 seinem eignen Lukas:* in der Vulgata. – *3ff. at illi ... obtulerunt ...:* Und sie brachten ihm ein Stück Fisch und eine Honigwabe. – *6f. et cum ...:* und als er vor ihren Augen gegessen hatte. – *13 ἀμφιβολως ...:* vielleicht unechten Stücke. – *14 ψευδεπιγραφα indocta:* laienhaften, ihm fälschlich zugeschriebenen Schriften. – *20 Die Benediktiner:* von St. Germain des Près, die mustergültige Kirchenvätertexte herausgaben. – *24 Augustinus:* s. o. zu S. 412,7. In III, 25 seiner Evangelistenübereinstimmung nennt Augustin 10 Ostererscheinungen Jesu. – *32ff. praecedit vos ...:* Er wird vor euch hingehen nach Galiläa, dort werdet ihr ihn *zuerst* sehen; oder: *Erst* dort werdet ihr ihn sehen; oder: *Nur* dort werdet ihr ihn sehen. – *36ff. ibi eum ...:* Dort werdet ihr ihn sehen, und es wird nicht ausgedrückt, wann das geschehen würde, ob sofort, bevor er anderwärts von ihnen gesehen worden wäre, oder nachdem sie ihn an anderer Stelle, auch außer in Galiläa, gesehen hätten.

S. 422 *6 Namens Galiläa:* L. meint Augustins scheinetymologische, allegorische Deutung des Namens, ein Verfahren, das lange Geltung hatte. – *7f. Galilaea namque ... interpretatur ...:* Galiläa bedeutet nämlich entweder ein Hinüberwandern oder eine Offenbarung. – *9f. praecedit vos ...:* Er wird vor euch hingehen nach Galiläa. – *12f. secundum ...:* in der Bedeutung: Hinüberwandern. – *14f. secundum illud ...:* wenn man Galiläa als Offenbarung übersetzt. – *23 mystischen, so wie die allegorischen:* s.o. zu S. 413,32. – *27 Ihre alexandrischen:* L. vergleicht die Lösungsversuche der Harmonisten mit Alexanders sagenhaftem Schwerthieb, der den Gordischen Knoten »gelöst« haben soll. – *36 Comment ...:* L. verweist auf Hieronymus' »Commentarium in Evangelium secundum Matthaeum« (»Kommentar zum Matthäus-Evangelium«) vom Jahre 398.

S. 423 *19 ex post:* im nachhinein, hinterher. – *22 Matthäus gedenkt:* Vgl. 28,16f.

S. 424 *7 Christus erteilet ...:* Matthäus 28,18ff. – *8 aus dem Lucas:* Vgl. Lukas 24. – *26f. solennern:* bedeutungsvolleren und feierlicheren. – *31 Grotius:* L. verweist auf die Bemerkungen zu Johannes 21,14 in Grotius' »Annotationes in libros Evangeliorum et varia loca Sanctae Scripturae« (»Anmerkungen zu den Evangelien und verschiedenen Stellen der Heiligen Schrift«) Bd. 1. Schon Augustin hat zum Johannesevangelium gleiches gesagt. – *34 Juden ihre Tage ... zählen:* nämlich von Sonnenuntergang bis zum folgenden Sonnenuntergang.

S. 425 *16 Derjenige Evangelist ...:* Vgl. Matthäus 28,7 u. 10. – *31 der zu allererst schrieb:* s. zu 79,7.

S. 427 *27 Glückshafen:* Hafen bedeutet Topf; hier also Topf, aus dem das Glückslos gezogen wird. – *29f. letzten Krieg:* der 7jährige Krieg von 1756-1763. Die für die preußische Armee erfolgreiche Schlacht bei Roßbach in Sachsen südlich von Halle fand am 5.11.1757 statt. – *34 Epitome:* Auszug.

S. 428 *1 Torgau:* Sächsischer Ort (an der Elbe südöstlich von Wittenberg), wo ebenfalls die preußische Armee am 3.11.1760 siegreich war.

S. 429 *24 contraband:* eingeschmuggelt, der Wahrheit widersprechend.

Eine Parabel (S. 433)

Mit der »Parabel« beginnt von Lessings Seite aus der zweite, heftigere Teil des »Fragmentenstreits«, der von Dezember 1777 bis Juli 1778, bis zum Publikationsverbot für Lessing, dauerte. Die in Form von Streitschriften, wie sie in jener Zeit nicht selten waren, geführte Auseinandersetzung fand vor allem zwischen Lessing und dem Hamburger Hauptpastor Melchior Goeze statt. Goeze (1717-1786), zwölf Jahre älter als Lessing, gehörte zu den führenden orthodoxen Theologen seiner Zeit, war seit 1760 Senior des Ministeriums und hatte schon in verschiedenen öffentlichen Disputen, auch mit Amtsgenossen, seine aus dogmatischer Enge resultierende Unduldsamkeit gezeigt. Er war mit Lessing in dessen Hamburger Zeit hie und da u. a. infolge gemeinsamer Interessen an Bibelausgaben zusammengekommen.

Die Schärfe des Streits (Goezes Veröffentlichungen gegen Lessing sind jetzt vollständig wieder gedruckt in den Werken, Bd. 8) resultierte von Goezes Seite her nicht nur aus den verschiedenen dogmatischen Ansichten, sondern auch aus der Tatsache, daß Lessing seine Publikationen nicht in der auf das Verständnis weniger beschränkten Gelehrtensprache, dem Latein, sondern, und noch dazu journalistisch bildhaft aufgelockert, in deutscher Sprache veröffentlichte. Hinzu kam, daß Lessing den Namen seines »Ungenannten« nicht preisgab. Wenngleich in den »Fragmenten« kaum Ansichten geäußert wurden, die über analoge Publikationen von Deisten etwa in England hinausgingen, wäre für Reimarus eine Veröffentlichung im Deutschen Reich unmöglich gewesen, und obwohl Lessing in seinen »Gegensätzen« sich ausdrücklich von den »Fragmenten« – und nicht etwa nur aus taktischen Gründen – distanziert hatte, genügte die Tatsache ihrer Veröffentlichung und des in deutscher Sprache geführten Disputs für Goeze, sogar eine Mobilisierung der kaiserlichen Zensurbehörden gegen Lessing anzudrohen.

Lessings Schriften gegen Goeze wurden veranlaßt durch eine in Stück 55 und 56 der »Freiwilligen Beiträge zu den Hamburgischen Nachrichten aus dem Reiche der Gelehrsamkeit« vom 17. Dezember 1777 veröffentlichte Rezension Goezes von Schumanns Schrift »Über die Evidenz ...« und die Auseinandersetzung mit Lessings in dessen »Gegensätzen« geäußerten Thesen, insbesondere mit dem Satz: »Der Buchstabe ist nicht der Geist; und die Bibel ist nicht die Religion.« (Vgl. zu S. 349 ff.)

Damit waren nun nicht mehr nur die Ansichten des Fragmentisten, sondern Lessing selbst als Herausgeber angegriffen, wenngleich er noch nicht namentlich von Goeze genannt wurde. Daraufhin schrieb Lessing seine »Parabel« samt der »Kleinen Bitte«, antwortete also zunächst noch indirekt in einer in der Zeit der Aufklärung beliebten literarischen Form, einer demonstrierenden Fiktion.

Als Goeze aber im 61.-63. Stück der »Freiwilligen Beiträge« am 30. Januar 1778 eine anerkennende und empfehlende Rezension der Schrift von Reß: »Die Auferstehungsgeschichte Jesu Christi ...« (auf die Lessing mit der »Duplik« antwortete) veröffentlichte und ihn – entgegen Lessings Beteuerung und im Unterschied zu Reß – einen »Advokaten« des Fragmentisten nannte, schrieb Lessing auch das »Absagungsschreiben«, in dem er nun seinerseits scharfe und prompte Antworten auf Goezes Streitschriften ankündigte.

Goeze hat die »Parabel« im 1. Stück seiner vom Frühjahr 1778 an erscheinenden Schriftenfolge »Lessings Schwächen« falsch, d. h. nur auf den Fragmentenstreit bezogen, gedeutet. Dagegen hätte sich Lessing gewehrt, wenn es zu einer 2. Auflage einiger seiner Streitschriften einschl. der »Parabel« gekommen wäre. Im Entwurf eines Vorworts dazu heißt es: »Diese Parabel ist nicht das Schlechteste, was ich geschrieben. – Die albern Deutungen des Herrn Goeze nötigen mich, mein eigener Ausleger zu werden. Goeze läßt sich träumen, daß ich damit auf die Händel zielen wollen, welche die Fragmente erregen. – Und ich habe sie bestimmt, die ganze Geschichte der christlichen Religion darunter vorzustellen.«

Die »Parabel« erschien im März 1778 in Braunschweig, anonym und ohne Verlagsangabe.

S. 433   2 *quae facilem ...:* Die Übersetzung »die dem Munde eine leichte Speise bereiten soll. Ein alter Philologe,« kann nicht das in dem Motto enthaltene – bitter-ironische – Wortspiel in »paret bolum« wiedergeben, eine rein klangliche, nicht etymologische Anspielung auf das Wort »Parabel« (lat. parabola, griech. parabóle: Gleichnis, Parabel), diese Parabel soll also Goeze eine leichte, angenehme Speise sein!

S. 436   23 *Linneus:* Karl von Linnée (1707-1778), bedeutender Naturforscher, der u. a. die Begrifflichkeit und eine Systematik für die Gattungen und Arten der Pflanzen entworfen hat. – 33 *nicht gern der Hund:* Anspielung auf eine Fabel Äsops, die der lat. Satiriker Lucian (um 120 n. Chr.) erzählt: Ein Hund, der selbst kein Heu frißt, bewacht eine Heukrippe und läßt das Pferd nicht heran.

S. 437   12 *den Kleinsten ärgern:* Vgl. Matthäus 18,6; Lukas 17,2 u. Markus 9,42. – 18 *Ihrer Todesstunde:* So hatte Goeze geschrieben. – 24 *Celsus:* Nur durch Origenes ist eine Schrift dieses Philosophen (2. Jh. n. Chr.) bekannt. – 25 *Fronto:* Marcus Cornelius Fronto (um 100-175), röm. Anwalt u. Rhetoriker. Von seinen Schriften ist nur wenig durch Handschriften anderer überliefert. – 25 *Porphyrius:* Seine 15 Bücher

»Gegen die Christen«, 435 verboten u. verbrannt, sind nur fragmentarisch durch Kirchenväterschriften überliefert. Er war Schüler Plotins u. selbst einflußreicher Philosoph.

S. 438   *5 Phases:* Verschiedene Erscheinungsweisen von Mond u. Planeten durch die Sonnenbeleuchtung und Stellung zur Erde. – *12 f. Berengarius:* Als erste Entdeckung in der Wolfenbütteler Bibliothek hatte L. 1770 ein »bisher völlig unbekannt« gebliebenes Werk von Berengar v. Tours († 1088) veröffentlicht.

S. 440   *10 Banier:* Banner. – *27 f. geknippen:* »knippen« mundartlich lautnachahmend für »schnellen«, mit den Fingern laut schnipsen.

S. 441   *23 Wasserpaß:* Senkrechte, durch die Wasserwaage angezeigt. – *33 O sancta ...:* »O heilige Einfalt!« soll der tschechische Reformator Hus 1415 ausgerufen haben, als auch noch eine alte Frau ein Holzbündel zum Scheiterhaufen für seine Verbrennung trug.

S. 442   *24 seligen Ziegra:* Der Kanonicus M. Christian Ziegra (1719 bis 22. Januar 1778) war zeitweise Redakteur der »Freiwilligen Beiträge«. Der »Tummelplatz« also: die »Freiwilligen Beiträge«. – *25 angestorben:* »durch Todesfall vererbt«. Gegen L.s Behauptung, Ziegras Nachfolger geworden zu sein, hat Goeze protestiert. – *27 Stachel zu läcken:* Vgl. Apostelgesch. 9,5 u. 26,14. »Wider den Stachel läcken (oder löcken)« bedeutet das Ausschlagen des Zugtieres (hier: L.) gegen den Stachel des Antreibers (hier: Goeze, beim Pflügen des Friedhofes). – *36 f. aufmutzen:* vorwerfen.

Axiomata (S. 445)

Diese, etwa gleichzeitig mit der »Parabel«, aber noch vor dem »Absagungsschreiben«, also wohl im Januar 1778 geschriebene Schrift ist die sachlich detaillierte Antwort, Punkt für Punkt, auf Goezes Schumann-Rezension (mit der – über Schumann hinausgehenden – Kritik an Lessings »Gegensätzen«) vom Dezember 1777, die Goeze vom 5. bis 15. Januar auch im Altonaer »Beitrag zum Reichs-Postreuter« hatte abdrucken lassen.

Axiome sind evidente, unmittelbar einleuchtende Sätze, die weder bewiesen werden können noch müssen. Beweisunkräftige oder »erweislich falsche« Sätze zu verwenden, hatte Goeze Lessing vorgeworfen. Lessing distanziert sich im Titel davon, daß es solche Sätze in Glaubensdingen überhaupt gäbe. Einige Gedanken und Thesen (etwa die 8.) der »Axiomata« hat Lessing in dem gegen Ende 1778 anzusetzenden Fragment »Sogenannte Briefe an den Herrn Doktor Walch« (s. S. 561 ff.) ergänzt und modifiziert.

Erschienen sind die »Axiomata« ebenfalls im März 1778 anonym und ohne Verlagsbezeichnung.

S. 445   3 *acumine:* ...: für die, die auf Grund ihres Scharfsinns fähig sind, den Begriff des Prädikats im Begriff des Subjekts als mit ihm untrennbar verknüpft zu erkennen. Wolff, Philosophia rationalis. – *15 Zweierlei Zeitungen:* s. Vorbemerkung.

S. 446   *20f. aus Induction entstanden:* Goeze hatte L. vorgeworfen, seinem »Resultat« fehle die Induktion, also die aufgrund von Einzeluntersuchungen gewonnene Beweisgrundlage.

S. 447   3 *auf die Capelle* ...: Kapelle oder Kupelle (lat. cupella), Gefäß, in dem im erhitzten Sandbad Metalle getrennt werden können. – *31f. Ich bin* ...: Eine Selbstäußerung L.s, die nicht umsonst sehr häufig zitiert wird, weil sie seinen Versuch, unabhängig zu bleiben, charakterisiert.

S. 448   3 *Grausale:* grauenerregende Erscheinung. – *13 l. (3).:* l. meint Lessings Ordnung. 3 die Goezes. – *35 gut tun:* gutschreiben.

S. 449   9 *Emballage:* Verpackungsmaterial. – *15 Rabbi:* jüdischer Schriftgelehrter. – *16 Homilet:* christlicher Prediger. – *17 Hajiemim des Ana:* Vgl. 1.Mose 36,24. – *17f. Krethi und Plethi:* Kreter und Plether, die Leibwache Davids. Vgl. 2.Samuel 8, 18; 20,7 u. 20,23 u. 1.Könige 1,38 u. 44. – *18f. der Mantel* ...: Vgl. 2.Timotheusbrief 4,13. – *31 Wolfs System* ...: Christian Wolff: »Anfangsgründe aller mathematischen Wissenschaften« (1710) mit hinzugefügten Erläuterungen, den Scholien. – *34 mit Eins:* Zugleich.

S. 450   3 *demonstriert:* im mathematischen Sinn: bewiesen. – *5 Theoremata:* Lehrsätze. – *19 Calovs:* Abraham Calovius (Kalau) (1612 bis 1686), bedeutender lutherischer Orthodoxer an der Universität Wittenberg.

S. 451   5 *Inspiration:* Eingebung des Bibeltextes. – *35 sie zeuge* ...: von Goeze zitierte Bibelstellen, Joh. 5,39; 2.Tim. 3,19; 2.Petr. 1,19. – *37 Homogenität:* Gleichartigkeit.

S. 452   4 πασα γραφη: »alle Schrift«; vgl. 2.Timotheusbrief 3, 16. Hierzu Beyschlag: »Daß die Pastoralbriefe (1. u. 2. Timotheus, Titusbrief) keine Schriften des Paulus sind, wußte die damalige Zeit noch nicht. Für das Folgende ist zu beachten, daß die Stelle schon in der handschriftlichen Überlieferung der alten Kirche verschieden überliefert wird. Die überwiegende Mehrheit der Textzeugen liest: ›Alle Schrift ist von Gott eingegeben *und* nützlich zur Lehre ...‹ Ein Teil der Überlieferung (syr. u. arab. Übersetzung, Vulgata, sowie einige griech. und latein. Kirchenväter) läßt dagegen das ›und‹ (καὶ) fort, so daß folgender Sinn möglich wird: ›Jede von Gott eingegebene Schrift ist nützlich zur

Lehre ...‹ Die erste Fassung ergibt, daß *jede* heilige Schrift grundsätzlich göttlich inspiriert ist (so Goeze und die lutherische Orthodoxie), die zweite dagegen besagt nur, daß jede inspirierte Schrift (d. h. *sofern* sie als inspiriert gelten kann) daran zu erkennen sei, daß sie nützlich zur Lehre usw. ist (so Lessing und übrigens auch Joh. Salomo Semler). Luther übersetzte, der Vulgata folgend, ähnlich wie Lessing: ›Alle Schrift, von Gott eingegeben, ist nütze zur Lehre, zur Strafe, zur Besserung, zur Züchtigung in der Gerechtigkeit.‹ (Vgl. hierzu L. Zscharnack, Lessing und Semler (1905) S. 157 f. und G. Hornig, Die Anfänge der historisch-kritischen Theologie (1961), S. 68.)« – *17 principio cognoscendi:* Erkenntnisprinzip. – *19 prophetische Wort:* vgl. 2. Petrusbrief 1,19: »Und wir haben desto fester das prophetische Wort ...« – *22 Vehiculum:* in der Medizin der neutrale Trägerstoff, dem die eigentlich wirkende Arznei beigegeben ist. – *25 Wittenbergische Vorstellung:* s. o. zu S. 450, *19;* synonym für: grundorthodox.

S. 453   *18 beim Moses:* 1. Mose 36. – *18 Bergpredigt:* Matthäus 5-7. – *21 f. andere ... lutherische Theologen:* etwa der Helmstädter Georg Calixt (1586-1656) oder Christoph Matthäus Pfaff (1686-1760).

S. 454   *4 Instanz:* von Goeze selbst gebrauchte Beispiele. – *21 f. Sammlung Hamburgischer Gesetze:* Johann Klefeker (1698-1775), Jurist und 1. Syndikus von Hamburg gab ab 1765 diese Sammlung heraus.

S. 456   *31 ἔμφυτος:* die eingepflanzte Gabe der Lehre. Diese Auffassung wird im sog. »Barnabasbrief« 9,9, einer Schrift der »Apostolischen Väter« aus der 1. Hälfte des 2. Jahrhunderts, formuliert, allerdings nicht nur für Bischöfe, sondern für sämtliche Leser.

S. 459   *28 Katholiken:* Seit Luther gilt in der protestantischen Orthodoxie als Autorität allein die Bibel und nicht, wie auf dem Konzil von Trient, dem sog. Tridentinum (1546-1563), für den Katholizismus festgelegt, gleichwertig auch die »Tradition«. – *30 Glaubensbekenntniß:* s. hierzu in den »Sogenannten Briefen ...«, S. 588 ff.

S. 460   *22 Heterodoxie:* Irrlehre.

S. 462   *25 ff. Zu Anfange ...:* Auf die robinsonadenartige Erzählung kommt L. nochmals im 8. Anti-Goeze zu sprechen (u. S. 522 ff.).

S. 465   *2 ff. Cui assentiunt ...:* Irenäus, »Gegen die Ketzer«, Buch 3, Kapitel 4: Dem folgen viele fremde Völker, die an Christus glauben ohne Papier und Tinte, weil sie die Heilsbotschaft vom Heiligen Geist in ihre Herzen geschrieben besitzen. – *12 Midletone:* Conyers Middleton (1683-1750), engl. aufgeklärter Theologe, schrieb »Letter from Rome, showing an exact conformity between popery and paganism« (»Ein Brief aus Rom, der die genaue Übereinstimmung zwischen Papsttum und Heidentum zeigt«) 1729, worin behauptet wird, daß der Katholizismus Bräuche u. a. von den Römern übernommen habe. − *21 Socinianismus:* Anhänger einer antitrinitarischen Bekenntnisrichtung (ähnlich den frühchristlichen Arianern) des 16. und 17. Jahrhunderts, vor allem in Polen, dort durch den Italiener Fausto Sozzini (†1604) geeinigt, durch die Gegenreformation vertrieben und über ganz Europa verstreut; in Siebenbürgen eine Unitarische Kirche bis ins 20. Jh. Leibniz und in seiner Folge L. setzten sich mit den Sozinianern auseinander (u. a. »Des Andreas Wissowatius Einwürfe wider die Dreieinigkeit«).

S. 467   3 *hermeneutische Wahrheit:* die Wahrheit durch Auslegung. − 29 f. *bossieren:* umformen, modellieren.

S. 468   2 *geometrisches Theorem:* Lehrsatz der Geometrie. − 3 *Demonstration:* Beweis. − 4 *im Euclides:* »Die Elemente« des griech. Philosophen u. Mathematikers Euklides (300 v. Chr.).

S. 470   31 *Belag:* Beleg.

S. 471   10 f. *Zwei verschiedne Dinge:* Die hier von L. formulierte Unterscheidung zwischen Theologie und Religion kommt den entsprechenden Vorstellungen des Hallenser Theologen Johann Salomo Semler (1725-1791), der 1779 eine Beantwortung der Fragmente eines Ungenannten veröffentlichte, nahe. − 33 *Instanzen:* Vgl. o. S. 454, 4.

S. 472   10 *Solon:* ca. 640 bis ca. 560 v. Chr., gab Athen nach einer Zeit heftiger Unruhen am Ende des 7. u. Anfang des 6. Jh.s v. Chr. durch eine große Anzahl von Gesetzen eine neue politische Ordnung. − 15 *antwortete er:* nach Plutarchs Solon-Biographie. In der Antwort Solons ist ein Aspekt von Historizität der Erziehung enthalten, der einen der Hauptgedanken von L.s »Erziehung des Menschengeschlechts« ausmacht. − 33 ff. *Kirchenvater:* vielleicht Origenes (185 bis 253/4 n. Chr.), der während seiner Lehrtätigkeit in Caesarea einerseits in »Kommentaren« für die Gelehrten und andererseits in »Homilien« für die Laien Texterklärungen vor allem zum Alten Testament verfaßte.

S. 473   11 *Was gehen ...:* etwas verändert zitiert von S. 458. − 27 *Wahlplatz:* Schlachtfeld, Kampfplatz.

S. 474   11 *theologischen Kriegen:* Anspielung auf Goezes vielfältige Auseinandersetzungen. − 18 *symbolischen Bücher:* die Bekenntnisschriften der ev.-luth. Kirche; im »Konkordienbuch« 1580 gesammelt.

S. 475   19 *provisorie:* vorläufig, behelfsmäßig. − 25 *Theopneustie:* s. o. zu 367, 17. − 37 *Michaelis:* Johann David M. (1717-1791) Theologe in Göttingen, die zitierte Schrift: »Einleitung in die göttlichen Schriften des Neuen Bundes«, 1750.

S. 476   18 *Bülfingern:* Georg Bernhard Bilfinger (1693-1750), Professor der Philosophie u. Mathematik in Tübingen, auch ein bedeutender theologischer Wolffianer. − 26 f. *Principium cognoscendi:* Erkenntnisprinzip.

Anti-Goeze 1-11 (S. 477)

Mit den von spätestens Anfang April bis Anfang Juli 1778 in straffer Folge anonym und ohne Verlagsangabe erschienenen, jedoch in der Waisenhaus-Druckerei in Braunschweig gedruckten 11 Anti-Goeze-Schriften erreichte Lessings Streit mit Goeze den Höhepunkt.

Im 1. »Anti-Goeze« geht Lessing zunächst von einer falschen Annahme aus: er hielt Goeze für den Verfasser einer im 71. Stück der »Freiwilligen Beiträge« am 17. März 1778 erschienenen, mit »E.« gezeichneten Rezension der »Verteidigung der geoffenbarten christlichen Religion wider einige Fragmente aus der Wolfenbüttler Bibliothek, 1. Stück« des früheren Rektors von Neuruppin, nunmehrigen Privatgelehrten Friedrich Wilhelm Mascho. Goeze bestritt am 16. April im »Altonaer Postreuter« die Verfasserschaft.

Noch vor dem 16. April veröffentlichte Goeze unter dem Titel »Etwas Vorläufiges gegen des Herrn Hofrats Lessings mittelbare und unmittelbare Angriffe gegen unsere allerheiligste Religion und auf den einigen Lehrgrund derselben, die Heilige Schrift« eine umfangreiche Streitschrift gegen Lessing. Sie enthielt nach einer »Vorerinnerung« zunächst nochmals die in den Stücken 55/56 und 61-63 der »Freiwilligen Beiträge« erschienenen Veröffentlichungen (s. Vorbemerkungen zu »Parabel« und »Axiomata«, S. 780 u. 782) und brachte danach eine anerkennende Rezension einer weiteren gegen die »Fragmente« erschienenen Schrift: »Verteidigung der biblischen Geschichte von der Auferstehung Jesu« des Lübecker Subrektors M. Friedrich Daniel Behn. Auf Lessings »Parabel« einschließlich des »Abdankungsschreibens« wies Goeze nur kurz hin, unterstellte aber in einem kritischen Schlußresümee der »Gegensätze« und der »Duplik«, Lessing habe gefordert: »Weg also mit der ganzen christlichen Religion! ... Weg also mit der ganzen Bibel!« (Alle Schriften Goezes gegen Lessing sind jetzt wieder abgedruckt in: Werke 8.)

Hierauf antwortete Lessing in seinen 2. bis 7. »Anti-Goeze« (erschienen im April und Mai 1778), außerdem veröffentlichte er unmittelbar vor dem 7. »Anti-Goeze«, am 21. Mai 1778, ein weiteres Fragment seines Ungenannten: »Von dem Zwecke Jesu und seiner Jünger«, von dem er sagte, daß es ursprünglich nicht, zumindest nicht jetzt habe erscheinen lassen wollen, von dem er angesichts des entbrannten Streits aber hoffe, man würde »wo nicht günstiger, doch richtiger von dem [früher erschienenen] Fragmente der Auferstehungsgeschichte urteilen lernen«.

Unmittelbar zuvor aber hatte Goeze eine neue Schrift gegen Lessing veröffentlicht, die nun, Lessings »Anti-Goeze« entsprechend, ebenfalls numeriert war, also eine längere Kontroverse ankündigte: »Lessings Schwächen, gezeigt von Johann Melchior Goezen. Das erste Stück«. Hierin rezensierte Goeze zunächst zustimmend eine weitere Gegenschrift gegen die Fragmente des Ungenannten: »Die Wahrheit und Gewißheit der Auferstehung Jesu Christi« von dem Superintendenten Johannes Balthasar Lüderwald in Vorsfelde (Braunschweig), ging dann auf die (von ihm mißverstandene) »Parabel« Lessings ein, setzte sich mit einer Stelle aus der »Duplik« auseinander und schloß nach einer Kritik von Lessings »Bitte« mit einer persönlichen geistlichen Ermahnung. In Goezes Schriften ist – bei aller Schärfe und Enge – immer wieder der Respekt vor früheren Werken des Schriftstellers Lessing und fast ein Bedauern über diese theologische Fehde zu spüren.

Hierauf antwortete Lessing im 8. »Anti-Goeze« (gegen Mitte Juni), dann folgten rasch aufeinander »Anti-Goeze« 9-11: in Nr. 11 setzte sich Lessing auch mit einer neuen Schrift von Behn »Anti-Lessing« auseinander.

Goeze ließ im Juni, nach Erscheinen des »Anti-Goeze 8«, das 2. Stück seiner Reihe »Lessings Schwächen« folgen, in dem er vor allem auf die neue Publikation aus den Papieren des Ungenannten: »Vom Zwecke Jesu und seiner Jünger«, und nunmehr sehr scharf, einging. Hierauf konnte Lessing nicht mehr in gewohnter Weise mit einer »Anti-Goeze«-Schrift antworten – vom »Anti-Goeze 12« fand sich nur die Überschrift und das Motto im Nachlaß –, denn am 6. Juli 1778 erließ Herzog Carl von Braunschweig einen Kabinettsbefehl an Professor Remer, den Leiter der Waisenhausbuchhandlung in Braunschweig, wo Lessings Schriften erschienen waren, es dürften keine Schriften Lessings ohne vorherige Zensur mehr gedruckt werden und es dürfte von den vorrätigen Schriften nichts mehr ausgeliefert werden, da Lessing das ihm 1772 bei Erteilung der Zensurfreiheit entgegengebrachte Vertrauen, nichts wider die Religion drucken zu lassen, mißbraucht habe. Trotz recht energischer Proteste beim Herzog erreichte Lessing keine Änderung dieses Befehls, im Gegenteil, am 13. Juli wurde ihm befohlen, die »Handschrift des Ungenannten« abzuliefern, und die »Dispensation« von der Zensur wurde »gänzlich« aufgehoben, so daß Lessing z. B. auch dichterische Werke hätte zur Zensur einreichen müssen.

An diese Zensurbestimmung hielt sich Lessing jedoch nicht. Vielmehr ließ er, zwar mit der Bezeichnung: »Wolfenbüttel«, aber bei seinem Berliner Verleger Voß auf Goezens Frage (in »Lessings Schwächen 2«), was er unter der christlichen Religion verstünde, seine »Nötige Antwort auf eine sehr unnötige Frage des Hrn. Hauptpastors Goeze« erscheinen. Daraufhin wurde Lessing am 3. August vom Herzog befohlen, auch außerhalb Braunschweigs nichts ohne Genehmigung drucken zu lassen. Da Goeze jedoch auf Lessings »Antwort« etwa Mitte August ein »drittes Stück« von »Lessings Schwächen« folgen ließ, antwortete hierauf Lessing wiederum – also gegen den herzoglichen Befehl – mit »Der nötigen Antwort ... ersten Folge«, in der es nun gar nicht mehr um die Fragmente, sondern nur noch um das Problem »Schrift« und »Überlieferung« ging.

Doch seine Hauptantwort gab Lessing an anderer Stelle: vom gleichen 8. August 1778, an dem er dem Herzog wegen der Entziehung der Zensurfreiheit geantwortet hatte, datiert die »Ankündigung« zu »Nathan dem Weisen«, den er – selbstbewußt und natürlich ohne Zensur – im Selbstverlag herausgab.

S. 477 *2 f. Multa sunt ...:* Viele Dinge sind deshalb wert, widerlegt zu werden, damit sie nicht ernsthaft verehrt werden. Aus »liber adversus Valentinianos« (»Buch gegen die Valentinianer«), Kap. 4 des Tertullian (Quintus Septimus Florens, etwa 160 bis nach 220, aus Karthago). – *12 Absage:* Vgl. das »Absagungsschreiben« o. S. 124 ff. – *15 Lemma:* Motto, Geleitwort. – *16 ... folgen:* Indem L. aus der Schrift des Kirchenvaters Tertullian gegen gnostische Ketzer des 2. Jahrhundert zitiert, apostrophiert er ironisch Goeze als Ketzer. Die »fernern Worte« lauten: »Vieles ist wert, auf diese Weise [nämlich durch Spott] widerlegt zu werden, damit es nicht ernst genommen werde. Vor nichtigem Treiben entweicht der feierliche Ernst. Auch der Wahrheit steht das Gelächter an, weil über ihre Feinde lachend zu spotten ihre Sicherheit ausmacht. Man achte nur darauf, daß das Gelächter nicht selbst zum Gespött werde, wenn es ein unwürdiges ist. Indessen wo immer es ein würdiges Gelächter ist, da ist es am Platze. In diesem Sinne also will ich beginnen.« (nach Beyschlag S. 671). – *19 f. Schulrectores in ...:* Schumann in Hannover (s. S. 349), Behn in Lübeck (Friedrich Daniel B., Konrektor in Lübeck, schrieb 1778 einen »Anti-Lessing«) u. a. – *24 die rechten Hände:* L. wollte weniger mit den orthodoxen Protestanten wie Goeze als vielmehr mit den Neologen wie Semler diskutieren. – *27 Postillen:* Andachtsbücher mit Predigten.

S. 478 *2 das Gift:* Anspielung auf Hieronymus. Vgl. 6. Anti-Goeze u. S. 510, 11 ff. – *11 ... Bibeln:* Bezieht sich auf eine briefliche Anfrage Goezes für seine »Historie der Niedersächsischen Bibeln«, die L. kurz vor dem Tod seiner Frau erreicht und die er wohl deshalb unbeantwortet gelassen hatte. – *12 konferieret:* verglichen. – *causa ...:* »Ursache, ohne die nicht« (zu ergänzen »diese vortrefflichen Werke« gegen die Fragmente erschienen wären). – *17 Reichshofratsconclusum:* Beschluß der obersten Reichsbehörde. – *22 Joseph II:* (1741-1790) Sohn Maria Theresias und Kaiser Franz I., dessen Nachfolger er 1765 wurde.

S. 479 14 *Bahrdtens ... Übersetzung:* Karl Friedrich Bahrdt (1741 bis 1792), aufklärerischer Theologe. Auf seine am 26.2. 1778 vom Reichshofrat verbotene Bibelparaphrase »Neueste Offenbarungen Gottes« (1772-1775) schrieb Goethe seinen satirischen »Prolog«. *−19f.* *Luthers Schriften:* L. unterscheidet auch hier zwischen Buchstaben und Geist.

S. 480 3 *Nachbars:* s. o. zu Reß S. 411, *157f.* − 8 *Exegetik:* Bibel-Auslegung. − 15 *Mascho:* Friedrich Wilhelm M. (gest. 1784), Rektor in Neuruppin. Seine »Verteidigung der geoffenbarten christlichen Religion« erschien 1778/79, gleichzeitig eine weitere Gegenschrift »Beleuchtung der neuesten Angriffe auf die Religion Jesu ...« − 20 *71stemal:* Spielt an auf das 71. Stück der »Freiwilligen Beiträge« vom 17. März 1778. − 34 *Tros ...:* Zitat aus Vergils ›Aeneis‹, 10, 108: »Er sei Trojaner oder Rutuler«, also Freund oder Feind. − 34 *Partie:* Partei.

S. 481 9 *Species:* besondere Arzneien. − 10 *administrieren:* verschreiben. − 11 *Recipe:* Rezept. − 14 *strohernen Schildes:* Vgl. o. S. 157,9.

S. 482 4f. *Naturalismus:* Auffassung von der Religion als »natürlicher« im Gegensatz zur »positiven« Offenbarungsreligion.

S. 483 2 *Alberti:* Der Diakon Julius Gustav Alberti (1723-1772) geriet 1769 mit Goeze in Streit wegen des am Bußtag in Hamburg zu verlesenden Psalms 79,6: »Schütte deinen Grimm auf die Heiden ...«. Als Alberti 1771 in seiner »Anleitung zum Gespräch über die Religion« kritisch zum lutherischen Katechismus schrieb, kam es erneut zu Auseinandersetzungen mit Goeze. − 7. *Diversion:* Ablenkung, Seitenangriff.

S. 484 2 *Bella geri ...:* »Es möge uns gefallen, Kriege zu führen, die keine Triumphe verheißen!« Lucan, Pharsalia, 1, 12. − 5 *Hauptpastor:* L. ändert die Anrede gegenüber dem 1. Anti-Goeze. − 9 *Osterabends:* Sonnabend vor Ostern. − 16 *Äquivoken:* von ›Aequivocum‹: Gleichlaufendes, Doppeldeutigkeit. − 20 *der Kelter oder ...:* Der ›Vorlauf der Kelter‹ ist der vor dem Auspressen der Trauben herauslaufende einfache Saft; bei der Branntweindestillation ist es dagegen der in der Blase (Destillationsgefäß) entstehende erste und alkoholhaltigste Teil. − 26 *... equi vocem:* L.s. Wortspiel ist nicht adäquat ins Deutsche zu übertragen. »equi vocem«: »Das Wiehern des Pferdes«. − 27 *Cardanus:* S. 285 ff. L. verweist auf »De rerum varietate« 1, VII, c. 32, wo Cardanus meint, aus dem Wiehern des Pferdes die Zukunft bestimmen zu können. − 30 *Hanswurst ...:* Luthers Streitschrift »Wider Hans Worst« von 1541 gegen Herzog Heinrich von Braunschweig-Wolfenbüttel, den Anführer der norddeutschen Katholiken in der kathol. Liga. Den Herzog als »Hans Wurst« (»groben Tölpel, so klug sein wollen, doch ungereimt und ungeschickt zur Sache reden«) spricht Luther an: »Du solltest nicht ehe ein Buch schreiben, du hättest denn ein Furz von einer alten Sau gehöret, da solltest du dein Maul gegen aufsperren und sagen: Dank habe, du schöne Nachtigall, da höre ich einen Text, der ist für mich«.

S. 486 2 *tertia comparationis:* Plural von ›Tertium comparationis‹ ›das Dritte des Vergleichs‹; dasjenige, was zwei zu vergleichende Dinge gemeinsam haben. – 5 *verblümten:* ›verblümen‹ bei Adelung: ›unter einem angenehmen Scheine verbergen‹. – 30 *entstehen:* mangeln. – 33 *Pater Abraham:* Abraham a Santa Clara (1644-1709), der berühmte Wiener Hofprediger. – 35 ... *allzu elend:* Die Wertung ist wohl ein Vorurteil des 18. Jahrhunderts.

S. 487 1 *Schlosser:* Johann Ludwig Schlosser (1738-1815), Pastor in Bergedorf, Hamburg, verfaßte als Theologe Theaterstücke, die in Hamburg aufgeführt und gedruckt wurden. Goeze meinte, das vertrage sich nicht mit dem Pastorenamt; es entstanden Streitschriften, u. a. Goezes »Theologische Untersuchungen der Sittlichkeit der heutigen Schaubühne überhaupt ...« Hamburg 1770. – 18 *heterodoxen:* irrgläubigen. – 25 *Eviktion:* Nachweis. – 30 *ich längst:* L. bezieht sich auf seine Verteidigungen gegen Schumann und Reß.

S. 488 2f. *nach dem Feste:* Goeze hatte am Schluß von »Etwas Vorläufiges ...« geschrieben, er könne erst nach Ostern sehen, »ob es der Mühe wert sei«, sich auf L.s eben erschienene »Parabel« und »Axiomata« einzulassen.

S. 490 2 *Avolent ...:* »Mag doch auf jeden Windstoß der Versuchungen von der Spreu des leichten Glaubens so viel verfliegen, als nur will: desto reiner wird das übrige Getreide in die Scheuer des Herrn gebracht.« Tertullian. Das Motto aus einer Schrift mit einem nicht sicher feststehenden Titel: »De praescriptionibus adversus omnes haereses (»haereticos«) oder »De praescriptione haereticorum« (»Über die Prozeßeinrede[n] gegen die Sekten [Ketzer]« oder »... der Ketzer)«. L. hatte vor, diese Schrift zu übersetzen und zu kommentieren, ein längeres Übersetzungsfragment fand sich im Nachlaß. – 11 *Verdammet nicht ...:* Vgl. Lukas 6, 37. – 14 ... *der h. Geist:* Anspielung auf Goezes Glauben an die göttliche Inspiration der biblischen Schriften. – 15 *Basedow ...:* L. übernimmt hier Goezes Aufzählung aufgeklärter Theologen und Pädagogen, setzt allerdings Teller statt Abbt. – 16 *Allgemeine Bibliothek:* Die Mitarbeiter der von Nicolai herausgegebenen aufgeklärten Rezensionszeitschrift. – 25 *fromme Hure:* so nach apokrypher Überlieferung Eva, s. auch 1. Timotheusbrief 2, 15 »wird selig werden durch Kinderzeugen«. – 29 *Monsieur Loyal:* In Molières »Tartuffe« wird Herr Orgon von dem Gerichtsdiener Loyal mit frommen Reden aus seinem eignen Haus geworfen.

S. 491 1 *Seifenblase:* zitiert aus Goezes Vorerinnerung. – *5 Ce Monsieur ...:* »Dieser Herr Loyal hat etwas sehr Illoyales an sich!« 5. Akt, 4. Szene.

S. 493 1 f. *periklitieren:* gefährdet sind. – 22 *paleas ...:* Vgl. hier u. die folgenden Zitate das Motto o. S. 218.

S. 494 11 *ut fides ...:* L. übersetzte: damit es dem Glauben weder an Versuchung noch an Bewährung fehle. – *30 vane ...:* L. übersetzte: Ein sehr nichtiges und unbedächtiges Ärgernis also, sich darüber zu ärgern, daß die Ketzereien gerade so viel vermögen, als sie zu vermögen bestimmt sind. – *34 f. nihil ...:* L. übersetzte: Und was vermöchten sie denn auch, die Ketzereien, wenn man sich nicht verwunderte, daß sie so viel vermöchten?

S. 495 9 *Anzeige:* vom 16.4.1778, mit »E.« gezeichnet. In scharfem Ton wird »zur Steuer der Wahrheit und zur Nachricht des Herrn Hofrat Lessing bekanntgemacht«, daß Goeze nicht etwa einziger Verfasser der »Hamburgischen freiwilligen Beiträge« und auch nicht Verfasser der Mascho-Rezension sei. – *13 Goeze und Compagnie:* s. o. S. 480. – 22 *den Fr. Bei:* den Freiwilligen Beiträgen.

S. 496 2 f. *Tonto ...:* »Ein Narr, der kein Latein versteht, ist nie ein großer Narr.« Francisco de Rojas, span. Dramatiker des 17. Jh.s – *18 Schreibt lateinisch ...:* Schon in den frühen »Rettungen« wies L. darauf hin, daß er nicht Latein, sondern Deutsch schreibe. In den theologischen Auseinandersetzungen erhält die deutsche Sprache ein noch stärkeres Gewicht: Neue Einsichten sollen nicht nur für die Gelehrten sein. Direkt greift L. auf, was Goeze aus Behns Schrift wiedergab. – *20 Subconrector:* Behn.

S. 498 3 *Baco:* Der engl. Politiker und Philosoph Francis Bacon (1561-1626) ließ sein 1605 in engl. Sprache erschienenes Werk »Advancement of Learning« von einem Prof. in Cambridge ins Lateinische übersetzen, wobei »mehr auf die Zierlichkeit der Sprache, als auf die Sachen« geachtet wurde. Bacon soll trotz seiner schlechten Lateinkenntnisse die Übersetzung dann selbst gemacht haben. – *6 Programma:* lat. Programmschrift, wiss. Abhandlung in den Jahresberichten der Schulen. – *8 Huart:* Huarte de San Juan (ca. 1530-1593). Spanischer Arzt und Philosoph. L. übersetzte 1752 sein psychologisches Werk »Examen de ingenios para las sciencias« (1575) ins Deutsche (»Prüfung der Köpfe zu den Wissenschaften«) und schrieb eine Einleitung dazu.

S. 499 14 *Ingredienz:* Bestandteil einer Arznei. – *31 f. Nonne ...:* L. übersetzte: Haben sich nicht an dem Herrn selbst einige seiner Schüler geärgert und sind von ihm abgewichen? (Tertullian, »De praescriptionibus«, Kapitel 3).

S. 501 3 *der Präses ...:* Vorsitzender der früheren öffentlichen Magister- u. Doktorprüfungen, in denen der Geprüfte (Respondent) seine Thesen gegen Opponenten verteidigen mußte. – *15 mehr Einwürfe:* L. meint Abälard. Vgl. u. S. 513.

S. 502 2 *Cognitio ...:* Die Erkenntnis der Wahrheit ist geeignet, alles Falsche, auch was vorher unerhört war, wenn es nur ans Licht gebracht wird, zu prüfen und zu widerlegen. Augustin, 118.Brief (an Dioscorus), 12. – *14 Clement ...:* drei aus dem Klerus kommende französische Königsmörder, die Goeze als Beispiele für »Rebellion« genannt hatte. – *16 Parnasse:* Berg der Musen u. Apolls; übertragen: Bezeichnung für das Reich der Musen, der Dichtkunst. – *26f. rabulistisch:* wortverdrehend.

S. 503 7 *heiligen Männer:* Apostel u. Verfasser der Schriften des Neuen Testaments.

S. 505 4 *Matthäus:* Kap. 27 u. 28. – *8 ἅπαξ ...:* einmaliger Bericht; also in den 3 anderen Evangelien nicht vorhanden.

S. 506 *13f. Ribovs ...:* Georg Heinrich Ribow (1703-1774), Theologe u. Philosoph an der Universität Göttingen, verfaßte 1748 »De arconomia patrium et methodo disputandi κατ' οἰκονομίαν« (»Der verzeihliche Betrug bei den Kirchenvätern und die Methode, mit seiner Hilfe zu disputieren«). – *17ff. integrum ...:* daß es die Lehrer und Vorsteher der Christengemeinde durchaus für erlaubt hielten, Täuschungen zu gebrauchen, Falsches unter das Wahre zu mengen und besonders die Feinde des Glaubens zu betrügen, wenn sie damit nur der Wahrheit Vorteil und Nutzen brächten. – *22 δίκονομίαν:* Taktik. – *22f. falsitatem ...:* verzeihlichen Betrug. – *36f. Paulus in ...:* Wie geschickt, wie klug verfährt Paulus mit den Zeugnissen, die er aus dem Alten Testament nimmt, wie weiß er dabei seine eigentlichen Absichten zu verhüllen.

S. 507 9 *in leichtem Gelde:* Anspielung auf Finanzpraktiken im 18. Jh.; »leichtes« u. »schweres« Geld unterschieden sich in ihrem Silber- oder Goldanteil.

S. 509 2 *Non leve ...:* ›Es ist keine Kleinigkeit, die mir der oberste Priester einer so großen Stadt an den Kopf wirft.‹ Hieronymus gegen Ruffinus. – *20 A.G.IV:* Anti-Goeze, Vierter.

S. 510 *13 περὶ ...:* Über die Grundlehren. – *20 Schola tyrannica:* tyrannische Schule; aber doppeldeutig, da Tyrannius der Vorname des Ruffinus war, was L. offenbar nicht wußte. – *22f. O impudentiam ...:* Welch einzigartige Unverschämtheit! Sie klagen den Arzt an, weil er die Gifte bekannt gemacht hat.

S. 512 2 *habent ...:* Die Büchlein haben ihre Schicksale. Aus einem Gedicht des Terentianus Maurus (Ende des 3.Jh. n.Chr.). – *13 Porphy-*

rius: neuplaton. griech. Philosoph (ca. 234-301/305), Gegner der Christen. Seine Schriften sind nur in Zitaten anderer erhalten, da das gesamte Werk 448 n. Chr. auf Befehl der Kaiser Theodosius II. u. Valentinian III. vernichtet wurde. – *15 κατὰ ...:* ›Gegen die Christen‹. – *23 Vossius ...:* L. verweist in der Anm. auf eine Ausgabe von Briefen u. Schriftstücken des Theologen Hermann Conrings aus dem 17. Jh., die Christoph Heinrich Ritmeier 1708 herausgegeben hat; in ihr war die von L. erwähnte Äußerung des Isaak Vossius, eines niederländischen Philologen, der in Windsor tätig war, gegenüber dem schwedischen Gelehrten u. Minister Baron Johann Salvius enthalten.

S. 513 *1ff. Abälard:* Vgl. o. S. 501 *Abälard:* Peter Abälard († 1142), bedeutender Frühscholastiker, aber wegen seiner theologischen Ansichten angegriffen und zum Ketzer erklärt. (Literarisch bekannt durch seine Liebesbeziehung zu Héloise.) Die Ausgabe von François *d'Amboise* Anfang des 17. Jahrhunderts, Edmond *Martène* und Ursin *Durand* gaben 1717 die »Theologia christiana« u. a. heraus, der österreichische Benediktiner Bernhard *Petz* 1721-1729 »Thesaurus anecdotum novissimus«, den L. wohl in der Fußnote nennt. – *Jean Luc d'Achery* war im 18. Jahrhundert Bibliothekar in St. Germain des Près in Paris. – *12 f. Werk des Abälard:* ›Sic et Non‹ (›Ja und nein‹), eine Sammlung von widersprüchlichen Kirchenlehrertexten, erst 1836 wiederentdeckt. – *20 ff. in quo ...:* in der er, seiner Veranlagung nachgebend, alle Mysterien der christlichen Religion von zwei Standpunkten aus behandelt.

S. 514 *11 Toldos Jeschu:* »Toldoth J.« (Geschichte Jesu), mittelalterliche hebräische Schrift mit antichristlichen Jesus-Legenden, 1681 von dem berühmten Orientalisten Joh. Christoph Wagenseil in Altdorf (einem getauften Juden) mit einer Widerlegung in seiner Sammlung »Tela ignea Satanae« (Feurige Pfeile des Satans) herausgegeben. – *16 Porchetus:* Der Karthäuser Mönch Porchetus de Salvaticis schrieb in der 1. Hälfte des 14. Jh.s »Victoria adversus impios Hebraeos« (»Sieg über die gottlosen Juden«), 1520 hrsg. v. A. Justinianus. Porchetus und Luther führt Wagenseil als christliche Theologen zu seiner Verteidigung an; sie kannten die »Toldoth Jeschu«. – *25 Raymundus:* der von Wagenseil als erster Herausgeber der »Toldoth Jeschu« genannte Raymundus Marbuni (13. Jh.), ein span. Dominikaner, der sich für die Bekehrung von Juden und Arabern einsetzte.

S. 515 *1 ff. Neque Vero ...:* Aber gelehrte und fromme Männer haben es früher und jetzt für berechtigt gehalten, die Schriften der Ketzer nicht nur zu lesen, sondern auch ihre Meinungen bekannt zu machen, die von ihnen geschriebenen Bücher in Bruchstücken, Auszügen oder auch im vollständigen Wortlaut, meist unter Beifügung von

Widerlegungen, aber bisweilen auch ohne solche zu veröffentlichen, ja selbst die Lästerungen gottloser Menschen wiederzugeben.

S. 516   *2 f. Ne hoc ...:* Man darf auch nicht allein darauf sehen, was für eine Sache ein redlicher Mann verteidigt, sondern auch warum und in welchem Geiste er es tut (Quintilian, »Institutio oratoria«, Buch 12, Kapitel I, § 37).

S. 517   *32 orthodoxe Religion:* z.B. in den »Literaturbriefen« (Nr. 48), »Berengarius Turonensis« (1770), »Leibniz, Von den ewigen Strafen (1773), »Des Andreas Wissowatius Einwürfe wider die Dreieinigkeit« (1773). – *36 ehedem mündlich:* L. in seiner Hamburger Zeit. – *38 f. Engel des Lichts:* vgl. 2. Korinther 11, 14.

S. 518   *13 Die Galle:* L. spielt wieder auf Goezes vergebliche Anfrage wegen der niedersächsischen Bibel an. – *13 Sehe:* Sehfähigkeit. – *15 Tantaene ...:* So heftiger Zorn in der Seele der Götter? Vergil, Aeneis, 1, 11. – *24 Chicane:* L. greift einen Vorwurf Goezes auf: er bediene sich der gleichen Logik wie unfaire Juristen.

S. 519   *22 Erlaubnis:* Zensurfreiheit L.s – *34 Anfang eines Vorberichts:* L. bereitet mit der folgenden kurzen Veröffentlichung des Vorberichts von Reimarus die Publikation »Vom Zwecke Jesu und seiner Jünger« vor, die nach dem 7. ›Anti-Goeze‹ erschien.

S. 520   *9 gemein gemacht:* ›allgemein zugänglich‹.

S. 521   *7 in die Schanze (schlagen):* aufs Spiel setzen.

S. 522   *2 f. Ex hoc ...:* Aus diesem einen Kapitel werde ich beweisen, daß du die eiserne Stirn eines Fälschers hast. Hieronymus gegen Ruffinus. Vgl. dazu o. zu S. 510, 20. – *10 feiler:* käuflicher. – *13 Reichspostreiter:* Herausgeber der Altonaer Zeitung war Albrecht Wittenberg, mit dem J. A. H. Reimarus, der Sohn des »Ungenannten«, Auseinandersetzungen zu vermeiden bemüht war. L. hat mit den Bemerkungen hier Wittenberg ziemlich erregt, der im 100. Stück der ›Freiw. Beiträge‹ über den 8. Anti-Goeze herzog. – *16 Epigramm:* L. spielt auf ein Gedicht im 35. Stück der ›Freiwilligen Beiträge‹ an: An Doktor Schrill [= L.]: Ein großer Advokat ist Schrill, / Prozesse lenkt er, wie er will, / Vom Rechte weiß er zwar nicht viel, / Und meistens trifft er weit vom Ziel, / doch jeden kann er überschrein, / Und braucht er mehr, ein großer Advokat zu sein? – *30 ... durchstechen:* in heimlichem Einverständnis sein.

S. 523   *1 Ihr gemeinschaftlicher ...:* Das Bild L.s meint, daß, wie der Sattel die Mitte von Pferd u. Reiter, das Maultier ein Mittelding von Pferd und Esel ist; folglich wird der Reiter indirekt als Esel bezeichnet! – *3 Miller's Jest:* Joe Miller, ein engl. Schauspieler, galt als Verfasser der Witzsammlung »Miller's Jests or the wits Vademecum«. – *3 Dedekind:* Friedrich Dedekind (gest. 1598), Verf. der Satire »Grobianus« (1549) gegen Trunksucht u. schlechtes Benehmen. – *11 Heuremata:* Glücks-, Zufallsfunde; Einfälle. – *25 erklärt:* s. S. 485 f.

S. 524   7 *»daß er* ...«*:* Zitat aus der Rezension eines »E.« zu Goezes »Etwas Vorläufiges ...« im »Reichs-Postreuter« vom 27. April.

S. 525   5 *Houyhnhnm:* Im 4. Teil von Jonathan Swifts satirischem Roman »Gullivers Reisen« die Bezeichnung von Pferden, die in ihrer Klugheit und im Umgang den Menschen überlegen sind. – *12 Kartel:* schriftliche Zweikampfaufforderung. – *20 Buschklepper:* Strauchdieb.

S. 526   6 *Aegyptische Grillen* ...*:* L. beurteilt hier wie meistens im 18. Jh. noch die ägyptische und chinesische Kunst als komisch und barbarisch. – *32 Vedette:* Kavallerieposten. – *33 Histörchen:* Vgl. o. S. 462, 25 ff.

S. 527   13 *ein wohltätiger Sturm:* George Somers wurde dorthin verschlagen und begann mit der Kolonisation. – *19 Saratoga:* im Staat New York, wo amerikanische Truppen am 13. 10. 1777 englische Truppen samt hessischen und braunschweigischen Hilfstruppen schlugen, die gefangen genommen wurden. – *26 Heimreise nicht stirbt:* Von den Braunschweigischen Soldaten, die vertraglich 1776 »verliehen« wurden, kamen etwas weniger als die Hälfte 1783 zurück.

S. 529   2 *Qui auctorem* ...*:* Wer mir den unbekannten, als Autorität geltenden Verfasser eines Buches enthüllt, dient nicht so sehr meinem Nutzen als meiner Neugier. Im Gegenteil, er bringt mir nicht selten Schaden, weil er dem Vorurteil der Autorität Raum gibt. Heumann, »Schediasma de libris anonymis et pseudonymis« (Über anonyme und pseudonyme Bücher). Christoph August Heumann (1681-1763), zuletzt Professor der Theologie in Göttingen, legte sein Amt wegen abweichender Abendmahlsauslegung nieder.

S. 530   13 *Minutissima:* kleinste Kleinigkeiten. – *27 actu gar nicht* ...*:* nicht der Betätigung, sondern nur der Befähigung nach besaß.

S. 531   4 *Quilibet* ...*:* Vollständig heißt der römische Rechtsgrundsatz: »Quilibet praesumitur bonus, donec probetur contrarium.« (Jedermann wird als redlich angesehen, solange nicht das Gegenteil bewiesen wird). – *14 andres Fragment:* zwischen 7. und 8. Anti-Goeze erschienen »Vom Zwecke Jesu und seiner Jünger«. – *28 In eodem* ...*:* In demselben Herzen gibt es keine Gemeinschaft von Ehrenhaftigkeit und Gemeinheit: und ein Mensch kann ebenso wenig zugleich das Beste und das Schlimmste denken, wie er zugleich gut und böse sein kann. (Quintilian, »Institutio oratoria«, Buch 12, Kapitel I, § 4.) – *35 Wertheimischen Bibelübersetzers:* s. S. 310.

S. 532   6 *in rebus facti:* in Sachen des tatsächlichen Geschehens. – *19 Wettsteins* ...*:* Johann Jakob W., Baseler Theologe, gab die erste streng historisch-philologische Ausgabe des »Novum Testamentum Graece« heraus. – *19 des Spruches 1. Johann* ...*:* L. verweist auf einen Zusatz zu 1. Joh. 5, 7, der seit dem 4. Jh. in Überlieferungen aufgetaucht war u. der im 18. Jh. unter der Echtheitsfrage diskutiert wurde. – 25 *Particularia:* Einzelheiten.

S. 533   7 *eines Lichtscheus:* Ironisierung »eines Anonymus«. – 27 *Prudentis ...:* Es ist das Zeichen eines klugen Mannes, alle dogmatischen Bücher so zu lesen, als ob der Verfasser gänzlich unbekannt sei. – 28 *Lemma:* das Motto o. S. 529.

S. 535   5 *Luther:* Schon Goeze stellte der Buchveröffentlichung von »Etwas Vorläufiges ...« ein Luther-Motto voran u. beendete sie mit Luther.

S. 536   28 *Vexiererei:* Verhöhnung. – 36 *Relata refero:* Ich berichte Berichtetes, d.h. man übernimmt nicht die Verantwortung für einen Bericht aus zweiter Hand.

S. 537   27 *Else:* meint den Rezensenten E.

S. 539   31 *Adelung:* »Wörterbuch der hochdeutschen Mundart« (1774) von Johann Christoph A. – 40 *ungehudelt:* ungeschoren. – 10 *schwaches Gewissen:* Vgl. Motto dieses Anti-Goeze.

S. 540   10 *gloriae ...:* gotteslästerliche Gier nach Ruhm. – 12 *Tempel ...:* eines der sieben Weltwunder der Antike. – 13 *ut opere ...:* damit durch die Vernichtung des schönsten Werkes sein Name über den ganzen Erdkreis verbreitet würde. Aus den »Memorabilia« (8, 14) des Valerius Maximus, eines römischen Historikers. – 19 *Theopomp:* Der griechische Historiker hatte im Gegensatz zu Valerius den Namen Herostrats genannt, der den Tempel von Ephesus 356 v. Chr. in Brand steckte. – 25 *Felsen ...:* Vgl. Matthäus 16, 18. – 27 *Patribus ...:* (die in die Senatorenliste) ›eingetragenen Väter‹, Titel der röm. Senatoren, hier ironisch die protestantischen Neologen u. gelehrten Theologen Johann August Ernesti (1707-1781), Prof. in Leipzig, Johann Salomo Semler (1725-1791) in Halle, Wilhelm Abraham Teller (1734-1804) in Helmstedt, Johann Friedrich Wilhelm Jerusalem (1709-1789) in Braunschweig, und der einflußreiche Berliner Prediger und theolog. Aufklärer Johann Joachim Spalding (1714-1804), mit denen L. eigentlich durch die Fragmentveröffentlichung hatte ins Gespräch kommen wollen.

S. 541   2 *Pro boni ...:* Ich werde meine Pflicht als redlicher Mann erfüllen, den nun einmal die Vernunft zur Verteidigung schädlicher Dinge geführt hat. – Quintilian im 12. Buch, 1, 34 seiner Redekunst (»De institutione oratoria«). – 14 *aufmutzt:* vorwirft. – 19 f. *zugegebner Advocat:* ein vom Gericht bestellter Pflichtverteidiger.

S. 542   5 f. *Verbindungspartikeln:* Verbindungsstücke.

S. 543   2 *in aliam ...:* ... muß er sich wieder in eine andere Person verwandeln, *muß er* den Gegner spielen, muß er vorbringen, was sich überhaupt nur dagegen ausdenken läßt, wenn es nur zu dem Bereich eines solchen Rechtsstreits gehört. – (Quintilian ebd., Kap. 8, § 10.) –

9 *interrogare ...:* aufs schärfste verhören und bedrängen. – 9 f. *dum omnia ...:* indem wir nach allem forschen, wir endlich einmal zur Wahrheit gelangen werden, wo wir es am wenigsten erwartet haben. – 11 *optimus est ...:* bei der Untersuchung der ungläubige Anwalt der beste ist. – 15 *dem Glimpfe:* der Rücksicht. – 22 *Nachbar:* Reß.

S. 544 1 *Verfolgung:* wohl Anspielung auf mögliche Zensur und Verbote. – 12 *in qua ...:* bei der duldsam zu sein eine Gottlosigkeit und keine Tugend sei. – 27 *assa foetida:* mit stinkendem Asant, ein aus Wurzeln gewonnenes widerlich riechendes Beruhigungsmittel. Goeze schrieb öfters »Stinktopf«. – 38 *schreibe im Schlafe:* vgl. o. S. 397.

S. 545 9 *ewig schlafen ...:* Alberti soll nach dem Streit mit Goeze (s. o. zu S. 483) gestorben sein, wie ein Hamburger Gerücht meinte. – 11 f. *Vigilantius:* Name (wörtlich »der Wachsame«) eines südfranz. Schriftstellers um 400 n. Chr., gegen den Hieronymus eine heftige Streitschrift verfaßte mit der polemischen Namensveränderung »Dormitantius« (»Schlafmütze«). – 12 *Ego reor ...:* Ich glaube, daß dir auch dein Name ›im Gegensinne‹ beigelegt worden ist. Denn dein Geist schläft völlig, und du schnarchst wie im tiefsten Schlummer oder vielmehr wie in der Lethargie. – 24 *Obsecro ...:* Ich beschwöre dich bei der Sanftmut Christi, mir zu verzeihen, wenn ich dich verletzt habe, und nicht Böses mit Bösem zu vergelten, indem du wiederum mich kränkst. Du würdest mich nämlich verletzen, wenn du mir meinen Irrtum, den du etwa in meinen Schriften gefunden hast, verschweigen wolltest. (Brief 73, 2; an Hieronymus.) – 37 *Anti-Lessing:* von Lübecker Behn. – 35 *Hochzeitbitter-Beweis:* Hochzeitbitter luden die Gäste der Eheleute zur Hochzeit. Goeze spielt wohl auf einen besonderen Ruf dieser Männer an. Sie werden bei Zedler ehrbare Männer genannt. – 36 *Reichsstadt:* Lübeck.

S. 546 32 *et vapulat:* und bekommt Prügel.

NÖTIGE ANTWORT ...
DER NÖTIGEN ANTWORT 1. FOLGE (S. 547)

Vom »12. Anti-Goeze« hat Lessing nur das Motto niedergeschrieben. Es lautet: »Nihil apparet in eo ingenuum, nihil moderatum, nihil pudens, nihil pudicum. Cicero«. Das Zitat stammt aus den Orationes Philippicae 3, 11, 28, den berühmten Philippischen Reden und ist in dieser Verwendung selbst eine »Philippica«: »Nichts Edles ist bei ihm zu sehen, kein Maßhalten, keine Scham, keine Zucht.«

»Gotthold Ephraim Lessings nötige Antwort auf eine sehr unnötige Frage des Hrn. Hauptpastors Goeze« erschien bei Christian Friedrich Voß in Berlin Ende Juli 1778. – Vermutlich im September 1778 erschien in Hamburg, aber ohne Verfasser-, Orts- und Verlagsangabe »Der nötigen Antwort auf eine sehr unnötige Frage des Herrn Hauptpastors Goeze in Hamburg. Erste Folge«.

S. 547   5 *Aufheben:* »Aufgehebe, das; ein Kunstwort der Klopffechter, worunter sie alle Zeremonien und Fechterstreiche verstehen, mit welchen sie ihren Kampf beginnen ...« (L., Friedrich von Logau Sinngedichte, Wörterbuch, Lachmann/Muncker Bd. 7, S. 361). – 6 *Klopffechtern:* Schaufechter auf Jahrmärkten. – 14 *Calumnie:* Verleumdung.

S. 548   11 *Whistonsche ...:* Der engl. Mathematiker u. Theologe William Whiston (1667-1752) gilt als Unitarier, lehnte also die Trinität ab. Neben einer »Nova telluris theoria« (»Neue Theorie der Erde«), 1713, hat er 1711/12 »Primitive Christianity revived« (»Das erweckte Urchristentum«) geschrieben, womit sich L. aber erst im September/Oktober 1778 ausführlicher beschäftigte; vgl. Brief an Chr. G. Heyne v. 23.10.1778. – 13 *Symbolum der Apostel:* Apostolisches Glaubensbekenntnis, das nach Ambrosius (ca. 340-397) zuerst die 12 Apostel als Lehrgrundlage vereinbart hätten. – 13 *Symbolum des Athanasius:* nach dem Konzil von Chalcedon (451), noch entschiedener trinitarisch als schon das apostolische Bekenntnis. – 15 *zu jenen gar nicht:* Die genannten Glaubensbekenntnisse, meint L. – und ist inzwischen anerkannte Meinung – gehörten nicht in die ersten 4 Jahrhunderte. Wie weit von L. dieser Zeitraum gezogen wurde, erhellt aus seiner »Ausschweifung über das Glaubensbekenntnis der ersten Christen« in seinem Nachlaß; nur bis zur Regierungszeit Konstantins (306-337), bzw. dem Konzil von Nicäa (325). – 37 *Regula ...:* s.o. S. 557.

S. 549   17 *Fels:* Vgl. Matthäus 16, 18 als wesentliche Begründung für die Bischöfe bzw. den Papst als Nachfolger Petri. – 21 *Kanon:* s. S. 327, 30.

S. 550   22 *Authentie:* Echtheit und Ursprünglichkeit.

S. 551   17 *Patristiker:* Kenner der Kirchenväter.

S. 553   4 *Si licet, et, ...:* Wenn es erlaubt ist und wenn ich ohne die Ausflüchte eines lügenhaften Redners die reine Wahrheit sagen darf. Ovid, »Metamorphosen«, 10, 19f. – 25 *Kathederetiquette:* Verhalten in Disputationen. – 30 *Lessings Schwächen:* Werke 8, 322.

S. 554   4 *Socinianer:* im wesentlichen Antitrinitarier. – 14f. *Proselyten ... machen:* andere rasch bekehren wollen. – 22 *verdorbener Advocat:* wohl Wittenberg. – 23 *Reichsfiscale:* Staatsbeamter, Staatsanwalt.

S. 555   2 *Confiniis:* gemeinsamen Grenzgebieten. – 36ff. *non enim* ...: Denn durch niemand anders kennen wir die Bedingungen unseres Heils als durch diejenigen, durch die das Evangelium zu uns kam, das sie damals verkündeten, nachher aber nach dem Willen Gottes uns in Schriften überlieferten, damit es das Fundament und die Säule unseres Glaubens werde.

S. 556   16 *in scripturis* ...: uns in Schriften überlieferten, die das Fundament und die Säule unseres Glaubens *werden sollten.* Die folgende Konstruktion L.s hat Ebert in einem nicht erhaltenen Brief an L. korrigiert; s. S. 570, 25 ff. – ›Oder vielmehr »fundamento et columnae fidei nostrae *futuris*«, da denn das »futurum« noch weniger für einen bloßen Schreibefehler anstatt »futuris« könnte ausgegeben werden.‹ – 27 *praeconatum* ...: verkündetes als ein durch Schrift überliefertes. – 33 *Quid autem* ...: Wie aber, wenn uns die Apostel auch keine Schriften hinterlassen hätten, wäre es dann nicht ebenfalls Pflicht, der Regel der Überlieferung zu folgen, die sie an die weitergaben, denen sie die Kirche anvertrauten? – *38 Cui ordinationi* ...: Dieser Weisung folgen viele fremde Völker, die an Christus glauben *ohne Papier und Tinte,* weil sie die Heilsbotschaft vom Heiligen Geist in ihre Herzen geschrieben besitzen, die Überlieferung der Alten sorgsam bewahren, an einen Gott glauben als den Schöpfer des Himmels und der Erde und alles dessen, was in ihnen ist, durch Christus Jesus, den Sohn Gottes.

S. 557   8 *Regulam fidei:* s. o. S. 548 ff. – 9 *Hanc fidem* ...: Die diesen Glauben *ohne Buchstaben* gehegt haben, mögen in unserer Sprache Barbaren (Heiden) genannt werden: was aber ihre Gesinnung, ihre Sitte und ihren Lebenswandel betrifft, so sind sie wegen ihres Glaubens sehr weise und Gott wohlgefällig, da sie in aller Gerechtigkeit, Keuschheit und Weisheit leben. – *15 Fiktion:* s. o. S. 462 u. 526 f. – *35 Arius:* (280 bis 336) wollte statt der Wesensgleichheit Christi mit Gott nur dessen Wesensähnlichkeit anerkennen.

G. E. Lessings sogenannte Briefe an verschiedene Gottesgelehrten (S. 561)

Lessing hatte geplant, allen, die auf seine Veröffentlichungen der »Fragmente« antworten würden, wieder zu antworten. Daß dieser Plan schon wegen der großen Zahl der Gegenschriften unausführbar sein würde, konnte er nicht ahnen. Jedoch hätte Lessing gewiß noch einige andere Antworten folgen lassen, wenn ihm das nicht durch das Publikationsverbot derartiger Schriften unmöglich gemacht worden wäre. Ein gründlicher Ansatz dazu liegt aber vor in dem nachgelassenen fragmentarischen Manuskript der »Sogenannten Briefe«. Lessing wollte in dieser Sammlung u. a. auch an Leß und Reß schreiben, wahrscheinlich auch an Semler, an Walch waren mehrere Briefe geplant, doch ist nur der erste an ihn weitgehend ausgeführt, für den zweiten und den dritten sind nur die Themen erkennbar, Entwürfe von Briefen an andere »Gottesgelehrte« sind in diesem Zusammenhang nicht vorhanden.

Wilhelm Franz Walch (1726-1784) war ein hochangesehener Kirchenhistoriker, seit 1754 Professor in Göttingen. Schon 1753 war Lessing im 8. seiner »Briefe« auf eine Schrift Walchs: »Geschichte der seligen Frau Katharina von Bora [Luther]« (1. Teil: 1751, 2. Teil: 1754) eingegangen; im Fragmentenstreit veröffentlichte Walch im Herbst 1779 eine umfangreiche, gelehrte, also recht schwerfällige »Kritische Untersuchung vom Gebrauche der Heiligen Schrift unter den alten Christen in den ersten vier Jahrhunderten«, in der er sich sowohl gegen Ansichten des Neologen Semler wie gegen Äußerungen Lessings über das Verhältnis von Schrift und Tradition in der frühen Christenheit wandte.

Lessing nahm Walchs Kritik ernst, dreimal setzte er zu einer Auseinandersetzung mit ihm an, die beiden ersten Versuche »Bibliolatrie« (ein wohl von Lessing analog: Idolatrie = Bilderverehrung gebildetes Wort mit dem Sinn übertriebener Verehrung der Bibel) und »Von den Traditoren« (den »Auslieferern«, den Männern, die in den Zeiten der Christenverfolgung Bücher ausliefern mußten) sind jeweils nur auf wenige Seiten gediehen. Fragment geblieben – und erst von Karl Lessing 1791 in Band 6 der »Sämtlichen Schriften« seines Bruders veröffentlicht – ist auch der 3. hier wiedergegebene Versuch. Er ist aber in seiner Ausführung so weit gediehen, daß er nicht nur Lessings Gedankengang, Argumentationsweise und Zielrichtung gut erkennen läßt, sondern vor allem zeigt, wie Lessing sich zu diesem theologischen Fragenkomplex äußert, wenn er nicht polemisch schreibt bzw. sich nicht zu Polemik provoziert sieht. Worauf es Lessing – zumindest am Schluß dieser Auseinandersetzungen – eigentlich ankam, wird wiederum in seinen Ausführungen über die Regula fidei, die ja mehr und mehr ins Zentrum seiner Forschungen rückte, deutlich: nirgends hat er sich hierüber so ausführlich geäußert wie hier. In gewisser Weise ist dieses Fragment ein Pendant zu Lessings geplanter, aber vergleichsweise auch nicht über Anfänge hinausgekommenen »Neue Hypothese über die Evangelisten als bloß menschliche Schriftsteller betrachtet«. Gerade in ihrer Detailliertheit zeigt Lessings Antwort an Walch erneut die Genauigkeit seiner patristischen Studien. In manchen Punkten enthält das Fragment auch eine Weiterentwicklung und Korrekturen seiner in den »Axiomata« vertretenen Ansichten, so daß es zu deren Ergänzung dienen kann.

Entstanden ist das Fragment im November und Dezember 1779, Lessing plante die Veröffentlichung für das Frühjahr 1780.

S. 562 *3 Ich hatte, um ...:* »Axiomata«, S. 445 ff. – *30 wir Lutheraner ...:* Goeze hatte in einer Predigt gesagt, daß nur die Lutheraner und nicht Reformierte und Katholiken in ihren Gebeten von Gott erhört würden. Vom Rat der Stadt Hamburg wurde Goeze daraufhin wegen Beleidigung der Katholiken bestraft. L. bittet im Brief vom 22. Januar 1780 an Elise Reimarus um Nachrichten über die Widerrufspredigt, die Goeze dazu gehalten haben soll. – *32 alle die Original-Ausgaben:* Goeze besaß eine große Bibelsammlung. – *38f. Engel des Lichts:* vgl. 2. Kor. 11, 14.

S. 563 *2 die Naturalisten:* Vertreter einer »natürlichen«, Gegner einer »Offenbarungs«-Religion. – *8 mein ›Alle gute Geister‹:* bezieht sich auf »Lessings Schwächen« von Goeze; vgl. auch L.s »Nöthige Antwort ...«. – *16f. Stellchen aus dem Irenäus:* vgl. »Der nötigen Antwort ... Erste Folge«. S. 555 f.

S. 564 *32 frühern Quelle:* vgl. etwa das 8. und 10. Kap. in den »Axiomata«.

S. 565 *4 Homilet:* geübter Kanzelredner. – *5 regula fidei:* Glaubensregel. Die erste der christlichen Glaubensregeln, die zur Abgrenzung gegen nicht anerkannte Anschauungen dienten, entstand zwischen 160 und 180 n. Chr. und geht auf ein in Rom bekanntes Taufbekenntnis zurück, das sogenannte Romanum. L.s Verständnis der »regula fidei« ist nach heutiger Auffassung wohl zu weit gefaßt und nicht mit einem Bekenntnistext gleichzusetzen. Wohl aber bestätigen einige Forschungen L.s Auffassung von der Bedeutung der ›regula fidei‹ als Ausdruck der Tradition, die für das frühe Christentum wohl wichtiger war als die Schrift. Dazu und zu der Auffassung der verschiedenen Kirchenväter vgl. Arno Schilson, Geschichte im Horizont der Vorsehung, Mainz 1974, S. 177 ff. – *5f. regula disciplinae:* Regel der Kirchenzucht. – *13 Bibliomachus:* Bekämpfer der Bibel. – *17f. Herrn Doktor Semler:* s. Anm. zu Z. 29. – *29 ins Tollhaus:* Der Neologe Johann Salomo Semler (1725-1791) in Halle kam bereits zu einer weitgehend historisch differenzierten Beurteilung des Kanons der biblischen Schriften. In seiner Schrift »Beantwortung der Fragmente eines Ungenannten ...« vom Frühjahr 1779 wandte er sich jedoch entschieden gegen die Schlußfolgerungen von Reimarus; in einem anonymen Anhang zu dieser Schrift »Von dem Zwecke Herrn Lessings und seines Ungenannten« wird L. – chiffriert – als reif fürs Irrenhaus erklärt (Bedlam: Irrenhaus bei London). Eine geplante Antwort L.s auf Semlers Schrift und den Anhang ist nicht über einen ganz knappen Ansatz hinausgekommen. – *30 verre-*

den: leugnen. — *32 f. ein lucidum intervallum:* einen ›lichten Augenblick‹.

S. 566 *27 ff. Ignatius ...:* Apostolische Väter und Kirchenväter, auf deren Zeugnisse L. unten zu sprechen kommt und die Walch in seiner »Kritischen Untersuchung« im 2. und 3. Abschnitt als »Zeugen« nennt. — *27 Justinus:* »der Märtyrer«, zuerst Platonist, trat zum Christentum über. 165 enthauptet. — *27 Theophilus:* in der 2. Hälfte des 2. Jh.s Bischof von Antiochia. Verfasser von Verteidigungsschriften des Christentums.

S. 568 *3 Schöttgen:* Johann Christian Schöttgen (1687-1751), schrieb die »Horae hebraicae et talmudae in Novum Testamentum« (»Hebräische und talmudische Beiträge zum Neuen Testament«), 1733. — *4 Sohar:* Titel des Hauptwerkes der jüdisch-mystischen Kabbala, entstanden um 1200. Die Kabbala erläutert die heiligen Schriften und faßt mündliche Überlieferungen und religiöse Vorschriften zusammen. — *4 Midraschischen Büchern:* aus der Wissenschaft der jüdischen Rabbiner hervorgegangene und fixierte Auslegungen des Gesetzes. — *8 Juden-Christen:* für welche auch die altjüdischen Gesetze verbindlich waren. Die Nazaräer (fälschlich: Nazarener) und die vor allem in Syrien und auf Cypern lebenden Ebioniten waren Gruppen von ihnen, z. T. mit eigenen Riten. — *11 das Zeugnis des Ignatius:* Gemeint sind die Ignatius-Briefe, hier an die Philadelphier. — *13 f. Hr. Doktor Leß:* Gottfried Leß (1736-1797), in Göttingen; die genannte Aufl. 1776; 1779 veröffentlichte Leß eine »Auferstehungsgeschichte nach allen vier Evangelien«, auf die L. in diesen Briefen auch hatte antworten wollen. — *16 apostolischen Constitutionen:* acht aus dem 3. und 4. Jh. n. Chr. stammende Bücher, eine Sammlung kirchlicher Vorschriften, die zwar nicht anerkannt wurden, wohl aber Einfluß auf Lehre, Gottesdienstordnung und Kirchenzucht hatten. — *18 f. Anstatt Ευαγγελιῳ ...:* Anstatt ›Zum Evangelium‹ muß ›zum Bischof‹ gelesen werden; die hier und unten von L. vorgeschlagenen Textänderungen wurden in der Forschung später nicht übernommen. — *25 ff. προσφυγων ...:* Ignatius an die Philadelphier, Kapitel 5, 1-2.: Indem ich meine Zuflucht nehme zu dem Bischof als dem Fleische Jesu Christi, und zu den Kirchenvorstehern als den Aposteln. Und ich liebe die Diakonen als die Propheten, die Christus verkündet haben und an dem gleichen (Heiligen) Geist teilhaben wie auch die Apostel.« — Die von Lessing stark veränderte Stelle im Briefe des Ignatius an die Philadelphier lautet ursprünglich: »Doch euer Gebet wird mich vollkommen machen für Gott, damit ich das Los erlange, für das die (göttliche) Erbarmung mich auserwählte, indem ich meine Zuflucht nehme zum Evangelium als zum Fleische Jesu und zu den Aposteln als dem Presbyterium der Kirche. Lasset uns aber auch die

SOGENANNTE BRIEFE · S. 566

Propheten lieben, weil auch ihre Lehre auf das Evangelium gerichtet ist und sie auf ihn (den Messias) hoffen und ihn erwarten. – *35 an die Smirnäer:* Von Ignatius sind 8 Briefwerke erhalten, dieser Brief an die Bewohner von Smyrna.

S. 569   2 *Parallelstelle:* Sie lautet: Folget alle dem Bischofe, wie Jesus Christus dem Vater, und dem Presbyterium als den Aposteln. Die Diakonen ehret wie Gottes Gebot! – *3 anderer Ort:* L. meint wahrscheinlich die geplante »Bibliolatrie«. – *8 Celsus:* (2. Jh.), Philosoph, verfaßte ca. 178 (»Sermo verus«) die erste tiefgreifende und dogmatisch umfassende Polemik gegen das Christentum, die aber nur durch Zitate bei dem ihn bekämpfenden Origenes noch erschließbar ist. – *21 Hierokles:* um 300 n. Chr. röm. Statthalter von Bithynien und später Alexandria. Er soll Diocletian zu den Christenverfolgungen von 303-305 aufgefordert haben. Seine Schrift gegen die Christen ist nur aus Lactantius' »Göttlichen Unterweisungen« und aus Eusebius' »Gegen Hierokles« bekannt. – *22 f. ut aliquando ...:* daß es den Anschein hat, als ob er einmal Anhänger dieser Lehre gewesen sei. – *24 f. Laktanz:* L. verweist auf die 1739 vom Pädagogen Johann Ludolf Bünemann herausgegebene Laktanz-Ausgabe. – *25 f. Nisi forte ...:* Es sei denn, daß ihm die göttlichen Schriften eben einmal in die Hände geraten sind.

S. 570   *11 Das himmlische Gespräch:* erwähnt bei »Origenes contra Celsum« VIII, 15. – *18 Irenäus:* (ca. 140-202), aus Kleinasien, seit 177 Bischof von Lyon. Sein – nur in lat. Übersetzung überliefertes Hauptwerk »Contra Haereses« (Gegen die Ketzer) richtet sich gegen den Gnostizismus. Er betont die apostolische Tradition, stützt sich aber auf die neutestamentlichen Schriften. Wesentlich für die katholische Dogmatik. – *25 ff. Non enim ...:* Denn durch niemand anders kennen wir die Bedingungen unseres Heils als durch diejenigen, durch die das Evangelium zu uns kam, das sie damals verkündeten, nachher aber nach dem Willen Gottes uns in Schriften überlieferten, damit es das Fundament und die Säule unseres Glaubens werde. – Die folgende grammatische Erörterung ist wegen eines Hinweises von L.s Braunschweiger Freund Ebert etwas gegenüber »Der nötigen Antwort ... Erste Folge« verändert.

S. 571   *1 praeconatum:* verkündigt. – *1 scripturis traditum:* durch Schriften überliefert. – *14 Ökonomie:* hier als Aufbau, Plan zu verstehen. – *19 ff. eversis, qui ...:* nachdem die vernichtet sind, die gottlose Meinungen aufgebracht haben, teilweise auf Grund der eigenen Lehre des einen oder anderen, die sie in ihren Schriften hinterlassen haben, teilweise aber auf Grund der Vernunft, durch allgemeine Darlegungen. – *22 f. manifestato ...:* durch offenbare Verkündigung der Kirche. – *25 Regula veritatis:* Regeln der Wahrheit. – *29 traditio:* Überlieferung. – *29 f. ostensio ex scripturis:* Erweis aus den Schriften.

S. 572 *25 den alten Streit:* L. spielt hier auf Luthers gegen die Bewertung der Tradition gerichtete Forderung »sola scriptura« (»allein die Schrift«) an und auf die darauf folgenden Auseinandersetzungen zwischen protestantischen und katholischen Theologen.

S. 573 *9 ff. Quid autem ...:* Wie aber, wenn uns die Apostel auch keine Schriften hinterlassen hätten, wäre es dann nicht ebenfalls Pflicht, der Regel der Überlieferung zu folgen? – *23 verschiedene Formeln:* Gemeint sind die drei sog. ökumenischen Symbole: das Apostolische, das Nicänische und das Athanasische Glaubensbekenntnis, die im sog. lutherischen »Konkordienbuch« den konfessionell lutherischen Symbolen vorangestellt sind. – *27 Veritatis Traditionem:* die Überlieferung der Wahrheit. – *27 f. veterem Traditionem:* die alte Überlieferung. – *33 Competenten:* Täuflinge in der letzten Phase der Vorbereitungszeit zur Aufnahme in die Kirche.

S. 574 *1 Sermones in ...:* Reden bei der Überlieferung des Glaubensbekenntnisses. – *2 ff. Nec ut eadem ...:* Und ihr sollt, um eben diese Worte des Glaubensbekenntnisses zu behalten, sie keinesfalls aufschreiben, sondern sie durch Hören erlernen: und sie nicht aufschreiben, wenn ihr sie gelernt habt; sondern sie immer im Gedächtnis behalten und wiederholen. – *6 f. audiendo symbolum ...:* Durch Hören lernt man das Glaubensbekenntnis, und es wird nicht auf Schreibtafeln oder sonst einen Stoff, sondern es wird in das Herz geschrieben. – *10 f. sine charta ...:* ohne Papier und Tinte die Heilsbotschaft durch den Heiligen Geist in ihre Herzen geschrieben besitzen. – *16 Clemens Alexandrinus:* († vor 215) versuchte als erster, christl.-jüd. Offenbarung und griech. Philosophie zu verbinden. – *28 aus dem Pädagogen:* Gemeint ist der »Paedagogus« (»Der Pädagoge«) des Clemens Alexandrinus. Unten verweist L. auf die Ausgabe der Werke des Apostolischen Vaters von John Potter.

S. 575 *10 dicta probantia:* beweisende Aussprüche.

S. 576 *6 Aenigmata:* Rätsel. – *10 ff. ὀλίγα ...:* Diese wenigen Lehren von vielen entnimmt der Erzieher des Beispiels halber den heiligen Schriften selbst und legt sie seinen Kindern vor. Durch sie wird das Böse sozusagen mit der Wurzel ausgerissen und das Unrecht beseitigt. Unzählige guten Lehren aber, die sich auf auserlesene Personen beziehen, stehen in den heiligen Büchern geschrieben, die einen für Presbyter, die andern für Bischöfe, für Diakonen, wieder andre für Witwen; über sie wird zu andrer Zeit zu reden sein. In mannigfaltiger Weise können die Leser aber auch durch Rätsel oder auch durch Gleichnisse gefördert werden. – *33 f. Das Quid ...:* Die Verwechslung. – *37 S. 20 und 21:* Vielmehr S. 19 und 20.

S. 577 *2 der Stromatum:* »Stromata«, Schriften verschiedenen Inhalts; Titel eines Werkes des Clemens Alexandrinus. – *12 φαρμακον ...:* Heilmittel gegen die Vergeßlichkeit. Vgl. »Stromata« I, 1, § 11, 1. – *15f. ὅταν ...:* wenn durch schlechte Erziehung und Lehre das Auge der Seele stumpf wurde. – *19f. πρὸς ...:* der gehe zu dem ihm eigentümlichen Licht. – *22f. ἐπὶ ...:* zu der Wahrheit, die in Schriften das Ungeschriebene erklärt. – *23 nur zu lesen:* Diese Stelle wird heute so übersetzt: »Wem aber ... das Auge der Seele gegen das ihr eigentümliche Licht stumpf geworden ist, der gehe ...«. – *32ff. Die Schrift ...:* L. zitiert aus »Stromata« I, 1, § 10, 4.

S. 578   *8 das Nicäische Concilium:* Das erste ökumenische Konzil 325 in Nicäa. – *23 Eusebius:* In der »Kirchengeschichte« V, 11 »Vom Klemens von Alexandrien«. – *30 Papias:* Bischof in Kleinasien um 150 n. Chr. Von seinen Erläuterungsschriften sind nur Bruchstücke erhalten, und zwar aus Zitaten u. a. bei Eusebius und Irenäus.

S. 579   *6 Herr Stroth:* Friedrich Andreas Stroth (1750-1785), Philologe und Theologe; übersetzte 1776 die Kirchengeschichte des Eusebius; 1779 erschien die Textausgabe des Eusebius. – *29 Ritter Michaelis ...:* die beiden führenden Göttinger Theologen zu dieser Zeit. S. o. zu S. 339, 37.

S. 580   *1 stroherner Epistel:* Luthers Bezeichnung des Jakobusbriefs. – *9 Pantänus ...:* L. verweist hier auf den christlichen Philosophen Pantänus aus der Schule von Alexandria, den syrischen Gnostiker Bardesanes (154-222) und auf den syrischen Apologeten Tatian, den Verfasser der ältesten bekannten Evangelienharmonie. – *12 Vers des Homers:* nicht ermittelt. – *13 ὅμοιοι:* gleichartig, gleich. – *20 Chamier:* Daniel Chamier (1565-1621), franz. reformierter Theologe. – *20 Suicer:* Johann Kaspar Schweizer (Suicerus oder Svicerus) (1630-1684), reformierter Theologe, Professor in Zürich; schrieb einen »Thesaurus ecclesiasticus« (»Kirchlicher Schatz«) 1682. – *29 Landsleute:* Die hier genannten Theologen waren wie L. selbst Sachsen oder in Sachsen tätig. – *29 Gerharde...:* Johann Gerhard (1582-1637), orthodoxer lutherischer Theologe, Professor in Jena. – *30 Kortholte:* Christian K. (1633 bis 1694), Kirchenhistoriker. – *30 Zorne:* Peter Zorn (1682-1746), Theologe und klassischer Philologe.

S. 581   *1 Hermas:* frühchristlicher Schriftsteller (um 150 n. Chr.), der eine apokalyptische Bußmahnung verfaßte, die wegen der Hirtengestalt des Bußengels »Der Hirt« heißt. Die Stelle des Clemens: Stromata VI, § 131. – *8f. Κατα ...:* beim einfachen Lesen. – *10f. και ταυτην ...:* und daß dies der Glaube sei, der die Stufe der Anfangsgründe einnimmt. – *14f. Buchstaben zu vergleichen:* L. faßt Clemens zusammen, der im Anschluß an das zuletzt Zitierte fortfährt: »Deshalb ... wird bildlich auch von Buchstabieren gesprochen. Wenn aber der Glaube bereits weiter fortgeschritten ist, kommt es zu dem gnostischen Verständnis der Schrift; dieses wird nach unserer Auffassung mit dem Lesen nach den Silben verglichen. – *38 ff. Σφαλλεσϑαι ...:* Stromata, VII, 16, § 93, 5. »Denn diejenigen müssen am meisten irren, welche die größten Dinge unternehmen, wenn sie nicht von der Wahrheit selbst die Regel der Wahrheit erhalten haben und besitzen.«

S. 582 *9 f. von dem κανονι ...:* von der kirchlichen Regel. – *11 gemeinen:* kann hier sowohl ›allgemeinen‹ wie ›gemeinsamen‹ heißen. – *11 παραδοσεως ...:* kirchliche Überlieferung. – *23 Clemens sagt allerdings:* und zwar in ›Stromata‹ VII, 16, § 95, 8-9.

S. 583 *1 Fides salvum ...:* Der Glaube macht selig, nicht das eifrige Studium der Schriften. – *15 μονον: nur.*

S. 584 *2 ff. ουτως ...:* Stromata VII, 16, § 96, 1.: So lassen auch wir uns von dem Glaubensbekenntnis her apodiktisch überzeugen, indem wir von der Schrift selbst über die Schrift einen apodiktischen Beweis erhalten. – *7 salebrosern:* holprigeren. – *9 desultorisches:* sprunghaftes. – *27 Tertullian:* Quintus Septimius Florens T. (ca. 160 bis ca. 220), aus Karthago, ist der älteste lat. Kirchenvater und schon insofern für L., der nach den Anfängen des Christentums forschte, bemerkenswert. Es kann nicht T.s christlich-moralischer Rigorismus – der ihn mit der Kirche dann in Konflikt brachte – gewesen sein, wodurch L. sich von ihm angezogen fühlte, eher die Selbständigkeit seines Denkens und seine Unterscheidung von »Geist« und »Buchstabenverständnis«. Von den zahlreichen Schriften T.s begann L. »De praescriptionibus adversus haereses« zu übersetzen, s. auch »3. Anti-Goeze« u. Anm. – *29 Formular:* wörtlich »festgelegte Regel«.

S. 585 *5 Schutzschrift:* Gemeint ist Tertullians »Apologeticus« (»Verteidigungsschrift«). L.s obige Äußerung zu »Ordnung und Deutlichkeit des gesamten Vortrags« von Tertullian trifft besonders auf diese Schrift zu, die die Form einer durchlaufenden, meisterhaft komponierten Gerichtsrede hat. – *9 Erkenntnis ...:* Walch übersetzt »Kenntnisse«. – *13 ff. Qui ergo ...:* Apologeticus, Kapitel 31: Wenn du also meinst, wir bekümmerten uns nicht um die Wohlfahrt der Kaiser, so wirf einen Blick auf die Worte Gottes, in unsere Schriften, die wir selbst nicht zurückhalten und die auch der Zufall oft genug in fremde Hände spielt. – *17 literas nostras:* unsere Schriften. – *19 primae litterae ...:* die ersten Urkunden unseres Glaubens. – *23 Casus:* Zufälle. – *24 transferunt:* überliefern, in die Hände spielen. – *38 Constitutions-Büchern:* Verfassungsbücher. L. verweist hier auf die Geheimhaltung von Erkennungszeichen, Ritualen und Symbolen der Freimaurer, die in solchen Büchern festgehalten sind.

S. 586 *5 f. wenn ich im geringsten ...:* wenn ich mich nur etwas anstrengen wollte. – *6ff. Cogimur ad ...:* Apologeticus, Kapitel 39.: Wir kommen zusammen, um uns die göttlichen Schriften ins Gedächtnis zu rufen, wenn die gegenwärtigen Zeitumstände eine Ermahnung oder Erinnerung erfordern. – *10 litteris divinis:* göttlichen Schriften. – *12 divina litteratura:* göttliches Schrifttum. – *16 novitiola paratura:* noch etwas junge Zurüstung. – *30 die Sybillinischen Bücher:* Eine alte Frau, die Sibylle von Cumae, hatte nach der Überlieferung einem römischen König Bücher angeboten, die dieser nach einigem Zögern kaufte. Im Jupitertempel des Capitols wurden diese Bücher aufbewahrt, von Priestern behütet und eingesehen, wenn der Senat es anordnete. – *33 Eräugnungen:* bis zum 18. Jh. verwendete Form für »Ereignis« vom mittelhochdeutschen »eröugen«: »vor Augen bringen«, »zeigen«. – *34ff. Certe fidem ...:* In der Tat nähren wir den Glauben durch die heiligen Worte, richten die Hoffnung auf, festigen die Zuversicht und stärken die Zucht der Vorschriften trotz allem in den Kämpfen. – L.s Lesart des Tertullian-Textes ist zweifelhaft; es muß wahrscheinlich heißen: »... praeceptorum inculcationibus ...«, (»... (stärken die Zucht) durch Einschärfung der Vorschriften«), also nicht »in compulsationibus« (»in den Kämpfen«).

S. 587   *7 der jüngere Plinius:* röm. Redner, Schriftsteller und Staatsmann (61/62 bis nach 110 n. Chr.); vor allem in seinen Briefen wird viel vom röm. Alltag berichtet. – *8f. Compulsationibus:* s. o. zu S. 586, 34. – *15 ut armentur ...:* auf daß der Geist der Söhne gewappnet werde, wenn von den Triumphen der Väter erzählt wird. – *26 Glaubens-Bekenntnisse:* s. o. zu S. 565, 5. – *37 Basnage:* Jaques Basnage de Beauval (1653-1723), franz. reformierter Theologe; »Histoire de l'Eglise de Jesus Christ ...« (1699).

S. 589   *7f. hanc regulam ...:* daß diese Regel vom Beginn des Evangeliums ihren Lauf genommen habe. – *18ff. Paulus Hierosolymam ...:* Tertullian, Gegen Marcion, Buch 4, Kapitel 2: Paulus zog hinauf nach Jerusalem, um mit den Aposteln zusammenzukommen und sie zu befragen, damit er nicht etwa vergeblich liefe, d. h. anders glaubte als sie und das Evangelium nicht so verkündete wie sie. Als er sich dann mit den Urhebern der Glaubensregel beraten und geeinigt hatte, reichten sie sich die Rechte und verteilten alsdann die Missionsämter (jene nahmen das für die Juden, Paulus das für die Juden und Heiden). – *21 ἀνατίθεσθαι:* (zur Begutachtung) vorlegen.

S. 590   *7 κανων ...:* Regel der Wahrheit. – *13 Ipsissima verba:* eben dieselben Worte. – *20 Athanasius:* (295-373), Bischof, von Alexandria; theologischer Streiter gegen die Arianer um die Durchsetzung des Dogmas von der Gott-Wesensgleichheit Christi. – *30f. Constantin des Großen:* Regierungszeit 306-337 n. Chr. – *31f. Nicäischen Concilio:* s. o. zu S. 578, 8.

S. 592   *3 f. quod salva regula ...:* was unbeschadet der Glaubensregel infrage gestellt werden kann. – *10 Hilavius:* (ca. 300-360) aus Poitiers, Bischof daselbst. Wegen seiner Gegnerschaft gegen die Arianer zeitweise verfolgt. Schrieb u. a. »De Trinitate, Libri XII«, und »De synodis adversus Arianos«. – *21 de Trinitate:* über die Dreieinigkeit. – *22 f. Arianer:* Anhänger des Arius (280-336), der die Lehre vom präexistenten Logos als »Geschöpf Gottes« ohne göttlichen Rang aufstellte und damit auch die Göttlichkeit von Christus negierte. Sein Gegner, der sich durchsetzte, war Athanasius. Seit der Reformationszeit wurden diese Vorstellungen bei den Sozinianern und Deisten erneut aufgegriffen. – *25 Constantius:* L. meint hier den Sohn Konstantins des Großen und von 337 ab mitregierenden röm. Kaiser Constantius II (317-361). – *27 tantum secundum ...:* allein nach dem, was geschrieben steht. – *29 f. Hoc qui ...:* Wer dies verwirft, ist ein Gegner Christi, und wer es vortäuscht, der ist verflucht. – *30 ff. Sed unum ...:* Aber dies eine erbitte ich von der aufrichtigen Aufmerksamkeit deiner Hoheit, daß du auf der Kirchenversammlung, die jetzt über den Glauben streitet, geruhen mögest, einiges wenige von mir über die evangelischen Schriften anzuhören. – *35 Hil. ad ...:* Hilarius an Constantius.

S. 593   *8 penes me ...:* In mir habe ich den Glauben, eines äußern bedarf ich nicht. – *16 Inter haec ...:* Inmitten dieser Schiffbrüche des Glaubens, nachdem das Erbe des himmlischen Gutes schon fast zu Grunde gerichtet ist, ist es das sicherste für uns, den ersten und alleinigen evangelischen Glauben festzuhalten, wie wir ihn in der Taufe bekannt und verstanden haben. – *26 Theodoretus:* Bischof von Kyrrhos (östl. von Antiochia), starb Mitte des 5. Jh.s. Th. gehörte zur antiochenischen Schule, die z. B. die allegorische Schriftauslegung verwarf, auch die göttliche und menschliche Person Christi scharf schied. Von ihm sind relativ viele theologische, apologetische und dogmatische Schriften und auch Briefe erhalten, u. a. eine Fortsetzung von Eusebius' »Kirchengeschichte«, auf die L. verweist. – *28 Arius, cui ...:* Arius, dem die Auslegung der heiligen Bücher übertragen war. – *29 Alexander:* um 311 Bischof in Alexandria (gest. ca. 328), Gegner des ihm unterstellten Arius. – *29 τοις ...:* den göttlichen Worten folgend. – *30 sacrarum litterarum ...:* in die Fußstapfen der Heiligen Schrift tretend. – *31 θειοί ...:* göttliche Worte.

Die Religion Christi (S. 595)

Es ist unbekannt, in welcher Form Lessing die – in der von ihm gern benutzten thesenhaften Form niedergeschriebenen – Gedanken, die das Christentum – auf ungewohnte Weise – in seinem Uranfang, nämlich bei seinem »Stifter« zu erfassen suchen und die die Konsequenzen einer historischen Betrachtungsweise, wie er sie leidenschaftlich verfolgte, ganz klar erkennen lassen, veröffentlichen wollte.

Karl Lessing druckte das Fragment erstmals 1784 im »Theologischen Nachlaß«. Er datierte das heute nicht mehr vorhandene Manuskript auf 1780; diese Datierung erscheint als nicht unwahrscheinlich.

S. 595 2 *Denn der Vater ...:* Johannes 4, 23 f.

PHILOSOPHIE

Ernst und Falk (S. 599)

Wenn Lessing sich 1771 in Hamburg in die Freimaurerloge »Zu den drei Rosen« aufnehmen ließ, so gewiß deshalb, weil es ihm unerträglich war, daß es eine von der Obrigkeit weitgehend unkontrollierte, um die Erkenntnis der Wahrheit bemühte und der Wohlfahrt der Menschheit dienende Institution geben sollte, die er nicht kannte. Jedoch war Lessing von der – mit Geheimnis umgebenen – Logenpraxis enttäuscht, und aus dieser Enttäuschung sind – vor 1777 – die Dialoge zu »Ernst und Falk« entstanden. Lessing sah – so Falk im 4. Gespräch –, daß »die Loge zur Freimaurerei sich verhielte wie die Kirche zum Glauben«, d.h. also, daß auch hier eine geistige Bewegung zu einer Form, einer Organisation sich verfestigt und verselbständigt hatte und zwar derart, daß Lessing – durch Ernst – diese Formen als »Kindereien« bezeichnete. Lessings Kritik an der Freimaurerei in »Ernst und Falk« schlägt aber sogleich um in eine Bestimmung des Wesens der Maurerei, und dieses ist einerseits etwas so Allgemeines, daß es des Namens der Maurerei gar nicht bedürfe, andererseits aber doch etwas Besonderes. Dieses Besondere liegt in der nicht jedem ertragbaren Einsicht, daß, da »menschliche Mittel« – wie z.B. die Staatsverfassungen – »nicht unfehlbar« sind, die »Weisesten und Besten eines jeden Staates« sich bewußt ständig gegen jedes »Vorurteil« wenden müssen (auch im »Nathan« geht es um die

»unbestochne, von Vorurteilen freie Liebe«). Insofern hat es »Freimaurerei« – auf der Grundlage eines immer wachen skeptischen Denkens – unabhängig von ihrer derzeitigen Gestalt schon zu allen Zeiten gegeben, sie ist eine allgemeine menschliche Forderung, wenn sie auch nur von denen verstanden und verwirklicht werden kann, die zu mehr als dem Üblichen und Nötigen, die zu außergewöhnlichen Einsichten und entsprechenden Taten, zu einem »Opus supererogatum« fähig sind. Das ist der Kern dieser Gespräche, der durch die – schon von Zeitgenossen, wie z.B. Nicolai, widerlegten – Spekulationen historischer und etymologischer Art, vor allem im 4. und 5. Gespräch, für manche überdeckt wird, so daß die Literatur über diese Gespräche sich weitgehend mit Ephemerem befaßt hat.

Nötig ist, den Untertitel zu beachten. Es handelt sich nicht um Gespräche *über*, sondern »für« Freimaurer. Sie sind also zunächst an einen bestimmten Leserkreis gerichtet.

Dementsprechend sind sie dem Großmeister der Logen der »Strikten Observanz«, Herzog Ferdinand von Braunschweig, gewidmet. Aber diese Widmung ist seltsam. Sie ist die einzige, die es bei Lessing gibt, während sonst in der Zeit Widmungen an hochgestellte Personen noch üblich waren. Sie ist erschienen ohne vorherige Anfrage beim Herzog, und das war ein Affront, der Lessing dann eine sanfte Rüge eintrug, und sie ist – vor allem – gar keine Widmung im üblichen Sinn, keine Ergebenheitsbezeugung, sondern eine Mahnung. Und zwar mahnt sie den Herzog offenbar, dem Wesen der Freimaurerei entsprechend, die wahren Bedingungen der »bürgerlichen Gesellschaft« und damit, in der Diktion der Zeit, die Möglichkeit, zur »Glückseligkeit« zu kommen, aufzudecken oder aufdecken zu lassen: denn »das Volk dürstet«. Damit aber würde das Arkanum der Freimaurerei durchbrochen und der Allgemeinheit geöffnet werden.

Dem entspricht – mit der nötigen Vorsicht in den Formulierungen – die »Vorrede« des fingierten »Dritten«. Hier wird deutlich die Freimaurerei nur als Anlaß zu viel weitergreifenden Analogien gesehen, speziell zu Christentum und Kirche. Doch ist die Aufforderung am Schluß an den Leser, »die Anwendung selbst« zu machen, ganz allgemein zu verstehen, und hierin liegt die eigentlich aktuelle Bedeutung dieser Schrift, auch für die Gegenwart.

Von November 1777 an verschickte Lessing Abschriften der fünf Gespräche an Freunde, die sich zustimmend äußerten. Die drei ersten Gespräche erschienen ohne Verfasser- und Verlagsangabe (trotz Widmung!) angeblich in »Wolfenbüttel«, jedoch laut Meßkatalog zur Michaelismesse 1778 in »Göttingen, bey J.C. Dieterichen«, übrigens mit Göttinger – universitärer – Zensurbewilligung, also nach dem Verbot

weiterer Anti-Goeze-Veröffentlichungen und kurz nach der Veröffentlichung der Subskriptionsaufforderung zum »Nathan«.
Im Jahr 1779 verschickte Lessing Abschriften des 4. und 5. Gesprächs an einige weitere Freunde, bat aber mit Hinweis auf den Herzog Ferdinand darum, sie nicht abzuschreiben oder gar zu veröffentlichen, im Januar 1780 schickte er diese Gespräche auch an Herder nach Riga mit einem Gruß an Hamann. Ohne Lessings Kenntnis, also gegen seinen Willen erschienen diese beiden Gespräche jedoch mit der »Vorrede« eines unbekannten »Dritten« im Herbst 1780 bei H. L. Brömer in Frankfurt am Main, in einer fehlerhaften Ausgabe. Nach Lessings Tod, im Mai 1781, veröffentlichte Hamann in den »Königsbergischen Gelehrten und Politischen Zeitungen« einen zuverlässigeren und die – absichtlichen – Namenauslassungen des Erstdrucks ergänzenden Abdruck, der deshalb bei Editionen mit herangezogen werden muß.

S. 599 *3 Herzoge:* s. Vorbemerkung. – *7 Das Volk ...:* Dieser Satz steht singular in Lessings Werk. – *17 Freimäurer:* im 18. Jh. neben Freimaurer. – *20 blöden:* unausgebildeten.

S. 600 *26 Ich glaube ...:* Das soll eine Anspielung auf die Freimaurern vorgeschriebene Antwort: »Meine Brüder ... erkennen mich dafür« sein. – *35 Wer nimmt ...:* Jeder Inhaber eines höheren Grades durfte nach dem sog. Hochgradsystem der »Strikten Observanz« einen Interessierten aufnehmen.

S. 603 *12 Hyperbel:* Übertreibung. – *12 Quidproquo:* Verwechslung. – *14 Bruder Redner:* Einer der wichtigsten Amtsträger in der Freimaurerloge. Er sorgt für das Ritual und hält informierende und moralische Vorträge. – *29 Findelhaus:* ein 1753 gegründetes Waisenhaus, das heute noch besteht. – *34 Dresden:* Dresdner Freimaurer unterstützten Arme und Waisenkinder im Erzgebirge. 1772 wurde in Dresden-Friedrichstadt eine Waisenschule eingerichtet, aus der später ein bekanntes Lehr- und Erziehungsinstitut entstand. – *35 stücken:* wohl: sticken.

S. 604 *1 Glossen:* Randnotizen. – *1 f. Braunschweig:* Eine von Braunschweiger Freimaurern 1770/71 gegründete Schule für 4, später 12 Schüler mit Mathematik-, Geschichts- und Zeichenunterricht. – *5 f. Basedowsche Philanthropin:* 1774 gründete der Pädagoge Johann Bernhard Basedow (1723-1790) in Dessau eine Erziehungsanstalt für 6-18jährige Zöglinge, die bis 1793 bestand und ähnlichen Unternehmungen als Vorbild galt. – *9 Zeitung:* vermutlich das »Schwäbische Magazin«, 5 Stck., 1777: »Ein Freimäurer der Berliner Loge forderte in einer Rede alle seine Brüder auf, das Basedowsche Philanthropin zu unterstützen«, wohl Johann Heinr. Christoph Meyer (1741-83). – *11*

Quittung: Der zeitweilig in Dessau arbeitende, später in Braunschweig wirkende Pädagoge (»Robinson«) und Sprachreformer Joachim Heinrich Campe (1746-1818). Sie hatten sich allgemein an »die« Freimaurer gewandt, und Basedow nannten in den von ihnen herausgegebenen »Pädagogischen Unterhaltungen« vier Logen als Spender. – *26 scholastischen:* schulmäßigen. – *27 ad extra:* nach außen hin, unwesentlich.

S. 605 *4 Welt:* Zu verstehen als weltbürgerliche, übernationale Wirkung.

S. 606 *14 Ameisenhaufen:* Vgl. Sprüche Salomonis 6, 6-8: Es ist eine alte, aber heute nicht mehr zu haltende Auffassung, Ameisen lebten im Gegensatz zu Bienen ohne eine sog. »Königin«. Der Vergleich von Ameisen und Bienen hat in diesem Sinn lange Tradition. – *36 bürgerliche Gesellschaft:* Vgl. zum Wandel dieses Begriffs im 18. Jh. M. Riedel, Lexikon politisch-sozialer Begriffe ... hrsg. v. Conze, Koselleck u. Schieder, Bd. 2 Stuttgart 1968. – *37 hälst:* Diese Form gelegentlich im 18. Jh.

S. 607 *35 menschlicher:* d. h. 1. nicht göttlich, 2. also: veränderbar.

S. 610 *24 Türken:* hier als Vertreter des Islam.

S. 613 *3 Opus ...:* Ausdruck aus der scholastischen Philosophie: ein über die durchschnittlichen Anforderungen hinausgehendes gutes Werk, durch das man sich zusätzliche Verdienste erwirbt.

S. 614 *26 Pyrmonter:* kohlensäurehaltiges Mineralwasser (also keinesfalls Akohol!) aus der Quelle von Pyrmont, einem der beliebtesten Kurorte im 18. Jh.; in Pyrmont oder auf einem Landgut Falks nicht weit von einer Stadt sind die Gespräche wohl zu denken.

S. 616 *7 begäten:* bejäten, die überflüssigen Blätter einer Pflanze abnehmen.

S. 620 *4 Vorrede:* Vgl. hierzu die Vorbemerkung. – *21 f. einige Namen:* Vor allem dort, wo drei Sterne in der Ausgabe von 1780 stehen, ist in dem von Hamann 1781 nach L.s Tod veranstalteten Druck »Tempelherren« eingesetzt.

S. 621 *5 Deine Hand:* Erkennungszeichen der Freimaurer ist ein besonderer Handgriff. – *10 Mann Gottes ...:* Vgl. 2. Mose 3,8. – *16 bei den Gräbern ...:* Hier u. die »Flammen« Freimaurersymbole, die nur der Meister vom Stuhl kennt; das vorausgehende »schon« u. die Symbolkenntnis weisen darauf hin, daß Ernst bereits Meister ist.

S. 622 *12 Wer wollte ...:* Bode als Meister vom Stuhl einer Loge der Strikten Observanz in Hamburg hat im Sommer 1767 mit ähnlichen Worten Lessing vom Eintritt in die Loge abgeraten. – *24 schottische Mäurerei:* eine von Frankreich kommende Hochgradfreimaurerei mit z. Teil unterschiedlichen Lehren und Riten. – *25 Ritter:* Rittergrade nach mittelalterlichem Vorbild. – *32 Gold machen:* Anspielung auf die

Alchimie, den Okkultismus in den Hochgradsystemen der Zeit. – *33 die ****: Hier wie im folgenden in Hamanns Druck von 1781 »Tempelherren«.

S.623 *13 Goldmachern*: Im 18.Jh. versprachen Alchimisten verschiedenen Landesherren, Gold oder Silber herstellen zu können; sie bekamen dabei manchmal teure Laboratorien eingerichtet oder andere Zuwendungen u. verschwanden jeweils bald wieder. – *14 Geister-Beschwörer*: Spiritistische Tendenzen gab es im 18.Jh. ebenfalls nicht nur unter den Freimaurern. – *20 die neuen ****: Gemeint ist vor allem das Hochgradsystem der »Strikten Observanz«. – *31 diese ****: Hier bei Hamann: diese Templars-would-be (»Leute, die gern als Tempelherren gelten möchten«).

S.624 *36 der Freimäurer ...*: Hier heißt es in Hamanns Druck: »der freie Maurer an jenem großen Tempel, auf die Tempelherren gebracht; haben sie sich nur in das rote Kreutz auf dem weißen Mantel vergafft; mögten sie nur gern einträgliche Comtureien, fette Pfründen ...« »*Tempel*« bezieht sich dabei auf die von geheimen Gesellschaften aufgenommenen Bilder und Mythen vom Tempel Salomons. In den »Freimütigen Nachrichten von neuen Büchern«, 19 Stck. 1745, S.147 wird dazu bemerkt, daß im kathol. Frankreich die Freimaurer sich vom Tempelbau in Jerusalem herleiteten u. in England statt des Tempels Symbole der Arche u. des babylonischen Turmbaus aufnahmen. (Vgl. Petersen/ v. Olshausen L.s Werke Anm. zu Teil 6, S.298.) Zu *Kreuz* u. *Mantel* vgl. »Nathan« Vers 570. *Comturei* oder Kommende ist das Gebiet, das in den Ritterorden einzelnen zur Verwaltung oder zur eigenen wirtschaftlichen Nutzung übergeben wurde. – *arbeitet*: Feierliche Zusammenkünfte in den »Tempeln« der Logen werden »Arbeiten« genannt.

S.625 *16 die Großen*: Nach der Aufhebung des Tempelherrenordens auf Veranlassung Philipps des Schönen v. Frankreich durch Papst Clemens V. 1312 fiel das große Vermögen des Ordens der Krone in Frankreich, England u. Kastilien zu. Daß auch in den Kreuzzügen das Geld eine große Rolle spielte, betonte Voltaire in seiner »Geschichte der Kreuzzüge«, die L. übersetzt hat. – *20 andere, als Kinder ...*: Im Erstdruck von 1780 steht nur »andere als Kinder tragen«, also nicht »als Leute ...«, was aber wohl ein Satzfehler ist (Fortfall einer Zeile). – *28 Tonnen ...*: »Der Wallfisch, indem er aus Fürwitz dem Strand zu nahe kommt, oder denen kleinen Fischen alzu eiferig nachjaget, und darüber auf dem Grunde sitzen bleibet, ist ein Sinnbild eines, der durch eigene Schuld sich in Unglück bringet: Wenn er mit einer ihm vorgeworfenen Tonne spielet, und dem Schiffe Zeit giebt zu entfliehen, ist er ein Bild eines, der um eitler nichtiger Dinge willen sein wahres Wohl verabsäumet und fahren lässet.« (Vgl. Zedlers Universalencyclopädie, 3.Bd.

Halle, Leipzig 1733, Sp. 175.) In Swifts »Märchen von der Tonne« ist nach der Vorrede das Schiff der Staat, der Walfisch der »Leviathan« nach dem engl. Philosophen u. Verteidiger des Staatsabsolutismus Thomas Hobbes (1588-1679).

S. 626   9f. drei ... Religionen: die katholische, lutherische u. reformierte Konfession. – 15 Böhme: der Görlitzer Schuster und Mystiker Jakob Böhme (1575-1624). – 15 Sachse: Hans Sachs, ebenfalls Schuhmacher. – 25 Beschlag: Art (also z.B. wie L. Hofrat). – 26 Loge: von loggia: Laube, Hütte; Versammlungsort der Freimaurer, in übertragenem Sinn die jeweilige Organisation. – 28 leider ...: Hamanns Druck ergänzt hier: »Von Einem Stande, nemlich, von dem, den Langeweile und Bedürfnis sich zu beschäftigen zu einem Stande macht«. – 37 Wohlstand: Guten Zustand, geordnete Verhältnisse.

S. 627   8 Kasse ...: Die ökonomischen Pläne, z.B. der Strikten Observanz von 1755 gingen von einem Kapital von 1,2 Mill. Taler aus, errechneten Renten für jeden Ritter; man wollte von den vereinigten Logen Kapitalien in Fabriken anlegen und Arme auf den Gütern des Ordens ernähren. – 28 Vorsicht: Vorsehung.

S. 628   11 klopfte so oft: Ein besonderer Klopfrhythmus gehört zu den Erkennungszeichen der Freimaurer, was Mozart in der Ouvertüre der »Zauberflöte« verwendet hat; wie überhaupt in diese Oper viele Freimaurersymbole eingegangen sind. – 14 für die Amerikaner: Viele Freimaurerlogen in Europa nahmen Partei für den amerikanischen Unabhängigkeitskrieg (1775-83). – 16 Kongreß einer Loge: Viele Anführer der amerikanischen Oststaaten waren tatsächlich Freimaurer. – 32 Was Blut kostet ...: Diese Worte sollen nach einem Bericht Georg Forsters von Benjamin Franklin, selbst Meister vom Stuhl einer Loge in Philadelphia, stammen. Forster war im Januar 1779 mit L. zusammen.

S. 629   21 nervösen: kraftvollen.

S. 630   23 Londinopolis: von James Howell, London 1657. Handelt jedoch nur von der Berufsorganisation der Maurer. – 24 Parlaments-Akte: Heinrich VI., König von 1422-71, verbot darin 1425 die jährliche Zusammenkunft der »Masons«, d.h. der Bauhandwerker. – 26 Privilegia ...: Diese angeblichen Sonderrechte, die unter Karl XI. gegeben worden sein sollen, sind falsche Angaben des 18. Jh.s. Schwedens erste Freimaurerloge wurde 1736 gegründet. – 31 Sein Schreiben ...: John Locke soll 1696 ein mit Anmerkungen versehenes Schreiben an diesen Grafen geschickt haben, in dem ein Protokoll König Heinrichs enthalten gewesen sein soll. Das ist eine Fälschung (»Staub«) aus William Preston »Illustrations of Masonry« (»Erläuterungen zur Freimaurerei«) London 1772.

S. 631   6 gleich ...: Prestons Buch erschien 1772, eine deutsche

Übersetzung 1776; die zweite Aufl. der engl. Ausgabe 1775, die L.s Bruder Karl übersetzen wollte, wovon ihm L. aber energisch abriet. — *19 Anderson ...:* das »Konstitutionenbuch« der englischen Großloge von dem presbyterianischen Prediger James A. (2. Aufl. 1738, deutsche Übersetzung damals 1743), enthält neben einer simplen Gleichsetzung der Geschichte der Freimaurerei und der des Maurerhandwerks die sog. »Alten Pflichten« der ersten Londoner Großloge von 1717. — *27 forgery:* Fälschung. — *28 nichtswürdiges:* unbedeutendes. — *29f. pillory:* Pranger. — *33f. homonymen:* gleichnamigen. — *37 Symbole:* Winkel, Zirkel, Kelle etc. des Maurerhandwerks.

S. 632 *18 Massoney ...:* »Masonry« ist richtig. — *21 Mase:* angelsächsisch »mese« (lat. »mensa«) »Tisch«. Das mittelhochdeutsche »massenie« oder »messenie« u. a. Formen (Hausgesinde, Dienerschaft, Gefolge, Hofstaat, ritterliche Gesellschaft) hat wohl mit »mase« nichts zu tun. Das altfranzös. »masnie«, »maisnie« (das ganze Gesinde, Gefolge, später die Versammlung am Hofe König Artus') liegt dem mhd. »massenie« zugrunde. — *28 Maskopie ...:* Ein gleicher (gotischer) Wortstamm »mati-« (»Speise«) liegt diesen Wörtern zugrunde. »Maskopie« heißt Handelsgesellschaft, Gesellschaft; »masleidig« Abneigung gegen Speise zeigend, verdrossen; »Masgenosse« der Tischgenosse. — *38f. Agricola:* Johannes Agricola (1492-1566), sammelte u. kommentierte deutsche Sprichwörter, 1. Ausgabe 1529. Dort zu Nr. 668: »Es gehet zu wie in König Artus' Hofe«; die Anm.: »Die Versammlung der Ritter hieß die Tafelrunde oder die Messenei!«.

S. 633 *18 Die Geschichte ...:* Der Kern der Artussage mit der Tafelrunde ist keltischen Ursprungs.

S. 634 *4 Mase-Thanes:* engl. »thane« ist Vogt, Großgrundbesitzer (Bezeichnung bis zum 12. Jh.). — *7 beklieb:* von »bekleiben«, Wurzel fassen, gedeihen. — *10 so eine *** ...:* »so eine Tempel-Massoney« (Hamanns Druck). — *11 Aufhebung:* s. o. zu S. 625, 16. — *24 Jene ***:* »Jene Tempel-Massoney ...« (Hamanns Druck). Der von nun an von L. dargestellte Entstehungszusammenhang ist historisch nicht haltbar. — *27f. zweiten Kirche:* Die St. Pauls Kathedrale von Christopher Wren steht in keinem der von L. angegebenen Zusammenhänge mit den Freimaurern; (»zweite« neben der »ersten«, dem Petersdom in Rom).

S. 635 *24 exoterisch:* nach außen hin, für die Öffentlichkeit verständlich.

S. 636 *8 sechstes Gespräch:* »Kritische Anmerkungen« zum 5. Gespräch sind nicht erhalten. Der Versuch von Karl S. Guthke: »L.s sechstes Freimaurergespräch« (Zschr. f. dtsch. Philologie 1966, S. 576 ff.) hat bisher kaum Zustimmung gefunden; L.s sog. »Papiere zu Ernst und Falk« wirken eher wie Vorstudien.

Die Erziehung des Menschengeschlechts (S. 637)

Diese Schrift, die von den Spätschriften bis heute am meisten Beachtung gefunden hat, hat Lessing in zwei Schüben und auffallend geheimnistuerisch herausgegeben. Die ersten 53 Paragraphen hatte er – aber ohne Motto und »Vorbericht« – 1777 innerhalb seiner »Gegensätze des Herausgebers« zu den Reimarus-Fragmenten veröffentlicht (s. S. 327 ff.), weil sie sich »genau« auf den Inhalt des vierten Fragments bezögen. Da Lessing diese Paragraphen, die sich nur auf die erste Stufe, die »Kindheit« des Menschengeschlechts beziehen, als eine Art »Vorschmack« bezeichnet, ist anzunehmen, daß alle 100 Paragraphen damals schon vorlagen. Die Schrift dürfte also in engem Zusammenhang mit Lessings eigener Auseinandersetzung mit Reimarus entstanden sein.

Die Vorstellung einer progressiven Entwicklung der Menschheit in der Geschichte ist nicht neu, auch der Erziehungsgedanke lag in der Zeit, die Wiederverkörperungslehre wurde im 18. Jahrhundert diskutiert (z. B. Bonnet), neu und eigen aber ist die konsequente und detaillierte Durchführung dieses Gedankens bis zur Gegenwart, die Deutung, daß in der Menschheitsgeschichte »die Offenbarung zur Vernunft« komme (Beyschlag), so daß an die Stelle einer Theologie nun eine Philosophie der Geschichte treten kann. Die Einmündung dieser Deutung in die »älteste Hypothese« der Welt findet sich bei Lessing nicht nur hier, der Gedanke der Metempsychose hat ihn in den letzten Lebensjahren mehrfach beschäftigt, so z. B. auch in seinen »Anmerkungen über J. H. Campes philosophische Gespräche«. Jedoch faßt Lessing in der Erziehungsschrift die letzten Paragraphen im Potentialis, zwar in einem hoffnungsvollen Potentialis, aber er läßt diese Perspektive offen.

Immerhin fingiert Lessing beim ersten Teilabdruck die Schrift als Arbeit eines anderen. Auch als er im Frühjahr 1780 die ganze Schrift bei Voß und Sohn in Berlin (selbstverständlich unzensiert) erscheinen läßt, geschieht das anonym. Doch sind auch briefliche Äußerungen, die Schrift sei von einem guten Freund (6. April 1778 an Reimarus' Sohn Johann Albert Heinrich) oder er werde sie nie für seine Arbeit anerkennen (25. Februar 1780 an den Bruder Karl) nur im Zusammenhang mit der Tarnung zu sehen, die er offenbar bei einer Veröffentlichung derartiger Gedanken für nötig hielt. Für Lessings Freunde bestand aber nie der geringste Zweifel an seiner Autorschaft (vgl. den schönen Brief von Elise Reimarus vom 23. April 1780), und Lessing hat ihnen gegenüber diese auch nie bestritten. Schon durch solche äußere, mehr noch durch innere Argumente haben sich Spekulationen über die mögliche Autorschaft anderer als gegenstandslos erwiesen. Zu wenig beachtet wurde hingegen wohl die Bemerkung im Brief an Johann A.H. Reimarus vom 16.April 1778, jener »gute Freund«, der als Verfasser der ersten Teilpublikation fingiert wurde, mache sich gern »allerlei Hypothesen und Systeme«, »um das Vergnügen zu haben, sie wieder einzureißen« – bei aller kaschierenden Selbstironie enthält diese Bemerkung doch auch unüberhörbar Töne künstlerisch-metaphysischen Spiels, die mit dem Potentialis der letzten Paragraphen zusammenstimmen.

S.637 2 *Haec omnia* ...: »All dies ist aus denselben Gründen in gewisser Hinsicht wahr, aus denen es in gewisser Hinsicht falsch ist.« Augustinus »Soliloquia libri duo« (Selbstgespräche, zwei Bücher) Buch 2, Kap. 10. – *5 erste Hälfte:* s. Vorbemerkung. – *26f. besten Welt:* Leibniz' Vorstellung der »besten aller Welten«.

S.638 *30 Einigen Gotte:* Heute wird angenommen, daß die Vorstellung vom Monotheismus eine relativ späte sei.

S.640 *18 abgezognen:* abstrakten.

S.641 *12 in die Fremde:* das babylonische Exil.

S.642 *22 Sanktion:* feierliche Einsetzung. – *30 Warburton:* Der engl. Theologe Wilhelm Warburton (1689-1779) verteidigte das Christentum gegen die Deisten. L. verweist hier auf dessen schon von Reimarus erwähnte »Göttliche Sendung Mosis«, deutsch 1751.

S.643 *9 Theokratie:* Gottesherrschaft.

S.645 *5 Salomo:* Prediger S. 3,19.

S.646 *5 Perser:* Cyrus d. J. – *14 unanständig:* unangemessen. – *36 Sabeismus:* Verehrung der Gestirne, bei den Sabäern (Saba) in Südarabien, auch in Babylon, Syrien und Kleinasien verbreitet.

S.647 *26 Chaldäern:* hier: Babyloniern. – *27 Unsterblichkeit:* Für diese Behauptung gibt es keine Belege. Größere Bedeutung erhält die Lehre von der U. erst im 1.Jh. v.Chr. – *28f. Schulen* ...: Falls tatsächlich eine solche Beeinflussung stattgefunden hat, muß das nicht nur über Ägypten geschehen sein.

S.648 *6 Androhung:* 2. Buch Mose 20,5 u.ö. – *13 Redensart:* 1.Buch Mose 35,29; 49,29 u.ö.

S.649 *9 kindisches:* kindliches. – *23 Rabbinen:* »Meister«, jüdische »Schriftgelehrte«. – *27 Pädagog:* vgl. schon S.275, 7, dort bereits die Formulierung: »Christus kam also«.

S.650 *33 § 60:* für L. besonders charakteristisch. Vgl. dazu auch das Ende der sog. Ringparabel im »Nathan« und die vielfache Reflexion der »Taten« in »Ernst und Falk« sowie den Vorrang ethischer vor dogmatischer Sicht im »Testament Johannis«.

S.652 *10 Non* ...: »nicht zu übertreffen«, das Höchste, Beste. – *14 § 68:* Vgl. o. S. 607.

S. 653   10 § 73: s. das Fragment »Christentum der Vernunft« S. 281.

S. 654   22 *Geheimnis* ...: Geht evtl. zurück auf John Toland »Christianity not mysterious« (»Christentum ohne Geheimnis«), 1696, wo das »Geheimnis« im Urchristentum gleichsam befristet gesehen wird, bis es durch Gott offenbar wurde.

S. 655   *1 § 77:* Zwischen § 4, wonach die Offenbarung dem Menschen grundsätzlich nichts gibt, »worauf die menschliche Vernunft, sich selbst überlassen, nicht auch kommen würde«, und § 77, wonach die Religion den Menschen »auf ... Begriffe vom göttlichen Wesen ...« leitet, »auf welche die menschliche Vernunft von selbst nimmermehr gekommen wäre«, scheint ein Widerspruch zu bestehen, den H. Thielicke in seiner Schrift »Offenbarung, Vernunft und Existenz« (1957) behandelt hat. K. Beyschlag (L.s Werke 3, 696) weist hingegen darauf hin, daß man die beiden Paragraphen »in ihrer Stellung im Ganzen von L.s Erziehungsschrift« sehen solle. »Lessing stellt darin das herkömmliche Verhältnis von Vernunft und Offenbarung auf den Kopf, d. h. im Rahmen der ›Erziehung des Menschengeschlechts‹ geht nicht die Vernunft der Offenbarung, sondern die Offenbarung der Vernunft voran; denn sie hat den Zweck, den Weg, den die Vernunft – wenn auch auf jahrmillionenlangen Irrwegen (§ 7 und 73) – schließlich von selbst finden würde, ganz erheblich abzukürzen (§ 4 und 70). So kommt es, daß der Weg der ›Erziehung‹ durch ›Offenbarung‹ (vgl. § 70-72) zunächst auf jene dogmatisch gebundenen Vernunfterkenntnisse führt, wie sie in § 73-75 behandelt werden, ›auf welche die menschliche Vernunft‹ – allerdings – ›von selbst nimmermehr gekommen wäre‹ (vgl. dazu W. v. Loewenich, Luther und Lessing, 1960, S. 16 Anm. 14).

S. 656   22 *ewigen Evangeliums:* vgl. Offenbarung Joh. 14, 6. – 26 *Schwärmer* ...: L. spielt an auf Vorstellungen wie z. B. von Joachim da Fiore (gest. 1202), der in einem dreistufigen Geschichtsmodell (1. Alter Bund, 2. Neuer Bund, 3. ewiges Evangelium) das Endzeitalter schon für das 13. Jahrhundert annahm. Fiores Lehren haben in verschiedenen, im Mittelalter als ketzerisch verurteilten Mönchskreisen weitergewirkt. – 35 *Ökonomie:* Aufbau, Plan.

HERKULES UND OMPHALE (S. 659)

Entstanden ist dieser nachgelassene satirische Dialog sicher im Zusammenhang mit Lessings Bemühungen, Theologie und Philosophie genau von einander zu trennen. Ob die in seinem Brief an den Bruder Karl vom 2. Februar 1774 vorkommende Formulierung, er wende sich dagegen, daß die neue Theologie »vernünftige Christen« zu »höchst unvernünftigen Philosophen« mache, erlaubt, die Entstehung des Dialogs auf 1773/74 anzusetzen, ist fraglich, aber auch unerheblich. Daß er in der Wolfenbütteler Zeit entstanden ist, kann auch deshalb als sicher gelten, weil das den Anlaß bildende »Gemälde« in herzoglichem Besitz war; es ist von Lucas Cranach dem Ä., 1537 (heute im Herzog-Anton-Ulrich-Museum in Braunschweig).

Zuerst gedruckt wurde der Dialog im »Berlinischen Archiv der Zeit und ihres Geschmacks«, Bd. 1, Jahrgang 1796, S. 453 f., später druckte ihn Georg Gustav Fülleborn in seiner Zeitschrift »Nebenstunden«, 1. Stück, Breslau 1799, mit anderen Stücken aus Lessings »ungedrucktem Nachlaß«.

Aus der komplizierten Geschichte dieser Sage ist zum Verständnis wichtig, daß Herkules – nach seinen 12 Taten – zum Sklaven der lydischen Königin Omphale wurde, wie eine Dienerin in langem Hemd Wolle spinnen mußte, während Omphale ihm in seiner Löwenhaut, mit seiner Keule in der Hand, zuschaute – also eine Versinnbildlichung eines entwürdigenden Rollentausches.

S. 659   14 *Demonstration:* Beweisführung. – 9 *Sorites:* Bezeichnung für den Haufen- oder Kettenschluß aus mehreren verkürzten Folgerungen, wobei der Schlußsatz des einen Urteils zugleich Prämisse des andern ist. Hier wohl ironische Verbildlichung der »knotichten« Keule des Herkules. – 11 *nervichten:* kraftvollen.

ÜBER EINE ZEITIGE AUFGABE ... (S. 660)

Die »zeitige Aufgabe«, auf die Lessing mit dieser methodisch überlegenen Arbeit antwortete, war im Januar-Heft 1776 von Wielands »Teutschem Merkur« erschienen. Da über sie, wie Lessing sagt, »so manches geschrieben« würde, mußte er eine Antwort im August- und Septemberheft dieser Zeitschrift (mit der Wieland aber nicht zufrieden war), einen ebenfalls im August im »Deutschen Museum« gedruckten kurzen Beitrag, vielleicht auch Herders (anonym erschienene) Antwort im November-Heft des »Teutschen Merkur«: »Philosophie und Schwärmerei, zwo Schwestern« gekannt haben. Als früheste Entstehungszeit wäre demnach September, als späteste wohl Dezember 1776 anzusetzen.

Nicht eindeutig zu entscheiden ist, ob es sich um ein Fragment handelt, etwa weil Lessing den zweiten Teil der Frage gar nicht behandelt, oder ob der Aufsatz mit der ironischen Bemerkung: »Und was will nun die Frage ...« schließen sollte. In diesem Fall wäre, wie gelegentlich geäußert, denkbar, daß Lessing den Aufsatz, der ihm unter der Hand kritischer als zunächst vielleicht beabsichtigt geraten sein könnte, deshalb mit Rücksicht auf Wieland nicht veröffentlicht hat.

Während der Begriff »Enthusiasmus«, durch Shaftesbury aufgewertet, bis zum Ende des 18. Jahrhunderts (Kant, Schiller) mit erhabener Gesinnung (und entsprechender Dichtung) koordiniert wurde, war »Schwärmerei« schon durch Wieland selbst im Titel seines »Don-Rosalva«-Romans: »Der Sieg der Natur über die Schwärmerei« (1763) programmatisch diskreditiert worden, und Lessing wird wenig später, 1779/80 im »Nathan«, Schwärmerei als gefährliche Krankheit denunzieren.

Das Manuskript ist nicht erhalten. Gedruckt wurde der Aufsatz zum ersten Mal von Karl Gotthelf Lessing in: G.E. Lessings Leben, nebst seinem übrigen Nachlasse, Band II, Berlin 1795, S. 148-163.

S. 660 3 ... *Lucianischer Geister:* Nicht nur Philosophen der Aufklärung, sondern auch Satiriker wie Lichtenberg gingen gegen das vor, was hier mit »Enthusiasmus« und »Schwärmerei« bezeichnet wird. Der aus Kleinasien stammende Grieche Lucianus (ca. 120-180) war nach seiner sophistischen Anfangsphase ein berühmter Dialogist und Satiriker, der alle Schwächen in seiner Zeit aufdeckte. Sein Name also ein Synonym für einen ironisch-satirischen Zeit-Kritiker.

S. 662 17 πρωτον: »Laßt uns völlig von vorn anfangen!«

S. 664 18 *sympathisierenden:* Der Begriff Sympathie bei L. in eher negativem, triebhaftem Sinn.

S. 666 7 κατ'...: im eigentlichen Sinn des Wortes.

S. 668 8 *weil Wolf:* Christian Frhr. v. Wolff (1679-1754), entwickelte und popularisierte Leibniz' Philosophie zur schulmäßigen Doktrin; der einflußreichste deutsche Philosoph der Aufklärung vor Kant. – 36 *Purganz:* Abführmittel.

Gespräche über die Soldaten und Mönche (S. 671)

Aus der heute verschollenen Handschrift druckte Karl Lessing 1795 im 2. Teil von »G.E. Lessings Leben« die beiden Fragmente ab. Entstanden sind diese Ansätze eines Dialogs sicher in engem Zusammenhang mit den ersten Gesprächen von »Ernst und Falk« um 1777/78.

Den sachlichen Hintergrund bilden die z.T. unverhältnismäßig hohen Zahlen der Soldaten (in Braunschweig vor 1770 zeitweise ein Zehntel der Bevölkerung) und Mönche (z.B. in Bayern bis zur Säkularisation, in Österreich bis zu den Reformen Josefs II.).

NAMENVERZEICHNIS
zur antiken Mythologie

(Die Schreibweise der griechischen Namen wurde, nach dem heute üblichen Gebrauch, gräzisiert, z.B. Asklepios statt Aesculapius.)

Achilleus: Sohn des Peleus und der Meeresgöttin Thetis, größter Held der Griechen im Kampf um Troia.

Adonis: Geliebter der Aphrodite, der auf der Jagd von einem Eber getötet wird. Die Göttin erbittet von Persephone, daß A. jedes Jahr sechs Monate auf der Erde verbringen darf.

Äneas: Sohn des Anchises und der Aphrodite, Held der »Äneis« des Vergil. Nach der Zerstörung seiner Heimatstadt Troia kommt er nach langer Irrfahrt über Karthago nach Italien, wo er zum Stammvater des Geschlechts der Julier wird. Gründer der Stadt Lavinium. Sein Sohn Ascanius (auch Julus) gründet Alba Longa, dessen Tochterstadt Rom werden sollte.

Agamemnon: Oberbefehlshaber des griechischen Eroberungsheeres gegen Troia; nach der Heimkehr von seiner Frau Klytaimestra und ihrem Geliebten Aigisthos ermordet.

Aias: (römisch: Ajax), Name von zwei griechischen Helden im Krieg gegen Troia. Der Sohn des Telamon rettet die Leiche des Achilleus. Als er dessen Waffen nicht bekommt, wird er wahnsinnig und stürzt sich in sein Schwert. Held einer erhaltenen Tragödie des Sophokles. – Der Sohn des Oileus erkennt Poseidon, als dieser mit den Griechen gegen die Troianer kämpft.

Antinoos: Jüngling aus Bithynien, Liebling des Kaisers Hadrian, der ihm nach seinem Ertrinkungstod im Nil wie einer mythischen Gestalt im ganzen Reich Kultbilder errichten ließ.

Aphrodite: Göttin der Liebe und der Schönheit, aus dem Schaum des Meeres bei Kypros (Zypern) gestiegen, nach anderer Überlieferung Tochter des Zeus und der Dione. Nach der ihr geweihten Insel Kythera führt sie auch den Beinamen Kytherea. Im Troianischen Krieg kämpft sie auf seiten der Troianer und wird von Diomedes verwundet.

Apollon: Sohn des Zeus und der Leto, einer der vielseitigsten griechischen Götter, Verkörperung alles Reinen und Klaren. Im Troianischen Krieg kämpft er gegen die Griechen, weil diese einen seiner Priester gekränkt haben.

Ares: (römisch: Mars), Sohn des Zeus und der Hera, Gott des Krieges. Im Troianischen Krieg kämpft er gegen die Griechen und wird von Diomedes verwundet. Nach römischer Sage zeugt er mit Rhea Silvia die Zwillinge Romulus und Remus.

Argonauten: die Seefahrer des Schiffes Argo; ausgedehnter Sagenkreis um Iason und seine Gefährten, die im Auftrag des Königs Pelias von Iolkos das Goldene Vlies des Phrixos aus Kolchis holen sollen.

Artemis: (römisch: Diana), Tochter des Zeus und der Leto, Zwillingsschwester des Apollon, Göttin der Jagd. Schützerin des kreatürlichen Lebens, alles Jungfräulichen und Reinen. Meist mit einer Hirschkuh dargestellt.

Atreus: Sohn des Pelops, König von Mykene. Stammvater der Atriden, Vater des Agamemnon und Menelaos.

Bacchus: siehe Dionysos.

Bakchos: siehe Dionysos.

Cephalus: siehe Kephalos.

Ceres: römische Urgottheit des Pflanzenwuchses, mit der griechischen Demeter gleichgesetzt.

Cerberus: siehe Kerberos.

Creusa: siehe Kreusa.

Cydippe: siehe Kydippe.

Diana: siehe Artemis.

Diomedes: griechischer Held, zeichnet sich im Troianischen Krieg durch seine Tapferkeit aus. Er verwundet sogar Aphrodite und Ares. Gemeinsam mit Odysseus raubt er das Palladion, ein Bild der Göttin Pallas Athene, aus Troia.

Dionysos: (auch: Bakchos, römisch: Bacchus), Sohn des Zeus und der Semele, Gott der Vegetation und des Weins. Zu seinem Gefolge gehören die Bakchen (Bakchantinnen, Mainaden) und die Satyrn. Sein Beiname Biformis (der Zweigestaltige) deutet auf seine Verwandlungsfähigkeit. In der älteren Kunst ernst und bärtig, erst später als schöner Jüngling dargestellt. Mann der Ariadne.

Eresichthon: siehe Erysichthon.

Erinnyen: (Eumeniden, römisch: Furien), uralte Erdgöttinnen, die jeden Frevel gegen die Muttergottheit rächen. Namentlich bekannt sind Alekto, Megaira und Tisiphone. Durch Athene versöhnt und als die »Wohlgesinnten« (»Eumeniden«) bezeichnet, werden sie in Athen unterhalb des Aeropags kultisch verehrt. In der Kunst mit Schlangen, Fackeln und Peitschen dargestellt.

Erysichthon: Sohn des Thrakerkönigs Triopas, fällt in einem Hain der Demeter eine der Göttin heilige Pappel, obwohl ihn Demeter in Gestalt einer Priesterin warnt. Sie bestraft ihn mit unstillbarem Hunger, so daß er als Bettler endet.

Euboia: langgestreckte Insel östlich des boiotischen und attischen Festlandes mit den Hauptstädten Eretria und Chalkis.

Fames: römische Personifikation des Hungers.

Faunus: römischer Fruchtbarkeitsgott, Gott der Viehzucht und des Ackerbaus mit Zügen eines Waldgeists und Kobolds, durch griechischen Einfluß oft mit Pan identifiziert. Seine Bilder zeigen ein bocksähnliches Gesicht, Hörner, Schwanz und Ziegenfüße; er trägt Ziegenfell, Hirtenstab und Hirtenflöte.

Fides: römische Personifikation der Treue.

Furien: siehe Erinnyen.

Harpyen: »Entführende«, »Wegraffende«, vogelgestaltige Mädchen, geflügelte Todesdämonen, die die Speisen, die sie nicht mehr fressen können, beschmutzen.

Hebe: Göttin der Jugendkraft und Jugendschönheit, Tochter des Zeus und der Hera.

Hekate: uralte Erdgöttin, Patronin des Zauberwesens bis ins Mittelalter hinein. In der Kunst sowohl ein- wie dreigestaltig dargestellt (drei Frauen mit dem Rücken aneinandergelehnt).

Helene: (römisch: Helena), Tochter des Zeus und der Leda, Frau des Menelaos; von Paris geraubt und so Anlaß des Troianischen Krieges.

Hephaistos: (römisch Vulcanus), Sohn des Zeus und der Hera, Gott des Feuers und der Schmiedekunst. Als Lahmgeborener von seiner Mutter vom Olymp ins Meer geschleudert. In der Kunst meist als plump und gutmütig dargestellt.

Hera: (römisch: Iuno), Tochter des Kronos und der Rhea, Schwester und Gemahlin des Zeus, Göttin der Ehe. Im Troianischen Krieg steht sie auf seiten der Troianer und bittet Hypnos, den Schlaf, den Zeus einzuschläfern, der den Göttern die Teilnahme am Kampf verboten hat. So kann Poseidon in den Kampf eingreifen.

Herakles: (römisch: Hercules), Sohn des Zeus und der Alkmene von Theben, von der eifersüchtigen Hera verfolgter griechischer Held, der die Welt durch zwölf (lokal verschieden gezählte) übermenschliche Arbeiten von Ungeheuern befreit und dadurch für die Menschen bewohnbarer macht. Eine seiner letzten Taten ist die Tötung des Kentauren Nessos, der seine Gemahlin Deianeira verführen wollte. Der sterbende Nessos gibt Deianeira von seinem Blut, das ein Zaubermittel für die bleibende Liebe des H. sei. Sie bestreicht später ein Hemd damit, das H. so furchtbare Schmerzen verursacht, daß er sich selbst verbrennt. Er wird in den Olymp aufgenommen und zum Gatten der Hebe.

Hercules: siehe Herakles.

Hermes: (römisch: Mercurius), Sohn des Zeus und der Maia. Gott der Diebe und der Herden, Götterbote, Schützer der Wege, zu dessen Ehren Steinhaufen oder Pfeiler mit Phallos errichtet werden. Flügelschuhe und Reisehut (Petasos) gehören zu seinen Attributen. Als Psychopompos ist H. der Geleiter der Seelen in den Hades. Der Vertraute seines Vaters tötet den hundertäugigen Argos, der die von Hera in eine Kuh verwandelte Zeusgeliebte Io bewachen soll.

Hestia: (römisch: Vesta), Tochter des Kronos und der Rhea, Schwester des Zeus, Göttin des Herdfeuers und der Häuslichkeit. In Rom verrichteten sogenannte Vestalinnen ihren Dienst.

Hippolytos: Sohn des Theseus und der Amazone Antiope. Als Diener der jungfräulichen Artemis erwidert er die leidenschaftliche Liebe seiner Stiefmutter Phaidra nicht und wird deshalb von ihr bei Theseus verleumdet. Dessen Vater Poseidon läßt, als H. am Strande dahinfährt, einen Stier aus dem Meer auftauchen, so daß die Pferde scheuen und H. zu Tode geschleift wird. Held einer Tragödie des Euripides.

Hypnos: griechische Personifikation des Schlafs.

Hypsipyle: rettet ihren Vater Thoas von Lemnos vor dem matriarchalischen Männermord.

Iason: Sohn des Königs Aison von Iolkos in Thessalien, von dem Kentauren Cheiron erzogen, von seinem Onkel Pelias auf die Argonautenfahrt geschickt, um in Kolchis das Goldene Vlies zu holen. Dort gewinnt er die Zauberin Medea zur Frau, die er nach zehnjähriger Ehe verstößt.

Idaios: Hephaistos, nicht wie bei Lessing Poseidon (Neptunus), entrückt den Sohn des Hephaistos-Priesters Dares aus dem Kampf der Troianer und Griechen.

Ilion: (römisch: Ilium), ursprünglicher Name für Troia.

Iphigeneia: Tochter Agamemnons und Klytaimestras, Schwester des Orestes und der Elektra. Ihr Vater möchte sie in Aulis, von wo die griechische Flotte nach Troia auslaufen will, der Artemis opfern, um günstigen Wind zu erwirken; doch die Göttin entrückt I. ins barbarische Tauris, wo sie als ihre Priesterin lebt, bis sie mit Orestes nach Griechenland flieht. Heldin von zwei erhaltenen Tragödien des Euripides: »Iphigenie in Aulis« und »Iphigenie auf Tauris«.

Isis: ägyptische Göttin, Frau des Osiris, die am meisten verehrte ausländische Gottheit der griechisch-römischen Welt, Muttergöttin, oft mit Demeter gleichgesetzt.

Iuno: siehe Hera.

Iupiter: ursprünglich römischer Himmelsgott, dem erst später die anderen Eigenschaften des Zeus angeglichen werden.

Kastor: siehe Polydeukes.

Kentauren: Mischwesen aus Mensch und Pferd.

Kephalos: König von Thessalien, Gatte der Prokris.

Kerberos: (römisch: Cerberus), dreiköpfiger Hund, der den Eingang zur Unterwelt bewacht.

Kreusa: Braut des Iason, von der eifersüchtigen Medeia getötet.

Kybele: phrygische Göttin, mit Rhea, der Mutter des Zeus, aber auch der orientalischen »Magna Mater« gleichgesetzt.

Kydippe: Athenerin, die der junge Akontios aus Keos durch eine List zur Frau gewinnt.

Leukos: von Antiphos, einem Sohn des Priamos, getötet. Odysseus rächt den Tod seines Gefährten.

Lichas: der Bote, der dem Herakles das Nessosgewand überbringt.

Lokris: südgriechische Landschaft gegenüber der Insel Euboia.

Maia: Tochter des Atlas, Mutter des Hermes.

Mars: siehe Ares.

Marsyas: phrygischer Flußgott, Erfinder der Flöte, im musikalischen Wettstreit mit Apollon dessen Kithara (Saiteninstrument) unterlegen. Der Sieger zieht ihm bei lebendigem Leibe die Haut ab und hängt sie in Kelainai in einer Grotte auf. Der Mythos symbolisiert die Überlegenheit der griechischen über die asiatische Kunst.

Medeia: (römisch: Medea), Gestalt der Argonautensage. M. hilft als kolchische Königstochter dem Iason beim Raub des Goldenen Vlieses und folgt ihm als Gattin nach Griechenland. Aus Rache für Iasons Untreue tötet sie ihre Kinder und dessen Braut Kreusa.

Meleagros: (römisch: Meleager), Sohn des Königs Oineus von Kalydon in Ätolien, erlegt den von der beleidigten Artemis zur Verwüstung des Landes geschickten Eber. Kopf und Fell schenkt er seiner Geliebten Atalanta und tötet die darüber erzürnten Brüder seiner Mutter. Diese verbrennt daraufhin das Stück Holz, das sie einst von den Schicksalsgöttinnen erhalten hat und von dessen Verbrennen das Leben des Sohnes abhängt.

Menelaos: Sohn des Atreus, Bruder des Agamemnon, als Gatte der Helena König von Sparta.

Mercurius: siehe Hermes.

Minerva: altitalische Göttin, Schützerin des Handwerks, der Ärzte und Lehrer, seit den Punischen Kriegen der griechischen Athene angeglichen.

Neoptolemos: Sohn des Achilleus; mit Odysseus zusammen soll er dem grollenden Philoktetes auf der Insel Lemnos den Bogen ablisten.

Neptunus: italischer Gott des fließenden Wassers, mit Poseidon identifiziert.

Nestor: König von Pylos, nimmt als Greis am Troianischen Krieg teil.

Odysseus: (römisch: Ulysses oder Ulixes), Herrscher auf Ithaka, durch seine Klugheit berühmter griechischer Held vor Troia. Von Poseidons Groll verfolgt, kehrt er erst nach zehnjähriger Irrfahrt nach Hause zurück, wo er die Freier seiner Gattin Penelope tötet.

Olympos: Berg an der Grenze von Thessalien und Makedonien, höchster Berg Griechenlands, Wohnsitz der Götter.

Ops: altitalische Vegetationsgöttin, später mit Rhea und Demeter identifiziert.

Oreaden: Bergnymphen.

Orestes: Sohn des Agamemnon und der Klytaimestra, tötet seine Mutter und ihren Geliebten Aigisthos aus Rache für seinen Vater. Von den Erinnyen verfolgt, gelangt er mit seinem Freund Pylades nach Tauris, von wo er mit seiner Schwester Iphigeneia flieht. Durch Athene und den von ihr eingesetzten Gerichtshof (Areopag) von der Anklage des Muttermordes freigesprochen.

Orpheus: Sohn des Oiagros und der Muse Kalliope, berühmter thrakischer Sänger und Musiker, der mit seiner Kunst Hades und Persephone so rührt, daß sie ihm seine verstorbene Gattin Eurydike zurückgeben. Er verliert sie jedoch wieder, da er die Bedingung, sich auf dem Weg in die Oberwelt nicht nach ihr umzudrehen, nicht einhält. Zum Frauenfeind geworden, wird er von den Bakchantinnen zerrissen. Begründer einer geheimen Erlösungslehre, der Orphik.

Pandaros: Troianer, der durch einen Schuß auf Menelaos den Waffenstillstand zwischen Troianern und Griechen bricht.

Paris: auch Alexandros genannt, Sohn des Troianerkönigs Priamos und der Hekabe, Bruder des Hektor. Im sogenannten Parisurteil hat er sich als Schiedsrichter im Wettstreit der Hera, Athene und Aphrodite um den Titel der Schönheitskönigin für Aphrodite entschieden, die ihm dafür zur schönsten griechischen Frau verhilft. Seine Entführung der Helena, der Gattin des Menelaos, löst den Troianischen Krieg aus.

Pelops: Sohn des Tantalos, Vater des Atreus und des Thyestes und damit Großvater des Agamemnon und Menelaos. Er heiratet Hippodameia, die Tochter des Königs von Elis; nach ihm wird die ganze Halbinsel Peloponnes genannt.

Penelope: Frau des Odysseus, die ihm in den zwanzig Jahren seiner Abwesenheit die Treue hält. Den ungeduldigen Freiern verspricht sie Erhörung, wenn sie das Gewand, das sie webt, fertiggestellt habe. Sie trennt aber jede Nacht das am Tage Gewebte wieder auf.

Penthesileia: Königin der Amazonen, die nach dem Tode Hektors den Troianern zu Hilfe kommt. Von Achilleus getötet, der sich in die Sterbende verliebt.

Philoktetes: Weil er dem sterbenden Herakles den Scheiterhaufen anzündet, erhält er von ihm den berühmten Bogen. Als Anführer der thessalischen Bogenschützen wird er auf der Fahrt nach Troia bei einer Zwischenlandung auf einer Insel von einer Schlange gebissen und, da die Griechen den Gestank der Wunde nicht ertragen können, auf der Insel Lemnos ausgesetzt. Im zehnten Kriegsjahr wird den Griechen geweissagt, daß Troia nur mit dem Bogen des Herakles erobert werden könne. In einer erhaltenen Tragödie schildert Sophokles, wie Odysseus und Neoptolemos, der Sohn des gefallenen Achilleus, dem zu seinem Lebensunterhalt auf seinen Bogen angewiesenen Ph. die Waffe abzulisten versuchen. Von Mitleid mit dem von furchtbaren Schmerzen heimgesuchten Mann überwältigt, entdeckt Neoptolemos ihm schließlich die ganze Wahrheit. Herakles greift ein. Ph. geht nach Troia mit und wird dort von dem Arzt Machaon geheilt. Mit einem Pfeilschuß tötet er den Paris.

Phineus: Dem geblendeten König von Salmydessos in Thrakien rauben die Harpyen regelmäßig einen Teil seines Essens und besudeln den Rest.

Pollux: siehe Polydeukes.

Polydeukes: (römisch: Pollux), einer der beiden Dioskuren, der Söhne des schwangestaltigen Zeus und der Leda, Nothelfer, Teilnehmer an der Fahrt der Argonauten, von den Römern schon im 5. Jahrhundert v. Chr. übernommen.

Priamos: der letzte König von Troia, Sohn des Laomedon, Vater von fünfzig Söhnen und fünfzig Töchtern, von denen Hektor, Paris und Kassandra besonders bekannt sind. Bei der Eroberung Troias von Neoptolemos, dem Sohn des Achilleus, erschlagen.

Prokris: Tochter des athenischen Königs Erechtheus, Frau des Kephalos. In ihrer Eifersucht beobachtet sie ihn, in einem Busch versteckt, auf der Jagd. Dabei wird sie von ihrem Mann, der ein Wild vermutet, getötet.

Pylades: Freund des Orestes.

Rhea Silvia: (auch: Ilia), römische Vestalin, Mutter des Romulus und Remus. Auf Befehl ihres Onkels wird sie in den Tiber geworfen, der Flußgott macht sie jedoch zu seiner Gemahlin.

Sarpedon: Sohn des Zeus und der Europa, im Troianischen Krieg von Patroklos getötet. Zeus läßt einen blutigen Regen auf die Erde niedergehen und die Leiche des geliebten Sohnes durch Hypnos (Schlaf) und Thanatos (Tod) in die Heimat Lykien bringen.

Saturnus: altrömischer Gott des Ackerbaus, der Obst- und Weinkultur, der das Goldene Zeitalter regiert. Dem griechischen Kronos gleichgesetzt. Zu seinen Ehren werden die Saturnalien gefeiert.

Satyrn: übermütige, lüsterne Begleiter des Dionysos, die als Pferde (ab der hellenistischen Zeit auch als Böcke) in Menschengestalt erscheinen. Die älteren werden auch als Silenen bezeichnet.

Theben: Stadt in Boiotien, Gründung des Kadmos, des Bruders der Europa. Auf Weisung des delphischen Orakels folgt Kadmos auf der Suche nach seiner Schwester einer Kuh bis zu dem Ort, wo sie sich niederlegt. Einen Drachen, der seine Gefährten tötet, erlegt er mit Steinwürfen, aus der Saat seiner Zähne wachsen bewaffnete Männer hervor, mit denen er die Stadt gründet.

Thersites: Grieche im Lager von Troia, körperlich mißgestaltet und feig. In der Heeresversammlung hetzt er gegen den Führer Agamemnon.

Ulysses: siehe Odysseus.

Urania: Muse der Astronomie.

Venus: altitalische Göttin des Frühlings und der Gärten, der griechischen Aphrodite gleichgesetzt.

Vesta: siehe Hestia.

Victoria: römische Göttin des Sieges.

Vulcanus: römischer Gott des Feuers, von den Etruskern übernommen, später dem griechischen Hephaistos gleichgesetzt.

Zeus: (römisch: Iupiter), mächtigster griechischer Gott, Sohn des Kronos und der Rhea, die den Neugeborenen in Kreta vor dem kinderverschlingenden Vater versteckt. Herangewachsen, zwingt er den Kronos, seine Geschwister wieder auszuspeien. Aus einem gewaltigen Kampf zwischen Kroniden (Zeusanhängern) und Titanen (Kronosanhängern) geht die Weltherrschaft des neuen Gottes hervor. Sein Wohnsitz ist der Olymp, seine Symbole sind Blitz und Donner, die Eiche ist ihm heilig. – Seit dem Hellenismus werden Hauptgötter anderer Religionen mit Z. gleichgesetzt, z.B. Zeus Ammon mit den Widderhörnern des ägyptischen Gottes Ammon oder Zeus Serapis nach dem ägyptischen Gott der Unterwelt.

ZEITTAFEL

1729 Gotthold Ephraim Lessing am 22. Januar geboren in Kamenz (Oberlausitz) als 3. Kind des Pastors Joh. Gottfried L. und seiner Ehefrau Justina Salome, Tochter des Hauptpastors Feller.

1741-46 Besuch der Fürstenschule St. Afra in Meißen; *erste poetische Versuche.*

1746-48 als Student der Theologie vor allem Studium der Philosophie, Philologie, Archäologie in Leipzig.

1747 *Erste Veröffentlichungen* in Zeitschriften, u. a. *Damon* (Lustspiel), Beendigung des Lustspiels *Der junge Gelehrte,* Uraufführung 1748 durch die Truppe der Friederike Neuberin.

1748 Studium der Medizin in Leipzig und Wittenberg, *Der Misogyn* (Lustspiel).

1748-51 Als freier Schriftsteller und Journalist in Berlin ab 1749, u. a. Rezensent der »Berlinischen privilegirten Zeitung«.

1749 *Die Juden, Der Freigeist, Die alte Jungfer* (Lustspiele), *Samuel Henzi* (Tragödienfragment); – 50 Hrsg. (mit Chr. Mylius) der *Beiträge zur Historie und Aufnahme des Theaters.*

1750 Lustspiel *Der Schatz, Gedanken über die Herrnhuter* (Fragment). Bekanntschaft mit Voltaire, *Plautus-Abhandlung.*

1751 Redaktion des ›Gelehrten Artikels‹ der »Berl. priv. Zeitg.« Übersetzung von Voltaires kleinen historischen Schriften. *Kleinigkeiten* (Gedichte); – 52 in Wittenberg, Magisterpromotion (über Juan Huarte).

1752 Ab November in Berlin. *Übersetzungen:* Voltaire, Huarte, Friedrich II. Beziehung zu Karl Wilhelm Ramler.

1753-55 *Schriften* (6 Teile).

1754 *Vade mecum für den Hrn. Sam. Gotth. Lange ..., Rettungen des Horaz,* Freundschaft mit Moses Mendelssohn und Friedrich Nicolai. – 58 Hrsg. *Theatralische Bibliothek.*

1755 *Miß Sara Sampson; Pope, ein Metaphysiker* (mit Mendelssohn). Freundschaft mit Ewald v. Kleist.

1755-58 in Leipzig; – 56 Englandreise (mit Winkler) wegen Kriegsausbruch in Amsterdam abgebrochen.

1758-60 wieder in Berlin. *Faust*-Pläne. Vorwort zu Gleims ›Kriegsliedern‹.

1759 *Fabeln, nebst Abhandlungen ..., Philotas;* (Hrsg.) *Logaus Sinngedichte* (mit Ramler); – 65 *Briefe, die neueste Literatur betreffend* (mit Mendelssohn und Nicolai).

1760-65 Gouvernements-Sekretär bei General v. Tauentzien in Breslau. *Diderot*-Übersetzungen.

1764 Arbeit an *Minna von Barnhelm*, 1767 veröffentlicht.

1765-67 in Berlin. L. wird vom König als Bibliothekar abgelehnt; – 66 *Laokoon*.

1767-70 Dramaturg in Hamburg. Beziehungen zu Reimarus, Claudius, Herder, Klopstock, der Familie König; – 67-69 *Hamburgische Dramaturgie;* – 68/69 *Briefe antiquarischen Inhalts 1 u. 2* (gegen Klotz), *Wie die Alten den Tod gebildet.*

1770 Bibliothekar in Wolfenbüttel. Freundschaft mit J.A. Ebert und J.J. Eschenburg in Braunschweig.

1771 *Zerstreute Anmerkungen über das Epigramm*, Verlobung mit Eva König.

1772 *Emilia Galotti*, Aufführung in Braunschweig.

1773-81 Wolfenbütteler Beiträge *Zur Geschichte und Literatur;* – 74 u. 77/78 (Hrsg.) *Fragmente eines Ungenannten* (H.S. Reimarus).

1775-76 Reise über Leipzig, Berlin, Dresden nach Wien und als Begleiter des Prinzen Leopold nach Italien.

1776 8. August Heirat mit Eva König. Bekanntschaft mit J.A. Leisewitz. (Hrsg.) K.W. *Jerusalem*, Philosophische Aufsätze.

1777 Reise nach Mannheim, Ablehnung, das dortige Theater zu leiten. Beginn der theologischen Fehde, *Über den Beweis des Geistes und der Kraft, Das Testament Johannis.*

1778 10. Januar Tod Eva Lessings. *Eine Duplik, Eine Parabel, Axiomata, Anti-Goeze 1-11, Nötige Antwort, Ernst und Falk I-III;* Aufhebung d. Zensurfreiheit, *Ankündigung des Nathan.*

1779 *Nathan der Weise.*

1780 *Ernst und Falk IV u. V* (unautorisiert), *Die Erziehung des Menschengeschlechts.* Besuch bei Gleim in Halberstadt (mit F.H. Jacobi).

1781 15. Februar Tod Lessings in Braunschweig.

ZUR VORLIEGENDEN AUSGABE

In drei Bänden mit festgelegtem Umfang einen möglichst zulänglichen Eindruck von Lessings Gesamtwerk zu vermitteln, stellt einen Herausgeber vor eine Aufgabe, über deren Lösung er Rechenschaft ablegen muß.

Wohl kein Autor unserer Literatur entspricht der landläufigen Vorstellung vom »Dichter« so wenig wie Lessing. Daß er auch Kritiker und Literaturtheoretiker war, könnte zwar zum dichterischen Metier gehören, gehört aber auch die Philologie, die Literaturgeschichtsforschung in Antike und Mittelalter, die Kunstgeschichte von der antiken Gemmenkunde bis zur Frage nach dem Alter der Ölmalerei, die Kirchengeschichte mit Dogmengeschichte und Leben-Jesu-Forschung, gehören die Auseinandersetzungen mit Übersetzern, Kunsthistorikern und Theologen dazu? Muß ich, wenn ich mich über die »Minna von Barnhelm« freuen will, auch gelehrte Studien über Patristik in Kauf nehmen?

Der gemeinsame Nenner von Lessings vielfältigen Interessen- und Schaffensgebieten, in deren jedem fast er es zur Meisterschaft brachte, muß also weit gefaßt werden. Man hat Lessing als »aufklärerischen Schriftsteller par excellence« bezeichnet. Das stimmt, wenn man den Begriff Aufklärung in Lessingschem Sinn undogmatisch faßt. Mit allem, was er schrieb, schuf er Neues oder stieß er in Neuland vor oder stellte er für Altes neue Fragen – das gilt für seine Gedichte, Fabeln und Dramen ebenso wie für den »Laokoon« und die wissenschaftlichen Arbeiten. Und alles, was er angriff, durchdachte er von Grund auf. Mit allem stellte er unkritisch hingenommene Autoritäten in Frage, wandte er sich gegen Verfestigung und Erstarrung, gegen Dogmatismus, gegen Rechthaberei, gegen Voreingenommenheiten, aber immer fragte er auch nach den Gründen und den Zwecken. Lessing war und ist ein unbequemer Autor, er war es auch für die Aufklärer seiner Zeit. So sehr er von dem Erziehungsprozeß, in dem die Menschheit stünde, überzeugt war, so gewiß war er sich darüber, daß Wahrheit letztlich unerkennbar sei. Und so sehr er skeptisches Denken, wie wir es nennen können, immer und allen Institutionen gegenüber praktizierte, er wandte es auch gegen die allzu hurtig Modernen, etwa gegen die theologischen Neologen, an, wenn sie dem Anspruch, den ihre Aufgabe ihnen stellte, nicht genügten. Nur die »unbestochne, von Vorurteilen freie Liebe« und ihre Regungen, »Mitleid« etwa oder Schutz der

Schutzlosen, die der Gefahr der Institutionalisierung nicht unterworfen sind, ließ er gelten. Unbequem ist Lessing noch immer. Denn wenn auch heute weniger kirchliche, wie zu seiner Zeit, als politische Institutionen oder Machtzentren den geistigen Bewegungsraum beeinflussen oder bestimmen, Dogmatismus ist geblieben, wie er sich auch tarnen mag, und die Aufgabe, sich mit dem *Streben* nach Wahrheit zu begnügen und andere und anderes zu dulden, ist heute so schwer wie je, wenn nicht schwerer.

Was heißt das aber für Lessings Dichtungen? Bei ihm liegt das einzigartige Phänomen vor, daß dieser Gelehrte, Bücherbesessene, Aktenforscher, Kritiker zugleich, ja vor allem – und er wußte das – Künstler war, daß sich ihm das, was er dachte, in konkrete menschliche Situationen und Konstellationen verwandelte, daß ihm in dem, was er an Dramen, Fabeln, Gedichten schuf, immer jenes schwer zu beschreibende, wohl auch spielerische Mehr an Gestaltung unterlief, das Dichtung von Zweckliteratur unterscheidet und ihr Lebenskraft über ihre Zeit hinaus geben kann. Es ist manchmal die gleiche Münze, nur jeweils von der anderen Seite, die der gestaltende Dichter und die der analysierende Kritiker oder der Polemiker bearbeitet. Nie geht er von allgemeinen Begriffen oder Forderungen, sondern stets vom konkreten Einzelfall aus, wie er ihm vorliegt, wendet ihn hin und her, durchleuchtet ihn und zieht dann daraus seine Schlüsse. Auf dieses Verfahren muß man sich freilich einlassen (oder man scheitert, so wie Tellheim seiner Minna gegenüber beinahe gescheitert wäre), und das heißt auch, sich die jeweilige historische Situation zu vergegenwärtigen. Erleichtert wird diese Arbeit aber durch Lessings Darstellungsweise. Immer geht er dialogisch vor, bezieht durch Fragen, Einwürfe, Ausrufe den Leser mit ein, redet mit ihm, stellt selbst Einwände des Lesers auf und antwortet auf sie – implizit tut er das auch dann, wenn er sich in Briefform an einen fingierten oder realen Adressaten wendet oder in den Polemiken einen Gegner bekämpft, der dann freilich wenig zu lachen hat. In manchen Fällen kann die Brillanz seiner Polemik für uns heute die Gegenstände, um die es ging, zurücktreten lassen (Lessing selbst kannte seine – vom Vater ererbte – »Iraszibilität«), aber schon Zeitgenossen wußten, daß seine Prosa als erste eines deutschen Autors weltliterarischen Rang besaß.

Es ist also nicht literarhistorische Pflichtübung, wenn auch in einer schmalen *Auswahl*ausgabe Lessings gelehrte und kritische Schriften vergleichsweise breiten Raum einnehmen. Daß unter solchen Überlegungen die Dramen von »Miß Sara Sampson« an vollständig gebracht werden mußten, ist selbstverständlich, mit ihnen beginnt nicht nur das neuere deutsche Drama, ihre Lebendigkeit erweisen Lessings drei letzte Dramen Jahr für Jahr durch ihren ungewöhnlich hohen Anteil an den deutschen Spielplänen. Vollständig und an prononcierter Stelle mußten die formal so völlig eigenen, knappen Prosafabeln erscheinen, zu denen auch die »Abhandlungen« gehören. Die Auswahl aus den – lange unterschätzten – Liedern, Verserzählungen und Sinngedichten soll die spezifisch Lessingschen Töne und Qualitäten innerhalb dieser Formen seiner Zeit, aber auch Zeitkritisches zeigen, die beiden Odenentwürfe haben darin eine besondere Funktion. Als Probe aus den ersten, den »sächsischen« Lustspielen schien der frische, straffe, witzige »Junge Gelehrte« geeigneter als der »Freigeist«, bei dem es gar nicht eigentlich um Freigeisterei geht. Unentbehrlich erschienen einige dramatische Fragmente aus den über 30 überlieferten Versuchen und Plänen. Sie bezeichnen verschiedene, ja unterschiedliche Möglichkeiten, die Lessing erproben wollte und an deren Vollendung er wohl länger und intensiver dachte als etwa an die der zeitgenössischen Alexandrinertragödie über »Samuel Henzi«, die nach der Veröffentlichung des Fragments in den »Schriften« (1753) für ihn vermutlich abgetan war.

In Band 2 und 3 müssen manche kleineren Texte stellvertretend für größere Komplexe stehen. Zwar ist die »Hamburgische Dramaturgie« – selbstverständlich – vollständig abgedruckt, aber sowohl sie wie die den 2. Band eröffnenden Vorreden müssen auch die Lustspielabhandlungen wie den »Briefwechsel über das Trauerspiel« mit vertreten. Hingegen schien es richtig – im Gegensatz zu anderen Auswahlausgaben – viele Buchkritiken aus der frühen Berliner Journalistenzeit zu bringen: sie zeigen auf knappem Raum die ungemeine Vielfalt der Interessen, den selbständigen Zugriff in Kritik und Anerkennung, die Keckheit, auch den Ernst des jungen Mannes. Die jeweils in sich zusammenhängenden Stücke aus den »Literaturbriefen« betreffen einige für das literarische Leben der Zeit wichtige deutsche Autoren sowie mit Briefen über Logau eine eigene literarhistorische Entdeckung Lessings. Dieser wichtige Teil seiner Tätigkeiten mußte im übrigen auf den Abdruck der Briefe zu dem Barockdichter Scultetus und die Vorrede zu den sogenannten »Wolfenbütteler Beiträgen«, in denen einige dieser Entdeckungen erschienen, beschränkt bleiben, sie mögen aber, wiederum stellvertretend, über das Stoffliche hinaus vor allem zeigen, welche Kriterien Lessing hierbei leiteten. – Daran, daß der »Laokoon« vor langer Zeit Pflichtlektüre in Gymnasien war, wird sich kaum jemand noch erinnern. Unter dem neu erwachten literaturtheoretischen Interesse könnte er sich heute als die literaturwissenschaftliche Schrift erweisen, als die er – trotz seines Haupttitels – geschrieben ist. Daß Lessing sich aber auch in der bildenden Kunst keineswegs auf die klassische Antike beschränkt hat, kann – wiederum stellvertretend – der Aufsatz über die Fenstergemälde des Klosters Hirsau zeigen.

Bei den Schriften zur Theologie kam es zunächst darauf an, wenigstens mit drei verschiedenartigen Beispielen zu belegen, daß Lessing sich mit theologischen Fragen schon von frühauf und ständig befaßt hat (auch einige der »Rezensionen« bezeugen das) und nicht erst etwa seit dem spektakulären Fragmentenstreit. Zum Verständnis dieses Streites schien es angebracht, wenigstens das erste der von Lessing veröffentlichten Reimarus-Fragmente (»Von Duldung der Deisten«) aufzunehmen. Aber es sollte auch deutlich werden, daß Lessing weitergreifende Pläne hatte als die Auseinandersetzungen infolge der Fragmenten-Veröffentlichungen. Sie gingen u. a. in die Richtung, die die neutestamentliche Forschung im 19. Jahrhundert genommen hat, und seine diesbezüglichen Veröffentlichungen wären natürlich in einem andern Ton gehalten gewesen als die Polemik mit Goeze. Hierfür können Briefe an den Göttinger Theologen Walch stehen, die wie vieles aus diesem Themenbereich Fragment geblieben sind. Auch in den mit den Schriften zur Theologie aufs engste verbundenen Schriften philosophischer Art sind einige von Lessing nicht veröffentlichte enthalten, darunter zwei kleine Dialoge, die aktuellen Bezug und künstlerisches Gestalten besonders deutlich zeigen. Die »Gespräche für Freimäurer« haben oft im Schatten der spekulativen und deshalb zu Überinterpretation einladenden Erziehungsschrift gestanden; es wäre sinnvoll, wenn sie – schon von der Deutung der Widmung und der Vorrede her – in ihrer weit über ihren scheinbaren Anlaß hinausgreifenden Bedeutung erkannt werden könnten. –

Alle *Texte* sind nach der achtbändigen Werkausgabe im selben Verlag wiedergegeben. Diese beruht auf der historisch-kritischen Ausgabe von Lachmann-Muncker (Sämtliche Schriften, hrsg. v. Karl Lachmann, 3., auf's neue durchgesehene und vermehrte Aufl., besorgt durch Franz Muncker, Bd. I bis XXIII, Stuttgart, Leipzig 1866 bis 1924), die im Unterschied zu der Ausgabe von Petersen-Olshausen die originale Orthographie und Interpunktion genau bewahrt. Unsere Ausgabe berücksichtigt jedoch seitdem bekannt gewordene Funde oder sonstige einschlägige Forschungsergebnisse. Der Text folgt der Vorlage – und damit Lessing – in allen Einzelheiten und Eigenheiten des Lautstandes (*kömmt, Heuterkeit, Berlen* u. ä.) und der Interpunktion. Auf Normierung variierender Schreibungen wird verzichtet, weil diese der zur Zeit Lessings im Fluß befindlichen Sprachentwicklung nicht entsprechen würde. Die Orthographie wurde überall da beibehalten, wo Grapheme einen bestimmten Aussagewert haben (*Stückweise, deiner Seits, Lokal Farben, Satyre, Intrigue* u. ä.), nur wo keinerlei Bedeutungsverlust entstehen konnte, wurde modernisiert (*wahrhafftig / wahrhaftig, hofte / hoffte, Thränen / Tränen, seyn / sein, Schaaf / Schaf* u. dergl.). Die häufigen griechischen Zitate gibt Lessing meist ohne Akzente, die Buchstabenfolge στ wird zu seiner Zeit meist mit ς bezeichnet.

In den »Anhängen« zu den Bänden enthalten die fortlaufenden *Zeilenkommentare* die Übersetzungen aller fremdsprachlichen Zitate, nötige Worterklärungen, Personen- und Sacherläuterungen. Sie geben – gekürzt – die Zeilenkommentare der achtbändigen Ausgabe wieder, ihre Autoren sind mithin die jeweiligen Bandbearbeiter jener Ausgabe. Deren Namen und Anteile sind in den Schlußbemerkungen »Zu diesem Band« jeweils genannt. Die *Einführungen* zu den einzelnen Werken und Texten mußten so knapp wie möglich gehalten und auf die nötigsten sachlichen Informationen beschränkt werden. Sie stammen zum größten Teil vom Herausgeber dieser Auswahlausgabe, teilweise beruhen sie auf den entsprechenden Ausführungen der großen Ausgabe: auch hierüber finden sich genaue Angaben in den Schlußbemerkungen jedes Bandes. Selbstzeugnisse Lessings zur Entstehung seiner Werke, Zeugnisse zur Rezeption und Wirkung sowie historische Einführungen in die verschiedenen Werkkomplexe konnten hier aus Umfanggründen nicht gegeben werden. Hierfür sei wiederum auf die achtbändige Ausgabe verwiesen.

Herbert G. Göpfert

BIBLIOGRAPHISCHE HINWEISE

Über wenige unserer großen Autoren sind in den letzten Jahrzehnten so viele, z. T. neue Gesichtspunkte bringende Publikationen erschienen wie über Lessing. Um vor allem den »normalen«, also nicht fachwissenschaftlich arbeitenden Leser nicht zu verwirren, werden hier aber nur ganz wenige Hinweise gegeben und zwar vorzugsweise auf solche Bücher der letzten Zeit, die selbst keine Spezialthemen behandeln, aber durch ausführliche bibliographische Angaben oder durch Themenvielfalt Interessierten weiterhelfen können.

Lessing-Bibliographie. Bearbeitet v. Siegfried *Seifert*. Berlin/Weimar 1973. [Enthält Ausgaben und Sekundärliteratur bis zum 31.8.1971.]

Karl S. *Guthke:* Gotthold Ephraim Lessing. Stuttgart ³1979 (= Sammlung Metzler 65). [Knappe, kundige, klar gegliederte Übersicht über »Grundlagen und Hilfsmittel«, »Leben und Werk«, »Geschichte, Stand und Aufgaben der Forschung«.],

Wilfried *Barner* u.a.: Lessing. Epoche-Werk-Wirkung. 4., völlig neu bearbeitete Auflage. München 1981. (= Arbeitsbücher für den literaturgeschichtlichen Unterricht). [Gründliche Werk- und Wirkungsanalysen aufgrund der derzeitigen germanistischen Reformdiskussion. Breiter historischer Hintergrund. Gute Arbeitshilfen zu den wichtigsten Werken Lessings.],

Edward P. *Harris* u. Richard *Schade* (Hrsg.): Lessing in heutiger Sicht. Beiträge zur Internationalen Lessing-Konferenz Cincinnati/Ohio 1967. Bremen und Wolfenbüttel 1977. [Themenbereiche: Lessing als Schriftsteller und Dramatiker, Lessings Bemühungen als Theologe und Gelehrter, Lessing als Literaturkritiker, Lessings Verhältnis zur Gesellschaft; dazu fünf gesonderte Vorträge.],

Hans-Georg *Werner:* (Hrsg.): Lessing-Konferenz Halle 1979. 2 Teile, Halle/Saale 1980. [Themenbereiche: Der Dichter und Kritiker, Philosophische und ästhetische Schriften, Wirkungs- und Rezeptionsgeschichte; dazu Podiumsgespräche: Zum philosophischen Denken Lessings und über Lessing und das Theater der DDR; außerdem neun Vorträge.],

Herbert G. *Göpfert* (Hrsg.): Das Bild Lessings in der Geschichte. Heidelberg 1981 (= Wolfenbütteler Studien zur Aufklärung, hrsg. von der Lessing-Akademie, 9). [Vorträge beim Symposion des Wissenschaftlichen Senats der Lessing-Akademie in Wolfenbüttel im Januar 1979.],

Arno *Schilson:* Lessings Christentum. Göttingen 1980 (=Kleine Vandenhoeck-Reihe 1463). [Bringt u.a. guten Überblick über die verschiedenen Positionen der Forschung zu diesem Thema.],

Lessing-Yearbook (Hrsg. im Auftrag der Lessing Society). Bd. 1-11 München 1969-1979; Bd. 12 Detroit und München 1980. [Enthält Aufsätze – auch zu anderen Themen des 18. Jahrhunderts und Rezensionen.]

Hingewiesen sei noch auf vier neuere Dokumentationen und Darstellungen:

Richard *Daunicht* (Hrsg.): Lessing im Gespräch. Berichte und Urteile von Freunden und Zeitgenossen. München 1971,

Horst *Steinmetz* (Hrsg.): Lessing – ein unpoetischer Dichter. Dokumente aus drei Jahrhunderten zur Wirkungsgeschichte Lessings in Deutschland. Frankfurt/Bonn 1969,

Lessing-Chronik. Daten zu Leben und Werk, zusammengestellt von Gerd *Hillen.* München 1979,

Dieter *Hildebrandt:* Lessing. Biographie einer Emanzipation. München 1979.

ZU DIESEM BAND

Die Schriften zur Geschichte der Kunst sind dem Bd. 6, die zu Theologie und Philosophie den Bänden 7 und 8, nur das frühe Fragment über die Herrnhuter ist dem 3. Bd. der achtbändigen Werkausgabe im selben Verlag entnommen. Dementsprechend stammen die Zeilenkommentare zu den kunstgeschichtlichen Schriften (einschließlich Namenregister) von *Albert von Schirnding,* zu den »Gedanken über die Herrnhuter« von *Karl S. Guthke,* zu allen übrigen Schriften zur Theologie und Philosophie von *Helmut Göbel,* sie sind jedoch auch in diesem Band im Vergleich zur großen Ausgabe gekürzt. Die Redaktionsarbeit für die Anhänge zu den Schriften zur Geschichte der Kunst besorgte *Udo Zöller.* Die Einführungen zu allen übrigen Schriften stammen vom Herausgeber. Für die komplizierte Geschichte von Lessings Reimarus-Veröffentlichungen und der Publikationen innerhalb des Fragmentenstreits überhaupt sei auf die ausführlichen Darlegungen in der großen Ausgabe, Bd. 7, S. 864-883 und Bd. 8, S. 581-620 verwiesen. – Dem Lektor des Verlages, Hans-Joachim Simm, danke ich für seine aufmerksame, kritische Begleitung der Arbeit an der ganzen Ausgabe.

Herbert G. Göpfert

INHALTSVERZEICHNIS

Geschichte der Kunst 7
Laokoon 9
  Vorrede 10
  I–XXIX 13
Wie die Alten den Tod gebildet 189
  Vorrede 190
  Veranlassung 192
  Untersuchung 194
  Prüfung 237
Ehemalige Fenstergemälde im Kloster Hirschau 247
Theologie 269
  Gedanken über die Herrnhuter 271
  Das Christentum der Vernunft 281
  Rettung des Hier. Cardanus 285
    Stelle aus dem XI-ten Buche des Cardanus de
    subtilitate 288
    Von Duldung der Deisten: Fragment eines
    Ungenannten 309
    Gegensätze des Herausgebers 327
    I–V 330
  Über den Beweis des Geistes und der Kraft 349
  Das Testament Johannis 355
  Eine Duplik 361
  Eine Parabel 433
  Axiomata, wenn es deren in dergleichen Dingen gibt ... 445
  Anti-Goeze I–XI 477
  Gotth. Ephr. Lessings nötige Antwort auf eine sehr
  unnötige Frage des Hrn. Hauptpastor Goeze
  in Hamburg 547
  Der nötigen Antwort auf eine sehr unnötige Frage
  des Herrn Hauptpastor Goeze in Hamburg.
  Erste Folge 553

G. E. Lessings sogenannte Briefe an verschiedene
   Gottesgelehrten 561
   1. Sogenannte Briefe an den Herrn Doktor Walch ... 561
      1ter 561
      II 564
      Ausschweifung über das Glaubens-Bekenntnis
         der ersten Christen 588
   2. Hilarius 592
   3. Theodoretus 593
   Die Religion Christi 595
Philosophie 597
   Ernst und Falk. Gespräche für Freimaurer 599
      I–V 600
   Die Erziehung des Menschengeschlechts 637
   Herkules und Omphale 659
   Über eine zeitige Aufgabe 661
   Gespräche über die Soldaten und Mönche 671

Anhang 673
   Geschichte der Kunst 675
      Laokoon 675
      Wie die Alten den Tod gebildet 723
      Ehemalige Fenstergemälde im Kloster Hirschau 737
   Zu Theologie und Philosophie 745
   Theologie 749
      Gedanken über die Herrnhuter 749
      Das Christentum der Vernunft 751
      Rettung des Hier. Cardanus 751
      Von Duldung der Deisten 757
         Zu den Gegensätzen des Herausgebers 764
      Über den Beweis des Geistes und der Kraft 768
      Testament Johannis 770
      Eine Duplik 771
      Eine Parabel 780
      Axiomata 782
      Anti-Goeze 1-11 786
      Nötige Antwort, Der nötigen Antwort 1. Folge 797
      Briefe an verschiedene Gottesgelehrten 799

    Die Religion Christi 809
  Philosophie 809
    Ernst und Falk 809
    Die Erziehung des Menschengeschlechts 816
    Herkules und Omphale 818
    Über eine zeitige Aufgabe 819
    Gespräche über die Soldaten und Mönche 820
Namenverzeichnis zur antiken Mythologie 822
Zeittafel 830
Zur vorliegenden Ausgabe 832
Bibliographische Hinweise 837
Zu diesem Band 839